汉译佛教经典哲学（上卷）

杜继文 著

江苏人民出版社

图书在版编目(CIP)数据

汉译佛教经典哲学/杜继文著.
—南京:江苏人民出版社,2008.8(2021.9重印)
ISBN 978-7-214-04926-1

Ⅰ.汉... Ⅱ.杜... Ⅲ.佛教哲学-研究 Ⅳ.B948

中国版本图书馆CIP数据核字(2008)第122381号

书　　　名	汉译佛教经典哲学
著　　　者	杜继文
责 任 编 辑	府建明　朱晓莹　周晓阳　刘 焱
装 帧 设 计	武　迪　姜　嵩　许文菲
责 任 监 制	王　娟
出 版 发 行	江苏人民出版社
地　　　址	南京市湖南路1号A楼,邮编:210009
网　　　址	http://www.jspph.com
照　　　排	江苏凤凰制版有限公司
印　　　刷	江苏凤凰通达印刷有限公司
开　　　本	652毫米×960毫米　1/16
印　　　张	87.75　插页4
字　　　数	1150千字
版　　　次	2008年11月第1版
印　　　次	2021年9月第2次印刷
标 准 书 号	ISBN 978-7-214-04926-1
定　　　价	298.00元(上下卷)

(江苏人民出版社图书凡印装错误可向承印厂调换)

作者序

20世纪80年代初,我曾受托在北京大学开设佛教哲学选修课,此后一直想着这件事,陆续地做着这方面的工作。到了21世纪初,我申请了一个国家社科基金项目,想集中力量先把瑜伽唯识学的东西整理出来,可一开始就碰到名相概念的问题。佛教的大多数学派,是从名相分析确立自己的思想体系的。如果不加解释,势必影响对唯识学的准确考察;如果进行解释,说来话长,必然冲淡正题的阐发。就域外佛教的哲学世界观而言,它确实有自身内在的发展线索,只讲它的最后理论成果,过于抽象,是很难讲得清楚的。于是中间一转,决定从头开始,大致按照佛教经典可能出现的历史次序,尝试对汉译佛经中的几个哲学体系作一比较全面的审视。于是就有了"汉译佛教经典哲学"的研究。

当然,不止如此。中国佛教哲学的资料来自域外佛教,但它的特点和生命,则植根于中国的社会和历史,包括中国固有的文化传统和思维方式。那么,中国佛教哲学究竟接受了域外佛教的什么东西,又拒绝和排斥了些什么?我想只有在比较中才能够充分地显示出来。这是我企图对汉译佛教经典哲学作全盘研究的主要动机。

或许还不止于此。从东汉到北宋的约九百年间,汉译佛教经籍保存下来的至少有一千五百余种,这是一笔稀世的遗产。它们都写了些什么?在世界整个文明史上,它们的价值何在?它们的哲学在东西方哲学史上又占据什么地位?我想,对它们的研究,不仅有助于发思古之幽情,即使对认识当今的世界文化交流,也会有所启发。作这样的评估对我来说很难,但把有关的佛教经籍梳理出来,供有兴趣的学者参考,也还是有价值的。像有部之于柏拉图和唯实论,般若之于怀疑论和不可知论,唯识之于主观经验论和精神分析学派,可比较的地方相当明显,从中可以看出,人类思维的发展——不论错误还是正确,似乎存在一定的规律可循。

按照佛教研究者的一般观点,佛教可划分为原始、部派、大乘三个阶段、三种类型,而大乘又有般若中观和唯识瑜伽两派。总体上反映的是:一个人生哲学——原始教义,三个大的世界观体系——有部哲学、般若空观哲学、瑜伽唯识哲学。但是,还有一个哲学体系,其影响中国佛教的发展方向比这些哲学更为深远,而对域外佛教的影响反而并不显著,这就是以《华严经》为基础扩大起来的"如来藏缘起"理论。由于个人精力所限,现在出版的这一部分没有包括中观、瑜伽两派的经论剖析。关于这两派的哲学,我从学佛开始就比较注意了,陆续地也写了一些东西发表,但要整体地将它们的思想体系整理出来,让今天的读者也看得明白,并能给以恰当的评议,大约还得费些时日。如果时间允许,我想继续做下去。

人们为什么那么向往自由?因为人生身不由己的时候太多。从着手这一课题开始,至少有十个年头了。妻的鼓动和督促,让我感到压力;妻去世后,又感到莫名的内疚。然而还是一拖再拖,许多意想不到的事情纷至沓来,不得不继续往后拖。苦啊,人何其不自由如此!然而还好,我毕竟没有成为悲观主义者和自由主义者。有爱有情,有匹夫责任,有社会义务,有天良,有人性,正是在那不自由中,体现着或许是另一种个性的自由。

  但是这不得意的"拖"给江苏人民出版社,尤其是给责编府建明同志带来的麻烦可大了。他不但时不时地提醒我要及时交稿,而且还得在仲夏的火炉城里分秒必争地校阅我的错讹太多的稿件。他还特请了南京大学的博士生高永旺等同学,为我那不符合规格、错误亦多的引文查找原典,一一纠正。在这里,让我对他们的好意和辛苦表示衷心的谢意,但愿他们在这份辛苦的背后,也能获得另一类快乐。

杜继文
2008 年 8 月

献 给

张萸——我永恒的家

前言

一

任何一种哲学,如果离开它借以产生的社会生活和文化背景,都是难以理解的,研究古代的佛教哲学就遇到这种情况。关于佛教创始人乔答摩·悉达多的生卒年代,至今还没有一个科学的定论,对他所处的社会性质和政治形势有许多异说,为他创教提供的思想文化条件也很模糊。因此,暂时只能就教言教,从佛籍自身探索佛教的哲学内涵,这样或许反而有助于弄清产生它的历史环境。

佛教哲学蕴藏在庞杂的佛教经典中,探究佛教的哲学内涵,也只能依赖佛教经典自身的陈述。国外运用佛籍从事佛教哲学研究的论著就有不少,已经译成中文的也有好几种,但所依据的原典多属巴利文、梵文或藏文系统,于汉文系统则挖掘和利用不足。相比之下,汉文译籍中保存的佛籍既多,承载的各派佛教哲学也更加完备,如果不能充分运用,侈谈佛教哲学就难免支离和片面,由此为佛教哲学作出整体的结论,就可能臆测或武断。因此,对于汉译佛典中涉及的哲学问题,作一番比较系统的考察和研究,显得十分必要。

中国佛教当然是植根于中国的社会、时代和文化土壤,是中国历史的产物,但它借以产生和发展的思想资料,则是外来的佛教译典。中国的佛教哲学就是以译籍为据,通过崭新的阐释加以改造而创造和发展起来的。像天台宗宗《法华》,三论宗宗《中》、《百》、《十二门》,法相宗宗《唯识》,贤首宗宗《华严》,禅宗宗《楞伽》、《金刚》等等,少有例外。如果不了解它们所依据的这些原典,也就很难深入把握这些宗派的哲学基础。至于以某些经论为研习对象,从而形成一类专门的佛学,诸如般若学、毗昙学、涅槃学、成实学等等,更是如此。不了解这些经论的理论内容,我们就难以理解为什么在浩如烟海的佛籍中,中国佛学偏偏选择了这些典籍作为自己发挥的材料,当然也就难以理解它们与所依典籍间的距离。

从 19 世纪末开始,中国的佛学研究就呈曲折的上升势头,至今尤烈,但是把域外佛教思想作为一个整体进行系统研究的则不多见。这不利于中外佛教的比较,也影响对佛教思想的全面认识和对中国佛教哲学特点的把握——尽管这方面已有一些论著,而且还发生过争论。

以上可以说是我试图探索汉译佛经中哲学问题的近因。

至于远因,可以推到 20 世纪 60 年代初。那是一个全国饥饿、也是全民反省的时期。文化领域反省的结果之一,是文化遗产必须抢救,佛教文化就是受到抢救而且颇见成效的一个重要项目。具体措施大约有两项:一是整理和出版《中华大藏经》,一是培养佛教研究人才。这两项任务,主要委托给当时担任中国科学院哲学社会科学部学部委员的吕澂先生筹划。为了《中华大藏经》的整理和出版,吕先生撰写了《新编汉文大藏经目录》,并引发了一些不同的意见。直到拨乱反正,国务院古籍整理出版规划小组请时任世界宗教研究所所长的任继愈教授重新启动,经过十余年数百人的努力,《中华大藏经·正续》终得完成(《续编》仍在继续)。至于培养佛教研究人才,则交由吕澂先生主办佛教学习班去兑现;学员从全国各地方科学院系统推荐。我是被内蒙古科学分院推荐来的,与我同学的还有来自北京和上海的两位,总共是三个人。那时吕先生住在南京慈悲巷的一座小楼中,我们被安排在总统府内的一座独门独院的小楼,环境都非常的好。我在大学时代,曾听过任先生讲的隋唐佛教哲学,印象很深。这次到了南京,又吃惊于佛教竟会拥有那么多的典籍——这些典籍可能讲些什么呢?为什么会被保留下来而且流传得如此久远?于是我忽然产生了想翻翻这些一直尘封着的老古董的念头,因此,在认真听取吕师授课的同时,也吃力地去阅读那些与我平日的思想情趣、知识结构和生活经历完全不同而又令我感到艰涩难懂的佛家原始经典。按照佛教学习班的计划,结业需要五年,由于多种原因,我读了两年多就回到我在呼和浩特的家了。但研读佛教原典的兴趣没有停止下来。感谢吕师!他对我寄去的读经报告,总是逐字逐句地批阅,指正我的错误,给我以激励,令我得以窥见这个文化宝藏的丰硕。到了80年代初,任继愈师要我到北大去开一门佛教哲学概论的选修课——这也是北大设置宗教专业的最早尝试——我奉命讲了一个学期,实际也是对我先前研读佛典的一个小结,学生们既感到新鲜,反映也还不错,所以一直想整理出来,但接着其他事情纷至沓来,竟无暇再去触动那些旧稿。现在终于有机会把所读过的经典心得写出来,总算是完成了我多年的想法,也给那些好心地责备我不务正业的同事和同学们的一个回报。

二

众所周知,佛教典籍数量巨大,浩如烟海;仅汉文的译籍,为数也很可观。据吕澂先生《新编中华大藏经目录》,从东汉末年到北宋,约九百年时间,陆续翻译并流传下来的域外佛典,包括经、律、论、密在内,大概有一千五百种、五千六百卷以上①,不但数量多,所涉内容也极为驳杂,一个人要想全部一一考察,非常困难,所以不得不有所选择。我这里选择

---

① 这是经过修订的数字。若按历代经录,数量要大得多。

的重点是:一、对中国思想和佛教哲学影响重大的经论;二、经论中具有哲学普遍意义的部分。这个"具有哲学普遍意义"的范围,学界的认识可能见仁见智,我这里是广义的,不但包括世界观、人生观和认识论、方法论,也涉及价值观、伦理观和心理学以及宗教所特有的某些观念。

在佛典的汉文翻译史上,始终存在"文"、"质"两派。东晋道安已有"三不易"、"五失本"的感叹。鸠摩罗什更是牢骚满腹,认为翻译如同嚼饭与人,原味全失,所以他不但译文流畅,有时还干脆改变原文。他们或者主张,或者不得不让翻译适应当时人们的需要。当然,也有的译家相对来说是希望忠于原本的,像西晋的竺法护、唐代的玄奘和义净就很有名。然而不管如何,翻译毕竟是翻译,其主流意识是非中国传统的,而中国佛教基本上就是以这样一些非中国传统的译籍为思想资料确立和发展起来的。一些佛学大家依靠对译籍的注疏和著述发挥出种种别具特色的义理,规模也很庞大,入藏的汉文撰述中,仅中国部分就在五百八十部、四千一百卷以上。所有这类著述,大多是从社会的思想信仰需要出发,历史上极少有对佛教原典进行客观研究的。《坛经》所说,要"转《法华》"而"不被《法华》转",大体代表了中国佛教对于域外译籍的态度。正因其如此,我们可以用翻译的《法华》与被诠释的《法华》作比较,从中看出中外佛教的同异。

我在考察佛教经典哲学时,就比较注意汉文译籍承载的意识与中国固有意识间的一些交涉,看看中国佛教从译籍中吸取了哪些,又扬弃了哪些。我以为弄清楚这些问题,不但有助于理解中国佛教与域外佛教在观念上的区别,也有助于认识我国古代思维方式与域外某些思维方式上的差异。我认为,我们不妨把这些译籍作为一面镜子,以便更具体更生动地认识我们民族在思想观念和思维方式上的一些历史特点。

现在,我想先谈一点思维方式的问题。

从实用原则看,哲学讲的多半是抽象的问题,距离现实生活太远;但如果从思维方式来看,把哲学作为一个民族和国家的灵魂,也不过分。

不管自觉还是不自觉,哲学的认识论和方法论是植根于每个人的心灵深处的,无时无处不在支配着人们日常的思维方式和行为方式。所以自戊戌变法和五四运动以来,国内外的学术界开展对国民性的研究,其中重要的一项,就是思维方式问题。日本学者还有这方面的专门著作,中国学界也有不少看法,遗憾的是他们都没有从佛教传入中国这个方面思考,即对传入的域外佛教,中国接受了什么,拒绝了什么。这绝不是单纯的好恶问题,除了社会条件以外,我以为思维方式的关系绝大,不可忽视。

按我现在的佛教知识,进入中国内地的域外佛教,基本上有三个来源:一是古印度的社会和文化背景,二是希腊哲学的熏陶,三是中亚诸民族土著信仰的影响。译经内容之所以繁杂而丰富,与其形成的多头来源有直接关系。但若仅就哲学而言,我以为与以古希腊为源泉的西方哲学更加接近。

汉译佛典所反映的佛教哲学体系,大体可以归结为四种类型:

第一,有部哲学。它的基本命题是"法体恒有",整个体系建立在多元化的本体论基础上,采取对整体事物进行分析与还原为基本元素的方法,用以观察和解释有情众生以及与其相关联的物质现象和精神现象,包括这些现象的成因、变化规律及其可能的趋向,由此为佛教的基本教义业报轮回、无常无我、涅槃寂静作了第一个系统的理论证明。

第二,宗空哲学。它的基本命题是"四谛归于一谛",将佛教的全部真理最终归结为"空"。它继续有部的分析法和还原论,但把构造物质世界的"四大种"改为感觉的四要素,否定认识器官和对象在认识中的决定作用,而把意识的职能规定为制造名言,并认为名言即是不真,是世俗的成因和标志。这一哲学最系统地表达了佛教"灰身灭智"一派的观念。

第三,般若哲学。它的基本命题是"幻有性空",整个体系建立在怀疑论和不可知论基础上,采取揭示经验和概念内在矛盾的方法,否认人的认识具有把握客观真理的能力,着重考察和质疑理性思维,对语言概念的孤立性、片面性、凝固性和局限性,作了全力批判;同时确立两重真理观,强调与传统佛教和世俗生活的对立和协调。

第四,唯识哲学。它的基本命题是"唯识无境",其体系建立在以"一心"为世界和众生本体的一元论基础上,既吸收多元化的元素说而统归于一心,又吸取般若空观,以表明世界万物本为一心的外化,而用唯识解释性空。它对于精神的主体性和能动性的考察和论证,以及在运用经验、逻辑和心理体验等认识论方法上,都达到了佛教哲学的顶点。

这四个体系,贯穿在不甚相同的经籍和派别中。这些经籍和派别又各有特色,由此形成的思想理论,错综多样,但都可以集中到一点,那就是在宗教上,反对神创论,反对天帝创世造人和决定一切之说,而大力倡导业力创世说和业力决定论:个人自己决定自己的面貌和命运,也创造自己的生存环境;个人与环境在业力作用下是绝对同一的,所以个人必须对自己的行为负全部责任。它把痛苦的原因归诸"自我"的虚无和"真实"的不可得;痛苦的表现则集中反映在众生被紧紧缚结在业报法则的锁链中,不得自由;在业报法则面前,世间众生一律平等,不容消灭,不容转移,没有任何例外。这些基本观念,与中国的农业社会、自然经济和宗法关系是相适应的,所以佛教进入中国首先被接受的是因果报应,并成了贯穿中国佛教全部信仰的一条红线;相反,它也成了不能相容于古代印度的种姓制度,以及为一神教歧视的重要原因。其区别于其他宗教的特点,也在于此。

三

就以这四种哲学体系而论,既可以与西方哲学的某些派别进行比较,从而改写自黑格尔的《哲学史讲演录》以来西方对佛教哲学的认识,也可以作为古代的西方哲学史料,用来对照中国的传统哲学,充实中国哲学史的内容。显然,这两个方面的工作都嫌不够。

以中国哲学史来说,从胡适、冯友兰开始,都注意到了佛教哲学在中国哲学中的地位,但没有给译典哲学以应有的注意;使用的资料,基本上是中国佛徒写的注疏和著述,极少有向原典探索,并与原典进行比较的研究者。实际上,这种探索和比较研究,非常必要,现试从上述四个哲学体系来看:

第一,有部哲学在中国流行了约七百年。它对建立中国佛教的概念系统,确立三世因果以及无常、无我等基础观念,起了重大作用。但在方法论方面,几乎完全没有反映。有部的"缘起"、"无我"等理论基础和业报法则的宗教观念,都是建立在对具体人的破拆上:人是像车一样被业力逐一地拼装起来的复合物;拼造人的部件,乃是既有的永恒不变的元素;业力承载这些元素构造具体人的过程,也就是因缘的和合过程,因此"人"只是诸元素的聚集,并在"三世轮回"中不断生灭变易,所以说为"无我"。这种方法是分析的、还原的,我们在古代希腊哲学的原子论中可以见到它的影子,也与现代西方科学哲学中的要素论大体一致。但中国的情况就很不相同:中国佛教将"无我"亦译为"非身",意思是说,有形的身体是要变异及至死亡的,但灵魂(识神)不灭。人的一切品格行为,以至三世因果,最终都要由同一个灵魂来承担,这就是有名的"形灭神不灭"。在中国佛教这里,灵魂是始终如一的整体,"因缘"只是为这一整体制造现实生活的条件,离开这永恒的整体,所有的因缘既无意义,也不能成立。这种方法就是综合的、整体的。举例说,在所谓"五道轮回"中,人与狗是不同的两道,按有部的解释,构造两者的元素及其排列组合,绝对不同,其"体"非一、不可能是同一个主体,所以是"无常"、"无我";中国佛教承认人与狗有本质的区别,相对于他们的身形和生活方式来说,也是"无常"、"无我",但两者完全可以是"一体"的不同表现:造狗的业行同做人的业行,完全能够综合到同一个灵体上,而且只有综合到这同一个灵体上,业报之说才有教化的功能。中国佛教戒律中规定戒杀中有一条理由,就是为了避免把过去世的父母亲属当做畜类杀害。

有部在中国流行了那么多年,译出的论籍之多、之完整,超过佛教任何一个派别。它的功能集中反映在上述因果律和给宗法关系作论证方面。它的方法论,甚至它的认识论,几乎没有人触动过,以致最终湮没在历史的长河中,这是否与它的分析法和还原论不被中国文化传统所接受有关?这是个很值得研究的问题。中国佛教自南北朝就公开批评这种方法论;隋代吉藏更明确将它归为"小乘拆法明空",表示十分鄙视。中国佛教对待分析法的这种态度,也可以看做是整个中国文化的一种反映。

当代有学者认为,西方的思维方法是分析的,东方的思维方法是综合的。据此认定,西方的方法是机械的、科学的、理性而非人道的;东方则是艺术的、形象的、反科学的、非理性而人道的。如果承认佛教是东方宗教,那么,有部哲学显示的方法论,就是标准的分析,所以这个判断很难成立。西方有部名著叫《人是机器》,是18世纪法国的拉美特里写的;有部哲学从一开始就以车为喻,把人视为机械的拼凑,这在4世纪汉译的《那先比丘经》中有极生动的表述。应该说,这两者在方法论上是同一的。它们把分析法绝对化,以致形成一种机械的方法论,人们拒绝接受这种机械性是可以理解的,也是应该的。但是,假若因为分析法可能导致机械论,就全盘否定,甚至引申到与整体观绝对对立的地步,那问题的性质就变了。譬如,今天有些学者就在大力抨击分析法、还原论,而把中国古代的整体观,尤其是所谓"人天观"视为中国传统的国宝,用来对抗西方以解剖、实验和逻辑为基础的思维方式,就涉及既是传统的、也是现实的许许多多问题,而最终排斥近现代科学,导向神秘主义,就是弊端之一。这里且让我们读一段恩格斯的有关评论:"在希腊人那里——正因为他们还没有进步到对自然界的解剖和分析——自然界还被当做一个整体而从总的方面来观察。自然现象的总联系还没有在细节方面得到证明,这种联系对希腊人来说是直接的直观的结果。这里就存在着希腊哲学的缺陷,由于这些缺陷,它在以后就必须屈服于另一种观点。"①

这说明,一、整体观并非古代中国的特产,也是古希腊的思维特点,是早期人类对自然界直观的结果,具有共性;二、建立在直觉上的整体观并非是完美的,而是有"缺陷"的,这"缺陷"在于"混沌",没有"细节方面"的证明,一句话,"没有进步到对自然界的解剖和分析"。因此,直觉的整体观被解剖和分析所取代,是认识的进步,是历史的必然;中国古代没有走到解剖和分析这个阶段,是同样性质的"缺陷"。时至如今,依旧以直觉的整体观骄人,以致对抗分析的方法,无疑就是倒退;如果跟着别人也喊些反科学反理性的口号,那就该引起警觉了。恩格斯在讲到辩证法的第三个形态时说:"在希腊人那里是天才的直觉的东西,在我们这里是严格科学的以实验为依据的研究的结果,因而也就具有确定得多和明白得多的形式。"②任何正确的思维过程,既是综合的,也是分析的,是分析与综合的统一过程。在认识论中,整体与部分是一对相互联系、相互依存的范畴;观察整体而不及它的组成部分,这个整体最多是一个空洞的抽象,只有深入到它的内部构件、成分、要素、性能等等,以及它们之间的排列组合、内外联系,才有可能达到对整体事物的真实把握,从抽象上升到具体。具体是多样性的统一,而不是直观的统觉。我们提倡奠基在科学基础上的辩证的思维方式。

有部哲学与机械论相近,是走向了另一个极端。它不了解综合的意义,没有把部分的组合提高到整体观念上去把握,或不承认整体具有部分所没有的新质,没有认识到综合所知与分析所知是两种有着"质"的不同的认识,这也是整个域外佛教的缺陷,它们的"无我"论主要是从这一缺陷中推导出来的。中国佛教加以排斥,理由是充分的,但同时不接受它的分析方法,包括它的分类及为概念下定义的方式,也一并摈弃了它

---

① 恩格斯:《自然辩证法》中的《反杜林旧序·论辩证法》,《马克思恩格斯选集》第三卷,人民出版社,1972年,第468页。
② 参见《自然辩证法·导言》,《马克思恩格斯选集》第三卷,人民出版社,1972年,第454页。

力求使许多混沌、模糊的观念得以清晰明白的长处,这应该说是一种损失,一种与我们传统思维方式密切相关的损失。

第二,所谓"宗空哲学",我这里是特指《成实论》的世界观和认识论。此论在中国最为短命,从它的译出到它最后被定位为"小乘空宗"而退出流通领域,也就存活了一百五十年的时间。为什么它会盛行于南北朝,一度成为佛教显学,可又迅速衰竭?古代一些学僧有些分析。依现在的眼光看,一个健康的社会或健康的心理,很难容纳它的社会观和人生观。在基本观念上,至少有两点与中国的传统相悖:一、它歌颂绝对的死亡,所谓"灰身灭智",与中国大众普遍的重生观念难以调和;二、它公然宣扬利己主义而贬斥利他主义,在以"天下为公"的儒家氛围中难以被接受。

此外,还有一大原因,是它运用的依旧是有部的分析方法,而且用这一方法把"地水火风"分解为"色香味触",从而把物质世界的基础,由物质的元素转换成感觉的要素。这是对世界构成作出的原则性修正,关系异常重大。对此,中国佛教是有反应的,东晋慧远和鸠摩罗什还有过讨论,但影响甚微。它把感觉要素视为真实,把一切名言概念归于意识的主观造作,在中国缺乏相应的思想基础。但西方不同。从贝克莱的"存在就是被感知",到马赫的"要素一元论",从哲学到科学,无论在认识论还是方法论上,都有许多与《成实论》相通的地方。它们最后都可以归于主观唯心主义范围。

我并不赞同这类哲学,只是想说明,《成实论》的思维特色与中国传统的思维方式更难相应,倒是在西方哲学中能够找到共鸣。这也是值得我们思考的现象之一。

第三,般若哲学在中国流布的时间最长,也最具生命力。它的经典译传进来,是在 2 世纪下半叶,到了魏晋玄学时代,就已风靡上层士大夫。尽管作为一个学派(以大乘中观派为代表)大约到鸠摩罗什就算终结了,有关般若的著作,至唐玄奘作了全集性的编译,也告结束。但是,般若之作为一股思潮,可以说与中国佛教共行,从来没有消失过,与有部和宗空思潮中途夭折的命运截然相反。中国诸大宗派不受般若洗礼的几乎没有,在民间流行最广的佛教哲学读本,也是般若类的《金刚经》和《心经》。这又是可供探讨的一大精神现象。

从根本上说,般若哲学属于怀疑论和不可知论范畴。怀疑论和不可知论也是西方的一大思潮,从古希腊到近现代,可以数出一连串哲学家的名字,可见这一思潮的产生和流行有一些共同的原因。就般若在中国之所以会长期流行而言,可以指出三点:一、古代中国社会始终有一个游离于朝野的士大夫阶层,他们拥有知识,观察敏锐,但身世遭遇往往起伏很大,既能够飞黄腾达,也容易衰败没落,由此形成的性格,往往患得患失,彷徨无措,既不满于现状,又无力改变现状,因此需要发泄,需要自慰,也需要表现,甚至愤懑和反抗,这个时候,般若的蔑视世俗、鄙薄言教的批判精神就非常容易触发共鸣。二、在文化领域,于儒家之外的老庄道家哲学,尤其是庄子哲学,与般若哲学有许多相通之处,因而很容易得到道家的响应和借鉴;历史上有过佛家对《老子》的贬黜,但从来没有批评过《庄子》,这中间透露的消息,就是两者确有相通之处。三、语言概念在认识世界和人际交流中的特殊作用,使它们与所反映的"实"以及所表达的"意"之间,存在极其复杂的辩证关系,既是认识通向真理的中介,也是导致谬误的重要环节,因此在中国也会得到重视,更有积极意义。

因此,对般若学的社会文化评价,大体可以与老庄接近:既可以培育出刚正不阿、特立独行、富有批判精神的个性来,也可以导致放荡不羁,左右逢源,看来自由,实无操持的品行。般若的理论重点在揭示概念、判断以及一切思维形式的内在矛盾,因而在哲学认识论方面有深层探索,这又与荀卿、董仲舒的思想及《周易》、玄学等有关"名"与"实"、"言"与"意"的讨论极为相近,尽管在思维深度和思想趋向上,不能完全相比。

如众所知,西方怀疑论曾是探索和创新的向导,所以至今还把怀疑精神当做科学精神的组成要素,在认识世界和改造世界中有着积极作用。中国般若学对于禅宗的独立和创新运动,也曾发挥过巨大的支持作用,但总的趋势却是消极的,它的末流还成了避世或混世的口实。

第四,唯识哲学事实上是佛教哲学的主流。它几乎贯彻在所有汉译的佛典中,即使说一切有部那样唯物主义因素极强的论著,也未能避免。同是域外的唯识学,有客观唯心论,有主观唯心论,有讲心性本净,有讲心性不净,有讲"性"后天缘起,有讲"性"先天决定,这一类主张,在中国古代哲学和教育学中都能找到相应的说法。但最终而言,中国唯识学与中国儒学的主流派殊途同归,理论上归于"性善",认识和实践上则归于"内省",这与域外的唯识学就有很大的区别。

瑜伽行派是唯识学的集大成者,传入中国的是两个思想系统,所谓旧译的九识说(如来藏缘起说)和新译的八识说(阿赖耶缘起说)。其实不论哪种主张,都与中国佛教的诠释有所差异。这些差异并非表现在性善、性恶,以及一切众生是否平等地具有佛性上,而是在是否承认有一个认识和觉悟的客体上。域外的唯识学坚持,这样的客体是存在的,不论叫做真谛、真如、真实或阿耨多罗三藐三菩提、无上正等正觉等,总而言之,它不是"众生心"自身,而是众生心必须认识和把握的客观对象。为了把握真实性,必须从事种种修行,其中固然有内心的修养,但也有特定的社会活动。中国佛教唯识学的代表作是《大乘起信论》,它把能认识的智慧和所认识的真如一并包容在众生的"一心"中,这"一心"的本质就是"觉",是智与理的完满统一,从而将"真实"的客观性取消,剩下的只是自心由"本觉"到"不觉",以及由"不觉"回归"本觉"的内在运动。"觉"的本质是"静",亦即是"空",心之由静转动,从空到有,是本觉趋向不觉的表现,也是世俗世界和世俗人生的原因;由动归静,从有至空,则是从不觉回归本觉的反应,也是超凡脱俗、成圣成佛的过程。这种唯识哲学的"心"是自满自足的,它的全部理论就是为自满自足作论证,因而等于取消了认识论应该涉及的基本内容,变成了单纯修养上的内省。这与儒家对"正心修身"的一些解释完全协调起来。

五四运动前后,学术界曾讨论过我们民族的国民性问题,当时也涉及中国传统上的这个特点。有一种说法认为,中国是主静的、内向的民族,西方则是主动的、外向的国家,并以此作为比较两者优劣的尺度。这个尺度能够在多大程度上反映历史的实际,那是另一个问题,但说明中国唯识哲学最后归于内省一途,确非偶然;它的影响也延续到了今天,而且负面的效果实在大于正面作用。当今《老子》之所以在某些特殊行业中走红,与《老子》被解读成一部主静崇无的书就大有关系。

从整体上说,不论说一切有、一切空,还是般若、唯识,佛教哲学都很清楚地把主体与客体区分开来,不管它指谓的客体是否是物质的存在。但同时应该强调,这种区分的前提,是两者的不可分离:人与世界不可分离,心理与生理不可分离,思想与境界不可分离,一句话,主体与客体不可分离。假若仅仅从主体不能脱离客体而独立存在的意义上看,这些说法无疑是正确的。问题是,佛教哲学认为,颠倒过来也同样如此。在佛教眼里,世界也不能离开人而独立自存,生理离不开心理,境界离不开思想,总之客体与主体是绝对并存共亡的。所以所谓"三界五道",既指"有情世间",也指"器世间",是一而二、二而一的;在业报轮回方面,"正报"(指身)与"依报"(指身依存的环境)也总是相应并存,所以"依正"是一对须臾不离的概念。这是一种哲学观念,也是一种思维方式,在佛教各派中早已习以为常,是不证自明的,我们看不到有什么异议;在西方的某些哲学派别中,则成了自觉建立各自体系的理论基石,像维也纳学派提出的"原则同格",明确规定"自我"同"非我"(环境)不可分,而以自我为中心项,就是一种典型。类似"原则同格"的主张很多,尤其在科学哲学领域,但这类主张在西方也同时遭到严重的质疑和批评。那么,问题出在哪里呢?

我认为,佛教哲学原则上是人本主义的。尽管它讲"三界五道",其实还是以人为本。虽然"天"的层次最高,但佛教并不以"天"为最高理想;佛只能由人来修,由人来作,"天"却无缘。人的思想行为就是"业",说业力决定一切,等于说人的思想行为决定一切。于是人的能力就被无限地和无条件地夸大了：人既能创造人的自身主体，也能创造人所依存的客观世界。这当然是一种颠倒认识，是违背科学的。现代西方一些哲学派别，片面强调人的主体性，甚至否认客观规律的存在，犯的错误与佛教哲学其实是相似的，区别在于，这类西方哲学派别有意地撇开了本体论，回避讨论世界本原、本体以及物质和意识谁是第一性等问题，而只限定在认识论范围内讨论认识问题。这样，问题的性质就完全变了：因为在认识范围，客观世界实际上已经被转化为内在的认识对象，实质是主体的感觉经验和表象概念，如果据此断定客体决不可离开主体而独立存在，理由当然是充分的。佛教到了瑜伽唯识阶段，也将重点从本体论转向了认识论，将它的研究对象明确地放到了"所知"上，把"所知"（略称"所"）与"能知"（略称"能"）的关系作为唯一的讨论区域，对于"能"、"所"之外，即认识之外的问题，是决不正面置词的。当前对于佛家因明的研究，我认为有些缺憾，主要是忽视了唯识学的这种主客观"同格"的特点；西方的一些物理学家对唯识哲学感兴趣，恐怕也与它的主客观"同格"的思维方式有关。

总而言之，只要把佛教译籍蕴含的哲学思想，从方法论、认识论，以至世界观、价值观和伦理观等诸方面，同佛教在中国实际流传的相关思想作个比较，就会了解，中国对域外的东西，接受了什么，拒绝了什么，重视了什么，忽略了什么。我认为，这种比较，不只对全面总结我们的传统文化有益，也对建设我们今天的新文化有参考价值，而不仅限于对佛教自身的认识。这是整理和研究佛教译籍的一个大前提。我这里所作的只是一个尝试，粗糙和不足是可以预见的，但若能由此引起学界的一些兴趣，那就很有意义了。

佛教哲学素以烦琐著称，有许多论题与现实生活毫无关联。但是若从中体会它对于现象观察的细致和对事物及其过程"细节"的执著，从那种精神、那种方法中得到启发，肯定会有所裨益。我们善于概括，长于从本质、从整体观察和思考问题，如果加上对枝末细节的认真，减少一些差不多、想当然的粗疏,那么中国老传统的"实事求是",就可能在新时代发扬光大,一直影响到我们思维方式的进步。

其实,汉译佛经也是中国古代的外国哲学史料。怎样才能提高人的思维能力,使人变得更聪明些?当然首先在于求知,而学习哲学史知识,就是途径之一。因为由此可以知道,人的思想是从哪里来的,如何才能使得认识趋向正确,而少犯错误。当然,我决不赞成所有人都来研究和学习佛教哲学。应该学习的是辩证唯物论和历史唯物论;即使西方哲学,值得研究和学习的东西也更多。但在佛教文化的维护和研究中,把注意力也向佛教哲学方面作些倾斜,实在必要;尽管会遇到许多困难,但还是值得的。

杜继文

目 录

上 卷 原始佛教与部派佛教的基本教义和经典

第一章 佛教的基础教义和基础概念 1
第一节 佛教的世界图式:"三界"和"四劫" 2
一、世界的结构 2
二、世界的生灭运动 15
第二节 人类"本原"论和人生"缘起"说 19
一、人的"本原"和国家等级制度 20
二、人的"缘起"和三世因果 23
第三节 论人的本质和人生的本质:"无常"、"无我"、"空"及"苦" 35
一、"因缘"观的开展 37
二、"因缘"观的缺陷 42
第四节 "因缘和合"和基本元素论:"蕴、处、界" 47
一、"五蕴"论 48
二、所谓"十二处"和"十八界" 52
第五节 佛教的宗教观和价值观:"业报"与"涅槃" 54
第六节 通向涅槃之路:修道与道果 64
一、佛教实践的第一种分类:"戒、定、慧" 66
二、佛教实践的多种分类:"三十七道品" 99

三、修习的次第和终极归宿:"道阶"与"涅槃" 104
第七节　结语 110
　　一、生死问题 110
　　二、苦乐问题 114
　　三、自由和"无我"问题 118
　　四、因果问题 122

第二章　论《阿含经》——早期经典汇编 135
第一节　《阿含经》总论 135
　　一、两种文本的《阿含经》及其史料价值 135
　　二、传说中的《阿含经》结集和"经"的地位:"律"与"法"的原始分歧
　　　　与对立 140
　　三、传说中的《经藏》及《阿含经》的原貌 145
　　四、《阿含经》所反映的佛教内外文化背景 151
第二节　《杂阿含经》的法相释义和基本教理 156
　　一、论"五受阴"和"涅槃" 159
　　二、论"六入"和"关闭根门" 183
　　三、论"界"、"缘起"和"法界常住" 195
　　四、论"四谛"结构 205
　　五、附记 209
第三节　《中阿含经》中的诸弟子和佛教走向社会 227
　　一、诸佛弟子的佛教观 230
　　二、佛教走向社会和教义世俗化 268
　　三、附记 291
第四节　《增一阿含经》:佛教内外发展的历史图景 294
　　一、关于《序品》和《分别功德论》 295
　　二、关于《增一》的"十一事"结构 314
　　三、"十念"与"三论" 316
　　四、业报法则向避苦求乐的倾斜 328
　　五、"辟支佛部"和佛说"三乘" 334
　　六、佛弟子群与法出多门 340
　　七、从禁欲厌世向大乘空观转变的若干轨迹 350

第五节 《长阿含经》关于佛和世界的格式化以及驳难"外道"、"异见" 357

一、"七佛"论和成佛的格式 358

二、释迦佛的教化及其涅槃 365

三、世纪论、人原论、种姓论、缘起论 371

四、外道与诸见 377

第三章 部派佛教概略 393

一、关于大众部 398

二、关于上座部 402

三、关于说一切有部 404

第四章 说一切有部的发展线索和主要论著 412

一、有部思想的演化梗概 412

二、有部主要论著中的主要论点 421

第五章 论有部的哲学体系 503

第一节 有部的方法论特征 503

一、"破析"与"和合" 506

二、"区别义类"和"诠名定实" 516

第二节 论认识的条件和认识的结构 531

一、认识的两个必要条件 531

二、意识与前五识关系 535

三、感知和思维的结构与功能 537

第三节 "心所法"建立的心理系统 544

一、"大地法"十种 544

二、"大善地法"十种 545

三、"大烦恼地法"六种 546

四、"大不善地法"两种 546

五、"小烦恼地法"十种 547

六、"不定心所"四种 547

七、附论："智"、"忍"与"现观"、"内证" 548

第四节 论"一切有"：多元化的本体论 553

一、"法体恒有":物种不变与自性不空 556

二、"三世实有"和四种萨婆多 563

三、"识不缘无境":"所缘有"的基本命题 572

第五节 "缘起"论:世界万物的产生和变化 574
一、"缘生"论和"因缘"观 575
二、"生"、"得"与"根"、"业"和它们在缘起中的功能 589

第六节 "二谛"说:"假有"的真实性 603

第七节 有部论著中的菩萨观和大乘因素 610

第六章 《成实论》的宗空和厌生哲学 619

第一节 背景、原则、方法 621
一、立论的佛学背景和"十论" 621
二、立论的最高原则:"法相"的"自思维"原则 623
三、"二门"的表述方法和"二谛"的表义的方法 626
四、语与"人"和语与"义" 629

第二节 有论与无论 633
一、驳"说有者"论 633
二、驳"说无者"论 636
三、一切"可知可说" 640
四、论"有"的层次性:二种"有" 643

第三节 色论 646
一、"四大"元素向"四尘"要素的转换 647
二、"根"、"尘"从认识之因缘地位的跌落 652

第四节 心论 656
一、"识"生之因缘和可知之领域 656
二、心的性质:有数与无数、一与多、染与净 661
三、论"识"与"智"以及心的运动形式 666

第五节 论心的"想"、"受"、"行"形态 669
一、论"想"的思维形式:取相和假名 670
二、论"受":"苦"的根基 672
三、论"行"与意志 675
四、"五受阴"和人生价值观 677

第六节 论"四谛归一谛":终极目标和通达的途径 681
一、论"三心"和"灭三心" 681

4

二、论"四谛归一谛"和"止观共行"　*686*

本卷结语　*692*
　　一　原始佛教　*692*
　　二　部派佛教　*707*

第一章　佛教的基础教义和基础概念

佛教有一系列独特的概念和范畴,用以表达它们独特的思想理念。这些概念和范畴同其思想体系互依互存,不可分割。其中有些概念和范畴属于基础性的,内涵和外延比较明确,不论哪个佛教派别,都要使用,或不得不使用;有些则比较抽象空泛,成为各个派别具体发挥的主要领域,也是各派哲学差别的所在;还有一些概念范畴则为有关派别所独有,只具有该派别的理论意义,为该派哲学体系所用。这些复杂的情况,给初次接触佛教哲学的人增加了许多困难,对于不甚熟悉佛教的人来说,更觉麻烦。为了方便这些读者,我想应该首先对佛教的一些基础教义和基础概念作个通俗的介绍。

佛陀的创教思想及其原始教义,现在已很难说得十分清楚。目前佛教史研究上所谓的"原始佛教",多半是根据现有记载的推论和猜想,还远不能说是客观准确的陈述。但是,有些教义和概念具有相当的普遍性和稳定性,不论佛教的哪个派别和哪个时期的佛典,无不作为阐发或议论的对象,至少成为不可回避的话题,它们有可能就是接近原始佛教的主张。因此可以说,它的基础教义和基础概念,也可以看做"原始佛教"。

第一节　佛教的世界图式:"三界"和"四劫"

佛教关于世界的结构及其循环生灭规律的描述,相当稳定。《长阿含经》所收最后一分经叫《世记经》,就是比较系统地介绍这个世界图式的。这一分经,西晋时已被译出,名《(大)楼炭经》,六卷;到了隋代,又有两次重译,分别名《起世经》和《起世因本经》,均扩展为十卷。有关这一世界图式的构想,也散见于佛教的其他典籍,尤以《俱舍论》的《分别世品》最为简要系统。这些记载在细节上有所差异,但概貌大同,为域外佛教所共同信奉。佛教通常称谓的"世界",就是指这个图式,它的世界观也是在这个图式基础上发展起来的。

一、世界的结构

《世记经·阎浮提洲品》对整个"世界"有个概说:

> 如一日月周行四天下光明所照,如是千世界;千世界中有千日月,千须弥山王;四千天下,四千大天下;四千海水四千大海,四千龙四千大龙,四千金翅鸟四千大金翅鸟,四千恶道四千大恶道,七千大树,八千大泥犁,十千大山,千阎罗王,千四天王,千忉利天,千焰摩天,千兜率天,千化自在天,千他化自在天,千梵天,是为小千世界。如一小千世界,尔所小千千世界,是为中千世界。如一中千世界,尔所中千千世界,是为三千大千世界。如是世界周匝成败,众生所居,名一佛刹。

这里的"佛刹",指一佛出世和教化的范围,即所谓"大千世界"或"三千大千世界";它们的共性是"同成同坏",遵循共同的生灭规律。一般将释迦牟尼佛教化的那个三千大千世界叫做"娑婆世界",意译"堪忍世界"或"忍世界"。这三千大千世界中,每一个世界都包括三个层面,即下有"地狱"(泥犁),中间为人与其他动物的生活区,上空则有多重"天"居住。

他们都属于"有情"。"有情"泛指一切有情感、有识别能力的生类，亦称"众生"。这些"世界"中的日月山海大地房屋宫殿等，通称"器世间"，而生活于器世间的地狱、龙鸟、牲畜、鬼魂以及人、天等，名为"有情世间"。

所谓"天"，亦译为"天神"，是佛教世界分类中等级最高的一类"有情"。这类有情构成与人类居处全然不同的世界，分属于"欲界"、"色界"和"无色界"，即所谓"三界"；"三界"虽然各有自己的本质属性，但同为"世界"的构成部分，所以"三界"也可以作为"世界"的同义语。三界都是有情住处，等于"有情界"，却不都是"器世界"。其中的"无色界"，即以无任何物质性的存在为特征。

1. 关于"欲界"

三界中的"欲界"，相当于我们常人生活和熟悉的这个世界，包括自然界、社会、国家，以及宗教设想的天堂和地狱。"食色，性也"；具有"性"与"食"的欲望和活动是生存于"欲界"的一切众生的共性，所以《俱舍论》定义"欲界"之"欲"为"段食，淫所引贪"。"贪"就含有食欲和性欲的意思。但广义上，"欲"指"五欲娱乐"，即贪求、追逐和沉迷于由眼耳鼻舌身等感官触受到色声香味触等所得的愉悦和快乐，是对感官快乐的爱恋和欲望，也是"食色"的延伸。

"欲界"是佛教世界结构学说中最具体也最生动的部分。据《俱舍论》等说，这个世界的整体，建造在虚空中，呈圆形而有上下层次。它的最下层是"风轮"，风轮之上是"水轮"，水轮之上是"金轮"。金轮的直径为十二亿三千四百五十"踰缮那"，周围成三十六亿一万零三百五十"踰缮那"；其上布有九大山，"须弥山"（意译"妙高山"，新译"苏迷卢"）居中，为其余八大山所围绕，因此号称"山王"，是由一个日月照明的小世界的中心。在此八山中，最外一层名"铁轮山"，因其周匝如轮，而围成一个"世界"。九山之间有八海，最外一海，水咸，名"外海"；余七名"内海"，水甜。

在"外海"中有四大洲，或称之为"四天下"，分别面对须弥山的四个方向：其中"阎浮提"是处于南部的一个洲，亦译"赡部洲"、"南赡部洲"；

其东曰"胜身洲";西名"牛货洲";北名"俱卢洲"。此四大洲侧又各有两个中洲,共八中洲。所有这些洲,皆是人类所住处,但形体不同。人的面形与其所居的地形一样,如北俱卢洲形方、西牛货洲面圆、东胜身洲犹如半月等。佛教最关心的是南赡部洲,它的地形是北广南狭,两边等长,大致与印度半岛的形状相近。此洲从中向北三处,各有三重"黑山";黑山北有"大雪山",雪山北有"香醉山",在这两山之间有池,曰"阿耨达池",意译"无热恼"。此池东有流入东海的恒伽河(亦译"殑伽河",即发源于喜马拉雅山麓,流经印度和孟加拉的恒河),池南有流入南海的新头河(即源于我国西藏冈底斯山西麓,经印度、巴基斯坦流入阿拉伯海的印度河),池西有婆叉河(亦译"缚刍河",指源于帕米尔,西流曲折、汇合瓦赫什河后之阿姆河)流入西海,北有斯陀河(亦译"徙多河",源于帕米尔,流入我国新疆之叶儿羌河,或包括塔里木河)流入北海。雪山右面,是著名的"毗舍离城"(今印度木札法普尔区之毗萨罗)。因此,这赡部洲实际上是以印度和中亚为原型构想出来的一块大陆。佛教以佛教的产地为赡部洲的中心,故称印度为"中国";称古代中国为"支那"、"震旦"等,或尊称"摩诃至那"、"摩诃震丹"。佛教对古代中国的这些称谓,可能从希腊、罗马和西亚等地沿袭来的,有多种解释,一般没有贬义,有时被视为边鄙之地。总之,我国也被安置在南赡部洲这块大陆上。

对于佛教,尤其是大乘佛教而言,南赡部洲具有特别的意义:第一,在"三界"四大洲中,据说唯有此处备有"金刚座";菩萨若要成佛,必须升于此座得"金刚喻定",所以南赡部洲也是整个宇宙中唯一可能成佛的地区。第二,"地狱"是众生受苦的处所,也集中在此洲的地下,"阎魔罗王国"就在其中。因此,从接受极苦到修道成佛,这两个极端都存在于南赡部洲中;释迦佛教化的"娑婆世界",有的佛典即释为赡部洲。

此外,《世记经》等还特别关注北部的郁单越洲,即新译之北俱卢洲。此洲当是早期佛教所理想的一个世界。它不但自然条件优越,山明水秀,树木繁盛,花果飘香,而且土地平坦,尘秽不起,"阴阳调柔,四时和顺"，既无蚊虻，亦无恶兽。土地自然生有粳米，不假樵火，不劳人工，香甜可食；花果繁茂，自然生出种种衣服，种种庄严饰物，供随时穿着修饰。到处都是美丽的花园，人们永远像二十许那样年轻。没有嫁娶，没有家庭；男女相悦，非常自由，只要两相情愿，园中树木会自然曲荫，为双方行欲提供条件。人的一生只有欢乐，没有病痛，寿命均为千岁，不会中夭。这里描绘的郁单越洲的景象，就成了后来佛教创造佛国净土的一种样板。

作为世界中心的须弥山，深入海水之中而突出于海水之上，成为地上的最高点，按北东南西四方，依次由金、银、吠琉璃、颇胝迦等四宝组成，日月众星绕空旋转。"其山直上无有阿曲；生种种树，树出众香，香遍山林；多诸贤圣，大神妙天之所居止。"通向山上有三重阶道，均有鬼神居住；下阶道住者名伽楼罗足，中阶道住者名持鬘，上阶道住者名喜乐。在须弥山下半有四陲出，"斜低曲临海上"；其上为"四大王天"所居宫殿。须弥山顶则是"三十三天"的天宫所在。过三十三天之上，有"焰摩天宫"；焰摩天宫上边有"兜率天宫"；再上是"化自在天宫"；最上有"他化自在天宫"。从"四大王天"到"他化自在天"，共有六重大，皆属于"欲界"范围，通称"欲界六天"。最下两重天的宫殿建在须弥山上，故名"地居天"；其余四重天的天宫位于须弥山的上空，名"空居天"。日月星辰属于空居天，也有天宫、天子在。

关于须弥山的这些说法，包含着丰富的神话，是佛教神话宝库中的重要部分，同时与佛教的教义和宗教实践有密切的关联。尤其是须弥山作为众神的居处，其生活情状很有些像希腊神话中的奥林匹斯山：生活虽然快乐，但也有险恶，而人情味十足。

"欲界"共有六层"天"，所居有情称"六欲天"。那里的自然环境都异常优美，到处是山水树果，花香鸟鸣；城垣规模宏大壮观，宫殿富丽豪华，全是用金银等"七宝"装饰。《世记经·切利天品》谓"天有十法"，说他们都能飞去飞来，无限数，无障碍，身无皮骨血肉，无不净大小便，无疲极，目不眴,天女不产,身随意现诸形色,而且处处可以游戏娱乐,生活都很快活。然而"六欲天"之间也有许多等级差别,处于须弥山上的叫做"地居天";在须弥山上空的称"空居天"——日月星辰也都有"天"居住,亦名空居天。

地居天最低一层叫"四大王天",亦称四大天王、四王天、四天王等。他们的任务是分别护卫上述的"四天下"。他们的名字,东曰"持国天",南曰"增长天",西是"广目天",北为"多闻天"。一般多用他们的音译,即东"多罗吒",南"毗琉璃",西"毗留博叉",北"毗沙门"。据传说,毗沙门是地方、国家和军队的保护神,在西域和内地的佛教中都有极高的威望。中国古代传说中的托塔天王,可能就脱胎于此。四天王的领地,又分四层,下三层是四天王所部的"天众"居处,最高层为四天王及其眷属的住处;其余有七大金山,亦有天居,乃四天王所领封邑。总称此四王天及其部属曰"四天王众天"。

居须弥山顶的叫"三十三天",又名"忉利天";忉利天的中心是天"帝释"所居,称"帝释天";此天的四方各有八大天王,对天帝释起拱卫作用,故总名"三十三天"。所谓"帝释",本名"释提桓因",新译"释迦提婆因达罗",意谓"能天帝"。"天帝",是须弥山诸天的最高统治者,也能号令所有"六欲天",可以视为欲界诸天的领袖;他所居住的宫殿华贵殊胜,称"帝释宫"。据传,佛母死后即生于此天,佛曾上升到这里为母说法,西晋译《佛升忉利天为母说法经》和《道神足无极变化经》讲的就是这个故事。为佛造像,在佛教中推行偶像崇拜,其起因就与这个故事有关:佛升忉利天以后,阎浮提人思念不已,于是造作佛像供奉,以释怀念之情。"帝释"后来则成了佛的忠实信徒和护法者。

空居天(《俱舍论》亦称"有色诸天")最低一重的"焰摩天",也译"夜摩天",意为"时分"。据传此天因享受"五欲乐"而至于乐极,乃时时高唱"快哉";统率此天的天主名"须夜摩天王"。次上的一重"兜率天",或译为"睹史多天",意译"知足"、"喜足",意谓这里所享"五欲"之乐,已经达到世间可以充分满足的程度,是足够足够的了;它的天主名"删兜率天王"。据说,菩萨历劫修行到了将要成佛的阶段,首先要上升到这重天上居住,然后再选择适宜的时机和父母,由这里下生到阎浮提投胎长大,出家成佛。因此,"兜率天宫"也成了一切候补佛的居留地。释迦牟尼是这样成佛的,现在世则住着未来佛弥勒;晋宋间译出的《观弥勒菩萨上生兜率天经》、《弥勒下生经》等,就是专以弥勒为典范讲述菩萨成佛前后这一经历的。由于"兜率天"既是充满喜乐的世界,在成佛中又有这样特殊的位置,因而受到一部分佛教徒的向往,在中国佛教中形成"弥勒上生"信仰一派,构成净土信仰的重要一支;弥勒的下生信仰,也来源于此。

空居天中的"化自在天",亦称"乐变化天"。据说此天能随自己的意念,自由变显种种"五欲"境界,供自己娱乐之用;其主名"善化天王"。至于最上的那重"他化自在天",也叫"他化乐天"、"自在天",则能随意将他化的乐事供自己享用,掠夺他人创造的乐事供自己享乐,故《大智度论》卷九谓:"此天夺他所化而自娱乐。"但有关此天的传说不尽一样。有说,此天的天主名"自在天王",乃是世界万物的创造主和主宰者;或说此天就是源自婆罗门教中的"湿婆",别名"大自在天",音译"摩诃首罗";或谓"涂炭外道"奉祀的天神,就是此天。像大乘《百论》等佛典特别批判"自在天"创世说,指的也应该是这一天主。也有的说,"他化自在天"乃是佛教经籍中经常称谓的"天魔"、"天子魔";他们的天主名"波旬",所谓"魔王波旬"、"魔波旬"。"魔"是佛教修道的大敌,是佛道的对立面,也是修道过程必然伴生的干扰者和破坏者,"波旬"就是魔的象征,是群魔的领袖。然而《世记经·忉利天品》则谓,在"他化自在天"之上另有一天,即名"魔天"。据此,则"魔"自成一重天,加上通称的"六欲天",应该是"欲界七天"了。

"魔"与"佛"是一对人格化了的矛盾。专门同佛教作对的"魔",地位极高,被列为"天"的一种,而且安置在"欲界"的顶端,由此给佛教信仰者和修持者带来的鞭策和其他象征意义,是可想而知的。

然而"天"亦有敌,此类天敌意译"非天",音译"阿修罗"、"阿须伦"等。按《世记经》和《楼炭经》等记,阿修罗聚居于须弥山北或山四面的大海深处,其最底层由风轮支撑。他们所处的自然景象、城垣规模、宫殿设施,以及生活娱乐,与诸天完全相等。有说,他们的王者名"罗呵阿须伦",亦称"罗睺罗阿修罗";有说,他们共有四王,分别住在四海深处;有说他们的王很多,分布各处,可以继承。总之,海面之下全是阿修罗的天下。但阿修罗似乎永远不满足于现状,力图上升为天,集中力量夺取"天帝释"的王位,所以与帝释间的武装冲突,也就成了永远没有终结的事件。据说,原因是,阿须伦自认为"有大威德,神力不少",不满于"忉利天、日月、诸天常在虚空,于我顶上游行自在",遂欲取而代之,以日月为其耳珰,能自在游行。于是阿须伦王号召大小阿须伦,全副武装,兵杖宝铠,驾乘宝车,围绕出境,欲与天斗。这一动向首先被海上诸大龙王觉察,身绕须弥山,尾击大海水,波涌须弥山顶,向忉利天告警。同时诸龙兵众无数,皆持弓矢刀剑等兵杖,逆与阿须伦共战;战而不胜,则退住须弥山底层的"持花鬼神界"、"常乐鬼神界"等,与诸鬼神联合再战,一直到了四大天王处,抗战依旧不胜。"天帝释"乃与其他"忉利天",上至"他化自在天"在内的一切天发出声令,各率所部诸天兵众,分别把守须弥山四面。于是帝释统率所有天龙鬼神,自出天宫,与阿须伦共斗:诸天"以锋刃加阿须伦身,其身不伤,但刃触而已";阿须伦"以锋刃加诸天身,但触而已,不能伤损"。这样一场惊天动海的大战,尽管总是以阿须伦的失败告终,不得不重归大海,但这种战争的危机,却永远没有消除的时候,不时就会爆发。

这里顺便说到"龙"。"龙"在佛教传说里,也是重要的一类有情。"龙"的音译为"那伽",居于河海等水域,能呼风唤雨,其首领为"龙王",以所居的水域不同,有各自名称、各自性格、各种形状。其行为则有善有恶:善者或为诸天部众,或归依佛教,成为佛陀护卫;恶者则凶残杀戮,为害众生。后来大乘兴起的咒术一道,就有咒龙降雨一项,企图用神秘的咒语,控制和利用"龙"的施雨功能。据近代研究,"那伽"也是印度古代一个种族的名称;他们崇拜龙蛇,分布在今印度东北之阿萨密和缅甸西北一带。

《世记经》有《龙鸟品》,是把"龙"与"金翅鸟"并提的。他们都由卵、胎、湿、化等四种方式生成。"龙"居大海水底,"龙王"所住龙宫,亦是七宝构造,同样树木成行,百鸟和鸣。大海北岸有大树名"究摩埯罗摩",为"金翅鸟"和"龙"所共有。此树的四方,则有"金翅鸟"和"龙"各自建造的宫殿,而"金翅鸟"专以"龙"为食。届时,"金翅鸟"从树飞下,以翅搏大海,搏起海水千百"由旬",取"龙"食之,随意自在。但对于大"龙","金翅鸟"无能为力,不能得之。因此龙鸟之间的斗争,也不会休止。按"金翅鸟",亦译"食吐悲苦声",本义为"羽毛美丽",也是古印度传说中的鸟类,后来佛教也把它收入佛陀的护法行列。

"龙"与"金翅鸟"都属于"畜生"类,是畜生类中的富贵而有势力者。畜生,新译"傍生",作为众生的一类,包括除人类以外的一切大小动物。按照《瑜伽师地论》卷四给予的定性,他们是"更相残害,如羸弱者为诸强力之所杀害",这说的是动物界的自然规律;或不自在,"他所驱驰,多被鞭打,与彼人、天为资生具",这说的是被驯化了的家畜。这里想象的龙与鸟,就具有这样的双重身份。

比"畜生"还要低一级的众生类,叫做"饿鬼"。有说,"饿鬼"类就是"鬼"类,但"鬼"又多与"鬼神"连用,而鬼神的地位似乎并不低。《世记经》所记的鬼神种类就颇多,例如须弥山上四大天王都拥有鬼神,其"毗沙门王常有五大鬼神侍卫左右","阿须伦"亦以鬼神作侍卫。《忉利天品》则说:"一切人民所居舍宅,皆有鬼神,无有空者;一切街巷四衢道中、屠儿市肆及丘冢间,皆有鬼神,无有空者。凡诸鬼神皆随所依,即以为名,依人名人,依村名村,依城名城,依国名国,依土名土,依山名山,依河名河……一切树木,极小如车轴者,皆有鬼神依止,无有空者。"这样,鬼神就成了遍及世界一切有情和非情的生类;世界有多大,鬼神的分布就有多广;物种有多少,物种的个体有多少,鬼神就会有多少。世界本质上充满了鬼神。因此,"一切男子女人,初始生时,皆有鬼神随逐拥护;若其死时,彼守护鬼摄其精气,其人则死"。这类鬼神论,在许多大乘经,例如《大集经》、《金光明经》等中都有相当的发挥。其中依人的鬼神作了人的一生的监督和记录者;另一些著名的鬼神,则常在世间巡视,监察人的善恶行为,一并作为人死之后总清算的根据。但也有许多著名的鬼神归依了佛陀,成了佛的侍卫者。这类说法被纳入佛教,在推动民间普遍迷信中,起了很大的作用。

"饿鬼",亦译"鬼",但与上述鬼神不同,佛教就把他们另列一类。《大智度论》卷三〇则分鬼为两种,其无威德、常受饥渴之苦者,名为"饿鬼",如果有威德、能享受福乐者,叫做"弊鬼"。鬼神中的鬼,当属弊鬼之一种。而"饿鬼"的共性,是永远处于极度饥渴之中,即使面对美食佳肴,唾手可得,在他们那里也会变成脓血粪便而不可食。关于饿鬼的居处,说法也不相同。有说,他们即在人世间;有说,阎浮提地下五百由旬有他们自己的世界,即名"饿鬼世界"。还有说,他们只居于人间坟地或其他黑暗处;又有说,他们受"阎摩王"管辖,在阎摩王界。这些说法中,有许多是与所谓"地狱"混在一起的。

"地狱"的音译很多,如"泥犁耶"、"奈落迦"等,意译或称"苦具"、"不乐"等,也是佛教宗教想象中的一大类有情,称"地狱众生";但它同时又是一个地理概念。那么,地狱在哪里?说法颇多。据《世记经·地狱品》,在"四天下"之外的大海上有两座"大金刚山",两山之间乃日月照明不到之所,地狱就在那里。前述《俱舍论》所传,只有南赡部洲的地下深处有地狱存在;此外还有一些零散的地狱,差别多种,处所不定,或地上空处,或江河、山边、旷野,称为"孤地狱"或"边地狱"。其所以被称为"孤"或"边",是相对于地狱的集中区而言的:传说中的地狱集中区由"八大地狱"构成。围绕此八大地狱还各有十六个小地狱,整个形成一个黑暗无边、受苦无极的世界。其中最低的一层,名"无间地狱",音译"阿鼻地狱",备受罪苦无有间歇。事实上,许多佛经把地狱说得无所不在,似乎一言不合,大地就会裂开,下边就是地狱,候君入内。

地狱是苦的集中表征。所有地狱几乎全都施行酷刑。那刑具之多,刑罚之残忍,竟能被如此想象出来,而且用言语描绘出来,这本身就令人悚然。

就在阎浮提南的"金刚山"内,有"阎罗王"宫。"阎罗"亦译"阎摩"、"琰魔"等,意译甚多,有"双世"、"缚"、"可怖众"等。其王亦略称"阎王",佛教一般视他为地狱主,是入狱众生的最高审理者和处分者。王城七重,一如龙宫。有七重栏楯、七重罗网、七重行树,以至无数种鸟相和悲鸣。阎王及其大臣过着极苦与极乐交叉的双重生活:一面处于极恐怖中,昼夜三时要接受"大狱卒"以热铁浇灌之刑,以至通身无不焦烂;但另一方面,"受罪讫已,复与诸彩女共相娱乐"。阎罗王有三种"使者",分别名生、老、病,专司接收命终的罪人,交由狱卒诣阎王所诘讯;罪人经审判后付诸狱卒,送到"大地狱"。在每次审判定罪之后,阎王都要向罪犯郑重宣布:"今汝受罪,非父母过,非兄弟过,亦非天帝、亦非先祖,亦非知识、童仆、使人,亦非沙门、婆罗门过,汝自有恶,汝今自受。""自作自受"是佛教的根本大旨,在这里被反复提示出来,作为对世人的警示。

佛教关于"阎罗王"的构想不一而足。《俱舍论》等将他归为鬼或饿鬼的统治者,谓此赡部洲下,"有琰魔王国",是"诸鬼本处";诸鬼"从此展转散居余处。或有端严,具大威德,受诸富乐,自在如天;或有饥羸,颜貌丑陋"(卷一一)。其他如《地藏菩萨本愿经》将地狱主记为地藏菩萨。《阎罗王五天使经》说阎罗有五类使者,在生、老、病之外,还有"死"与"治罪"。《翻译名义集》卷二谓阎摩乃兄妹二人,兄治男犯,妹治女犯,故名"双世"、"双王"。慧琳《一切经音义》卷五谓其应翻为"平等王",任务是"司典生死罪福之业,主守地狱……役使鬼卒,于五趣之中追摄罪人,捶拷治罚,决断善恶"。

综上所述,地狱、傍生、鬼、人及阿修罗、六欲天并器世间,都属"三界"中的"欲界"。就是说,"欲界"自身包括了天堂、人间和地狱三重完全不同的世界,其天、人、阿修罗、畜生、鬼、地狱众生等六类有情,被称为"六趣"或"六道";像有部等则将"阿修罗"列为"天"或"鬼"的一道,所以也称"五趣"或"五道"。

《俱舍论》卷八说:"若有情界从自在天至地狱,若器世界乃至风轮,皆欲界摄。"这可看做对整个欲界的概略。

2. 关于"色界"和"无色界"

"世界"并没有到此为止。还有两种世界,完全没有"食、色"类"贪欲"存在,那就是超越"欲界"范围、从精神到形体都与"欲界"众生完全不同的有情,即所谓"色界"和"无色界"。

"色界"位于"欲界"之上的高空中,由"器及有情"两部分构成。此处的"器"指色界有情——即色界诸天居住的宫殿。这类宫殿随居住于其中的有情而生灭,是绝对的主客体同一,通名"色界天",或称"禅天"、"空居天"、"静虑天"等。这些"天",既指有情界,也指器世界,是有情界和器世界的浑然一体。

《世记经·忉利天品》在讲到欲界的最高天"他化自在天"和"魔天"后,接着说,他们上边居有"色界众生",总计为"二十二种"。这二十二种中,又分四大层次,即一,"梵天",亦名"初禅天"、"初静虑天",中有四天,所谓梵身天、梵辅天、梵众天、大梵天";二名"第二禅天"或"第二静虑天",也有四天,所谓"光天、少光天、无量光天、光音天";三名"第三禅天",计有"净天、少净天、无量净天、遍净天";四名"第四禅天",包括的天数最多,所谓"严饰天、小严饰天、无量严饰天、严饰果实天、无想天、无造天、无热天、善见天、大善见天、阿迦尼吒天"等十种。

关于"色界"有这四层的分类,在佛教内部没有歧义,但每层的天数和名称,则不全同。《俱舍论》卷八等说,"色界"四静虑处总有十七或十六天。第一静虑处只有三天,无"梵身天",或"大梵天"与"梵辅天"为同一天;第二静虑处,也只有三天,没有"光天",并改"光音天"为"极光净天";第三静虑处的四天中无"净天";第四静虑处变十天为八天,即"无云天、福生天、广果天、无烦天、无热天、善现天、善见天、色究竟天"。据称,这些色天居处,也各有自己的园林宫殿;诸天之间,身形相状、衣冠威德等有异,神通大小和感官多寡以及主观感受各有不同,所食也有差别。

此中与印度古代宗教传说最密切的是"初禅天"。初禅天以"梵"命名,也以"梵"为特征,即所谓"梵天"。梵天居住的地方,叫"梵宫"。按字义说,"梵"是"清静、离欲"的意思。色界诸天的共性,是无"淫欲",无任何形态的性生活,也不食人间烟火,因而也没有对"段食"的食欲。广义上,初禅以上都已离欲,均属无欲者的世界;但由于初禅天是初离欲界,即以离欲为自性,故特称"梵界"。

"梵"在婆罗门教和印度教中,是一个带有本体、本原意义的概念;它的神格称为"梵天",被认为是世界的创造主、宇宙万物的根源和主宰,尽管他的地位和作用在不同的时期和不同的教派中有极不相同的诠释。佛教是在婆罗门教文化氛围中产生的一种新思潮,因而处理与梵及梵天的关系,至为重要。在我们论述到佛教的早期思想和宗教观念时,几乎一刻也离不开婆罗门教,包括梵天信仰这一大背景。

"梵"音译"梵摩"、"婆罗贺摩"等。佛教借用它说明远离情欲和食欲,身心寂静的修持和状态,多拿来自称。所谓梵刹、梵宇、梵室、梵筵、梵经、梵典、梵服、梵音、梵呗、梵心等,都是佛教的自指;有时也称自己的出家修习曰"梵行",将出家修习者通名之"梵志"。诸如此类,大略可见佛教受婆罗门教的影响,以及对婆罗门教的尊重。但佛教把"梵天"置于紧挨"欲界"的"色界"最下层,意谓是"离欲"的初级阶段,距离终极目标还十分遥远,所以尽管地位异常显赫,但评价却不高。由于"梵天"曾是古印度人普遍向往的宗教世界,佛教把它列为三界六道的一种,同生死轮回的一切有情平等地放在一个位次上,通归属于"世间"范畴,从而剥夺了此天的神圣性和永恒性以及享有的种种特权,尤其是创世权和主宰权。

此初禅天,也总名"梵世"、"梵伽夷天"。此天之主是"大梵天",亦名"大梵王";"梵辅天"则指梵王的辅臣;"梵众天"是隶属于此天的大众。因此,"梵天"的核心是大梵天王,一切以梵王的意志为转移。梵王名"尸弃",或称"尸弃大梵"。"尸弃"意译顶髻、火等,所以亦有称其为"持髻梵王"而视为整个"娑婆世界"之主者。婆罗门教有关梵王创世的教义,是佛教抨击最激烈的部分之一,同时承认此"天"的真实存在,并将他收进自己的世界构图中。到了大乘,干脆让尸弃梵王归依于佛,成为佛在天上的又一位重要侍者。佛教称谓的"千世界",实际上就止于"梵世"。《俱舍论》卷一一:"千四大洲乃至梵世,如是总说为一小千。"因此,佛能够教化的范围,也止于此天。梵天以上,看不到佛的踪迹。

但在大千世界和人类的起源上,"第二禅天"的地位也很重要。二禅诸天以普遍具有光明为特点。其中的"光音天",即《俱舍论》中的"极光净天",是佛教宇宙构图中极重要的环节。此天的译名很多,其特征是,诸天之间不用音声语言沟通,而以身心所发光明传递信息。将语言转化为光,是一个极有创意的想象。在佛教传统神话中,世间众生之所以能够生于大地并逐渐繁衍成长起来,是一个漫长的过程;最初就是由于业力的作用,令"光音天"的有情下生而至于"梵天";然后又经"梵天"而下生于地成为人类,所以"光音天"实际上是人类的远祖。这个神话明显地具有反婆罗门教的梵天造人说。于是《俱舍论》卷八总结说:"此欲界上处有十七,谓三静虑处各有三,第四静虑处独有八,器及有情总名色界。"而第三、第四禅天的情形,极少有具体的描述。

"无色界"在"欲界"和"色界"之外。据《俱舍论》卷八:"无色界中都无有处:以无色法,无有方所;过去、未来无表、无色,不住方所,理决然故。"据此,"无色界"不占有任何空间,没有任何物质性存在,因而也无法确定其实际的方位。生活在这个世界的有情"无色天",也没有什么具体的形体相状,"但异熟生差别有四:一空无边处,二识无边处,三无所有处,四非想非非想处;如是四种名无色界"。关于这四种无色界天的名字,《世记经》记为"空智天"、"识智天"、"无所有智天"、"有想无想智天"。顾名思义,他们的存在与某种"智"有关,这种"智"实是由特种心理形成的一类程度不同的精神混沌状态,所以佛教自身也很少有更详细的说明。

到此为止,由三界、六道(或五道),有情界和器世界的世界图式就基本勾画完成了。一小世界是这个模样,一千小世界也是这个模样,三千大千世界还是这个模样。世界可以有无限多,但模式只有这一个。其中"三界"的"欲界",当是依据世人的实际生活创造的神话;所谓"色界"和"无色界",则是依据"四禅"和"四无色定"这两种特殊的禅定和心理经验产生的想象,我们以后还要详说。

二、世界的生灭运动

三界六道(或五道)的世界图式是永恒的、不变的;但这个图式的实现,它的具体存在形式,则实现在永不停止的生灭运动之中。汉语"世界"这个词,与"世间"的含义相当,都是来自佛教,表示这是一种迁流坏灭的领域,所以"世界"本身就含有变化的意思。也可以说,上述那个不变的世界图式,只适应世界的相对稳定期,是世界最完全时期的反应。三千大千世界中的任何一个世界和任何事物,都处在不断毁坏又不断生成的过程中,"有情界"和"器世界"本质上都是"无常"的。就一小世界的整体言,它的演变可分为四个阶段,所谓"坏、成、住、空";其中每一阶段的时间跨度都非常长,以至于用一般计时单位无法度量,不得不用"劫"这样一个单位进行计算。"劫"为梵文"劫波"之略,意译"长时、大时"等,佛教有很多计算的方法,实际上却是个很模糊的概念,除了说明时间极长极长之外,很难与我们的计时单位联系起来。"劫"有大、中、小之分,整个世界的"坏、成、住、空"就属于"大劫",略称"四大劫"。《世记经·三灾品》谓:"有四事长久,无量无限,不可以日月岁数而称计。"这"四事"指的就是此"四大劫":"一者,世间灾渐起,坏此世时",是谓"坏劫";"二者,此世间坏已,中间空旷,无有世间",即名"空劫";"三者,天地初起,向欲成时",此为"成劫";"四者,天地成已,久住不坏",即是"住劫"。上述的世界图式,就是"住劫"的典型形态。

《俱舍论》卷一二关于这四劫有较详细的描述:其中"坏劫者,谓从地狱有情不复生,至外器都尽",须经二十个"中劫",所以是一个漫长的渐坏渐灭过程。它从"地狱有情命终无复新生"开始,至"地狱无一有情,尔时名为地狱已坏";那些罪苦未曾受尽的有情,则转移到了其他世界的地狱中继续受苦。所谓"傍生、鬼趣",也是这样。人、天有些特殊。其中"人天杂居者",即处于"欲界"中的人、天,可以通过禅定,"命终并得生梵世中",住进"初禅天";直到"人趣无一有情,尔时名为人趣已坏"。同样道理,欲界六天尽坏,乃至欲界无一有情,"名欲界中有情已坏"。"色界"的"梵世"也要灭坏,其规律基本上与人天杂居者同。先是梵世有情修第二静虑,"命终,并得生极光净天;乃至梵世中有情都尽,如是名已坏有情世间"。在这里,"梵世"的灭坏就标志着二禅天以下"有情"的全部灭坏,剩下的"唯器世间空旷而住"。接着是"七日"同现,诸海干竭,众山同燃;风吹猛焰,烧上天宫,乃至梵宫也灰烬无遗,而起自地下的恶火焰则烧自地宫,如是器世间焚烧至尽。

所谓"空劫","谓此世间,灾所坏已,二十中劫,唯有虚空"。因为唯有虚空,所以也没有什么可以描绘的。接下去就是"成劫"。

"成劫",叙述的是器世界和众生界逐渐形成和产生的过程,也历时二十个"中劫",其标志是"从风起乃至地狱始有情生"。据说,"空劫"之后,"空中渐有微细风生,是器世间将成前相";此风逐渐增盛,形成"风轮"。于是循序生成前述之水轮、金轮等,再逐步"成立大梵王宫,乃至夜摩宫";或说为,先有大梵王宫等,而后才有风轮等的生成,总之,此即"谓成立外器世间"。而后就是有情世间的生成:"初一有情'极光净'殁,生大梵处,为大梵王;后诸有情,亦从彼殁,有生梵辅、有生梵众、有生他化自在天宫,渐渐下生乃至人趣俱卢、牛货、胜身、赡部,后生饿鬼、傍生、地狱。法尔:后坏必最初成"。世界成立的顺序是,先于初"中劫"中生成器世间,再于后十九个"中劫"中渐住"有情";"有情"始自"色界"的第二层"极光净天",完成于"地狱"。这与世界坏灭的顺序是先自地狱、后至器世界,恰好相反。

"成劫"之后复有二十中劫,"名成已住",即是"住劫"。"住劫"以人的寿量计算:在住劫初,人寿开始从无量时渐减,减至只有十年,名为"初一中劫";此后再由十年增至八万年,以及由八万年减至十年,名第二中劫;如此类推,一增一减,构成其余中劫。所谓"中劫"的时量,均如此计算。

于是世界历"四大劫"八十中劫;或说"四种劫",总八十中劫而为"一大劫"。佛教即以此"一大劫"作为另一种常用的计算单位,所谓"三劫阿僧企耶"(意译"三劫无数")中"三劫"的"劫",指的就是一大劫。

"坏、空、成、住"是世界变化的永恒模式,也是世界中一切事物和行为的存在形式。但它的适应范围,以及在三界六道中的表现形态并不相同。"器世间"的成坏只涉及下自"地狱"上至"梵世",至于四静虑处中的上三静虑处没有提及;"有情世间"也是下自"地狱有情"上至"大梵天王",没有谈到二禅天以上的诸有情,更没有"四无色界"的"四无色天"。然而这并不意味着"二禅天"以上的器世界和有情界,就不受生灭无常的规律制约了。事实并非如此。因为"坏劫"来时,将反复出现火、水、风三大灾;其中梵界即初禅天,是经"火灾"烧毁的;二禅诸天则由"水灾"毁灭;三禅诸天的毁坏,是"风灾"的结果。这种遭灾被灭的情景,与修习前三禅的阶段性和水平不够有直接关系;所以凡修第四禅的有情,就可以上生到第四静虑处的"果实天"(一说"净居天")上;"果实天"及其以上诸"天",有抗三大天灾的能力,可以免受这些灾难之苦,是故第四禅亦名"不动地":不为天灾所动也。因此,不受天灾所灭,不等于二禅以上和无色界的有情可以逃避生死无常的枷锁。《忉利品》说,任何天神都有特定的寿命,像"色界"的最高天所谓"色究竟天",最多寿命不过"五千劫";

17

"无色界"的最上层天是"有想无想天,寿命八万四千劫",因此,即使时间再长,也终有一死。此品还特别指出,"齐此为众生、齐此为寿命、齐此为世界,齐此名为生老病死、往来所趣"。意谓,即使不亡于"三灾",也要寿尽而终,不管你天神有多大的灵通和有多长的寿命。

在人类的生成中,特别突出了来自"光音天"的"梵天"的地位和作用。显然,这有向婆罗门教的"梵天创世"说妥协的嫌疑,也与佛教不得不顾及婆罗门教在社会民众中的传统影响有关。任何一种学说,哪怕是宗教想象,都不能脱离当时当地可能提供的思想材料。

"三界"中的"无色界",没有器世间,"无色有情"也没有体形。对于这样一种世界的情状,佛教经籍极少描述,但论及的频率却不低。这主要与佛教的特殊实践"禅定"和心理体验有关,一般人没有这样的体验,所以也很难理解,显得神秘。

"生、老、病、死"是佛教对人生过程作的一种概括;将它推及考察世上一切事物,则说为"生、住、异、灭",略称"有为法四相"。"有为法"也是佛教的重要概念,被用来说明一切有此"四相"的现象;反过来说,凡具"有为四相"的事物,就是"有为法"。"三千大千世界"中的一切,就都属"有为法",而"坏、空、成、住"四劫,则是对这大千世界总体存在过程的表述,是"有为四相"的特殊表现。

于是,整个世界以及这世界中的所有事物,无不处在生灭变化中;但这变化,只沿着同一个定式运行,周而复始地循环不已。三界的结构,有情的六道,过去如此,现在如此,未来还是如此,这就是世界及其演化的全部图式。这个图式中没有发展的地位,所以本质上只能是重复的、封闭的、僵化的,是纯粹想象的产物。

但是应该强调,这种想象并非完全是空穴来风,它有禅定这类宗教实践的主观经验作基础,后来又得到佛教哲学的论证。正是在这一想象之中,表现出了佛教与其他宗教极不相同的本体论和宇宙观,那就是,世界,无论是物质的还是宗教的,都不是由某个天神或上帝创造出来的,而是一个没有开端也无终结的,按成、住、坏、灭规律永恒循环运转的客体。在这个客体之外,别无本体。因此,佛教不承认有什么造物主,也没有创世纪。佛教崇拜的"佛",乃是觉者、智者,即认识和把握了世界和人生真理并用以启示其余众生的导师,而且只有在特定的地区和特定的时间里产生。按《俱舍论》卷一二说,唯有"从此洲(即赡部洲)人寿八万岁渐减、乃至寿极百年,于此中间诸佛出现",其余皆属无佛世界。因此,佛不是创世造物者,世界人生也不以佛的意志为转移;不论有佛无佛,世界总是如此。佛都是这样的,当然更不会承认有其他创世造物者。佛教与婆罗门教在宇宙观上的根本分歧,就集中在这里:佛教不承认并激烈抨击天神是世界的创造者和众生的主宰者。至于世界为什么只能是上面描绘的那种相貌,早期佛教很少有正面的回答,后期佛教则多答以"共业";就是说,世界之所以采取如此图式,本质上是众生业力共同作用的结果;至于世界呈现的诸多差别,那就归于众生的"别业"所造。

第二节 人类"本原"论和人生"缘起"说

按佛教的世界图式,"人"作为"类",与三界六道的其他有情类一样,也是永恒的存在;抽象地说,既无所谓生也无所谓灭。然而具体到某个劫期,人类则有生有灭。这种生灭体现和反映在上述"四大劫"的自然运转上,那就是"人"来源于"天",我这里暂称为人类的"本原"论;作为个体的人,生死频繁,那是由"因缘"决定的;用"因缘"解释每个人的生死命运,一般叫做"缘起"说或"缘生"说。这两种说法,都可以视为佛教的"原人论"①,不过佛教讲得最多的是"缘起"说。缘起或缘生的思想散见于佛教种种经论,不论是对佛教的哲学理论,还是对佛教的社会实践,其影响都是首屈一指,无与伦比,所以也有学者把佛教的思想特色就归结为"缘

---

① 唐宗密撰有《原人论》,是中国佛教对人类起源的理解,可与此处介绍的域外佛教说法相比较。

起"说。

一、人的"本原"和国家等级制度

1. 从天到人的堕落

按"四大劫"的循环运转,作为六道之一的"人",应该生成于"成劫",毁灭于"坏劫";稳定地生活于"住劫",完全消失于"空劫"。人类的这一成一坏,一住一空,是自然律,"法尔"如此,无需任何证明,也不受任何外在神力或个体意志的干预,所以也是必然的,不可转移的。《世记经·世本缘品》对于人生之初有颇长的一段叙述,可以说是佛教关于人类本原最原始的材料:

> 此世天地还欲成时,有余众生福尽、行尽、命尽,于"光音天"命终,生空梵处;于彼生染著心,爱乐于彼,愿余众生共生彼处。发此念已,有余众生福行命尽,于"光音天"身坏命终,生空梵处。时先生梵天即自念言:我是梵王、大梵天王,无造我者,我自然有,无所承受;于千世界最得自在,善诸义趣,富有丰饶,能造化万物,我即一切众生父母。其后来诸梵,复自念言:彼先梵天即是梵王、大梵天王,彼自然有,无造彼者,于千世界最尊第一,无所承受;善诸义趣,富有丰饶,能造万物,是众生父母,我从彼有。

此处"梵王"与"梵众"公认"大梵天王"为"造化万物"之土,是"一切众生父母"的说法,是婆罗门教的标准教义,佛教加以引用,表示这一切无非是梵天们的自我臆想,事实远非如此:大梵也须有"承受",亦非"自然有",更不"自在",因为他们是来自另外一重天的死者,是"光音天"的堕落者,并且将来也不能免于死亡。在这里,决定他们命运的是他们的"业",以及由"业"制约的"寿命",和必须经历的"劫"。不论是谁,都必须服从业报法则。所以《世本缘品》继续说:

> 其后,此世还欲变时,有余众生福尽、行尽、命尽,从"光音天"命

终来生此间……身光自照,神足飞空,安乐无碍,久住此间。尔时无有男女、尊卑、上下,亦无异名,众共生世,故名"众生"。是时此地有自然地味出,凝停于地,犹如醍醐……味甜如蜜,其后众生以手试尝……觉好遂生味著;如是展转,尝之不已,遂生贪著;便以手掬,便成抟食,抟食不已。余众生见,复效食之,食之不已。时此众生身体粗涩,光明转灭,无复神足,不能飞行。

按佛教的通常说法,"抟食"(指用牙齿咀嚼而食)是人类生活的标志之一,因此,"天"上的一部分有情下生于"此世"地上,就标志着人类的开端。不过他们来自的那个"天",尽管也是"梵天",却是比"梵天"高一等的"光音天"。这样,"光音天"的地位被提升了,婆罗门崇拜的"梵天"就被矮化了。现在有人设想,人类不是像达尔文说的那样,是来自地球生物自身的长期进化,而是从"天外来客"带到地球上的人种中发育起来的。显然,这一设想毫无新意,它的"发明权"最早应该归于佛教。

《世记经·世本缘品》继续说,"光音"诸天下生的初期,大地是一片黑暗,全凭众生自身发光照明;及至"抟食",身体粗涩,光明自然隐没;于是"法尔"自然得有日、月生成。"因日月有热,因热有炙,因炙有汗,因汗成江河,故世间有江河"。又有大风,"从不败世界吹种子来生此国",于是世间有了由根、茎、节、籽等构成的植物。是时,以"劫初众生食地味已,久住于世。其食多者颜色粗悴,其食少者颜色光润;然后乃知众生颜色、形貌优劣,互相是非,言我胜汝,汝不如我。以其心存彼我,怀诤竞故,地味消竭……尔时众生聚集一处,懊恼悲泣,椎胸而言:咄哉,为祸"。其后有众生嫌粳米须日日收获,辛苦疲劳,乃一次并获数日粮,遂使众生竞聚余粮,由此"共封田宅,以分疆畔……计有彼我。其后遂自藏己米,盗他田谷",引发争打,世间转恶,"遂生忧结、热恼苦报。此是生老病死之原,坠堕恶趣"。

这一段说明人类是众生堕落的结果;其于地上世间的堕落,则始于贪"食":"食"为人生之本,也是人生变化的第一动力。世间的彼我是非,忧愁懊恼,皆出于贪食和谋食。食也是淫欲的源泉,是男女相悦、组成家庭的起点,因而也是衣服、房舍和城市等文明的起点。

2. 国家和种姓制度的起源

"食"在早期佛教中受到重视的程度,可以说是无以复加的;它还是财产私有制的生物学基础,而私有制又是"民主"和国家产生的根源。《世本缘品》说,以"有田宅疆畔别异,故生诤讼,以致怨雠无能决者",于是众议:"我等今者宁可立一平等主,善护人民,赏善罚恶;我等众人各共减割以供给之。"时彼众中有一人,形质长大,容貌端正,甚有威德,众人即请立为主,彼即受之:"应赏者赏,应罚者罚,于是始有民主之名。"此"民主"谓人民的主管,有给人民当家做主的意思,也就是后来的国王、刹帝利。关于国家的起源,自古至今有许多学说,古希腊哲学有伊壁鸠鲁的"社会契约"说,而以近代法国卢梭的《社会契约论》(旧译《民约论》)影响最大。佛教在这里的设计,实质上把国家的最高统治者看做是民众自由推选的结果、国家是自愿协议的产物,所以也应该是此等学说的一个古老版本。但它不是产生在近代西方,而是在古老的东方①。

同一《世本缘品》还记,"刹帝利"种姓就是由"民主"长期辗转延续过来的,释迦牟尼即出身于这一种姓。"尔时有一众生作是念言;世间所有家属、万物,皆为刺棘、痈疮",于是"舍离家累,入山求道。以其能离恶不善法,因是称曰婆罗门";其中"有不能行禅者,便出山林,游于人间……名曰无禅婆罗门";还有"为不善法,施行毒法……遂便名毒。由此因缘,世间有婆罗门种。彼众生中习种种业,以自营生,因是故世间有居士种(按:'居士'的本意为'好营居业,多积财宝',特指商人)。彼众生中习诸技艺,以自生活,因是世间有首陀罗种(指'工巧匠')"。这里提到的四个

---

① 《俱舍论》卷一二讲到"杀害业"和"虚诳语"起源时,有这样一段话:"后时有王贪恪财物,不能均给国土人民,故贫匮人多行贼事;王为禁止,行轻重罚,为杀害业始于此时。时有罪人,心怖刑罚,覆藏其过,异想发言,虚诳语生,此时为首。"这段话有很强的政治倾向,值得回味的地方很多,可以作为佛教犯罪学的理论之一。

种姓,是古印度社会的主要等级。因此,这段话也就是对当时社会等级制何以形成所作的解释。《长阿含经》(略称《长阿含》)卷六的《小缘经》更专门对此四种姓的生因,作了相似的解释,别名就叫"四种姓本缘"。这一解释的最大特点,是把刹帝利的产生归结为"民主"的结果,是民约的产物,由此反对婆罗门教自称"大梵"所生,天然就该为民父母,在四种姓中最为高贵的种种说法。《世本缘品》把婆罗门分为三类,所谓"禅婆罗门"、"无禅婆罗门"以及行不善法的"毒婆罗门",这可能反映了婆罗门教在当时的现状,也表现了早期佛教对它采取的是有分析的态度。

将人之初定为诸"天"的下生,散见在其他经籍中也很多。《俱舍论》卷一二谓:"初一有情'极光净'(即光音天)殁,生大梵处,为大梵王;后诸有情,亦从彼殁,有生梵辅、有生梵众、有生他化自在天宫,渐渐下生乃至人趣俱卢、牛货、胜身、赡部,后生饿鬼、傍生、地狱。"按照这种说法,地上的一切"有情"种类都来自"极光净天";而"器世间"则形成于风、水、地、火。地水火风称做"四大",佛教哲学将它们归为"色法"的基本元素,这与古希腊原子论者提出的四元素(火、气、土、水)说完全一致。这种一致绝非偶然,古希腊哲学与古佛教哲学存在许多共性,"四大"只是表现之一。

二、人的"缘起"和三世因果

除了人类本于"天"、本于"食"之外,佛教还有专就个体而言的人本论或人原论,而且在佛教以后的发展中最终成为主流意见,那就是《人本欲生经》等论述的"缘生"论。

1. "人"本于"欲"和家庭及私有制的产生

《人本欲生经》是一本有思想史价值的书,传为后汉安世高译,也是最早进入中国的佛典之一;其后收入《中阿含》卷二四,名《大因经》;至北宋施护重译,名《大生义经》,可见其在中国佛教徒心目中的地位。此经为佛对其弟子阿难所说,谓"从有本生死……从本因缘生死"。意思是说,生死是有"本"的,此本即是"因缘";或者说,生死之本在于"有"。这两个意思都通。解说这一主张的文字很长,但值得详读。这里略述如下:

"老死"是人生的终结,是人生无法逃避的不幸和悲哀。佛对阿难的教诲,就从这里开始。若有人问,"有老死因缘"吗?应报"有因缘"。再问,何因缘老死?便报"生"因缘。如是进一步问"何因缘生",这就进入"生"的本原问题了。直接的回答是"'有'故为'生'":因为有"有",所以有"生";"生"生于"有","有"是生的第一本原。

那么,"有"又是什么?"有"即存在,与"空"、"无"的非存在相对,是佛教哲学中最重要的范畴之一,释义极多,即使被用于"生"的本原上,界说也多有不同,而这里则首先指的是"种",是"种"的"有"。对此,《大因经》的译文解说得较比清楚:

> 缘"有"有生者……若无有鱼鱼种、鸟鸟种、蚊蚊种、龙龙种、神神种、鬼鬼种、天天种、人人种,阿难,彼彼众生随彼彼处无有,各各无有者,设使离有当有生耶?答曰,无也。阿难,是故当知,是生因、生习、生本、生缘者,谓此有也。

这里讲的"有",包括能够令众生得"生"的一切原因和条件,即所谓"因缘"("生本"和"生习"也是因缘),范围较广,但其中起决定性作用的"有"是物种的"种"。宋译《大生义经》说:"所谓水族缘故而生水族,飞禽缘故而生飞禽……乃至人类缘故而生人类。"先有"水族"、"人类"这些物种作为因缘条件,然后才有"水族"、"人类"等现实的个别物类产生。没有"种"的一般存在,就没有物的个别存在;"种"是永在的"有",个体是无常的"空",所以"种"是个体的因缘,这因缘的总名即是"有"。"三界六道"作为一种分类的抽象,不管世界处于四大劫的哪个劫位,它们都是"有";而现实中的具体的三界六道,则永远处在生灭无常之中;具体无常的三界六道产生于抽象不变的三界六道。这些说法,在早期佛教那里是不证自明的真理。

但具体的人生无不是个体的存在，"人"作为现实的个体及其全部活动，也应该是"有"。当佛教用它的"缘起"观解释有情的生死相续，从而说到"'生'因缘'有'"的时候，这个"有"就代表了个体生命及其活动的总和，成为这一生命个体得以延续和持续活动的原因。换句话说，作为个体众生得"生"的原因，包括他的生命形态和此后的命运，都是他先前生命活动的继续和结果。假若说，"生"只是生命的一种新的形态，那么决定这一新形态的就是此前全部生活的总和，这总和就叫做"有"。

于是作为"生因、生原、生习、生缘"的，就有两个：一是所属的物种，一是过去生活的总和。佛教在以后的发展中，说一切有部以物种为"有"，建立了庞大的哲学体系；而作为过去生活总和的"有"，则构成"业报轮回"说中的重要一支，为佛教各派所遵行。从物种上讲"有"，这"有"是永恒的存在，所以不能再有原因；从业报轮回的角度讲"有"，"有"亦有因，这因曰"受"，所以《人本欲生经》接下去就说，"'有'因缘'受'"，既是接受其所属的"种"，将相应的"种"作为自己的本质属性，也是接受其过去生活的总和所导致的必然结果，即个性。

这个"受"，也是佛教一个重要概念，以下还要详细考察。不过在业报轮回说中，后来多译为"取"，指对生活的热烈追求和执取，与本文的含义有很大的不同，暂且可以不管。需要注意的是，"'受'因缘'爱求'"："爱求"是"受"的原因。由"爱求"开始，人生就被铸造到了这样一条因果锁链上："从'爱求'因缘'受'，从'受'因缘'有'，从'有'因缘'生'，从'生'因缘'老死'，忧悲苦、不可意恼生"。这条因果锁链的关键环节，就是"爱求"。

"爱求"，谓因爱而求，故亦可作"爱"、"求"；此"求"有"取"的意思，与上文的"受"是一个格位。《人本欲生经》在这里把同一格位的事分解成了"爱"与"求"两项，意味深长，其中之一，就是从"爱求"中推导出另一条重要的因果锁链来：

为爱因缘求,求因缘利,利因缘计,计因缘乐欲,乐欲因缘发求;以往爱因缘便不欲舍悭,以不舍悭因缘便有家,以有家因缘便有守。从守行本……便有刀杖,从有刀杖便有斗争言语、上下欺侵、若干两舌多非,一致弊恶法。

这里的"爱",主要指两性间的爱;所以"爱"的本性是"乐欲"。"爱"是出发点,"求"是"爱"支配下的行动;因为有了"乐欲",所以"发求"。谋求利益,算计得失,全都出自对"爱"的"乐欲"。"乐欲"与"计利"等财产观念的结合,就直接产生"悭"。所谓"悭",指的是极端的私有观念;而"家"就是由"爱"与"悭"结合的产物。"家"的产生带来一系列社会冲突。因为有了"家",就需要"守",需要保护家庭的安全和利益;以此为本,那就需要武器装备,从而败坏人心,导致种种斗争,以至于战争。这样"人"有了另一个来源,那就是两性爱。有了两性爱就有了家庭;有了家庭就有了私有财产和私有观念,由此产生了社会的种种罪恶和人际对立。

不论是把"人"当做天降于地,由于"食"而使"人"及其社会现实地成立起来,或者像这里,把"爱"作为人类得以生产和社会形成的基础,都不失为一种朴实而深刻的认识:"食"是人生和社会得以存在的条件,"爱"是人类和社会得以延续的手段。没有"食"与"爱",也就不会有人的存在。但是,这里强调的是"但是",这类经籍之所以如此陈述"食"和"爱"的意义,并不是为了维护和丰富、美化这样的生活,而在说明"人"是堕落的结果,"食"和"爱"则是堕落的罪魁祸首。因此,"食"和"爱"对于人生来说,固然有不可须臾离开的价值,但对于厌生者来说,它们就是痛苦的主要根源。以此等观念为中心,形成了佛教以禁食、禁爱为主要特征的禁欲主义一大思潮。东晋时道安注解过《人本欲生经》,他的评论就是:"爱为秽海,众恶归焉。"域外的一些教派,还专修一种厌食的禅定。

《人本欲生经》在分析了"爱"的作用之后,又继续探索"爱"的原因:人为什么会生"爱"? 回答是:"欲爱亦有爱,是二皆'痛'相会。"此中"欲爱"即两性爱,"有爱"指对生活本身的爱。这两种爱,都因为与"痛"相会才会发生。"痛"亦作"痛痒",《中阿含·大因经》译为"觉",后来通译为"受",指痛痒苦乐等主观感觉和感受。"爱"是来自对"乐"的感受;人有了苦乐等感受觉知的能力,才有"爱"与不爱的区别,也才有对"欲"和"有"的爱求。因此,有"爱"是因为有"痛"。那么"痛"又是如何产生的?"令更因缘痛……(例如)令眼更痛;眼更因缘,阿难,令眼知痛",如是耳、鼻、舌、身,以至于心,亦复如此:若"心无有更,宁当有心更入因缘令有痛不?令有乐不?令有苦不?令有不苦不乐不?阿难应不……是为有、是为本、是为习、是为因缘,痛令有更"。按,此处的"更"亦作"更乐",指触觉言,后通译为"触",定义为根、境、识的三和合。意思是说,人的苦乐感受,是由于感官和对象以及认识三者的接触。例如"眼",首先得触及一定的对象,即看到某物,然后才会产生或美或丑或乐或苦或无所谓苦乐等感受;那眼看到了某物的一瞬间,就是"更"或"触",称为"眼更"、"眼触";由此"更"、"触"感受到的美丑苦乐以及不苦不乐,就叫"痛"或"觉"、"受"。其他主体感官的感受,也是如此。感官有眼、耳、鼻、舌、身、心(多译为"意")等六种,"更"、"痛"以至于"爱"也分为六种。由此可见,对于"爱"因的分析,纯粹是从感官本能产生的生理和心理过程上来讲的:有了感官的触觉,才有苦乐等感受,于是才有对这些感受的爱求。

接下来的问题是,触觉来自何处?"何等更为因缘?对曰:为名字因缘。"因为有"名字",所以才有触觉。这里的所谓"名字",后译为"名色",即物质和心理的统一。《阴持入经》解释说:"'字'为色,'名'为四不色阴。""色"相当于物质;"四不色阴"泛指一切精神现象,佛教即以"名字"或"名色"代表生理和心理统一的人体。有了这样的人体,触觉才有依存的可能。有了生理和心理都健全的人,才会有触觉发生。

这里需要说明一点,把"名字"作为"更"的直接原因,是《人本欲生经》的特殊说法。《中阿含·大因经》坚持这一观点,而且说得更清楚。此经的经文谓:

设使离名身及色身,当有更乐、施设更乐耶?答曰无也。阿难,是故当知,是更乐因、更乐习、更乐本、更乐缘者,谓此名色也。所以者何?缘名色故则有更乐。

从此以下的问答,尤其有特色:

> 名色有缘耶?当如是答,名色有缘……缘"识"也。当知所谓缘"识"有名色。阿难,若"识"不入母胎者,有"名色"成此身耶?答曰无也。阿难,若"识"入胎即出者,"名色"会"精"耶?答曰不会。阿难,若幼童男童女"识",初断坏不有者,"名色"转增长耶?答曰不也。

如是如是,"识"是"名色"之因。也就是说,有了"识"才会成为有生命的个体,即人的生身:人体之生身,在于有"识"投生于母胎。若人母不怀胎,不会生人子;但条件是必须有"识"进入母胎,与"精"结合。换言之,"识"是使"名色"具有生命的要素,"名色"只有在结合了"识"之后,才会成为活的生命体。如果"识"不入胎,仅有"名色",或"识"离开了"名色",都不会成为活的人身,因而所谓"名色"也就不会增长。在这里,"识"就相当于不灭的灵魂;灵魂投胎,结合"名色",就是人之初。具体人生从这里开始。关于"人"是由"识"进入母胎而生,是佛教各派普遍赞同的说法,影响很大,不过更具体的解释,则略有差别。《俱舍论》卷九,称此"识"为"中有",并有较细致的叙述:

> 如是"中有"为至所生,先起倒心,驰趣欲境。彼由业力所起,眼根虽住远方,能见生处父母交会而起倒心:若男缘母,起于男欲;若女缘父,起于女欲;翻此缘二,俱起瞋心……时"健达缚"于二心中随一现行,谓爱或恚;彼由起此二种倒心,便谓己身与所爱合,所憎不净泄至胎时,谓是己有,便生喜慰;从兹蕴厚,中有便没,"生有"起已,名已结生。

总之,当尚是作为"识"的存在时,爱其母而憎其父,必然生而为男,反之,爱其父而憎其母,则生而为女。"识",此时亦名"淫识",它的欲爱决定了"结生"为人,是时名为"生有";但究竟成男还是成女,则决定于此"识"是在恋母还是恋父。

因此,此识实际是指性意识。性意识强烈,是投生母腹的直接动因,所以性意识也就成了人生之始。《那先比丘经》说得很清楚:"人有恩爱贪欲者,后世便复生为人;无恩爱贪欲者,后世便不复生。"这个决定生与不生的"恩爱贪欲",指的就是性意识。

此等说法,在中国佛教中张扬者不多,但作为一种性心理,在古今的西方思想界可能有相当的市场,弗洛伊德的精神分析则将它系统化了,并用于精神治疗。

这样看来,"识"是人生的终极本原了。但并非如此,"识"也有因缘。上述《大因经》说:

> 若有问者,"识"有何缘?当如是答,缘"名色"也。当知,所谓缘名色有识。阿难,若识不得名色,若识不立、不倚名色者,识宁有生有老有病有死有苦耶?答曰无也。阿难,是故当知,是识因、识习、识本、识缘者,谓此名色也……是为缘名色有识,缘识亦有名色……谓识、名色共俱也。

这似乎有些辩证法:"识"若无"名色",他就不能生成为现实的人,因而"名色"就成了"识"之因,以至于"识、名色共俱"。但这里所谓得了"识"的"名色",其实是已经形成生命的人,与"识"之作为人的本原是不能相提并论的;而"识、名色共俱",则是指有灵魂在身的人。

对人本和人生的这种解释,与一般佛理提倡的"无我"论是有矛盾的。按无我论,所谓"名色"中的"名",已经包括了"识",不管对这"识"作何种解释,决不可在"名色"之外,再分离出一个可以脱离"名色"而独立的"识"来。因为这样的"识",只能是不灭的灵魂,即佛教无我论普遍否定的"我"。中国佛教解释此"识"亦作"淫识"、"识神",著名的"神不灭论",就是建立在以此"识"为实体的基础上的。据此也可以理解,灵魂不灭的实质,是性意识不灭。

2. 缘起的"九支"和"十二支"以及三世因果

到此为止,《人本欲生经》对人生给出了这样一套因果系列:"老死"原于"生",生原于"有",有原于"受"(取),受原于"爱",爱原于"痛"(觉或受),痛原于"更"(更乐或触),更原于"名字"(名色),名字原于"识";"识"与"名色"结合即是现实的人。这是由果推因的计算法。如果由因到果地推论,则"识"缘"名字","名字"缘"更","更"缘"痛","痛"缘"爱","爱"缘"受","受"缘"有","有"缘"生","生"缘"老死"。于是,识、名字、更、痛、爱、受、有、生、老死等九个概念,就形成了一种前后相续的因果关系。其中的每一个概念,组成这一因果系列上的一支,这里讲到了九支,可以称做"九因缘"说。

此"九因缘"说把佛教同婆罗门教在人本理论上原则地区别开来。它的核心,是否定和替代"梵天"创世造人说,把人之生归于自身的"识";人是"识"投生于母胎的产儿,与什么"天"无关。《世记经·忉利天品》也含有这一思想,所谓"此(指死)后识灭,彼(指生)初识生","因识有名色"。

宋译《大生义经》在此"九因缘"的"更"与"名字"二支中间,又增加一支,所谓"六处",即眼、耳、鼻、舌、身、意等六种认识机能,亦称"内六处"或曰"六根"。这一增加或有其合理性,因为"触"(即更)的作用,一般不笼统地归诸"身心"(即名色)这一整体,而是发生在人身的某一特定器官上,如眼见色,首先得眼去接触色,而不是身心的其他部分。这样一加,"九因缘"就变成了"十因缘",而其反婆罗门教的性质照旧。

不过,后来佛教最通行的因缘观,是由"十二支"组成所谓"十二因缘",对它的解释也复杂多样起来。依《俱舍论》卷九所列:一无明,二行,三识,四名色,五六处,六触,七受,八爱,九取,十有,十一生,十二老死。它们组成前因后果的连续关系,一般是这样表述:"无明"缘"行","行"缘"识","识"缘"名色","名色"缘"六处","六处"缘"触","触"缘"受","受"

缘"爱","爱"缘"取","取"缘"有","有"缘"生","生"缘"老死","如是纯大苦蕴集"。此中的"缘",是攀缘的意思,意谓前者必然攀向后者,故前者即是后者产生的原因,后者则是前者产生的结果。《俱舍论》说:"诸支因分说名缘起,由此为缘,能起果故;诸支果分说缘已生,由此皆从缘所生故。"是故"诸支皆有因果性"。这"十二因缘"与前述之"九因缘"或"十因缘"在突出"缘起"上,基本含义相近,却大大强化了它的宗教构想,削弱以至取消了它对社会现象的诠释。

这里且看它新增加的两项内容——"无明"与"行",及其与"识"的关系:

"无明"与"行"是十二支中新增的两支,"无明缘行,行缘识"是十二缘起新增的两种因果关系。对此,上引《俱舍论》卷九特别解释说:

> 诸愚夫于缘生法,不知唯行,妄起我见及我慢执,为自受乐非苦乐故,故造作身等各三种业(按:指福业、非福业和不动业)……如是名为"无明缘行"。由引业力,"识"相续流如火焰行,往彼彼趣凭附"中有",驰赴所生,结生有身,名"行缘识"。

在这里,"无明"不是指一般的无知,而是特指对于佛教的缘生法无知;缘生法的理论任务在论证"无我",反对"我慢"(自大),不懂缘生法却去追求快乐,妄自行动,此即谓之"无明缘行";此处的"行"是指"造业"、"业"。于是"业"不再是由食色之性的本能引起,也不再由"受"或"触"的感知能力引发,而是理性上的"不觉"——不能觉知佛教的缘生法所致。

"业"必有"报";牵引至"报"的作用力,叫做"业力"。"有情"从此世死后投生于下世,是通过"识"来实现的——"识"在这里被解释为"相续流",即意识流;它的流动像油灯燃烧的火焰,既是"刹那灭"的,也是"相续"的。按业报法则,业力把这样的"识"牵引凭附于与他的果报相应的"中有"(介于死生之间的有情,相当于灵魂),令其投生他应该投生的某一"趣"(六道)中,此即谓之"行缘识"。

由此可见,新增这两支中的"无明",增添了佛教的宗派性:是否认知"缘生法"是衡量"明"与"无明"的唯一尺度,唯有佛教知之,佛教也就成了先天的"明"者"觉"者,余下所有学说都属"无明",都成了需要批判和清除的观点("见")。这就难怪一般把佛教的理论特色概括为"缘起论"了。新增的"行",是把传统的"业力"决定论,组织到了人生的整体流程中,突出了它在创造自我和决定自我命运上的功能,但同时却加添了它的神秘成分。至于十二因缘中单一的前因后果关系,在《俱舍论》那里又进一步被组织到"三世因果"的轮回世界之中:增添了"三世"的观念,作了"三世"的区分。

"三世",所谓过去世、现在世和未来世,不是我们平素理解的三种时态,而是指生命个体在三种时态里的存活方式。此"世"是生灭义,或即世界义;个体生命的一生一死谓之一世。按佛教通义,"六道有情"只要尚未超越世界范围,就不会超越生死,因而也不会只有一次生死,不会以一种形体只存活在同一个世界。按照业报因果律,生生死死,于三界六道轮回无尽;这无尽期从业报因果上表述,就是过、未、现三世,亦即依因果律而有三世生死的意思。于是"十二因缘"就成了用来表达个体生命流转三世生死的因果关系。

在这十二支中,"生"、"老死"两支没有字义问题,在教义上是指有情任何一生都必然经历的存活状态,"现在世"如此,"未来世"也是如此。至于"爱",被认为是"生"的一种最强大的驱动力;由"爱"驱使人们从事种种热切的追求,这就叫"取"。"取"是生命力最旺盛的表现,一切活动,一切事业,是善是恶,都在"取"的过程完成;最后将获得什么样的结果,得到什么样的报应,盖棺论定,也主要在这个期间被决定了;就其活动总和的道德性质,将会决定他未来的身份命运而言,称之为"有"。此"有"亦泛指"三有",即"三界";对个体来说,这既蕴含着他此生思想行为的全部,也是牵引他必至后世生死的动因,所以直接成为他"更生"续生的原因。于是,以"爱"为首,加上"取"和"有",就是"生"与"老死"的原因;

"生"与"老死"两支则是"爱"等三支的结果。如果"爱、取、有"等三支属于"现在世",则"生、老死"就属于"未来世"。于是,这五支在"三世"中构成了"现在世"与"未来世"的因果关系,《俱舍论》等称之为"十二因缘"中三世第一重因果关系。

至于"爱",如上所说,是产生于"受"。"受"("痛"、"痛痒"),此处分为三类,即"乐"、"苦"与"不苦不乐"。按照唯识家的定义,"受"乃于"顺,违,俱非"之境相,"领纳为性"。"顺"境相,指顺心如意、合乎需求的对象;"违"与"顺"相反;"俱非",指不会引起好恶感受的对象。这些境相能引发情欲或与之"合",或与之"离",或无所谓,而"领纳"的本质,在于为"爱"提供一种本能的心理条件。"受"来自"触"("更"或"更乐"),这里明确地把它规定为感触器官("根")、感触对象("境")和认识自体("识")三者的接触,以此区别于由此引生的主观感受和感觉,所以说,"根、境、识三和合故,别有触生"。除了眼、耳、鼻、舌、身五触之外,还有"意触";说"意"有所触,与我们通常理解的感官触觉不同,而与佛教的整个认识论有关。作为"触"的主体是"根",在"三和合"中,"根"是决定性要素。此"根"有六种,所谓眼、耳、鼻、舌、身、意,被认为是六境进入六识的门户,谓之"六处"或"六入"、"内六处",亦译"六情"。此"六处"就是"触"得以产生的条件,成为"触"的原因。但是,"六处"只是众生身心的一部分,它们的存在和功能,只有作为身心整体的有机组成才是现实的,所以"六处"之因,即是"名色"。在《俱舍论》看来,众生身心和生命活动得以维系的根本原因,在于有"识",所以"识"又是"名色"之因。

以上"受"、"触"、"名色"、"六处"和"识"等五支为一组,《俱舍论》解释为有情处胎及其未成年期的生长阶段。大体是说:"识"凝聚并负荷了全部过去的"有",投入母胎,形成"名色";"名色"进一步演化,生成各种感知器官,即所谓"六处";"六处"只是主体一个方面的机能,相当于成熟了的胎儿;及其接触到了外在对象,产生了"触",就到了产后的婴儿期;能将触及的对象纳为自己的主观感受,这"受"就标志着童年的到来。

"受"虽为"爱"之因,但性质截然不同。"受"等五支只是有情过去世全部"有"而作为果报在现在世的展开;其作为过去世的后果,完全是被动的。因此,有关他的出身,他的家庭及其社会环境,以及他的童年生活和行为,与该有情现在世的思想行为无关。也就是说,更生的个体有情对他的出身和这一阶段的行为不负责任,其幸与不幸,全由他的"识"从上一世带来的"有"所决定。因此,"受"与"爱"间的因果关系,仅发生在生理机能方面,与社会道德等内容无关。

当然,"识"亦有因缘,那就是"无明"与"行"。"无明"是"明"的否定,也可以泛指一般世俗的思想认识。"行",佛教给予的含义也多,除了"业"以外,这里还特指荷载着特定"有"的精神活动,承担着实现果报的功能。但《俱舍论》等强调的是后天"造业",因而把"行"多界说为"造作";"造作"的主体性反映在"思"上,"思"的定义即是"造作",所以也可以把此"行"理解为"思",是"思"之"行"。正是这样的"无明"与"行"两支作为"过去世"所种之因,产生"识"、"名色"、"六处"、"触"、"受"等五支为"现在世"之果。于是在这"无明"至"受"的七支中,又构成"三世"的第二重因果。

这样,"十二因缘"被划分成了三组:"无明"与"行"两支,构成过去世一组;"识"、"名色"、"六处"、"触"、"受"等五支,加上"爱"、"取"、"有"等三支,共计八支构成"现在世"一组;"生"与"老死"两支则构成"未来世"一组。于此"三世"中,过去世的两支与现在世的前五支构成一对因果关系;现在世的后三支与未来世的两支构成又一对因果关系,总称"三世两重因果"。一切众生无例外地都要遵循这样的三世因果、自作自受的法则,轮回于"三界、六道"中,生死无穷,受苦无穷。

十二因缘说与九(或十)因缘说都属于佛教的"缘起"论范围,它们都企图用业力解释人类的本原和人生的命运,重点说明"三世生死"之理,相对于后来的佛教"缘起"说,一般称为"业感缘起"。然而在这两种业感缘起中,差别也很大:将人生之始归于"无明"还是归于"识",决不是小事。在佛教后来的发展中,"识"被视为与"心"、"意"等同位的概念,为"一心"说和"唯识"家所用,"识"不但成了人的本原和本体,而且成了世界的本原和本体,从而形成唯心主义庞大的哲学体系;作为人生之始的"无明",相对于"识"来说,被降到了次要的地位,构成了另一种唯心主义哲学体系,影响同样不小。此外,还有的哲学体系从根本上怀疑"十二因缘"的真理性。这都是后话。

就"十二因缘"本身来说,只有到了它的形成,佛教学说才达到一种哲学的自觉,佛教哲学才算开始成熟。因为只有在这一系统中,原始佛教关于人本于"天"的神话才被彻底遗弃,走向自己独立的理论思维之途,也将人生的形象演化改造成了人生的概念推演,由此人生的经历就被格式化了,变成了又一条自然律。"九因缘"说有了向这种哲学努力的趋势,但它的人本于"识",仍不免有来源于"天"的嫌疑。将人归于"无明"的产物,不论受到什么责难,却能使佛教从理论基石上,与婆罗门教划清界限。因此,"十二因缘"说的影响非常大,成了佛教任何派别都不能不涉及的基础理论。它将人生过程概括为由十二个概念构成的系统,在这个系统中,这些概念依照三世因果的规律自我循环运转。这种方法,颇有些像黑格尔的《逻辑学》中陈述的概念运动,尽管在深度和丰富性上两者不可比较,但就其概念的抽象性、独立性和逻辑演变的必然性上,则有相似之处。

第三节　论人的本质和人生的本质:"无常"、"无我"、"空"及"苦"

上述"因缘"说的直接结论,是世间人生"无常":一切都在生灭变化之中,没有永恒常存的事物。为了证明"无常",佛教还列举了许多其他现象,也还有另外一些理由。在佛教整个"空观"中,"无常"号称"空之初门",也是说明"无我"的重要法门。《四十二章经》说,人生不久,其命急促,只在"呼吸之间","吾我者寄生"而已。东晋僧肇的《物不迁论》则譬喻说,"梵志出家,白首而归",邻人称其为"昔人"。梵志答"吾犹昔人,非昔人也"。因为一般认为"少壮通体,百龄一质",其实不可能确定一生中哪个阶段是"我",哪个不是"我",也不能确定一生中有"我"。佛教义学中有一个著名观点,叫做"刹那灭",认为任何运动都是"才生即灭","灭不待因"的连续过程,譬喻"灯燃",从所燃的灯火中,直观就可以看到那火光的不断闪烁,这就是"刹那灭"的表现。在这样的"刹那灭"连续过程里,前后相异,没有定性,当然也就不会有"我"的存在。

关于这类说法,可以对比一下希腊哲人赫拉克利特的著名格言:"人不能两次踏入同一条河流","因为当整个身体浸到水里的时候,水已经不是原来的了"。其意思与"刹那灭"是一致的。赫拉克利特还有一段话,说:"世界是包括一切的整体,它不是由任何神或任何人创造的,它过去、现在和将来都是按规律燃烧着,按规律熄灭着的活火。"用火来譬喻运动是一个不停息的生灭过程,或者说,生灭运动是一个不以任何意志为转移的客观过程,也与佛教坚持的"无常"观相吻合,不过赫拉克利特并没有由此得出"无我"的论断。

"无常"、"无我"是对人的本质作的两项基本规定,也都可以用"因缘"加以解说,包含在"缘起"论或"缘生"论中。缘起或缘生的标准表达如唐玄奘译《缘起经》所说:"依此有故彼有,此生故彼生。"这个颂亦多见于《阿含经》①。这说明佛教的诸多派别,已将"缘起"说从"十二因缘"中抽象出来,使其由原来仅就人生过程作解释的一种观点,提升到各种教理可以共同运用的一种方法,从而具有了更广泛的意义,内容也愈加丰富。三国吴支谦译注的《了本生死经》,将缘起的"缘"分解为"因"与"缘"两个概念,并对这两个概念的含义作了基础性诠释,也可以作为经典性表述。

---

① 此中没有"依此无故彼无,此灭故彼灭"的提法,这涉及对于形成生灭运动原因的不同看法,这里从略。

一、"因缘"观的开展

《了本生死经》首先把"缘起"的地位,提到与佛法和见佛同等的高度。它记佛说:"若比丘见'缘起'为见'法',已见法为见我。"它分整个因缘为两大类,所谓"外因缘"和"内因缘"。"外因缘"着重解释自然界现象,"内因缘"则解释人身和人生。凡由"因缘"生起的事物,都是不自由的,都要受到"因缘"的制约和束缚。此中的"因"指事物运动的内在规律,"缘"指事物产生的外部条件;此两者对事物均起着牵制和缠缚的作用,所以亦名"因"为"因相缚",称"缘"为"缘相缚"。此中以谷物为例说明"外因缘"的功能:"从种(有)根,从根(有)叶,从叶(有)茎,从茎(有)节,从节怀华,从华(有)实。"这是一个生命必经的因果系列,也就是它内在的生命规律。就其不可抗拒、不可变更来说,相对谷物就是"因相缚"。但仅有"因相缚"还不足以完成这一因果系列。谷物的生长存活,以及存活的状况,还需要许多其他条件,那就是"地种、水种、火种、风种、空种",即土壤、水分、温度、空气、空间之类,此等条件就是谷物成长的"缘相缚"。以种子开始生起这一环节来说,"从是因缘有种生:彼地为持种,水为润种,火为热种,风为起种,空为令种生无碍,如是得时节,会令种生"。其他根、叶等的成长环节,也是因与缘协同作用的结果。

这一生长过程,完全是在无意识中进行的,既没有外在的意志支配,也没有内在的意识趋向,而是"因缘"合会的必然,"彼种不知我生根,根不知从种有;根不知我生叶,叶不知从根有",如是"地不知我生种,种亦不知地持我;水亦不知我润种,种亦不知水润我……"在这里强调的是因缘"不知",因而没有"作者",没有主宰,即没有"我":一切"从因缘有,得时会令种生;为非自作、非彼作、亦非无因生"。

这里的"因缘"说,有不少精彩议论。其中"非自作、非彼作,亦非无因生",当是龙树《中论》"无生颂"的原本。"外因缘"说则从谷物的生成过程总结出五个重要环节,反映了发展的阶段性,对佛教辩证法是一大贡献。这五个环节是："一非常，二不断，三不步，四种不败亡，五相象非故。"具体的解释是："彼种已坏为'非常'，有根出为'不断'，种根分异为'不蹋步'，少'种'多生'实'为'不败亡'，'实'生如'种'、'根'非'种'为'相象非故'。"

从"种"生成为"实"的这五个环节，使用了五个判断，同时表达了本经对于事物变化的一般观念：即所谓"非常"。任何事物只要有"生"，那就表示旧有的毁坏，亦即无"常"。但"非常"不是断灭，不是灭绝的那种"无"，所以说为"不断"；"不断"即是"相续"："种"被"根"所否定，"种"是坏灭了，但它转化为"根"，在"根"上体现了"种"的连续"不断"。然而"根"与"种"究竟不同，是同一变化过程两种有差别的形态，这里叫做"分异"；"分异"表示两者在分位上有差异，是两个有区别的部分，并不是"种"原封不动地走进"根"那里去，所以叫做"不步"、"不蹋步"。因此，"不步"也不意味着"种"的因素不再发挥作用，证明这一点的是，它能结出与它相似但又多出许多的果实，所以可以断定"种不败亡"。尽管如此，新"实"与旧"种"毕竟不同，所以说"相象非故"。只有将运动变化的这五个阶段都考虑到了，那才是"无常"的全部含义。

很明显，这是辩证法，而且是积极的辩证法："无常"表示事物不间断地变化，但并不意味着灭绝；它包含着发展和转化，反映事物连续性一面，但决不是凝固不变的。当然，佛教对"无常"并不总是如此诠释，而只是把它作为必然死灭和败亡的代用词使用。

所谓"缘起"，并不限于解释生灭变化现象，同时还解释事物的存在状态：现实的任何事物，无不是多因素的复合，无不处在普遍联系之中，就是说，现实中没有单一性的存在，也没有孤立的存在，它们都是多因素的和合，受他事物的制约。此中构成该事物的诸因素以及与之有联系的事物，就是这一事物的因缘。因此，事物的"因缘"，就意味着事物受到内外联系的制约，而联系和制约的存在，也就意味着没有绝对的自由，也不会有绝对的自由。据此，"我"这个被认为是永恒"自在"的、不会有任何变化和不受任何约束的实体,就是不存在的,也是不会存在的;如果执著地追求这样的"我",就是自寻烦恼,是"苦"产生的重要根源。

佛教的这类主张,后来被概说为"诸行无常、诸法无我",也可以归结为"缘起性空"或"缘起无我",是佛教最重要的原始教义,《了本生死经》是它们的早期表达之一。如果沿着这一思维方向发展下去,对于丰富人类的认识宝库可能有更大的贡献。但事实没有。因为它的"外因缘"说是为"内因缘"说作譬喻的,目的仍在说明"三世因果"而"无我",与十二因缘的任务一样。它的特殊意义,在于把仅仅说明"三世因果"的因缘说,普遍化为可以用来解释内外一切现象的理论和方法,从而把"缘起无我"说提升为一般的认识论和方法论,"十二因缘"则被降为诸多"缘起"中的一种。

"因"与"缘",广义上可以释为原因和条件,但"因"亦可作为事物构成的内在因素,"缘"则是事物存在和变化的外在条件。分析事物的内部构成,探究事物的构成因素,以及从事物的内在构成上认识和论述事物的本质,是佛教哲学的基本特点。用这种方法探究人的本质以及人生的本质则是佛教哲学的核心任务。《那先比丘经》是早期佛教的代表作之一,它的观点可能反映了佛教有关人的本质和人生本质的最早的思路。

此经因为记载了那先比丘与出身"大秦国"的"弥兰陀王"的对话而知名度很高,是佛教与希腊文化交流的重要见证。汉译本有两个,都是失译,附《东晋录》。其中记那先比丘与弥兰陀王有关"缘起无我"的对话,非常有名。当时王问:"卿字何等?"答:"父母字我为那先,人呼我为那先;有时父母呼我为首那先,有时父母呼我为维迦先。用是故,人皆识知我。"王于是再问:在这些名字里,究竟"谁为那先者"? 是"头为那先耶,不为那先"? 同样,耳、鼻、口、肩、背、手、足、心、肝、肺、脾等哪个为那先,还是不为那先? 进一步,"苦乐"、"善恶"等"为那先耶,不为那先"? 或者"苦乐、善恶、身心合是事宁为那先耶",还是"无是王事宁为那先耶"(《那先比丘经》卷上)? 那先对这些问题没有正面回答,而是用同样的质问方法对待弥兰陀王:"何所为车者?"是轴为车耶?毂为车耶?还是辐、辕、轭、舆、盖等为车耶?王皆说"不"。那么,究竟"何者为车耶"?王默然不语。于是那先作出结论道:"合聚是诸材木用作车,因得车。人亦如是,合聚头面",以至"喘息,苦乐,善恶,合为一人"。然后又说,"喘息之气,皆身中事。如人心有所念者,舌为之言是为舌事;意有所疑,心念之,是为心事。各有所主,视之虚空,无有那先"。

这段话译得实在不好,我之所以特加引用,在于说明佛教对于人的本质观察,就是如此开始的:人不过是各种器官的总和,与车是各种零部件的聚合一样;两者的差别在于人有气息,有心事,而这些气息和心事,也是组成人之为人的器官之一。由此可以得出两个重要的理论结论:

第一,因为人是诸种器官的聚合,而这些器官完全可以归纳成若干类元素,像身体的生理构成,就可以归诸"四大"。"四大"的特殊集聚就是人之"生",这一集聚的"四大"离散就是"死";生死全在"四大"的聚散上。用"四大"的聚散解释人的生死,在中国佛教的早期文献里多有记载。佛教据此确定了考察人物的一种基本观念和基本方法,那就是把整体分解为某些部件,还原为某些元素,从这些部件或元素以及它们的聚集和合上,观察和研究整体的结构及其性能,并由此确定自己的观念。我们知道,这种方法就是分析法、还原法,是西方科学思维的特点之一;有学者认为,这也是西方思维方式同东方思维方式的主要差别所在,尽管我们这里谈及的,正是东方佛教的主张。

第二,既然整体只是部分的聚合,从佛教看,这整体就只能是名字,而不会有在部分之外或部分之内的独立自性。"车"是各种零部件的聚合,零部件固然不是车,但除了零部件也别无"车";"那先"是各种器官的总和,各种器官不是"那先",离开各种器官也别无"那先"。其所以叫做"车"或"那先",是人们的公约和习惯,并不表示有与这些名字相应的独立自体;由于名不副实,所以称之为"假名"。这个独立的自体,在物叫做"自性",在人叫做"我"。人在组成他的元素之外没有自己独立的自性,叫做"人无我"，"人无我"也就是"空"；或者说，人仅仅是"色"与"心"复合物，"视之虚空，无有那先"，所以人的本质就是"无我"、"空"。

此"无我"、"空"主要是从对整体的分析和还原中引申出来的结论，所以中国佛教多称之为"拆法空"、"破拆空"，即"分析空"。而其实，就其形成为整体和作为诸元素的集合，也还是因缘作用的结果，所以同样可以称之为"缘起无我"、"缘起性空"。龙树的《中论》有一个很有名的颂，叫"三是偈"，所谓"因缘所生法，我说即是空，亦为是假名"云云，被认为是大乘佛教缘起论的典范，其实它的思维方法和基本观点都没有超出《那先比丘经》的说法。

"我"是佛教的重要概念，"人无我"是佛教的最基础的教义。这里把"我"解作独立的自体或实体，只是为了方便通俗理解。其实"我"是一个外来词，音译"阿特曼"，原为婆罗门教和佛教共用的概念，有呼吸、生命等意思，转义为不朽的灵魂，包括个体的魂灵和宇宙的神灵。婆罗门教崇拜的天神，就是"我"的一种，所谓"梵我"。后来佛教把"我"分解为两层含义：其一是指实体亦即主体，而就佛教言，实体或主体、自体就意味着独立自在，不依赖任何条件、不受任何制约的存在；进一步引申，就是指具有本质规定的人物，有不变自性的事物，亦略称"有自性"或"自性"；其二是指绝对自由，即可以任意而行，不受任何关系制约的那种自由，通常把它比做君王可以随意对其臣民进行处置和支配，或官吏对其所辖人事的决断，所以也解作"主宰"。窥基的《弥勒上生经赞》卷上说："我者，主宰自在之义。"在《成唯识论述记》卷一又对"主宰"解释说："或'主'是我体，'宰'是我所；或'主'如我体，'宰'如我用。"因此，"我"的本义是指永恒存在与绝对自由统一的实体，而承认有这样的实体存在与佛教立教的基础"无常"观和"缘起"论，是绝对不能相容的，所以否定这样的"我"的真实存在而倡导"无我"，是佛教学说内在逻辑的必然要求。

这类思想，在中国佛教中也有普遍的反映。僧肇在解释"缘起无我"、"因缘性空"时说：

夫万事万形皆四大成,在外则为土木山河,在内则为四支百体;聚而为生,散而为死;生则为内,死则为外。内外虽殊,然其大不异,故以内外四大类明无我也。如外地,古今相传,强者先宅,故无主也。身亦然尔,众缘所成,缘合则起,缘散则离,何有真宰常主之者?(《维摩诘经注·方便品》)

此处他是用"四大"的离合,说明人有生死的因缘,而强调没有生死的"真宰常主"者,不管这个主宰者是神通无边的天神还是自由自在的灵魂。"无我"就是无任何主宰者。僧肇继续说:"纵任自由谓之我,而外火起灭由薪,火不自在;火不自在,火无我也。外火既无我,内火类亦然。"此处的"无我",突出在否定有自由灵魂的存在:"薪"比做身,"火"比做灵魂;火依存于薪,灵魂依存于身,薪尽火灭,灵魂既无实体亦无自由。用薪与火解释身与神的关系,是中国传统的譬喻,而且最初就是用来否定灵魂不灭的一种无神论。此外,僧肇还说:"妙主常存,我也;身及万物,我所也。我所,我之有也。法既无我,谁有之者。"(《维摩诘经注·入不二法门品》)这里着重否定的是灵魂不灭;"常存"的"主"既无,由"主"所得之"身"以及此"身"赖以生存的家庭、财产、世界万物,亦应是空。"我所"泛指与我有关系的一切存在。这是从"无我"推及"无我所":"我"与"我所"皆空。

二、"因缘"观的缺陷

从这些论述看,"因缘"说肯定了"人"及世间事物都是具体的,无不是多样性的统一,无不处在普遍联系中;"无常"说则肯定"人"及世间事物,都是变化的,无不处在不间断的生灭转化中。承认变化和联系并用以观察世界人生的方法,就是最初的辩证法。据此否认有创世的天神和不灭的灵魂,以至否认人有绝对的自由,这使佛教基础教义又充满无神论精神。但当它据此宣布世界人生的本质是"空",并上升为观察人生现象的一般观念和方法的时候,就显出这些教义在理论上的重大缺陷。

首先，它要求对事物的整体、对人自身进行解剖或拆析，使有机的整体成为互不隶属的各个部分，以便对这些部分分别考察——从人的抽象思维活动过程来看，这种解剖或拆析相当于逻辑的分析阶段，是认识深入的必经历程，能看到这一点、肯定这一点，有重要意义，对中国的传统哲学来说更是如此。至于说这些部分的任何一个都不能代表那有机的整体，当然也很正确。进一步说，如果就用这种已经分割了的"部分"重新拼凑起来当做"整体"，并认为这样的"整体"是真实的，一般也很难成立，尤其是在生命科学上。到此为止，那先阐述的佛教观点，是深刻的。但是，那先对于部分与整体之关系的理解，却是建立在两者的割裂上，是以部分与整体的分割为大前提的。他在与弥兰陀王讨论"那先"的组成及其本质问题时，部分已不成其为部分，整体亦不再成其为整体，部分与整体成了可以分离的两块，两者已经失去了有机的联系。解剖学促进了人们对生命整体的认识，但被肢解了的肢体，决不能被重新组合成活的生命整体。如果真的被重组起来，那也只能是一个标本，不是活生生的生命。把肢体的机械拼凑说为"假有"，未尝不可，但用于生命的整体，就不符合实际了。

如果要研究生命的真理，仅仅确定整体与部分的外在的机械关系，是不充分的，尤其是研究精神领域，采取"列举并描述精神活动之各种形式，并孤立地分解成某些特殊力量和性能"，这种方法就更不充分。因此，恩格斯说："部分和整体已经是在有机界中愈来愈不够的范畴"[①]。那先在这里所讨论的，就是用这愈来愈不够的范畴解释人这样的有机体的，由此断定人像机械的车那样的"无自性"或"自性空"，所以变得非常荒谬。

其实，就"车"这类部分与整体的关系言，那先比丘的观点也不能成立。现代科学和哲学都已承认，整体不等于部分的总和，而且大于部分

[①] 《马克思恩格斯全集》第20卷，人民出版社，1971年，第555页。

的总和。由部分的总和构成的整体,乃是一种全新的质、全新的自性。量变会引起质变,新的自性就是由部分的总和决定的;反过来,整体所具有的新质,可以完全为部分所没有,甚至会使构成部分的元素改变性质,即质决定量。木材在没有被加工成车的时候,既不是车,也不是车的零部件;但一旦成车,木材的性质就变了,它扬弃了木材的其他属性,形成一般木材所没有的性能和价值,从而才有车与其零部件的关系。任何具体事物,无不是这种部分与整体的统一。说由零部件组成的车不等于零部件,是正确的,但说它不具有新的质和新的性能,只是"假名"而已,不符合常识,在实践上行不通。

早期佛教关于"分析空"的观念和方法,在中国魏晋以来的佛学中相当流行,但也引起佛教义学界的不满。南朝僧人慧琳作《白黑论》,就曾严加批评过,认为"折毫空树,无伤垂荫之茂;离材虚室,无损轮奂之美","分析空"不能解释存在的真实。到了隋吉藏,则将它列为"小乘"之说,加以摈弃。然而尽管有这类批评,都没有触动它在方法论上的根本缺陷,以致否定整体真实性以及由否定整体真实性得出的"空、无我"观,根深蒂固,始终通行于佛教的多种哲学体系中。

其次,佛教在这一"空、无我"观中,混淆了两类完全不同的概念:一个是婆罗门教的"我",以及广义上的"神我"、"上帝"、不死的"灵魂"之类超自然的实体,一个是由活的机体——生理和心理统一起来的人的真实性;一个是孤立独存、绝对自由的实体,一个是处在普遍联系和不断变化中相对自由的活的人体。"神"和绝对自由的"我"不是真实的存在,这是真理,若由此否定这活的人体的真实性,就是荒谬。现实生活中的人,可以说都是"无常"的,也都受制于种种"因缘"条件,即处在不断变化和普遍联系中,而且正是这不断变化和普遍联系造就了人的主体性、能动性和人生的丰富性,并于其中发挥着人的主观能动作用,充实着生活的内容。因此"无常"和"因缘"并不是非真实性的证明,恰巧相反,一切事物,包括人在内,无不以普遍联系和发展变化作为存在的形式。只有追逐永恒不变和绝对自由、妄图脱离必然而孤立独行的观念，才会对变化和联系这种现实的真实性，表示失落和空虚，从而用"无我"或"空"来规定人的本质。

最后，由这种"无常"、"无我"直接导出的结论，是确定人生的本质为"苦"和"空"。"无常"观导致了对所爱不得、永驻的痛苦和对死亡的恐怖；"无我"观则导致了对人生不得任情如意而行的根本痛苦。如果这样的痛苦和恐怖总是缠绕于心，那就必然导向空寂寞落的悲哀，走向虚无主义和悲观主义。

"人生是苦"是佛教基础教义中奠基性的价值判断。"苦"的表现很多，按照佛教的通则，"苦"有四种"行相"，所谓"无常，苦，空，无我"，因此，"无常、空、无我"就是苦的基本形式。凡具有此"四行相"或其中之一的事物，都可以归之于"苦"，而世界人生无不处在生灭变化和相互制约中，所以世界人生的性质必然是苦的。

关于苦的分类很多，最具思想意义的是"三苦"和"八苦"之说。所谓"三苦"，一曰"苦苦"，指事件本身就具有苦的性质，例如天灾人祸、饥寒痛痒、劳役鞭打等引发的种种苦楚；二曰"坏苦"，是就事情的最终结果而言，如虽乐而实苦、乐极生悲、没有不散的筵席、人生终有一死之类；三曰"行苦"，由事物变化而产生的苦涩之情，诸如好花不常、好景不再、对酒当歌、人生几何等。所谓"八苦"，其中"生、老、病、死"是人生的自然历程，也是苦的历程，所以总为四苦；对这四苦，佛教所作的种种揭示和描述，可以说是不遗余力。其余三苦是："爱别离苦"，由于不得不离别所爱恋的人或事而产生痛苦；"怨憎会苦"，因为不得不与厌恶憎恨的人或事相处而带来的痛苦；"求不得苦"，是期望的目标达不到、追求的事物得不到而引起的痛苦；最后总结一句话，叫"五盛阴苦"："五阴"而曰"盛"，意味对人生的欲望和追求特别热切和旺盛，所以总而言之，人生以及对人生的爱恋和追求本身就是苦。旧译多称"五盛阴苦"为"五受阴苦"，意谓只要接受了"五阴"成为现实的人，那就是苦。因此，人身亦称"苦器"，是盛苦的器具。

佛教判定人生是"苦",就是从这种"无常"和"无我"的论断中引申出来的;而断定人身和人生是"空",则是对"无常"、"无我"和"苦"的理论总结。换句话说,早期佛教所谓的"空",它的理由、内容和范围,就是"无常"、"无我"和"苦"。

人生除了"无常、苦、空、无我"的四行相以外,还有一种重要概括,叫做"无常,苦,无我,不净"。"空"即是"无我";现在用"不净"代之,是断定人还有另一种特性,所谓"不净"。"不净"就是肮脏、丑恶,尽管后来也用来形容世人的道德败坏,但主要是对于人体讲的,是人体不净。佛经中的有关描述和教理上的诠释,可以说触目皆是。"识神"之所以投胎,就因为思想染污不净,而其所以成身,则在目睹和参与父母之不净会合。遍观人身,充满的全是血脉筋骨,屎尿涕液,恶虫臭秽。《四十二章经》记:"天神献玉女于佛,欲以试佛意、观佛道。佛言,革囊众秽,尔来何为?"佛又令观身,"自头至足,自视内,彼身何有? 唯盛恶露诸不净种"。在修道沉思中有一项专门的止观,叫"不净观",观人生的种种老病死状,观人体的种种丑陋不洁一面,作片面夸大的展示,以致令人对人生和人体产生极度的厌离情绪和变态心理。

人身之所以成为苦器,与人身的结构自身有关,首先是人具有感受器官和感受能力。有了感受,就有了感受苦乐的能力,有了苦感、乐感和不苦不乐感。苦感即是苦,这没有问题;就终极看,世俗之乐也毕竟是苦;一切感受皆属无常,不苦不乐即是无常苦。苦、乐、不苦不乐,亦名三受;所以有"受"就有"苦",凡受都是苦。

除了人体自身之外,天灾人祸也会带来种种苦痛。在如上所述的《世记经》中有《三中劫品》,记众生于"住劫"中还要遭受三大灾难,所谓"刀兵劫"、"饥饿劫"和"疾疫劫"。其中尽管充满了因果鬼神之说,但也客观地反映了当时人生面临的最大威胁,给人们带来种种灾难和苦痛。首先是战争:"时人相见,怀毒害心……但欲相杀,无一善念……时人手执草木瓦石,皆变成刀剑;刀剑锋利,所拟皆断,展转相害。其中有黠慧者,见刀兵相害,恐怖逃避,入山林坑涧无人之处,七日藏避,心中自言:我不害人,人勿害我。"及见生人,相互间"欢喜踊跃,不能自胜",这当是经历过战乱苦难人的实感。至于"饥饿劫"到时,"百草枯死,五谷不成",或以粪土遗谷以自存活,或煮白骨为饮,或以草木充饥,也写出了普遍饥饿的景象。但它对疾疫造成的大面积死亡和恐惧却陈述不足,只看做外界"鬼神"的入侵。这说明中国传说中的"瘟神"一类的神祇,也还是发源于佛教。

第四节 "因缘和合"和基本元素论:"蕴、处、界"

如果将上述因缘中的十二支看做形成人生生火过程的元素,则形成现实的人体及其环境的,也有相应的元素,像《那先比丘经》中说的头、脑、骨、髓、心、肺、肝、肾等,或归之为"四大",或抽象为"色",或将善恶、苦乐、心念等抽象为"心",于是"色心"就是组成现实世界和人体最基本的元素,而佛教最常用的,是被分解出来的"六处"、"十二处"、"十八界"以及"五蕴"、"六界"等。

"六处"亦作"六入",即眼、耳、鼻、舌、身、意等六种认识机能。眼、耳、鼻、舌代表人的生理器官,身是人的形体,意指意识的机能,即既有的意识:人就是器官、形体和意识的组合;"六处"就是构造人的基本因素,亦称"内六处"。"十二处"是在内六处基础上,增加与之相应的认识对象(即所谓色、声、香、味、触、法等,亦名"外六处")而成的。在早期佛教那里,主体和客体是统一的,人与其所处的环境是统一的,只有将两者连结起来,人才是具体的,才是可以被认识和理解的,所以组成人的基本元素就扩大到十二处。"十八界"则是在十二处基础上,更增加与其相应的认识活动,所谓眼、耳、鼻、舌、身、意等六识而成;生理和心理以及环境三者统一,人才能最终地成为完全的生命整体,人生也才能成为完整的人生。

这样,构成人的元素就有十八种。所谓"六界",指的是地、水、火、风"四大"加上"识"与"空"(空间),这是着重从物质与精神及其活动空间的统一上观察人的一种分解和组合,在一些强调物质现象和物质生活对于宗教修习有重大意义的教派中特别流行,尤其在藏传佛教中。但佛教最通用的是把"人"归诸"五蕴"的和合,或从"五蕴、十二处、十八界"等三方面对人的组成进行分析。这在汉传佛教中已形成共识,通常就把这"蕴、处、界"作为自己布道和教学的法门,称做"三科"。

"人"始终是佛教关切、考察和认识的根本主体,甚至是唯一的对象,而"蕴、处、界"等往往作为人的代用语,成为佛教哲学探索的出发点。佛教有一本字数极少但流传极广的小册子《般若波罗蜜多心经》,它就是将考察"五蕴"作为考察人生本质的出发点的。这种方法在佛教哲学中最为常见,影响也最大。

一、"五蕴"论

所谓"五蕴",旧译多作"五阴",或称"五众",即"色、受、想、行、识"。佛教之所以将这五种元素称为"阴"、"蕴"、"众",不同的注家有不同的解释,其实所指就是分类学上的种或类的概念。这里有两层意思:就其内涵言,种类的本质属性是单一的;就其外延说,种类包括了其所属的一切个体。根据玄奘译《五蕴论》、《俱舍论》等的解释,"色"的本质属性是"质碍"或"变碍",即不可入性,或可以变坏而又具不可入性;"色阴"即"色"这一类,包括属于"色"的一切现象,范围是"四大种及四大种所造诸色",即地、水、火、风等"四大"以及由"四大"构成的"眼,耳,鼻,舌,身"等"五根","色,声,香,味,触"等五境,也就是人的感官以及与感官对应的客观对象。作为"眼根"对象的"色",称为"色境",与作为"色阴"的"色",不是一个概念。作为眼境的"色",又分为两种:一曰"显色",它以"青、黄、赤、白"四色为本色,扩大而为"云烟尘雾、影光明暗"等;二曰"形色",所谓"长短、方圆、高下、正不正"等,总计为二十种;有说,"空"亦是一种显色,那就是二十一种。此外,还有所谓"一分无表色",实指某种有障碍、防卫作用的心理现象,容另作考察。属于"色阴"的声、香、味、触也可以分许多种,例如"味"有"甘、酸、咸、辛、苦、淡"等所谓六味;触分"四大种、滑性涩性、重性轻性及冷饥渴"等十一种。

因此,"色"尽管不能等同于物质,为了方便也可以作"物质"解,它组成有情的生理感官,也形成感官面对的物理现象。这是"五阴"说中颇堪注意的一个特点:感官和感官对象是统一的、不可分离的。这种观点的本身,就含有哲学成分。

"色"作为物质的通称,在世界的构成上分四种形态,也就是四大元素,所谓地、水、火、风,这与古希腊哲学的物质观相通。毕达哥拉斯在数的一元论基础上推出"水、火、土、气"为四元素;恩培多克勒也主张物质世界由此四大元素构成。此中的"土、气",也就是佛教讲的"地、风"。此后的佛教哲学又对作为物质的"色"加以分析,创造了"邻虚"("极微")的概念,形成与古希腊哲学的原子论相对应的思想。佛教的物质论有很丰富的内容,而且多与希腊哲学相似,这是我们研究佛教哲学绝对不可忽略的方面之一。至于将作为眼的对象的"色"进一步分解为"显、形"两种,无论在认识论还是心理学上,也都具有学术参考价值。

"色阴"以外的四阴,又名"非色四阴",属于精神现象。其中"受阴",即"受"这一类,与"十二因缘"中讲的"受支"的"受"相同,《俱舍论》定义为"三领纳随触",与"六触"相应,"成六受身。谓眼触所生受,乃至意触所生受"(卷一,下同)。意谓通过触觉对苦、乐、不苦不乐等三种境的领纳和感受。"想阴"的"想"相当于表象、观念,以及概念、推理等思维活动。同论定义:"想蕴,谓能取像为体,即能执取青黄、长短、男女、怨亲、苦乐等相。"《阴持入经》注谓:"想,像也。默念曰思在所志,若睹其像之处已见前。"此主要指思念和表象。《五蕴论》则谓,"于境界取种种相",即泛指认识主体对于客体的一切反映。"想阴"也分为六种,以其由"六受"引生,名"六想身"。"行蕴"的内容比较复杂,它与"十二因缘"中的"行支"含义理应相仿,把"思"作为主要规定,是支配人的思想行为的主体,故一般可解作今人所谓的"意志"。然而《俱舍论》的定义不限于此。它说:"薄伽梵于契经中说六思身为行蕴者,由最胜故……行名造作,思是业性,造作义强,故为最胜";而就广义讲,"除前及后色、受、想、识,余一切行名'行'蕴。"除了意志以外,像贪欲、瞋怒等情感以及名词、句子、文字也应该包括在内;所以《五蕴论》将它的外延更扩展到除了"受"、"想"两蕴以外的所有"心法及心不相应行法",实际上是解释成了运动;不论是心理的还是物理的运动,通可称之为"行"。至于"识阴"的"识",指具有知识和了别能力的认识主体,有的经论定义为"知","识"即是"知";有的释之为"了别",谓其能知识和分别自己所缘的境界。一般分为六种,即眼、耳、鼻、舌、身、意等所谓六识,到了后来的唯识家,在这个基础上,增加为八识或九识。

总起来说,佛教把人的精神世界分解为受、想、行、识等四类活动,比有些古代哲学或笼统或零散的提法,无疑是深入了一层。它从人的精神世界也是多因素组成的整体出发,力图描绘出精神活动的各种心理过程及其相互关系:由主体感受外在对象开始,经过表象、概念等的想象和推理,再由情感和意志决定自己的思想行为;而受、想、行又可以同时综合交错发挥作用;"识"则是承担这一切精神活动的主要机能。有说,"六识"的性能不同,所以是六个独立的识体,有说,"六识"只是同一识体的不同功能,属于一个识体。这些争论对于全面探索精神现象,都有一定的理论意义。

此外,按"四非色阴"发生的次序,是先有"六触身"而后有"六受身",由"六受身"而有"六想身";"触"是进入精神世界的第一步,所以也应该是精神活动的第一步,但在这"四阴"中却没有它的位置。原因在于"触"之所指,只是停留在所谓根、境、识接触的那一瞬间,而并非像"受"那样是纯主观的、既有接纳外境又有感受外境的功能,所以不能作为单一的精神活动去看待。然而，把"触"划分为六，让它一直延伸到第六意识，就不太好解释了。因为依佛家说，"意"的根、境、识，都属于精神范围的事，在这个范围产生的"触"，很难不与纯精神活动联系起来。当然，从这里也可以看出，佛教在努力把"触"从单一的精神世界里排除出去，避免把触觉看成是纯主观的产物；因为与"识"一起的，还有感官和外在对象，它们对触觉的产生起着同等作用。这种观点，在佛教认识论上是重要的：认识必须受感官和感官对象的制约，而不可能任意而为。

为什么要把"五蕴"作为人的构成元素，佛教各派也有不同的解释。《俱舍论》在《分别界品》中的说明，大体可以代表佛教的早期思想："从无始生死已来，男女于'色'更相爱乐；此由耽著乐'受'味故；耽'受'复因倒'想'生故；此倒'想'生，由'烦恼'故；如是'烦恼'依'识'而生。"据此，"五蕴"不单纯是对人的认识次序的概括和对精神现象的分类，主要还是从解释人生的本原上规定人的本质，因而与前述的"缘起"说密切地联结起来：男女各自于对方的"色相"更互相爱，所以"色"列在"五蕴"之首。但男女之所以生成如此的"色相"，是由于"爱"；"爱"是"生"的起因，也是"死"的始因。"爱"之所以发生，是因为有感受欢乐的本能，所以此"受蕴"也就是彼"受支"。然而人们为什么要去领纳和追逐欢乐？那是由于种种颠倒的思想和观念所致，这"想蕴"可以包括在"十二因缘"的"无明"中。引生"想"的是"烦恼"，在这里，烦恼就是"行蕴"的代称。"烦恼"也有原因，那就是"识"；烦恼因"识"而生。人有了认识和了别能力，也就有了烦恼，在"缘起"说中，这"识蕴"就是"识支"。

据此，"五蕴"论尽管包含了"十二因缘"的思想，但突出的重点则有所不同：世间生死之因固然在"爱"与"受"，而"无明"与"行"等也起着重大作用，但它将终极原因却归结为"识"：人的生命主体在"识"，"无明"与"行"以及"爱"与"受"，也起始于"识"。对于"人"的结构分析，最后作出这样的结论来，说明《俱舍论》代表的早期"五蕴"论，与最早流行的九支"缘起"说，大致出于同一种思想来源。

二、所谓"十二处"和"十八界"

"十二处"分内外两种,所谓"内六处",即眼、耳、鼻、舌、身、意,也称"六根";色、声、香、味、触、法等称为"外六处",即是"六境"。前已说过,"六根"是组成人体的元素,也就是人体的代称;"六境"则是人体感官面对的对象,也可以泛指人们所处的环境。《俱舍论》卷一在解释将这六根、六境结合成一组关系而名之为"处"时说:"心、心所法生长门是'处'义。训释词者,谓能生长心、心所法,故名为处。""根"和"境"是所有认识与心理得以"生长"的地方,故名为"处";旧译之所以作"入",谓"根"、"境"相涉而出入才能形成内识。不论称之为"处"或"入",都在说明,只有在人的主体感官与其相应的客观对象发生关系的时候,相对的认识和心理活动才有产生和增长的可能。因此,"识"的存在,以"根"、"境"的发生关系为前提。因此,从"十二处"的界说中,"根"、"境"是"识"存在和活动的决定性条件,"识"则是被动的、派生的。这种认识论,有物质决定意识的意味,是一种很朴实的唯物论;其中前五根和五境,均属于"色法",有意无意地表达了人体与自然界有同一性的一面。不过这两种见解在佛教义学的演变中,都没有得到应有的发挥。

"十二处"是"识"的源泉。"识"亦有六种,所谓眼、耳、鼻、舌、身、意。由根、境、识三组构成的另一个元素系列,就是"十八界",或"十八持"。在这里,"界"是种类的意思,"持"是能持自性,能使相关事物持有自性而与他物区分开来的意思;前一译名注重从外延上定义,后一译名则指其内涵。把人分解成这样三组十八种元素,人就成了根、境、识的和合,也就是特定环境、特定形体和特定意识形态的统一,或人和人的意识与其直面对象的统一。

把人抽象为这样十八界的统一体,从经验上是可以接受的,而且在理论上对佛教的发展起过重大作用。说一切有部建立以"一切有"为中心命题的哲学体系,唯识家证明一切唯识,都曾运用经验可接受的这十八界之说。这里只举一个例子:十八界三组组合中的第一组是眼根、色境和眼识;如果说,"眼识"的发生,绝对离不开"眼"的器官和"色"的境界,这不会有人怀疑;但是,如果说"色"的客体离开了眼识或眼根就不会存在,这就不能得到公认了。唐玄奘立有一个著名的比量叫"真唯识量",它的"因"是:"自许初三摄,眼所不摄故",这"初三"指的就是十八界中的第一个组合。他由这个"因"中推"色不离于眼识"的"唯识"结论,运用的就是佛教普遍承认的根、境、识在人身上的不可分离性。"十八界"肯定,"人"不能离开他的具体环境而孤立地存在,这话是合理的;但据此认为自然环境也不能离开人,尤其是不能离开人的意识而独立存在,那就远离事实了。佛教把众生及其所处的环境条件,通常是视为一体的,原因之一,是把人泛化在诸多元素的统一性上。

《俱舍论》在《分别界品》中解释其所以分蕴处界为"三科"时说:"所化有情有三品故,世尊为说蕴等三门。传说有情愚有三种:或愚心所,总执为我;或唯愚色,或愚色心。根亦有三,谓利、中、钝。乐亦三种,谓乐、略、中、及广文故。如其次第,世尊为说蕴、处、界。"《大毗婆沙论》卷七解释得更加详细,它说:"此三科皆为破凡夫实我之执而施设:为迷于心偏重者,合色为一,开心而为四,立'五蕴';为迷于色偏重者,开色为十,合心为二,立'十二处';为色心共迷者,开色而为十,开心为八,立'十八界'。"

总的意思是,建立"三科",目的在破除凡夫的"我执":立"五蕴"是用来破除把"心"当做"我"的那类执著,立"十二处"在破以"色"为"我"的凡夫观念,而立"十八界"则在破除以"色心"为"我"的执著。又由于对"我"的执著程度不同,人们的天资(根)有别,聪明者懂得"五蕴"就破除了,中等天资的人,得为之说"十二处",对愚笨的人则施设"十八界"。又因为对"文"字的表达,有"乐"简洁的,也有"乐"广论或适中的,所以立有"三科"的差别。总而言之,"三科"全在破除"我执",维护对人和人生本质上"无我"的原则判断。

事实上,这只是一家之言,对于"三科"还有很多解释。从一定意义上说,佛教的许多学派就是在对"三科"的不同诠释中崛起并发展起来的。作为"总摄一切法尽"的概括,在很大程度上被当做研究和说明的对象,成为创建各自哲学体系的出发点。像《俱舍论》等就是先从"十八界"入门,与《般若波罗蜜多心经》等的专从分析"五蕴"的性质上立论,就很不相同;在哲学观上,两者所反对的"我执",也有很大的差别。

第五节 佛教的宗教观和价值观:"业报"与"涅槃"

各种"缘起"论的主要任务,在说明社会人生现象和世界变化的根源。世界为什么会有"器世间",而器世间为什么会有"四劫"的大循环?"众生"来自何处,为什么会遭遇"三灾"的大劫难?为什么"有情世间"会有"六道"或"五道"的区分?人为什么成为人,而且有贫富、贵贱、上下等社会不平等现象的发生,有穷达、寿夭等个人命运的区别,还有男女、俊丑、智愚等生理性的种种差异?"缘起"论就是要说明,现实的这一切都不是偶然的,而是特定因缘作用的结果。因缘与其结果之间存在着一种必然联系,凡是存在的,都有原因;而有原因,必有结果;没有不结果的原因,也没有无原因的结果;因必酬果,果必有因。因果间存在的这种联系,是一种必然的法则,不可逆转,不可逃避,不可破坏,是一种铁律。种瓜得瓜,种豆得豆,植物生长中种子与其果实间的联系,就是因果铁律的范本,佛家经常援引为例,用来说明人生过程:众生存活的状态相当于果实,众生此前的活动就是种子;众生自身的活动是塑造众生自身、创造相应的生活条件以及决定他全部命运的因缘;众生所处的生活条件、社会身份及其全部遭遇,就是其自身活动的必然结果。一切众生无不处在这样的因果铁律交织的网络中。众生的现状,是由他们过去的思想行为造就的,现在的他们只是对其过去行为的一种接受形态,所以过去的思想行为是"因",现在的生活状况就是"果";现在的思想行为,必然打造出未来的生活情景,所以未来的"果",就源于现在种植这果的"因"。在这里,"种豆"的"种"是"因","得豆"的"得"是"果";种什么得什么,想得什么就必须种什么。

描述这一因果锁链的,是我们上边介绍过的十二因缘。在这里强调的是,这一因果的必然性、不可消失和不可变更性,均发生在行为者本人一人身上,与他人和他力无涉,所以"因果"这对范畴,也就改做"业报":众生自身的思想行为作为生成和决定其后命运的因缘种子,名之为"业";由此令自身得到相应的结果,称之为"报"。

"业"是一个外来词,音译"羯磨"。它被定义为"造作"、"办事"等,指人的思想和言行,特别是有意识地作用于客观的行为。在佛教那里,"羯磨"指谓的事情颇多,其被意译为"业"而且为所有译家所使用,可能是经过深思熟虑的。《周易·坤下》说,"畅于四支,发于事业。"意谓人的品德总是要表达于五官四肢,从而造就种种事业;这事业的"业"字与佛教意译的"业"就十分相近。"办事"和"造作"必定产生结果,正与从事某种"事业"那样,即使失败也是结果。这种结果是与其事业的性质和能量相应而必然获得的报酬,并翻转过来塑造和规定行为者本人的形象,甚至支配他此后的命运。"业"与"报"的这种不可逆转、不可变更和坏灭的因果联系,学界一般称之为业报法则。佛教并不一般地研究自然界的因果关系,甚至也不研究社会的因果关系;它把自然界和社会只作为众生的附属物,当成众生的组成部分,所以只有服从和表现为众生的业报法则,此外别无法则。中国佛教把众生所行成就的个体称做"正报",把他生活的自然国土,叫做"依报",这依、正二"报"属于同一个体所作"业力"所为,不过"正报"是纯粹个体行为的个别结果,而"依报"则是个体作为同类众生参与共同活动的结果。因此,佛教的因果观本质上就是业报法则,"业"即是"因","报"即是"果",所谓"业因"、"果报",可以连用。

《俱舍论》卷一三在谈及世界和人生本原问题时,有一段极重要的话:"如前所说'有情世间'及'器世间',各多差别。如是差别由谁而生?

颂曰:'世别由业生,思及思所作;思即是意业,所作谓身语。'论曰:非由一主先觉而生,但由有情业差别起。"在这里,物质世界、有情众生及其诸多差别,全都是由"因缘"生,变成了皆"由业生";于是用"缘起"说对抗婆罗门教的天主创世论,变成了用"业生"说对抗婆罗门教的"一主"创世说。"缘起"还分内、外,"业生"只有"众生"而其实就是"人"的活动。于是彻底否定了所谓"一主先觉而生"的宗教观,代之以"思及思所作"为创世者的宗教观。一神论宗教信仰的"主"或"神"、"上帝"等世界唯一的造物者和主宰者,全由人的"思及思所作"产生。

"业生"世界和有情,是佛教的根本宗教观,是佛教区别于其他宗教的本质特性。这一方面表示,人才是世界的创造主,人自己创造自己,也创造自己的生活环境,用人驱逐了神,从而确立和维护了人的尊严和自信,看来是对其原始的世界和有情生成于"天"的假说作了重大修正;另一方面则把人的"思及思所作"作了无限的夸大,达到了可以改天换地无中生有的程度,从而把人及其思想行为神秘主义化,形成为特殊的宗教系: 业报轮回。

《俱舍论》对"业"具体界说的"思及思所作"有明确的定义。"思","谓能令心造作",即能驱使"心"去造善作恶,从事种种创作的精神动力,亦称"思力",相当于"思想"、"意向"、"意志"、"愿望"、"欲求"等,它在人的全部心理活动中,对活动的性质和活动方向起着主导和决定作用,所以《成唯识论》等又补充说:"干善品等役心为业。"意谓"思"在善或不善或无所谓善不善的心理观念中,具有役使的能力。通常说,思想决定行动,人的言行受制于人的思想,就是"思"的功能;由"思"发动的种种心理意念和言语行为,就是"思所作"。

"业"通常分为三类,所谓"身、语、意",即意念、言语和行为。一切众生都各有自己的思想言行;正是这些思想言行使一切众生具有了各自塑造自身和创造自身周围环境的能力,故名之为"业"。为了强调这三者都具有同类的"造作"功能,所以又分别说为"意业"、"语业"、"身业"。关于这"三业"在整个"造作"中的作用，佛教各派的主张不全相同，有的以为"身业"起决定性作用，有的以为"语业"最为关键；像说一切有部等，则把"意业"视为支配人的全部活动的真正统帅。

"意业"指谓的范围极广，可以说一切精神现象都是它的活动区域，《俱舍论》则限定它为起主导作用的"思"。"语业"和"身业"，只能算做"思"的一种功能或支配物，因而亦名"思已业"。这样，"业"虽分三种，但最后还是统一到了"意业"这一种上。作为世界和人生的起因，说到底，在于精神因素的意志和意欲：意志和意欲造就人生，创造世界。

这种主张有一定的普遍性，不但在普通大众中有相当的市场，在近代西方哲学中也不少见，意志哲学就是其中的一种。一个人如果没有主观意志，一事难成；认为只要意志坚定力行，就会无事不成。这是两个极端。把个人意志夸张到足以生产世界、造就人生的程度，不符合事实；但把创造生活环境和决定个人命运的主动权放置在人自身的思想作为上，则具有非常积极的意义。

据认为，"业"是一种强大的不可遏制的力量，称之为"业力"，在"业"没有产生出自己的结果之前，决不会自动消失，也没有任何其他外力能够使它消失，此谓之"业力不失"。说一切有部《毗奈耶》卷四六有一个专述这一法则的偈颂："不思议业力，虽远必相牵，果报成熟时，求避终难脱。"意谓业因与其果报之间，存在的这种不可转移的必然联系，永远不会失效。不管经历多少世、多少劫，迂回曲折，任其海枯石烂，业因必将牵引到它获得相应的业报，其力才能消失。于是"业"和"业力"就成了整个"三界"有情世间和器世间得以形成和演化的终极原因。此种理论，我称之为"业力创世论"或"业力决定论"。

然而"业力"如何创世，如何决定？为什么同为"业力"，产生出来的世界和有情不是一个模样，而是天地悬殊，千差万别？这就需要另一种观念进行解释。《俱舍论》卷一九说："业由随眠方得生长，离随眠业无感有能。"又说："由此随眠是诸有本，故业离无感有能。"意思是说，"业"要成为一种"感有"的能力,即产生实际"存在"的功能,必须有"随眠"参与其中;没有"随眠"也就不会有任何形态的存在。于是"随眠"成了"业"发挥其作用"力"的前提,也是人之所以会出现种种差别的原因。"业"决定"报"的必然性;"随眠"决定"业"与"报"的内容和性质。

此中"随眠"是"烦恼"的潜伏状态,也可视为烦恼的同义语:烦恼或称"惑",另有许多其他名字,例如"缠"、"缚"、"漏"、"轭"等;指谓的范围非常广泛,可以包罗世俗精神世界的一切,诸如本能、欲望、情绪、情感以及思想、观念等,其最重要的是"贪、瞋、痴",号称"三毒";或再加"慢"(傲慢)、"见"(非佛教观点)和"疑"(对佛教的怀疑、犹豫),扩大为六种,名"根本烦恼"。以此为基础,按多种标准,作种种分类,形成一种异常庞杂的心理体系,构成佛家心理学最重要的部分。此中的"有",与"十二因缘"中的"有"是一个概念,指众生所得业报的全部"一生"及其生存环境,即"一生"中主体经历和面对客体的总和。所谓"感"或"感应",是佛教讲众生自身的活动转过来再作用于自身之关系时的术语,用于说明因果报应,则指自作"业"(此时的"感"指"业"发于外的功能),则自得"报"(此"报"由"感"所得,亦名"感得",即是"应")。

综合《俱舍论》上两段话的意思,则"烦恼"是决定众生各自出身、经历和生活状况等差别的根本因,"业"只有在"烦恼"的作用下才能引得相应的果报。"业"只是思想行为的一种抽象力,"惑"才使思想行为具有了内容。"业"作为一种承载和牵引力,它所运输的是"惑";由于"业"负荷的"惑"不同,才有世界众生、三界六道等的不同。因此,更准确些说,世界众生及其流转差别,乃是"业"与"惑"共同作用的结果,"业"与"惑"是世界众生的共同本原。

人的心理不都是"烦恼"的。"烦恼"相对于"清净"而言。"清净"是佛教的理想境界,"烦恼"则是世间的标志。从世俗的道德观念考察,"烦恼"有善有恶,而善恶之别,对于产生世间的差别,起决定性作用。依"烦恼"必将得到的果报来分,"善"可以获得"乐报",善行即称

"福业";"恶"只能得到"苦报",恶行则称"非福业";还有出家修行达到相对的清净程度,以至死后能够生于"色界天"和"无色界天"的,叫"不动业"。世界之所以形成,以及"三界"、"六道"之所以建立,全是福、非福及不动这三类业力起主导和支配作用的结果。《长阿含》卷一九的《世记经》记阎罗王的话说:"世间众生,迷惑无识,身为恶行,口、意为恶,其后命终,少有不受此(地狱)苦;世间众生,若能改恶,修身口意为善行者,命终受乐,如彼天神。"佛陀也说:"若有众生奉持龙戒,心意向龙,具龙法者,即生龙中。若有众生奉持金翅鸟戒,心向金翅鸟,具其法者,便生金翅鸟中。"这类言论,在佛教经籍里比比皆是。此外,还有一类不具有善恶性质的思想行为,叫做"无记",它对果报的福与非福等没有影响。

众生所得的果报有共性和个性,即所谓"总报"和"别报"的差别,因而有所谓"引业"和"满业","共业"和"别业"等区分。其中,假若某种"业"能够牵引成为某一生类,也就是在三界六道得生于某一有情类中,叫做"一生"。据《俱舍论》卷一七说:"此'一生'言,显一同分;以得同分,方说名生。"此中的"同分",全称"众同分",即一类有情的共性。例如,"人"是一类有情;那种能够使某一众生成为"人"的成分,就叫众同分。具有"人"这一类共有的思想行为,叫做"引业";"引业"为通向"人"这一生类所共有,即名"共业"。"引业"是决定"一生"根本性质的"业",其所得果报,名叫"总报"。但除了决定这"一生"类别的"业"外,每一个体还会有其个性的思想行为,此即谓之"别业";"别业"决定个体在同一生类中的差别,其所得的果报,叫做"别报"。例如同属于人类,这是人类引业所生的总报,但人与人有种种差异,这差异就是由"别业"决定的。人不仅是抽象的类的存在,而且是具体的多样性的存在;形成这种种生动丰满的"一生"的,叫做"满业"。《俱舍论》所谓"一业引一同分,而彼圆满,许由多业",说的就是这个意思。按照这种观点,个体人的"一生"是诸多"同分"的总和,个性是多种共性在业力作用下的综合。这又是一个哲学问题。

于是,上述的世界图式,包括"三界"、"四劫",就是由世间所有众生最大的"共业"引发的最大的"总报",而"三界"中的每一界,以及它们相应的生存空间和所经的劫数,则是由这一界的众生共业所成。其中的"欲界",是由于众生的食欲和性欲等"业力"牵引的结果;"色界"四天是从事"四禅"修习的果报;"四无色界"则是修行"四无色定"的果报。众生的所想和所作所为应该属于哪一类,必定就会生于哪一类;哪一类应该具有什么样的生活条件,必定就会处在哪种生活条件之中,接受哪种生活条件的待遇。

这样,"引业"与"满业"的统一,"总报"与"别报"的统一,哲学上共性与个性的统一,体现在"人"的身上,就是人类与其共处的社会与自然界的统一,以及个人与其所处的社会关系和生活环境的统一。对于众生的任何个体来说,这种统一是历史的、变化的,按业报法则,死而生,生而死,于三界六道中,三世循环,没有尽期,此谓之"轮回",或称"生死轮回"、"三世轮回"等等。其中的一生一死是"一生"的历程,作为一个时间概念则叫"一世";"三世"就是过去、现在和未来的各自生死一度。由此可以得出一个明确的结论:个体是不朽的。这个个体在"过去世"可能是某个"天",到"现在世"可能已经变成了"畜生","现在世"可以处在社会的最下层,"未来世"则可能生到社会的最上层,全看他是行善修道还是沉迷作恶。因此,不论处境多么艰难的个体都有充满希望的理由,而权势者也不会有永远维护其既有地位的保证。于是这又回到了老命题:自作自受。莫怨天,勿尤人,命运掌握在自己手里,一切遭遇,全得由自己负责。

佛教的业报说,必须包括这"三世轮回"或"六(或五)道轮回"才是完整的。如果把轮回去掉了,业报也就失去了它的宗教含义。而正因为必须联系到三世六道的生死轮回,也才能看到佛教对于鬼神和彼岸世界的绝对肯定;它所肯定的鬼神可以包罗所有宗教信仰的和民间流行的一切,而且还可以不断地吸收和创造许多新的鬼神;它所想象的彼岸世界,不但上有天堂,下有地狱,后来还规划出了种种净土佛国。但是,从佛教的经典看来,这些鬼神只能是众生的一分子,或更确切些说,是众生于生死流转的整根链条中的一个环节、一种表现,因此,鬼神对人没有任何特权,也没有左右人的命运的任何能力,既不能赏善,也不能罚恶,因为业报法则不可能因鬼神的作用而动摇,而更改。同样,不论是哪种彼岸世界,对于众生来说,也不是永恒的;既非高不可及,亦非必定沉沦于其中。彼岸世界也依人的思想行为而转移。

然而,如果事实确如这里所说,生死之流不息,"业报轮回"不止,那么这无限的生死流转必须有个主体,作为惑业的负荷者和果报的承受者,而这样的主体,就必定是不朽的,应当永存于三界六道的演变中。这一点在早期的佛教译典里,不成问题。这主体通称为"神"或"识神",就其不朽而名"神不灭"。康僧会译《六度集经》卷八的《察微王经》中说:"神依四立,大仁为天,小仁为人,众秽杂行为蜎飞蚑行蠕动之类。由行受身,厥形万端。识与元气,微妙难睹,形无系发,孰能获把?然其释故禀新,终始无穷矣。"意思是说,"神"依地、水、火、风"四大"或与"元气"相合,降生于世,是谓"识神";这"神"若曾行"仁",则"大仁"者成"天","小仁"者成"人",其余非仁的"杂行"者,成为飞禽虫兽。至于这"识神"是如何与"四大"或元气结合的,微妙难知,但可以肯定的是,"神"始终处在弃其"故舍",更禀"新形"的转化中,也没有穷期。这个神或识神,亦译为"魂灵",同经的最后说:"魂灵与元气相合,终而复始,轮转无际,信有生死殃福所趣。"

按照三世轮回的教义,对在已死与未生之间,是否存在一种叫"中阴"的生命体,佛教内部有不同的意见,而大多数承认其为有。姚秦时竺佛念译《中阴经》,称"中阴"为"中阴众生",存活在所谓"空界"的世界中,释迦佛以"神力"入此"空界"说法,度脱"中阴"。其中有言:"人本无形生,还入虚空中。"(卷下)"识神无形法,起灭无常定。"(卷上)意谓"人本"、"中阴"皆为"识神",没有定形;生于"欲界"是谓"人",灭于"空界"即是"中阴"。此经把"中阴"看得比人还要善良,更容易接受佛的教诲;其设想的"空界",则近似超然三界的"涅槃"境界:"起者必有尽,彼灭最为乐;不生老病死,亦不处三有;永处虚空界,诸佛之堂室。"(卷上)这种把"虚空"当做彼岸的理想国土的观点比较稀罕,也是域外佛教承认"我"有且旗帜鲜明的少数代表。

关于"识神"或"魂灵"不灭之说,后来受到鸠摩罗什门人的批评,认为这是译家的错误。但是,将早期译籍使用的若干中国固有的概念如气、元气等排除在外,业报轮回的那套宗教观念,完全符合佛教的本意,从不灭的意义上使用"识"、"神"、"魂"、"灵"等词的译籍,非常普遍,从来也没有受到质疑。

因此,就应该得出一个结论:如果魂灵不灭,世界有情则应有定数。从三界六道永远不会变更看,流转在其中的有情,也应该是个常数。于是现在的猪狗,很可能是彼世的父母亲属,而今世的子女,也许是过去的仇敌。现下尽可得意猖狂,后世必定受到相应的甚至成倍的清算。于是由此发展出种种其他信仰和教条来,在中国佛教中影响尤大,例如戒荤、放生以至焰口等,就是其中之一;在教理上则有《神不灭论》、《三报论》、《更生论》等的产生;一般的因果报应观念,更深入民间,可以说没有哪种宗教观念会比它更加普及。

"业报轮回"说确立了佛教关于世间的宗教观念。按照这一观念,佛教承认世间存在善恶是非,并给人们制定了世间的道德标准和行为准则,肯定了福乐的相对存在,由之强调佛教应该在社会生活中发挥教化的功能。在六道众生中,"天"与"人"的生活价值得到了肯定;天人是行善所得的福报,可以享受相对的快乐,避免或缩小种种世间痛苦,所以劝告人们去行善做好事,以积极乐观的态度对待现实人生;反之,所谓傍生、饿鬼、地狱等"三恶趣",是备受苦痛而又不能不受苦痛的群体,这是作恶行不善的结局,据此警告人们,切莫作恶,一旦作恶,后果就是这"三恶趣"。此中对于地狱的想象勾画,极度恐怖,极度残酷,这可能也是出于对犯罪的震慑。总之,人生可选择的道路很多,生活是有价值的,应该珍视,须善待;佛只能由人来作,教化的主要对象是人,佛教因此也提出了自己治理国家的政治学和处理世俗关系的伦理观。

但是,就佛教的本意,业报轮回描述的这幅世间的宗教图画,是在更具体更生动地贯彻它那悲观主义的基调:从极乐的天神到极苦的地狱,一切世间都是苦的表象;一切众生沉沦在生死的苦海里,长夜漫漫,无有尽期,所以必须全部割爱,彻底舍弃。就这样,佛教在宗教观上也体现了它对人生价值的贬斥和否定。佛教更崇尚一种超越世间、摆脱世间的出世间境界,那就是涅槃。涅槃是对业报轮回的否定,是佛教的出世间宗教观念。

从佛教文献看,涅槃并非佛家独创的概念。佛教把它作为自己的终极理想,地位之高,无与伦比,受到全力的推崇和弘扬。但是,究竟什么是涅槃,涅槃都有些什么规定,就其为佛教各派可能共同接受的内涵来说,几乎是个空白。唯一可说的是:涅槃就意味着已经超出三界,不会再堕于生死轮回。再简单些说,涅槃就是不会再生了,涅槃就是"不生"或"无生",因而也就不会再有任何"烦恼",所以亦意译"寂灭";这种寂灭与平常的自然死亡不同,它是智慧的选择和自觉的结果,有的派别也称"择灭"。涅槃、寂灭,就成了佛教最大最高的价值趋向,由此决定了它为达到这一目标而确定的一系列不同于由世间宗教观念支配的特殊修习和实践。

这样,佛教就具有了双重的宗教观和双重的价值观:由世间宗教刻画的世界,建立在人本主义的想象基础上,肯定了人生的价值;以涅槃为终极的理想,是出世间的宗教,它把人体看做"苦具",彻底推翻了它对人生的肯定。就佛教的总体说,出世间宗教是它的究竟归宿,世间宗教只能是一种无奈的适应。

第六节　通向涅槃之路：修道与道果

"涅槃"亦音译"泥洹"，意译"灭"、"寂灭"、"灭度"等，佛教普遍当做否定性概念使用，凡给以肯定性规定的，只能是佛教的一些特殊经籍和特殊教派的特殊观点。如上所述，其所否定的就是生死轮回：没有了生死，当然也就不会有生死的烦恼和痛苦。据隋慧远的《大乘义章》卷一八释："灭烦恼故，灭生死故，名之为灭。"这应当是涅槃一词的本义。此文继续说："离众相故，大寂静故，名亦为灭。"这当是后人据大乘思想的进一步发挥，但还没有离它的本义太远。

按"业力不失"、因必酬果的业报律，要想跳出六道轮回，超越世间三界，是一件异常艰难的事情，必须依据佛陀指示的道路，遵从佛的教导，履行种种修习实践，逐步清除造作生死果报的业因，才有希望分阶段地实现；这种修习实践的阶段性，称为"道阶"，达到相应的道阶，就会获得与出世间相应的果报，这果报名为"道果"。总括这修习实践的所有阶段，泛称"修道"。即使修道的任务全部完成了，也还不一定就达到了涅槃。要达到真正的涅槃，还有一个必须走完此生的道路问题。这最后要走的道路，已经修无可修，学无可学，叫做"无学道"，相对而言，"修道"需要的是不间断地修学，叫做"有学道"。

出世间的修道，前提是弃家禁欲。"家"是世间第一个牢笼，性爱是制造这一牢笼的纽结。要想从生死中解脱出来，首先要从家庭，尤其是性爱的枷锁中解脱出来。佛教普遍认为，"生"的最直接原因是两性"爱"，所谓"淫欲"或"欲"；所以清除对性爱的贪欲和观念，在一切修道中总是高居压倒一切的位次。《四十二章经》说："使人愚弊者，爱与欲也。"又说："爱欲莫甚于色。色之为欲，其大无外；赖有一矣，假其二，普天之民无能为道者。"此色可以泛指男女色相，但多半是特指女色。由于厌生，企求不生，所以女性作为"生"的源泉和"生"的象征，备受佛教的贬斥和呵责。对于妇女的姿态、心态、性情以及生理结构,无不进行丑化和诋毁,以至奉行男尊女卑,成为佛教基本教义中的一种顽症,反映在方方面面、各个领域。这其中无疑还含有对女性的恐怖。所以此经说:"慎无视女人,若见无视;慎无与言,若与言者,敕心正行。"又说:"色之于人,譬如小儿贪刀刃之蜜甜,不足一食之美,然有截舌之患也。"

攻击妇女,厌恶妇女,害怕妇女,目的只有一个,自己不生,也不要让生延续下去。于是攻击家庭、厌恶家庭和妻子就成了逻辑的必然。《四十二章经》记佛言:"人系于妻子宝宅之患,甚于牢狱、桎梏、锒铛。牢狱有原赦,妻子情欲虽有虎口之祸,已犹甘心投焉,其罪无赦。"据此,远离女色,出离家庭,就是佛教修道的初步。

大多数佛经认为,除了人身生理结构上的根源以外,产生爱欲还有一个认识上的原因,那就是"无明"。无明即是无"智"。无智不止直接令人沉溺于爱欲,从而产生种种烦恼,而且导向种种"邪见"、"恶见"、"不正见",对烦恼和世间的滋长起着论证和支撑的作用,破坏指导人们修习的基本教理。因此,提倡理性思维,注重解决认识问题,也就成了佛教通向涅槃的基本方法,此即谓之"智慧",即佛家教理化了的那种智慧。

涅槃之作为摆脱世间的束缚来说,亦称"解脱"。世间有种种束缚,佛教即有从中解脱出来的种种方法。但基本上有两根主线,其一是禁欲的,即所谓"梵行",包括"阿兰若行"和"头陀行",核心是"弃家去财",以乞食为生,着敝衲衣,远离村落城邑,不与任何人发生亲情,禁止收受金银,不许积蓄等等;另一是观想的,即思维和把握佛家指谓的"真谛"、"真如"、"真理",以及某些特殊的境界和对象,范围异常广泛。无明与爱欲互相激荡而同行,是世间的表象;智慧与梵行互相促进而并成,就是通向出世间的大道。所谓修道,就是智慧与梵行共进的过程,精进的标准,则是尽可能减少生死往来的次数,一直到最后结束生死,不再有"生"。

《十二头陀经》比较完整地反映了佛教早期的修道方法。在这行法十二条中,突出的规定是,行者必须住于冢间,止于树下,露地而坐,而且但坐不卧；距离村落必须足够远，并且不许滞留的日子太长，目的在于令修道者专心致志，体验"智慧"，并首先从远离社会、背离世俗生活开端，"厌离三界"。依佛教的观点，像"头陀行"和"远离行"这类修持方法，既有别于"白衣"的贪欲，又不同于"裸形外道"的苦行，去其两端，称为"中道"。在以后的发展中，"中道"就成了佛教自我标榜为"正道"的同义语，被各个派别所采用，但指谓的内容则各有不同。

学习佛理，体认佛理，以至宣讲佛理，都属于智慧的范围，通称为"慧"；而学习智慧，思维智慧，并使之成为修行者自身最终得以把握的基本方法，叫做"定"；不论是"定"和"慧"以及实现禁欲的要求，都需要一种自觉的强制力加以约束，那就是"戒"。戒、定、慧是佛教对于全部修习实践的基础性分类，略称"三学"。将这"三学"展开起来，则有"三十七菩提分"，也有概略为"八正道"或"七觉支"等的。在这一切修道中，既没有偶像崇拜和神灵信仰的成分，也没有与之相关的祈祷、祭祀、法事等与一般宗教活动相伴的仪则。这是早期佛教的一大显著特点。

一、佛教实践的第一种分类："戒、定、慧"

"戒、定、慧"三学，指佛教徒必须修学的三门课程。但佛教各家对各门的看重程度不全相同，认定它们各自在解脱上的功能也有差异，其中的任何一门都可以被视为最重要的，可以成为通向解脱的独立法门。而对它们的解释，更是众说纷纭，我们这里只就一般而言。

1. 关于"戒学"

"戒"是规范僧团生活和佛徒行为的条例与仪则，被认为是求得解脱的保障，或即是通向解脱的道路。它包括两个方面：其一是有关个体的仪表、生活方式和行为准则的；其二是有关僧团的组织原则和集体生活规则的。重点是对个体的纪律约束，通称戒律。

据传，早期的戒律乃是佛陀亲自制定的。这种传说有一定的道理。任何团体，如果要成为一个独立的组织，没有共同的思想理论纲领固然不行,没有围绕实现它的纲领而制约其全体成员的行为、并成为其成员自觉遵循的统一纪律,也不可能。佛陀既要推行自己的主张,组织自己的僧团,当然会规定若干准则,而教义的要求和僧团的生活,也自然会形成一些不同于其他社会群体的行为方式。但像我们现在看到的戒条和律典,恐怕是经历了一个很长时期才完成的。传为东汉安世高即已译出的《大比丘三千威仪》卷上说佛弟子者有两种:一者在家,二者出家。对这两种弟子有不同的要求,也有不同的戒律。对于出家者,从行、住、坐、卧,都有全面的规范,略称"四威仪"。这其中又分下、中、上三种,仅"中出家者",即须"具受八万四千向道因缘"。这虽然是一种夸张的说法,也可见其力求具体详尽的精神。例如,在比丘仪则中有关"持锡杖"一事,即有二十五条规定;生理上的"阴起"一事,有十条原则。大至师徒关系及其授受之道,新旧比丘相处以及相互对待之道,还有与檀越和官方往来之道,小至"汲水"、"破薪"、"择菜"、"炊米"、"作羹"等日常作务,无不规定有条例明晰的要求和标准。此书对了解和研究早期出家佛徒的生活方式,极有价值。

事实上《大比丘三千威仪》这部书的内容颇杂。它所作规定的绝大多数,是针对寺居僧人而言的,但也有一些是为居无定所的头陀行者讲的,而且戒禁更加严峻,例如:著衣必须是拾"死人弃衣"补治而成者;住于冢间,必须"目视死人骸骨";必须"独处",不许群居,甚至禁止居住佛教寺院等。

传说统一的《律藏》产生在佛灭度的那一年。而后,僧团逐渐分化,僧尼的生活方式出现差异,这首先反映在戒律上,由此引发的歧见曾达到十分激烈的程度,以至最后形成十八派或二十派之多。我们不清楚,这些部派是否都造有自己的戒律系统,但据《大比丘三千威仪》卷下的记载,在它成书的那个时候,《律藏》即有五部之多,且特色各自不同,所著袈裟也有五色之分:"萨和多部(即萨婆多部,说一切有部)者,博通敏智,导利法化,应著绛袈裟;昙无德部(即法藏部)者,奉执重戒,断当法律,应著皂袈裟;迦叶维部（即迦叶遗部,饮光部）者,精勤勇决,拯护众生,应著木兰袈裟;弥沙塞部(即化地部)者,禅思入微,究畅玄幽,应著青袈裟;摩诃僧部(即大众部)者,勤学众经,敷演义理,应著黄袈裟。"此五部号称律藏五部,或曰五部律。其中除迦叶维部外,所余四部都有汉译本。实际上,迦叶维部也有汉译戒本,即元魏瞿昙般若流支译的《解脱戒本》。此外南传上座部有其汉译的律论《善见律毗婆沙》,犊子部的汉译律论《律二十二明了论》等,说明部派的律决不限于五部。

　　从汉译的四部律藏来看,各部在分类和轻重次序上有所差别,但在总体精神上基本相同。其中最严重的罪罚,是摈除僧团,开除僧籍,名"婆罗夷"。比丘戒中有"四婆罗夷",依次是"淫"、"盗"、"杀人"和"妄语",同样也适应比丘尼。此中把"淫"作为首戒,充分反映了以涅槃为归宿,履行"无生"教义的根本宗旨,也是为实现涅槃目标所采取的最现实、最可能的措施。"淫"被严禁的范围极广,除了各种各类、形态奇异的性行为,还有各种各样的性意识、性暗示和性骚扰。人们在绝对禁欲条件下,可能产生的性变态和性心理,在这里有许多直露的记述,是佛教留给今人研究性心理的一份有价值的资料。"杀人"被列在"盗"戒之后,是因为这里所指的主要不是触犯世间法律的那类杀人,而是指因为厌生、谋求及早从生死中解脱,以致误把死亡当做解脱而请人将自己杀死或杀死他人的那种杀人,当然也包括自杀。这种杀人是对涅槃的误解,与"不生"的基础教义相抵触,所以要严加制止。所谓"妄语"亦称"大妄语",特指妄说自得"上人法"之类的话。这在戒律中显得颇为奇特,但这个规定或许对任何宗教和亚宗教都有意义,也值得一般人注意。据《四分律》卷二,有的比丘向居士家语言,"我得上人法,我是阿罗汉,得禅、得神通,知他心,并复叹彼某甲得阿罗汉、得禅、得神通,知他心",因此骗得某些居士"饮食不敢自啖,不与妻子",而持以供养该比丘,以至在"人民饥馑,乞食难得"的日子里,唯有此比丘"颜色光泽……气力充足"。据此,这被严禁妄言的"上人法",就是编造神异、吹嘘自得神异去行骗的那类谎言。

佛教最终能够走向世界,在诸多民族和国家中流行,固然有许多原因,但它坚决禁止自己的信徒妖言惑众,也是不可忽视的一条。

《律藏》对比丘尼的规定,要比比丘严格得多。在上述四婆罗夷需要一体遵行之外还另有四婆罗夷,所以比丘尼有八婆罗夷。在所增加的四条中,有两条与接触男性直接有关;另一条叫"随顺被举比丘戒",还有一条叫"覆藏他重罪戒"。这样,四条中三条与性别有关系,而最后一条,即包庇罪,在比丘中也同样可能发生,却没有如此严厉的处分。显然,戒律的制定,男女是不平等的,特别清楚地反映了早期佛教对于女性的歧视和压制。

据传,佛陀本来是不允许妇女出家的,后来在他的堂弟阿难的再三劝告下,答应他的姨母也是养母的大爱道出家为尼,是为佛教有尼众之始。但阿难却因此受到了同门长老们的严厉谴责,认为这是败坏佛门清净的声誉,影响佛教的发展。可见在允许女性出家上,佛教内部曾有过激烈的争辩。戒律自身规定,凡女性出家,为其授戒者必须是比丘众,而不能是比丘尼众;比丘尼没有度脱他人的权利。对女性的这类歧视和压制,与佛教的禁欲主义以及因此而对妇女的恐惧,当然有绝大的关系。这一倾向表现在佛教的方方面面,而且根深蒂固,在某些大乘经籍中还保留有这类传统。所以在正式戒律之外,又流行许多限制和排斥妇女的其他禁忌和观念。其中最常见的是有所谓"五障"与"三从"。"五障"指女身能障碍人们去担当五种倍受尊敬的职务,即"梵天王"、"帝释"、"魔王"(此指阿修罗王)、"转轮王"和"佛身";"三从"则强调女性必须系属或依附于男性,不得自立,所谓幼从父、长从夫、老从子之类。此"三从"也可能是译家翻经时增添到经文中的,因为在中国古代,"三从"就被当做妇女的经典美德载入教科书中。

然而另有一些佛经,很大程度上是从女性不如男性自由的现实境况出发的,并不把三从等看做一种美德,而是看做受歧视的结果。早出的经典如《佛说玉耶女经》等,谓"女人之法"有"三障十恶":幼小时为父母所障,成年出嫁为夫主所障,老年为儿子所障。此"所障"是不得自由的意思,是对不自由处境的描述,并不是赞扬。所谓"十恶",指生时父母不喜、养育无味、常忧嫁娶失礼、处处畏人、与父母别离、倚他门户、怀妊甚难、生产时难、常畏夫主、恒不得自在。此处的"恶"是指处境恶劣,表示作为女性之特殊艰辛,并非天生卑下。在这一类经籍中,我们能够看到佛教对于妇女的关切和同情的一面,以及为摆脱这种种困境和痛苦,给妇女指出的种种出路。大乘的另一些经籍特别为女性说话,大长女性的志气,可以说是继承了早期佛教的这一传统的。在佛教信徒中,女性所占比重历来不小,与佛教关怀和同情妇女不无关系。

此外,由于早期佛教把行道求解脱的根本途径,放在出家弃妻、实行严格的禁欲生活上,容易使一些人对其出家者的性机能产生怀疑,因而影响他们在信仰上的声誉和人格上的尊严,所以戒律对性器官和性机能的健全性也提出要求,其中不但有所谓"五种不男",还有所谓"五种不女",通称"黄门",均属于性器官畸变的性质,不许收容出家授戒。但是,也正因为出家者必须是性机能健全者,实行完全的禁欲,就变得异常的艰难。

在上述诸部律中,至少有三部在中国佛教中流通过。其中萨婆多部的《十颂律》流通最早,到了唐代义净仍在提倡。不过一般而言,南朝重大众部的《摩诃僧祇律》,北朝行昙无德部的《四分律》。于是弘扬和研究律藏就形成一门学问,叫做律学,有资格依律授戒的大比丘,被称为律师。像北朝的《四分律》律师,同时又是专弘《十地论》的论师,形成北朝占绝对统治地位的佛教势力,负责对僧尼进行全面管理,同时协助维护治安和进行教化,因此隋唐统一,《四分律》也随之大行,由此形成所谓"律宗",并为中国佛教的主流所遵行。由此可见,谁掌握了制戒和解释戒律的权利,谁就掌握了管理僧尼的权利,甚至会左右佛教的发展方向。因此,戒学不但在统一佛教组织中发挥作用,也往往成为佛教组织冲突和分裂的前哨。

出家戒律因男女和年龄差别分若干种。上述的比丘和比丘尼依律所受之戒，称"具足戒"。具足戒的条例规定，僧尼有别。未获比丘称号前的男女出家者名"沙弥"、"沙弥尼"，所受之戒分别称"沙弥戒"、"沙弥尼戒"，两者也有差异。佛教的在家信徒，其受戒者，男性名"优婆塞"，意译"清信士"等，女性名"优婆夷"，意译"清信女"等。所受之戒，一般是"五戒"，即不杀、不盗、不淫、不妄语、不饮酒；但杀、盗、淫、妄语等的内涵，与"四婆罗夷"的规定不同。亦有行"八戒"者，规定在每个月中的若干天，于一日一夜中按"阿罗汉心"的要求，在"五戒"基础上再加不粉饰歌舞、不卧好床、过午不食等，亦名"八斋戒"。

在家的佛徒接受戒律，要有一个前提，就是必须首先从思想上归依佛教，所谓"三皈依"，即归依佛、法、僧。更早一些的经文，还有规定为"五念"的，是在念佛法僧之外，再念"戒"和"天"。所谓"念天"，依《佛说斋经》的解释，持戒者当念："我以有信、有戒、有闻、有施、有智，至身死时，精神上天。"此经还说："奉持八戒，习五思念，为佛法斋，与天参德；灭恶兴善，后生天上，终得泥洹。"在这里，佛教戒律就把"灭恶兴善"的道德观和"因果报应"的宗教观联系起来，把世间希望的"生天"与出世间的"泥洹"结合起来，从而把它的信徒的行为从道德、戒律和宗教观念三个方面立体地制约起来，将单一的出世与多面的世间沟通起来，大大地增强了佛教的社会功能和影响力。

实际上，"五戒"是在家佛徒戒律的核心，与出家的"婆罗夷"相比，越发能显出佛教世间宗教观和出世间宗教观的差别性质来。在五戒中，"淫"被置于第三位，或称"邪淫"，主要指婚外不正当的性关系；"杀"则被提升为众戒之首，这杀也不但指杀人，而且禁杀一切生命。两者反映的是完全不同的主导思想，一个是厌生而提倡无生，一个是要求保护一切生命，使之不受任何伤害；一个绝对禁欲，以实施不生的原则，一个是保护正当的婚姻关系，令"生"更健康地延续下去。这两类性质不同的戒律，正是佛教两种宗教观的体现。

与戒律有关的理论问题,主要有两个。第一,律制所制的重点在哪里?换句话说,判定人们违戒有罪,是根据他们行为的动机,还是行为造成的后果?从律藏的整体看,判断重在行为本身,动机和后果都是应该考虑的因素,但不起决定作用。因此戒律着重制约的是人们见诸客观的行为,而不是主观思想。但是,进入部派佛教,支配人们行为的思想动机,越来越成为律学注意的重点。到了大乘,思想动机更被视为判决罪与非罪的根本标准,行为本身反而成了无关紧要的细节。其时,戒律的含义也有了极大的变化。这是后话。

第二,按佛教的一般说法,戒律对于受戒者主要发挥防非止恶的功能。那么,它为什么会产生这种功能呢?律学的解释是:人们受戒以后,心理上会形成一道屏障或防线,防止和阻碍罪恶的进入;这种防止和阻碍作用,与眼前有某种物体妨碍视觉,令欲见的事物不得进入眼内一样,中国佛教学者就把这一具防非止恶功能的戒律称为"戒体"。但是,对"戒体"是什么,各派的解释则大有出入,在中国律学中曾引起颇为热烈的议论,不过它实际上已经超出了戒律的范围,而与各自的哲学体系有关了。也就是说,戒律上升到了哲学的层次,成了必须由哲学解决的问题。

2. 关于"定学"

"定"是佛教修习中最为独特的一种,在西方一神论的信仰系统中,找不到与之相应的宗教观念。所以也可以说,"定"和"修定"是佛教区别于西方其他宗教最重要的概念和行为之一,一般人也很难理解。不过实际上并不神秘,对它的发现和运用也不止佛教一家。在古代印度,它可能被所有宗教派别所用,以至形成一种思维方式。中国像《庄子》所谓"一志",《荀子》所说"虚一而静",诸如此类,被当做认识和思考问题的心理条件,或作为体"道"的一种精神境界,也与"定"的意思接近。按现代心理学的说法,就是注意力集中。

注意力集中是任何健康思维不可或缺的前提和条件。但是注意力集中在什么地方、用来做什么,就是个大问题;而它本身也存在一个健康问题。如果注意力分散,几乎不可能成就什么事业或学业,这是一般常识;但如果集中不当,或超过一定的限度,则会造成心理畸变,甚至导致精神失常。

佛教的定学,最充分地利用了注意力集中这一心理功能,将其与佛教义理和宗教构画紧密结合起来,运用于特定目的的思维训练,形成了成千上万的"定"法,蔚然聚成佛教一大奇特的学海。可以肯定地说,如果不能进入"定"这个领域,就不可能把握佛教实践的根本特征,无法认识它的宗教世界观和哲学体系得以构成的源泉,一句话,佛教就会成为难以理解的宗教。

据隋净影慧远的《大乘义章》和唐慧沼的《成唯识论了义灯》等的解释,与"定"有关的梵文词共有七个,其中最基础的词是梵文音译的"三昧",亦作"三摩地"、"三摩提"等;意译"等持",是"平等持心"、令心态既不浮躁也不昏沉的意思,也是可与汉文"定"完全对应的梵文词。如果再加解释,就是"心一境性"、"令专一境",使精神专注在特定的境界或对象上,相当于我们平常说的"专心致志",所以中国佛学干脆名之为"守一"、"守意"。在《俱舍论》中,"三摩地"被列在"大地法"内的第一位,说明任何一种正常心理活动都必须以它的存在为条件,任何思维都必然有它的参与。就此而言,"定"并不神秘。与"定"相对的是"散心"。此"散心"或泛指心不在焉,就是注意力分散、不集中;或特指非佛教训练状态下的心理,包括非用心于佛教的世俗"定心"。一般情况,佛教是用做特指,在作心理分析时,则多为泛指。

佛教把"定"运用于修习实践,意义和功能多有不同,所以有不同的称谓。例如其中音译"三摩钵底"的,意译"等至",是表示这样的注意力,能导致身心平和安适、静谧愉悦的境地;另有一种音译"三摩嘶多"的,意译"等引",意指此等注意力,会引发"胜妙功德"和"神通变化"。在瑜伽行学派中,"定"的梵文多作"奢摩他",意译为"止",强调注意力集中于观察的对象和思考的道理上,所以总与"毗钵舍那"连在一起使用。"毗钵舍那"的意译是"观",是观察、观想、思虑的意思。与"奢摩他"并用,是为了突出两者并重,相当于中国佛教提倡的"止观双运"、"定慧兼修"。"禅"则是诸"定"中的一种,而且是最重要的一种,所以中国佛教通常把"定"也叫做禅,或"禅定"连用,于是"止观"也名"禅观"、"禅慧"。

佛教的所有禅定都要以某种特定的教理作指针,以某种事物或理念为观想和思考的对象,并且预设出一套思维线路,用以控制和规范修定者的思想行程,所以有很严格的程序,而且必定要与"观"或"慧"紧密连结在一起。大体说来,"定"、"止"给"观"、"慧"提供心理条件,"观"、"慧"则决定或制约"定"、"止"的思想内容。佛教之所以会有各种禅定的差别,主要由"观"、"慧"的不同而定;禅定的种种名称,也是依观想的内容而起的。

修习禅定的总目标,当然是为了解脱生死。但通向这个总目标的行程中,需要经历许多阶段,完成许多具体任务,所以有种种区别。《俱舍论》卷二六就将禅定的目的分为四类。其一是,"为得现法乐住",即享受在禅定中才能获得的那种身心安适或美妙境界,此亦称"禅乐"、"禅悦"。其二是"为得胜智见",此"智见"可以泛指一切新的认识,但特指的是佛教观念。其三是"为得分别慧",即获取如理分别一切现象的聪明才智。实际上,"智见"和"分别慧"是一回事,只是注重点和应用上有所差别。"智见"着重指佛教既有的、现成的认识,即佛家的观念和道理;"分别慧"则是运用此等"智见"去观察和解释相应的现象。不论是接受和把握佛家道理,还是具备运用佛理的才能,都要在禅定中完成。其四是"为证诸漏永尽","漏尽"是烦恼皆已灭除的意思,也就是最终地获得解脱,达到涅槃。

修习禅定需要相应的保障,除了事前必要的学习,严格遵守戒律之外,还要作物质生活上的准备,特别要解决相应的吃穿以至于医疗问题,然后是找与其所修禅法内容相宜的环境和氛围,静坐沉思。坐有各种坐法,引入深思也各有路数,不过静坐沉思,可以说是"入定"的基本形态,一般也叫"坐禅"。"坐禅"的时间一般很长,如果没有足够的准备,有可能出现物质上的和精神上的种种问题,甚或发生伤害事故。

禅定的方法,虽然多到不可穷尽,作为修道的主要方法来说,则不外乎追求两方面的功效,那就是"对治"和"建立"。当然,两者也不是绝对分离的,为了方便,还是分别来看。

所谓"对治",指通过禅定的功夫,运用佛教的某一特定观念去克服特定的烦恼。一般说,有什么样的烦恼就有什么对治它的禅法,据说烦恼有八万四千种,对治它们就该有八万四千三昧。不过早期佛教最重视的是两种止观,一曰"数息观",一曰"不净观",总称"二甘露门",在汉魏两晋时期尤为流行。当时的佛学叫做"禅数学",其中的"禅数"就是以这两种止观为主修学,影响不小。

(1)"二甘露门"与"三法"。

所谓"数息观"的数息,是梵文"安那般那"的意译,故此禅观亦名"安般禅"。它是用系念于呼吸和计算呼吸次数的方法,令心绪逐渐趋于宁静的一种禅法,被认为是对治浮躁不安、心不专一的良剂,实是一切进入禅定和如理观察的入门训练。由于它能促使心地安静,头脑清晰,具有普遍应用的价值,所以十分流行,今人所称的佛家气功,主要就是指这类禅法。中国古代佛教,多用它负荷其他教理,特别是当做通向"四禅"的初步。到了天台的智𫖮则加上天台宗的教义,更名为"六妙法门",普及率很高。

如果说"数息观"的着重点在"止"与"定",那么"不净观"则偏重于"观"与"慧"。它是用系念于人的尸体的方法,令行者对人身产生厌恶的心理,功能在对治"淫欲"和对人身的爱恋。可以说,"不净观"是早期佛教培养厌身、恶生,树立禁欲主义观念最得力也最见效的训练,它对人身的污秽不净,作了极尽其能的渲染。其中标准化的想象有九种,称为"九想",诸多经籍都有记述。依《大智度论》卷二一的介绍,此九想分别为

"胀想、坏想、血涂想、脓烂想、青想、啖想、散想、骨想、烧想"。其中烧想亦作"死想",啖想或作"虫啖想",青想亦为"青瘀想",骨想或称"骨锁想",所以这"不净观"也叫"九想观"。关于这"九想"还有许多更细微更生动的描绘。无需一一解释就会知道,通过这类禅定的观想,它是在确立一种多么令人沮丧的人身观念了。

"不净观"的观想对象,如果从死人尸体转移到活的个体上来,以至从行者自身扩展到所有的有情身上,还可以有其他许多种禅法。按上述《大智度论》的介绍,总共可以归为三组,名为"三法",即"八背舍"、"八胜处"和"十一切处"。

"八背舍"又名"八解脱",由八种观想构成。前两种依内心对色身既有的佛教认识,观察"外色"之不净,相当于对"三界"中"欲界"身的观想,由此产生厌离之心;第三种是将尸骨幻化为"青黄赤白"及"地水火风"等光明净洁之色,着重观想其明净之相,相当于对三界中"色界"身的观想,从而知色界身亦不可贪爱;由此转入所谓"四无色定"和"灭受想定",构成后五种观想:其中"四无色定"能导向"无色界",令行者对无色界也产生"背舍"的心理;"灭受想定"被认为能够达到类似涅槃的境界,在这种境界中,心理的宁静能令任何感受和思维活动都停止下来,是古典禅法追求的最高境界之一。这八种观想的目的,全在舍离对"三界"有身的贪欲,所以名之为"背舍";由于行此禅定能从"三界贪"的束缚中解脱出来,故亦译为"解脱"。

所谓"八胜处"也由八种禅观构成。之所以名"胜处",据说依靠这一组禅观能够产生"胜知胜见",从认识上把握"三界"无可贪恋的佛教观念,是对上述"八背舍"所获观念的巩固。其前四观,大同于"背舍"的前二观,不过观想尸骨的数量和形色,可以更自由地选择,"不净色"与"净色"亦可随心转换。其后四种是分别观想"青黄赤白"这四种颜色,由一点青显示全视野皆青,观一处黄可令世界全黄,如此等等,随意变现,由此洞悉色等诸法,悉皆无常,不可贪著。

所谓"十一切处"又名"十遍处",由十种观想组成,分别想象"青黄赤白"等四色,以及"地水火风空识"等六界。它们的具体观法,与"八胜处"的后四种相同,由观一处而遍及一切处,如观地,则遍一切皆为地,观水皆为水等;但其间又杂以因缘观念,谓"四色"依"四大"而有,"四大"依"空"而有,而"空"因"识"得知;所以最后观"识",令识亦遍及世界一切,无边无际,由此得出世界空幻不实的结论。

以上三种禅观,都是基于"不净观"对人身的变态观察,进一步对众生生存的整个"世间"培育厌弃心理而修行的,所以被认为是用来对治"三界贪",通向"出世间"的道路,叫做"出世间禅"。在这些禅观中,心理的意念作用被片面又极大地调动起来,修禅者不但对于所观察的对象可以任意而为,也能够随心创作出种种实际并不存在的事物,这对形成佛教的哲学世界观来说,是一种极其重要的心理训练,一旦有了体验,形成经验,极不容易改变;由此把世俗的一切视为空幻,究其终极原因是"识"的作用,也应该是顺理成章的事。不过到此为止,佛教还没有作这种哲学的思考,只是在不断地积累导向这类哲学的主观经验。

(2)"五门禅"与"十二门禅"。

到了鸠摩罗什译介了说一切有部的五家禅法,号称"五部禅",也叫"五门禅",继之有《达摩多罗禅经》的译出,开始了有系统有重点的传授,于是"五门禅"在中国佛教中就受到了特别的重视。这"五门"中的第一门是"治贪欲法门",淫欲多者应修,即上述的"不净观";第四门名"治思觉法门",思绪骚动重者应习,即是"数息观"。其余,第二门为"治瞋恚法门",谓瞋恚偏多者应习,正名为"慈心观",也作"慈悲观",它以众生的可怜可悯为观想内容,由此萌发一种慈爱悲悯的心理,从而认识到"忿竞之伤性……齐彼我以宅心"。第三是"治愚痴法门",所谓"我见"重者应修,正说为"思维观",或说为"因缘观",是用思维"十二因缘"的方法,消释有关"我"的观念。第五门叫"治等分法门",所谓"等分行及重罪人"应修,正名"一心念佛三昧"——此处所谓"等分"和"等分行",指作恶而必得相应的罪报,意谓感到罪孽深重而心怀恐惧者,可以从修习"念佛三昧"中得到消解。

南朝宋时昙摩蜜多译有佛陀蜜多撰的《五门禅经要用法》谓"坐禅之要法有五门:一者安般,二不净,三慈心,四观缘,五念佛"。其所以分此五门者,"随众生病:若乱心多者,教以安般;若贪爱多者,教以不净;若瞋恚多者,教以慈心;若著'我'多者,教以因缘;若心没者,教以念佛"。早期佛教到了成熟阶段,以有部为代表,将此"五门禅"当做"对治法门"的基本内容,确定为迈向解脱路程上的一个非常重要的步骤。"五门禅法"被中国佛教吸收到多种思想体系中,当做全部修习的初阶,又名"五停心",它们的次序和观法也有所变动,但重要程度被相对地降低了。

此外,安世高系统还介绍过"十二门禅",也是用来对治烦恼的,而且是对治根本烦恼中的根本,所谓"三毒"的"贪、瞋、痴"。据东晋道安的《十二门经序》,此禅由三类十二种禅观构成,第一类曰"禅",即通常讲的"四禅";实际是以四禅为心理背景,观想死尸,用以对治"贪淫",相当于"不净观"。第二类名"等",指以众生为观想对象,确立"慈、悲、喜、舍"四种观念,树立以平等对待一切众生的观念,由此对治"瞋恚",大同于"慈心观",正名"四等",后称为"四无量"。此中的"慈悲"容易理解;"喜"是喜于众生离苦得乐,"舍"是对众生一视同仁,不作分别爱憎。第三类名"空",全称"空定",即一般所谓的"四无色定",道安认为,它们是被用来对治"愚痴"的。用"四空定"对治"愚痴",即消除"无明"——此说在整个佛教中比较稀少,这也表明,任何一种禅法都可能用于对治任何一种烦恼,而不一定像五部禅法那样机械严格。

(3)"四禅"、"八定"、"九等至"。

关于禅定的"建立"功能,范围也相当广泛,包括他们独特的宇宙模式、独特的宗教观念和哲学体系,以及独特的修习方式和预设的目标等,都可以从禅定中建构起来,并在禅定中作出证明。此中最重要的一种禅定,是把整个世俗世界确立为"三界"的设想。就是说,所谓欲界、色界、无色界的划分和构造，实质上是通过上述"四禅"和"四无色定"的特殊心理体验幻想出来的。西方一神教的某些特别虔诚信徒会产生所谓宗教经验；佛教的宗教经验，主要产生于禅定过程中的沉湎，可以称为禅定经验，"三界"就是这种禅定经验最重要的产物。

"四禅"与"四无色定"，通称"四禅八定"，它们在形成佛教世界图式中具有如此重要的意义，如果对它们没有起码的了解，人们就难以理解佛教为什么会异想天开，创作出一个"三界"来。

"四禅"的"禅"是音译"禅那"的略称，意译"思维修"、"静虑"等。顾名思义，它的特色在于沉静地思虑，是一种完全通过思维活动的修持方法。佛教作为标榜"觉者"、"智者"的宗教，强调感觉经验和理性思维在认识世界和把握真理中的作用，而在一切"三昧"里，没有比"禅"更具有这种功能的了，所以中国的知识僧侣如唐宗密等，就将禅直接解为"定慧"。另一方面，由于它始终能保持心理的安谧宁静，便于种种虚玄的想象和奇妙神异的勾画，又可以作为对治烦恼和生产种种"功德"的心理基础，所以也意译为"弃恶"、"功德丛林"。上边讲到的许多禅观，有许多就是依此四禅去实现的。正因为"四禅"有如此重要和广泛的用途，所以有分量的佛经都会提到它并加以论述。但是，对能为我们常人具体了解的操作程序及其实际的身心感受等，详加陈述的却不多见。一般说，禅定的活动完全是心理的，属于纯主观的感觉经历，由此获取的体验和达到的境界，总是因人而异，个体差别很大，想准确地表达出来也很困难。因此，各种经论的解说既不可能详尽，也不可能尽同，传到中国，又加上中国人的理解和行禅的体验，所以说法更加繁多，以至最后不得不以"不可言说"作解。

依据经论的一般说法，"数息观"能令心宁静平和地运行，"不净观"对治了淫欲，"白骨观"又把心理导向了"净色"，在这些禅修的基础上，行者算是超越了对"欲界"的贪爱，脱离了欲界的束缚，也就具备了修"禅"的基本条件。"禅"即以"离欲"为大前提。此处所离之"欲"，特指作为

"欲界"标志的"淫欲";离欲、无欲贯彻于四禅的始终,是四禅的共性。

据《俱舍论》卷二八,"四禅"主要由三类精神因素构成,名为"三支"。第一,是注意力始终如一地高度集中,名曰"自性支",特点是"心一境性";此"心一境性"为四禅之所共有,是四禅所以能够如法进行的"体",其他精神因素和心理活动,是"心一境性"之"用",都必须依此"体"而存在和变化,实际就是"三昧"本身。第二,是由修习获得的主观感受,叫做"利益支";四禅的感受各有不同,感受上的差别,是区分四禅高下的两大根据之一。第三,大体相当于思维形式,称为"对治支";思维形式的不同,是形成四禅差别的另一个重大根据。这样,四禅三支,除了"自性支"贯穿于四禅的全体之外,"利益支"和"对治支"的内容,都是变化的,各不相同;即使在同一等级的禅里,同类感受和同类思维形式,也有一些细微的差别,所以这四禅三支又总分为十八类,称"十八支"。此外,在四禅之间,还有准备和过渡到正禅的形态,叫做"未至"、"中间",据说那里的心理又与四禅不同,是别一番情形。

"四禅"是一个由低级向高级逐级进展的系列。其中"初禅"有五支,它的思维形式有两支,叫"寻、伺",亦译为"觉、观",它们都是运用名相概念和推理进行的思维活动,相当于我们称之为理性思维和抽象思维的方式,不过"寻"或"觉"被认为是粗浅的、初步的,而"伺"或"观"则是深入的、细致的。这两种思维方式作为"对治"的功能,是在理论上认识"离欲入禅"的必要性和重要性,维护和巩固离欲的成果。初禅的"利益支"也是两支,所谓"喜、乐"。喜指外境顺意时的感觉,乐是发自内心的情感,它们都是在初离"欲界"时可以遍及身心的体验。据说这种感受的品类很多,能令人愉悦,成为修禅者追求的境界之一,其中就有所谓"八触"、"十功德"之说。"八触"指感触到的身动以及由此引发的痒、轻、重、冷、暖、涩、滑等,属于身的触觉;"十功德"指心之空灵以及由此从生的明、定、智、善心、柔软、喜、乐、解脱、境界相应等,属于心理的体验。但从更高的标准看,"寻、伺"的对象为"名、句、文身及义",乃是"心浪"起伏的表现,同样需要加以对治;而喜和乐,则是情绪的不安定状态,也必须超越,这就要求进入"二禅"。

"二禅"有四支。在"对治支"中,是摈弃名相概念,采取一种叫做"内等净"的思维方式。其所以名"内",表明这种思维方式已不再以外在的"名、句、文身及义"为对象,也没有"寻、伺"那种思绪波动,因而曰"等"。总此二义,就是"离外均流,故名内等"。这种状态被认为是思维调节到了洁净明晰的程度,因而又给以"净"的褒语。由此也会获得"喜、乐",但它不是"离欲"所得,而是真正深入到了禅的境地,感受到了禅本身的乐趣,叫做"定生喜乐",这就是"二禅"的"利益支"。《俱舍论》等认为,此"内等净"实是"信根",是信仰产生的根据所在;由信仰支持思维活动,与理性思维当然不同,现在我们一般把它归于非理性思维的范畴。由此所得的"喜、乐"超出了通常的感受,称为"轻安",即身心的轻快安适的状态。一般修禅者要达到这种程度,大概就很不容易了。

"三禅"也有五支。其"对治支"中有三支,所谓"行舍"、"正念"、"正知"。所谓"行舍"是指思维运行的无起伏、无波动的平稳状态;"正念"和"正知"指此时的念想和知识都能符合信仰的要求。这种思维方式,与我们世人的差别太大,更难理解。大致可以说,这是在非理性的信仰支持下,作近乎理性的、符合信仰要求的思维活动。其"利益支"只有一支,名"离喜妙乐",即超越了二禅的"喜乐",获得一种据说是极为殊胜的、不再感受外在之"喜",而唯存内心体验的"乐"。

第四禅有四支。其"对治支"有两支,名"舍清净"、"念清净"。此"舍"指舍离"三禅"之妙乐,"念"指唯念修禅之功德。以此"念清净"推动继续精进修习,也就是全凭涵养禅自身的功德来推动思维的运行。"利益支"也是一支,叫"不苦不乐",达到了无所感受的程度,亦被称为"不动"。所谓不动,谓"无灾患故。灾患有八……寻、伺、四受、入息、出息。此八灾患第四都无"。此中"寻、伺"指理性思维;"四受"也可以泛指一切喜乐等感受;入出息指呼吸。据此来看修禅的主要效果,是灭除一切思想活动和一切主观感受，一直到连呼吸都没有感觉了为止。这是一种什么状态，我想不必再作解释了。

由于这"四禅"有思维形式和主观感受上的如许差别，可以设想行禅者的感觉能力也会发生变化。例如一禅没有鼻、舌二识，二禅以上更无耳、眼、身三识，实际上是割断了行禅者与外界接触的全部通道，所有的心理运动，全由内在的意念承担和推进。如此等等，正在禅中遨游者的生理感受和心理感受，就会不同于不在禅中和非禅者在现实中对生活的感受，这就给宗教构想另一类生活样式和另一类世界，提供了可供想象和加工的许多主体经验。

正因为"四禅"具有制造幻想、生产幻化世界的功能，所以不但佛教，古印度的其他一些宗教也大有倡导者。因此，佛教一般不把练禅当做自己独有的修持。某些佛教徒确实曾把它看做解脱的唯一途径，但得不到公认。《大智度论》卷一七记某比丘，把修持"四禅"当做通向阿罗汉的阶梯，因此而受到佛陀的严厉呵斥，警告他会由此而堕无间地狱。这就是说，佛教之所以重视"四禅"，主要是因为它造就的心理基础极便于排除内外干扰，利于集中观想和思虑佛教的教义，而不是像其他宗教派别那样，当成是可以解脱生天的手段。

事实上，对四禅的这种过细的分类，佛教内部的意见就不一致。像《成实论》等，主要强调"心住一处"即"禅自性"的功能，认为四禅的差别，全在于禅行本身有深浅粗细等程度不同，思维形式和主观感受均受"自性支"的支配，相互作用，不可分割。因此，四禅的各自特性，都是比较而言，对于四禅十八支每支的体验和解释，也就有了区别。

从因果业报的视角来解析"四禅"之说，则作为"定"的"禅那"，属于"因位"，新译称之为"定静虑"；由此业因产生的果报，是它的"果位"，名"生静虑"。今世修定并取得成效，来世即可生为另类众生——与所修禅那相应的"禅天"。四禅即有"四禅天"。因为"四禅"皆由"离欲"所得，不被"欲界"所系；又因为它已经没有鼻、舌、眼、耳、身等前五识活动，也就没有了食欲和淫欲的任何可能,剩下的唯有"色"的存在,所以此等禅天亦名"色界天"。这样,通过禅定的宗教构想,禅中的主观体验就被外化为另一类有情众生,推演出此类众生居住的另一类世界,据此而扩大了世俗世界的概念,为有情众生平添了新的物种。这就是"三界"中"色界"的来源,诸"静虑天"或"色界"诸天,则成了"六道轮回"中"天道"的组成部分。这一切构想的根据,都来源于禅者的经验,所以被认为是真实的,至少不能怀疑它的实际存在。

按同样的业报法则,"四无色定"即"四空定",是形成三界中"无色界"即"空界"的原因。"无色界"是修持"四无色定"成功者死后的再生处,"无色界天"则是生于此处诸有情的通称。无色界分四种,无色界天有四类,就在于"无色定"有四个修习层次,可以作为进一步想象的经验根据。

"四无色定"的总要求,是厌离"色"之为物,摆脱"有情"所受"色身"和器世间的系缚。也就是说,修持此定者可以摆脱对于肉体的依赖,无需物质作为生活的条件,成为一类唯有精神活动的生命。依佛教的术语说法,"人"是"五阴"的和合物,通过四无色定的修习,能够消除"色蕴"的枷锁,使之不再成为"人"的构成因素,"人"就可以变成只有"受想行识"等四蕴混沌而成的"天":这一类"天"的存活,既无形体,也无方所,再也不会受自然环境、生理结构、房舍器皿等的约束,也就不会再受"色蕴"带来的种种痛苦,似乎是走向解脱之道的一大台阶。

"四空定"的修持也有先后顺序。第一名"空无边处定",是在厌离"色想"、"过一切色相"的基础上,转而把虚空作为对象的一种观想。此处的"虚空"也是佛教的一个重要概念,也叫"无法",亦即与地、水、火、风、识并列的"六界"中的"空界"。具体指孔隙,如鼻孔、门窗、洞穴、空旷处,以及广漠无垠、无所遮拦的太空等,它的抽象用法,则相当于今天所谓的绝对空间,即可以容纳各种物体并使各种物体运动成为可能的条件;而它的存在,只有在没有物体的障蔽时才能被感知,所以佛教定义为

"但无色处"或曰"色无"。此"空无边处定"从观想某个具体孔隙着眼,逐渐把空间扩大到无边无际,由之取代关于"色"的观念;或者设想山河大地、日月星辰等"色"已经消失,使心地里只剩下冥莽无涯的虚空。总之,行者的心地与无边虚空相应,就是这一禅法的特点。

第二叫"识无边处定",是于虚空的观想感到疲倦而产生厌离心,转而反观自己的"心识"的一种思念活动,据说它能令眼前现示出"识"的浩瀚无际来。它的标准是行者的意念与"识"之无边相应。但"识"始终被佛教认为是造就"世间"最重要的原因之一,也是"苦"的标志,所以说,"有识则苦,我若有无边识必当有无边苦"(《成唯识论》卷一三),需要对"识"进行破除。这就进入第三"无所有处定"。此定是在收敛了缘"识"之心,令心变得极其细微,以至于似乎一切皆无所有的一种心态,或者即以心之"无所有"取代"识"为对象而进行念想。然而这"无所有"即是"想",有"想"即有苦恼,所以会去追求"无想"的状态;然而若真"无想"则是"愚痴",所以也不能真的无想,这无想又不是无想的心理状态,就是第四"非想非非想处定"的特点,《成唯识论》形容为"寂灭微妙"。

"四无色定"的前三种修习方法,大致与"十遍处定"相同,即从特定对象的一点着眼,想象到全视野皆是该对象的形象,所以观"虚空"的一点,遍及一切全是虚空,观"识"则令"识"遍及所有视线;观"无所有"则令心目中空虚到一无所有。最后,"非想非非想",按佛教另外一些论者的意见,行者处于此定时的心态是这样的:所谓"非想",是说在这一状态中已经没有了通常意义上的思想活动,"非非想"则表示,这并非没有了任何意识。如果还有通常意义上的思想活动,则还存在前述的有"识"想和"无所有"想,那就称不上"非想";如果什么意识活动都没有了,那就形同死人,所以也必须强调"非非想"。据认为,行者达到这种心理境界,已无是非、爱憎等一切分别,也没有识别任何事物的职能,唯有一味地暗昧寂静,一片混沌,因此,佛教内部对它的评价颇不一致,一些含有贬义的论著,形容其为"如眠如醉";重视禅定作用的一些经论则把它看成一种极高的境界，标榜为"清净无为"。而所谓"清净无为"，一般是用来形容涅槃的。

从整体来看，"四空定"能将心理导向极端的非清醒状态，难以进行理性思维和其他宗教构想，这与早期佛教的厌生和离生的倾向有直接关系。按照这种倾向，作为"生"之因的烦恼也可以归结为二：一爱，二见。这"见"一般是指世俗的，尤其是带有理论性的观念，但有时也扩大化为世俗的一切认识和思维活动，所以有时"心"、"识"本身也成为抨击和消灭的对象，而"四无色定"就具有休歇一般认识和思维活动的功能，与佛教的基础教理相合。但也正因为如此，那些特别看重"智慧"的佛教派别，则非议颇多，即使不加批评，也是低调处理。在它们的修持实践中，很少突出四无色定的作用，加上它的过于虚幻，佛家经典本身也没有太多的话可说。然而"四无色定"毕竟是据以设计"三界"中"无色界"的主体经验，是死后生为"无色天"的业因，所以佛教内部对它尽管褒贬不一，仍得把它纳入自己的世界构成体系中。

此外，在"四无色定"之"非想非非想"以上，还有一种"定"，即上面已经提到过的"灭尽定"。此定又名"灭受想定"，谓在此"定"之中，"受"与"想"也失去作用，能"灭一切心、心所"，所以入此定者被认为是处在"无心"的状态。据说它以"泥洹"为念想对象，"身证、想、受灭"是它要达到的直接目标。意思是说，在这一定中，尽管已经没有心识的活动，而能用"身"去证得。此处所谓"身证"而不说"心证"，意谓得是定者，如触水之于冷暖，非言所能表，非闻所能知，勉强说来，就是"身"的一种无以名状的统觉；由于此身非是"色身"，剩下的也只能是统觉了。早期佛教把"灭尽定"当做修持达到了高级层次，是"心顺泥洹"的表现；得此定者称为"无心众生"，是接近"阿罗汉果"一类的有情，通常给予很高的评价。

从理论上说，倡导"灭尽定"的派别认为，对治"心"或比对治"身"更为根本，有言"宁观身常，无观心常"。因为"凡夫长夜贪著此心，谓之为'我'，是故不能无余厌离"（卷一三）。所以要彻底厌离世间，消灭"我见",那就必须修习"灭尽定"。当然这只是一种解释。佛教涉及"灭定"的还有几种,通常提到的有上述"八解脱"中的第八解脱,它着重在灭一切"烦恼"上。相对而言,此处的"想受灭定"之"灭",灭在一切"心、心所法"上。还有一种禅定,也能灭掉心法,叫"无想定"。据称修此定者,死后能生"无想天",是在"四禅"之后进行的修习,以灭"想蕴"为特点。如果没有了"想",也就没有了"慧",把智慧看做解脱正途的佛教,肯定不会欢迎,所以多把"无想定"斥为"外道"的禅法,而不纳入佛教范围。

总括上述"四禅"、"四无色定",加上"灭尽定",也构成一个统一的禅定系列,可以按部就班,循序修行,总名"九等至"或"九次第定",其修习者被认为可以获得很高的果报。而这整个系列,正是设想人的基本因素所谓"五蕴"被逐步消灭的历程,亦即人身及其思维被从世间逐步驱逐的历程。佛教力图超越生死的总趋向,在这里被付诸实践了,并得到了相当生动的显示。遗憾的是,这只能存在于禅定的经历中,在心理的幻觉中实现。

(4)"神通"和"禅病"。

佛教运用禅法进行的另一项巨大的建设,是为自己配备"神通"。

"神通"也略称"通",据称这是人体具有的一种能够突破自然规律限制的神秘力量,无所不能,并可随意施行,产生种种奇迹。这当是对古代巫术的系统化,在世界各个民族中大都曾经流行过,在其他一些宗教中,也有不同的形式存在,只不过在解释上有些差别。佛教认为,这类近乎全能的超自然力,通过修习禅定,人们一定可以掌握。三国吴康僧会在介绍"安般禅"时,对于由禅定获取"神通"有一个概略的说法:"得安般行者,厥心即明,举明所观,无幽不睹,往无数劫,方来之事,人物所更,现在诸刹……无遐不见,无声不闻。恍惚仿佛,存亡自由;大弥八极,细贯毛厘。制天地,住寿命,猛神德,坏天兵,动三千,移诸刹。"(《佛说大安般守意经》序)其能量之大至无限,所以称为"不可思议"。东晋道安也说过类似的话,谓得禅者"举足而大千震,挥手而日月扪,疾吹而铁围飞,微嘘而须弥舞"(《出三藏记集》卷六),能够改天换地,夺天地造化之功为己所有所用。

神通一般分为五种,名"五神通"或"五通":一为"天眼通",二名"天耳通",此二通就是所谓"无遐不见,无声不闻";据说这是修禅达到"色界"诸"天"成就的机能,故名"天眼、天耳"。第三名"身如意通"或"神足通",据说它可以令身体形态随意变化,或自由往来而不受空间限制,也能变现种种不思议境界,供行禅者享受。这是一切神通中最令人向往的一种,一般也被视为诸神通的代表。第四名"他心知通",据称此通能够直观地了知他人的一切心理活动,尤其在信仰及其导致的行为趋向方面。第五曰"宿命通",据称能了知自身和世俗众生"过去世"的一切情状。佛教把这些"神通"当做由"定"发"慧"、由慧"证得"的表现,是修禅追求的"知见"之一,所以也叫"智"或"智证","五通"的名字也分别作"天眼智证通"、"天耳智证通"、"神境智证通"、"他心智证通"、"宿住随念智证通"。

"神通"不是佛教的独创,佛教也反对把获取神通作为修持禅定的唯一目标。但是,几乎所有佛教经论都在提倡它,而且宣示,唯有修持佛教具备的神通,才能所向披靡,最为高超。显然,这有同其他以神通显示布道的教派争取信众的意味。所以佛教的主流认为,只有在作为个人解脱和教化众生的手段时,神通之说才是合乎佛法的。后来为了区别于"外道"提倡的"神通",避免把作为手段的神通误作修行的目的,所以在"五通"的基础上又加上一通,所谓"漏尽通",成为"六通"。"漏尽通"亦名"漏尽智证通",据说这是一切烦恼断尽所得的神通,已经没有佛教以外的目标,而描述的那些能力,与"五神通"没有什么区别。

涉及神通的经典很多,据说阿罗汉、菩萨、佛,甚至一些较低的修持者,都能拥有神通,中国佛教史上就有过不少以"神异"著名的僧人,号称"神僧",僧史还给他们专门立传。神通也是许多名僧向往成就的智能,那种虔信,无疑是发自内心的。但另一方面,戒律严格规定,神通一类容易导向谣言惑众和骗财盗名的恶行,禁止妄言;认为即使自己当真获得了"神通",也不得对外炫耀。其所以制定这样的戒条,明显含有怀疑的成分,理性地认识到"神通"的虚妄性。因此,一些到中国传教的域外名僧,只因为宣示自己具有神异就会被摈弃驱逐,最有代表性的人物是姚秦时的佛陀跋陀罗。即使在佛教内部已经有了很高的地位,一旦显示自己有什么神异,至少也要受到同行的严厉批评,唐代道宣是一个典型例子。

不仅如此。"神通"进入佛教领域,在理论上直接威胁着作为宗教基础的因果律,因为按照业报法则,一切都是必然的,人的命运和行为,都受到先天业因或现时因缘的制约,没有自主和自由作为的任何可能,这也是人生之所以是"苦"和"无我"的主要理由。"神通"相反,它的能力被描述为不受任何限制,可以成为纵情随意,足以改变自身、改变外界乃至创造种种奇异世界的手段,因而应该以绝对自主、绝对自由、能量无限为基本前提,也就是"我"的充分体现,当然也就看不出"苦"之从来。像这类明显的矛盾,佛教整个地是回避了;在中国佛教中,有一些义学僧侣还把"神通"的范围扩大到动物和某些陈旧破敝的用品上,认为它们能够成为精魅,也有"神通",并且以此为证,说明佛教神通的可能和高超。无疑这是受了民间一般迷信的影响,反转过来,影响民间。

禅定还有一个极大的功能,是勾画或想象佛菩萨的形象和佛菩萨的国土。佛教的净土信仰,就是建立在这类禅定经验上的。此等禅定在后来的大乘佛教中,起过改变佛教整个信仰形态和理论观念的作用。或者说,它们从心理经验上为佛教向大乘信仰和理念的转变,提供了条件。

总而言之,禅定是在相对坚定的佛教理念推动下,或截取外部世界的一枝一节作为念想的对象,或完全与外界隔离,全凭内在主体的构想,用以铸造特定的境界和观念的一种心理和认识活动。这种取境上的异常片断性和构想上的绝对内向性,以及极端的长时间无休歇的注意力集中,肯定会造成心理上和生理上的伤害,由此触发身心的种种畸变。关于这个问题,佛教本身有比较清醒的认识,而往往为迷恋于禅修者所忽视。北凉王室出身的居士沮渠京声编译过一部《禅要秘密治病经》,亦名《治禅病秘要法》等,原本《杂阿含经》中的《阿练若事》,就是专门指明修禅过程中已经和可能出现的病态心理和病态行为的。此书列举的方面极多,有的非常严重,必须防止和治疗。编译者曾直接追随西域的著名大禅师佛陀斯那(佛大先),即达摩多罗禅法(五门禅)的继承者学习禅法,后来到了刘宋时期的建业传禅,所以此书也可以看做是一位禅师对于修禅经验的认真负责的总结,不但对修禅者有指导意义,对于今天的精神病学,也有参考价值。

据此书介绍,修禅者若没有很好的心理素质、健康的身体条件、足够的衣食等生活保障,以及适宜的外部环境,都可能引发"禅病"。其中有"因五种事发狂者",所谓"乱声"、"恶名"、"利养"、"外风"、"内风";又有七十二种"乱心病"。归纳起来,引发禅病的有外因和内因两大类,引发的病症中最严重的是痴乱、疯狂。有的"犹如醉象";有的"犹如狂狗,见人见木,乃至鸟兽,随逐啮之";有的用恶器扑打比丘,或恶口咒骂众人;有的"卧地粪秽",或歌或舞;有的"自饮毒药,遍体出血";也有的"癫狂",或如"鬼魅著身,昼夜思欲",相当于色情狂;或"如猫伺鼠",昼夜思念如何得到"利养",所谓财迷心窍。有一些属于我们常见的精神失常现象,例如莫名地歌舞赞呗,而不分场合,不知休止;或瞋或喜,忽悲忽笑,乍惊乍惧,情绪变换无常;或"自称善好,威德具足",包括自以为已经成佛成仙之类;有一些则是常见的身体扭曲和疼痛,例如"诸筋起风,逆气塞胸","激血气发,头痛背满,诸筋挛缩",或"毛孔皆出风"引发"头痛、眼痛、耳聋"。另有一类病情,大约只有修习某种特殊的禅法才可能发生,平常人不大容易理解,例如观想"风大"会使身体出"龙鬼九十八种,行者见之,心惊毛竖,因是发狂";观想"水大"会感到"遍体水出,不见身心",观想"地大"则见到处"山岩拥塞,令人郁闷"。至于至今还被宣扬得十分神奇的"入火三昧"(拙火定),据说有温暖身体的作用,但也能令"火光猛盛,身体蒸热",形成病症。曾被认为是"神通"或被认为应该引发的禅境,此书很客观地指出,那不是禅,而是病。

对于这些被列举出来的所有禅病,《治禅病秘要法》都指出了产生的原因,以及治疗的办法。在这些办法中,以禅治禅病,也就是用佛教的"正理"纠正行禅者的妄念,或用另类心理暗示加以消解,是采用频率最多的方法;但也很重视衣食营养和医药治疗的作用。它提供的病案和疗法,也是很有研究价值的历史资料。此后,在中国佛教流通的有关修禅的经论,例如著名的《大乘起信论》《楞严经》等,无不同时指明禅病的病象及其对治的方法;天台宗是最重禅法的一个派别,对禅病及其治疗也有不少记述。对于一种宗教而言,这是难得的负责精神,也是一个极好的传统。

3. 关于"慧学"

广义上说,慧学属于佛教的知识论和认识论,是通过获取知识尤其是获取真理性知识以得解脱的一门学科;求取这种知识的方法,就是它的认识论。相对于突出信仰主义的一般宗教而言,佛教重理性,重思考,把奠基在认识论上的觉悟,视为解脱的最高法门。佛的意译就是觉者;觉、悟、知、智、慧,可以作同位语,所以佛也可译为智者,"一切智者",还是佛的别号。佛教义学无不把追求人生真谛、把握世界的"真实义"当做自己根本的理论任务。它们论及正确认识的渠道问题、正确认识的标准问题,以及正确的思维形式问题,带有相当普遍的意义。按佛教的普遍分类,智慧有两种,所谓世间智和出世间智,有漏智和无漏智,也就是有关佛教教义、佛教修持的特殊知识和世俗社会、世俗生活需要的知识。它们重视的当然是出世间智,尤其是出世间的无漏智;但并不否认世间智在通向觉悟中的桥梁作用,以及在深入民众布道传教过程中的必要性和重要性;有些派别还把世间智作为佛徒谋生的辅助手段,要求当做一门功课进行学习。

(1)"智"与"识"以及"智"的种类。

佛教在使用智慧这一概念时,通常有三重含义,其一是"了知",即通过感官对于客观对象的认知,既可以是感性的,也包括某些推理,相当于"识";无识若不是死亡就是非情,也就说不上有智,"识"是"智"的条件,识包含着智。第二,所谓"寻伺"、"觉观",着重指概念分析和理论推理,以及由此判断是非得失、形成特定的观念。此两者着重指获取知识的一种认识能力和思维形式,但也可以指知识形成的一类渠道。第三,指由识和寻思形成的见解和观念,这些见解和观念对人的思想行为起指导作用,其不符合佛教意趣的贬之曰"见",符合教理的即尊之为"智慧"。不论是"见"还是"智慧",它们的认识机制,以及作为认识的结果和担负的指导职能,没有原则区别。就是说,不论是世间智还是出世间智,在认识机制上有一致的一面,这一面也可以综合为"见闻觉知",即目见、耳闻、触觉和意识活动,后来还有所谓"闻、思、修"等,都可以作为知识的来源,也可作为智慧的表现。从这个意义上说,世俗的认识,也可以称为"智",是诸智中最低级的形式。

但是,作为出世间智,大不同于世俗对于世间现象的认识。就佛教特许的"智"言,世俗的"识"不是通向出世间"智"的阶梯,而是障碍;"识"是生"执"生"见"的重要原因,是"智"必须克服的对象。佛教的极端派别,甚至把闭目塞听、切断主观和客观的联系、禁制一切世间认识和世间思维,作为获取出世间智的手段。这种愚昧主义的方法,并没有得到广泛的支持。大多数派别主张,"识"只是一种抽象的能力,由此形成何等观念,是世俗的还是出世的,在于行者将识用于何种目的,给以何等内容和性质,闭目塞听不是出路;然而,任其随逐世间,受外在的感性世界所左右,或被内在的贪瞋痴等烦恼所控制,也肯定不会自发地通达真理,体认真谛。于是协调世俗认识和出世间智间的关系,就成了佛教认识论上的一大问题。

此处需要强调的是,出世间智是以"真谛"为对象,以把握真理为根本目的的。对世间现象的认识和分析,可以作为通达和证实出世间真理的方便,但世间智本身,不可能通向真理。那么,这个真理是什么,它又存在于何处?佛教各派的理解和规定,并非完全一致,有时差别极大,不过有一点,大家都可以接受,可以得到公认,那就是"四谛",即四个真理,它是佛陀的觉悟所得,存在于佛所说经和传播佛说的僧侣中。也就是说,"四谛"就体现和承载在佛陀、佛所说法以及传法的僧人中——这也是佛、法、僧被尊为"三宝"的原始含义——因为"四谛"实际上是早期佛教的理论总结、全部教义的基础,也是其他教理进一步发挥的出发点。只有掌握了四谛的真理,再重新反观世间现象,认识世俗事物,这样的"识"才是符合真理、具有通达出世间意义的。就是说,"识"必须服从和受控于"智",成为"智"的组成部分。

所谓四谛,苦、集、灭、道,旧译苦、习、尽、住处等。其中"苦谛"是断定世界人生的本质是"苦";此理真实,故名苦谛;苦谛判定的范围,从有情世间到器世间,包括三界六道、三千大千世界,笼罩一切,无不是苦与苦的表现。"集谛"是对苦因的追究;推断世界人生赖以产生的原因,归根结底是业与烦恼的作用:"业"决定必然有"报","烦恼"决定"业报"的性质和差别;有关苦因的这一判断是真实的,故名集谛。为了脱离生死苦海,那就不能继续存活于世间,就要灭除造成诸苦及其世间的一切原因,是即为"灭",所谓涅槃;这灭的观念是同样的真实,故名"灭谛"。"火"是一个不断提高佛教认识、把握"四谛"之理和克服烦恼、断除三界诸因的修习过程,这过程也就是通向涅槃之道,此道不虚,故曰道谛。因此,四谛实由两组因果关系组成:一组用以解释世间现象的因果关系,另一组指出出离世间的因果关系。世间因果表达的是众生"流转"的过程,出世间因果表达的是众生"还灭"进程;两组因果表达的是两种完全对立的世界,集中体现了佛教力图把自己的宗教实践和理想境界同社会人生割裂开来乃至隔绝开来的基调。

据传,太子乔答摩出家修道,在菩提树下觉悟到的真理,就是这四谛;其后于鹿野苑为弟子们说法,前后讲了三遍,尊称"三转法轮",讲的也是这"四谛";《佛般泥洹经》卷上记佛陀临终总结他一生的学说,是"我皆为说生死之道,说断生死根本之道"。其中所说"生死之道",就是四谛中的"苦谛"和"集谛";所说"断生死根本之道",即是四谛中的"灭谛"和"道谛"。四谛是乔答摩终其一生的智慧结晶和始终维护的基本原理,它将佛教的人生哲学和出世间哲学概括殆尽。据失译的《箭喻经》等说,佛不赞成关注和讨论一切与解决人生无关的问题,特别是像"世间有常、世间无常?世间有边、世间无边?命是身、命异身异?"这类形而上的问题,后来称为"十四无记",佛皆置而不答。佛说:"云何是我所一向记?此苦,我一向记;苦习、苦尽、住处,我一向记。"此四所一向记,略称"苦、习、尽、住处",即是四谛。其他像《佛般泥洹经》卷上等说,"佛出于天下,知天下生死之道","佛为天下,正生死道"。这"知生死之道"和"正生死道",也都是四谛的内容。

　　正因为四谛在佛教中占有如此重要的地位,所以也就被抽象和升华为永恒的真理,变成了修持者认识和觉悟的对象。于是认识的对象不再是感官面对的客体,而是圣人确定的道理,认识客观世界变成了体认佛家教义,理论观念也就等同于客观真理,对理论观念的认识取代了对客观真理的探索。这是人类认识历程中极容易犯的一种错误,对于把握客观真理非常有害,但却有相当的普遍性。其反映在佛教处理"智慧"与"真谛"或"真如"这一出世间极端重要的关系上,表现得更加矛盾重重:智慧是用于把握真理的,只有智慧才能把握真理;然而,只有把握了真谛或真如才算有了智慧,不具备真理性的认识称不上智慧;这就使智慧与真理永远处在循环为因的关系上,认识论本身就建立在逻辑矛盾上。按佛教本义,佛陀发现的四谛就是客观真理,而佛陀掌握了四谛,并能运用于他的全部实践,真理就变成了智慧;但对于他的徒众来说,这理即是智,智即是理,智与理是一件事,都成了他必须而且是唯一应该去体认和掌握的客观对象:认识佛智,即佛的知见,与认识客观真理是统一的。

据此,《俱舍论》卷二六分智为十种:"智有十种,摄一切智:一世俗智,二法智,三类智,四苦智,五集智,六灭智,七道智,八他心智,九尽智,十无生智。"这十智又可总括为两种,所谓"有漏智"和"无漏智";此二又可分别为三:"谓世俗智、法智、类智"。其中"有漏智"都属"世俗智":以其"多取瓶等世俗境故";而"法智"和"类智"都属"无漏智"。若严格讲,世俗智可"遍以一切有为、无为为所缘境;法、类二种如其次第以欲、上界四谛为境"。因此,世俗智可以以一切现象为所缘境,但总不失其为世俗认识的本质,所以范围异常广泛;无漏智则唯以"四谛"为所缘境,把握了体现于"欲界"的四谛之理的认识,叫做"法智",进一步认识到体现于"色界"和"无色界"的四谛之理,那就是"类智"。总此"法智、类智,由境差别(又可)分为苦集灭道四智,如是六智,若无学摄,非'见'性者,名尽、无生(二智)……有法、类、道及世俗智成他心智"。

这话说得颇难懂,意思却很简单:"智"就有两种,一种是世俗的(有漏),它可以把一切现象作为对象,而其所得的认识,都超不出世俗的性质,所以说,"自性故立世俗智,非胜义智为自性故"。第二种就是"胜义智"(无漏)了,它包括了十智中的其余九智。在这九智中,有八智与对四谛的把握直接有关:"法智"是对"欲界"体现的四谛的体认;"类智"是对"色界"和"无色界"体现的四谛的体认;其余四智是对苦集灭道"四谛"自身的体认。"尽智"是在这"六智"之上形成的一种智慧,所谓"无学位若正自知:我已知苦,我已断集,我已证灭,我已修道;由此所有知见明觉、解慧光观"。"无生智"则更进一步:"谓正自知'我已知苦,不应更知';广说乃至'我已修道,不应更修'",由此所获所有知见明觉。成就了这样的"尽智"和"无生智",实际上也就达到了佛教修习的最高果位"阿罗汉";唯一等待的就是"无余涅槃"。因此可以说,早期佛教承认世俗认识也属于智的一类,而把它紧紧限定在世间的范围;唯一肯定的出世间智,则是关于"四谛"的认识。是轮回生死还是出离生死,全在是否把握了四谛之理上。至于所谓"他心智",不论世俗智还是胜义智,都有可能获取——

因为"他心智"即是对他人心理状态的认识,包括其对佛教的态度和认同程度,以及修习四谛所达到的层次、水平等等的认识。

由此产生了两种真理观,所谓"真谛"和"俗谛"的"二谛"观。真谛是佛教独自承认的特殊观念体系,像这里所说的有关"四谛"的诸智;俗谛则是佛教承认的世俗观念系统,像这里所谓的"世俗智"。不过后来因为哲学的思考比宗教实践的思考要更多一些,对于真谛和俗谛的界说也越来越抽象化。即以我们多次引用的《俱舍论》来说,它给二谛下的定义,就不这么单纯,而是从哲学的深度立论。

实际上,将佛的知见当做真谛,也就是把某种观念学说当做客观真理,在佛教诸多经论和派别中是常见的,所以被当做真理的佛说也就很多,上述的十二因缘,或被作为普遍原理的因缘观,就是常见的一种。因此有人说,任何人只要能独立地思考因缘或十二因缘,也同样可以获得佛的智慧,可以成佛。像被称做"独觉"或"缘觉"的"毗支佛",就是这样成功的。此后被视为真谛的观念越来越多,到了大乘佛教阶段,就有诸如法性、实相、实际、如、真如、乃至法身等观念的出现,而体认它们的智慧也越来越多,像"般若"和"无上菩提"的产生,就全面刷新和丰富了佛教的认识论和方法论,影响遍及一切大乘经典,以至成了大乘思维最重要的特点,从此有了所谓加行智、根本智、后得智,以及一切智、一切智智、一切种智之类的智慧,反映着佛教思想在不断地推进和日趋繁杂。但是,观念形态的东西同客观真实的东西总是浑搅不清,则是一贯的。

这样,在佛家认识论中就出现了两种不全相同的情况。一种是佛陀的,他是从观察世界人生的现象出发,发现并抽象出无常、无我以至苦、空的结论,依此为基础,才有了探讨这些现象产生的原因以及提出用出离世间的办法加以解决的方案。这是一种从经验到理性,从现象到本质,从具体到抽象,以至形成自己的观念体系,当做自己行动指南的认识过程,与人们一般的认识过程没有区别。另一种是佛徒的,它必须首先从学习佛陀教导的理和智作为自己认识的出发点,以便理解和掌握它们,用做观察和思考世界人生现象的观点和方法。这是学习理论原则和他人知识的过程,尽管在帮助人们认识世界上有极重要的作用,但它最多只能是认识全过程中的一段,而不是认识的全过程,所以很难产生新的知识,很难推动人类认识的发展,也不能验证他所学到的知识和作为出发点的理论原则,是否一定正确。大乘佛教对释迦佛作了形态不一的批判,扬弃了他的许多说法,就与佛教要求发展、要求突破有关,尽管这种批判和扬弃始终不能脱离开他的原始教理——不论是肯定还是否定。

(2)"智"的来源与"现观"、"实证"。

佛教认识的最高任务,是去掌握佛所表述的真理;获取的方法大体有三种,所谓"闻、思、修"。"闻"是向他人学习,"思"是独立思考,"修"是把闻、思所得转变为学者自己所有。我们也可以归纳为这三种形式:一是读佛所说经,听法师解经;二是依经所说的原理去观察现实的世界人生,以证实和强化对这些原理的理解和把握;三是最重要也最关键的一环,即把这些真理和原则变成自己的东西,成为自己的观念系统,并能自如而灵活地运用。此中,观想客观事物是为了用个人观察的经验去证实佛所说法的真实性,但要把佛教的观念变成自己的观念,则需要经验对于佛教观念的亲证、内证,亦称"修证"、"实证"、"现证"、"现观"等,略称"证"。

任何一种理论,哪怕是被到处复述的真理,也需要得到经验的验证;如果要得到某人的认可,为某人所掌握,某人就必须亲身经验,亲自体会。这是佛教认识论的特点之一。从佛家哲学看,经验,尤其是摈弃了名言概念的中介,超越了理性的思维分别,直接与对象契合的那种经验,所谓直觉经验,被认为是获取知识最可靠的途径;由这种经验所得或经验本身,被认为是最真实最可靠的知识,所谓出世间无漏智,就是这样的知识,而所谓"证",则是获取直觉经验的主要形式。"证"不可能通过正常的感官渠道,从对世界人生的客观思考和观察中实现,只有通过坐禅静思才有可能。"证"是禅定获取智慧的最高形式,也是通达出世间无漏智的关键环节。

《大乘义章》对于"证"或"实证"有个定义,叫做"己情契实",意谓"己情"直接而无间隔地契合于"真实",强调的是主体对于客观"真实"的亲身体认,以及这一"真实"之为己所得,所以又名"知得"。"现证"的"现",是现在面前之略,所谓"现前",历历可见的意思。它的基本特征是排除任何意念分析和思维推求,无需语言概念的工具,直面真理进行体察,所以名之"现观"。《成唯识论述记》卷九末谓:"现谓现前,明了现前,观此现境,故名现观。"依照佛教修道的顺序,"现观"处在"见道"阶段,是实施"见道"的唯一方法;而"见道"被认为是佛教全部修习过程中从世间认识向出世间认识飞跃的转折点,由此获得的知见,才能称为名副其实的"出世智"或"无漏慧"。

从认识方法上说,"实证"或"现观"对强化和巩固修持者的佛教自觉性,无疑会起到平常认识难以达到的效果。但是,这里有一个问题:对于观念性、理论性的认识活动,能不能不通过名言概念的思想外壳和中介去进行?直观主义是一大哲学思潮,摒弃语言概念的直觉在人类思维过程中能否独立存在,以及直觉或直观是否比语言思维更加可靠?对上述问题,也一直存在不同意见。但就佛教言,把语言概念看做认识真理的障碍和智慧的枷锁,却有悠久的传统。虽然早期佛教并未自觉地去否定语言概念在认识中的作用,但在被描述的禅定中,却把名言概念的介入看做低级的思维形态,"真理"被转化为"智慧"是与心理和生理的趋向宁静愉悦一致的,而与语言思维没有关系。这样的思维方式和心理状态很难理解。

按常理,学习或掌握一种并非自己创意的理论、观念、原则、定律之类是人们普通生活中的平常事,心理专注和深入思虑也都是完成这一过程的必要条件,但没有谁能够用驱逐名言概念的方法去实现。佛教把"现观"、"现证"纳入自己的认识论系统,事实上是把合乎理性的静思深虑神秘化了,使本是诉诸理性的思维,变成了非理性的心理体验。

总而言之,所谓真理和智慧都不过是佛教观念外在化的形式。在一些人没有认识到或尚未承认时,智慧就是有待把握的真理;当把握了所谓真理时,真理就成了智慧。佛教所宣示的一切观念,都可以成为真理,也都可以说为智慧。因此,诸多佛教经论里谈及的智慧,大多是佛教的观念。这就是说,佛教有关智慧的全部认识活动,其实都是对它自身观念系统的理解和把握,它们的结论,即智慧本身,并不能得到公认,尤其是难以得到非佛教信徒的承认。这一弊端,后来的佛教理论家或许有所觉察,于是产生了两种新的学问,一曰"法相学",一曰"量论"。

所谓"法相",广义上可分事相和名相两类,但主要指概念。它通过世人熟知的事物和概念,进行再考察和再分析,由之引出与世俗认知截然不同的结论;这结论就构成佛家的"智",而世人的认知就只能是"识"。由识转智可以通过这种法相分析的方法达到,而不一定都通过摆脱语言概念的神秘内证去实现。这样的法相学,很有些像西方的语义学,通过对概念的解析和定义,改变大家的共识,形成与众人不同的语义系统和语义世界。由此撰写的典籍,还形成了一大门类,所谓"阿毗达磨",略称"阿毗昙"。中国佛教研习阿毗昙曾经出现热潮,名为"毗昙学"。法相学用世俗可理解的语言文字论述佛家的教理哲学,成了完全纳入理性范围内的智慧。继之就有关于"法相"的性质和功能的讨论,由此牵连到对原始佛教的根本态度和看法,于是有了所谓"般若"的智慧;更进一步,则有关于"法相"的本原及其在决定人的思想行为,乃至创造世界和出离世界等问题上的立论与争辩。

所谓"量论",可以说是佛家在完备意义上的认识论,它要为佛教智慧确立一个可以得到公认的认识论基础,使佛教智慧更具理性,更易于为世俗大众所接受。按照量论的分类,人的认识有三个来源,有三项衡量是否为真理的标准,那就是现量、比量和圣教量。现量相当于直觉(实际运用中多为感觉),比量相当于思维推理(后发展为因明逻辑),圣教量

(特指经教,亦名经量;泛指公理,包括佛理等)。再后,圣教量亦被淘汰出量论范围,只剩下现量和比量被确定在认识论范围,从而让佛教的教理接受到世俗认识的检验,令被视为特殊的智慧能够从世俗的认识渠道中成就,这就大大减少了佛教认识论中的神秘主义成分,增强了说服力。至于对量论自身如何评估,那是另一个问题了。

法相学和量论的产生和发展,超越了用单纯禅思方式去体认佛理的格局,于是采取世人理性可以接受的思维形式去思考、表达和宣教,就成了主导性潮流;这是佛教大乘的一大特色。佛教的理论思维从此空前地活跃起来,不但涌现出了各种世界观和认识论,也应用和发展了多种方法论,包括辩证法和逻辑学,以及其他一些"论议"的方法,可以说是异彩纷呈;但禅思,推崇禅思的趋向始终未衰,它有时是理性的,与逻辑并行,而更多的一面,是继续向非理性的方面倾斜,与后出的密教结合为一。那时的佛教,面貌又为之一变。这也都是后话。

二、佛教实践的多种分类:"三十七道品"

佛教关于通向解脱之路的方法极多,以上"三学"的每一学科,都可以通向解脱、称为解脱。譬如"戒"亦名"别解脱",戒就是解脱;"定"有"三解脱"、"八解脱",定即是解脱;"慧"则称"慧解脱",慧即是解脱。有时把通过"灭尽定"灭除因贪欲引发的"爱"等烦恼,称为"心解脱",把无需经过"灭尽定"而灭除、单由无明而产生的诸"见",名为"慧解脱"。如此等等,说明它们的任何一门都有从"三界"苦难中解脱出来的可能。但多数经论认为,它们单独的每一门都不能完成彻底出离的重任,只有把它们综合在一起,成为有机的统一活动才有可能,那时的解脱名为"俱解脱"。"三学"、"俱解脱"可以作为修道的概括,扩展开来,加以系统化的分类,就是"三十七道品"。

三十七道品的"道品",即"道"的品类,一译"道分",亦称"觉支",意译"菩提分",总共包括七组不同的修习方法。按照它们的次序是:

第一组叫"四念处"或"四念住"、"四意止",是禅观的一种,要求在禅定状态,通过观想"身、受、心、法"的性质,把握佛教基础观念,在整个佛教修持法门中,地位很高。对它的解释不甚一致,大体有两种,像较早的《阴持入经》认为,此四种止观是:"观身",体认"身"为"非常有";"观痛(受)",乃于"六欲"得之"不喜",失之"不戚";"观意(心)",则知"意"之"无我与寿";"观法",即是观察"十二因缘",用以超脱生死轮回。后出的《俱舍论》等说,"观身"得知身为"不净","观受"知受是"苦","观心"而明心"无常","观法"则理解"法"是"无我"。

第二组名"四意正断"或"四正断"、"四正勤"等,是一种要求勤于正确断恶向善、由心意的不净转之为净的禅观。其一是"未生弊恶,意发方便令不生";二是"已生弊恶,意发净法欲断";第三是"未生清净法,劝意发方便令生行";最后,"已生清净法,令止不忘,令不减,令行不啻"(《阴持入经》卷上)。这是利用意念的力量,驱散恶意,巩固善心,不断精进清净。

第三组是"四神足",或译"四如意足",是佛教唯一为获取神通而修习的禅法。此处的"足"是一种譬喻,意谓此等禅定像脚一样能支持和驱使神通去"如意"地实现。但它们在佛教各家的理解上也不太一致。据《俱舍论》和《俱舍光记》解释,它们就是以追求"神通"为目的的四种禅定,一曰"欲神足",指企求获取神通的欲望,这种欲望可以变为力量,引发神通;二是"勤神通",由追求神通精进不懈产生的力量,引发神通;第三"心神足",依专注于"心"产生的禅定力量,引发神通;第四"观神足",由专心观察佛理产生的力量,引发神通。欲、勤、一心、观理,都能获取神通无限。但《阴持入经》等认为,它们是以获取"神通"的许诺,诱使偏好神通者学习和掌握佛教义理、断灭生死的方便手法,观想的内容也小有变化,也是禅定的一种,名称分别是"欲定断生死"、"精进定断生死"、"意定断生死"以及"戒定断生死"。此说的重点,都放在"断生死"上,意谓只有断掉生死,才能获得"神通"。这种解释似乎更符合佛家的早期思想。

第四组名"五根",更准确些说,是"五信根"。此中"根"是譬喻,以草木之根有生长枝叶花果的功能,喻有五件事具备生长佛法的作用。这五事谓"信、精进、念、定、慧"。这里的"信"即是"根",指信仰得以形成的内心根据。依《阴持入经注》解释:"树非根不生,道非信不成,为道德之根;信根立,道乃成,故信为首。"任何宗教若想植根于信仰者的内心,也无不以"信为首"。其他四"根"即沿着"信根"的方向生成:"精进根"成为实践信仰者努力不懈的内因;"念根"成为念念明记、令信仰不失的内因;"定根"成为一心专注于信仰而不转移的内因;"慧根"成为掌握和运用这信仰之道理的内因。这些作为内因根据的"根",究竟是先天本有还是后天所得,佛教各派意见不一。《阴持入经》等认为它们是由修习所生:修"安般六事"即得"信根";从"信根"修"四意止"得"精进根";由"精进根"修"四意断"得"念根";由"念根"修"四神足"(此处指四禅)得"定根";由"定根"修"四谛"得"慧根"。据此,"五根"也就是一个以掌握和运用"四谛"为目标的修持系列。像《杂阿含》等则认为,"起信心"坚固,即是"信根","精进根"则是"四正断","念根"为"四念处","定根"系"四禅","慧根"为得"四谛"。

第五组名"五力",所谓"信力、精进力、念力、定力、慧力",是上述"五根"在抗御各种邪恶诱惑和烦恼干扰,以及鼓动努力向善和解脱过程中所发挥的五种能力,两者的内容全同,只是注重点有所区别,"根"说明"信"等五事是保证修持佛教必定成功的内在依据;"力"则说明,此等五事在修持过程中必然发挥实际的功能。这五力也需要经过修习成就。

第六组"七觉意",亦作"七觉支"、"七菩提分"等。它以获得"觉"(菩提)并达到用"觉"支配自己的意识活动为目的的一种修持系列,通常也作为全部修道内容的概略。对它们的解释,不同经论也稍有差别。一般第一支名为"念觉意",即念想佛教不忘,觉知"妄念"灭之,产生"道念"摄之。第二支叫"法分别观觉意",亦名"择法觉支",即以"觉"观察诸法的善恶、真伪、是非,从中分别取舍。第三支叫"精进觉意",谓自觉进取不懈。第四支叫"爱可觉意"或"喜觉意",谓觉察世俗"六欲"之不可爱,觉悟"戒定慧"等善法之可爱。第五支叫"猗觉意":"猗"的本义是对一种轻柔美的赞叹和描述,中国佛教早期翻译经常用来说明修持中的某种主观感受,与新译常用的"轻安"相近,故亦作"轻安觉支"或"息觉支"等,指由灭除"想受行识"等思想感受活动而带给身心的安适愉悦。第六支叫"定觉意",谓自觉修定,除秽守道。第七支叫"护觉意",保护"意"的觉悟状态,不使流散于"三界";也有将此觉意称为"舍觉支"的,意谓达到最高觉悟,就要舍弃一切分别,心情平和,平等待物。

此"七觉意"或作为"觉"的组成成分,或作为达到"觉"的修持过程,都是围绕成就佛教的"觉悟"来施行的,大致有三个部分:首先,是解决观念和认识问题,这属于第一、二两支的念想与分别诸法的任务;其次,要从对治世间"六欲"中认可并喜爱佛教善法,从对治世间"四非色蕴"中带来轻适美好的身心感受,使对治和建立融入一身,这是四、五两支的"喜"与"猗";最后,要求始终专注和保持"觉"的意识状态,并维护这一状态永不散失,这是六、七两支的内容。至于第三的"精进支",可以看做从事一切修习共同需要的精神力量,贯彻在所有觉分之中,而不限于某一支。如果再简单些说,那就是:认识佛家道理,将这些道理变为自己所有,为自己所用,努力永远保持这种精神状态。

最后一组"八正道",又作"八圣道"、"八支圣道"、"八种道行"等,是要求修行者按佛教正义,从"身、语、意"所谓三业的八个方面进行规范并坚持的修习方向和生活方式。按它们排列的次序,第一是"正见",即正确的见解,指树立用佛理观察一切现象的观念体系;第二是"正思惟",亦作"正思"、"正志"、"直行"等,指必须以佛理作为一切思想活动的指导原则;第三是"正语",即依佛理规范自己的日常言语;第四是"正业",此"业"特指"身业",意谓所有行为,不论坐卧行住,都要与佛理相应。

以上四种正道,事实上已经对"身、语、意"作了原则规定。后四种正道则强调,有些带普遍性的行为,是一切众生都要从事的,佛教必须以自己的修持,保持自己独特的纯洁性,那就是,第五"正命":此"命"指活命和谋生之道。人生无不面临实际的生活和如何谋生问题，作为修道者，应该有自己的生活原则和正当的谋生手段，使之符合佛教的教诫，决不能从事所谓"邪命"的行业。第六"正精进"，精进是成就任何事业最重要的精神条件之一；修道者不能精进于其他事业，而必须置于佛理的指导之下，为出离世间的总目标尽力。第七"正念"，"念"指记忆、念想，可记可想的范围异常广泛，行者只能念想佛理及与佛理相应的事项，并铭记不忘。第八"正定"，"定"也是"外道"有意修持的一种法门，但在目的和方法上与佛教有所不同，行者必须按佛教的教义，将注意力集中在观想和把握佛教真谛上，不许妄用。

有许多经典用"八正道"来概括一切修道。因为它要求修习者必须将佛理铭刻在自己的思想深处，贯彻到外在的行动上，与自己的整体人生契合为一，至少要在关键的生活方式和修持方法上维护佛教特色，所以"八正道"有时也作为"四谛"中"道谛"的代表。

一切修道都是为了通向涅槃，但这是一个异常漫长的过程。为了便于行者的实际操作，给行者的持续实践以激励，以及作为对行者修行业绩的评价标准，因此而有了修道次第的规定。依据修道次第达到阶段性成果，获得相应的果报，同时给以相应的名称予以定位，这就是阶位。获得这些阶位的行者，通名"贤圣"。但此中的步骤和显示的阶段性，会因人而有所不同，特别是在部派竞立、各成体系的时候，差别更大，现在很难一一理清那些细节。但由于它们实践的目标基本一致，共同性还是大于差别性，这里，还是以《俱舍论》的说法为例，略加介绍。

整个修道过程主要受两个互相关联的因素制约，一个因素是"断惑"，即断灭形成"三界"的烦恼，着重于"破"；一个因素是"证理"，即证知"四谛"之理，着重于"立"。修习的步骤和阶段，就是根据"断惑"的难易程度和数量多少，以及证知"四谛"的深度和进度作为标准加以区分的。据此最直接划分的有"见道"、"修道"和"无学道"的"三道"之说。如果把整个修习过程，将从"俗"入"圣"连贯起来，又可以分为"四道"，即"加行道"、"无间道"、"解脱道"和"胜进道"。所以《俱舍论》卷二五说:"应知一切道,略说唯有四,谓加行、无间、解脱、胜进道。"如果联系到证成"贤圣"的果位言,还有所谓"四贤位"及"四双八辈"之别,至少得有十二个阶次。另外,从信仰佛教开始到最终把握"四谛"之理的认识途径上说,有"信、解、行、证"四个层次,由之产生所谓"随信行"、"随法行"、"信解行"、"见至",以及"身证"、"慧解脱"、"俱解脱"等阶位,也通称"七圣者"。总括起来,又可分"有学、无学"二道,和"世间、出世间"两类,以及"闻、思、修"三种体认形态和阶段。如此等等,从不同角度,还可以有各种分类,都在说明修道多途,界定修道次第的标准也多种多样,强调的只有一点:修道决不会一蹴而就,必须经历极长的过程,通过多少次生死艰难,数不清的反复磨练,才有希望分阶段地达到涅槃。如果详细陈述起来,将非常烦琐,有许多涉及所谓上二界"色界"与"无色界"的断惑与证理,以及几生几死等设想,或纯属于宗教幻相,或仅限于禅定体验,一般人大约不大可能理解,更难以接受。

三、修习的次第和终极归宿:"道阶"与"涅槃"

作为一种典型的修道模式,大体可以概括这样一种顺序和系列:持戒是一切修习的前提和获得成功的纪律保障;闻法和信法则是获取佛法真理的先决条件。有了这样的基础,就可以开始第一步的修习,即所谓"三贤位"。这"三贤位"的第一位,是修持"二甘露门",悟入佛教的最初观念,并专注"入定"(有说是全面修习"五停心观")。继之是进一步进修"四念住",分别考察"身、受、心、法"的本质,确立"非常、苦、空、非我"的佛家认识,是名"别相观";然后再观想"非常、苦、空、非我"的一般道理,名叫"总相观",通过这别相观和总相观就达到了第二和第三贤位。换言之,通过禅思观想,理解和把握"四谛"中"苦谛"的"四行相",就是"三贤位"的水平。据说这样反复观想,到了最后,会在行者心中开始生起一种叫做"暖法"的"善法根",通称"初善根",这标志着在修道的路上,迈上了又一个重要台阶,升到了所谓"四善根位"。

"四善根"是由观想悟解"四谛十六行相"培养成功的。

所谓"四谛十六行相",指"苦、集、灭、道"各有四种本质规定,在观想思维过程中必须把握。其中"苦谛四行相"就是上述的"非常、苦、空、非我":"待缘故'非常',逼迫性故'苦',违我所见故'空',违我见故'非我'。""集谛四行相",谓"一因、二集、三生、四缘",意在从这四个方面说明世界人生诸苦得以产生的原因:"如种理故'因',等现理故'集',相续理故'生',成办理故'缘',譬如泥团、轮、绳、水等众缘和合成办瓶等。"即以"种子"生成果实为例,说明人生的起因,所以"集"即是业报。所谓"灭谛四行相",指断灭诸苦及其原因的四种特征,所谓"一灭、二静、三妙、四离";此中"诸蕴(即'五取蕴')尽故'灭',三火(此指三界)息故'静',无众患故'妙',脱众灾故'离'"。这四行相,也就是涅槃的内涵。所谓"道谛四行相",乃"一道、二如、三行、四出",是如何从"苦"、"集"中解脱出来并通向涅槃之路的四种特征:"通行义故'道',契正理故'如',正趣向故'行',能永超故'出'",大意是说,要行佛教之正道,循佛教之正理,由此通达涅槃,永超三界生死①。于是经过对"四谛十六行相"的修持,佛教意义上的"善"就可以在修持者那里扎下根来。

此处将四谛的十六种规定称为"行相",是值得注意的。行相也是瑜伽行派常用的概念之一。此处释曰:"诸心心所取境类别,皆名'行相';慧及诸余心心所法有所缘故,皆是'能行';一切有法,皆是'所行'。"(《俱

---

① 亦见《俱舍论》卷二六。对于十六行相的具体解释,各家不全一致。此处又引一说,谓:"非究竟故非常,如荷重负故苦,内离士夫故空,不自在故非我;牵引义故因,出现义故集,滋产义故生,为依义故缘;不续相续断故灭,离三有为相故静,胜义善故妙,极安隐故离;治邪道故道,治不如故如,趣入涅槃宫故行,弃舍一切有故出。"对这些不同说法作些比较,也有理论意义。其中关于"空"和"非我"的解释就值得回味:一说"违我所见故'空',违我见故'非我'",两者突出的是反对"我所见"与"我见",重点在"见",都是从认识论上说的,而不涉及是否有实际的实体,那么这是接近般若的怀疑论。这里定义"空"为"内离士夫",即内无我见;定义"非我"为"不自在",则后者是从价值角度立论,与认识论无关了。这类基础概念及其解释上的细微差别,不容忽略。

舍论》卷二六)据此,"行相"即是映相。此映相的主体可以包括既有的观点(慧)和除此映相以外的任何心心所法,是该行相的"能行"者,"所行"的对象则可以是一切有法:凡存在的,都可以被认识所反映,成为主观的映相即行相。因此,在用"行相"说明四谛的属性时,实际是在突出它们之被观念化,被认识主体所掌握。

修习"四谛十六行相"者,首先会在思想深处生成"初善根",即上述的"暖法"。据说这个位次的修习时间很长,特点是能"具观"四谛境,"具修"十六行相。其所以称此善根位为"暖",是因为住于此位者,已经能够接触到"圣火"的暖意,而这暖意是"见道前相";此后尽管还有退堕到诸"恶道"的可能,但经过许多曲折,最终毕竟会通向涅槃。及至修习此暖法"成满",会有更高一级的"善根"产生,名叫"顶法",譬喻行者到达了一个高山的顶端,既可以继续前进,攀登上更高的阶位,也可能从此退步,堕到诸"恶趣"中。如果"顶法"的修习"成满",就能上到那个更高的阶位,叫做"忍法";此"忍"是认可、忍受的意思,表示已经接受了"四谛"的观念,认识了十六行相,而后再也不会退堕到"恶趣"去了。第四善根位名"世第一法",是世间"有漏法"的修习中可能达到的最高水平。成就此"四善根位"的修持者,属更高等级的"贤者",加上前述"三贤位"中的贤者,并名"七贤者"。

总此"三贤"、"四善根"的修持,就是所谓"加行道"的内容。由此无所间隔,必然产生一种"无漏智"而进入"见道"。由"四善根"进入"见道",是认识上的一次飞跃。这一飞跃的完成,中间没有任何隔离,就是典型的"无间道"。

"见道"亦名"见谛"、"见谛道",是直观佛教真理的意思。此"见道"要求以上述所生的"无漏智",去体认和把握"四谛"之理,也就是直观四谛。根据体认四谛的深浅程度,依次断灭与"三界"相应的烦恼,可以获得相应的更高层次的智慧。

在这些需要断灭的"三界烦恼"中,有一类属于后天迷于四谛之理所导致的,名叫"见惑",是"见道"中应该断灭的对象,故亦称"见所断惑",包括"根本烦恼"十种,所谓"贪、瞋、痴、慢、疑"及"身见、边见、邪见、见取见、禁戒见",亦称"本惑";追随"本惑"而生的还有七十八种"随烦恼",分别体现在对"三界"四谛之理的迷惑上。此"根本烦恼"与"随烦恼"总称"八十八使"。修习至于"见道",直观四谛,所谓"见谛",即可断除。

据称,"见谛"是一个连续不断但又有区别的认识过程,称为"见道十六心",是把握四谛获取的十六种智慧,称为"八忍"、"八智"。其中的前十五"心"所谓"八忍"、"七智",属于"见道"所得;最后生起的第十六心,叫做"道类智",就步入了"修道"范围。

"修道"所断的烦恼名"修惑",或称"思惑",主要指人生先天具有的欲望、情绪等本能,所谓"贪、瞋、痴、慢",尤其是前三惑,号称"三毒",被认为是造成众生流转三界、生死不已的诸烦恼中根本的根本,最顽固也最难克治。它们表现于"三界"的数量和轻重不同,又被分为十种。另按烦恼在"三界"的差别,分"九地",即欲界作为一地,加上四色界、四无色界各为一地。九地又各有九等,所以"修道"所断烦恼总计为八十一品。如果说,"见惑"能够于"见道"中一时"顿断","修惑"则需要在"修道"中反复修习,逐渐灭除。

"见道"和"修道"是一个艰难细致的修持系统,同时也是一种以"断惑"和"证理"为目的的思维活动,要解决的是认识和心理问题,所以必须在禅定中完成。由于这种修习掺和进了所谓"三界"等宗教构想,使一般人对此中的心理活动和认识变化很难想象,所以有许多细碎的分类,我们在这里只好从略了。但整个意思是清楚的,那就是用"四谛"之理,根除可能流转"三界"的一切精神因素,换言之,也就是转变整个世界观,使全部认识和实践完全与"四谛"之理融为一体。这整个过程,大致相当于所谓"解脱道"。过程的完成,意味着生死的结束,最终地从"三界"中解脱出来,此后则称"胜进道"。事实上,此时已经修无可修,剩下的只是度过尚未完结的业报,为了名实相符,所以叫做"无学道"。不过佛教各派在这些问题上,说法各异,总之是达到了佛教修习的极致,所获果位即是"阿罗汉"。

所谓"见道",也是迈入"出世间"的标志,由此所修得的一切,皆属"无漏法"。从"见道"开始,修习的结果都叫"圣果",获此圣果的行者被称为"圣者"。由于见、修二道所断三界诸惑有那么多的品类,随着所断烦恼的性质和多寡,这些圣者也被分为四个阶次、八个级别,即所谓"四双八辈",阿罗汉是他们中最高也是最后的级别。如果从修习的方法和运用智慧的性能分类,"四双八辈"还可以再分成上述之"随信行"、"随法行"等"七圣者"。"七贤"、"七圣",就构成早期佛教所称的"贤圣"的总和。

"四双八辈"中的第一双叫"预流向"和"预流果"。"预流"的音译有"须陀洹"等多种,意谓已经脱离世俗凡夫的身份,开始进入圣道出世的流域,故亦意译为"沟港"、"入流"、"逆流"等。所谓"向",指通往"果"的流向,"果"是"向"流往的目标;两者有高低之分,又有因果关系。此处的"预流向"是由"见道"前十五心所获的"圣位";"预流果"则是第十六心所得的阶位,包括在"修道"范围。据说在这个阶位的圣者,不会再堕入"三恶道"中,但还得于欲界"天、人"两善道中往返七次。也就是说,还得七经生死,才能最后出离。经历的生死次数越少,表示修习的水平越高。所以生死的次数,以及是否还要再经生死,就成了划分圣贤等级的主要标准。

第二双名"一来向"和"一来果"。"一来"的音译为"斯陀含",亦作"频来"等,是修持达到断灭"欲界"九品和"修惑"中前六品所得的果位;据说余下的欲界"修惑"尚有三品,还需往来于"欲界"的人、天二道,再"受生"一度,故名"一来"。第三双叫"不还向"和"不还果"。"不还"音译"阿那含",或亦作"不来",意谓修到这个层次,就从"欲界"中彻底解脱出来,再也不会下生到我们欲界这个人间、天上了,但仍得有"生",只是所生之处,是"色界"或"无色界"。这一向一果,乃由断灭"欲界"九品"修惑"中的后三品所得。最后,也是最高的一双,就是"阿罗汉向"和"阿罗汉果"。

"阿罗汉"亦译作"阿卢汉",多略作"罗汉",意译颇多,古译"应仪"、"应真"、"真人"等,后来还通行"杀贼"、"不生"、"应供"等,由断灭"色界"和"无色界"共计"八地"七十二品"修惑"所成。其逐渐断灭的过程,称之为"向",断灭到无可断灭,也就是修习的终结,名之曰"果"。这样,获得阿罗汉果,就意味着已经断灭了三界的一切烦恼;烦恼譬如是贼,所以叫"杀贼";这也意味着永远不会再降生到"三界"之中,不论是做人还是生天,因而名为"不生"或"无生";由于它是修得的最高果位,理应得到世人的尊重和供养,所以称为"应供"。一句话,阿罗汉就是标志着他掌握了"四谛",彻底地也是最终地从"惑"与"苦"中解脱出来了。那时他自觉到他于死后再也不会生于"三界"的世间,所以阿罗汉那样的死亡,就是"涅槃"。

由此可见,佛教的全部修习,都是建立超脱现实世界、不再生而为人的基础上的。它的"贤、圣"及其高下的划分,就是把是否还会生而为人,以及经历几次生死即可不生而为人当做衡量的尺度。涅槃,就是立志不再做人。反过来说,"涅槃",作为佛教解脱的最后归宿,它的唯一体现就是在阿罗汉的死亡上。至此,佛教对于人生和人身的憎恶厌弃,也就达到了顶点。

此外,也有将"涅槃"译作"安乐"的;但这只是从解脱三界苦的角度作出的推断,对"安乐"本身并无更多的解释。近人有从"新生"的意义上使用这个词的,那与佛教的基础教义就完全无关了。问题是,涅槃之后的阿罗汉是否还是一种存活,存活在什么处所,又是一种什么样的存活形态?或者说,在佛教设想的这个世俗世界之外是否还存在另一个彼岸世界?这类问题,在早期佛教经典中都找不到答案。

可能更后一些,一些佛经开始将涅槃分为两类,一曰"有余涅槃",或称"有余依涅槃",古译作"妙无为",意思是说,作为生死之因的"惑业",

至此已经断灭,但由此前"惑业"造成的果报,譬如作为"五阴"和合的有身,依然存在,所以虽曰解脱,仍不彻底;二曰"无余涅槃"或"无余依涅槃",古译"已毕无为",不但未来不会再生于世,就在现时也已经与"生"决裂,不再有"五蕴"之身,不再受"十二入"之苦和"十八界"之缚,也就是绝对的死亡了。据此,阿罗汉在证得涅槃之后,依旧可以存活于世,这样的涅槃就是"有余依",到了"无余依",那就表示阿罗汉死了,再也不会回到世上来了。

第七节 结 语

早期佛教为整体佛教奠定的基本教义,是围绕人生观,集中在解决四个问题上:一生死问题,二苦乐问题,三自由问题,四因果问题。与此密切相关的,还有它的特殊认识论和宗教实践,即禅定问题;它的哲学基础和方法论,即元素论和分析与综合问题。这些问题,都与人们对世界人生的基本认识息息相关,与思维方式息息相关,所以不但对于佛教是重要的,任何人都值得关切。

一、生死问题

可以说,生与死是人类普遍关怀的一个永恒主题,谁也不会例外。恩格斯也讲到这个主题。他说:"今天,不把死亡看做生命的重要因素……不了解生命的否定实质上包含在生命自身之中的生理学,已经不被认为是科学的了,因此生命总是和它的必然结果,即始终作为种子存在于生命中的死亡联系起来考虑的。辩证的生命观无非就是这样。但是,无论什么人一旦懂得了这一点,便会摒弃关于灵魂不死的任何说法。"他的结论是:"生就意味着死",不存在"灵魂不死"[①]。

[①]《马克思恩格斯全集》,第20卷,人民出版社,1971年,第639页。

佛教提出的"人生无常",强调有生必有死,同样蕴含着"生就意味着死"的辩证生死观,但由此进一步引申,则显出两者的重大差异。恩格斯据此而断然否认有不死的灵魂,佛教则提出"无我"论,但肯定或希望有这样的灵魂存在;恩格斯认为从生到死是一个自然过程,只有一个如何为人类谋幸福和正确对待的问题,而无需为之悲伤和烦恼,佛教则把死亡看成"人生是苦"的集中表现,以至抱有一种持久的无奈和恐惧,以及由这种无奈和恐惧带来的烦恼,从而导向对人生的彻底绝望和悲观主义。

近代知名度最高的悲观主义哲学家,当属德国的叔本华,他的代表作是《作为意志和表象的世界》。他的哲学倾向和许多观念,与佛教的消极悲观一面极其相仿。他对于人生不幸的揭示和对生命的厌恶,对女性的蔑视和诋毁,对于令生命得以延续的生殖的攻击,以及将生因之归结为意志和对于涅槃的向往,都像是一个早期的佛教徒;他用意志和表象解释世界,也与佛教哲学十分接近。可以说叔本华是近代西方受佛教影响最早也最深的一个学者,很值得进行比较研究。他对西方哲学思潮的发展产生过不小的影响,但受到的批评也不少[①]。威尔·杜兰特在其《哲学的故事》里,对叔本华有一个长篇分析,对于我们认识佛教的悲观主义就颇有参考价值。

按杜兰特的看法,叔本华的悲观主义是由个人生理的和个人经历等特殊条件造成的,也有深刻的社会和时代的原因。他说,叔本华自己承认,"一个人的幸福取决于他自己是怎样的一个人,而不取决外部环境";因为在同样的环境中,有着同样的遭遇,人们的幸福感或不幸福感可以是完全不同的。所以,"悲观主义是悲观主义者的抱怨",而不是所有人的感受和态度。"不健全的性格、神经质的心灵、空虚忧郁和无聊的生

---

① 据伯特兰·罗素说,叔本华"在他的书斋里,有一个康德的半身雕像和一尊铜佛"(罗素:《西方哲学史》下卷,商务印书馆,1976年,第305页。

活,是叔本华哲学的真正生理原因。一个人要成为悲观主义者,必须有闲暇;勤勉的生活总是使人身心愉快"。叔本华似乎没有勤勉地生活过,思想感情也极其贫乏,没有任何信仰,连在那个时代应该具有的爱国主义的激情也很缺乏。他最多的是感到自己生活的无聊。因此杜兰特说:"悲观主义中含有大量自我中心的成分。"另一方面,"他没有母亲,没有妻子,没有孩子,没有家庭,没有祖国"。尼采的《教育家叔本华》称:"他是完全孤立的,没有一个朋友;在'一'和'无'之间是无穷大。"这种孤立和孤独的生活本身,就使他难以发现和感受生的快乐。从本质上说,"涅槃"是厌倦者的理想:"他们起初欲望太强,为一度的热情孤注一掷,然后失败了,于是在无感情、坏脾气的厌倦中度过自己的一生。"叔本华"早年与男男女女打交道的经历,养成他的一种病态多疑和敏感。司汤达、福楼拜、尼采也是这样"。叔本华则变得愤世嫉俗,与世隔绝。

除了个人性格,杜兰特认为,这与时代也有关系。19世纪上半叶的欧洲,涌现出一大批悲观主义者,包括诗人和作曲家。那个重要的历史背景,是法国大革命的失败给欧洲带来的黑暗:"全欧洲筋疲力竭地躺倒了。几百万健儿一命呜呼了,几百万田亩没人耕作而荒芜了……凡拿破仑军队和反抗拿破仑的军队经过之处,都留下了遭受蹂躏的斑斑伤痕。"人们的种种惶惶不安和吃不尽的苦头,使人感到"生活似乎从来不曾落到如此无意义、无价值的地步"。

乔答摩·悉达多的人生经历和他所处的时代,对于形成佛教的思想是否有相应的影响,应该作为一个很重要的问题进行研究。现在我们很难对古印度社会本身作什么有客观根据的判断,但从佛教传说里,对于释迦牟尼的生平还可以有个概略的了解:他出生于王室,享有一般太子理应受到的一切尊贵;虽然生母早逝,但姨母对之慈爱有加,有两位妃子,生有一个儿子,家庭应该是幸福的。然而不论是早期的《本生经》类典籍,还是晚期的《佛本行集经》,在这豪华娱乐和娇贵宠爱中,都给人一种近乎无所事事的悲哀,充塞的是生的无聊,缺少的是生的意趣,以致经常是"郁闷不乐"。于是父王命御者严驾宝车,导太子出宫巡行,游观园林。但太子目睹的却是老人"头白齿落,面皱身偻",羸步喘息;病人"身羸腹大,面目黧黑,独卧粪秽";死者由"宗族亲里,悲号哭泣,送之出城"。回到宫内,辗转难眠,低回徘徊,又见众多彩女睡姿丑陋,体态不雅,于是下定决心,出家修道(参见《长阿含·大本经》)。从这类记述看,佛教的悲观主义教义,与创教者乔答摩的心理性格变异有关。

但是,决定乔答摩厌世恶生倾向的原因,恐怕不止如此。另有传说讲,他的祖国迦毗罗卫和他的族姓释迦氏,后来是被彻底灭绝了的;他亲自经历了亡国灭种之灾,而且曾经竭力拯救,但毫无作用。这样的切身遭遇,肯定会比冷眼旁观老、病、死给他的印象要深刻得多、沉痛得多。据《增一阿含经》卷二六关于这次惨绝人寰大屠杀的记载,谓流离王(或作毗琉璃王)发兵入迦毗罗越城,"即告群臣曰,今此释众人民极多,非刀剑所能害尽;尽取埋脚地中,然后使暴象蹈杀",共杀释种"九千九百九十万人,流血成河;烧迦毗罗越城"。同时手选五百释女,欲充实宫闱;诸女不从,乃令全部诛戮,"兀其手足,著深坑中"。《大唐西域记》卷六记载了玄奘目睹到这次屠杀的有关遗迹,余下的整个迦毗罗卫国,"周四千余里,空城十数,荒芜已甚……其内宫城周十四五里,垒砖而成,基址峻固;空荒久远,人里稀旷",千余年后仍然是一片荒凉和凄惨。我以为,研究佛教的思想起源,释氏的族姓命运是绝对不应忽视的一大因素。

导致释氏灭族的直接原因,是等级制度造成的等级歧视。按血统来说,释迦族是琉璃王的外婆家,但琉璃的生母则是释迦的婢生女,因而连带对琉璃太子也采取鄙视和歧视的态度;这种态度之恶劣,确实令人难以忍受。释迦牟尼创立的学说中,"种姓平等"占重要地位;他的教义中充满了反婆罗门教的精神,或许与他从他的族姓遭遇中吸取惨痛的教训有关。

中国文化的传统,本质上是与厌生主义相反的。道家提倡的是贵生主义;重生、养生、卫生,是中国医学的思想基础;享受生命,享乐生活,以至把追求肉身成仙、长生不死当做最高理想,就变成中国的土生宗教。儒家的生死观建立在完全的现实主义基础上,孔子说:"不知生,焉知死?"要求重视的是如何生,死后事则绝对淡化,这也成了中国人的主流生死观念和生活态度。"身体发肤,受之父母",则要求善待自己的身体,不得轻易损害,也不许轻易言死。佛教传入中国,受到中国传统文化的熏陶和改造,形成汉语系的北传佛教,它的许多新特色,大都要从儒、道、医这类生死观和生活观中,得到解释。

如果一个人生下来就一直想着死,而不是如何生,如何生得更好、更有价值,一种宗教只给人以"终极关怀",而不关怀人的生活现实,切实地解答和解决人们面临的迫切问题,那肯定已经失去了活力,处于无望的没落中了。中国佛教之所以会有这么悠久的历史,在很大程度上是因为遗弃了或搁置了恶生和厌世的倾向,否定了"修死之道",这也是中国佛教特别乐于标榜自己是"大乘",斥责早期佛教为"小乘"而加以摈弃的重要原因。

二、苦乐问题

将佛教生死观导向悲观厌世的直接原因,是早期佛教断定人生是"苦",人身"不净"。所以佛经通常用"苦海"来形容世界人生的本质,用"臭皮囊"和"白骨"说明人身的本质。其对诸苦现象的搜罗和分析是那样的精细入微,很容易引起身处逆境、或失意或没落或颓废者的共鸣。其对有生必有死这一自然规律的反复强调,以及因此而造成对生的痛苦的无奈,以及对死的惯常性恐惧,加上对人生过程必然会发生的悲欢离合、得失荣辱等遭遇,竭力作消极的或消沉的渲染,都可能拨动人们的心弦。佛教的这类倾向和情绪,在社会的各种人群、各个成长阶段中都可能有程度不同的表现,这也是佛教本然地具有普遍性和持久性的一大原因。

如果作些具体分析,佛教之断定人生是"苦",不应该是个"谛",就是说,"苦"不是人生的真理。人生无常,有苦有乐,这是真理;违背这个真理,盲目追求"常"和"常乐",实际不可得,据此而把人生定位在痛苦上,那就是十足的谬误。追求人生的"常、乐",从根本上违背了自然规律,主观愿望与客观必然性产生了不可调和的矛盾,这类痛苦只能说是自己找来的,如果不作"常、乐"这类绝对化的妄想,相应的痛苦就不会发生。

其实,人生的价值,人生的意义,都不能用简单的苦乐去作判断;相反,人的苦乐观倒是由人的价值观和对人生意义的认识决定的;而人的价值观和对人生意义的认识,则与具体人所处的具体的社会关系和时代紧密相连。因此,关于苦乐的感受和对苦乐的判定,对处在不同的社会关系和时代中的具体人来说,绝不会是完全一样的,苦乐的性质和指谓的内涵也不会完全相同。所以苦有种种,乐也有种种,在层次上可能大相径庭。匈牙利诗人裴多菲有一首很著名的诗:"生命诚可贵,爱情价更高,若为自由故,二者皆可抛。"中国诗人臧克家也有这样的句子:"有的人活着,他已经死了;有的人死了,他还活着。"这些都可以作为我们分析人的苦乐观以及与其价值观之关系的参考。不过这话说起来可能很长,此处无法展开。

但就抽象理论言,说人生是苦也不能成立。苦乐是相对的概念,也是相对的感受:没有乐就不会有苦,没有苦也谈不上乐,只有追求绝对的"乐",才会产生绝对的"苦",而实际上,绝对的苦乐,都不会存在。苦与乐的相互转化,在现实生活中也是司空见惯的现象;佛经就举过不少例证,其中讲乐即是苦、乐可以转化为苦的经文固然极多,但讲苦可以被认为是乐并可以转化为乐的例子也有不少,尽管它的理论性的结论是乐也是苦,乐即是苦,否认现实人生会有乐的可能性。

乐当然是一种值得追求的感受,但决不能没有理性地选择;苦也不一定都会受到拒绝,有时恰恰被视为某种高尚情操和品格的反映。好像黑格尔说过这样的话:"痛苦是生命的象征。"这话十分深刻。没有痛苦,起码理解不到生命的价值。痛苦可能激发人的创造力,也可能激活人的生命力；痛苦可能作为成功的阶梯，也可能成为最大幸福和欢乐的源泉。没有了痛苦，也就体验不到欢乐，感情和激情消失了，精神也就麻木了。人们不应该畏惧痛苦而畏惧人生，也不应该逃避痛苦而逃避人生；所谓直面人生，包括直面人生可能遭遇的种种不幸和痛苦。人生的乐趣应该包含面向痛苦、战胜痛苦。一味地追求快乐，痴迷于快乐，同一味地沉浸在痛苦之中，将是同样的不幸。当然，我不是在赞美痛苦，提倡痛苦，像苦行主义那样；而是主张正确对待种种遭遇和可能的挫折，不让悲痛压倒在地，变成悲观主义者，以至对生活和生命本身失去希望。要珍惜有限的生命，要善于与命运抗争，要化痛苦为力量，进取不已。这也是一种幸福，一种快乐。

"无常"是导向"苦"的第一因，也是佛教得出人生是苦的结论的主要认识论根源。那么，"无常"就一定是苦么？无常有两重含义：一是变化，一是发展。就变化言，有量变有质变。从量的方面可以说，变化是无间断的流逝，但质则是相对的稳定；没有质的稳定一面，就显不出量的变化来。"少小离家老大回"，从少小到老大这个过程是量变，是人一生的不同表现，而一生是质，是相对的稳定，也可叫做"常"，相对的"常"。"人生不过百岁"，这与宇宙动辄以光年计算的年代相比，确实是弹指一挥间，若相对于那些必须按时、按分甚至按秒计算的生命或工作来说，这已经是一个非常可观的"常"了。假设只看到"无常"的一面，把它绝对化，否定或忽视相对"常"的一面，则是极端片面的。至于发展，那意味着旧事物的衰老和死亡，新事物的产生和成长；在这新旧之间、死生之间存在着继承与创造、遗传与变异的关系，按黑格尔的说法，是否定之否定，按达尔文的说法，那就是进化，按中国传统说，则是传宗接代，一代比一代好，总而言之，是生的延续，是生的再生产。在这里，尽可以为旧死者哀悼，但更应该为新生者欣慰和欢呼。现代科学和现代医学在努力使人活得更健康、更长寿、更美好，而良好的社会条件和自然条件，可以保障人们的生活质量；正确的世界观有利于使人生活得更有意义、更有价值。因此停留在对人生无常的哀叹上,无所作为,其实是对生命的莫大浪费和消耗。

佛教在对"苦"的分析上,存在三大误区。其一,是把"苦"看成是"受"的产物:有"受"就有苦,有"受"才有苦,于是苦就被归结为人的感受机能,灭苦就得灭"受",灭"受"即灭感受机能,亦即人体本身。用断灭人体机能的办法断灭痛苦,无异于鼓励自杀。据传,佛的有些弟子就曾经这样理解过,把死亡当解脱,以致佛不得不用戒律加以制止,用"业力不失"的教义进行劝导。事实是,受的生理机能不止受苦,而且也受乐;生理上的苦乐,中国佛教最初译为"痛痒",但是,究竟是苦是乐,还待理性对于最初的这些感受作出最终的判决。人有理性,不都是跟着感觉走。

其二,是把"苦乐"只看做个体单一的主观感受,忽视或否认客观环境,尤其是社会环境提供的客观条件。个体一生的幸福与否,固然与个体本身有一定的关系;但是作为特定社会条件下的人,其生活幸也不幸,是苦还是乐,社会制度是绝对不能脱离干系的。在一定意义上说,社会制度和社会的完善程度,对于人的一生幸福与否,起决定性作用。把将人生从痛苦中解脱出来,仅仅当成纯粹个人的事,转移了社会的责任,不利于推动社会的进步,不利于人的幸福和发展。

其三,将诸苦的内因,归于人的"烦恼":有烦恼有苦,无烦恼无苦;要想根除苦,就得根除烦恼。那么,什么是烦恼?佛教所谓的烦恼,其实所指的大都是作为人的正常的感情或情绪。人是有感情的动物,喜、怒、哀、乐、爱、恶、欲,是人之常情。所谓七情六欲,也是人的本能。如果没有情感,扼杀本能,形同木石或机械,人也不成其为人。如何对待情感和本能问题,不但是人生中的重大课题,也是哲学和伦理学研究的重大课题,当然也受到各种宗教的关注。另一方面,思维理性是人的特点和优点。人的理性能够也应该驾驭本能,调节情感,使它们不致任性放纵,但决不能因此而抹煞感情、窒息本能。如果把人的一切欲望和情感统统列入烦恼的行列,加以反对,只能是压制人性,否定人性。情感如果调剂得好,那就会充满乐趣。生命的丰富性,最直接地反映在情感的生活中。

这不是在提倡纵欲主义或快乐主义,而是主张具体分析。佛教称"贪、瞋、痴"为"三毒",这是烦恼中根本的根本了,其中又以贪为上首。我们就以贪为例。什么是贪?喜爱、欲求都属贪的一类;凡对所爱所欲的追求,也都是贪。后人的定义为"于有、有具染著为性"。此"有"指三界,"有具"指三界众生的生活条件。只要想留在三界之内,作为"有情"继续存活下去,不论是作人还是生天,都是贪的表现,都需要反对。如此这般,反"贪"的实质,就是反"生";这样的"贪"当然不应该反对和消灭。早期佛教主要用"爱"、"欲"来解释贪,所谓贪"爱"、贪"欲"。而所谓爱、欲,又主要针对异性而言,统归之"淫欲"范围。然而就在这一领域也有极大的区别。强暴犯罪、淫逸奢靡,甚至把蹂躏妇女和性行为当做修道成仙的手段,如此等等,若与恋爱、婚姻、成家、立业、繁衍后代相提并论,把违法和非道德的性行为,同合法和合道德的性行为相提并论,把以爱为基础的性关系同商品交易的性关系相提并论,显然是不当的;早期佛教反对的"贪",恰巧是混淆了这些区别,把它们抽象化,相提并论,连是非也抹煞了。

人们一般反对贪财贪色、贪权贪势,贪得无厌;所以凡"贪"都含有非分、非法、非情理所容的意思,但是决不能将它推广到一切情欲和思想领域,最后是连人身也成为厌弃的对象。

三、自由和"无我"问题

世界人生之所以苦,说到底,是来自不自由。如果有足够的自由,世界可以由我选择,世界的事物可以由我决定,我喜欢的可以拥有,不喜欢的可以远离,生命无限,能力无限,任我所思,由我所行,一句话,我可以自主地拒绝痛苦,也可以尽情地享有快乐:"心想事成"。但是,这有可能么?

"自由"是一个非常美丽、诱人令人向往的字眼。为了自由,生命和爱情都可以抛却。"不自由,毋宁死",曾是近现代学人的座右铭。对佛教而言,"自由"是解脱的同义语,中国佛教把成就"神通"作为自由的获得而去追求,所谓"物物而不物于物"①。禅僧更把"自由"和"平等"一起作为最高的禅境。然而,如果不把"自由"限于抽象原则,不陷入空想,有两个问题,必须面对并给以解决:第一,客观条件是否具备;第二,主观现实是否可能。

按佛教的解释,"自由"即是"自在",这"自在"是否可能?人的存在天然地受制于物质的生产和人自身的生产;他的生命和生活,首先来自父母,依赖于家庭,而且毕其一生,都必然处在一定的社会关系中,并受这一社会关系的制约。因此,人世间是一个异常复杂、层层无尽的"法界",由种种"因缘"结成的联系之网,任何孤立的、唯一的"自在"都不可能,哪怕是被绝对化到如何不食人间烟火的神圣——假若没有千姿百态的生物,太阳如何证明它的光明?假若佛"自在"于世间众生之外,他的智慧何以发挥?同样,假若"自由"不在现实的人生中实现,要它何用?

然而,任何联系都意味着限制,"因缘"是最紧密的联系。企图在因缘关系之外寻求另一种"自在",除了碰壁,只能痛苦。

自由必须"自主",在佛教那里,自主即意味着我是我的主宰者。顾名思义,主宰就是不受任何干涉,独断专行。它的最高表现,是主宰生死,拥有生死的自决权,超越"无常"的规律,永生不灭。涅槃亦称"大自在","大自在"即是不受时空限制的自由。但是佛教既已判定,有生必有死,希望永生的自由,就是虚妄。如果识破了虚妄,不思改正,反而破灭了希望,那只能堕于无奈的沉沦和悲伤。

就是说,自由是具体的,既不能脱离现实的社会生活获得,也不能违背自然规律实现;只有在客观条件许可、不逆反自然规律的条件下,

---

① 支遁:《逍遥游论》,《世说新语·文学篇》注引。

才有可能真正得到。当然,这决不意味着人在自然的面前无能为力,可以无所作为,作客观规律的奴隶。从原则上说,人的主观能动性无限,认识能力无限,驾驭客观规律和改进周围环境的能力无限,从而为人的自由提供了无限发挥和创造的领域。在这里,绝对不可忽略的是,无限只能实现在有限的过程;规律可以认识,可以利用,但不可以违背。人类正是通过有限的条件和对规律的运用,使之适应人的生存发展和造福于人,从而体现了自由的存在,并不断扩大自由的区域。这里要再一次提到黑格尔,"在他看来,自由是对必然的认识。'必然只是在它没有被了解的时候才是盲目的'。自由不在于幻想中摆脱自然规律而独立,而在于认识这些规律,从而能够有计划地使自然规律为一定的目的服务"①。

佛教观察到了,绝对自由的"我"不是真实的存在。"我"的种种表现形态,诸如创世的"天神",不朽的灵魂,因此都成了佛教抨击和否定的对象。佛教指出人"苦"的重要根源,就是信奉这样的"我",对其加以追求和膜拜,以致陷入主观幻想和客观真实间的矛盾而不能自拔。这样的观察是深刻的。但可惜的是,佛教自己就陷入了这一矛盾,而且把自由与必然绝对对立起来,认为这一矛盾在现实的世界人生中根本不可解决,所以陷于痛苦,力图把必然从自由中驱逐出去,追求可以摆脱必然的另一类自由。

如何正确处理自由与必然的关系,是人生处世和事业成败中的大事。人类是在适应生存环境和改善生存环境的统一中发展起来,并从中获取自由和不断扩大自由空间的。佛教始终没有把它作为一个课题,进行过系统的研究,有些被必然性窒息了,压垮了。

佛教把这类追求"自在"、"自主"的观念,归诸"我执"或"我见"的错误。因为佛教给"我"下的定义,就含有自在、自主、主宰等意思。自在、

---

① 恩格斯:《反杜林论》,《马克思恩格斯选集》第三卷,人民出版社,1995年,第455页。

自主、主宰等表达的是一种无限的品格和能力，其所附着的主体或实体，就叫做"我"。换句话说，某种实体可以超越因缘关系和无常法则，因而具有自在自主、主宰一切的性能，就是"我"的本质。从这个意义上说，佛教提倡"非我"，主张"无我"，反映了部分真理，因为这样的"我"确实是不会存在的；认为这样的"我"是真实的存在，并自以为是，指导自己的实践，必然是谬误种种。

但是，若因此否定现实中活生生的人（我）的真实存在，断言我、你、他都是非存在，是"空"无所有，那就走向了另一个极端。可以说，变化"无常"是绝对的，稳定不变是相对的；但不可以把"无常"绝对化，否定相对稳定的存在。人自幼到老，从生到死，是绝对的，但这也是一个过程。不论这个过程长短，过程本身就反映了变化中的不变一面，相对稳定一面。如果生与死属于人生的质变，那么生死之间的这一过程就是人生的量变。量变决定质变，而质规定着量。质相对于量就是稳定；在量的范围内，质则是一个常数。因此，只简单地断定人生无常，是片面真理，如果绝对化，那就把真理变成了谬误，因为这个判断有意忽视或否定了人生有不变或相对稳定的一面，也就是否定了人是实际地存活着的实在，人有足够发挥作用的空间。

"人"也可以理解为多因素的有机组合（但不是机械的拼凑），而且生存和活动于普遍联系之中。就此而言，人是因缘的和合，符合事实。但若进一步推论，由于人的多因缘性，而断定人无定性，无定性即无自性，即是"无我"，那就犯了类似的认识论错误：只见"部分"而不见"整体"。因为，如果"因缘和合"中的"因缘"是构成"和合"体的因素，则这些因素就相当于和合体的部分；而和合体则是这些部分组成的整体。在生命科学中，整体不等于部分的总和，而是与部分完全不同的新质，是新的生命体。只有在这个新质、新的生命体中，因缘才能成为他的组成部分，才能称为他的部分。这个新质、新的生命体，虽由其因缘组成，却是与其组成的因缘性质全然相异的，也就别具本质之"我"。

佛教否定了这样现实而真实的"我",是导向虚无主义最重要的步骤,最后还导致了它在解释业报法则上的矛盾。

四、因果问题

佛教追求绝对自由,必然厌离世间,因为在它看来,世间就是由业报法则构筑而成的,人则是被铸造在这建筑物中的一分子,只能是被动的螺丝钉,受因果律的绝对控制和支配,没有任何自由,这一逻辑的结论,是他不应该对自己的思想行为负有任何责任;另一方面,业报法告诉人们,人及其周围环境是人自身的创造物,行善行恶,造福造罪,人有选择和行动的充分自由,因此人必须对他的思想行为负全部责任。

佛教的"业报决定论"就是由这两种观念、一对逻辑矛盾构成:一方面表示,凡是现实的,都是前世先天决定了的,所以都是合理的。人们只有消极地接受过去播种的果实,而不可能也不应该改变既有的现状,重新创造自己的未来。由此导向宿命论,也等于宣告现实的人不具有负责的实际能力。按照这方面的观念,佛教的因果说是保守的,所以特别为维护现有社会秩序,教人安分守己、知命乐天者所欢迎。另一方面说,"业力"无限,它可以不受任何限制,决定人的命运,人生的一切,从父母子女、家庭财产到社会环境和自然条件,都出自个人的自由抉择,因此,人们或可以为自己创造美好的前程,或走进堕落的深渊,自作自受,与社会制度无关,与他人无关。这种观念把个人的主体性和能动作用推向了极端,既有助于确立人的自尊自信,激发自我的创造性,以至得到一些立志改革和注重个人创作的青年人的共鸣;但也可能导致自由意志,给独断专行、专横跋扈者提供口实。而在实际生活中,这两种倾向,都程度不同地产生过影响。

佛教后来的发展,对这种因果论作过一定的调整。像《俱舍论》在把因果律归结为"十二因缘"时,就把"受支"及其此前的活动,悉归于"过去世",而将"爱"、"取"等归为"现在世",作"未来世"得报之因。这一解说,把宿命论与意志自由分割开了:人自出生到幼少年,只能作为被动的受体,是宿命起作用的结果,因而与现时的个人道德品质和思想行为无关,可以不负任何责任;但成年以后,有了独立自主能力,行善作恶,以及其他所有活动,都是自觉自主的,因而也就必须对由此造成的后果负完全责任。于是,人生被分解为两个阶段:未成年前是先天决定的存在;成年以后,是自由意志的,自己塑造自己的形象。借用存在主义的说法,就是"存在先于本质"。这一观念,不论对于教育或法学言,都有现实的意义,尽管它依旧把人建立在脱离社会关系的抽象化基础上。

因果律的基本内容,就是善有善报,恶有恶报。非善非恶的思想行为,称为"无记",不决定受报的罪福性质,所以一般不记入业报的范围;业报的作用,主要发生在世俗世界,表现于世俗的社会生活,诸如如何谋生养家、处世待人等财产和人际关系问题上。因此,业报轮回之说,包含了佛教的社会伦理和社会道德的主要内容,也可以说,业报轮回说的实质,在于用神秘主义确立和推行佛教的社会观和伦理观。

教人行善去恶,是佛教伦理观的中心任务。但什么是善,什么是恶?在佛教里至少有三种含义。其一是,恶表示坏,善表示好,包括对生活状况的好坏判断,所以不全是伦理观念;二是恶表厌恶,善表赞许,指的是对某种事物的情绪和态度,也与道德观念关系不大;第三,就是伦理意义上的用法,表示对某种思想行为的道德评价。

然而就是在道德这个领域,关于什么是恶,什么是善,就有非常不同的理解,存在甚至完全相反的标准和尺度。"善恶观念从一个民族到另一个民族,从一个时代到另一个时代变得这样厉害,以至它们常常是互相直接矛盾的。"①一般说,佛教把信奉、供养佛教和维护佛教,当做善的最高表现,把反对或伤害、毁坏佛教,视为罪大恶极。佛教义学则多把

---

① 恩格斯:《反杜林论》,《马克思恩格斯选集》第三卷,人民出版社,1995年,第433—434页。

"顺理"和"违理"作为判断善恶的标准,而这个"理",当然还要以佛教的解说为准①。若单从业报法则考察,则把追求"来世"可能获取的"福报"或"罪报",当做"今世"行善、作恶的准则;今世的受罪还是享福,是前世曾经行善或作恶的证明,因此,衡量善恶的标准,全看人们是在受罪还是享福的现状。这里的前提就是行善者必得福报,受罪人必然是作过恶事,而且可以成为作过恶的证明。这种评判显然有利于当前的富有者和权势者,对于处在贫困卑下的低层民众是不公平的;但另一方面,它又给贫困无告者以来世的希望,给富有者和权势者的横行无忌以警告和威慑,由之平衡社会关系,维持秩序。

至于道德的具体内容,最抽象也最具普遍意义的,有所谓"十善"、"十恶"。

据《受十善戒经》等说,十善是对身、口、意所谓"三业"的全面规范。其中"身业"有三,即不杀、不盗、不淫;"口业"有四:不妄语、不两舌、不恶口、不绮语;"意业"有三:不贪、不瞋、不痴。十恶与此相反,即杀生、偷盗、淫欲、妄语、两舌、恶口、绮语、贪欲、瞋恚、愚痴。不论是行此十善还是作此十恶,都属世间轮回以内的事,通名"业道"。所以"十善业"并非通向出离"三界"的道行,但能够获得"生天"等好的报应,也可以看成是佛教的最低纲领。有时"十善"与"五戒"相配合,因此有"五戒为人,十善生天"之说;有时又与"八戒"连为一体,称行此善戒者为"功德",死后不堕"三恶道",直到"常生人间,正见出家,得涅槃道","若生天上,恒生梵天,值佛出世,请转法轮",总称"福报"。相反,作"十恶"者必堕"三恶道",受苦无穷,即是"罪报"。关于"阿修罗",或说为恶报,或说为善报,佛教内部意见不一。

---

① 将信仰自己的宗教、教理和神,规定为道德律中的第一善,是一切宗教的特点,不只佛教如此。《圣经·出埃及记》第20章所传"十诫",第一条就是,除了上帝之外,不可信奉别的神;第二条是禁止侍奉任何偶像。上帝说:"恨我的,我必追讨他的罪,自父及子,直到三四代;爱我、守我诫命的,我必向他们发慈爱,直到千代。"宗教道德大体都有这样的局限性和褊狭性。

提倡用十善治世,也就是通过佛教的道德观教化人民,是佛教治国、王权政治的重要内容;十善也构成佛教伦理观的基础部分。

由于把因果业报贯彻到了伦理道德范畴,使之成了保障戒律得以实施和道德得以遵守的神秘力量,既令人恐惧,又具诱惑力。神秘、恐吓、诱惑三者的结合,使佛教对社会民众产生的影响力大大增强。在中国古代,也正由于道德、戒律和因果说的一体化,佛教才能在统治上层中得到相当的支持。

然而佛教因果论中有几个重要问题,一直无法解决:

(1) 把人抽象化,以及个人对自己的行为能够决定到什么程度和负多大的责任?

按佛教通理,"人"是物质和精神两类多元素的复合;这从活的人体结构来说,不会有原则性的分歧。但是,"人"毕竟是生活在特定的自然环境和社会关系中的,他的生活不但决定于他本身的诸多生理和心理因素,而且在更大程度上是受其自身存活条件的制约。他必须在一定的社会环境中生活,他的行为,他的生活方式也必定会作用于他的周围环境。就此而言,个人的整体生活,不可能随意选择,个人的自由总要受到其所处的社会和时代的限定,只能是相对的;同样,他的行为和生活方式,也不仅仅属于他个人,即使不是完全的社会活动,也要影响他的周边环境和人群。因此,让个人对其所有的行为负完全责任,而不加区别,是不客观的;同样,认为个人行为只对自己负责,对于其所处的环境和社会完全不负责任,也是不客观的。佛教在论及业报法则时,突出了个体自己掌握自己命运、需要自己负责的一面,相对那些把人的命运交到上帝、神鬼等手中的宗教观,以及把个人责任全部推给客观条件的做法,无疑是有价值的;但忽视或否定了客观环境,尤其是社会关系的作用,使佛教以人为本的宗教观,就难以贯彻到底,自圆其说。这里可比较一下另一种观点:"这里涉及的人,只是经济范畴的人格化,是一定阶级关系和利益的承担者。同其他任何观点比较起来,我的观点是更不能要个人对这些关系负责的。"①"人是社会关系的总和",就是这种观点的高度概括。它把"人"放到了特定社会、特定社会关系中考察,强调了人的社会性质,而不是单纯的自然属性,这就将人的道德品性、价值趋向,以及表现于家庭、社会等种种行为,归诸形成它们的特定的社会关系,既与上帝无关,也与业报无关,也不能完全归诸个人。据此得出的结论也更有说服力:"既然人的性格是由环境造成的,那就必须使环境成为合乎人性的环境。"从这种唯物主义出发,"那就不应当惩罚个别人的犯罪行为,而应当消灭犯罪行为的反社会的根源,并使每个人都有必要的社会活动场所来显露他的重要的生命力。"②这种观点不同意把个人的命运和遭遇,一律推给个人自身,社会承担的责任应该比个人大得多。要使每个人都成为好人,不能指望把每个人都用道德净化出来,首先得有个令人变好的社会环境。如何把人的道德情操同社会变革统一起来,所谓"环境的改变和人的活动的一致",所谓"在改造环境的同时也改变着自己",曾是许多思想家探讨的重要话题。

(2) 业报轮回和修习出离的主体,与"无我"论的矛盾。

如上所说,佛教认为人是不自由的,因为人不能成为自己的主人;据此进一步断定,人也不是独立的主体,所以"无我":我是什么,什么是我?我在哪里,哪里有我? 分析来分析去,发现不了"我"之所以真实存在的理由,于是失落,于是悲观,于是痛不欲生,于是出家修道,以至希望通过建立"无我"的观念,否定我的实在性,从"我见"造就的痛苦中解脱出来。因此,"无我"论被认为是佛教的理论基石。但是,佛教更看重它所提倡的因果律,把业报轮回视为自己的宗教基石。否认因果业报的主张,被定为"邪见",是比"我见"更严重的思想大敌。于是这里就产生了矛盾:假若有情世间的本质是"无我",那么造善作恶的主体是什么?承担社会

---

① 马克思:《资本论》第一卷第一版序言,《马克思恩格斯选集》第二卷,人民出版社,1972年,第208页。
② 马克思、恩格斯:《神圣家族》,《马克思恩格斯全集》第2卷,人民出版社,1957年,第167页。

责任、接受福与非福等果报的是谁？与此相应，佛教提倡"修道"和"涅槃"，那修道者和涅槃者是否也是空无所有？甚或可以质疑，表达这"无我"者是谁，又要说给谁听？一方面承认行为和行为的后果存在，不许否认；一方面否认有行为的主体和接受行为后果者的存在，不许肯定。这种把行为和行为者绝对割裂开来，令它们在佛教内并行不悖的主张，造成极大的困惑，对于佛教义学家们来说，也十分尴尬，从而成了佛教各派力图解决的重大课题。几乎没有哪个派别不提出自己的解决方案，而解决方案的不同，也就成了派别分立的根据之一。概括起来，约有三说，一为多元论，一为一元论，一为毕竟空论。《大乘成业论》（略称《成业论》）引述早期佛教关于"业力不失"之说，所谓"业虽经百劫，而终无失坏，遇众缘合时，要当酬彼果"，然后问道，这"果"是如何得到的？"为由相续转变差别，如稻种等而得果耶？为由自相经久远时，安住不坏而得果耶？"这都属于一元论的问法，前一问是复述瑜伽行派的主张；后一问的实质，是承认作"业"者是一个独立统一的主体，以至虽经久远，由于"体不谢灭，而能得果"。《成业论》还认为，多数部派经典都承认有这样的主体存在，不过给予的名称各有不同罢了，例如，"赤铜鍱部经中建立'有分识'名，大众部经名'根本识'，化地部说'穷生死蕴'"等，而犊子部尤以承认"补特伽罗"实有而著名。当然，这类主张，并不能得到多元论者和毕竟空论者的赞同。这些问题，都是后话。

　　中国佛教并没有经历如此复杂曲折的思想过程，几乎从未把"无我"论和"业报"说的矛盾当成问题考虑过。"业报"必有主体，似乎是天经地义的。如上所说，早期翻译"无我"为"非身"，称"业报"的主体为"魂灵"。人身只是魂灵的旅舍，人死身朽，是谓"非身"，但魂灵识神不灭；魂灵识神他去，就是去兑现他的"业报"，转生为另一种"身"。《四十二章经》说："要心垢尽，乃知魂灵所从来，生死所趣向。"就是把魂灵看做承担生死业报的主体，并且即以这种观念当做无需论证的前提，建造它的世间与出世间理论。把魂灵改成"识神"，是稍后一些译家的事了。到了鸠摩罗什译介中观派的思想，才有学僧正式批评"识神"之说，以为"识神"不是真正的佛教主张，但影响甚微。相反，与此同时的庐山慧远，撰《三报论》等一系列论文，高唱"形谢神不灭"，响应者遍及僧俗，致使"神灭论"在佛教界一蹶不振，"神不灭"则成了中国佛教最具代表性的宗教观念，彻底巩固了下来；而"无我"的空观，在义学中也同样流通无碍。

（3）业报轮回的神秘主义。

这种神秘主义是显而易见的。它的建构，全以"三界"的空间分类和"三世"的时间分类为基础。就是说，佛教创造了一个莫须有的"三界"，为业报法则的必然性和有效性提供了一个事实上人不得知、也不可以证明的空间；同时又制造了一个生命体可以屡屡生死，并随顺业报而转变自己的角色和形象的"三世"概念。"三世"和"三界"的时空观，扩大了拟人化生命的范围，不但制造了天龙鬼神、地狱饿鬼等神话，还想象出他们的生存状态，一般称为"四有"，即所谓"生有"（降生的一瞬间）、"死有"（临终的最后一刹那）、"本有"（生后与死前之间的全部存在）和"中有"。"中有"与"本有"恰巧相反，是死后与再生之前的存在。也就是说，死后可以更生，死后于更生之间，还有"中有"这样的生命形态，因而也必须有"中有"存活其间的世界。据认为，"中有"的组成仍是"五阴"，所以又叫"中阴"。有了"中阴"，就有了关于"中阴"的形状、性质、活动等的想象，特别是关于他可能存活的那个世界的想象。

有关"中阴"的设想，并未得到佛教所有派别的认同，但根据业报法则，死后还要再生，在这已死未生之间，总是留有一大空白，需要宗教加以填补。中国佛教用魂灵、识神加以解决，而把他安置在一个"阴界"里。这个"阴界"亦称"阴世"、"阴间"等，相当笼统，既不同于佛教通称的"天"和"地狱"，似乎又包括天和地狱，加上与道教和儒家的某些观念混杂，于是演化出许多有关阴界的荒诞故事，在民间流行。

从理论上探究，"业报"学说的神秘主义成分也很多。"业"必受"报"的前提是"业力不失"。一个人的思想，肯定会支配他的行为，但不能说任何一个想法都会变成行为；他说的话肯定会对周边发生影响，但不一定句句都有力量；他的行为对于改变他自己和周围环境，肯定会产生作用，但不是每个行为都能改变自己和周围环境。每个人都不能轻视自己的存在和自己的作为，不管多么渺小，多么微不足道，都会留下自己的痕迹，作用于周边的环境和人群；如果这类行为体现了群体的趋向，汇集在一起，就可能变成巨大的力量，影响到社会的变革、历史的进程。这是业报学说的客观性一面。但是，这一切也都不能绝对化。业力的作用，不论对业者个人还是周边的影响，都不会是绝对的；善不一定得到善报，恶也不一定得到恶报，这是常识也知道的现象；主观动机和行为后果也不会总是统一的，或许不一致比一致的可能性还大。佛教为了解决现实生活中经常发生的这类矛盾，求助于三世因果，用"业力不失"，让善必得善报、恶必得恶报的规律兑现，实际上也就是找不可知的过去世和不可测的未来世帮忙，所以最终还是走向神秘主义。

个人的思想行为，只能在特定的社会关系中表现出来，并发生相应的作用；其思想行为可能造成的后果，是大是小，是消极的还是积极的，也只有通过社会的特定关系反映出来；对于个人来说是有利还是不利，是被抵消了还是被放大了，那也需要社会的反馈。想象业报法则会孤立地发挥作用，业力在不受报之前会永恒存在，就是主观臆测。

业报法则也就是早期佛教的因果观。这种因果观，把复杂的联系简单化了，以致把人死死地铸在因果的链锁上，失去了任何能动性和可塑性。后期佛教明显看到了它的缺陷，把"业"扩展为"因缘"，把"报"分解为种种"果"，将因果的联系，升华为"缘起"或"缘生"的哲学理论，这个变化是很大的。其中"因"被泛化为"缘"，把"因"当做"缘"的一类看待，亦即把"因"置于普遍联系中，使那种机械的、充满神秘色彩的业报说，得到了丰富和改造。这一转变，在部派佛教时期，已经相当显著了。

（4）元素论以及分析和综合的方法问题。

"因缘"用来解释事物构造、形成的条件，相对于既成的事物而言，这些因缘条件就是它得以产生的元素。将现实的事物化解成构成它的诸多元素，以及将诸多元素建构成整体的事物，这是早期佛教确立自己的世界观和人生观最常用的方法。从方法论上说，前者将整体分解为所有部分，作为它的元素，这是分析；后者将所有部分作为元素而整合为一个整体，这是综合。佛教的哲学结论，基本上就是通过这一分析综合过程得出来的。

佛教哲学最重要的结论是"无我"，是"空"。佛经经常举芭蕉为例：芭蕉是由芭蕉叶子层层包裹而成的，人们都说，这是芭蕉，芭蕉是真实的存在；但是，如果将芭蕉叶子层层剥去，最后还能剩下什么？剩下的只能是空无所有：芭蕉的本质是"无我"，是"空"，不是真实存在。同样道理，"人"无非是"五蕴"的复合，若将五蕴一一除掉，"人"也无自己的独立本质，所以是"无我"，是"空"。最明显的是"四大"，人体形成于"四大"，"四大"是构成人的元素，它们与"空、识"这两大元素的结合，就构成生命，"四大"或"六界"的离散，就是死亡，死亡就意味着无我，就是毕竟空。

不论是元素的整合还是元素的分解，承认元素的存在是个前提。分析的目的在于还原，即还原其被构成的元素；综合的目的就是把这些被还原之物，在思想上重装起来。这些元素可以根据整体事物的构成分成许多种类，"四大"、"五阴"、"六界"、"十二入"、"十八界"，一直可以列举到中国天台宗的"三千世界"，它们作为人物构成的元素，在早期佛教中没有怀疑过它们的存在和存在的真实性。理由很简单，如果元素也是空无所有，那么因缘如何发挥生起的功能？也就是说，因缘以及随之而来的果报，也就无法成立，使分析和综合都成为不可能，那还有什么佛家哲学可言？但是，如果承认元素是真实的存在，佛教的无我论和空论，就不能贯彻到底，而理论不彻底，就难具说服力。早期佛教哲学受到后来者的质疑，以致被严厉地抨击，集中在它坚持元素实在的论断上；而坚持并大大发展了元素说的是说一切有部，它构造出一个庞大的理论体系。

众所周知，分析和综合作为一种观察事物和认识事物的思维方法，具有普遍意义,在近现代科学发展上,起过巨大的作用。从分析中发现事物的构成因素,即还原法,对化学元素的发现贡献良多。物理学对基本粒子的发现,解剖对于生命科学的发展,也都离不开分析还原的方法。可以说,任何创造性的思维活动,都不能离开和捐弃分析以及与之密切相关的综合。早期佛教惯于运用这一方法,但始终不能得出科学的结论,而导向"无我"或"空",则不全是方法上的问题,而是对整体的看法荒唐。

事实上,世界上就没有单一存在的事物,由多因缘形成,受多种关系制约,是事物唯一可能的存在状态。元素是实验室和思想抽象的产物,复合性的存在才是现实的常态。如前所述,一辆车可以被拆卸成各种零部件,每个零部件都不是车,不能叫做车;但若这些零部件按一定方式被装配起来,它就具备了个别零部件和所有个别零部件随意堆积起来所没有的自性和功能,它就是车;车这个名字就不是有名无实,而是表达了车所具有的自性和功能。车是如此,复杂到无可比拟的人,尽管可以作物理、化学以及生物学上的分析、解剖,也可以按照被分析和解剖过的部分整合起来,但那只能是死者的标本,而不会是活生生的人了。西方哲学史上有一部名著叫《人是机器》,在思想方法上,就是犯了与佛教同样的错误①。

作为一种思维方法,分析与综合相互联系,是一对不可分离的范畴。"以分析为主要研究形式的化学,如果没有它的对极,即综合,就什么也不是了"②。佛教的另一个片面性,是只看重了分析,忽视或否认综合的

---

① 依黑格尔的看法,"部分和整体已经是在有机界中愈来愈不够的范畴。种子的萌芽——胚胎和生出来的动物,不能看做从'整体'中分出来的'部分',如果这样看,那便是错误的见解"。同样,"简单的和复合的",是"已经在有机界中失去意义的范畴";因为"有机体既不是简单的,也不是复合的……"。意思是说,活的有机体不可以从机械的分析和整合上考察。因此,把人视为五蕴的和合,在方法论上就是一种错误。参见《马克思恩格斯全集》第20卷,第555—556页。
② 《马克思恩格斯全集》第20卷,第571页边注。

意义,所以车成不了车,人也成不了人。同样,还原法有助于认识的深化,有利于对复合物的深层认识,它与分析一起,可以纠正人们的经验性认识,发现事物远不是它所显示的那种现象,在表层的内部,还有构成它们的众多元素,还有一个但凭经验难以了解的世界,这在人类认识史上,无疑是一大贡献。但因此而否认和合物的实在性,否认经验的客观内容,那就变成荒谬了。《阿毗达磨大毗婆沙论》卷八谓"以一切行皆无我,无有情,无命者,无补特伽罗,无生者,无养育者,无作者,无受者,唯空行聚",就是最有代表性的谬论。

(5) 独特的认识方法和宗教实践:禅定问题。

禅定大同于心理学的注意力集中。心理学普遍注意到注意力在保障正确思维、成就事业和健康心态等方面的作用,但如何自觉地运用注意力,达到这些积极的目的,似乎还没有得到足够的重视;由于注意力运用不当,可能造成的心理变异,性格扭曲,以致精神失常、身体受损等消极的方面,更少有论述。佛教的定学包含了运用注意力的积极一面,对它可能产生的消极一面,也有所注意,所以研究佛教禅定,对于现代心理学和医学的发展,会有所资助。然而就佛教的本意,是把禅定当成认识渠道和实践路径来对待的,由此形成一种思维定式,不但影响了佛教本身,而且波及它可能影响到的社会层面。

佛教以追求真理、把握世界人生的真谛作标榜。但一般而言,真谛必须经过"现观"的体验,真埋必须直觉。不论是现观还是直觉,只有通过禅定的反复静虑,才能实现。就是说,要把真理变成自己掌握的东西,令真谛为自己所有,只有在禅定中亲身经验,由亲身经验证得。假若这种把握真实的方法,仅仅作为宗教修习的某个阶段,或许没有多大关系,但若把它固定化,成为一种认识论,一种思维方法,那就有问题了。最明显的是贬低和排斥世俗经验和理性认识,让一切世俗理性都接受禅定直观的检验和审判,从而搅乱了是非真伪和判定是非真伪的标准;另一方面是形成一种内向的思维模式,切断了从对外界的认识中获取知识和真理的通道,很容易错把愚昧当智慧。如果付诸实践,那就有可能用解决思想认识问题,取代对客观现实问题的认识和解决。内向的认识论,不能真正直面人生和人生的环境,弊大于利。

其实,即使单从道德修养的角度看,内省的路线也需要具体分析。怨天尤人固然不好,一切都归咎于自己的过错或罪恶,不辨是非,把克制烦恼当做唯一的出路,客观上有利于恶势力,主观上则可能产生负罪感,造成自卑。佛教没有像犹太-基督教那样明确提出"原罪"说,但把人生看做"天"的堕落,是无明和贪欲的结果,其实也是一类"原罪"说。人不应该背负着原罪生活。

禅定最大的宗教功能,是制造幻觉和幻境。神通是其中制造出来最常见的一种,佛菩萨的形象又是一种,天堂地狱鬼神系统也是一种,再一种就是佛国净土。如果不把他们看做真实的存在,那就是极好的神话;如果不看做神话而认定为真实,那就导向信仰。因此,这一部分同佛教大量生动的寓言一起,被研究者和观赏者视为丰富的文学宝库,据此产生的雕塑、绘画等则是高超美丽的艺术;但也有人痴迷其中,不知自拔,那后果往往是非常严重的。一切宗教文化都有类似的问题,是糟粕还是精华,不全在文化本身,而在于如何对待,把它们用于什么途径。

禅佛教已经走向西方。有人把它当做非理性、反科学的"东方智慧",对抗西方那种把人机械化、商品化、工具化等非人性的"唯理主义"和"科学主义"。我这里特别给这两个主义打上引号,表明我使用的"唯理主义和科学主义"概念,仅限于我用形容词给以定性的那一类,而不是一般的反理性、反科学。但是,现在确实有人把禅佛教引入反理性和反科学的歧途,突出它的主观体验和幻觉效应,禅在"新宗教运动"和"新时代运动"中大受青睐。我认为,这不应该成为现代禅的发展方向。从个人的身心健康和社会和谐来看,由此造成的灾难,会远大于由此得到的利益。

现代禅的提倡者,在医学界和心理学界大多是把它引入心理治疗它的机理与曾经盛行的催眠术接近,加上现代医学又特别重视精神卫生和心理治疗的作用,在这些方面,在科学指导下,禅定有很大的开发潜力;中国近代有人把它用在养性健身和防治某些慢性病上,也有一定的效果,值得科学研究,但不宜轻率推广。最重要的还是防止走火入魔、上当受骗,这方面的教训实在不少。

还有一种现代禅的提倡者,是把禅作为调节心理、平衡心态、稳定情绪、促进身心健康的一种修养方法。这也是中国历史上的一个传统,在一些文人中曾经相当流行。我认为这也可能是禅佛教融入现代社会、贡献社会的又一个发展的方向。

最后,还是那句老话,对于文化形态的东西,既可能变腐朽为神奇,所以不要轻言放弃;也可能变精华为糟粕,注意不要随意糟蹋。问题主要出在诠释者和运用者身上。

第二章 论《阿含经》
——早期经典汇编

第一节 《阿含经》总论

"阿含"又译"阿笈摩"、"阿含暮"等,意译"法本"、"法藏"、"教法"等,是佛教早期诸多经籍的汇编。僧肇说:"阿含,秦言法归。法归者,盖是万善之渊府,总持之林苑……道无不由,法无不在,譬彼巨海,百川所归,故以法归为名。"意谓是一切佛法的总汇(《长阿含经序》)。稍早些的《四阿含暮抄序》说:"阿含暮者,秦言趣无也。"①意谓它是导向涅槃的指南。在这保存有数千种佛经的文库中,极少有独立的哲学体系,但它们却是后出的种种思想理论的源头,被当做加工创造的原始材料;佛教的一些基础观念和基本概念,大都出现在《阿含》中。

一、两种文本的《阿含经》及其史料价值

现存的《阿含经》,有南传和北传两种。南传巴利文《阿含》名"尼柯耶",意谓部、类,共分为五部,所谓长部、中部、相应部、增支部、小部,亦

---

① 见《出三藏记集》卷九。《四阿含暮抄》为贤胄部婆素跋陀(山贤)撰,异译本名《三法度论》。

称"五阿含"("五尼柯耶");北传汉文《阿含》,分为四种,所谓"四阿含"。有些佛典的比较研究者认为,巴利文本《阿含》更多地保留了佛教的原始教义,所以比汉文本《阿含》在认识佛陀思想和原始教义上,有更大的文献价值,所以西方学者比较熟悉,研究者也多;反之,对汉文本的了解和研究,相对不足。

事实上,用巴利文统一各种语本的佛经,也是一种翻译,大约定型于5世纪,到6世纪还重新修订过,应当说是相当晚的事了。汉译《阿含》分四种,集中在4世纪末和5世纪中的六十年中译出,依次是:《增一阿含》(略称《增一》)五十一卷,苻秦建元二十年(384)昙摩难提译,后经东晋僧伽提婆修订;《中阿含》六十卷,始于道安主持,昙摩难提初译,时间当与《增一》同时,后来重译于东晋隆安二年(398),译者僧伽提和;《长阿含》二十二卷,姚秦弘始十五年(413),凉州沙门竺佛念译,道含笔受;《杂阿含》五十卷,刘宋元嘉二十年(443),求那跋陀罗根据法显由狮子国带回来的本子译出;另有失译之《杂阿含》十六卷,旧作二十卷,附秦录,约译于4世纪末。也就是说,从两种《阿含经》的定型来说,汉文本还要早于巴利文本。

中国佛教有一个优良的史学传统,即记事准确,译经史和目录学比较完整,史实一般可考可信。根据东晋《道安录》和南朝齐梁间的《僧佑录》记载,"四阿含"的部分经籍早在2世纪的中叶就开始被译介到中国的内地,现今被称为《阿含》的"别生经"或记为"出"自《阿含》的诸多单行经,大都是4—5世纪以前的译本。就是说,《阿含》所收的某些经典,早于它面世数百年就在中土流行了。因此,从译经史上考察,汉传的《阿含》类佛典,可能更接近早期佛教。

当然,话不能这样绝对说。据统计,巴利文本的《增支部》收经约2300种(一说2203经),汉译本《增一阿含》含472经,两者内容接近,可以比较的经文只有135种(一说140经左右);巴利文《中部》收有152经,汉文《中阿含》为222经,可以比较的有96经(一说98经);巴利文《长部》

收34经,汉文《长阿含》有30经,可比者27经;南传《相应部》共收约2870经(一说2858经),汉译《杂阿含》约有1362经(一说1359经),相近的有883经。南传还有一个《小部》,汉译《阿含》不收①。由此一眼就可以看到,南北两种《阿含》有同有异,相同者少,不同者多;研究它们的同异,对于了解部派时期南北佛教的各自特征,应该是很重要的,但不能据此判断哪种《阿含》最符合佛教的原始教旨。

梁启超先生是提倡研究《阿含》的,支那内学院在《阿含》研究中取得一些很有见地的成果。但在总体上,日本的考据和研究居于领先地位。上述汉文和巴利文两种《阿含》的数据比较,采用的就是日本学者的成果。梁先生指出:"我国自隋唐以后,学佛者以谈小乘为耻,《阿含》束阁。吾以为真欲治佛学者,宜有事于《阿含》。"②实际上,小乘的悲观和出世观念,确实不宜于中国这样一个具有重生、治世传统的社会,中国的主流佛教最终把它淘汰出了自己的信仰范围,带有必然性;但是作为学术研究,佛教的这一极端重要的思潮,是不可以长期忽略的。不了解《阿含》,对《阿含》毫无所知,就是切断了佛教的发展历史,也使大乘失去思想来源,既不能把握佛教的整体,对于今天世界的佛教布局,也不可能有全面的认识。

至于一些学者肯定南传的《五尼柯耶》更符合原始教义,根据算不得充分。据他们看,汉文译本中含有大乘的思想,这在原始佛教中是不可能的,而巴利文本中没有。我没有作过比较,本来没有发言权。但有一些迹象则是显而易见的,譬如《长阿含》里有《世记经》,我以为这是佛教吸取婆罗门教传说加以改造的产物,与原始佛教与婆罗门教斗争的形势相应,而《长部》不收。为什么不收?是否为了避免与婆罗门教纠葛不清,有同婆罗门划清界限的意思?这倒反衬出《长部》是后于《长阿含》编

---

① 吕澂:《阿含经》,见《中国佛教》,知识出版社,1989年。
② 梁启超:《佛说四阿含》。

出的了。因为从佛教史料上考察,与婆罗门教作殊死斗争、势不两立的,当是初兴的中观学派,在此之前,是既反对又吸取的。又,《小部》的一些重要内容,例如《本生经》类,讲的是佛陀生前的菩萨行,而菩萨行应该是大乘或起码是部派佛教时代的产物,不可能出现在原始佛教阶段;《六度集经》讲的是六波罗蜜多,是菩萨行的基本内容,更不应该出现在原始佛教中。这些经籍在汉译本中也有,而且在 2—3 世纪的内地就相当风行了,但汉文《阿含》中不收,这说明汉文《阿含》的编者,更重视把大乘的内容从原始佛教中剔除出去,不再另编出个《小部》来——传说在"四阿含"之外,曾有过《杂藏》,但北传佛教始终没有接受。《小部》的一些内容被收在其他许多汉译的佛典里。

尽管如此,我并不肯定汉译《阿含》就一定比巴利文本更原始,因为汉译本里边含有的大乘思想确实不少,而且并不限于某一部特殊的《阿含》。比较合理的解释是,不论是南传还是北传,流传至今的《阿含》成书的时间都很晚,它们都是部派的产品,而且经过多数人之手,所收经籍的时间跨度大,内容必然杂乱。大家知道,北传佛教后来是大乘得势,而南传佛教的部派期大乘也极为兴盛,并且发生过激烈的争斗;地不分南北,大小乘杂居一处、一寺,互有影响,也是佛教史上的常见现象,因此在各种《阿含》中保留有大乘的种种痕迹,或在大乘经典中存在小乘的若干思想,不应该视为反常。也正因为如此,各种《阿含》中都会保留某些流传久远的原始教义,以及夹有若干大乘教理,应该是很正常的。

因此,就《阿含》的原始性来说,不论南北所传,至今尚未发现还有其他可以与之相比的经籍,所以研究原始佛教——更确切些说,是早期佛教,这两种《阿含》的价值应该互补。至于它们中间哪些经可能更原始一些,那些经属于晚出,不宜根据是南是北笼统论定,还得作更细致的比较研究。不过这里必须强调一点:汉文还有大量早于《阿含》问世的单行经,如果略而不计,就很难作出全面的论断。

在这些单行经中,《杂阿含》别出三十九种,包括东汉安世高译的《七处三观》、《五阴譬喻》、《转法论》、《八正道》、《积骨》等经,魏吴时失译而后被认为是支曜译的《马有三相》、《马有八态譬人》以及失译的《杂阿含》和失译而被认为是支谦译的《不自守意》等;西晋有竺法护译《圣法印》、《鸯掘摩》、《受新岁》(原失译),原属失译后作法炬译的《相应相可》、《难提释》、《鸯掘髻》、《波斯匿王太后崩尘坋身》等;原属失译后作昙无兰译的《水沫所漂》、《戒德香》、《新岁》,以及失译之《满愿子》、《梵志计水净》等;还有附于《三秦录》的失译《放牛》(后作鸠摩罗什译)以及《别译杂阿含》二十卷。除后者外,皆一卷。此后,直到北宋还有零星的单行本译出。

其他《阿含》的情况也差不多,像《中阿含》的单译本现存七十三种,包括后汉安世高译《四谛》、《一切流摄守经》、《本相绮致》、《是法非法》、《人本欲生》、《漏分布》、《十支居士八城人》(原为失译)等;三国吴支谦译《释摩男》、《赖吒和罗》、《梵摩渝》、《斋经》等;西晋竺法护译《大六向拜》,法炬译《法海经》等;其余多属失译,而北宋译出者也不少。《长阿含》有单译本十九种,记为安世高译的有一部二卷,即《长阿含十报法经》,西晋竺法护和法炬分别译有三种,而北宋新译了五种。《增一阿含》有单译经三十一种,据《道安录》,其中《杂经四十四篇》二卷,题安世高译,《出三藏记集》谓缺,其实是杂在《七处三观经》中,属于《杂阿含》;还有一卷《阿难分扮祁七子经》亦题安世高译,实为失译;其他译本出自西晋以至北宋。

于是这又提出一个问题:现存汉译"四阿含"的原本定型于什么时间?译者在经文的释义和经籍的取舍上,起过什么作用?这些都很难说得精确,但可以肯定的是,单行经的出现大大早于《阿含》的集成;即使在《阿含》集成以后,单行经依然作为独立的经典流通。在经文内容上,单行经与集成本也有不小差异,很难确定哪种译本更为原始。仅此而言,只用《阿含》去探索原始佛教,在史料上是不完备的。

至于《阿含》诸经最初是以什么语言流通的,也很难说清。至少在东晋时期,有些经籍还不是书写的,而是通过口头流传,所用语言,则与译者的民族和国度有关。道安《增一阿含经序》讲到此经之译时说:"佛念译传,昙嵩笔受……为四十一卷,分为上下部;上部二十六卷,全无遗忘,下部十五卷,失其录偈也。"这"遗忘"之"失",就是由于凭记忆口头"译传"造成的。梁僧祐撰《出三藏记集》,在卷五《新集安公疑经录》又录道安之言说:"外国僧法,学皆跪而口受。同师所受,若十、二十转,以授后学。若有一字异者,共相推校,得便摈之,僧法无纵也。"这可能就是道安当时组织译经的情景。另据道慈《中阿含经序》记此经之译:"请罽宾沙门僧伽罗叉令讲胡本,请僧伽提和转胡为晋。"(《出三藏记集》卷九)这"讲胡本"是指别有一个"胡本",还是将他记忆中的"胡本"讲出来,没有说明,但不是作为经典语言的"梵本"则可以肯定——《高僧传·僧伽提婆传》将序文的这一文字记作"提婆重译《中阿含》等,罽宾沙门僧伽罗叉执梵本,提婆翻为晋言"。把"讲胡本"改成"执梵本",作伪是明显的。《阿含经》的原始文本是否为梵本?近代在新疆发现有《长阿含》的《众集经》一种,《增一阿含》的《岁经》一种,相当于《中阿含》的《优婆离》、《鹦鹉》等三经,属《杂阿含》的十一经。我认为,这些"梵本"可能都是后出的,而不会是原本。此外,藏传佛典中也只收有极少数的零碎的《阿含经》,四部共二十一经,它们的后出,更不待言。

也有人将《阿含经》译为《圣训集》或《圣言》的,意思是说,这就是唯一的原始佛教经典,也是唯一用于认可佛陀思想的凭证;由于其中有些观念属于大乘范畴,所以主张大乘亦是佛说的人,也把《阿含》当做他的主张的经典依据。这些说法,只能说明现有《阿含经》的复杂性,而与它的历史实际相违。不过正由于《阿含》的这种复杂性,决定了它蕴含的思想的丰富性;《阿含》所提供的值得深入研究的课题和历史资料,远比已被发现和被陈述的内容要多得多。至少对中国佛教的研究者来说,这还是一片处女地。

二、传说中的《阿含经》结集和"经"的地位:"律"与"法"的原始分歧与对立

现存的《阿含经》是通过部派佛教流传下来的,学术界异议者甚少。

巴利文本《阿含》属上座部的南传系，这没有多大问题。至于汉文本《阿含》的部派归属，问题就多了，自古及今，异说纷纭，至今也没有定论。唐朝法相宗认为"四阿含"均属大众部，而其他古代释家，则多分别说之。近现代的研究者，异说更多，像《长阿含》一种，就有判作大众部、化地部、法藏部等三家说，《增一阿含》更有四家说，除大众部，还有划归上座部、有部和大众部末派等所有的；对于《中阿含》和《杂阿含》，似乎分歧不大，多归为有部；也有认为别译之二十卷《杂阿含》，属上座部或饮光部。

之所以有这么多不同的说法，与现存《阿含》所收经籍杂乱多样有关。"四阿含"中的任一《阿含》，其所收的主角人物，都不是只有一个；阐述的教义、修持的方法、侧重点也不尽相同，在某些观点和实践上，甚至还互有矛盾，缺乏教理和践行上的一贯性和系统性。如果只根据其中的某一个或几个经就对整部《阿含》作出部派归属的判断，很容易把它判给好几个部派所有，从而造成许多人为的混乱。

据南传的《长部经注序》中传说，"四阿含"结集后，分别由阿难、舍利弗、大迦叶、阿那律等四个系统所继承。这个传说的真实性如何，可以不论，但它提供的信息证明，后来流传的"四阿含"确实不属于一个派别，尽管每个部派不一定都会集有唯属自己的一套"四阿含"。梁启超说："《四阿含》者，则佛灭后第四个月，由团体公开结集一时编纂完成之四种丛书；历若干年后，始用数种文字先后写出者也。"[1]吕澂先生也说："佛说契经结集流布，莫先于阿含，亦莫信于阿含。"[2]好像他们都主张现行的"四阿含"就是第一次结集的产物。事实当然不是如此。他们这里讲的"阿含"，是指第一次结集三藏中的"经藏"形式，即所谓"修多罗"、"契经"的组织形式，而不是现存的《阿含经》。

那么，第一次结集的"阿含"是个什么模样？与现行的《阿含》有什么

---

[1] 梁启超：《佛说四阿含》。
[2] 吕澂：《阿含经》，见《中国佛教》，知识出版社，1989年。

异同？这需要从第一次结集的传说谈起。

关于第一次结集的传说，汉译的五部律（论）中都有记载，但陈述的详略不同，内容也大有出入。其相同者，是说结集在佛陀涅槃不久，有比丘认为"我今永得解脱"了，因为世尊在世时常说"是应行是不应行"。"今已泥洹，应行不应行自在随意"（《僧祇律》卷五三）。这种态度无疑威胁着佛教的延续和僧伽的团结，所以有必要结集佛所说法，统一思想。结集由大迦叶召集和主持，参与者为五百比丘，故称"五百比丘结集"。但结集了些什么，记载就不同了。依《五分律》、《僧祇律》，结集的只是《毗尼》（即《律藏》）和《法藏》（即《经藏》），而《四分律》、《十诵律》和《善见律毗婆沙》则记为结集"三藏"，即《经藏》、《律藏》和《论藏》（《阿毗昙藏》）。这其中的《经藏》，亦称"一切修妒路"，一般认为这就是《阿含》，由阿难诵出；《律藏》由优婆离诵出。这一传说大体一致；但也有记《经》与《论》都是阿难诵出的，也有记全部"三藏"最后都得经过阿难认可的。

传说的这些差别，与律典记述结集过程的一个曲折故事有关。故事说，参与整个结集的应该是五百比丘，但修习必须达到"无学"的水平，取得"阿罗汉"的资格才行。但那时候的阿难还处在"学位"，不是阿罗汉。可因为当时只有阿难随从佛陀游方说法，了解和记得佛所说"法"的经文，因此，对阿难能否参加结集并担当诵经的重任，就产生了不同意见。后来阿难以最快的速度，证得"漏尽"，赶上了集会，但仍然受到大迦叶的再三责难，并且当众历数他悖逆佛的意志和无礼于佛的许多罪状。只因为其他与会比丘的全体推荐，迦叶才表示同意让他诵经。

这个故事显示，从佛逝世之初，僧团内部就有意见分歧，而且相当严重，那就是以迦叶为首的比丘，认为《毗尼藏》高于《法藏》，"律"重于"法"，因此主律授戒的"律师"，地位和权威必须高于讲经和解经的"法师"。《善见律毗婆沙》卷一记大迦叶的话，把这一观念表达得最为清楚："《毗尼藏》者是佛法寿，《毗尼藏》住，佛法亦住。"《五分律》卷三○也持同样观点："佛虽泥洹，比尼现在，应同勖勉，共结集之。"结集的任务在于确定戒律。因为戒律决定佛法的命运,决定僧伽的存亡。阿难只是"法"的代表;迦叶则站在"律"的最高立场,同时兼行维护"律"与"法"的纯洁性的使命,因此他在会上表示,如来在世时,就把"袈裟纳衣"施给了他,并说:"如来如是赞叹我:圣利满足,与佛无异。"并表示他已经成就了如来的"威德",于佛灭度后,"迦叶当护正法"(《善见律毗婆沙》卷一)。这实质上就是让"律"管"法",由律师管理法师,以至统辖一切僧众。《四分律》、《僧祇律》还记,迦叶曾当众斥骂作为"经法"象征的阿难是人身上的"疥癣",师子群中的"野干",是不能容于"无学德力自在众中"的,显得十分愤怒,十分粗暴:对于法师的反感和抗拒已经发展到情绪上了。

迦叶在佛弟子中以"头陀第一"著称,阿难被誉为"多闻第一"。"头陀"属于佛教内的苦行派,注重严格戒律,禁欲禅行;"多闻"则是佛教内的学院派,注重探究人生"真实",把握真谛。这种"律"与"法"的分歧和对立,也是以后佛教发展中相互制约的两种倾向,其背后隐藏的往往就是苦行修持派与学院求真派的分野。

从头陀禅行派的角度,蔑视以讲经论法为主务的法师,有充分的教义根据和社会经济原因。第一次结集就由"头陀第一"者召集和主持,是否意味着佛陀生前的言行就是这种主张的?或者说,佛陀本人的理论体系与头陀行可能有更多的共同点,而与阿难的唯"法"为重有一定距离?这很难简单回答。从现有的《阿含》看,佛陀所开法门极多,而他的弟子辈多专于某一种或几种法门。"专"的一种消极结果,就是抬高自己,贬斥其他法门。头陀禅行者对于多闻说经者的排斥,就是这种褒贬的最早表现。

头陀行者对于说经者的厌恶,在弥沙塞部所传《五分律》中也有反映。该律卷三〇记,有坐禅的跋者比丘,认为阿难"恒为四众昼夜说法,众人来往,殆若佛在",实是"闹乱"、"愦闹",以致他无法容忍,所以推举他去参加《经藏》的结集,意思是让他闹去。这位坐禅的比丘同时就是头陀行者。从他的意见可知,聚会说法,并不是阿难的创造,但阿难着重继承了佛陀的这一传承；而持戒修禅的头陀行者,对于讲经说法的反感,普遍而持久。《洛阳伽蓝记》卷二"崇真寺"条传,一比丘死后见阎罗王判,"宝明寺智圣,坐禅苦行,得升天堂"；"融觉寺昙谟最,讲《涅槃》、《华严》,领众千人,阎罗王云：'讲经者心怀彼我,以骄凌物,比丘中第一麁行'",乃付司送入黑屋中。这其实与大迦叶的心理是同样的。昙谟最确有其人,博学多才,撰有《大乘义章》(已佚),西域称他是"东方菩萨"。

按一般佛教史的记载,第一次结集很顺利,没有分派。但是,佛教究竟应该是以戒律为本还是以经法为本,实在是个大问题。从《阿含经》有关迦叶列举的阿难罪状看,迦叶的思想保守,迷信而固执；阿难则头脑清楚,通情达理。客观地说,迦叶的头陀行维系了佛教严于律己、重视践行的传统,或许保存了更多的原始教义,但阿难的思想代表了佛教的理性方向。因为只有提倡诵经传法、多闻说法,才有利于佛教向大众的普及,也才能不断完善和创造。阿难坚持自己的见解,不惜逆佛意,与佛争,把佛教的门户向女性开放,为佛教的发展作出了卓越贡献。对内促进佛教理论向纵深发展,对外打开了佛教向社会开放的禁门,阿难在佛教史上应该是功勋卓著的。

《善见律毗婆沙》属于南传上座部的律论；持《四分律》的法藏部也是上座部的一支。与这两部律所传的第一次结集情况明显不同的,乃是上座部的另一支说一切有部律,即《十诵律》。按此律卷六〇的记述,大迦叶是"多知广识"的,而且正因为他的"多知广识"才赢得在"四部众"中的极高声望。在结集上,正是这位迦叶独具慧眼,向大众推举阿难"当作集法人",最有资格,因而得到会议的一体认可。也就在这次集会上,阿难除了诵出"修妒路"(经)之外,同时还结集了"阿毗昙"(论)。阿毗昙是专门讲"法"的,尤以分析"法相"和进行"论议"为特点,与"修妒路"的注重表述和判断的体例不同,所以被纳入与经、律并列的"三藏"之内,称之为《论藏》。阿毗昙这种体裁,给佛教学者以自由创造的广阔天地,是佛教诸大哲学派别得以形成的重要条件。

于是在《十诵律》那里,阿难与迦叶不但不是对立的,泯灭了"法"同"律"的矛盾,而且将迦叶的头陀行者,改造成了典型的"法师",与阿难的"多闻第一"没有了任何区别。就是说,像《十诵律》这样的记载,是把"法"的价值看得高于"律"的地位,"律"最终需要服从"法"的发展,以至可以隐没在"法"的智慧里,尽管在道理上"法"并不一般地排斥"律"。因此,《十诵律》虽然依旧承认大迦叶的主持者身份,但这个迦叶的形象是变性了的。南北朝时期的北朝佛教,所持的律藏是《四分律》,所以律师地位十分显赫,直可以与迦叶的专横相比,管辖和统制着领域内的所有僧众;不同的是,他们同时奉大乘的《十地经论》为旨归,开创了"地论学",担当着法师的角色。现在我们看到的一些佛殿,迦叶和阿难立于佛像的两侧,成了释迦牟尼的左右侍者,可能就是来自北朝协调律师和法师关系的表现。

在中国佛教史上,头陀行一直是存在的,它的经典《十二头陀经》影响也是长久的,但却始终没有上升为主流,因为远行独住者不可考,挨户乞食者少见,加上群体游方受到限制,很难对社会产生什么大的作用。相反,显见的是寺院发达,多拥有独立的经济实力,所以学院派佛教更容易受到当政者的支持,也相应昌盛。中国佛教能够容纳那么多外来的佛教哲学,自己又建造了许多理论体系,这与阿难创始的讲经说法传统不无关系,所以在东晋道安的眼里,唯有阿难雄居佛弟子之首,迦叶是不足道的。在中国禅宗那里则相反,迦叶的地位始终高于阿难,这不是因为禅宗重戒,而是从迦叶的头陀禅行中得到共鸣:禅宗的一大来源,是贫困而游动的头陀行者。

三、传说中的《经藏》及《阿含经》的原貌

关于第一次结集的《经藏》是什么结构,实际上传说并不一样。东晋道安晚年在长安组织《阿含》和《阿毗昙》的翻译,听到一些关于第一次结集的传说,与《律藏》的记载又有不同。他在《四阿含暮抄序》中说:"阿难

既出十二部经,又采撮其要径至道法为《四阿含暮》,与《阿毗昙》及《律》并为三藏焉。"意谓最初结集的本是"十二部经","四阿含"则是阿难个人对"十二部经"的撮要重编。所谓"十二部经"亦作"十二分教",本指佛说法的形式,也可能是佛经的原始结构。道安此说不是绝对没有根据,《阿含经》自身就有这样的记载,不过一般认为最早的佛经组织形式是"九部经"即"九分教","十二部经"则是更后的传说。我们这里注意的是,道安不认为"四阿含"是在迦叶主持下由五百比丘结集的产物,而是阿难个人的"撮要"新编。

此外,道安在《增一阿含经序》还有另一个传说:"'四阿含',四十应真之所集也;十人撰一部,题其起尽为录偈焉:惧法留世久,遗逸散落也。""应真"即阿罗汉。这四十阿罗汉无名无姓,又不记于何时何地分别所集,比前说笼统了很多。但从汉文"四阿含"诸经之间存在的某些联系看,这一说法也不像是随意猜度,因为现存本的"四阿含"更像是后人对诸多流行佛经的综合汇编,而不像是某个大众结集的作品,所以照直解作"佛经丛书"更符合实际。

道安的这两个传说尽管不同,但在肯定"四阿含"不是在结集上通过的《经藏》,而且与迦叶毫无干系上,则完全一致。这在佛教经典的研究上,是不应该忽视的传闻。道安的学风是严谨的,不会无中生有地瞎编;他的有关信息,主要来自西域罽宾、兜祛勒等说一切有部的流行地区,所以难免局限,但不尤道埋。因为现存的《阿含经》中还收有大量佛弟子之说,如果硬把《阿含》说成是佛说的结集,就太不相符了。

如上所述,肯定《阿含》为第一次结集的产物,集中出在各部派的《律藏》中,而这些《律藏》的记载也有不小差别。除已经说过的以外,还有一些值得补充:

《善见律毗婆沙》卷一记,在第一次结集上,阿难首先诵出《梵网经》和《沙门果经》,作为示范,被大众认可后,再诵"五部经"。此处的《梵网经》、《沙门果经》收在汉译的《长阿含》中。所谓"五部",则是"长阿含经、中阿含经、僧述多经、殃掘多罗经、屈陀迦经。除'四阿含',余者一切佛法悉名'屈陀迦经'"。这"五部经"之说与今巴利文的《五阿含》分类相同。但是,即使按照这个记载,所谓五部经,《阿含》也只占四部,"四阿含"之外的其他佛经,则被另外集为一部,所谓"屈陀迦经",即"杂藏",不属于《阿含》范畴。结集的上座迦叶在这里还有个特别的声明:""四阿含"中一切杂经,阿难所出。"意谓阿难只诵出了"四阿含"中的"一切杂经";第五部《杂藏》由谁诵出,没有交代。阿难诵出的经,是公认的佛说;《杂藏》不是阿难诵出,是否同样属于佛说,也缺乏明文回答,但事实是被参与结集的大众所肯定、所承认了。《善见律毗婆沙》对《杂藏》所作的这一说明,对于我们认识《阿含经》的组织和性质是很有意义的。

还有讲五部经的,那就是属于大众部的《摩诃僧祇律》了。此律卷三二谓:"文句长者集为《长阿含》;文句中者集为《中阿含》;文句杂者集为《杂阿含》,所谓根杂、力杂、觉杂、道杂,如是比等名为'杂';一增、二增、三增,乃至百增,随其数类相从,集为《增一阿含》。《杂藏》者,所谓辟支佛、阿罗汉自说本行因缘,如是等比诸偈颂,是名为杂藏。"此中所谓"辟支佛",当是佛教内部有了明显分化后才会有的称谓,应该更加晚出。叙述辟支佛、阿罗汉自说本行因缘,即他们过去世的种种经历的,汉译有单独的经论流通,像《五百弟子自说本起经》、《辟支佛因缘论》等,有可能就是此处讲的《杂藏》部分;不过在"四阿含"中,尤其是《增一阿含》中,也收录了一些这类经籍,如果把它们单独集为一部,未尝不可,但说它一定是最初结集的产物,那就距离史实更远了。

实际上,现存《律藏》既是部派所有,它们当然也不可能是第一次结集的产品。它们都记有第二次七百人结集一事,那时佛涅槃已经一百多年了。《摩诃僧祇律》卷五二记大迦叶于结集"三藏"后如佛那样威德庄严地嘱咐大众:如果后来有人询问此"三藏"来自何处,应该这样回答:来自一个"道力",而这"道力"又来自"尊者弗沙婆多罗",如此辗转上溯了二十六代,始至阿难和优婆离之闻于佛,"佛,无师自悟,更不从他闻"。

让迦叶说二十六代以后的事，当然很滑稽，不过依此判断，现行的《摩诃律》至少是在佛涅槃后又经历了二十六代的师弟相传才最终形成的。假定每代以二十年为期，《僧祇律》的定型也离佛涅槃五百多年了。

属昙无德部的《四分律》卷五四，在记第一次结集为"五部经"时说，迦叶先让阿难诵出作为标准的经，包括《梵动经》、《增一》、《增十》、《世界成败经》、《僧祇陀经》、《大因经》、《天帝释问经》，然后，正式集诸《阿含》："集一切长经为《长阿含》，一切中经为《中阿含》，从一事至十事。从十事至十一事为《增一》；杂比丘、比丘尼、优婆塞、优婆私、诸天、杂帝释、杂魔、杂梵王，集为《杂阿含》。如是《生经》、《本经》、《善因缘经》、《方等经》、《未曾有经》、《譬喻经》、《优婆提舍经》、《句义经》、《法句经》、《波罗延经》、《杂难经》、《圣偈经》，如是集为《杂藏》。"上举之"梵动经"（即《梵网经》）等七经，散见于"四阿含"，至于《杂藏》，尽管没有明确说明是否属于《阿含》，但它收集的内容如此广泛，与《善见律毗婆沙》将《杂藏》归为"四阿含"之"余"，是相吻合的：所谓《生经》、《本经》，是讲佛和佛弟子过去因缘的，《譬喻经》是用譬喻、寓言的形式解释佛理的，汉译都有单行本，巴利文本则收入《小部》；《优婆提舍经》指对经文的释义和发挥，亦译为"论议"或"释经论"；《方等经》就是指大乘经。列举的这些经类，也都可归为佛经的另一种体裁，即所谓"十二分教"。简单说，这里的《杂藏》也已经明确标明有大乘经典了。

弥沙塞部所传《五分律》卷三〇，记《经藏》的具体结集过程谓："迦叶问一切修多罗已，僧中唱言：此是长经，今集为一部，名《长阿含》；此是不长不短，今集为一部，名为《中阿含》；此是杂说为比丘、比丘尼、优婆塞、优婆夷、天子、天女说，今集为一部，名《杂阿含》；此是从一法增至十一法，今集为一部，名《增一阿含》。"这里就只有"四阿含"，而没有《杂藏》，也没有"五部"的称谓。

另据《根本说一切有部毗奈耶杂事》卷三九记，当时，"诸阿罗汉同为结集：但是'五蕴'相应者，即以'蕴品'而为建立；若与'六处'、'十八界'

相应者,即以'处'、'界品'而为建立;若与'缘起'、'圣谛'相应者,即名'缘起'而为建立;若声闻所说者,于声闻品处而为建立;若是佛所说者,于佛品处而为建立;若与'念处'、'正勤'、'神足'、'根'、'力'、'觉'、'道分'相应者,于'圣道品'处而为建立。若经与伽他相应者,此即名为'相应阿笈摩'(原注:旧云杂者,取义也);若经长长说者,此即名为'长阿笈摩';若经中中说者,此即名为'中阿笈摩';若经说一句事、二句事,乃至十句事者,此即名为'增一阿笈摩'"。结论是,"唯有尔许阿笈摩经,更无余者"。也就是说,当时结集的唯有"四阿含",除此之外再也没有什么经籍了。这也与《善见律》所说唯有"四阿含"是阿难诵出者的记载相符。

此外,《增一阿含》的《序品》有一个偈:"契经今当分四段:先名《增一》、二名《中》,三名曰《长》多璎珞,《杂经》在后为四分。"《分别功德论》对此文的解释是:"义分四段,何者? 文义混杂,宜当以事理相从,大小相次……以一为本,次至十,一二三,随事增上,故名'增一';'中'者,不大不小,不长不短,事处中适也,故曰中也;'长'者,说久远事,历劫不绝,本末源由事经七律,圣王七宝,故曰长也;'杂'者,诸经断结,难诵难忆,事多杂碎,喜令人忘,故曰杂也。"这也是讲《阿含》只有四种的。

总而言之,一部分派别的《律藏》记载《阿含》唯有四部,一些部派《律藏》记为五部,记为第五部的,在名称和内容上也不相同。这也可以反映,第五部不论叫"杂藏"也好,叫"小部"也好,带有更多的派性,后出的痕迹尤其明显。就此而言,编纂为汉译的"四阿含"比南传的《五尼柯耶》要更早一些。

但是,关于"四阿含"的分部标准,上述经律的说法就明显各有不同了。不但标准不是一个,而且杂乱得无法把握。《长阿含》和《中阿含》用的好像是一个标准:依据经籍篇幅的大小长短。但若统一使用这个标准,理应还有《小阿含》或《短阿含》,事实上没有。另据《分别功德经》解释,《长阿含》之"长",是因为所述诸事久远而得名,与篇幅长短无关,这又是一种标准。至于《增一阿含》,还有一条标准,即按经籍所说的事数划分,从说一事的经籍开始,一直递增上去;但增到何数为止呢?有说增到十数或十一数的,有说增到上百数,这个差别也不小。至于《杂阿含》的"杂",那解释就更多样化了:大众律说它"杂"在分别解释根、力、觉、道等修道的方法差别上;《四分律》说它"杂"在说法的对象上,除人中"四众"之外,还有天、魔、梵王等,是众生种类繁多;《分别功德论》说它"事多杂碎",难以记忆。此外,《善见律》名《杂阿含》为《僧述多经》,相当于巴利文的"相应部";而有部《毗奈耶》即称《杂阿含》为《相应阿含》。此"相应"指与教理相应,是用思想去贯穿的,那就不是"杂"了。这种命名的不同,当然不会与内容无关。后来隋智顗在《法华玄义》卷十中说:"《增一》明人、天因果,《中》明真寂深义,《杂》明诸禅定,《长》破外道。"试图用他理解的教理作标准,将"四阿含"统一成一个有机体系,可惜的是与事实距离太远。

  汉译"四阿含"所收的诸多经文,就它们的思想内容看,既有共性,也有个性。它们共同的出发点,是将佛教的某些观念和命题作为阐发各自教理和指导践行的基础,据此可以认定,这些观念和命题可能就是佛教的原始部分;但它们又各有教理上的偏重点,详略和释义有所不同,可以认定这就是它们之间的差别,属于各派较后的发挥。但是,在"四阿含"的这些共性和差别性上,又确实蕴含有一定的逻辑发展脉络。譬如说,《中阿含》所收的经籍中,极少有后来才可能产生的教理,它所反映的可能属于更早一些时候的佛教思想;《增一阿含》中的许多经籍所表达的教理,只有大乘兴起以后才有可能,肯定是更晚一些时候才能出现;《长阿含》用"七世佛"的本生和本行开篇,那也不是佛教的原始说,至少不会早于《中阿含》;《杂阿含》的许多经带有阿毗昙的性质,这一部分恐怕也要迟于《中阿含》,可也不会晚于《增一阿含》。据此推断,汉译"四阿含"不一定分别归属于哪个部派,更大的可能是北传佛教在大乘思潮兴起之后,对于当时流行经籍重做的汇集;分部的原则,则大体依照思想开展的历史顺序,兼顾体裁形式,而不完全表述某部派的特殊观念主张。由此也可以解释,为什么同一种《阿含》中会收容许多对立的意见和对立的人物。

这样是否可以说,汉译"四阿含"诚然是部派佛教的产物,但整体内容并不完全属于某一个部派;它们都保存有佛教的原始部分,也都有后出的,包括大乘思想在内,只不过有轻重多少的差别罢了。

四、《阿含经》所反映的佛教内外文化背景

我在第一章论述的佛教基础教义和基础概念,在"四阿含"中都有详略不同的记载;"四阿含"是我概括这些教义和解释相关概念的主要根据,也可以作为它们最一般的共同点。尽管如此,"四阿含"还是各有另外的一些特色,反映着它们成书时代佛教的一些特殊背景和特殊观念。这对了解此后佛教哲学的发展方向,应该是很有价值的。

如果说,孔子门下有七十二贤,之后儒分为八,则佛在世时,也早已是"法"出多门了,这是汉译"四阿含"给人们的第一个突出印象。像后来《维摩诘经》列举的"十大弟子",即舍利弗、大目犍连、摩诃迦叶、须菩提、富楼那弥多罗尼子、摩诃迦旃延、阿那律、优婆离、罗睺罗和阿难,他们作为亲聆佛陀教诲或嘱托的"声闻"代表,在《阿含》中都有名气,并记有他们的言行。而实际上,佛陀在《阿含》中的重要弟子,要比这十人多得多,有的也很显赫。他们或者作为佛陀的使者四处游方,对外传法,或者对佛陀的略说进行诠释,广为演说,或者代表佛教的某一个法门,专事教化。其中不但有比丘,而且还有比丘尼;不但有出家僧尼,而且也有在家的优婆塞和优婆夷。这四众弟子在《阿含》中有名姓可数和教法可知的,高达数百人。他们各有所长,开拓的法门种种,呈现佛教的多头发展,展现出一片生机盎然的景象。对待这些弟子,看不出哪种《阿含》在特别抬高哪位或压抑哪位,但《阿含》中所收的若干小经对诸多弟子则有褒有贬,分量也多寡不一,并不完全一视同仁。这说明,这些小经保存了早期佛教内部的派别性,对于我们研究早期佛教的分化开拓,是重要的资料。

其中有四个弟子出现的频率最高,那就是阿难、迦叶和舍利弗、目犍连;其他像迦旃延、阿那律、难陀等,也很令人注目;还有一些后来毫无消息但在当时却很有影响的人物。尽管如此,"四阿含"似乎还是各有侧重,像《中阿含》所记舍利弗较多、《增一阿含》比较突出阿难等。这些弟子的异说,或许已经孕育着后来部派分裂的因素,或者成了部派佛教追本溯源的祖师,导致各经表达的思想内容,颇多参差,重复杂乱,从中也可以发现它们在长期流传中互相吸收、互相调和的迹象。

《阿含》表达思想的特点,是多用"譬喻"和"因缘";这里所谓因缘,指追究先因前缘,不是理论意义上的因果律,而是前生的故事。因此,说《阿含经》采取的是文学创作的体裁,也有道理;对于一些重要观点,也是表述多于论证。这其中蕴含着佛教两种重要的思维形式和表达形式:一是寓言,将佛理寓于某些生动的故事中——佛教寓言之胜,寓意之深,当不在希腊以下。二是譬喻,由此不但涌现出以"譬喻师"为名的佛教思潮,而且还成了以后构建佛教逻辑的出发点。寓言和譬喻,大都是用来比较的,而比较则是佛教最常用的一种推理方式,量论中的"比量",即孕育于此。

作为佛教的历史文献,《阿含》生动地记录了佛教早期大发展的形势及其与内外论敌斗争的实际情形。其与"外道"的斗争,基本上是针对婆罗门教的,其次是尼犍子,同时旁涉"六师"。斗争不是单一的否定,而是有批判,也有吸收。正是通过对"外道"的批判和吸收,显示出佛教在古印度思潮中的特殊主张和特殊地位,也有助于理解佛教为什么会有那样的世界观和人生构想,有那么多的神话。佛教内部斗争,主要是围绕提婆达多一系进行的。提婆达多是佛陀的堂弟,他建立的派别被视为佛教的异端,围绕对其人的评价和态度,佛教内部也产生过不少争论,对佛教的演化有过相当的影响。至于阿难与迦叶的关系,在《阿含》中反映得也很复杂微妙。舍利弗的地位则特别突出,他后来被誉为"智慧第一",不是偶然的。所谓"辟支佛"(独觉)和"菩萨"这两种本来不属于释迦牟尼系统的思潮，也时有所见，似乎很融洽地被吸收到《阿含》之中，与后来某些大乘经典之强调三乘差别与斗争，完全不同。总之，从《阿含》中可以看到佛教初创时期曲折艰难而又勇于开拓的宏伟图景，佛教全体则表现为活跃而又富有生气的历史面貌。

最后，还要谈几个问题：

第一，《阿含》的所有记载，都表示"辟支佛"与释迦牟尼没有关系；辟支佛是独立于佛陀的，但又承认其确为佛教的一支，这就造成一大悬案：像释迦佛教持有的观念，是否仅限于乔答摩一个系统？或者说，佛教的创始，究竟是出自一个领袖，还是一群领袖？是一种普遍的社会思潮，还是个人的天才发明？撇开《阿含》中有关"七佛"、"三佛"等说，就其所记群弟子开拓的诸多法门和所说的种种法语，足以说明，即使在释迦佛教的草创期，也包含着大量的群体智慧。因此，如果把佛教作为一种社会思潮，或许比归诸一个智者的产物更加符合史实；当时涌现出来的领袖，肯定不只一位。后来的大乘佛教为提婆达多翻案，就是一个例证。在《阿含经》中，佛陀屡屡肯定自己一些弟子的思想与他的水平同等，至少承认这些弟子在一方面有所专长，并都可以成为一个方面的领袖。

可以说，《阿含经》记有与佛陀同时代的大量辟支佛的存在，以及还有早于释迦佛的过去诸佛，是研究原始佛教的一大疑难问题。在佛教的近现代研究中，尽管有人大胆假设，说释迦牟尼并无其人，但这只是套用西方基督教研究诸多论断中认为耶稣实无其人的一种，却缺乏实际的根据。至于像西方那样对耶稣历史真实性的全面研究，在我们今天对释迦牟尼的学术研究中，也还是缺项。

第二，从"四阿含"的教理看，总体上可分为两大类：一是为在家者说的，表现了佛教大力向世俗社会推进的情景，基本上以因果报应为中心，以富贵和生天、享受五欲为目标，基调是快乐主义的。二是为出家者说，以"缘起"、"四谛"为基本教理，以阿罗汉和涅槃为终极目标；采用"三科"、"六界"等分类积聚的方法，并提供了多种修行途径，而"独行"和"远离"占最大的比重。这其中,向社会的积极推进,是大乘佛教崛起的内因;独行和远离则造就了头陀行和苦行僧,最终导向对现世人生的厌离,基调是悲观主义的。

这两种趋向看起来是矛盾的。有关出家修道的论述,充塞着对爱情、家庭以至人身的攻击,有强烈的厌生和禁欲色彩。其将"爱欲"视为人生之本,把消灭"爱欲"作为解脱的主因,确定的最后归宿为"无余涅槃",对生命的诅咒和厌恶到了无以复加的程度。我们第一章介绍的佛教,基本上属于这一类型。相反,在家修福,即以"爱欲"为基础,把充分享受感官之乐当做理想的人生;死后得生于人、天等可以充分享乐之处,则是终极目标。这是顺应生死之道,追求的是如何生活得更加幸福快乐。但是,在这个领域,业报法则起决定作用,每个人都被牢固地拴在必然性的锁链上,不论是个人神通还是祈求外力佑护,全都无用,连佛也帮不上忙。所以既不在世人中提倡神通,也不主张偶像崇拜;而适应世俗生活条件的"布施"和"持戒",就成了向在家信徒布教的基本内容。行"十善",去"十恶",则是要求在家徒众应该具有的基本信条。三界六道、因果轮回的宗教观念,主要是对在家者演说的。在这里,"生天",即死后生到天上,成为天的一分子,是最高的理想。这种理想与中国道教的神仙理想,有千丝万缕的联系,差别仅在于一个主张在死后才能实现,一个主张生前就可以做到。这也都是中国传统中最牢固的观念:期望永生,不论肉体是否可能死亡。

反映在《阿含经》中的这两大趋向,推动了佛教哲学和伦理学的创建,以及佛教基本概念系统和宗教基础观念的完成。这些概念和观念,是此后任何佛教派别确立自己的哲学观、宗教观和实践观的出发点,也是必须涉及的论题。《阿含经》向我们提供了这些概念和观念最初形成的历史条件、形成过程及其原始含义,不仅有利于认识早期佛教的思想面貌,也有助于考察和评价此后佛教的发展、创新及其意义和价值。

第三,东晋释慧远说,佛教有在家和出家两途,教理和仪则,理论与实践,都是不同的。他的这一主张,就很好地体现了《阿含》的精神。这两途对佛教都是重要的、绝对不可缺少的。但历史地看,出家一途的思想主张,更接近原始教理;而同时提倡在家修福,当是晚些时候的事了。《阿含经》有时表达在家和出家是绝对对立的,赞扬出家而责难在家,有时又把两者统一起来,令它们各得其所。总的原则是让在家者知道出家者的超越和终极目标的高尚,从而使在家者得以认识和归依佛法,供养僧众,尽管事实是,正是在家信徒为佛教提供了持续存在和发展的基础。

　　在家修福的教义,大大推动了佛教的对外扩展,它是冲击婆罗门教的主要武器,也是突破种姓制度的重要法宝。四种《阿含》对于婆罗门的态度是一致的,但在种姓制度上,至少在表达上有相当的差异。它们都把刹帝利和商人,以及所谓长者居士,当做传教的重点对象,显示向有钱有势群体中发展的总趋势,多数教义也是为满足这类人的需要制定的,所以有相当一部分较早的经籍中没有最低种姓及所谓"贱民"的地位,只有像《杂阿含》那样,才有明确的"四姓"平等的观念出现,也才将对婆罗门的斗争,提到自觉地变革整个种姓制度的高度。这对于我们具体认识佛教在反婆罗门思潮中的作用,以及佛教产生的社会基础,是重要的。

　　第四,佛陀在制"律"说"法"之外,是否还采取一种"论"的形式,大有可疑。说一切有部是阿难"多闻说法"的继承者,也是创作阿毗昙最多的部派,因此在它的律藏《十诵律》中,把阿毗昙说成是佛的创始,并作为第一次结集的成果之一,是可以理解的。但《十诵律》自身并没有说明当时结集的《论藏》都有什么内容,这自然会增加人们对这一记载真实性的怀疑。不过也不是毫无痕迹可寻,它在谈及结集阿毗昙过程时,讲到了佛于鹿林为五比丘说四谛、三转法轮、十二分法行的事,同时突出了禁杀、盗、淫、妄语和饮酒的"五戒",而将证得阿耨多罗三藐三菩提作为最高觉悟。这些,有可能就是有部传说中的《阿毗昙藏》的核心部分——此中"四谛"是后来有部组织学说的总纲;"五戒"主要用于在家信徒,是佛教走向家庭社会的重要措施,与《律藏》在根本精神上相反;阿耨多罗三藐三菩提则是菩萨追求的佛智,是对早期涅槃说的重大纠正和补充。这类内容,《阿含经》中虽然有个别的零碎记载,但无论如何也形成不了像阿毗昙那种系统和规模。

现存有南朝梁真谛译的《佛阿毗昙经》,或许可以作为佛曾演说《阿毗昙》的佐证。吕澂先生把此经归类在律部,不承认它属于论藏,而《大正藏》则将它归于阿毗昙类,全称《佛阿毗昙律相经》。此经分为两卷,上卷一部分解说十二因缘和四谛,属于法相分析,也就是"论法相",这与《十诵律》所记"四谛"三转法轮的体裁是一致的。紧接着就标明为"论律相"。——"论律相"的特点在于把三归、五戒、十善等对在家居士的戒条作为论说的重点,这又与《十诵律》所记"五戒"相应,尽管这里对个别的比丘戒也作了界定。由此看来,所谓第一次结集的论藏,只是对一些它认为需要特别解说的法相与戒律进行解说,目的性和针对性都很强。然而我们知道,传此《佛阿毗昙经》的真谛,同时也是译介一切有部的大家,所以它的内容与《十诵律》的传说大体一致,就不出乎意外了。《佛阿毗昙经》对十二因缘的解释比《阿含经》的内容丰富得多,尤其是提出"识种子"的概念,并用它解释生死轮回,明显地是唯识家之言。越是如此,越说明第一次结集也包括《论藏》之说不可靠,是少数部派添加进去的,而且主要是有部系统及其后继者瑜伽行派。

第二节 《杂阿含经》的法相释义和基本教理

《杂阿含》相当于南传上座部的《相应阿含》,唐义净译《根本说一切有部毗奈耶》卷三九《杂事》,亦作《相应阿含》。或许有部继承上座部之说,所以与其他律部称之为《杂阿含》的做法相异。吕澂先生在1924年的《内学》上发表了一篇著名论文《杂阿含经刊定记》,于《附论》里指出,《瑜伽师地论》中《摄事分》的《契经事》,就是《杂阿含经本母》,并对《契经事》中包含的内容,所谓一"行择摄"、二"处择摄"、三"缘起、食、谛、界择摄"和四"菩提分法择摄",与《杂阿含》的说法一一作了对照,表明《瑜伽师地论》所说诸事确是来自《杂阿含》无误,是以《杂阿含》作为它的经典依据的。此后,吕先生又依《瑜伽师地论·摄事分》的《缘起、食、谛、界择摄》和《摄异门分》的牒文,校勘了《杂阿含经》的《缘起诵》(相当于今流行本的卷一二和卷一三,收入《藏要》第一辑,题名《杂阿含经·缘起诵》),更具体地证明了两者的紧密关系。吕先生另在《阿毗达磨泛论》一文中说明,《摄事分》的最后部分《本母事序辩摄》,其纲目与有部的名著《阿毗昙心论》的《契经品》所叙大同。这都表明,《杂阿含》应当是属于说一切有部的。有部思想直通《瑜伽师地论》的事相分析部分,成为瑜伽行派的思想来自有部的一大证明。

按《瑜伽师地论》卷八五《行择摄》说:

> 《杂阿笈摩》者,谓于是中世尊观待彼彼所化,宣说如来及诸弟子所说相应;蕴、界、处相应,缘起、食、谛相应,念住、正断、神足、根、力、觉支、道支、入出息、念、学、证、净等相应;又依八众说众相应。后结集者,为令圣教久住,结嗢拕南颂,随其所应,次第安布。当知如是一切相应,略由三相。何等为三?一是能说,二是所说,三是所为说。若如来、若如来弟子,是能说;如弟子所说、佛所说分,若所了知、若能了知,是所说,如五取蕴、六处、因缘相应分,及道品分;若诸苾刍、天、魔等众,是所为说,如结集品。如是一切粗略标举,能说、所说及所为说,即彼一切事相应教间厕鸠集,是故说名"杂阿笈摩"。

这段长文,颇可说明《杂阿含》的整体结构和主要内容:它可以分三大部分:第一是"能说"部分,即关于如来及其弟子群的说法者,并记述他们的思想和事迹。第二是"所说"部分,即所说法的内容,包括认知的对象和能认知的机能及思维,这其中又分三类:一类是"蕴、处、界",是对于形成世间众生的主要元素及其性质的解说;一类是"缘起、食、谛",是对于众生存活的原因及其本质的解说;还有一类就是"三十七菩提分"和

"证、净"等,是对于通向涅槃之道的解说。第三是"所为说",即为谁说,说给的对象,与会的听众等,故亦称"结集分";此处共分八类听众,所谓"八众"。显然,论述思想的中心是在第二部分,它将佛教早期有关"境"(认识的对象、亦即佛教的义理)、"行"(佛教的践行,即修道)的范围作了系统的概括,将其中的基本概念和命题,几乎收容殆尽,而且解释得清楚简练,很可以作为一部辞书看待。据此,《杂阿含》所涉内容虽然广泛,但也算不上"杂",《瑜伽师地论》将它总归为"四分、十诵"以述"九事",就说明它们有一定的联系。

但是应该说,这种联系,不是内在的逻辑上的,而是根据事相分类和陈述方便上的。依《瑜伽师地论》所说的"九事",即"有情事、受用事、生起事、安住事、染净事、差别事、说者事、所说事、众会事",就是一种事相上的分类,而且就依此等分类说明《杂阿含》的整体结构,并没有涉及它们的思想内容及其间的逻辑关系。义净和《瑜伽师地论》都名《杂阿含》为《相应阿含》,这"相应"指的就是事相分类上有关联,在同一"事"相上,所集各经同类相应,所记诸法,同类相应。例如"有情事"一项,即收有"无量蕴相应语",亦即有关讲述"五蕴"的经籍都收在这一事项中。所以这里的"相应",指的是与其类别有关联的范围和领域,而不是与其他什么相应。正是从这个含义上,《瑜伽师地论》称《杂阿含》是"相应教";同时认为,其他《阿含》也是如此按形式上分类的,只不过分类的标准与这里依"事"来分有所区别罢了,所以也属"相应教"。

如果按《瑜伽师地论》的说法考察现存本《杂阿含经》,那么在编排次第上就显得混乱,原因可能不止一个,但有些肯定与后人整理、抄写或雕印的错讹有关,例如卷二三和卷二五部分的《阿育王传》,当是求那跋陀罗所译《无忧王传》的误置,原来的经文反而佚失了。卷八有一个标题,叫《颂六入处品第二》,卷一六也有一个标题,叫《杂因颂第三品之四》,卷一七题《杂因颂第三品之五》,卷一八题《弟子所说颂第四品》,卷二四《第五颂道品第一》,其他各卷都没有这类标题,说明此经在流传过程中可能经过不少变化。然而即使从现存本来看,它还是依据佛教固有的分类,集结各式各样的小经在一处,并非全无秩序。

据此,研究者多把《杂阿含》列为说一切有部所有,而为瑜伽行派当做构造名相概念的根据;这两个部派一般被视为大小乘"有宗"的代表。但是,还必须指出,汉译《杂阿含》并不如此单纯,其中还杂有许多大乘"空宗"的思想,有些与《金刚般若经》和龙树《中论》中的许多譬喻和命题相近或相同。因此,它之所谓"杂",也表现在思想上,以及其他风格上,在整体上,可以说属于有部,但不能完全归属于这一个部派——除非这个部派后来吸收或产生了某些大乘观念。

一、论"五受阴"和"涅槃"

从整体看,《杂阿含》的前十五卷和以后的诸卷有明显的不同。前十五卷极少与鬼神打交道,集中在佛陀为众比丘解说他的基础主张上,尤其是佛教的基本概念和基本命题方面,所谓"法相"分析。相对于其他佛经,《杂阿含》这一部分对于表达早期教义的名相,几乎全都作了界说,收拢得十分齐全,而且有次第、有重点,即,大体通过对"五阴"、"六入"、"十二处"、"十八界",以及"缘起"、"四谛"的诠释,构成一个贯穿"无常、苦、无我"为核心的思想序列。它所演说的修道,是通行的"三十七菩提分",也着重在"八正道",无甚特色。其中议论得最多也最集中的,乃是"五阴"。"五阴"是一个老问题,我们曾经不止一次地论及它。但这里的解说最为系统,在佛教内部最具权威,一直为瑜伽行派所接受。

前已说过,"五阴"被认为是组成众生的五种成分,也是"人"的一种代称。因为它出现在各种佛经里,到处都有它的存在,关于它的形成过程,反而很难考察了。不过《杂阿含》的说法有些特殊,它不再一般地谈论"五阴",而是增说为"五受阴",着力分析"五受阴"。

1. 从"五阴"到"五受阴"

《杂阿含》并没有明确地解释为什么它说"五受阴"而不称"五阴",但决不能忽视把两者区分开来背后的理论意义。在解释众生的构成上，说人是五阴的合和，此五阴就意味着是独立于众生之外而存在的元素；但这五阴为什么会和合而成为众生，并令众生之间产生那么大的差别，这就需要用"五受阴"来表达了：因为喜爱五阴、追求五阴，以至容纳和贪著五阴，从而接受五阴；于是翻转过来，受五阴的束缚和驱使，以至受苦无穷。这些与欲爱、贪著五阴的"烦恼"相关的主观因缘，总称为"受"；诸受的综合结果，使得五阴和合，聚结为种种不同的众生。也可以说，由于贪嗔痴等烦恼为因，招致或感得"色、受、想、行、识"等五种元素集聚而成为"人"；现实的"人"又总是处在贪嗔痴等追逐和受制于"五阴"的状态中。因此，"五受阴"就含有烦恼聚集为"人"并受烦恼束缚的意思，通常就指现实的活生生的人，而不像"五阴"那样可以理解为抽象的元素。

《杂阿含》卷二第58经记，有问："此五受阴，以何为根，以何集，以何生，以何触？"佛告比丘："此五受阴，欲为根；欲集、欲生、欲触。"这是用"欲"为根本因，来解释接受五阴、集生五阴的，据此当谓"五阴即受"。如是再问："阴即受，为五阴异受耶？"佛告比丘：非五阴即受，亦非五阴异受；能于彼有欲贪者，是五受阴。这也明确指出，"五受阴"与"五阴"不是一个概念：贪欲"五阴"或五阴"贪欲"才名"五受阴"。两者的差别，以是否对五阴存有欲贪为分界线。佛教后来有所谓"清净五阴"之说，也说明五阴是独立于染、净的另一种存在。

第46经有言，如果能够"自识种种宿命，已识、当识、今识，皆于此五受阴已识、当识、今识，我过去所经如是色、如是受、如是想、如是行、如是识"。意思是说，凡对过去世或未来、现在世的种种经历有所认识，都是"于此五受阴"上讲的。这有两层含义：一是说，众生的一切活动，都是通过五受阴分别实现的，追逐"色"与追逐"受"，或受"行"的束缚与受"识"的束缚，各是各的行为，各有各的性质，互不隶属；二是说，这个别的五阴是结合在一起，作为一个统一体，处在三世轮回中。从这个意义上说，所谓五受阴也就是处在世间轮回中的五阴。

此经对五受阴还分别作了简要的界定:"若可碍、可分,是名色受阴。"什么是"碍"?譬如"指所碍:若手若石若杖若刀,若冷若暖、若渴若饥、若蚊虻诸毒虫、风雨触,是名触碍,是故碍是色受阴"。有"碍"即是"可分",此处没有作进一步解释,但说"复以此色受阴,无常苦变异"。这"无常、苦、变易"则是五受阴的共性。其余四受阴是:"诸觉相是受受阴。何所觉?觉苦觉乐觉不苦不乐,是故名觉相是受阴。""诸想是想受阴。何所想?少想多想无量想,都无所有作无所有想。""为作相是行受阴。何所为作?于色为作,于受想行识为作。""别知相是识受阴。何所识?识色,识声香味触法。"

对此"五受阴"的这一界定,与"五阴"没有多大区别,大体为一切佛教所公认:可碍、可分是"色"的本质规定;苦乐等主观感觉是"受"的本质;"想",这里没有另作定义,反映早期佛教对这一意识功能还缺乏精确的表达;"为作相"即"造作"功能,相当于意识的能动作用,是"行"的本质;将"识"定义为"别知相",意指六识分别认知相应的六境,是一种描述性说法,与后来定义为"了别"相比,比较原始。

界定五受阴与分析其他法相一样,目的在揭示它们所蕴含的特定义理,在这里,就是揭示人的本质及其对人生的作用。人的本质,此处说的是"无常、苦、生灭法(变易)",着重点在"生灭法"上。五受阴对于人生的作用,此处名之曰"食",这在其他经典中少见。第46经说:"彼多闻圣弟子,于此色受阴作如是念:我今为现在色所食,过去世已曾为彼色所食,如今现在。复作是念:我今为现在色所食,我若复乐著未来色者,当复为彼色所食,如今现在。"其余四受阴亦复如此。换句话说,五受阴不是完善人生的,而是败坏人生、销蚀人生的。因此,要想从不断被吞噬的过患中解脱出来,就得学"灭":"不顾过去色,不乐著未来色,于现在色生厌离;欲灭患、向灭。"对其他四阴也要采取这种态度。具体就是"灭而不增,退而不进,灭而不起,舍而不取",由此做到"不生系著","自觉涅槃"。于是从给五受阴下定义、规定它们的内涵开始,然后顺理成章地转到解脱涅槃的结论上。至此，算是完成了对五受阴的分析任务，也就是完整的"五受阴"论。这样的"五受阴"论，等于佛教的"人论"或"人学"。

玄奘新译"五受阴"为"五取蕴"，把含有被动意味的"受"改为有积极主动含义的"取"，更能反映出人身是追逐"五阴"的产物这一教义来。所以在《瑜伽师地论》里，即将"五取蕴"列在"有情事"这一类中：凡讲到"五取蕴"或"五受阴"，那就意味着是"众生"，是"有情"，是"人"，是他们的通称。

佛教本质上是一种人本主义的宗教，它的全部教义和实践，都是以人为中心确定的。为了把人置于三世因果、五道轮回的世间，佛教通常议论的主体不特称"人"，而泛称"众生"。也可以把"众生"看做"人"的外延，表示"人"可能的变异及其变异的范围，但并没有改变它的人本立场。因此，在任何有影响的经典中，无不把"人"作为首要的认识对象，优先予以分析和定义。五阴论是其中最重要的一种，佛教任何派别都必须面对并给以理论的解释。

2. 通向涅槃的新路：于"五受阴"的"五如实知"

"五受阴"是对"五阴"的欲求和贪爱。要从五受阴的枷锁中解脱出来，就应该对五阴有正确的认识。所以《杂阿含》就从观察"五阴"开始。卷一开首记："世尊告诸比丘：当观色无常。如是观者则为正观，正观者则生厌离，厌离者喜贪尽，喜贪尽者说心解脱；如是观受、想、行、识无常……心解脱者，若欲自证，则能自证：我生已尽，梵行已立，所作已作，自知不受后有。如观无常、苦、空、非我，亦复如是。"此处要求用来观察"五阴"的"无常、苦、空、非我"，本是"四谛"中"苦谛"的基本属性，通称"苦谛"的"四行相"。但这"苦谛"的判断，原是用于人生的，此处则用于"五阴"，即人身的组成分子，显然更进了一步，有除草"挖根"的意思。而且认为，唯有把"五阴"也归结为苦，并用苦谛"四行相"观察者，叫做"正观"，据此思维即是"正思惟"，由此看待与五阴有关的一切情事，名"如实知"。正观、正思惟、如实知的全部目的，是断除对五阴的贪欲，从而超越生死,从苦中解脱出来。所以反复强调:"于色当正思惟……如实知",以便"于色欲贪断",不再欲色、贪色。若"于色不知不明,不断不离欲,则不能断苦……不能越生老病死怖";反之,于色"若知若明,若离欲贪,心解脱者,则能越生老病死怖"。如此如此,"于色爱喜者,则于苦爱喜",于苦不得解脱。对于五阴中的其他四阴,亦当如此认识。

什么叫"如实知"?《杂阿含》分为五种。其卷二第41经记佛说:"我于此五受阴,五种如实知:色如实知,色集、色味、色患、色离如实知。"其余四阴,亦是如此。

首先,什么是"如实知"五阴?其中"色如实知",谓"诸所有色,一切四大及四大造色,是名色"。什么是"受如实知"?谓"有六受身:眼触生受,耳、鼻、舌、身、意触生受,是名受"。所谓"想如实知",谓"六想身……谓眼触生想,耳、鼻、舌、身、意触生想,是名想"。何谓"行如实知"?"谓六思身:眼触生思,耳、鼻、舌、身、意触生思,是名为行。"何谓"识如实知"?"谓六识身:眼识身,耳、鼻、舌、身、意识身,是名为识身。"这里是从外延上给五阴下定义的。其中的"色"没有什么特别处;称"六识"为"六识身",是为了区别具体的现行的六识活动,而突出六识自身的抽象实在性,所以这"身"有"体"的意思。其余受、想、思之称为"身",还有所谓的"文、句、名身"的"身",也是如此。至于用"思"界定"行",是说一切有部等部派之言,并非一切佛教派别的共识。

在这五阴中,受、想、行三阴有一个共同点,那就是必须通过"触"才能发生;"触"是人们深层分别和思维的大前提。这个大前提在哲学认识论上是重要的,对于有部论证"一切有"也是重要的。现在的问题是,按"触"的定义是"根"、"境"、"识"的"三和合",然而眼根与色境和眼识的三和合,为什么就一定产生"眼受"、"眼想"和"眼思"?同一个"触"为什么会有受、想、思三种不同的认识形态?说眼能"受",这可以理解,眼如何与"想"、与"思"联系起来?《杂阿含》本身缺乏具体的说明,说一切有部的论著则有所解释。

传说为舍利弗撰的《阿毗达磨集异门足论》卷一五,有关于"六触"生"六受身"说的一番问答:"云何眼触所生受身?答:眼及诸色为缘,生眼识,三和合故触;触为缘故受。此中眼为增上,色谓所缘,眼触为因;眼触等起,眼触种类,眼触所生,眼触所起,作意相应,于眼所识色,诸受等受、别受、已受、当受——是名眼触所生受身。"同样道理,耳、鼻、舌、身,以至"意触所生受身",无不如此。关于"六触"生"六想身",说:"云何眼触所生想身?答:眼及诸色为缘,生眼识;三和合故触;触为缘故想。此中眼为增上,色为所缘,眼触为因;眼触等起,眼触种类,眼触所生,眼触所起,作意相应,于眼所识色,诸想等想,现前等想,已想、当想,是名眼触所生想身。"耳、鼻、舌、身、意等五触,也是如此生成与之相应的"五想身"。同论同卷解释"六触"生"六思身":"云何眼触所生思身?答:眼及诸色为缘,生眼识;三和合故触;触为缘故思。此中眼为增上,色为所缘,眼触为因;眼触等起,眼触种类,眼触所生,眼触所起,作意相应,于眼所识色,诸思等思,现前等思,已思、当思,作心意业,是名眼触所生思身。"其余"五思身"的产生,可以类推。

据此可以看出,所谓"眼触",其实际含义是"眼所识色";"受"、"想"、"思"的深层分别思维活动,全是以"眼所识色"为条件发生的。或者说,受、想、思只是对"眼所识色"的体认和加工,是由"眼所识色"引生的受、想、思。同样道理,"耳触"就应该是"耳所识声",以至"意触"即是"意所识法",由此引生"耳"以至"意"的受、想、思活动。

这一说法强调了感受和思维活动必须以"根、境、识"的三和合为基础,离开这三和合,任何感受和思维都是不可能的。这符合常识。但若进一步考虑,就有两个问题产生:第一,如果三和合是一切感受和思维的条件,那么,有什么样的感受和思维,是否就意味着一定会有作其所缘的"境",即认识的客体存在?以后我们还会介绍,有部,尤其是所谓"新有部",就是用思维之有推出客体之有来的。第二,六触各以自己的独特渠道,引生各自不同的受、想、思系统,涉及的问题更复杂。譬如说,你见到了美色,这是"眼触";由此产生美感,这是"受";也由此而引发了这一美色的形象和观念,这是"想";也由此而产生了企求、追逐等意念,这是"思"。这看起来颇有道理,但却只能是存在于思维中的抽象,一种孤立化的抽象。因为眼、耳、鼻、舌、身、意,任何一个单独的器官,都不可能孤立地实现自己的职能,尤其是完成像"想"与"思"这样深层次的任务。用佛教的词语来说,"触"只是三和合瞬间的事,属于直觉;美与不美,是主观感受,"想"与"思"属于思维活动,都是具体人的具体经验、思想、情感的特定反映,是精神面貌的整体表现。判定色美或声美等与感官特别密切的情感尚且如此,至于属"想"范畴的概念和判断,以及"思"的意欲和意志,更不是某一种感官可以直接引生和决定的。由《杂阿含》起始的"六身"之说,尽管促进了佛教对于思想情感现象的细致研究,但也反映出它的分析还原法的弊端:依然是忽视了整体,遗弃了整体。

现在回到本题。关于五阴中的"色"应作"五种如实知"的第二种是"色集":"云何色集如实知?爱喜是名色集。"第三种如实知是"色味":"色因缘生喜乐,是名色味。"第四种如实知是"色患":"若(知)色无常、苦、变异法,是名色患。"第五如实知是"色离":"谓于色调伏欲贪,断欲贪,越欲贪,是名色离。"至于"受"的余四如实知,分别是:"受集","触集是受集"(《杂阿含》卷二,下同);"受味","受因缘生喜乐,是名受味";"受患","若(受)无常、苦、变异法";"受离","于受调伏欲贪,断欲贪"。于是"想"和"思"(行)的"集、味、患、离"的如实知,一同于"受",而且也都以"触"为"集"。最后对"识"的其余四如实知,大体同于上四阴的解说,唯一的差别是"识集":"云何识集如实知?谓名色集是识集。"

由此可见,对五阴的这四种如实知中首要一条,是认识"集"。这个"集"与四谛中"集谛"的"集",含义大体相同,是因缘义,用来说明五阴何以产生。此中,"色"的产生是因为"喜爱",由于喜爱色,所以色就集结于"身"了。"识"产生的原因是"名色集",即精神性的东西与物质性东西的集结;通常"名色"连用,也作"五阴"的略语,这里强调"识"不可能离"色"

单独存在,只有与色结合才可能发生,也可以指谓认识机能。余下三阴"受、想、行",都以"触"为"集",此处不再解释。假若联系到早期佛教关于人生价值的基本趋向,就可以了解此处对"五阴"的所谓如实知,在把"五受阴"定性为"患",此"患"之因或由于"喜爱",或由于触觉,或由于人体自身;总之,此"五受阴"不可爱恋,断绝贪求,是即谓之"离";"离"即是断除对五阴的"欲贪"。欲贪的"欲",指"三界"中的"欲界",这里还没有涉及色界和无色界。这也是所有《阿含经》的一大特点,它们讲求的修习,重点是脱离欲界,对治"欲贪",是故经常把自己的修道称做"梵行"。"梵行"要点就在断欲。

所谓"五阴"或"五蕴"的"阴"与"蕴",都是对一类事物,而非个别事物的抽象称谓,相当于"种"、"类"的概念:"当观知诸所有色,若过去若未来若现在,若内若外,若粗若细,若好若丑,若远若近,彼一切悉皆无常。"(卷一,下同)这里列举的内外粗细、过未现等"所有色"称之为"色阴"或"色蕴"。因此,所谓"彼一切悉皆无常"的判断,就适应一切色,没有任何例外。"正观无常已,色爱即除;色爱除已,心善解脱;如是观受、想、行、识",亦复如是。就是说,只有与"五阴"彻底决裂,无纤毫爱欲,才能解脱。此中,"若闻色是生厌离,欲灭尽,寂静法是名多闻";凡"于色说是生厌离,欲灭尽,寂静法者,是名法师";若"于色生厌离,欲灭尽,不起诸漏,心正解脱",就是"见法涅槃"。"多闻"、"法师"、"见法",都直接与对五阴的认识和态度有关——此处强调的是观五阴"无常",由无常观中求解脱。

第61经论"四圣果"的成就,也全在对五阴的认识和态度上。它在论述五受阴至"无常苦变易之法,乃至灭尽涅槃"后说:"若于此法以智慧思维观察分别忍,是名'随信行';超升离生、越凡夫地,未得须陀洹果,中间不死,必得'须陀洹果'。比丘,若于此法增上智慧思维观察忍,是名'随法行';超升离生、越凡夫地,未得须陀洹果,中间不死,必得'须陀洹果'。比丘,于此法如实正慧等见,三结尽断知,谓身见、戒取、疑,比丘,是名'须陀洹果':不堕恶道,必定正趣三菩提,七有天、人往生,然后究竟苦边。比丘,若于此法如实正慧等见,不起心漏,名'阿罗汉':诸漏已尽,所作已作,舍离重担,逮得已利,尽诸有结,正智心得解脱。"(卷三)

此经是如此自觉地把"五阴"作为认识的对象、解脱的对象,以至成贤成圣,实现涅槃的阶梯,可谓佛教五阴论的范本。它的实际含义,就是把人世的苦难归结为人自身,而把苦难的解脱之道,放置在对人自身的认识上和依据佛理的"正确"对待上。在"五阴"之外,没有什么别的事物会对人的生存和发展产生如此巨大的作用。

不过这里需要再次说明,《杂阿含》要求观察和正见的"五阴",目的在对治"五受阴",而不是"五阴";人们的系缚来自"五受阴",修习的任务也是从"五受阴"中解脱,都不是"五阴"。换言之,观察和分析"五阴"的目的,在于驱除对"五阴"的贪爱和欲求,而非"五阴"自身。"味色"等的"味",是喜食贪著之义。世尊说,"我昔于色味有求、有行;若于色味随顺觉,则于色味以智慧如实见"(卷一,下同)。"随顺觉"就是"正见"。正见"五阴",认识到"喜食"贪著"色"等带来的危害,就是"智慧";此种"智慧"所除去的是"色味",不是"色"本身。更进一步说,"五阴"而"受",就意味着感受"五阴"而成"人";人若被欲贪等烦恼所束缚,所支配,此时的烦恼称为"使";若"五阴"受"使"的指使,叫做"使使":"若随使使者,即随使死;若随死者,为取所缚……若不随使使,则不随使死;不随使死者,则于取解脱",意思是说,"色随使使,随使死,随使使、随使死者,则为取所缚",受、想、行、识,亦是如此;反之,"色不随使使、不随使死,不随使使、不随使死者,则于'取'解脱"。受、想、行、识,亦复如此。此"取"相当于"趣",意谓"趣生死苦";由于生死轮回,不止一次,故又作"数":"若色不随使使、不随使死,不随使使、不随使死者,则不增诸'数'。"(卷三)于是"数取趣"就成了处在轮回中的众生的代称;要想不再成为"数取趣",唯一的出路是不贪求"五阴",不被贪求"五阴"的烦恼"使使"。

卷三第81经关于"五阴"自身的性质有一个极重要、极清楚的说明。

此经记"无因论"者的主张:"无因无缘众生有垢,无因无缘众生清净。"世尊针对这一观点立论说:"有因有缘,众生有垢;有因有缘,众生清净……何因何缘,众生有垢?何因何缘,众生清净……若色非一向是苦,非乐、非随乐、非乐长养、离乐者,众生不应因此而生乐著……以色非是一向是苦、非乐、随乐、乐所长养、不离乐,是故众生于色染著。染著故系,系故有恼……是名有因有缘,众生有垢。""若色一向是乐,非苦、非随苦、非忧苦长养、离苦者,众生不应因色而生厌离……以色非一向乐,是苦、随苦、忧苦长养,不离苦,是故众生厌离于色。厌故不乐,不乐故解脱……是名有因有缘,众生清净。"在这个说明中,"五阴"自身不具染净苦乐的性质,既非一向是苦,也非一向是乐;但可以从中引生苦乐,因而导致或染或净。"五受阴"是有苦有乐、有染有净的"五阴","受"是后有的,不是"五阴"自身的自性。

强调"五阴"和"五受阴"的区别,不只有形而上的哲学意义,而且有非常现实的实践意义。垢、净是佛教表达人性的一对重要范畴;"五阴"作为人的代称,它们的自性是垢是净,直接决定对于人性的判断。佛陀的回答非常明确:"有因有缘,众生清净";"有因有缘,众生有垢",既反对人性本净,也反对人性本垢,更反对无因;他主张后天对于五阴的苦乐感受和相应的追求,决定众生的垢净趋向。佛教讨论的心性是否清净问题,与此处讨论五阴本性的净垢问题,息息相关。至于明确地将"五阴"客体化为永在的元素,那是说一切有部的事了。

3. "五受阴"与"非我"

《杂阿含》进一步探究,认为世人之所以会贪爱和欲求"五阴",主要是出于一个根深蒂固的观念,就是错把"五受阴"当做"我",以"五受阴"为我所有,所谓"我"和"我所";这种错误的见解,称做"我见"或"我执","我所见"或"我所执"。卷三有言:"于五受阴生我见系著,使心系著而生贪欲。"贪欲之生,系著之因,说到底,在于错把五受阴当做我,认为五阴归我所有。因此,所为我见和我所见,都是相对执著五受阴而言的;离开五受阴,就不存在我与我所的问题。而五受阴来自"五阴",所以讨论五阴问题的全部目的,就是要求学者认识到"我"不过是"五阴"的和合,并非是真实的存在,理所当然,"我所"也不会是真实的存在。如果当真把握了"非我"、"非我所"的道理,就会从贪欲五阴制造出来的"我"中得到解脱,而且是最高最后的解脱。卷二第43经记佛说:"多闻圣弟子,于色不见我、异我相在。"第33经记"诸所有色……彼一切非我不异我,不相在……于此五受阴非我、非我所,如实观察;如实观察已,于诸世间都无所取;无所取故,无所著;无所著故,自觉涅槃……不受后有",就是这个意思。

为什么说"五受阴非我"?第34经释曰:"若色有我者,于色不应病苦生,亦不得于色欲令如是、不令如是;以色无我故,于色有病有苦生,亦得于色欲令如是、不令如是……无常、苦是变易法……宁于中见是我、异我相在?"此意有三,以色阴为例,一,若五阴是我,则不应有病苦等生;也用不着对色等有所欲求或不想欲求——因为"我"不须于"我"有欲求。二,五阴的本质是无常、苦,因而不可能是我——在这一经文里,虽然没有给"我"下个明确的定义,但"我"的含义已经清楚地蕴含在其中了:"我"就是永恒不变的、如意自由而快乐的实体;然而"五阴"的本质恰巧是无常变异的,是导向病苦和不如意的,因此五阴不可能是"我",也不会归"我"所有。"如是色从本以来一切无常、苦、变易法。"三,"如是知已,缘彼色生诸漏害、炽然忧恼,皆悉断灭;断灭已,无所著……安乐住……得般涅槃。"

此中的"是我、异我相",指的是以"我"为本位的分别,相对"我"言,你和他是"异我",与我面对的"物"也是"异我";我与异我实际并不存在,只是人们的主观表象,故通称"我相"。断灭烦恼,得般涅槃,首先就要驱除"我相",不作你我彼此的分别。

此外,五受阴之间若互相分别,互相对待,也能产生"异我"见。第109经说:"云何见色异我?若彼见受是我;见受是我已,见色是我所。或见想、行、识即是我,见色是我所。云何见我中色?谓见受是我,色在我中;又见想、行、识即是我,色在我中。云何见色中我?谓见受即是我,于色中住,入于色,周遍其四体;见想、行、识是我,于色中住,周遍其四体,是名色中我。"(《杂阿含》卷五)依此类推,可以得出"受"即是我、异我,"想"即是我、异我,"行"即是我、异我,以及"识"即是我、异我等。此等是我与异我,以及我在其中、其中有我等诸见,"见四真谛,得无间等果,断诸邪见"。

在实际生活中,"色阴"是引发社会人生问题的主要根源。《杂阿含》论述五阴,总是拿"色阴"为例,不仅因为色阴列在五阴之首,也是看到了色阴作为五阴的物质基础一面:不但人体须依色而生,依色而食,而且爱憎、贪厌、欢乐、悲苦等等七情六欲,无不是依色发动、由色引导的。

追究"我"与"异我"的起因,是对"五阴"的取、著;这种取著略称"取相"。第43经说:"取故生著,不取则不著。"愚痴凡夫"于色见是我、异我相在,见色是我、我所而取;取已,彼色若变若异,心亦随转;心随转已,亦生取著,摄受心住。摄受心住故,则生恐怖、障碍、心乱,以取著故"(卷二)。这些说法,从字面上看颇为抽象,但蕴含的生活实际,却非常具体生动:由"取"而"著",由"著"而"住",一旦心著于色,以至住于色,人们将完全随色而转,而色的无常性,不可避免地会随之带来一系列苦恼。这类思想,特别容易在饱经风霜和几经波折的人群中引起共鸣。

了解了《杂阿含》关于"摄受心住"等说法,我们才能了解般若经类总是强调"无住"的实际含义。此处则反复突出,佛教修习的重要任务,就在于对五阴"无取、无著、无住":"于色不见我、异我相在,于色不见我、我所而取……彼色若变若异,心不随转;心不随转故,不生取著摄受心住;不摄受住故,则不生恐怖、障碍、心乱,不取著故。"(卷二)

《杂阿含》认为世人之所以受五阴的系缚,关键性环节是"于五受阴生我见",所谓"于色见是我、异我相在"。"是我、异我"是人生最原始的分别,也是其他一切分别的基础。由此形成的否认有我、异我的真实存在,论证无我、无我所是真理的观念,特别贯彻到了一切有部和瑜伽行派的所有的教理中。《俱舍论》的最后一品,即以"无我"作为全论的结语;《成唯识论》则在章首以"无我"为论首——尽管这个"我"的内涵和外延都有了一些变化。

《杂阿含》卷一论证"非我者,亦非我所","非我者即非我所"的主要根据,是"五受阴"无常,而且造就五受阴的"因、缘"也无常:"色无常,若因若缘生诸色者,彼亦无常;无常因、无常缘,所生诸色,云何有常?"佛教一般承认"因缘所生法"属于无常,说诸法无常,即是由于诸法乃因缘所生。但这里却提出"无常因,无常缘"的主张,因缘本身也无常,这应该是个新观点;据此作为"不味于色"、"不染、不著于色",从中出离到达的目标,也有些特别:"若我于此五受阴不如实知味是味、患是患、离是离者,我于诸天、若魔若梵、沙门、婆罗门、天人众中,不脱、不出、不离,永住颠倒,亦不能自证得阿耨多罗三藐三菩提。"

这段话,没有像《杂阿含》通常那样把"不生后有"的涅槃作为出离的最后归宿,而是提出"证得阿耨多罗三藐三菩提"的目标来,是一种非常重要的目标。"阿耨多罗三藐三菩提"被认为是唯佛才能够具有,而为菩萨孜孜追求的至高至上、至真至正的"觉悟";不生后有,涅槃寂静,则是无漏阿罗汉的理想。这是大小乘分界的标志之一,不应该看做《杂阿含》的偶然说法。也就是说,《杂阿含》的某些观点实际上属于大乘,这里的无上菩提是表现之一。

《杂阿含》卷二尽管对因缘作出上述无常的解释,但决不是轻视因缘在生死和出离中的恒久功能。世尊对婆罗门说过这样的话:"有因有缘集世间,有因有缘世间集;有因有缘灭世间,有因有缘世间灭。"这种主张是一贯的。"世间"的生灭全在乎因缘,因此,《杂阿含》也以"论因说因"著称。关于"集世间"和"世间集",佛陀解释说,愚痴凡夫于"色集、色灭、色味、色患、色离,不如实知;不如实知故,爱乐于色,赞叹于色,染著心住;彼于色爱乐故取,取缘有,有缘生,生缘老死忧悲恼苦,是则大苦聚集"。世人因"爱乐"而"生",有了生就有了生的一切苦痛;而爱乐的对象,所爱乐者,即是色等五阴;由此接通了十二缘起的后一部分:人生苦难直接来自对"色"等的爱乐。至于"灭世间"和"世间灭",那也得从对色等五阴的"如实知"着眼:"如实知已,于彼色不爱乐,不赞叹,不染著,不留住;不爱乐,不留住故,色爱则灭;爱灭则取灭,取灭则有灭,有灭则生灭,生灭则老死忧悲恼苦灭。"如实知的结果,就是灭断对色等五阴的爱乐。

把"爱乐"五阴作为"生"之源,而有"生"必有"苦",这观察应该说是深刻的。黑格尔所谓苦是生的象征,叔本华对人生会如此悲观,肯定能在佛教的此类说法中找到知音。然而当生活中没有了色等诸爱,"生"还会有意义么?

类似的说法很多。将"五受阴"讲明白了,就是人的有生之身。把人身放在"三界"的现实中考察,叫做"有身"。"有身"即是生死涅槃的主体。第69经记世尊说:"有身集趣道及有身集灭道。"趣道,指五道轮回,灭道指超越三界;是生死还是涅槃,都是通过对五阴的态度实现的:"著色住色故,爱乐取;缘取有,缘有生……不乐不贪、不著不住故,彼色爱乐灭,爱乐灭则取灭,取灭则有灭。"于是"色受想行识亦如是,是名有身灭道迹",亦即"苦灭道迹"。在这里,"有身"、"五受阴"与"苦"是同位语,要彻底灭苦,必须灭除由五受阴构成的"有身"。

此处还有一个"种子"的譬喻,颇堪注意:"有五种种子……谓根种子、茎种子、节种子、自落种子、实种子。此五种子不断不坏、不腐不中风,新熟坚实;有地界而无水界,彼种子不生长增广。若彼种新熟坚实,不断不坏、不腐不中风,有水界而无地界,彼种子亦不生长增广。若彼种子新熟坚实,不断不坏、不腐不中风,彼种子生长增广……彼五种子者,譬取阴俱识;地界者,譬四识住;水界者,譬贪喜四取攀缘识住。何等为四?于色中识住,攀缘色,喜贪润泽、生长增广;于受、想、行中识住,攀缘受、想、行,贪喜润泽、生长增广。"此中"五种子"表示植物从种子到结果这一生命周期必经的五个阶段，以此譬喻"五受阴"在人这个生命体中的关系：在这统一的生命体中，"色、受、想、行"四阴，是"识"住的处所，譬如种子必须依存的"地"；而令识"住"于四阴的，是对四阴的"攀缘"和"贪喜"，譬如令种子得以生长的"水"。地与水是种子生长不可或缺的条件，"四识住"与贪喜攀缘构成的五受阴生命，互相依存。因此，要想从五受阴中解脱出来，关键是"识"之是否攀缘和住于余四阴中。也就是不许"识"住于余四阴，不许"识"贪喜攀缘四阴。

就此说的教理来看，没有什么新意。但它在"五阴"中突出了"识"的主体性作用，以及用种子譬喻五阴，影响可能不小，以后的唯识家，即把阿赖耶识称做"种子识"，将一切统一于一"识"中，其间有些什么曲折的联系，可供探索。

在《杂阿含》中，舍利弗的地位很高。第 108 经中有一段舍利弗的话，可以看做《杂阿含》有关五阴论的全面总结。此经记，时佛在"释氏天现聚落"说法，西方比丘欲归，佛要他们去辞别舍利弗，"能令汝等以义饶益，长夜安乐"。舍利弗接见了他们，问他们，你们回到西方，那里的"阎浮提人，聪明利根，若刹利、若婆罗门、若长者、若沙门必当问汝，汝彼大师云何说法，以何教授？汝当答言，大师唯说调伏欲贪，以此教授。当复问汝，于何法中调伏欲贪？当复答言，大师唯说于彼色阴调伏欲贪，于受、想、行、识阴调伏欲贪；我大师如是说法。彼当复问，欲贪有何过患故，大师说于色调伏欲贪、受想行识调伏欲贪？汝复应答言，若于色欲不断、贪不断、爱不断、念不断、渴不断者，彼色若变若异，则生忧悲恼苦；受想行识，亦复如是。见欲贪有如是过故，于色调伏欲贪，于受想行识调伏欲贪。彼复当问，见断欲贪有何福利故，大师说于色调伏欲贪，于受想行识调伏欲贪？当复答言，若于色断欲、断贪、断念、断爱、断渴，彼色若变若异，不起忧悲恼苦；受想行识，亦复如是"。

这段话的大义，是把欲爱欲贪作为生死诸苦的根源，而欲爱欲贪的对象，乃是五阴。脱离生死诸苦的手段是调伏欲爱欲贪，也就是断灭对于五阴的欲爱欲贪。《杂阿含》的前七卷都是讲述五阴的,共收约198经,舍利弗作了如此的总结之后,剩下的是评论有关"我"和"我所"的问题。

"我"与"我所"是世俗谬见,"无我"、"无我所"是佛教正见,这是《杂阿含》一切陈述的理论结论,从头到尾,贯彻始终。但这种"正见"同世人的生活经验和世俗常识相背太远,与佛徒必须参与社会的现实生活,形成一个绝大的悖论。《杂阿含》似乎觉察到了这个问题,而且企图解决,这就是与世"无诤"原则的提出。

4. "非我"与"无诤":"二谛"的潜说

所谓"无诤",意谓"不与世间智诤",不违背世人认识,不与世人习俗对抗。据卷二第37经:"世尊告诸比丘,我不与世间诤,世间与我诤。所以者何? 比丘,若如法语者,不与世间诤:世间智者言有,我亦言有……色无常、苦、变易法,世间智者言有,我亦言有……谓色是常恒不变易、正住者,世间智者言无,我亦言无……有世间、世间法,我亦自知自觉,为人分别,演说显示;世间盲无目者不知不见,非我咎也……色无常、苦、变易法,是名世间、世间法,如是受、想、行、识、无常、苦,是世间、世间法。"这里反复强调佛法不异世间法,举例是色无常;认为万有均处在不断变化中,而变化是苦的主张,不只是佛教一家;凡是"世间智者"也都承认。但是,世尊特别强调,这不是无原则地迎合世间和世间智,而是要求不脱离世间经验和世间认识,并由此推导出自己的独特的人生观系统来,而这就超越了世间智,构成不与世间诤的第一项重要含义。

第38经又记:"世尊告诸比丘,世人为卑下业,种种求财活命而得巨富,世人皆知;如世人之所知,我亦如是说。所以者何? 莫令我异于世人。譬如一器,有一处人名为犍茨、有名钵……如彼所知,我亦如是说。所以者何? 莫令我异于世人故。"不与世间诤的这一项含义就有所不同了:像以卑下业取得巨富这样的事,尽管佛并不赞同,但它是既成事实,所以照样也得如世人的所说而说,决不逆反;像"我"、"我所",尽管佛知其不实，仍然还得这样称呼，使用这类名字。佛教若想深入世间，就必须缩小与世间的距离，莫使佛教与世间异。这里表现的是最初的努力；后来有了所谓"俗谛"和"真谛"的二谛说，则是这种思想的提升。

事实上，如果当真是"无我"、"无我所"，佛教的许多宗教观念就无法成立，"二谛"说的出现，是解决理论矛盾的必然。但还有另外一个解决方法，那就是回避。卷五第104经记一位比丘有这样一种理解："如我解佛所说法，漏尽阿罗汉身坏命终，更无所有。"也就是说，达到了"无余涅槃"，再无生死，也就意味着是什么也没有了。其余比丘都不同意此说，认为这是"恶邪见"，但又讲不出什么是"正见"的道理，于是就请舍利弗为之答疑。舍利弗首先问此恶邪见比丘，是否承认五阴是"无常苦变异法"；再问五阴中是否"见我、异我相在"。在得到肯定的回答，二人有了共识后，舍利弗便问："色是如来耶……异色有如来耶……色中有如来耶……如来中有色耶？"恶邪见比丘的回答皆言："不也。"据此，舍利弗说，如来与五阴的关系既是不即不异，不可定性，不可言说，则"如来见法真实，如住无所得，无所施设，汝云何言，我解知世尊所说，漏尽阿罗汉身坏命终，无所有"？意思说，作这样绝对肯定的解释，与如来之"住无所得，无所施设"，因而不作绝对肯定或绝对否定的精神不符。恶邪见比丘由此得解，认为正确的答案应该是："漏尽阿罗汉，色无常，无常者是苦；苦者寂静清凉永没。"换言之，漏尽阿罗汉就是通过对五阴无常苦的认识，而达到寂静无苦的状态。至于死后，既不作"有所得"的追究，也不作其他的言语施设，实质上是回避了。不过这一回避的思想基础，所谓"无所得"、"无所施设"，已经接近般若学了。

上述比丘的回答，得到舍利弗的认可，然后他又补充了一个譬喻：有一位长者子广有财富。他的一个怨家诈来亲附，为作仆从，倍受信任，后趁其不防，持刀将其杀害，如是"愚痴无闻凡夫，于五受阴作常想、安隐想、不病想、我想、我所想，于此五受阴保持护惜，终为此五受阴怨家所害……多闻圣弟子，于此五受阴观察，如病如痈，如刺如杀，无常苦空，非我非我所;于此五受阴,不著不受。不受故不著,不著故自觉涅槃:我生已尽,梵行已立,所作已作,自知不受后有"(卷五)。这样解释的结果,就把"不受后有"放到了"自觉"、"自知"的认识范围,而将死后的事是有是无,置于不作施设——拒绝语言回答的范围。这也可以看做佛教对阿罗汉的最后出路和无余涅槃的性质的一种最清晰、最明确的解释。

类似的言论不少:"云何所知法?谓五受阴……云何为智?调伏贪欲、断贪欲、越贪欲,是名为智。云何智者?阿罗汉是。阿罗汉者,非有他世死,非无他世死,非有无他世死,非非有无他世死,广说无量,诸数永灭。"(卷三)此处以"所知法"来概括一切法,与《摄大乘论》以"所知依"为考察对象,正是一路。不论是"法"还是"依",都用"知"来作联结点,这表明佛教哲学讨论的一切问题,全在认识领域;对认识以外的问题是搁置回避的。因此,关于阿罗汉是否会有"他世死"的问题,不可以作肯定或否定回答,因为它们超出了认识论的范围。唯一可说的,就是他们已经超越轮回,不在"诸数"之中。"诸数",这里就是指五道轮回的众生。

5."非我"与"无记"

卷五第105经记,诸外道集会,共议沙门瞿昙为"其诸弟子有命终者,即记说言,某生彼处,某生此处",表示怀疑。于是佛说,世有三种师,一是"见现在世真实是我……而无能知命终后事";另一是"见现在世真实是我,命终之后,亦见是我"。这两种见解都是错误的,前者否认后世有我,叫做"断见";后者肯定今世和后世都有我在,叫做"常见"。这常、断二见,也都属于"我见"。第三师的意见认为,"不见现在世真实是我,命终之后亦不见我;是则如来应等正觉说,现法爱断,离欲灭尽,得涅槃"。这一说法与五阴论的一贯思想一致,也与非色是如来、非异色有如来、非色中有如来、非如来中有色,亦非"非色非受想行识有如来"的一贯思想一致。也就是说,弟子们应该把握无我、无我所的道理,如来更应该无我、无我所见,如来怎么会去预见和预记自以为"我"的弟子们命终之后的"我所"生处?

就是说，认为佛会预记某弟子死后的生处，那其实是一种"我见"，与佛陀的教理是相背的。佛陀为了进一步说清这个问题，又说了一番道理：

> 我诸弟子，闻我所说，不悉解义，而起慢无间等；非无间等故，慢则不断；慢不断故，舍此阴已，与阴相续生。是故……我则记说，是诸弟子身坏命终，生彼彼处。所以者何？以彼有余慢故……我诸弟子于我所说能解义者，彼于诸慢得无间等；得无间等故，诸慢则断；诸慢断故，身坏命终，更不相续……如是弟子，我不说彼舍此阴已、生彼彼处。所以者何？无因缘可记说故。欲令我记说者，当即说彼断诸爱欲，永离有结，正意解脱，究竟苦边。我从昔来及今现在常说，慢过、慢集、慢生、慢起，若于慢无间等观，众苦不生。（《杂阿含》卷五）

按"慢"指自高自大，这里特指弟子们自以为死后会得殊胜果报而言；"无间等"意谓先后中间无所间隔，完全一样（等），用处很多。这里根据经意，当指佛弟子所解与佛所说教义应该无间相等，不应妄自尊大，把自己的理解强加到佛陀的说法中。《杂阿含》就是经常这样使用的。此处则用来批评那些"起慢无间"的弟子，实际是对五受阴的爱恋至死也未能断灭，所以佛才预记他们命终之后还得受报。换句话说，对后世的"记说"，只是根据弟子们的有"我"观念所作的逻辑的推论，着重点是要求他们生前消除对五阴的欲贪和追逐，而不是真能见到某个"我"的弟子死后如何如何。于是，通常认为有"我"转生的宗教幻想被破除了，回转到了对现实的理性认识上来。相对于其他佛典说佛能够用"天眼"、"神通"看到人们死后来世的报应，此处解说的意义，无疑是一大进步。

第106经专门讨论如来死后的问题。有外道问佛弟子："如来死后为有耶……为无耶……如来死后有无耶，非有非无耶？"佛弟子答，如世尊说，此等皆是"无记"。"无记"，就是拒绝讨论，拒绝回答。于是外道诘难："沙门瞿昙，为不知、不见耶？"该弟子虽说"世尊非不知、非不见"，但讲不出道理来。佛乃要求他再行思考：既然五阴"非常"，而如来非是"五阴"，则对如来死后问题回答"无记"，并说佛陀"有知、有见"，就是随顺佛说，是正确的；因为"我于色如实知，色集、色灭、色灭道迹如实知……若舍如来所作，无知无见说者，此非等说"。然而这个回答还是十分晦涩，它明确地解答了佛有知见的问题，并没有说清为什么有了对五阴的如实知，就可以对他的死后问题不置一词。

其实，佛的这类"无记"有些像孔子说的"不知生，焉知死"。同其他《阿含》相比，《杂阿含》这部分着重讨论的是现实人生，以及如何正确对待现实人生问题，而尽量避免纠缠死后如何；不论是平常的比丘，还是神圣者阿罗汉以及如来，都应该采取这种态度。然而三界五道，因果轮回的教义不能违背，不涉及死后未来世的事是不可能的。这里在理论上留下的"无记"，到了大乘佛教，就成了重点发挥的巨大空间，并形成庞杂的佛身论，包括法身、应身、化身以及对"如来"的种种定义，议论纷纷，"我"与五阴的关系，如来与五阴的关系，也就在另一些哲学背景下作为讨论的议题了。

总之，用五受阴之说既解释所谓"生死流转"，也指导所谓"涅槃还灭"，所以可以包揽世间和出世间一切法和一切修为。从这个意义上说，《杂阿含》力图用五阴论将全部佛教义理概括起来。这可以举出无数事例，像有漏与无漏的区分，是佛教的大事，此处的区分标准，也取决于对五阴的态度和认识："若色有漏是取，彼色能生爱恚……诸所有色无漏非受，彼色若过去、未来、现在，彼色不生爱恚。"（卷二，下同）就是说，对于五阴，有取有受而生爱、恚，即名有漏；反之即是无漏。有漏、无漏全是围绕"五阴"做文章。其中"疾得漏尽"的方法，也是"善观察诸阴"；进一步细化，即广为"三十七菩提分"，所谓"四念处、四正勤、四如意足、五根、五力、七觉分、八圣道"；最后，通过"善观察诸阴"，即可把握"四谛"，实现漏尽。

反之，凡夫"于色见是我。若见我者，是名为'行'。彼'行'何因何集、何生何转？无明触生爱，缘爱起彼行。彼爱何因何集、何生何转？彼爱受因受集，受生受转。彼受何因何集何生何转？彼受触因触集触生触转"。无明缘行，"行"就是"见我"，且"行"因"爱"起；而爱来于受，受由于触，"彼触六入处因，六入处集，六入处生，六入处转"。这样，"五受阴"又与"十二因缘"衔接起来；植根于五受阴的"我见"、"我所见"也导向乐生死轮转的"十二因缘"；接着又可以从对"十二因缘"的认识中再导向"无我"、"无我所"："若沙门婆罗门计有我，一切皆于此五受阴计有我……计我无明如是观（指"是我、异我"的分别），不离我所。不离我所者，入于诸根；入于诸根已，而生于触，六触入所触……（由此）生苦乐，从是生，此等及余谓六触身……有意界、法界、无明界。无明触所触，愚痴无闻凡夫言有、言无、言有无、言非有非无、言我最胜、言我相似，我知我见……多闻圣弟子住六触入处，而能厌离无明、能生于明；彼于无明离欲而生于明，不有不无，非有无，非不有无，非有我胜，非有我劣，非有我相似。我知我见作如是知、如是见已，所起前无明触灭，后明触集起。"（卷三，下同）故曰："法无有吾我，亦复无我所；我既非当有，我所何由生？比丘解脱此，则断下分结。"

于是，对"五受阴"的无智就是"无明"。"十二因缘"的生死流转过程，也就起因于此。所以为出离生死的一切修习，包括禅修在内，都要以正确观察与彻底灭除"五受阴"为中心。五受阴之所以成为五受阴，关键在"受"，"禅思"的重点也应该放在"受"上："凡夫于苦乐、不苦不乐受，不如实观察：此受集、受灭、受味、受患、受离……于受乐著取取；取缘有，有缘生……多闻圣弟子受诸苦乐不苦不乐受，如实观察，受集受灭受味受患受离……于受乐著灭；著灭故取灭，取灭故有灭，有灭故生灭……"以至一切苦灭，"色灭，受、想、行、识灭。"这也是《杂阿含》提倡的禅法之一种，所谓"修习方便禅思，内寂其心"。

如此等等，只要抓住"五受阴"这个总纲，佛教的一切道理都可以得到解释,佛教追求的最高果位,或者成阿罗汉,或者作佛,都可以圆满实现。第75经记佛说:"比丘,于色厌离、欲灭不起、解脱,是名如来应等正觉……比丘,亦于色厌离、欲灭,名阿罗汉慧解脱……比丘,如来应等正觉、阿罗汉慧解脱,有何差别……佛告比丘,谛听善思,当为汝说:如来应等正觉未曾闻法,能自觉法,通达无上菩提,于未来世开觉声闻而为说法,谓四念处、四正勤、四如意足、五根、五力、七觉、八道。比丘是名如来应等正觉:未得而得,未利而利,知道、分别道、说道、通道,复能成就诸声闻,教授教诫,如是说正顺、欣乐善法。是名如来罗汉差别。"所谓"如来应等正觉",是大乘佛教给予佛的诸多称谓之一,"无上菩提"即是上述阿耨多罗三藐三菩提的别译之一;标明"阿罗汉慧解脱",是为了与"别解脱"(特指戒)区别开来,表示唯有"慧解脱"才获取罗汉果的最后因。总之,不论是成佛还是成阿罗汉,两者都需要从认识五受阴着眼,从厌离五受阴着手;他们的差别仅在于,佛是自觉者、说教者,阿罗汉是闻道者、受教者。是故佛告比丘:"当断色欲贪;欲贪断已则色断,色断已得断知,得断知已则根本断。如截多罗树头,未来不复更生。"

此处关于佛与阿罗汉的定义以及两者的区别,对了解佛教的早期发展,是一个很重要的资料。《杂阿含》所定的成佛的标准,是获得"无上菩提",亦即佛名"如来应等正觉",同时也指出了佛觉悟的特点,即不由他教,而是自觉并用以觉他(声闻)。其中的这"觉"的主要对象和内容,就是"五阴"和"五受阴",以及在"觉"的推动下首先"断欲贪"。

6. "五阴"论中的"中道"观和"空"观

到了卷一〇,诸经依旧集中讨论"五受阴"问题。从理论上看,这一卷有两点值得注意:

第一,第262经记诸比丘解佛所说法,是"色无常,受、想、行、识无常;一切行无常,一切法无我,涅槃寂灭"。时长老阐陀对于此说明确表示:"我不喜闻。一切诸行空寂,不可得爱尽、离欲、涅槃。此中云何有我,而言如是知、如是见,是名见法?"此中所谓"一切行无常,一切法无我,涅槃寂灭",后来是被当做全部佛教标记的"三法印"。阐陀对此"法印"公然不满,在他看来,如果照此说来,则"一切诸行空寂",全无所,有还有什么"爱"可尽、"欲"可离？甚至"涅槃"的存在也成了问题；如果无有"我",谁来如是知、如是见,而名见法？这些问题其实是十分尖锐的,因为它揭示了"五受阴"无常、无我说的内在矛盾。

于是阐陀去求教阿难,阿难则转述佛教摩诃迦旃延的话：

> 世人颠倒,依于二边：若有、若无；世人取诸境界,心便计著……若不受、不取、不住、不计于我,此苦生时生,灭时灭……于此不疑不惑,不由于他,而能自知,是名正见、如来所说。所以者何？……如实正观：世间集者,则不生世间"无见"；如实正观：世间灭,则不生世间"有见"……如来离于二边,说于"中道",所谓此有故彼有,此生故彼生,谓缘无明有行,乃至生老病死、忧悲恼苦集；所谓此无故彼无,此灭故彼灭,谓无明灭则行灭,乃至生老病死、忧悲恼苦灭。(《杂阿含》卷一〇)

这里是用"中道"、"正见"取代了"三法印"的地位,而中道、正见即是"因缘"观：从无明至生老病死,这是"世间集",不是世间空寂,而是"有"；从无明灭到老死灭,这是"世间灭",不是世间"有"。就是说,只有既认识到世间毕竟要归于寂灭,由此不致导向"有见",同时承认世间生死毕竟是现实的存在,由此不致导向"无见",离开"有、无"二见,这才是"正见",亦即"中道"。

"中道"是佛教各家各派争举的旗帜,但含义不同。学术界普遍认为,原始佛教的中道观,是既反对纵欲主义,也反对禁欲主义的,而把能够维持生命、足以修道的"少欲知足"作为佛陀的中道观。这是针对乔答摩太子出家误修苦行,又从苦行中觉醒过来的故事断定的。《杂阿含》在这里则从"有"与"无"的哲学命题的诠释上确立"中道"观的,特别是要求从顺观和逆观十二因缘上加以确立,从而有了新的理论意义。如果说,少欲知足的中道,侧重于反对禁欲主义,这里的"离于二边"则侧重于反对虚无主义。

第二,是卷一〇第265经论述"五阴",使用了"无所有、无牢、无实、无有坚固"等字眼为之定性;在用"如病、如痈、如刺、如杀"等譬喻"无常、苦、空、非我"之外,又用了如下一些譬喻去强化对它们新作的定性,所谓如"大水暴起,随流聚沫";如"大雨水泡,一起一灭";如春夏之交,"日盛中时,野马流动";如"大芭蕉树……叶叶次剥都无坚实",如幻师"幻作象兵、马兵、车兵、步兵"。如是"观'色'如聚沫,'受'如水上泡,'想'如春时炎,诸'行'如芭蕉,诸'识'法如幻"。对照大乘《金刚般若经》强调"一切有为法"的虚幻不实,以及所用的诸多譬喻,两者所说是雷同的。我认为这是《杂阿含》中杂有般若观念的根据之一。

与此有关,卷五第109经提出"见谛"的概念,而且作了与一般佛教不同的解释。一般讲"谛",是指"四谛",这里则规定"五阴非我"为谛:于五阴上没有我见,就是绝对真理。舍利弗特别论述了这一观点,说:"何等为见谛圣弟子,断上众邪,于未来世永不复起?愚痴无闻凡夫,见色是我、异我,我在色、色在我;见受、想、行、识是我、异我,我在识、识在我。"此等诸"见",都不是见谛,而是空幻虚妄之见,譬如入"一切处三昧"而作是念:"地即是我,我即是地,我及地唯一无二,不异不别。如是水火风、青黄赤白一切入处,正受观已作是念,行即是我,我即是行,唯一无二,不异不别。"我们说过,"一切处三昧"的境界,是完全的空幻,佛教修习者多能接受,以此说明世俗计"我"之论,皆是不实;由于这是在"色"上计我的,故名"色即是我"。据此可见,般若类经中的著名命题"色即是空,空即是色",也是有针对性的。"空"与"我"是一对对立的范畴,它们都有宗教经验("三昧")作基础。这又一次说明,禅定在佛教世界观形成中有多么重要的作用。

舍利弗在般若学的创建上,可能发挥过相当的作用,以后我们还会屡屡提到他。他在早期佛教中担任过重要角色。

二、论"六入"和"关闭根门"

如果追究"五受阴"成因,说是"无明"也好,说是"欲爱"也好,都是在感官认识作用下发生的,是"六入"沟通了外界和内识的结果。因此,仅仅正见五受阴还不够,还必须对"六入"及其相关的"十二入"、"十八界"有正确的见解。卷八第 200 经记,罗睺罗遵世尊之嘱,独一静处,专精思惟,自以为有得,乃告之于佛;世尊不以为然,教他"当为人演说五受阴"。于是罗睺罗受教,为人演说五受阴;之后,再向世尊汇报,佛仍不满意,认为他还应该"为人演说六入处"。罗睺罗为人演说"六入处"后,世尊教他"为人说尼陀那法"。罗睺罗又忠实地遵嘱照办了,但佛依然说他"心解脱智未熟,不堪任受增上法",教他"于上所说诸法,独于一静处,专精思惟,观察其义"。罗睺罗遵嘱观察,结论是:"此诸法一切皆顺趣涅槃,流注涅槃,后住涅槃。"至此,佛表示首肯,并告诉他,"一切无常。何等法无常?谓眼无常,若色,眼识、眼触",皆是无常。

这段话,道出《杂阿含》所记一切佛法,都是为了涅槃这一总目标,而它的入门,都是从"无常观"开始。在这里,认识和把握五受阴的本质是首要的,但还远远不够,必须进一步了解五受阴之所以产生,实首发于"六入";因而还应该认识和把握"六入"的本质。

此中所谓"尼陀那法",指的是佛说诸法的因缘,即佛为什么说这样的法,为什么如此说,以及针对什么情况、对什么样的听众说。因此,在传播佛法时,也不可拘泥于某个原理、某种方法,以至把佛法教条化。到底是该讲"五阴"还是该讲"六入",以及是否还得另讲"处"、"界"等,那得视具体情况而定,所以在弘扬佛陀的"五阴"论时,对"六入"也应该具备"正见"。

大家都知道,所谓"六入"的"入"亦译作"处",或作"入处"。在"十二入"的分类中,称为"内六入";在十八界的分类中,名"内六界";在认识论的分类中,相对"六识"、"六境"而名"六根"。在实际运用中,此"六入"与彼"五受阴"一样,也经常被视为"人"的代称。因为"六入"的前五入,眼、耳、鼻、舌、身,就相当于人们通常说的"五官",五官代表人的外部形象;"意",在这里泛指人的一切心理活动的总和。五官与精神的统一,正与五阴的"色"与"受想行识"四非色阴的统一一样,只不过前者把非色四阴浓缩为"意",后者则将五官浓缩为"色"而已。卷一三第306经有言:"眼、色缘,生眼识,三事和合触;触俱生受、想、思——此四无色阴、眼色此等法,名为'人';于斯等法作'人'想。"又说:"耳、鼻、舌、身触缘,生(耳鼻舌)身识;三事和合触,触俱生受、想、思——此四是无色阴,身根是色阴,此名为'人'。"这个说法,就是认定"六入"乃是形成"五受阴"的基础,由之施设六入为"人"的。因此,五受阴的本质也就是六入的本质,对五受阴的观察和知见,也完全适应六入。卷八第188经记:

> 世尊告诸比丘,当正观察眼无常;如是观者,是明正见。正观故生厌,生厌故离喜、离贪;离喜贪故,我说心正解脱。如是耳、鼻、舌、身、意,离喜、离贪;离喜贪故,比丘,我说心正解脱。心正解脱者,能自记说,我生已尽,梵行已立,所作已作,自知不受后有。

这里无需多释,一眼就可知道正观六入与正观五阴的一致性了。因为它用来知见六入的基本观念和方法,与知见五阴的完全一样,都是"一切无常",以及由无常观引申出来的所谓"一切苦、一切空、一切非我"。如果能从对眼等的无常知见开始,达到无爱、无欲,就能断除一切烦恼,最终实现由"无明"而"明"的转变。"明"就是智慧。

1. 观"六入无常"而由"无明"转"明"

卷八第203经讲,若有一法断,即可"离欲'明'生,得正智"。这需要断的一法,当然就是"无明"。如何断?佛告比丘:"当正观察眼无常。若色、眼、识,眼触,眼触因缘生受,若苦若乐不苦不乐,彼亦正观无常。耳、鼻、舌、身、意,亦复如此。比丘,如是知、如是见无明,离欲明生。"这里就是把"六入"作为"五阴"得以产生的因缘:"眼触"的意思就是"眼"令外"色"进入"识"内,实现色、眼、识的"三和合"。"眼"在这里起了令外入内的桥梁作用,是外色进入内识的通道。有"眼"才有"色"有"识";由此三和合的"触"而有"受"、有"想"、有"行"。于是五受阴完备,祸首就在于"六入"。卷八第210经记世尊告诸比丘:

> 莫乐莫苦。所以者何?有六触入处,地狱众生:生彼地狱中者,眼所见不可爱色、不见可爱色,见不可念色、不见可念色,见不善色、不见善色,以是因缘故,一向受忧苦……有六触入处,其有众生生彼处者,眼见可爱、不见不可爱,见可念色、非不可念色,见善色、非不善色,以是因缘故,一向长受喜乐。

如是如是,眼等六入是"触"的入处,也是苦乐等"受"的入处,苦乐的境界,全是因为"六入"所致;想、行等也因此发生。换言之,"六入"决定了主体的感受和思想行为,也意味着一切感受对象都是由六入决定的。因此,要想断除"无明",获得智慧,也必须先从"正见"六入着手,认识六入的本质是"无常、苦、无我",尤其是无常。

卷八第188经记佛说:"当正观察眼无常,如是观者是名正见。正观故生厌,生厌故离喜离贪,离喜离贪故,比丘,我说心正解脱。"耳、鼻、舌、身、意,亦复如此。反之,"于眼若不识不知,不断不离欲者,不堪任越生老病死苦"(第191经)。同样道理,眼等亦"一切非我非异我不相在……我此识身及外一切相,令我、我所、我慢使系著不生"(第198经)。此"外一切相",指的是"外入处";意谓只要认识到了内六入非我,也就会认识到外六入非我、非我所。

卷八第209经再次解释"六触入处":"眼触入处,耳、鼻、舌、身、意触入处";解释的目的,是要求对其"集、灭、味、患、离"如实知,知其非我、异我。其要求与对五受阴的"五如实知"完全一样。

卷八第198经记罗睺罗问佛:"云何知、云何见我内识身及外一切相,令我、我所、我慢使、系、著不生?"佛告诉他:"眼,若过去、若未来、若现在,若内若外,若粗若细,若好若丑,若远若近,彼一切非我、非异我不相在,如实知;耳、鼻、舌、身、意,亦复如是。"作如是知见,就可以令内识和外境对人的使、系、著不生。"使、系、著"在这里都是表达外境和内识系缚于人、令人不得自由的意思。

外境即"外六入",与"内六入"一起,就是"十二入";再加上作为"内识身"的"六识",称为"十八界";此十八界标志着"六入"和"六境"以及"六识"的全面结合,标志"五受阴"已实现了"人"的具体化,现实化:"人"不再是抽象的理论的对象,而成了处于特定环境和社会联系、有特定思想情感和特定身形体貌的活生生的人。第198经说:"如内入处,如是外入处色、声、香、味、触、法;眼识、耳、鼻、舌、身、意识",以及"眼触、耳鼻舌身意触;眼触生受,耳鼻舌身意触生受;眼触生想,耳鼻舌身意触生想;眼触生思,耳鼻舌身意触生思;眼触生爱,耳鼻舌身意触生爱"。"人"就是在这阴、入、界三者关系的互动和变化中存活着的。佛教把"蕴处界"作为教学的"三科",实质上,就是把处于特定环境、特定关系中的具体的人作为考察和思考的对象。

在十八界中,"内六入"是将"外六入"和"六识身"连接起来的钮结,居关键地位,故亦称"六触入处"、"六入处",因此正见"六入"也就成了把握佛说无常无我、离欲正觉的关键。卷八第211经要求比丘从追逐"五欲功德"中解脱出来时说:"眼见色因缘生受内,若苦、若乐、不苦不乐。"耳、鼻、舌、身、意缘声、香、味、触、法生苦乐等内受,亦复如此。因此,"于彼入处当觉知,若眼灭,色想则离;耳、鼻、舌、身、意灭,法想则离。佛说,当觉六入处"。这话就很清楚了,要想从五欲中解脱出来,从追逐和想望幸福快乐的烦恼中解脱出来,那就得"觉六入",而"灭六入"。也就是说,不能让六入作为外境通向内识的桥梁,而是要控制六入,隔离或切断内识与外境的联结,令佛教占领主观心识,不受客观花花世界的左右。

2. 控制"六入"和"关闭根门"

仅此而言,佛教的全部践行,就在禁制自己的生理感官。卷九第236经记舍利弗得"空三昧",佛大加赞赏,称之为"上座禅",告诸比丘:"欲入上座禅者,当如是学:若入城时,若行乞食时,若出城时,当作是思惟:我今眼见色,颇起欲,恩爱、爱念著不……若眼识于色有爱念、染著者,彼比丘为断恶不善故,当勤欲方便,堪能系念修学……彼比丘,愿以此喜乐善根日夜精勤,系念修习,是名比丘于行住坐卧净除乞食。"这"上座禅"的要点,就是在日常生活当中,严把六入关,控制感官,不使其为所见所闻左右行者的思想情感。

卷八第217经用大海譬喻眼等六入,用大海波涛和传说中的恶虫、罗刹、女鬼譬喻色等六境;只有能够战胜波涛颠簸和罗刹女鬼等的危害者,才有可能度向彼岸:"眼是人大海,彼色为涛波;若能堪忍色涛波者,得度眼大海。"眼等六入是世俗诸苦的通道,必须阻断;而阻断的办法,就是要具备对付六境侵害的能力。第216经还特别解释了"海喻"的含义:"谓眼识色已,爱念染著,贪乐身口意业,是名为海;一切世间阿修罗众,乃至天、人,悉于其中贪乐沉没。"

卷八第224经更明确指出,眼等六入必须断灭,以及必须断灭的理由:"一切欲法应当断。云何一切欲法应当断?谓眼是一切欲法应当断……耳、鼻、舌、身、意,亦复如是。"诸如此类的说法极多,或即以"六入"与"世间"义等观,或名之为"世间空",或即将六入作为"四谛"的体现者,所谓"世间、世间集、世间灭、世间灭道迹"。又,卷九第234经记,世尊告诸比丘:"我不说有人行到世界边者,我亦不说不行到世界边而究竟苦边者。"此话难解,于是大家都去请教阿难。阿难为之释曰:"若世间、世间名、世间觉、世间言辞、世间语说,此等皆入世间数。诸尊谓'眼'是世间,世间名、世间觉、世间言辞、世间语说,是等悉入世间数。'耳、鼻、舌、身、意'亦复如是。多闻圣弟子于六入处,集、灭、味、患、离如实知,是名圣弟子'到世界边';知世间,世间所重,度世间。"这样,所谓知世间、度世间,就是从认识六入的世间性着眼,阻断和抗拒从中进入的六境骚扰,以防止贪爱喜乐的发生,免受由此带来的种种烦恼的侵蚀。

《杂阿含》对于六入的取境功能,尤其是取那些美好的景象时,有时达到深恶痛绝的程度。卷九第 241 经记世尊告诸比丘:"宁以火烧热铜筹,以烧其目,令其炽燃,不以眼识取于色相、取随形好。所以者何?取于色相、取随形好故,堕恶趣中……宁烧铁锥以攒其耳,不以耳识取其声相、取随声好……宁以利刀断截其鼻,不以鼻识取于香相、取随香好……宁以利刀断截其舌,不以舌识取于味相、取随味好……宁以钢铁利枪以刺其身,不以身识取于触相及随触好……睡眠者,是愚痴活,是痴命,无利无福;然诸比丘,宁当睡眠,不于彼色而起觉想,若起觉想者,必生缠缚诤讼,能令多众起于非义,不能饶益安乐天、人。"这里的"取",是表示主动行为;如果眼、耳、鼻、舌、身主动去追逐色声香味触,尤其是它们的美好成分,那命定了不是变成畜生、饿鬼,就是下地狱。"意"也不是好东西,它能让人感受和想念于色,成为世间是非的根源;与其如此作用,还不如睡眠,尽管睡眠是愚痴的表现。

这样说来,六入的危害和带来的痛苦是数不尽的,解决的唯一方法似乎就是通过对它的上述认识,厌恶而至离弃。第 241 经继续说,"于眼生厌;若色,眼识眼触,眼触因缘生受,内觉若苦若乐、不苦不乐,彼亦生厌。厌故不乐;不乐故解脱,解脱知见:我生已尽,梵行已立,所作已作,自知不受后有"。"厌"就是"不乐";不乐六入,是不乐"六触"、"六受"以及色、想、行、识的前提;要想从"五受阴"中解脱出来,首先要从"六入"中解脱出来。

这一大段话也说明,令行者束缚于世间的第一位原因,是对美好事物引发的快乐和幸福的感受,毕竟是苦;感受的"受"来源"触",而"六入"则是根、境、识三和合"触"的主体。所以说,"缘眼及色,眼识生;三事和合生触,缘触生受,缘受生爱,乃至纯大苦聚生,是名色集"(卷三)。此类说法比比皆是。

卷九第 246 经记有魔波旬与佛的一段对话,恶魔说:"瞿昙,眼触入处,是我所乘;耳、鼻、舌、身、意触入处,是我所乘。"就是说,六入是魔进入人的精神世界的门户,一切恶事不善事,以及由此引发的痛苦,都缘于有六入这些门户。佛于是回答魔说:"汝有眼触入处,耳、鼻、舌、身、意触入处;若彼无眼触入处,无耳、鼻、舌、身、意触入处,汝所不到。我往到彼。"从字面看,佛陀似乎已经没有了六入;而没有六入,等于没有五官和意识,这不可思议。实际的意思是说,佛陀没有了令魔可以得乘的六入,而有如来可以进住的六入,所以佛对魔言:"汝所不到。我往到彼。"

是受魔指使,还是让佛进住?卷九第245经提出了一个关键性条件。此经记佛告诸比丘:"有眼识色,可爱可念,可乐可著,比丘见已,欢喜赞叹,乐著坚住;有眼识色,不可爱不可念,不可乐著,苦厌,比丘见已,瞋恚嫌薄:如是比丘,于魔不得自在,乃至不得解脱魔系。"如果相反,于可爱可念可乐可著处,见已不赞叹、不乐著坚实;于不可爱念乐著处,见已不瞋恚嫌薄,"如是比丘,不随魔自在,乃至解脱魔系"。一句话,于六入处见爱不乐,见憎不嫌,不受喜怒情绪的左右,那就是无眼触等的入处,也就等于没有了六入,或等同虚设。

卷一一第274经,佛告诸比丘:"非汝有者当弃舍;舍彼法已,长夜安乐。"其中眼、耳、鼻、舌、身、意,是无常苦变易法,就应该观作"非我、非我所",就是应该舍去的东西。若由此等观法,即能"于诸世间都无所取,无所取故无所著,无所著故自觉涅槃"。第275经记,佛介绍难陀时说,难陀生有"大力",长相"端正",且以"爱欲重"著名;然而,"而今难陀关闭根门,饮食知量,初夜、后夜精勤修习,正智成就",达到了梵行清白。为什么会有这么大的转变?"彼难陀比丘,关闭根门故"。

所谓"根门"就是六入。六入之所以称为"六根",这算是它的典故之一。那么,什么叫"关闭根门"?"若眼见色,不取色相,不取随形好;若诸眼根增不律仪、无明暗障、世间贪爱、恶不善法不漏其心,生诸律仪,防护于眼、耳、鼻、舌、身、意根,生诸律仪,是名难陀比丘关诸根门。"所谓"律仪",指合乎比丘戒律规范的行为仪则;还有一个与此相反的词,叫做"不律仪",即有违戒律规范的言行仪表。所以"关闭根门",就是用戒律规范自己的一切言行,不失规矩。戒律具有强制性,律仪是戒律的外在表现;

用这种强制性的,必须表现于实际行为的律仪去关闭六根,使六根受到控制,接受驾驭。

在关闭根门中,特别提出"饮食知量"的原则。这是因为"食"与"色"是一切生命得以维系的两大要素,也是爱乐和欲贪的产生地,故称"食系",也得纳入律仪的规范:"于食系数不自高,不放逸,不著色,不著庄严,支身而已;任其所得,为止饥渴,修梵行故,故起苦觉,令息灭未起苦觉……如涂疮,不贪其味,为息苦故。""食"与六入的鼻舌关系特别密切,为了从这里关闭根门,对于"食"还需要有专门的观法。

一整天中有一个重要时刻,需要特别注意关闭根门,那就是夜间,所谓"初夜、后夜精勤修习"。"昼则经行坐禅,除去阴障,以净其身","初夜"亦当如此;"中夜时,房外洗足,入于室中右胁而卧,屈膝累足,系念明相,作起觉想;于后夜时,徐觉徐起,经行坐禅"。此处的"阴障",指的是"五受阴";五受阴能障佛道,故称"阴障"。去除阴障的目标是"净身",使六根清净;然后再作洗足、右卧、系念明、觉,目的是避免妄想和漏失不净之类。

于是"色"、"食"、"夜",就成了特别需要根门关闭的三大区域。这三大区域在人的日常生活中的地位和意义,无需多说,而《杂阿含》观察到了,也抓住了,并警告它的信徒要特别留意你的"根门"是否关牢。

假若把以上说法联系起来,情况就是如此:"触"是根、境、识的三和合,而以"六入"的存在为前提。"触"只是对三和合这一现象的描述,"受"则是与"触"同时发生的第一个主体反应。《杂阿含》之所以要特别对六入进行分析,主要在于六入是"受"的门户,"受"是六入的第一个主体反应。《杂阿含》将作为现实人具备的"五阴"说为"五受阴";在五受阴的排列次序上,"受"又列在"色"之后,是非色四阴的第一位,也不是随意的安排。有了对"色"的"受",才有想、行、识的思维认识活动,或者说,正是由于"受"的存在,才推动其他思维认识活动的开展。"受"所表示的既有痛痒、苦乐等生理上的感受,也有心理上的苦乐、喜怒、爱恶、美丑等情感;人们与外界"色"的关系中,第一个反应是生理的感受,以及与生理感受直接相应的情感,其后生起的,是"想"与"行"的活动。

这是一个比较完整的观念系统。它与其他哲学从本体论角度或从认识论上出发建立自己世界观,有一个显著不同的特点,可以称为"感受在先"。感受与感觉不同;感觉属认识范畴,感受属伦理范畴。从感受出发,而不是从感觉出发,是早期佛教对于"人"和"人性"的一种重要理解:人首先是有苦乐等感受的动物,决定人的思想行为的,主要不是认识的正确与否,也不是道德善恶与否,而是人的感受和由之发生的好恶情感;认识问题和道德问题,只是感受和情感问题的进一步延伸,是解决感受和情感问题的一种手段,而不是目的。佛教有些派别和经典把持戒和修禅看得比智慧更重要,原因就在于它们对付的主要是感受和情感问题,而不是首先去探求真理,明辨是非。当然,这一思想在佛经中很难找到明确的语言表达,但存在于种种潜台词中,像《杂阿含》所收的此类经籍,这样的潜台词就不少。在它讲"苦"最强烈的地方,往往映衬着对"乐"的向往也最强烈;在它竭力抵制感受和情感的时候,表明它观察到了感受和情感对人生具有的巨大引力和不可抗拒性。大乘佛教的产生和发展,原因之一,就在于力求适应人生的世俗感受和世俗情感的需要。

从这里可以看到,佛教思潮实际存在两个支流:一支在追求真实,把智慧视为解脱的第一动因;一支在追求快乐,希望由禁欲主义或纵欲主义来实现。这两支有时矛盾尖锐,有时又浑然一体。《杂阿含》教给它的听众、读者的,是折中化了的禁欲主义一支,方法就是预防和制止感受和情感的发生,而且着重从把住六入这个关口开始。

3. "十二入"和"十八界"的主体化

在论述"六入"的性质时,《杂阿含》没有忽视"内六入"所面对的对象——色、声、香、味、触、法等"外六入"。但是,至少在这部分,《杂阿含》并不把这些对象视为客观的存在,而仅是当做主观可能"味著"、摄取的对象,故称"所取法",实际上所指,是通过六入已经进入主体的那些色、声、香、味、触、法，所以又名"结所系法"。换句话说，"外六入"是客观存在，不为"内六入"所纳是完全不可能的；因此，问题不是让它们入不入，而是让它们入些什么，尤其是入了以后如何对待。这样，《杂阿含》讨论的重点就不是外境自身，而是在受取外境之后。卷一二第286经记佛说："于所取法，味著顾念，心缚著增；其爱缘取，取缘有，乃至纯大苦聚。"这种"味著"、"顾念"就是"世间"；反之，若"于所取法，观察无常、生灭，离欲灭尽、舍离；心不顾念缚著，爱则灭，爱灭则取灭"，"取灭故有灭，有灭故生灭，生灭故老病死忧悲恼苦灭"，就是"出世间"。

出世间的关键，是对"所取法"要有一个"无常"的"正观"、"正思惟"，而正观和正思惟则是另一支"智慧"的任务；既然这"所取法"，也就是色、声、香、味、触、法等"外六入"，所以不爱著于所取法，也就等于不爱著于"外六入"，于是外六入成了内六入的组成部分。内外六入总称"十二入"①，十二入都相对于行者主体才有意义，离开主体，就谈不上内入和外入的区分。

因此，《杂阿含》就不像有些佛典那样去强调如何"正见"、"正思惟"外六入，而是注重于如何令内心不贪著于外境。卷一三第313经记佛为诸比丘解说"经法"："眼见色已，觉知色而不觉色贪；我先眼识于色有贪，而今眼识于色无贪如实知。若比丘眼见于色已，觉知色而不起色贪；觉我先眼识有贪，而言今眼识于色无贪如实知者，此即谓之'正知'。耳、鼻、舌、身、意法，亦应作如是观。这种主张就是撇开外六入的问题不谈，既不否认色等的客观存在，也不评论外境的性质和作用，而把精力集中

---

① 关于十二处的性质，一般经籍极少分别。对一般读者言，前五根和前五识，还容易理解，但对于第六"意处"和作为与"意处"相应的"法处"，就比较复杂了。事实上，佛教对于十二处都有自己的特殊界定，与常识和科学的理解并不全同。第322经以佛的名义对十二处的内涵和外延作了最简要的解释，大致为所有佛教认同，此处摘录如下，可以参考："眼是内入处，四大所造净色，不可见有对；耳、鼻、舌、身内入处，亦如是说……意内入处者，若心、意、识非色，不可见，无对，是名意内入处……色外入处，若色四大造，可见有对，是名色是外入处"；声、香、味，亦是四大造，唯一不同的是"不可见、有对"；"触外入处者，谓四大及四大造色，不可见，有对……法外入处者，十一入所不摄，不可见，无对"。

放在对治由六入引发的对外境的贪欲上。所以第314经记佛告诸比丘："当断欲。断眼欲已,眼则已断、已知;断其根本,如截多罗树头,于未来世永不复生。"由此走向极端,就是提倡断灭六入自身。第316经记佛说:"眼无常。若眼是常者,则不应受逼迫苦;亦应说于眼欲令如是、不令如是。以眼无常故,是故眼受逼迫苦生。"按同样道理判断,"眼苦","眼非我",因而眼是不自由的,六入本身就应该舍离。

这样,内外六入,以及此两者与六识和合触发的受、想、行,即十八界、五阴所包揽的一切法,都在无常、苦、无我的判定范围,因而都应该出离而不贪著。物质世界、精神世界以及人本身,都没有令人喜爱快乐的理由,它们对于人来说,本质是空虚的,所以也就没有存在的理由。"空"也就成了人的本质规定之一。第80经确立"圣法印及见清净"的标准有言:"若于空未得者,而言我得无相、无所有,离慢知见者,无有是处。若有比丘作是说:我得空,能起无相、无所有,离慢知见者,此则善说……若比丘于空闲处树下坐,善观色无常、磨灭离欲之法……观察彼阴无常、磨灭、不坚固变易法,心乐清净解脱,是名为空……复有正思惟三昧,观色相断,声、香、味、触、法相断,是名无相……复有正思惟三昧,观察贪相断、瞋恚、痴相断,是名无所有……复有正思维三昧,观察我、我所从何而生……观察我、我所从若见若闻、若嗅若尝、若触若识而生。复作是观察:若因若缘而生识者,彼识因缘为常、为无常……彼因彼缘,皆悉无常……彼所生识云何有常? 无常者是有为行,从缘起,是患法、灭法、离欲法、断知法,是名圣法印知见清净。"这里断定一切法是"空"、"无相"、"无所得",也算是《杂阿含经》的一个理论总结,而它对空、无相、无所有等概念的解释,主要安置在"无常"的观念上,用"无常"阐述空、无我的道理;"无相"和"无所得"则是大乘般若学的重要概念。

由此可见,我们很难在《杂阿含》里找到否认一切法本身为非存在的说法;它所谓的"空",实是对人生无常和由之产生的苦来讲的;是因为它感到了自我的失落,以及我不自在,不归我所有。其实,这正是一种极端的我见和我所见。由于这样的我和我所的观念,为自然规律所不容,从而造成主观愿望和客观必然间不可调和的矛盾。

卷一三第319—321经记佛说,"一切者,谓十二入处";如果"今舍,别立余一切者,彼但有言说,问已不知,增其疑惑。所以者何? 非其境界故"。佛又解释什么是"一切有":"有色、有眼、识,有眼触;有眼触因缘生受:若苦若乐、不苦不乐",耳、鼻、舌、身、意,亦如是说。如果不承认沙门瞿昙所说的此一切法,而更立一切法者,"此但有言,数问已不知,增其痴惑。所以者何? 非其境界故"。此说很重要:佛说十二处、十八界足以概括"一切法",而这一切法也就是"一切有";离开这一切有,不可以再立什么法、什么有,因为瞿昙将一切法立为"处"、"界",正体现了他是以感性化了的"人"作为立论核心的;除了由五官和意识综合而成的人体以外,只有与这人体发生关系的外六处,和由此产生表示感性和思维活动的六识。在人体及其感受和认识的世界之外,如果说还有其他什么存在,瞿昙的态度非常明确:"但有言说",而经不起进一步的追问,因为在人及其思维的范围以外,已非认识可及的"境界"。"非其境界"就是不可触、不可知的领域。

这段话,把佛教的范围,紧紧地限定在人的活动及其所触、所知的领域;在触、知之外,列为不可知。这一观点,是我们考察《阿含经》所论三科哲学,必须掌握的一个原则——主观经验主义原则。这同佛教其他一些经论乐谈世人认识之外的问题,宣扬超验主义明显不同。然而也正是在这一经验界限里,佛教断定一切都是苦;一切苦是对"一切有"的判断,一切有则是产生一切苦的先决条件。除非无"有","有"即是苦;除非苦灭,有苦必然有"有"。就此而言,说苦是生命的一个环节,是深刻的。

在《杂阿含》中,把"十二处"联结起来并引发爱著的是"取"。"取"在"十二因缘"中,列在"受"之后,是人生从消极接受外六处,向积极追逐外六处的重大转变;造成这一转变的动因是"爱","爱"使"受"过渡到了"取",而"取"则是形成"后有"生死诸苦的直接原因。这样,《杂阿含》很巧妙地把五阴、六入、十二处、十八界以及十二因缘和四谛,连成一个名相概念的有机系统,当做正观、正见、正思惟和修习的对象。

三、论"界"、"缘起"和"法界常住"

有各种各样观察世界人生的方法。根、境、识三和合为"触",这是一种观察方法;六根、六境合称"十二入处",这又是一种观察方法;十二处加上"六识"总名"十八界",也是一种观察方法。凡名称的改变、分类的变化,都表示概念的含义有了不同,需要观察的角度和内容也有了差别。"六根"与"六入"指谓的事是同一的,都可作为现实的人来看,但意义不一样;"六境"与"外六入"也是如此,指谓的事是一,含义有差别。现在我们且着重看看为什么根、境、识各六而名"十八界"。

1. "界"和"与界合"

卷一六第444经以后诸经记,世尊告诸比丘:"当知诸界,其数无量。"而"众生常与界俱,与界和合",譬如"众生行不善心时与不善界俱,善心时与善界俱,胜心时与胜界俱,鄙心时与鄙界俱"。以至"杀生时与杀界俱……不杀生时与不杀生界俱"。诸如此类,盗淫妄语,不盗淫妄语;不信、犯戒、无惭、无愧,信心、持戒、惭愧心等等,它们在发生时也各与其界俱。再譬如,与憍陈如(指第一批听佛说法的五比丘)所处所行者,"皆是上座大德,出家已久,具修梵行";与大迦叶所处所行者,皆是"少欲知足,头陀苦行,不蓄遗余";与舍利弗所处者"皆是大智辩才";同样,与大目犍连相处者"一切皆是神通大力";阿那律陀"皆是天眼明澈";二十亿耳"勇猛精进,专勤修行者";陀骠"一切皆是能为大众修供具者";优波离"一切皆是通达律行";富楼那"皆是辩才善说法者";迦旃延"一切皆能分别诸经,善说法相";阿难"一切皆是多闻总持";罗睺罗"皆是善持律行"。以至"提婆达多与众多比丘于近处经行,一切皆是习众恶行"。此通谓之"比丘常与'界'俱,与'界'和合"。

《阿含经》没有给"界"以明确的定义。不过按这里的陈述,很容易知道,"界"指的是物类、种群。《周易》所谓的"物以类聚,人以群分",完全适应这里对"界"的描述:"界"相当于"类"和"群"。任何事物,不论是思想意识、道德品格,还是众生的生存方式、生活环境以及人的个性差别,这一切的一切,都不是孤立的唯一存在,都可以综合为一种类别,归于一种类别。所以,除非是什么也没有,只要是存在,或者一旦发生,都必然要属某一个种类,不管你主观意欲如何。这个种类就是"界"。据此佛陀教导人们,必须了知"界",懂得"界"的种种差别,以选择自己的归属:是智者群还是痴者群?是作恶类还是行善类?如此等等,以决定自己的道路和走向,塑造各自的具体形象。由于诸界无数,佛教以众生的个体为本位加以归纳,就是"十八界"。十八界是最大的门类,也是概括性最强的抽象。第 451 经记:"世尊告诸比丘,我今当说种种诸界,谛听善思……谓眼界、色界、眼识界,耳界、声界、耳识界,鼻界、香界、鼻识界,舌界、味界、舌识界,身界、触界、身识界,意界、法界、意识界:是名种种界。"

这十八界是对"种种界"的区分,也是"种种界"的代表,由此"种种界"才有感受情爱之类的心理活动产生。第 452 经记,"缘种种界生种种触,缘种种触生种种受,缘种种受生种种爱",譬如"缘眼界生眼触,缘眼触生眼受,缘眼受生眼爱"。这"受"与"爱"仅仅就"眼"而言,也是千差万别、复杂繁多。但是必须注意,这里强调的,"界"不是由精神因素产生的,而是产生一切具体心理感受和思想活动的第一因:"非缘种种爱生种种受,非缘种种受生种种触,非缘种种触生种种界;要缘种种界生种种触,缘种种触生种种受,缘种种受生种种爱",这个谁生谁的次序,是绝对不能颠倒的。没有种种界,就不会产生触、受、爱等心理活动,反之,这些具体心理活动决不会产生种种界。第 454 经又从种种界产生"想"、"行"等思维活动的角度重复了这一原理:"缘眼界生眼触,缘眼触生眼受,缘眼受生眼想,缘眼想生眼欲,缘眼欲生眼觉,缘眼觉生眼热,缘眼热生眼求。"这个次序也同样不可颠倒。如是耳、鼻、舌、身、意亦复如此。总之,如果理论地表达,十八界是一种客观存在,不管人的感受爱憎和思维欲求如何,对它一概不发生影响;相反,人的一切主观活动,则必须以十八界的存在为条件。十八界成了众生及其精神世界的因素和前提。在这里,"界"又有了"因"、"缘"义。

说"界"具"种"、"类"义、"因"、"缘"二义,涉及一些重大的哲学问题,到了说一切有部,得到充分的发挥,由之演绎出一个庞大的系统来。

卷一七第457经继续说,人的一切认识,一切言说,都是缘于"界"才能发生的:"缘界故生说,非不界;缘界故生见,非不界;缘界故生想,非不界";因此,缘什么界就生什么样的"见、想、思、欲、愿",就会有什么样的"所作、施设、建立、显示、受生",以至于造就出什么样的众生。"界"是产生一切见、想、思、欲、愿等思想活动的前提,也是一切造作言行直至决定生命取向的条件。第458经举例说:"有因生欲想,非无因;有因生恚想、害想,非无因。云何因生欲想?谓缘欲界也;缘欲界故,生欲想、欲欲、欲觉、欲热、欲求。愚痴凡夫起欲求已,此众生起三处邪,谓身口心;如是邪因缘故,现法苦住,有苦有碍,有恼有热,身坏命终生恶趣中。"同样道理,恚想、害想是因为"缘害界"而生。如果不想生诸恶趣,那就要"缘'出要'界",生出要想、出要欲,以至出要求,使之"三处生正,谓身口心",如此作去,命终就会"生善趣中"。这些说法,就是发挥"界"的"因"义的;是"界"作为"因"的功能的表现。

第457经的立论,蕴含有深刻的哲理,涉及的方面也很多,我们将在适当地方再作分析。此处只在说明,《杂阿含》中的"界"含义非常丰富,相当种类、概念以及与个别相对的一般,因此,数量绝不限于"十八界"。像地、水、火、风、识、空,称为"六界";色、受、想、行、识"五阴",各自也可以称"界";欲界、色界、无色界,是谓"三界";所谓善、恶、无记是"界",烦恼、清净也各自为"界";众生本身就是"界","五趣"、"六道"界限分明,当然也是"界"。这所有的"界",也都具有"因"、"缘"的功能:要成就任何一项事业,都必须有与之相应的"界"的存在才有可能;反过来说,只要能够成就某一事业,也就证明有与其事业相应的"界"存在。譬如神通,这也是《杂阿含》渲染比较浓重的一部分,其所以可能,就在于有与之相关的"界"存在。卷一八第 494 经记舍利弗说:"若有比丘修习禅思,得神通力,心得自在,欲令此枯树成地,即时为地。所以者何?谓此枯树中有地界,是故比丘得神通力,心作地解,即成地不异。"同样,"欲令此树为水火风金银等物,悉皆成就不异",原因就在于此树中有水火金银等"种种界故":"是故比丘禅思得神通力,自在如意,为种种物悉成不异。"

这里肯定,"神通力"的一种,是可以"自在如意"地变现出金银等财物来,但有个前提,那就是必须有金银等"界"的先期存在;言下之意,如果本无该"界"存在,神通力就是枉费心机,不起作用:神通不能无中生有。但是,我们知道,所谓神通,实质上是由禅思引发的幻觉,产生的幻相;假若承认这些幻觉幻相亦是"心"对某种"界"作"解"的结果,那就证明凡"心"作"解"的现象,也都是"界"样的存在。简言之,凡心所解处,就是"界"的存在处,而"界"当然就成了客观的真实存在。大家知道,这是一个重要的哲学结论。

总之,"界"之作为"缘",既是主体攀缘的客观对象,也是思想行为的动力和归宿。但人们对各种"界"的分类和认识,则大不相同,有些可能只是想象。譬如所谓"三界",大家熟悉和可以理解的,大约只有"欲界";对于"色界"和"无色界",恐怕连佛教内部也茫然的居多。卷一七第 456 经专门讲到如何才有可能去认识"色界"和"无色界"等"天界":"彼光界者,缘暗故可知;净界,缘不净故可知,无量空入处界者,缘色故可知;无量识入处界者,缘内(空)故可知;无所有入处界者,缘所有可知;非想非非想入处界者,缘有第一故可知;灭界者,缘有身可知。"就是说,这些"界",只要通过人们的切身经验,由它的反面即可知得,如缘"暗"而推知"光界"的存在,缘"有身"而推知"灭界"的真实等,并且进一步认为,通过这样的认识即可"正受",即是亲身证得,例如想"得灭界者",即可"于有身灭正受而得"。实际上,此类经验和推论,恐怕难得共识,而只能说,由于对现实的某类现象和经验的不满,力图加以对治,由此加工想象并在想象中加以验证的产物。

"界"本是从事物分类思维中的抽象,一旦与宗教想象结合起来,就变成了神秘的实体和本体。

2."展转依存"和"缘起中道"

众生"与界合"的另一种提法,就是"缘起"。"缘起"是佛教的通用说法,"与界合"则是《杂阿含》的一种特殊表述,直到有部哲学才有系统的发挥。所以这里还是从"缘起"说起,看《杂阿含》还有些什么特别的思想。

一般说,"五阴"、"六入"、"十二处"、"十八界",各成体系,也各有自己的内在联系,这些体系的构成和联系的实现,都可以归结为"缘起"所致。"缘起"既说明事物的生灭的前后关系,也说明事物的相互联系。譬如"无常",它是佛教对世界人生作出的第一个判断,而导致"无常"的就是因缘;因缘可以泛指一切条件,所以导致"无常"的就不是单一原因,而是多种条件的综合结果。这种由多种因缘形成的生灭现象,即名"缘起"或曰"缘生"。一切存在,无非缘生。大至三千大千世界,小至微尘,无不在因缘制约之下,是因缘生起的结果。所以一般把缘起论作为佛教世界观的基础,可以用来解释世界一切现象;佛教也经常用作物的种植、音乐的声响等例子说明缘起的普遍性。但是,就其本义,缘起是为了说明结果、解释现状,为业报法则的必然性和普遍实用性作论证的,也就是说,它是因果报应宗教观的组成部分。因此,在《阿含经》中的缘起,就只限于说明人生历程,所谓三世轮回,或十支因缘,或十二支因缘。

前已说过,"受"是"五阴"与十二因缘的交汇点;"触"是"根、境、识"的和合,因而也是"十八界"与十二因缘的交汇点;六入、十二处之所以成为现实的人和人与世界的交往,也都发端于"触"和"受"。在"三世轮回"说中,"触"相当于初生的小儿阶段,"受"指已经具备苦乐等感受能力的少年阶段。从此向后推论,是处胎及其过去世的事情,一直推及"识"而至"无明";若向前推论,则是今世需要自己独立承担行为责任,以及必然招致未来世果报的成年时期。在这些因缘中,哪一支起的作用更大,更带有决定性意义,各家所说不全相同,像有的看重"取支",有的看重"爱支"。《杂阿含》也把"爱"看得很重,但作为理论的分析,它视"触"、"受"为"爱"的始因和动力:人要没有苦乐的感受机能,就不会有"爱"的发生;而如果没有"根"与"境"和"识"的和合,又哪来的"受"。所以它在十二因缘中也特别提倡从根本上解决苦恼人生问题,即清净"五根",以至关闭"根门"。

因此,《杂阿含》的整体也是把十二缘起作为佛教缘起的核心内容的;在修习思考的方法上,则有上述所谓"顺观"和"逆观"两种观法。但这些都不是《杂阿含》的独有特色。它的特色是在讨论十支因缘说中反映出来的。卷一二第288经记舍利弗与摩诃拘絺罗讨论因缘以及十支因缘的性质问题。他们先从"生"、"死"开始:生与死是存在的吗?当然是,故曰"有";"生"、"死"是怎样造成的,为"自作耶,为他作耶,为自他作耶,为非自非他、无因作耶?"对这四句的每一问,都回答为"非"。于是对"有"、"取"、"爱"、"受"、"触"、"六入处"、"名色"、"识"等缘起支,作同样的四句问,而回答也是同样的"非"。最后,在论述"名色"与"识"的关系时,则特别作了这样一个总结:"譬如三芦立于空地,展转相依而得竖立,若去其一,二亦不立,若去其二,一亦不立,展转相依而得竖立。'识'缘'名色',亦复如是,展转相依而得生长。"

此处说法表达了两个突出的观点,不同于一般:

第一,用三芦竖立的譬喻说明"缘起法"的关系是"展转相依",即互相依存、互为因缘、而不像通常对十二因缘的解释那样,只是前因后果,次第顺序不可颠倒的链锁系列。这种新的因缘观,在《中阿含·大因经》和《人本欲生经》也有反映,当它们论述缘起十支把最后因追溯到"名色"和"识"时,就断定"识"与"名色"的关系为互相为缘,名之为"共俱",但缺乏详细的说明。此处所讲"展转相依",不但打破了前因后果的次第,将缘起从原来局限于一维性的时间顺序,改造和扩大到包括空间的联系上去，也为缘起说冲破十二支的框架，开辟了持续发展的无限前景。

顺便说明，这里主张"十支缘起"的是摩诃拘绪罗。据《中阿含》记，此人是舍利弗的师长，但他所说的缘起是经典的十二支，而不是十支；《大因经》记，十支之说，是世尊说与阿难的，与舍利弗系统无关。这些不同的记述证明，各《阿含》所收经籍既杂，传说亦异，确定历史真实是很难的。

第二，由"展转相依"推出一个重要原理，是有因有缘而无作者。十二因缘原是说明生死流程的。对此，人们很容易提出问题：流转于十二支者是谁？生死究竟由谁决定？主宰生死者是谁？这历来是佛教难以从理论上回答的问题。第288经根据"展转相依"的缘起观作了理论性回答，那就是非"自作、他作、自他作，以及非自非他无因作"。

这"自作、他作、自他作"和"无因作"，可称做"四句"；对这"四句"的否定，就是"非四句"。这四句和非四句，形成一种"立"、"破"的论战公式，到了大乘中观学派有很大发展。此处对"作"所作的"非四句"，在《中论》里全文复述，并铺展成用来责难"生"、论证"不生"的基本论法。

如果这"非四句"的"自"是指自我，则"他"即是指婆罗门教的"天"；"自他"是自我与天的结合。不论是"自"还是"他"，都是"我"的一种称呼，"自他"则是以有"我"为前提的提法。由于一切法无不"展转相依"而缘起，这样的"我"就没有存在的必要，也没有存在的余地。没有了"我"，不等于无因无缘；否认因缘本身，就是"无因"论；无因如何能有"作"的功能？这样，此非四句既反对有我论，也反对无因论；既坚持了"无我"的理论原则，也捍卫了"业报"的宗教信条。由此形成了《杂阿含》的又一种"中道"观。

卷一二第297经所谓《大空法经》记佛说，"云何为大空法经？所谓此有故彼有，此起故彼起"的缘起法经；此中"彼谁老死，老死属谁？彼则答言，我即老死，今老死属我，老死是我；所言命即是身，或言命异身异。此则一义，而说有种种。若见言命即是身，彼梵行者所无有；若复见言命

201

异身异,梵行者所无有。于此二边,心所不随,正向中道……诸比丘,若无明离欲而生明,(明)彼谁老死,老死属谁者,老死则断,则知断其根本,如截多罗树头,于未来世成不生法"。这《大空法经》讲的"中道",就是要求从"缘起"上观察,既不能说有"我",也不能绝对地说"无我";既不能说"身"就是这一生(命),也不能说"身"不是这一生(命)——意谓人的一生及其死后,是有"身"还是没有"身",不能作简单的回答,只能够从上述"缘起"、"中道"上解释。

这类问题本来属于佛教"无记"的领域,现在则改为缘起的"中道"理论,又把"中道"定为正确的观念。这个变化当然很大。那么,为什么说缘起即是中道? 第295经记佛告诸比丘:"此身非汝所有,亦非余人所有:谓六触入处,本修'行愿',受得此身。"即由此六触入处而"有此六识身、六触身、六受身、六想身、六思身,所谓此有故有……是名有因有缘世间集;此无故六识身无……如是如是纯大苦聚灭"。意指此"身"非我非我所,但此"身"乃因缘所集所聚,而并非是"无"。是故有因有缘非是"无";因缘所成非我非我所,是故非"有",这就是"缘起"即"中道"的基本含义。

同类的思想在其他经卷中也有。像卷一四第343经,认为苦、乐等也是非自作、非他作、非自他共作,亦非无因作,原因就在于"苦乐从缘起生"。于是"触"、"想"、"行"、"识",以及五阴和合的"人",也都适应这非四句的判断,也都需要作缘起中道观。

3. "法界常住"和"法住"

《中论》中有个著名的"三是偈",所谓"因缘所生法,我说即是空,亦为是假名,亦是中道义",与此处提出的"因缘中道"说,大致相同:从其为"因缘"所生言,是空无我;但因缘法不空,不能说"空"。因缘所生法的特点,就是非有非无;据此观察,即是中道。由此可见,此处讲"空"已经完全奠定在缘起法上,而超越了仅就"无常、苦"的角度立论的传统。这种立论重点的转移,也使它与般若学相通起来。

又，此处还有一个提法，谓"本修行愿，受得此身"。意谓由"六处入触"为代表的生身，乃是本于前世自己的意愿和按照自己意愿作为的结果。前世作业，后世受报，这是佛教缘起论的宗教含义；此处在业报中，则特别增添了"本修行愿"一项内容；这"本愿"或"行愿"的"愿"，在大乘佛教中被视为一种强大的信仰力量，有决定未来命运的功能，在净土教和佛菩萨崇拜中起着举足轻重的作用。

卷一二第299经记某比丘问佛："谓'缘起法'，为世尊作、为余人作耶？佛告比丘，'缘起法'者，非我所作，亦非余人作。然彼如来出世及未出世，法界常住；彼如来自觉此法，成等正觉，为诸众生分别演说、开发显示。"

这段话特别将"缘起法"确定为"法界"，而且把它说成既不能创造又不能消灭、不依任何意志和力量为转移的永恒存在的"常住"，在事实上，就是把"缘起法"本体化了。于是，佛不再是佛法的缔造者，而只是对"缘起法"的觉悟者；"缘起法"上升到佛教的首位，具有了本体意义的唯一性，佛则退到了第二位，成了这唯一性的派生物，因而可以有多佛出现。将"缘起法"的地位提到无以复加的高度，是般若经类的思想；及至把"法"抽象化为一般佛教原理，那就是大乘佛教的共性了。

其实，《杂阿含》把"法相"定为客观实在，就已经含有"法界常住"的意思，由于"法相"的客观实在性，人们只能去认识和觉悟它们，而不能随意让它们生灭有无，即使佛也不例外。此说的实质，是在把教理客体化、绝对化，以至永恒化，因此，所谓"四谛"、"阴、入、界"，以至"三界六道"、"三十七道品"，都可以包括到不变的法界中去。而第229经把这所有法界，统一于"缘起法"，让"缘起法"自觉地统率其余一切法，就使佛教在基本理论上发生了变化。

卷一三第335经题名《第一义空经》，谓："眼生时无有来处，灭时无有去处；如是眼不实而生，生已尽灭。有业报而无作者：此阴灭已，异阴相续。除俗数法。耳、鼻、舌、身、意，亦如是说，除俗数法。俗数法者，谓此有故彼有，此起故彼起，如无明缘行，行缘识，广说乃至纯大苦聚集起；又复此无故彼无，此灭故彼灭，无明灭故行灭，行灭故识灭，如是广说乃至纯大苦聚灭。"

所谓"第一义空"，也是般若类经经常使用的概念；而"无来"、"无去"在《中论》里作"不来"、"不去"，列为"八不"的四对范畴之一。此处所说"有业报而无作者"，本是大小乘的共同主张，《中论》也有专章论证。不过此处还有自己强调的重点："除俗数法"。此"除俗数法"即是依缘起法去观察的意思。按第335经的解释，五阴六入，那些作为铸造具体人的一切因素，是依照各自的业行、个别酬报的，即一因一果，此生彼灭而形成"相续"的，并不是多因多果实现于一个既有的永恒不变的主体上。就其个别业行生个别果报而曰"有业报"；就其不是在一成不变的主体上实现，说为"无作者"。这一观点突出了人的多重性和人的多变性，深化了普遍联系和无常变化的辩证法，比之把人的行为看做由一个单一不变的灵魂所支配，内容要丰富得多。灵魂可以解决业报的主体问题，但却难以解释为什么同一个灵魂会造出种种不同的业来，甚至会行为乖张，完全相反。可惜的是，这一主张没有明显地表达出来。

卷一四第347经提出一个问题，即通过四禅八定，达到"不起诸漏，心善解脱"，是否就意味着"生死已尽，梵行已立，所作已作，自知不受后有"的涅槃境界了？诸比丘皆答以"非也"，并说："我是慧解脱也。"在这里，通过禅定所得的解脱，被视为超越了"三界"的世间境地，称为"心善解脱"，略作"心解脱"，被定为"异道"所持；诸比丘认为，自己的所得不是"心善解脱"，而是"慧解脱"。于是"慧解脱"就成了佛家独有的主张。世尊为此确立了一个原则："先知法住，后知涅槃。"这所谓"法住"，指的是十二因缘等常住不变的佛法；对此等"法住"之正确认知，名"法住智"；只有具备了"法住智"，"独一静处，专精思惟，不放逸住，离于我见，不起诸漏，心善解脱"。

这"法住"也可以看做"法界常住"的先声：菩萨从觉悟常住的"法界"

中成佛；更早一些的主张，就是由"法住"中获取智慧，所谓"法住智"。有禅无智，或唯智无禅，都达不到完全解脱的目的，但按次第说，首先应该慧解脱，而后才能做到心解脱：智先于禅，也高于禅；先于涅槃，而为涅槃的前导。这个原则，在第 365 经称为"见法般涅槃"。这里讲的见法的"法"即是"法住"。它反映了早期佛教向大乘转变的又一倾向。

《杂阿含》之所以名"杂"，我以为大小乘种种观点交杂也是原因之一。例如卷一四以后的诸经，重点又转向解释十二因缘。其中第 369 经载有一个唱诵十二因缘功德的长偈，要求修行者于禅定中"勤思"，以"知因缘生法"，永离诸疑惑，觉诸结解脱。这一颂扬"缘生"的偈，据称是过去"毗婆尸佛"由顺观和逆观十二缘起而成就正觉以后讲的。此后，所谓尸弃佛、毗湿婆浮佛、迦罗迦孙提佛、迦那迦牟尼佛、迦叶佛，也都是如此成佛，所以一切佛都是等同觉悟，且都是如实观察了十二缘起的结果。此说不但与大乘把"无上菩提"作为对象者不同，也与《杂阿含》从展转相依的角度解说缘起法者有别。

此外，上述"七佛"说是佛教发展中的一大悬案。《杂阿含》在这里把他们的共性归结为对"十二因缘"的觉悟，是可供进一步研究的重要经典资料。按中国佛教的传说，"辟支佛"才是独自观察十二缘起而觉悟成佛者，以有部为代表的多数部派则把觉悟"四谛"作为成佛的标志。这些明显的不同说法，包含佛教史上的不少疑问，一时很难回答。

四、论"四谛"结构

自卷一五开始，《杂阿含》的理论重心有了明显的变化，那就是把上述种种分类陈述，用"四谛"加以组织总结，将全部佛学最终归结为所谓"苦、集、灭、道"四个颠扑不破的真理；据此既说明世间及其得以生成变化的因果关系，也说明出世间和通向出世间道路的因果关系。这使早期佛教上升到了一个全新的理论高度。

这一思想在卷二第 42 经中就有所反映。此经将对"五阴"的知见，扩大为"七处三观",谓"有七处善、三种观义;尽于此法,得漏尽"。所谓"七处善",谓"如实知色、色集、色灭、色灭道迹,色味、色患、色离如实知"。其中前四知,即知"色"、知"色集"、知"色灭"、"知色灭道迹",就是用"四谛"审视"色"、除灭"色"的认识和实践过程,也就是依"四谛"理论的指导,从色走向灭色、由世间导向涅槃的过程;后三知,所谓味、患、离,则是上述认知"五阴"部分的复述。这里重要的是,把"四谛"的佛教结论,上升为稳定的佛教原理,以及观察和处理一切现象的方法;对"色阴"如此,对其余四阴,也是如此。于是"四谛"不但是人生观,而且成了认识论和方法论,充分地显示出它的普遍意义来。所谓"三种观义",谓"于空闲树下露地,观察阴、界、入,正方便思惟其义"。也就是把"四谛"的原理从运用于"五阴",推广到观察"十八界"和"十二入";将"阴、界、入"统一到"四谛"的框架内观想和思考。

安世高译有单行本《七处三观经》,可见这一思想起源极早,作为修习方法,流行极广。安世高还另译有《阴持入经》,将"三观"单独成经,对中国两晋以前的佛教也影响不小。像《俱舍论》等,即将"三观"改为教学上的"三科",成了佛教入门的科目。此等理论结构都与《杂阿含》这里的讲法接近。

将"四谛"说突出起来,并提升为佛教的觉悟标志的是卷一五第379经。此经题名《转法轮经》,此中记谓:"佛住波罗㮈鹿野苑中仙人住处。尔时世尊告五比丘:此苦圣谛,本所未曾闻法,当止思惟时,生眼智明觉。此苦集、此苦灭、此苦灭道迹圣谛,本所未曾闻法,当正思惟时,生眼智明觉。复次,苦圣谛智当复知,本所未闻法,当正思惟时,生眼智明觉;苦集圣谛,已知当断,本所未曾闻法,当正思惟时,生眼智明觉;复次苦集灭,此苦灭圣谛,已知当作证,本所未闻法,当正思惟时,生眼智明觉;复以此苦灭道迹圣谛,已知当修,本所未曾闻法,当正思惟时,生眼智明觉"。复次,"此苦圣谛已知,知已出";"此苦集圣谛,已知,已断出";"苦灭圣谛,已知,已作证出";"苦灭道迹圣谛,已知,已修出";于此四圣谛亦个个"生眼智明觉"。据此,世尊最后总结:"我已于四圣谛三转十二行。"

此处的"五比丘",传说是悉达多太子离家出走时随行侍卫他的仆从,太子得道后,第一次说法,就是在鹿野苑对这五人讲的"四圣谛";这五个人也就成了佛陀的第一批弟子。佛陀告诉他们,这"四圣谛"是他的个人创作,对任何人来说,都是"所未曾闻法"。于是他为他们讲了三遍(三转),首先向他们宣说他对世间和出世间所作的四个基本判断,所谓"此苦圣谛……此苦集、此苦灭、此苦灭道迹圣谛",略称"苦、集、灭、道"。其次,告诉他们应该去把握和正确对待这四圣谛,所谓"苦圣谛智当复知……苦集圣谛已知当断……苦灭圣谛已知当作证……苦灭道迹圣谛已知当修",简单说,就是对"四谛"中的"苦"要知,"集"要断,"灭"要证,"道"要修。最后,佛告诉他们,认识和修习的最高结果,乃是"此苦圣谛已知、知已出……苦集圣谛已知已断出……苦灭圣谛已知、已作证出……苦灭道迹圣谛已知、已修出"。"出"是完成了的意思。就是说,还要做到苦已知,集已断,灭已证,道已修。于此四谛作三次讲述,称为"三转四谛",每次又各有重点,并提出与之相应的要求,所以就有十二个不同的重点和要求,是谓"十二行"。这"三转四谛十二行",每转每谛每行,都必须"正思惟",都能产生"眼智明觉":"眼"能正观察,"智"能正思惟,"明"对治无明,"觉"对治不觉,总之,都是为了通向觉悟,而觉悟了即是"佛"。

佛陀完成了这三遍说法之后,告诸比丘:"我于此四圣谛三转十二行,不生眼智明觉者,我终不得于诸天、魔、梵、沙门、婆罗门闻法众中为解脱、为出、为离,亦不自证得阿耨多罗三藐三菩提;我已于四圣谛三转十二行,生眼智明觉故,于诸天魔梵、沙门婆罗门闻法众中得出得脱,自证得成阿耨多罗三藐三菩提。"这是佛陀最明确的宣示:他的"四谛"说是佛教区别于其他一切宗教哲学派别的唯一特性,所谓"缘起"论、"三法印"等等,只有在"四圣谛"的理论框架中才具有佛教的意义,才能表达佛教的思想。此说值得注意的是,"四谛"是佛需要证得的无上菩提的内容,而非一般认为的只是声闻阿罗汉证得的真理。《杂阿含》就这样随时随处夹杂一些大乘观念于其中。

"四谛"说概括了早期佛教的全部人生观,它的高度抽象,可以容纳一切佛说,解释一切佛说,而且简要明晰,有足够的理由把它作为佛教的基础教义。但是,这是否是佛的第一次说法,瞿昙是否由此而成佛,这也是一个问题。因为第379经还继续记:"世尊说是法时,尊者憍陈如及八万诸天,远尘离垢,得法眼净";"地神举声唱言",世尊于此所转法轮,"诸沙门婆罗门、诸天魔梵所未曾转,多所饶益,多所安乐……利安天人,增益诸天众,减损阿修罗众。地神唱已,闻虚空神天、四天王天、三十三天、焰摩天、兜率陀天、化乐天、他化自在天,展转传唱,须臾之间闻于梵天身",梵天亦"乘声"如此唱言。就是说,佛在当时并非只是向五比丘说,当时天神地祇都是听众,而这样的传闻,显然是在佛陀被神化了以后的大乘才有可能。

此经也有单译本,也是东汉安世高译,即名《转法轮经》;唐义净再译,题名《三转法轮经》,说明这个传说在中国影响既广且久。但是,最早的译本里全无"五比丘"的记载,"时有千比丘、诸天神,皆大会侧、塞中",佛是在这样一个天、人共集的大会上讲的。如果是佛初次说法就有千比丘参与,不合情理;而让诸天神也来与会,当是与婆罗门教斗争取得一定成果的反映,应该是更后一些的事了。唐译本虽说此经是为五比丘说,但却略去了这是佛陀独创的"未曾闻法",更没有说瞿昙因此而得"无上菩提"。这也可能表现了大乘佛教学者对"四谛"的一种态度,但也可能反映了"四谛"是相当成熟了的学说,而成熟的学说,一般不会是最初一次就完成的。总之,是讲十二因缘还是四谛,或者开始都不那么系统,始终是个待决的问题。

不过在《杂阿含》此后所收的诸经中,"四谛"就成了"八正道"中"正见"、"正思惟"以及"如实知"的核心内容;也可以说,"四谛"即是正见、正思惟和如实知,两者可以等同互换。卷一六第407经记,佛告诸比丘,汝等"慎莫思惟世间思惟。所以者何？世间思惟，非义饶益，非法饶益，非梵行饶益，非智非觉，不顺涅槃。汝等当正思惟：此苦圣谛，此苦集圣谛，此苦灭圣谛，此苦灭道迹圣谛。所以者何？如此思惟则义饶益，法饶益，梵行饶益，正智正觉，正向涅槃"。据此，四谛既是修习者的思维对象，也是观察世界人生的方法，是与"世间思惟"自觉对立的世界观。

什么是"世间思惟"？《杂阿含》不全是泛指"思惟世间而思惟"，而是包括一切与趣向涅槃无关的思维和议论，如第408经讨论的世间有常无常、有边无边、命与身是一是异、如来死后是有是无，第411经讨论的"王事、贼事、斗战事、钱财事、衣被事、饮食事、男女事、世间言语事、事业事、诸海中事"，第414经议论人的宿命、作何等业、为何工巧、以何自活，还有诸比丘内心所起的"亲里觉、国土人民觉、不死觉"，以及贪恚害等觉，统属"世间思惟"；反过来，佛教需要的思惟，则必须置于"四谛"的指导之下，以正确认识和把握"四谛"。是故，佛要求诸比丘唯一的任务，就是"受持四谛"，而诸比丘亦以受持四谛为思想上的最高境界，所谓"如如不离如，不异如，真实审谛不颠倒"。此处的"如"指的就是四谛；"如如"即是如"四谛"；意谓一切思惟言行，应该皆与四谛相应。

据此，第419经等即把"四谛"说成是佛教的标识性理论，等于佛法之"法印"：凡于"四谛"有疑者，就是对佛对法对僧有疑；凡佛法僧有疑者，就必定对"四谛"有疑。"四谛"与"三宝"变成了二而一、一而二的事。此后佛教的一切修为，全都围绕"四谛"进行，是出离五道轮回，还是下生地狱，全看是否能于"四谛"如实知，所以第430经等说，若于此四圣谛"不如实知，当只是沙门婆罗门，或堕地狱"。

五、附　记

《杂阿含》所收1362小经，使它也不能不"杂"。有部、瑜伽、般若、中观的思想都有，但还不能包括它的所有"杂"论。有时只是一个百余字的小经，就可能表达一种思想，表现一种风格，要想一一归类，实在过于繁琐。这里将带有一定意义的几个问题,略作附记,以见一斑。

附记一:"三十三天"进入佛教领域的情况

自卷一五,尤其是卷一八以后,《杂阿含》的宗教神话突然增多起来,中心是让佛与诸天对话,诸天归依于佛。这是一件大事,标志着佛教在大张旗鼓地对外扩展,对内则悄然地增进了新的教义。

卷二二诸经,多记佛在舍卫国祇树给孤独园时,有天子"容色绝妙",身放光明,于后夜来诣佛所,与佛和佛徒一起论说法义的故事。其中最突出的是讲述三十三天(即"忉利天")归依于佛,并最终成了诸天信仰佛、弘扬佛、护卫佛的楷模。卷一九第505经记目犍连,以神通力"没至三十三天"处,与释提桓因(天帝释)阐发世尊所说"爱尽解脱之义"。第506经则记"佛住三十三天",夏安居,"为母及三十三天说法",并解释说,能上至此天与会,听佛说法者,"皆是宿命:曾闻正法,得于佛不坏净,法、僧不坏净,圣戒成就,身坏命终而来生此"。于是一切诸天都表示,他们自身就是于佛、法、僧坚定净信的成就者。佛陀于此天聚会七日,然后下阎浮提,届时"天龙鬼神乃至梵天,悉从来下,即于此时,名此会名天下处"。这个"天下处会",在佛教中流传颇广,成了许多神话的原版。

与收容三十三天相应而变更的教义,是把佛的独尊地位泛化为"三归依",不止"法",而且"僧"也与佛平等起来。"佛、法、僧"构成了佛教的三位一体新教理,而它的实质,是突出僧的地位,尤其是在接受信徒布施供养,以及为信徒提供"福田"的条件上,僧在佛教中的主体地位,得到了教理的和神话的双重支持。

《阿含经》都有宣传"布施、持戒、生天"三论的内容,《杂阿含》也不例外,这个三论就与佛法僧三位一体相应,都是新教理,也都反映了佛教对外求发展的大趋势。相对于苦行久修而言,布施与持戒是容易做到的事;相对于渺茫的涅槃,生天则是享受快活的理想,其对于世人的吸引力,当然要比古典教理强大得多。

《杂阿含》理想的天是"三十三天",而不是"梵天",也不是"兜率天";因为"忉利天"不但与其他天一样华贵美好,天女天乐天歌天舞,一片繁华欢乐的景象,而且是佛陀唯一经常往来的天处,佛陀为诸天及其无量眷属说法,与在阎浮提聚会说法无异。卷四六第1223经记,王舍城中有一士夫,贫穷辛苦,但因为归依佛、法、僧,受持戒禁,力行惠施,所以身坏命终得生此天,而且与原有的三十三天相比,在"天寿、天色、天名称"上还要殊胜。所以只要信奉"三宝",受戒布施,就能够生到如此美好的地方,和诸天一起听佛说法,能不令人心动?

阿修罗是天帝释的天敌,两者之间经常发生规模宏大、残酷激烈的战争。第1232经记,"佛告诸比丘:过去世时,天、阿修罗对阵斗战,阿修罗胜,诸天不如。时天帝释军坏退散,极生恐怖,乘车北驰,还归天宫",路经丛林,有诸多金翅鸟子,帝释为保护这些生类,命令回车,并告知他的部下:"宁当回还为阿修罗杀,不以军众蹈杀众生"。结果,阿修罗部误认为是一种战争谋略,即惊恐退走,溃归阿修罗宫。于是佛说:"彼天帝释,于三十三天为自在王,以慈心故,威力摧伏阿修罗军"。

这样,天帝释提桓因就成了践行佛说的典范,同时被树立为比丘学习的榜样。卷四〇第1108经记二比丘共诤,一个骂人,一个沉默,一个悔谢,一个不受,一些比丘为之劝谏。佛乃援帝释的故事告诸比丘:"释提桓因于三十三天为自在王,常行忍辱,亦复赞叹行忍者,汝等比丘正信非家、出家学道……应当学。"第1109经记,帝释与某阿修罗王各自作偈立论,双方智者最后评说:"阿修罗王教人长夜斗讼战诤……天帝释长夜教人息于斗讼战诤",遂判帝释"善论得胜"。于是佛告诸比丘,"释提桓因以善论议伏阿修罗……汝等比丘亦应如是"。卷四〇的许多经,都是记述帝释具有的种种佛教品格,通过让比丘学习,而向在家的民众推广。第1111经等,记帝释严驾千马之车,欲诣园观,届行时,先"东向礼佛",然后解释说,"我实于一切世间大小王及四护世主、三十三天众,最为其尊",所以大家都来恭敬,但是"复有世间随顺等正觉,名号满天师,故我稽首礼"。于是帝释又成了世间一切王者必须礼佛的典范。

此处增添的教理,是"忍辱",是息斗非战。"忍辱"与布施、持戒一起,后来都纳入了大乘"六波罗蜜多"之中;息斗非战则铸造成佛教"无诤"、和平主义以至不抵抗主义的性格。在世界诸大宗教中,佛教是最无抵抗力,也最缺"复仇"意识的。

卷二二第592经记给孤独长者,急于见佛,夜半出城,突然天地暗冥,心怀恐惧,身毛为竖,欲退不往,"时城门侧有天神住",即放身光,普照路径,直达佛修行的"寒林丘冢间",告知长者"汝且前进,可得胜利,慎勿退还"。并介绍说,他先"于尊者舍利弗、大目犍连,所起信敬心,缘斯功德,今得生天,典此城门"。于是给孤独"作是念:佛兴于世,非为小事;得闻正法,亦非小事,是故天神劝我令进"。后见佛听讲"诸法无常,宜布施福事、持戒福事、生天福事,欲味、欲患、欲出,远离之福"等等,即合掌白佛"我从今日尽其寿命,归佛、归法、归比丘僧,为优婆塞"。这也成了须达多为佛在舍卫国建造精舍的因缘。于是只要信仰佛教,哪怕只是信敬佛的弟子和一般比丘,生时即可得到天神的佑护,死后更能生天而为天神,担任世上种种场所的官吏。

卷四〇第1117经记世尊说,"于(每)月八日,四大天王敕遣大臣,案行世间,为何等人供养父母、沙门、婆罗门,宗亲尊重,作诸福德,见今世恶、畏后世罪,行施作福,受持斋戒;于月八日、十四日、十五日及神变月,受戒布萨。至十四日,遣太子下,观察世间",观察的内容与上同。"至十五日,四大天王自下世间观察众生"。最后"四天王至三十三天集法讲堂,白天帝释",如果观察的结果,没有多少世人按上述要求去作,"三十三天众闻之不喜",诸天众灭,阿修罗众渐增;假若相反,多有人民符合上述行为要求,三十三天心皆欢喜,阿修罗众减,诸天众增。这个故事要求践行的内容,叫做"八支斋",亦即"八关斋"的原本,它反映了佛教正把三十三天及其部属收为监督世间的使者,也就是让民间信仰的诸神为推行佛教服务。所以当帝释要求大众"如我所修行,彼亦如是修"时,世尊立即予以纠正:"此非善说。所以者何?彼天帝释自有贪恚痴患,不脱生老病死忧悲恼苦故";这"八支斋"没有错,但必须"如我所修行,彼亦如是修",也就是将其纳入佛教的规范。于是佛教又成了监督天神考察世人善恶,从而影响世间太平与否的力量。

这类神话极多,都围绕一个主题:要信仰佛教,要按佛教教义从事。在"天"崇拜居大众信仰的主流时,假"天"的名义布道弘教,不失为"方便"的途径。但这与佛教早期对天神的抨击相比,则是一种妥协:与其对抗,不如收容。所以在许多大乘经籍中,不但被大众尊崇的天地神圣,连为大众恐惧的妖魔鬼怪也变成了佛徒。《阿含经》开了这样的先例,提供了"佛说"的依据,由此形成了佛教多神主义的另一类信仰系统,尽管不太为佛教学者所看重,但它在向民间推广佛教中起着巨大作用,在大众中的影响极为深远。

从《杂阿含》来看,这也许是不得已而为之。卷四六第1224经记,"王舍城人普设大会",请来种种异道,他们都想先于佛僧而为诸人"作福田"。"时天帝释作是念:莫令王舍城诸人舍佛面前僧而奉事余道,求索福田",于是化作大婆罗门,驾乘导从,往诣佛所,请佛为说福田事。佛即为说:"斯等善供养、施僧良福田……施衣服饮食,离尘垢剑刺,超度诸恶趣",总之,施僧所得福报最大,"少施收大利","自利亦利他",所以也是最上福田。由于帝释的这一番化妆安排,当大会召开时,王舍人乃为佛与诸大众"具饮食,布置床座",请以供养。这个故事,其实就是佛教纳入天神观念的社会和宗教文化背景。

当然,《杂阿含》的所有经都没有忘记自己的根本人生观,所谓"无常"云云。第1227经记世尊对波斯匿王说:"一切众生,一切虫,一切神,生者皆死……无有出生而不死者。"它们提倡的最高理想,依旧是出离生死的涅槃,而不是天。

附记二:家庭和"营生"进入佛教领域

佛教要向社会开拓,必须走进社会的基础单位,走进家庭。佛教的基本主张是出家修道,坚持"梵行"。但家庭不同。家庭是世俗中的世俗,一切世俗的根基。佛教若要走进家庭,就意味着必须彻底世俗化,适应在家者的需要,为在家者的利益着想。此中最重要的一条,是有助于世俗巩固家庭,经营家庭,使得家庭幸福。《阿含经》中保存了大量弃家离亲、禁欲厌食的故事,以及适应这一主张的种种教义,但是,也有一些如何建设良好家庭的设想,包括如何谋生、如何求食,以及如何处理家庭关系的方法,显得人情味十足。

卷四第91经为少年婆罗门说俗人在家四法,十分朴实。这四法是:"方便具足,守护具足,善知识具足,正命具足。"此处所谓"方便具足",指必须具备处世谋生和承办作事的能力:"种种工巧业处,以自营生。谓种田、商贾,或以王事,或以书疏算画,于彼彼工巧业处,精勤修行。"所谓"守护具足",指要善于依法经营,守护财物,保障人身安全:"所有钱谷,方便所得;自手执作,如法而得;能极守护,不令王、贼、水、火劫夺漂没令失;不善守护者亡失、不爱念者辄取、及诸灾患所坏。"所谓"善知识具足",指应该具备极优秀的人品和性格,包括"不落度、不放逸、不虚妄、不凶险,如是知识能善安慰,未生忧苦能令不生,已生忧苦能令开觉;未生喜乐能令速生,已生喜乐能护令不失"。所谓"正命具足",指应该正当地理财经营:"所有钱财,出内称量,周圆掌护,不令多入少出也、多出少入也。如执秤者,少则增之,多则减之,知平而舍",亦即"等入等出"。这一理财原则颇为有趣,它一面反对不量入为出,坐吃山空;一面又反对只入不出,吝啬不食:"若善男子无有钱财而广散用,以此生活,人皆名优昙钵华,无有种子,愚痴贪欲不顾其后;或有善男子财物丰多,不能食用,旁人皆言,是愚痴人,如饿死狗。"据此四法,就可使俗人在家"现法安及现法乐"。也就是让人们安居乐业,安乐居家。

为居家着想,就必须维护这个家,不能让它轻易分裂,而这与佛教倡导的非家和出家的基调是很难相容的。《杂阿含》则宁肯站在维护家庭利益的一面。第96经记老婆罗门之子"出家"一事,世尊直斥其子为"不孝",其中有偈曰:"生子心欢喜,为子聚财物,亦为聘其妻,而自舍出家。边鄙田舍儿,违负于父母,人形罗刹心,弃舍于尊老。老马无复用,则夺其麸麦,儿少而父老,家家行乞食。"这表达的是标准的儒家伦理,最容易在中国民间引发共鸣,说来是对婆罗门子的批评,但也可以看做是对佛教一味强调出家修道的反省。

《杂阿含》强调养家糊口,给家人以安乐,前提是靠自己的辛勤劳动,财物得之如法。但是,佛教提倡乞食,靠他人布施为生,这该如何解释?第98经就提出了这个问题:某日,佛向一耕田婆罗门处乞食,婆罗门言:"瞿昙,我今耕田下种,以供饮食。沙门瞿昙亦应耕田下种,以供饮食。佛告婆罗门,我亦耕田下种,以供饮食。"那么,佛陀是如何耕田下种的呢?世尊说偈曰:"信心为种子,苦行为时雨,智慧为犁轭,惭愧心为辕⋯⋯直往不转还,得到无忧处。如是耕田者,逮得甘露果;如是耕田者,不还受诸有。"此婆罗门闻说,"心转增信,以满钵香美饮食以奉世尊。世尊不受",并说,"不因说法故,受彼食而食"。这个故事很矛盾。其实,一方说法施教,一方奉食供养,这应该是公平交易,符合商品交换原则,但佛却拒绝,因为他说法换来的饮食,是因为佛教关于乞食与布施各有一套神圣的解释,不能承认在教化者与被教化者间存在世俗的买卖关系。

佛教在选择谋生手段上,还有自己的一套原则。第500经记,舍利弗为"净口外道尼"说,当时在沙门、婆罗门中流行的谋生方法有四种,即:一"下口食",所谓"明于事者,明于横法"者;二"仰口食",所谓"仰观星历"者;三"方口食",所谓"为他使命"者;四"四维口食",所谓"为诸医方种种治病"者。这些职业中,有算命占卜、星宿天象等妄说吉凶的巫觋术,也包括为他人作使和治病救人的行业。这四种谋生方式统称"邪命求食",而对于农牧工商等生产性活动,则置而不论。这比那些公然轻蔑和攻击生产劳动的佛教主张,是不小的进步。舍利弗自称,他决不以这四种邪命谋生,而坚持"依法求食"、"净命自活"。他是出家人,在谋生手段上,当然不会同于在家人。不过在这里他也没有说明这依法的"法"和净命的"净",具体指的是什么,这为改变佛教仅限于"乞食自活"的生活条件,也提供了开拓的余地。

"食"是一切生命生活的第一个前提,头等大事。这一点,佛教认识得非常深刻。只要是肯定生命,必然肯定"食"的价值,而如何谋食,始终是佛教的一个极大的实际问题。佛教的存活状况,与其谋食的方式,有不容忽视的关系。

附记三:"八众"和佛"弟子"的分化

《杂阿含》的特点之一,是某些经所记的佛教聚会,总有"八众"参加。这八众是"一刹帝利众,二婆罗门众,三长者众,四沙门众,五四大天王众,六三十三天众,七焰魔天众,八梵天众"。他们主要散见于《杂阿含》卷三五以后诸卷中,译名或间有出入。这表示佛教已经拥有神话中"天"、"魔"信徒,而克实而言,就是把信仰这类天魔的群体,当成了宣教的重点对象——这样的群体,在古印度,应该多半是婆罗门教的信奉者。这意味着,佛教力求深入到婆罗门教的领域,从婆罗门教影响下争取信众。

《杂阿含》载有多名弟子独立说法,比较集中的六人六品,即:一舍利弗说品,二目犍连品,三阿那律品,四大迦旃延品,五阿难陀品,六质多罗品。他们被编辑在卷一八至卷二一的诸经中。在这六大弟子中,没有大迦叶的地位。

谁是佛的主要弟子,或者说,谁算是佛的继承人?这是佛教内部的大事,也是佛教史学需要研究的一个问题,但仅从《阿含》看,已是众说纷纭。这里不妨先看一下卷二三所载《阿育王经》的说法。

此经记阿育王生于佛灭后过百岁之时,及其归信佛教,遵照尊者优婆崛多的建议,为"佛诸大弟子,佛之所记者"建塔,他们依次是:一舍利弗,"是第二法王,随转法轮";二大目犍连,"是神足第一",曾至天宫,降伏龙王;三摩诃迦叶,"彼少欲知足,头陀第一,如来施以半座,及僧伽梨衣,愍念众生,兴立正法";四薄拘罗,"彼无病第一,乃至不为人说一句法,寂然无言";五阿难,"此人是佛侍者,多闻第一,选集佛经"。对上述五人,阿育王的施舍多寡不同,用来表示他的评价高下。其于阿难,供养最胜,评价最高,并且讲了三条理由:"如来之体身、法身,性清净,彼悉能奉持,是故供养胜;法灯常存世,灭此愚痴冥,皆由从彼来,是故供养胜;如大海之水,牛迹所不容,如是佛智海,余人不能持,唯有阿难尊,一闻悉受持,终无忘失时,是故供养胜。"相反,对于薄拘罗,只供养一钱,评价最低,这也有个说明:"虽除无明痴,智慧能鉴察,虽有薄拘名,于世何所益!"阿育王对于佛弟子的这番议论,大体代表了世间王者对于佛教的期望:一个对于世间没有"益"处的宗教,哪怕你的智慧鉴察如何高明,也最多值一个钱;而阿难则代表了佛教世俗化的方向,是佛教长远发展的希望所在。

薄拘罗在早期佛教中似乎是很有名望,《中阿含》卷八载有《薄拘罗经》,记其自说生平,谓出家八十年,未曾有欲想;一直持粪扫衣,未受居士衣,未曾割截作衣,未曾倩他比丘作衣,未曾用针缝衣;一直乞食,未曾受居士请,未曾超越乞食,未曾从大家乞食,于中当得净好极妙丰饶食啖含消;一直未曾视女人面,未曾入比丘尼坊中,未曾与比丘尼共相问讯,乃至道路亦不共语;一直未曾畜沙弥;一直未曾为白衣说法;一直未曾得病、服药。据此,薄拘罗应该是最标准的头陀行者,头陀行者是远离独住,与人间隔绝的利己主义者,不论是如何高尚其志,其不会受到有作为的世主的欢迎,是情理中的事。

阿育王的评议,其实代表了《阿含经》形成期的佛教整个趋势。如果佛弟子都像薄拘罗那样远离独修,决不会有三藏的结集,也不会有《阿含经》的流传。

上述六品所记六大弟子,为什么没有大迦叶而有薄拘罗,以及《阿育王经》只贬斥头陀行者薄拘罗,而没有批评同是头陀行者大迦叶,这可能有些隐情,有兴趣的学者不妨作些探索。

实际上,《杂阿含》关于大迦叶的记载不算少,不过大多是记载他与阿难关系的。关于这两位弟子的关系,几乎所有的律典和《阿含》都有涉及,对他们的地位和角色,则有不同的刻画、不一样的褒贬。此处《杂阿含》所传,则又是一番情形。卷四一第 1138 经记,"阿难住于佛后,以扇扇佛",是一副从事劳务的侍者模样;世尊则对迦叶说:"汝当为诸比丘说法教诫教授。所以者何?我常为诸比丘说法教诫教授,汝亦应尔。"显示迦叶是秉承正宗佛教的学者。于时迦叶白世尊言:"今世比丘难可教授,或有比丘不忍闻说。"例证是阿难的弟子和目犍连的弟子互争"谁所知多,谁所知胜"。阿难在一旁听得似乎有些按捺不住,乃向迦叶说:"且止尊者摩诃迦叶,且忍尊者迦叶!此年少比丘,少智恶智。"意思是请尊者不必同这些少年计较,以致把状告到佛陀这里来。迦叶回答阿难:"汝且默然,莫令我于僧中问汝事!"时尊者阿难即默然住。二人的言语都不够文雅。这说明迦叶同阿难的矛盾,一直牵连到他们的弟子辈,暴露在佛陀面前,不得不由佛亲自解决。是时佛令人将争论的二比丘唤来,教育他们应持佛所说十二分教"自调伏、自止息、自求涅槃";当二比丘受教,表示悔改时,佛很高兴地接受了二人的"悔过"。然后佛说:"若有自知罪、自见罪、知见悔过,于未来世律仪戒生,终不退减。"这故事记得颇有点《春秋》笔法,余意似在言外。

第 1143 经记迦叶与阿难共出乞食,路经比丘尼精舍暂歇,受到比丘尼的礼接。于时迦叶为她们说法,有比丘尼不喜,认为迦叶在阿难面前为比丘尼说法,"譬如贩针儿于针师家卖",是不知高低。迦叶听到非常不高兴,质问阿难:"云何阿难,我是贩针儿,汝是针师,于汝前卖耶?"阿难赶快解释,这是一个"愚痴老妪,智慧薄少,不曾修习",劝他暂时忍耐一下。迦叶依旧愤愤不平,继续质问阿难,你知不知道世尊曾经当众讲过:"比丘,当如月譬住,常如新学,其唯摩诃迦叶比丘?"阿难赶紧答言:"如是,尊者摩诃迦叶。"迦叶又问:你曾经为世尊"所知所见",但"于无量大众中请汝来坐耶(此指佛曾赐迦叶于某集会中'半坐')？又复世尊以同己广大之德，称叹汝阿难，离欲恶、不善法，乃至漏尽通（此指佛曾称叹迦叶之"德"与佛同）？"阿难都一一说"不也"。表现的是阿难在比丘尼中地位崇高和对待迦叶的谦恭，而迦叶却是一付粗暴蛮横的自大面孔。

第1144经记，世尊涅槃不久，适逢饥馑，乞食难得。"时尊者阿难与众多年少比丘俱不能善摄诸根，食不知量……常求世利，人间游行，至南天竺，有三十年少弟子舍戒还俗，余多童子"。为此，迦叶对阿难大加斥责："阿难，汝徒众消灭，汝是童子，不知筹量！"阿难辩解说，我的头发都斑白了，怎么还说我是童子？当迦叶持续指责阿难是不动脑筋的童子时，有比丘尼闻之不喜，乃言："云何，阿梨摩诃迦叶本'外道'门而以童子呵责阿梨阿难？毗提诃牟尼令童子名流行。"①于时，迦叶又加罪于阿难，同时讲了一番他如何由"外道"归依于佛的经历。

这些故事无疑反映了一些佛教早期的史实，从又一个角度记录了阿难一系与迦叶系统的分歧。此处可注意的是两点：第一，阿难受到比丘尼的绝对拥戴，而对迦叶则特别反感；"毗提诃牟尼"赞扬以"童子"命名阿难，也就是承认阿难是保有纯真的长者。第二，阿难组织的僧团，比较松散，很重视僧人的现实生活问题，尤其重视维护僧团内"童子"们的利益。所以从常人看，阿难的人情味足，也很忠厚，而迦叶对阿难的发难，就佛教言，不一定没有道理，但所表现出来的，是对自己在佛教中的地位斤斤计较，心地褊狭。

这是题外话。上述经籍，普遍表露了佛对迦叶在教授比丘、传播佛法上的高度期望，而迦叶则屡屡向佛表示"今诸比丘，难可为说法；若说法者，当有比丘不忍不喜"。那么，为什么比丘们不认可、不喜欢迦叶的说法？这就需要了解迦叶在说些什么法。

---

① 此处所谓"毗提诃牟尼"不详。按，毗提诃应是跋耆国中的强国之一，摩揭陀国频颇娑罗王的夫人，阿阇世太子的生母毗提希夫人，即是毗提诃人，而跋耆比丘，在佛教分派时，曾是一股强大的势力。

迦叶素以"头陀第一"闻名，佛鼓励他修行"远离法"，他也以终生坚持"头陀行"为己任。第 1140 经记，当时一些比丘，认为所谓的"大智大德"，乃是那些"能感财利、衣被、饮食、床卧、汤药者"，所以对他们恭敬问讯，乐与言语，叹其福德。据此，佛特别告知迦叶："斯等比丘为沙门患，为梵行溺，为大映障，恶不善法"；相反，应该"为阿练若，于阿练若所称誉赞叹……少欲知足，修行远离"。1141 经记，佛告迦叶："汝今已老，年耆根熟。粪扫衣重，我衣轻好；汝今可住僧中，著居士坏色轻衣。"迦叶拒绝这一建议，白佛："我已长夜习阿练若，赞叹阿练若、粪扫衣、乞食"，这样做下去，既能使自己"现法得安乐住义"，又能令"诸有闻者，净心随喜"。佛大加赞赏，说他能"长夜多所饶益，安乐众生"，并宣布："若有毁訾头陀法者，则毁于我；若有称叹头陀法者，则称叹我。"

然而尽管如此，头陀行始终只能算做佛教的一个法门，行者寥寥，不受多数人的欢迎是必然的；阿难以多闻讲经名世，必须以聚众集会为条件，也必须解决僧众的生计问题，与独住孤行相违，也是必然的。迦叶反映的不但是佛教苦行一派，而且是一个与世隔离的封闭体系，阿难不但是佛教义学的代表，也是佛教走向生活、走向世俗的代表。

然而，有些经却把这位头陀行者刻画成斤斤计较、名利熏心的人物，与他的身份实在难以相符。第 1144 经有一段记迦叶自报身世："我自出家，都不知有异师，唯如来应等正觉"；在落发出家时，"以百千金贵价之衣，段段割截为僧伽梨，奉世间阿罗汉者"。后受佛的教诲，即追随于佛，"尔时世尊知我至心，处处下道，我即敷衣以为坐具，请佛令坐。世尊即坐，以手摩衣叹言：'迦叶，此衣轻细，此衣柔软。'我时白言：'……唯愿世尊，受我此衣。'佛告迦叶：'汝当受我粪扫衣，我当受汝僧伽梨。'佛即自手授我粪扫纳衣，我即奉佛僧伽梨"。从此即受学于"乞食"，至第九日，"起于无学"。有此资本，迦叶才能够向阿难说："若有正问，谁是世尊法子，从佛口生，从法化生，付以法财，诸禅解脱，四昧正受？应答是我。"这就像转轮王须由第一王子继承王位，"我亦如是，为佛法子，从佛口生，从法化生,得法余财法,禅解脱三昧正受,不苦方便,自然而得"。

在一切佛经中,包括全部《阿含经》,自称是佛的当然继承者,除此处的迦叶以外,别无他人。这里的迦叶,也已经不是一般的头陀行者,而是具有大神通的了。他自称"我所成就六神通智",就像一多罗叶能映照转轮圣王高大的宝像一样,映照一切:"若有于神通境界智证有疑惑者,我悉能为分别记说,天耳、他心通、宿命智、生死智、漏尽、作证智通,有疑惑者,我悉能为分别记说,令得决定。"就是说,他不仅自己修诸三昧获得神通,而且还能为一切禅修神通者解难答疑,做他们的导师。

中国禅宗把迦叶推举为自己的印度始祖,《杂阿含》的这一记载可能是根据之一。《弥勒成佛经》中记迦叶受佛之托,将僧伽梨作为信物交给弥勒,它的出处也可以追究到这里;而此僧伽梨又显然是迦叶的原物。

此外,在《杂阿含》中舍利弗占据的位置也极重要。卷四五第1212经记佛说:"汝舍利弗持戒多闻,少欲知足,修行远离",无比智慧,"为众说法,未曾疲倦。譬如转轮圣王第一长子,应受灌顶而未灌顶,已住灌顶仪法,如父之法,所可转者亦当随转。汝今如是,为我长子,邻受灌顶而未灌顶,住于仪法,我所应转法轮,汝亦随转。"按照这里记载,舍利弗也是佛指定的接班人,甚至可以作候补佛,用不着让迦叶手持僧伽梨入定,一直等候弥勒下生。这里隐隐约约反映在佛陀继承人问题上,存有分歧,而且在部派佛教中是颇为尖锐的。

附记四:婆罗门教进入佛门

上述第1144经记大迦叶自称他是"佛法子,从佛口生",实际是抄袭婆罗门教教义。第1212经更推广到佛弟子都是从佛口生的事,而且这次是佛自己说的。佛告诸比丘:"我为婆罗门得般涅槃,持'后边身'为大医师⋯⋯能拔剑刺。汝等为子,从我口生,从法化生,得法余财,当怀受我。"在这里,佛把自己的前身确定为婆罗门,是一个非常惹眼的变化,把他弟子都说成是从其口生者,就是婆罗门把自己的高贵种姓解作从梵天口中生者的翻版。

整部《阿含》，尤其是《中阿含》是大力推崇刹帝利的，婆罗门则被描绘成丑陋的，是受批判的对象；《杂阿含》尽管仍然保持对刹帝利的推崇态度，却明显减弱了对婆罗门的轻蔑和批判的色彩，像此处让世尊变成由婆罗门转生，尤为突出。此外，所谓"后边身"之说，也很特别。按《阿含经》，包括《杂阿含》在内，对于佛死后，以及一般的涅槃之后，是有身还是无身问题，或者作为"无记"，或者作为"不可知境界"，是不予讨论的。然而"后边身"的提出，打破了这一贯的态度，以至肯定佛在前生涅槃之后，依旧有"身"的存在，并且说他就是从婆罗门那里延续下来的"后边身"。

这一思想，表明佛教已经开始向婆罗门教靠拢，用婆罗门提高自己的身份，接受婆罗门的观念；或者说，婆罗门教正在向佛教渗透，开始进入佛教的领域。这也是大乘佛教的一种普遍倾向，他们的许多大师，大多以出身婆罗门自诩，就是一个例证。

这种情况，在卷二二的诸经中，也有反映。自第576至第581经，反复六次记述了一天子所说偈："久见婆罗门，逮得般涅槃，一切怖已过，永超世恩爱。"此偈是针对世尊所说法言的，而世尊毫无应对，可以看做是一种默认。

附记五："我"和"意生身"

"无我"或"非我"，是一切佛经的核心观念，且最为诸《阿含》所强调。但若当真"无我"，就会处处时时陷入尴尬。因此如何协调日常必然碰到的这类尴尬，在教理上也就出现了种种妥协。卷二二第581经，天子问佛："若罗汉比丘，自所作已作，一切诸漏尽，持此'后边身'，记说言有'我'及说'我所'不？"对此，第582经记佛答："若罗汉比丘，自所作已作，一切诸漏尽，唯持'最后身'，说'我漏已尽'，亦不著我所，善解世名字，平等假名说。"这说明"后边身"（或略作后身），任何人"涅槃"之后都是存在的，假若漏尽罗汉没有"我慢"，不再执著，就应该承认这"后边身"即是"我"，亦有"我所"，故曰："一切诸漏尽，持此后边身，正复说有'我'、'我所'亦无咎。"当然，这里没有忘记补充一句，这"我"、"我所"还是一种"假名说",但"后边身"却不是假名说。

卷三四是讨论世有常、无常,有边、无边,命即身、异身,如来死后是有、是无,以及有我、无我等问题最集中的一卷,照例,佛皆以"无记"答之。但第957经有些特殊:一个婆蹉种出家者问佛,"身"与"命"是一、是异等,佛皆答以"无记"后,婆蹉说道:"沙门瞿昙,有何等奇!弟子命终即记说言,某生彼处、某生彼处,彼诸弟子于此命终舍身,即乘'意生身'生于余处。当于尔时,非为命异、身异也。"于是佛告婆蹉:"此说有余,不说无余。"何谓有余,何谓无余?佛言,譬如火,有余(物)得燃,非无余(物)。婆蹉驳道,我见火无余亦燃,譬如"大聚帜火,疾风来吹,火飞空中,岂非无余火耶"?佛言,风吹火飞,即是有余,"飞火依风故住,依风故然;以依风故,故说有余"。据此,"众生于此处命终,乘'意生身'往生余处,云何有余? 佛告婆蹉,众生于此命终,乘'意生身'生于余处;当于尔时,因爱故取,因爱而住,故说有余"。婆蹉随喜,谓"众生以爱乐有余、染著有余,唯有世尊得彼无余,成等正觉"。

这一段对话,明确了人死后还存在与否的问题:如果还有"爱"和"乐"的追求,生命就不会停止;此生命体由于爱和乐染著而结成为"身",是名"意生身"——由意乐爱著生成之身,也就是按因果法则轮回于彼世,投生成另一种身的生命体。由此推论,世尊业已"得彼无余",也就不会再有"意生身",不会再作为生命体的存在,其实也就回答了佛死之后是有还是无的问题。在这里,承认"意生身"的存在,就是承认"有我"。除非像佛或无余涅槃了的阿罗汉,凡有爱有乐以及有对爱和乐的追求,那就意味着生命的存在,生命的不可熄灭,"我"就是实在的。在这里,"爱"和"乐"与"我",就是生命,就是生命力、生命的象征。

佛教传统的"无我"说,在这里开始突破;而"无我"说一旦突破,"无常"观也将面临危机。这也从一个方面表明,热爱生命的人,就必然有爱,必然欢乐。《杂阿含》中蕴含有对佛教早期教理的否定和新教理产生的许多因素。

但总体上,《杂阿含》更多地收容了禁欲主义的东西,特别显示了出家修道一派的某些违俗厌俗,以及由此形成的扭曲乖戾的脾气。

附记六:关于"自杀"和"血祭"

对待自杀问题的是是非非,自古就议论纷纭。佛教是什么观点?卷一三第311经记,富楼那欲去西方"输卢那人间游行",传播佛所说法教,于是佛问他,那里的人"凶恶轻躁,弊暴好骂",假若你在那里遭受"毁辱",当如之何?富楼那答道,如果他们当面暴骂毁辱于我,"我作是念:彼西方输卢那人,贤善智慧,虽于我前凶恶弊暴好骂毁辱我,犹尚不以手石而见打掷"。佛又问,如果他们以手石打掷了,那又该如何?富楼那答,彼方人依然"贤善智慧,虽以刀杖而加于我,而不见杀"。佛又问,假若彼人果真杀你,又当如何?富楼那如是答道:"脱杀我者,当作是念:有诸世尊弟子,当厌患身,或以刀自杀,或服毒药,或以绳自系,或投深坑;彼西方输卢那人贤善智慧,于我朽败之身,以少作方便,便得解脱。"于是佛大加赞叹:"善哉富楼那!汝善学忍辱,汝今堪能于输卢那人间住止;汝今宜去度于未度、安于未安、未涅槃者令得涅槃。"

这里提倡的是为传教而不惜忍辱,甚至要做到以身殉道,可以看做是佛教提出"忍辱"作为自身一种品格的背景,但它的理论基础却是把自杀当做自我解脱的手段,把杀死他人看做帮助他人解脱的方便。这种言论,无异于鼓励自杀和杀人,有可能反映了在僧众中曾经盛行过的自杀和他杀之风,因为《律藏》也有类似的记载;不过《律藏》所记佛的态度是坚决反对,"四婆罗夷"中的戒杀一条,禁止的就是这种假借解脱名义的自杀和他杀。就此而言,《杂阿含》远不如《律藏》更合乎正统教义,至于《法华经》竟至开发成一个以自杀和自残表达信仰虔诚的狂热法门,影响极为恶劣,是佛教中最少人性的糟粕之一,而中国佛教的反对者代有其人,尤以唐义净最为杰出。

但是,有些自杀的性质与煽动信仰狂热无关,卷四七第1225经记,佛陀对待一些比丘因为病痛的折磨,感到生不如死时,世尊允许他们用自杀来解脱:时一比丘"疾病困笃,委在床褥"。佛得知后前往探视,比丘白佛:"世尊,我身苦痛,极难堪忍,欲求刀自杀,不乐苦生。"佛先为他讲"五阴"无常、苦等道理,然后说:"若于彼身无可贪、可欲者,是则善终,后世亦善。"其夜,又有"二天"诣世尊所,谓该比丘"疾病困苦,思惟解脱,欲执刀自杀,不乐久生";并谓,此种死法可以认做"于善解脱而得解脱"。次日,佛即将此"天语"转告该比丘,该比丘闻后,即"执刀自杀"。于是世尊至该比丘死身处观察,然后告众比丘,此"比丘死身在地,有远离之色",表示他已经远离"世间"了;"四面周匝有暗冥之相",表示"恶魔"觅其"识神"而不可得,他已经不再住于"识神"了。总之,是"身死"、"识神"亦亡,不会再堕于轮回,等于涅槃。第1226经记舍利弗遇见同样情形的一位比丘,他对该比丘说的佛法不是"五阴",而是"六入"、"十二处"、"十八界",教理也不是"无常",而是"无我",最后归诸"无所依"(阴、界、处等都是"所依",即有条件的存在);如果做到"无所依",死后也就不会"受身"再生,也等于涅槃。所以佛说:"若有舍此身、余身相续者,我说彼等则有大过;若有舍此身已、余身不相续者,我不说彼有大过。"

　　从现在看,这是一个涉及安乐死的问题,其中的是非,此处可置而不论。但人生过程遭遇的痛苦,不只是疾病一种,是堪忍受还是不堪忍受,往往因人而异,其中关系最大的是人的价值观,也还有许多伦理道德和意志品格等方面的问题,如果把自杀作为解除自以为的痛苦的办法,从原则上说,绝对不是正确的选择。第1225经塑造的世尊形象,像一个巫;第1226经用是否会受"后有"去判断自杀是否合理,是无稽之谈。这些故事,固然不能说是佛教对于自杀行为的鼓励,但却相当深刻地反映了佛教悲观厌生的一面。可从另一方面说,自杀也是人世间最艰难的选择。佛陀对于自杀者没有苛责,而是给以宽容和理解,甚至记以宗教"解脱"的慰藉,也可以看做深表同情的人性表现。

　　与此可以对比的,是佛陀对婆罗门杀生血祭的态度。卷四第89经记世尊针对婆罗门举办的"邪盛大会"说,这类大会,"系群少特牛、水特、水牸及诸羊犊,小小众生,悉皆伤杀,逼迫苦切;仆使作人,鞭笞恐怛,悲泣号呼,不喜不乐,众苦作役,如是等邪盛大会,我不称叹,以造大难故。若复大会,不系缚群牛,乃至不令众生辛苦作役者,如是邪盛大会,我所称叹,以不造大难故"。在这里,佛不一般地反对婆罗门的祭天盛会,而是坚定地反对以牛羊等为牺牲的血祭,以及对劳作者的鞭笞和奴役。《杂阿含》也提倡"慈悲喜舍"的所谓"四梵室",反对血祭和鞭笞,就是慈悲观的一种实践。

婆罗门的此类"邪盛大会",杀戮的牲畜似乎为数极多。第93经记一婆罗门一次"以七百特牛,行列系柱,特牸水牛及诸羊犊,种种小虫,悉皆系缚",准备伤杀。佛乃指出,此等杀生求福,"实生于罪",必得苦报,建议该婆罗门"供养三火","施其安乐"。这三火,一曰"根本火",即"方便得财,手足勤苦,如法所得,供养父母,令得安乐";因为你是父母所生,所以名之"根本","以崇本故,随时恭敬,奉事供养,施以安乐"。二谓"居家火",即"如法所得,供给妻子、宗亲眷属、仆使佣客,随时给与,恭敬施安";其所以名"家",是因为"处于居家,乐则同乐,苦则同苦,在所为作,皆相顺从"。三名"福田火",即"如法所得,奉事供养诸沙门、婆罗门善能调伏贪、恚、痴者……建立福田,崇向增进,乐分乐报,未来生天"。

这一段话应是针对"事火婆罗门"说的,反对"持食祀火、求生梵天"的信仰。佛陀认为,与其杀生祀火求生天上,不如依靠自己的勤苦劳动,如法得财,供养自己的父母、家庭,令他们得以安乐;供养沙门婆罗门,也有调节贪恚痴的作用,这样也可生天。这类思想同样表现了佛陀的十足人情味,令人可亲。

联系这类主张,来看世尊对自杀的宽容及其所作宗教解释,就可以有更全面的了解。佛教在反婆罗门教的争论中,表达的人性化意向,比之直陈自己的正面主张,要浓重得多,生动得多。

附记七:关于《杂阿含》的文体和文采

据《大正藏》统计①,《杂阿含》共收经 1362 种,除去卷二三第 604 经和卷二五的第 640 经及第 641 经,即《阿育王传》,共四十八卷,收经 1359 种,平均每卷收经 28 种之多,可见每经篇幅之小,有些不足百字。因此,论说的主题很集中,也单一,或只是同一个主题的一个片断;又往往用许多个小经的关联表达出一个完整的思想。但这些小经,文字多秀美,含义颇深邃。像卷五〇所收诸小经,显示出一种触目见道、闻声觉悟的睿智,就甚有趣味。

第 1358 经记一"异比丘"见一"贫士夫"在林侧"作如是希望思惟":"若得猪一头,美酒满一瓶,盛持瓯一枚,人数数持与。若得如是者,当复何所忧"!"时比丘作是念:此贫士夫尚能说偈,我今何以不说?即说偈言:若得佛法僧,比丘善说法,我不病常闻,不畏众魔怨"。这是从人的意欲美食佳酿、友朋聚会中,启悟归依佛法僧。

第 1361 经记一"异比丘",见一对"丈夫与妇,相随度河,住于岸边,弹琴嬉戏,而说偈言:爱念而放逸,逍遥青树间,流水流且清,琴声极和美。春气调适游,快乐何过是!"此比丘乃作偈答之:"受持清净戒,爱念'等正觉',沐浴'三解脱',善以极清凉;入道具庄严,快乐岂过是!"

我想,这情这景这心绪,假若是原文,可能比这译文还美。

第三节 《中阿含经》中的诸弟子和佛教走向社会

按东晋道慈的《中阿含经序》,此经是在道安组织的旧译本上的重译;道安本不传。道安原来也有个序,现亦佚。道慈是新译的笔受者,其序谓此经:"凡有五诵,都十八品,有二百二十二经,合五十一万四千八百二十五字,分为六十卷。"这个译本与旧译相比,"大有不同"。道慈曾将新旧二译的若干差别抄下,别为一卷,今不得其详。现存本与道慈序所

---

① 本文所引经的号数,悉以《大正藏》所标为准。

言经数和规模完全相合，是四部《阿含》中篇幅最大的一部。

与其他《阿含》的内容相比，《中阿含》宣讲出世因果的原始教理较少，而讲世间报应的成分很多；记载佛陀本人的言行较少，陈述弟子使徒的活动很多；教诲出家僧尼的内容较少，与居士、婆罗门的对话很多，整体上表现了佛教向现实社会推进、特别是向社会上层推广的态势。从它为十八品题的品名里，可见一个大概。这十八品依次是"七法"、"业相应"、"舍利子相应"、"未曾有法"、"习相应"、"王相应"、"长寿王"、"秽品"、"因品"、"林品"、"大品"、"梵志"、"根本分别"、"心品"、"双品"、"大品"、"脯利多"、"例品"。每品大致集中讲与一件事、一个人或一种思想相关的因缘主张，而每品之间，并无内在的逻辑联系。

此中开首《七法品》的第1经《善法经》记："世尊告诸比丘，若有比丘成就七法者，便于贤圣得欢喜乐、正趣漏尽。云何为七？谓比丘知法、知义、知时、知节、知己、知众、知人胜如。"我们不妨把这段话看做是组织《中阿含》的一个总纲，在一定程度上表达了它的特殊性方面：第一，它是佛陀对"比丘"说的，比丘是接受这部阿含经的主体；第二，统领"七法"的是"知"，知此七法就能促进比丘修习"贤圣"之道，趣向涅槃，因此，"知"即"智"是一切修道的统帅；第三，所知"七法"中的"法"与"义"，指的是佛所说法及其义理，"时"与"节"指修习这些"法"、"义"达到的程度火候，以及合理地调节自己的生活节奏；"己"与"众"，指对己要有自知之明，清楚自己把握"法"、"义"的水平，同时了解大众的阶级成分和信仰结构，以便恰当地应对；最后所谓知"人胜如"，指宣教的对象对于佛教信或不信的态度以及信仰者可能的接受程度之类。总此三点的中心，是要求比丘首先自己学好佛法，精通教义，以成就贤圣，此谓之自我饶益；同时熟悉社会，了解大众，以能符合大众需要和能够接受的方式积极广布佛教，此即谓之饶益众生。于是，在佛教发展方向上有重大意义的所谓"自利利人"的观念，从这里开始形成；同时也标志着佛教的对外大拓展，正在积极准备。《中阿含》宣说的基本内容和基本任务，即在于此。

所谓"法"是个外来语,音译"达磨",含义异常广泛。佛教把它作为自己的基础概念,运用的范围几乎没有限制,使用的频率没有比它再高的了。这里所谓的"法"是特指,即佛所说法,而且这佛法也有一个界限明确的规定:"云何比丘为知法耶?谓比丘知正经、歌咏、记说、偈陀、因缘、撰录本起此说、生处、广解、未曾有法,及说是义,是谓比丘为知法也。"从"正经"到"未曾有法"相当所谓的"九分教";有关九分教的内容,《法华经》、《大涅槃经》等佛典自身的说法就不太一致,此处是又一类说法;不过有一点相同:它们都把九分教当作佛教最早的教法形式。不但要知道这些教法的形式而且还要知道它们各自的义理,这才叫"知法"。所谓"知义",就包含在"知法"中。至于这些"法"、"义"具体指谓的是什么,那就是这部《阿含经》所说的内容了。

《中阿含》的最后一品的第 10 经《箭喻经》,可以作为这部《阿含经》基本精神的集中表达,我们也可以用这基本精神观察它的全部论述。此经有失译同名的单译本,附《东晋录》,可见颇受中国佛教界的注意。它说,世尊关于"世有常、世无有常、世有底、世无底,命即是身、为命异身异,如来终、如来不终、如来终不终、如来亦非终亦非不终"等形而上问题始终舍置不答,既不肯定,也不否定,使一些弟子困惑不解,遂向世尊请教。于是世尊告诸比丘,讨论这类问题是愚蠢的。因为比丘出家追随佛陀,是为了"学梵行",而不是为了争论常无常一类不着实际的问题,"彼愚痴人竟不得知于其中间(讨论中间)而命终也"。据此世尊譬喻说:"犹如有人身被毒箭,因毒箭故受极重苦,彼有亲族怜念愍伤,为求利义饶益安隐,便求箭医。然彼人者方作是念:未可拔箭,我应先知彼人如是姓、如是名、如是生⋯⋯弓色为黑为白,为赤为黄"以及应先知弓弦为筋为丝,箭杆为木为竹,箭缠为牛筋为獐鹿筋,箭镞为铍为矛,如此等等,"彼愚痴人竟不得知,于其中间而命终也"。于是作结说:"以何等故我不一向说此?此非义相应,非法相应,非梵行本,不趣智,不趣觉,不趣涅槃。"那么何等法为佛所"一向说"呢?"此义我一向说:苦苦、习苦、灭苦、灭道迹……我一向说此,此是义相应,是法相应,是梵行本,趣智趣觉,趣于涅槃。"这就是说,"四谛"才是义,才是法。不过也可以抽象界定:"所谓法者,初善中善竟亦善,有义有文,具足清净,显现梵行。"即文义从头到尾俱善,清净十足而又能显示"梵行"者,始得为"法"。

一句话,离苦、趣灭、修梵行,而且最终反映在"四谛"上,就是《中阿含》所说"法"与"义"的主要内容。其中用"梵行"来表述出家修道,有些特别的意义。"梵行"的"梵"是来自婆罗门教,"梵行"则是面对婆罗门教的梵天崇拜,便于争取和抗衡婆罗门而采用的一种修行主张。据说这种修行,可以死后生"天";修行的核心,则是"离欲"。在"离欲"这一点上,佛陀认为他的主张与婆罗门没有区别,但后者遗弃了自己的主张,变得贪欲无厌,佛教应该取而代之。

《中阿含》等早期佛典借用"梵行"一词,也在吸取婆罗门教有关生天趋乐的成分,最终还将其改造成佛教的一大信仰系统。由此确立的所谓"天论",不但日益丰富着佛教的宗教神话,而且影响了佛教哲学和佛教理想的开展。

一、诸佛弟子的佛教观

由弟子出面传教,是佛教对外扩充的反映,是从深山密林走向世俗社会的重大举措。这些弟子都传播了些什么,他们与佛教的分头发展,以至形成部派,有无内在的联系,是早期佛教思想中的重要问题。《中阿含》给人以深刻印象的,是它特别突出了舍利弗、阿难、大迦旃延等人的地位,后人所谓的"十大弟子",已略见眉目,从中可以发现佛教初传期的一些主要趋向。

1. 舍利弗和目犍连以及他们的佛法特色

传说法犊子部与舍利弗的关系密切,现存《舍利弗毗昙》,即名《犊子毗昙》。《中阿含》单开《舍梨子相应品》,共收十一经,分量不小,其与犊子部的关系不可小觑。在这些经里,舍利弗担当着为大众说法的角色,并屡屡得到佛的赞扬和肯定:"善哉善哉,舍梨子,汝极甚善。"有时佛作略说,舍利弗广演,佛则给予赞叹印可。《分别圣谛经》记佛赞"舍梨子比丘,聪慧、速慧、捷慧、利慧、广慧、深慧、出要慧、明达慧、辩才慧","成就实慧",原因在于,"我略说此四圣谛,舍梨子比丘则能为他广教,广观,分别发露,开仰施设,显现趣向"。《师子吼品》记佛对舍利弗的信托,谓:"汝去,随所欲,诸未度者当令得度,诸未脱者当令得脱,诸未般涅槃者令得般涅槃。"在这里,舍利弗成了佛最信赖的使徒;他所弘扬的中心教义,当然也应该是佛嘱托他的"四圣谛"。但从他实际传法的内容看,他还有自己的许多特色。

特色之一,是诸行以"戒"为首。

关于修道上的"三学"之分,可能首先出在这个派系中。《成就戒品》记,由于阿难没有在大众中公开支持舍利弗的观点,受到佛的严厉批评:"汝何以故纵而不捡!汝愚痴人,无有慈心,舍背上尊名德长老。"这位被佛称为"上尊名德长老"的人,就是舍利弗。舍利弗与阿难间存在严重分歧,在这里算是显露的一角。那么,舍利弗在大众中提出的观点是什么呢?归结起来是这样的:"若比丘成就戒、成就定、成就慧者,便于现法出,入想知灭定,必有此处;若于现法不得究竟智,身坏命终,过抟食天,生余意生天中;于彼出,想知入灭定,必有此处。"这一观点当场受到尊者乌陀夷的质疑:"若比丘生余意生天中出,入想知灭定者,终无此处。"

此"灭想知定"或"想知灭",当是婆罗门教提倡的"想受灭定",新译"无想定",此定于"四禅"中修习,据说那时一切思维知觉全部熄灭,等同涅槃,死后可生"无想天";后来佛教对于此定普遍取否定态度,而比较肯定于"四无色定"中修习的"灭尽定"。这里发生的分歧,是在共同承认"灭想知定"基础上发生的,即尚未成就"究竟智"者,于"意生天"(按后文解释,此指色界天;"抟食天"指欲界天)中能否入"想知灭"?舍利弗是肯定的,乌陀夷表示怀疑,阿难则不表可否。这涉及修习上的许多问题,经文没有就此再展开讨论,而是让舍利弗说"五法"来作结论,谓:"长老比丘若有五法,为诸梵行者爱敬尊重。"它们是:一,修习戒禁守护从解脱,善摄威仪礼节(此指"戒禁");二,广学多闻,受持不忘,积聚博闻,所谓法者,明见深达(此指"多闻");三,得四增长心,现法乐居,易不难得(此指"禅思");四,修行智慧,观兴衰法,圣慧分明,以正尽苦(此指智慧);五,"诸漏已尽,无复有结,心解脱,慧解脱,于现法中自知自觉,自作证成就游,生已尽,梵行已立,所作已办,不更受有,知如真"(指"漏尽",亦是漏尽的标准)。

如此五法,实是"三学"的扩展,但不是泛泛而谈。其把守戒作为一切比丘修行的首位,是非常自觉的,与强调"多闻"求"智"为先者,明显不同。在这里,舍利弗与大迦叶的重律派接近。不过,这只是对出家修行者的要求,属于"出世间法"。

《梵志陀然经》记梵志陀然,"不欲见佛,不乐闻法……不精进,犯于禁戒:彼依傍于王,欺诳梵志居士;依持梵志居士,欺诳于王"。此"梵志"指以修梵行、求梵天果报为志向的人;有时也指佛徒的出家者。舍利弗听说后,对陀然加以责备,陀然回答道,我是在家的修行者;在家者,"以家业为事,我应自安隐,供养父母,赡视妻子……及布施沙门梵志,为后'生天'而得长寿,得'乐'果报",因而无可置疑,他是一向从法的。这里的修梵行,已经驱除了出家"离欲"的规定,唯以"生天"为目的了。舍利弗没有批评他期望生天有什么不对,而是就此作了一个很重要的补充,讲了一套用因果业报支撑的牟利原则和社会伦理。大意说,不能因为你是为了父母子女,或是为王、为天以至为先祖,就可以去作恶赚钱;即使不是为了你自己,假借为了他人去为非作歹,也终不免地狱之报,而应该是"可得如法、如业、如功德得钱财";只有如此得来钱财,才是"尊重奉敬孝养父母,行福德业,不作恶业",并会得到父母的爱念。同样,也应该如此爱念妻子。

经过舍利弗的如此化导,这位陀然归依了佛门,成了优婆塞;于是,舍利弗进一步教他"生天"之法,即所谓"四梵室"法:"慈、悲、喜、舍。"陀然进一步发挥说,在"五道"诸天中,"梵天最胜";世尊所说的"四梵室",即是不论男女,"修习、多修习断欲,舍欲念,身坏命终生梵天中"。由于它的直接目的是投生梵天,故此"四梵行"亦称"梵天法"——此所谓"慈悲喜舍",后来通称"四无量",被规定为佛教修习中必须树立的观念,也是大乘菩萨行以"慈悲"为怀的原型。

以生天为目的的修持,是"世间法"。在这里,舍利弗提倡世间法,而且教你如何赚钱、理家而不违业报法则。这看起来很矛盾。舍利弗自己的解释是:"彼诸梵志,长夜爱著梵天,乐于梵天,究竟梵天,是尊梵天,实有梵天,为我梵天,是故世尊,我如是应。"意谓,此说是就其所好作方便之谈,由此可以引导在家者依法取得财物,避免作恶;亦可调节贪欲,避免非法行欲,令他们守护戒禁,有所制约。

舍利弗的思想,就是佛教向社会基层开放的表现。佛教要面向社会,就必须承认家庭存在和亲属间相互关爱的合理性,从而也得承认经理财物的必要性,以及身处世间,依然有实现离苦求乐的可能性。由此开始,佛教的基本教理就得变成如何规范世俗的生活,而不是从根本上否认世俗生活。其结果是为佛教走向世俗社会,不断深入社会开辟了一条广阔的大道;也为佛教发挥社会功能,提供了充足的空间;优婆塞,以及优婆夷则成了佛教在世俗社会的基干和影响其他社会成员的桥梁。

舍利弗当时用以指导世俗化的所谓"四梵行",基本内容是:"心与慈俱……普周一切……无结无怨、无恚无争";"无量善修,遍满一切世间成就游"。就是说,"心"要永远与慈爱相伴,"行"要永远与人为善,而且要体现于处理世间的一切事务中。

舍利弗在这里为佛教的世间信徒确立了一个重要的行为准则,同时也找到了一个掌握社会大众、影响社会的伦理学支点。

保证这一"慈"、"善"准则得以实施的是"戒"。《教化病人经》记,长者给孤独,病重危笃,请舍利弗为其说法。舍利弗说:"长者莫怖!所以者何?若愚痴凡夫成就不信,身坏命终,趣至恶处,生地狱中;长者今日无有不信,唯有上信;长者因上信故,或灭苦痛生极快乐,因上信故,或得斯陀含果,或阿那含果。"此处所谓"上信"指的是戒律化了的信仰,把信仰贯彻到了依戒律而作为上,所以又说,愚痴凡夫"因恶戒故",以及由此而来的不多闻、贪悭、恶慧、邪见等,身坏命终将趣生诸恶道中;反之,因善戒、多闻、惠施、善慧、正见等,则降生极快乐处,或得贤圣果报。给孤独听后,"病即得差,平复如故",并大加赞叹:"善哉善哉,为病说法,甚奇甚特……我闻教化病法,苦痛即灭,生极快乐。"但是,在家信徒的戒与出家比丘的律有本质的不同。此经记某位"天"神用本身作榜样,对给孤独长者说,"我因三归、受持五戒,身坏命终生四天王天",并劝他也去佛处接受"三归、五戒"。此"三归、五戒"就是专为在家信徒设置的,是优婆塞戒的核心。

给孤独音译须达多,传说是佛陀时代著名的优婆塞,他为佛陀在舍卫国中建造了有名的房舍,即祇园精舍,成了佛陀说法的重要据点。于是佛教就这样走向了社会大众,开展了大普及。

《阿含》之提倡生天,在《增一阿含经》中有更集中的论述。它与中国道教的神仙信仰有许多相似的东西。此类经籍传译过来,同中国道教发生过什么关系,颇值得注意。但有一点可以肯定,中国佛教中的不少名僧,期望生天而非涅槃,在教理上则尽量包容道教神仙之说。认为人人都可能成为天神仙人,是中国本土宗教的一大共性。

特色之二,是出世以"智"为本。

舍利弗自称"得智,生已尽,梵行已立,所作已办,不更受有,知如真"。这段话,在《阿含经》里已经格式化,表达了与以生天为目标的世间法相反的,完整意义上的"出世间"之道。此中"生已尽",指修行至此,生死已经全部结束了;"不更受有",再也不会受生有身了;"梵行已立,所作已办",按佛教教理,该修该作的事已经修作完毕,再也无可修作的了,这就达到了"不生"的要求,是谓之"解脱";但是,要真正实现"不受后有"即涅槃的目的,还必须对自己已经修到"不受后有"的程度有所自觉,是谓

"知如真",此名"解脱知见",即对解脱的自觉。完成这一总过程的,就是"智",智的任务就是去实现解脱和成就解脱知见。

行者如何获得此智?舍利弗有个解释,"生者有因;此生因尽,知生因尽已",即可"自称说得智"。据此,智包括两方面的内容,即知"生"的原因和知"生因尽"的途径。那么,"生者何因何缘?为从何生,以何为本?"舍利弗答:"生者因有缘有,从有而生,以有为本。"于是进一步推论:"有者因受缘受,从受而生,以受为本……受者因爱缘爱,从爱而生,以爱为本。"到此为止,转过来讨论"云何为爱"?答曰:"谓有三觉:乐觉、苦觉、不苦不乐觉;于中'乐欲'著者,是谓为爱。"梵行的目的,在于"于三觉中无乐欲著";方法则是知"此三觉无常法、苦法、灭法;无常法即是苦;见苦已,便于三觉无乐欲著"。这就是"十二因缘"理论的起始,也是"有"的原始含义。世尊据此总结说:"所觉所为即皆是苦。"此处所谓"觉",是"受"的异译。佛的智慧,就是认识一切感受通统是苦,"受"是诸苦的本原,亦是人生的本原;而灭苦不生的重点是对治"受",做到"无乐欲著"。以"受"为苦原的观点,在《杂阿含》中有更多的陈述。

佛对于舍利弗这些说法,特别赞扬,谓舍利弗必能以异文异句代佛解答种种疑问,以"舍利弗比丘深达法界故"。

舍利弗在佛陀之外,还师事一位名拘绨罗的学僧。除《长阿含》外的其他《阿含》都记有他说法的事,他在当时的地位可能很高,受到佛徒的相当尊重,故以"大"称之。大拘绨罗的生平不详,有说他也是佛弟子;但从舍梨子经常向他问道,而且把他的教导看做同释迦牟尼同等的权威看,至少表明舍利弗所学,不是唯师释迦一人。《大拘绨罗经》就是专记舍利弗向大拘绨罗请教如何"入正法"的事,问的中心是"智"。

什么是"智"?"智"的首要表现,是正确判断善恶以及了知善恶产生的心理根源,所谓"知不善及不善根":"不善"是身、口、意"恶行";"不善根"为"贪恚痴";以及"知善、知善根":"善"谓身、口、意"妙行";"善根"为"无贪无恚无痴"。如此了知善恶及善恶的根源,就是正见、正法,即谓之"智"。

"智"的另一重要功能是"知如真":正确的认识应如其面对的对象那样真实,亦即符合实际,而不虚妄。所谓"如真",相当"谛"义,与后来多译作"真如"或"如",意思大同。

特色之三,是把"知食"和"食灭"作为"智"的首要任务。

《大拘絺罗经》提出许多应该"知如真"的对象,首先是"知食如真",即认识"食"及与"食"相关的真理:"知食如真,知食习,知食灭,知食灭道如真。"

"食"是维系生命的根本元素,无食就无生命;要讨论生命问题,不可避免地要涉及这个问题。大乘以救助众生为己任,首先要解决众生"食"的问题,所以把布施作为六度之首;小乘以无生为归宿,所以以如何禁食、灭食为修习的一大法门。由于众生有"三界六道"之分,作为维系他们生命的"食",内涵和外延也都有些特殊,因而有所谓"食如真"的问题,需要特别的"智"去认识,故问:"云何知食如真?谓有四食,一者抟食,二者更乐食,三者意思食,四者识食。"此"四食"中的抟食,亦称段食,是从进食方法上定义的"欲界有情"的食物,是人和其他生命体赖以存活和享乐的物质保障。其余三种中的"更乐食",即"触食",亦译作细滑食、乐食;广义说,触是生命主体与外界环境接触的第一通道,没有与外界的接触,也就不会有生命主体的存在;狭义说,快乐要通过"触"的渠道来接受和实现,生命主体为了追求快乐,才会得以维系和延续,因此,以触为食就成了生命的一种表征。"意思食",亦作意食、思食、念食、业食等,主要指欲求、意愿、希望等,认为众生特定的欲求和愿望以及与之相应的行为,是导致该众生流转世间特定界道的主要原因;也就是说,希望和欲求是支持生命得以维系和延续的动力,也是决定生命质量的内因,因而列在"食"的范畴。所谓"识食"的"识",相当于心,泛指生命的精神主体;生命之所以为生命,就在于有能统一身体的精神主体;没有识,也就没有生命,从这个意义上说,精神与生命可以划等号。在三界中,像色界诸天已无抟食;无色界诸天既无抟食、亦无触食,唯以意食、识食支持生命;而人,则四食都是必需,缺一不可。

此四食之论,为佛教多家普遍赞同,解释多种多样,而舍利弗当是最早的倡导者或倡导者之一。其中的分析,尤其是在公认的物质条件和精神活动之外,指出快乐的感受和对未来的希望也是生命的构成部分,大大丰富了生命的内涵,对于考察人生,研究人生观,是极有参考价值的。

按这里所记舍利弗的观点,既然"生"是苦的源泉和苦的象征,所以维系和延续生命的"食"也就成了必须断灭的对象;而为了灭食,就要观察食所以产生的原因,所谓"食习"。这里的"习"与"集"同,相当于"积习",即屡习累积而成。那么,"云何知食习如真?为因爱便有食"。这里的"爱",或指主观本能对食的需求,或指对美食的客观贪欲,总之,爱是生"食"的直接原因。是故"爱灭食便灭,是谓知食灭如真"。用什么方法灭呢?那也须要"智":"云何知食灭道如真?谓八支圣道。"即"八正道"。八正道代表了一切修道途径。由是大拘缔罗作结说:"若有比丘如是知食如真,知食习、知食灭、知食灭道如真者,是谓比丘成就见,得正见于法,得不坏净,入正法中。"舍利弗由此欢喜奉行。

不是把"灭淫"作为解脱的首要任务,而是把"灭食"列为"知如真"的首要内容;不是注重斥责两性之"爱",而是抨击对食之"爱",这是舍利弗一系出世观中的重要特点。它的创始者,可能就是这位大拘缔罗。

对"食"的认识过程,分四个阶段,所谓"知食如真,知食习,知食灭,知食灭道",这个"食、习、灭、道"的认识次第与佛教通行的"四谛"完全相同,区别是,他把知"苦"改作了知"食"。四谛中"苦谛"是认识的结论,舍利弗的"食"则是认识的起点。结论之作为"谛","智"只能认识它,而没有发展的余地;作为起点的"食",不是拒绝智,而是"智"开发的新领域。

按照舍利弗的意见,有"食"则有"漏",即不间断地产生世间诸烦恼。此"漏"亦按四个阶段的次第认识,则"知漏如真……谓有三漏:欲漏、有漏、无明漏";"知漏习如真……谓因无明便有漏";"知漏灭如真……谓无明灭漏便灭";漏灭道亦是八正道。如此推求下去,有漏则有"苦";亦按认识的四阶段次第观想,则"云何知苦如真?谓生苦老苦病苦死苦、怨憎会苦、爱别离苦、所求不得苦、略无盛阴苦……云何知苦习如真?谓因老死便有苦……云何知苦灭如真?谓老死灭苦便灭"。欲是由"有食"则"有漏",由"有漏"则"有苦",最后导出"四谛"的结论。

特色之四,是将"谛"转化为"智"。

按佛陀的"苦谛"判断,是建立在对人生自然现象的经验和观察上的,舍利弗则将它安置在对"食"的抽象思考上,结论尽管一致,方法则有所不同,相对而言,舍利弗更具理论思维的色彩,更具"智"的特性。它分认识为两大类和四阶段:先是从认识现象出发,继之推求产生这些现象之因,所谓从现象到本质,是两个不同的认识阶段,都属于对世俗世界的认识范围。如何消除这些世俗现象及其原因,以及用什么方法消除,这也是两个阶段,属于出世间的认识。也可以这样说,从现象到本质,注重于"智"的认知功能;从灭到灭的方法,注重的是"智"的实践功能。"智"既包括他的认识论也包括他的实践论。

这其实是把"四谛"归结为认识论,可以运用于任何对象,解释佛教的任何教义。譬如"十二因缘",它的任一支,都可以按这四阶段的次第一一考察,以作为"老死因"的"生"为例,"云何知生如真?谓彼众生、彼彼众生种类,生则生,出则出,成则成,兴起五阴,已得命根。"意谓任何众生,一旦由"五阴"组成,并有了"命根",那就是"生"。"云何知生习如真?谓因'有'便有'生'。""云何知生灭如真?谓'有'灭'生'便灭。"而灭有的方法亦是八正道。那么,作为"生因"的"有"又该如何认识?"云何知有如真?谓有三有:欲有、色有、无色有。"即欲、色、无色等三界一切有情世间和器世间,是即为"有"。"云何知有习如真?谓因'受'便有'有'。"此"受"多译作"取",指主动的收受、热切的追求。"云何知有灭如真?谓受灭有便灭。"灭"有"的途径依旧是八正道。

从"老死缘于生"以至"行缘于无明",如此认知十二因缘的真理,叫做"逆观";反之,从"无明缘行"以至"生缘老死"的认知程序,叫做"顺观"。不论顺逆,所得"知如真",都是以"无明"起始,"无明灭"则是一切因缘法的终结。或者说,人生始自无明,终于无明灭。但什么是无明?它是一种什么样的存在,存在于哪里?它是否也有产生的原因?这类问题一个都没有被提出来,似乎不必要提出来。按照四阶段的认识格式,对于"无明"的了知就应该是这样的:"知无明如真,知无明习如真,知无明灭如真,知无明灭道如真。"但经文里全然没有,唯一告诉人们的是"若有比丘无明已尽,明已生,无所复作"。灭了"无明",标志着"明"生;"明"成了全部修习的最后归宿。此说同一般只说到"无明灭"为止的经籍相比,留下了一个"明"可以作为进一步的发挥,意义是巨大的;相对于讲"四谛"之止于"灭谛"的说法,也大有新意。"明"是"智"的别称,"无明灭","生死灭"之因灭,但"智"还在,"智"未灭;尽管对于这"智"的内涵没有具体的规定。

《大拘絺罗经》关于"无明"作为生命的第一本原,和"明"作为生命的最终归宿之说,留下了一大悬案,也孕育着佛教后来兴起的本体论和新的宗教实践。

据此可见,舍利弗也是以"四谛"为佛说核心的,他的认识四阶段说,实际上是脱胎于"四谛",并将"四谛"最后转化成了考察一切事物的方法论。就是说,"谛"本来是认识需要把握的终极真理,到了这里,却变成了认识现象世界的根本方法。其所以如此,在于他把"谛"提升为"智",要求用四谛的观点去观察和检验一切对象,使之认识既"如实",又是"善",合乎他对"智"作的双重规定。《分别圣谛经》说,"真谛不虚,不离于如,亦非颠倒;真谛审实,合如是谛;圣所有、圣所知、圣所见、圣所了、圣所得、圣所等正觉",是名"圣谛"。"四谛"之所以成为真理,在于它们"如实";之所以能成为智慧,在于能"如实知"。所以在《象迹喻经》里,舍梨子将一切佛法统统纳入四谛范畴,并告知诸比丘:"彼一切法,皆四圣谛所摄,来入四圣谛中。谓四圣谛于一切法最为第一。所以者何?摄受一切众善法故。"也因为"四谛"可以摄受一切善法,所以它必然是"智"。

于是,即以"四谛"之智为指导,再对佛所说法相分别观察,而首先是观察"五盛阴":"云何色盛阴?谓有色,彼一切四大及四大造。""色"包括"四大"和"四大所造",四大及四大所造概括了"色阴"的全部。那么,什么是"四大"?"谓地界、水、火、风界。"于是依次考察,"云何地界"?此分内外两类:所谓"内地界",谓内身,"在内所摄坚,坚性住,内之所受",诸如发齿筋骨、皮肤肌肉之类;"外地界",谓"极大、极净、极不憎恶"。此中"坚性"是地的自性;"大"、"净"、"不憎恶"是指所有"四大"的共性,表示它们是一种极大的抽象而又不具道德等属性。"水界"亦分内外两种:其"内水界,谓内身中在内所摄水,水性润,内之所受",诸如泪汗血脓尿液等。此中"润"是水的自性定义,一般称之为"湿"。火界的自性亦即"内火界",谓"身中在内所摄火,火性热,内之所受",诸如身之温暖、烦闷热恼、消化饮食之类。此中"热"是火的自性。风界的自性,即"内风界",谓"身中在内所摄风,风性动,内之所受",例如呼吸之入息出息、腹风行风之属,其自性是"动"。这三大的"外界"与"外地界"一样,共性都是"大、净、不憎恶"。

给"内四大"的定义,所谓地坚性、水润性、火热性、风动性,是佛教的共识,一般把它们当做四大的"自性"看待;对"外四大"别作自性规定,比较少见,本经特别提了出来,是为了强化"无常"、"无我"这一基础教义的普遍适用性。以外地界说,"有时水灾,是时灭外地界";同样,"有时火灾,是时灭外水界";"有时外风界起",拔屋拔树崩山,但受山岩等阻便止,"纤毫不动"。像"外四大"这类看来如此大而净、不须憎恶的事物,也是"无常法、尽法、衰法、变易之法,况复此身暂住为爱所受?谓不多闻愚痴凡夫而作此念:是我、是我所、我是彼所;多闻弟子不作此念:是我、是我所、我是彼所"。

因此,对于内外四大的观察思维,目的在引出基本教义;同时翻转过来,用这一结论去重新审视自身,指导自己的日常行为。譬如,若受到他人打骂斥责,或得到别人的柔词软言,应该如此念想:"我生此苦"或"我生此乐","从因缘生,非无因缘";苦、乐均生于"更乐"(触),而更乐即是无常;"觉(受)想、行、识"等四阴亦即是无常。或作是念:"我受此身,色法粗质,四大之种,从父母生,饮食长养……是破坏法、是灭尽法、离散之法",我因此身,致受诸苦;我受此身,应致诸苦,是故一切受苦遭辱皆是有身之累。正是从这个意义上说,"五盛阴是苦";世间一切诸苦,归根结底是源于五阴,反映为五盛阴。于是五盛阴身就成了佛教普遍厌恶、对治和解脱的根本对象,也是四谛中"苦谛"的集中体现。

由此话题转向对"五盛阴"所成"身"的分析:"犹如因材木、因泥土、因水草覆裹于空便生屋名……此身亦复如是,因筋骨、因皮肤、因肉血缠裹,于空中便生身名。"身与屋一样,只是诸因缘合成的一个名称,原本是"空"。譬如内识,如果眼处坏了,或外色不被光明所照,不能令心生念,则"眼识不得生";相反,如果这些内外条件具备,则"眼识得生"。此中内眼处、外色,皆属色阴。如果因此生"觉"(受)即属"觉阴","若有想是想阴,若有思(即行)是思阴,若有识是识阴"。由此得知,人身无非是"五阴和会",而"五盛阴从因缘生",令人厌恶;"厌已便无欲,无欲已便解脱,解脱已便知解脱:生已尽,梵行已立,所作已办,不更受有,知如真"(同上,卷七,下同),这就契会了"灭谛",获得阿罗汉果位了。对"五阴"这整个认识过程,正体现着"智"所包含的四个阶段和顺序,体现着"四谛"的智慧。舍梨子要求于比丘众的智慧,也就是如此思维,勤奋精进。如果比丘不能令佛、法、众在自己身上产生"善相应舍"的效应,应该感到惭愧羞厌。此所谓"善相应舍",指"舍一切有,离爱无欲,灭尽无余","是妙息寂",即无余涅槃。

在《分别圣谛经》中,舍梨子告诸比丘,世尊出世,目的就在于"广教广示此四圣谛",并再次作了有特色的发挥。在突出"苦圣谛"之后,他阐述了对余三谛的解释。关于"苦习谛",即"集谛",此处称"爱习苦习圣谛",突出"爱"在产生诸种痛苦中的作用;爱的范围很广,从爱眼等"内处"到爱妻子奴仆、田舍店肆财物等"外处",以至爱地水火风空识等六界,有染有著,都属于"爱";爱之所至即是苦痛,亦是诸苦之因,爱与苦是永远联姻,永恒的伴侣。因此,佛教一般所说的"灭谛",舍利弗就叫"爱灭苦灭圣谛"。凡有所爱,从六处到六界,皆应解脱,"不染不著,断舍吐尽,无欲灭止没"。最后是"苦灭道圣谛",即道谛,此处归结为"八正道"。

特色之五,是用"八正道"概括道谛的全部。

早期佛教所讲修道,一般都是用"三十七道品"来概括的。由于它们的烦琐和机械,只能作为教条和八股,难以实践,难以操作。改用八正道,是一个很有深意的创造。我们不能肯定它创始于何时何人,至少舍利弗系统的发挥是有代表性的。按这种观点来看,作为世间人生表现的,不论是十二因缘还是五盛阴,其中任何一个环节和成分,都可以用"八正道"灭除之,使修持者从其中的任一个环节和成分中得到解脱。

这八正道是"正见、正志、正语、正业、正命、正方便、正念、正定",与其他经籍的说法无异,但着重点有差别。这里的"正定"只占全部修道的八分之一,大大缩小了它原来在"三十七道品"中的比重,将"神足"、"神通"这类神秘主义的修行,压缩到完全不显眼的地步;同时强化了对于修行者日常言行以及精神状态、思想观念和生活方式的规定,走上了更加理性的道路。显然,这也是适应佛教走向社会大众必要的调整:既使教徒方便于社会活动,也能在身、口、意等全面维持佛教的规范。

关于"正见",经文的解释说,圣弟子如实思念四谛时,或学念诸行、见诸行灾患时,以至见涅槃止息、观善心解脱时,均须"于中择遍、择次、择择,法视、遍视、观察明达"(同上,卷七,下同)。这里"择"是分析,"视"即观察。据此,"正见"就是指对四谛等佛理进行的全面而又有次第的系统分析和观察,直到通畅明达,无疑无碍。

所谓"正志",指行者在思念四谛等佛理时,"于中心伺、遍伺、随顺伺,可念则念,可望则望"。此中"伺"全称伺察,是运用概念进行深度思维的一种形式;"念"指记忆,"望"谓眺望,相当于前瞻性认识。以伺察的思维形式去随顺佛理,把握和运用佛理,即是"正志",亦名"正思维"、"正思"。

所谓"正语",指学念佛理时,正确而又能令人喜欢接受地运用语言艺术:"于中除口四妙行,诸余口恶行远离除断,不行不作、不合不会。"

所谓"正业",指学念佛理时,行为要端正:"于中除身三妙行,诸余身恶行远离除断,不行不作、不合不会。"

所谓"正命",指在学念佛理时,为了维系生存的需要,应采用正确的谋生手段,合乎教诫的生活方式:"于中非无理求,不以多欲无厌足,不为种种伎术、咒说邪命活,但以法求衣,不以非法,亦以法求食、床座,不以非法。"

所谓"正方便"的"方便",这里指通向修习目的的那种坚定不移、不断进取的精神,故亦作"正精进":"于中若有精进方便,一向精勤求,有力趋向,专著不舍,亦不衰退,正伏其心。"

所谓"正念",指在学念佛理时,能够背诵记忆,无所忘失,令心与理相应:"于中若心顺念背,不向念,念遍念忆,复忆,心心不忘,心之所应。"(同上,卷七,下同)

所谓"正定",指在学念佛理时,思想集中,心无旁骛:"于中若心住、禅住、顺住,不乱不散,摄止正定。"此中心住,即通常的注意力集中;禅住,即住于禅定;顺住,谓顺于佛法而住。此处的"住"即是定。

这样,"八正道"以"四谛"之"智"为前导,既是"智"的贯彻和运用于全部思想言行,也是在全部生活中培育"智"的历程。

舍利弗在佛教的地位曾经是相当显赫的。《秽品》有十经,也把舍梨子作为佛教立法者的身份进行记述。其中卷二三《秽品·无经》记"尊者舍梨子"为诸比丘说法,谓"比丘欲住此善法不忘不退,修行广布故,便以速求方便,学极精勤,正念正智,忍不令退,犹人为火烧头烧衣,急求方便救头救衣";彼诸比丘闻听,"欢喜奉行"。塑造的完全是佛的代言人的形象。

姚秦弘始十七年(414)昙摩崛多、昙摩耶舍译出《舍利弗阿毗昙》三十卷,是最早进入中国的阿毗达磨类佛典之一。据道标的《序》介绍:"有舍利弗,玄哲高悟,神贯翼从,德备左面,智参照来。其人以为是非之起,大猷将隐,既曰像法,任之益滞。是以敢于佛前所闻经法,亲承即集,先巡堤防,遮抑邪流,助宣法化。"他认为此《阿毗昙》即是舍利弗所作,不一定可靠;但说它是对早期佛说经法的宣化,是比较确切的;它以舍利弗命名,说明它属于舍利弗系统。舍利弗当有一个传法系统,不过详情是很难考察了。后出的舍利弗,形象不一,思想也不全一致,到了般若类经籍,还有以舍利弗命名者,只能说他的影响十分长远。

《舍利弗阿毗昙》共分四分,约三十二品。它从入、界、阴"三科"和"四谛"开始,至十善、十不善的"业道"和"定"为止,定义和分析了早期佛教所有重要的"法相",比后出的《俱舍论》更像一部佛教名相辞典,用以贯穿作者的某些特殊主张。《非问分》的《缘品》解释"缘"说:"如佛告诸比丘,我当说缘、缘生法。云何缘?'无明缘行';若诸佛出世、若不出世,法住法界,住彼法界;如来正觉正解已,演说开示,分明显现,说'无明缘行'乃至'生缘老死'。若如此法,如尔非不如尔,不异不异物,常法实法,法住法定,如是缘,是名缘。云何缘生法?老死无常,有为缘生、尽法、变异法、离欲法、灭法……是名缘生法。"

此处关于"缘"和"缘生法"的释义就有两个显眼的特点:一是把"十二因缘"对象化、客体化,从而当成永恒不变的法则;也就是说,佛不再是佛教的立法者,而只是对既有的"常法、实法"的"正觉正解"和"演说开示"者。如此处理佛与佛法的关系,在《杂阿含经》中也有记载,所谓"法住法界";但总体上罕见。道标《序》说,此论的《绪分》"远述因缘,以彰性空"。事实上,《舍利弗阿毗昙》所述"性空"是非常有限的,像"十二因缘"以至"五阴"、"四谛"等就被明确地解为"常法、实法",其性非空。其二是把"缘生法"的适应范围,从"生起"的一方,扩展到了"尽灭"的一方。就是说，不但所生诸法必须借助因缘，而且灭尽诸法也需要凭借因缘。没有无因无缘的生，也没有无因无缘的灭，生灭皆需待缘。这一主张，也不是佛教各派经论所公认的。

在其《绪分》的《遍品》中，广论作为"缘生"的诸"缘"，总计分为十种，所谓"因缘、无间缘、境界缘、依缘、业缘、报缘、起缘、异缘、相续缘、增上缘"。这是对佛教因缘说的一大发展，内容相当丰富，与一切有部和瑜伽行派的略为因缘、无间缘、所缘缘（境界缘）和增上缘等"四缘"之说比较可知，后者实是对前者的加工和改造。

但是，在许多重要观念上，舍利弗系与一切有部有明显的不同。就在《绪分》的《假心品》中说："'心性清净，为客尘染'，凡夫未闻故，不能如实知见，亦无修心；圣人闻故，亦有修心。'心性清净，离客尘垢'，凡夫未闻故，不能如实知见，亦无修心；圣人闻故，能如实知见，亦有修心。"此处断定"心性清净，为客尘染"，就与有部的主张明显不同。但这个命题在佛教思想史上影响极为深远，它把全部修习放在个人的"修心"上，以至带动了其他修道的变化。"心性清净，离客尘垢"，是承认"离客尘垢"还存在一个"性清净"的"心"，这与上述舍利弗主张"灭"生死后还有一个"智"的存在，可以对应起来。这一些，不论是对心性的判断还是对修行的规定，都不是佛教的共同主张。说一切有部、瑜伽行派都不主张抽象的心性本净说，也反对单一的修心。

犊子部的学说特点，后人概括为承认"人、法俱有"。上述的"常法、实法"之说，就是承认"法有"；而认为在烦恼尘垢之外还有另一个性清净"心"的存在，就有"人有"的嫌疑。承认所谓"人有"，亦称"补特伽罗我有"，公认是犊子部的特点，舍利弗被犊子部推为祖师，不是没有根据的。

《中阿含》表达的舍梨子思想与《舍利弗阿毗昙》的关系有相似处，亦有不相似处，很难确定二者孰先出、孰后出。

在早期佛教经籍里，目乾连（目犍连）经常与舍利弗成对地出现，是一对关系异常密切的佛陀使徒。有关他们二人的传说很多，尤其是在强化僧伽团结,支持瞿昙反对提婆达多学派的分裂活动上,目犍连起过很大的作用。他们后来被排进佛陀十大弟子的行列,目犍连则以"神通第一"著名。在《中阿含》里,他们的地位是同等的高,而且也经常被佛陀同时赞扬。《分别圣谛经》记世尊的话,对众生说,舍梨子"能以正见为导御……生诸梵行,犹如生母";目乾连"能令立于最上真际……养诸梵行,犹如养母",因此,"诸梵行者,应奉事供养恭敬礼拜舍梨子、目乾连"。这明确地表示,佛指定他们二人是唯一能在众生中培育佛教信仰的使者,众生应该像生母和养母那样遵从和爱戴他们。《秽品经》记舍梨子说法,目犍连则举譬喻为之发挥,并盛赞曰:"彼闻尊者舍梨子所说法者,犹饥欲食,渴欲得饮…… 尊者舍梨子常拔济诸梵行者,令离不善,安立善处。""如是二尊更相称说……尊者舍梨子所说如是,尊者大目犍连及诸比丘,闻尊者舍梨子所说,欢喜奉行。"据此,二人又有些像师徒关系。

然而,据吉藏著《三论玄义》记,法藏部自称"我袭采菽氏",此采菽氏即是目犍连的另一译名。也就是说,目犍连是被法藏部推为祖师的。关于法藏部,南传和北传的介绍有许多不同。在《中阿含》里,目犍连的形象也不太一样。卷三〇《大品·降魔经》记大目犍连,自称前生是"魔",其名曰"恶",有妹名"黑";恶魔波旬是"黑"的儿子,也就是目犍连的嫡亲外甥。因此,目犍连即以舅父的身份教育波旬,"莫触挠如来,亦莫触挠如来弟子,莫于长夜无义、无饶益"。同时还用过去佛所说慈悲喜舍,化解梵志居士不再骂詈打责佛弟子、精进沙门的故事,劝解波旬;用无常观、无欲观、舍离观,正确对待梵志,奉敬供养礼事佛弟子、精进沙门的教理,教导波旬,使彼恶魔"求便不能得便",令恶魔破坏僧伽修道不能得逞。假若不听劝阻,胆敢进行破坏,必将堕于地狱。恶魔波旬受到这些教训后,"即便心悸,恐怖惊惧,身毛皆竖",而"欢喜奉行"。于是目犍连成了佛教降魔的象征,也就是佛教修行者战胜种种自我烦恼的象征。

这个传说,也反映在《盂兰盆经》中:目犍连的母亲就是一个以人为食的恶鬼,有着恶魔的血统,加上目犍连前生又是恶魔的身份,所以反戈一击,更易击中恶魔的要害。

另又传说,目犍连与舍利弗都是"外道"弟子,而后归依于佛。目犍连对外道的斗争,似乎更为激烈,以至在佛生前就惨死于婆罗门教执杖梵志的瓦石之下。这客观上反映了佛教与婆罗门教的斗争,曾达到过十分惨烈的程度。现有失译的《鬼问目连经》以及它的异译本《杂藏经》和《恶鬼报应经》,还有《目连所问经》等,可以作为继续了解其人的参考。

2. 阿难的佛教地位,以及瞿昙弥和比丘尼

但是,《中阿含》所记并非只属舍梨子、目犍连系统之言,对于佛法,也不都持与舍梨子相应的观点。卷二四《大因品经》记佛说法,屡屡问义于阿难,阿难总是回答:"世尊为法本,世尊为法主,法由世尊,唯愿说之。"意谓佛是唯一的立法者,唯佛所说才是法;离佛就没有法。卷四八《双品·求解经》更将阿难的这一见解化作"诸比丘"的共识。这种观点与舍利弗把佛法视为"常"、"实",因而不依是否有世尊出世说教为转移,差别是原则性的。

卷三六《梵志品·瞿默目犍连经》还记,佛般涅槃不久,摩竭陀大臣委派一个名叫瞿默目犍连的"田作人"询问阿难:"颇有一比丘与沙门瞿昙等耶?"阿难断然回答:"都无一比丘与世尊等!"该大臣则进一步问:"颇有一比丘为沙门瞿昙在时所立,此比丘我般涅槃后为诸比丘所依,为令汝等今所依耶?"阿难再次断然回答:"无一比丘为沙门瞿昙在时所立!(也没有说)此比丘我般涅槃后为诸比丘所依,谓令汝等今所依者。"理由很简单:没有一个比丘能与世尊等,不论是生前还是死后。也就是说,佛是唯一的,任何人也不能取代他的"世尊"地位。这不论对于舍利弗之自视为佛的代言人,或迦叶自称是佛的接班人,都是直截了当的否定。

那么,在佛逝世之后,比丘又依靠什么作为行动的指南? 在这个时候,也只有在这个时候,阿难回答说:"我等不依于人,而依于法……若有比丘知法者,我等请彼比丘为我等说法;若彼众清净者,我等一切欢喜奉行彼比丘所说,若彼众不清净者,随法所说。我等教作是。"或者说"法教

作是"。

所谓"依法不依人"是佛教发展史上的一条著名原则,最初或许就是出自阿难一系。他的意思是,当世尊在世,一切听从世尊所说;世尊涅槃,即以世尊所说的法为依据,并以世尊所说的法为尺度,衡量彼人所说可否听信。世尊所说的法,是以"经"的形式保存下来的,由阿难完成,并被大众所接受。此说与《舍利弗品》以"法"为"常"为"实"的主张显然不同,更与后来有些派把这一原则解释成是脱离佛而独立的客体,大相异趣。《中阿含》卷一四《王相应品·大天林奈经》记世尊嘱咐阿难:"我今已得脱一切苦。阿难,我今为汝转(转即说)相继法,汝亦当复转相继法,莫令佛种断。"据此,阿难应该是"佛法"的继承者。但此经所记,授予阿难的佛法,重点突出的是"八支圣道";至于佛说的其他"法"是否在内,没有提及。

《中阿含》谈到阿难是佛陀的侍者和佛法继承者的地方不少。卷八《未曾有法品·侍者经》记佛陀在众门徒中为自己挑选"侍者",目乾连以其神通"即知世尊欲得贤者阿难以为侍者",因为佛认为阿难能"受我(指佛)所说,不失其义";还认为阿难已"得四未曾有法"——就是,当佛徒四众往见阿难,"若默然时,见已欢喜;若所说时,闻已欢喜";当阿难为众生说法,"至心说法,非不至心";听众则念"愿尊者阿难常说法,莫令中止……闻尊者阿难说法,终无厌足"。就是说,阿难说法,受到四众弟子特别拥戴。此经又记,佛涅槃后,阿难受教于一位叫"金刚子"的人,乃"离家独行",结伽趺坐而般涅槃。这个故事,与前述佛嘱咐阿难应常说法的精神不合,当是后加上去的。

我们一再强调,佛教的早期"缘起"论,有"十支"说和"十二支"说两种。舍利弗提倡的是"十二缘起"说,卷二四的《大因经》则主张"十支说"。十支说把生死诸苦的根源直接归之于"爱",以及毕竟归诸"识",同十二支说之最终归诸"无明"和"行",有实质性差别。这些问题,《杂阿含》也有反映。现在要指出的是,主张十支说的《大因经》,就是世尊专应阿难之请讲的。据此,《人本欲生经》亦应是阿难系统传下来的。

《大因经》所讲的缘起,还有一个特点,是讨论"神"的有无问题。经文在谈及"爱"起因于"觉"(受)时,乃进一步追问,"觉"属于谁所有,依附于何物?正面回答的是"识",实际所指是"神",中国义学界即称作"识神"。关于识神,这里列举了三种观点:"或有一见'觉是神';或复有一不见'觉是神',见'神能觉,然神法能觉';或复有一不见'觉是神',亦不见'神能觉,然神法能觉',但见'神无所觉'"。对于第一种观点"觉是神",佛驳斥说:"觉"有苦、乐、不苦不乐等全然不同的三种类型,以何种"觉"为神?苦时无乐,乐时无苦,说明苦乐等"觉"是无常法;无常法怎么能成为不变的"神"?是故"不应复见觉是神也"。对于第二种观点,即"觉"不是"神",而是"神能觉"或"神法能觉";"觉"属于"神"所有,是"神"或"神法"的功能;佛驳斥说,如果确如所说,那就意味着"觉"不再是"觉者"的事,而是"神"的事,但"神"又为"觉者觉不可得,不应说是我所有"。对于第三种观点,即既非"觉是神",亦非"神能觉"或"神法能觉",而是"神无所觉者";佛驳斥说,"若无觉,都不可得",哪里还会有"神"?且"神离觉者,不应神清净",意谓"神"就显示不出它在"觉"的无常转变中获得"清净"态了。

以上是"一见有神"的观点,即有神论,佛陀是反对的。还有一种叫"一不见有神"观点,相当于无神论。佛告阿难:"或有一不见'觉是神',亦不见'神能觉、然神法能觉',亦不见'神无所觉';彼如是不见已,则不受此世间;彼不受已,则不疲劳;不疲劳已便般涅槃。"总之,对"神"不作任何分别,不接受"神"的观念,就可以不再于世间受胎,而通向涅槃了。

但是,这里不论"见有神"还是"不见有神"的学说,都属于"增语"或"增语传说",是一种"可施设有",所谓语言施设。由此"施设有"引出两个结论:

第一,对于有关"神"是有、是无等论断,应"无所受";由"无所受而正解脱"者,"此不复有见如来终、见如来不终、见如来终不终、见如来亦非

249

终亦非不终",也就是把如来的本体性,包括如来的归宿问题,统统搁置起来,作为"无记"法,不予讨论。此说即谓之"不见有神"。

第二,从"色"与"神"的关系说,也可以作"有神施设而施设",也可以作"无神施设而施设"。其中"有神施设而施设",指有人认为"'少色',是神施设而施设",及至此人"身坏命终,亦如是说,亦如是见;有神若离'少色'时,亦如是如是思,彼作如是念……如是有一'少色'是神施设而设,如是有一'少色'是神见著而著";所谓"少色"如此,其余所谓"非少色"、"无量色"以至"无量无色"等,皆如此认识,就叫做"有神施设而施设"。反之,若有人认为,"有一'非少色'是神施设而施设……彼非今'少色'是神施设而施设,身坏命终,亦不如是如是说,亦不如是见;有神若离'少色'时,亦不如是如是思,亦不作如是念……如是有一'非少色',是神不见著而著";其余所谓"非无量色"、"非少无色"、"非无量无色"等,亦与"非少色"那般认识,即名"无神施设而施设"。

这段话讲得很啰嗦,很难解。因为这与佛教禅定中观"色"有少、非少、无量、非无量等诸多差别有关。其论说的中心在介绍两种观点,一种认为"色"就是"神",据此施设人身有"神"存在;一种认为"色"不是"神",据此施设人身中无"神"的存在。对于这两种观点,经文本身并没有表示可否,就其称之为"施设"看,似乎是无可无不可,态度模糊。

然而实际上,作为"十缘起"发动之始的"识",已经具有人本原和人本体的双重含义,此"识"的本质就是于世间永恒不灭的神。在论述"识"与"名色"的关系时,同时又将二者置于相互作用的地位,正是这里所讲的神与色的关系。

说此"识"即是"神",关键在于它的不朽。《大因经》把"识"乐于住处的范围,作了一个勾画,所谓"识"的七住和二处。这"七识住"指,"人及欲天"为第一识住,"梵天,初生不夭寿"为第二识住,"晃昱天"是第三识住,"遍净天"是第四识住,以及"无色众生"三住,即"无量空处天"、"无量识处天"和"无所有处天",依次为第五、六、七识住。此外,"识"还有两个存在处,一是属"色界"中的"无想天",二是"无色界"的"非有想非无想处天"。此中"七识住"里没有三恶道,表示"识"不乐意住于其中,不是"识"向往的地方,并不表示那里没有"识"的存在;相反,"二处"中的"无想处"和"非想非非想处",属于一般世俗修习者追求的境界和果报,是思想意识不再有现行活动的程度——即使在这种状况下,"识"依旧存在。于是这同一个"识",在生死流转中,可能历经三界六道而不会消亡;"识"也就成了众生诸种现实形体的主体,与不灭的"神"等义了。

从宗教实践上说,逐步认识"识"的这些"住"和"处"及其因果关系,懂得这些可爱处也并不可爱,由之从生死中彻底解脱出来,是终极目的。但是,这解脱是指消灭"识"本身,还是指"识"不再受生死束缚的另一类存活,经文没有任何解释。佛教许多理论问题,不少与"识神"有关,思想纷争也多半由此发生,《大因经》则含糊其辞。

像阿难系所传"识"为轮回主体的说法,也有"我见"的嫌疑,但与舍利弗以"心"为"净"的主张仍然不同:"识"在"缘起"之内,就是系于"生死"流转;"心"的自性清净,在"无明"之外,则是超越生死的。

像阿难这样的存"我"嫌疑,似乎影响不小,所以也引起反对意见。卷五四《嗏帝经》记嗏帝比丘生"恶见":"我知世尊如是说法:今此'识'往生,不更异。"这种理解与阿难对"识"的认识很相近,但世尊则大为恼火,谓:"我如是说法……识因缘故起:识有缘则生,无缘则灭;识随所缘生,即彼缘说缘眼、色生识,生识已说眼识。如是耳、鼻、舌、身、意、法生识,生识已说意识。犹若如火,随所缘生,即彼缘说;缘木生火,说木火也。"意谓"识"即是现实人的六识,在随缘生起的六识之外,别无一个绝对不变的"识"存在,从而彻底否定了"识神"独自存活的可能性。但这话不是佛面对阿难说的。

佛对于阿难的称誉随处都是。《心品·多界经》记,阿难思维:人的"恐怖"以及"遭事灾患忧戚",都是由于愚痴无智的结果。佛充分肯定了阿难所思,并大加发挥,指出如何可以不愚痴而具有智慧的途径,那就是由"不知界,不知处,不知因缘,不知是处、非处"转到"知界,知处,知因缘,知是处,非处"。这样的"知",就是通过法相分析把握真理的方法。所谓知"界"有二,一是"见十八界知如真";其二是"见六界知如真",即地、水、火、风及空与识。此外还有"六界",所谓欲、恚、害及无欲、无恚、无害;又有"六界":乐、苦、喜、忧、舍、无明。其余还有所谓"四界":觉、想、行、识;所谓"三界":欲、色、无色,"色界、无色界、灭界";还有过去、未来、现在等三界;以及妙界、不妙界、中界、善、不善、无记界,学界、无学界、非学非无学界,等等。另有"二界":有漏界、无漏界,有为界、无为界。总上诸界,号"六十二界";界界皆须"知如真",这就是"知界",就是智慧。"界"在佛教哲学中是一个有特殊含义的概念,分析"界"的概念是把握智慧的重要渠道之一。

此经同时分析"处",即十二处,所谓"眼处、色处,乃至意处、法处,知如真"。对"处"——分析,也是通达智慧的一大途径。

接下去是"知因缘":"若有比丘见因缘及从因缘起,知如真:因此有彼,无此无彼;此生彼生,此灭彼灭。谓缘无明有行,乃至缘生有老死。"如此就是"知因缘",也是智慧。

关于"知是处、非处":"若有比丘见处是处,知如真;见非处是非处,知如真。"此"是处"即是"是",正确,真实之所在;"非处"即是"非",不正确,不是真实所在。意谓"是"就是"是","非"就是"非",不能是非不清,是非颠倒,这也是智慧的范围。此处举了一系列佛陀的是非观,譬如:"世中有二转轮王并治者,终无是处;若世中有一转轮王治者,必有是处……若世中有二如来者,终无是处;若世中有一如来者,必有是处。"诸如此类,还是强调佛的唯一性。"若见谛人信卜问吉凶者,终无是处;若凡夫人信卜问吉凶者,必有是处……若见谛人生极苦甚重苦,不可爱不可乐,不可思不可念,乃至断命,舍离此内、更从外求,或有沙门梵志或持一句咒、二句三句四句多句百千句咒,令脱我苦,是求苦习苦趣苦苦尽者,终无是处;若凡夫人舍离此内、更从外求,或有沙门梵志持一句咒……令我脱苦,是求苦习苦趣苦苦尽者,必有是处。"这些事例,反映了早期佛教对一些有关的社会行为和思想观念的基本态度,尤其是对"卜"和"咒"的否定,表达了早期佛教的普遍立场。就佛教内部看,"若不断五盖、心秽慧羸,心正立四念处者,终无是处;若断五盖心秽慧羸,心正立四念处者,必有是处"。这里把"心正立'四念处'"作为智慧的最高表现,把"断五盖"作为通向这一智慧的条件,也是一个重要观点,尽管没有对"四念处"作具体的发挥。北魏瞿昙般若流支译有《正法念处经》七十卷,可见"念处"这一法门的规模,阿难系统就十分重视。

关于阿难,引人注意的还有卷二八《林品·瞿昙弥经》的记载。此经有失译的单行本,名《瞿昙弥记果经》。瞿昙弥,亦作大爱道、大生主,是悉达多太子的姨母兼养母,对于佛陀可以说是恩爱深重。她曾前后三次向佛请求"女人于此正法律中至信舍家、无家学道",三次受到佛的拒绝,谓"汝剃除头发,着袈裟,尽其形寿,净修梵行","莫做是念"。由于瞿昙弥大爱"三为世尊所制",乃"涂跣污足,尘土坌体,疲极悲泣,住立门外",为阿难所见。于是阿难向世尊代为请求。对此,佛说了这样一番话:"阿难,若使女人得于此正法律中至信舍家、无家学道者,令此梵行便不得久住",犹如人家多女少男,此家不得兴盛,亦如稻田及麦田中有秽生者,必坏彼田。阿难对这一答复显然不满,乃提醒佛陀,瞿昙弥大爱于世尊有掬养饶益之恩,不可忘记。对此,佛又说了一段话:"阿难,我亦多饶益于瞿昙弥大爱。所以者何?阿难,瞿昙弥大爱因我故,得归佛、归法、归比丘僧",以至信奉"四谛","成就布施而得智慧",奉持"五戒",这就是对她的饶益。意思说,她尽可以作在家的佛徒优婆夷,但不能够出家作比丘尼。至于报恩,不只对瞿昙弥不宜,凡从"彼人"获得三归五戒和其他佛教者,"设使此人为供养彼人衣被、饮食、卧具、汤药诸生活具,至尽形寿不得报恩"。

尽管如此,最后世尊还是答应了阿难的请求,但提出了女人无家学道必须遵守的八项条件,而且得尽形寿奉持,这就是有名的"八尊师法":

一、比丘尼当从比丘受具足戒;二、比丘尼半月往从比丘受教;三、若住止处设无比丘者,比丘尼便不得受夏坐;四、比丘尼受夏坐讫,于两部众中当请三事求见问疑;五、若比丘不听比丘尼问者,比丘尼则不得问,比丘经律阿毗昙若听问者,比丘尼得问经律阿毗昙;六、比丘尼不得说比丘所犯,比丘得说比丘尼所犯;七、比丘尼若犯僧伽婆尸沙,当于两部众中十五日行不慢;八、比丘尼受具足,虽至百岁,仍当向始受具足比丘极下意稽首作礼,恭敬承事,叉手问讯。阿难转达了佛的这些意见,瞿昙弥认为这是世尊为女人施设的最美好的严饰,表示全部接受,于后即"转成大比丘尼众",开佛教有比丘尼之始。

然而佛陀对女人出家似乎始终难以释怀。他说,由于女人出家,使得沙门在诸梵志居士面前威望大降,饮食和财富供养也受到极大影响,本来"正法当住千年,今失五百岁,余有五百年",所以女人出家,实在是一种罪过。律典里记迦叶对阿难的斥责,内容之一,即在于此。迦叶是佛弟子辈反对教内二众平等的主要代表。

《瞿昙弥经》的本意,似在声讨阿难,但客观上却树立了阿难的特殊形象,他成了打破佛陀教戒,敢于为妇女进入佛门仗义执言的侠士,而妇女得以出家为尼,不论在佛教史上还是社会史上,都应该是件大事。"八尊师法"的基本精神,是比丘尼必须全面依附比丘,不得独立。这是当时社会男尊女卑在佛教内的反映。佛教普遍认为,"女人不得行五事",所谓"作如来无所著等正觉,及转轮王、天帝释、魔王、大梵天者,终无是处",也同时出现在这部经中。然而佛教内部反对这类歧视妇女的经籍和言论,为数也不少。妇女问题是佛教义学十分关心,经常议论的一大主题。

佛在《瞿昙弥经》中确立的另一条规则,是对于布施者不得报恩,理由是你用食与物供养我以物质财富,我用佛法报你以精神财富。后来称供养者的行为曰"财施",称授法者的行为曰"法施",二者是等价交换的关系,正像用知识交换钱财一样。这种解释,比宗教性解释,所谓布施者将得福报,显得更加理性。

阿难还有几桩逆佛而行的惊人之举。一是佛处于身体极端衰弱感到痛苦但又不愿般涅槃,乃数次垂问阿难,谓有神通者可以延寿,希望阿难同意他的这个说法,使他的神通延长他的寿命,但阿难始终表示沉默。就是说,阿难并不相信神通会有益寿延年的功效。又一件事是,有些妇女怀疑佛陀弃妻离家,是因为他是"黄门",没有性能力,于是阿难请佛向她们展示"马阴藏",解除群惑。这两件事也是律藏中记迦叶申斥阿难的罪状。另一件事就更严重了:当佛陀诅咒提婆达多因犯分裂僧团、谋杀佛陀,罪不可赦,必定要生下地狱时,阿难为之辩护,要求佛陀对他宽容。

总之,阿难一系在佛教早期历史上,地位颇为特殊,而他的有关主张,在后期佛教中仍然以不同的形式反映出来。

《心品》也有《瞿昙弥经》,记大生主瞿昙弥,为佛作了件新金缕黄色衣,持之于佛,佛拒绝接受,要她首先施与比丘众,而后再供养于佛。其后,佛向阿难解释说:"大生主瞿昙弥实于我多所饶益,我母命终后乳养于我,阿难,我亦于大生主瞿昙弥多所饶益。"理由就是佛曾为她说法。但为什么佛不首先接受她亲手为佛作的新衣?原因可能是多方面的,最重要的是佛借机说了一大篇"布施"的道理。

布施可以获得种种福报,这是佛在这里确定的具有极端重要意义的教义。所谓"有七施众、有十四私施,得大福,得大果,得大功德,得大广报"。具体过繁,这里从略。但有一点应该指出,此处指谓的布施对象,非常广泛,从"布施如来、施缘一觉、施阿罗诃",一直到"施离欲外仙人,施精进人,施不精进人,布施畜生",总之,要不择对象,布施一切生命中需要布施者;而作为布施者,族姓子、族姓女,以及所有"奴婢及穷贫"者,都可以量力而施,由此促成他们"信业、信果报",获得"善人"的称号。这样,在"施"上,贯彻了众生平等;受施者得到了现实的利益,布施者可能获得未来的好报。《阿含经》提倡"三论",菩萨行主张"六度",二者都把

"布施"列在第一位上,由此亦见其意义之非同一般。

但是,布施与好报的关系也是有条件的,不能"一向说"。佛陀分别布施为四种:"或有布施,因施主净非受者;或有布施,因受者净非施主;或有布施,非因施主净亦非受者;或有布施因施主净受者亦然。"此中所谓"净",谓"精进、行妙法,见来见果,如是见,如是说,有施有施果";所谓"不净",谓"不精进,行恶法,不见来不见果,如是见,如是说:无施无施果"。据此,是否"信业与信果报",是净与不净的分界岭,亦是是否受到福报的关键:信因果就有福报,不信因果就没有福报。据此,"布施"是一个纯宗教概念,与一般称谓的慈善不同;布施与受布施间,是利益关系,无所谓恩赐与否的问题存在。

顺便指出,在《中阿含》诸经中,只有本经提及"缘一觉"即"辟支佛"这个名称,而且是放在如来和阿罗汉中间的。这种情况唯有在佛教分化到出现"三乘"的时候,才有可能。

有关阿难的单行佛经也有若干种,像《阿难问事佛吉凶经》、《阿难分别经》、《阿难四事经》、《阿难七梦经》、《阿难同学经》等,说明他的思想在中国佛教史上曾经有过相当的影响,史称"分别说"的创建者,阿难当是其中之一。卷六〇的《八城经》记阿难为"治生贩卖"的居士说"十二甘露法门",指出通向"般涅槃"的途径不止一条。这也说明阿难的活动范围也不限于僧团内部。在其他《阿含经》里,记载阿难思想和活动的也为数不少。

阿难的名字多与迦叶并称。迦叶在律典里的地位极高,被尊为上座。后来又传说他成了佛陀传法衣于弥勒,使弥勒得以成为佛陀接班人的使者。但关于迦叶的思想特点,《杂阿含》记载的较多,在尊重中又带有一些非议,可以参考。现存有失译的《摩诃迦叶度贫母经》,以及竺法护译的《大迦叶本经》和《迦叶结经》,但都比较简略。从道理上说,头陀行者是独善其身,不与世间往来,也不会聚徒讲法的,所以也不应该留有什么特别的思想行世。

3. 大迦旃延和阿难的法相学

与阿难观点接近的当属大迦旃延。他在佛的十大弟子中以"议论第一"著称,尤以分析法相、阐释佛说见长,这与以多闻解经擅长的阿难,属同一种类型。

卷二八《林品·蜜丸喻经》记佛说"宗本"曰:"若一切世间天及魔、梵、沙门、梵志,从人至天,使不斗争;修习离欲清净梵志,舍离谄曲,除悔不著,有、非有亦无想,是我宗本。"佛进一步解释说,若于出家学道、思惟修习诸法"不爱、不乐、不著、不住",乃是"苦"的领域;如果相反,"欲使、恚使、有使、慢使、无明使、见使、疑使、斗争、憎疾、谀谄、欺诳、妄言、两舌及无量若不善之法",也是"苦"的领域。对于佛的此说,众人不解,乃求教大迦旃延详释。于是迦旃延为之广说曰:"缘眼及色,生眼识,三事共会便有更触,缘更触便有所觉,若所觉便想,若所想便思,若所思便念,若所念便分别。比丘者,因是念出家学道、思想修习……如是耳、鼻、舌、身缘意及法生意识,三事共会便有更触。"如此等等,比丘因此可得知有两类"苦"的领域。大迦旃延的这一阐述,得到世尊的赞扬:"善哉善哉,我弟子中有眼、有智、有法、有义……彼弟子以此句、以此文而广说之,如迦旃延比丘所说,汝等应当如是受持。"迦旃延则称:"世尊是眼、是智、是义、是法,法主法将,说真谛义,现一切义由彼世尊。"众比丘认为迦旃延,"常为世尊之所称誉……能广分别世尊向所略说义"。

这种尊崇佛说,以佛说为唯一权威的原则,在阿难的言论中也可以屡屡见到。

大迦旃延此处对佛说的广演,其实就是用"十八界"去诠释佛所说的二类法,即以熄灭斗争为主的世间"人天法"和以离欲为主的"出世间法",总的目的在揭示"苦"的根源。把"斗争"作为人天法对治的根本任务,是很特别的提法;而把"离欲"作为出世间法的根本标志,也比较特殊。按佛教的通常观点,"离欲"应该是禅天追求的目标,"离生"才属于出世间法。这里把标准降低了,实际在把无斗争、无贪欲的人天界当作了出离的目标。佛教的理想重点,在这里发生了一些变化。

迦旃延诠释佛所说法的方法,是将诸法分类,然后一一加以界说,通过此等分类和界说,进一步发挥佛法的深义,这就是法相分析的方法。迦旃延和阿难可能是最早采用这一方法的人。《根本分别品》收经十种,就是以迦旃延和阿难的"广分别"为主组成的。其中《分别六界经》记佛说,"人有六界聚、六触处、十八意行、四住处;若有住彼,不闻忧戚事",即可"守护真谛"。所谓"六界"即地、水、火、风、空、识;"六触处",即眼触见色以至意触知法;"十八意行",谓"眼见色(时),观色喜住,观色忧住,观色舍住",如是耳、鼻、舌、身、意等六识识法所生"六喜观、六忧观、六舍观",亦即感官接触外境引发的忧喜等十八类情感和情绪;"四住处",指"真谛住处、慧住处、(惠)施住处、息(灭)住处"。从"六界"到"四住",都是"人"的不同组合,都是"人有"。观想分析它们的目的,全在于获得人无我和身非我所,以及"亦非神"的"真谛"。

从分别认识"六界"迄于"四住",也是一个修持过程。观想六界的前五界,一一都可得出"彼一切非我有,我非彼有"的结论,由此令心不染著,不放逸;最后则专观"识界":乐、苦、喜、忧、舍,皆属于"识",而识依"觉"生,"觉"依"更乐"生,因"更乐"生"觉",此更乐即是"六触"。由此进一步"修心",通过"四无色定","以慧观之,知其如真,心不成就,不移入者,彼于尔时不复有为,亦无所思,谓有及无。彼受身最后觉,则知受身最后觉;受命最后觉,则知受命最后觉。身坏命终,寿命已讫,彼所觉一切灭息止,知至冷也……譬如燃灯,因油因炷,彼若无人更增益油,亦不续炷,是为前已灭讫,后不相续,无所复受……是谓比丘第一正慧";由"此解脱,住真谛,得不移动;真谛者,谓如法也",亦是"成就第一真谛处";此时已"舍离一切世尽,无欲,灭息止",据此行施名"第一正惠施";由此"一切淫怒痴尽,无欲灭息止,得第一息"。这就达到了所谓"四住"。此中所谓"息"者,亦谓无我。"我者自举",包括我当有,我当非有,以至非有非无;我当色,我当无色,以至非有色非无色。此等观念均是贡高自举的表现，无此贡高自举即是"息"。

第二经名"分别六处"，即分别眼、耳、鼻、舌、身、意等内六处，其使用的方法和达到的结论与"分别六界"大同。

到了《分别观法经》，迦旃延正式出场了，议题的中心则转到了"观心"上。"观心"和分析"心"的功能，表现了迦旃延一系的特点。其中佛说的提要曰："心出外洒散，心不住内，不受而恐怖……心不出外，不洒散；心住内，不受不恐怖，如是不复生老病死，是说苦边。"关于此说，诸比丘不解其义，照例请迦旃延为之广演。

于是，迦旃延首先解释"心出外洒散"和"心不出外"的含义，谓："(若)眼见色，(就会)识食色相，识著色乐相，识缚色乐相；彼色相味结缚心，出外洒散。如是耳、鼻、舌、身、意知法，识食法相，识著法乐相，识缚法乐相，彼法相味结缚心，出外洒散。"意思是说，人们受苦，原自心缘外物事相，喜爱和贪著外物事相，受外物事相的束缚；对治的办法就是"心不出外洒散"，即"眼见色，识不食色相，识不著色乐相，识不缚色乐相，彼色相味不结缚心，不出外洒散"，耳、鼻、舌、身、意知法等，亦复如此，就是说，眼等心识取境的职能尽管照常运转，但却不能因此而喜爱贪著，受它们的束缚。若心不再受外物事相的左右，那就是解脱。

其次是解释"心不住内"。此指"离欲、离恶不善之法"，乃修习"四禅"，分别"彼识著离味"、"著定味"、"著喜味"、"著无喜味"、"著舍及念清净"，由之"依彼、住彼、缘彼、缚彼"；但"识不住内"，而是"度一切色想，灭有对想，不念若干想"，逐次升至"四无色定"；同样，对于无量空、无量识、无所有处及非想非非想处，不著空智味、识智味、无所有智味及无想智味，"依彼、住彼、缘彼、缚彼"，而"识不住内"。简言之，"心不住内"，就是心识不被"欲恶不善法"所束缚而修"四禅"；但也不住"四禅"而为"四禅"所缚，所以要修"四无色定"；最后也不得滞留于"四无色定"中，以致超越"欲界"、"色界"和"无色界"，从一切世间的束缚中解脱出来。及至做到心"不依彼、不住彼、不缘彼、不缚彼"，即名"识不住内"而"心住内"。

259

最后解释"心不住内,不受而恐怖"和"心住内,不受不恐怖"。前者指心"不离色染,不离色欲,不离色爱,不离色渴……欲得色、求色、著色、住色,色即是我,色是我有",由此"识扪摸色;识扪摸色已,变易彼色时,识转于色;识转于色已,彼生恐怖法,心住于中;因心不知故,便怖惧烦劳,不受而恐怖;如是觉想行比丘,不离识染,不离识欲,不离识爱,不离识渴……彼欲得识、求识、著识、住识,识即是我,识是我有……识是我有已,识扪摸识……变易彼识时,识转于识;识转于识已,彼生恐怖法心住于中;因心不知故,便怖惧烦劳,不受而恐怖"。简而言之,由于贪恋于色,认为色是"我",是"我"所有,或贪恋于识,认为识是"我",是"我"所有,当色或识不可避免地发生变化时,思想毫无准备,就会产生恐惧烦恼。相反,如果心"离色染、离色欲、离色爱、离色渴……彼不欲得色、不求色、不著色、不住色,色非是我,色非我有……识不扪摸色;识不扪摸色已,变易彼色时,识不转于色;识不转于色已,彼不生恐怖法,心不住中;因心知故,便不怖惧、不烦劳、不受不恐怖。如是觉想行比丘,离识染、离识欲、离识爱、离识渴……彼不欲得识、不求识、不著识、不住识,识非是我,识非我有……已,识不扪摸识……已,变易彼识时,识不转于识……已,彼不生恐怖法,心不住中;因心知故,便不怖惧,不烦劳,不受不恐怖"。

以上从"六界"的观色观识,再到"分别观法"的观色观识,都是用"心"的"住内"还是"不住内"作为是非的标准,也就是,制"心"令内不受烦恼的束缚,外不受色相的束缚。这可能就是迦旃延系法相分析的目的。

《根本分别品·温泉林天经》,记迦旃延善于说"喻",动辄谓:"听我说喻,慧者闻喻则解其义。""说喻"就成了智者的特征,以喻解义,也就成了佛教说法布道的一种重要体裁。迦旃延系特别以说喻为慧作标榜,阿难也把说喻的方法提得很高,二者的一致方面很多。

此经记有世尊说的一个偈:"慎莫念过去,亦勿愿未来,过去事已灭,未来复未至,现在所有法,彼亦当为思。念无有坚强,慧者觉如是;若作(又作学)圣人行,孰知愁于死,我要不会彼,大苦灾患终。如是行精勤,昼夜无懈怠。"这个偈名"跋地罗帝偈",被认为十分重要,所谓"有法有义,是梵行本;取智、取觉、取于涅槃",因此要求舍家学道者必须善受持诵。

关于此偈的含义,诸比丘也请迦旃延广解:什么是"念过去"?迦旃延说:"实有眼,知色可喜;意所念,爱色欲相应心,乐扪摸本;本即过去也:彼为过去识欲染著;因识欲染著已,则便乐彼;因乐彼已,便念过去。如是耳、鼻、舌、身实有,意知法可喜,意所念,爱法欲相应心,乐扪摸本;本即过去也。彼为过去识欲染著,因识欲染著已,则便乐彼;因乐彼已,便念过去。"什么是"不念过去"?迦旃延说:"实有眼,知色可喜,意所念,爱色欲相应心,乐扪摸本,本即过去也。彼为过去识不欲染著;因识不欲染著已,则便不乐彼;因不乐彼已,便不念过去。"耳、鼻、舌、身、意,亦应同样不念。

据此,迦旃延承认过去眼等"六根"所知色等"六境"是实在的,甚或承认对曾所知境界的爱念,也是真实存在过的;但是,若"识"仍然停留在过去,继续爱念染著,即名"念过去",这是应该对治克服的。反之,对过去世那些境界和爱念,"识"不再追忆染著,就是"不念过去",应该肯定。就是说,修持者遇到的问题,不在于承认过去诸法是否曾经实际存在过,而是现在是否还在迷恋执著中。

关于"愿未来"和"不愿未来",意思相同:"若有眼色眼识,未来者彼未得欲得,已得心愿;因心愿已,则便乐彼;因乐彼已,便愿未来",耳、鼻、舌、身、意等亦复如此;相反,"未来者,未得不欲得,已得心不愿,因心不愿已,则便不乐彼",由是便"不愿未来"。同样道理,所谓"受现在法"和"不受现在法",也全视眼色等识是否于"现在识于染著",是否乐彼而受现在法。由此要求佛徒所做的,是于三世诸法悉皆不染不著,不乐不受;而这不乐不受的关键,不是否认三世诸法的实际存在,也不是闭塞眼等

261

六根的取境功能,而是控制六识不著不染于三世色声等境界,熄灭这些方面的欲念。

于是承认过、未、现"三世"实有,但拒绝接受对三世法的爱欲,就被提升到"出离"之道的高度。这一主张与后来说一切有部是相通的。从这里也可以看出,像"三世"是否实有这类极度抽象的问题,是如何同它们的具体实践密切地结合在一起的。

这个"跋地罗帝偈"在《根本分别品》中的第5经《释中禅室尊经》还记有世尊自己的解释,谓"念过去",就是"乐过去色欲著住,乐过去觉、想、行、识欲著住",亦即乐、欲、著、住于过去的"五阴";"不念过去"就是于过去"五阴"不乐、不欲、不著、不住。同样,"愿未来",就是于未来"五阴"乐、欲、著、住;"不愿未来"即于未来"五阴"不乐、不欲、不著、不住。同样,"受现在法"和"不受现在法",也全是针对于"五阴"之是否乐、欲、著、住的主观态度上,而重点都不在否定"三世"的真实性上。据此,于过去"不念"、于未来"不愿"、于现在"不受",即是"跋地罗帝偈"的精髓。

此品的第6经名《阿难说经》,重述了"跋地罗帝偈"和对此偈含义的解说,唯一的区别是让阿难出面解义,世尊据以赞扬阿难"有眼、有智、有义、有法",并指令诸比丘:"汝等应当如是受持。"

《根本分别品》的第7经叫《意行经》,是讲"四禅"、"八定"、"九等至"的。其中对于"灭尽定"的地位抬举得极高,几乎高到了无以复加的程度,这在早期佛教经典中也很少见。世尊告诸比丘:"度一切非有想、非无想处想,知灭身触,成就游慧,见诸漏尽断智。彼诸定中,此定说最第一,最大最上最胜最妙,犹如因牛有乳,因乳有酪,因酪有生酥,因生酥有熟酥,因熟酥有酥精;酥精者说最第一,最大最上最胜最妙……得此定、依此定、住此定已,不复受生老病死苦。是说苦边。"

此处对"灭尽定"的描述和评价,有可能同属于阿难和迦游延二家的主张。据说,迦叶为了等待弥勒出世,以便遵世尊嘱托将佛的袈裟亲自交付弥勒,所以一直没有般涅槃,而是在鸡足山坐禅入定,维系生命。他所入的"定",就是这种"灭尽定"。

第 8 经《拘楼瘦无诤经》提出"中道"的概念,在佛教思想史上也是一件大事。原文说:"莫求欲乐极下贱业,为凡夫行;亦莫求自身苦行,至苦非圣行,无义相应。离此二边,则有中道。"将"求欲乐"作为凡夫行,与行"至苦"的"苦行"当作两个极端,惟有离此二边的"中道"才是"圣行"。这个说法,当是针对佛教内部的两种倾向说的:一种是追求"欲天"果报,把纵欲作为解脱的手段或理想;一种是像头陀行那样的苦行,把苦行作为解脱的惟一手段。这两种倾向,在当时所谓"外道"中也都有信奉者。此处特别提倡的这一"中道"原则,还在要求佛徒正确处理"国俗",所谓"随国俗法,莫是莫非",采取"无诤"的态度,达到"无诤"的境界。这个"莫是莫非",表示远离是非,不随便顺从彼彼地方的是非为是非。但是,如果思想活动与"欲乐"相应,同凡夫一样,就难免不依彼彼地方的是非为是非,难免"有诤";如果与"至苦"相应,同当地当时的国俗全然相反,那也避免不了"有诤"。因此,既要从随顺国俗,又要避免矛盾,也是"中道",即正道。

"中道"思想在《杂阿含》等经中也有,对以后佛教的发展影响极大,但从一开始就包含有折中和莫是莫非两层意思。

关于迦旃延的著作,现存有《迦旃延说法没尽偈百二十章》,略作《迦旃偈》,失译,附西晋录。此外,在唐玄奘译介的说一切有部的论著中,有《阿毗达磨发智论》二十卷,题"迦多衍尼子造";苻秦时译作《阿毗昙八犍度论》,即题"迦旃延"造。此迦旃延或作"迦旃延子"、"迦多衍尼子",是否就是《中阿含》中所记的这位佛弟子?有学者认为就是一个人,有说不是,事实上可能是一种史的倒置。

据吉藏的《三论玄义》记:"佛灭度后,迦叶以修多罗付阿难,历末田地、舍那婆斯、优婆掘多、富楼那、寐者柯,至迦旃延尼子,二百年已来无异部……迦旃延大兴毗昙。"这个"大兴毗昙"的迦旃延与"论议第一"的迦旃延,是同一个名字、干的又是同样的事业(毗昙就属于论议),但却相隔数百年,是很令人费解的。另据玄奘一系传说,《发智论》是说一切有部的奠基性著作,如此则迦多衍尼子应是有部的祖师;此《发智论》被尊为"身",还有支撑这"身"的六部著作,称作"六足"。"六足"中一部《阿毗达磨集异门足论》,题"舍利弗说";另有一部《阿毗达磨法蕴足论》,题"大采菽氏造",即大目犍连作。于是这些佛灭数百年以后才有可能出现的论著,都成了佛在时的作者所造了。

历史的这种混乱倒置,只能有一个解释:玄奘所传的有部传统绝不可靠;《中阿含》的传说也不一定是历史的真实。但说明,有部是把佛陀的这三位弟子当作自己的祖先的,而以迦旃延为上首,舍利弗和目犍连为辅助;唯一的传经者,则是阿难;而经则是论的所依,所以在这个系统中,阿难仍是权威。

一般认为,有部与法藏、犊子同属于上座部,尤其与化地部的关系密切,但详情至今也说不清楚。《中阿含》的弟子图谱反映了早期部派时期的历史格局;而玄奘所传,则是对这一历史格局的凝固化。

4. 佛的诸弟子和佛教法门的开拓

《中阿含》提及的弟子和他们持法的重点,当然不只上述那些。卷四八《双品·牛角娑罗林经》记舍梨子主持一个七人的聚会,请佛诸大弟子各自陈述自己的思想志趣和理想的比丘品格才能,由此展示各家的独特主张。这也可能是当时佛教已经开拓了的法门。

在这一经中,各家的地位是平等的,各家开创的法门也是平等的,舍梨子只担当召集人的角色。舍利弗首先是赞扬阿难,称其为"世尊侍者,解世尊意,常为世尊之所称誉,及诸智梵行人",所以先请阿难谈自己的理想人格。于是阿难说,他理想的人应该是"广学多闻,守持不忘,积聚博闻……如是诸法广学多闻……意所惟观,明见深达;彼所说法,简要捷疾,与正相应,欲断诸结"。阿难是经的结集者,所以也是读经和解经派的倡导者,因此也就把"成就多闻"、"说法"简捷而正确者,作为模范佛徒。当时经典的传播主要依靠口诵,所以读经就是听经,多读经就是多闻经。

接下来的是离越哆。据说离越哆是舍利弗的弟弟,也是佛的著名弟子,但在后传的十大弟子中没有他的名字,似乎无甚影响。他在这里说:理想的人格应该"乐于燕坐,内行止,不废坐禅,成就于观,常好闲居,喜安静处"。正因为这种主张,离越哆即以"乐于坐禅"著称。

第三位是阿那律陀。阿那律与阿难同是佛陀的堂弟,他的理想是:"逮得天眼,成就天眼,于千世界,彼少方便,须臾尽见",即以"成就天眼"为教授的科目,故在十大弟子中号称"天眼第一"。他在律典中,也被视为是一个由贪睡转变为精勤的典范。《中阿含》对阿那律陀的言行记载较多,而不限于"天眼"。

继之,是大迦旃延的申述:"犹二比丘法师共论甚深阿毗昙,彼所问事,善解悉知,答亦无碍,说法辩捷",是谓"分别法师"。他自称是"阿毗昙"的倡导者,与他在十大弟子中以"议论第一"知名相应。

此后是大迦叶说:"若有比丘,自无事称说无事,自有少欲称说少欲,自有知足称说知足,自乐在远离独住……自修行精勤……自立正念正智……自得定",以及自有智慧、自诸漏已尽、自劝发渴仰成就欢喜,同时向他人称说,此名"常行无事"。所谓"无事"亦作"无事处",指远离独住、自修精勤而不受外事干扰,也不关涉他事,相当于"阿兰若行",与"头陀行"一致,所以处处事事强调以"自"为核心。

再接下去是大目犍连说:"有大如意足,有大威德、有大福祐、有大威神,自在无量如意足",以至履水如地而不陷落,上升虚空结跏趺坐,犹若如鸟,以手扪摸,身至梵天,所谓"有大如意足",也就是"神通第一"的意思。

最后,舍梨子应请讲他自己的理想比丘,谓:"若有比丘随用心自在,而不随心:彼若欲得随所住止中前游行,即彼住止中前游行,彼若欲得随所住止日中脯时游行,即彼住止日中脯时游行",譬如王者衣服甚多,随时著者取而著之。按舍利弗被列为十大弟子中的"智慧第一",这"智慧"

是什么意思？此处给出了一个简明的答案，所谓"随用心自在，而不随心"。这个回答受到佛的特别肯定，并再度强调了"随用心自在"之说。

但是，此话怎样解释？为什么"随用心自在"还要用"不随心"加以限制？除了那个随意取衣的譬喻外，经文没有更多的发挥。就《阿含经》本身说，关于"心"大致有两种相反的解释，一种是所谓"心性本净"，一种就是这里说的"不随心"，实质上是把心视为不净。从心性不净的角度说，不可随"心"，而应"制心"或"御心"；但是"心"不能不用，从"随用"的角度说，则心应"自在"而行，随宜而动，不可拘泥。这个"用心自在"而又"不随心"，是一对矛盾，在舍利弗这里揭示出来，为此后佛教心学的开展提供了持续深入思维的课题。

总上七弟子各自立论之后，舍利弗请佛判断他们的优劣。世尊结论说："一切悉善。所以者何？此诸法者，尽我所说。"七大弟子开七大法门，佛陀都予以承认，没有上下高低之分。

《牛角娑罗林经》还有一个"下分"，记载有阿那律陀、难提和金毗罗与佛的对话。他们是释氏家族子弟，都被称作"族姓子"，像是一个以阿那律陀为首的小型僧团。中心议题讨论如何实行"安隐"行、达到"安乐住"，以巩固僧团组织的问题，而一致的意见，是对"梵行"者行"慈悲喜舍"。亦即尊重一切梵行者，争取众人"常共和合，安隐无诤，一心一师，合一水乳，得人上之法而有差降，安乐住止"。经称，此"三族家"所说，其声下自地神，上至梵天，响彻宇宙，凡"忆此三族姓子所因所行者，彼亦长夜得大善利，安隐快乐"。这个三家僧团，在其他佛经中少见；把僧团内部的团结视为佛教感动天人鬼神的事件，并将团结的基础建立在"四无量"的道德心理方面，而不是单纯地用戒律去维系，也是独树一帜，不妨把它看做是对上述七人集会的一种精神概括。

《中阿含》记载阿那律陀思想最系统的是《长寿王品·八念经》，它在西晋时就有单译本行世，名《阿那律八念经》，失译。此经一开始就记阿那律陀燕坐思维："道从无欲、非有欲得，道从知足、非无厌得，道从远离、非乐聚会、非住聚会、非合聚会得,道从精勤、非懈怠得,道从正念、非邪念得,道从定意、非乱意,道从智慧、非愚痴得。"也就是说,它提倡的是无欲、知足、远离、独住、精勤、正念、定、慧,总称"大人八念";同时规定,"服"必须是"粪扫衣","馔"必须是"常乞食","舍"必须是"树下止","坐"必须是"草叶座"。佛对于阿那律陀的主张完全肯定,并补充了"四增上法",所谓"道从不戏,乐不戏,行不戏,非戏、非乐戏、非行戏得"。依佛解释,此"四增法"的意思是"意常灭戏,乐住无余涅槃"。从这些介绍看,阿那律陀应该是标准的头陀行者,与其他经律的介绍大异。这说明,经律传说中的佛弟子,不一定都是他们的原貌;如果把他们看做是佛教某些法门的表征,更符合史实。

卷六〇《例品》有两种《阿那律陀经》,都是阿那律陀为其他比丘答疑的,集中在什么样的"死"才最有价值,最能脱离"烦热"上:"云何比丘贤死、贤命终?""云何比丘不烦热死,不烦热命终?"对前一问题的答案有两个,一为最低标准,是"离欲、离恶不善之法",成就"四禅";最高则是得"六通",成就阿罗汉果。对后一问题的回答有四:最低是"见质直及得圣爱戒";稍高一层的是修"四念住";更高一层的是修慈悲喜舍"四无量";最高是超越"三界",诸漏已尽。这大约也算是一种"终极关怀";而这些关怀的任何一个层次,都要求从"终极"之前做起:为了死得有价值,无烦恼遗憾,就要善待现实的"生","生"得现实。这也是阿那律陀的又一副面貌。

《大品》十经是集中说"法律"的。所谓法律,有将佛法提升到戒禁必须遵行的意思。它的第六经叫《优婆离经》,记优婆离向佛问比丘众共处如何和合的问题。据传,优婆离本是释迦族中的理发工,出身于低贱的种姓;但他追随佛陀,被允许出家,并在第一次结集上,担任《律藏》的诵出,所以在十大弟子中号称"持律第一",地位应该与《经藏》的诵出者阿难相等。《大品》整品的精神是禁欲,以禁欲保证去恶、修善、行道,于"法律"中"不放逸,行精勤,得一心";同时严斥"恶见"。恶见有二,一是"行欲者无障碍"说,一是"识"可往生说。至于所谓"欲",这里强调的也是"食"、"色"二性,并把观身"不净"和观"四食"当作解脱的重要法门。据此也可以看出优婆离一系的思想倾向。

现存有单译本《优婆离问佛经》。

此外,《中阿含》卷四三《拘楼瘦无诤经》还谈到须菩提,在十大弟子中以"说空第一"见长。此经记佛言"修习无诤法,汝等当学"之后,接着说:"如是须菩提族姓子以无诤道于后知法如法:知法如真实,须菩提说偈,此行真实空,舍此住止息。"由此偈看,须菩提所说之"空",着重于无诤和中道,强调中道即是无诤。他的思想和行事,多载在《增一阿含》中。

记述佛弟子及其所开法门最多也最系统的,当属《增一阿含》;那时,佛陀的弟子群,已经由比丘众扩大到比丘尼众;由出家二众,扩大到了在家二众;开创法门的佛徒,也有了在家的男女居士,比之此处所记,更加是法出多门,内容也更加多样化了。

二、佛教走向社会和教义世俗化

《中阿含》从头到尾贯彻两条线,一是宣扬"出家",包括对于人生是苦、爱是苦因、家是枷锁等悲观厌世主义的论证和渲染。卷四十九佛陀自述:"我本未出家学道时,厌生老病死、啼泣困苦、愁戚忧悲,欲断此大苦阴……我厌患已,而作是观:在家至狭尘劳之处,出家学道发露旷大;我今在家,为锁所锁,不得尽形寿净修梵行,我宁可舍"所有财物、亲族,剃除须发,著袈裟衣,"至信舍家,无家学道"。这是"出家"修道的类型。另一条线,则是与世间积极开展交往,扩大影响面,以适应向社会深入发展的需要,由此开辟了"在家"信佛的一途。其中吸取和改造当时当地民众的思想信仰,作为不断丰富和壮大自身的新因素,是后一条线最显著的特点。这种事例很多。

1. 改造民俗,确定佛教在家伦理

卷三三《善生经》记当地风俗,父死之后,子当"叉手向六方礼",供养礼事六方众生，认为如此作来，彼处众生亦会供养礼事可能投生于该处的乃父。佛得知后，对正在行六方礼的儿子说了这番话："居士子，我说有六方，不说无也。"问题是应该如何去认识和礼拜六方？"若有人善别六方，离四方恶不善业垢，彼于现法可敬可重，身坏命终必至善处，上生天中。"于是用"离四方恶"，行"六方"善以及由此可以"生天中"的业报论，就把习俗的礼六方改造成禁恶劝善，纳进佛教的轨道了。

这里所谓"四方恶"，指"四种业、四种秽"，即杀生、不与取、邪淫、妄言。作为居士，都不应该去做。显然，这是"五戒"的前身，还没有把饮酒列入其中。禁止杀、盗、淫容易理解；"妄言"则指"所言不真实"，要求说老实话，也是一切忠厚人家应该具有的起码品行。还有四件事，容易导向犯罪，所谓"欲、恚、怖、痴"。此中欲、恚、痴，是谓三毒，为佛家所共斥；这里多了一个"怖"，即恐怖，也被视为一种重要的不健康心理。"怖"的原因和涉及的方面很广，佛教以"无畏"、"无所畏"作为佛菩萨的优秀品格，并用以教人，特指在佛教问题上，敢于接受和坚持非常的教理，与论敌或非佛言行进行不妥协的论辩和抗争。抽象地说，就是不要害怕真理，敢于面对，敢于接受，勇于坚持。对于在家信佛者来说，要求"无恚、怖"的理由可能更多一些。

佛教向社会传教的主要对象是一切在家者；在家者无例外地都存在一个聚财和理财的问题，尤其是对商人来说。这个问题，《杂阿含》也提到过，而以《中阿含》阐发得最多。其中《善生经》提出了"求财物者"的六种非道，警告佛徒在经理财物上不要犯这些禁忌：一"种种戏求财物"，此"戏"指赌博，所谓"戏博"；此负则能生怨、生耻，睡眠不安，令冤家怀喜、宗亲怀忧，说话失去信用。二"非时行"，谓求财而不能审时度势；这又有六种情况，即不能自护，不护财物、妻子，以及为人所疑、所谤和带来祸患等，索取财物，不顾后果，所谓要财不要命之类。三"饮酒放逸"；此有六灾：现财物失，多有疾患，增诸斗争，隐藏发露（暴露秘密），不称不护，灭慧生痴。四"亲近恶知识"；指求财过程交友不当，社交不当，包括亲近贼人,以及欺诳、狂醉、放恣、逐会嬉戏等。五"喜伎乐",包括歌舞、作乐,弄铃、拍手,大聚会等。六"懒惰",谓大早大晚、大寒大热、大饱大饥等艰难条件下"不作业"。上述求财非道,都能令人"不经营作事。作事不营则功业不成;未得财物则不能得,本有财物便转消耗"。

从这类教诫中明显可以看出,佛教在努力向商人阶层发展,处处为商人的利益着想。商人是佛教走向社会的主要跳板,也是佛教的基本信仰群。

进入世俗社会的一大前提,不能总是去攻击家庭,离散家庭,而应该帮助安顿家庭,和睦家庭。其中家庭理财固然是家庭兴旺的经济基础,但要使家庭真正和美起来,还必须处理好家庭的伦理关系。《善生经》说,供养礼拜六方的目的,就是要求处理好家庭中的六种关系。

譬如东方,表征的是父母与儿子,礼拜东方,就要处理好儿子与双亲的关系:"子当以五事奉敬供养父母",即增益财产,备办众事,所欲则奉,自恣不违,所有私物尽以奉上;同时"父母亦以五事善念其子",即爱念儿子,供给无乏,令不负债,婚娶称可,父母可意所有财物尽以付子。

南方表征师与徒,供养南方就是善于处理师徒关系:"弟子当以五事恭敬供养于师",即善恭顺,善承事,速起,所作业善,能奉敬师;同时,师亦以五事善念弟子,即教技术,速教,教尽所知,安处善方,付嘱善知识。

西方表征夫与妻:"夫当以五事爱敬供给妻子",即怜念妻子,不轻慢,为作璎珞严具,于家中得自在,念妻亲亲;同时,"妻子当以十三事善敬顺夫",即重爱敬夫,重供养夫,善念其夫,摄持作业,善摄家属,前以瞻视,后以爱行,言以诚实,不禁制门,见来赞善,敷设床待,施设精美丰饶饮食,供养沙门梵志。

北方表示"大家"(指主人)与奴婢使人,"大家当以五事愍念给恤奴婢使人",即随其力而作业,随时食之,随时饮之,及日休息,病给汤药;同时"奴婢使人当以九事善奉大家",即随时作业,专心作业,一切作业,前以瞻视,后以爱行,言以诚实,念时不远离,行他方时则便赞叹,称大家庶几。

下方表示亲友与亲友臣："亲友当以五事爱敬供给亲友臣",即爱敬,不轻慢,不欺诳,施与珍宝,极念亲友臣;同时"亲友臣亦以五事善念亲友",即知财物尽,知财物尽已供给财物,见放逸教诃,爱念,急时可归依。

上方表示施主与沙门梵志："施主当以五事尊敬供养沙门梵志",即不禁制门,见来赞善,敷设床待,施设精美丰饶饮食,拥护如法;同时"沙门梵志亦以五事善念施主",即教信、行信、念信,教禁戒,教博闻,教布施,教慧,行慧,立慧。

中国传统儒家提倡的伦理规范是"三纲五常",而且规定的只是单方面必须遵从的道德责任;此处提出的是"六伦",而且六伦的关系是双边互动的,双方的权利与义务平衡。就此而言,佛教的主张更富有人情味道,尽管这全部教理是从已经成家立业的青壮年男性为主体出发的。在这六伦中,要求儿子"慈孝父母",弟子"慈顺于师",丈夫"慈愍妻子",大家"慈愍奴婢使人",亲友"慈愍亲友臣",施主"尊奉沙门梵志",基本上是"慈"字当头,贯穿以"爱"心;而作为"尊"、"敬"的"礼",只是慈爱的外化。这与伦理学中的重礼派,也很不一样。

有一部值得一读的《优婆塞经》,是专门论述居家佛徒应该如何全面修养的,我们还要再作介绍,详细谈一下。此处的《善生经》当是它的素材来源之一。"善生"者,善于生活也。早期佛典里有不少充满生活气息,教人如何更好地生活,使生活变得更好,这同那些提倡出家苦行的言论形成鲜明的对比。尽管在原则上还要坚持说,在家是苦,出家比在家优越。

处理在家和出家的关系,是佛教走向社会面临的一大问题,《中阿含》确立了一个原则:假若是居家子弟出家,事前必须经其父母同意。卷三一记:"世尊告曰,居士子,若父母不听汝于正法律中至信舍家、无家学道者,我不得度汝出家学道,亦不得受具足。"这也是法纪,可以解决许多矛盾和纠纷,对于佛教进入社会而又不违背自己的出家理想,相当重要。

2. 争取刹帝利和富有者,贬斥婆罗门

以上这些话大都是为富有者,尤其是为商人着想,对从商的信徒讲的。但佛教更大的努力是争取国王的扶植。《中阿含》卷三五《雨势经》讲国家强盛的七不衰法,就是为国王治国支招,争取王者支持的一种反映。这七法是:一"数数集会多聚集",意谓国家大事要聚会众议、众决;二"共俱集会,俱作(公共)事,共俱起",有关公共事务要众议、众作;三"未施设者不更施设,本所施设而不改易",维持旧法,不要更改;四"不以力势而犯他妇、他童女";五"有名德尊重者……悉共宗敬、恭奉供养,于彼闻教则受";六"所有旧寺……悉共修饰,尊奉供养礼事,本之所施,常作不废,本之所为,不减损";七"悉共拥护诸阿罗诃……乐恒久住,常使不乏衣被、饮食、床榻、汤药、诸生活具"。前三项反映了一种原始的民主制国家残余;中二项在强调道德建设的意义,包括禁止贵族侵犯妇女和童女的特权;后二项主张在保持旧信仰的基础上,资助佛教发展。

有研究者认为,释迦族所建的迦毗罗卫国,属于部族性质,实行刹帝利种姓统治的共和制。从这一类论述中可以得到印证。释迦牟尼的佛教系统,似乎一直把这一模式当做理想国,并且希望在刹帝利种姓中推行,由此获得王国在经济上的资助和政治上的保护。

释迦牟尼似乎也想把他的这一理想国模型推广到他组建的僧团中,所以《雨势经》接着就提出了僧团必胜的"七不衰法",即诸比丘:一"数数集会多聚集";二"共齐集会,俱作众事,共俱起";三"未施设事不更施设,本所施设而不改易,我(佛)所说戒善奉行";四"此未来有爱喜欲,共俱爱乐,彼彼有起不随";五"有长老上尊俱学梵行,比丘悉共宗敬、恭奉供养于彼,闻教则受";六"有无事处,山林高岩,闲居静处,寂无音声,远离无恶,无有人民,随顺宴坐,乐住不离";七"悉共拥护诸梵行者……乐恒久住,常使不乏衣被、饮食、床榻、汤药、诸生活具"。在这里,民主管理是完全被保留下来了,维持传统道德则变成了维系佛法戒律,将资助佛教改为拥护供养一切梵行者。后者表示对一切行梵行的"外道"取平等态度,

也被视为僧团兴旺的重要条件。

这"七不衰法",在《长阿含》卷二《游行经》中也有记载,谓佛说七法,能使国家久安,无能侵损者,一"国人数相集会,讲议正事";二"君臣和顺,上下相敬";三"奉法晓忌,不违礼度";四"孝事父母,敬顺师长";五"恭于宗庙,致敬鬼神";六"闺门真正,洁净无秽,至于嬉笑,言不及邪";七"宗事沙门,敬持戒者,赡视护养,未尝懈倦"。此说与上说略有不同,这也反映佛教的政治观和伦理观有了若干变化,重点转到了用"长幼和顺"、"闺门真正"以及"宗庙"祭祀等以保障"其国久安,无能侵损"上,更带有封建宗法的性质,而民主精神大减。

相应于僧团,则有"七不退法"的规范:一"数相集会,讲论正义";二"上下和同,敬顺无违";三"奉法晓忌,不违制度";四"若有比丘,力能护众,多诸知识,宜敬事之";五"念护心意,存敬为首";六"净修梵行,不随欲态";七"先人后己,不贪名利"。这里的着重点也放在"长幼和顺,法不可坏",而改动最大的,是增添了对"力能护众,多诸知识(此指结交社会名流)"比丘的特殊"敬事",略去了对"长老上尊"的特殊"宗敬"和对"远离"、"静处"的鼓励。

一句话,两相比较,《中阿含》保存的佛教远比《长阿含》原始,这是明显的例证之一。

依靠刹帝利,树立刹帝利,反对婆罗门,分化婆罗门,从而重新评估种姓制度,是《中阿含》的一项重要内容。按《梵志品》共收经十一部,以六卷多的篇幅,批评梵志,向梵志灌输佛教。这里的梵志,就是特指婆罗门。其中《何欲经》比较梵志与沙门各自的特点,实质上就是比较婆罗门与佛教的各自特点:"梵志者,欲得财物,行于智慧,立以经书,依于斋戒,以梵天为讫……沙门者,欲得真谛,行于智慧,所立以戒,依于无处,以涅槃为讫"。一个欲得财物,一个欲得真谛,二者动机不同;一个依于"经书",一个依于"无处",二者所依不同;一个以"梵天"为讫,一个以"涅槃"为讫,二者的终极目的不同。相同处是,二者都提倡"行于智慧",都以

"戒"立身行事。

这些话说得十分清楚,唯一要解释的二者所"依"具体指什么。梵志所依"经书",可能就是作为婆罗门教圣典的"四围陀";沙门所依的"无处",则含义模糊,但至少不是"经书"。从上下文看,这里的"无"可能是"无我"、"空",也可能具体指"灭尽定"。总之,通过这些比较,使问学的梵志最终表示,"我今自归于佛、法及比丘众,唯愿世尊受我为优婆塞,从今日始,终身自归,乃至命尽"。于是婆罗门教徒就转化成了佛教的在家信徒,即所谓优婆塞。

《梵志品·伤歌逻经》则比较梵志所行道迹与佛教所行道迹的异同。对"此二道迹……俱恭敬尊重奉祠"的人,当是佛教争取的主要对象。在这里,世尊为他们讲"三示现",所谓"如意足示现、占念示现、教训示现"。其中"如意足",即"五通"中的"神足通",亦即"心得自在",无所不能的神通,包括"分一为众、合众为一……不碍石壁、犹如行空,没地如水、覆水如地,结跏趺坐、上升虚空、犹如鸟翔……以手扪摸,身至梵天"之类,以此示现佛教之"有大威德、有大福祐、有大神威";最后以"身至梵天"为这些神通之极致,表示对梵天的轻蔑。此处所谓"占念",指从他人的若干外在相状测知其内心念想意愿的智力,相当"五通"中的"他心通",也包括能够测他人的过去、未来和现在的灵力,相当"五通"中的"宿命通"和"天眼通"。至于"教训",则指佛教自身的出世之道,谓行如此道迹,可以达到"诸漏已尽得无漏,心解脱、慧解脱,自知自觉,自作证、成就游,生已尽、梵行已立,所作已办,不更受有,知如真",而且还要为他人如此说教,广演无限。

据此,世尊"三示现"中的前两种,就是那种最令世人惊叹和向往的"五通"的节略,属于世人追求的超人能力;"此自作自有,自受其报",沿佛教的道迹即可得之。从这里可见佛教把"神通"纳入自己的经文中的社会背景。后一种则是超脱生死,为厌烦生死诸苦者所追求,佛教则为其指出通向解脱的道迹,亦由"自知自觉"而成。这样,不论出家在家,不论世间出世间,佛教都能够予以充分的满足,而且均可以通过个人自身的努力去实现;这比婆罗门主张把自身的命运交给其他神祇支配,而且仅限于福报、不能获取最后解脱来说,显得高明得多了。于是许多听众向佛表示:"我今自归于佛、法及比丘众,唯愿世尊受我为优婆塞。"这"三示现",当是佛教与婆罗门教论辩,说服听众的主要思想武器。

《梵志阿摄想经》记佛教与婆罗门教的分歧,直接批驳婆罗门教的种姓观念:时"众多梵志"集在学堂共论:"梵志种胜,余者不如;梵志种白(按:白象征'净'),余者皆黑;梵志得清净,非梵志不得清净;梵志梵天子从彼口生,梵梵所化。而沙门瞿昙说,四种姓皆悉清净,施设显示。"

此处所记婆罗门教的关键意见有二:在四种姓里唯有梵志最为清净,因为唯有梵志是从梵天口中生出来的,是梵天所化,因而处处优越于其他种姓。佛陀持相反的观点,认为四种姓"皆悉清净",在清净上四姓平等;他们的差别,仅仅是一种施设。所谓施设,佛教通常指人为的设置行为或事物。世尊进一步指出当时的社会现实,例如某国只有二种姓,即"大家(指主人)及奴";而此二种姓经常发生"大家作奴,奴作大家"的事情,请问梵志们是否知道? 如果确实是为了寻求真理,"彼得善解,自知如法",就一定会承认作奴作主,不是梵天先天决定的,也不会永恒不变。又,梵志自称,独于"此虚空不著不缚、不触、不碍";梵志还自称,独"能行慈心,无结、无怨、无恚、无净",然而,这类认识和思想境界,其他种姓中也有人能够做到,而不是婆罗门天生独具的品格,就像"持澡豆至水,洗浴去垢极净"、"以若干种木用作火母,以钻钻之生火长养"之类的智能,人人都能具有,不是什么"天"赐给少数人的。所以只要如实而知,就得承认人的能力是同样的,不需要梵天的特别照顾。

《阿摄想经》所讲四种姓,举出的是"梵志、刹利、居士、工师"。此中"居士"是对居家的富有者的尊称,佛教多称作"长者",如为佛陀建给孤独园的须达哆,一般称为"长者",《梵志品·须达哆经》即称之为"居";所谓"工师",则是对一切手工艺者的尊称。在四种姓中,用居士和工师取代"吠舍"和"首陀罗",在《阿含》的其他经籍里也有,是研究早期佛教种姓观中一个值得注意的问题,看起来好像提高了下层种姓的地位,但更可能是没有把所谓"贱种"列为当时佛教的传播对象。这也不像是翻译上的问题,或许与各部《阿含经》反映的佛教时代思潮有关。

《中阿含》把佛教扩展的重点对象,放在刹帝利和商人长者身上,但不限于此;因为它同时也注意吸收其他拥有财富的人,而不论其种姓出身如何,如吸收富有的妓女等为佛徒就是。至于《杂阿含》和《长阿含》中的某些经典,还进一步把婆罗门信仰的天神、魔众(此指阿修罗)也吸取到佛教的麾下,壮大自己的声势,而对于下等众生则蔑如也,不置一词。《长阿含·游行经》中记:"佛告阿难,世有八众……一曰刹利众,二曰婆罗门众,三曰居士众,四曰沙门众,五曰四天王众,六曰忉利天众,七曰魔众,八曰梵天众。"《杂阿含》也有同样的记载。就是说,佛教的教化对象,收入了"欲界"和"色界"中的三类"天"和诸"魔",却排除了首陀罗"工师",更没有"三恶道"众生。这种把佛宣教的对象,仅仅限于这"八众"范围的情形,与《阿含》反映的种姓观对照起来,客观上表明,至少在佛教走向社会的初级阶段,是走上层路线的:力图通过权势和财富,扩大在全社会传播的力度。

婆罗门教在制约佛教产生和发展的过程中,始终是一个异常重要的因素。在《阿含》中,婆罗门既是主要的宣教对象,同时又是主要的批判对象,最终目的都是要他们归依于佛教,做佛教的在家信徒。《中阿含》卷三九《梵志品·婆罗婆堂经》记,有出身梵志族的人,剃须出家,追随佛陀,诸梵志因是责之曰:"梵志种胜,余者不如……梵志(是)梵天子,从彼口中生,梵梵所化,汝等舍胜从不如,舍白从黑。彼秃沙门,为黑所缚,断种无子,是故汝等所作大恶,极犯大过。"这说明梵志们曾向佛教信仰转变,以至在婆罗门中引起强烈的反应。对此,佛陀说:"彼诸梵志所说至恶,极自无赖。所以者何?谓彼愚痴,不善晓解,不识良田,不能自知……我此无上明行作证,不说生胜,不说种姓,不说憍慢……若有婚姻者,彼应说生,应说种姓……若有计生、计姓、计慢者,彼极远离于我无上明行作证。"意思是说,佛门是绝不讲究出身种姓的,只有世俗婚嫁才论门第高低。梵志也是结婚生子,"亦如世法,随产道生",不见有从梵口出生过。波斯匿等国王爱敬供养于世尊者,并非因为"瞿昙种族极高",财宝甚多,也不是计较世尊的形色妙粗,有无大威神,以及是善慧恶慧,乃是"爱敬于法,至重供养";为奉事法,才敬事瞿昙。由此可见,行善行恶,决定于各自的后天行为,说梵志天性白净,没有根据。

这里的所谓"法",可以抽象释为佛法,具体则指慈爱行善。佛陀认为当时的婆罗门已经蜕化,口是心非,言行不一,因此自信,佛教能够代之而起。《梵婆罗延经》记佛说:"今无梵志学故梵志法,梵志久已越故梵志法。"此处所谓"故梵志法",大体是"自调御热行,舍五欲功德,行清净梵行",但后来全变了,爱欲贪财,杀牛行斋。经过佛的抨击,众多梵志皆表示"自归于佛、法及比丘众,唯愿世尊受我为优婆塞"。

这里顺便看一下诸《阿含》关于种姓制度的其他记载。上述《梵婆罗延经》也广演世界的生成和人的本原,包括四种姓形成的原因,其内容与《长阿含》卷六《小缘经》(亦称《四姓经》)基本相同。《小缘经》直称梵志为婆罗门,所开四种姓是:"一者刹利种,二者婆罗门种,三者居士种,四者首陀罗种。"这比《中阿含》之说更接近印度实际存在的种姓制度。此经在解释后二种姓时说:"彼众生中,有人好营居业,多积财宝,因是,众人名为居士;彼众生中有多机巧,多所造作,于是世间始有首陀罗工巧之名。"此处的"居士"是由理财经营的富有者得名的,主体应是商人;"首陀罗"则特指"工师",即广义的工巧匠。但《中阿含·婆罗婆堂经》谓"彼异众生各各诣诸方而作田业",称之为"鞞舍"(吠舍),据此,吠舍种姓的主体应是农民,而不是商人;此经没有提到第四种姓首陀罗。

《长阿含·小缘经》还说:"今此世间有四种名,第五有沙门众名。所以然者……刹利众中,或时有人自厌己法,剃除须发而披法服,于是始有沙门名生;婆罗门种、居士种、首陀罗种,或时有人自厌己法,剃除须发,法服修道,名为沙门。"此处把"沙门"作为从四种姓中分化出来的另一种姓,所谓第五种姓,它反映了当时沙门思潮的兴旺,也说明沙门是从四种姓中普遍吸收信徒,也普遍地没有种姓等级观念,因而本质都是反婆罗门教的。《中阿含·梵志品》也这样说:"如是世中起此三种姓已,便知有第四沙门种也。"意指"沙门种"是在刹利、梵志和鞞舍之外的第四种姓;而沙门之外的三种姓中,也没有"首陀罗"种姓。

由此看来,在《阿含经》中,佛教提倡在"业报"面前诸种姓一律平等,婆罗门没有任何特权;但对于诸种姓的社会地位,佛教并非同等看待。《长阿含·小缘经》说:"生(指众生)中'刹利'胜;能舍种姓去,明行成就者,世间最第一。"《中阿含·婆罗婆堂经》也有同样的偈:"'刹利'二足尊,谓有种族姓;求学明及行,彼为天人称。"这两个偈尽管译文略有不同,但表达的意思是同样的清楚,那就是,从"种姓"的社会性上讲,刹帝利最为尊贵,而不是其他种姓;一旦超越种姓的限制,在世间最受称道的则是沙门,尤其是沙门中的阿罗汉或佛。这就是说,即使在社会领域,婆罗门的地位也降低了,王者的身份则大大提高。这可能反映着当时社会的巨大变动。

纵观《阿含》关于种姓的记载,相当混乱,原因之一,是当时的佛教着眼于向富有者和权势者中间发展,下等种姓还没有完全进入它的视野。其中《中阿含》表现得尤为显著,所以特别突出前"三种姓"。《长阿含》和《杂阿含》更多地着眼于"四种姓",可能是佛教进一步向社会底层拓展的反映。

其实,佛教关于种姓观念是有变化的,如果说《阿含》在整体上是树立王者和商人的地位,表明佛教主要依靠这两个等级在社会上兴起和繁荣,那么也有少数观念隐约着对婆罗门的特殊尊敬,这为以后佛教向婆罗门教靠拢,埋下了伏笔。

3. 走进社会的教义之一:"布施"与快乐

"布施"是佛教走向社会的经济杠杆。如果坚持把世间形容成一大

"苦聚",以及将出世间当作生命的消亡,绝对不利于佛教向社会的拓展。于是变革既有的悲观厌世而为乐观爱生,并用"布施"济生可得"福报"快乐的教义把佛教与社会大众在经济层面紧密连接起来,就成为佛教的一种潮流,蓬勃兴盛起来。这种潮流在《阿含经》时代似乎尚处在论证阶段,所以到处陈说,《中阿含》也不例外,对"乐"的肯定和分析,尤为突出。

布施是头等功德,有施必有报,报就是得乐。这是《中阿含》的基调。但它有个补充,那就是布施者必须信仰有来世,布施的动机就是为了获取福报。《梵志品·须达哆经》指出,不论"施粗食及施妙食",都可得到福报,但是,若行施,"不信施,不故施,不自手施,不自往施,不思惟施,不由信施,不观业果报施者,当观如是受报心:不欲得好家,不欲得好乘,不欲得好衣被,不欲得好饮食,不欲得好五欲功德,所以者何?以不至心故行施也"。反之,若"信施、故施、自手施、自往施、思惟施、由信施、观业果报施者,当观如是受报心:欲得好家、欲得好乘、欲得好衣被、欲得好饮食、欲得好五欲功德,所以者何?以其至心故行施也"。这里强调的不但是施,以及施什么样的物品,而且强调是否建立在至诚信仰,尤其是信仰因果报应,确信能够从布施中获得好的"五欲"享受上。这种布施观就直接要求同佛教信仰挂钩。最后佛说,"若有能观一切诸法无常、苦、空及非神者,此于彼施为最胜也",于是从布施一门还能进一步迈进佛理中去。

在《须达哆经》里,佛说他昔曾为梵志大长者,"为自饶益,亦饶益他,饶益多人,愍伤世间,为天为人求义及饶益,求安隐快乐",像布施一类事情也作过不少,但是,毕竟"说法不至究竟,不究竟白净,不究竟梵行",因为它们终究属于世间法,不离生老病死,未能得脱一切苦。佛说,只有到了今天,他才在探索"自饶益、亦饶益他",谋求"安隐快乐"的路上,"得至究竟,究竟白净",已离生老病死,已得脱一切苦。这里塑造的佛形象,全是为了自我和众生脱苦求乐的,所以他既赞扬为得福生天的在家修行,也把出家学道看做是"安隐快乐"的最高等级。这种以追求快乐为目的的主张,同只宣扬悲观厌生的观念相比,反差异常鲜明。

《阿含经》整体的这种让人求安隐快乐的倾向,对战胜婆罗门教,吸引社会广大信众,尤其是刹帝利和商人来说,极端重要。

但是究竟什么是"乐",通过什么渠道才能真正得乐?佛教与世俗的看法和婆罗门教的主张有什么原则区别?这也是《中阿含》讨论的大问题。卷三八《须闲提经》,记"异学"同梵志以及佛陀论辩的事。梵志认为沙门瞿昙"有慧":"刹利慧、梵志慧、居士慧、沙门慧;若说慧者皆得圣智。"异学者不服。按这位归依于佛的梵志理解,所谓"智"就是正确认识"五根"并善于调御"五根":"不调御眼根、不密守护而不修者,必受苦报;彼于沙门瞿昙,善自调御、善密守护而善修者,必得乐报。"意谓"乐"就是善于调御眼等五根的结果,若不善于调御,纵眼等五根为所欲为,任爱念而行,必得苦报。异学者即以此等解释为据,断定瞿昙之智是"败坏地;败坏地无可用"。

这段话是回答什么是快乐的。是否完全顺应感官的本能需要,充分满足这些需要就是快乐?智者调控驾驭自己的感官需要,是否就是对快乐的败坏?这也是古今中外哲学讨论的重大问题之一,它在人生观中的尖锐性,从《列子·杨朱篇》中可见一斑。于时佛对异学者说:"若人本未出家学道,彼眼知色,爱念意乐,可欲相应。彼于后时,舍眼知色,剃除须发,著袈裟衣,至信舍家,无家学道,彼眼知色习、灭、味、患出要,见如真,内息心游行;彼若见人未离色欲,为色爱所食,为色热所热,彼眼知色,爱念意乐、可欲相应,行时见已,不称彼、不乐彼。"意思是说,居家的普通人,只能按照自己的感官欲望,爱念意乐,故以感官满足为乐;但若出家学道,不再依据感官取境,而是用把握的真如驾驭自己的思想行为,那时就会认识到未离欲者,是如何地被色声香味触等境界所侵食、所热恼,此等由内在的爱和外在的色取得之乐,实在薄浅;而薄浅故即不乐彼。据此佛陀认为,调御五根不应该受到责难,人不应该受"五欲"的支配。

佛陀继续说,快乐是相对的,是比较而言的,"犹如居士、居士子,极大富乐,资财无量,多诸畜牧,封户食邑,诸生活具种种丰饶,彼得五欲易,不难得",这当然也是一种快乐;但是,如果此人作足种种善事,"成就身妙行,口、意妙行,临死之时,不乐舍五欲功德,身坏命终,后升善处,得生天上,具足行五欲功德",那时具足一切"五妙欲"享乐,再看"人"的快乐就低下得无法比拟了;届时作为天子的他,也就不会"舍天五欲功德、乐人间欲、欢喜念"了;因为从"天"来看,"人间欲者,臭处不净,意甚秽恶而不可向,憎诤极苦",所以,若"舍于天上五欲功德,乐人间欲、欢喜念者,终无是处"。世尊进一步说,"我断人间欲,度于天欲……至信舍家,无家学道,彼五欲功德习灭,昧患出要,见如真,内息心游行",那就超越了人、天的欲爱,也就不会再受欲爱之苦。假若修天报者懂得了舍家修道,彻底灭除了五欲需求,再也不会受苦,那么他也不会再"以欲爱为乐";"彼若不断欲,不离欲爱,内息心已,行当行今行者,终无是处"。所以者何?因为生天并非断欲、离欲爱,而是行于欲的另一种方式。譬如"有病须药,无病不须";天乐亦是如此,它只是为了对治人间诸苦的一味药材,如果不再爱欲人世间了,也就没有再去祈求天乐的必要。再譬如有癞病者,痛苦异常,有二力士欲推其入于火坑炙之,则此癞人反觉癞病比炙热为乐,天乐也就等于癞病之乐罢了。

正因为乐是相对的,所以有等级差别。在轮回六道中,相对于三恶道言,生而为"人"是福是乐,在人世间,富贵长寿是福是乐;与人间五欲相比,天上更加富贵长寿,五欲之乐极世间之最,可以尽情享受。这一切乐,尽管是相对的,佛教依然给予肯定,将其纳入因果报应、六道轮回的教义中,作为向世俗社会推广的重点。佛教对社会发挥积极劝善作用,主要是这一部分。

卷五三《痴慧地经》对于"天"上的种种乐处,多有描述,总归为"一向可爱、一向可乐、而意可念"。此等可爱可乐之处,名"善处乐",亦名"六更乐",即眼等"六根"直接触及的乐,特别是感官的快乐。"若众生生彼中"时,其"眼见色,意所喜可,彼是喜可;意所润爱,彼是润爱;意所善乐,彼是善乐",以至于"意所知法,意所喜可,彼是喜可;意所润爱,彼是润爱;意所善乐;彼是善乐"。也就是说,凡意识喜可的触觉或知觉,无论是色、声、香、味、触、法,无不可爱可乐可称道,也可以说,凡六根所触及的对象,意识无不喜可爱乐。这些说法,把"善"的道德范畴同"乐"的美学范畴比较密切地结合了起来,也把直觉与意识密切地结合起来,是一种很重要的趣向,本来可以作些发挥,可惜这里没有。佛教的一大缺陷,是把喜乐仅仅当作道德的产品,而没有看成是美学的组成部分,以致在美学理论上近乎空白。

总之,"此善处乐不可具说,但善处唯有乐",有善必有乐,而且唯有乐。"若智慧人或时从善处来下生人间,若有家者,极大富乐,钱财无量,多诸畜牧,封户食邑,米谷丰溢,及若干种诸生活具",所谓刹利大长者家、梵志大长者家、居士大长者家等等,若"生如是家,端正可爱,众人敬顺,极有名誉,有大威德,多人所爱,多人所念"。假若彼人能继续行善,"因此缘此,身坏命终还至善处,生于天中",享受天乐。

为求乐而行于善处,名"智慧人法";"智慧"包括权衡得失利弊、善恶苦乐,而不单纯是善于判断是非正错。把探求"真实"作为智慧的第一要义,在前期佛教中并不都那么明确。

从佛教的出世观念观察,天、人之乐不过是苦的程度差异,与大苦相比,小苦即乐;世间之乐只是人们能在苦的大小上作选择。原因在于世间之乐的共同根源是爱,属于欲爱的乐。如果对世间"乐"的这一本质缺乏认识,叫作"生盲",就是天生的愚痴。相反,佛陀认识到了苦的真谛,"得如真实,无颠倒想"(卷三八,下同),断定"无病第一利,涅槃第一乐",以"无病""涅槃"为最高的利乐。那么,何者无病?何者涅槃?于是又回到了"缘生"论和"四谛"说上来。其中"身即是病,是痈、是箭、是蛇,是无常、是苦、是空、是非神";一般世人不了解"自现身四大之种,从父母生,饮食所长……强忍破坏磨灭离散之法。然见神、受神,缘受则有,缘有则生,缘生则老死,缘老死则愁戚啼哭、忧苦懊恼,如是此生纯大苦阴"。如果获得"圣慧,眼得清净",就会"自知此是无病,此是涅槃"。

此话是把有"身"当作病苦的根源,而"身"则来自"见神、受神"。这一说法有些特别。所谓"见神",指有神的观念;"受神",指接受了这神的观念:因为有神的观念并接受了神的观念,所以才会使"四大"和会、投生成"身"。这里的"神"也就是佛教通常所说的"我"。不过此处的缘生观将"十二因缘"中的"受"解释作"受神",由于"受神"才有"有"。这是其他经籍中少见的说法,再次表明,早期佛教的缘起理论并非一种格式,而这一格式或许最容易触动世人的心弦——人们是多么期望"长生久视"啊,哪怕是"神不灭"也好。

从究竟不可能拥有不灭的神来说,世间人天之乐都算不得真乐;真乐只可能实现于对世间乐的扬弃中。卷五〇《加楼乌陀夷经》等特别区分乐有"五欲生乐"和"圣乐"之别,认为五欲乐为"非圣乐,是凡夫乐,病本痈本箭刺之本;有食有生死,不可修",必须从根本上加以否定,唯有"圣乐、无欲乐、离乐、息乐、正觉之乐,无食无生死,可修"。这就肯定,出家不只为了灭乐,而是因为有更高级的快乐。佛之所以贬低"欲乐",是因为还有更美好的"离欲乐"。

这样,《中阿含》就在原则上承认了快乐和追求快乐的合理性,它所作的只是分别快乐的性质,把握快乐的真谛,引导快乐的走向。卷四九《双品·大空经》,就注重论述"独住远离","阿兰若行"者的"安隐快乐",及其追求的"离生喜乐"。

关于"独住远行"的出世主张,佛陀说过不少话。其中有一段是专门谈"阿兰若行"或"头陀行"等"苦行"之"乐"的,为苦行是高级的乐作证。大略谓:"比丘不可欲乐说、乐于乐说、合会乐说,欲众乐众,合会于众,不欲离众,不乐独住远离之处",若有比丘如此,即以此和会于众,可欲乐说,因而"谓有乐、圣乐、无欲之乐,离乐、息乐、正觉之乐,无食之乐、非生死乐;若得如是乐易、不难得者,终无是处"。这里的"乐"是对聚众僧团生活的形容。意谓,若将僧众和会在一起的僧团生活,当成就是无欲、正觉、离生死之乐,因而不欲离众独住,那就是完全的错误。反之,若不欲乐说,"不乐于众,不合会众,欲离于众常乐独住远离处者,谓有乐、圣乐、无欲之乐,离乐、息乐、正觉之乐,无食之乐、非生死乐,若得如是乐易、不难得者,必有是处"。这无疑反映了头陀行者的意见:头陀也有乐,而且是更高级的乐。佛陀据此断言,不乐独住远离者,"得时爱乐心解脱及不时不移动心解脱者,终无是处";独住远离者反之,"得时爱乐心解脱及不时不移动心解脱者,必有是处"。就是说,要想从束缚于现时的爱乐心中解脱出来,达到永远不为爱乐所动的心解脱,只有独住远离者才有可能,否则就不可能。由此独住远离修行所达到的精神境界,叫做"大空",当然也就是大乐。

这种观点与阿那律陀一系提倡的"大人八念"和"四增上法"是一致的,因此,所谓"大空"就是头陀行的精神境界。它的修持方法是观空和行空:观色等"外空",以及令心"一定"的所谓"内空",还有"念内外空"等,最后达到"不见有一色令我欲乐";"持内心住、止令一定",使心无所念,澄清不动。由此能够产生欢悦喜乐,所谓"离生喜乐渍、尽润渍,普遍充满",致令行者感受全身"离生喜乐,无处不遍"。因此,"大空"不是体验失落的苦痛,而是为了获得无所限制的喜乐;其中一种就是"禅悦"或"禅乐"。至少由"禅乐"取代"欲乐",属于"大空"之乐。因此,灭除"欲乐"不是取消一切乐。

按《中阿含》的观点,涅槃也是一种乐。对此,《须闲体经》有个解释:"云何知苦灭如真?谓此爱当受未来有,与喜欲俱,愿彼彼有,灭无余,断舍吐尽,无欲,没息止。"意思是说,只要灭了爱、灭了欲、灭除基于五欲的喜乐心,就可以达到乐的顶端,也就是涅槃。当然,这一解释令人失望。世俗以五欲为乐,这乐是具体的,生动的,是行者可以感受的;"禅悦"也是可以感受、可以想象的。但涅槃呢?它以灭五欲为乐,却是抽象的,形而上的,世人无法捉摸,无法理解,连想象的余地都没有,实是一片空白。因此,佛教对社会的影响力,主要是它的入世的因果教义,而不是出世的涅槃理想。

由此可以说，在整体上，《中阿含经》是既主离苦，又讲求乐的。卷三六《梵志品·何苦经》世尊答梵志："在家者以自在为乐，出家学道者以不自在为乐。"在家与出家各有其乐。但是，在家的自在之乐需有条件："若在家者钱得增长"，金银、畜牧、谷米、奴婢等皆得增长，"尔时在家快乐欢喜"，反之只有忧苦愁戚，故在家之乐总得与苦相伴；相反，"出家学道者行不随欲，行不随恚、痴，尔时出家学道者快乐欢喜"。此处"不随欲"就是"不自在"，不自在才是乐的源泉；若行随其欲，行随恚、痴，看来"自在"，但却是忧苦愁戚的原因。所以就快乐本身说，出家胜于在家，但决不否认在家也有快乐。

此处提出随欲"自在"的条件是要有钱。有钱就可以随欲自在，没有钱就难得随欲自在。这一观察是深刻的，对于现代的自由观，也是一种解释。尤其在囊中羞涩的贫困人群中，可能引起切身的共鸣。在私有制的社会体制中，没有财产作基础，自由只能是美丽的空话；争取自由的斗争，说到底，是为了争取对财产的拥有权和支配权。不过这已经是题外话了。

4. 走向社会的教义之二："从善离恶"与"业报"

佛教以"离染求净"为出世间最高目的，就此而言，其对于善恶等道德问题，视为世间事，一般是不过问、不关心，不屑一顾，也不许留意的。但一进入社会，情况就大不同了。它确立的业报法则，本质上就是进入社会，参与和干预社会的产物。按《中阿含》的说法，不论是人间欲乐还是天上欲乐，也不管是五欲乐还是离欲乐，要想得乐，起码的条件，就得离恶行善，就是说，得适应和顺从业报法则的要求。卷四〇《阿兰那经》，记在家梵志的自觉："人命极少，要至后世，应作善事，应行梵行；生无不死。然今世人于法行于义，行于善，行于妙行，无为无求。我宁可剃除须发、著袈裟衣，至信舍家，无家学道。"此梵志深感人命如朝露，人命如泡，人寿行速，如山水暴涨，无须臾停。在这短促的寿命期间，"众生为无明所缚,为爱所系,或生泥犁,或生畜生,或生恶鬼,或生天上,或生人间",等差分明,辗转轮回,实在可愍,因此,必须抓紧时间行善修道,赢得将来有个好结果,得到一个好报应。

所谓行善修道,范围甚广,总的来说,是遵从佛的教导,断除贪痴心及瞋恚、睡眠、调悔、疑惑,行慈悲喜舍。其中,有修"梵世法"者,彼命终已,至少可以生低层诸天;设有具足奉行者,死后得生梵天。是故"学道不虚,得大果报","自饶益亦饶益他,饶益多人,愍伤世间,为天为人求义及饶益,求安隐快乐"。

此处所谓求"安隐快乐"的"梵世法",不是佛教通常讲的离众修禅,而是就在慣闹的家庭、社会,奉行善事。

由此碰到一个问题:何者为善,何者为恶？判断善恶的标准是什么？按照佛教的通说,"业"分身、口、意三种;在决定果报上,哪种起主导作用？或者说,在断定行为的善恶是非时,是依据行为的客观表现还是心理动机？对于这个问题,佛教诸经有不很相同的意见。《根本别品·大业经》记,有人把佛陀说的"业",归结为"身口业虚妄,唯意业真谛"这一原则。佛陀坚决否认,因为这一原则是把思想动机同其言行表现绝对割裂开来,似乎实际的言行对于报应而言,全然无关紧要。于是又有人引世尊的话说:"若故作业、作已成者,我说无不受报,或现世受,或后世受;若不故作业、作已成者,我不说必受报也。"此中"故",就是有意,有意而作并且已经造成后果的,必定受报;"不故"就是无意,无意而作并没有造成后果的,不一定受报。此说把动机和效果统一了起来,不再只重动机,而无视行为效果。然而佛陀对于此说也加以斥责,因为它把善有善报、恶有恶报的业报法则抽象化、绝对化了,而事实要比这一解释复杂得多。

于是佛陀提出,对于业与报的关系,务必要具体分析,不能用"一向答"的方法去解释并非同样的问题:按照感受(觉)的分类,有"乐觉、苦觉、不苦不乐觉"的差别,"若故作乐业、作已成者,当受乐报;若故作苦业、作已成者,当受苦报;若故作不苦不乐业作已成者,当受不苦不乐报"。这种回答叫做"分别"法，因为它把作业和受报的体性限定在感受上，"受"有三种，业的性质和受报的主体就有三种，这同把"业"抽象地分为善恶，把"报"分为"福"或"非福"相比，具体多了。但这还不够，因为现象往往与因果律相反，作恶者有时得到了好报，行善者有时反得恶报："或有一不离杀、不与取、邪淫、妄语乃至邪见，此不离不护已，身坏命终，生善处天中……或有一离杀、不与取、邪淫、妄言，乃至邪见，此离护已，身坏命终，生恶处地狱中"；当然，也有"不离杀、不与取、邪淫、妄言乃至邪见，此不离不护已，身坏命终生恶处地狱中……或有一离杀、不与取、邪淫、妄言乃至邪见，此离护已，身坏命终生善处天中。"对这类现象如何解释，是否因果律不起作用或根本不能成立了？佛也表示反对，认为行上述"五戒"者，有的可能生天，有的可能下地狱，这类个别现象应该承认是存在的，所以应该加以分别，如此认识，属于"正见"；但这决不许把个别现象当作全部现象，不许把特称判断改作全称判断，若因此从原则上否认善有善报，恶有恶报，否认五戒为善行，离五戒为恶行，那就是"邪见"。原因在于，业报法则决不可动摇，但在每个人身上的体现，却各有不同，所谓"如来知彼人异"，就是如来知道在体现业报法则上，人与人是有差异的。

那么，造成这类差异的原因何在？佛陀解释说：其中或有不守五戒，不离杀等业行反而"命终生天"者，"彼若本作不善业、作已成者，因不离不护故，彼于现法中受报讫，而生于彼；或复因后报故，彼不以此因、不以此缘身坏命终生善处天中；或复本作善业、作已成者，因离护故，未尽应受善处报，彼因此缘此故，身坏命终生善处天中；或复死时生善心、心所有法，正见相应，彼因此缘此……生善处天中"。其中或有谨守五戒，离杀等业行，而"命终生恶处地狱中者，彼若本作善业、作已成者，因离护故，彼于现法中受报讫，而生于彼；或复因后报故，彼不以此因、不以此缘身坏命终生恶处地狱中；或复本作不善业、作已成者，因不离不护故，未尽应受地狱报，彼因此缘此，身坏命终生恶处地狱中；或复死时，生不善心、心所有法,邪见相应,彼因此缘此,身坏命终生恶处地狱中"。这些看似因果错乱的表现,可以归纳为四种:"或有人无有似有,或有似无有,或无有似无有,或有似有",都要分别,不可一概而论。东晋慧远作《三报论》,阐述的就是这一精神,也企图对现实生活中充塞着业报错乱的现象作出宗教的神话解释,但比这里说得清楚。

《心品》有十经,其中《受法经》再一次从"受"的角度论述业报的"非一向性",它总结说,"世间真实,有四种受法……或有受法现乐,当来受苦报;或有受法现苦,当来受乐报;或有受法现苦,当来亦受苦报;或有受法现乐,当来亦受乐报"。关于第一种情况,举例说,或有沙门梵志,"快庄严于女身体,乐更乐触,彼与此女共相娱乐,于中游戏;彼受此法,成具足已,身坏命终,趣至恶处,生地狱中"。沙门受"欲",当来将受恶报;对沙门言,"欲"成了未来堕地狱的业因。关于"受法现苦,当来受乐报",举例说,有人"以苦以忧,尽其形寿修行梵行,乃至啼泣堕泪;彼受此法成具足已,身坏命终必升善处,生于天中"。诸如此类,这又是在用业报的复杂性警戒和督促人们去恶从善,修习佛教。

但是,有谁能够预言现在所作某事,将于死后一定得到相应的果报?《大业经》指出,具"天眼"者有这个能力,他可以看到。佛陀在这里批评了这种神话,认为正是"天眼"把业报法则绝对化,"一向化"了。这一批评极有意义。按一般观念,"天眼"是"五神通"之一,是许多沙门婆罗门追求的一种超人能力,而佛在这里斥责"天眼"所见,乃是"邪见"。这对于迷恋"五通"的人无疑是一种棒喝。

此处要求对于善恶业报关系必须有所分析的说法,有一定的普遍意义;对于人的行为的判断,不论是道德的还是法律的,都要慎重,切忌像"天眼"那样直觉化、简单化、表面化。"如来知彼人异",在好似同样表象中,把握人与人的差别,是重要的。

"心"在业报中的地位和作用,始终是佛教义学关注的重点问题。《心品》之《心经》中有人提问:"谁将世间去,谁为染著,谁起自在?"世尊回答说:"心将世间去,心为染著,心起自在。"意思是说,"心"是造就世间和染著世间,并令世人不受"法律"制约,纵任自由的罪魁祸首,因此,"多闻圣弟子非心将去,非心染著,非心自在……多闻圣弟子,不随心自在,而心随多闻圣弟子"。这种观点与舍利弗提倡的"心性本净"不同,实际上是主张心性非善,染污不净的,所以要求圣弟子不要"随心"而行,而应该多闻博学,严谨持戒,规范自己的身口意,所以它的重点放在"制心"、"治心"而"正心"上。"正心"是目的,其余都是手段。这也是佛教心性论中的一大学派。

"正心"不完全是静心;而"净心"也不是一般理解的不辨是非、不分善恶。《心品·五支物主经》记,有异学沙门"说若干畜生之论,谓论王、论贼、论斗争、论饮食、论衣被、论妇人、论童女、论淫女、论世间、论邪道"等,这是佛教所禁止的,因而总称为"畜生之论"。但他同时又施设四事,所谓"身不作恶业,口不恶言,不行邪命,不念恶物",认为由此即可"成就善、第一善、无上士、得第一义质直沙门"。瞿昙有弟子名五支物主者,平素"爱乐默然,称说默然",所以听到异学所说四事,也"不是不非",而是转告于佛。佛严厉地指出:"若当尔者,婴孩童子支节柔软,仰向卧眠,亦当成就善、第一善、无上士、得第一义质直沙门。"因为孩童,"唯能动身","唯能得啼","唯有呻吟","唯念母乳",尚无身想、口想、命想、念想,况复作身恶业、口恶言、行邪命、念恶物?

佛的这一观点在佛教史上,应该是非常重要的。按异学所说,身、口、意、命不行邪恶,这四事当然不坏,但却缺乏智慧,所以只可作为施设,成就善、第一善,而不能成为无上士、得第一义,亦非质直沙门。因为佛陀不赞同无是无非、无善恶观念,认为这是无知怯懦的表现;相反,是非分明、善恶分明,这才是值得倡导的智慧和无畏。换句话说,若仅仅不作邪恶的事,最多是独善其身,而不能助他人也去离恶从善,无疑是在削弱佛教的社会功能。因此,把辨是非、明善恶提到如此高的程度,正是适应佛教进军社会的一种反映;要对社会产生影响,在社会有所作为,必须如此,否则,去恶离恶,从善劝善,就失去了依据和意义。

在这一经中,佛陀把"业"分解为两个部分,其表现于外的身、口二业,称之为"戒";其存于内的为"念",称之为"心所"。故曰:"身业、口业者,我施设是戒……念者,我施设是心所有,与心相随。"此处的"心所有,与心相随",后来略作"心所",被扩展成佛教心理学的一大体系,而它的酝酿,则首见于此。按照这一分析,佛陀一一解说:

关于"戒"。"戒"也有善有恶,善恶二戒则皆生于"心":"若心无欲、无恚、无痴,当知善戒从是心生";"若心有欲、有恚、有痴,当知不善戒从是心生"。据此,制约身、口二业道德性质的,全在于"心"。至于"念":"念"更有善有恶,善恶二念则皆生于"想"。"想"有无量种,"或欲想、或恚想、或害想……众生因欲界想故,生不善念,欲界相应……因害、恚界想故,生不善念,恚、害界相应";假若无欲想,无恚、害等想,则因无欲、恚、害界等想故,即生善念,与无欲等界相应。因此,分别"戒"与"念"的善恶,也就是分别身、口、意诸行的善恶;修持者应该通过这些分别,灭除不善戒和不善念而行善戒善念。

当然,佛陀依然强调,若想进一步达到"无上士,得第一义直质沙门",必须使这些戒念善恶,一切分别,统统归于"败灭","解脱一切淫怒痴"。从淫怒痴中解脱出来,称作"正心解脱",由此"便知一切生已尽,梵行已立,所作已办,不更受有,知如真"。所以熄火一切是非善恶,归于涅槃,照旧是出世间的最后归宿,但这实现的过程,决不能绕过辨别善恶,明了是非,离恶从善的必由之路。

总上所言,《中阿含》根本宗旨,是树立地上刹帝利王者最尊,天上大梵王最尊,而天上地上佛陀最尊的基本观念。它的全部任务,是确立佛陀的权威地位,说服王者及其富有的臣民,以取得通行于社会的优势。其中贬斥梵天及其婆罗门信徒,争取他们的归依,则是为了进一步占领社会的思想信仰领域。《中阿含》的《梵志品》有二十经,用六卷的篇幅,着重记载佛陀与婆罗门的论辩,而且最终让论辩的婆罗门归依佛教,甘愿做在家的佛徒,就是很好的例证。

卷四〇《头那经》,记佛分别"五种梵志:有梵志犹如梵、有梵志似如天、有梵志不越界、有梵志越界、有梵志旃荼罗",历数这些梵志在维系其种姓的纯洁性,以及依照《四围陀》经书规范自己的生活行为上的种种表现,结果,令现下听讲的梵志惭愧不已,认为他们一条也做不到,遂表示:"世尊,我今自归于佛、法及比丘众,唯愿世尊受我为优婆塞,从今日始,终身自归,乃至命尽。"

《阿伽罗诃那经》记佛陀说服梵志为优婆塞事,从讨论"梵志经典何所依住"(卷四〇,下同)开始,佛说,此经典"依于人住",而人依稻麦住,稻麦依地住,地依水住,水依风住,风依空住,"空无所依,但因日月故有虚空";而日月依于四王天住,四王天依三十三天住,三十三天依敛摩天住,敛摩天依兜瑟哆天住,兜瑟哆天依化乐天住,化乐天依他化乐天住,他化乐天依梵世住,梵世依于大梵住,大梵依忍辱温良住,忍辱温良依涅槃住;涅槃者无所依住,但涅槃灭讫,涅槃为最。佛于是结论说:"梵志,以此义故从我行梵行。"就是说,佛教包括了梵行,但高于梵行;与其做一个低等的梵志,不如作一个高级信仰的优婆塞。

《中阿含》的这类言论,反映了佛教正处在一种上升的势头,充满了自信和折服论敌的气势。

三、附　记

1.《双品》及其"有"、"无"观

《双品》是一组别有特点的经籍汇编。其中《说智经》是对"五阴"、"四食"、"六界"等法数的分析,由此阐述弃家离亲、修道而不得经营生业的道理和戒禁,最后通过"四禅"证知"四谛"而得解脱的经历。这是一个颇为完整的早期佛学大纲。《阿夷那经》继续说"智慧"事,佛陀强调"法众"比丘分别"法"与"非法"、"义"与"非义"的重要性:"汝等当知法、非法,义与非义;知法、非法,义、非义已,汝等当学如法如义。"接下来讲如何认识"如法如义"时,中心放在知"有"知"无"上。如《圣道经》论述"八正道",其对"正见"的诠释就是"见有":"云何正见?谓此见有施有斋,亦有咒说;有善恶业,有善恶业报;有此世、彼世;有父有母;世有真人,往至善处,善去善向,此世彼世,自知自觉,自作证成就游:是谓正见。"

《双品·小空经》的重点则放在"见无"上。时世尊自称:"我多行空"。关于此"空",世尊的解释是:"如此鹿子母堂空,无象马牛羊、财物、谷米、奴婢;然有不空:唯比丘众……若此中无者,以此故我见是空;若此有余者,我见真实有。"这话的意思很明确,无物就是空,有物就是有;"有"之无即是"空",若无"有"作前提,也就无从谈"空"。如此理解,"是谓行真实空,不颠倒也"。就此而言,"真实空"就是实事求是,无即说无,有即说有,既见"空",也见"不空"。

此外,"空"还有另一种意思:"若欲多行空者,彼比丘莫念村想,莫念人想,当数念一无事想;彼如是知空于村想,空于人想,然有不空,唯一无事想。"这里把不想念实际存在的事物称作"空",而此"无事想"名为"不空"。这样的空与不空也叫"真实空"。不过经文强调,这种"有无"的分别远不能驱除烦恼:"若有疲劳,因村想故,我无是也;若有疲劳,因人想故,我亦无是;唯有疲劳,因一无事想故,若彼中无者,以此故彼见是空,若彼有余者,彼见真实有。"这里的疲劳即是烦恼。意谓引起烦恼是村想人想的"想",而不是"我";"无事想"也是一种"想",因为此想中虽然没有了村或人,但还会有其他东西存在,这种存在也是"真实有"。所以单凭"无事想",不能达到真实空,只有将无事想也熄灭了,"是谓行真实空,不颠倒也"。

因此,正确的认识"真实空"最重要的任务,是空去一切想,方法是:"莫念人想,莫念无事想,当数念一地想",由此"空于人想,空无事想,然有不空,唯一地想";复次再空去"地想":"莫念无事想、莫念地想,当数念一无量空处想",如是依次用"无量识处想"空去"空无量处想",以"无所有处想"空去"无量识处想",最后,又以"无想心定"空去"无所有处想",并就此作念:"我本无想心定,本所行,本所思;若本所行、本所思者,我不乐彼,不求彼,不应住彼。如是知、如是见,欲漏心解脱,有漏、无明漏心解脱。"但这还不够,"彼如是知:空欲漏、空有漏、空无明漏,然有不空:唯此我身六处命存";直到最后把存命的"我身六处"也空掉了,达到"漏尽、无漏、无为心解脱",亦即"真实有"与"真实空"的统一,才是佛提倡的"行真实空,不颠倒"。

这里把空观建立在"有"、"无"的统一上,而把"四无色定"和"无想心定"(此指灭尽定)当作通达佛觉悟的阶梯,最终则以空除"六处存命"(我)为成佛标志的主张,在我们所接触的佛教中可谓独树一帜,或许有一定的代表性。而这类经典的主角,也是阿难。阿难的形象和思想不是一个。

2. 比丘尼说法和"灭尽定"

卷五八《晡利多品》有《法乐比丘尼经》,是早期佛教中罕见的有关比丘尼为优婆夷说法的经典。它是用问答的方式,阐释早期佛教的一些基本原理,围绕二十多个问题,进行解答,虽无新义,但却十分简洁。其中解说死人与"灭尽定"者的界限,在其他佛典里解说不清,此处可以作为标准答案:"若死及入灭尽定者,有何差别……死者寿命灭讫,温暖已去,诸根败坏;比丘入灭尽定者,寿不灭讫,暖亦不去,诸根不败坏。""若入灭尽定及入无想定者,有何差别……比丘入灭尽定者,想及知灭;入无想定者,想、知不灭。"其关于"灭尽定"与"无想定"在"入""起"上的差别,也有解释:"若从灭尽定起及从无想定起者,有何差别……比丘从灭尽定起时,不作是念:我从灭尽定起;比丘从无想定起时,作如是念:我为有想、我为无想。"又,"比丘入灭尽定时,不作是念:我入灭尽定;然本如是修习心,以是故如是趣向……比丘从灭尽定起时,不作是念:我从灭尽定起;然因此身及六处缘命根,是故从定起。"又,"从灭尽定起已,心何所乐、何所趣、何所顺?"答:"心乐离、趣离、顺离。"此"离"指离生。"灭尽定"在佛教早期修习中占有重要地位,《阿含》诸经给予的评价普遍很高,此比丘尼所说,是一个代表。

当法乐比丘尼对这些问题都一一回答完了,乃请示于佛,佛答:"汝说真实……于如法中而不相违……此说即是义。"比丘尼说法,而且受到佛的如此肯定和鼓励,说明在《中阿含》时期尼众的地位已经有了变化。尤其值得注意的是,此处说法涉及的内容,主要不是在家的女信徒,而是出家的比丘。

3. 关于末利夫人和"爱"

最后卷六〇《例品·爱生经》,记拘萨罗王波斯匿与其夫人末利的故事。其中说,某梵志因为爱儿死亡,伤苦之极,佛为说"若爱生时,便生愁戚啼哭忧苦烦惋懊恼",突出"爱"是苦恼之原。于是末利夫人对王说:"若我一旦变易异者,王当云何?"波斯匿王答曰:"我必生愁戚,啼哭忧苦,烦惋懊恼。"末利白曰:"以此事故知,爱生时便生愁戚啼哭忧苦烦惋懊恼。"但对于这能够产生苦恼的父子"爱"和夫妻"爱",只作了这样事实性的描述,并没有给"爱"自身以明确的可否。南朝宋时译过一部极有影响的《胜鬘夫人经》,至唐又重译了一遍,它以在家的已婚妇女胜鬘夫人为主角,演绎大乘佛教,独创新思维、新体系,这位胜鬘夫人就是波斯匿和末利夫人的女儿。

第四节 《增一阿含经》:佛教内外发展的历史图景

关于《增一阿含》的性质和原本样式,颇多争论。现为五十二品,五十一卷;基本上按事数(亦称法数)分类,以"增一"的原则编排,从一增至十一,但并不严格。题东晋僧伽提婆译,实是苻秦昙摩难提于建元21年(385)译出,后经僧伽提婆的修订。据道安的《增一阿含序》,译出时"为四十一卷,分为上下部;上部二十六卷,全无遗忘;下部十五卷,失其录偈也,余与法和共考正之,僧契、僧茂助校漏失"(卷一),合上下部共四百七十二经。如此看来,此《阿含》在翻译过程中就有颇大的变化,不过主要表现在分品和分卷的数量上,而没有提及内容有什么不同。

一、关于《序品》和《分别功德论》

传说为阿难、迦叶所说的《分别功德论》(失译,附后汉录),是专门对《增一阿含》的结构和演化及其前四卷进行解释的。此论本身属于假托,当无问题,有可能是《增一》译出的同时,译者对它作的解说,尽管这些解说或有所本。按此论的记载,在这个汉传译本之外,"他部"只有十一品,而非五十二品。这似乎说明其他部派编辑的《增一阿含》与汉译所据的原本差别极大,事实上这"十一品"可能就是文本论及的"十一事",应该没有区别。值得注意的是《分别功德论》卷二所记:

> 此经本有百事,阿难嘱优多罗《增一阿含》;出经后十二年,阿难便般涅槃。时诸比丘各习坐禅,不复诵习,云佛有三业,坐禅第一……经十二年,优多罗比丘复般涅槃,由是此经失九十事。外国法,师徒相传,以口授相付,不听载文,时所传者,尽十一事而已。自尔相承,正有今现文耳。虽然,萨婆多家无序及后十一事……优多罗弟子名善觉,从师受诵《增一》,正得十一事……外国今现三藏者,尽善觉所传。

此说有三点可以注意:第一,《增一阿含》传自阿难,再传善觉而形成现有的"十一事"本;证之南传巴利文本,也是"十一事",则《分别功德论》所传无误。第二,善觉之前是讲"百事"的,这个本子已经全不存在了,或许根本就没有过。第三,"萨婆多家",即说一切有部,没有"序品"和"后十一事",就是说,有部不承认此处所载的《序品》和后十一事,这很独特。那么,汉译本多出的这前后两部分都涉及些什么主要问题?

1. "杂藏"的提出及其意义

《序品》偈颂的最后说:"契经一藏、律二藏,阿毗昙经为三藏;方等大乘义玄邃,及诸契经为杂藏"。证诸正式经籍,"三藏"之说当始于此;而三藏之外的所谓"杂藏",后即传为"大乘藏",总为"四藏";按它的解说,此大乘藏的有关部分也相当"四阿含"外的"杂部"或"杂藏"。此说当是有部《增一》中无此《序品》的重要原因,因为有部原则上不承认在戒、律、论之外还有什么杂藏,尤其是大乘藏。

《分别功德论》卷一对此偈颂的解释是:阿难"得天密语",乃分经、律、论为"三聚",即经、律、论三藏。其中"契经者,佛所说法,或为诸天帝王,或为外道异学,随事分别,各得开解也"。对于"经"的这个定义,有点特别:一是从说法的对象上界定经文的性质,这些对象有"诸天帝王"的富贵权势者,有"外道异学"握有精神实力者,而没有平民百姓,甚至连比丘和其他佛徒也没有放在视野之中。一是从内容的"随事分别"上界定,这与道安等义学大家把它视作戒律的源泉,差别很大;因为"随事分别"作为一种体裁,多为毗昙所用,具有抽象分析、理论思维的特色,主要讨论知识层面的问题,从这个意义上说,一般平民僧徒可能被排除在听受之外。至于律,所谓"毗尼者,禁律也,为二部僧说捡恶敛非⋯⋯非沙弥、清信士女所可闻见",称为"内藏",未受"具足戒"的僧尼是不得阅读的。这或许是所有部派的共同主张,不过更明确地表达了出来。对于论藏的内涵是这样规定的:"阿毗昙者,大法也。所言大者,四谛大慧,诸法牙旗,断诸邪见无明⋯⋯亦名无比法,八智十慧,无漏正见,越三界阂,无与等者⋯⋯迦旃延子撰集众经,抄撮要慧,昱佛印可,故名人法藏也。"此中把阿毗昙说成是以解释"四谛"诸法和把握"四谛"的"八智、十慧"为中心内容,没有超出"声闻"的范围,与有部一致。至于说,此论藏乃迦旃延子所集,这显然是特指,即迦旃延据阿难诵出诸经抄撮而成的毗昙,而非阿难所集之佛说毗昙。因为《分别功德论》说得非常清楚:"阿难撰三藏讫。"三藏早已经有了。迦旃延被视为有部的始祖,这里特别抬高迦旃延毗昙的地位,实际是抬高有部《阿毗达磨发智论》的地位。

这说明《分别功德论》所记也是有部的传说;但它在记述有部《增一》中无《序品》的同时,却对《序品》大做文章,与其有部的立场相悖。这显得抵牾混乱,可能是传说者将当时的多种传闻杂糅在一起造成的。

关于《杂藏》的特色,《分别功德论》说:"杂藏者,非一人说,或佛所说,或弟子说,或诸天赞颂,或说宿缘三阿僧祇菩萨所生。文义非一,多于三藏,故曰杂藏也。佛在世时,阿阇世王问佛菩萨行事,如来具为说法。设王问佛,何谓为法?答法即菩萨藏也。诸方等正经皆是菩萨藏中事。先佛在时已名'大士藏'。阿难所撰者,即今四藏是也。合而言之为五藏也。"(卷一,下同)

此说还是混乱。前说阿难撰"三藏";此说阿难撰"四藏",而且还有个第"五藏"。按照这个说法,则第四藏"杂藏"当包括两方面内容:一是佛及其弟子之说,二是诸天颂赞和菩萨本生;而这些内容,在汉译四阿含中都保存一些。反过来说,原来的三藏,应该只集有佛一人之说,其余人所说部分都是没有的。假若这一传说能够成立,则原初所谓三藏或四藏,就是经、律、论混杂而集成的三阿含或四阿含,而非现行的,分别严明的经、律、论三藏形式。这与律典的普遍记载,就大相径庭了。至于第五藏,核心是讲"菩萨行"的,它的经典名曰"方等正经";讲菩萨行的方等经典的汇集,即是"菩萨藏"。菩萨藏就是第五藏,与阿难撰集无关,却是阿难四藏的延续。至少在《分别功德论》对《序品》的介绍中,阿难是佛家一切经典的集结者,在早期佛教的地位理应至高无上。

不论这些说法多么混乱,但有一点非常清楚,那就是《增一阿含》中含有菩萨行的内容,有方等菩萨藏的经典,这是其他《阿含》中反映不明晰,而为《增一》所独有的特征。《分别功德论》还强调说,《增一》不止含有大乘思想,而且即以《菩萨藏》为全部"法"的真正和唯一的代表。论中在"阿难无量博闻,于声闻中独步无畏"一文之下特别注明:"弥勒所以下者,惧阿难合菩萨法在三藏,大小不别也。"意谓,弥勒所以下生说法,是惧怕阿难把菩萨藏也结集到小乘"三藏"之中,将大乘的独特性模糊起来。

此处又抬出弥勒来作大乘的权威代表,是又一层混乱。因为抬举弥勒的大乘地位,当是瑜伽行派的思想;《序论》和《分别功德论》之力图把菩萨乘思想从"三藏"中提升出来,反映的应是瑜伽行派的主张;瑜伽行派则是继承有部把弥勒作为诠释所有佛法的最高权威的说法。就是说,大、小有宗均对弥勒推崇备至,而弥勒的地位在大乘空宗中却平平常常,菩萨而已,哪怕它已经取得了候补佛的地位。著名的《维摩诘经》就把弥勒作为第一个批判的菩萨对象。然而在下面我们将看到,《分别功德论》和《增一阿含》中表达了十分清晰的般若空观理论,弥勒也是般若空观的祖师。这对于我们研究《般若经》类的产生和发展,也是一段重要史料。

《分别功德论》将菩萨经典产生的因缘,归结为佛答阿阇世王问。这当然不是史实,但作为反映大乘兴起背景的寓言,则有大意义。在佛经中,阿阇世是一个为夺取王位而弑父害母,同时支持佛教分裂主义的王者,其所犯罪逆,必定要下"地狱"。但后来他归依了佛教,并成了佛教的最积极的扶持者。于是他又变成了佛教接受罪犯忏悔,接纳罪犯归依,争得"外护"的典型。据说,佛涅槃后的第一次五百人聚会,以及结集"三藏",就是由阿阇世王资助和操办的。因此,通过答阿阇世王的形式确立大乘菩萨藏,意味着这类菩萨藏经可能包含为王者服务的性质。这也是佛教大力向刹帝利种姓倾斜的一个标志。

2.《增一阿含》的大天传承

《序品》长行安排了《增一经》的传受关系,即上述阿难授优多罗等等,据认为这也是诸佛即"七佛"传法的必定格式。这种格式,在"拘留孙佛"出世时就已经确定下来了。《序品》记阿难说,那时有王名"摩诃提婆"(意译大天),以法治化,寿命极长,后见头上发白,乃云"天使已来至,宜当时出家",乃告第一太子"长寿",令"绍吾位,以法治化";由是,大天即出家学道,身逝命终生梵天上,而长寿王亦得作转轮圣王。阿难说此因缘已,言:"我观此义已,以此《增一阿含》授予优多罗比丘。何以故?一切诸法皆有所由……汝前作转轮圣王时,不失王教,今复以此法而相嘱累,不失正教……时王摩诃提婆,不得至竟解脱之地……虽受梵天福报,犹不至究竟,如来善业,乃名究竟。"

此段文字有些艰涩难通,主要没有说明优多罗与大天父子有什么关系,显然中间有所节略。但有另一段文字,附于卷一之末,似乎就是这节略部分。谓"长寿王"告"第一太子善观",令其继承父王教诲,以法治化。对于此说,阿难解释曰:"尔时摩诃提婆岂异人乎?莫作是观。尔时王者,今释迦文是;是长寿王者,今阿难身是;尔时善观者,今优多罗比丘是。"据此,在拘留孙佛时代,大天与其太子长寿的关系,就是《增一阿含》传承系统中释迦牟尼与其弟子阿难的关系,优多罗则是这一传承的嫡系。此处明确指出,释迦佛的前身乃是大天,阿难也是大天的继承者。

《分别功德论》还进一步说明:"昔大天圣王,具四梵堂(此指慈悲喜护),辗转相绍,乃至八万四千王皆有梵堂,唯大天一人是'大士',其余皆是'小节'。以是言之,大乘难辩,多趣声闻。弥勒亦知阿难分布三藏,然犹惧后学专习'空法',断结取证,是以显扬大乘,分为别藏。故说六度诸行,大士目要也。"就是说,在八万四千王中,唯有大天是菩萨,是大士;而结为《别藏》,将"六度"作为菩萨行纲目的,则是弥勒。这里又隐喻,王者大天实是大乘的真正创始者。

大天是早期佛教史上的名人。《增一阿含》关于大天的记载也不少。卷四八记大天本为贤劫时的转轮圣王,"主四天下……长寿无病,端正勇猛,治以正法,不枉人民,有自然七宝"。此处关于"转轮王"有一个比较全面的解释,谓"有千幅金轮",大天王得之,举于右手中,语此轮曰:"诸不伏者为我伏之,非我地者为我取之,如法非不如法。"于是王敕四种兵,轮悬于空,随轮东巡,"东界诸小王皆来朝觐",供奉土地、珍宝、人民,尽为王有。于此时,大天王答诸小国:"汝等欲承我教者,各还本国,以十善教民,无行枉横。"至于南界、西界、北界,亦复如此。由是佛告阿难,"大天得轮宝如此"。大天王拥有的所谓"自然七宝"中,有所谓"玉女宝",乃是刹帝利女:"端正无比,姝妙严净,不长不短,不粗不细,不白不黑,冬则温暖,夏则清凉,身毛孔中出丹檀香,口出优钵莲花香,亦无女人众恶姿态,情性调和,先意承志,乘虚而来,径至王所。"

佛教笔下形容的"转轮圣王",都是如此,有可能取型于传说中的阿育王,以征战和占有他国为能,这里无须再作分析。大天就是这样的转轮王。大天王治天下遂久,忽见头上白发,乃心念:"世间五欲,吾已厌之"(卷四八,下同),"我已极人五欲",乃下须发,著法服入道。《分别功德论》可能据此演绎,把大天描绘成大乘菩萨行的始祖。

然而"大天"其人,在佛籍中出现的不止一个。除了这个转轮王大天之外,佛教文献上还有三个传说:其一是《大毗婆沙论》卷九九,谓其生于佛灭后百年,中印度秣菟罗国商人子,出家前曾造"三逆"罪,所谓淫母杀父、杀阿罗汉、后又杀母。因深生忧悔,闻沙门释氏有"灭罪法",乃往鸡园僧伽兰出家,聚徒讲学;后因提出"大天五事",引起争论,导致佛教的第一次分派:反对"五事"的长老们,属于少数,形成上座部;年轻比丘们赞成,占有多数,是名大众部。这是佛教史上著名的事件,被认为是佛教内部分化之始,所谓根本分裂。《异部宗轮论》亦载此说,并说,这一根本分部是发生在阿育王时代。

所谓"大天五事",内容是指陈阿罗汉果位有五种不足的事,即:"余所诱无知,犹豫他令入,道因声故起,是名真佛教。"言下之意,与其崇拜和修习阿罗汉,不如直接崇拜佛和修习佛。"五事"中最重要的几条是,阿罗汉还有遗精等不净;佛可自证得解脱,而罗汉需要"他令入";佛无所不知,阿罗汉对非染污则表现无知;佛于染净、是非,都有决定性认识,罗汉对于是非界限还存有犹豫;阿罗汉必须借助"苦哉"才能入道,更是褊狭。此类主张,不妨看做是大乘在思想理论上的萌芽,《大毗婆沙论》称之为"五恶见事",对其表示反感溢于言表。另外,大众部律《摩诃僧祇律》卷三三,记有一个七百人结集,中心是制定"五净法",承认接受财物的布施和储蓄必需的财物为合法。这是在经济上放宽对于僧侣和寺院的限制,也是大乘滋长的重要条件,但与大天无关。

《异部宗轮论》及其《述记》在记述了提倡"五事"的大天之外,还记有一个大天,说他是制多山派的祖师,佛灭后二百年人,原为"贼住外道",后于大众部出家,住制多山。此派因大众部"大天五事"问题,又分化为西山住和北山住等派别。为了区别起见,这位大天或称"贼住大天";五事大天则名"舶主儿大天"(指其出身船主家庭)。贼住大天不但主张阿罗汉不净,亦称菩萨不脱恶趣,供养窣堵波不得大果等等,这也是佛教向大乘继续转化的迹象。

这两个传说早在隋时吉藏的《三论玄义》中就有记载,而且极明确地道出大天的大乘趋向来:谓佛涅槃后"二百年中",有大众部船主儿摩诃提婆(大天),移住央掘多罗国,在此国国王支持下,首先"将《华严》《般若》等大乘经,杂三藏中说之"。同时他本人作偈立论:"余人染污衣,无明疑他度,圣道言所显,是诸佛正教。"此偈吉藏称作"五义",与窥基所传的"五事"当是来自同一原文的异译,只是解释上有较大的差别,这里不再作细解。现在的《增一阿含》含有大乘经籍中的许多思想,更符合吉藏的传说。吉藏也传,"于二百年满,有一外道名大天",为"贼住比丘"主,"大天身自出家,所度弟子侬大天众出家受戒。尔时,众人共争斯事",因此争论,遂不容大天徒众,不得不别住支提山中。这是说大天是因戒律问题分裂出来的;其所以被称为"贼主比丘",指这批"外道"是纯粹为了享受优婆塞的"利养"才剃头出家的;大天未经受戒而为大众授戒,这也为律典所不容,所以被排挤出正统的僧团。

这些传说很难一一考证孰是孰非,但指向是明确的:所有的大天,都与大乘思潮的发生有直接或间接的关系。唯一的例外是南传《善见律毗婆沙》卷二所记,谓阿育王向国外派出传教的诸多僧侣中,就有大天其人,他去的是摩酼娑慢陀罗国,宣讲《天使经》,四万人因此得道果,随他出家。这里全没有上述"五事"、"贼住"等说,姑称之为"天使论"大天。然而正是这位大天,与《增一阿含》的大乘趋向有特别关系。

将"生天"确定为佛教修习的世俗最高目的,是诸《阿含》的共同主张,《增一阿含》更列为阐述的一大重点,称为"天论":认为修福可以生天,而布施、持戒、禁恶行善,则是修福的主要行动,具体可归纳为"三归"、"五戒"、"十善"、"四梵行"(所谓慈悲喜护);若行此诸行,寿终得生天上,这是行善的报应。它的卷三二第4经称,人若生前为恶,死后或投生畜生,或作恶鬼,或入地狱。入地狱者,要受到"阎罗王"的审判;而报告其人生前劣迹并具体执行阎罗王判决的,叫作"狱卒"。其中有所谓"天使",职务界在阎王和狱卒之间,并不十分明确。这当是《天使经》的异译本。

《中阿含》卷一二《王相应品》载有《天使经》全文。此经称地狱为"阎王境界","阎王"则是善恶报应的最高判决者,他派"天使"亦即"阎王人",对每一众生的一生行为追随考察,死后由此"天使"收送到阎王处,并根据"天使"的汇报,进行宣判。此等天使共有五种,称"五天使",按人的生、老、病、死的自然规律和牢狱的受苦状况,分别监督和统计众生的善恶作为。譬如,"若有众生生于人间,不孝父母,不知尊敬沙门梵志,不行如实,不作福业,不畏后世罪,彼因缘此身坏命终,生阎王境界,阎王人收送诣王",请阎王"处当其罪"。于是阎王教导和呵责于他,汝不见"幼小婴孩,身弱柔软,仰向自卧大小便中,不能语父母,父母抱移,离不净处,澡浴其身,令得净洁"?回答是"见也"。阎王复问:"汝于其后有知识时,何不作是念:我自有生法,不离于生,我应行妙身口意业?"彼人答,我已经失去这个机会了。于是世尊告诉他."汝此恶业,非父母为,非王非天,亦非沙门梵志所为;汝本自作恶不善业,是故汝今必当受报。"此是阎王据"初天使"的汇报所作的判处,指出其人不知自身具有了"生法",以致使其得"生"并于其生中不离于"生",从而妨害了他去修行诸妙业,不得不遭受罪报。此"初天使"象征人生时刻。"第二天使"象征老年,阎王质问其人,你也曾经见过老人和种种老态,"何不作是念:我自有老法,不离于老,我应行妙身口意业"? 第三天使象征疾病,其人见过病人和诸多病苦,为何不念"我自有病法,不离于病,我应行妙身口意业"? 第四天使象征死亡,其人应该见到死人和死的种种形状,为何不念"我自有死法,不离于死,我应行妙身口意业"?第五天使象征监狱,其人应该见过世间王者对于犯罪人的种种酷刑拷打,为何不念"我今现见恶不善法"而行妙身口意行?审判教诲之后,即付狱卒,"捉持着四门大地狱中"。

这部《天使经》的立论基础,建立在前述大天用"白发"作为"天使"(无常)的象征上。但经过此经对这一象征的拟人化,就给佛教的业报法则增添了浓厚的宗教色彩,在"自作自受"的因果业报之间插进了一个第三者,即对众生的全面监督和最终审判者。这对于佛教向大众化发展起重大作用。这就是大天的创造,是佛教有关地狱系统传说的最早作品。此外,尚有单行的《佛说阎王天使经》,说明大天的学说普及率极高。中国民间关于阎王主管地狱的想象,亦当本于大天的《天使经》。

3.《增一阿含》中的提婆达兜

在佛教史上,可以与大天的性格和命运相近,而且更具叛逆性、影响也更大的还有一个人,那就是提婆达兜。《增一阿含》卷四七载有他的一些故事。

提婆达兜,多译作提婆达多,亦作调达。所有律藏都记,提婆达兜犯有伤害佛陀、比丘尼和分裂僧团等"五逆"大罪,因而即刻现身下陷"无间地狱",受苦无尽。由此亦见《律藏》对于提婆达兜的憎恨,达到了何种程度。《增一》特别记述了提婆达兜事件的始末,但与律藏的记载有明显的不同。大略说,提婆达兜与阿难一样,是佛陀的堂兄弟,意欲出家为沙门,世尊不许,理由是"汝宜在家分檀惠施,夫为沙门实为不易",只要他在家作个施主,拒绝他出家修佛。提婆达兜认为这是世尊"怀嫉妒心",乃"自剃须发着袈裟,自称言我是释种子",并投向一位行"头陀行、乞食,著补纳衣"的比丘修罗陀,要求学"使长夜而获安隐"之术。于是该比丘即教其"威仪礼节,思惟此法,舍此就彼"。而后提婆达多又要求学习"神通道",谓"我能堪任修行此道"。于是该比丘即为他说神足之道,顺序学知心意轻重、四大轻重,修行自在三昧、勇猛三昧、心意三昧、自戒三昧,"不久便成神足之道。如是无数方便,作变无量……名声流布四远"。

其后,提婆达兜以神足变化,得到阿阇世太子的供养;世尊弟子五百人得知,羡慕他"极大神足,能得衣裳饮食、床卧具、病瘦医药"等利养,纷纷投向提婆达兜门下,一并受到太子的供养。时舍利弗和目犍连闻悉,乃至提婆达兜处,佯为听其说法,受到提婆达兜的欢迎,表示"汝今堪任与比丘说法",乃自去小憩睡眠,二人即乘机"以神足接诸比丘飞在空中而去"。及至提婆觉寤,"不见诸比丘,极怀瞋恚,并吐斯言:吾若不报怨者,终不名为提婆达兜也"。据称,此即是提婆达兜初犯五逆罪,名"坏圣众"(破坏僧团)罪。

也即于此时,佛说提婆达兜过去世因缘。谓提婆达兜在过去世曾兴恶念:"我要取沙门瞿昙杀之,于三界作佛,独尊无侣。"而现下则说动阿阇世太子,"何不取父王害之,绍圣王位;我当取如来害之,当得作佛。新王、新佛不亦快哉"。阿阇世听从了他的意见,乃取父王闭在牢狱,自立为王,故名"未生怨",意谓冤家之子。与此同时,提婆达兜到耆阇崛山抱石打佛,令佛足出血。继之唆使阿阇世王乘如来入城乞食之际,以醉象加害如来,结果醉象惨死。后又因法施比丘尼(一说为莲花比丘尼)劝其悔过,提婆达兜以手打比丘尼头至死。继之,提婆达兜伪装悔改,到佛所以涂毒之手指爪加害于佛,未及接触到,便为火所烧。由此乃于如来所真心悔过,"正欲称'南无'佛,然不究竟这得称'南无',便入地狱"。

这个故事的前半段,与律藏的有关记载相比,采取的是客观描述,对提婆达兜持明显的同情态度。而后记述佛陀诅咒提婆达兜当下地狱时,阿难扮演的角色也引人注目:先是阿难坚信提婆达兜的忏悔是真心实意,劝佛陀接受他的忏悔,而佛不许;及至得知提婆达兜当日命终,将入阿鼻地狱,乃"悲泣涕泪,不能自胜",感情激动。于是佛质问他"何为悲泣乃尔"?阿难首先是自责:"我今欲爱心未尽,未能断欲,故悲泣耳。"然后慷慨陈词:"提婆达兜身出于王种,不应现身入地狱中……应当现身尽有漏、成无漏……得阿罗汉,于无余涅槃果而般涅槃。"同时,提婆达兜又有大威神德,能往来三十三天而变化自由,岂得复入地狱! 对阿难的这些责难,佛没有正面回答,但告诉阿难,提婆达兜将在地狱经历一大劫所谓"贤劫"后,"行尽命终,还复人身"。闻此,阿难"倍复悲泣,哽噎不乐"。于是佛再告诉他,提婆出地狱之后当生四天王天上。阿难再问,提婆还将生于何处,佛答:"于彼命终,辗转当生三十三天、焰天、兜率天、化自在天、他化自在天。"阿难复问:"于彼命终当生何处?"佛又给他了一个最后答复:"提婆达兜从地狱终,生善处天上……往来天人,最后受身,当剃除须发、著三法衣,以信坚固,出家学道,成辟支佛,号名'南无'。"据此佛发挥说:"弹指之顷善意,其福难喻。何况提婆达兜博古明今,多所诵习,总持诸法,所闻不忘。"得地狱报,是因为他要杀害如来;最后所以能成辟支佛,则是他命终之时,"起和悦心,称'南无'故"。"尔时阿难,即前礼佛,重自陈说"。

《中阿含》记有一个同类的故事,仅止于阿难为提婆达兜说情。此处则进一步让阿难逼使佛陀由诅咒改为悬记,预言提婆达兜最终会成辟支佛,这在其他经律中还没有见过,可能是阿难一系的独传。关于"毗支佛"的称谓,在《中阿含》等经中也有,但都没有《增一阿含》叙述得详尽。这或许反映了,就是在瞿昙的时代,佛教团体也不一定只有悉达兜太子创立的一家。作为"释迦子"之一的提婆达兜一支在唐玄奘和义净留学印度时期,仍然存在;"毗支佛"则被后来的佛教定为"三乘"中的一乘。这段历史至今还是空白,有许多问题值得进一步探究。

这里的故事还没有完。继阿难之后出面的是大目犍连(略称目连),他白佛言:"我今欲至阿鼻地狱中(告诉佛对他的悬记),与提婆达兜说要行,慰劳庆贺。"佛也制止,说:"极恶行众,难雕难成,然后乃堕阿鼻地狱中。"不过最后佛还是答应让他试试,阿难又是"欢喜踊跃,不能自胜"。于是目连乃现地狱空中,呼唤提婆达兜,对他说道:"我是佛使,故来适此,欲想愍念,拔苦无本";释迦佛"愍念一切蜎飞蠕动,如母爱子,心无差别"。由此乃宣扬念诵"南无"的功德,谓:"皆称'南无'佛,释师最胜者,彼能施安隐,除去诸苦恼。""南无"是礼拜、归依的意思,意谓只要口诵"南无",礼拜和归依释迦佛,就能够除脱一切痛苦——这当是《增一阿含》开辟的又一佛教法门。于此,佛则为阿难说偈:"如人自造行,还自观察本;善者受善报,恶者受其殃。世人为恶行,死受地狱苦;设复为善行,转身受天禄。彼自招恶行,自致入地狱,此非佛怨苦,汝今何为悲。"在自作自受的业报法则里,又添加了改恶从善,"转身"即可获得"天禄"的内容,强化了改恶、允许改恶的宽容倾向。在大乘菩萨戒中,如果不接受他人的忏悔,不允许别人改过,属于大罪。它的精神,与这里对提婆达兜的处理完全一致。

到了传播最为广泛的《法华经》,尤其是最早译本的《正法华经》,提婆达兜变成了释迦牟尼的师长,而且明确记述,《法华经》思想的原创者即是提婆达兜。不管这一传说带有多么大的神话成分,但它客观上反映了提婆达兜确与大乘有千丝万缕的联系,以至在部派律藏中,对他始终不加宽恕。

根据《增一》和《中阿含》的此类记叙来看,如果提婆达兜是释迦佛的公开反对派,阿难就是一个与释迦佛陀有异见的温和派,而释迦文对阿难是妥协的,退让的,对提婆达兜则是憎恶的,不妥协的,而最后又不得不作些没有现实意义的让步。佛教有可能是释迦族的共同信仰。

4. 关于"界外"结集

佛教的分部和大乘的起源,都是佛教史上没有弄清楚的问题。《增一阿含》提供的材料是原始依据之一。此外,中国佛教还有其他一些传闻。吉藏是陈隋期佛教的博学之士,他在《三论玄义》中记,佛涅槃后的两个月,结集三藏,即有上座部和大众部的分歧。上座部以迦叶为上座,"为佛以法付属迦叶,名上座部也",领有五百人。又记,"迦叶以三藏付三师:以修多罗付阿难,以毗昙付富楼那,以律付优婆离;阿难去世,以修多罗付末田地,末田地付舍那婆斯",后经优婆掘多、富楼那、寐者柯,至迦旃延尼子死,时当三百年初,上座部又分出萨婆多部;分部的原因,是缘于上座弟子但弘经,"以经为正",萨婆多部则谓"毗昙最胜,故偏弘之"。"弘经"则限于佛陀旧说,偏弘《毗昙》则倾向理论创新,二者差别明显。

与此同时,在迦叶主持的三藏结集记之外,还有一个集会,所谓"界外大众,乃有万数,婆师波罗汉为主,此云泪出,常悲苦众生而泪堕也"。由于这一集会的人数众多,故称大众部。主持此会的婆师波罗,亦译作婆湿婆、婆破等,传为佛初转法轮所度的五比丘之一,是佛的第一批弟子,《增一阿含》所列五百比丘中有他的大名:"乘虚教化,意无荣冀"特点。"虚"有"空"的意思。在《大般若经》中有"常啼菩萨"其人,是菩萨般若学的践行者代表;"常啼"的含意与"泪出"、"常悲"相同;早期的般若性空说,有可能是从这里演化过来的。

历史上有没有这么个"界外"的婆师波结集?玄奘在《大唐西域记》里肯定是有,而且他曾到结集之处的窣堵波参访过。卷九《摩揭陀国》下记,当年"诸学、无学数百千人,不预大迦叶结集之众,而来至此,更相谓曰:'如来在世,同一师学;法王寂灭,简异我曹。欲报佛恩,当集法藏。'于是凡圣咸会,贤智毕萃,复集《素咀缆藏》、《毗奈耶藏》、《阿毗达磨藏》、《杂集藏》、《禁咒藏》,别谓五藏。而此结集,凡圣同会,因而谓之大众部"。意谓在迦叶结集的三藏之外,还另外结集过大众部的三藏,同时结集了三藏之外的《杂集藏》,相当前述之大乘经的《杂藏》;以及所谓《禁咒藏》,即密教的早期形态"陀罗尼"杂咒经典。此"五藏"之说,不但把佛陀的说教纳入了大乘范围,而且连密教的成分也成了佛陀的创造了。玄奘是笃信释迦牟尼佛的,他翻译过杂咒类的经典,这表明他是承认有此结集,也承认"五藏"为佛说的权威。此外,还有一部名为《菩萨从兜术天降神母胎说普广经》的,其卷七《出经记》谓迦叶令阿难将"佛所说法,一言一字",无有漏缺地集著出来,结果得到"八藏",所谓胎化藏、中阴藏、摩诃衍方等藏、戒律藏、十住菩萨藏、杂藏、金刚藏,以及佛藏。此说比玄奘所传,又强化了大乘的内容,当然都不能视作史实。

当代学者所写的佛教史传,普遍认为佛教分部是在佛灭的百年之后;分部的原因,或认为与大天五事有关,或认为与吠舍离比丘向人乞求金钱有关,前者涉及教义,后者涉及戒律,都与结集经典无关,这些都有经律典籍根据。吉藏和玄奘则反是,他们传说,上座与大众的根本分裂,始于佛灭后立即举行的第一次结集;并且这次结集是以迦叶为首的五百阿罗汉,与以婆湿婆为首的万人以上的"界外"大众两地同时举行的,分部的原因,则集中在是否承认佛说"方等"等《杂藏》上。

吉藏和玄奘的这一传说没有得到公认。但我认为不应该忽视。论证大乘经典出于释迦佛说,是新兴大乘思潮的一项重要任务。中国佛教的大乘学者,也始终坚持大乘经出自佛说的立场,在各种不同的判教系统里,还给佛说大乘经的时间、地点以及听众对象作了许多设想。这是为了争取大乘经的合法化,以及抬高相关大乘经的地位,当然不可以作为史实看待,但是,这也不能证明,在迦叶结集之外,没有第二个结集存在的可能。佛陀在世时,在他的家族成员之间,门徒之间,意见分歧已经相当严重;在早期佛教文献中,也很少看到迦叶本人有特别的号召力处,将他推为集会的主持者,似乎也没有充分的根据。《大智度论》卷二记,佛灭后,"六欲天乃至遍净色界天",深感"法船欲破,法城欲颓,法海欲竭,法幢欲倒,法灯欲灭,行道人渐少,恶人力转盛",乃共集会来诣大迦叶,请其"当以大慈,建立佛法",于是迦叶默然受请,始有结集之举。这个神话不但不能提高迦叶结集的可信性,反倒增添了更多的可疑性。总之,不能把迦叶结集视为唯一的,而排除其他结集的可能性。也就是说,佛教的内部分歧,在佛陀在世时已经开始了,佛灭之后,分歧加剧,逐步形成部派;而部派的成立,往往通过集会的形式,尤其是涉及行为准则的经律结集上。这也说明,佛教从一开始,就缺乏严密的组织系统,没有形成统一的组织力量。法门越多,思想越杂;适应社会的需要越广,原则性越弱。佛教容纳了并创造了许多重要的哲学体系,容纳了并创造了许多鬼神观念和宗教神话,所有这些,在佛陀时代已经埋下了伏笔。

5. "专习空法"与"三脱门"的背后

上述《分别功德论》记有弥勒"俱后学专习空法,断结取证,是以显扬大乘"云云。其所谓的"空法",指的是"断结取证",即断除一切烦恼,不续"后有",离世"无生"的意思,是所谓"小乘"修习的终极目标。

此处提出"大乘"的概念,与部派佛的"小法"对立起来,无疑是大乘思潮高涨,已经达到完全自觉程度的表现。它用来界定与部派佛教"空法"不同的"大乘"的主要标准,是不"断结取证",即不"中道涅槃",而是入世、度世,以及由顺应入世度世而需要的修习。这些修习,概括起来是"六度"。"六度"即是大乘全部修持的概略。这一点,《序品》中讲得十分清楚,故《分别功德论》特别说明:"此六度无记事,尽在菩萨藏,不应与三藏合。"又说:"'弥勒称善'者,以其(指阿难)集此六度大法为一分,此即菩萨藏也。"这个说法实际上又提出了一个鉴定"菩萨藏"与"三藏"的尺度:凡讲"六度"者,是谓"菩萨藏";无"六度"之说者,就属于"三藏"。此菩萨藏为大乘所持,三藏为小乘所尊,此说也一直为中国佛教所遵循。因此是否承认和履行六度,也就成了区分大小乘的主要标志。

不过《分别功德论》对"三藏"的解说有些特别,那就是尽量用大乘的思想解说三藏,让三藏适应大乘的教理。其中一说谓:"此三藏义与三脱相应:何者契经? 妙慧理与空合;毗尼制恶,玄齐无相;大法正见,迹同无愿。故曰三藏三脱,冥迹玄会。"此"三脱门"是"三解脱门"之略,亦称"三三昧",所谓"空"、"无相"、"无愿"。用这"三脱门"解释"三藏",则《经藏》成了讲"空"的"慧、理"的书;《律藏》以"无相"为戒体,即是用"无相"统率一切律仪戒行;《论藏》就是体现和阐发"无愿"的。此外,它还把"三脱门"贯彻于小乘的理论核心"四谛"之中,力图改变"四谛"对于世间和出世间的传统解释。《分别功德论》卷二释曰:"所谓'三转四谛'者,空、无相、愿中皆有四谛。谛即观也,定则止也;止观双行,共治阴、持、入中痴、爱病也。"据此,"四谛"中已经蕴含着"三脱门";三脱门即出自佛口,历史可谓远矣久矣。

用"三脱门"对佛典"三藏"和佛理"四谛"重新释义,在佛教思想史上应该是一件大事,在其他经论中尚未发现。但这里的说法过于简略,也显得勉强。唐玄奘编译《大般若经》六百卷、共十六分,其第二分《舍利子般若》就以"三三昧"为纲,甚或把整个般若空观也归结到"三三昧"中,这就不得不令人重新看待《分别功德论》的传说了。近代研究者多把《舍利子般若》归类为般若的通论性质,认为它包含了佛教三乘要义,评价极高。支那内学院为校刊《藏要》本所撰《大般若经十六分总叙》中有言:"'定'名'空三昧',声闻多定故多空;'慧'名'无愿三昧',菩萨多慧故无愿;'舍'名'无相三昧',唯佛定慧平等,故皆无相。"又说:"菩萨自智是三三昧",三三昧也可以当成"菩萨自智"的标志。当然,《分别功德论》所介绍的三脱门,是否也达到《总叙》所释的《舍利子般若》的水平,那是另一个问题。

不论《分别功德论》所说的三解脱门与《舍利子般若》讲的是否相应,但它竭力要把《增一阿含》的地位提升到《般若》空观的水平,则是清楚的。它在解释《增一》的"一法"时说:"一法者,即空法也。无形无像,不可护持。"这种趣空的倾向,《中阿含》中也有,但特点远没有这里鲜明。中国禅宗大典《坛经》所谓的"无相戒",或即本于这里对于"戒"的解释:"毗尼制恶,玄齐无相。"《分别功德论》对于中国佛教的影响是多方面的。

近现代学术界比较一致的意见,是认为大乘的哲学思想发端于《般若》空观,上述所说也是一种印证。

《增一阿含·序品》笔下的阿难,是继佛后的绝对权威。此品没有一般经文开首的"闻如是"之语,所以不知作者是谁。其在叙述《增一经》的缘起时谓,"尊者阿难及梵天"将诸天皆来会聚,弥勒大士则告"贤劫中诸菩萨等、卿等,劝励诸族姓子、族姓女,讽诵受持《增一》尊法,广演流布,使天人奉行";然后阿难以此《增一阿含》嘱累于优多罗。其中记迦叶提问,阿难作答,阿难全是一副佛的代言人的形象。这与上述四十八卷记大天的故事完全相应。就是说,释迦佛前世是大天王,阿难是大天王的好儿子,当今释迦成佛而为法王,阿难则是法王无上善法的嫡传,是故《序品》记佛说:"阿难,汝于往时,承继大天转轮圣王之善嗣,使其绍立不绝者,汝之功也,如法非不如法。阿难,我今是无上法王;今我遗无上善法殷勤嘱累汝,汝是释种子,莫作边地人,莫为断种行。"此说与通行的所谓佛陀传法与大迦叶,全然相反。不过佛同时强调,相对而言,大天之学是有限的,应该从他的"生天"论转变到现今佛的"无上道法"上来,这才能成为佛的长子:"佛语阿难,大天王虽行善法,未得漏尽出世间,未得度,未得断欲……三垢未净,未得神通,未得解脱真道,不得涅槃。大天所行善法,不过生梵天……阿难,我今以是无上道法殷勤嘱累汝,莫增减我法……若能兴此法者,便为佛长子,即为眷属成就。阿难,汝当成就眷属,莫作灭族行。"

这样,《序品》就勾画出一个佛教思想发展的粗略轮廓来:阿难既是大天的传承者,也是佛陀的传承者;大天是世间法的代表,佛陀是通达出世间的代表;大天向佛陀的转生,象征着佛教吸取和容纳了世间法的内容;而出世与世间的理论结合点,就是大乘的般若学。一般说,般若由"方便"和"真如"两个有机侧面构成,大天的世间法,蕴含着般若的"方便","三三昧"则是"真如"的运用。由此看来,大天是般若方便的远祖,阿难则是继承佛陀,完成了全面的般若学。

如果这一推论能够成立,就可以理解,在其他早期佛典里,阿难为什么总是被视为逆反佛陀的行者,总要受到律典严厉的斥责。

《序品》还有一个总结性的偈,当是对"大乘"经籍产生的说明:"安处佛语终不异,因缘本末皆随顺,弥勒诸天皆称善。释迦文经得久存,弥勒寻其手执华,欢喜持用散阿难。"这里把弥勒视为"释迦文经"的发现者,并将这些经文得以保存下来归功于阿难。这与其他传说之佛陀传迦叶,迦叶入定等待弥勒出世,也是反差显著。

6. 论《增一》的地位和特色

《分别功德论》对于《增一阿含》评价之高,非常突出。它在解释经文时说:"《增一阿含》出生三十七品,及诸法皆由此生,且置《增一阿含》一偈之中,便出生三十七品及诸法。"(卷一,下同)"三十七品"是早期佛教对于全部修道的概略。事实上,《增一》所传的修道,重点在"八正道";"八正道"是对修道者身、口、意全面抽象的规范,大小乘都接受。如果《增一阿含》的任何一偈都能包容佛教所有的修道,那么,《增一阿含》就成了佛教的百科全书,言外之意,其他《阿含》则是可有可无的了。这种自我标榜的做法,也为许多大乘经典所通用。不过《序品》有一个偈,概括性确实很大,以至被视为"佛教"的定义,流通很广。这个偈由阿难颂出:"诸恶莫作,诸善奉行,自净其意,是诸佛教。"据此处称,其余《阿含》所记之佛教,亦是如此:"所以然者,诸恶莫作,是诸法本,便出生一切善法;以生善法,心意清净……一偈之中,尽具足诸佛之教,及辟支佛、声闻之教。所以然者,诸恶莫作,戒具之禁,清白之行;诸善奉行,心意清净;自净其意,除邪颠倒;是诸佛教,去愚惑想。"这也可以看做是对"八正道"的实质性解说:通过禁恶行善的"戒",保障除邪去愚,而自净心意,这就是佛教,是包括佛教、毗支佛教和声闻教"三乘"在内的一切佛教。

以戒禁为"三乘"教首,可以视为《增一阿含》的特点之一。东晋道安在他的序文中,将《增一阿含》定性为"律语"、"护禁",就是这样理解的。但是,《分别功德论》则大不以为然。《增一》的正文从"十念"开始。对这十念,《分别功德论》卷二与"六度"作了一个比较:"十念中'戒'在前;六度言之,'施'在前……十念戒者,声闻家戒也;弟子法,以捡身为先,是以在前;大士法,以惠施为重。何者?夫大士者,生天人中,心存济益;济益之要,非施不救。夫众生存命者,以衣食为先,故以财施,先救其形,然后以法摄御其神,故大士以施为先。"(卷二,下同)

这显然在贬声闻弟子,抬大士菩萨。而对于"施"的诠解,首先着眼于救济众生的形体,表现了大乘初期浓厚的普世救生倾向,与那种限于"检身为先"的声闻弟子确实不可同日而语。

在对待戒的问题上,《分别功德论》也对大小乘作了区别,所谓戒有两种:"五戒、十善为俗戒,三三昧为道戒;二百五十戒至五百戒(即'具足戒'),亦是俗戒,四谛妙慧为道戒也……但行安戒,不出三界;以慧御戒,使成无漏,乃合道戒。"此中把"三三昧"与"五戒十善"作为道、俗在持戒上的区别,实质上是大乘般若学者入世和处世的原则;而把"四谛"之智与"具足戒"作为在持戒上的道、俗之别,则是对出家者规范的思想认识和行为准则。总的意思是说,"戒"只是对于形体的外在拘束,只有把握空理和四谛,才是抓住了根本。据此,"小乘捡形,动则越仪;大士领心,不拘外轨也"。对于形式上的戒律,蔑如也,这又是般若的一大特点,可以作为大乘戒观的总纲,也是对"无相戒"的一个注脚。

总之,《序品》和《分别功德论》在尽力将《增一阿含》诠释成大乘的经典系列,它对菩萨行和菩萨藏的特别推崇,以及关于"六度"和"三乘"名称的提出,反映了一切大乘的共性,而它之倾向于般若思想,则表现了它的特性。但是,通阅《增一阿含》全体,表述小乘观念的经籍分量依然很大,与《分别功德论》概略的经、律精神不类,所以说它是小乘佛教和大乘佛教混杂的产物,更加恰当;其诸经之间的论述,往往存在许多矛盾的命题和不一致的解释,也与此混杂有关。

其实,《分别功德论》本身就是大小乘混合的。例如卷二,在专门阐述人与法的关系时问,什么是"法"?回答是"从欲至无欲也"。这种把"有欲"与"无欲"作为世间与出世的唯一标准,就是小乘的观点。又说"佛者,诸法之主",也与《阿含》的通说无异。然而若进一步问,佛与法谁在先?那回答就不一样了:"法在先……法出诸佛,法生佛道。"为什么?"法虽微妙,无能知者。犹如地中伏藏珍宝,无处不有,而人贫困,乏于资用,有神通人指示处所,得以自供,济于穷乏。"这样的"法",具有三个重要品性,那就是客观性、遍在性和永恒性,因此不论有佛无佛,"法"是常在的。"佛"只是知法和示法的人,因而称为智者;如果稍加推论就可得出,任何人只要知法、示法,都可以成佛。这与《中阿含》提出"法界常住"的命题一样,均属大乘的主张。

二、关于《增一》的"十一事"结构

一切有部的《增一阿含》止于"十法",没有"十一法"。那么这里列举的十一法有些什么特色?汉译《增一》的十法止于"十善"、"十恶",实际以弥勒成佛,佛记舍利弗应为天人所归为主要内容。就是说,在前十法中,舍利弗的地位比阿难高。第四十五卷记舍利弗:"多游二处:空三昧、金刚三昧。""空三昧"即是"三三昧"之首;"金刚三昧"传能"火所不烧,刀斫不入,水所不漂,不为他所中伤",许多大乘经典将它作为既能保护自我,又能无坚不摧的法门看待,是诸多著名大乘三昧之一,受到普遍推崇。不过在这里,舍利弗的性格和形象都有了变化。

至于弥勒成佛的故事收在卷四四,情节与两晋以来译出的《弥勒成佛经》大同,是中国佛教关于弥勒下生信仰的经典依据,应是大乘发展到一定时期的产物。它的特点是迦叶受佛的委托,不得涅槃,需要持佛所赐之传法袈裟,深入灭尽定,等待弥勒出世,以便将法衣传与弥勒,表示弥勒接受了佛的传承,继释迦牟尼作佛。这个故事影响极大。中国禅宗即以大迦叶为印度的始祖,五祖弘忍传六祖慧能,也采取传袈裟的方式。不过作为一个故事,其表征意义仍值得玩味:迦叶号称"头陀第一",应该是佛教远离独住、厌世苦行派的旗帜;弥勒则被塑造为快乐幸福的象征,他的出世标志着美好土国的到来。为什么佛陀把传法的大任,交由一个苦行主义者转给一位快乐主义者?这其中可能孕育有若干思想的变化。迦叶的上座地位是上座部佛教公认的;作为上座部的一个分支,说一切有部推崇迦叶是当然之义,但实际上,有部的发展趋向,已经完全脱离了独住苦行的轨道,而把弥勒崇拜提到了极高的地位,并以从学弥勒和追随弥勒作为修习的主要目标。这样,汉译《增一阿含》所收的迦叶与弥勒的故事,与有部的观念应该是一致的;由此设想,有部《增一》的"十法",可能与汉译的十法相同。二者的主要差别,是汉译多出个第"十一法"来。那么这第十一法讲了些什么?

从卷四六开始进入"十一法",内容更杂。与其他"增一法"一样,并非每部经都与"十一"这一名数有关。除指出"头陀"十一法之外(一般称"十二头陀"法),都不成系统,有许多倾向,还多与禁欲的早期佛家主张相近。但是,它记有许多传闻,却十分独特。像我们上边提及的大天本事、提婆达兜经历等,就都收在卷四六以后的经籍中。最后,卷五〇和卷五一,总名《大爱道般涅槃品》,所收经文,极富世间在家伦理,可以看做是佛教适应家庭需要创作的故事,尤符合中国国情,对佛教在中国的发展当起过不小作用。

《大爱道般涅槃品》第1经记,佛的养母大爱道出家为尼,于佛陀之前般涅槃。佛乃亲率难陀(传为佛陀之弟)、罗云(佛陀之子)和阿难(佛陀堂弟)为她办理葬事,从抬床火化,到舍利供养,都由佛自己操理,尽管无数天人都要帮忙,佛一律拒绝,表示孝道是不可以用他人替代的。佛说:"此是如来所应修行,非是天龙鬼神所及也。所以然者,父母生子,多有所益,长养恩重,乳哺怀抱,要当报恩,不得不报恩。"于是父母恩重,报父母恩,就成了佛教重要的道德箴言。此经亦称《佛母泥洹经》,有两个异译的单行本,可见其流行之广。别有《父母恩难报经》、《孝子报恩经》等,表达的是同一思想。

佛的生母是摩耶,尊称摩诃摩耶夫人。《长阿含》说她死后生于忉利天,佛经常升天为其说法,展示佛家孝道。另有南朝齐时译《摩诃摩耶经》,更记佛与生母间的无限亲情,玄奘在《大唐西域记》卷六中特述其事:"如来寂灭,棺敛已毕。时阿泥律陀上升天宫,告摩耶夫人……摩耶闻已,悲哽闷绝,与诸天众至双树间,见僧伽胝、钵及锡杖,拊之号恸……如来圣力,金棺自开,放光明,合掌坐,慰问慈母:'远来下降,诸行法尔,愿勿深悲!'阿难衔哀而请佛曰:'后世问我,将何以对?'曰:'佛已涅槃,慈母摩耶自天宫降,至双树间。如来为诸不孝众生,从金棺起,合掌说法。'"这神话和佛语,令人感动,令人深思,不知世上"诸不孝众生"作何感想。

《大爱道般泥洹品》的第9经,也是《增一阿含》的最后一经,以解说"十梦"为契机,广论王权政事。略谓,波斯匿王做了十梦,有一婆罗门为之作解,说这意味着他将遭亡国杀身灭门之祸,唯有杀太子及所重之夫人、大臣等用以祀天,事方可解。王乃异常恐怖,到祇园精舍请佛解释。佛否定了杀亲祭天的婆罗门妄言,而说出了一番劝王治国安民的道理来:"王所梦者,乃为将来后世现瑞应耳。"这十梦分别象征:后世人民"不畏禁法,普当淫佚,贪著妻息……嫉妒、愚痴,不知惭愧,贞廉见弃,佞谄乱国";"不给足养亲贫穷,同生不亲近,反亲他人,富贵相从,共相馈遗";百官臣吏"廪食于官,复食于民,赋敛不息,下吏作奸,民不得宁,不安旧土";"人民多逢驱役,心憔意恼,常有愁怖,年未满三十,头须皓白",诸如此类,"国王大臣长吏人民,皆当不畏大禁,贪淫嗜欲,蓄财贮产,妻子大小皆不廉洁……忠孝不行,佞谄破国,不畏上下;雨不时节,气不和适,风尘暴起,飞沙折木,蝗虫敢稼,使兹不熟:帝王人民施行如此,故天使然也"。天现如此诸怪,"欲使万民改行,守善持戒,畏惧天地,不入恶道,贞廉自守,一妻一妇,慈心不怒"。如果不知悔改,逆天而行,则后世人"臣当不忠,子当不孝,不敬长老;不信佛道,不敬明经道士;臣贪官赐,子贪父财";诸国帝王则"兴师共斗",相互攻伐,"还相杀害,流血正赤"。结论是,此梦所示,乃是对王者和世人的警告,"后世人若能心存佛道,奉事明经道人者,死皆生天上;苦作愚行,更共相残者,死入三恶道"。

于是孝亲治国之道,本来不属于佛教出世间应该议论的事,但在入世、处世领域就成了必须首先触及的问题。说一切有部《增一》不收这一部分,是否因为它过于世俗,具有恋亲干政的嫌疑?这很难说;但汉译本把它置于《增一》的末尾,作为结言,恐怕不会是随意的处置。

三、"十念"与"三论"

"八正道"是小乘和大乘可以通行的修道规范,但侧重点则不全同。《增一阿含》把"正思维"列为"八正道"的核心,而正思维就是"正念"。那么念什么？如何念？为什么如此念？经文开篇所说的"十念"，就是回答这些问题的。

1. "十念"：另类修习法

"十念"大体可以分为四类：一类是念佛、法、众（即僧）；另一类是念戒、施、天；第三类念休息、安般；第四类念身之非常、死。据称，这十念中的任何一念，都能"成神通，除诸乱想，获沙门果，自致涅槃"（卷二）。修行十念的目的，全在于获得神通，归向涅槃。故《广演品》广释这十念的内容时说："已修行一法便有名誉，成大果报，诸善普至，得甘露味，至无为处。"卷四三也说："所谓十念：念佛、念法、念比丘僧，念天、念戒、念施，念休息、念安般，念身、念死，是谓修行十法得至涅槃。"又说："其生天及恶趣者，当念舍离；其十法得至涅槃者，善修奉行。"据此，十念以及对十念的解释，无疑可以看做《增一阿含》正文（除《序品》和"十一事"）的一个纲目。

但这只是泛论，因为佛教可以将其任何修习都当作通向涅槃的一个法门；如果观察它们的具体内容，则各有各的任务，各有各的规定。十念四类中，"佛、法、僧"号称三宝，三位一体，是佛教信仰主义的基础；佛徒之所以成为佛徒，起码的条件是归依三宝，所谓"三归"。这一主张在《中阿含》中也有。对此三宝的"念"，就在于确立对佛、法、僧的坚定信仰，并实行供养。但此处有特别之处，就是对"众"的诠释："如来圣众，善业成就，质直顺义，无有邪业；上下和穆，法法成就：如来圣众戒成就、三昧成就、智慧成就，解脱成就、度知见成就。圣众者，所谓四双八辈……应当恭敬，承事礼顺……是世福田故……亦以自度，复度他人，至三乘道，如此之业，名曰圣众。"（卷二）

"众"即"僧众"，主要指以阿罗汉为最高果位的所谓"贤圣"及其出家修习者比丘，是所有早期佛典的共识，但上文将"圣众"的范围扩大到了"至三乘道"，就很不一般了。"三乘"之说，在诸《阿含》中首见于此；《分别功德论》卷四还特别提醒读者："众僧者，乃含受于三乘。"所谓"三乘"，即"罗汉僧、缘一觉、大乘僧"。"缘一觉"是"毗支佛"的意译,亦作"缘觉"、"独觉"。《增一阿含》是诸《阿含》中唯一系统论述毗支佛,也是唯一明确提出"三乘"概念的经典。

"休息"和"安般"都是为入"定"从事念想作准备的,前者在休歇一切思虑,避免心情浮躁,"所谓休息者,心意想息,志性详谛,亦无卒暴,恒专一心,意乐闲居,常求方便入三昧定"(卷二,下同);后者是采用数息的方法,以求思想的高度集中,避免精神分散。有了"定"的心理条件,即可专心致志于"观"。"念"即可作"观"解,亦可作"定"解。这里的念休息、念安般的"念",就是"定"的意思;"十念"之念,也可以表示"定"与"观"的统一。以"念法"为例:"正身正意,结跏趺坐,系念在前,无有他想,专精念法,除诸欲爱,无有尘劳,渴爱之心永不复兴。"此中"系念"、"专精"是对"定"的特写;"念法"、"除欲爱"则是"观"的任务。

"念身、念死"的核心是确立厌身、厌生,谋求涅槃出离。此中"念身"的角度很多,除观身"不净"之外,还有:"何者是身?(为地水火风)种是也,为父种母种所造耶? 从何处来? 为谁所造眼、耳、鼻、舌、身、心? 此终当生何处?"这是思考人生本原和人生终极,带有形而上性质的问题。至于"念死":"所谓死者,此没生彼,往来诸趣,命逝不停,诸根散坏,如腐败木;命根断绝,宗族分离;无形无响,亦无相貌。"(卷一)这包括了死后轮回的宗教问题。对此二念,一般佛典都安置在观想和体认现在的"生身"上,而且多用"十想"加以形象地铺演。卷四二所说:"有修行十想者,便尽有漏、获通、作证,渐至涅槃。"这十想包括想白骨、想青瘀、想膨胀,以至想食不消、血、唉、有常、无常、贪食、死等。后来的《成实论》则将它们略为"不净观"、"厌食观"、"无常观"、"死观"等。

2."三论":世俗化的标志

在《增一阿含》的这十念中,"念施、念戒、念天",才是它的基调;对此三"念"的解说和演义,就是"论"。"念"是相对主体讲的;"论"是向客体宣说的。所以与此三念相应,就有佛及其弟子们向信众们的宣示,称作

"施论、戒论、天论",我这里略作"三论"。"施"、"戒"、"天"构成了一个完整的世俗民众的信仰体系,虽然其他《阿含》中也提到过,而《增一阿含》阐发得最为丰富。

(1) 关于"施论"。

"施"为布施,本是给别人以实际帮助的意思,此处主要指用财物施人,以维系人的生命,维持生活的需要,带有救济扶助的性质;尔后佛教将其解释为信徒专用于供养僧众以及建造寺院和佛像等设施的财物,还将向大众布道说法,列作布施的一种,称为"法施"。此处把"施"列在三念、三论之首,表现了对佛教弃世厌生一面的放逐,开拓珍重生命、爱护生命的新途径。这不但对于佛徒生活方式的改变具有重要意义,为其日益走进世俗社会、联结世俗社会造就了一条物质的纽带,而且直接影响了对人生的价值判断,有利于从消极一面向积极一面的转化。

为什么要"施"?卷五一解释说:"一切众生有形之类,由食而存,无食则丧。"又说:"一切众生有食则存,无食则亡。菩萨行施之时,亦复思惟此业。"因此,"施当普平等,终不有所逆","斯名菩萨之心,平等惠施",凡属生类需要布施的,都应当成为布施的对象。

"施"有种种差别,这里提倡的是"菩萨"之施,而且规定了菩萨行施时的动机和态度。这也可以看做大乘佛教把"施"纳入"菩萨行"的早期轨迹。

卷四三记众比丘思惟佛之所说,谓"依于饮食,人身得存;四大依倚,心所念法;法依,善趣之本"。人身得依赖衣食生存,有了用四大构成的衣食作保障,"心"才有可能"念法";有了"法"作依靠,才能趋向善道。因此,对于出家佛徒来说,如何解决衣食问题是极端重要的。但是,早期佛教蔑视生产,禁止出家佛徒从事劳动,所以解决问题的唯一出路,就是向在家者乞求。于是佛为乞求也制定了一条基本原则:"乞求有二事:可亲不可亲。设得衣被饮食……增益恶法,无有善法,此不可亲;若得乞求衣被饮食……增益善法,不增恶法,此便可亲"。乞求什么,向谁乞求,如何乞求？全在这类乞求是有益于善还是有助于恶,而不在数量的多少和品种的优劣。因此,用是否有益于"善"、无助于"恶",去衡量谋求的资生用品是否合乎佛法,就成了唯一的尺度。

在外,乞求还有一个重要的条件,就是不能议论国是和选择地区,佛告诫众比丘:"汝等莫称讥王治国家界,亦莫论王有胜劣……勿兴斯意论国事,缘不由此论得至灭尽涅槃之处,亦不得沙门正行之法。"又说:"汝等勿论国界之事,当自克己思,惟内省校计分别。言此论(指国事)者,不合至理……当自修己,炽然法行,自归最尊。"于是,尽管僧尼与世俗社会已经形成相当密切的经济关系,但坚决反对他们参与国家政治生活和卷入社会是非漩涡。这表明,此时的大乘,仍在维护佛教的超然出世,修道行法的基本立场。

按早期佛教戒律,比丘乞求仅限于乞求一食之用,不许乞求钱财,不许储藏食品和其他财物,所以他们与布施者的关系,称作供养与受供养的关系。但到了"三论",把布施提到了世间修习首位,在称谓上也改用了施主与受施者的关系。称谓上的这种变化,反映了佛教僧团与社会佛徒间有了更紧密的联系,也反映了佛教争取社会经济支持的新努力。佛教的经济来源,主要得力于布施,而经济实力的增长,进一步促进了佛教的繁荣和昌盛。

《增一阿含》所讲"施论"的核心,是对施主进言,为施主着想,说服施主相信,布施可能使他获得无上功德。卷五一记世尊说偈:"施为众福具,而逮第一义。"又说:"施主檀越布施之时,身坏命终,生三十三天。又有五事胜彼诸天……一者颜貌豪贵,威神光明,二者所欲自在,无事不果;三者,若檀越施主生人中者,值富贵家;四者饶财多宝;五者,言从语用。"这样,布施就成了生天并胜于彼天的善业,也是获取人世间豪富的"福田"。这种宗教观念,比之婆罗门教提倡的血祭祀天以获天佑,近乎损人利己,越能体现出佛教自利利他的精神;从社会视角观察,也是进步得多。但这一论点,也注定了佛教大乘的社会基础,必定是富有者。

卷四五记师子长者请舍利弗等诸大弟子至其家中进食。食毕,佛问罗云,饮食为妙不妙,为细为粗?罗云答:"饮食极妙,又且丰多。"于是佛说,此长者因此得福报之多,不可计称,因为这不是对一个私人的布施,而是向"僧众"这样的群体布施。此"众"有十,除了四双八辈,还有辟支佛和佛:"是谓十人,皆由众中,非独自立。"布施这样的僧众,"其福不可限量……善男子善女人,欲求其福不可称计,当供养圣众"。又说:"如来圣众可敬可贵,是世间无上福田。今此众中,有四向四得及声闻乘、辟支佛乘、佛乘,其有善男子善女人欲得三乘之道者,当从众中求之。"

把布施的范围扩展到"三乘之道",是《增一》与其他《阿含》的不同处。它给佛教僧团持久地立足于社会而建造的这个"世间无上福田",完成了宗教神学上的论证。这一神学有一个相对的优点,就是不完全排外,不排除对其他众生的布施。故佛说:"我不作尔说,当供养圣众不供养余人;今施畜生犹获其福,何况余人。但我所说者,福有多少。"卷四三记佛说:"我无此语:独应施我勿施余人……我有是语:施持戒人其福益多,胜于犯戒之人……其杀生者其罪难量,其不杀者受福无量。"盗、淫、邪见亦是如此。"施畜生之类,犹获其福,及施犯戒之人,亦获其福;施持戒之人福亦难量",施"阿罗汉、辟支佛及佛,其福不可量"。

卷四五更进一步解释,佛家提倡的布施,为什么必须是平等的,不应该对布施对象有所选择:"如来教诫,不选择而施。"即使犯戒者,亦当施与,所以就施者一方,"我当尽施一切众生之类"。因为从教理说,"但愍众生非食不济",是故行施当"终无是非之心,高下之意";但从受施一方说,"汝自持戒,受福无穷;若使犯戒,自受其殃"。意思是说,布施的目的,首先在挽救生命;维护生命是第一原则。在这一限度内,不能有是非之心,高下之别。至于受施一方,是否会因此继续违戒犯罪,那是他的事情,需要他自己负责。

就此而言,施论尽管认为布施给佛及其弟子的功德最大,但它坚持生命为贵,把平等施食的救济放到一个至高无上的地位,由此生长出佛教的慈善事业,成了佛教得以深入社会底层的一大因素。其他方面,认为与其布施他人,不如布施佛家,供养僧众比供养他人得福更多的教义,也给佛教贪婪聚敛,造成寺院经济膨胀,提供了典据,所以佛教的发达,往往成为国家昌盛,人民富有的象征;有时也是造成国穷家贫,因而遭受政治打击的重要原因。这两个极端,在中国历史上都曾经发生过。

此外,佛还为施主规定了一条"惠施清净"的原则。卷四三记一个故事:施者施与罗云的房屋,后来被施者重新给予了其他圣众,佛为此强调:"若有人以物惠施,后复还夺更与余人,此名为施不均整,非平等施。若复有人夺彼人物持施圣众,若复有人还夺圣众持用与人,此非为平等之施,亦非清净之施。转轮圣王自于境界犹得自在,比丘于己衣钵亦得自在……施主见与,受主不见与者,此非平等之施。若复彼比丘会遇命终,当持此一房在众中结羯磨。"即由众决定是否可由某甲进住,"若众僧一人不听而与者,则非平等之施,则为杂浊之物"。这一规定反映了僧众是拥有私有财物的,但仅仅限于使用权,而不是所有权:所受布施物是公有私用。

在论述布施必得福报时,《增一》没有忽视对布施的性质作分析。卷二七有言:"有五惠施不得其福。云何为五?一者以刀施人,二者以毒施人,三者以野牛施人,四者淫女施人,五者造作神祠。"这一规定虽然是针对施主说的,但对于接受布施的寺院僧尼言,也是个巨大的警告:如果你不拒绝,而是接受了这样的布施,则因施主不得其福,那就是欺骗。遗憾的是,这里没有规定有人企图通过布施的名义,为自己洗罪洗钱,应该如何。但它提请施主们:"有五施令得大福。云何为五?一者造作园观,二者造作林树,三者造作桥梁,四者造作大船,五者与当来过去造作房舍住处。"这五条一是植树造林,二是便利交通,三是方便行人住处,都是对社会有益的好事,应该是一切布施中的最优选择。中国佛教有个优良传统,就是实施上述的"五施"。人们在念叨佛教的功德时,这五施必列其中。

(2) 关于"戒论"。

此处所谓"戒",乃是特指,是专为在家信众制定的行为规范,所谓三归、五戒和十善。如果说布施强化了佛教与社会的经济联系,这些规范则强化了佛教与社会的精神联系,它使在家的佛徒与出家僧尼形成了一个世间与出世间统一而稳定的文化圈,为佛教信仰的发展和佛教文化的开拓,奠定了持久而广泛的社会思想和社会伦理基础。

持戒,首先是持"十善"。"十善"是相对"十恶"而言。卷四三:"所谓杀、盗、淫、妄言、绮语、恶口、两舌、斗乱彼此、嫉妒、瞋恚、心怀邪见","行此十法,入恶趣中",所以此十法即是十恶。相反,"不杀,不盗,不淫,不妄言、绮语、恶口,不两舌、斗乱彼此、嫉妒、恚害、兴起邪见","行此十法者,便生天上";此十法即是十善。这十善的前四项,也是"五戒"的前四项,即不杀、不盗、不淫、不妄语;十善的后六项,在"五戒"中则被替换作"戒酒"一项。禁止饮酒,可能为了适应在家信徒需要节约的实际情况;还有一个更重要的理由,是说酒能乱性,使人无智,这对于商人来说,尤为不利。

依佛教持戒,也能获得生天的福报,这是全部"戒论"的核心。卷四九就记有一位名叫阿那邠祁的长者,如何由三归五戒而修福得生天上的故事:此长者各以五千两纯金,诱其四子一起"归命佛、法、圣众",希望因此能够换得"长夜之中获福无量"。于是长者与此四子往至世尊所,听佛说法。听后,"踊跃欢喜不能自胜",乃向世尊表示,"我等各各自归世尊、正法、圣众,自今以后不复杀生,乃至不饮酒。如是再三"。此"不复杀生,乃至不饮酒",是"五戒"的略语。

这个故事是在树立居家佛徒应该如何贯彻佛家信条,而个人又可获福的典范。

由此提出一个问题:"若使有人出物雇人使事佛者,其福云何?"对此,世尊没有正面回答,而是举出了弥勒将下生成佛的预言来作隐喻:世有四大宝藏,"将来之世有佛名弥勒,出现于世,尔时国界名鸡头王所治处",金银琉璃,自然富裕,其王名儴佉,典藏人名善宝;善宝即将四藏之宝奉上儴佉王。于是佛继续说:"尔时善宝典藏者……今长者是也。时儴佉王以金车广作福德",并往弥勒所出家学道;"典藏亦复广作福德,亦当出家学道,尽于苦际"。结论是:此"皆由长者将道四子使自归于佛、法、比丘僧,缘是功德不堕三恶趣;复缘此德得四大藏;亦缘此报与儴佉王作典藏主;即于彼世尽于苦际"。结论是,即使雇人事佛,也是福德无量。其实,这是鼓励以财物诱使他人归信佛教。大乘的某些经典,提倡不择手段地向社会推进,在这里已略露端倪:不管怎样,只要能令人"归佛法僧",就会"其德无量";"若彼善男子、善女人修念三尊,必至善处,天上人中"。为此,阿那邠祁作偈颂曰:"此是祇园界,仙人众娱乐,法王所治处,当发欢悦心。"而且命终,果然生"三十三天"。

依传统佛教,生天是世间因果中最高的酬报,需要行善修禅作种种努力才有望达到,现在,只要归依佛教,遵从五戒,就可以实现,实在是方便简捷得多了。

最后,上述经文让"诸天"作证:"此天子在人中时,是如来弟子,恒等心普施一切,周穷济乏。"意思说他们是因为"普施一切"而生天;又让长者现身说法:其所以获此"天身",全"蒙世尊之力"。同是生天,可以由布施得,也可以由信佛得,如是信佛和做好事就统一起来:信佛做好事,必有福报。

也就在这里,《增一阿含》提出了"空行第一之法"这样一个理论性很强的概念来。阿难说:"世间有二种之人,如来之所说。云何为二?一者知乐,二者知苦。彼习乐之人,所谓尊者耶输提族姓子是;彼习苦之人,婆伽梨比丘是……耶输提比丘,解空第一;信解脱者,婆伽梨比丘……知苦之人,知乐之人,二人心俱解脱,二俱如来弟子,无与等者。"此处提到的两位代表人物不详,但这一分别却很值得注意:"解空第一"者,乃是"知乐"、"习乐"的代表;而"信解脱者",则是"知苦"、"习苦"的代表。

我们知道,佛教的基础教义就是从"知苦"开始的,所以被列为"四谛"之首;将"习苦"作为解脱之道的,则有头陀等一系列苦行,"无常"、"不净"等诸多观法,可以说是早期佛教的基本倾向;而对"苦"和"苦集"的认识,最后总要归结到它的"空观"即"无我观"上,连结成一个系统,与"乐"都没有什么关系。卷四三这里突然提出了相反的主张:"知乐"、"习乐"同样能够获得解脱,而且认为只有从知乐、习乐中得到解脱者,才能称得上"解空第一",这就显得新奇了。按佛典的一般说法,被尊为"解空第一"的是佛弟子须菩提,他所解之空,主要是建立在四谛说上的"无常、无我、空",是"苦"的表征;此处则提出一位耶输提来,那么这耶输提代表的空观、空行是什么呢？经文没有说明,但有一点是肯定的:此"空"所表征的不是"苦",而是"乐"。可见这为"乐"服务,与"乐"连为一体的"空观"、"空行",应该是一种全新的理论体系。那么这个新的体系反映在佛教的哪类经典,哪个派别呢？历史地回答,只有大乘般若系统和密教系统才是;而部派佛教中蕴含的离苦求乐趋势,则是一种导向。

佛教力图从一种苦的人生哲学向乐的人生哲学转变,至少要包容"乐"的成分,在《增一阿含》中已经有了相当明显的反映:不只引导居家的世人求乐,而且力图在佛教标志性的"空观"上也体现出来。

至于前述弥勒将于未来世成佛的预言,当是著名的《弥勒下生经》的原始版本,而弥勒正是快乐的象征。

一言以蔽之,布施、持戒的主要功德,在于造福,福报的最高理想乃是生天。

(3) 关于"天论"。

当时印度宗教的普遍信仰,是对"天"的崇拜。天是民众普遍向往的所在。佛教向社会大众推行布施和持戒的两大措施,就在于满足民众生天的这一期望:与其像婆罗门教要求的那样去祭天祀天,不如靠自己的努力,用自己的善举去生天。"念天"的要点,就是把现实的布施、持戒与死后生天,作为必然的因果关系联结起来,从而激发人们在现世界去归依佛教,行善做好事。所谓:"身口意净,不造秽行;行戒成身,身放光明。

无所不照,成彼天身;善果报,成彼天身;众行具足,乃成天身。"(卷二)

《增一》诸经用很多篇幅宣传因果报应,目的都在诱引和恐吓人们去行善止恶。但是,总体上渲染地狱等苦报的地方较少,宣扬天报和天乐的地方较多,尤其是在此三论中。这也体现着一种激励多于威胁的精神。

"念天"是佛教有神论的表现之一。特别是在早期佛教中,充斥着对天神和天宫的向往之情。虽然并不认为"天"是佛教究竟之处,但并没有否定天的真实存在和减少对天的仰慕。这一倾向在说一切有部和瑜伽行派中的表现,尤其明显。对于诸天的这种态度,无疑是受婆罗门教的影响,也可能与婆罗门教争夺信徒有关。对这类天的崇拜,在中国佛教中也有一些反映,某些高僧就希望自己也能够往生美好的天宫。《阿含》中,尤其是大乘经中,有许多把诸天作为归依于佛,成为佛的护法和侍者的记叙,看来这是为了避免因妄想生天而影响修学佛教的弊端,也是压制婆罗门教的一种方式。

《分别功德论》卷三对"念天"有一个重要的说明:"有三种天也:有举天,有生天,有清净天。"

首先,所谓"举天",指:"转轮圣王,为众人所举。所以名为天者,以圣王有'十善'教世,使人皆生天;在人之上,故称为天。或有说曰,圣王胜佛。何以言之?圣于治世,人无堕三恶道者;佛出世时,三恶不断,以是为胜也。或复说曰,佛胜圣王……圣王以十善教世,不过人天;佛出教世,得至涅槃,以是为胜也。"在这里,认为"转轮王"统治下的世间比佛出世时还好,原因就在转轮王治下的人民,都能生天;而王用以治民的,不是刑罚,而是"十善",是道德教化。换言之,"转轮王"之能够成大事业,平四海,服天下,全在他能用归依佛教,用"十善"化民。以"十善教民",也就成了"转轮王"的主要标志。将这样的王定名为"天",当作佛徒念想的第一对象,无疑与佛教把自己的发展希望寄托于世间王者有关,也与大乘的王道政治学说有关。三国吴时康僧会译《六度集经》,就是以说服王者行佛家的慈心仁道为中心;康僧会本人与孙皓的关系,也成了中国佛教力图说服王者的首例典型。

其次,所谓"生天",指:"从四天王至二十八天,诸受福者,尽是'生天'。所以言生天,流转不息,不离生死。"此处之"诸受福者",尽可以特指诸天,但也可以泛指"人间"的一切受福享乐犹如天上者。

第三,所谓"清净天":"谓佛、缘觉、声闻三人,皆尽结使,出于三界,清净无欲,故曰清净天也。"如此,三乘圣贤,尽管都已超越三界,不受四大限制,不受五阴诸苦,但并非不复存在,不是"无生",而是在三界之外的存在,是另一种"生"。关于这一类"生",一种与世间三界全然不同的生类,在什么地方,是一种什么样的存在形态,虽曰"清净天",但却没有具体描述。这为大乘佛教构造世外净土开辟了可以无限想象的空间。

此外,还有一个"八净居天",此天"过于生、举,不及清净,处其中间"。此"八净居天",当相当色界的前二静虑天,"举天"即相当欲界的忉利天。《阿含》多把忉利天作为世间最美好的处所,与大乘佛教特别看重兜率天不同。

"念天"之作为一种修持,也被视为涅槃之道,故曰:"念天者之所慕也,因念生'举',亦有至涅槃理。"此处举出一个故事,说一美妇死后生天而为天女,择夫又择到其未死的夫婿身上,于是促使其夫精进佛道;夫婿的精进,又促进天女的修持,乃更生于兜率天上。二人如此互相激励,最后思维"四谛"遂得罗汉,"所谓因念天得至涅槃者"。在后起的大乘经中对于生天之论批判甚多,但这并没有制止它在佛教继续扩散的势头。在中国佛教的判教里,承认修福生天是佛教的组成部分,起名"人天教",这符合佛教向社会开展的需要。

3. "三论"与出世间

不过就《增一阿含》经文言,"天论"是用来强化"施论"和"戒论"的,无施、无戒亦即无天;天是施与戒之果,施与戒是天之因,无因决不会有果。因此"三论"是因果通论,是《增一阿含》世间化说教的基调;但同时它也没有忘记出世因果,解"四谛",证"涅槃",不再下生三界,依旧是最高境界。然而在高扬"三论"的强音下,已经显得暗淡无光。这种思想趋向,在《增一阿含》中成了一种固定的表达格式。例如卷九:大迦叶奉命为梵志妇说法,谓:"欲求其福者,当归于三佛"所说"微妙之法,所谓论者,施论、戒论、生天之论;欲为不净,断漏为上,出家为要……诸佛所可常说法者,苦、习、尽、道。"卷一三,如来与其父王等说"妙论":"所谓论者,施论、戒论、生天之论;欲为秽污,漏不净行;出家为要,获清净报。尔时如来观众生意,心性柔和。诸佛如来常所说法:苦、习、尽、道。"卷四七,世尊为梵志弟子五百人说"微妙之论":"所谓论者,施论、戒论、生天之论,欲不净想,出要为乐,如诸世尊常所说法,苦、习、尽、道。"于时"五百人诸漏永尽,得上人法"。卷四九,世尊为女人亦说:"所谓论者,施论、戒论、生天之论,欲为不净想,淫为大秽。是时世尊已知女人心开意解,诸佛世尊常所说法:苦、习、尽、道,尔时世尊尽与女人说之。"

这一格式,似在把"三论"作为灌输"四谛"的中介,用在家的世俗善道作为过渡到出家的出世之路的桥梁,但实际是在纠正佛教的厌世恶生,禁欲苦行的偏颇,指明了世间亦有乐,理应善待人生。这是一条新路。

"天论"是从正面给布施、持戒,行诸善事,指出走向快乐幸福的前途来,是对生活的一种激励,也是一种诱惑。《天使经》则从负面指出,如果为非作歹,不知悔改,就要受到"天"的惩罚,最终被押下地狱。这是给生活提出的警告,也是一种恐吓。天堂地狱的宗教设置,全是为了劝善止恶,而布施是为了行善,持戒即在止恶,它们都包含在这"三论"之中。

四、业报法则向避苦求乐的倾斜

像"三论"之说,后来的大乘佛教定性为"方便","福报"也是"方便"。所谓方便,指它不是最高目的,只是达到最高目的的手段;因而也不成其为原则,而是实现原则的灵活。有一位名迦游延比丘尼的说:"身口意所作众行,尽求解脱,莫在生死,食此福业。"(卷一三)意谓,从生死流转中解脱出来,是最高目的,佛教徒不应该沉溺(食)生天等福报上。依佛教的常理,生死的直接原因,是来自爱欲;所以解脱生死的前提,首先须于爱欲得解脱,修习种种"除欲之法"。卷三五说:"恩爱无明本,兴诸苦恼患;彼灭而无余,便无复有苦。"因此,要做到彻底的"无苦",就不可以有恩爱。但是,若没有了恩爱,还有什么"乐"可言呢?《增一阿含》没有提出这个问题,实际是回避了,只是压低了出世间的调门,转向宣传世间的快乐,也就是让"方便",变成世人的最高目的。其采用的方法,是阐发善恶与苦乐的因果关系,说服世人通过止恶行善的途径,避苦求乐。事实上,一般民众对佛教的认识,以及信徒对佛教的信仰和佛教对社会的影响,也主要集中在这一部分。

这样一来,业报法则就从对世间不平等现象的解释,转到了如何运用善恶有报,自作自受的宗教教条,去从事求福避苦的实践。卷四七记佛为阿难说偈:"如人自造行,还自观察本;善者受善报,恶者受其殃。世人为恶行,死受地狱苦;设复为善行,转身受天禄。彼自招恶行,自致入地狱;此非佛怨苦,汝今何为悲。"这一思想本来出自《天使经》,此处则进一步将天禄、地狱抽象作"乐"与"苦"的表征,提请行者自己去选择,而不是用世间皆苦抹杀三界六道的根本区别。

《增一》的这一特色,与《中阿含》的整体基调是一致的,但用更多的篇幅去教导世人,应该如何去追求快乐,如何实现自己的幸福。前述"三论"贯彻的就是这一精神。它的中心点是要"有福",拥有福报,作能够获得福报的事业。偈曰:"有福快乐,无福者苦;今世后世,为福受乐。"(卷四,下同)"有福"是快乐的前提;"无福"则是受苦的必然。所以"世尊告诸比丘:汝等莫畏福报。所以然者,此是受乐之应,甚可爱敬。所以名福者,有此大报。汝等当畏无福。所以然者,此名苦之原本。愁忧苦恼不可称计,无有爱乐,此名无福"。

据此而言,世间不都是苦,也无须脱离世间去摆脱苦。人们之所以是苦,是由于"无福";如果"有福",就必当"受乐",而且因此还应当得到"爱敬"。至于获取福报的途径,包括《中阿含》在内,都已指出布施、持戒的特殊功效,此处更提出了行"慈心"获福报的新路。佛以他自身为例,讲述他由于历劫行"慈心"而得"生天"、作"转轮王"等诸多福事,即以此为榜样,激励"诸比丘,作福莫倦"。用"慈心"去指导佛徒的所有行为,是又一种大乘观念。据认为,由"慈心"所作的"福业",还具备使人成佛的功能,所谓"功德福业",亦称"福德":"佛以福德大力降伏魔怨,诸尘垢消,无有诸秽,便成无上正真道。"(卷四)这样的福业有清净自我,提升道德水平的作用,足以达到佛的觉悟——大乘神化佛陀的一项重要内容,是把他的过去经历,说成是掌过"转轮圣王"的权利,享有兜率天宫快乐的菩萨;"慈心"即是菩萨的根本品格。

卷二一《苦乐品》,更具体地分析苦乐果报与善恶行为的关系,指出有四种情况:"或有人先苦而后乐",或先乐而后苦,或先苦而后苦,或先乐而后乐。同时规定了衡量善、恶的具体标准是,是否承认"有施、有受者,有今世、有后世,有沙门、婆罗门,有父有母,世有阿罗汉等受教者,亦有善恶果报";承认者是善,否认者是恶。在所有的善举中,首位是布施:"若有众生欲先乐而后乐,当行布施,求此先乐而后乐……欲成涅槃及阿罗汉道乃至佛道,当于中行布施,作诸功德。"于是布施就成了作佛的首要条件。此外,苦乐还有四种情况:"或有人身乐心不乐",或心乐身不乐,或心亦不乐身亦不乐,或身亦乐心亦乐。此中身之乐不乐,指能否获得"四事供养衣被、饮食、床卧具、病瘦医药,无所短乏"——生活资料的无所短缺,是一切快乐的物质基础。心之乐不乐,则指是否能避免"地狱、饿鬼、畜生道"——严格讲,这是一个心理问题:是对自己某些不道德行为的后果怀有恐惧。

佛教在为走进社会作准备时的若干理论,非常务实,观察敏锐而细致。这里对快乐的物质基础和精神状态作双重分析,就相当深刻。

从修福得乐的角度阐发因果业报的宗教观,是《增一阿含》的一个特点,同时也没有忘记对婆罗门的种姓等级观念进行抨击。卷四六载,梵志问佛种姓,佛答:"吾姓刹利。"梵志又问:"诸婆罗门各有此论:吾姓最豪,无有出者……婆罗门自称,言梵天所生。今沙门瞿昙,欲何等论说?"佛回答说:"其有婚姻嫁娶,便当求豪贵之姓。然我正法之中,无有高下是非之名姓也。"为什么?佛认为婆罗门之说,与现实社会生活的情况不符:例如,刹利女嫁婆罗门,生子即为婆罗门,婆罗门女嫁刹利,生子则为刹利,可见种姓是后天婚嫁形成的,与梵天的先天决定无关。再例如,假使父母皆是婆罗门,所生二子,一个聪明有智,一个了无所知;聪明有智者,作杀盗淫佚十恶之法,不聪明者,守护身口意,行十善之法。如果以"多闻"(聪明)为标准,有智者好;如果以戒(道德)为标准,则无知者好。如此等等,在婆罗门内,也有许多差别,可见人的高贵与否,同出身种姓无关。据说在某个边远国土,人民只有二种姓,即人与奴。事实上,"众生之类,尽同一类,无无若干"。人与奴的界限也是如此,"或作人,后作奴;或作奴后作人",皆非先天决定。由此得出的结论,是"种姓不定"。

种姓平等的思想,在各《阿含》中都讲,尤以《中阿含》讲得最多,《增一》则明确规定,佛教必须广收信徒,不择门第;在僧伽内部,必须消弭等级观念,反对种姓歧视:"今有四大河水从阿耨达泉出"(卷二一,下同),分别流归四大海,"尔时四大河入海已,无复本名字,但名为海。此亦如是……刹利、婆罗门、长者、居士种,于如来所剃除须发,著三法衣,出家学道,无复本姓,但言沙门释迦子……诸有四姓剃除须发,以信坚固出家学道者,彼当灭本名字,自称释迦弟子"。东晋道安提出出家佛徒,皆以"释"为姓,即本于此,不过社会背景不同,也会别有含义。

为了说明种姓平等,卷四六的此经也论及世界和人类起源问题,但与《长阿含》的《世记经》等所说,略有区别。此处记沙门瞿昙说:"天地败毁,世间皆空……人亦命终(此指坏劫)。若天地还欲成时,未有日月年岁之限。尔时光音天来至此间,是时光音天福德稍尽,无复精光,辗转相视,兴起欲想:欲意偏多者,便成女人;欲意少者成男子。展转交接,便成胞胎。由此因缘故,最初有人,转生四姓,流布天下。当以此方便,知人民尽出于刹利种。"这个"人民尽出于刹利种",就是《增一》为对抗婆罗门的人原说而提出的特殊观点,也最清楚地表达了佛教抬高王者、依附王者的意向。

卷四六还提出了人的"根性情"问题。此根、性、情,是从不同角度对人性作的规定,后来各自发展成有关人性问题的独立概念,这里只指出了观察人性的一个抽象原理:"人根情性,各各相似,善者与善共并,恶者与恶共并……众生根源,所行法则,各自相应,善者与善相应,恶者与恶相应……众生根源皆自相类,恶者与恶相从,善者与善相从,过去将来众生根源亦复如是,以类相从,犹如以净者与净相应,不净者与不净相应。"意思是说,人性本具善恶,而善恶各以类聚,善恶各自相从,因此,善与善相似相应,恶与恶相似相应,善恶是绝对不可混淆,亦不可转化的。但这只是对善恶本身的性质而言,并不是针对具体的人。就具体的人说,他既不一定永远为善,也可能改恶从善,所以佛教提倡,人应该接近"善知识",远离"恶知识";而善恶的性质则是,善衍生善,恶衍生恶,在因果论里构成"同类因"与"等流果"的关系。这一切善恶关系,都属于人性活动,亦与"天"无关。

善恶似乎完全是内心的事,行善行恶全在个人选择,与外界无关。但《阿含》中,却制造了一个外魔,作为导恶的化身,行善的干扰者。《增一阿含》卷三《阿须伦品》,即将阿修罗与日月天王的战斗,比作"蔽魔波旬"之欲坏比丘的善根,所以比丘必须与之战斗,才能维护自己的善根:"波旬恒在汝后,求其方便,坏败善根:波旬便化极妙奇异色、声、香、味、细滑之法,欲迷乱诸比丘意。波旬作是念:我当会遇得比丘眼便,亦当得耳、鼻、口、身、意之便。尔时比丘虽见极妙六情之法,心不染著,尔时蔽魔波旬便怀愁忧,即退而去。"此处的弊魔波旬就是六尘的魔鬼化,他时时将六妙色尘诱惑修行者的情欲;而修行的比丘,不近六尘,亦就成了对抗蔽魔的唯一手段。阿修罗对天的斗争永无止境,六欲对比丘的诱惑,也永远不会停息。正因为如此,如何控制自己的感官和意识的情欲,不受种种外物诱惑的染著,就成了比丘维护自己善根的毕生任务。至于如何对抗弊魔的这些迷乱,此处提出了一种新的力量,叫做"多萨阿竭阿罗呵威力"。

"多萨阿竭阿罗呵"是一个佛的名字,事迹不详。卷三有八经,讲述此佛出世,"多饶益人,安隐众生,愍世群萌,欲使天人获其福祐";由于此佛,即有"二谛、三解脱门、四谛真法、五根、六邪见灭、七觉意贤圣、八道品、九众生居、十力、十一慈心解脱"等佛道,出现于世;也因为此佛,"便有智慧光明出现于世";"无明大暗便自消灭"。若此佛没尽于世,"人民之类多怀忧愁,天及人民普失荫覆";若出现于世,"天及人民便蒙光泽,便有信心于戒、闻、施、智慧";"天及人民皆悉炽盛,三恶众生便自减少"。此佛出世,"无与等者,不可摸则,独步无侣,无有俦匹"。此佛的这类"威力",足以消灭弊魔对于比丘的迷乱。

对此佛的威力作如此描绘,虽然不是创世主,却近乎救世主,起着拯救灵魂,挽救道德人心,抗拒六欲邪见对修佛道者的侵蚀作用。后来佛之被偶像化,成为信徒外在的崇拜对象,与对佛作用的这类夸张渲染有密切的关系。不过这也是把佛教仅限于说理的"内学",作了更便于向社会民众普及的重要补充。

我们曾经说过,佛有"十四无记",表示佛教对形而上问题拒绝探讨的态度。卷二一则给人们的认识划出了一条界限,叫做"不可思议"领域:"有四事终不可思议",一,"众生不可思议……此众生为从何来,为从何去,复从何起,从此终当从何生?"二,"世界不可思议,诸有邪见之人,世界断灭、世界不断灭、世界有边、世界无边、是命是身、非命非身、梵天之所造、诸大鬼神作此世界耶?"三,"龙国(一作界)不可思议云何,此雨从龙口出耶,所以然者?雨滴不从龙口出也,为从眼耳鼻出耶……但龙意之所念,若念恶亦雨、若念善亦雨,亦由行本而作此雨?"四,"佛国境界不可思议:如来身者,为是父母所造耶……为是人所造耶……如来身者为是大身……如来寿为短耶……如来为长寿耶?"总之,"如来身者,清净无秽,受诸天气";不可造作,非诸天所及;如来故兴世间周旋,与善权方便相应;身不可摸,则不可言长短音声,亦不可法则;智慧辩才,不可思议。如来的一切,非世间人民之所能及。

关于这四不可思议的是是非非,暂且不管;它们是如何同佛经,包括《增一阿含经》的有关陈述和想象的矛盾,也可以不提,但就从"无记"转化为"不可思议"这件事上,可以看出佛教正在为佛教学人的认识作出限定。这种限定不只为了保护其自身的教论免受外界的挑战,而且也为通向非理性和神秘主义道路打开了方便之门。以后大乘的某些经典,以及像中国的天台宗,就经常使用"不可思议"类的词句,为神秘主义作辩,或作为自己不通的遁词。

此经继续说:"有此四处不可思议,非是常人之所思议。然此四事无善根本,亦不由此得修梵行,不至休息之处,乃至不到涅槃之处,但令人狂惑,心意错乱,起诸疑结……是故诸比丘,当思议四谛。所以然者,此四谛者,有义有理,得修梵行,行沙门法,得至涅槃。"将"四谛"作为唯一的"思议"内容,这可以理解为对传统佛教的教条化,但把四谛当作修"梵行"的阶梯就不那么传统了,至于把"四等心",即慈悲喜护,以可以生于"四梵堂"而加赞扬,也很奇特。什么是"梵堂"? 有"梵天","无过上者,统千国界,是彼之堂,故名为梵堂"。这里的"梵行"、"梵堂"均属于婆罗门教提倡的教义,与"四谛"的根本离弃三界,全不同道,但《增一阿含》津津乐道,反复阐述。这种倾向,也反映了《增一》在努力从各方面将佛教改造为避苦趋乐的宗教。

五、"辟支佛部"和佛说"三乘"

采用自力,自我觉悟的典范,应该是辟支佛。

辟支佛属佛教三乘种的重要一乘,中国佛教把他判作小乘佛教,与"声闻"相对,名为"独觉";与大乘相对,此二者并名"二乘",都是贬斥的意思,但很少有详细的介绍。《增一阿含》对毗支佛的解说比较多,从中大体可以勾画出一个轮廓来。

按《分别功德论》在解释"灭尽定"时,曾提到主持第一次结集的大迦叶就善入"灭尽定",因为他本是辟支佛出身,意谓辟支佛就善入"灭尽定":"诸有入灭尽定者,能使众生现世得福,济其苦厄……能以灭尽定度脱众生,是故称为福田。"灭尽定还有使天帝释死而复活的神通。而迦叶即是"用灭尽定力最胜者,以迦叶本是辟支佛也。夫辟支佛法不说法教化,专以神足感动、三昧变现。大迦叶虽复罗汉取证,本识犹存……迦叶众僧,众生福田也……以灭尽定能使众生现世脱苦,后获涅槃,故曰处福田也"。这里对辟支佛与众生的关系规定两个特点:一是"不说教法",二是"专以神通感动"。"神通"也被视为度人的方便手段,辟支佛的神通,更能"使众生现实脱苦,后获涅槃",其作用和效果与释迦佛采取说法宣教方法应该完全一样,或更胜一筹。也由此可见,赫赫有名的大迦叶,为什么没有言论传世,而只有神迹流布,因为他就是毗支佛。对于"灭尽定"的实际含义,也可由此得解:原来此定特别为毗支佛所修,是因为他不会再去说法度人,所以也无须乎思维活动——灭尽定即以息灭思维活动为特征。

又,卷四八解释"劫"时说:"劫有二种:大劫小劫。若于劫中无佛出世……复有辟支佛出世,此名为小劫;若如来于劫中出世,尔时彼劫中无有辟支佛出现于世,此名为大劫。"换言之,有如来出世,就不会有辟支佛存在;有辟支佛出世,就不会有如来存在。佛教是连续的永存,而主持佛法者既可以是如来,也可以是辟支佛。辟支佛与如来在度脱众生上是平等的,只有时态(大小劫)上和形式(说教神通)上的区别。

卷四九记王子须菩提成就辟支佛的故事,说他:"观此五受阴身,所谓此色苦、此色习、此色灭、此色出要;痛、想、行、识苦,识习、识灭、识出要。尔时观此五阴身已,所谓习法皆是尽法,即于座上得辟支佛。时须菩提辟支佛以觉成佛……于无余涅槃界而般涅槃。"据此,辟支佛是经自己独身观想"五阴"通达"四谛"而"以觉成佛"的,与佛陀的通过自修,最后由觉悟"四谛"而成佛,没有什么本质的不同。由此经言:"世有四人应与起偷婆。""偷婆"是塔的音译之一。意谓,唯有如来、辟支佛、如来弟子漏尽阿罗汉,以及转轮王才有死后起塔的资格,成为供养和膜拜他们的纪念物。转轮王是世间王;余人如来、辟支佛和阿罗汉,都是佛徒崇敬的得道者,其中已经包含了"三乘"的人物——唯独没有提及的是菩萨。

在解释为什么只供养这四种人时,卷四十九继续说:一,"转轮圣王以法王治,自不杀生,复教他人使不行杀;自不与不取,复教他人使不窃盗;已不淫妷,复教他人不犯他妻;已不妄言、绮语、恶口、两舌、斗乱,彼此嫉妒、恚、痴;已意专正恒行正见,亦使他人习其正见"。此处为转轮王制定了一条标准,那就是自行"十善",亦教他人行善,所谓"以正法治国"。二,"漏尽阿罗汉比丘,欲爱已尽,瞋恚、愚痴已除,已度有至无为,是世间良祐福田"。三,"辟支佛者,无师自觉,出世甚难;得现法报,脱于恶趣,令人生天上"。四,"如来十力具足,此十力非声闻、辟支佛所能及逮,转轮圣王所不能及,世间群萌所不能及也。如来四无所畏,在大众中能师子吼,转于梵论;如来不度者度、不脱者脱,不般涅槃者令般涅槃,无救护者与作覆阴,盲者作眼目,与诸疾病作大医王;天及世人、魔若魔天,靡不宗奉,可敬可贵,回于恶趣,令至善处"。

这些带有区别性的描述,对于我们了解《增一》为此四者作的界定很有好处,不过此经所要得出的结论却是:"其有众生恭敬供养辟支佛舍利者,命终之后即生三十三天上。"就是说,上述对四种人的定义,重点在宣扬对辟支佛的舍利崇拜,能"令人生天上"。这在其他经文中是罕见的,尤其与大乘轻蔑毗支佛的态度差距太大。但这与《增一阿含》独树"天论",高扬快乐的精神却很协调:只要信仰属于佛教的东西,都可以生天。

卷三二谓,灵鹫山历来是仙人出没的地方。"恒有神通菩萨、得道罗汉诸仙人所居之处;又辟支佛亦在中游戏"。在这里,菩萨、罗汉、辟支佛是生活在一起的,而此三者,才是通称为"三乘"的真正代表。这无疑说,三乘不但是历史的一种发展顺序,也是佛教并存共生的三种不同类型。

可以说,《增一阿含》是唯一为辟支佛作宣传的经典,所以继之历数辟支佛的种种名号,然后说,"诸辟支佛,若如来不出世时,尔时此山中有此五百辟支佛";及至如来在兜率天上欲来下生时,诸辟支佛乃说偈曰:"诸佛未出时,此处贤圣居,自悟辟支佛……仙人及罗汉,终无空缺时。"于时"诸辟支佛即于空中烧身取般涅槃。所以然者,世无二佛之号,故取灭度耳……一商客中终无二导师,一国之中亦无二王,一佛境界无二尊号"。这也证明,释迦佛与辟支佛在作为"佛"上,是同等一致的,但辟支佛似乎可以同时存在极多,而释迦佛的佛却一时一个世界只能有一个,是唯一的独尊者。

关于取得辟支佛成就的原因,卷三二举一典故:某王因怕堕三恶道,乃出家学道,"观五盛阴,观了无常。所谓此色、此色习、此色尽,痛想行识,亦复如是,皆悉无常。当观此五盛阴时,诸可习法尽是灭法。观此法已,然后成辟支佛道"。据此,辟支佛以观五阴成四谛而得道,说明《增一阿含》对辟支佛的界定是一贯的。

卷四一也讲:若如来不出世,有不乐在家者,可"自剃须发,在闲静之处克己自修,即于彼处尽诸有漏,成无漏行"。在如来不出世时代,此等人最胜,名列"辟支佛部"。"此人皆由造诸功德、行众善本,修清净四谛、分别诸法。夫行善法者,即慈心是也……履仁行慈,此德广大"。不过此处再三强调的,是佛陀所说:"吾恒说三乘之行"、"三乘之法"。此三乘称作"声闻部"、"辟支佛部"和"佛部"。这其中改"阿罗汉"为"声闻",而无"菩萨"在内。可见直到《增一》,虽有三乘之分,但指谓的对象不全相同,唯有辟支佛的地位没有变化,始终与佛在一个格位上。

别有单行的《辟支佛因缘论》,不详作者,失译,附《秦录》。作者自叙:"我闻寂静辟支佛,悟解因缘之所行,心无瑕秽除烦恼,善护戒禁常清净……淡泊自守林数间。"按照此说,辟支佛是独修林间寂静处,因"悟解因缘"而觉者。中国佛教多将辟支佛称作"缘觉",并解释此"缘"即是"十二因缘",不知是否来自这一论文。但是,遍观此论全文,并没有这个意思。

论文要回答的是这样一个问题:"辟支佛以何因缘,默然自守,恒入、舍心,住于山林幽谷河侧寂静之处,心行寂故,亦无言说,譬如犀角独一之行?"佛陀的回答是:"佛未出世,则于中出,为诸众生而作利益:示其色相现有饥渴,受取衣食,为作福田;庄严法行,清净寂灭,调伏离欲,令诸众生得见之者,恶心永息,舍离刀杖。"在这一问答里,已经包含了辟支佛的基本特点,与《增一阿含》的说法大体相合,其所谓的"因缘",一是佛未出世,一是为众生作利益,此中需要有一个佛教的教化者,可以说是应运而生的。至于具体某个人所以成为辟支佛的因缘,此论列举了九个典型,进行解说。其中王者六个,辅臣或大臣三个,都属于刹利贵族种姓。他们之所以觉悟成辟支佛,都是缘于他们的生活,尤其是他们的政治生活遭遇导致的。在全部政治生活中,特别围绕战争和王位争夺而进行的杀戮,使之看破生死,成为出家独修的主要因缘,当然也有因为厌倦政事而出家的。其中有一位王者,自我思维:"吾所食者,不过一味;吾所衣者不过一袭,所坐卧处不过容身。由此而观,何用多求而无厌足?"后因国乱不得静修,乃"寻时开解,悟辟支佛道","须发自落,时净居天即奉袈裟"。

辟支佛的故事说明,"如来佛"不是恒久的存在,他的法统可以中断,但抽象的佛不能中断,必得延续。这也说明,成佛不一定要接受释氏或法师的教导,从生活本身即可解悟。这种思想,从佛教史的角度考察,意味着什么呢?我认为,在一个相当的历史阶段,可能兴起过一场疏离释氏佛教的风波,辟支佛部则是这一疏离风潮的遗物。大乘佛教是参与这一疏离风潮的主力,而且取得巨大成功,辟支佛因此才勉强获得承认。中国佛教接受无佛时期的说法,对辟支佛普遍采取蔑视的态度,因而有关辟支佛的解释也多与他的原貌不符,其实际地位,远不如声闻,所以连个代表人物也没有留下。

《俱舍论》卷一二对辟支佛也有一个界说,可以代表有部观点,兹摘要如次,可供比较:

> 诸独觉有二种殊:一者部行,二者麟角喻。部行独觉,先是声闻,得胜果时,转名独胜。有余说:彼先是异生(指非佛徒),曾修声闻顺抉择分,今自证得道,得独胜名……麟角喻者,谓必独居……麟角喻者,要百大劫修习菩提资粮,然后方成麟角喻独觉。言独觉者,谓现身中离禀至教,唯自悟道,以能自调,不调他故。

独居独悟不说法,是辟支佛的共性;他们的构成,或是声闻中的单干户,不参加也不组织任何僧团;或是独身自修,极端利己,像是道家的杨朱。《俱舍论》又传其本事,谓他们本是"苦行仙",后受猕猴模仿独觉威仪的启示,始证独觉菩提。言辞间十分不恭。大约到了瑜伽行派,辟支佛的地位才有所上升,承认他们禀佛教导,是佛弟子。

此外,《增一阿含》有的经典并不都持上述看法。卷三二记佛告诸比丘:"当思维无常想,广布无常想;以思维无常想、广布无常想,便断欲爱、色爱、无色爱,尽断憍慢无明。"此处举的例证,就是过去辟支佛曾为一美女说法去欲的故事,略曰,眼如浮泡,亦不牢固,幻伪非真,狂惑世人;"身为苦器为磨灭之法……内盛不净",要求此女思色无常,"所有著欲之想自消灭","思维六入,便无欲想"。这表明辟支佛并非离众独居,而且还广为说法,一直到向女人说法。这说的是"观身不净"。接着此辟支佛对女人说:"当熟观眼:此眼非我,我亦非彼有,亦非我造,亦非彼为,乃从无有中而生。已有便自坏败,亦非往世今世后世,皆由合会因缘。所谓合会因缘者,缘是有是;此起则起,此无则无,此灭则灭。眼、耳、鼻、口、身、意,亦复如是,皆悉空寂。"这是"观身无我"。通过"无我"、"不净"观,即可不著于色,以不著故,无复情欲,此女如是悔过归依,死后生天。据此,辟支佛的思想不异于佛的思想,同样负有说法度人的使命,为什么一贯被描述为"独觉"呢？这是一个问题。

六、佛弟子群与法出多门

《增一阿含》中记录的佛弟子群,代表性异常广泛。他们不仅是听法、学法和传法者,而且带有使徒的性质,既像是佛的代言人,做佛教的阐释者,也是奉命或代表佛对外的布道者,流传者。这其中有很多佛法,不是出自佛说,而是佛弟子的发挥,使佛法有了多种创作的渠道；由于是受到佛的委托或印可,所以具有与佛说同等的权威。

按《增一》的介绍,释迦佛的弟子群共分男女出家和在家二类,通称"四众",是一个深入社会和家庭的庞大队伍。卷三有《弟子品》、《比丘尼品》、《清信士品》、《清信女品》,得以列名其中的有,一百圣贤弟子(称"声闻比丘")、五十比丘尼(称"声闻中比丘尼")和四十优婆塞(清信士,指在家"成圣贤证"者)、三十优婆斯(清信女,即在家的女性),总计二百二十人。他(她)们作为众多佛弟子的代表,在佛教修持方面,各有所得,各有特色,正显示佛教的多种法门和多头发展的趋向；而为在家弟子作传,将他(她)们的佛教修持水平与出家弟子的水平等量齐观,在其他早期佛典中极为稀少,把男女弟子说成有同样的素养和才能,也与一般经教的歧视妇女更加不同。在家和出家者的水平一样,女性和男性的水平一样,是这一弟子论中最显著特色。这些弟子中有十几位与佛教史和佛教教义特别有关的人物,或可能与佛教的分派和思想演化有关,这里略作介绍：

1. "声闻弟子"百人

此百人共分十组。第一组第一名曰"第一比丘阿若拘邻",即一般经文把他列在听受佛陀"初转法论"时的"五比丘"之首,多译作阿若侨陈如。这里说他"宽仁博识,善能劝化,将养圣众,不失威仪……初受法味,思惟四谛",与一般传说雷同。与此同时的有摩诃男："不毁禁戒,诵读不懈";以及所谓"迦叶三兄弟":"将养圣众,四事供养……心意寂然,降伏诸结……观了诸法,都无所著"。接下来有舍利弗:"智慧无穷,决了诸疑";大目犍连:"神足轻举,飞到十方";大迦叶:"十二头陀难得之行";阿那律:"天眼第一,见十方域";大迦旃延:"善分别义,敷演道教";宾头卢:"降伏外道,履行正法";优多罗:"常乐冢间,不处人中";满愿子:"能广说法,分别义理";优波离:"奉持戒律,无所触犯";难陀:"天体端正,与世殊异……诸根寂静,心不变易";摩诃迦延那:"修行安般,思惟恶露";罗云:"不毁禁戒,诵读不懈";阿难:"我声闻中第一比丘,知时明物,所至无疑,所忆不忘,多闻广远,堪任奉上";鸯掘魔:"我声闻中第一比丘,体性利根,智慧渊远";毗卢遮:"降乾沓和(鬼的一种),勤行善行";须菩提:"恒乐空定,分别空义"。

　　这些人物,在一般佛经中可以屡屡看到。《维摩诘经》驳难佛陀的十大弟子,依次是舍利弗、目犍连、迦叶、须菩提、富楼那弥多罗尼子(即满愿子)、摩诃迦旃延、阿那律、优波离、罗睺罗(即罗云)、阿难,都在《增一》的五百人名单中。他们的特长,也与一般经籍的记载大致相同。其中罗云,《增一》文内说他是唯一提倡安般禅的代表,这里则把"摩诃迦延那"视为安般禅始祖,说明即使是同一部经,前后的记载可能也不一样。安般禅一般是与不净观联系在一起的,其作为一种修持法门,曾形成一种独立的思潮;不净观结合苦行,更系统化为头陀行,在佛教里也独树一帜,此处把大迦叶定为十二头陀的始祖。其他人物所代表的门类,与其他经文的记载间有出入。在佛教史上,阿难与迦叶是一对,其身份是佛说法的结集者和最权威的解释者;舍利弗与目犍连又是一对,是佛法的对外传播者和维护者,担负着捍卫内部团结和对外斗争的重任,这些,在本文里都没有相应的反映。在所谓十大弟子中没有摩诃男的名字,可能别有用意。他是悉达多的堂兄弟,为了保卫和拯救释迦种族灭绝而最后惨烈牺牲;他也可能是唯一没有跟随悉达多出家的释氏子弟,《增一》将他列进了声闻弟子之内。没有列为十大弟子的还有难陀,他是佛陀的异母兄弟,他与他的夫人孙陀利是一对体态极美而又异常相爱的夫妇,后来历经反复,夫妇双双离欲出家,是佛教中的又一类典范。宾头卢是以久住于世著名的阿罗汉,传说因展示神通曾被佛陀逐出阎浮提,对他的崇拜似甚流行的毗卢遮,可能是传说中向于阗首次布法的佛教使者。

对于这些弟子的地位和评价,《增一》自身的记载也不全同。例如卷二九,说佛与大比丘众五百人俱,都是罗汉,唯除一比丘阿难;又着重讲"舍利弗神力最大",作为神足第一的目连,都与之无法相比,所以佛告目连,"舍利弗所入神足三昧之法,汝所不解。所以然者,舍利弗比丘智慧无有量,心得自在。(汝)不如舍利弗从心也……舍利弗比丘心所念法,即得自在"。意思是说,舍利弗所得"自在",已经达到随心所欲、心想事成的程度。

卷二九又称,"大目乾连、大迦叶、阿那律"为"三大声闻",与离越、阿难同到舍利弗处,共论"快乐"之义,以此显示各自佛法的特征:一、阿难"多有所闻不忘,总持诸法义味,具足修行梵行,如此诸法皆悉具足,亦不漏脱,与四部之众而为说法,不失次第,亦不卒暴,无有乱想"。二、离越比丘"乐闲静之虑,思惟坐禅,与正观相应"。三、阿那律"天眼彻视,观众生类,死者生者、善色恶色,善趣恶趣,若好若丑,皆悉知之",诸如行恶生地狱,行善生天之类。四、迦叶"行阿练若行",说闲静之德,著补纳衣,行头陀身自知足,以及"戒德具足,三昧成就,智慧成就,解脱成就,解脱见慧成就",此名"五成就",亦名"五分法身"。不但己行,亦教他人行之。五、大目连"有大神足,于神足而得自在。彼能变化无数千事而无疑难,亦能分一身作无数身,或复还合为一;石壁皆过,踊没自在,亦如驶河,犹如飞鸟在空中无迹;譬如暴火焚烧山野,亦如日月靡所不照,亦能举手摩扪日月,亦能化身至梵天上"。六、舍利弗说法:"若有比丘能降心,然彼心不能降比丘……犹如长者家有好衣,盛著箱箧",随意而取,亦能随意入三昧中,此亦如是,"心能使比丘,非比丘能使心……如是比丘能使心,非心使比丘"。意谓应该令心降伏,而不要降伏于心;要支配心,不要受心支配。

此上六比丘各持所长,乃同质于佛,以决高低。佛皆答以快哉,认为这些法门均属"各随方便"之说。佛自说谓:"依村落住,彼到时著衣持钵入村乞食;彼已乞食已,还归所在,洗手面,在一树下正身正意结跏趺坐,系念在前,彼比丘便作是念:我今不坏于坐,要当尽有漏、成无漏。尔时彼比丘即有漏心得解脱",此为最高。佛还特别肯定舍利弗所说,"能降伏心,非心能降伏舍利弗",把制心作为上着。

据卷三八记,鸯掘罗即鸯掘魔,原为波斯匿王国的大盗,"极为凶暴,杀害生类不可称计……日取人杀,以指为鬘,故名为指鬘",国人请求国王"当往共战"。世尊闻此事已,乃往彼所住处。时鸯掘魔正欲杀母以充指鬘之数,见世尊自来,又欲先杀世尊,乃被世尊说服,归依佛陀。这反映的其实是佛教与血祭派外道间的斗争。此贼的原来师长,教其"若能害母者,必当生天"。又谓,杀母"得指充数,生于天上"。又,"师语我言:此是大祠,获大果报,能取千人杀以指作鬘者,果其所愿,如此之人命终之后生善处天上。设取所生母及沙门瞿昙杀者,当生梵天上"。佛对付他的办法,就是一条:"我住慈心地,愍护一切人;汝种地狱苦,不离于恶原",杀人不但不能生天,而且还要入地狱。鸯掘魔因听从这一教导,作了沙门,著三法衣。那时波斯匿王正集四部之众,欲讨伐贼人,前往世尊处求教,"世尊告曰:若当大王见鸯掘魔信心坚固,出家学道者,王当奈之何?王白佛言……但当承事供养,随时礼拜"。于是王至结跏系念而坐的鸯掘魔处,鼓励他"善乐此正法之中,勿有懈怠,修清净梵行,得尽苦际。我当尽形寿供养衣被、饮食、床卧具、病瘦医药"。王复白佛:"不降者使降,不伏者使伏,甚奇甚特,曾所不有,乃能降伏极恶之人。"鸯掘魔由此得罗汉果。

《鸯掘魔经》自西晋就有单行译本流通,对中国佛教发展的影响,不可小视。原因在于它为"杀"、"盗"等罪犯打开了容纳的门户,提供了使他们忏悔改恶的机会,也成了国家安定社会秩序的一种新措施。中国僧侣的成分异常复杂,这是一个重要原因,但也为缓和社会冲突,协调矛盾起了一定的作用,尤其是在保护政治反对派方面,异常突出。

关于这一百弟子的记叙,反映了有两个特点:第一,佛徒出身生平多种多样,既不拘门第,也不问他们出家前的个人行为和品性;第二,佛教修习有多种途径,允许并尊重个人在修习目的和方法上自我选择,保持自己的个性和作风。这第二点给人的印象尤深,如有的"行焰盛三昧,终不解脱"(卷三,下同);有的"言语粗犷,不避尊贵";有的"所说决了,不怀怯弱";有的"恒乐寂静,意不处乱";有的"恒喜三昧,禅悦为食";有的即"常以喜为食";有的"义不可胜,终不可伏";有的"长乐冢间,不处人中";有的则"诸王敬待,群臣所宗";有的"天人所奉,恒朝侍省",还有的"晓了星宿,预知吉凶";有的"明算术法,无有差错";有的"得雷电三昧者,不怀恐怖";有的"能降伏龙,使奉三尊",有的"降伏鬼神,改恶修善";也有"不与人语,视地而行"者,"庄严服饰,行步顾影"或"著弊恶衣,无所羞耻"者。如此等等,都被视为美德的一种,可以成为佛教的法门。

中国佛教中信奉的罗汉,也不是一个面孔,而是多形态、多性格的,不论是十八罗汉还是五百罗汉,都可以从这一百弟子的描述中得到启发。他们表现了佛教承认和肯定佛徒个性的特色,以及不拘一格,向多种途径发展的趋势。俗语说"千僧一面",从《增一》塑造的形象看,并不恰当。

2. "比丘尼"五十人

给比丘尼与比丘以同等的地位,是《增一》最耀眼之处。这五十比丘尼分为五组,其第一组第一人,是"我声闻中第一比丘尼,久出家学,国王所敬,所谓大爱道瞿昙弥比丘尼"(卷三,下同),即比丘尼的始祖,佛陀的养母。接着是识摩比丘尼,"智慧聪明";优钵花色(莲花色),"神足第一,感致诸神";机梨舍瞿昙弥,"行头陀法,十一限碍"。如此如此,"天眼第一,所照无碍"者有之;"坐禅入定,意不分散"者有之;"分别义趣,广演道教"者有之;"奉持律教,无所加犯"者有之;"得四辩才,不怀怯弱"者有之,以及"降伏外道,立以正教";"分别义趣,广说分部";"能杂种论,亦无疑滞";"多闻博知,恩惠接下";"恒处闲静,不居人间";"苦体乞食,不择贵贱",总之,凡大比丘具有的智慧能力和操行品格,她们全有,而且同样各具特性,各有风度,也是多样性的。例如,有的即以"颜色端正,人所敬爱";有的"身著粗衣,不以为愧";有的则"衣服整齐,常如法教";有的"乐空冢间";有的"多游于慈,愍念生类";有的"守空执虚,了之无有";有的则"育养众人,施与所乏"。

大爱道瞿昙弥是《阿含》重点论述的人物,《增一》的最后置有专门一品《大爱道般涅槃品》,记录了佛和佛弟子必须为母送葬报恩的故事。故事说,"佛在毗舍离普慧讲堂所,与大比丘五百人俱;尔时大爱道游于毗舍离城高台寺中,与大比丘尼众五百人俱",那规模和气魄与佛完全一样。此时大爱道行将涅槃,佛不听诸天代为供养的劝阻,决定亲往供养舍利,谓"此是如来所应修行,非是天龙鬼神所及也。所以然者,父母生子,多有所益,长养恩重,乳哺怀抱;要当报恩,不得不报恩……当知过去诸佛世尊所生母先取灭度,然后诸佛世尊皆自供养蛇旬(指火葬)舍利,正使将来诸佛世尊所生之母先取灭度,然后诸佛皆自供养"。如是佛与阿难、难陀及罗云,各举床之一角,往至冢间,"世尊复以栴州栴檀木著大爱道身上"。及至火灭,"复取舍利而起偷婆"。偷婆即塔的音译之一。

父母恩重,是中国儒家的文化传统。域外佛教对父母的普遍看法,多是无恩可谈,尤其是出家者,与父母决裂,弃妻子,捐家庭,更不应该有世俗亲情存在。《阿含》的其他经籍,也大都坚持佛陀与其慈母是互为利益的关系,唯有《增一》在这里强化了母恩必报,且他人不可替代,必须亲自为母送终的主张。不过此处将父母恩简化为母恩,淡化了父亲在家庭伦理中的首脑地位,与中国传统的伦理观,仍有极大的距离。但即使如此,影响已经很大了。此品还有两个单行的译本:《大爱道般泥洹经》和《佛母般泥洹经》,可见受到中国佛徒的欢迎程度。

卷三二,记述输卢尼比丘尼智辩无敌的故事。谓此尼独自讲法,与六师辩,智勇兼备,是佛陀使徒中女性的典范。尔时"瞿昙住此舍离城,为人民所供养","随其贵贱各来饭佛及比丘僧,亦受八关斋,不失时节"。"所谓六师者,不兰迦叶、阿夷耑、瞿耶楼、婆休迦旃、先比卢持、尼揵子等",亦在彼处游化,而不为人民所供养,乃决定与世尊论议角力。所涉问题有四个。一,不兰迦叶认为,"瞿昙沙门不受他语方便致难",而不受他语方便致诘,即是非沙门婆罗门之法。二,阿夷耑言"无施无受亦无与者,亦无今世后世,众生之类,亦无善恶之报"。瞿耶楼说,杀人与作功德,都无善恶之报。休迦旃说,施持戒,亦无福报。三,"比卢持言,无有言语,亦无言语之报,唯默然快乐"。四,"尼揵子曰,有言语,亦有言语之报;沙门瞿昙亦是人,我亦是人;瞿昙有所知,我等亦有所知;沙门瞿昙有神足,我亦有神足"。他们共想以此等论义战胜瞿昙,争得供养。是时输卢尼比丘尼出面了,她对六师说,"汝设有境界,便与我论议,我当事事报,如师子掩鹿……我今比丘尼,足能降外道。"于是在虚空中共六师论辩,六师不能应答,屈折于彼,极怀忧愁,出毗舍离城而去。尔时"众多比丘"闻知,具白世尊。"世尊告诸比丘,输卢尼比丘尼,有大神足,有大威神,智慧多闻。我长夜恒生此念:更无有能与六师共论,唯有如来及此比丘尼。"是故称其为"我声闻中第一比丘尼,能降伏外道"。

这个故事,真是为比丘尼大长志气,相对其他经律等对于比丘尼人格的种种贬损和行为上的特殊限制,愈显得这些记述和评论的眼光和价值。

把比丘尼与比丘等同起来,甚或与佛相等,不仅是对一向鄙视和歧视妇女的佛教传统的挑战,也是在把母爱的世俗伦理引入佛教,使佛教具有了更多的人性和人情成分。对于男尊女卑的中国传统来说,也是一种冲击。在中国的佛教信仰群中,妇女占了很大的比重;在中国佛教的整体发展里,妇女的作用绝不比男性小。这原因颇多,像《增一》这样一类佛经给妇女以如此平等的地位,至少是原因之一。

3. "清信士"四十人

清信士,音译优婆塞,是对在家男性佛徒的称谓。在这四十个人的名单里,最能反映佛教在社会诸阶层中的分布。其中"我弟子中初闻法药、成贤圣证,三果商客是"(卷三,下同),就是说,商人在在家佛徒中占第一位,或者说,佛教首先在商人阶层中得到普及。"大檀越主,所谓须达长者是";所谓"长者"或泛指富人,或即指富商,是佛教的主要经济支持者。还有"好问义"、"喜闻"、"论不可胜",都是婆罗门出身佛徒的特色;这意味着婆罗门改信佛教、佛教吸收婆罗门的参与,使他们都能在论义方面发挥作用,成了影响佛教义学发展的重要因素。其次是作为世间国王的优婆塞,包括在早期佛教史上著名的波斯匿王:"建立善本";阿阇世王:"得无根善信,起欢喜心";优填王:"至心向佛,意不变易"。与此相应,是诸多王子,例如"供奉圣众,意恒平等,所谓造祇园王子是";"颜貌端正,与人殊胜,所谓鸡头王子是",这意味着佛教已经进入或力求进入刹帝利种姓。此外,还有佛教神话中的诸多天王和王子,这里提到的有"好喜惠施,所谓毗沙王是",号称"我弟子中第一优婆塞";还有"承事正法,月光王子是"等,这象征着民间信仰的诸神也正在被佛教收容。其中毗沙王是四大天王的北方天王,在于阗等地受到特别的崇信,此处特将这一天神突出出来,对于我们了解此经最后的产地,也是一个线索。

从有关优婆塞的这些记述中,还可以看到《增一阿含》对"门族成就"的兴趣,非常具体地反映了此派佛教向豪门大家开拓的趋势。卷四九的最后一经记舍利弗言,一般人"恒称誉豪尊高位,不说卑贱。然我世尊,不叹豪尊,不说卑贱,处中而说,使得出家学道"。佛驳斥舍利弗对世尊说法的这种解释,认为既生而为人,成"五盛阴身",那就是"苦",因此,"意欲生者,便当发愿生豪贵家,不生卑贱。所以然者……众生长夜为心所缚,不为豪族所缚。然我……处豪贵家,是刹利种,出转轮圣王。设我不出家学道者,应为转轮圣王。今舍转轮圣王位,出家学道,成无上道。夫生卑贱家者,不得出家学道,反堕恶趣。是故……当求方便,降伏于心"。意思很清楚:既然生了,就应该生于豪贵之家;是否出家学道,与贫富没有直接关系,关键是看能否降伏自心,从自心的束缚中解脱出来——众生"为心所缚,不为豪族所缚";而且豪贵者比卑贱家更容易归依佛门。这是一个极重要观念。对照一下《圣经》记耶稣对他的门徒说的话:"依靠钱财的人进神的国,是何等的难哪……骆驼穿过针的眼,比财主进神的国还容易呢。"由此我们可以更清楚地了解《增一阿含》反映的佛教社会倾向。

当然,《增一》尽管十分看重出身,显示出它特别向豪贵者开放的趋势,同时大力抬高豪贵者在整个佛教中的地位和作用,让他们承担起支撑佛教,发展佛教的重任。此处所列的优婆塞就体现了这一精神,如形容他们各自特点的词句有:第一智慧,神德第一,降伏外道,能说深法,恒坐禅思,降伏魔宫,福德盛满,利根通明,诸佛信使,计身无我等等。其中所谓"能说妙法","能造诵偈","能杂种论","论不可胜"等,说明在家佛徒不但是教理的信仰者、阐发者和经济上的支持者,而且参与了佛教义理的创造和佛教内外的争论。这种参与,是佛教史上的大事,对推动大乘佛教向多方面和高质量的发展有重大意义。著名的《维摩诘所说经》有可能就是在这种舆论氛围内产生的。诚然,最普遍的还是"承事正法""供奉圣众",所以被赞誉最多的品格,乃是"恒行慈心",包括:心恒悲念一切之类;常行喜心,恒行护心,不失善行;以及"堪任行仁","常喜济彼,不自为己";"善恭奉人,无有高下"等。总之,还是希望优婆塞能多作布施;布施是在家佛徒最大的信条。

4. "清信女"三十人

清信女,一般音译为优婆夷,此处作优婆斯,指在家的女性佛徒。在这三十位女信徒中,领首的有三位"我弟子中第一优婆斯,初受道证,所谓难陀难陀婆罗";"我弟子中第一优婆斯,供养如来,所谓摩利夫人是";"我弟子中第一,恒行忍辱,所谓无忧"。据传,难陀难陀婆罗是佛教第一位在家的女弟子,与无忧其人一样,事迹不详。需要一提的是"供养如来"的摩利夫人。按经文卷六,摩利系波斯匿王的夫人,她曾向世尊问"恩爱别离苦、怨憎会苦"义,并引申为世事变易无常,向波斯匿王耐心宣讲,令王归依于佛,由此知名。于时,"世尊闻夫人与大王立此论本,告诸比丘:摩利夫人甚大聪明,设当王波斯匿问我此语者,我亦当以此义向彼王说之,如夫人向王所说而无有异。又告诸比丘:我声闻中第一得证优婆斯,笃信牢固,所谓摩利夫人是"。摩利夫人也就成了佛陀的女代言人。大乘佛典中另一部名著,叫《胜鬘狮子吼一乘大方便方广经》,其中演说大乘如来藏思想体系的胜鬘夫人,就是摩利夫人共波斯匿王的女儿。波斯匿王室,尤其是王室的妇女,是大乘类经典传奇中经常采用的素材。

这些优婆斯的佛教水准,都不比优婆塞低,也不逊于比丘和比丘尼。她们中同样有智慧第一者,以及恒喜坐禅,慧根了了,堪能说法,善演经义,降伏外道,多闻博知,能造颂偈,能种种论的人物;也大有菩萨心肠的行悲哀愍,喜心不绝,行守护业者;而得信解脱,行空、无想、无愿三昧者,亦有其人。所以我推想,《胜鬘经》与《维摩经》产生的思想背景,可能一样,都与《增一阿含》渲染的这种佛教向在家者扩展的气氛有关。

综上所言,佛徒四众是特点各异,个性鲜明,但不论是在人格上、智力上以及发挥的作用上,没有上下高低的区别:出家与在家无别;男性与女性无别。值得注意的是,这里只提到"声闻",特别注明是"声闻",而没有本经中一再提及的"辟支佛"和"菩萨"。没有辟支佛,可以得到解释;没有菩萨,或不称菩萨,与《增一阿含》的大乘倾向不类,或许从《增一》看来,菩萨也是自觉者,与佛的传授无关?

此外,卷四四又提出"四大声闻"来,所谓大迦叶、君屠钵汉、宾头卢、罗云,加以特别的宣扬。这四大声闻,亦称"住世"四声闻,意谓此四人需要住世维系佛教,不得涅槃。其中君屠钵汉,传为阿育王之孙时人,佛教经籍不被毁灭,就是得力于他的保护。

关于大迦叶,佛作了这样的介绍:"行十二头陀……常佐弥勒劝化人民。"为此,佛不许他先佛陀而般涅槃,令他住于山上,等待"弥勒出现世间"。届时弥勒将无数千人往至此山,得见迦叶禅窟;弥勒则告诸人民,迦叶是过去释迦文弟子,"近日现在头陀苦行,最为第一"。大众见已,"诸尘垢尽,得法眼净","此名为最初之会"。佛由是进一步预言:"弥勒如来当取迦叶僧迦梨著之。是时迦叶身体奄然星散……弥勒亦由我所受正法化得成无上正真之道。"此处同时记了所谓"弥勒三会"的预言,说与会者皆是佛"遗教弟子"、阿罗汉,等等。当弥勒成佛时,所有比丘则皆名"慈氏弟子","如我今日声闻皆称释迦弟子"。

前已说过,此经当是《弥勒下生经》的底版,核心是为未来的弥勒佛作为释迦文佛的继承人找到一个合法的依据。此中迦叶担任了转交袈裟的中介角色,同时起着见证人的作用,举足轻重。于是迦叶的地位,在大乘佛教中也骤然飙升起来。但是,这里所记弥勒的教理,却与他后来传说的快乐性格大相异趣。因为他为弟子们说法并令他们思维的是"十想",所谓无常、乐有苦、计我无我、实有空、色变、青瘀、腹胀、食不消、血、一切世间不可乐等。此"十想"大同于《成实论》的悲观主义,据称这就是释迦文向弥勒传授的核心内容。弥勒的性格在传说中不断变化,角色也不断转换。

七、从禁欲厌世向大乘空观转变的若干轨迹

《增一阿含》在男女性别上和出家在家的得道高下上,有许多开放性的大胆言论,体现了一种平等的精神。

但这只是一个方面,一个最具特色的方面。另一方面,依旧在男女间设立大防,严禁欲爱,充塞着禁欲主义的老调。卷四记:"世尊告诸比丘,我于此众中不见一法最胜最妙,眩惑世人不至永寂,缚著牢狱无有解已,所谓男子见女色已,便起想著,意甚爱敬……意不舍离,周旋往来,今世后世,回转五道,动历劫数。"因此劝人"莫与女人往来与言语"。这一观点和原则,同样适应女性之于男性,一律反对"兴念恩爱心"。这话虽然是对出家人说的,但并没有限制在出家人的范围,而是对世人的普遍

估量和批评。因此,在整体上《增一》并没有脱离弃家出世的大方向。卷四九记:

> 世尊告诸比丘:宁常眠寐,不于觉寤中思维乱想,身坏命终生于恶趣;宁以火烧铁锥烙于眼,不以视色兴起乱想,兴想比丘为识所败……必当趣三恶道……宁以利锥刺坏其耳,不以听声兴起乱想。兴想比丘为识所败……宁以热钳坏其鼻根,不以闻香兴起乱想……为识所败,便堕三恶趣……宁以利剑截断其舌,不以恶言粗语堕三恶趣……宁以热铜叶缠裹其身,不共长者居士婆罗门女共相交接,设与交接言语往返者,必堕三恶趣……宁恒睡眠,不以觉寤意有所念,欲坏圣众……堕五逆罪……是故比丘,当将护六情,无令漏失。

控制感官,控制思维,说到底是为了管好"识",这算是最基本的修习方法了。如果不能把管心管识管感官的事作好,宁肯长眠不醒,甚至将五官刺伤。这方法既坚定,又残酷,表现了维护"六情"必须与世决裂的顽强立场。这里连表达方式,也与《四十二章经》相近。有趣的是留了一笔,"不共长者居士、婆罗门女共相交接",其余的女人呢?没有进一步明确,这也可能是留有余地。

提倡厌食、舍食,也是《增一》提倡的修行手段。它说:"有四种食长养众生",一,"抟食……如今人中所食,诸入口之物可食啖者";二,"更乐食……衣裳、伞盖、杂香、华、熏火及香油与妇人集聚,诸余身体所更乐者";三,"念食……诸意中所念想、所思惟者,或以口说,或以体触,及诸所持之法";四,"识食……所念食者,意之所知,梵天为首,乃至有想无想天,以识为食"。结论:"众生之类,以此四食流转生死,从今世至后世。是故诸比丘,当共舍离此四食。"此"四食"指食物、触觉、念和识,是维系众生生命的基本要素,是佛教普遍公认的说法,只是译文和解释略有出入。它们既是维系生命的要素,所以也就是生死流转、不得解脱的原因,所以作为佛徒,毕竟需要舍离四食。由此可以看出,其与大力宣扬的"布施"精神,维护众生生命,令众生得以快乐的职责,相差何其乃尔。

就此而言,《增一阿含》对世界人生仍然抱悲观主义态度。卷九记,难陀的情欲观念很浓,出家后仍然爱恋他在家的妻子,于是难陀因此而下地狱,也因此而忏悔,宣布:"人生不足贵,天寿尽亦丧,地狱痛酸苦,唯有涅槃乐。""尔时世尊告难陀曰:善哉善哉,如汝所言,涅槃者最是快乐。"由是听其忏悔,"屈伸臂顷,手执难陀从地狱不现",并教其修行二法,所谓"生死不可乐,知涅槃为乐",至于涅槃境界是什么,是如何乐法,同其他小乘经一样,没有答案。

卷四九记须菩提,由见"五阴"而成辟支佛的事时说:须菩提原为三十三天天子,"三十三天恒有玉女前后围绕,作倡伎乐,五欲自恣。尔时彼天子命将欲终,玉女离散"。后来须菩提下生为王子,依然在"五欲中而自娱"。后受释提桓因启示,"在宫人(彩女)中便生此念:音响王者,已与我作爱欲罗网,因缘此爱欲罗网故,不得出家学道"。乃"遍观宫里,无有女人久存世者",又观"身内因缘所起,今此身中,颇有发毛爪齿骨髓之属久存于世乎?从头至足,观三十六物,污露不净,然自观察无一可贪,亦无真实,幻伪非真,皆归于空,不久存于世"。由此思维四谛,遂成辟支佛。乃说偈曰:"欲,我知汝本;意,以思想生。我不思想汝,则汝而不有。"这又是明确反对以生天求乐为目的的持戒、布施了。这也使我们理解,为什么在大讲"二论"之后,《增一阿含》总要加一段"四谛"的套语的原因了。

按佛教的通论,性与食是生的物质条件,对它们的需求统称"爱欲";而爱欲又是追逐性与食的动因,所以抨击爱欲几乎成了佛教的老生常谈,尤其是在早期佛教中。《增一》也不例外。卷八记阿难与佛共说:"诸有生民,兴爱欲想,便生欲爱,昼夜习之,无有厌足",以至"领此四天下及至三十三天,于五欲中无有厌足……以此方便证知所趣,兴贪欲心,倍增其想,于爱欲中无有餍足"。这类话比比皆是。由此推广,一切爱都受到攻击,卷一一举例说:"怨憎共会"和"恩爱别离"二法,是最为"世人所捐弃"的了;相反,恩爱共会,怨憎别离,则为世人所共喜。原因何在?"此二法由爱兴,由爱生,由爱成,由爱起,当学除其爱,不令使生"。只要没有了爱,固然没有了乐,但也防止了苦。这一思想非常顽固,最终是把生死之因归于爱上。然而仅此而言,它也反映了客观实情,尽管是扭曲的。卷五〇之末有言:"生死长远,无有边际。众生恩爱缚著,流转生死;死此生彼,无有穷已。"一个没有爱的人,很难说还有生气;而没有生气,很难说还有生的意义和生的价值。被认为是觉悟者说:"我于其中厌患生死……当求巧便,免此爱著之想。"此话是说尽了,标志着早期佛教的厌生趋向也就走到了尽头。

《金刚般若经》是大乘佛教的名典,它的许多思想是由早期佛教有关人生无常的观念中演化来的,《中阿含》有这方面的痕迹,《增一》中也有。卷二七中说:"人命极短,不久存世",要求从观察"五盛阴"的虚幻不实中,达到"自觉":"此五盛阴无牢,亦不坚固,幻伪不真";所谓"色如聚沫,痛如浮泡,想如野马,行如芭蕉,识为幻法……尽观诸行,皆悉空寂。无有真正,皆由此身"。后二句指不得真正觉悟,全因不知五盛阴身。而不知的内容,是它的虚幻,形容这虚幻的譬喻,就在《金刚经》中。是故,应"善能观察此五盛阴本","当观此五盛阴时,在道树下成无上等正觉"。"无上等正觉"也是大乘的概念。

《阿含》诸经之讲"空",多与舍利弗相连。《增一》卷三〇记舍利弗,心意清净,如同大地,既受净亦受不净,终不逆之,亦不言恶,亦不言善,"心不移转","无有异想","终无想念","亦不与想有所伤害"。这种无是无非,无善无恶,无可无不可,无修无不修的,所谓"如如不动"而从容面对一切、应对一切的精神状态,正是般若空观要求的境界,尽管这里讲的是抽象的"心正"、"心意清净"。佛在此经之后,则自说所谓"第一最空法":

若眼起时则起,亦不见来处;灭时则灭,亦不见灭处,除假号法、因缘法。云何假号因缘?所谓是有则有,此生则生;无明缘行,行缘识,识缘名色……有缘生,生缘死,死缘愁苦忧恼不可称计,如是苦阴成此因缘。无是则无,此灭则灭:无明灭则行灭,行灭则识灭,识灭则名色灭……死灭则忧愁苦恼皆悉灭,尽除假号之法。耳、鼻、舌、身、意、法,亦复如是:起时则起,亦不知来处;灭时则灭,亦不知灭处,除其假号之法。彼假号法者,此起则起,此灭则灭,此六入亦无人造作……由父母而有胎者,亦无因缘而有,此亦假号,要前有对,然后乃有,犹如钻木取火……皆由因缘合会,然后有火。此六情起病,亦复如是,皆由缘会于中起病。此六入……除其假号之法,因由父母合会而有。

这整个一段话,对于作为人生过程的"十二因缘",和作为现实人的表征的"六入",以及父母和会的"生",这些佛教最一般的观念,统统用"因缘假号"作了新的阐释:因为这一切法都是"因缘"而有,而因缘之有,就是"假号",或通称"假名";正因为它们都是因缘法,是假名法,所以没有独立自性之"我"的存在。换句话说,只有从"因缘假号"的含义上才能真正把握"无我"、"空"的教理,是谓"第一最空法"。如果我们对照《中论》中的"三是偈"的前三句,所谓"因缘所生法,我说即是空,亦为是假名",那意思是绝对一致的。

用这样的空观对佛教作重新思考,那就会有不同一般的意义。弥菩提是以"说空第一"驰名佛教理论界的。卷二八记他在一山侧独坐缝衣,听说如来将自天上来至阎浮提,四部之众皆前往礼拜,正欲动身,忽又想到:"此如来形,何者是世尊,为是眼、耳、鼻、口、身、意乎? 往见者,复是地水火风种乎? 一切诸法皆悉空寂,无造无作",于是对世尊的真实性提出质疑。时乃记起世尊的话:"若欲礼佛者,及诸最胜者,'阴持入'、'诸种',皆悉观无常",过去、未来、现在诸佛,"此皆悉无常。若欲礼佛者……当观于空法……当计于无我。此中无我、无命、无人、无造作,亦无形容、有教有授者,诸法皆悉空寂。何者是我? 我者无主。我今归命真法之聚"。所以真正的礼佛,不是形式上的,仪表上的,而应该通达"无我"之理,认知佛也是"空"。据此,须菩提还坐缝衣,不再想往礼拜的事。

即于此时,"优钵花色比丘尼"化"作转轮圣王形容,往见世尊";而同时涌往礼拜的五国王见之,皆对优钵花所化转轮王欢喜踊跃;及至知道这转轮王原来是如来女弟子的化身,乃大失所望。于是此比丘尼白佛言:"我今礼最胜尊,今日先得觐省,我优钵花色比丘尼是如来弟子。"佛为此偈曰:"善业以先礼,最初无过者。空无解脱门,此是礼佛义……若欲礼佛者……当观空无法。"意思是说,礼佛是一件善事,按规矩,礼佛的次序为先僧后俗,所以没有错;问题是,真正的"礼佛义",当观佛亦属"空无法"。这一思想与大乘《般舟三昧经》中以空观佛的主张,十分接近。

及至把"无我"、"空"的基本原理,也应用到佛陀的身上,使世尊也变成"空无法",传统的佛教不作根本性的变革,恐怕不可能了。《增一》的此类空观,有可能反映了当时佛教开始变革的理论准备:从小乘"空"向大乘"空"转化。

但是,不论大乘小乘,只要把"空观"建立在禁欲离爱的实践基础上,那就是一个天大的社会道德和家庭伦理问题,如何解决佛教自身的基础观念同普遍的社会价值观念间的矛盾,自始至终都是佛教面临的实际任务。《增一阿含》既倡世间乐,又说世间苦,反映了佛教走向社会遭遇的这一矛盾,具有了更紧迫的现实性。卷二七中,记"我声闻中第一比丘,能降伏魔今方成道者"僧迦摩的故事,说此人原为长者子,已经娶妻生子,后来出家为道,成了阿罗汉,严格履行"爱尽无欲"的教法。其妻母知道之后,极其愤怒,指其女婿"不复著欲,舍于家累,又捐我女,如弃聚唾",遂携其女,女抱其子女,同往僧迦摩处,当面责之曰:"汝今何故不与我女共语乎!今此儿女由汝而生,汝今所为,实为非理,人所不许!汝今所思惟者非是人行!"僧迦摩是如何应对的呢?他是历数女人的罪状:"臭处不净行,瞋恚好妄语,嫉妒心不正",并谓这就是如来的教诲,"一切女人皆同此"。他的岳母更加生气,谓"设汝今日不用我女者,汝所生男女还自录之"。于是僧迦摩就以"空观"作答:"我亦无男女、田业及财宝,亦复无奴婢、眷属及营从；独步无有侣，乐于闲静处，行作沙门法，求于正佛道。有男有女者，愚者所习行；我常无我身，岂有男女哉？"结果女母二人只有"尽共忍之"而已。

这样的解决方式，当然是既不道德也不负责任，利己主义之极，而它的全部理由又建立在对女性的恶意攻击上，显得尤其自私、无理和卑劣。这个调子与《增一》的整个基调不甚和谐，与佛教加大入世的步骤相抵牾。要想进入社会，深入社会，而其理论和行为不能为社会公德所容，其实是行不通的。佛教想进一步发展，必须进行自我改革。这是一例。

《增一阿含》与《中阿含》都保留有许多早期的佛说，同时插入大量的大乘观念，这表明它们或者不是一个时期一次完成的，或者编辑时就将积累下来的经籍混杂为一，因而缺乏前后一贯的统一思想。不过由此为后人保存了它们结集时的佛教发展面貌，还是非常有价值的。相对说，《增一》反映的佛教思想变化，可能更加晚一些，走向社会的趋势更加浓烈。

《增一》还有一些颇具慧眼的观察，很有韵味。像卷二七有一个划分"邪聚"者和"正聚"者的标准，就有观赏性："在邪聚之人，当以五事知之；以见五事，则知此人为住邪聚。云何为五？应笑而不笑，应欢喜时而不欢喜，应起慈心而不起慈心，作恶而不耻，闻其善语而不着意"；反之，"应笑则笑，应欢喜则欢喜，应起慈心则起慈心，可耻则耻，闻善著意"。这是充满世情的观察，是尖锐的，深刻的，至今也有意义。

卷四〇，总结常识性认识的局限性，也颇有参考价值："凡夫之人不睹贤圣之教……彼（凡夫）观此地，如实知之，此是地，如审是地，如实是地；亦复是水，亦复是火，亦复是风，四事合以为人，愚者之所娱乐。天自知为天，乐于天中天；梵天自知为梵天，大梵自知为大梵，无能出者……而不错乱……见者自知为见，闻者自知为闻，欲者自知为欲，智者自知为智"，一句话，众生各有自己的生活天地，各有自己的认识领域和情感世界，因而也各有自己的限度，各自以自己的经验判断是非好恶，以至自以为是,甚或认为是最高真理,最终真理,而听不到或听不进"贤圣之教"。当然,这里所谓的"贤圣之教",不一定当真是客观真理,但能够指出认识上和情感上最容易犯的经验主义通病,同样表现了观察的敏锐和深刻,但也埋伏下了后来佛教大乘哲学向怀疑论发展的基本方向。

又,卷二八还记载了为佛造像的因缘,它说明了佛教是如何从反对偶像崇拜到提倡偶像崇拜的原因和过程:时世尊在三十三天与母说法,地上四部之众,不见如来久,优填王愁忧成患,于是群臣建议造作形像:"亦可恭敬承事作礼"。王大喜,"即敕国界之内诸奇巧师匠","以牛头旃檀作如来形像,高五尺"。波斯匿王闻之,亦"纯以紫磨金作如来像高五尺。尔时阎浮里内始有此二如来形像"。这最初原因,就是出自人们对佛陀的怀念和尊敬,是佛自身的人格魅力所致。但接下去,性质就变了。于是优填王问佛:"作佛形像者,为得何等福?"世尊答:"作佛形像者,今当粗说之:眼根初不坏,后得天眼视,白黑而分明;作佛形像德,形体常完具,意正不迷惑,势力倍常人;造佛形像者,终不堕恶趣,终辄生天上,于彼作天王……余福不可计。"之后,五王即欲于世尊自忉利天下降处的"神地"建寺,"使永存不朽"。"世尊告曰,汝等五王于此处造立神寺,长夜受福,终不朽败"。能用这样的眼光去观察那些热衷于造像建寺的王者和富贵者,也算是看透了他们的心理了。

第五节 《长阿含经》关于佛和世界的格式化以及驳难"外道"、"异见"

《长阿含》即以篇幅长命名,二十二卷,只有三十经。在思想内容和体例结构上,也有特色。譬如说,所收的三十经,都是佛已拥有大比丘"千二百五十人俱"的条件下说的,而听众也由比丘、比丘尼、优婆塞、优婆夷,或婆罗门等四种姓中的个别或少数人,发展到所谓"八众",而佛陀即以"八众"概括所有世上大众。卷三《游行经》第二中,"佛告阿难,世有八众。何谓八?一曰刹利众,二曰婆罗门众,三曰居士众,四曰沙门众,五曰四天王众,六曰忉利天众,七曰魔众,八曰梵天众",而佛的交往和说法,全是在这八众的范围。

"八众"之说,在《杂阿含》中开始提出;我们已经指出,宣教对象的这一变化,有重要的社会意义:它增加了"天"和"魔"(按此魔特指阿修罗)——让这些神话中的"众生"进入佛陀教化的行列,实是出于向婆罗门教争夺信徒的需要;而用"沙门"替代和取缔四种姓中的最下种姓,表明此时的佛教,扩展的目标已直抵权势者刹帝利,有资格作长者的富有群,以及在思想领域居权威地位的婆罗门。下等种姓不在它的教化视野。宣教对象的这种变化,不可避免地影响它的宣教内容,那就是更适合社会上层的需要。

与宣教的需要相适应,是对内清理诸种异见,对外展开与异教的思想争辩。异见被概括为六十二见;异教被总结为六道——六种外道。这类批判性的经文,在其他《阿含》中也有,而以此处比较集中。

总此三十经的每一经,都有一个中心,表达的思想,陈述的主题,也相对系统完整,这同其他《阿含》往往由几个经,甚或十几个经表达一个完整的观念,而且错杂重复,显然不同。僧肇的《长阿含经序》说此《阿含》共分"四分四诵",其实它们的每一经都可以独立单行。譬如我们已经介绍过的,它的第四分《世记经》,就是一部用佛教世界观解说世界结构和生灭规律比较完整系统的经典,单行译本有好几种。以下,再按顺序看几部对佛教发展有重大影响的经籍。

一、"七佛"论和成佛的格式

僧肇解释《长阿含》的"长",为"开析修途,所记长远"。此"所记长远",首先可以从第一分的诸经中反映出来。

第一卷第一分《大本经》,集中讲述过去诸佛因缘。它首先记述"大比丘众千二百五十人"集会,共议"过去无数诸佛,入于涅槃,断诸结使,消灭戏论;又知彼佛劫数多少、名号姓字、所生种族、其所饮食、寿命修短、所更苦乐；又知彼佛有如是戒、有如是法、有如是慧、有如是解、有如是住"。

这段话掀开了佛教的另外一套历史：佛，不是从释迦牟尼开始才有，也不只是释迦牟尼一位，而是过去即有，而且有"无数诸佛"。这些佛，各有自己的时代、出身、名号、寿命，以及佛教成就等等，负有各不相同的历史使命。此处没有说明这"无数诸佛"究竟是多少佛，也没有提及世界有没有最初佛，即佛教创教的鼻祖，"世尊"凭借他的"宿命智"，只列举了六个佛，即一，过去九十一劫时有佛名"毗婆尸"，人寿八万岁；二，过去三十一劫有佛名"尸弃"，人寿七万岁；三，亦三十一劫中有佛，名"毗舍婆"，人寿六万岁；到了"贤劫"，有了第四佛，佛名"拘楼孙"，人寿四万岁；第五名"拘那含佛"，人寿三万岁；第六名"迦叶佛"，人寿二万岁。"世尊"则自称，"我今亦于贤劫中成最正觉"，人寿百岁，是第七佛。由于"世尊"释迦牟尼也早已般涅槃，故总称"过去七佛"。现下，过去佛已成过去，未来佛尚未产生，所以当今世界乃是无佛世界。

这段历史以及由这段历史中可能引申出来的种种判断，给以后的佛教，尤其是大乘佛教发挥想象力，提供了异常广阔的空间。实际上，在释迦之外创造出别个"过去佛"这件事本身，就反映着对释迦教诲的不满足，甚或不满意，企图在教理上有所突破，有所创新。《阿含经》记载佛教内部就有不少释迦教旨的反对派，像提婆达多之类；还有全不属于释迦系统的辟支弗部，以及释迦弟子辈开创多种法门和由此引发的竞争，都对释迦佛的权威提出挑战。此处创造的多佛说，对动摇释迦一尊的地位，冲击力最大，可以说是大乘思想创立佛身论和佛土论的前驱，而无佛世界的佛教该是什么样子，又为佛教的进一步开展提出了许多新课题。

上述七佛中，前三佛出身种姓是刹帝利，族姓拘利若；次三佛出身种姓婆罗门，族姓迦叶；释迦佛则种姓刹帝利，族姓瞿昙。他们各自在不同的树下成最正觉，"我今如来至真坐钵多树下成最正觉"。七佛均得集会说法，而集会次数和参与人数各有不同：毗婆尸佛于三会说法，三会弟子共三十四万八千;尸弃佛亦三会说法,三会弟子二十五万;毗舍婆佛二会说法,二会弟子共十三万;拘楼孙佛一会说法,弟子四万;拘那含佛一会说法,弟子三万;迦叶佛一会说法,弟子二万;"我今一会说法弟子千二百五十"。此七佛各有"最第一"的二个弟子,"今我二弟子,一名舍利弗,二名目揵连,诸弟子中最为第一"。七佛又各有一"执事弟子","我执事弟子名曰阿难"。此七佛出家前各有家室:释迦之子名罗睺罗;父为净饭王,母名大清净妙,王所治城是迦毗罗卫。于是"贤劫"即有四佛,释迦的佛教直接继承的是迦叶佛,而不是佛教的始创者。

按照这一叙述,世界历史和佛教的发展趋势是一代不如一代,人的寿命在递减,集会的次数和与会的信徒也每况愈下,到了释迦佛,退化而到了谷底,在七佛中是最显衰相的佛了。

这七佛的递变,透露出来的第一个信息,就是佛也有寿命;而寿命就是有限,就是无常,就是无我,意味着必然灭亡。全部《阿含经》的全部说教,集中在人生"无常、无我",所以是"苦"上,因而教人追求出离生死,以至涅槃成佛;现在《大本经》告诉读者,佛也得随顺劫、时而轮替,不能避免灭尽之期,这岂不是又一种悲哀?仅仅为了熨平和填补由此带给信徒的失落,就需要刷新佛教的原始教义,从事宗教的和理论的多方面再创造。

这里值得一提的是,一般被尊为"多闻弟子"的阿难,现在变成了"执事弟子",从佛陀教理的传达者地位,骤降至一个事务的管理员;而那位三藏结集的组织者和主持者,自称为佛第一继承人的大迦叶,竟只字不提,被全然抹煞。突显的是舍利弗和目揵连,而且唯有这二位才被称为佛弟子。由此可以推见,《长阿含经》系属的,可能是舍利弗系统。

《大本经》记,修道成佛是一个历经多少劫才能实现的系列过程,而这种修道者,有个特殊称呼,叫作"菩萨"。菩萨需要从天而降,从降生母胎到最后成佛,有一个不变的程式,所谓"诸佛常法"。经文把七佛中的第一佛毗婆尸作为这一程式的典范,按其顺序:

1. 下天和入胎

"菩萨从兜率天降神母胎,从右胁入,正念不乱……地为震动,放大光明,普照世界"(卷一,下同),众生皆蒙其明;"母身安隐,无众恼患,智慧增益"。于是,"兜率天"就变成了菩萨于下生成佛前的居留处,亦即候补佛的居处;兜率天在佛教的地位,超过并取代了由释提桓因为王的忉利天和由梵天王主领的大梵天,成为佛徒最向往的天国。

2. 住胎

"仁尊处母胎,其母无恼患";而菩萨处胎时"专念不乱,有四天子执戈矛侍护其母,人与非人不得侵扰"。由于其母怀胎时,"心清净,无众欲想,不为淫火之所烧然……身坏命终,生忉利天"。由是忉利天就成了佛母的居留处。

3. 出生

"当其生时,从右胁出,专念不乱,时菩萨母手攀树枝,不坐不卧……其身清净,不为秽恶之所污染……堕地行七步,无人扶持,遍观四方,举手而言:'天上天下,唯我独尊;要度众生生老病死。'"以其自命"天上天下唯我独尊",是故被称作"世尊"、"二足尊"、"天人师"等。

4. 为国王太子

生具"三十二相",据"相师"预卜,具此等相者,"在家当为转轮圣王;若其出家,当成正觉,十号具足"。关于佛有十号,具三十二相,秉异非凡,这也是《阿含》中的最早记载。太子自幼受到精心照料,为举国士女所喜爱;及至年长,出"正堂"上,"以道开化,恩及庶民,名德远闻"。

5. 游行

某日,太子敕御者严驾宝车,欲诣园林巡行游观,路上见诸老、病、死人的种种苦状,乃问于左右侍者,何其如此,侍者答:"生必有老,无有豪贱";"生则有病,无有贵贱";"生必有死,无有贵贱"。于是太子怅然不悦,自思此病老死"吾亦当然"。父王得知太子的这类心情后,为防止太子出家,乃想方设法,增其娱乐:"使处深宫,五欲娱乐,以悦其心","更设方便,增诸伎乐",以至"严饰宫馆,简择采女,以娱乐之"。但没有效果。太子最后一次出游,路逢的是一沙门,"法服持钵,视地而行";问之得知:"沙门者,舍离恩爱,出家修道,摄御诸根,不染外欲;慈心一切,无所伤害,逢苦不戚,遇乐不欣,能忍如地。"于是太子问彼沙门:"剃除须发,法服持钵,何所志求?"答曰:"夫出家者,欲调伏心意,永离尘垢,慈育群生,无所侵扰,虚心静寞,唯道是务。太子曰善哉,此道最真!"

6. 出家成道

因"太子见老病人,知世苦恼;又见死人,恋世情灭;及见沙门,廓然大悟"。即此不再返宫,"剃除须发,服三法衣,出家修道"。国人闻知,有"八万四千人往就太子求为弟子,出家修道……太子即便纳受,与之游行,在在教化……所至之处,无不恭敬,四事供养"。但是不久,他就对自己的这一做法表示不满,自思,"吾与大众游行诸国,人间愦闹,此非我宜。何时当得离此群众,闲静之处,以求真道?寻获志愿,于闲静处,专精修道"。由此念想:"众生可愍,常处暗冥,受身危脆,有生有老有病有死;众苦所集,死此生彼,从彼生此,缘此苦阴,流转无穷。我当何时晓了苦阴、灭生老死?"于是由晓了苦阴推求生死,从生死推求为"有",一直认识到"'行'从'痴'起,'痴'是'行'缘。是为缘痴有行,缘行有识",乃至老病死十二因缘,"此苦盛阴缘生而有,是为苦集"。于是复作逆思:"生无故老死无,生灭故老死灭,有无故生无……痴无故行无,痴灭故行灭。"太子即由"逆、顺观十二因缘,如实知,如实见已,即于座上成阿耨多罗三藐三菩提"。

此处将太子闲静自修,专精思惟"十二缘起"作为觉悟成佛的义理,表明《长阿含》与《杂阿含》以及有部、瑜伽行派等认为佛是由思惟"五阴""四谛"而觉悟,不是一个思想体系,而与《杂阿含》中另一类小经的观点相合。

7. 说法布道

佛觉悟已,乃思惟此所得"十二因缘"为"无上法,甚深微妙,难解难见,熄灭、清净智者所知,非是凡愚所能及",而众生"依彼异见,各乐所求,各务所习,是故于此甚深'因缘'不能解了;然爱尽涅槃,倍复难知,我若为说,彼必不解,更生触扰。作是念已,即便默然,不复说法"。这时候的佛,像煞一位孤独的哲人:"我从无数阿僧祇劫勤苦不懈,修无上行,今始获此难得之法,若为淫怒痴众生说者,必不承用,徒自劳疲。此法微妙,与世相反,众生染欲,愚冥所覆,不能信解",完全处在一种无人理解、无可陈述的苦闷中。

据传,苏鲁支隐入山林,玩味寂寞十年,一天早晨,突然改变了,面对初出的太阳说:"伟大的星球!倘若不有为你所照耀之物,你的幸福何有?"于是苏鲁支决定更作凡人,"愿意赠与、分给,直使人群中的智者重欢其愚庸,贫者更欣其富足"(见徐梵澄译尼采著《苏鲁支语录》)。佛在这时的苦闷可能与苏鲁支的寂寞相同,但他的出世,不是来自太阳的启示,而是接受了梵天王的劝告。

那时,梵天王了知佛的心思,乃再三恳请,谓"今此众生尘垢微薄,诸根猛利,有恭敬心,易可开化,畏怖后世无救之罪,能灭恶法,出生善道……若不说法,今此世间便为坏败,甚可哀愍,唯愿世尊,以时敷演,勿使众生堕落余趣"。听到此说之后,佛陀"即以佛眼观视世界众生:垢有厚薄,根有利钝,教有难易。易受教者,畏后世罪,能灭恶法,出生善道;譬如优钵罗花、钵头摩华、鸠勿头华分陀利华,或有始出污泥未至水者,或有已出与水平者,或有出水未敷开者,然皆不为水所染著,易可开敷,世界众生亦复如是"。佛因此答应了梵天的请求,"吾愍汝等,今当开演甘露法门",条件是"为信受乐听者说,不为触扰无益者说"。

由梵天王请佛出世说法,显然是适应婆罗门教徒的信仰需要,利用婆罗门对梵天的信仰推行佛教信仰;而最后提出的说法条件,实在逃避某种对佛教进行抵制、干扰或反对的势力,与《中阿含》《增一阿含》所表现的那种大无畏的进取精神相比,反差极大。

第一次说法首选对象是"槃头城内"的"王子提舍、大臣子骞茶",地点在槃头王鹿野苑中。佛为他们"示教利喜",说的是"施论、戒论、生天之论,欲恶不净,上漏为患;赞叹出离,为最微妙,清净第一"。及至见此二人"心意柔软,欢喜信乐,堪受正法,于是即为说苦圣谛,敷演开解,分布宣释苦集圣谛,苦灭圣谛,苦出要谛"。这里所说法的内容和次第,与《中阿含》完全一致:先为信仰婆罗门的人,讲演施、戒、生天等三论,即因果报应的世间说;若能接受,再为其开演"四谛"的出世间理论。

这一记载与一般佛典的传说有极大的差异。首先,佛于鹿野苑说法,不是对他的随从,即五比丘,而是向王子、大臣等政界人物说的;其次,讲法内容,首先是生天等三论,而非四谛,亦非十二因缘。也就是说,佛宣教的头等大事,是说服刹帝利和当前政要,并将婆罗门教信众争取到佛教门下。于是,此王子和大臣二人率先成为佛弟子,得具足戒,出家学道,法服持钵,净修梵行,佛的声誉大振,声彻四天王天,乃至梵天;城内有八万四千人闻风诣鹿野苑礼佛受教,皆得具足戒,一直发展到"槃头城有十六万八千大比丘"。凡得具足戒者,如来更以三事示现:"一曰神足,二曰观他心,三曰教诫"。然后遣他们"宜各分布,处处游行",施行教化。在教化过程中,受到以"首陀会天"为首的诸天拥护和督促,经过六年,众比丘如约同回槃头城,聆听如来为他们"讲说戒经:忍辱为第一;佛说涅槃,最不以除须发害他为沙门"。这后一句话,颇不易解:或意指除须发为沙门即不应再作害他的事,或意指除须发和害他,都不应该作为沙门的标志?此《大本经》记众比丘出家,都无剃除须发的记载(太子除外),而得所谓"具足戒"也只是听法后自行完成的事,与《律藏》的严格规定,极不相同。

照此经记述,佛陀出现在沙门已经盛行的时代,他的御者都十分了解沙门的特征,所谓"舍离恩爱,出家修道,摄御诸根,不染外欲,慈心一切,无所伤害,逢苦不戚,遇乐不欣,能忍如地,故号沙门";外在的表现,即是剃除须发,法服持钵。正因为如此,《大因经》没有用这些沙门的共性描述佛陀,二是用天、地神祇的名义宣布,以"鹿野苑中转无上法轮"为佛教唯一的特色,是"沙门婆罗门、诸天魔梵及余世人所不能转"。

上述太子毗婆尸成佛的经历和思想特色,也是一切成佛者的经历和思想的标本。因此,经文对这一个体佛的陈述,就形成一种永恒的格式,所谓"诸佛常法"。就是说,除了时间、寿命、出身、弟子姓名,以及所领大众数量等具体细节有些差别以外,起自降生至于成佛的阶段性和所说法的根本内容,任何佛都是一个模样,适用一切佛。此后有所谓"八相成道"的说法,将菩萨自兜率天降胎到佛般涅槃格式化为八个阶段,就是在《大本经》等想象的基础上再加工而成的。此经唯一没有提及的是佛般涅槃的那个阶段。

《大本经》还表达了一个很有价值的信息:在诸多叙述菩萨成佛、说法及其所收第一批弟子中,应当有很多传说和神话,而决不是一种。但它们把佛陀神化,把佛教推向神灵世界,则是一致的。这是大乘的又一创作。

七佛之说,在中国佛教信仰中占有一定比重。早先有失译的《七佛父母姓字经》,宋法天译有《七佛经》和《毗婆尸佛经》,及至禅宗传灯录,还为七佛作传,《五灯会元》又将曼殊师利作为七佛的祖师。佛教的神话适应教理的需要而不断变化,在中国也不例外。

然而这其中正表现了佛教的一个最大特点,是在世界性诸大宗教中,唯一没有共同信仰的唯一神(佛),而且越到后来这一特点越明显。这也意味着佛教始终不会有统一的教会和独尊的经典,不会成为组织严密的一神教的宗教。

二、释迦佛的教化及其涅槃

属第一分第2经的《游行经》,可以视为《大因经》的继续。《大因经》讲佛的诞生和觉悟成道以及分众传教诸事,《游行经》则记佛陀晚年接受供养,以及因病涅槃和徒众如何处理涅槃后事,尽管身份已经变为释迦自身。虽然此二经的思想不全相同,仍可看做佛陀一生的完整传记。西晋竺法护译《佛般泥洹经》、东晋法显译《大般涅槃经》，还有失译的《般泥洹经》，都是它的单行译本，由此可见中国佛教对于此经的重视程度。

《游行经》始终以阿难陪伴佛陀游历为背景，所说法亦多属与阿难的问答。它从阿阇世王欲伐跋祇国，佛为阿难讲述国家安危的七条标准开始，继对众比丘说"比丘七法"，可以看做是佛在概括王者治国之道，总结僧众维护团结、推进佛法的理论措施。这两个方面的内容均与《中阿含》大同。不过"比丘七法"的组合很多，其中有一组是"一者观身不净，二者观食不净，三者不乐世间，四者常念死想，五者起无常想，六者无常苦想，七者苦无我想。如是七法，则法增长，无有损耗"（卷二，下同）。此七法反映的是佛教趋向出家厌生的出世间观念。"七法"之后还有"比丘六法"，这六法中的最后一组是"六念"，前三念是"佛、法、僧"，"四者念戒，五者念施，六者念天；修此六念，则法增长，无有损耗"。这六念反映的是佛教向世间社会的扩展，为在家乐生，包括王者们准备的观念体系。我们也可以把这"六念"、"七法"看做所有《阿含经》的基本内容，基本特征。

以上所引的话，都是佛在罗悦城（即王舍城，今印度北部比哈尔之西南）、耆阇崛山说的。从此出发，先游竹园，与诸比丘说"戒、定、慧"；而后入摩竭陀国（在恒河南岸）巴陵弗城（即华氏城，今印度北部的巴特那）巴陵树下坐，受到清信士们的礼敬供养，"世尊告诸清信士曰，凡人犯戒有五衰耗，何谓为五？一者求财，所愿不遂；二者，设有所得，日当衰耗；三者，在所至处，众所不敬；四者，丑名恶声，流闻天下；五者，身坏命终，当入地狱"。这些话显然最适应于商人，在这里吸收的信徒，也主要是商人。尔时世尊告诉阿难，巴陵弗城乃"贤人所居，商贾所集"，这也说明世尊的着眼处，是在商贾这个阶层。当佛陀要离开这个地方时，又劝告这些在家信众，"博施兼爱，有慈愍心，诸天所称，常与善俱，不与恶会"。商人多信神，多拜佛，或有其必然。

继之，世尊到了跋耆（今印度达班加北部，亦是此地的种族名），游诸村落，为诸比丘和阿难说因果，说命终后所得报应，以及修道出离，成"四双八辈"等事。而后至于毗舍离国(今印度干达克河以东,木札法普尔之毗萨罗),坐一树下,时"有一淫女名菴婆婆梨","严驾宝车",前来归依,佛乃为其说法,淫女闻说,"发欢喜心",表示愿"于正法中为优婆夷",并邀请佛及其弟子千二百五十人止宿于她的园内;毗舍离"诸隶车辈"闻说佛至,也严驾五色宝车诣彼园中,欲邀佛供养。"尔时世尊遥见五百隶车,车马数万,填道而来,告诸比丘,汝等欲知,忉利诸天游戏园观,威仪容饰与此无异"。此诸隶车辈在路上与菴婆婆梨发生激烈竞争,意欲争取优先供养,以获"初福"。见佛后,奉上宝衣,受教作礼而归。菴婆婆梨则设上馔供佛与僧,并以其毗舍离城中最胜的园观,贡上如来,佛让她"施佛为首及招提僧。所以然者,如来所有园林、房舍、衣钵六物,正使诸魔、释梵大神力天,无有能堪受此供者"。

按"隶车"系跋耆族人的一大族姓,拥有的财富足以敌国,其豪华和气派足与忉利天相比,但与一淫女相比,却没有得到佛的特殊优待。佛的宣教,已经深入到社会的极下层,形象地说明佛的平等观念在实施中。"淫女"即妓女,在当时似乎有的也十分富足。取得供养,是早期佛教得以生存的物质条件,不论出身而向富有阶层发展信徒,已经成为必然趋势。同样,逃避饥饿,争取供养,也是早期佛经中的一大话题。

此后,佛率僧众至于竹园,接受一婆罗门饮食,乃为之作颂曰:"若以饮食、衣服、卧具施持戒人,则获大果;此为真伴,终始相随,所至到处,如影随形。是故种善,为后世粮。福为根基,众生以安;福为天护,行不危险,生不遭难,死则上天。"这就是"施"之所以名为"福田"的原因,也是富人们为什么竞相布施的原因。在宗教信仰上,富人也是持利益至上原则。

"于时彼土(指跋耆)谷贵饥馑,乞求难得",佛命阿难召集国内诸比丘,告诉他们:"汝等宜各分部,随所知识,诣毗舍离及越祇国(有释,即跋耆的异译,恐有误),于彼安居,可以无乏;吾独与阿难于此安居。所以然者,恐有短乏。"此处所谓短乏,指身体欠佳。这是世尊一生中的又一转折点:老而且病。

就在这年的"后夏安居中,佛身疾生,举体皆痛",只是怀念诸弟子不在跟前,"若取涅槃,则非我宜;今当精勤自力,以留寿命"。阿难见状,心怀惶惧,忧结荒迷,想请如来再为弟子们作些教诲,如来表示拒绝:"阿难,我所说法内外已讫,终不自称所见通达。吾已老矣,年粗八十,譬如故车,方便修治,得有所至,吾身亦然,以方便力得少留寿,自力精进,忍此苦痛。不念一切想,入无想定时,我身安隐,无有恼患。"紧接着佛讲了一个原则性意见:"是故阿难,当自炽燃,炽燃于法,勿他炽燃;当自归依,归依于法,勿他归依。"意思是,"比丘观内身精勤无懈,忆念不忘,除世贪忧",观外身、观内外身,亦复如此;同样亦观"受、意、法",实是修行"四念住"法。于时"佛告阿难,吾灭度后能有修行此法者,则为我真弟子第一学者"。关于"四念住"或作"四念处",有专门的经典详细讲述。此处把它作为佛的临终遗教,并以"自归依,归依于法,勿他归依"的核心内容,与其他经籍之重"四谛"或"十二因缘"等相比,是一大特色,在《长阿含》中的地位十分显眼。

《游行经》用相当大的篇幅描述佛行将般涅槃时,身体的疼痛和对生的期望与依恋。自从佛自感将不久世间,就反复向阿难表示,修"四神足"者可以随意延长寿命,并说"佛四神足已多修行,专念不忘,在意所欲,如来可止一劫有余,为世除冥,多所饶益,天人获安"。但"尔时,阿难默然不对。如是再三,又亦默然",竟然"佛三现相而不知请"。据说,这是"魔"控制了阿难,使他不能说出适应佛期望的话来。接着,佛表示他的愿望尚未实现,不宜即时涅槃:"须我诸比丘集,有能自调,勇捍无怯,到安隐处;逮得己利,为人导师,演布经教,显于句义;若有异论,能以正法而降伏之;又以神变自身作证。如是弟子皆悉未集。"(卷三,下同)对于其他比丘尼、优婆塞、优婆夷,佛认为也应达到此等程度,然后他才能安心离世涅槃。结果他的四众弟子都未来此集会。佛还认为,"今者要当广于梵行,演布觉意,使诸天人普见神变"。但也等不到实现,"魔波旬"就在旁边再三催促佛"宜速灭度";不得已,佛答应"是后三月,于本生处拘尸那竭(一说在今印度北部戈拉克普尔之东卡西亚,一说在尼泊尔加德满都东)、娑罗园双树间,当取灭度"。"魔"竟至于能障阿难,令其发昏,能影响佛的灭度进程,使其无法实现自己的期望,可知为什么佛教把"魔"看做是必须处处严防的最大敌人。

此后,佛又与阿难等诸大众回到庵婆罗村,辗转到了负弥城北,止于林中,说"四大教法",即,不论有哪个比丘自说,他或亲从佛处闻教,或从诸耆旧处闻教,或从众多比丘处闻教,或从一个比丘处闻教,均"不应不信,亦不应毁;当于诸经推其虚实,依律、依法究其本末。若其所言非经、非律、非法,当捐弃之";"若其所言依经、依律、依法",当承认"是真佛所说",慎勿捐弃。于是,经、律、法三者,就成了审别是否为"真佛所说"的综合标准。就是说,在《长阿含》时代,已经出现了许多"佛说",真伪难辨,原则上不应该否定。但这个综合标准似乎也很难掌握,因为经、律、法自身,就有种种差异,大都是经不住"推其虚实"、"究其本末",所以其实是在为不断出现的新说开道。

佛从此动身,至于波婆城,得到"工师子"名"周那"的饮食供养,这也是佛接受世人的最后餐食;佛说,这位周那与那位于佛初成道时的施食者,有同样大功德,获大利益。

接下去继续向拘夷城进发,而佛的背痛愈甚,中途坐于树下小歇,开始显现临涅槃时"有异于常"的面色;及至诣拘孙河饮水洗浴后,再行再歇,阿难乃请教"佛灭度后葬法"。佛不愿回答。在阿难"复重三启"后,佛才告诉他,应如"转轮圣王葬法"。最后好容易到了拘尸城,止于"本生处末罗双树间",佛已经不能应邀去不远的村落饮食了。佛告阿难,于此双树间"敷置床座,使头北首(或作南首),面向西方(或作北方)。所以然者,吾法流布,当久住北方"。又告阿难,佛为什么选择此处灭度?是因为他曾在这里"六返作转轮圣王,终措骨于此;今我成无上正觉,复舍性命,措身于此。自今已后,生死永绝,无有方土措吾身处;此最后边,更不受有"(卷四,下同)。

佛决定于夜半般涅槃,灭前,收梵志须跋为最后弟子,讲诸法中"八圣道"为通达一切沙门果的必要条件。尤其当众称赞阿难"有慈,无二无量",功德甚大,具"四奇特法"——不论是处在比丘、比丘尼中,还是到优婆塞、优婆夷群中,"众皆欢喜,为众说法,闻亦欢喜,观其仪容,听其说法,无有厌足"。然后教诫阿难,第一,凡"求为道者,当听出家,授具足戒,勿使留难",这包括"异学梵志"而"勿试四月。所以者何?彼有异论,若小稽留,则生本见"。第二,对于"阐怒比丘,房扈自用",即"不顺威仪,不受教诫"者,应当"共行梵檀罚,敕诸比丘,不得与语,亦无往返教授从事";对于来(或来作未)受教诲的女人辈,先是莫与相见,设见,莫与共语,设语,当自敛心;又,"自今日始,听诸比丘舍小小戒,上下相和,当顺礼度"。最后再三问诸比丘,还有否问题?见再无疑惑,乃记别千二百弟子道果,从"灭尽定"至"四禅起"而般涅槃。

从世尊发病至其灭度,我基本上是复述经文的记叙,没有什么评论,为的是从中直接感受经文提供的那种充满悲怆怅惘的氛围:对于生的眷恋和对于死的无奈,即使作为已经觉悟了人生真谛,超越了生死的佛陀,也在所难免。当人们遭受生活的种种折磨,经受生不如死的无尽苦难时,人们诅咒人生,鄙薄人身,歌唱死亡,但是,当人们度过苦难,从死亡线上中挣扎过来,希望的火焰又会把生命重新炽燃起来。佛自说他二十九出家,求道和行道五十年,尽管年届八十,依旧雄心勃勃,恨不得再住一劫,以完成他布教施法,饶益世人的伟业。在这里,佛陀表现得人性十足,显得与世人的距离很近很近。

佛陀的临终嘱咐,总的精神是宽容。对异教徒,对持不同意见者,不要歧视,不要为难他们;对比丘所犯小小戒,不要追究;对于不遵律仪,不听教诲的比丘,大家不理他算了;对待女人辈,也可以接见教诲,也可以对话,只要心不放逸就行。这种宽容,为佛教向社会发展,提供了方便,这也是大乘"慈心"的一种体现。

三、世纪论、人原论、种姓论、缘起论

本书第一章介绍的有关佛教世界图式、人类本原和社会不平等起源等学说,主要依据《长阿含》的《世记经》。此经共十二品,用了五卷的篇幅,占了整部《长阿含》的近四分之一。它的思想资料来源可能很广,但它把这些资料作了加工处理,使之系统化,实在可以作为佛教的《创世记》来看待;如果能与《圣经》的《创世记》作些比较,更能看出这两大宗教各自具有的个性来。此处略记此经诸品的要点,以见这一"创世记"的原始结构。

第一品《阎浮提州》,是世界"四大洲"之一,地处南部,故新译南赡部洲,是当时人所能了解的世人居处,包括印度本土和锡兰、中国、希腊、罗马和阿拉伯半岛及中亚地带。据说佛只能出生在这个洲里,所以与我们的关系最为密切。

第二品《郁单曰》,这是四大洲处于北部的一洲,新译北俱卢洲,意译"最上"、"最胜",是世界上最美好的地方。后出的净土经类向往的种种理想佛国,它们的母胎大体蕴含在这里。

第三品《转轮圣王》,也是佛经中对于转轮王描写最细致的一种。概括起来,是说此等王者,"七宝成就",具备"四神德",国土环境,略与"北俱卢洲"相似,此时"阎浮提五谷丰贱,人民炽盛,财宝丰饶,无所匮乏",而王"以正治国,无有阿枉,修十善行"。这转轮王,是佛教为我们这个洲塑造的理想国王,也是四种姓中的最高贵者,由此贬斥婆罗门的社会地位,所以将转轮王作为独立的一品专题描绘。他也是人世间行善可能得到的最高果位。

这里顺便谈谈《长阿含》第二分所收《转轮圣王修行经》。此经对转轮王为什么能从刹帝利种姓中脱颖而出,以及转轮王的种种威力和富有,有更系统的记述。值得注意的是,它对国家的治乱规律作了总结,贯彻佛教的政治理念,突出佛教在治乱中的积极作用。它认为社会犯罪、

社会斗争和普遍的道德败坏,是因为某类国王"治国不承旧法,其政不平,天下怨诉"(卷六,下同);"自此王来,始有贫穷;有贫穷已,始有劫盗;有劫盗已,始有兵杖;有兵杖已,始有杀害;有杀害已,则颜色憔悴,寿命短促"。又说,"以杀害故,便有贪取邪淫",由此便起种种恶行。总之,国王不循"旧法",促使政治不平和人民贫穷,是社会不安和贪取邪淫的总根源,由此造成的最终结果,则显示在人寿日益短促上。如何改变这一状况? 此经认为,要从人们自觉行善开始。以行"十善"治"十恶",灭"三不善法"(非法的淫、贪及邪见),寿命即可延长。据称,如果其人能够"孝养父母,敬事师长,寿命延长至八万岁",大地呈现一片丰乐无极的景象。这种景象标志着转轮圣王执政了,弥勒佛亦当应时出世了。

《转轮圣王修行经》用现实社会的政治经济状况解释国家的治乱和人的道德水平,当是来自客观观察,有其深刻的一面;但它把国家社会的改善,寄希望于人们的道德自觉和水平的提高上,完全忽视了社会经济制度的决定性因素,就显得过于迂腐。它企望有一天真的会出现一片丰乐、寿命极长,由转轮王当政的时代。弥勒佛出世,不是为了救世,而是人们自救并获得丰厚成果时,他才会作为欢乐的象征、慈爱的标志,于富足清平的世界下生布道。就是说,弥勒不是救世主,而是天下升平,人民富足,道德高尚的回报;把他视作救世主,是民间的再创造,与佛经无干。武则天曾以弥勒的化身自居,表达在她治下的国家是昌盛繁荣的,更接近经文本身。

第四品《地狱》,这也是佛教为想象中的地狱所作的系统记载。地狱是世间受苦无穷的处所,也指生者的痛苦无穷。所谓"八大地狱"和"十六小地狱"之说,以及对它们的描述,还有阎罗王及其宫殿、使者、狱卒等,都出在这里。处于地狱或称为地狱有情,是世间行恶所得的最严厉的惩罚。

第五品《龙、鸟》,"龙"是中、印两国传说的兽类,不详孰先孰后,现在华人自称"龙的传人",当是出于艺术的想象。这里的鸟指"金翅鸟",中国没有它的传说,也许《庄子》里的"鲲鹏"可以与之相比。这两种兽类,都有卵、胎、湿、化四种繁衍后代的生产法。龙居大海的龙宫中,金翅鸟居沿海须弥山岸边树上的金翅鸟宫。这"四生"交互为食,相互斗争,而又同时拱卫须弥山上的诸天。它们是六道轮回畜牲道中的强有力者,是由众生受持"龙戒"或"金翅鸟戒"所得果报。由此推广,凡是畜类,大都是持邪戒、具邪见、心向畜类的报应。

第六品《阿须伦》,以及第十品《战斗品》,记"天"敌"阿修罗"及其与"天帝"之间进行规模宏大、惊天动地的战争故事,比较其他经籍既详细又生动,应该是文艺创作的绝好素材,但对于中国的文学艺术似乎没有什么影响。故事所寓的恶与善、反对正统与维护正统、夺权与维权间存在永无止境的对立和斗争,很容易使人们联想起琐罗亚斯德教(袄教)的教义来,在中国的哲学思想上可能只有隐晦的回应。这是研究中印文化交流,中外文化关系颇值得注意的现象:外来的什么东西,在什么条件下,容易融入中国的社会文化领域?什么东西以及为什么,却被中国的思想文化界所冷淡和忽视?

第七品《四天王》和第八品《忉利天》,相对其他诸多佛经,这也是对四天王天和三十三天描述比较完整的文字,尤其是后者,体现了古印度人的丰富想象力。从佛教文献看,婆罗门崇拜"色界"诸天之主"大梵天",还有"欲界"诸天的"大自在天";佛教最初也视"梵天"为世间修习的直接目标,故亦称自己为"梵行"者、"梵志",与婆罗门没有区别,但像《长阿含》这里,诸天中的"四王天"只是"忉利天"的外围,起捍卫和烘托忉利天的作用,而让佛母死后生于斯,佛为母说法上升于斯:忉利天成了佛教的圣天,地位陡然不平常起来;可能更晚一些,伴随有关弥勒被指定为未来佛的传说盛行,"兜率天"被提高为天上的净土,在中国佛教中受到崇拜的程度,比任何天都高。但不论是忉利天还是兜率天,都系属于"欲界",不离食、色二性,而且比我们人间享乐的更加美好自由,号称"妙欲"之所在。这种由向往"色界"梵天而终于这"欲界"二天的思想变化,正曲折地反映佛教从禁欲主义向享乐主义的转化,至少说明,佛教有一大派在厌弃禁欲之道,颂扬快乐或享乐。

《世记经》只记"忉利天"事,附说其他欲界和色界诸天,表明它宣传的重点是在那里。不过经文中有个结论性的提法:"萤火之明,不如灯烛;灯烛之明,不如炬火",人间诸明,不如四天王处诸物之明,而欲界诸天不如色界诸天之明,色界最高天是"色究竟天",而"色究竟天明不如地自在天,地自在天光明不如佛光明。从萤火光至佛光明,合集尔所光明,不如苦谛光明,集谛、灭谛、道谛光明。是故诸比丘,欲求光明者,当求苦谛、集地、灭谛、道谛光明,当作是修行"。此处把追求"光明"作为旨归,于其他佛教经典中少见,而与祆教的思想相通。

就佛教自身说,把"四谛"作为照亮世界的至高至广的光明,以至超过了佛,这代表了《世记经》的基本倾向:一切偶像崇拜,从天到佛,都不能导致思想明慧,走向觉悟,而唯有认识和把握真理,即依"四谛"之理修行,才是唯一的途径。这里且不管"四谛"是否就是真理,但就其强调理性思维一定高于对偶像的信仰来说,反映了这个时期的佛教企图摆脱佛陀个人的限制,别开唯理论一路的大方向。

第九品《三灾》,是宣说世界历经坏、空、成、住"四劫"和火、水、风"三灾"的大循环,与"三千大千世界"一起,构成了早期佛教一个完整的宇宙结构体系。第十一品《三中劫》和十二品《世本缘》,应该是"四劫"的组成部分,以其特殊重要性,所以单列品名。"四劫"的"劫"是个时间单位;所谓"三中劫"的"劫",则有灾难的意思,即"刀兵劫"、"谷贵劫"、"疾疫劫";所以此三劫当是"四劫"中"住劫"过程中发生的事件,与上述"三灾"的自然灾害相比,都是人为造成的。"世本缘"则是宣讲世界由"空劫"向"成劫"过渡、"人间世"的生成原因和过程的,与《小缘经》可以衔接起来。

这样,一幅世界存在状况及其与众生共同生灭无常、永恒轮转的宏伟图画,就鲜明地呈现在听众和读者的面前,而它的因果报应理念和褒贬是非的价值观念,也尽寓其中。

《小缘经》属第二分的第一经，内容则与《世本缘品》紧密相接。它用"世本缘"的神话解释"四种姓"说，驳斥婆罗门独尊大梵天以及用梵天解释种姓等级制的合乎天意理性，所以重点是"说四姓本原"。在这新解释中，依旧保存古印度对"天"的特殊敬仰成分，当"天地始终，劫尽坏时，众生命终皆生光音天，自然化生，以念为食"，大地则尽变为水，无复日月星辰。及至水再变为地，"光音诸天福尽命终，来生此间"。就是说，"人"原于"天"，是"天"福尽的产物，而天最后转化为人，则是由贪食地上物产和贪爱男女情欲所致。食、色，是人之堕落为人的直接原因，也始终是人之为人的本性。婚姻家庭由此产生；而有了婚姻家庭，就有了积累财富和保卫财富的行为发生，诤讼在所不免，于是有了推举行政长官，维护公平和秩序的公众要求，刹帝利种姓因此而生。佛认为，在他的那个时代，婆罗门早已背叛它的原始教旨，所以四种姓中唯有刹帝利最得民意，对社会贡献最大。有颂曰："生中刹利胜，能舍种姓去，明行成就者，世间最第一。"众生中刹帝利最为高贵；但如果不计较种姓出身，能够从事"明行"并获得成就，那就是"世间第一"。后者指的就是佛和佛徒。这也是所有《阿含经》在种姓问题上提升刹帝利，贬低婆罗门，倡导在修习佛道上四姓平等的一贯立场。

《长阿含》第三分的《阿摩昼经》，也是抨击婆罗门的。其中记，正统的婆罗门用轻蔑刹帝利的办法，轻蔑作为"释种"的释迦佛，佛则说此婆罗门的"本缘"，乃是"释迦奴种"，同时借助"密迹力士手执金杵"的恐吓力量，令此婆罗门受教最后信服释迦。这时也有一个颂："刹利生中胜，种姓亦纯真，明行悉具足，天人中最胜。"

这里提到的"密迹力士"，在其他《阿含经》中不见；他随侍佛的左右，听从佛的指令，完全是保护神的角色。佛教密教是如何产生的，以及产生在什么时期，学界至今还在探索研究中。密迹力士的出现，提供了一些痕迹。西晋竺法护译有《密迹金刚力士经》，唐菩提流志还将它编入《大宝积经》中，所谓"三密"的密教观念即已贯彻于全经。根据此处所记，则佛教之容纳密教，一大原因是便于同婆罗门斗争：当婆罗门与佛论辩，拒绝回答佛之所问时，婆罗门领袖"摩那仰观，见密迹力士手执金杵立虚空中。见已恐怖，衣毛为竖，即起移坐，附近世尊；依恃世尊，为救为护"。之后，他才虚心向佛请教何谓"明行"，如何"明行具足"，佛也才有机会向他演说佛法，使他们与婆罗门的邪见、邪命区分开来。这表明，佛教正越来越广泛收编各种宗教敬畏的鬼神，也创造各样认为需要的鬼神，为其宣教和护法效劳，为掌握更多信徒服务。

第二分还收有《大缘方便经》，是论述众生整体的生死法则及其原因系列的，即通常所说的"十二因缘法"。此经的特点是，先讲"十二因缘"；重点解释家庭和私有财产的起源，以及由此导致的社会矛盾和斗争，而将这一切，直接归因于"爱"和"利益"的驱动；最后则结束于"十因缘"说，尤其是阐发了第十支的"识"同第九支的"名色"的关系："缘'识'有'名色'，此为何义？若'识'不入母胎者，有'名色'不？答曰无也。若'识'入胎不出者，有'名色'不？答曰无也。若'识'出胎婴孩坏败，'名色'得增长不？答曰无也……以是缘知，'名色'由'识'，缘'识'有'名色'"。

在此种缘起中，"识"是脱离"名色"、先于"名色"的独立存在，也是支持"名色"不致坏败的因素，所以这里的"识"并不等于"名色"中的"名"。对于这样的"识"，只能是不朽的灵魂。也就是说，有了灵魂的独立存在和它的入胎，才有现实人的诞生和人生的活动。但是"十支缘起"论并没有停留在这里，因为"识"的存在也有原因，且"名色"就是它的唯一依存处，即"缘'名色'有'识'。此为何义？若'识'不住'名色'，则'识'无住处；若无住处，宁有生老病死忧悲苦恼不？答曰无也……以此缘知，'识'由'名色'，缘'名色'有'识'"。这看起来像是"识"与"名色"相互为缘，事实上指的是两回事："名色"给"识"作缘，亦即"名色"已经存在了；事实是"识"在"名色"之前即可单独存在，所以这互为因果，有先后时间的差别。其他《阿含》中的一些经籍把这二者解释作同时发生的互为依持的关系，与此处的解释不全相同。至于进一步涉及父母构精结胎，在哪一瞬间算是新生命的开端,以及胎儿在处胎过程中,哪一瞬间算是有了意识,如此之类许多问题,佛教都曾给予关注,不过至今生命科学和伦理学仍在研究探讨中。

如是从《大缘经》到《小缘经》,从人之初到家庭、国家和等级的起源,又构成了一类缘起学说。

佛教提出和讨论的不少问题,有一些作了宗教性的回答,一些则成了科学探索的课题,还有一些在哲学和伦理学上仍具研究的价值。

四、外道与诸见

1. 外道

《阿含经》中反映了许多与佛教有过交涉的教外思潮和不同派别中流行的观点。佛教以外的思想、宗教派别,被称为"外道";与佛教主流观念相异的派别观点,被称为"见"或"执",被认为特别严重的,就斥为"邪见"。它们都是佛教批驳的对象。因此,由佛教经籍所表述的这些异教思想是否完全符合那些流派的本来主张,令人怀疑。尽管如此,由于这些佛经所保存的资料不但杂,而且多,有补于原始资料的奇缺,所以历来为研究印度哲学和宗教的学者看重。相对于其他《阿含》言,《长阿含》保存的这类资料要更系统,更完整一些。

所有《阿含》的批驳重点都放在"梵天创世"和"梵自在天创世"说上,这类文字之多,不胜枚举。《长阿含》第二分《阿冕夷经》记佛对这一创世说的分析,比较简要完整:

> 佛告梵志,或有沙门婆罗门言,一切世间,梵自在天所造。我问彼言,一切世间实梵自在天所造耶?彼不能报……我报彼言,或有此世间初坏败时,有余众生命尽、行尽;从光音天命终,乃更生余空梵处,于彼起爱,生乐著心,复欲使余众生来生此处;其余众生命尽、行尽,复生彼处。时彼众生自作是念:我今是大梵王,忽然而有,无作我者;我能尽达诸义所趣,于千世界最得自在,能作能化,微妙第

一,为人父母;我先至此,独一无侣,由我力故,有此众生,我作此众生。彼余众生亦复顺从,称为梵王,忽然而有……先有是一,后有我等;此大梵天化作我等。此诸众生随彼寿终,来生此间,其渐长大,剃除须发,服三法衣,出家为道;彼入定意三昧,随三昧心,忆本所生,彼作是语:此大梵天忽然而有,无有作者,尽达诸义,于千世界最得自在,能作能化,微妙第一,为人父母;彼大梵天常住不移,无变易法,我等梵天所化,是以无常,不得久住,为变易法。如是梵志,彼沙门婆罗门以此缘故,各言彼梵自在天造此世界。梵志,造此世界者,非彼所及,唯佛能知。(卷十一,下同)

这段话把梵天创世造人的婆罗门教教义和神话,很生动地解释清楚了。创作这样的神话,是为了支持婆罗门教义的,而这二者,都是为现实的婆罗门种姓特权作证。佛陀驳斥了婆罗门教的教义,但保留了它的神话,对这神话的含义作了与婆罗门教完全不同的诠释。按佛陀说,世界是"四劫"轮转,从"空劫"向"成劫"过渡规律形成的,是众生业力推动和转变的结果,所以不是某个天神的独立创造。人们之所以会把世界的最后因归于"大梵天",完全是一种自以为是的误解:按神话所传,当第一批光音天生到"空梵处"处时,还招徕其他众生到这里居留,这第一批到来者,就自居为大梵天,而将其余众生当作他的派生者;其余众生也糊里糊涂误把大梵天当成是他们的创世主,将他永恒化,当作崇拜的对象。佛的这种解释,尽管充斥着同样的宗教虚幻,但在揭示婆罗门创世观念形成的原因时,仍不失为一家之言。由此也可以看到,佛教的创世论受到婆罗门教的影响是何等深刻,它只能用它的业报法则,取代大梵天的神力作用。

《长阿含经》批判的第二种外道,是以尼乾子为代表的苦行派。

《阿冕夷经》记,尼乾子"有七苦行,长夜执持:何谓七? 一尽形寿不著衣裳;二尽形寿不饮酒食肉,而不食饭及与炒面;三尽形寿不犯梵行;四尽形寿……不离四塔(指毗舍离的四石塔),为四苦行。而彼后当犯此七苦行已,于毗舍离城外命终,譬如野干疥癞衰病死丘冢间"。又记一尼乾子,"在粪堆上伏舐糠糟",被认为"其道最胜。所以者何?此人苦行,乃能如是除舍憍慢"。佛大不以为然,说:"此人却后七日当腹胀命终。生起尸恶鬼中,常苦饥饿;其命终后,以韦索系拽于冢间。"佛陀对尼乾子派苦行的厌恶,白纸黑字,异常清楚。但到了第三分《裸形梵志经》佛陀就主张具体情况要具体分析了。

此经用裸形梵志迦叶的话说:"我闻沙门瞿昙呵责一切诸祭祀法,骂诸苦行人,以为弊秽。"(卷一六,下同)佛认为这是诽谤,他不像有些人那样,"我正说是,彼则言非;我正说非,彼则言是";其实,"有法,沙门、婆罗门同;有法,沙门、婆罗门不同。迦叶,彼不同者,我则舍置"。因此,佛并不抽象地否认裸形梵志的一切言行。按裸形迦叶的介绍,此"离服裸形,以手障蔽;不受夜食,不受朽食,不受两臂中间食,不受二人中间食……不受共食家食,不受怀妊家食,见狗在门前则受其不食,不受多蝇家食……不食鱼、不食肉、不饮酒,不两器食;一餐一咽,至七餐止;受人益食,不过七益;或一日一食,或二日三日四日五日六日七日一食;或复食果,或复食莠,或食饭汁,或食麻米,或食秭稻,或食牛粪,或食鹿粪,或食树根、枝叶果实,或食自落果;或披衣,或披莎衣,或衣树皮,或草搭身,或衣鹿皮;或留头发,或被毛编,或著冢间衣;或有常举手者,或不坐床席,或有常蹲者;或有剃发留髭须者;或有卧荆棘者,或有卧果瓜上者,或有裸形卧牛粪上者;或一日三浴,或有一夜三浴:以无数众苦,苦役此身"(卷八),由此"苦行秽污,或得沙门名,或得婆罗门名"(卷一六,下同)。

佛陀听到这一介绍后,首先表示,如来出世或修行"四禅",乃是为了"于现法中而得快乐",不是为了单纯的受苦;同时指出,裸形苦行者,只是"以无数方便,苦役此身",而"戒不具足,见不具足,不能勤修,亦不广普"。因此,佛陀教导裸形迦叶必须"戒具足,见具足",其要义是:"彼比丘以三昧心乃至得'三明',灭诸痴冥,生智慧明,所谓漏尽智生。所以者何?斯由精勤,专念不忘,乐独闲静,不放逸故。"简单说,就是静修四禅,灭痴生智,并于此禅修当中获得娱乐。佛陀对他的这一主张非常郑重,所以一再强调:"此名沙门婆罗门戒具足、见具足,最上最胜,微妙第一。"当然,最后仍然要以"无余泥洹"为终极归宿。此迦叶听佛说法已,"即于佛法中出家受具足戒",且不久即成阿罗汉。

从这些记载中,大体可以看出尼乾子苦行派的修习方法,以及佛教与其区别。

《三明经》记有所谓"三明婆罗门"的一个学派,提倡"自在欲道、自作道、梵天道,此三道者,尽(通)向梵天"。佛即追问,三明婆罗门中有谁见过梵天?回答是谁也没有见过。于是佛说,都没有见过而说其道可以通天,就是虚妄不实,正像"奉事日月水火,唱言扶接我去生梵天者,无有是处"。佛认为,通过"三道"即可抵达梵天之说,其所以虚妄,在于三明婆罗门拥有"家属产业",恚嗔恨心,"为五欲所染,爱著坚固,不见过失,不知出要……不修沙门清净梵行,更修余道不清净行",这些行为和品格,都与梵天的不同,二者不得相应,怎么能够修之而往生梵天!由是佛被人认为是最"明识梵道,能为人说"的智者,又能"与'梵天'相见,往来言语"——佛所明识的"梵道",此处归结为修"四禅,于现法中而自娱乐";修"四无量心","游戏此心而自娱乐"。四禅与四无量要求的行为和品格,与梵天一致,"同趣同解脱",所以行者"身坏命终,如发箭之顷,生梵天卜"。就是说,佛教比任何一种婆罗门教派,更能把人引生到"梵天"处;要想生天,就得归依佛教。

这又表明,佛教正通过吸取婆罗门教对于梵天的崇拜,将自己的教义屈从于梵天崇拜的需要,用以分化和取悦婆罗门教信徒。

全面评述外道"六师"学说的是第三分的《沙门果经》。此经别有失译的《寂志果经》(后传昙无兰译),学界多认为是记载与佛同时代的异学外道较早也较完备的一部小经。据此经传,在一个十五日月满之夜,阿阇世王征求他的夫人、太子和大将等人的意见,于此良夜,"当何所为?"

每个人作了各与其身份相当的回答,从与彩女娱乐到集兵战争都有。王听后都不满意,乃问余人:"当诣何等沙门、婆罗门所,能开悟我心?"(卷十七,下同)于是,一婆罗门推荐"不兰迦叶",另一婆罗门推荐"末伽梨拘舍利",一典作大臣推荐"阿耆多翅舍钦婆罗",一守门将推荐"婆浮陀伽旃那",又有名"优陀夷漫提子"者,推荐"散若夷毗罗梨沸",而王弟无畏则称道"尼乾子"。以上被推举的共有六师,均被赞为"于大众中而为导首,多所知识,名称远闻,犹如大海,无不容受,众所供养;大王,宜往诣彼问讯,王若见者,心或开悟"。

以上六师,是与佛教平行于当时的著名沙门学派,佛典通称之为"六师外道"。但阿阇世王对他们都不甚满意,最后听从了一个名"寿命童子"的建议,去垂讯于佛。王向佛提出的问题是:"如今人乘象、马、车,习刀、矛、剑、弓矢、兵杖战斗之法,王子、力士、大力士,僮使、皮师、剃发师、织鬘师、车师、瓦师、竹师、苇师,皆以种种伎术以自存生,自恣娱乐,父母妻子、奴仆僮使共相娱乐,如此营生,现有果报;今诸沙门现在所修,现得果报不?"然后向佛介绍上述六师的答案,分别是:

(1) 不兰迦叶说:"王若自作、若教人作,斫伐残害、煮灸切割、恼乱众生,愁忧啼哭,杀生、偷盗、淫逸、妄语、逾墙劫夺,放火焚烧,断道为恶……行如此事,非为恶也",故亦无有恶报;相反,"为大施会,施一切众,利人等利,亦无福报。"这一师说,既否认行为有善恶之别,也否认有罪福果报,故亦称"无因无缘论"。

(2) 末伽梨拘舍利说:"无施、无与、无祭祀法,亦无善恶,无善恶报,无有今世、亦无后世,无父无母,无天无化无众生,世无沙门婆罗门平等行者,亦无今世后世自身作证、布现他人;诸言有者,皆是虚妄。"这一师说,近乎虚无主义,其人是"邪命外道"的始祖。

(3) 阿夷陀翅舍钦婆罗说:"受'四大'人,取命终者,地大还归地,水还归水,火还归火,风还归风,皆悉败坏,诸根归空;若人死时,床舆举身置于冢间,火烧其骨如鸽色,或变为灰土:若愚若智,取命终者,皆悉坏败,为断灭法。"这一师说,近乎唯物主义无神论,其人为"顺世论"的重要先驱者。

(4) 波浮陀伽旃延说:"无力、无精进人,无力、无方便;无因无缘众生染著,无因无缘众生清净。一切众生有命之类,皆悉无力,不得自在;无有冤雠,定在数中,于此六生中受诸苦乐。"这一师说,相当自然主义的命定论。有说,此派哲学建立在七元素论基础上,亦称"七士身论"。

(5) 散若毗罗梨子说:"现有沙门果报,问如是,答此事如是,此事实、此事异,此事非异、非不异……现无沙门果报,问如是,答此事如是,此事实、此事异,此事非异、非不异……现有无沙门果报,问如是,答此事如是,此事实、此事异,此事非异、非不异……现非有非无沙门果报,问如是,答此事如是,此事实、此事异,此事非异、非不异。"这当是相对主义的不可知论和诡辩派。

(6) 尼乾子说:"我是一切智、一切见人,尽知无余。若行、若住坐卧,觉悟无余,智常现在前。"这当是佛教对此派妄自尊大的一种描述,而没有涉及学说本身的内容。按《寂志果经》,尼乾子的学说是:"一切现人有所见者,所得罪福,皆是前世之事,因缘爱欲而生,因缘有老病。于是学道有因缘想,因缘子孙,然后得道。"其因缘果报之论,与佛教似乎甚为接近。至于其人,传为耆那教的创始者。

关于古印度六师之说,《中阿含》卷五七、《杂阿含》卷四三,以及说一切有部律和四分律等都有些记载,译名和释义各有不同,此处所传,只是其中的一种。今人从哲学上研究者颇多,理解也不全同,这里不再详述。

阿阇世王对于六师的回答,悉认为是"问瓜报李,问李报瓜"(卷一七,下同),答非所问,因此以同样的问题——即"沙门现在所修,现得果报不"问佛。佛答道:"王家僮使、内外作人",皆见王于高殿上与诸采女共相娱乐,"作此念言:咄哉,行之果报乃至是乎"!王者的这种享乐,就是由现在"行"所得的现在果报。其后这些僮使作人等,或有出家修道、行平等法者,剃除须发、服三法衣,大王遥见,起迎请坐,当然也就不会再作僮使看待,佛言,"此岂非沙门现得报耶?"又说:"如来至真等正觉出现于世,入我法者,乃至三明,灭诸暗冥,生大智明,所谓漏尽智证。所以者何?斯由精勤,专念不忘,乐独闲静,不放逸故……此非沙门现在果报也!"

依以上对六师的介绍,他们的共性,是不承认个人作业,个人受报,无因无果,更不承认业因与果报间存在必然联系;佛则证明,因果业报,是一种普遍法则,而且就表现在现实的生活中,所谓自作自受,现行现报,俯拾皆是;沙门亦不例外,其现行也必得现报。此说触发了阿阇世逼死其父,夺取王位,一直怀有极度恐惧的心事,所以受到强烈震动,乃起礼白佛曰:"唯愿世尊,受我悔过,我为狂愚,痴冥无识;我父摩竭瓶沙王,以法治化,无有偏枉,而我迷惑五欲,实害父王。唯愿世尊,加哀慈愍,受我悔过。"佛告诉他,汝"今于贤圣法中能悔过者,即自饶益;吾愍汝故,受汝悔过"。佛于是为他"说法,示教利喜",王即表示归依三宝,"于正法中为优婆塞",受持五戒。

这里提供了六师外道的若干背景材料,用来作为铺垫,反衬出佛教向王者中间发展的重要教义,以及王者所以接受它的原因——那就是业报因果说和忏悔灭罪说。业报和忏悔,打造了一对有机的新组合,用以适应那些造作罪恶而又心怀恐惧的人群的需要。王者的职业性质,天然地适合这种信仰。有许多佛籍记载阿阇世王归依佛教的这一故事,而且记他所犯的罪恶比这里陈述的要大得多,严重得多;但就是这个阿阇世王,成了佛教第一次结集的施主,是佛教得以流传开来的最有力的支持者。此后还有著名的阿育王,他也是在威势赫赫,征伐杀戮之后,深为忏悔而归依于佛教的;他派出使臣传播佛教,把佛教推向整个亚洲,使之成为名副其实的世界性宗教。在中国,最早有三国吴康僧会,用因果报应恐吓暴君孙皓,力图说服他行仁政,采用六度、十善治国。东晋十六国时的浮图澄,以神异扶植暴虐的石赵政权,也带有这样的性质。

《沙门果经》对于我们理解佛教向王室发展的社会原因,以及其所以倡导忏悔和忏法,是极具体、极生动的材料。

2. 诸见

"六十二见"是某一时期、某一地区佛教对于异己思潮的概括,习惯上也把六十二见作为一切错误观念的代表。第三分的《梵动经》列举了它们的内容,认为皆非"正见",并作了集中的批评。其涉及的大都是形而上的重大问题,围绕世界人生在时间上是"常"或"无常",在空间上是"有边"或"无边",因果业报是有是无,以及表述的方法(思维方式)是否正确等,依"劫"的本、末,划分为"本劫"(指当前)十八种、"末劫"(指末世)四十四种。

其中"本劫本见"的"十八见"又分为五类:

第一类曰"常见":"我及世间常存"(卷一四,下同)。此常存论又分"四见",即,或以为"二十成败劫"中,"众生不增不减,常聚不散";或以为"四十成败劫"中,或以为"八十成败劫"中,"众生不增不减,常聚不散",这三见都出于某些"沙门婆罗门种种方便入定意三昧"的忆想,由是乃说:"我以此知,我及世间是常;此实余虚"。四见中的第四见,则生于所谓"捷疾相智":"或有沙门婆罗门有捷疾相智,善能观察;以捷疾相智方便观察,谓为审谛;以己所见,以己辩才,作是说言:我及世间是常。"据此可知,得出"我及世间是常"的常存论者,主要根据有二,一是来自某种禅定,它可以使入定者忆想多少劫以前的事,实际上是一种妄想或幻觉,属于宗教经验;二是来自"智",此之以"捷疾"命名,当指与"定"中所得的渠道不同,而是直接对现象进行观察所得的认识。

"本劫本见"中的第二类名"半常半无常见":"我及世间半常半无常"。也有四种,可能都是来自当时的神话和与之相关的禅定。其一传说,"此劫始成,有余众生福尽、命尽、行尽,从光音天命终生空梵天中,便于彼处生爱著心,复愿余众生共生此处;此众生既生爱著愿已,复有余众生命行福尽,与光音天命终,来生空梵天中。其先生众生便作是念:我于此处是梵、大梵,我自然有,无能造我者;我尽知诸义,典千世界,于中自在、最为尊贵,能为变化,微妙第一,为众生父;我独先有,余众生后来,后来众生我所化成"。其后来的梵众亦作是念。及至"彼梵众生命行尽已,来生世间,年渐长大,剃除须发,服三法衣,出家修道,入定意三昧;随三昧心,自识本生,便作是言:彼大梵者,能自造作,无造彼者;尽知诸义,典千世界,于中自在,最为尊贵,能为变化,微妙第一;为众生父,常住不变,而彼梵化造我等,我等无常变易,不得久住。是故当知,我及世间半常半无常"。

这同样的一段话,已见于前述佛陀对梵天创世说的批判中。这里再次引用,是因为这一传说对于我们具体了解佛教与婆罗门教的关系,进行更深层比较,是一个极生动的例证。

"半常半无常"的第二种主张是这样的:"或有众生,喜戏笑懈怠,数数戏笑以自娱乐;彼戏笑娱乐时,身体疲极,便失意;以失意,便命终,来生世间,年渐长大……出家修道;彼入定意三昧,以三昧心,自识本生,便作是言:彼余众生,不数戏笑娱乐,常在彼处,永住不变;由我数数戏笑故,致此无常,为变易法。是故我知,我及世间半常半无常。此实余虚。"这是以经常嬉笑娱乐为无常,以不经常嬉笑娱乐为常的观点,有可能与苦行派有关。

第三种主张认为,"或有众生辗转相看已,便失意;由此命终来生世间……出家修道,入定意三昧,以三昧心,识本所生,便作是言:如彼众生,以不辗转相看,不失意故,常住不变;我等于彼数相看,数相看已,便失意,致此无常,为变易法。我以此知,我及世间半常半无常"。这是以不"辗转相看"为常,以"相看"为无常的观点,这可能与独住孤行的远离派有关。

以上两种观点产生的原因,都在"失意"和"不失意"。这里的"意",指"定意"。处于禅定中的心意高度集中,就是不失意,亦称"守意";如果注意力分散,就是失意,不守意。经常嬉笑,或坐禅时相互看视,思想当然不可能保持集中,于是据此推断,若不经常嬉笑、不相互看视,总是处在三昧状态,必然是"常",反之,即是"无常";由此推断"半常半无常"就是"我"及"世间"的特性了。

第四种"见",其实就是对上三种主张的理论概括,所谓有"捷疾智者","以己智辩言,我及世间半常半无常。此实余虚"。

"本劫本见"中的第三类名"边见",也分四种,所谓"我及世间有边、无边"。前三种也都是通过"定意三昧"产生的,其一是,"以三昧心观世间,起边想。彼作是说:此世间有边,是实余虚。所以者何?我以种种方便,入定意三昧;以三昧心观世间有边,是故知世间有边"。其二是,"以三昧心观世间,起无边想"。理由与上全同。第三种,"以三昧心观世间,谓上方有边,四方无边;彼作是言:世间有边、无边,此实余虚",理由也是定中的亲身所观。第四种由"捷疾智者"产生,"以己智辩言,我及世间非有边、非无边。此实余虚"。

"本劫本见"中的第四类名"异问异答见",也有四种,它们是都因为缺乏聪明智慧,于不知强为之知的表现,所谓"我以不见不知故,作如是说……设当问我诸深义者,我不能答,有愧于彼,于彼有畏,当以此答,以为归依"。这一答说的公式是:"此事如是、此事实,此事异、此事不异,此事非异、非不异"。其所不知不见的事有:一,"我不见不知善恶有报(耶)、无报耶";二,"我不见不知为有他世耶、无他世耶";三,"不知不见何者为善,何者不善";四,最后,把它们概括为"愚冥暗钝",没有主见:"他有问者,彼随他言答:此事如是、此事实,此事异、此事不异,此事非异、非不异。"据此,这实是"六师"中散若毗罗梨子的相对主义不可知论的观点。

"本劫本见"中的第五类为"无因论",谓我及世间乃"无因而有"。这包括两种:一种是出于某些"无想无知"的众生,"若彼众生起想,则便命终,来生世间……出家修道,入定意三昧;以三昧心,识本所生,彼作是语:我本无今有,忽然有;此世间,本无今有。此实余虚"。另一种出自"捷疾智"者,"以己智辩能如是说:此世间无因而有,此实余虚"。

总上"十八见"形成的原因,除了被认为是"愚钝"者外,只有两个来源,一是"三昧",一是"智",也就是佛教自己求取解脱,把握真理的两条基本道路,所谓"禅智"、"定慧"、"止观"。但由这"十八见"证明,这两条道路也正是通向谬误的根源。因此禅、智本身并不能保证认识必定正确,决定正确与否的关键还是内容:思维什么,如何思维,以及从思维中形成何种观念。

这里把"十八见"发生的原因归诸于禅、智中的错误,很值得重视。禅智即是禅思,所以"禅那"即意译为"静虑"。古印度哲学中的哲人形象,总是静默沉思,表现的就是禅思。它可以作为东方思维方式中最具代表性的一种:与西方宗教的强调信仰相比,禅思似乎是理性的,要求树立的是一种理念,而不单纯是盲目的权威。但是绝不能忽略,禅思据以考察的对象,不是客观现实的全貌,而多是截取其中的一枝一叶,加上心理幻想和主观构画的作用,从此推出或证实的结论,往往是极端的片面和荒谬;至于禅思中的幻觉或幻相,则成了佛教设计其神灵世界的经验基础。佛教的神话异常丰富,与此直接有关。这种禅思型的理性思维,与一般认识论的理性思维有一个极大的区别,那就是无逻辑性,受幻觉经验的支配,而缺乏验证的客观措施和客观标准,尤其是无法与一般科学理性相比。禅思的根本缺陷,还在于把主观经验同客观事物混为一谈,把神话同历史混为一谈,所以本质上是内向的,将内省视为真实的第一来源,置客观真实于不顾。

"本劫本见"的十八见之后,接下来是"末劫末见",共有五论四十四种,即:"有想论"十六种,"无想论"八种,"非想非非想论"八种,"断灭论"七种,"泥洹论"五种。

所谓"有想论"、"说世间有想",指认为众生寿终命尽之后还会再生"世间"并存在与之相应的"想"的那种论调:"诸有沙门婆罗门作如是论,如是见,言:我此终后,生有色有想,此实余虚";"有言,我此终后,生无色有想";"有言,我此终后,生有色、无色有想";"有言,我此终后,生非有色、非无色有想"。乃至"生有边有想","生无边有想","生有边、无边有想","生非有边、非无边有想"。还有,"我此终后,生而一向有乐有想","一向有苦有想","有乐有苦有想","不苦不乐有想"。还有,"我此终后生有一想","生有若干想","生少想","生有无量想"。总此十六见,围绕死后有色无色、有边无边、有苦有乐,以及"想"有多少,分为四类;这四类"想"都没有超出"三界",所以通归为"世间有想"论。

"末劫末见"的"无想论",所谓"说世间无想",其八种为:"诸有沙门婆罗门作如是见,作如是论:我此终后,生有色无想,此实余虚";如是,"生无色无想";"生有色、无色无想";"生非有色、非无色无想"。另有言"我此终后,生有边无想,此实余虚";如是,"生无边无想";"生有边、无边无想";"生非有边、非无边无想"。此"无想"是对彼"有想"的否定,认为众生死后虽会于上述世间再生,但不会再有"想"的存在。

"末劫末见"的"非想非非想论",所谓"说此世间非想非非想",其八种是:"诸沙门婆罗门作如是论、作如是见:我此终后,生有色非有想非无想,此实余虚";如是,"生无色非有想非无想";"生有色、无色非有想非无想";"生非有色、非无色非有想非无想"。另有言"我此终后,生有边非有想非无想,此实余虚";如是,"生无边非有想非无想";"生有边、无边非有想非无想";"生非有边、非无边非有想非无想"。

以上所讲的有想、无想以及非有想非无想等,都是指四神八定及其相应的"色界"和"无色界"诸天存活状态的:在此二界中的众生,是否还有思想活动? 这可能是当时沙门婆罗门比较普遍讨论的问题之一,应该归于古印度思潮中的神学范围,这里不作详释。

"末劫末见"中的"断灭论",所谓"说众生断灭无余"。此有七种:"诸有沙门婆罗门作如是论、作如是见:我身四大、六入,从父母生,乳哺养育,衣食成长,摩扪拥护,然是无常,必归磨灭",此为"断灭论"中的第一见;第二见:"此我不得,名断灭,我,欲界天断灭无余,齐是为断灭";第三,"此非断灭,色界化身诸根具足,断灭无余,是为断灭";第四,"此非断灭,我,无色空处断灭";第五"我,无色识处断灭";第六,"我,无色不用处断灭";第七,"我,无色有想无想处断灭"。"断灭",即不再有"生";按三世因果说,生命至此,是最后的终结,不会连续下去。其中第一见,属于我们世人的普通看法;第二见以上,则以"我"是否存在作为灭不灭的标准,就是从哲学视角进行论断了。

"末劫末见"中的"泥洹论",所谓"说众生现在有泥洹",此有五见:第一,"诸有沙门婆罗门作是见、作是论说:我于现在五欲自恣,此是我得现在泥洹";第二,"现在泥洹,微妙第一,汝所不知,独我知耳,如我去欲恶不善法,有觉有观,离生喜乐,入初禅,此名现在泥洹";如是第三,"内喜一心,无觉无观,定生喜乐,入第二禅";第四,"除念、舍喜、住乐,护念一心,自知身乐",入第三禅;第五,"乐灭苦灭,先除忧喜,不苦不乐,护念清净,入第四禅,此名第一泥洹"。此处说明,"泥洹"之说盛行于多种派别,有多种理解,但绝大多数以"乐"作为泥洹的基本规定,所以"五欲自恣"和住"四禅"乐,都可以被误解为泥洹。

总上"本劫本见"、"末劫末见"的六十二见,着重讨论的是三个问题:我及世界从哪儿来,死后到哪儿去,以及对我和世界现状作什么性质的价值判断。这三个问题,具有相当的普遍性,不但受到宗教和哲学的深刻关切,也经常触及普通民众的思想和心绪。至于这六十二见的是是非非,此处仅作为一种思想史的资料加以介绍,不拟评论;佛教的观点则十分明确,由此所生之智,"谓异信、异欲、异闻、异缘、异觉、异见、异定、异忍",与佛说全面相异。佛陀的主张是:"如来自知生死已尽",永不复生,但是依然"有身"。为什么?"所以有身,为欲福度诸天人故;若其无身,则诸天世人无所恃怙"。此处提出,如来尽管"生死已尽",但依旧"有身",这是一个极其重要的观念,可以看做是大乘佛教创立"佛身"说的前奏,这里则没有任何进一步的发挥。

佛在说此六十二见过程时,还提出了一个重要原则,那就是,像六十二见这类事涉生死因果等根本教义的理论问题,远比比丘的威仪持戒等事务性问题重大得多。"世尊告诸比丘,若有方便毁谤如来及法、众僧者,汝等不得怀忿结心、害意于彼……若称誉佛及法、众僧者,汝等于中亦不足以为欢喜庆幸。"不论是起害意还是生欢喜心,都是"陷溺"的表现。"所以者何?此是小缘威仪戒行,凡夫寡闻不达深义,直以所见,如实赞叹。"所谓"毁谤",也不出这些"小缘威仪戒行"的范围。此处指明的"小缘威仪戒行",或曰"持戒小小因缘",有这些:(1)"灭杀除杀,舍于刀杖,怀惭愧心,慈愍一切";(2)"舍不与取,灭不与取,无有盗心";(3)"舍于淫欲,净修梵行,一向护戒,不习淫逸,所行清洁";(4)"舍灭妄语,所言至诚,所说真实,不诳世人";(5)"舍灭两舌,不以此言坏乱于彼,不以彼言坏乱于此,有诤讼者能令和合,已和合者增其欢喜,所有言说不离和合,诚实入心,所言知时";(6)"舍灭恶口,若有粗言伤损于人,增彼结恨,长怨憎者,如此粗言尽皆不为,常以善言悦可人心,众所爱乐,听无厌足";(7)"舍灭绮语;知时之语、实语、利语、法语、律语、止非之语,但说是言";(8)"舍离饮酒,不著香花,不观歌舞,不坐高床,非时不食;不执金银,不畜妻息、僮仆婢使,不畜象马猪羊鸡犬及诸鸟兽;不畜象兵马兵车兵步兵,不畜田宅,种植五谷;不以手拳与人相加;不以斗秤欺诳于人,亦不贩卖券约断当,亦不取受抵债、横生无端,亦不阴谋、面背有异;非时不行,为身养寿,量腹而食,其所至处,衣钵随身"。

以上种种,是从正面说明沙门瞿昙优胜于其他沙门婆罗门处,而集中在持戒严谨、言行规范上。但是,《梵动经》强调,此等皆是"小缘威仪戒行,凡夫寡闻不达深义,直以所见,如实赞叹",其实是不值得的。

与其他沙门婆罗门相比,沙门瞿昙无下列诸事,也受到人们的赞扬:(1)"受他信施,更求储积,衣服饮食无有厌足";(2)"食他信施,自营生业,种植树木,鬼神所依";(3)"食他信施,更作方便求诸利养,象牙杂宝,高广大床……求自庄严,酥油摩身,香水洗浴……著好华蔓,染目绀色……著宝革履,上服纯白,戴盖执拂,幢髦装饰";(4)"专为嬉戏,棋局博弈……种种戏法以自娱乐";(5)"食他信施,但说遮道无益之言、王者战斗军马之事,群僚大臣骑乘出入游戏园观,及论卧起行步女人之事,衣服饮食亲里之事;又说入海采宝之事";(6)"但作邪命谄谀美辞,现相毁呰,以利求利";(7)"食他信施,但供诤讼,或于园观或于浴池或于堂上,互相是非,言我知经律、汝无所知,我趣正道、汝趣邪径,以前著后、以后著前,我能忍汝不能忍,汝所言说皆不真正,若有所疑当来问我,我尽能答";(8)"食他信施,更作方便,求为使命,若为王大臣、婆罗门、居士通信使,从此诣彼、从彼至此,持此信授彼、持彼信授此,或自为或教他为";(9)"食他信施,但习战阵斗诤之事,或习刀杖弓矢之事,或斗鸡犬猪羊象马牛驼诸兽,或斗男女,或作众声、吹声、鼓声、歌声、舞声,缘幢倒绝,种种技戏无不玩习";(10)"食他信施,行遮道法,邪命自活,占相男女吉凶好丑,及相畜生,以求利养";(11)"食他信施,行遮道法,邪命自活,召唤鬼神,或复驱遣,种种魇祷,无数方道,恐热于人,能聚能散,能苦能乐,又能为人安胎出衣,亦能咒人,使作驴马,亦能使人聋盲喑哑,现诸技术,又手向日月,作诸苦行,以求利养";(12)"……或为人咒病,或诵恶咒,或诵善咒,或为医方,针灸药石,疗治众病";(13)"……或咒水火,或为鬼咒,或诵刹利咒,或诵象咒,或支节咒,或安宅符咒,或火烧鼠齿能为解咒,或诵知死生书,或诵梦书,或相手面,或诵天文书,或诵一切音书";(14)"……行遮道法,邪命自活,瞻相天事,言雨不雨、谷贵谷贱、多病少病、恐怖安隐,或说地动彗星、月蚀日蚀,或言星蚀;或言不蚀,方面所在,皆能记之";(15)"……或言此国当胜,彼国不如,占相吉凶,说其盛衰"。

以上诸事,突出在谋生方式上,沙门瞿昙与其他沙门婆罗门的区别,也就是一般所谓佛教"正命"与外道"邪命"的区别。此处列举的有遮正道、邪命自活的行为,像咒术、相占、役使鬼神之类,后来变成了佛教密宗的重要组成部分,其他许多也成了佛教的分内事。但在当时,拒绝这些行为,还是佛教自认为比其他沙门婆罗门优胜,也是为一般世人称道的地方。《梵动经》对这种优越感和赞扬一并贬之为"寡闻凡夫"之见。它反复指出,在上述律仪和非邪命的思想行为之外,"更有余法,甚深微妙,大法光明",唯有"贤圣弟子"才能把握的,那就是与六十二见相对立的佛教哲学观。六十二见所涉及的,基本上属于本体论、形而上的问题;与此相关,则必涉认识论和方法论问题。这就意味着从此以往,佛教的注意力从切身的人生观问题自觉地转向了世界观问题,从自我约束、自我解脱,自觉地转向了对宇宙本质和本原的抽象探求上。这种变化,也可以看做是对佛陀关于十四无记教诲的否定,是对不讨论形而上问题的早期主张的背离。

把那么多涉及佛教性质的"威仪戒行"说成是"小小因缘",实质上表达了对早期佛教教戒的轻蔑,表达了对划定正命和邪命这一界限的轻蔑。这两大轻蔑,不但标志着佛教的生活观已有或将有重大的转变,也标志着佛教向理论思维高于一切修习、"智慧"统帅所有"道谛"的道路上全面迈进。换言之,它的实质在于把认识(见)问题当成了世界人生一切问题的核心,从而也把解决认识(见)问题,当成解决世界人生一切问题的核心。这一主张的背后,蕴含着重大的新思潮,那就是争创哲学体系时代的来到,学院派佛教的形成。

第三章 部派佛教概略

这里讲的"部派佛教",指的是佛教虽然已经分裂,但仍然保持或尊重佛教的原始教义,而不具有大乘佛教根本特色的诸多派别。

对于部派佛教,甚至整个印度佛教的学术研究,总体上比较稀疏,而在这稀疏中间,国外胜于国内;国内又集中于支那内学院,吕澂(秋逸)先生领先。我所写的印度佛教背景部分,包括部派佛教,主要参考了吕先生的研究成果。他早年撰有《印度佛教史略》,后半生撰了《印度佛学源流略讲》,还发表了许多相关的论文。他致力于印度佛学的研究,可以说毕其一生,至今在国内外尚无出其右者。

部派佛教是佛教内部分化发展的产物。从《阿含》的记载看,这种分化和发展,在佛陀在世时已经开始,而且相当明朗化了;佛陀涅槃后之所以立即结集,显然是内部存在意见分歧,有了需要统一的反应。所以第一次结集都统一了些什么,诸《阿含》自身的记载就比较混乱。不过按后出的一般佛教史书的说法,正式分派表现在第二次结集上,即大众部与上座部在观念上的对立和组织上的分裂。此称根本分裂,时间约在公元前4世纪中。之后又经历了两次大的分裂,至于公元2世纪,先后形成十八个部派或二十个部派或更多,这就是学术界公认的"部派时期"。自

2世纪至7世纪,随着大乘佛教的兴起,部派佛教再经分合,形成四大部,所谓上座部,大众部,说一切有部和正量部。此后还继续分化,从说一切有部中生出经部一家,大众部则淹没在大乘佛教中,这一形势一直延续到佛教退出印度本土。不过一般也沿用大乘佛教对早期佛教的称谓,称这个时期的部派佛教为"小乘佛教"。

约公元前3世纪,佛教开始走向世界,沿南北两个方向对外传播。就部派佛教言,南方以斯里兰卡为基地,流布于东南亚诸国,上座部的一支得到壮大,称作南传上座部;北方集中在以犍陀罗和罽宾为中心的中亚地带,最后落脚于中国,说一切有部得到广泛的流传,中国佛教称其为小乘"有宗"。

关于部派佛教的实际情况,我们已经很难看到可靠的原始资料,更准确些说,很难从现有的文献中辨清所有部派的原貌。巴利文三藏标明自己是上座部的,实际上已不是根本分部时期的上座部,学界有人认为它比较接近化地部和法藏部,同时还含有大众部甚至大乘的一些思想影响。汉文三藏中保存的派别相对较多,律藏有四部,分属于萨婆多部(有部)、摩诃僧祇部(大众部)、昙无德部(法藏部)、弥沙塞部(化地部),还有正量部(三弥底耶部)的小部分,以及上座部的律论《善见律毗婆沙》,部派归属比较清楚。经藏则是"四阿含"及其若干单译经;对于它们的部派属性,至今还不能准确判定,且各《阿含》自身所收的经籍,在内容上也有不少相互抵牾处。关于论藏部分,汉文部分人都属一切有部系统,南传上座部自然更要收藏本部的论著,所以其他部派保留下来的奇少。总之,仅从这些材料考察各个部派佛教复杂而又烦琐的学说,以及它们之间的关系,远远不够。

南传佛教记述早期部派佛教的文献有《岛史》、《大史》和《论事》等,它们讲的当然是南传的情况;汉文比较可信的则有世友(亦作天友)的论著,前后三译,即失译的《十八部论》(附三秦录)、真谛译的《部异执论》、玄奘译的《异部宗轮论》。世友是有部的著名论师,约1—2世纪时人,其叙述的只能是从有部的立场,限于2世纪以前的部派情况。藏传的有关资料有六种,因离部派佛教更远了,所以也只能以藏译《异部宗轮论》为参考。

此外,就是在佛教有关论著中事涉部派佛教的记载,像《大智度论》、《大毗婆沙》以及其他论战性的著作中,也保存不少,很生动,但较零碎。因此要全面厘清某个派别的系统思想及其前后逻辑,相当困难。

从世友提供的线索看佛教僧团的分化,时间概念就很不清晰。依顺序说,第一次分裂,坚持原始教义而又占据当时统治地位的少数长老,被称作上座部;多数僧侣倾向新的教义,脱离上座控制,形成大众部,史称根本分裂。其后上座部继续分化成两派,一是雪山部,亦名上座弟子部,被认为是上座部本宗正义的继承者;一是说一切有部。雪山部后来的情况不详,得到大发展的是说一切有部,上座部中的其他所有派别,诸如犊子部、化地部、法藏部等,都是从有部中分化出去的。因此,从宏观上看,部派佛教实际上只有三大系:上座、大众、说一切有。说一切有部之所以占有如此显赫的地位,是否与传这一历史的作者世友为有部师有关,令人怀疑。

南传的情况不同,与我们这里讨论的问题有关,是上座部一开始分裂出来的两部,一是化地部,一是犊子部,而说一切有部和法藏部一起,都是从化地部中分裂出来的。根本上座部未变,也没有什么雪山的上座弟子部。对部派的这种论述,给人的突出印象,是根本上座部始终存在,说一切有部不过是它的一个派别再分裂的产物。这可能反映了南传上座部自认为是最能代表佛说的一种心态。

吕澂先生倾向于南传的说法,认为上座部继续分裂,首先形成犊子部和化地部;化地部再度分裂而成说一切有部和法藏部。但有两点与南传不同,第一,从化地部中流出的还有雪山部,雪山部不止传播于北方,也在南方流行;第二,根本上座部已经不复存在,演化至部派期的上座部,在思想上实属化地部和法藏部,也可以说是后二部的末流。

实际情况如何,一时很难论定。根据义净所传,"诸部流派,生起不同,西国相承,大纲唯四"(《南海寄归内法传》卷一,下同)。依照他的说法,这四个部派一是"圣大众部",其下分出七部;二是"圣上座部",分出三部;三是"圣根本说一切有部",分出四部;四是"圣正量部",分出四部。据此,所谓部派的"十八部",是在此四部大纲下又分化出来的十八个小派别,而不是部派的总数。义净没有记录这十八部的名称,仅从这四大部系属的派别数量看,就与传统上的南北二说有极大的差别,如正量部下又分四部,即是前所未传的说法。

我们不能说义净所传毫无根据。他在介绍了上述部派之后,接着说:"然而部执所传,多有同异。且依现事言其十八,分为五部,不闻于西国耳。"意思是说,中土前所传十八部,以及被归纳的"五部",他没有在印度听说过。此所谓十八部和五部,当指梁僧祐在《出三藏记集》卷三中记录的"律分为五部"和"律分为十八部"。据此而言,分部的标准就有不同。《异部宗轮论》等多依教理划分,僧祐、义净所传,则以律为标准。他们二人都是律师;真谛、玄奘则是法师。

若据僧祐之说,"五部"谓:

(1) 萨婆多部(有部):"梁言一切有也。所说诸法,一切有相;学内外典,好破异道;所集经书,说无有我,所受难能答。"(《出三藏记集》卷三,下同)它的律是《十诵律》,鸠摩罗什译;义净回国后,集中译介了"根本说一切有部"的戒律文献,可统计的有十八种,约二百卷。

(2) 昙无德部(法藏部):"昙无德者,梁言法镜,一音昙摩毱多。如来涅槃后,有诸弟子颠倒解义,覆隐法藏;以覆法故,名昙摩毱多。"它的律是《四分律》,全称《昙无德律》,姚秦时佛陀耶舍译。此律后受到北朝佛教的尊崇,至唐而成为律宗的立宗依据。

(3) 摩诃僧祇部(大众部),《祐录》亦作婆麁富罗:"婆麁富罗者,受持经典,皆说有我,不说空相,犹如小儿,故名。"又记:法显游西域,写得梵本,晋义熙十二年至十四年,共佛驮跋陀于京师译出。它的律即名《摩诃僧祇律》，多在江南流通。

（4）弥沙塞部（化地部）："弥沙塞者，佛诸弟子受持十二部经，不作地相，水、火、风相，虚空、识相"，是故得名。其律即名《弥沙塞律》，又名《五分律》。此亦是法显游西域，于师子国所得的梵本，南朝宋时佛驮什译出。此律亦多流行于南朝。

（5）迦叶维部（饮光部）："迦叶维者，一音迦叶毗，佛诸弟子受持十二部经，说无有我及以受者，轻诸烦恼，犹如死尸"，是故得名。但"此一部律不来梁地"。然北魏瞿昙般若流支译《解脱戒本》一卷，至宋前思溪藏本更名《解脱戒经》，并注"出迦叶维部"，或许与饮光部律有关。

总上五部不列"上座"，这已经很独特了；其后所记十八部，也限在这五部之内："佛灭度二百年后，萨婆多部分出婆蹉部。婆蹉部又分出三部：一者法盛，二者名贤，三者六成。弥沙塞部分出中间见。迦叶维部分出二部：一者僧伽提，二者式摩。摩诃僧祇部四百年时分出六部：一者维迹，二者多闻，三者施设，四者毗陀，五者施罗，六者上施罗。又一本昙无德部。"

这十八部之分与上述南、北所传有多大差别，一目了然；其对于五部思想的介绍，偏颇性也十分明显。但僧祐之说，介乎在世友的《异部宗轮论》之后的数百年，义净之前的数百年，如果仔细推敲，也可以看出部派佛教在这期间变化的大略。对此，学界没有给予应有的注意，我认为还是值得进一步探究的。

其实，部派演变之大，已难一一厘清。就以《祐录》未提及的上座部言，变化就很剧烈。仅6世纪的南方说，此部集中在斯里兰卡的大寺派；大寺后来有了分化，出现了无畏山派和祇多林派，而且含有强烈的大乘倾向。玄奘旅印，得知当时的僧伽罗国有"伽蓝数百所，僧徒二万余人，遵行大乘上座部"（《大唐西域记》卷一一）。关于"大乘上座部"，究竟是指一个部派，还是"大乘、上座部"，实指两个派别，这与句读有关。《三藏法师传》卷四这样记载：僧伽罗国，伽蓝"见百余所，僧徒万人，遵行大乘及上座部教"。行文与《西域记》基本一样,但在大乘与上座部之间加了一个"及"字,实情就澄清了。不过此处所指"大乘"属哪个派系,没有明文交待,而研究者一般认为,它就是"方广部",亦名"大空宗",其行者称为"方广道人"。上座部与这个大乘派别矛盾重重,斗争似甚剧烈,直到12世纪中,无畏山和祇多林才被正式取缔,大寺派被尊为国教,上座部也顺理成章地上升为佛教南传的正统。这些外在于上座部的派别,都不在十八部之内,关于它们的原始文献,似乎也没有遗存下来。

我们这里对于部派佛教的探索,依据的是汉译原始经典。关于它们的总体思想概貌,还主要从世友的传说,特别是玄奘译的《异部宗轮论》中透露的信息作一些了解。

一、关于大众部

大众部之独立成派的思想原因,是缘于"大天五事"给予"真佛教"制定的标准,即所谓"余所诱、无知、犹豫、他令入、道因声故起,是名真佛教"。这五事都是阿罗汉修习不彻底的表现,以此贬低阿罗汉的地位,不再把阿罗汉定为佛教实践的最高果位,从而抬高"佛"与众僧不同的特殊地位,以及修行"佛道"的特殊价值。这一解释,在《大毗婆沙论》中也有记载。但这在多大程度上符合实际,也不好说。《十八部论》是这样记的:"时有比丘,一名能,一名因缘,三名多闻,说有五处以教众生,所谓从他、饶益、无知、疑,由观察言说得道:此是佛。"这个记载就没有大天其人。《部异执论》同样没有说明这五事的具体主张是谁,唯说有五因缘,造成根本分裂,所谓"余人染污衣,无明、疑、他度,圣道言所显,是诸佛正教"。有所谓"五事"是三个译本相同的,所述内容都在贬黜阿罗汉也没有异议,但对它们的理解可能有出入。不过目前除法相家的解释以外,别无其他根据可说。

关于大众部的思想,《异部宗轮论》说它从中流出"一说部"、"说出世部"和"鸡胤部",它们的学说,通作"四部本宗同义",共计四十七条,最突出的是把作为佛教创始者的释迦牟尼,升华为永恒的普遍真理和道德纯正的象征,把人中"觉者"和僧团领袖的佛,抽象作神格的佛,致使佛由人转化为神,由释迦牟尼一佛多元化为"诸佛";与此相应,将佛教修习的最高目的确定为成佛,将以成佛为目标的修习者,专名"菩提萨埵",简称"菩萨",从而使人人皆可以成佛,成为可能。这样就全面扩大了与奉阿罗汉为最高果位的其他部派佛教的矛盾和对立。

此中,直接为佛规定的新性质和新能力的教义,共有十六条:

诸佛世尊,皆是出世;一切如来,无有漏法;诸如来语,皆转法轮;佛以一音说一切法;世尊所说,无不如义;如来色身,实无边际;如来威力,亦无边际;诸佛寿量,亦无边际;佛化有情,令生净信,无厌足心;佛无睡梦;如来答问,不待思惟;佛一切时不说名等,常在定故,然诸有情谓说名等,欢喜踊跃;一刹那心,了一切法;一刹那心,相应般若,知一切法;诸佛世尊尽智、无生智,恒常随转,乃至般涅槃;佛所说经,皆是了义。

按这里的描述,佛是在空间上无边,在时间上无际的存在;他智慧无限,威力无限,无所不知,无不正确,无时不在教化。所以佛也就是具备智、威、真、善,无言而又无时不在向众生示教的绝对实体。

直接为菩萨规定的先天特性的教义,共有五条:

一切菩萨入母胎中,皆不执受羯剌蓝(意译杂秽,指成胎最初七日间的存活形状)、頞部昙(意译疱结,指成胎的第二个七日间的形状)、闭尸(意译肉段,指第三个七日间)、键南(意译硬肉,指第四个七日间)为自体;一切菩萨入母胎时作白象形;一切菩萨出母胎时皆从右胁生;一切菩萨不起欲想、恚想、害想;菩萨为欲饶益有情,愿生恶趣,随意能往。

此处的菩萨,从降生、处胎和出胎,就被神化到了与众不同,所以要想作菩萨,首先得掂量掂量自己是否有过这样奇异的经历,并非像以后所言,只要"发心"就可作菩萨那样容易。所谓"饶益有情,愿生恶趣",则成了大乘佛教公认的菩萨品格之一。

给四果阿罗汉有关的规定,则有五条:

> 诸预流者,心心所法能了自性;有阿罗汉为余所诱,犹有无知,亦有犹豫,他令悟入,道因声起……预流者有退义,阿罗汉无(按:失译本"无"作"有")退义……诸豫流者,造一切恶,唯除无间。……诸预流者,亦得静虑。

这些规定,明显地是在贬低一般部派佛教崇尚的"四果"和追求四果的修行,有关阿罗汉部分与"大天五事"完全相应;对于初果位者,则说他还会"造一切恶",除了"无间地狱"业之外,即使已经悟得初果,也会退失。

在教理方面,大众部还有一些特殊主张,计有:

> 以一刹那现观边智,遍知四谛诸相差别。

> 眼等五识身有染、有离染。色、无色界具六识身。五种色根,肉团为体;眼不见色、耳不闻声、鼻不嗅香、舌不尝味、身不觉触。(按:意谓由"肉团"形成的五根属于"色";人的感知能力不在色而在"识"。)

> 一切法处,非所知,非所识,是所通达。

> 在等引位,有发语言,亦有调伏心,亦有净作意。所作已办,无容受法。

> 苦能引道,苦言能助。慧为加行,能灭众苦,亦能引乐(按:藏本作"为断苦故,慧为加行,乐为资具"),苦亦是食。(按:这后一句话,极具特色:生命不仅需要一般食[多指四食]去维系,也需要"苦"的维系。"苦"是生命的构成因素。)

> 第八地中亦得久住,乃至性地法,皆可说有退。

> 无为法有九种:一择灭、二非择灭、三虚空……八缘起支性、九

圣道支性。(按:此处把十二缘起中"无明"、"生"等十二支的自性,以及修行八圣道中的每一正道,如"正见"、"正命"等的自性,也归结为永恒不变的实体范围,表明大众部推崇的教理和实践,就集中在十二因缘和八正道上。)

心性本净,客尘随烦恼之所杂染,说为不净。(按:这是对大众部"心性"说的概括。)随眠异缠,缠异随眠;应说随眠与心不相应,缠与心相应。(按:此中"随眠"指烦恼的潜在状况,"缠"指烦恼的现行活动。在讨论"心"与烦恼是"相应"还是"不相应"时,应该区别它们是处在何种状态。)

过去、未来,非实有体。

都无中有。

此四部别有"末宗",异义者有九:

如如圣谛诸相差别,如是如是有别现观。有少法是自所作,有少法是他所作,有少法是俱所作,有少法从众缘生。有于一时二心俱起。道与烦恼容俱现前。业与异熟有俱时转。种即为芽。色根大种有转变义,心、心所法无转变义。心遍于身。心随依、境,卷舒可得。

这九种异义,都是命题,也都留有进一步论证和充分展开的余地。

其后,大众部又分化出多闻部和说假部。多闻部的异义有二:

佛五音是出世教:一无常、二苦、三空、四无我、五涅槃寂静,此五能引出离道故;如来余音是世间教。有阿罗汉为余所诱,犹有无知,亦有犹豫,他令悟入,道因声起。余所执多同说一切有部。

就是说,多闻部是吸收了有部学说的,尤其是它的"说一切有"。据此,"说一切有"并不限于有部一家。

说假部异义有八:

> 苦非蕴（苦不在于五蕴）。十二处非真实。诸行相待，展转和合，假名为苦，无士夫用。无非时死，先业所得。业增长为因，有异熟果转。由福故得圣道。道不可修。道不可坏。

这样的"说假"，就是不承认五蕴、十二处为实体，连"苦"也是假施设的名言，并非真实；唯有"道"是永恒的真实，"业报"是必然的，修福就是修道。这些说法，距离大乘空观很近。

由此来看大众部最后的分化：一部在向有部靠拢，一部在向大乘空宗转变，已有的特点，反而消失了。这是北方的情况。

至于大众部在南方，则有制多山部、西山住部和北山住部，三部本宗同义有三：

> 诸菩萨不脱恶趣。于窣堵波兴供养业，不得大果。有阿罗汉为余所诱此等五事。

按"制多"和"窣堵波"都是指"塔"而言，只是形状不同。制多山部即以供养制多为名。其余二部，当是制多山部分裂出去的。塔供养是偶像崇拜的雏形，而后形成佛教的一大潮流，此处说它"不得大果"，或许是对塔供养出现异议的反映。实际上，大乘经籍，尤其是般若经类，对塔供养是赞赏之极。说"菩萨不脱恶趣"，不是贬义，而是表示菩萨救度众生，不避恶趣的意思。由此来看，南方大众部的大乘倾向更为突出。

这样，大众部一系，下分一说部、说出世部、鸡胤部，以及多闻部、说假部和制多山部、西山住部、北山住部等八部，加上本部，就是九部。它们的思想主张，尽管多种多样，最后在大小乘分化中，失去了自己的特点。

二、关于上座部

有关上座部的学说，按《异部宗轮论》的记载，应该是维护阿罗汉的崇高地位，与"大天五事"对立的。但史无明证，难以置评。若按《部异执

论》的介绍,根本上座部,后即转名雪山弟子部,其本宗同义有五:

> 诸菩萨犹是异生。菩萨入胎,不起贪爱。无诸外道能得五通。亦无天中住梵行者。有阿罗汉为余所引,犹有无知,亦有犹豫,他令悟入,道因声起。余所执多同说一切有部。

此处提供的材料说明,由雪山部继承的上座部,实与大众部接近,根本谈不上上座本部的面貌。但是,还有另外一些传说,譬如阿育王时曾派上座去雪山布教,所传有《转法轮经》;汉译有《毗尼母经》,据说也属雪山部的律。

关于上座部的总体思想,国内研究者甚少。吕澂先生在《印度佛学源流略讲》里列举出了十项,即:否定过、未实有;反对一切法都是实有;否认"中有";现观是顿得;阿罗汉不退;随眠与心不相应(南方上座部也讲相应);心性本净(南方上座部认为心性不一定净);否定未受报业有体;否定人我;对佛是否在僧数,上座部各派看法不一。

吕先生又说,汉译《舍利弗毗昙》主要在化地部和法藏部中流传,它的内容与南传上座部的七论大体相当。经过比较,可以具体了解南传的一些主张。上座部的七论是:《法聚》、《分别》、《界说》、《人施设》、《论事》、《双对》、《法趣》。其中《论事》是后出,所余六论,则与《舍利弗毗昙》的五分结构相当。《舍利弗毗昙》的《处所》,即是《法趣》的异译;《无问》相当《法聚》和《人施设》;《问分》大同于《分别》;《摄》、《相应》二分包括在《界说》中;《摄》的另一部分则相当《双对》。

依据《舍利弗毗昙》和南传的论书,这个部派的主要思想建立在"心性本净,客尘所染"的心性论基础上,以此为指导,强调"定学"在修习中的作用,尤重"四念住"中的"身念住";同时开拓了心理的细致分析,总结出一般心理的运动法则,称为"九心轮"。

按上述世友所传,"心性本净,客尘所染",本属大众部的主张,上座部也采用此说,或许别有发挥,或许是早期佛教的普遍共识;南传上座部作了变更。南传最有创新意的是"九心转"。

据吕先生介绍,"九心转"是说明心理活动由平静到波动再回归平静的一种循环形式:"一,在平静状态时,称'有分心';二,动念时生起警觉,好像从睡眠醒来一般,名'转向心';三,从此随着五根而有五类感觉作用,称为'见心';四,有了见便对境界感受苦乐,名'受持心';五,由此分别善恶,名'分别心';六,由安立了境界的相状,叫'令起心';七,于此决定发起作用,名'速行心';八,假使境界强盛,便继续引起反省或熏习作用,名'果报心';九,从此仍旧恢复到平静状态,复名'有分心'。"人的一生,从"结生心"的"有分心"开始,就一直处于是九心循环、往复不已的状态,直到"死心"时的"有分心",完成人的整个一生的大循环。这个贯彻一生,始终不变的"有分心",可以理解成维持人生稳定性的精神主体,也就是实质上的"我"。

此"九转心"关于心理过程的论述,与中国佛教所传的旧译唯识家,特别是《起信论》,有许多可以比较的地方。

三、关于说一切有部

有部是《异部宗轮论》论述最多,介绍最细的派系。顾名思义,"说一切有"就是它的立宗基础;什么是"有",什么是"一切有"?这关系到这个派系的整体理论和实践;它的种种具体宗义,无不围绕这些问题开展;由根本有部分化出来的诸多派别,也不能离开它的立宗基础,不论是采取什么态度。

《异部宗轮论》所列有部本宗同义(即"根本有部"所持)共六十二项:

> 诸是有者,皆二所摄:一名、二色。过去、未来体亦实有。心、心所法,体各实有。心及心所,定有所缘。一切法皆是所知、亦是所识,及所通达。

> 自性不与自性相应,心不与心相应。

> 生、老、住无常相,心不相应,行蕴所摄。

有为事有三种，无为事亦有三种。三有为相，别有实体。三谛是有为，一谛是无为。四圣谛渐现观。

一切随眠皆是心所，与心相应，有所缘境。一切随眠皆缠所摄；非一切缠皆随眠摄。

一切行皆刹那灭。

定无少法能从前世转至后世，但有世俗补特伽罗说有移转。活时行聚（藏本：死时行蕴）即无余灭，无转变诸蕴。

有情但依现有执受相续假立。

依空、无愿二三摩地，俱容得入正性离生。思惟欲得入正性离生。若已得入正性离生十五心顷，说名行向，第十六心说名住果。

世第一法，一心三品。世第一法，定不可退。"预流"者无退义，"阿罗汉"有退义。非诸阿罗汉皆得无生智。

四沙门果非定渐得。若先已入正性离生，依世俗道，有证"一来"及"不还"果。

异生能断欲贪、瞋恚。有诸外道能得五通。亦有天中住梵行者。

七等至中，觉支可得，非余等至。一切静虑，皆"念住"摄。不依静虑，得入正性离生，亦得阿罗汉果。若依色界、无色界身，虽能证得阿罗汉果，而不能入正性离生；依欲界身，非但能入正性离生，亦能证得阿罗汉果。（按：此论就是有部以欲界诸天为最高理想，而不追求上二天的原因。）

北俱卢洲无离染者，圣不生彼及无想天。

可说四念住能摄一切法。

缘起支性，定是有为。亦有缘起支随阿罗汉转。有阿罗汉增长福业。

唯欲、色界，定有中有。

眼等五识身有染、无离染。但取自相，唯无分别。

有世间正见。有世间信根。有无记法。

　　诸阿罗汉亦有非学、非无学法。诸阿罗汉皆得静虑,非皆能起静虑现前。有阿罗汉犹受故业。

　　有诸异生住善心死。在等引位必不命终。

　　佛与二乘,解脱无异;三乘圣道,各有差别。佛慈悲等,不缘有情,执有有情不得解脱。应言菩萨犹是异生,诸结未断;若未已入正性离生,于异生地,未名超越。

　　有出世静虑。"寻"亦有无漏。有善是有因。等引位中无发语者。

　　八支圣道是正法轮,非如来语皆为转法轮。非佛一音能说一切法。世尊亦有不如义言。佛所说经非皆了义,佛自说有不了义经。

关于这些教义,看起来是孤立的,零散的,不容易理解,但在有部历代论师的论著中,却用种种表达方式,组织成一个庞大而又严密的哲学系统;这些孤立零散的观点或命题,也于其中显示出丰富的内容以及相互间的密切联系。此处所列,可以作为索引。

1. 犊子部

犊子部是有部系统中影响最大的一个派别,它的特点在于确立"补特伽罗"这个概念——补特伽罗意译数趣取,意谓不间断的趋向三界五道,轮回不已之物;头揩业报的主体,故被认为是表达"我"的一种隐蔽说法。其本宗同义有九:

　　谓补特伽罗非即蕴、离蕴。依蕴、处、界,假施设名。诸行有暂住,亦有刹那灭。诸法若离补特伽罗,无从前世转至后世,依补特伽罗可说有移转。

　　亦有外道能得五通。五识无染,亦非离染。若断欲界修所断结,名为离欲,非见所断。即忍名相世第一法,名能趣入正性离生。若已得入正性离生十二心顷,说名行向,第十三心说名住果。

犊子部又分裂为四部:"因释一颂,执义不同从此部中流出四部,谓法上部、贤胄部、正量部、密林山部。所释颂言:已解脱更堕,堕由贪复还;获安喜所乐,随乐行至乐。"从这里看,部派分裂,不都是因为全面对立引发的,有一些枝节问题,包括对一个颂一句话的理解,也可以触发分派。

2. 化地部

化地部是从说一切有部中分化出来的又一部派,《异部宗轮论》的介绍也比较多,因为它有许多主张是针对根本有部的。所列本宗同义计有二十六项:

过去、未来是无,现在、无为是有。

于四圣谛一时现观。见苦谛时能见诸谛,要已见者能如是见。

随眠非心,亦非心所,亦无所缘,与缠异。随眠自性,心不相应;缠自性,心相应。

异生不断欲贪、瞋恚。无诸外道能得五通。亦无天中住梵行者。定无"中有"。无阿罗汉增长福业。

五识有染,亦有离染。六识皆与寻、伺相应。

亦有齐首补特伽罗(按:藏本作"首相等者")。

有世间正见。无世间信根。无出世静虑。亦无无漏寻。善非"有"因。预流有退,诸阿罗汉定无退者。

道支皆是念住所摄。

无为法有九种:一择灭、二非择灭、三虚空、四不动、五善法真如、六不善法真如、七无记法真如、八道支真如、九缘起真如。(按:此中把善、不善、无记法都列入"真如"范畴,表明"真如"与"净"与"善"不是同类概念;"真如"只是表示真实不虚的存在,与价值观念无关。就此而言,化地部不会把证得真如当作悟道的第一要务。)

入胎为初,命终为后,色根大种,皆有转变;心、心所法,亦有转变。僧中有佛,故施僧者便获大果,非别施佛。佛与二乘皆同一道,同一解脱。

> 说一切行皆刹那灭。定无少法能从前世转至后世。

化地部末宗主要在坚持根本有部的基本主张,所举异义有九:

> 说实有过去、未来。亦有中有。一切法处皆是所知,亦是所识。业实是思,无身、语业。寻、伺相应。大地劫住。

> 于窣堵波兴供养业,所获果少。

此论与大众部内的异说相似。实际上,各部之间的许多具体主张,往往犬牙交错,相互重叠,若据以判断某部的特色,容易失误。即使《异部宗轮论》本身,也有这样情况:

> 随眠自性,恒居现在。诸蕴处界,亦恒现在。

> 此部末宗因释一颂执义有异,如彼颂言:五法定能缚,诸苦从之生,谓无明、贪、爱、五见及诸业。

3. 法藏部

此部也是从有部中分裂出去独立立宗的派别。其本宗同义有五:

> 谓佛虽在僧中所摄,然别施佛果大,非僧。于窣堵波兴供养业,获广大果。佛与二乘解脱虽一而圣道异。无诸外道能得五通。阿罗汉身皆是无漏。余义多同大众部执。

其实,所举的这五义,也是倾向大众部的。

4. 饮光部

此部本宗同义有五:

> 若法已断、已遍知则无,未断、未遍知则有。若业果已熟则无,果未熟则有。(按:此文的失译本作"有,断法断知,无,不断法断知"。藏传本作"已断、遍知者有,未断而断者无"。)

对于"有"、"无"的这些不同说法,都是相对修持者于相关"法"是否

"断"与知(智)及果报之是否成熟上,而不是诸法本身是有是无。三种译本的差别,反映出对这类有无的理解有所不同。南传《论事》谓"饮光部执过、未一分是有",是个笼统的说法。

此部还认为:"有诸行以过去为因,无诸行以未来为因。一切行皆刹那灭。诸有学法,有异熟果。余义多同法藏部。"

5. 经量部

此部本宗同义有五:

> 说诸蕴有,从前世转至后世,立说转名。非离圣道,有蕴永灭。有根边蕴,有一味蕴。异生位中,亦有圣法。执有胜义补特伽罗。余所执多同说一切有部。

经量部,略谓经部,在说一切有部向瑜伽行派的思想转变过程中,起过桥梁的作用。这一过程,在《异部宗轮论》中没有得到足够的反映,说明世友作论之后,经部思想还有很大的变化。吕澂有《略述经部学》一文,是有关此部比较系统的述评,可供进一步研究参考。

依吕先生考证,经部是从采用十二分教的"因缘、譬喻、论议"这类表达佛说的体例中发展起来的,它的先驱者是譬喻师,如《百喻经》、《贤愚经》、《撰集百缘经》的作者群,同时还有采取"法句"形式阐释佛说的《譬喻法句经》、《法句经》等的作者群,都是;《法句经》的秦译本作《出曜经》,二者均是原文"忧陀那聚"的意译,故譬喻师亦称"论经师"、"日出论"者。至于这些譬喻师的思想主张,有些与有部相同,像《法句经》的作者法救,同时就是有部大师;《百句譬喻经》的作者僧伽斯那,也是对中国佛教颇有影响的有部师。但另有一些,则与有部不全相同,像《成实论》的作者诃梨跋摩,是从譬喻师中蜕化出去的著名学者,其论就被视为与有部对立的小乘"空宗"的代表作。

在汉译典籍里,可以作为经部代表作的是婆薮跋摩(世铠)所撰《四谛论》。用"四谛"组织佛家全部学说,是譬喻师的共性,有部如此,成实如此,经部也是如此。但在对于四谛的诠释上,他们的观点,甚至理论体系,都有很大的出入。像有部主张"一切有",譬喻系统即强调要具体分析。有部以为生、住、灭所谓"有为四相",择灭、非择灭等"无为法",皆是实体有,而譬喻系统则认为这些都不是实体,而是假有;经部更进一步否认"五阴"为实有。其中对于瑜伽行派哲学影响最大的,是阿逾陀的室利逻多(胜受)。据《大唐西域记》卷五传,此人曾撰经部《毗婆沙论》,提出了"随界"的概念,以及由此带来的一系列本体论和认识论的变化。这些思想在《顺正理论》中有所转述,我们将在考察《顺正理论》时再作论述。

6. 正量部

正量部本来是从犊子部中分化出来的一派,由于它在印度佛教的后期还在继续流传,影响也大。义净在《南海寄归内法传》中记其所见,谓当时部派所流,大纲唯四,除大众部和上座部,就是说一切有部和正量部。这与玄奘游印时所见一致。说明在6到8世纪初,正量部在佛教中的地位已经是四分天下有其一了。据《慈恩三藏法师传》、《大唐西域记》等记载,正量部集中在摩腊婆国,散布在十七或十九个国家,受到许多王室的信奉,拥有徒众六万多。玄奘当时论战的主要对象,就是正量部学者。其论师般若毱多(智护)撰《破大乘论》,成为小乘佛教反对大乘思潮的代表论著,玄奘乃针对其论作《制恶见论》(不传);依窥基的传说,玄奘的《真唯识量》也是针对正量部立的;不了解正量部的论点,也不大可能理解此量在论式上的正确性。吕澂写的《略述正量部学》和《因明论讲解》有比较详细的述评。

根据《异部宗轮论》的这些记载,整个部派佛教的情况就是这样的:大众部分裂出一说部、说出世部、鸡胤部、多闻部、说假部、制多山部、西山住部、北山住部,总计九部。根本上座部的继承者,唯有雪山弟子部,且多含大众部思想。从上座部分裂出去的说一切有部,则流出犊子部、法上部、贤胄部、正量部、密林山部、化地部、法藏部、饮光部、经量部,总计十部。

关于这些部派的系统学说,绝大多数缺乏第一手资料可供研究。这里将《异部宗轮论》记载的要点摘录下来,为的是提供一个大概的印象,也便于我们在此后的有关评论时作为比较参考。

应该说,南传上座部是另一个独立的体系。它流传至今,有自己的传承可考,文献十分丰富,也受到国际学术界的重视,所以研究者甚众。但是,汉传佛教也有流传久远的部派,说一切有部是最突出的一个。佛教典籍一经汉译,就不会再经过后人的随意修订;可以有重译,有注疏,但不会更改原来的译文。因此,汉译的有部论著,可能更原始,更完整;而它们的数量之多,可以构成一个文库。遗憾的是,国内外,尤其是国内,利用这些资料对有部作系统的研究者,还相对不多。这是学术上的一大缺失。

从汉译资料提供的有部学说,规模庞大,把它看做是整个部派佛教的理论总结也不过分;其他部派虽有种种异说,但都可以放到有部的理论基础上作比较考察,因此,我把有部哲学列为部派佛教哲学的主要代表,也是整个佛教发展中形成的第一个完整的哲学体系;后起的大乘般若哲学和唯识哲学,都与它有着密切的关系。可以说,不了解有部哲学,就不会理解般若类经典在说什么,也不会了解,为什么瑜伽行派会建立起唯识学体系。至于有部哲学涉及的许多认识论和方法论问题,更值得放到整个世界哲学的发展史上去思量。

第四章 说一切有部的发展线索和主要论著

有部的论著非常之多,汉文译出约三十余部,六百三十多卷。最早可以上溯东汉末年安世高译《阿毗昙五法行经》,最晚延续到宋代法护译的《施设论》,这还没有包括疑似有部的著作。它们对中国佛教的影响,从汉魏时期安世高、康僧会的禅数学,中经东晋道安、慧远的毗昙学、到南朝真谛和唐玄奘译介的俱舍学和有部学,在中国内地流传达五百多年。它后来的消失,与中国当时的社会条件特别需要大乘思潮有直接关系;另一个原因是,它的部分思想被法相唯识家所融解,也有的被天台宗和华严宗吸收,成了构造新理论的素材,使它失掉了独立存在的价值。如果我们要全面了解中国的诸大宗派,包括"一念三千"、"唯识无境"、"法界缘起"以至"本无今有"等重要的命题,增加一些对于有部哲学的认识,也大有必要。至于它对中国儒家的宗法理念的理论化和佛教化,也起过重要作用,像东晋慧远的《沙门不敬王者论》、刘宋罗含的《更生论》等,就是明显的表现。

一、有部思想的演化梗概

说一切有部的思想有一个漫长的演化过程,用有关著作产生的前后来划分,大体有三个时期,第一是早期,也是有部思想的形成期,可以《那先比丘经》为代表;第二中期,是有部论著生产的繁荣期,以"一身六足"和《大毗婆沙论》及《阿毗昙心论》为代表;第三后期,所谓"新有部",以《俱舍论》和《顺正理论》等为代表。相对新有部言,此前有部,我们也叫它作古典有部。现依次对有关的代表性著作作些简略考察。

1. 草创期

约公元前2世纪上半叶,有部受到希腊化国家大夏(巴克特里亚)的支持,在中亚地区得势,它的思想也开始形成,其标志性著作就是《那先比丘经》。此经在前章已经作过介绍,这里还要再次强调,它形成了有部的三个主要特征:

第一,确立唯智主义原则。佛教有诸多法门,此经唯取"慧学";论议有多种态度,此经唯取"智者"。它的一个译本记,"语"有两种,一为"智者语",二为"王者语"。"智者谈极,相诘语、相解语、相上语、相下语,有胜有负、正语不正语,自知是、非是为最智;智者不用作瞋怒:智者如是……自放恣,敢有违戾不如王语者,即强诛罚之:王者语是"。另一个译本,在此两种语外,又增一语,为"愚者语":"语长不能自知,语短不能自知,拢戾自用,得胜而已:是为愚者语。"

此中"王者语",指以势压人,他可以随意而语,语即成法,只能听从,无容置辩,这是政治权力,而不是平等讨论,与"智"相悖,所以那先不取。"愚者语"的主要表现,是缺乏自知、知他之明,而刚愎自用,既不清楚彼我论点之长短,又不能区别是非胜负,一直胡搅到自以为得胜才算结束。那先认为,与这类语无法进行正常的思想交流,非"智者"所为。对这两种语,那先都拒绝与之论辩。他提出的"智者语"标准,是在对谈中,双方平等,可以互相诘难,进行解释;发言要有上下次序;懂得哪种观点是正确的或不正确的,谁是论胜者和论败者;要知道自己论负并承认论负,不能动情绪、发脾气。我们知道,这样的"智者",正是古希腊哲人塑造的形象,而采取这种辩论的方法,则是智者探索真理的主要渠道。

这一唯智主义原则和通过辩论求真的方法,构成了说一切有部的第一个特点。

第二,确立破析的与和合的思维方法。在《那先比丘经》中,这一方式呈现出它的古朴原型,那就是以车喻人,使用机械的破析法与机械的和合法证明,"人"可以分解为多种肢体器官,"人"则是这些肢体器官的聚合物,所以"人"只是被"施设"的虚名,而非真实存在。譬如说,"车"可以拆卸为种种元件,这些元件或是金属,或是木材,它们确有其"主",但由这些元件器材构造出来的"车",则全无其"主";同样,作为构造成"人"的器官及其机能,各有所"司",如眼能见色耳能听声等,但"人"除了这些器官及其机能以外,则别无主宰,亦别无所司。此中的肢体器官、元件器材,相当于构成事物的元素,这种种元素造就事物的功能,叫做"和合"、"聚合";和合或聚合而成的事物,就是如车如人这样的和合物、积合物或复合物。

把复合物拆卸开来,直到不可以再拆卸,运用的方法,佛教或称之为"分析",或名之为"破析";把破析所得的元素拼凑起来,构造成复合物,这方法佛教通称作"和合"。破析相当现代意义上的"分析",和合类似"综合",由此而言,《那先比丘经》也为有部奠定了方法论基础:通观有部的全部论著,它们使用的方法,始终没有超出分析与综合的范围,而且大都在机械论的支配下使用。

这种机械的分析和综合,是建立在直观经验基础上的,可能反映了说一切有部观察世界、说明人生的最早方法,其中,既没有把"人"分解作"五阴",也没提及"人"是"五阴"的假和合,比《阿含经》中的提法要原始得多。据此推论,那先时代的佛教可能还没有形成"五阴"的概念;五阴概念的形成应该是思想十分成熟时的抽象,其与肢体器材等直观的事物相比,是佛教认识的深化,只有对人的精神世界也有了相当深层的认识以后,才有可能。

第三,确立"无我"而有"业报"的根本观念。按《那先比丘经》的说法,作为元素的肢体、器材,是有"主"的,这"主"有主体和主宰双重含义,后来亦称作"自性";由元素和合而成的事物,则无有"司",这"司"即与"主"的含义相当,不过更强调"主"的"主宰"功能。具有"司"功能的"主"即是"我"。和合物无我、无自性,此即谓之"空";元素有"主"、有自性,此即谓之"有"。这一"有"、"无"观,也贯彻于一切有部的始终;《那先比丘经》在这里突出的则是"无我"观念,重点放在否定"人"的实在性上。

此经还说:"人有恩爱贪欲者,后世便复生为人;无恩爱贪欲者,后世便不复生。"这是比较原始的因果业报说,距离十二因缘或九因缘等完善的缘起说还有相当距离。按照有无"恩爱贪欲"的标准,可以很清楚地判定人们是沉溺于生死,还是趋向泥洹:自信已断恩爱欲者,就是泥洹(不复生);否则还有生死(复生)。泥洹说来很神秘,那先比丘把它解释得异常好懂。以"恩爱贪欲"为动因,推动人们生死轮回,是《那先比丘经》反复阐述最多的思想。

但是,既然"无我",则恩爱贪欲者谁?既有生死业报,则承担这业报的主体是谁?此经只强调了"无我"而有"业报"这两大观念的真实性,却没有突出它们之间的抵牾处和解决的办法。这对一切有部来说,也是始终存在的难题。

2. 繁荣期

约在公元 1 世纪以后,有部得到贵霜王朝(约 1—4 世纪)的鼎力支持,昌盛一时,思想异常活跃,论师辈出,著作繁多;有部的哲学体系,大体在这个时期组织完成。当时出现两个学术性僧团,一个以犍陀罗(王朝的国都)为中心,称西方师,著名人物中有法胜、胁尊者、世友(音译婆须蜜或筏苏蜜陀罗)、法救(音译达摩多罗)、妙音(或即瞿沙)、觉天和众护(音译僧伽罗刹)等;另一个以迦湿弥罗(王朝的重要领地)为据点,称东方师,基本上是迦旃延子及其门徒的天下。这两个学派也代表了佛教学院派的兴起和繁荣,与后来那烂陀寺的学院派佛教可以先后媲美。

迦旃延子的汉译著作,主要是《阿毗昙八犍度论》,苻秦时僧伽提婆译,署名造者迦旃延;唐玄奘重译作《阿毗达磨发智论》,题迦多衍尼子造。他的弟子尸陀盘尼对此论进行疏解,成《杂阿毗昙毗婆沙》(亦作《鞞婆沙论》十四卷),北凉浮陀跋摩译。《发智论》在东方师中的地位极高,比之为"论身",把有部其余六部论书作为辅翼,称之为"论足",总名"一身六足",用来概略有部的基本学说。但真正企图用来总结和统一有部思想的,是集体编纂、规模宏大的《阿毗达磨大毗婆沙论》;此论北凉时浮陀跋摩译有一个百卷的略本(现六十卷),名《阿毗昙毗婆沙》,唐玄奘新译为二百卷,足以代表东方师的最高成就。

此中迦旃延、迦旃延子、迦多衍尼子,是同一个人的不同译法,生平不详。据真谛的《婆薮槃头传》,佛灭后五百年,迦旃延子于罽宾召五百阿罗汉和五百菩萨结集,成《大毗婆沙》,马鸣笔受;玄奘的《西域记》传,佛灭后四百年,以胁尊者和世友为首的五百比丘,在迦王扶植下,于迦湿弥罗结集三藏,《大毗婆沙》是其中之一。由此可见其人当是迦腻色迦王的同时人。又据《异部宗轮论述记》等传,此人为佛灭后三百年人,是从阿难重经派中分裂出来的重论派,亦即阿毗达磨的祖师。综合这些传说,迦旃延子至少在东方有部师中是居首位的,但《大毗婆沙》究竟是胁尊者与世友主持集成,还是迦旃延子主持的结果,实在别无根据去作判断。

犍陀罗的西方师中著名的人物很多,论著的范围既广,理论亦有深度。可以作为此派师说奠基的著作,是法胜的《阿毗昙心论》,东晋僧伽提婆译;对此论的注释不少,汉译有两种,一是达磨多罗的《杂阿毗昙心论》,刘宋时僧伽跋摩译;一是优婆扇多的《阿毗昙心论经》,北朝齐时那连提黎耶舍共法智译。

世友对中国佛教的影响很大,除上述他的《异部宗轮论》有三种译本外,还有苻秦时僧伽跋澄等译的《婆须蜜集》(亦作《尊婆须蜜所集论》);据说他还著有《五事论》和《问论》,后来被辑入《阿毗达磨品类足论》,唐玄奘音译作者世友为筏苏蜜多罗;《品类足论》还有个失译本,名《众事分阿毗昙》，未署作者。世友的另一部论，是玄奘译的《阿毗达磨界身足论》。这两部论著被东方师编入"六足"中的二足，与假托舍梨子说的《阿毗达磨集义门足论》、大采菽氏（大目犍连）造的《阿毗达磨法蕴足论》并列。从这里也可以看到世友在整个有部中的学术地位显赫，有与舍利弗、目犍连三足鼎立之势。

"六足论"中的其余二足，一是提婆设多（意译天寂）造的《阿毗达磨识身足论》；还有一论，传为大迦多延那造的《施设足论》，玄奘没有译出；宋代法护译有《施设论》，未署作者名字，与藏译本对照，宋译本相当《施设足论》三分之一的《因施设分》。

达磨多罗除了撰有《杂心论》外，还集有《法句经》，也很有名，早在三国时竺将炎共支谦已经译出；他的另一部论著是玄奘译的《五事毗婆沙论》，唐法成异译本作《萨婆多宗五事论》。至于妙音，与之对应的梵文很多，其中之一是 ghosa，音译瞿沙；现存有失译的《甘露味阿毗昙》，即署名瞿沙造，或许就是妙音的著作。众护在中国佛教中也不陌生，他的《僧伽罗刹集》在东晋时就颇流行；他与世友都以信仰弥勒著名，也都被视为追随弥勒的足迹，未来将成为弥勒佛的候补者。但在说一切有部本土，还是以世友、法救、妙音、觉天最具权威，号称"四评家"，"四种萨婆多"。觉天的情况不详，亦无汉译著作。

关于上述有部东西二师所有作者的身世和生平，都已难于搞清，唯一可以肯定的是，他们大体活跃在贵霜王朝时期，尤其是迦色腻伽王在位期间。

3. 新有部期

有部延续到世亲时期（约 5 世纪），再一次分化。当时经部兴起，正量部得势，迫使古典有部在理论内容上产生了若干变化，它的代表作就是唐玄奘所译世亲的《阿毗达磨俱舍论》。此论的早期译介者是南朝梁陈时的真谛，题名《俱舍论》，后作《阿毗达磨俱舍释论》，署名婆薮盘豆造。其所以称《释论》，是相对它的提纲"颂"而言，玄奘单译为《阿毗达磨俱舍论本颂》。《俱舍论》被认为是世亲从传统有部吸收经部部分思想，最后转向瑜伽行派的标志性著作，所以也为瑜伽行派看重，汉译有失译的安慧造《俱舍论实义疏》残本，就是瑜伽行派论师发挥《俱舍》论本的一个证明。

《俱舍论》也以"四谛"为中心，将有部的理论和实践重新组织，构成一个更严密的系统，可以看做对原始佛教以来的佛教思想所作的一个总结。但就其结构和基本思想看，它与西部师的《心论》系统一致，不妨看做是《心论》的扩展，这只要对照一下它们的分目就可见其大概。

法胜的《阿毗昙心》分目是这样的：一《界品》，二《行品》，三《业品》，四《使品》，五《贤圣品》，六《智品》，七《定品》，八《契经品》，九《杂品》，十《论品》。《杂阿毗昙心论》的分目，完全相同，唯一的区别是前边添了一个《序品》，于最后《论品》之前增加了一个《择品》。《心论经》与《阿毗昙心》的分目更接近，只是把最后的《论品》改名《问品》。《俱舍论》调整为八品，所标品目是分别《界品》、《根品》、《世界品》、《业品》、《随眠品》、《贤圣品》、《智品》、《定品》。就是说，《俱舍论》删掉了《阿毗昙心》实际上是作为附录的后三品，其余六品完全一样；《阿毗昙心》的《行品》则用新设置的《根品》和《世界品》取代。这个体系反映了学说结构上的一大变化，即理论认识与宗教实践的密切统一，而且可以用"境"（认识对象）、"行"（宗教智德的修行）、"果"（修得的果位）的次第加以概括：《贤圣品》以前诸品，论述的是"境"；《贤圣品》表述的是"果"；《智》、《定》二品即是"行"。由于《俱舍论》是把"四谛"作为全部学说的统率，于是《界》、《根》、《世界》三品就归诸于"苦谛"范围；《业》、《随眠》纳入"集谛"内涵；《贤圣》是趋向涅槃过程成就的果报，属于"灭谛"；《智》与《定》则是对全部修道的概略，所谓"道谛"。

《俱舍论》在理论层面与古典有部有一个很大的区别，就是对"一切有"这类全称肯定判断，提出质疑，认为诸法是否"三世实有"，要作具体分析；在"三科"分类中，"十二入"和"十八界"可以说是"一切有"；但"五蕴"就不是实有。就是说,古典有部主张,由"五蕴"和合而成的"人"或"我"是虚假不实,而组成"人我"的"五蕴"则是真实的存在,是"三世实有";《俱舍论》认为,"五蕴"本身也是积聚物,与"人我"一样地不真实。此外,所谓"识必有境"是古典有部用来论证"三世实有"的重要论据,《俱舍论》也采取分别对待的态度,认为"识通缘有、非有境"。总之,《俱舍论》继承了有部"说一切有"的根本主张,同时动摇了成立"一切有"的许多重要论断。

《俱舍论》卷二〇《分别随眠品》中记述了经部师对于有部说的许多批驳,而后作结说:"此说一切有部若说实有过去、未来,于圣教中非为善说。若欲善'说一切有'者,应如契经所说而说。经如何说?如契经言,梵志当知,一切有者,唯十二处,或唯三世如其所有而说'有'言。"

按《俱舍光记》卷五之说,古典有部的毗婆沙师主张蕴、处、界皆是实有;经部师认为,在此"三科"中,唯十八界是实,蕴、处皆假;《俱舍》则说五蕴是假,处、界是实。对三家的这一分别,当是根据有关的汉译论著作出的;其中对经部的评定,与上述《异部宗轮论》记经量部"说诸蕴有,从前世转至后世"(《异部宗轮论疏述记》)云云就不一致。

传说《俱舍论》的问世,引起有部内部某些论师的极端不满,力图维护"说一切有"的古典论点,对世亲之说发起多方问难,其代表人物是众贤。众贤撰有《阿毗达磨顺正理论》,后又略为《阿毗达磨显宗论》;唐玄奘随《俱舍论》将它们同时译出,时间就在翻译《俱舍论》的永徽二年至五年(651—654)期间,一般称之为"新有部"。

众贤的上述二论,均以"辩"字为品名,所谓"辩本事"、"辩差别"、"辩缘起"、"辩业"、"辩随眠"、"辩贤圣"、"辩智"、"辩定",共计八品;说明他辩论的范围遍及境、行、果的所有重要领域。《显宗论》增加了一个《序品》,开首颂言:"诸'有'遍于'一切法',最极难知自、共相;独能悟解无邪乱,是一切智今敬礼。我以《顺理》广博言,对破余宗显本义。"意谓,"有"遍于一切法,即"一切有",但对它们的自相和共相,极难认知,只有作为

"佛世尊"的"一切智",才能正确悟解;众贤本人作论,就是为了破除"余宗"之说,显示世尊的"本义"。其中列举的余宗的说法很多,与捍卫有部基本命题直接有关的有这样一些:"或说不相应行无别实物;或说表业尚无,况无表业? 或说一切色法'大种'为体……或说色处唯用'显色'为体;或说'触处'唯用'大种'为体……或说一切色法非刹那灭……或说无有去来,一切现在别别而说;或说色、心非互为'俱有因'……或说诸无为法非实有体……或说心、心所法亦缘无境……说诸'业'有不定者,理亦不然:有此业故,定应许有能感异熟不定业性,此若无者,修道断结则为唐捐,以一切业定得果故。"如此等等,都是带有理论性的问题,由此大概可知众贤是在哪些方面,以及用什么观点去维护"说一切有"的。

但带有总体性的理论分歧,是对"五蕴"和"三世"的释义。《俱舍论》卷一《界品》谓:"诸有为法和合聚义是蕴义。如契经言:'诸所有色,若过去、若未来、若现在,若内、若外,若粗、若细,若劣、若胜,若远、若近,如是一切略为一聚,说名色蕴:由此聚义,蕴义得成。'于此经中,无常已灭名过去,若未已生名未来,已生未谢名现在。"由此聚义,证成"五蕴是假",处于三世生灭中,而非三世恒有。

对于《俱舍》此说,《顺正理论》和《显宗论》的《辩本事品》都有强烈的反应,即以"五蕴"而言:"'若以聚义释蕴义者,蕴应非实,聚是假故'。此难不然,于聚所依立义言故,非聚即义;义是实物,名之差别,聚非实故。'聚义者何? 谓聚之义;聚之义者,谓聚所依。'此释显经大有义趣。谓如言聚,离聚所依无别实有聚体可得,如是言我,色等蕴外不应别求实有我体,蕴相续中假说我故……蕴虽无边,而相同故,总说为一……又,一极微三世等摄,以慧分析,略为一聚,蕴虽即聚而实义成。"以聚义释蕴义,是双方的共识,不存在问题,但众贤强调,"义是实物","蕴"乃依"义"而"聚",是义的聚。就是说,"蕴"是把表现在"三世"中种种形态五类"实物"聚集起来,是对色、受等事物的概括,因而虽"聚"而"实",故"三世"实有。

众贤论著的核心,是捍卫"说一切有",尤其是"三世实有",并且最自觉地将"有"贯彻到佛教的全部理论和实践。他反对的不仅是《俱舍论》,而是整个经量部,同时旁涉大乘空宗,以及与大乘有宗有关的"种子"说,在古典有部的思想基础上又有了新的发展。尽管如此,影响依然甚微,倒是《俱舍论》在佛教哲学史上始终占据重要地位,把它列入"新有部"的范围,也很恰当。

"新有部"的出现,标志着说一切有部的终结,使它再也没有理论上继续开拓的余地了。但它的大量译籍,给中国佛教留下了一大笔思想财富,也证明着它在中外哲学史上确实应该占有一个位置。

作为古典有部,东西两种师说,在基础理论上没有原则差别;但若着眼细微处,像四评家之间就有不同。从有部哲学的理论建设上说,西方师远胜于东方师;从有部学说整体规模的开拓上看,则东方师突出。

至于玄奘为什么要在重译《俱舍论》的同时,把众贤的反对意见介绍给他的读者,是玄奘研究中尚未被注意到的问题,这与玄奘大力弘扬瑜伽唯识学的同时,又不惜尽力翻译《大般若经》类似,都值得专门作些思考。

二、有部主要论著中的主要论点

在这里没有必要对有部的每一部论著都做出述评,因为它们之间相互重复处太多;但那些在有部历史发展中起过理论创新作用,以及在表达的方式和结构上具有不同特色的著作,还需要作些撮要的介绍。

古典有部加上新有部,大体有三个系统:

1. "一身六足"和《大毗婆沙论》系统

"一身六足"中的"一身",是东方师特别尊重的《发智论》;对《发智论》进行广释的,就是二百卷《阿毗达磨大毗婆沙论》。此二论均以"八蕴"即八类法组织起来,所谓"杂"、"法"、"智"、"业"、"大种"、"根"、"定"、"见"。这八蕴的分类,实质是依据修行实践中的主观体验和提出的理论问题,有针对性地进行阐释解答,由之体现出有部自身的主张来,所以很像是一种类书,在结构上则显得杂乱,缺乏内在的逻辑联系。到了《大毗婆沙论》,更广录当时本部诸师的异解和有关部派的异说,驳难数论、胜论等外道诸说,大加发挥,所以不但遗留下有部自身的发展轨迹,也保存了其他部派和外道的一些思想主张,有很高的史料价值;它们在解释诸法中蕴涵的理论观念,有助于把握有部的整体学说,也值得深入挖掘。此处仅就"一身六足"中的一些突出特点,作些考察:

(1) 关于《发智论》。

顾名思义,"发智",即在于启发人的智慧,生产智慧,所以充满了理性色彩。它从"世第一法"(指世间修习达到的最高智慧)开始,说明它所谓的"智",尤其是"出世间智"是什么。从功能上说,此"智"涉及的范围可以是无限的,但归根到底,是对"四谛"的掌握和运用,特别是用于对治自身的种种烦恼,促使心理转化,思想转换。

就此而言,《发智论》的思想比较单纯,其作为有部创始性的著作,思想的深度也不够。然而它的花语巧言却很多;用一些花哨的语言,把一些平常的佛家见解装饰得莫测高深。这或许是哲学史上常见的通例。举例说,卷二〇有一个颂,后两句是:"断魔花小花,不见死王使。"如果作者自己不作解释,恐怕谁也不知所云;如果解释出来,在佛学里则浅显得不值一提:"'断魔花小花'者,魔有四种,谓烦恼魔、蕴魔、死魔、自在天魔;应知此中说烦恼魔:'见所断'者名魔花,'修所断'者名小花;于彼弃舍永断,名断。'不见死王使'者,无常能灭,名曰死王;老病迫逐,称死王使。"简单说来,这个颂就是要求断除烦恼,避免老病死的逼迫,是佛教的老生常谈。唯一特殊的,是把"五蕴"也称作"魔",是涅槃必须灭除的对象。这"五蕴"后来的有部释作"五受蕴"或"五取蕴",亦见《阿含经》。

再譬如,"不信不知恩,断密无容处,恒希望变吐,是最上大夫。"这不但令人莫名其妙,它的解释也与佛教的常规不同。因为"不信"是对"信"的否定,一般视作烦恼、不善的心理因素,但这里却特指阿罗汉的一种品格：“不信者，谓阿罗汉；彼于三宝、四谛皆自证知，非信他语。”于是“不信”就变成了不随从他说、不听信他说的意思。"知恩"，一般认为是佛徒应该具备的品德，这里提倡"不知恩"，也是别有含义："恩谓有为，有作用故，涅槃名非恩；诸阿罗汉有胜智见，知非恩故，名不知恩。"把"恩"当作"有为法"的同义语，并代替有为法来使用，这在其他佛典中是罕见的。接下来，云："'断密'者，密谓相续；此有二种：一欲界相续，二色、无色界相续，彼阿罗汉离此相续，故名断密。"据此，断密就是断离三界的意思，也非常简单。"'无容处'者，谓阿罗汉离相续故，于三界中无容生处。'恒希望变吐'者，希望有二：一希望财位，二希望寿命；彼阿罗汉于此二种已断遍知，故名变吐，即是弃舍恒希望义。"所以"变吐"就是弃舍希望的意思。

毗昙类论著，经常连篇累牍，篇幅巨大，与这类自造词汇、饰语过烂有一定关系；其教理有时令人摸不着头脑，也与这种表达方式有关。但经过论本自身的特殊解释，思想内容还是很清楚的：阿罗汉的佛教信仰，是发自"自证知"，不是依赖和求助于他人才能得到的；一旦成为阿罗汉，那就意味着超越三界及一切有为法，也无世间任何希望，而契合于涅槃，所以是"最上大夫"。

《发智论》对于阿罗汉这一评价之高，在部派佛教中具有特别重要的意义，这只要对照大众部特别贬斥阿罗汉，就可以知道个大概；据此也可以理解为什么《大毗婆沙论》要用"五百阿罗汉"的名义作为结集的参与者：古典有部是把阿罗汉视作佛教修习中唯一的最高果位的。

因此，《发智论》之所以在有部享有极高的地位，并不是浪得虚名。它不但捍卫了阿罗汉的至上地位，而且还时有新的观念创建出来；这些新观念虽然不多，却影响广泛而深远。它的陈述精巧，包括遣字用词，能给人以奇特难忘的印象，这也是征服听众和读者的一大优点。卷二〇有这样两段颂文，观点既新颖，表述也巧妙，可作为典型范例：

汝于所见闻，唯有所见闻，及于所觉知，唯有所觉知；由汝唯有故,无此彼、近远,亦无二中间,便至苦边际。

其下长行说明,这二个颂原来是解释经文中这样一段话的:

> 佛告大母:汝于所见,唯有所见;汝于所闻,唯有所闻;汝于所觉,唯有所觉;汝于所知,唯有所知。由汝唯有所见闻等,故汝无此;由汝无此,故汝无彼;由汝无彼,故汝无近无远,无二中间,由是因缘,至苦边际。

据此,论文进一步解释:

> 此中眼识所受、所了别,名所见。有于所见,唯有所见;有于所见,非唯有所见。谁于所见唯有所见?谓于眼识所受、所了别,不起烦恼;谁于所见非唯有所见?谓于眼识所受、所了,起诸烦恼。

总的意思是说,眼见色,感受色,以至于了别色,这是单一的感受和认识行为,其本身并不含有好恶、贪厌等烦恼,也不应该引生这类烦恼,此即谓之"有于所见,唯有所见",此"见"中并不附带烦恼;如果超出所见的限度,另起思虑,那才会产生烦恼。同样道理,"耳识所受、所了别,名所闻。有于所闻,唯有所闻;有于所闻,非唯有所闻"。"鼻、舌、身三识所受、所了别,名所觉。有于所觉,唯有所觉;有于所觉,非唯有所觉"。"意识所受、所了别,名所知。有于所知,唯有所知;有于所知,非唯有所知"。于是六识的所见、所闻、所觉、所知,就有了"能(认识主体)、所(认识对象)"的双重关系:受、了别,是六识"能"的方面,"所受、所了别"是六识"所"的方面;"见闻觉知"是"能"的一方,所见所闻所觉所知是"所"的一方。如果"能、所"各自限定在自己的规定的限度内,只作为这个限度内的存在和活动,就不会产生烦恼;反之,超出了它们的限度,引发其他思想情感,就是烦恼。烦恼不是与认识活动和认识对象共生的,而是认知活动之外的另一件事。认识活动是认识主体(内六处)与认识对象(外六处)之间的关系,不与烦恼发生直接关系,因此,认识与烦恼,烦恼与认识,不是一回事。

这种观点,把人的认识能力和认识对象,同人们由认识活动和心理欲望引发的烦恼区分开来,这应该是佛教思想史上的一大进展,实际上革除了把"触"与"受"、"色"与"心"等同于烦恼,或作为烦恼之因的传统说法,超越了早期佛教认为凡有认识活动必有烦恼痛苦产生的偏见,让认识能力和客体对象变成了非善恶、非染净的中性事物,在实践上,就是由消极的闭目塞听,转变到积极的认识方面。这是佛教认识论上的一种解放;对于佛教以后积极向"真实义"的探求,则是一种启蒙。

　　其中将人的认识能力分解为"见、闻、觉、知",为此后的佛学一直沿用。把"心"与"心所"区别开来,把"心、心所"和"色"区分开来,可以说是有部创造"五事"分类法的先声。

　　然而,把认识和对象的中性化,并没有动摇有部坚持超越三界"无生"的涅槃观,反而被当做证明这种涅槃观的新理由加以发挥。论文继续说:"由彼于所见闻觉知,唯有所见闻觉知,不起烦恼,故无有此,谓不起慢骄傲心、高举心决勇;由其无此,故无有彼,谓不起贪、瞋、痴。由其无彼故,无近无远,无二中间,谓于欲界、色界、无色界,皆无生处。由如是理,便得至苦边际。苦者,谓五取蕴;此苦边际,即是弃舍一切所依,爱尽离染,永灭、涅槃。"

　　所谓涅槃,在这里被赋予了一种新义:即使修习达到涅槃,也不否定"见闻觉知"和"所见闻觉知",不否定认识和认识对象的存在。这与早期佛教的提倡"日损"、"无知"大不相同;与一般把涅槃理解为"灰身灭智"大不相同。后来的瑜伽行派提倡"转识成智",就是以承认认识活动属于中性为前提的。他们主张灭"无明",但提倡"明";主张灭爱,但不主张灭"知"。这也与佛被称作"一切智者"和"觉者"的头衔相应。

　　《发智论》从卷一讨论"世第一法"开始,就都有这种意思新、文字巧的特色,不妨再看一例:

　　　　云何世第一法?答:若心、心所法为等无间,入正性离生,是谓世第一法。有作是说:若五根为等无间,入正性离生,是谓世第一法。于此义中,若心、心所法为等无间,入正性离生,是谓世第一法。何故名世第一法?答:如是心、心所法于余世间法为最为胜,为长,为尊,为上,为妙,故名世第一法;复次,如是心、心所法为等无间,舍异生性、得圣性,舍邪性、得正性,能入正性离生,故名世第一法。

佛教修习的至高目的是从世间转向出世间,所以世间善法要修,出世间善法更要修。修习是一个从低级向高级逐步发展的过程。修习世间善法达到的最高层次,就是"世第一法",由此就可以进入圣者的行列,从事出世间善法的修学了,所以被视为是由凡到圣的重大转折点。但佛教各派对世第一法的内容,理解很不一致,此处批评的"若五根为等无间入正性离生"的解释,是其中之一。意思是说,如果修学达到令信、精进、念、定、慧等"五根","等无间"地悟入"正性离生",那就是世第一法。此处的"等无间"意指连续无间隔,指信等五根悟入"正性离生"之时,不容隔阂。再直白些说,只要人们固有的"五根"成长起来,就能会自然而然地把握"正性离生"。"离生"指超越轮回生死,也可作为死的代词。非佛教徒(异生)也会"离生",其他派别也主张"离生";为了同这类"异生性"、"邪性"的"离生"区别开来,所以特别用"正性"即"圣性"标志出来,故曰"正性离生"。

《发智论》明确表示不赞同此说,是因为信等"五根",本身是一切善法生长的根基,范围狭窄,并不能代表所有的心、心所法,所以论本反复强调,只有所有的心、心所法,都修习到可以"等无间"地悟入"正性离生"的时候,才能称作"世第一法"。心、心所法在这里代表的是全部世界观:只有世界观整体地转变到"舍异生性,得圣性;舍邪性,得正性",才是"世第一法"。

这些说法像是讨论莫须有的神学,而且极其烦琐,这里不想进一步引述;也有可能是修学者的某种心理体验,表达得精细入微,如果不是想依样修学,过多的介绍是多余的。唯一需要注意的是,有部的修习要求,是行者的全部心、心所都必须依照它的理论要求作整体而彻底的转变，而不是像信等"五根"个别善性的自然增长。这也是《发智论》的基调。

(2) 关于"六足论"的体例。

作为《发智论》一身的"六足论"，可能是东方师为抬高本宗地位，把当时的一些重要论著附着于《发智论》名下的。其中除了两部论著署名世友之外，天寂其人不详，其余二部则假托目犍连、舍利子，明显不实。因此，在思想内容上，这"六足论"并不完全一致，有些观点很清楚是互相矛盾的。有关这"六足论"的体例，金陵刻经处所刊《藏要》中的《品类足论品目》作了介绍，认为它们分别代表了阿毗达磨的六种论轨，在结构上各有特点，兹摘要如次，以见大略：

第一是"释经体"："目犍连《法蕴足》是。此体释二十一经而诠二十一法"。先于论端立偈该摄"法名"，后"依法"引经详释文句而显"法相"。"以其引经作释，为'邬婆第铄'（旧译多作优波提舍，意指对经文的注疏）；以其二十一法诠一切智，为摩旦履迦（意译本母，泛论佛说法相、教理等）；以其但显法相，未遑分别，非即纯粹阿毗达磨"。

第二是"法数体"："舍利子《集异门足》是。此体结集佛说一法至十法，增一法门，先于数前该塭柂那（偈），后递叙法而释文句……体即是摩旦履迦；于一法中分别食行，俨然毗昙，而余法不然"，亦非纯粹阿毗达磨。据其内容引文，《法蕴》为先，《集异门》后出。

第三是"问答义体"："迦旃延《施设足》是。此论抉择经说，设为问答以博其趣，初亦总颂，后引经问而递答其义，体即邬婆第铄，然以类聚而有三门，曰世间施设门，曰因施设门，曰业施设门。以其类聚三门，体亦应为摩旦履迦，所不同于《法蕴足》者，彼引全经而诠大法，此节经句而谈细义耳"。宋译《施设论》仅为其中的《因施设门》。

第四为"破立体"："天寂《识身足》是。此体前有二蕴，破目犍连过去、未来无，现在、无为有；破补特伽罗谛胜定有。后又四蕴，则以因缘、所缘、杂蕴成就四大法门，成立六识身"，亦先以总偈列其法名，"后以六识随其所法多句分别"。

第五为抉择体:"世友《界身足》是。此体以品类七事于蕴、界、处明'摄'、'相应',略不及详,抉而作论;分别广说有八十八门,概略而谈亦门有十六"。

第六为分别体:"世友《品类足》是。此体法门亦博,分别亦繁,集五《足》之大成,显毗昙之全体,后有作者无小无大,不越轨持,诚制作之慧轮,法林之智炬欤!毗昙四例,斯论都备:一、本事例:论五事、七事,列名释体,名体先陈,分别斯据,此例是也。二、摄、相应、成就、分别例。三、诸门分别例:论《智品》,自类、互摄三门分别;《处品》,三科、随眠,辗转互摄三十门分别;《七事品》,三科辩摄,复辩相应;《随眠品》,自类互摄,七门分别,所缘、相应又四句简;《摄品》,增一法门之所分别也,于蕴、处、界、智、识、随眠,辨其所摄;《千问品》,一切智法门之所分别也,《法蕴》二十经摄一切智而未遑分别,《千问》则一一各各以五十门简。大乘龙树学,凡于一法先以诸法门分别,后总摄归空;其所分别,一则如《千难品》,再则如《千问品》。是则《品类足》者,诸例悉备,毗昙之赅全,而《千问品》者分别多门,又《品类》之至要者欤。四、抉择例,《论抉择品》抉彼《摄品》增一法门,而于唯本法者详其所摄。四类具备,而其主要则在分别,故于此论称分别体;故于此分别体称真正阿毗达磨体也。"

依据支那内学院的这些说法,前三《足论》只能称摩旦履迦,后三《足论》才是阿毗达磨,而以《品类足论》最为完备,倍受称赞,认为它在体例上对大乘阿毗达磨也有影响。

(3) 关于《品类足论》。

其实,此论之所以值得重视,是因为它对有部的理论建设作出的贡献,影响特别久远。这集中表现在它完成了对"一切法"的新分类,所谓"五事",或称"五法"、"五行"、"五位",反映出佛教对世界现象的认识达到了一个全新的高度,足以成为勾画一种崭新思想体系的蓝本。东汉安世高译《阿毗昙五行经》,相当《品类足》的初品,是专门讲述有部"五事"

分类的；玄奘又译有法救的《五事毗婆沙论》，唐法成异译作《萨婆多宗五事论》，可见自古至今都把"五事"的分类看做佛教思想史上的一件大事，以至后来的瑜伽行派也全部照搬。

通过对一切法分类和给相关诸法下定义的方法，阐发自己系统的思想观念，在早期佛教中就已经出现了。最普通的就是用五蕴、六入、十二处和十八界的分类以及对其概念的分析。但把这种方法提高到自觉的程度，并充分加以运用的，还是以有部最为突出，而"五事"分类就反映了佛教对世界人生的新认识。

《品类足》开首第一品《辩五事》说："有五法：一色、二心、三心所法、四心不相应行、五无为。"

此处将"一切法"首先划分为"有为法"和"无为法"两大类；在"有为法"这一大类中，又首先区分为"色法"（物质世界）和"心法"（精神世界）两类，同时给"心法"以特殊的限定，从中分立出所谓"心所法"来。这种做法，就是上述《发智论》把认识的功能同心理活动的内容区分开来。在这个分类里，又单列出一种叫做"心不相应行法"的现象，实指不能简单划归物质或精神，而可以既为物质又为精神俱有的那类现象，例如运动和文字等。其所列"五事"，大纲如下：

（一）"'色'云何？谓诸所有色：一切四大种及四大种所造色。"四大种者，谓地界、水界、火界、风界；所造色者"，包括眼等五根、色等五境，并"所触一分及无表色"。色法总计十五种。

（二）"'心'云何？谓心、意、识。此复云何？谓六识身"，即眼、耳、鼻、舌、身、意，总计六种。

（三）"'心所法'云何？谓若法心相应。此复云何？谓受、想、思、触、作意、欲、胜解、念、定、慧、信、勤、寻、伺、放逸、不放逸、善根、不善根、无记根、一切结、缚、随眠、随烦恼、缠、诸所有智、诸所有见、诸所有现观，复有所余如是类法，与心相应，总名心所法"。心所法共二十七种。

（四）"'心不相应行'云何？谓若法心不相应。此复云何？谓得、无想定、灭定、无想事、命根、众同分、依得、事得、处得、生、老、住、无常性、名身、句身、文身；复有所余如是类法，与心不相应，总名心不相应行"，此处列举了十六种。

（五）"'无为'云何？谓三无为：一虚空，二非择灭，三择灭"，略称"三无为"。

如是总计"五事六十七法"，形成了说一切有部分析法相、认识世界和人生，以及从中获取智慧、指导修习的全新的概念系统。这个概念系统，是从转变世俗观念的修习中总结出来，又为实现这种转变服务的，涉及的范围十分广泛。到了《俱舍论》又作了许多修补，构成所谓"五位七十五法"的规模。

《品类足论》在"五事六十七法"之外，还有一种分类，叫做"七事"。《辩七事品》所列内容有："十八界、十二处、五蕴、五取蕴、六界，十大地法、十大善地法、十小烦恼地法、五烦恼，五触、五见、五根（此指生长苦、乐、忧、喜、俱非等感受的机能）、五法（此指寻、伺、识、无惭、无愧），六识身、六触身、六受身、六想身、六思身、六爱身。"此中共十九种法，如何又归纳为七事，论文本身没有具体说明，大致可以这样说：蕴、处、界即是三事；"六界"（即地水火风识空）算作一事，此四事都是佛教对世界和人身的一般分类；"五根"属人体的另一类机能，亦算一事；"六识身"相当上述"五事"中的"心法"事；其余都可以归诸"五事"中的"心所法"事。因此，就佛教分类学上说，这七事没有什么特别的创见，但在"心所有法"一项中，细致了不少，增添了一些内容，而且也一一给予了定义。

（4）关于《识身足论》。

此论的理论内容也相当丰富。玄奘译于贞观二十三年（649），是他译介有部系列中的第一部，比《俱舍论》的译出（651—654）早五年，比《大毗婆沙论》早十年（655—659），比《发智论》早十一年（657—660）。这说明，《识身足论》在玄奘心目中占据优先地位，也反映了此论在有部中的价值。

作者提婆设摩(天寂),其人生平不详。《大唐西域记》卷五《鞞索迦国》记:"城南道左有大伽蓝,昔提婆设摩阿罗汉于此造《识身论》,说无我人;瞿波阿罗汉作《圣教要实论》,说有我人。因此法执,遂深诤论。"这是了解这一论著的唯一背景材料。它的主要内容,是通过分析六识身的性质和作用,既破斥"过、未诸法非实有"的主张,维护"三世实有"的宗本义,又破"补特伽罗"实有论,坚持有部传统的"无我"观。至于那位"说有我人"的瞿波和他的《圣教要实论》,则别无所知。天寂论内点名的论敌是目连或目乾连,当是南传上座部的著名论师目连子帝须;没有点名的论敌是"补特伽罗论者",或许即是玄奘提到的瞿波;其中驳难"补特伽罗者"的"性空论者",或许就是作者提婆设摩,至少是设摩所赞赏者。藏传佛教中也有个叫提婆设摩的人,是龙树《中论》十家注之一,那应该属于大乘空宗,究竟与《识身足论》的作者,是否同一个人,这里存疑;不过《识身论》批驳补特伽罗论的方法,确实与大乘空宗有相似之处。在部派佛教中以提倡补特伽罗著名的,是犊子部系统,瞿波可能是犊子部中"说有我人"的论师。

《识身足论》总分六品,即一目乾连蕴,二补特伽罗蕴,三因缘蕴,四所缘缘蕴,五杂蕴,六成就蕴。开首第一品《目乾连蕴》,反复记述这样一段话:"沙门目连作如是说:过去、未来无,现在、无为有。"中间还记有一段话:"沙门目连作如是说:有'无所缘心'。"这两段所表达的,是与"说一切有"对立的两个最重要的论点。

第二品《补特伽罗蕴》,则始终记述这样一段话:"补特伽罗论者作如是言:谛义胜义补特伽罗,可得可证,现有等有,是故定有补特伽罗。"这一段话则与有部坚持"无我"说,直接对立。

《识身足论》的基础理论,就集中在这前两品中;并通过论辩的方式把它们表达出来,即:一方面驳难"沙门目连作如是说",维护"三世实有"的有部根本观念;同时以"补特伽罗论者"为批驳对象,坚持"无我"的有部基本立场,由此捍卫说一切有部的独立特性。

据《成实论》卷二《十论品》记，南方佛教有几个特别的论点，其中有：一、过去、未来法无体；二、非是一切法都实有；三、无真实补特伽罗。由此也可以断定，《识身足论》所复述的目连的话，就是南方上座部的主张；目连子帝须则是南方上座部的理论权威。提倡"有补特伽罗"的，则肯定不是上座部，所以定为犊子部的论师，是恰当的。

现在先来看《识身足论》对目连的问难：

> 沙门目连作如是说：过去、未来无，现在、无为有。（按：意谓在"五位"法中，目连帝子须承认"有为法"中的"现在"法以及三种"无为"法是实在的，而否认"过去"法和"未来"法是真实的存在。）应问彼言：汝然此不——谓契经中世尊善语善词善说'三不善根'——贪不善根、瞋不善根、痴不善根？彼答言尔。复问彼言：汝然此不，谓有于贪不善根已观、今观、当观是不善？彼答言尔。为何所观？过去耶、未来耶、现在耶？若言观过去，应说有过去，不应无过去；言过去无，不应道理。若言观未来，应说有未来，不应无未来；言未来无，不应道理。若言观现在，应说有一补特伽罗非前非后、二心和合，一是所观，一是能观，此不应理；若不说一补特伽罗非前非后、二心和合，一是所观，一是能观，则不应说观于现在，言观现在，不应道理。若言不观过去、未来、现在，则无能于贪不善根已观、今观、当观是不善；若无能观，则无能已厌、今厌、当厌；若无能厌，则无能已离染、今离染、当离染。

从这段话看，有部与目连一样，都把"观"与"知"当作去"不善"为"善"，去"不净"为"净"的根本修持方式；最根本的"不善"是贪、瞋、痴"三毒"，三毒的内在依据是此处讲的"三不善根"。要想转不善为善，就要"观""知"这三不善根在产生种种不善中的作用，从而不但驱逐个别的具体不善，而且连产生所有不善的"根"一同铲除。于是问题来了：这三不善根于"三世"是否都存在着，是否在"三世"中都应该去作"观""知"此三不善的修持？从佛教观念出发，回答当然会是肯定的。于是结论就出来了：三不善根不但现在是"有"，而且过去和未来也应该是"有"；与之有关的修习，不但现在要作，在过去、未来也或已作或当作。换言之，只有承认"三世有"，才能有三世的"观""知"以及相应的修持，否则就是空话。承认这是事实，就得肯定"三世实有"、"法体恒有"，这就叫"说一切有"。

由此进一步推论，就是肯定"契经中世尊"所有的"善语善词善说"都是"三世恒有"，而贪、瞋、痴等作为烦恼不善的本质规定，也变成了一种永存的实体，所谓"法体实有"。如此类推，一切语言概念，任何本质属性（自性）都成了实在的，独立恒久的。正因为概念和自性三世实有，所以才能合理地解释三世因果，也才有进行宗教修持的实际意义。

但是，尽管法性实有，"补特伽罗"即人我，却不是真实的存在，不但过去、未来，即使现在也不是真实存在。因为在现观中，同一个"我"不可能既是"所观"（贪瞋痴等），又是"能观"（观察"不善"的能力），一"体"不容二"性"。这就是典型的"法有人无"说。再举一例：

> 沙门目连作如是说：过去、未来无，现在、无为有。应问彼言：汝然此不于契经中，世尊善语善词善说，若有内贪欲盖，如实了知我有内贪欲盖，若无内贪欲盖，如实了知我无内贪欲盖；如此贪欲盖，未生而生，生已令断，断已，当来不复更生，亦如实知？彼答言尔。为何所知？过去耶，未来耶，现在耶？若言知过去，应说有过去，不应无过去；言过去无，不应道理。若言知未来，应说有未来，不应无未来；言未来无，不应道理。若言知现在，应说有一补特伽罗非前非后、二心和合，一是所知，一是能知，此不应理；若言无一补特伽罗非前非后、二心和合，一是所知，一是能知，则不应言知于现在；言知现在不应道理。

所谓"内贪欲盖"，是贪欲的另一种表达。佛教修习的目的之一，是如实认知自己有无贪欲存在，以及认知它们如何由未生而生（现在），生已令断(过去),并使其未来不生(未来)。如实认知的任务,在于指导自己的依次修习,反过来也就证明"贪欲"三世实有。就是说,从其可以作为认识和克服的对象上,知其必然一切时恒有。据此就可得出,凡有所认识,必有认识的对象在;而此对象就是"有"。

《识身足论》由此提出了驳斥目连帝子须为否认"三世实有"而主张的又一个命题:"有无所缘心"——按目连的意见,不是所有心识活动,都是由特定对象(所缘)引发的;有一类"心"可以没有对象而有认识活动,譬如对过去和未来的认识就是在没有对象时发生的。《识身足论》则用观察和认知贪欲等心理在"三世"的变化,明确回答:像过去、未来这类非现在法,也是因为它们曾经存在过和必将继续存在,所以也是实有的,而不存在所谓"无所缘心"。

《识身足论》对"有无所缘心"还作了专门的驳难。据卷一载:

"沙门目连作如是说:有无所缘心。应问彼言,汝然此不——谓契经中,世尊善语善词善说,苾刍,了别故名识。何所了别?谓了别色,了别声、香、味、触、法?彼答言尔。汝听堕负:若汝说'有无所缘心',则不应"同意契经中世尊所说"了别"乃是"了别色"等,也就是以色等为了别之"所缘";如果同意世尊所说了别即是了别色等,那就意味着没有"无所缘心",汝坚持"有无所缘心"不应道理。

复次,"彼作是言:'无所缘心决定是有'。何者是耶?'谓缘过去,或缘未来'。应问彼言,汝然此不:谓契经中世尊善语善词善说……必刍,由彼彼因,由彼彼缘,发生于识;识既生已,堕彼彼数,由眼及色发生于识;识既生已,堕眼识数。由耳、鼻、舌、身、意及法发生于识,识既生已,堕意识数?彼答言尔。汝听负堕:若汝说言'无所缘心决定是有'",则不应同意契经中世尊的上述说法;如果同意契经中世尊所说,则不应说"无所缘心决定是有"。

此处论主对"有无所缘心"的批驳,主要采用两种论法:第一,人的认识活动必有实际的对象才有可能;认识既能思考过去和未来,证明过去和未来就是实际存在的对象,所以过去、未来一定是"有"。第二,"眼"见"色"而生"眼识",这可以说是现在"有",但此现在的"眼识"一旦生已,即归于眼识的一类("堕眼识数");而作为"类"("数")的眼识,不但现在存在,过去、未来也是存在。这些问题既涉及"心及心所"的生起,是否一定有其"所缘","能知"是否必有"所知"的问题,也是一个哲学认识论上的大问题,我们在后面还要一再谈及。

综上所说,《识身足》表达了说一切有部的四个重要论点:一、凡契经中世尊所说都是"有",包括语言概念和佛家的原理原则;二、凡世尊有所说,皆悉有"体",包括事物的本质和规律;三、凡心所起处必有所缘,一切认识对象,都可说之为"有";四、"数"即"类",是不受时态限制的存在,是三世实有。

下面再谈谈《识身足论》对"补特加罗论者"的问难。

对于"补特加罗论者"的问难,涉及"人我"是否实有这个与佛教基础教义密切相关的问题,故《识身足论》作了相当集中的讨论,也是此论最精彩的部分。这一论辩涉及两个很大的哲学问题:一个是人的全部生活与人自身的关系问题,另一个是人的认识性质和作用问题。现在先看它关于第一个问题的记述:

补特伽罗论者用以论证"人我"是有的依据,主要是"业报轮回":因为作业和受报,受苦与受乐,以及三界五趣等等身份差别,各有不同,这是公认的事实;但是,从三世因果的关系考察中,则这些显著的区别只可以发生在同一个行为的主体身上,否则就失去了业报法则的意义,而这个主体的唯一可能就是"我"。驳难者则以同样的"事实"证明,正是业报轮回说明,这些差别不同不可能存在同一个主体身上:因为作业与受报、苦与乐、地狱与人天等等区别是绝对对立的,如果发生在同一个主体上,就是严重的自我矛盾。换言之,善、恶行为,苦、乐结果,人与狗,这些在三世中性质完全不同的事物,究竟是发生在同一体上,还是性质完全不同的体上。狭义地说,人体与人的活动和感受,是一是异?如果广义地

看,这涉及事物的统一性和差别性、连续性和中断性等等关系。后来它们都成了佛教义学讨论的热点。这里的论辩是这样的:

> 补特伽罗论者作如是言:谛义、胜义补特伽罗,可得可证,现有等有,是故定有补特伽罗。性空论者作是问言:汝然此不:谓契经中世尊善语善词善说,如是五趣决定安立不相杂乱,谓捺落迦(地狱)趣、傍生趣、鬼趣、天趣、人趣;决定别有捺落伽趣,乃至决定别有人趣?彼答言尔。复问彼言:汝然此不:有从捺落迦没,生傍生趣?彼答言尔。汝听堕负。

为什么?因为若"五趣"的区别是决定的,不可错乱,不能更改,就不可以说同一个有情能够从地狱转生为畜生,或由畜生再生为"天"或"人",也就是说,不可能按业报法则在"五道"中同一个主体会互换角色,而轮回不已;如果说"五趣"是同一个主体,角色可以互换,由此至彼、由彼至此,那就不可以说"五趣"的区别是决定的,不可错乱,不可更改。

于是,"从地狱没,生畜生趣",这两者的关系究竟是"相即"还是"相异"?是一还是二?就成了问题的焦点。

> 彼作是言:定有从捺落迦没、生傍生趣。应问彼言,汝然此不:彼即是彼?答言不尔。汝听堕负:若定有从捺落迦没、生傍生趣,是则应说彼即是彼,汝作是言不应道理;若汝不说彼即是彼,则不应言定有从捺落迦没、生傍生趣,言定有从捺落迦没、生傍生趣,不应道理。若作是言:彼即是彼。应问彼言,汝然此不:彼捺落迦即傍生趣?答言不尔。汝听堕负:若彼即是彼,是则应说彼捺落迦即傍生趣,汝作是言不应道理;若汝不说彼捺落迦即傍生趣,则不应说彼即是彼,言彼即是彼不应道理。若作是言:彼异于彼。应问彼言,汝然此不:捺落迦断、别生傍生?答言不尔。汝听堕负:若彼异彼,是则应说捺落迦断、别生傍生,汝作是言不应道理;若汝不说捺落迦断、别生傍生,则不应说彼异于彼,言彼异于彼不应道理。若作是言:不

可说彼或彼或异。应问彼言,汝然此不:有从捺落迦没、生傍生趣,如是之言,亦不可说或彼或异?答言不尔。汝听堕负:若不可说彼或彼或异,是则应言有从捺落迦没、生傍生趣,如是之言亦不可说或彼或异,汝作是言不应道理;若汝不说有从捺落迦没、生傍生趣,如是之言亦不可说或彼或异,则不应言说不可说彼或彼或异,言不可说彼或彼或异不应道理。

这些话总的意思是说,假设某一有情轮回于三界"五趣"之中,其作为地狱和作为畜生,是完全不同的两种身份,那么,这两种身份的主体是"一"还是"异"?在相互转化过程,二者的关系是"相即"还是"相异"?是连续的还是中断的?如此等等,任何回答都会陷于矛盾。由此说明,业报轮回是存在的,但轮回中自由而常恒的主体,即补特伽罗的真实存在,是不可能的。

世间五趣如此,修习出世的果报所谓四向、四果也是如此:

补特伽罗论者作如是言:谛义、胜义补特伽罗可得可证,现有等有……性空论者作是问言:汝然此不:谓契经中世尊善语善词善说,如是八种补特伽罗决定安立,不相杂乱,谓预流果能作证向;若预流果,乃至阿罗汉果,能作证向。若阿罗汉果,决定别有预流果能作证向……决定别有阿罗汉果能作证向,决定别有阿罗汉果?彼答言尔。

这类有关贤圣的问难,亦同世间"五趣"一样,必陷于矛盾,说明补特伽罗实有的不可能。论又云:

补特伽罗论者作如是言:有我、有情命者、生者、养育、士夫补特伽罗,由有补特伽罗故,能造诸业,或顺乐受,或顺苦受,或顺不苦不乐受;彼造顺乐受业已,领受乐受,造顺苦受业已,领受苦受,造顺不苦不乐受业已,领受不苦不乐受。性空论者作是问言:汝然此不:自作苦乐?答言不尔。汝听堕负:若有我、有情命者、生者、养育、士夫

> 补特伽罗,由有补特伽罗故,能造诸业……是则应说自作苦乐,汝作是言,不应道理。若汝不说自作苦乐,则不应说有我、有情命者、生者、养育、士夫补特伽罗,由有补特伽罗故,能造诸业……若作是言:自作苦乐。应问彼言:汝然此不:谓契经中世尊善语善词善说,为钻部卢出家外道说,钻部卢即受即领,诸有欲令自作苦乐,此钻部卢我终不说?彼答言尔。汝听堕负:若自作苦乐,则不应言,谓契经中世尊善语善词善说……我终不说,汝作是言,不应道理;汝今若说,谓契经中世尊善语善词善说……我终不说,则不应言自作苦乐,言自作苦乐,不应道理。

这段话说得很曲折。按佛教的业报法则,现世的受苦受乐,是前世作善不善的报应;善不善是道德行为,苦乐则不具有道德属性,二者隔世相望,是不可以混淆的。举例说,现世在享受"人"的待遇,前世可能还属"畜生"道;这现世的人与前世的畜生,如果是同一个补特伽罗,则将苦乐归诸该补特伽罗的"自作"是相矛盾的;若说不是"自作",也有矛盾,因为世尊就不说"自作苦乐"(意谓苦乐是被受的)。为什么?于是谓:

> 性空论者作是问言:汝然此不:此作此受?答言不尔。汝听堕负:若有我、有情命者、生者、养育、士夫补特伽罗,由有补特伽罗故,能造诸业……是则应言此作此受,汝作是言,不应道理。若汝不说此作此受,则不应言有我、有情命者……若作是言:此作此受。应问彼言:汝然此不:谓契经中世尊……为一梵志说言:梵志,此作此受,是堕常边。彼答言尔。汝听堕负:若此作此受,则不应言,谓契经中世尊善语……汝今若说,谓契经中世尊善语……则不应言此作此受。……若作是言:异作异受。应问彼言,汝然此不:谓契经中世尊善语善词善说,为一梵志说言:梵志,异作异受是堕断边……

所谓"常边",指执"人我"为永恒不变的主体,从而使流转于五道轮回成为不可能;所谓"断见",指有情死后不会再受报应,也使因果业报落空。这"两边"都是对佛教基础宗教观的动摇和否定,为佛教各派所不许。此处"性空论者"的主张是,既不可说补特伽罗有,亦不可简单说其无。例如世尊对某比丘说:"诸所见闻觉知法中,已得、已求、意随寻伺,如是一切非我、我所,亦非(非)我、我(所),如是如实正慧观见。"就是说,有见闻觉知的事情,而无见闻觉知的主体,结论是没有真实的人我存在。

最后论云:

> 补特伽罗论者作如是言:有为可得,无为可得,补特伽罗亦有可得。性空论者问言:具寿,补特伽罗当言有为、当言无为?若言有为,应同有为可施设,有生灭住异;若言无为,应同无为可施设,无生灭住异……为、无为外,无别有物,是故无有补特伽罗。

意思是说,有变化的事物(有为法)或无变化的事物(无为法),人们都可以认同,可以用语言表达,也就是都可以把握,而"人我"既不可说是有变化的,也不可说是无变化的,无法把他归于哪个类别里去,无法把握,所以只能是"无"。

由此进一步讨论到"人我"能不能成为真实认知的对象问题,按《识身足论》的观点,在真实的认知中,没有"人我"的影像,也不能如理证知;因为遍观所有法,只有与六识相应的"法性"(此指色、声、香、味、触、法等被感知的性质),而没有"法性"之外别有"人我"其物:"人我"实是由于执受"五蕴"因而促使"五蕴"相续不断这一现象造成的假象:

> 性空论者作如是言:谛义、胜义补特伽罗非可得、非可证,非现有、非等有,是故无有补特伽罗。补特伽罗论者问言:具寿,"慈"何所缘?答言:诸法性有、等有,由想等想,假说有情;于此义中,慈缘"执受诸蕴相续"。

此处的"慈"指培养对"有情"需要怀抱慈愍心理的一种定法(等至);它的前提,就是以"有情"为对象,因而应该承认有情真实的存在。性空论者回答说,这里所谓"有情",只是在"法性"基础上由"想"等构想出来的产物,世尊用以"假说";"有情"的本质,是"执受诸蕴相续",不是另外的一种独立存在物。

于是性空论者再问,世尊说"当使有情具诸快乐,如是思维,入慈等至",对这话如何理解?回答是反问:世尊说有六识身,"慈与何等识身相应?……若言眼识相应,则不缘有情,以诸眼识唯缘色故",如是耳、鼻、舌、身、意,六识各有自己相应的对象,而没有一识以补特伽罗有情为对象。"若言不与眼、耳、鼻、舌、身、意识相应,即应别有第七有情之识,慈与彼相应,此识世尊不现等觉。具寿,世尊于无畏中作如是说,我于诸法现正等觉……我于如是正见,无'缘我'正见,彼无有缘故"。就是说,如果承认没有在六识之外的第七识,去作为专门认识"有情"的识体,那就证明,"有情"不是认识所缘的对象,而不能构成所缘的对象,在认识中无所反映,就是不存在。

此处再次涉及认识论上的问题:一切未知事物在尚未成为认识对象的时候,用康德的语言表达,"自在之物"在没有转化为"为我之物"时,是否就是非存在?有部的回答是肯定的。也就是说,凡真实存在的,必然是可以认识的;凡认识达不到的,必然不是真实的存在。不过这里所谓认识,仅仅指直觉而言——即感官直接感知的特性。这也是有部的一贯观点。

同样道理,"有四念住:身念住,受、心、法念住……慈与何等念住相应?……若言身念住相应,则不缘有情,以身念住唯缘身故",其余受、心、法等三念住亦是如此。"若言不与身念住,受、心、法念住相应,即应别有第五'有情念住',慈与彼相应。此念住世尊不现等觉……我于如是正见,无缘我正见,彼无有缘故"。

性空论者(实指有部本宗)的逻辑是这样的:有所缘即是有;无所缘即是无。但所缘是相对能缘而言的,能缘的主体有六,眼、耳、鼻、舌、身、意,故所缘也只能有色、声、香、味、触、法;像瓶、人等别有特质的整体形象和概念,以及军、林等集合名词所表达的群体事物,都不能构成眼等"六根"的了别对象,因而唯有假名施设,本质则"空"。

此处讨论的也是一个重要的哲学问题:人的感官是有分工的,它们可以各自感知与其功能相应的对象,如眼见色、耳闻声,以至意知法等,但把这些感知的对象综合起来,形成事物的整体表象,以及由此概括和总结成为名言概念,又是怎么来的?性空论者认为,眼等"六根"感知的对象是真实的存在,所以是"有";相反,所谓"人我"找不到感知的根据,说明不是真实的存在,只能是"空"。但是,如果确实没有"人我"的存在,"人我"只是一种虚妄的假施设,那么,又是六识中哪个识体的作用,导致虚妄,实施假施设?难道还有个第七识吗?

类似的问题,在西方哲学中讨论和研究得最多,包括:第一,思维的抽象和综合功能,以及把握事物的本质及其规律的能力,来自何处?这关涉到整个理性认识范畴;第二,感觉经验在整个认识过程中的地位和作用是什么?这又涉及整个感性认识范畴;最后,这些问题又必然归结到感性和理性的关系,以及探索认识正确与否的原因和衡量它们的尺度上。这些认识论中的热门话题,后来也成了瑜伽行派哲学企求解决的课题,中国佛教的义学界则反映冷淡;中国的整个古代哲学也很少讨论这类问题。在中西方思维方式的比较研究中,这也是一个重要方面。

关于"人我"不可以作为真实对象而被认识的论证,《识身足论》下了很大的功夫,反复争辩。这里再列举几段:

> 此补特伽罗非眼识所识,唯有诸色为眼识所识,是故此眼识非补特伽罗识;又,眼、色为缘生眼识,三和合故有触;如是眼触唯能触诸色,非补特伽罗。此补特伽罗非眼触所触,唯有诸色为眼触所触,是故此眼触非补特伽罗触……(如是)触为缘故生受,如是眼触所生受,唯能受诸色,非补特伽罗;此补特伽罗非眼触所生受所受……触为缘故生想,如是眼触所生想,唯能想诸色,非补特伽罗;此补特伽罗非眼触所生想所想,唯有诸色为眼触所生想所想……触为缘故生

思,如是眼触所生思,唯能思诸色,非补特伽罗……由此诸法触为第五补特伽罗,非可得非可证,非现有(现观)非等有(等正觉),是故无补特伽罗。如眼识,耳、鼻、舌、身、意识亦尔。

总之,识"色"的是"眼",而"眼"不是补特伽罗;触、受、想、思等有关色的思维活动,也都是触、受、想、思等各按自性个别发挥作用,它们也不是补特伽罗;其他感觉和思想活动,也是如此:在六识的认知之外,没有"人我"存在的余地。

复次,"眼、色为缘生眼识。此中眼生、色生,眼识不生,如是不可得;眼生、色生,眼识亦生,如是可得。此中眼灭、色灭,眼识不灭,如是不可得;眼灭、色灭,眼识亦灭,如是可得"。如是眼生、色生、眼识生,"触"是根境识的三和合,随之而生,接下来即有"受"、"想"、"思"等,"如是诸法,'触'为第五,同生、同住、同灭……由此诸法,'触'为第五,补特伽罗非可得、非可证,非现有、非等有,是故无有补特伽罗。如眼识,耳鼻舌身意识亦尔"。这是从认识产生的条件上,说明无需人我的存在;人我不构成认识活动的条件,因而是"无"。

又,"眼识了别诸色"而不了别其余"十一处";耳、鼻、舌、身亦各自了别自己的对象而不了别另外的十一处。第六"意识了别眼、色及眼识,耳、声及耳识,鼻、香及鼻识,舌、味及舌识,身、触及身识,意、法及意识。如是六识身是能了别,有了别性,非无了别性;补特伽罗无如是性,是故无有补特伽罗,有十二处"。这是用六识对"十二处"的"有可识性",证明补特伽罗的"无可识性",从而否定"人我"的存在。所以说:"色处二识所识,谓眼识及意识",声、香、味、触等处,亦是二识所识,"余七处唯意识所识。如是十二处是所识,有所识性,非无所识性,补特伽罗无如是性,是故无有补特伽罗"。

总之,从认识论上反复证明,补特伽罗不是认识的对象,认识活动也无须有补特伽罗,由此否定人我的真实存在。推出这一结论的,依旧是一贯的元素论和分析还原法,即把人的认识活动,也看成是诸多元素间的机械功能的机械拼凑,而无视人是一个活的有机整体,人的认识活动与他的整个精神世界密不可分。仅仅用六识个别的孤立作用以及与其相应六境的关系,不可能说明它们实际存在的种种复杂的联系,更不能说明感性认识向理性认识的飞跃,以及抽象和概念的形成等。后来的一类经论提出七识、八识之说,原因之一,就在补救像有部这样在解释精神现象中的严重缺失和错误。

《识身足论》论及许多认识论问题,值得一提的还有它对第六"意识"的看法。在《所缘缘蕴》中,在谈到"六识"间的关系时说:"眼识唯能了别青色,不能了别此是青色;意识亦能了别青色,乃至未能了别其名不能了别此是青色,若能了别其名,尔时亦能了别青色,亦能了别此是青色",其余的前四识亦是如此。这话的意思是,眼等前五识,只能了别其直面的青等对象,并不具备分辨它与其他颜色不同而名之为青等的功能,相当于一般所谓的直觉或直观;意识则大不同,它不但能与眼等一起了别到青等对象,而且还能了别此青是与余青及余色有差别的青;但这里有个非常重要的条件,那就是事前,意识必须已经知道了青等的名称,有了它们的概念。也就是说,只有先有了青等名言概念,才能够,而且一定会了别青等实际对象。《识身足论》本身并没有解释为什么需要这一条件,但它自觉或不自觉地认识到,意识的特点之一,是用名言概念认识事物,把握世界,而与前五识的直观性,绝然不同。

《所缘缘蕴》接着就说:

> 意识亦能了别诸法,谓或执为我,或执我所,或执为断,或执为常,或拨无因,或拨无作,或复损减,或执为尊,或执为胜……若惑若疑,若犹豫,若贪若瞋,若痴若慢……若于"因"谓因、谓集、谓生、谓缘,若于"灭"谓灭、谓净、谓妙、谓离……若如理所引了别,若不如理所引了别,若非如理所引,非不如理所引了别。

此处把意识的功能描绘得相当充分,它不但是一切正确判断、正确思维的运作者,也是一切错误观念和错误思维的根源。所以能够产生诸如关于"我"、"我所"等执著,"常"或"断"等妄见,以至诱发和导向贪、瞋等欲望。至于进行"如理"或"非理"等推理,把握四谛真理,趋向涅槃等功能,也都属于意识"了别"的功能范围。"了"指对事物的如实反映;"别"指对事物性质及其联系作种种区别和分析。所以意识最典型地反映了"了别"这一概念的含义。

意识与前五识不仅在认识功能上有这些不同,在染净性质上也有差别。《杂蕴》说:"五识身唯能起染,不能离染;意识身亦能起染,亦能离染。"这一说法有些特别。从认识论说,作为直觉的前五识,佛教一般认为是正确认识的主要来源;但是,从宗教道德的视角看,前五识却只能是追随色等五境,生起染污的通道。这对于看重智慧,注重优先从认识上解脱的学派来说,是相当矛盾的:求真实与求善净不能同时在五识中实现。所以此说并不被其他派别接受。不过有部的这一主张,目的在突出"意识"的作用:"意识"不但能够起染,而且可以离染;通过"意识"的离染作用,足以抑制前五识的起染功能,把它们引向离染的方向。这一思想,与说一切有部特别提倡内向静虑,从静虑中探求解脱,是一致的。

关于前五识与第六意识的关系,在上述之《品类足论》的《辩五事品》还有一段话,值得一提:"如是诸色二识所识,谓眼识及意识;此中一类眼识先识,眼识受已,意识随识。"这里指出,"意识""缘""色",必须通过眼识,而不是直接取"色"。声、香、味、触等境,亦应通过耳、鼻、舌、身等识,才能为意识所了别。这一说法突出了感觉先于意识的思想:对于客观事物的认识,首先要有感觉,而后才有意识;意识所缘的对象,其实是感觉提供的感觉材料,并非事物自身,所以没有感觉,也就没有意识,感觉是意识的基础;但是,这里没有提到第六意识对前五识的能动作用,实际上这也是认识论中的一个大问题。

第六意识除与前五识所取的境相相同者外,还囊括五识境以外的一切对象,在十二处的分类中称作"法处",在十八界中就是"法界"。"法处"中也有"色",叫做"法处所摄色";此"色"不是前五识的对象,唯有意识能够认识,所谓"法处所摄色,此及无色根,于一切时一识所识,谓意识"。这唯意识所识的"色",是"色"概念的扩大。

《识身足论》还谈及了六识与感受、情绪、思想、意志等其他精神活动的关系,比《品类足论》又深入了一步。略谓:

> 眼、色为缘生于眼识,若诸青色可意乐俱,了别此青可意乐俱,触、受、思、想此青色转可意乐俱,由此便能长养诸根,增益大种;眼、色为缘生于眼识,若诸青色违意苦俱,了别此青违意苦俱,触、受、思、想此青色转违意苦俱,由此便能损减诸根,破坏大种。

意谓,如果眼识所了之青色,直觉到"可意"而快乐,意识也就了别到这种可意和快乐,与此相应,触觉、感受,以至表象和思维就都会确认和追求这种可意和快乐,从而使人的五官身体得到受益;反之,如果眼识所了青色,直觉到是不可意而苦痛,则意识也就了别其为不可意和苦痛,如是触觉以至思想,就会确认其不可意并加以排斥,从而导致五官身体的衰败。如是非可意、非违意,非苦乐俱,诸根非养非损,非增非坏,无不如此。耳、鼻、舌、身、意等识,亦复如此。这是说一切有部关于认识与心理互相作用、心理与身体互相影响的一种论述。其中最重要的环节,是前五识对于其相应对象的主观感受:是苦是乐,还是不苦不乐,这与《阿含经》中特别看重"受"这一精神环节是相呼应的,也坚持了传统佛教普遍重视感受经验的一贯立场。

在论证补特伽罗无我中,《识身足论》还有一个重要观点,那就是"心性无常";以"心性"是"无常"故,说明"心"不可能是补特伽罗。论本说:

> 由十四因,应知心性决定无常:谓加行故,相应故,威仪路故,工巧处故,身业故,语业故,意业故,因故,等无间故,所缘故,增上故,染不染故,受差别故,所作事业辗转异故,若心已生,分明可了;或于

> 今时,或于余时,诸所忆念,即所了知。如是心性,不离前心;又,此心性不离前心。由此道理,诸心辗转,无前际来诸心次第。

由于"心"是经常变动的,由因缘条件制约的,所以不可能是补特伽罗——补特伽罗意味着是无条件的、永恒的实体。

此处特别用"无常"界定"心性",反映了有部在心性问题上的基本立场:按佛教的通理,"无常"是"有为法"的标志,而有为法在本质上是"杂染"的;所以说"心性决定无常",也就是"心性杂染"的另一种表达,这与大众部和南传上座部提倡的"心性本净",是对立的,由此也影响到了说一切有部一系列其他理论和实践。

据《识身足论》说,其所以如此不厌其详地论证诸法无我的道理,归根结底,是承认"我"的存在不利于佛教向善,不能通向涅槃:"设有如是补特伽罗,不能引义,不能引善,不能引法,不引梵行,不证神通,不证等觉,不证涅槃,即无所用,是故无有补特伽罗。"

事实上,被称为"六足"的论书,虽然在坚持"说一切有"上是一致的,但在组织结构上,却比较杂乱,像《法蕴足论》分二十一品,所谓学处、预流支、证净、沙门果、通行、圣种、正胜、神足、念住、圣谛、静虑、无量、无色、修定、觉支、杂事、根、处、蕴、多界、缘起等,看不出各品间的内在联系。这与《心论》系统的严谨结构相比,反差很大。

2.《阿毗昙心论》系统

不在"六足"之列,但给"一切有"安立下真正哲学基础的,是法胜的《阿毗昙心论》(简称《心论》)。此后发挥《心论》的《杂阿毗昙心论》(略称《杂心论》)和《阿毗昙心论经》(略称《心论经》),也增添了不少新思想。整体来说,这个系统的哲学底蕴普遍较浓。

(1) 关于《阿毗昙心论》。

此论在说一切有部中的地位,法救(达磨多罗)著《杂心论》的《序品》有个说明:"为显现清净,烦恼对治,依阿毗昙毗婆沙所应故,大德法胜及我达磨多罗共庄严。《杂阿毗昙心》,离诸广略,说真实义。"据此,《心论》

是依据并发挥"阿毗昙毗婆沙"(非特指《大毗婆沙论》)的;法救撰《杂心》,也是出于同样目的,只是在解释上更广泛一些而已。《阿毗昙心论经》的作者优婆扇多,他在《序》中言:"古昔论师虽释《阿毗昙心》,太广太略……我今离于广略,但光显修多罗自性。"表示他的《心论经》重点在显示《心论》中的契会经说部分,或者说,是用契经印证《心论》的观点,是符合佛说的。

《阿毗昙心论》之所以受到有部论师的如此重视,在中国也连续汉译,至少与它确定"说一切有"的基础理论和明确"法相"分析的基本方法有直接的关系。它用"法相分析"的方法去认识和解释世界人生现象,并用来改造人们的世俗观念,是在把分散的有部思想组织起来,为佛教的宗教实践构建出一个新的理论体系,对于中国佛教的影响,也相当巨大。

所谓"法相",既指事物的具体形象,也有名言概念的意思,与佛教通常所用的"名相"有些近似;按瑜伽行派哲学,可以解作"表象",但这里更突出其作为认识对象的客观真实性。

《心论》认为,一切事物各有"法相",无时无处不在,是一切人众在日常生活中都必然面对的对象,无一例外。但是,如何认识事物的"法相",人们的认识是否正确?这就成了关键。人间为什么会存在善恶、智愚、高下、染净等种种差别?说到底,是集中在对"法相"是否有正确的认识上;要想把握佛的智慧,理解佛所说法的真义,也只有通过对"法相"的正确认识才能实现。这就需要对日常惯见的和佛所说的种种"法相"进行分析;通过法相分析,从表层深入本质,达到真理性认识。

第一,论"知法相"。

《心论》的《界品》,开宗明义有一段答问:

> 说曰:法相应当知。何故?应如法相者常定知、常定相。彼曰:定智有定智相,则为决定;以是故说,法相应当知。
>
> 问:世间亦知法相。此极愚亦知坚相地、湿相水、热相火、动相风、无碍相空、非色相识,如是一切不应已知复知……答:世间不知

法相。若世间知法相，一切世间亦应决定，而不决定；法相者常定，不可说知法相而不决定。若然者，不决定亦应决定，但不尔，是以世间不知法相。

复次，坚相地，无常相、苦相、非我相；若不尔者，坚相应有常相、乐相、有我相而不尔，是故坚相即无常相、苦相、无我相；若世间于地知坚相者，无常相、苦相、无我相亦应知而不知，是故世间不知地坚相。

这一段话的意思很清楚：有疑者问：即使愚蠢的人也知道地、水、火、风的"法相"是"坚、湿、热、动"，为什么作者在阿毗昙里还要求去重新认识？回答是，愚者之所知不是真知，因为坚、热、湿、动等表象，只是认识到了"四大"的表层，而不是它们的本质，只是相对的，而不是绝对的。若认识仅限于这样的表层，那就不是阿毗昙所讲的"法相"；阿毗昙要求把握的"法相"，是深入到本质，得到绝对不可动摇的认知。像在"四大"中把握到"无常相、苦相、无我相"，那才是"四大"的真正"法相"。换句话说，只有认识不停留在世俗的表层，理解到佛教抽象化了的本质，那才是真正的"知法相"，才是佛教智慧。

这些话的意思也不难懂，但表达得很别扭，主要因为它列出了一个区别世间认识和圣者认识的标准，讲得含混。按其本意，世俗认识的特点是"不决定"，其所知的法相则为"不决定相"，而不决定相不能成为"法相"；符合阿毗昙要求的"法相"，则是决定的，叫"决定相"，其知即是"决定智"。这里的"决定"指的是什么？举例来说，"四大"的坚、热等相，可以成为大家的共识，但从中可以引出完全相反的两类认识，一是认"色"是"常、乐、我"，因此而追求世间长生快乐，不求出离；另一是认"色"乃"无常、苦、无我"，因此而产生厌离世间，追求解脱。对于同一表象，会产生如此矛盾的认识，说明关于坚、热等认识，不是绝对的"知"，坚、热等相，不是"决定相"；事实证明，认"色"为"常、乐、我"，不能成立，唯有"无常、苦、无我"才是"色"的本质；在这里，不容有其他解释，所以是绝对的，

"知"和"相"都是决定的。

当然,对于"法相"内涵作出的这一规定,不可能得到普遍的承认;不过由此反映出来的方法,即法相分析的方法,却很具体生动,带有普遍性,那就是,从众所公认和熟知的事物的表象出发,通过理性思维的抽象,升华为事物的本质。我们知道,这是认识中最重要的一大飞跃:从现象到本质,从表象到概念;但这也是认识中最容易犯错误的区域:抽象及其借助的总结和概括,并不总是全面的,而严重的片面,会导致严重的错误。《心论》自觉到了从表象上升到本质在认识过程中的极端重要性,并力图运用于佛教,为确立佛教智慧找到一个新的认识论基础,但是对于由此可能带来的危险,即作为经过有部哲学抽象化了的概念、所谓"法相"的片面和局限,丝毫没有觉察。其后或同时,《般若》经类和大乘中观学派,对于说一切有部的思想作了激烈的批判;此处提倡的"决定相"和"决定知",以及"法相"的分析方法和宣称的"法相",就首当其冲地受到批判。

但有部非常相信自己的这种方法对于把握真理的决定性意义,它在《阿含经》表现出来的分类学基础上,有了新的发展,最后形成了以给"法相"分类和定义为特征的"法相"分析法,一直影响到瑜伽行学派。

《心论》从法相分析中得出的结论是:"若知诸法相,正觉开慧眼,亦为他显现。""知法相"就成了自觉和觉他的指导方针。它解释说,众生因为"不知法相",致使"执受有漏法"为"常、乐、我、净",产生绝大的谬误,所谓"众生于有漏法不知相已,便受有常乐我净",永远不得解脱。事实上,"常、乐、我、净"是真实的存在,只因为众生的认识和行为停留在"有漏法"的水平,不合乎"法相",所以也就达不到常、乐、我、净的境地。反之,要想实现"常、乐、我、净"的理想,就得清除由不知法相所导致的"有漏行"。所以论文强调说:"有常、我、乐、净,离诸有漏行。"那么,什么是"有漏法"、"有漏行"?回答是:"若于法生身见等烦恼……是法说有漏。"所谓"身见",是认为"我身"就是常、乐、我、净等的见解,属于典型的"不知法相"的那类认识,亦称"妄见";妄见导致烦恼,流转生死,即名"有漏"。所以说:"烦恼者说漏。漏诸入故,心漏连注故,留住生死故,如非人所持故,是故说有漏。"正是由于"有漏",令众生远离了本有的"常、乐、我、净":"诸有漏行转相生故,离常;不自在故,离我;坏败故,离乐;慧所恶故,离净。"

《心论》的这些说法,在佛教思想史上有重要意义:第一,明确提出"常、乐、我、净"是人生追求的理想,并肯定它们的真实存在,从而冲淡了传统把涅槃仅归于"灭"的消极性,而给"无漏"以"常、乐、我、净"的乐观内容;这一观念到了《大般涅槃经》得到了充分的发挥,并用来规定涅槃的性质,在中国佛教中产生了巨大的影响。第二,说明"常、乐、我、净"是一种本然的存在,众生之所以堕落而不能成就这样的存在,全在于对诸法,尤其是对人身和人生,缺乏正确的认识,以至把"五趣身"的"辗转相生"误认为是"常",把人生"不自在"误认为"我",将"坏败"的现象视之为"乐",将智慧所恶的事物视之为"净",如此等等,形成"妄见"而导致烦恼不断,漏于三界。换句话说,人生苦恼,全在于认识上的颠倒,不知"法相",误把"妄见"当做常、乐、我、净去追求;如果做到了"知法相",把颠倒了的认识重新颠倒过来,就会达到常、乐、我、净的境地。这一思想在《心论》里表达得尚不明晰,但却成为后来的瑜伽行学派创造"转依"说的理论前导。

有几个极重要的概念,《阿毗昙心》没有作正面诠释,《杂心论》则作了补充,这就是"法",以及与"法"有关的"自性"和"法聚"。《杂心论·界品第一》说:"法者,持也。持自性故,名法。法有积聚故,名法聚:彼善法,善法聚,不善、无记法亦如是。""持"为保持,持有;凡"法"必然持有"自性",但没有说"自性"是否一定是"法"。在现实上,"法"不会是孤立的,而是以"积聚"的形态存在,是谓"法聚";此处的"法聚"相当于分类学上种类、概念的外延,而"法"的自性就相当事物的本质属性、概念的内涵。此文接着说:

> 法聚二种相……自相及共相。自相者不共,即此非余,如"碍相是色",如是比。共相者,共此及余,"如色无常",如是比。问:若碍相是色自相者,亦是共相。观四阴故是自相,观十种色故是共相……答:一自故,碍者是色相故,名色自相;色差别,故说十种。汝言观(此观指相对)故,自相、共相不成者不然。何以故?不坏故,如父子……若观自相则非共相,若观共相则非自相,如一人亦名父、亦名子……若观父则不观子,若观子则不观父。

佛教所说"相",一般指事物呈现于外部的相状、相貌,或认识的表象,这时的"性"就是事物的内在本质,概念的内涵。但在很多情状下是"相""性"混用,性即是相,相即是性,此处所讲的"色",就是这种情况,"色"以"碍"为"相",叫做"碍相",但"碍"亦是"色"的本质规定,所以也可以说"色"以质碍为"性"。据此,这里将"法聚"分作不共的"自相"和共的"共相"二类,也等于有"自性"和"共性"二类。

"不共",即区别于他物、他相、他性的特性、特相,故曰"非余";以"色"为例,就其区别于"心"来说,它以"碍"为自相或自性,是与心"不共"。"共",即与他物、他相、他性(余法)的相同处,如"色"和"心"同属"无常";无常就是色和心的共相或共性。换言之,自相表示与他物的差别性,共相表示与他物的同一性;二者的这一区别,究竟是相对的还是绝对的? 论文介绍了两种对立的观点,一种认为是相对的,相对于"心法","碍"是色的自相;若相对于青红、方圆等色,色又是共相,所以色既是自相,也是共相,自相与共相没有原则区别。绝对论者反是,认为青红方圆等只是"色法"上的差别,作为色的自相"碍"依旧。同样,父与子抽象看是相对的,是共相,在实际上,对其子来说,父就是父;对其父来说,子就是子,这是绝对的。论文的作者达磨多罗,显然认为自相与共相是绝对的,不是相对的,二者不容混淆。

对于事物作性、相的认识,区分自、共的差异,都是认识向全面深化迈进的表现。《杂心论》指出"法相"的这些特点,表明有部在探索认识论问题上,确实走在整个佛教义学的前面。但对于这些问题的解决,远远不够。关于性、相的关系,自、共的关系,完全没有展开。论文的论述重点,始终放在"自性"问题上,以确立所谓"自性不空"的根本命题;而就其论证的逻辑,显然也适应共性。

第二,论"自性"和"他性"。

《阿毗昙心》的全部特点是对佛教基础观念"缘起"的全面解释,并通过"自性恒有"与"他生现有"两个命题阐发出来。《界品》中问:"云何摄法为'自性',为'他性'?"阐发就从这里开始。

诸法为什么被摄入"自性"?《心论》的回答是:

> 诸法离他性,各自住己性,故说一切法,自性定所摄。"诸法离他性"者,谓眼离耳;如是一切法不应说若离者是摄,以故非他性所摄。"各自住己性"者,眼自住眼性;如是一切法应当说若住者是摄,故说一切法,自性之所摄。已施设自性所摄,于中可见法,一界、一阴、一入所摄。

这里的观点十分明确:不是"自性"住在"法"中,而是"法"住在"自性"中;不是眼性住在眼中,而是眼住在眼性中。也就是说,此物之所以成其为区别于彼物的特性,关键在于它住到了它的"自性"之中,它具有了自己的属性。言外之意,"自性"是脱离具体事物独立自存的实体,是具体事物得以形成的原始模型;诸法依据这些模型构造自己的本性。所以"自性"必是先于诸法的存在,而且是永恒的,不变的,其作用在赋予现实诸法以本质。

上述"各自住自性"的偈颂,在《杂心论》和《心论经》中都全文照载,可见它所受到的重视程度。《杂心》的释文这样说:

> "诸法离他性"者,眼界离十七界,异性故;余界亦如是。不应说若"离性"是"摄",以异相故,故说"自性之所摄"非他性。"各自住己性"者,一切性各住自相,此性非他相故。应说若"住"者是摄,非余

故,说一切法"自性之所摄"义,谓自性,自性不空,非余自色,色不空。

此文用"十八界"概括一切法,所以在说明"眼界"的"自性"时,用离其余"十七界"界定,表明眼界的自性与余界的差别性;"自性"住于其相应法,就是"自相";"住"就是"摄",意谓"自性"包括"自相"于自身。于是"自性"决定"自相","性"、"相"得到了统一;而"自性不空","性"自然就成了无条件的永存。

"摄"是有部和瑜伽行派使用频率最高的概念之一,可以作概括、抽象解,多数情况是用于表示包括、包容、吸收、吸引于其中的意思。如《摄大乘论》中的摄,就可作概括解;《真唯识量》中的"初三摄,眼所不摄"的摄,就是包括、包容的意思。《杂心论》为了揭示"自性之所摄"一语的含义,对"摄"一词还作了特别的解释:

> 相持义是摄……如楼观中心,众材所依,为楼观之摄……如线持衣,如户枢持扇……或说方便摄,如所说,此五根慧为首,谓摄故;或说和合摄,谓四摄事能摄众生;或说随顺摄,如所说,等见、等至、等方便是慧身;或摄取故名摄,谓和上以财、法摄。此等世俗言说非究竟摄,自性自性摄者,是究竟第一义。

此处列了"摄"的五种用法:所谓"中心"(支柱),所谓"方便"(此指"中心"的运用:如说"信"等五根,归根结底是以"慧"为首,"慧"在"五根"中具"中心"地位),所谓"和合"(凝聚、团结),所谓"随顺"(归顺"中心"),所谓"摄取"(吸引)。综合这些解说,"摄"就是作为周围事物的中心和首领,具有支持、吸引、容纳、团结、联系有关事物的功能,由此表达不同事物相互关联中主次和包容的关系。《心论》强调"自性自性摄"的意思,就在说明具体事物的"自性"总是依靠抽象的"自性"的支持而存在的,具体事物的自性,为抽象的自性所摄。譬如某一具体人的"眼",隶属于抽象的十八界之"眼界",依靠这"眼界"而获取该眼的"自性";"眼界"则容纳和支持这具体的"眼"于其中。所以"眼"是派生的,"眼界"是本原的;某个人的眼只是被摄入了眼界才有成为现实的可能。

据此,"自性"是独立的恒有,是现实事物之因。但是,这"自性"本身却没有单独生成相应事物的能力;与自性相应的事物,必须以他物为必要而充分的条件,才能产生,此即谓之"他生"。

"他生"是针对"自生"而言的。有部反对自生,主张他生;反对"一因论",主张"多因论",由此构成有部"缘起"说中的最具特色的观念系统。《阿毗昙心》的《行品》集中讨论了这些问题。

> 问:若诸法自性所摄者,亦当以自力故生。答……一切法不能自生。所以者何?诸行性劣,无势力故,如羸病人,不能自力起。问:若不自力起,当云何起?答:一切众缘力,诸法乃得生。如羸病人,由他扶起,彼亦如是。
>
> (又,)问:以何故此诸法谓之行?答:多法生一法,一亦能生多,缘行所作行,如是应当知。"多法生一法、一亦能生多"者,无有一法能自力生,但一法由多法生,多法亦由一法生,以是故谓"缘行所作行,如是应当知"。

《杂心论》的释文与此大同,谓:

> 无有法自力生,一法以多法力故生,多法亦以一法力故生。如是一切有为法,是故说缘行所作行……缘彼行故,有所作故,说缘行;行所作故,作彼行故,说作行。

这些参与生一法的"多法",或参与生多法的"一法",相对于被生者,就是因、缘。故此所谓"他生"论,就是著名的"缘生"论:它强调的是,"自性"是永恒的,但必须借众缘的力量,才能生成为现实的事物。"自性"和"缘力"是一切现实事物得以产生的两个基本的条件。事物一旦进到因缘条件范围,处于能生或被生的境地,这类事物就属于"有为法",亦称作"缘行"。"缘行"意味着因"缘"而行,为"缘"所行。若离开"缘",既无行,亦无所行,等于没有处于生灭变化的事物,这就是"诸法谓之行"的原因。

第三,"六因"与"四缘"。

正是为了说明事物被"他生"的种种复杂情况,《心论》依据"因"、"缘"在实际作用过程中表现出来的性能,对它们进行了分类。

首先分"因"为六类,所谓"所作因"、"共因"、"自然因"、"一切遍因"、"相应因"和"报因",总称"六因"。《行品》解释说:

> 一切因尽在六因中;此因生一切有为行。于中"所作因"者,生法时不障碍、不留住,由此故生不相似法,如由地万物得生。"共因"者,诸行各各相伴,由此故生,如心、心数法,心不相应行及极微种。"自然因"者,谓彼自己相似,如习善生善,习不善生不善,习无记生无记,如物种随类相因。"一切遍因"者,谓诸烦恼转相续生,如见"我"审入计著,由此见故,于"我"有"常、无常"审入计著;谤"阴相"审入计著,于"阴相"犹豫,受有常、净等,生诸烦恼……"相应因"者,心及心数法,各各力于一缘中,一时行相,离则不生。"报因"者,谓行生于生中转成果,如善、爱果,不善、不爱果,由此故生。

"六因"的这些名称,在玄奘的新译中全作了修改,这里不再一一列出。它们都在指出,一切有为法得以生成,总体上不出"六因"的范围,但具体到某一种法,所需的原因并不一样。如心、心数法须五因生;其余须四因、三因或二因不等,但须要强调的是,"若从一因生者必无有"。有部反对一因论的态度,异常坚定。

其次是"缘"。"缘"比"因"的概念要宽泛一些,"因"可以包容在"缘"中,而有些"缘"不一定是"因",所以我们把"缘"作"条件"解;唯"因"才属因果范畴。

"缘"分为四,所谓"四缘",即"次第缘"、"缘缘"、"增上缘"以及"因缘"。其中"'次第缘'者,一一心生,相续无间。'缘缘'者,心心数法境界;缘彼故,心心数法生。'增上缘'者,是'所作因',一切万物;万物生时,不作挂碍,但自所作为要……'因缘'者,'共因'、'相应因'、'自然因'、'报因'、'一切遍因'"。于是"增上缘"和"因缘"包揽"六因"全部,而"次第缘"和"缘缘"为"六因"分类中所无。此二缘是专门用来解释制约认识和心理活动的条件的。也可以说,在六因之外再作四缘的分类,主要为了更便于说明主观的精神现象。所谓"诸法随缘生",其中"心、心数法"从四缘生,余法或从三缘生或从二缘生,无论如何不会从"一缘"生。

任何法的产生,不能离开这"六因"、"四缘"的作用范围;但它们之所以会成为"有为法",得以产生,以至变化、灭坏,还有一大缘故,那就是有"生、住、异、坏(灭)"四法的存在;此四法总称"有为四相";没有此"四相"的参与作用,任何法都不能生成,当然也就不会有变化以至坏灭。所以说:"一切有为法,各各有四相:生、住、异、坏。"其中"世中起,故生;已起自事立,故住;已住势衰,故异;已异灭,故坏"。在"四缘"的分类中,此"有为四相"被列在"因缘"之中,是诸多"因缘"中的一大类。

《阿毗昙心论》说明,其所以对于"因"、"缘"作这样的分类解说,目的也是为了"知诸法相";就是说,佛教的"因缘"说或"缘起"说,是"法相"分析的深入,也是法相分析的构成部分,都是出于自觉和觉他的需要:"如此因,如来定知诸法相;觉力教化故说。"

由"六因"、"四缘"论述的"缘起",与分析人生过程所讲的十二缘起,区别是明显的。这两种"缘起"论都注重解释"业报"法则中的因果关系,但在理论深度和应用广度上区别很大,"十二缘起"表达的是生命流程中的因果连锁系列,前因后果,因果关系是单向的;一因一果,关系也是单一的;六因、四缘则将因果观念扩大到解释世间所有事物的一切方面,既反映因果的前后联系,也承认因果有同时并行的关系,尤其是强调事物的生灭变化乃多种因缘共同作用的结果,否认有单一原因产生单一结果的可能。这样,缘起的理论丰富了,与"梵天"创世一类的一神论或"梵"主宰世界一类的本体论,划清了理论界限,更加凸现了佛教的哲学特色。

"六因"、"四缘"的提出,可能有过长期酝酿发展的过程,所以在上述

"六足论"中都有程度不同的涉及。但比较精要和系统的阐述,还属这里的《阿毗昙心论》。就此而言,《心论》系统在完成有部基础理论、突出有部哲学个性上,比其他任何论著的贡献都要显著。然而玄奘在大规模译介有部论著时,唯独没有对这一系统的著作重译,与此前的中国佛学对于这一系统之特别看重,形成一种令人诧异的对比。原因何在?或许与《心论》反对一因论有关。我们说,有部哲学是建立在多元化基础上的本体论,而玄奘倡导的瑜伽行派哲学,则把有部提出的多元素从头到尾都收容到了阿赖耶一识之中,让它们变成阿赖耶识储藏的"种子",实质上是一种一元论的本体论。多元论和一元论的不能相容,是当然的。

第四,论"缘力"和"业力"。

到此为止,《心论》中使事物成为具有本质属性的"自性"有了,使"自性"生成现实事物的"因"、"缘"以及"有为相"也有了,那么,与之相应的事物是否就会产生?这还不行,此中缺乏一个关键性环节,那就是使所有因缘具备产生结果的力量,即所谓的"缘力",因为"一切众缘力,诸法乃得生"。上述自性、因、缘、有为相,都可以泛称"众缘",那么,"众缘力"是什么?众缘力与众缘是什么关系?有部并没有作一般性讨论。它所要解释的是众生,主要是人,为什么会有生死,及其处在五道轮回(五趣)中的身份差别和身份转化等种种生命现象,所以"众缘力",实际是"业力"的一种新的表达方式。相比之下,"众缘力"含有更加丰富,更加生动的内容。因为"业"无非是身、口、意等种种千差万别的思想行为;这些思想行为无不具有能动的造作功能,即谓之"业力"——这样的"业力",也可解作活力或生命力,但它承担的生命性质和带给生命的质量,则大不相同;其所以大不相同,最终得归诸于当初造作的因缘,即是千差万别的。就字面看来,"业力"不能体现这些差别及其差别的原因,而"众缘力"可以作到。

这一点由《阿毗昙心》在论述了六因、四缘之后,立即安立一个《业品》,阐述"业"在生起诸法中的功能,可以看出:

> 已说诸行"己性",及由诸"因缘生"。今谓此有因,能严饰果种,生种,生差别可得。

这里的"有因"指的就是"业",但话很费解。

《杂心论》于同义这样说:

> 已说诸行辗转因缘力生,彼诸行所起种种生、生生差别,胜者唯业。

《心论经》的释文则说:

> 已说诸行因缘力生。次观察世间生灭差别,由于烦恼业因故生。

这三段文字有些不同,表达的意思也不全一致,说明至少在《心论》系统,还不完全明确"业"与"因缘"的关系:有的认为"业"就是一种感"有"的"因",所谓"有因";有的则把"业"视为"诸行"中具有生起种种世间的殊胜能力,而列入"因缘力"的一种。还有的则说为"烦恼业",此中"烦恼"相对其必然导致的结果(果报)言,即是"因缘",于是"因缘"与"业"或被视为同一件事,或被看做两件事,共同作用,才能生成相应结果。

不论"业力"与"缘力"在"力"上是什么关系,但有一点可以肯定,作为"因缘"的范畴,也包括"业"这一概念涵盖的特殊功能。"业"表达的是因缘中的一种独特作用,《阿毗昙心》规定的是,"业能庄饰世,趣趣在处处",意思是"三世于五趣中种种身,差别严饰。是世严饰事,唯业";又说:"谓身口意业,生生所造作,从是生诸行,严饰种种身"。总之,是把"业"的功能定位给三世"五趣"种种身作"严饰"或"庄饰"的。

什么是"严饰"或"庄饰"? 文本没有解释,就字面上说,"业"不是"体",不是事物的"自性",而是使"体"得以完全的种种形象,是令"自性"多样化的次要属性。直白一些说,就是使抽象"自性"得以实现的现实事物。譬如讲,"人"是五趣之一;决定为"人"的是人的"自性";但现实的人与人的自性,具体的人和人的概念,绝对不是一回事。从自性的概念的"人"转变成现实的具体的"人",必然增添许多其他属性,使人的单一自性从概念变成多样性的活的生命。这些多样化的属性,就是对"自性"的"庄饰"或"严饰"。因此,"业"其实在起着由"自性"转换为现实事物的作用,也就是在一定"因缘"条件下,将"自性"牵引到果报的"力"。作用或"力"都不是脱离"体"的孤立存在,它们携带的"自性",存在于因缘之中,所以可以称之为牵引得果的"因缘力"。

这种表达有些笨拙。《杂心论》讲的相对清楚些:

> 一切五趣种种性生种种业庄饰;以业为种,彼有芽生,业差别故生差别;如种差别故芽差别……业于受生胜故,是故欲背生死者,当善观察。

此处用种子比喻"业",有什么种子生什么芽,结什么果,作什么"业"生成什么样的有情,得什么果报。

但这个解释也还不够充分。"业"只是表示主体的"造作"功能,并没有说明出于什么动机,造作什么,例如是善还是不善,是净还是染之类等等差别,因而也不能说明所得果报的差别。也就是说,"业"的重点在"作";作即是"力";至于"作"什么,作善作恶,这"力"牵引的是什么,牵引到何方,"业"本身并没有答案,给予答案的是业所负荷的"烦恼"。"业"诚然是引生三世五趣差别的力量,但促使它实现的,即所谓"感'有'"的,却是"烦恼",而不是业自身。也就是说,只有"业"与"烦恼"共同的作用,才能够产生果报。因此,《阿毗昙心》接着就安置了一个《使品》,对烦恼的内容作系统的发挥。但是,对于"业"与"烦恼"之间究竟是什么关系,还是没有讲清楚。

其实说来简单,"业"只是表示身心具有的抽象能力,这种能力承担的内容,则是"烦恼";只有承载着具体的烦恼,"业"才能成为制造出相应产品的"力"。所谓"善业"带来"福报","不善业"带来"非福报",这"善"

和"不善"就都属于"烦恼";这"烦恼"自身也没有生果的能力,只有在"业"的承载下,处于人的身心行为中,才能产生"福报"或"非福报";同样道理,"业"自身没有内容,如果不承载烦恼并把它们牵引到相应的结果,它就是一个不作功的力,就失去了"业"作为"力"的意义。

烦恼规定业的性质,业给烦恼以生果的能力。按业报法则,烦恼的性质决定果报好坏,此时的烦恼,就是相应果报的"因缘";而使这些"因缘"能够转化为果报的即是"业";牵引烦恼走向果报的,就是"业力"。据此,这样的"业力",也就是"因缘力"或"众缘力"。

这样,六因、四缘所讲的"因缘法"是一回事,六因、四缘能够产生相应结果的"众缘力"是另一回事,正像"五蕴"是一回事,"五取蕴"是另一回事,不可以混同的。"因缘"和"五蕴"作为"法"的存在,各有永恒不变的"自性";"因缘力"加上了"业",使它们必然牵引生果;"五受蕴"中的"受",表示感受三界有漏,必处生死轮回。对于有部来说,这些区分非常重要:在理论上贯彻了"自性不空"和"缘起有生"的"说有"和"说因"并重的立场,在实践上则可以去除一切向恶的、染污的"自性",摄受一切从善的、清净的"自性",以此重新构造人身,实现由凡转圣的目标。这一思想主要反映在《阿毗昙心》的《贤圣品》和《智品》、《定品》中——《贤圣品》讲成就贤圣的标准和贤圣的等级;智与定就是达到贤圣的修习方法;这两个方法,说到底,就是在注意力集中的条件下,实现对法相的分析,把握自性不空和缘起有生的道理,破除我见,清除污染,由此指导自己的实践。

可以说,《阿毗昙心》的前七品,就是一个完整的逻辑体系:《界品》注重法相分析,说明"自性"恒有;《行品》说明"自性"的实现和世界人生的生成,皆由于"因缘"条件;《业品》和《使品》指出,"因、缘"之能够发挥实际作用,全在于"业"及其负荷的"烦恼"形成的"力";《贤圣品》以及《智品》和《定品》则在说明,通过"定"的沉思,认识到上述"法相"及其实现为世界人生的"因缘"道理,获得佛"智";获得佛"智"须要经历许多修持阶段,由于阶段性差别,所以有多种"贤圣"称号,而最高的圣者,是阿罗汉。

(2) 关于《杂心论》。

这是《心论》系统中的又一重要著作,给有部又增添了许多新观念,篇幅也比《心论》扩大了近一倍半。其中《序品》是新加的一品,对一些基本概念有许多明晰的解释,更能看出它的特性来。

什么是"阿毗昙"?《序品》说:

> 于牟尼所说等谛、第一义谛甚深意味,宣畅显说真实性义,名阿毗昙;又能显现修多罗义,如灯照明,是慧根性,若取自相则觉法,是阿毗昙;若取众具是五阴性、名者,诸论中胜,趣向解脱,是名阿毗昙。

这个解说,突出三个要点:阿毗昙的任务是宣畅"真实义"的;方法有二:一者通过对"自相"的体认,觉悟佛法;二者通过对"五阴"的性质和名相分析,趋向解脱。

什么又是"毗婆沙"?

> 毗婆沙者,与牟尼所说性真实义,问答分别、究畅真要,随顺契经、开悦众心,所谓性、相、名字,地、依、行、缘、念、智、根、定、世、善,及界、学,见谛、断义、缘方便得、亦离欲得,何处初起,摄相应,因缘果、有果等,无量诸法种种义,生说种种类、种种说,是名毗婆沙论。

简言之,毗婆沙就是对"真实义"分门别类的广论。其所列举的门类,大致包括了有部毗昙学的基本内容,也可以看做是有部毗昙学的一个目录,其特殊地方,在于把"性、相、名"列为"究畅真要"的首要对象,这与"一身六足"和《大毗婆沙论》的结构显然不同。

将"性"、"相"、"名"列为把握"真实义"的首位,也就意味着从"法相"分析着眼建立自己的理论体系:"法相"是事物的外在表现,内在规定则是"自性";形诸于语言文字就是"名字"。其余"地"、"依"、"行"、"缘"等大体与"一身六足"等突出论述修行的根据和程序相似。

《杂心论》认为,不论是阿毗昙还是毗婆沙,它们畅究的重点都在诸法的"真实义"上。那么,什么是"真实义"?《界品》谓:"真实者,四圣谛,不颠倒。谓已学八忍、八智,见彼真谛,故名见真实;虽住见道,未周四谛,必当见故,亦名见真实。"就是说,认知"四谛"、依"四谛"修持,获"四谛"智(即"八忍、八智")就是真实义。

"四谛"是《阿含》诸经的老话题,但混杂在佛陀的许多其他论述里;部派佛教也都涉及过这一内容,也多被众多的其他言论所冲淡;至于论"实"讲"智"的议论,也比比皆是,但像《杂心论》这样把"真实义"归之于"四谛",关于"真实义"之智,就是对"四谛"的体认,因而用"四谛"概括和统率一切佛教的做法,还未曾有过。《俱舍论》的结构,完全因袭《心论》系统,而以"四谛"为纲进行组织,则是来自《杂心论》的启发。此后瑜伽行派又将"真实义"的外延拓宽,以为任何认识活动都是为了求得"真实义",并根据所求真实义的不同层次和性质,对人的认识进行分类,大大超出此处所说的四谛范围。把认识的任务在原则上规定为把握真实义,是《杂心论》的一大贡献,具有普遍意义。

至于《杂心论》为什么特别提倡"真实义",《序品》用下列问答作出说明:

> 何故说真实义?答:为知真实义故。若不分别诸论,难可了知;以不知故,实智不生;实智不生故,不知真实;不知真实故,不见烦恼诸行过恶;以不见过故,堕于恶趣;与彼相违,则生天、解脱。

此处认为,"为知真实义",须从"分别诸法"入手;通过知见诸法的真实义,以明辨善恶是非,指导实践,既可"生天",亦能"解脱"。此处把善恶是非的标准,显然是安置在佛教的教理基础上,而非客观的真实义,因而具有偏颇性。把"生天"也当做知真实义的目的,更是有部的特殊主张。

无论如何,《杂心论》把修习的重心,完全安置到了对"真实义"的认识上,是佛教史上的一个重大转折:在传统的"三学"中,"慧学"变得高举榜首,"定"和"戒"被排到了次要的,依附于"慧"的地位;加上把"生天"也作为修持的目标,导致佛教经典提倡的"远离、苦行"被彻底地放逐了。这个变化非常巨大,它使佛教从一种近乎苦行的实践宗教,彻底地转向了哲学理论的抽象探究,从个人的独住自修,转到思维法相和学术讨论,由此完成了从智慧上求解脱、从苦行到求乐的历史性转变。这标志着佛教的经院学派和经院哲学实际上已经成熟了。

《杂心论》对于许多重要的传统概念作了新的解释,使它们都能一一地纳入"三世恒有",体现在"三世恒有"的基本原理中。就拿影响面最大的"三科"为例:

第一,关于"五阴"。

《界品》说:

> 碍相是色相,随觉是受相,顺知是想相,造作是行相,分别是识相。彼过去色虽不碍,曾碍故;当来色虽未碍,当碍故。极微一一虽不碍,众微集则碍。无作虽不碍,以作色是碍,故彼亦碍,如树动影亦动。

这一界说的新义,不是表现在对五阴的简明定义上,而是五阴在"过去"和"未来"也是真实有的证明上。例如色:色的定义是"碍";"过去色"虽已无"碍"的作用,但它曾经起过"碍"的作用;"当来色"虽尚未发生"碍"的作用,但未来必当发生。"极微"是色的不可再分的最小单位,它们总以聚积的形态存在,所以也是"碍";"无作色"多译作"无表色",其本身虽非是"碍",但由于是相对有碍的"作色"而言,所以也是"碍"。结论是,"色"是一切时恒有,是"三世有"。"三世有"就是"一切有"的另一种表达,也是《杂心论》的论证的一个重要命题。它在解释"色阴"时说:"云何色阴?一切诸色,过去、未来、现在……彼起已灭,是说过去;未起未灭,是说未来;已起未灭,是说现在。"意思是说,色之作为现实的色,随三世而有起有灭,但作为"碍"的色性,则贯彻于三世,不起不灭。对五阴中的其余四阴,可以同样看待:它们在现实中有生灭,有有、无,它们的"自性"则三世恒有,没有变化。

"五阴"的次第是色、受、想、行、识,为什么作这样的安排?《界品》有个解释:"从不可知本际已来,男为女色、女为男色染著处故,是故前说;乐受贪故起色欲;想颠倒故起乐受贪;烦恼故起想颠倒;依意故起烦恼。"就是说,"色相"是男女染著的对象,所以在五阴中先说;染著的原因是贪爱"乐受"而起"色欲",故"受"其次;贪爱于乐受,是错误地以苦为乐,即"想颠倒",故"想"又次;此"想"来自"烦恼",而"行"即是烦恼,故复次为"行";一切烦恼(行)皆得依"意"生起,所以最后讲"识"。对"五阴"作这种程序式的分析,表明《杂心论》是把男女性爱作为人的本原的,与那种以"食"为人生本原的说法不同,所以禁制的是性关系,而不是食;而即使只有食被解禁了,也是佛教实践中的一大解放。

《杂心论》提出的"五阴观"也有个性。所谓"观",是借助于"定"获取佛教认可的真实性认识,并用以指导其宗教实践的根本方法。"五阴观"与通常的"十二因缘观"一样,也分"顺观"、"逆观"两种。"顺观"是从"观色"到"观心",其中"观色不净"相当于修"定"中的"不净观","四念住"中的"身念住",认识到色身污秽不堪,不可爱,如是"观色已,见'受'过;见受过已,'想'不颠倒;想不颠倒已,烦恼不'行';烦恼不行已,心则堪忍。此则顺说五阴"。"逆观"相反,先从"观心"开始,所谓"今当逆说:净秽之生,以心为本,故前观'识阴';观识已,烦恼薄;烦恼薄已,起法'想';起法想已,则贪'受'不生;贪受不生故,观察'色'"。不论顺观、逆观,要务在削弱烦恼,令"贪受"不生,以成就"法想",使心能"堪忍"(具有接受和依据佛教思维的能力),以"观察色"。

对五阴的这种观法,并不要求消灭一切烦恼(行)和一切"受",也不拒绝"色"、"想"、"识",一句话,它的重点不是放在泯灭色、心差别,以至消灭五阴,超越生死上,仅仅要求观察者能够认识到色身不净,不再贪爱本能感受，从而达到洁身不贪而已。这样的要求，应该说也是宽松的，现实的。

在整个"五阴"中，《杂心论》最看重的是受、想二阴。按《界品》中说，这二阴在"五阴"中起决定性作用，称作"二诤根"，是产生"爱"与"见"的根源，也是生死流转之本："二事故，众生轮转生死，谓乐受贪及颠倒想。乐受贪故行'爱'，倒想计著故行'见'。二诤根者，习欲爱、贪欲缚，从'受'生；见欲缚，从'想'生。"据此，其所以抨击"受"，是因为它能接受乐感，产生对乐感的贪爱欲，而不是全盘拒绝"受"。同样，也不全盘拒绝"想"，其所排斥者，是颠倒想，而非"法想"——颠倒想是"见"的根源，法想是"智"的来源。因此，反复观察五阴的目的，实在于确立"净秽之生，以心为本"的观念，将消灭五阴转化为"治心"。例如，为了消解这"二诤根"，只要修习禅定就行："'受'修诸禅，'想'修无色。""四禅"和"四无色定"就是治心的过程，它们可以消解"受、想"作为"诤根"的功能，而不是消灭受、想自身。

《界品》关于"色阴"有许多重要的阐述。其中之一，是扩大了"色"的范围。一般认为"色"有十一种，所谓眼等五根和色等五境以及"无表色"，此处则特别提出："八万法阴皆色阴摄。"此"八万法阴"，相当于"八万法藏"，是对佛所说法之多的一种生动的表述，相当于佛说一切法。《杂心论》就将佛说一切法，全部归属于"色"的范围，理由是"以佛说语性故"——佛所说法以言语为性，即是"语性"；言语被理解为"色"的一类，佛法也就顺理成章地被收入了"色阴"。依此类推，则一切言语文字都属色法。这涉及一个很大的理论问题。

言语或文字是可视、可闻，也是有"碍"的，具有色的一切属性，这没有问题；但是，另一方面，言语文字不但是声响和形色，而且是负荷和表达着特定思想情感的，也应该属于"心"。这一类既不能简单归诸于色或心，也不能简单否定其非色或非心的现象，反映了人类的创造物区别于自然物的特殊性质，所以在上述"五事"的分类中，与"语性"有关的名、句、文身,就列在"心不相应行法"中,此处实质上是把它们重归于"色法"了,这是一个退步,也是有部把"一切法"实体化的极端表现的一例。

"极微"(亦译为"邻虚")是"色"的不可再分割的最小单位,是物质的原子。关于它的性质,有部也多有论议。色性是"碍","极微"亦应保持"碍"的自性。但此处的观点略有不同:"极微——虽不碍,众微集则碍。"(卷二)单个极微不具有"碍"的作用,只有"众微集"时才具碍性。这已经有了两个概念:"极微"和"众微集"。然而这两个概念是矛盾的:如果单个极微"不碍",就没有"碍"的基础,那"众微集"何以会凭空有了"碍"?又,极微以什么形状存在,是与其呈现于外的形状一致,还是别有方圆?它们又是如何聚积起来的? 这类问题,一直到瑜伽行派还在讨论。

按照"色"的分类:"极微"主要存在于"四大"及四大所造的"五根"与"五境"中,所以就"色"而言,至少应该有十四种元素;它们的极微亦应有十四种。《界品》说:"极微在四根,十种应当知……四根十种极微,共生四大色香味触。眼根、身根、耳鼻舌根亦尔。"此文不可解。《阿毗昙心论》的解释反而清楚:"谓极微在眼中,是知有十种:地种,水、火、风种,色种,香、味、细滑种,眼根种、身根种;耳鼻、舌极微亦如是。"据此,所谓"四根"是指除身根之外的眼、耳、鼻、舌四根;此"四根"各由"十种极微"构成,"身根"则只能有九种极微,因为身根是人的整体。《心论》还进一步讨论:

> 若眼根极微十种者,云何不眼即是色,即是余种? 如是则法性杂乱,与阿毗昙相违;阿毗昙说,眼根一界、一入、一阴摄。答:二种极微:事极微、聚极微。事极微者,谓眼根极微,即眼根微;余极微皆说自事。以事极微故,阿毗昙说眼根一界、一入、一阴摄……众多事,此中说聚极微;住自相故,法相不杂乱。

这一译文可能有些错乱,但意思还可以明白:"眼根"虽然由十种极微组成,但决定其为眼根的极微,只是"眼根极微"一种,此等极微名"事极微",意指决定成为眼根其事的极微;其余九微,皆以"自相"成就眼根其事,称为"聚极微"。"事极微",意味着眼"住自相";"聚极微"意味着由"众多事"而成。这样,又回到了"自性"和"众缘"的关系上,也就达到了法性清晰、界限确定的阿毗昙要求。此处的"聚极微"指多因素的聚合;上述的"众微集",指同一极微的聚积,两者不是一个概念。

第二,关于"十二入"。

《杂心论》的《界品》谓:

> 于一身中具十二入。但事各异,若事是"眼入",此事乃至非"法入";若事是"法入",此事乃至非"眼入"……眼以见色为事,色以眼所行为事,如是乃至"法入"……又"依""缘"差别说十二,谓六识身有六依、六缘。又自性分别说十二,若"眼"自性,乃至非"法"自性;若"法"自性乃至非"眼"自性。

此等解释中可注意的有两点:一是"事异":"眼以见色为事,色以眼所行为事","色"与"眼"不可分离,互为成为"眼见色"事的条件;进一步推论,则物质世界与人体的生理结构不可分离,两者各有自性而构成所认识和能认识的关系,能见"色"的是生理意义上的"眼入",而不是精神意义上的"眼识"。二是作"识"的"依"和"缘",眼等六识,要"依"眼等内六入,缘色等外六入始能生起;也就是说,脱离生理性的人体,没有人体以外的客体,认识活动就不可能发生。这两点都说明,在认识论上,《杂心论》的唯物主义倾向明显,是主张反映论的;这与后来的瑜伽行派把"识"作为认识活动的核心,贬低十二入,尤其是贬低六入在认识中的作用,否定六境的客观性质,明显不同。

第三,关于"十八界"。

这是《杂心论》论述的重点。前已反复说过,"界"有种种,其数难以计算,为什么单独提出个"十八界",又是依据什么标准作这样判别的?《界品》有个解释:"境界、依者、依分别,十八种三事,故说十八界,依故、依者故、境界故。"此中"依,谓六依,眼界乃至意界;依者,谓六识界,眼识界乃至意识界;境界,谓六外界"。此处依然坚持传统上以人为本位的立场,人体(六根)是精神活动(六识)的所"依";"六识"只是人体的"依者",依人体而存在;而色、声等则是外在于身心,并为身心的境界而存在。这种表达,表现了同样的唯物主义倾向。"识"虽是依者,但必须依于眼等器官和依外境才能存在和活动。于是,"世尊虽说种种界,悉入十八界中"。

第四,关于三科的分类。

"五阴"、"十二入"和十八界,都是以人为本位的分类,为什么要作这样的分类,以及三者有什么差别,《杂心论》用给阴、入、界下定义的方法,作了解释。它说:"聚积是'阴'义,输门义说'入',种性义说'界',是三种差别。"然后进一步解释如此分类的原因:"'恃性'憍逸为说界;性义是界义。'恃财'憍逸为说入;输门义是入义。'恃命'憍逸为说阴,以阴死法故。"意思是,"界"是表种姓的,"入"是表财物的,"阴"是表生命的。如果以为自己的种姓高贵,或拥有财物和生命,因而产生骄逸,不知精进修习佛教,就要用这三种分类方法有针对性地进行劝说。所以接着又说:"始行者为说界,少行者为说入,已行者为说阴。愚于色心为说界,愚于色为说入,愚于心法为说阴。"显然,这都是从宗教实践的视角所作的阐释。

《杂心论》还有更客观些的说法:"输门义说入者,通苦乐故;种性义说界者,如一山中多有诸性,金性、银性等,如是一身中种种性各异故,说十八界。"又,"一切法说十八界,以不离依故、依者故、缘故;彼一切法即说十二入,七心界为'意入',此即义差别;除三无为,余法说五阴,积聚势故。"简单地说,"一切法说界,界即是入,除三无为说阴"。这两段话集中讲了两层意思:

一是为阴、界、入重新定义:"五阴"表示"积聚势",意谓"五阴"有导致生死不息的势力;"十二入"表示苦乐来自感官对外境的接纳。这都不算新鲜。新鲜的是用"种性义"界说"十八界"的"界"。"种性"或作"种姓",特殊地说,是借用印度的种姓制度,表示五道众生的界限严格,不可混淆;推而广之,则表示事物的种类和自性,所以用"一山中多有诸性,金性、银性等"作譬喻。按照这一界说,则事物有多少种类和自性,就应该有多少"界";甚至作为错误观念的"见",也可以用"界"来表达,故曰"世有种种界,谓诸'见'以'界'名说,彼悉入'法界'中,若彼说六十二界"。这"六十二界"就是著名的"六十二见"。又说,"以界名说者,各随其义,入十八界中";就是说,"义"也可以说为"界"——此处的"义",相当于概念的内涵。据此,"界"从事物的"种类"、"自性"扩大到了特定的观念和概念。于是"界"就有无限多,但由于此处只是用来说明众生的"一身",所以可以把众多的界,概括为十八种,故曰"一身中种种性各异,故说十八界"。这样,尽管把人身归为十八界,但突出的却是其中具有"种种性各异"的一面,而这是一个可供无限发挥的重要论断,有部是充分运用了的,对中国佛教义学,也有相当影响。

有部以"说一切有"著称。这"一切"是"一切法"的概称。那么,什么是一切法? 在"五事"分类里,"五事"是一切法的概括;在"三科"分类里,只有"五阴"不能包括一切法,"十二入"和"十八界"都有代表一切法的资格。其所以如此,在于"五阴"的性质全属"有为",不包括"无为法"。"无为法"是"五事"分类中才明确起来的,是佛教世界观中的新概念:它承认在因缘、生灭的现象之外,另有一些既无生灭变化,也不受因缘制约,但它又不与世俗世界绝对隔离的现象;由此也就动摇了一切法皆是无常、苦、空的传统观念,是对于传统佛教理论的冲击之一。

3."新有部"系统

这里指的新有部,一是世亲的《俱舍论》,一是众贤(音译"僧伽跋陀罗")的《顺正理论》和《显宗论》,也还包括传说是众贤、世亲之师的塞建地罗(意译"悟入")所撰《入阿毗达磨论》。最早译介《俱舍论》的是梁陈时的真谛,后来唐玄奘重译,并翻译了其余诸论。也可以说,玄奘是介绍新有部最系统也最有力的学僧。

前已说过,《俱舍论》是在《心论》系统的基础上,接受经部的思想影响而对古典有部进行修正的著作;它的主要特点,是介绍经部的新说,批驳古典有部的主张,但不都表示明确的赞同,唯有在"五蕴"的性质是"实"还是"假"的问题上观点鲜明:是假非实;对于"三世实有"的基本命题,则持分析态度。因此,从源流上说,对古典有部造成冲击的,主要是经部思想的渗入。相对于有部其他论著而言,它用"四谛"作为分类和组织自己学说的纲领,把早期佛教整体的思想特色表达得淋漓尽致。

《俱舍论》全书九品,前三品名"分别界"、"分别根"、"分别世",是对于世界——包括有情世间和器世间及其结构和变化的解说,目的在于说明世界和众生自身就意味着苦,是苦的表现,相当于"苦谛"的内容。接着,"有情世间及器世间各多差别。如是差别由谁而生?"回答是:"非由一主先觉而生,但由有情业差别起。"(卷一三)世界和众生不是由哪位先觉者创造的,而是众生种种"业"行的产物,所以说"世别皆由业生"。这就是有名的业力决定论。《俱舍论》紧接着又说:"业由随眠方得生长;离随眠,业无感'有'能。"(卷一九)"感有能"就是感得果报的意思。这样,"业"与"随眠"(处潜伏状况中的烦恼)一起,既是造成世界人生的原因,也是造成诸苦的原因,这就是"集谛"的内容。"分别业"与"分别随眠"分别为第四品和第五品。第六品名"分别贤圣",是讲断烦恼、修圣道所得果位的,也是趋向涅槃的阶梯,属于出世间的果报,相当于"灭谛"的内容。第七、八两品,名"分别智"和"分别定",即以止、观通摄一切修道途径,这就是"道谛"。因此,显得全论结构紧密,解说清楚,逻辑性强,对中国佛教的影响,也比较持久。

《俱舍论》吸取的经部思想,可以参考上面对《异部宗轮论》的介绍。众贤代表的新有部,主要任务是捍卫有部的基本命题,所谓"法体恒有"、"三世实有",坚持"说一切有";他们针对的对象,也主要是《俱舍论》采纳的经部观点。不过在实际的论战中,他们不限于因袭古典有部的旧说,而且有许多理论创新,并旁及当时的般若空观和瑜伽行有宗的一些观

点,在佛学思想史上有重要的史料价值。这里只谈几个问题:

(1)论"有"的新概念和"识不缘非有"。

《顺正理论》卷五〇总结说,对于"三世有无",自古诸师"互相弹斥,竞兴论道,俱申教理,成立己宗"。其中"实有论者……破无立有";"实无论者……破有立无",两者"俱生大过失聚。故我今者发大正勤,如理思惟,立'去、来世异于现在,非毕竟无'。谓立去、来非现有,亦非如彼马角等无,而立去、来体俱是有"。

第一,"一切有"内涵的变化:"实有"和"假有"。

上段话表明,新有部已经改变了古典有部说一切有的基本立场。古典有部的所谓"一切有",指的是"三世实有";这里指的是"三世差别有",即过去和未来不是像现在的有,而是异于现在的有;就是说,与现在有相比,过去、未来也可认为是无,但却不是像龟毛马角石女儿等"毕竟无"。据此,他们既反对"实无论"者,也反对"实有论"者,着力用改造了的"三世有",驳斥经部关于"三世"的诠释,即所谓"本无今有,有已还无"的命题——"本无"指未来,"今有"和"有已"指现在,"还无"指过去。与此同时,它也把"假有"的内容,输入到"说一切有"的"有"的概念中。也就是说,古典有部坚持"一切有"的"有"是"实有",新有部则承认"过、未有"与"现在有"确有不同,但依旧是"有",相对于现在,可称为"假有"。推而广之,"假有"亦涵盖在一切有的命题中。不过由此它论证一切有的重心,也就有了转移,转移到了用所缘境、认识必有对象作一切有的根据上。

本来以"识不缘无境"作为确定"一切有"的证明,是古典有部普遍采用的方法,新有部则把这一方法推向极端,变成了论证一切有的根本理论。

话从这里开始:"于此应先辩诸'有相'。以此'有相'蕴在心中,方可了知去、来定有。"(《顺正理论》卷五〇,下同)就是说,应该首先弄清什么是"有",才能了解说"过去、未来定有"的道理。

"此中一类作如是言:'已生未灭是有相'。"这是经部主张。众贤驳道:"彼说不然,'已生未灭'即是'现在',差别名故。若说现世为有相者,义准已说去、来是无理……何缘有相唯现非余?故彼所辩非真有相。"这是反对把"现在有"作为"有相"的唯一规定性,并反对以此作为衡量过去法和未来法的尺度。众贤提出另外一个标准:"我于此中作如是说:'为境生觉,是真有相。'"即能够作为对象并可以产生认识的才是真的"有相"。而"此总有二:一者实有,二者假有;以依世俗及胜义谛而安立故"。

"实有"、"假有"都是认识对象,人们都可以认识,所以都是真"有"。在这真有中,又分实、假两种。那么什么是实,什么是假?这里有明确的界说,即"世俗谛"是假,"胜义谛"是实。"谛"是真实不虚的意思;依世俗眼光看,凡现象是真实不虚的,即是世俗谛;从至高的哲理看,只有某些事物才是真实的,即是胜义谛。具体来说,"若无所待于中生觉,是'实有'相,如色、受等;若有所待于中生觉,是'假有'相,如瓶、军等;有余于此更立第三,谓'相待有',如此、彼岸——此即摄在前二有中,名虽有殊,所目无异"。

关于世谛、胜义谛的问题,严格讲,属于认识论范畴。古典有部论证的"有",具有本体论意义,至此,这"一切有"变成了认识论的命题。视角变了,讨论的重点变了,理论意义也有了变化。

继续探讨,作为世俗谛的假有具体何所指?"假有亦二。其二者何?一者依实,二者依假。此二如次:如瓶,如军。"此中"瓶"与"军"都是"假有",但假的性质不同。瓶是"色香味触"等性的和合;按有部的一贯主张,色香味触等属于实有,所以说它是"依实"和合而成的假有。"军"是集合名词,是诸多军士的集合;按有部的通义,人是五蕴的和合,每个军士都属于假有,所以由军士集合成的"军"就是"依假"而成的"假有"。

新有部对于"假有"的这一分析,促进了有部整体思想的发展。它认为,和合物是世俗认识的主要对象,也就是事物存在的主要形态;因此,假有也是"有",而且非常重要,绝对不可同龟毛兔角等"毕竟无"混为一谈。除非不说,一旦"说一切有",必然包含这类假有。假有的共性是"和合聚",不是单一性;但同为"和合聚"而"聚"的内涵有异,一是同一事物的集合,如千万株树集合在一起也还是树,唯称这一集合作"林";一是不同事物的聚合,如树是根茎枝叶、色香味触等的聚合,这种聚合不但与其聚合的成分不同,成分与成分间也不相同。对这种依假之假有和依实之假有进行区别,是认识论上的一种深化,对西方语言学研究或许也有意义。

"实有"也有两种。"实有复二。其二者何?一唯有体,二有作用。此有作用复有两种:一有功能,二功能阙。"这"唯有体"的实有,指过去、未来始终存在的"自性"、"种类"或概念;这"有作用"的实有,指现在存在于具体事物中的"自性",即种类或概念的现实表现。这些观点,古典有部和《俱舍论》都有论述;但把"有作用"再分为"有功能"和"功能阙"两种,应该是众贤的发明,其意义且待后说。

总之,"诸圣教中总集一切说'有'言教,略有四种:一者实物有,二缘合有,三成就有,四因性有"。在这四种"有"中,第一指不变的自性、种族之类的"实有";第二指因缘所成、和合聚的"假有";第三的"成就",在有部分类里亦称为"得",指获得或所成就的某种属性;第四"因性",这里不是指现实事物得以生成的种种条件,而是这些条件具有作因作缘的性质,即有部所说的"六因、四缘"。接下去,就引经为据,说明其所列诸"有"可分四种不误:

> 如契经说,有色无常,我于其中等随知见;又如经说,世间所无,我知我见无有是处:如是等文,说"实物有"。如契经说,要由有树方得有影,汝等苾刍若有和合,更无有师与我等者,如是等文,说"缘合有"。如契经说,有随俱行善根未断,又如经言内有眼结……又如经说,非有爱者名"有眼"人,如是等文,说"成就有"。如契经说,此有彼有,此无彼无,如是等文,说"因性有"。

新有部通常都要引经为证,很大程度上是针对经部以说经自诩的。

在部派的论辩中,把"经说"或"圣说"当成正确观念的来源和评判是非的标准,是一个通例,甚至被引入佛教的认识论,称为"经量"或"圣教量",与现、比、喻等诸量并列。众贤在这里引经,还为了使概念更加精确。

又,"如契经言,无有淤泥,如诸欲者,设欲施设终无理趣,如是等教,说'毕竟无'"。一般来说,"无"与"有"是相对的,指对某物的否定;这样的"无",其实是"有"的一种表现方式;但还有一种"无"是绝对的,像龟毛兔角等根本不存在。此处即以在"淤泥"基础上建筑房屋,在"欲"壑里施设出离法为例,说明某种道理是决不会有的,这叫"无理趣";无理趣也是"毕竟无"。

除了"毕竟无",不论假有、实有都是有,因为他们都是认识的对象,都可以被认识所认识。这就进入了新有部的新论证:"识不缘无境";识之所缘,必定是有。

第二,"识不缘无境"和"识缘无境"之争。

前已说过,经部的前身是譬喻师,众贤也把对经部的抨击引申到譬喻师那里。此处列举了"譬喻论者"的一系列观点,作为论辩的对手:

> 譬喻论者作如是言:此亦未为真实有相,许"非有"亦能为境生觉故。谓必应许"非有"亦能为境生觉,(如)旋火轮,我二觉生时,境非有故;又,有遍处(指定中幻觉)等胜解作意故。若一切觉皆有所缘,是则应无胜解作意。又《幻网》中说,"缘非有见"故。又契经说,"知非有"故,如契经言,"于无欲,欲则能如实了知为无"。又,诸世间梦中、翳目、多月识等,境非有故。又,于非有了知为无,此觉以何为所缘境?又,若缘声先非有者,此能缘觉以何为缘?是故应知有及非有二种,皆能为境生觉,故此所说非真有相。

譬喻师举出大量证据,说明心亦缘"非有"境而生觉知,众贤称之为"有觉无境论者"。这些例子里有"旋火轮境"、有"我"、有"梦境",有"翳目、多月",以及"定中境"等。这里除"我"之外,都是关乎错觉、幻觉等生理和心理产生的正常和非正常的景象,般若学把人的认识本质就归结为这类梦幻,而经部和新有部都把它们同正常的认识区分开来,所以也更接近真理。其中"定中境"是早期佛教的普遍追求,"旋火轮境"则是制造幻觉的心理基础。

譬喻师又释"契经":

> 意说他人怀增上慢,亦于非有现相谓有,我唯于有方观为有。若异此者,则一切觉皆有所缘,何缘于境得有犹豫或有差别?

意谓,若一切知觉都是由"所缘境"引生的,那么对境的认识应该是一样的,事实上并不如此,对有些境,认识不能决断;对有些境,知觉间差别很大。这都说明,认识并不都是由所缘境产生的:"心亦缘非有境。"

众贤据此难曰:

> 经意不然。理实应言,增上慢者亦于未现相谓已现相,我唯于现相观为现相;理应容有颠倒境智,必无有智无境而生。故一切觉皆缘有境,由此于境得有犹豫,谓我于此所见境中,为是正知、为是颠倒?即由此故,差别理成:同有相中,见有别故……是故经主所释经义,极为迷谬……无缘无觉,其理极成。

意谓,人们的认识有差别,有的犹豫不定,有的明快决断;有属正智,有属颠倒,如此等等,并不是因为"无所缘境"造成的,恰巧相反,正是在有所缘境上,由于主观见解不同,或主观分别上出现了问题造成的;如果没有所缘境,也就没有了衡量正确与否的标准,更谈不上认识上的是是非非了。

此中争议最大的问题,是错觉和幻觉是否也是由"所缘境"产生的问题。譬喻师据此说明"识"可以由"无所缘境"生,而众贤则坚持这也是"有所缘境",只是主观对于"有境"的不正确反映而已:

> 彼所说"旋火轮、我二觉,生时境非有"者,亦不应理。许二觉生,如人等觉,亦有境故。谓如世间于远暗处,见杌色已,便起人觉,

作如是说,我今见人。非所见人少有实体,非所起觉缘无境生,即以机色为所缘故。若不尔者,何不亦于无机等处起此人觉?旋火轮觉,理亦应然。谓轮觉生非全无境,即火槽色速于余方周旋而生,为此觉境;然火槽色体实非轮,而觉生时谓为轮者,是觉于境行相颠倒,非此轮觉缘无境生。"我"觉亦应准此而释,谓此"我觉"即缘色等蕴为境故,唯有行相,非我谓我,颠倒而生,非谓所缘亦有颠倒。故契经说……诸有执我等随观见一切,唯于五取蕴起,理必缘蕴而起我见,以于诸蕴如实见时,一切我见皆永断故。

众贤对于"我"的观念得以产生的解释,与人把旋火误为火轮,或与误视机为人作譬喻,显然不当;他所坚持的"正理"依旧是把人只看做五蕴的复合,远没有回答为什么人会把五蕴视为我的问题——这个问题直到瑜伽行学派才给出了一种系统的理论解释——但众贤强调,即使错觉、幻觉等实际上并不存在的景象,也是由"境"引起的,是"于境行相颠倒"的产物。换句话说,人们在"于境行相"时,并不都是直线式的、镜面式反映;实际上,有些是符合境的行相,也有与境颠倒的行相;所以问题出现在认识的行相上,而不是认识的所缘境上——这里所谓的"行相",是唯识学中的一个重要概念,大体相当于客观反映于主观的映相或影像,有时还包括作为反映事物本质的概念,所谓法相。

此处众贤还特别提到"瑜伽师"重视推理,以及由推理所得认知是否"有所缘境"的问题,所以他接着说:"胜解作意,准此应知。谓瑜伽师见少相已,自胜解力,于所见中起广行相,生如是觉,此觉即缘诸蕴为境。"瑜伽师当然也是主张"无我"的。说"我"的观念"于境行相"有误而起,那么"无我"的观念又来自哪里,为什么就不是行相"颠倒"?回答是:这是由"胜解作意",即推理得出的结论,它也有境,即"五蕴";它用自己的"胜解力"即推理的力量,于五蕴上"广起行相",广泛推演,见不到"我"的存在,由之而生"无我"的认知。就是说,关于"无我"的认识,也有所缘境。

至于幻觉和错觉,论辩是这样的:

> 住空闲者作如是言：如是相生，是胜定果。谓胜定力于定位中，引广相生，如所变化；又，彼所言《幻网》中说，缘非有见。

前者认为，"定中幻境"是定力极致达到的产物，不是实有其境的反映；后者进一步肯定，幻觉境都是"缘'非有'见"，由缘"无"而生。对此，众贤回答说：

> 理亦不然，即彼经中说"缘有"故。谓彼经说，见幻事者，虽所执无，非无幻相；若不许尔，幻相应无。幻相是何？谓幻术果，如神通者所化作色，如是幻相有实显色。从幻术生，能为见境，所执实事是毕竟无，故彼经中说为非有，由诸幻事，有相无实，能惑乱他，名能乱眼。

意谓，"幻境"也是一种有境，仅在于此"有"不实而已，所谓"有相无实"；如果执其为"实事"，这样的实事才是"毕竟无"——瑜伽唯识学将认识主体分解为"见分"和"相分"，与此处所说"幻相"转化为"能见境"的思路，可以说完全一致。就此而言，瑜伽行派哲学不只吸取了经部师说，也有新有部成分。

于是众贤断定，佛经通常说的"无"，并不都是肯定境无，或无任何体性，而是为了否定误以为实的境。有时也指某一有为法的"断灭"："约断灭说为无故，谓彼永断说为彼无。非此无言显无体性。"所谓"断灭"，指某些特定事物或思想行为被铲除、消灭，再也不会发生；因而并不表示"无体性"才是无。这番话可能有更广泛的意义：当时讲空说无最多的，当无过于般若经类，以及高扬空观的中观学派，它们的核心观点，就是反对"自性有"，提倡"自性空"。瑜伽唯识学反对般若空观的这一观念，与新有部反对"无体性"的议论，也很一致。

众贤继续抨击谓：

> 又说"世间梦中、翳目、多月识等境非有"者，理亦不然。且梦中识缘非有境，非极成故，谓由将睡计度思惟，或正睡时天神加被，或

由身内诸界互违,故睡位中,于过去境起追念觉,说之谓梦;过去非有,理不极成,如何引证有缘无觉?梦所见境,皆所曾更,然所曾更非唯所见,如菩萨梦是所曾闻,而有梦中见兔角者,曾于异处见兔、见角,令于梦中由心惛倒,谓于一处和合追忆;或大海中有此形兽,曾见闻故今梦追忆。所余梦境,准此应思。故梦不能证缘无觉。

对于梦的解析,从古到今,从中到外,从宗教、迷信到医学、心理学以至科学,林林总总,可谓大观。此处的解释,也是一派。按这里的说法,梦境产生的原因主要有五:第一,是思维念想过度;第二,是对曾见之不同境界的惛倒合一;第三,是对曾经见闻境的追忆;第四,是身体违和不适;第五,是"天神加被"。这五种情形,都是由"有境"引起的,说明人的思维不论如何驰骋想象,甚至像梦中那样放松自由,也不可能无中生有,没有客观来源。其中第二,是艺术创造的思维方式之一;第四,也是中医学对于梦境的一种解析。这些观察显得都很细致。

关于"依翳目识,境亦非无",则"谓此识生,亦缘形、显,由根有翳,取境不明,故于境中起颠倒解;行相虽倒,境实非无,以翳目人要有色处见种种相,非色全无;异此,则应无色处见"。同样,"缘多月识,境亦非无。谓眼识生,但见一月,由根变异,发识不明,迷乱觉生,谓有多月(根变异,即生理有毛病)非谓此觉缘非有生,即以月轮为所缘境;若不尔者,无处应见;既无月处,此识不生"。

最后,众贤再次强调说:

> 然梦等识,缘有境生,行相分明有差别故。如觉等位,缘青等心,宁引证成有缘无识?言于非有、了知为无,此觉以何为所缘者?此缘遮有,能诠而生,非即以无为所缘境。谓遮于有能诠名言,即是说无能诠差别,故于非有能诠名言,若了觉生,便作无解。是故此觉非缘无生。

意思是说,佛教通常说到"非有"以及了知为"无"的时候,都是从否定意义上使用的,只是否定其物为"有"或表达"非有"其物的一种"能诠"的名言,表示"所诠为无",而非表示以无为境:"谓了觉生,缘遮有境,不以非有为境而生。"此中"遮有"或"遮于有"的"遮",就是一个表否定的词。"能诠"指能诠释特定对象的语言,"所诠"指被语言诠释的特定对象。据此,经部难曰:"何等名为能遮有境? 谓于'非有'所起能诠。"对此,众贤又作了大篇议论:

> 此觉既缘能诠为境,不应执此缘无境生,理必应尔。如世间说非婆罗门及无常等,虽遮余有,而体非无。此中智生,缘遮梵志及常等性,能诠所诠,即此能诠能遮梵志及常等性,于自所诠刹帝利身诸行等转。

譬喻"所诠"的对象本来是刹帝利、是无常,可有一种"能诠"说他们是婆罗门、是常,为了遮此能诠,即以此能诠为境,立"非婆罗门,无常"。这里的"非"和"无",重点在遮能诠之误,此能诠之误就是所缘境,故曰"遮余有,而体非无"。

> 然诸所有遮诠名言,或有"有所诠"、有"无所诠"者。有所诠者,如非梵志、无常等言;无所诠者,如说非有、无物等言。因有所诠而生智者,此智初起,但缘能诠,便能了知所遮非有;后起亦有能缘所诠,知彼体中所遮非有。因无所诠而生智者,初起、后起但缘能诠,于中了知所遮非有。

由此引起的论辩还有很多,大体可见当时争论的议题及其使用的方法:

> 然"非有"等能诠名言,都无所诠,亦无有失,以非有等都无体故。若都无体,亦是所诠,则应世间无"无义"语。有作是说,一切名言皆有所诠,名能诠故。若尔,非有、无物等言,及第二头、第三手等,能表无法所有名言,何为所诠,而言皆有? 以缘此想,为此所诠;若无所诠有能诠者,应无所觉有能觉生,此既不然,彼云何尔? 此例非等,以觉生时,要托所缘,如羸凭杖。诸心、心所,法尔生时,必托

"四缘",非如色等诸能诠起非托所诠,由因刹那等起力发,随自心想所欲而生,非要凭托所诠方起,故经说有无义言声;心心所法起必托境,故经说彼名有所缘,非有不应说名为有。

对于譬喻师的上述批评,目的都在于维护和发展认识论上的一条基本原理,那就是"识"必由"依"、"缘"两个条件才能产生,两者缺一不可。其中"依"指眼等六根(内六处),识必有依,此为经部所共许,所以无甚分歧;"缘",即色等六境,识必缘有,经部不许,所以是辩论的焦点:

> 对法诸师作如是说,无无境觉,二缘定故;以契经中说六种觉,皆决定有所依、所缘,谓眼觉生,依眼、缘色……无第七觉离境而生,可执彼为缘无境觉。若许有觉离境而生,亦应许有离所依觉,则应生盲等有眼等觉生差别因缘,不可得故。又,非"无"法可说名为是六境中随一所摄,故执有觉缘"无"而生,违理背教,极为疏野。

这大约是众贤的最后结论了。

不过在批评譬喻师中,众贤还有一个论据,那就是能知与所知、能觉与所觉、能缘与所缘之不可分离:

> 譬喻者先作是言:"有、非有皆能为境生觉"者,此不应理。觉对所觉,要有所觉,觉方成故。谓能得境,方立觉名;所得若无,谁之能得?又,能了境是识自性,所识若无,识何所了?故彼所许"无所缘识",应不名识,无所了故。

能、所互为存在的条件,在认识论范围内是合理的,在哲学上称为"思维与存在的同一性";如果从本体论上说,就是荒谬,在哲学上至少是心、物并行的二元论。佛教哲学在讨论这对关系时,抹杀了认识论和本体论的区别,变得模糊,很容易为唯心论家利用。然而即使如此,佛教内部也有两种相反的观点:一种是唯识家所持:"所"必须依"能","境"必须依"识",境不离识,唯识无境,是谓唯识;一种就是有部,它强调"能"必须依"所","识"必须依"境",有识必有境,无境即无识,是谓识不缘无境。

因此,表面上看,有部与唯识家在主张主观与客观的统一性上是一致的,但哲学基础大不一样:前者把境视为识的产物,境依识转,识是第一位的;后者认为,识依境生,境是第一位的。众贤反复说明的是后一种主张:

> 夫(譬喻者)言非有,谓体都无。无必越于自相、共相,何名所觉或所识耶?若(譬喻者)谓即无是所觉识。不尔,觉识必有境故,谓诸所有心、心所法唯以自相、共相为境,非都无法为境而生……又,(譬喻者)执有觉缘无境生,此觉应是狂乱性故……如世尊说,世间所无,我若观之,我应狂乱……觉必定有境,以彼无故不可知得。

(2)"识"生的两个基本条件:"依"与"境"。

"具二缘识方生",是新有部成立"识不缘无境"的大前提,也是证明过去、未来是有而非无的主要理论依据:

> 若去来世非实有者,能缘彼识应阙二缘。经主此中作如是说:今于此法应共寻思,意、法为缘生意识者,为法如意作能生缘,为法但能作所缘境?若法如意作能生缘,如何未来百千劫后,当有彼法?或当亦"无"为能生缘生今时识?又,涅槃性违一切生,立为能生不应道理。若法但能为所缘境,我说过、未亦是所缘……对法者作如是言:佛说二缘能生于识,此则唯说实及假,依为根为境,方能生识,二唯用彼为自性故,非"无"可为二缘所摄。由此知佛已方便遮"无为所缘,识亦得起"。既缘过未识亦得生,故知去来体是实有……对法诸师,承佛意旨,置于心首,咸作是言:过去未来,决定实有。(《顺正理论》卷五一,下同)

这里叙述经部意见谓,若一切心识都以实有"依、境"为条件,那么在"意识"发生时,作为所缘的"法"是否同所依的"意"一样起"能生缘"的作用?回答是否定的,因为"法"是自在的,永存的,它孤立自身不会起生识的功能;"法"包括涅槃,涅槃的性质是无生,更不可能对识起生产功能。因此,或者意识可以用"无"为能生缘,或者过、未只能作为"所缘"而不能成为"能生缘"。所以若依有部意见,用过、未是意识之"所缘"说明过、未是"实有",没有道理。对经部的这一论点,众贤除了坚持毗婆沙师认定的所依、所缘皆是识的"能生缘"外,没有新解,只简单地把"所依、所缘皆能生识",当做"决定判言"了事,因为众贤并没有认为凡是所缘,必是"实有"。

至于经部主张过、未是"无"而又可以为现在识所缘的说法,众贤追问说:"如何成所缘?(经部)谓曾有、当有;非忆过去色、受等时,如现分明,观彼为有,但追忆彼曾有之相;逆观未来当有亦尔。"对此,众贤道:"既许彼有如所追忆,如何过去体非实有?"尽管"非去、来有如现在,以于一切同实有中,许有种种有性别故"。

总而言之,"'一切识必有境'故,谓'见有境,识方得生'";"缘去来识,定有境故,实有去来",据此否定"如有,无亦能为所缘境"和"有识无境"的经部观点。但是,无法否认的是,人们确实有关于"无"的认识;若"无"不能为所缘,这"无"的识来自何处?众贤有两个字的回答,曰"唯遮"。于是话又转了回来:"无"在认识论中,只有否定的含义,意即全然无物;同样,在本体论上也不具有能生作用,成不了实体,所以无论如何,"无"不能作为"所缘"。

新有部的这些主张,在"现量"层面容易得到理解,但进入"比量",即理性思维,问题就比较复杂。《顺正理论》卷五一引上座(此指经部师的先驱胜受)的观点,就涉及这个问题:

> 上座作如是言:智缘非有,亦二决定;推寻因果,展转理故。其义云何?要取现已,于前后际能速推寻,谓能推寻现如是果、从如是类过去因生;此因复从如是因起,乃至久远,随其所应,皆由推寻,如现证得。或推寻现如是类因,能生未来如是类果,此果复引如是果生,随其所应,乃至久远,皆推寻故,如现证得。如是辗转观过去因,随其所应,乃至久远,如现证得,皆无颠倒——虽于此位境体非有,

而智非无二种决定。

这段话的意思是说,按因果律,同类因可以生同类果;如是以现有的认识为因,也可以推知未知之果,其所得的认识,就如现在证得的认识一样可靠。由"推寻"所得的这一认识,有"依"有"境",符合认识发生的两个条件,但这"境体"却是"非有"。

对此,众贤又作了概述:

> 彼谓如是因智生时,自相续中因缘有故,谓昔曾有如是智生,传因生今如是相智,今智既以昔智为因,故今智生,如昔而解;即以昔境为今所缘。然彼所缘,今时非有;今虽非有而成所缘,故不可言无二决定。

然后再引:

> 上座于此自难释言:若智缘前曾所取境,可以昔境为今所缘;若缘过去曾未取境,或逆思惟未来世事,宁以昔境为其所缘?于相续中必定应有因智、果智,先时已生;今智生时,亦以彼智曾所缘境为其所缘;彼智为因生今智故,今智如彼亦能推寻,从如是因,生如是果,或如是果,从如是因。随其所应,皆能证得;随所证得,皆无颠倒。虽于此位,境体非有,而智非无,二种决定。

亦即认识的两个条件具备,唯"境体非有",以反对有部的"识不缘无境"。

对于经部的上述说法,众贤一言以蔽之:"如是一切上座所言,皆如哑人梦有所说。"

事实上,众贤所引经部之论,牵涉许多新的概念和新的理论问题,其中最重要的是"刹那灭"、"相续"和"随界"。

经部认为,在因果轮回中,因性的特征是"刹那灭",即生即灭;其生后始生者为果,所以灭不待因而果须待因;这因果是按先后次第排列的,既是中断的,又是连续的。前因的"刹那灭"和后果的续起,就构成有情演化的"相续"——有情流转中的这种连续性,保障了有情的统一性。前者为因,已经刹那灭故,所以是"非有";后起者是果,果则是相续有。对这种因果关系的认识,必然存在于"相续"中,因此,过去尽管已灭,未来未有,其体皆为"非有",但从"相续"中保存的因果关系,依旧可以作为"所缘"而被认知。也就是说,虽然识"缘非有境",但仍然可以满足识生的两个条件:所依、所缘。——此处提到的"刹那"、"相续"两个概念,也为有部和瑜伽行派所重视,并经常运用。

"随界"的概念上边已经说过。此处经部把它作为因、果的载体,实际上也是"相续"内在依据的实体,到了唯识家,它就是阿赖耶识种子,所以在佛教思想史上占有相当地位。

众贤当然不赞成经部的说法,但重点不是放在刹那、相续和随界这些概念本身,而是认为用这些概念解释"识缘非有境",根本不能成立,尤其是对"未来"的认识。众贤设难曰:

> 且应诘彼自释难中,言"相续中必定应有因智、果智,先时已生,今智生时,亦以彼智曾所缘境为所缘"者,何谓"已生因智、果智",而言"今智缘彼所缘"? 为即曾缘今智境者,为更别有缘余境智? 若即曾缘今智境者,此境既为昔智所缘,如何名为曾未取境? 若更别有缘余境智,既执彼境为今所缘,今智如何名以过、未曾未取境为其所缘? 谓先已生因智、果智所缘因果,为今所缘,此境先时已为智取,如何复名曾未取境? 曾即未曾,不应正理。

众贤又难云:

> 设许彼有旧随界因果,展转相续力故,虽经多劫久已灭境,而今时取,理可无违;若于未来百千劫后,当有境界,今如何取? 不可说言因果展转相续力故,彼亦可取;未来体无,如马角故,于相续中无随界故。又,若展转寻过去因,于曾取境中方有识生者,则于近远曾取境中,应有速迟取时差别,非身现住波吒厘城,忆昔所更缚喝国事;寻因展转方有识生。率尔便生,缘彼识故;又,从耳识无间便生,

缘于先时曾所取识。如是识起,用何为因?且不可因当时随界,耳识不缘彼境界故;亦不可因曾取彼识,曾取彼识尔时无故;不可无法为因生无,勿马角等亦有生故。

这些话说得很啰唆,结论是"唯说有一刹那宗,缘去来识生,必无二决定;若信实有过去、未来,二决定义,方可成立"。这"有一刹那宗"指的就是经部。

综合以上种种言说,众贤驳难经部学说,坚持了有部"说一切有"的基本主张,同时有新的发展。其发展在于把实有和假有都视为有,而且从世俗和胜义二谛的角度,肯定假有也是引发认识的一种"实有";所谓"一切有"即是包括了假有的"一切实有"。据此他来解释"三世实有"的道理:

> 由有因果、染离染事,"自性非虚,说为实有,非如现在,得实有名"。谓彼去、来非如马角及空花等,是毕竟无,非如瓶、衣、军、林、车、室、数取趣等,唯是假有,非如现在是实有性。所以者何?非如马角及空花等诸毕竟无,瓶衣军林车室等假可得,名有因果等性;又非已灭及未已生,可得说言同现实有。以如是理蕴在心中,应固立宗,去、来定有。(《顺正理论》卷五〇,下同)

就是说,"自性"历三世而不变,属于"实有";由自性构成的瓶、人等处三世而有生灭,是"假有"。此"假有"具因果性,不是毕竟无,但处于过、未时段,与现在时的那种"实有性"有所不同而已。

众贤坚持古典有部论点的一面,主要表现在肯定"自性恒有"而三世"作用"有别上,不过这里的表述换了一个样子,叫做"体相无差,有性类别"。论文自问自答曰:

> 诸有为法历三世时,体相无差,有性宁别?岂不现见,有法同时,体相无差而有性别。如地界等内外性殊,受等自他乐等性别;此性与有,理定无差。性既有殊,有必有别。由是地等,体相虽同,而

可说为内外性别;受等领等体相虽同,而可说为乐等性别。又如眼等在一相续,清净所造,色体相同,而于其中有性类别,以见闻等功能别故。非于此中功能异有,可有性等功能差别;然见等功能即眼等有,由功能别故,有性定别。故知诸法有同一时,体相无差,有性类别……故知"诸法历三世时,体相无差,有性类别",如是善立对法义宗。

此处的"地"以坚为体相,"受"以领纳为体相,这些体相通贯三世,没有差别;但地内现为骨骼等,外现为土地等,这内外的不同显现,就是地的"性别"。"受"既领纳乐,也领纳苦;苦乐等以领纳为"体相",也是领纳的"性别"。简单地说,"地"、"受"是一般,是共相、总相,骨地、苦乐等是个别,是自相、别相。以此来解释"三世实有",则过去、未来是"体相"有,只有现在才是"性类"有。现在与过去、未来的这一区别,关键在于"体相"是否正在产生自身的"功能"上。发生功能的是现在,发生已完的是过去,尚未发生的是未来。其后在卷五二介绍"四种萨婆多"的世友说里,对于这一思想还有详尽的发挥。至于这里的"体相"、"性类"等词,也只能限于这里使用,在其他有部的论著中,含义可能不同,古典有部也没有这样的用法,但结论都在说明:

> 同实有中,许有种种有性差别……说常有宗,依有体法,由自性异、因缘不同,容可立有性类差别。说去来世无体论者,去来世体既决定无,自性、因缘不可说异,如何分判去来世别?如彼唯托实无体中,矫立言辞。

(3)"所缘"的可能性与"法"的可知性:前五识和第六意识

在生产"识"的两个条件中,从新有部看来,最重要的是必须有"所缘"的实际存在。过去、未来之所以实有,就在于这两者能够被识"所缘"。《顺正理论》卷五二有言:"去来世'体'有'用'无体,谓去来所知法性有所知性,故说为有,非谓去来有然等用。"此处所谓"所知法性",即是可以成为识的"所缘"的法性，因此，"有所知性"就是"所缘"的根本特质，"所缘"即意味着可知。

作为可知对象的所缘，可以分为两大类：一类是前五识直面的"色境"，另一类是第六意识所识的一切法。这其中"色"能否成为所缘，能否为识所识，以及一切法能否成为意识所缘，被意识所识，是《顺正理论》重点讨论的问题之一。换句话说，世界事物能否被人的认识如实所识，人的认识是否具有真实认识世界的能力？众贤给以完全的肯定。

《顺正理论》的卷四，首先解释了一下概念，谓："'所缘'、'所行'及与'境界'，名义差别。"这三个名词表达的意思是一个，可当做同位语。接着记：

> 上座作如是言：五识依、缘俱非实有，极微一一不成所依、所缘事故；众微和合方成所依、所缘事故……彼谓，五识若缘实境，不应圣智观彼所缘皆是虚伪妄失之法。由此所依亦非实有，准所缘境不说而成。又，彼师徒串习世典，引众盲喻，证己义宗：传说，如盲，一一各住无见色用，众盲和集，见用亦无。如是极微一一各住无依、缘用，众多合集，此用亦无，故"处"是假，唯"界"是实（卷四，下同）。

这一观点表达了经部所持空观最重要的特征：在三科中，"五蕴"、"十二处"皆是假法，唯有"十八界"是实。就是说，它承认有部关于"界"的实有性，即单一的自性及其作为因性是真实的，而处于五蕴十二处中的"蕴"和"处"，则属复合物，所以是假而非实。对十二处中的五境和五根，就是按这样的原则判定的：前五识所依的五根和所缘的五境，均属色法；色法的最小单位是极微；按佛教当时的理解，极微应该没有体积、不占空间，因此，单个的极微既不能构成五根，也不能作为五境；即使这些极微和集在一起，也不能作"识"的依、缘。譬如盲人，一个是盲人，一群集合在一起仍然是盲人。因此，给五识作所依、所缘的，必然是"众微和合"的形态，而"和合"即意味着是复合物，是假而非实。结论就是"五识依、缘,俱非实有"。经部在这里还举了一种"圣智"为例,谓"圣智"之"所缘,皆是虚伪妄失之法"——将一切所缘皆归为"虚伪妄失之法",只有在大乘般若学中才有,而经部则引以为证据;这也说明经部的思想倾向所在,将作为依、缘的色归诸虚假,不是偶然的。

众贤作了针对性的驳斥,主要方法是把"和合"与"和集"区分开来,认为这是两个完全不同的概念;"和合物"是假有,"和集物"则是实有,五识所缘的是和集物,而不是和合物。

首先是总标:"今谓,彼论涉坏法宗,故有智人不应欣慕。五识不缘非实有境,'和集极微'为所缘故。"继之回答为什么:

> 五识身无分别故,不缘"众微和合"为境,非"和合"名别目少法,可离分别所见乃至所触事成,以彼"和合"无别法故,唯是计度分别所取;五识无有计度功能,是故不缘"和合"为境。即诸"极微和集"安布,恒为五识生起依、缘,无有极微不和集故;设有极微不和集者,是彼类故,亦属依、缘;然五识身唯用"和集"为所缘故,不缘彼起。犹如虽有过去、未来色等境界,以五识身唯现境故,不缘彼起;虽不缘彼,而五境摄。

从六识的功能说,具有"和合"能力并用做所缘加以分别的思维方法,叫做"计度分别";这种计度分别,唯意识具有,前五识没有。因此,前五识不以极微的"和合"为所缘,故所缘非假;前五识以极微的"和集"为所缘,故所缘皆实。这里的"和集"是指同类相聚:单个的极微与和集的极微,只有数量上的差别,没有性质上的不同;"和合"则是异类相聚,和合物之间性质有别。前五识只依单一性为所缘,使多类单一性和合为他物的是意识,能够以此等和合物为所缘的,也只有意识。

在驳斥经部师说中,对极微的可知性表述得更清楚:

> 若执"极微不可见故,眼识不缘实有为境";此执不然。是可见

故,而不了者,由彼眼根取境粗故。又,彼眼识无分别故,诸有殊胜智慧力者,乃能了别细极微相,如远近观锦绣文像,又如先说……谓无极微不和集故;既常"和集",非不可见。

意谓极微是可知的,眼识之所以不能现见,是因为眼识所缘境比较粗大,加上有没有分别能力导致的;但聪明人的智慧可以了知。当然,更重要的是,极微从来都是以"和集"的形态存在,所以也总是可见的。

又,眼识不缘和合为境,以青等显色应非实故;若眼识缘和合为境,青、黄等觉应决定无,青等不应是和合故;若是和合应非实有,是则显色亦假非真。无容眼识不取青等、有意识能分别青等。若言青等如和合者,其理不然,以就胜义非许和合是色性故。

此处提出一个五识"不缘和合为境"的证明,举眼识为例:眼所缘色有两种:一种是长短方圆等,名为"形色";一种是青黄赤白等,称为"显色"。"显色"被认为是绝对的单一性,所以是绝对的实有;如果说五识以和合为所缘境,那就否认眼识能以显色为所缘,或否认显色的非和合性,这两者都是争辩双方所不许的。是故,"如青等有,和合本无,唯分别心计度而取,如于现世'和集'色等,起总计度名和合觉,如是亦应由觉慧力于已灭位不集色等起总计度,名和合觉"。不论哪种计度或分别,都是意识的作用,而与前五识无关。

此处所谓的"觉慧"或"觉慧力",都是意识的功能,它既具"和合"的能力,也有"和集"的能力,由此产生的认识,都可以称为"合觉"或"和合觉",尽管有假实的差别。"又如觉慧,虽集去、来、现在等色总为一聚,名色蕴觉,而去、来等诸色不同,不可集为一和合聚。虽彼一一各起蕴觉,而去、来等诸色不同,应不总生一色蕴觉;然有如是总色蕴觉,故知亦于已灭色等,彼虽离散不可'和集',而觉慧力摄为一聚,成和合觉,理不相违。"像色等五蕴,尽管有三世区别,有生灭变化,"觉慧"仍有能力将它们总合为"一聚",形成统一的"和合觉","起蕴觉"。这样的和合觉,也是实而不虚,故"五蕴"亦是实有,不是假有。

"和合觉"来自"和合境",故谓:

> 缘一合境,名"和合觉"。如于已灭青色境界,谓是青性,觉相分明;复为他说:我见如是如是青性;如是于彼已灭色等起和合觉,明了现前,亦为他说:我见如是如是"和合"。若执意识亦不能缘"和合"为境,是则应许诸"和合觉"无有所缘。若谓即缘所依为境,是则应名缘色等觉,色等——非和合故,何得说名缘和合觉?若谓施设,理亦不然。不可无境有施设故,非毕竟无可施设有,是故意识亦有能缘和合为境,非五识身,以彼唯缘实有境故。

意思是说,具有和合觉的是意识,而意识的和合觉则来自"和合境",像青等色,不论过去已灭,未来未至,意识的觉慧力都能使它们合成青等一类,而其所以能被意识和合觉知,就在于青性等三世皆有,是"一合境"故。换言之,眼等五识所缘青等色,在现在位只能是单一的实在;过去、未来不是眼识所缘,而是意识的所缘境。意识能以和合境为所缘,尽管这一和合境是假施设,但也以实有为基础。

据此,对前五识的特点可以作一概括:

> 故五识身,决定不用和合为境;然必有境,故以实法为境义成。若五识身了胜义境,何缘五识不断结耶?了自相故,外门转故,无等引故,尤分别故,一随境故,所缘少故,虽了胜义而不断结。故说七半有所缘中,五界唯缘胜义为境,余缘胜义亦缘世俗。

这里所谓的"胜义境",意谓最真实的、无可置疑的境界,相当于绝对真理,亦泛指直觉的无分别境界,为佛教义学普遍看重,认为只有这样的认识和境界,才是最殊胜的。

于是,前五识和第六意识虽有很大的区别,但都必须以"所缘"的实有为大前提。没有"色"的实有作为所依和所缘,就不会有前五识的存在;意识有"计度分别"的功能,具有和合境及产生和合觉的"慧觉力",但必须以五色境和五色根为基础。到此为止,众贤的新有部提倡的认识论,大体上属于唯物主义的反映论,对于佛教一贯看重的直觉主义,也有一定程度的纠正。

《幻网经》在支持经部说中似乎占有重要地位,以至众贤也处处提到,并作出他自己的解释:

> 彼经说:"六识所缘皆虚伪等,无有差别",故说有漏所缘唯假。但由贪著自所乐宗。若尔,彼经复有何义?愚夫长夜于色等境妄执"常"等真实性相,是故如来教圣弟子如实观彼,离诸妄执。谓去、来、今,六识所识,如彼妄执"常"等都无,皆是虚伪妄失之法,此显妄执所取境虚,不显所缘皆非是实。故彼经后复作是言:有能如是如实观者,于去、来、今眼所识色,诸邪胜解、想心见倒、贪身系等广说,乃至彼皆永断。是故,于中愚夫妄见"所执"常等,佛圣弟子观为虚伪妄失之法,非观"境体"为虚伪等。

按此经所说"六识所缘皆虚伪等,无有差别",是一个全称判断:除非不为六识所缘,一旦成为六识所缘,必定是假而不实,无一例外。这是对认识具有把握客观真实性能力的一种否定,属于标准的般若观,而对于坚持所缘必定实有的新有部来说,则是一个很难接受的判断。但众贤还是接受了,重要的是附加了他的解释:经文所说的"虚伪",只是识"妄执"有"常"、"我"等观念。"常"等的真实性相本来是无,而不是"所缘"的真实性相皆无;经文否定的是主观的妄执,不是客观的所缘境;强调的是对所缘要"如实"观以去"执",而不是断定所缘境皆是虚伪。也就是说,同一六识,由之可以成执;由之可以去执成智,既不能否认所缘的实有性,也不能否认六识有认识真实的功能。后来瑜伽行派提出"三自性"的理论,调和同般若学的关系,与这里的观点基本相同。究竟是瑜伽行派影响了新有部,还是新有部的一些说法为瑜伽行派所吸收,这就很难说了。不过有一点可以肯定,那就是新有部不仅面对的是古典有部的传承和经部的异说,而且还有般若空观的挑战。在《顺正理论》中,我们看不到有公然否定般若经类的言论,但通过对经文进行的解释,捍卫有部的核心思想,是不乏其例的。

《顺正理论》关于六根的认识机能及其与六境的关系、六识的内部关系等,还有不少具体论述,重复较多,这里顺便摘出一部分,以见其纲要:

(一) 前五识与意识的主要差别:"前五境唯现……于六根中,眼等前五唯取现境……意境不定,三世、无为,或唯取一、或二三四。"(卷三,下同)前五识"境决定者,用无杂乱,其相分明";意识为"境不定者,用有杂乱,相不分明"。

(二) 前五识与意识的关系:"眼等前五,于色等境先起功用,意后方生……色等五境,五识先受,意识后知,为自识依及取自境,应知俱是眼等功用……本论言,'色等五境,五识先受、意后知'者,据容有说,非定必然。如是所言,'于色等境,眼等先用、意后生'者,亦非必定;眼等五识,展转互为等无间缘,本论说故。"

(三) 卷四有言:"眼等五识有寻有伺,由与寻伺恒共相应……五识唯于寻伺所随地中有故……由此安立有寻伺地。"但是"若在欲界初静虑中,有寻有伺;静虑中间,无寻唯伺;从此以上,无寻无伺"。

此中第二、三,佛教内部的看法并不一致,尤其是第三。佛教的通论,是前五识无分别,而寻伺的特点,恰巧是分别,古典有部也是这种观点。于是问题出来了:"若五识身有寻有伺,寻即分别,如何许彼无分别耶?"(卷四,下同)众贤回答说:

> 分别有三:一自性分别,二计度分别,三随念分别;由五识身虽有自性而无余二,说无分别……由依意识总类具三,说有分别;自性分别,体唯是寻……意地散慧,诸念为体。"散"言简"定"。意识相应散慧,名为计度分别。定中不能计度境故,非定中慧能于所缘如此如是计度而转……若定若散,意识相应诸念,名为随念分别;明记所缘用均等故。五识虽与慧念相应,择计用微,故唯取意。

又说：

> 夫分别者，推求行相，故说"寻"为自性分别；简择明记，行似顺寻，故分别名亦通慧、念。由此三行差别摄持，皆令于境明了转，异于已了境遮简行生，故分别名不通于想；于未了境不能印持，故分别名不通胜解。

此处定义"分别"是"推求行相"，即对于主观行相（映相）的分析和推理，而"行相"又是一切分析和推理的基础；前五识所识的色声香味触，是事物的"自性"，也是它们的"行相"，所以名之"自性分别"；又因为前五识通常也与意识相应，而意识是三种分别皆有，尽管所占比重极微，但毕竟还是有分别。这就是他把前五识也纳入寻、伺行列的主要原因。换句话说，新有部不完全把前五识当做对相应五境的直观，而认为它们总还得带有主观寻伺的色彩，因而前五识也就被分类在"寻思地"。所谓"寻思地"是《瑜伽师地论》所论"十七地"之一；"计度分别"则是瑜伽行派的常用语之一。

此外，"分别"还包括"念"，它是散慧计度的主体，由此所生分别即以计度命名；"念"以"明记"为性，是分别的又一类，所谓"随念分别"。但是，这里强调，"想"与"胜解"皆非分别——众贤认为，"想"的任务不在分别，而是"于已了境遮简"；因此，"分别"重在了境，是对境的分别，"想"则是在这个基础上对所了境进行取舍、简别的功能。"胜解"具有"印持""于未了境"的作用，而"分别"则无。"印持"指已经认可且不动摇的认识，即使对"未了境"也不例外。这些说法，反映了有部系统对于认识和心理的观察和探索确有其独到的一面。

(4)"三世因果"和"三世实有"，驳"本无今有，有已还无"论

关于是否是"一切有"的问题，实际涉及的是如何保证"三世因果"的教义能够成立的问题；反过来，承认三世因果的实在性，也就证明了"说一切有"的真实性。所以众贤说：

> "有业、有异熟,作者不可得"。此显然要有过去业因,方有未来异熟果起,非更别有作者作用故。为显示无有实我,唯决定有因果相属,如来说此《胜义空经》,非为欲遮去、来实有。(卷五一,下同)

意谓虽然"无有实我",但因果相属;而承认因果相属,就得承认过、未实有。所以又说:

> 若无实过去、未来,则无所遮谤因果见。谓"若实有过去为因,能感未来实有为果"而拨为无者,名"谤因果"见;若去来世因果实无,于无见无,岂名为"谤"?

这话的要点是,"业因"是实有,"果报"(即异熟)也是实有;否认业因果报的实在性,在佛教中是一大罪状,名"谤因果见",是要下地狱的。但是,假若承认因果业报还有"作者",就是背离佛教"无我"说的根本教义。因此,无论哪个派别,都必须坚持"有业、有异熟,作者不可得"的原则。在这一点上,经部与有部是一致的,区别在于,有部以"三世实有"保障"三世因果"的真实性;经部则把"三世因果"建立在现在是实,过、未并非实有的基础上。《顺正理论》就从这里向经部发难:

> 经主又释《杖髻经》言,"业虽过去而犹有"者,依彼所引现相续中与果功能,密说为有,若不尔者,彼过去业现实有性,过去岂成?

众贤驳道:

> 理必应尔……且彼所执,现相续中与果功能,智者审谛,推寻其相,竟不可得:如何过去业,自体已无,依"与果功能"可说为有?诸巧伪者所执"随界功能,熏习种子增长不失法"等,处处已破……设许有彼所引"功能",亦不应由斯说无法为有,勿彼因无故亦说功能无,差别因缘不可得故……佛明言,业虽过去,尽灭变坏,而犹是有;彼业所引与果功能,于相续中设许现有,体非过去,尽灭变坏,如何依彼可说是言?若必定然,佛应明说,业虽过去,尽灭变坏,而于相

续有彼功能？佛既但言"彼业犹有"，故知实有彼过去业。又，佛但说"过去有"言，如何定知约"功能"说？

这《杖髦经》所谓"业虽过去而犹有"的立论，显然对有部有利，经部也不敢怠慢。对此，经部作出了两点解释：第一，若"业"已过去，应该是非有；其所以仍说为有，是一种"密说"，意谓"业"能牵引"相续"以至得到现在果报，亦即业之"与果功能"，说过去业是有，而不是说它仍有实体。众贤认为，此说不通，因为无体的过去，不可能具有"与果功能"的实际作用。第二，经部为了避免此难，提出了我们已经分析过的"随界"这样一个新概念加以解释：意指过去业虽然已经是无，但过去业却"熏习"成了"种子"，即"界"，存随于"相续"中，对现在仍然具有"与果功能"。所以经主释《杖髦经》又说："彼过去业亦可说有，有因缘故，有随界故，未有能遮彼相续故，彼异熟果未成熟故，最后方能牵异熟故；然去来世非实有体。"

依《顺正理论》卷一八的解释，经部所谓"随界"的"界"，就是有部为十八界的"界"下的定义，既有"种族义"，也有"因义"；业的性质可以归为某一"种类"，并被存留于心中，成为熏习的种子，亦即能够导致果报的"因性"。众贤对随界、熏习、种子等新说，没有直面驳斥，只是表示，用它们并不能否定过、未实有。故曰："此岂能遮去来实有？……无法不成因缘性故，彼随界言无所诠故，一刹那宗无相续故，无法不能招异熟故，不尔生死应无穷故，由此我说实有去来。"（卷五一，下同）

一句话，有部与经部在对待过去业的问题上，有部坚持"业虽过去而犹有"，经部"不许实有过去业"。这类论辩非常多，真是不厌其烦。这里再举一例：

卷五一立论说：

已谢业，有当果故。谓先所造善不善业，待缘，招当爱非爱果……非业无间异熟果生，非当果生时异熟因现在；若过去法其体已无，则应无因有果生义，或应彼果毕竟不生。由此应知过去实有。

意谓,过去业实有,必生当果;但这业并不是无间断地自行生果;业的表现尽管已经谢灭,但业体一直存在,而若要生果,必须"待缘"。

经部师反对"即过去业能生当果",认为:

> 业为先,所引相续转变差别,今当果生,譬如世间种生当果——谓如从种有当果生,非当果生从已坏种;非种无间有当果生;然种为先,所引相续转变差别,能生当果,谓初从种,次有芽生,叶乃至花后后续起,从花次第方有果生。而言果生从于种者,由种所引,展转传来花中功能,生于果故;若花无种所引功能,应不能生如是类果。如是从业有当果生,非当果生从已坏业。非业无间有当果生,然业为先,所引相续转变差别,能生当果。业相续者,谓业为先,后后刹那心相续起;即此相续后后刹那,异异而生,名为转变;即此转变于最后时,有胜功能无间生果,异余转变,故名差别。

经部师的这一主张,也被称为"转变论",即业转变为报,果由因转变而生,实质上是业的自我差别相续,也被认为是"因中有果"论的一种。有部主张,业之受报,因必生果,是业功能的坏灭,是报的新生,因果的性质非一;但这中间有一个极端重要的环节,那就是因缘条件。于是众贤对经部说痛加破斥:

> 且"业为先,心后续起,名业相续",理必不然,以业与心有差别故。言差别者,谓业与心,体、类及因皆有异故。体有异者,相各别故;类有异者,心心所法类各别故;因有异者,因二、因三而得生故。此既有异,如何可言后心续生是业相续?又,心与业俱时而生……于思相续、识相续中,曾不见有自类相续俱时而起,故知业、心非一相续。又,汝宗执"灭定"有心,佛言"灭定",诸意行灭;如何心、业一相续耶?若许业、心同一相续,如心不灭,意行应然;如意行灭,心亦应尔,然在"灭定",必无有心……业相续断故,后果应不生,非种芽等次第相续后果生中,有如是理……又,彼所说果从华生,理不极

> 成。诸已灭种,体犹实有,我宗许故……又,爱非爱果,因定故……若执如花,是种相续转变差别,能生果者,有何定理,妙、恶行因各别能招爱非爱果?恶行无有感爱果能,妙行无能感非爱果;无记于二俱无感能。应说此中有何定理,如是三种所有功能?一切与心体不异故。亦不应说种类有异,非别种类而可说言无有别体……又,花由与芽等相续,容可执有种子功能,功能与花无别体故;非善不善可体无别……又,种芽等是一相续,既执花有种子功能,芽等功能花亦应有,此彼差别不可得故,是则芽等及种功能,一切与花无别体故。既从花内所有功能,花为助缘能生于果,即由此故芽等应生……

众贤的结论是:

> 不应以种相续,喻业相续,能生于果。又,种芽等无始时来,一一种类,各一相续,初未曾闻稻种芽等展转乃至引稗果生。然汝所宗"一业相续",爱非爱果俱能引生,故彼不应为同法喻。又,若识体带思功能,思体复带识功能者,功能与法无别体故,此识此思由何相别……计有相续转变差别,能招当果,理必不成。

这些论点将分为两个问题:第一,业与心不是一回事,不能用心相续说明业相续;何况经部认为心有不相续的时候(灭心定);第二,作物的种子相续过程,不能用来譬喻业的相续,而且用种子相续解释作物的生长和结果过程,也不恰当。接着还有一些辩论:

> 经主此中又作是难:若执实有过去、未来,则一切时果体常有,业于彼果有何功能……且汝业果感赴不成,然应去来定是实有,说有相故,犹如现在。如契经说,过去、未来色尚无常,何况现在?无常即是有为相故,现有彼相,实有极成。若执去来非实有者,应非如现在说有有为相,非毕竟无、空花马角亦容可说彼有无常,故知去来定是实有。谓据曾、当说有相者,此亦非理。

经部的意思是:若像有部那样,一切三世恒有,则果体也应常有,业对于彼果还有什么作用?这就变成"无因论"了。众贤回答说,三世常有并不妨碍诸行无常,因为生灭等有为四相也是三世恒有的。

> 彼复难言:若经三世,自性恒住,应说是常。此难不然;为如何等非有别法,经于三世,自性恒住,共许是常?一切是常,皆不经世!又不应说"性恒住"言,许去来今,有性异故。由此彼设过难不成……现在有体而无常……佛说无常,然诸去来体虽实有,而可说是有生灭法。

此等论辩,有时越辩越乱。其实,众贤的解说,还是老理:体相恒有,而三世性别。性类有别亦有生灭,就是"无常"。

《顺正理论》卷五一有一个颂:"三世有,由说二有境、果故;说三世有故,许说一切有。"这可以看做论证"一切有"的总结,也是对古典有部设定"说一切有"的唯一标准的重申。长行的解释说:"我引教理成立己宗:过去、未来、现在实有。"其中的教理之一,是《胜义空契经》中所说:"眼根生位,无所从来;眼根灭时,无所造集,本无今有,有已还去。"譬喻师据此说道:"若未来世先有眼根,则不应言'本无今有'。"对此,众贤驳道:"依此不能遮去、来有。"原因是:

> "眼根生位,无所从来"等言,应审寻思,此言何义?若眼生位许体是有,则未来有,其义已成;若执犹无,何所疑虑而言生位无所从来?非诸体无,肯从来处,何劳干此遮所从来?但应明言生位非有;既遮生位有所从来,故知大师不许别有,现积集处,眼从彼来;次后说灭时,无所造集故。以世间有邪论者,说眼根生位从火轮来;眼根灭时,还造集彼,遮彼故说此两句经。或遮眼根出从自性,没还归彼,故说此言;或遮眼根自在所作,故说如是两句经文,谓遮眼根有胜作者,显彼唯有因果相属。

意思比较简单,如果把"本无今有"的经文作为"今有"生于"无"来理解,则生位既是"无"了,何必再说"生位无所从来"?所以这两句经文只能另作别解，而不能证明过去是"非有"。

《胜义空经》也是《顺正理论》一再提到的经籍。不过上述譬喻师宣称"本无今有，有已还无"，此处改为"本无今有，有已还去"，两者的含义是不尽相同的，原本究竟如何，待考。不过"本无今有"却大大有名。《大般涅槃经》就谈到这个命题，所谓"涅槃之体，非本无今有"，与之有关，又讲到"佛性是常，三世不摄"。这都可以看做是对《胜义空经》的批驳，对新有部主张的支持。

按现存真谛译、传为世亲撰之《大涅槃经今有本无偈论》，集中诠释的是这样一个偈："本有今无，本无今有，三世有法，无有是处。"这说法似乎既与有部的立场一致，反对"本无今有"；又与有部所立"三世实有"对立。它自立的"正义"是："本有今有，过于三世"。意思是说，如果三世皆有，不受时态的制约，那就是恒有，也就是超越三世，因此"三世有法"之说是概念上的矛盾，"无有是处"。

现在继续看众贤的议论：

> 次复，说"本无今有，有已还去"两句经文，谓此中所言"本无今有"者，显本无集处，从自因缘生；或有欲令"因是果藏"，故佛说"果，因中本无"，但由彼因、有别果起；或此为显眼根生时，能至本来所未至位，依此义说，本无今有……复言"有已还去"，此显起作用、牵自果，已还去至如本无作用位。若佛为遮去来是有，方便说此本无等言，如前句言"本无今有"，后句应说"有已还无"；既不言"无"，但言"还去"，则知不许过去是无。非汝所宗许过去有，唯言无有未来眼根，如何引斯契经为证？

众贤此处对经文的释义有二：一是指诸法自性处在尚未"集起"的状态，称为"本无"；"集起"须待因缘，因缘集起之时名为"今有"；二是为反对"因中有果"论，表示因中无果，所以说"本无"，但到了生果的位次，果与因异，故名"今有"。不论如何解释，过、未是"有"不会是"无"。为了强调这一观点,众贤用了"有已还去"的话,而没有采用"有已还无",说明他在解决这个问题上,还缺乏理论的一贯性。实际上,按有部"三世实有"的正统论点,即使承认"有已还无",也可以说得清楚。

"经主"辩言:

> 我等亦说有去、来世,谓过去世"曾有"名有,未来"当有",有果因故。依如是义说有去、来,非谓去、来如现实有。故说彼有,但据曾当因果二性,非体实有……"有"声通显有、无法故。如世间说,有灯先无,有灯后无;又如有言,有灯已灭,非我今灭。说有去、来,其义亦应尔;若不尔者,去、来性不成。

众贤驳曰:

> 此释"有"言,定非善说,不许实有去来世故。"假有"如前,理不成故,无容更有余"有"义故……虽言"过去曾有名有,未来当有,有果因故",而实方便,矫以异门说"现在有",何关过、未故……若去、来世但是曾、当,法体实无,不应名有;或若许有,则不应说去来二世但是曾当。又,"若实无,以曾有故亦说过去为实有"者,则应现在虽实有性,非曾有故,应执为无,过去应通曾有非有;即由此理类说未来,彼亦应通当有非有。然于实有过去体上,亦有少分可名曾有,由此得成过去有性,如是实有未来体上,亦有少分可名当有,由此得成未来有性。世间现见于"实有法"可说曾当,曾不见于"非实有法"说曾当义……于实有过去未来,说有曾当,理善成立。

这些辩论很繁,道理则十分简单:经部承认有因有果而无我,所以也承认有过去,有未来。但这过、未之有,只是从"法"之"曾有"和"当有"的意义上说的,而不是指"法体"在过去和未来也是真实的存在。众贤认为,曾有、当有和现有,只是时态差别,法体则是一个,所以三世法体同样真实。

总上经部反对"三世实有"的基本观点有两个:其一是,任何事物都处在生灭变化中,公式是"本无今有,有已还无(或去)";"本无"是它的未来世,"今有"、"有已"是它的现在世,"还无"或"还去"是它的过去世。据此,"三世"表示的事物生灭变化的形态,不是永存的实在。由此直接得出第二点,"过去"只意味着曾经存在过,"未来"表示将来当会存在,这两者可以说是事物的变化形态,但决不是事物的实际存在。经部的这些观点,贯彻了一条重要理论原则,那就是"三世"不能与"法"剥离开来,不能与"法"的变化剥离开来,只有在法的变化中,才能表现为"三世"的时态。换言之,时间是事物的变化形式,不是独立于事物之外的另外某种实体,这与佛教普遍把空间视为事物之外的另一种实体,绝然不同。经部的这一观点,与古典有部的主张大体一致。区别在于,古典有部把法的"自性"同自性的"作用"分割开来:自性是"三世实有",作用则"本无今有,有已还无";古典有部也承认可以用"曾有"、"当有"表述过去、未来,但也是从"作用"方面立论的。众贤在驳难经部时,主要采用"识不缘非有"的观点,由于纠缠在许多针对性的问题上,主要主张反而被模糊了。

最后,还可以用一个颂来概括新有部的基本观点:"诸法体相一,功能有性多;若不如实知,名居佛教外。"

论文的解释是:

> 诸有处俗及出家人,信有如前所辩三世,及有真实三种无为,方可自称说一切有,以唯说有如是法故,许彼是说一切有宗……增益论者,说有真实补特伽罗及前诸法;分别论者,唯说有现,及过去世未与果业;刹那论者,唯说有现一刹那中十二处体;假有论者,说现在世所有诸法,亦唯假有;都无论者,说一切法都无自性,皆似空花。此等皆非说一切有。

这里所列的"增益论"、"分别论"、"刹那论"、"假有论"、"都无论",大体反映了当时佛教内部说"有"道"无"的几种主要思潮,其中后两论,当是已经十分流行的般若经类和中观学派的观点。

这里提到的"真实三种无为",《顺正理论》卷三对它们的性质还有一个说明:诸无为法"彼且非色,乃至非识……'三无为'上,聚义都无,可名蕴息;非门、族义,于彼亦无,故不应例"。意指在"一切有"中,"三无为"是特殊的一类,非色非心,亦不在蕴、处、界的分类中,是绝对的,超越三世,无生无灭的实有。

至于新有部的祖师,可能就是塞建地罗。他与众贤都是伽湿弥罗人,均属东部师,《大唐西域记》卷四作索建地罗,说他著有《众事分毗婆沙论》,不详。他的著作《入阿毗达磨论》,玄奘译于显庆三年(658)。他对一切法的分类在佛教中独树一帜,叫做"八句义",通过对八个概念的界说,把有部所说的佛法概括殆尽。此论认为,"善逝宗八句义:色、受、想、行、识、虚空、择灭、非择灭"。很明显,他坚持的是人本主义的"五蕴"分类,唯一补充的是三种"无为法"。他依旧把受、想视为精神现象中作用最大的因素,而将"行"的内容大为扩展,囊括了一切心所和心不相应行。它对名相的解说,有些比《俱舍论》还要具体而丰富,它说"法体恒有",也比《俱舍论》坚定而一贯,在有部中应该占有一个特殊地位。但他用以"八句义"的解法体例,与传统有部差别太大,所以近现代的研究者,多认为是接受了胜论"外道"的影响。大约也因为这个关系,世亲和众贤都没有追随他的做法。

第五章 论有部的哲学体系

归依那先比丘的弥兰陀王,大约是公元前2世纪在位,世亲、众贤可能活动在4世纪或更后的年代,仅就有部的学说创作,就连续有六七百年的模样;中国从后汉安世高算起,至于唐玄奘,译介有部论著进入汉语文系,也经历有五百多年。有部传播的地域既广,著作又多,在这么长的时间流向中,前后思想会有不少变化是很自然的,例如,在有部的主张中,有一些与所谓"外道"的胜论师和数论师就很接近;在佛教内部,则毫无隐讳地吸收了大乘的菩萨观念,以至于有部本身的许多师说,也各有侧重,观点不全一样,这从我们对它的一些代表性论著所作的简略介绍中可以看得出来。但是,有三个基点,贯彻于有部的始终和所有的师说,那就是:第一,确立"一切有"的核心观念并顽强地加以捍卫,由此铸造出一个庞大而稳定的多元化本体论体系;第二,采用"分析"和"分类"的方法,形成佛教哲学方法论中的一大支派;第三,确立系统的"因缘"观,将"业报"法则的宗教观念理论化。

第一节 有部的方法论特征

佛教涉及方法论的领域很多。作为通向涅槃这一特定目的的方法,相当于四谛中道谛的"道",至于被概括为修道内容的戒定慧或六波罗蜜等,也都是通达彼岸的方法,所谓大乘小乘、二乘三乘的"乘",也是指方法而言。但我们这里所说的佛教哲学方法论,不是道也不是乘,而是指佛教用以认识和解释世界人生的方法,是建立他们的宗教思想体系使用的方法,是思维方法。思维方法,是指导理论思维和导出理论结论的基础,佛教自己经常在使用,处处使用,但很少用文字正面表达出来,就是说,他们对于自己的思维方法还处在不自觉状态,但我们从他们对世界人生的解释中,可以推断出来。

总体上说,佛教有多少个哲学派别就有多少种方法论。除有部以外,至少还有两种,影响也是很大的:一种是采取否定方法的大乘空宗,一种是采取实证方法的大乘有宗。而有部的方法论,则是后两种方法的参照系。

大家都知道恩格斯的一段评论:"辩证的思维——正因为它是以概念本性的研究为前提——只对于人才是可能的,并且只对于较高发展阶段上的人(佛教徒和希腊人)才是可能的,而其充分的发展还晚得多,在现代哲学中才达到。"[①]

这段话中提到的佛教徒,没有说明是佛教的哪个派别,关于"概念本性的研究"也没有具体地发挥,但有一点可以肯定,佛教徒和希腊人共有的是"辩证的思维",而不是"普通逻辑所承认的一切科学研究手段",即包括"归纳、演绎以及抽象",分析和综合,以及作为分析和综合"两者的综合的实验"。按照这一解释,此处所谓的"以概念本性的研究为前提"的辩证思维,最适合于大乘般若学和中观学派,也相当于古希腊的怀疑派哲学。

《自然辩证法》中还有一段专门颂赞:"希腊哲学的伟大创立者的观

---

① 恩格斯:《自然辩证法——辩证法》,《马克思恩格斯全集》第20卷,人民出版社,1971年,第565页。

点:整个自然界,从最小的东西到最大的东西,从沙粒到太阳,从原生生物到人,都处于永恒的产生和消灭中,处于不断的流动中,处于无休止的运动和变化中。"按照这个标准反观佛教哲学,那么被佛教普遍承认并反复陈述的"诸行无常",也应该是与希腊人共同拥有的思维方法。

辩证思维是客观辩证法的主观反映与运用。至于辩证法的特征,恩格斯还有一段话加以陈述:"辩证法在考察事物及其在观念上的反映时,本质上是从它们的联系、它们的联结、它们的运动、它们的产生和消逝方面去考察的。"①这不但表示从生灭变化的方面考察事物,而且要求从事物的普遍联系方面去认识和思考,这与佛教的"缘起"说相当。"缘起"的一个方面是解释事物先后变化的因果关系,另一方面就是阐发事物间的普遍联系。

佛教始终坚持一个原则性的判断,所谓"诸法无我"——这"无我"的理论证明,就是普遍联系和生灭变化:客观辩证法迫使事物没有,也永远不会有永恒不变的自性。这样,"无常"、"因缘"、"无我"也就被当做观察和对待世界人生的基本方法,通行于佛教的全体,为佛教所有派别共同信奉。在这个意义上说,作为佛教基础的思维方法是辩证法。

但是,辩证法有多种形态,古希腊是一种,黑格尔是一种,而唯物辩证法又是一种。作为辩证法,它们有共性,也各有特性。如果仅看到它们的共性一面,有意或无意地忽略它们的特性以及由此形成的差别,就是极大的片面、极大的缺陷、极大的混乱。唯物辩证法在观察的深刻性、思想的丰富性,以及表述的系统性上,都是此前一切辩证观所不可比拟的。它激励人们奋起前进,积极向上,实事求是而又勇于创造。相比之下,佛教辩证法最大的弊病是导向消极,是消极的辩证法:它从生灭变化中导出"人生无常",从人生无常中导向悲观厌世;又从生灭变化和普遍联系中导出"无我我所",从无我我所中导向看破一切,否定一切。在消

---

① 恩格斯:《反杜林论》,《马克思恩格斯选集》第3卷,人民出版社,1972年,第62页。

极辩证法中,看不到发展,看不到进步,也看不到希望,感觉不到幸福和欢乐,以至于认为世界众生无非是三界五道的循环轮回,充塞的唯有表现形态各异的痛苦。这种循环论和唯苦论,尽管有后出的许多派别作了种种补救,使它具有了许多积极的、乐观的因素,但在本质上没有大的变化;在方法上,由于把变化和联系绝对化,忽视以至于否定"质"的相对稳定性和个体的相对独立性,又不能不趋向形而上学。

正像辩证思维并不排斥普通逻辑一样,佛教辩证法也没有排斥其他思维方法;实际上,在论证自己的观点、宣传自己的宗旨、教诲自己的信徒的过程中,既动用了经验的实证,也采取了逻辑的推断。有部在佛教的诸多方法论中,突出的是采用拆破整体事物为其组成要素的方法,以此认识事物为和合物,相当于逻辑上的分析与综合,但重在分析;与此密切相关的,是通过对事物进行分类和给分类事物下定义的方法,以此认识世界,阐发自己的观念,相当于逻辑分类和定义,两者并重。

一、"破析"与"和合"

从经验的现象出发,任何事物都是多种要素的和合。车由车的零部件构成,人由人的肢体构成。这些零部件或肢体,就是和合为车为人的要素,车或人就是这些要素的和合物。作为一种认识事物的方法,把事物分解为它们的构成要素,这是"分析",将这些因素构造成它们的和合物,这是"综合"。佛教哲学把"人"作为它研究的主要对象。构造成人的四肢五体以及六种识身,后来被概括为"五蕴";"五蕴"成为构造成人的元素,而"人"就是五蕴这些元素的和合;这将四肢、六识等等概括和升华为"五蕴"的方法,乃是"抽象"。它考察了它所知的所有人的特点,无不具有"五蕴"这些元素,于是得出结论,凡"人"都是五蕴的和合,这是"归纳";据此推论,你、我、他都是人,也都应该是五蕴的和合,这是"演绎"。换言之,在佛教最简单的命题"人是五蕴的和合"中,就包含有普通逻辑中的归纳与演绎、分析与综合,以及必须借助抽象才能实现的由个别到一般,从一般到个别等这些主要的思维形式,至于人们是否就这些思维形式传达的内容达成了共识,那是另一个问题。

有部运用得最多也最自觉的是分析与综合,甚至可以说,分析与综合即是有部建立自己哲学体系的基本方法。分析使它在观察任何事物的时候,都要一一分解,直到连在意识中也不能再分解为止;这不能再行分解的,就被确定为构成该事物的要素——亦即元素。意识分解事物为元素的过程,也是事物还原为它的本质的过程;于是还原就成了认识事物本质的方法。依有部代表的部派佛教通论,这类还原为本质的元素,种类可能多到无法计算,而共同的特征则是实在,不变,恒久,即唯一真实的存在,所谓"实有"。这些元素在特定的"因缘"条件作用下,能够作为不同的"性、相"聚集或和合为种种现实的事物;三千大千世界,不论器世间还是有情世间,无不是由这种种元素聚集或和合而成。尽管这类聚集或和合物表现得千差万别,不可胜数,但也有一个共同点,那就是它们没有自己的本质,没有自己固有的"性、相",从这个意义上说,他们的存在虽然不容置疑,可并不真实,所以称之为"假有"。

"实有"和"假有"是佛教存在论中的两个重要概念,在有部那里,就是这样界说的;而这样的界说,至少在大乘一些学派中并不承认,在世俗认识中,更难得到认可。因此,也可以把"有"的这两种分类及其定义,看做是有部学说的一个特征。

从认识论上说,每一种逻辑形式都有导向错误的可能,而其中危险性最大的是"抽象"。"抽象"是从经验升华为理性,从个别升华为一般的关键环节,由此形成的概念或理念,往往有极大的差别。分析和综合可以凭直觉经验进行,更多的是靠意识的抽象运作,有部通常所谓的"慧力",就包括思维的这种抽象能力。"人"是佛教哲学研究的主要对象,把人说成是五官四肢的组合,这是经验上的分析和综合,及至把人概括为"五蕴"的和合,那就是理性抽象的结果。

"抽象"是主体对客体的一种比感觉经验更深刻的认识方法,如果着眼点和侧重点不同,理论性结论就会出现差异,甚或完全不同。就对"人"的抽象概括说,仅佛教就不止一种,而以"五蕴"最为常见。"五蕴"把人分解为"色"、"心"两大类,重点在于说明"心"对"色"的主观感受和主体反应,以便依据佛教教义,从制心、治心入手,处理好主观同客观的关系,所以又分"心"为受、想、行、识等四种。相对来说,"五蕴"这类概括,带有很强的佛教实践性。眼、耳、鼻、舌、身、意等"六根"也是对"人"的一种概括。前五根相当于人的五官肢体,第六意根实际上指的是既有的六识。因此,六根也是"色"、"心"的统一,但更趋向于把人归结为躯体及其认识功能,也就是生理和心理统一意义上的人,教义色彩相对淡薄,所以在佛教中的使用率不高。普遍盛行的还有"十二处",其"内六处"就是六根;"外六处"相当于人所面对的客观环境。"十二处"也是说明"人"的性质的,其所以作这样的定义,反映了佛教把人及其处境当做一体看待的自觉,也丰富了业报的内容。"十八界"则明确地把六识纳入"人"的概念,谓人无不具有十八界;现世的"人"系人体、环境和精神的统一,"人"的含义也就更加丰满,更加具体了。此外,还有许多关于"人"的规定,其中"六界"是影响较大的一种;所谓"六界",即地水火风"四大"加上"识"与"虚空"。这里强调的是"四大"和"虚空"对于"识"的制约作用,也就是"人"的存在和活动的物质基础,由此也更多地看重和追求现世即现实的物质利益。

当然,在对人的这类规定中,用所谓蕴、界、处等不同的概念表达,也还有这些概念自身的意义,例如用"界"的概念表达人的组成要素,就大大不同于其他概念;蕴、处之类没有"因"的含义,而"界"则有之。部派佛教讨论的空有、实假等问题,就与它们对这些概念定义的内涵有关。

总之,分析的初步是破坏,是肢解,综合的初步是拼凑,是和合。作为逻辑思维方法的分析、综合,带有更浓厚的主观意向性,在佛教那里,就是为了说明事物是"缘起"而又"无我"的根本教理。但仅就方法论言,分析是基础。有了分析,才能还原,才能认识到事物的内部结构及其构成的要素；也只有分析，才给综合提供了可能性，去把握事物的内在关系。在这对范畴中，有部所代表的佛教特别重视分析，以至于把分析当做观察和认识事物的根本方法；中国佛教把小乘毗昙的方法界定为"拆法"、"分破"，抓的也是有部的这一特征。

这里有一个问题。在关于东西方思维方式的比较研究中，有一种意见认为，西方是"分析的、辨别的、区分的"，以至于"理智的、客观的、科学的"等等；东方则是"综合的、整体的、一体化的"，以至于"独断的，直觉的（或者不如说感情的）"等等。（见铃木大拙《禅宗与精神分析》）其所以作这样的比较和区分，在于说明东方的思维方式比西方的要优越而且文明，我们应该维护我们的东方文明，甚至用来改造西方。这样的观点，一时附会者颇多，我不想在这里争辩。但有部作为"东方"一种宗教派别的事实，证明上述判断并不全面——对于中国来说，则并非完全没有道理。仅从中国佛教看，轻蔑分析，嫌弃分析，满足于模糊的概念，笼统的说理，甚至鼓吹混沌和糊涂，从而贬斥精确的语言和严格的逻辑思维，就具有一贯性，尤以禅宗为最；说一切有部以及瑜伽行派，在中国佛教史上没有得到相应的传播和发展，当与此有不小关系。如果整个民族也把分析拒之门外，那就非常值得反思，至少想要生存于近现代社会，而且还要继续发展延续，恐怕就不大可能。

但是，仅仅限于分析，是思维的一种片面。因为思维分析与实际存在的事物恰巧是相反的：现实的具体事物总是多样性的统一，尤其是人，总是作为有机整体而存在，所以不论对他的直接肢解还是抽象的分析，都会失去人的本性，更不可能全面正确地把握人的本质；因此，单一的分析，以及把只有分析所得的知识看做真实的，而将综合的整体知识视为虚假的，就是一种颠倒。就此而言，综合的方法能够认识事物的整体，哪怕是笼统的表象，也比单一的分析更为全面。所以现今学界一般认为，分析与综合是统一的思维过程中的两种方法，为任何正常思维所普遍运用，以此划分东西方文明上的差别，得不到史实的证明。

恩格斯说:"第一,思维既把相互联系的要素联合为一个统一体,同样也把意识的对象分解为它们的要素。没有分析就没有综合。第二,思维,如果它不做蠢事的话,只能把这样一些意识的要素综合为一个统一体,在这些意识的要素中或者在它们的现实原型中,这个统一体**以前**就已经**存在**了。"①这第一点,指出分析与综合既有区别又是统一的关系,是正常思维共同持有的能力,不可将两者割裂开来,贬抑一个,抬举一个;第二点说明,分析与综合的方法,实质上是客观统一体在思维中的反映,所以不论是有意还是无意,人们在日常思维中,总是分析与综合并用的。

分析所得的要素,也是组成和合物的部分;和合物本身就是整体。因此,在要素与其和合物之间,存在着部分与整体的关系。从部分与整体这对范畴来考察有部的学说,对它的思维方式的长处和短处可能看得更清楚。

从部分观察整体的方法有两重性:如果把部分淹没在整体中,不去一一认识部分的个别特性,及其与整体和相互间的联系、联系的方式,认识就只能浮游在现象的表层,而无法深入到整体的内部,把握它的内在因素和有机关系,于是整体也就成了空洞的抽象,或一团混沌的表象。因此,不可以用整体观念去取代对部分的认识,也不可以把对部分的观察和研究,看做是多余的,甚至视为有害的烦琐。有部坚持对部分作过细的考察,有利于加深对整体的认识,是一大优点,直到今天,对我们还有借鉴意义。但是,如果把整体仅仅看做是部分的机械拼凑,认为对部分的认识可以取代对整体的把握,从而否定整体具有与部分不同的新质,看不到部分只有在整体中才有意义,就是一种极大的片面,也是有部方法论中的最大缺陷。乐于从整体考察问题,是我们中国的传统。

举一个例子来说:一般认为中医学是一种整体医学,它从病人的整体,包括他的全部生活及其与环境的统一上,进行诊断和治疗,因而有所

---

① 恩格斯:《反杜林论》,《马克思恩格斯选集》第3卷,人民出版社,1995年,第381页。

谓内病外治,外病内治,一直联系到生理、病理与心理、情感等等统一考虑的"辩证"论治的方法,现下也称整体疗法;西医则建立在严格的解剖、测量和化验的基础上,因此在诊断和治疗上,往往有理有据,数据确凿,但多半是头痛治头、脚痛治脚,着眼在发病部位,而忽视人是一个活的有机整体,"人是机器",似乎在医学上也表现得很充分。在这两种很不相同的医学医术的比较中,确实可以看到西方思维重分析,中国传统重综合的现象,同时还显示出另一个与认识论有关的问题:中医主要凭经验去判断和治疗,包括个人的直觉和群体经验的积累,而对于人体的生理构造和理化作用多半不得其解,以至于把思维器官定位于"心",至今我们还保留着"心想事成"一类的谚语;西医对人的认识能力增强了,而且更加准确,可以凭借机械进行判断和治疗,但结果是工具变成了诊断和治疗的根本手段,理论上,人则被视为物理和化学的建构物。如把爱情解释为化学的一种反应,或说爱情就是荷尔蒙的作用等,就是最近一些自以为很有学问的人向公众发表的高见。

我对医学是完全的外行,不清楚这种流行的看法是否符合实际。我要说明的是,有部把"人"分解为种种要素的和合,很有些像西医的一贯作法;而今天提倡传统文化的某些学者,也还在把中医学的"整体观"当做发动"科学革命"的"理论基础"。按道理,中国佛教对域外佛教的分析法接触数量既多,时间也长,可始终没有引起足够的重视;佛教对中国的文化和观念,影响很深很广,恰恰在这分析的思维方式上,受到了冷遇。我们的传统好从大处着眼,讲究纲举目张,一以贯之,对整体的内在结构、组成因素以及它们的特性和关系,所谓"细节",则相对漠视或轻视。过去有人研究中国国民性时,就把"想当然"、"差不多"等不求甚解的毛病也列了进去,用来与西方的重实证、讲解剖、求精确、敢于怀疑和善于创造的精神作比较,反差特别明显。我想,坚持从整体上把握事物应该是正确的,但不接受分析的方法则是绝大的缺憾。西方是从走出混沌的整体、进入清晰的分析才建立起近代科学和科学思维(包括不断发展着的逻辑学)的,而我们的思维传统缺少这个环节,这可能也是近现代科学没有从中国产生的一个思想方法上的原因。

马克思在论述"政治经济学的方法"时有一段话,对于我们正确了解整体与部分的关系可能有所帮助。他说:"因此,如果我从人口着手,那么,这就是关于整体的一个混沌的表象,并且通过更切近的规定我就会在分析中达到越来越简单的概念;从表象中的具体达到越来越稀薄的抽象,直到我达到一些最简单的规定。于是行程又得从那里回过头来,直到我最后又回到人口,但是这回人口已不是关于整体的一个混沌的表象,而是一个具有许多规定和关系的丰富的总体了……具体之所以具体,因为它是许多规定的综合,因而是多样性的统一。"①

如果把这段话中的人口,换成有部指谓的"人"(众生、有情),最初他也是一个混沌的整体表象;经过佛教的一番分析,得出来的规定和概念就是"五蕴";因此,当佛教使用"人"这个概念的时候,它就已经含有"五蕴"的规定和关系等内容在内。因此,在有部那里,"人"也从"表象中的具体"(整体)上升到了"多样性的统一"的具体(整体),从认识形式上看,这符合人的认识规律,甚至符合科学的一般方法。有部的谬误主要不在这里,而是认为表象的整体(具体)和多样性统一的整体(具体)没有自己的本质属性,是虚假不实,而分析只是为了便于确定"人无我"的基本观念。反过来,由于只重视分析,使它遗忘了整体,遗忘了部分是属于整体的,离开整体,部分也就不成其为部分。

为什么说作为整体的"人"是虚假的?佛教有许多解释,从认识论上说,是在于它根本不了解或不愿意承认整体并不等于部分相加的总和。"整体大于部分之和",这已经是科学和哲学的共识,意思是说,整体与部分不是简单的数量关系,不能看做只是数学的运算,把整体仅看做部分

---

① 马克思:《政治经济学批判》导言,《马克思恩格斯选集》第2卷,人民出版社,1995年,第18页。

的相加。两者乃是有着质的差别的而又不可分割的一对范畴：离开了部分，整体就没有存在的条件；离开了整体，部分就失去了意义。但是，部分与整体在性能上又完全不同，作为多样性统一的整体，它具有所有部分所没有的新质。以有部为代表的部派佛教，只承认部分各有自性，而看不到由这些属性组成的整体具有全新的质，或者看到了而给以否认，由此得出：五蕴是实，五蕴和合的人是假。在方法论上就是只见到了量的聚积，否认聚积会引起质的变化。

整体与部分也是一对值得认真研究的范畴，它们对我们的政治生活都发生过影响，记得曾有过"没有部分就没有整体"的提法，之后又有"部分不能代表整体"的论点。两者似乎都有理由，也都是片面的，而且就是这样的片面，指导着某些政治运动，付出过代价。时过境迁，大约是被遗忘了。其实还是可以冷静地反思一下的，也在思想方法上吸取一些教训。

至于部分和整体这对范畴是否适于认识有机体，哲学界的意见可能不全相同。这里且让我们看看黑格尔的意见。他的《小逻辑》在讨论到"全"与"分"的关系时有一段话说："全的总念即包含有部分。但如果依照全的总念来把握全，将全分裂为许多部分，则全将失去为全……譬如，一个有机体的官能和肢体，并不能仅视作有机体的各部分，唯有在它们的统一里，它们才是它们那样，它们对于那有机的统一体是互有影响，并非毫不相干的。只有在解剖学者的手里这些官能和肢体才是机械的部分。但解剖学者的工作乃在解剖尸体，并不在于处理一个活的身体。这倒并不是说科学家这种分解工作不应该有，这只是说，如果我们要研究有机体的生命的真理，那种全与分的外在的机械的关系尚欠充分罢了。而且如果应用这种外在的机械的关系，以研究精神和精神世界的各种形态当必更远为不充分了。"①据此对照有部对"人"的分析，就是对科学家

---

① 黑格尔：《小逻辑》，生活·读书·新知三联书店，1954年，第290页。

不是"不应该有",但在研究"有机体的生命的真理"上却是"不充分"的"外在的机械的"方法。

黑格尔还有一段话:"不应当把动物的四肢和各种器官只看做是动物的各个部分,因为四肢和各种器官只有在它们的统一体中才是四肢和各种器官,它们决不是和它们的统一体毫无关系的。四肢和各种器官只是在解剖学家的手下才变成单纯的部分,但这个解剖学家这时所处理的已不是活的躯体,而是尸体。"①恩格斯赞成黑格尔的这一观点,认为"部分和整体是在有机界中愈来愈不够的范畴"。

据此考察佛教的"分析"与"和合",则"五蕴"、"六根"等要素,只有存在于有机的活的人体上才能成为人的生理器官和精神机能,否则,就只能是存在于佛教观念中的思维抽象,而不是生命体。也就是说,"有情"的"五蕴"、"六根"等是属于"有情"生命体的;在现实中,没有离开"有情"生命体而存在的五蕴、六根。与思想中分析出来的五蕴、六根等相比,"有情"生命体就是一种"质",一种与形成这一生命体所有要素都完全不同的"自性";相反,"五蕴"、"六根"等要素在作为这生命体的组成部分时,也就使它们的原始属性具有了完全不同的意义。例如眼根,它的原始属性是色,色以质碍为性,可一旦这色成为生命体组成部分的"眼根",它就具有了能见的功能;或者把它视为使外色进入内识的通道,所谓"眼入",也是一种新的功能。因此,把有情众生简单地说成是五蕴或六根等的和合,在方法论上就是错误的;把蕴、处、界等视为单一性的独立存在,本质上是将只有在思维中的抽象客体化,在哲学上属于唯心主义;根据不正确的哲学方法论断定蕴、界等要素为"实",它们的和合物是"假",则不能成立。

恩格斯大体也同意黑格尔的上述观点,他在《自然辩证法》中说:"**简单的和复合的**:这些也已经在有机界中失去意义的范畴是不适用的。无

---

① 黑格尔:《哲学全书》,引自《马克思恩格斯全集》,人民出版社,1971年,第776页,注释401。

论骨、血、软骨、肌肉、纤维质等等的机械组合,或各种元素的化学组合,都不能造成一个动物……有机体**既不是**简单的**也不是**复合的,不管它是怎样复杂的。"①也就是说,用单一和复合、要素与和合、整体与部分这类范畴解释生命有机体,很容易导向机械论,难以认识生命的有机组织及其本质。当然,当代基因工程的迅猛发展,也在改变着我们对机械论的一些看法,这里讨论的问题,仍然值得继续探索。

假若抛开哲学的抽象议论,佛教对生命的产生有不少接近实际的猜想。佛籍一般认为,有情之生,有四种形态,即胎、卵、湿、化。这四种形态的生产方式完全不同,人属于胎生;十二缘起中就包括人的处胎期。按这种胎生学的说法,人的生命来自父母的精血于胎中的结合,这种结合体最初呈"凝滑"状,随着时日的增长逐步形成肢体器官,直到发育出生,在胎内就要经过五个阶段,所谓"胎中五位"。如果以此来解释"五蕴"和合成人的历程,好像也有道理:"五蕴"在母胎中完成了"部分"之整合为"整体"。

然而,问题接着又来了:作为父母精血的质料应该是"色",为什么色与色的结合就会发展成为有生命、有意识的人来?色只是"五蕴"的一种元素,受想行识这些精神元素又是哪里来的?当代生命科学,尤其是基因学已经有了科学的答案。古代科学没有发展到这样高的程度,人们不会有这样正确的认识。那么,佛教如何解释?这就需要因果业报之说发挥作用了:生命和意识不是来自父母的精血,而是"有情"(有部称之为"中阴")携带着他前生的全部"有",以及在这"有"的因缘作用下,才会投到这个世间的。所以父母精血只是这一既有生命得以在这个世界出生的介质,母胎则是盛这既有生命的容器。如此一来,佛教关于生命来源仅有的一点合理猜想,也被因果报应冲淡得失去了价值。

由此倒使我想起东汉孔融之死的一桩悬案。依《后汉书》本传记,

---

① 恩格斯:《自然辩证法》,《马克思恩格斯全集》第20卷,人民出版社,1971年,第556页。

"祭酒路粹枉状奏融",所列罪状中有,孔融"与白衣祢衡跌荡放言,云'……子之与母,亦复奚为？譬喻寄物瓶中,出则离矣'"。在中国传统中,这类话是想也不会想得出来的,即使是路粹罗织的罪名,怕也难凭空虚构出来。但在域外佛教中,这类思想却是老生常谈,类似的话比比皆是。我以为佛教的教义在后汉末期已经在上层文人中相当流行,般若学于汉魏之际兴起,不是孤立的现象；魏晋玄学的产生,是否也有外来佛教的推动,是个值得研究的问题。这且不说汉桓帝时已有《四十二章经》之类的佛理传入宫廷,传说曹操和曹植都有佛教知识,且受到佛教一定的影响,也不是空穴来风,我们从他们的周围环境和现有诗文中可以得到不少佐证。这是题外话。

二、"区别义类"和"诠名定实"

与分析方法的普遍运用相应,是佛教在认识和阐释世界人生现象上,广泛采取了分类和给分类的事物下定义的方法。前述的蕴、界、处以及六界等,就是一种分类,其中的每一种方法,都被给予了定义,以此表达相应的教理,并作为重新认识世界人生的观点和方法。不过"三科"、"六界"等的分类,是基于"人"本位,着重于对"人"的认识和阐释的分类；发展到有部的成熟期,则把视野从"人"扩展到了思想可能达到的一切领域,以"一切法"为对象,于是有了对"一切法"的分类。这就是从南朝宋译的《众事分阿毗昙论》到唐译的《品类足论》所记载"五事"或"五品法"、"五位法"。

古典有部所分"五事",共列五类"六十七法"。至《俱舍论》则说为"五品七十五法"。依据《俱舍论》卷四:"一切法略有五品:一色,二心,三心所,四心不相应行,五无为。"

1. 关于"无为法"

这一分类最突出的一点,是分"一切法"为"有为法"和"无为法"两大类。"有为法"指处于普遍联系和运动变化、生灭无常的一切现象,也就是世俗世界,包括物质和精神的所有现象。"无为法"则不具有"有为"的特征,是对有为法的否定,它的特点,唯一可说的是"无生",即不受任何因缘条件制约,没有生灭变化,也不以任何主观意志为转移的绝对的客观存在。它有三种形态,一是"虚空",指一切物体存在和运动于其中的绝对空间。二是"择灭",指以智慧灭除了烦恼和无明才能获得的那种空静状态,也可以看做是趋向涅槃的阶段性结果和涅槃境界。三是"非择灭",指因为缺乏相应的条件(所谓"缺缘")以至于永远也不会发生某种烦恼或观念所处的精神状态。后两种"无为法",均以"灭"为特征——灭除烦恼,灭除生。这样"涅槃"、"不生"就与"虚空"一样,成了一种永恒的实体,同时证明了涅槃证得的可能性和实在性。

关于"无为法"的性质和数量,佛教大小乘的解释颇多差别,即使部派之间也不全一致。关于无为法的性质,《俱舍论》卷六中介绍经部的说法,谓"一切无为皆非实有"。例如"虚空":"唯无所触说名虚空,谓于暗中无所触对,便作是说:此是虚空。"所谓"择灭":"已起随眠生种灭位,由简择力余不更生,说名择灭。"所谓"非择灭":"离简择力,由阙缘故,余不更生名非择灭。"上座部说:"由慧功能,随眠不生,名为择灭;随眠缘阙,后苦不生,不由慧能,名非择灭。"大众部说:"诸法生已后无,自然灭故,名非择灭。"如此等等争论,其实目的都在于规定涅槃的性质,以及灭除随眠烦恼诸苦的途径。像经部等认为,无为法不过是对有为法的否定,或对事物的无所触对,或事物的自然灭失,别无实体,而有部认为它们都是实有其体,而且是现实诸灭的原因。

"无为法"的出现,把统一的世界分割成变化的和不变的两重,在方法论上也就脱离了辩证思维和形式逻辑的轨道,必须换一种视角,用另一种方法去证明和解释这永恒的绝对实在的存在理由——在这里,涉及有部倡导的物种不变、自性不变的形而上学,回头我们还要详述。经部是着重从否定世俗世界的角度来解释出世间的,不认为出世间可以成为单独的真实存在。这些分歧,潜伏着世间与出世间的矛盾和统一的关系问题,到了大乘佛教又上升为主要论题之一。

"五品法"中的其余四品,都属于"有为法",也就是都具有"有为"的特征。它们的安排次第,也是经过精心设计的。其中"色"被安置在第一位。为什么这样安置?《五事毗婆沙论》解释说:"一切法种,色最粗故,是一切识所缘境故,与入佛法为要门故。"这三条理由中,第二条与哲学有直接关系,即承认"色"是产生一切认识的前提:首先得有所缘的境相,才能有相应的认识;而"色"就是所缘的境相。不止如此,认识还必须有"所依",这所依主要指眼、耳等作为境相进入认识领域通道的五种感官,它们也是由"色"构造成的。色的五官和色的境相,是认识得以发生的两个基础条件;没有色就不会有识的活动,这就是色被列为有为法的首位的原因。物质第一位,精神第二位,唯物主义倾向十分显著。

2. 关于"色法"

"色"也有多种分类,最一般的是一分为二,即"四大"和"四大所造",后者亦略称"造色"。"四大"即地、水、火、风,是构造物质世界的元素,由这些元素构造的万物就是"造色"。"四大"的不同组合及其组合的分离,是形成万物差别和生灭变化的终极原因。对人生也应该如此观察。三国吴时译的《六度集经》卷三中说:"夫身,地水火风矣……命尽神去,四大各离,无能保全。"人身就是四大的组合,四大的离散,就标志着生命的死亡;有了疾病,则称"四大违和"。这基本上也是有部的观点:人首先是物质的,人的生死变化取决于物质元素自身的结构,因而与世界的物质性是统一的。此经的译者康僧会还说:"深睹人原,始自'本无'生。元气强者为地,弱者为水,暖者为火,动者为风。四者和焉,识神生焉。"(卷六)这一说法又用中国的固有概念"元气"把"四大"统一起来,说明人的意识或灵魂(识神)乃形成于"四大"之"和",就是带有了中国特色的佛教唯物论了。

古希腊哲学也有四种元素说。像恩培多克勒就是用"土(地)、气(风)、火、水"解释世界的物质性,以及由其形成的物体多样性和变化。

按罗素的介绍,这"四元素"中的"每一种都是永恒的,但是它们可以以不同的比例混合起来,这样,便产生了我们在世界上所发现的种种变化着的复杂物质"①。这一思想与佛教的"四大"说完全一致。

恩培多克勒在公元前 440 年前后正当盛年,假定佛灭于前 486 年,那么他稍晚于佛教的诞生。"四大"是佛教最早形成的主要观念之一,但无法确定它产生的具体年代。不过无论如何,佛教徒与希腊人在哲学思想上有着多方面的联系,这又是一个证明。

"色"的定义是"变碍"。"变"指其可变坏性,"碍"即质碍,指其不可入性。这与西方古典物理学对物质的定义也很相近。既有质碍,即可分割;一直分割到不可再分割,那个最后也是最小的单位汉译为"极微"或"邻虚",这又与希腊哲学中的"原子"概念相同。留基波是原子论的创始人,认为原子是不可分割的物质粒子,与虚空一起,是万物的本原。他生活的时间,大体与恩培多克勒差不多,但佛教"极微"的通行,要比"四大"晚得多。这或许可以说明,佛教同希腊的思想交往,延续的时间很长,而不表现在一时一事上。

在《五事毗婆沙论》中把"色"当做悟入佛法的"要门",特指的是佛教修行中的"二甘露门",所谓"不净观"、"持息念"。"不净观"观想的对象是人体;人体以前"五根"为代表,即是色法。"持息观"以系念于呼吸为根本观法;呼吸归类于"四大"中的"风大",也属于"色"。通过数息,集中注意力,用以观想人体的污秽不净,达到厌身恶生,出离生死的目的,所以观"色"也就成了可以悟入佛教的门槛。这种理解是禁欲主义的,也是佛教头陀行的理论和实践基础。这与希腊另一个派别,即以第欧根尼—拉尔修为代表的犬儒学派(昔尼克学派)提倡的禁欲主义相似。这个学派活跃在公元前 4—前 3 世纪。

佛教中有许多观念与希腊人接近,也包括涅槃这个至高境界。什么

---

① 罗素:《西方哲学史》上卷,商务印书馆,1981 年,第 86 页。

是涅槃？它的含义有否定一面，有肯定一面。就肯定一面，可以意译为"寂静"，大涅槃即是圆寂，指的是精神的宁静状态。希腊人把宁静视为神灵的一种性格，就与涅槃相通。马克思在他的博士论文《德谟克里特的自然哲学与伊壁鸠鲁的自然哲学的差别》中说："理论上的宁静正是希腊神灵性格的一个主要环节，亚里士多德也说过，'至善用不着什么行动，因为它本身就是目的'。"[①]"涅槃"的寂静，当然包含"至善"。这类相似相近处，我们已经说过，今后还将随时指出。

回到本题。总计全部色法又分为十一种，即合成人体的眼耳鼻舌身等"五根"，和作为五根所缘的色声香味触等"五境"，以及所谓"无表色"。实际上，"无表色"是用物质概念所解释的某些精神现象，尤其是因为受戒在心理上产生的一种止恶防非功能，据认为这防范功能就是由"四大"所造的质碍在起作用；再如修定中可能产生某些色声香味触等感觉，也属"色"的范畴。由于这一类色，不能表现于外为人所知，故名"无表"。

此外，还有一类色，特指眼的所缘的境相，与上述相当于物质的色不是一个概念。此眼所缘色略为两类："形色"与"显色"。所谓"显色"，指"青黄赤白"等四色及"此四色差别"，即种种颜色；所谓"形色"，指"长短方圆高下正与不正"等形状。另有"云烟尘雾影光明暗"以及"空一显色"，也是眼所缘色。这些细微的分析，在西方哲学和艺术领域，都很重要。像显色和形色在心理学和认识论上就有不同的意义；将青黄赤白作为一切色彩的基础色，至少对绘画是有意义的。

作为"身"的所缘境的"触"，与定义为"三和合"的触也不是一个概念。作为"身"的认识客体的触，包括"四大种、滑性、涩性、重性、轻性及冷、饥、渴"（《俱舍论》卷一），共计十一种。这里把冷暖、饥渴等本来可以划入主体感受范围的事（有时也被划在"苦受"范围），也与"四大"并列为

---

① 马克思：《德谟克里特的自然哲学与伊壁鸠鲁的自然哲学的差别》，贺麟译，人民出版社，1961年，第21—22页。

"色"的种类,就像上边把"无表"也作为"色"的种类一样,都表现出这种哲学力图用物质去解释精神现象,以至于把某些精神现象也归类为物质的倾向。

继"色法"之后的是"心法"和"心所有法"。这两者都是精神现象,涉及的既有认识论问题,也有心理学上的问题。两者的次序是先"心"后"心所有",表明心理现象毕竟得依认识机能才能发生,而认识也必然与相关心理一起活动,两者虽有不同,但都不能孤立自生自存。

3. 关于"心法"

《品类足论》卷一:"心云何?谓心、意、识。此复云何?谓六识身,即眼识、耳识、鼻识、舌识、身识、意识。"据此,"心"就是六识的总称;其所以还称为"意"和"识",是因为"心"包括六识功能,而功能各有不同。这也是《俱舍论》卷四中所说的意思:"心,意,识三名所诠义虽有异而体是一。"此中"集起故名心,思量故名意,了别故名识"。实际上,六识的共同名称是"识",识表"了别",所以了别是一切心法的共性;"思量"唯是意识的功能,是对"心"的一个特殊规定;用"集起"界定"心",是泛指识体自身具有集聚经验、生起种种认识和心理活动的能动作用,所以有时用"心"一词,可以更确切地表达"了别"、"思量"乃至识体具有能动作用等丰富的含义。

有部用"心"概略六识,也含有"六识一体"的意思。"六识一体"表达了认识活动的统一性;六识只是同一识体的分工差别。

其中前五识是各司其职。它们"所依"的根和"所缘"的境,以及所取的"行相",各自不同,界限鲜明,不容混淆;它们的共性是"行相"与"所缘"的绝对一致,识与境的绝对一致。因此,前五识所反映的只能是所缘境的本来面貌,不会带有任何主观的因素。这种主客观的绝对一致性,叫做"无分别",后来的量论把它列为一种认识形式,唤做"现量",相当于一般哲学说的直观。此五识虽然与意识一样,也以"了别"定义,但这"别"指的是五识之间的功能有别,而不是说它们自身具有分别对象的功能。眼见色，耳听声，而且眼只能见色，耳只能听声，不可混同，不可交替，这互相间的区别是严格的；但眼见色，而不知是色，耳听声而不知是声，就是说，只有直觉，而无判断。因为任何判断，都是建立在思维分别的基础上，都要运用名相概念，涉及个别与一般的关系，也就都会参加主观的因素，超出五识的职责范围。譬如眼识取红色境而有红色行相，但眼识自身并不判定它是红色，因为"红色"，是在同绿色、黄色等思维比较之后的认识，是用一般的色对于个别的红所作的判断，是借助语言概念实现的，而语言概念的认识，难免不脱离事物的本来面貌。此处对直观映相的"红"作出"红色"的判断，就是主观强加在所缘对象上的。

据此，前五识乃是对于事物的个别性质和个别方面的了知，而不是事物的整体表象，更不与语言概念有联系。按佛教的传统观点，在所有认识形式中，唯有这五识具有的"无分别"直观，最能把握客观真实；佛教所谓的"如实知"，最终都需要经过这种无分别的直观去"现观"或"实证"。

意识的情况就复杂得多了。从六识的一般定义看，它与前五识一样，也是"了别"，没有什么特别的地方，所以《品类足论》卷一谓："意识云何？谓依意根，了别诸法。"卷二又说："意及法为缘，生意识。如是意为增上，法为所缘，于意所识法，诸已、正、当了别，及彼同分。"《大毗婆沙论》卷七二："意及法为缘所生意识，是名意识界。"然而仅就"了别"意义上界定意识，它就有两大特点，一是"所依根"是"意"而不是"色"；二是"所缘境"遍及色、心一切法，而不限于部分色法。

作为意识所依的"意"名"意根"。"意根"是佛教认识论中很特别的一个概念。它不被归于色法而纳于心法，是"心、意、识"这些总称中的"意"。它既不是像眼、耳等五根那样的生理器官，也不是佛教称谓的"肉团心"（心脏）和视为肢体组成部分的"脑"，与中国传统认识的"心之官则思"，与近现代科学意义上的大脑，更不相同。因此，需要了解佛教自己的诠释。

《法蕴足论》卷十云：

> 谓意于法已、正、当知，及彼同分，是名意根。又，意"增上"发意识，于法已、正、当了别，及彼同分，是名意根。又，意于法已正当"碍"，及彼同分，是名意根。又，意于法已正当"行"，及彼同分，是名意根。如是过去未来现在诸所有意，名为意根，亦名所知，乃至等所证。此复云何？谓心、意、识，或地狱乃至或中有，或修所成，所有名号、异语、增语想等想，施设言说，谓名意、名意处、名意界、名意根、名知、名道路，乃至名此岸。如是意根，是内处摄。

这段话涉及的内容颇多。其中第一句话，可以看做是对意根的总定义：所谓"于法"指"于一切法"；所谓"已知"指已经完成的一切认识；"正知"和"当知"，指它不但现在，而且未来也有这种"知"的能力。这里的所谓"知"，是泛指六识之知，而不单指意识。所以这一句话有两重意思：第一，作为"已知"的意根，它是过去一切认识的总和，也是思维活动以及开导现在和未来认识的起点和根据；如果不依靠既有的认识作为认识的前提，继续认识是不可能的。第二，现在和未来的认识之所以可能，就在于有既有的认识作为前提，作为依靠；或者说，正是从既有的认识总和上判定，未来也会具有同等的认识能力。至于所谓"同分"，是说一切有部的特殊概念，此处相当于"意界"的"界"，指类、种、族或共性，有部把它视为独立实存之物，是具体事物潜在的"因性"，下边将另作解释。

这样的"意根"，对意识具有两种作用：一曰"碍"，即妨碍和拒绝思量某些法；二曰"行"，即通过和允许对某些法进行思量。就是说，意根承载着所有的观念表象、语言施设，并有决定意识于一切法进行取舍思择的功能。此外，意根还有一种功能，那就是作为众生行为以至轮回的主体，像地狱、中有，以至修习所得种种果报，都以"意根"为精神实体。这样的意根，其实就是魂灵。

《大毗婆沙论》卷一四二中说："意根于二处增上：一能续后有……如

说,识若不托母胎名色得成羯逻蓝不？不也……(二)自在随转者,如说:世间心所引,亦为心所劳,心若于彼生,皆自能随转。有说,意根于染净品增上,如说,心杂染故,有情杂染;心清净故,有情清净。"所以说有部界定的意根,就相当于灵魂,负载着全部意识形态;众生追随于它流转不已,是染是净,也决定于它。

有部对意根的这种解说,与大乘唯识学确立的阿赖耶识,在性能上十分接近;瑜伽行派甚至把"八识",尤其是六、七、八识,统以"意"名呼之,可见"意根"在佛教中的特殊意义。对此,顺便摘一段话可作备考:

> 言"意地"者,六七八识同依"意根",略去识身相应三语,故但有意。又,实义门,虽有八识,然随机门,但有六识;六、七、八识同第六摄,就所依名,故但言意。所依非色,或离于身,犹如心受,故不言身……皆是思量,意根摄故。第八持种,心义偏强;第六普遍了别境界,识义偏强,是故不说心地、识地(而名意地)。(《瑜伽释》第12页,原文参见《瑜伽论》卷一)

《大毗婆沙论》之说,到《俱舍论》有所变化。其卷四在介绍古典有部对心、意、识的定义时说:"净不净界种种差别,故名为心;即此为他作所依止,故名为意;作能依止故名为识。"(《俱舍论》卷四)这个"心"是总体,当它"为他作所依止"时,就是"意根",它具有为其他认识作依止的性能;意识即依"意根"得以生长。因此意根具有两种作用:一是主"思量",二是作"依止"。从作依止义上说,此意又名"等无间缘"、"等无间意"、"等无间依"等。就是说,《俱舍论》强调的还是"意根"作为六识所依的识体,而不是从轮回的识体上作界说的。

4. 关于"心所有法"

"心所有法"简称"心所",亦作"心数"。《俱舍论》分列为六类四十六种。卷四对它们有个经典性界说:

> 如心、意、识三名所诠,义异体一,诸心心所名,有所依、所缘、行

相，相应亦尔，名义虽殊而体是一。谓心、心所皆名有所依，托所依根故；或名有所缘，取所缘境故；或名有行相，即于所缘品类差别，等起行相故；或名相应，等和合故——依何义故名等和合？有五义故。谓心心所五义平等，故说相应：所依、所缘、行相、时、事皆平等故。事平等者，一相应中，如心体一，诸心所法各各亦尔。

这一界说有两层意思：第一，各个"心所"有品类差别，名称不一，但都统一于"心"，共处于一个不可分割的同一体，并成为这同一体的组成部分；第二，心所与心，在五个方面发生相应关系，即所依、所缘、行相，以及时间和共同完成一件事业上。此外，"心与心所必定俱生，随阙一时，余则不起"（卷四）。没有孤起的"心"，起必有"心所"相从；更不会有独生的心所，心所不能离开心。

《俱舍论》关于心所有法的六类四十六种划分和释义，是对古典有部有关佛教心理学说的总结，由此构成一幅内容十分丰富的心理图景，可以看做佛教的心理学。后边我们将专题论述。

5. 关于"心不相应行法"

此类法不论从常识上看还是从哲学的视角看，都有些奇特。它们既不与心相应，也不具有色的性质；既不能简单归类于物质现象，也不能单纯归于精神现象，但在现世世界中与人类生活关系特别密切，所以被列为非色非心的第三种"法"。《俱舍论》卷四定义谓："心不相应，非色等性，行蕴所摄。"此等法被列在"五蕴"的"行蕴"范围。但这里有个问题。按《俱舍论》的解释，"行蕴"由两部分组成，其一是以"思"为首的"心相应法"，即上述之心所法，这是决定"行蕴"本质的部分；另一部分就是这里讲的"心不相应行"。实际上，心不相应行的内容，已经大大超过传统佛教对于"行蕴"的规定，其所以硬把它归类于行蕴，只是为了方便说明有情众生具有世界的一切属性。

客观地说，"心不相应行"被独立地分为一类，应该是有部对于人类深入认识世界的一大进步。它在物质世界和精神世界之间，发现了非色非心的第三个世界,具有极重要的认识论价值。20世纪英国著名的哲学家波普尔提出三个世界的理论,其中的"世界三",实质上与有部讲的"心不相应行法"就是一回事,但却晚了至少15个世纪,尽管在具体内容和哲学基础上两者有所不同。《俱舍论》把它简单地埋没在"行蕴"中,是缺乏眼光的。

《俱舍论》分"心不相应行法"为十四种,所谓"得,非得,同分,无想定,灭尽定,无想果,命根,生,住,异,灭,名身,句身,文身"。此后的唯识家,又作了很多补充,增加了"方,时,数"等法,达到二十四种。看看这些概念就会了解,不相应行包含有多么丰富的内容,以及它们被放置在物质和精神的二分法之外,作专门考察的意义了。

其中所谓的"生"与"得",在有部思想中占有特殊地位,与"生"同类的"住、异、灭",与"得"相对的"非得",都与人生缘起说有关,我们将在考察有部的因果论时一并讨论,这里暂且不谈。

"无想定"指一种据说能生"无想天"的禅定,由修"无想定"而得生"无想天",就是所谓"无想果"。据认为,这种"定"和"果"的特点,在于"无想"。为什么会有无想的现象发生?原因就在于"无想"是一种实体,能使一切心识活动暂时息灭,故云:"有法能令心心所灭,名为无想;是实有物,能遮未来心心所法令暂不起。"(《俱舍论》卷五,下同)这种实体既然是"无想",当然不会与心相应;不论是作为"定"还是"果",也都不会具有"色"的性质。"灭尽定",特点也是"心心所灭",但引发它的"实物"是"灭尽"而非"无想",故曰:"复有别法能令心心所灭,名灭尽定。"按有部的看法,"无想"是非佛教的修习目标,外道把它视为"出离"生死的解脱;"灭尽"则是佛教"圣者"为求"静住"的一种"止息"行为,是实现"涅槃"前的试验,或作为濒临涅槃的体验。严格地说,这些都是由宗教修习导致的特殊心理和宗教幻想,有部把它们归类于非心非色,并认为它们是可以作为因性的实体,实属误判。

所谓"同分",指事物相同的部分,相当于共性,亦指种类等。"同分"

也可以分许多种，最常用的是"众同分"："谓诸有情展转类等"，即一切"有情"在"类"上同等，也是"有情"的共性，本质属性。《俱舍论》将这"众同分"又分为两种：一、"无差别"，"谓诸有情有情同分，一切有情各等有故"，意谓"有情"这种共性存在于一切有情之中；二、"有差别"，"谓诸有情界，地，趣，生，种姓，男女"等"各别同分，一类有情各等有故"。此外，还有一种"法同分"，即诸法依前述之"蕴、处、界"等分类所属的共性。这些"同分"，亦称种类内部的"无差别相"，有部也把它列为"实物"：有了同分的实物，才使某一事物能够归于其所属的种类，具有与其类别相应的共性；也是众生个体"轮回五道"，或成贤成圣，都必然隶属于某一族类的直接原因，所以也多用于解释佛教的宗教观。

但是，"同分"涉及的理论问题，却与一般和个别这对范畴有密切关系，所以具有普遍的意义：任何个体，不可避免地要属于一定族群，所谓"物以类聚，人以群分"，这也是中外古代人的共同认识；"任何个别（不论怎样）都是一般"，诸如"伊万是人"，"哈巴狗是狗"等等，伊万和哈巴狗就具有人和狗的"一般"，这类问题，从亚里士多德以来就被哲学思维所普遍关注。有部提出"同分"的概念及其相关释义，在于解释世界和众生为什么必定会归于某一族类，以及每一个体为什么必定会具有他所属族类的共性。它思考的结果是，正确地看到了"个别就是一般"，或个别必定具有一般，而错误地把一般抽象到脱离了个别，成了独立于个别的"实物"。以下我们将会看到，有部的全部哲学就是建立在对个别与一般的这种认识上：它正确地认识到了"个别就是一般"，而没有认识到列宁在《谈谈辩证法问题》中谈到的"一般只能在个别中存在，只能通过个别而存在"。

所谓"命根"，指决定有情生命期限（寿命）的内在根据，有部认为这也是一种实体，所以《俱舍论》定义谓"命根体即寿"。按这里所说，体现生命存活的有两大标志，一是"暖"，一是"识"，能够维护这暖、识的因素，就叫"命根"，或曰"寿"："有别法能持暖识相续住因，说名为寿"，这个"别法"就是另类"实物"。这一说法,受到经部等的批评,但人体中究竟有没有一种决定寿命的机制或因素,至今还是医学科学探索的重大课题。

这样的"同分"、"命根"当然也很难简单地定性为"心"或"色"。

然而最能表现"心不相应行"特色的,当是"名身,句身,文身"。此处"名"即名词,"句"即句子,"字"即字母,这是按域外拼音文字而对语言作的分类。《俱舍论》卷五定义说:"名,谓作想,如说色声香味等想;句者,谓章诠义究竟";"文者谓字",如"阿"、"伊"等。"身","谓想等总说;总说者,是合集义",意谓此"名、句、文"是一种"总说",是从种类上讲的,而不是指个别的言语文字;它们所表达的"义",也不是指具体的内容,而是它们总和的抽象。这些作为种类的"总说",是所有具体名、句、文的本质规定,也是造就具体名、句、文的"实物"。

《俱舍论》进一步解释说,就名句文作为发音的语言而言,它们表现为"声",属于"色法";就其负载的思想内容来看,它们应该归于"心法"。实际上既不能归结为色,也不能归属于心,所以属"心不相应行",是第三类存在形态。

《顺正理论》卷三中讨论佛教的体性,就是按照这一思路发挥的:

> 有说佛教"语"为自体;彼说法蕴皆色蕴摄,"语"用音声为自性故。有说佛教"名"为自体;彼说法蕴皆行蕴摄,"名"不相应行为性故。

质疑此说的人问:

> "语""教"异名,"教"何是"语"?"名""教"别体,"教"何是"名"?彼作是释:要有名乃说为教,是故佛教体即是名。所以者何?诠义如实,故名佛教;名能诠义,故教是名。由是佛教定"名"为体;举"名"为首,以摄句、文。

就是说,从其形诸语言音声说,佛教可以列为色法;但它承载的是"教","教"应属心法,教若没有载体,不可能向外宣示,所以能够把佛教这一特性表达完善的,唯属于非色非心、亦色亦心的"名"。

现在这个问题可能更复杂了,名、句、文已经不但是以语声为载体,而且动用了书写、印刷、屏幕等种种可以归类于物质性的介体,以至可以作为商品在市场上流通。因此,不论从理论上把它们作为物质去分析,或作为市场上的商品去对待,或者仅仅当做意识形态去操作和管理,显然都不够了。语言文字被当做第三种现象,列入心不相应行,就提供了一种新的观察角度和新的思维方式,可以对人的所有创造物提供更全面更准确的认识——语言文字是人类区别于其他动物的伟大创造之一,其承载的可以是人类的一切文化和文明;它们既表现为客观的物质存在,又蕴含着人类的精神创造,对于人们生活的影响最为迫近,也最为深刻,忽视任何一方,都会陷入误区。实际上,心不相应行法可以包括人类的一切创造物,像生产劳动、社会关系,以及其他所有物化的上层建筑。

为什么"一切法"只分为这"五位七十五法"?有部自身没有直接回答,实际上是出于他们实践的需要:用两性"爱"表示"世间"的起源,故"有为法"中"色法"列在第一位;心法与心所法,是由"色法"产生,并围绕色相进行活动的,要想从世间出离,也只有通过"心法与心所法"的由染变净才能实现,故名列二、三位;而实现心意识之对治色爱,需要经过色、心的相互交涉,所以"心不相应行法"处第四位。心对治色爱的结果,是智慧简择诸法成就的涅槃,也是对"有为法"的否定,故有"无为法"的设置,位列第五,作为一切法的终结。就是说,五位七十五法的分类,是用来表达自己思想体系的,而分类作为一种方法,有更普遍的意义。

按有部自己的说法,所谓分类就是"区别义类",是建立和表述任何理论体系的初步;接下来就是为其所分类表述的概念下定义,即所谓"诠名定实",借此逐一地去建立和阐发自己的独特教理。部派佛教一般都使用这种既分类又下定义的方法,而以有部最自觉,也最系统。如前所述,《阿毗昙心论》起首就教人"法相应当知"。这里的法相,就是名相概念。于是人们很奇怪,"世间亦知法相",何必多此一举?例如,"坚相地、湿相水、热相火、动相风、无碍相空、非色相识"(《阿毗昙心论》卷一),愚者已知。回答是:如此之知正是"世间不知法相"的表现。为了超越世人之知,就得"诠名定实",给名词概念下一个符合"实际"的定义。这个"实际",在很多情况下是佛教特定的义理。例如上述对四大的认识,对世人来说是对的,但从佛教来看,只有世俗意义。如果在"地"是"坚相"的基础上,进一步认识到地的"无常相、苦相、非我相",那才是绝对的真实之知。此中"坚相"是地的"自相","无常相"等是地的"共相",两者都是地的"法相",但认识的高低层次不同,世间与出世间不同。正是通过对法相作这种自相和共相的分析,才能对它们作出"正确"的判断,获得与佛教教理相应的认识。对"法相"作判断,就是下定义。

对法相下定义的首要任务,是揭示出概念所蕴含的"体性",同时说明这个概念的功能和作用。在很多情况下,"法相"与"法体"、"法性"是可以互换的同位语。如果不作特别的说明,"相"、"性"、"体"的含义是同一的。因此,解释概念的内涵和外延以及说明它们在佛教认识和实践中的功能,就等于解释法相的"体"、"性"及其"作用"。五位七十五法中对每一法的释义,就都遵循着这一方法。

由于采用对法相分类和下定义的方法表达自己的思想体系,有部哲学也可以称为"法相学";后来这一方法被瑜伽唯识家所继承和发展,形成了一个更庞大的体系。中国佛教命名玄奘所传的学说为"法相宗",指谓的不应该只是大乘瑜伽行派,同时也应该包括小乘说一切有部。

不过这种分类、定义的方法,有优点也有缺点,这反映在这一方法的两个显著特点上:一个是看重名相概念的清晰度,不容模糊,说理性强;一个是便于视角转移,既可随着实践的需要变动,也能够适应论述和争辩的要求。正因为如此,使得分类和定义容易带上浓厚的主观性;就纯方法论而言,形而上学压倒了辩证思维。

第二节　论认识的条件和认识的结构

有部的认识论可以看做部派佛教认识论的总代表，发展到了新有部，算是达到了顶点，在前一章考察他们的主要著作时，已经分别作了介绍。现综合他们的前后论述，归纳几个要点如下：

一、认识的两个必要条件

任何认识活动的发生，必须具备两个条件，这就是"依"与"缘"。这里的"依"指的是六识得以产生的六根，"缘"指六识得以了别和获取知识的六境。这看来也是常识：人若没有感知的器官，还能依靠什么去进行认识？认识如果没有认识的对象，何来认识的内容？然而就在这两个问题上，佛教内部产生了不同意见，而且长期争论不休。

1. 关于"依"

对于人的认识器官，佛教给予了许多不同的名称。如在十二处中名"入"（处），在十八界中名"界"，有时称之为"根"——此"根"取自植物的根部，用以表征有助"增长"的机能，是佛教涵盖类似机能的一个概念，如表示性机能的男根、女根等；有部和瑜伽行系统分这样的"根"为六类二十二种，眼等六根属第一类，其共性是在"取境生识"上起"增上"的作用。此处又采用了"依"来表达——"依"也是有部和瑜伽行派的一个重要概念，意谓依恃、依止，指事物得以存在的依据。说认识器官是"依"，就意味着认识必须依靠认识器官的作用才有可能发生。这样，人的六种认识器官，至少可以用"处"（入）、"界"、"根"、"依"等内涵完全不同的概念来表达，由此界说它们在性能上的多重性。这其中界定为"依"，最能表示认识对于器官的依赖性：人的认识若离开认识器官，认识活动就不会发生，只有认识器官才能承载认识的功能。有部，尤其是新有部，强调的就是这样的"依"。

我这里用六种认识器官来表达六处、六根等，只是为了今天读者的方便，实际上是绝对不可如此比拟的。因为佛教所谓的眼耳鼻舌身等前五处，如果还勉强可以对应于我们称谓的五官，那么"意处"、"意根"等就完全没有什么生理器官可以与之对应。按《俱舍论》的定义："识蕴，即是意处"（卷一，下同），"意处"就相当于五蕴中的"识蕴"，在十八界中包括六识界和意界，也就是一切认识的总和，这在上边"心法"中已作过分析。现再引《俱舍论》作为补充："'由即六识身，无间灭为意'。论曰：即六识身无间灭已，能生后识，故名意界。谓如此子，即名余父；又如此果，即名余种。"

所谓"意根"即"六识身无间灭已"，指的就是全部完成了的认识；这已经完成了的全部认识，既是继续认识的起点，又是认识得以继续进行的条件，故称其为"能生后识"；在已灭的识与新生的识之间，是绝对连续的，没有间隔，故又称意根等为"无间灭意"。因此，"意根"只是"意"自身的前后分别，前者作后者的生起条件，后者是前者的连续，正如同一个人，既可为他人之父，亦可为他人之子，是相对的关系。

由此来理解有部，尤其是新有部，把意根亦名为"依"，它的实际含义就是把所有的意识活动，无例外地，都看做是在既有认识基础上的运作：人的意识，绝对离不开它的原有认识，而且必然要以它原有的认识作为运作的条件。如果把这样的意根解做已经形成的世界观和方法论，大体相当。

眼等五根有另外一些问题。譬如有的人虽然有眼、耳等器官的存在，但却没有识色闻声等功能，例如盲人、聋哑人等，这都是人们现见的事实。于是五根能否单独起取境发识的作用，是否同时还有"识"的参与？例如眼了别色，究竟是"眼根"在了别，还是"眼识"在了别，或两者同时起作用？如果没有识的参与，就难以解释，为什么有眼而不能起发识的功能？眼根属"色"，色怎么会有唯"识"才能具有的了别功能？反之，如果无须乎五根就可以有五识的发生，那么色等五境怎么会为眼等五识所识？同样可以现见的事实是：没有眼耳等器官，就不会有色声等识的产生。

这类问题比较复杂，涉及的是生理机能与认识机能等与生物学和医学有关的问题，也涉及认识机制上的一体性分工等与脑科学有关的问题，就认识论范围，还特别涉及感觉与意识的关系问题。就这些问题的难度而言，都不是古代佛教学者所能正确解决的，因而不应该苛求于他们的解释。但他们敏锐地感到了并提出了这些问题，而且孜孜不倦地坚持进行探讨，就很令人感动；从有部到瑜伽唯识，讨论没有停止过，认识也越来越趋向深刻，其中有些成果在今天也值得回顾。

2. 关于"境"

有部的重要命题是"识不缘无境"，我在论述新有部时已作过一些介绍，这里不再重复。需要强调的是，以"识缘有境"论证"三世实有"，是有部各家的共同做法，而不是众贤的独创。众贤的贡献，是捍卫古典有部的既有原则，应对譬喻师等的挑战，从而把"识缘有境"的内涵丰富起来，促使有部的认识论有了新的发展。

人的认识机能来自六"依"，但没有认识的对象，就不能有认识的活动。那么，促成认识活动，令认识具有内容的来源在哪里？有部各家普遍认为，那是来自认识的对象"所缘缘"，亦即是"境"。没有"境"就不会有"识"，没有认识对象，就不会有认识的内容。因此，认识的前提是必先有境，识始能生，犹如必先有六依的机能，始能有六识一样。在认识论上，"依"与"境"两者不可缺一。我们说，这是一种唯物主义观点，但却是机械的，虽然有合理的一面，也有很大的缺陷。譬喻师对于此说的批评，就包括这些缺陷。譬如说，对于过去事物的回忆，对于未来事物的设想，尤其是思想上的创见，科学上的创造，以及人们制造的产品等等，就不能说成都是先于识的存在，都是识对既有境的直面反映的结果。换言之，"识必有境"或"识不缘无境"的判断，把人的认识简单化了，把主观同客观的关系简单化了，忽视或否定了主观认识的能动性一面，从而忽视或否认了人在实践中体现出来的主体性和创造性。

众贤正是在这类批评声中提出了新的见解。他认为,过去、未来,记忆、预见,以至想象、幻想、梦境等等,诚然与现在直面相对的所缘境不同,但也不是无中生有,可以由识自行独断或杜撰出来。例如可以作为"毕竟无"例证的"龟毛兔角",就是人们依据实有的龟与毛、兔和角在识中分割拼接出来的;像"火轮"这样的幻象,是因为实有其火,再加速摇动产生的错觉;梦境也以曾经境或曾闻境为基础才能构想出来。因此,不论认识何等颠倒,只要发生,必定以有境为条件——在这里他作了一个重要修正,就是识中呈现的境,有实、有假,而不都是实有;在假有中,既有"毕竟无"的龟毛兔角,也有与现在实有不同的过、未事物。这两种假有,在性质上是完全不同的:毕竟无就是毕竟无,而过去、未来只是相对现在说为非有。

众贤对于从"识不缘无境"中推导出客观上必然"有境"的这些区分,是有部认识论中的一大进展。因为用思想中的"有"证明现实中的"有",很容易混淆主观和客观的严格界限,以至把理想或幻想也当成真实的存在。西方哲学上的本体论论证,犯的就是这种错误。这种论证法说:"当我们思考着上帝时,我们是把他作为一切完美性的总和来思考的。但是,归入一切完美性的总和的,首先是存在,因为没有存在的东西必然是不完美的。因此我们必须把存在算在上帝的完美性之内。因此上帝一定存在。"[1]按照众贤的思路就可以作另一种解释:你的认识中尽可以有上帝的存在,不过这种存在只能是龟毛兔角;因为在现实中或许有"完美性"的根据,但实际上是不存在的,是"毕竟无"。换言之,我们不能笼统地说一切认识都是客观事物的映相或摹本,更不能用我们的认识去推度现实事物亦复如此。我们提倡唯物论的反映论,同时强调认识论的辩证法;坚持世界是可以知的,同时承认认识是一个从相对到绝对的无限过

---

[1] 《马克思恩格斯全集》第20卷,人民出版社,1971年,第47页。

程;我们肯定认识可以把握客观真理,但也绝不忽视其中可能存在的歪曲、片面和错误。

新有部与譬喻师关于所缘境的这些争论,进一步激励了佛教关于认识论的探讨,到了瑜伽唯识学,即全面刷新了佛教传统的认识理论。

二、意识与前五识关系

关于意识以"一切法"为"所缘",涉及的最大问题是与前五识的关系。《瑜伽师地论》卷五一中有一说法:"意识能缘他境及缘自境。缘他境者,谓缘五识身所缘境界,或顿不顿;缘自境者,谓缘法为境。"就是说,意识也能缘前五识的境界。关键是,意识是与眼耳等同时去直接取色声等境,还是通过眼耳等间接去取,直接取的仅止于眼耳等识所取的色声等行相?如果意识能够直接取色、声等境,那么要眼耳等根干什么,仅仅作为一种摆设?

有部认为,意识取境,必在五识之后一刹那,而非同时。也就是说,意识只是去认识和思量前五识提供的直觉材料(行相),而不是客观事物本身。《品类足论》卷一讲:"诸色二识所识,谓眼识及意识。此中一类眼识先识,眼识受已,意识随识",如是声、香、味、触,亦是二识所识,意识总是追随于前五识之所识而识;唯有"无表色"及"五色根"为意识所独识。其中前五识及随前五识所生意识的了知,是完全的直觉;意识独自所缘的"无表色"、"五色根",是通过"现量"证得的,也是直觉。因此,按六识的本性,所缘境只能作为个别的直觉形式进入认识领域。进一步说,六识面对的世界,只能是直觉了知的色、声、香、味、触等个别要素的存在,至于客观事物的整体表象,例如牛马人、瓶衣树等,以及一切概念,例如你我他,众生树林等,都不是由"六识"从"所缘境"中直接获取的真实"行相",而是意识通过对前五识提供的直觉材料加工或妄想的产物。以语言概念为基础的一切思维推理活动,都是意识的任务,也是对直觉加工和妄想的工具。据此,有部认为,凡整体表象都是直觉物的复合,直觉物是真实的,复合物是虚假的;语言概念是对复合物的方便施设,故称"假名"。因此,意识应该先天具有虚妄的性能。上述《法蕴足论》之所以给"意根"一个"此岸"的界说,意思也是说,意根所生意识,只能是虚假不实的语言施设,是世间事,不是彼岸的出世间事。

这种说法对大乘般若中观一系怀疑和否定人的认识能力有利,但给瑜伽唯识一系却带来很多理论麻烦,所以此系又从"意根"中分出一个第七识"意"(末那)来,让"意"承担起给予复合物以本质的功能,从而减轻"此岸"的负担,增加通向"彼岸"的作用。此外,又赋予意识以"现量"的性能,提高意识在把握真实上的地位。《瑜伽师地论》卷一五说,现量有四种:

> 一色根现量,二意受现量,三世间现量,四清净现量。色根现量者谓五色根所行境界……意受现量者,谓诸意根所行境界……世间现量者,谓即二种总说为一世间现量。清净现量者,谓诸所有世间现量亦得名为清净现量;或有清净现量非世间现量,谓出世智于所行境:有知为有,无知为无,有上知有上,无上知无上,如是等类,名不共世间清净现量。

这里谈及的"意受现量"与五官的"色根现量"都是指直觉;而不假任何表象概念的直觉是否能够可能,则是哲学领域一直争论的问题。

佛教从人生观向认识论的发展,经历了一个很长的过程。它的人生观开始于对人生是苦的判断,所以有关苦乐的问题,就成了讨论的焦点。但苦乐都与主体感受直接有关,与认识活动相对间接,所以"受"比"识"优先受到关切。因为据佛教传统看,人们与外部世界接触的一瞬间是感受,而不是表象;有了感受才有表象,所以人首先是感受意义上的人,而后才是认识意义上的人。人们为了追求快乐而生,实际所受全是苦恼,这一矛盾,就是佛教人生观的基础。感受是本能,表象附属于感受;及至表象升华为概念,是人脱离动物本能的一大飞跃,有了创造幸福的主观条件,但同时也增加了苦恼,以至出现了"所知障",佛教也因此而向更理论的方向发展。

这种趋向集中反映在它的"五蕴"论中。五蕴的次第是色、受、想、行、识,在非色四蕴中,"受"居首位,而"识"与其他心理功能并列,且置于最后。但到了有部的五事分类,情况完全改变了,"心法"与"色法"并列,受、想、行则失去了在五蕴中的那种独立地位,被收容到了"心所有法"之中,隶属于"心",成了"心"所领有的一系的精神因素中的部分。这也意味着,作为囊括"心法"的六识,变成了受、想、行等一切精神活动的主体:一切精神活动,都属于"识",都是在"识"的基础上的活动。

三、感知和思维的结构与功能

把认识的两个条件"依"与"境"联结起来的是"触","触"也成了一切精神活动的起点。"五蕴"中的非色四蕴受、想、行、识,以及无明、爱憎等功能,一律要从这里开始生起。所以"触"在有部中的地位和作用非常突出,《阿含》中的一些经籍把修持的重点放在灭除"触"上,不令"识"受"境"和"根"的支配,就与此有关。

按照有部的设计,全部精神活动皆始于"触",而后有"受"和"想",以及"爱"与"思"等,"识"则与"触"共生。它们属于认识的内部结构,也是认识功能和认识形式。因为根、境有六,作为与"识"联结起来的"触"亦复有六;在六触基础上发生的其他认识形式和认识功能,也各有六种。依次来看:

1. "六触身"

"触"的定义是根、境、识的三和合,所谓"眼及诸色为缘,生眼识,三和合故触"(《阿毗达磨集异门足论》卷一五)。其中"眼"即眼根,属增上缘;"诸色"即眼境,是所缘缘,"眼识"即由这两缘生。此处的两缘,强调的是它们与"识"接触这件事,而不是指其"生识"的功能,因此"触"并不是"识",不具有"识"的了别性能,只是构成认识和其他心理活动的前提。

由根、境、识三和合的六触,称"六触身",所谓"眼触身、耳触身,鼻触身、舌触身、身触身",以至"意触身"——这"身"是种类的意思,用以表示此处所说的触,不是个别的,而是包摄一切触在内的集合概念,与名身、句身、文身等"身"的含义相同。

"触"与"身"的词义,在佛教中至少有两个:除表示"三和合"的"触身"之外,还有色、声、香、味、触、法等"六境"中的"触"和能缘此触"身根"的"身"。"身根"所缘的对象属于"色法",即前述之轻重、冷暖、饥渴等十一种,"身根"的身即是认识机能的一种。作为认识机能一种的"身"与此处作为集合名词的"身",当然不是一个概念;同样,作为所缘境的"触"与作为三和合的"触",表达的也不是同一个内涵。在"六触身"中,"触"的规定只是根、境、识三者的和合接触,别无他义,由此才可以理解为什么"意"也有"触"——因为即使"意"这样深层的认识活动,也不能脱离"依"与"境"而孤立自生。就此而言,有部特别设置出"六触身"来,就是要把一切精神活动无例外地统统纳入必以"依"、"缘"为条件的严格制约中。

2."六受身"

三和合触的第一个反应是"受",对接触到的客体产生主体适宜与否的感受——包括痛痒、苦乐或不痛不痒、非苦非乐等。由于"受"由"触"生,故即以"触生"界定"六受身",所谓"眼触所生受,耳触所生受,鼻触所生受,舌触所生受,身触所生受,意触所生受"。

按"受"的定义,"谓三种领纳",即领纳苦、乐、不苦不乐等三种不同的感受。《入阿毗达磨论》对这三种领纳又分为"身受"、"心受"两种,所谓"五识俱生名身受,意识俱生名心受"。这种分法,是将领纳外境的受与内在的识联系起来,表示主观感受不是孤立的,而是与六识共生的:与前五识共生的受名为"身受",与意识共生的受,名为"心受"。为什么同是一"受"而有这三种差别?这需要用"爱"对"触"的反应来解释,即"从爱、非爱、非二触生"。乐受生于爱的触觉,苦受生于非爱的触觉,不苦不乐生于非爱、非非爱的触觉。也就是说,只有对三和合的触有了爱非爱等直觉时,"受"才能产生。

在三种领纳基础上,"受"又可以扩大为五种,即苦、乐、喜、忧、舍,它们因为众生本来具有"五根差别"而成立:"诸身悦受及第三静虑心悦受,名乐根——悦是摄益义";"诸身不悦受,名苦根——不悦是损恼义;除第三静虑余心悦受,名喜根;诸心不悦受,名忧根";"诸身及心非悦非不悦受,名舍根"。(《入阿毗达磨论》)是故苦乐喜忧舍等"受"的产生,又本于苦等"五根"。假若说以"三种领纳"定义"受",是从外在"触"上着眼,则这"五根"就是从产生诸受的内在根据上分类。而这些内在根据,说到底是人的"悦"与"不悦",而"悦"与"不悦"又全在于对人是否"益"——"爱"谓喜爱,"悦"谓身心适悦,"益"指对身心有益。

这些解说,表明"受"是一种相当复杂的心理现象,它的产生是触、识、爱、悦、益等内外综合作用的结果,而总体上又有"身受"和"心受"的差别。据此,"受"并非都是直觉感受,它还可以作为认识论和伦理学的基础概念,也可以作为美学的基础概念,甚至涉及价值观念。

关于"受"产生的原因和过程,《集异门足论》卷一五有一个比较系统的说明:"眼及诸色为缘生眼识,三和合故触,触为缘故受。此中眼为增上,色为所缘,眼触为因,眼触等起,眼触种类,眼触所生,眼触所起,作意相应。于眼所识色,诸受等受、别受、已受、当受,是名眼触所生受身。耳、鼻、舌、身、意触所生受身",亦复如此。在这里,"受"是被当做一类整体的心理现象来考察的,因此"六受"的机制和功能也完全一致:不论属于何等的"受",都需要以根境识的接触为条件,同时要有"作意"的参与——"作意"是一种"心所法",指有意识的取境活动。因此,"眼触所生受"就不能简单地释为眼自身在"受"而简称"眼受",因为眼见色而感受到是苦是乐,已经有了"识"的作用,且这识还不止眼识,更重要的还有意识;其所以有"六受身"的差别,仅仅在于根境识三和合触不同造成的:六触身不同,所以有六受身不同。此说相对于《入阿毗达磨论》之把受分为身、心两种,有些模糊,把身、心感受的差别给抹杀了。

3. "六想身"

"六想"之生与受一样,也以"六触"为前提,所谓"眼触所生想身"以至"意触所生想身"等。

什么是"想"? 佛教经论的界说颇多。一般认为,"于境取差别相"名"想",指对所缘境有形成表象、概念之类的分别功能。《俱舍论》卷一中说:"想蕴,谓能取像为体,既能执取青黄、长短、男女、怨亲、苦乐等相。此复分别成六想身。""能取相"是想的本质规定,所以属于直觉的青黄长短,属于感受的苦乐,属于思维分别的男女、怨亲,都归于"想"的范畴。

《入阿毗达磨论》这样解释:"想句义者,谓能假合相、名、义解。即于青黄长短等色,螺鼓等声,沈麝等香,咸苦等味,坚软等触,男女等法相、名义中假合而解,为寻伺因,故名为想。此随识别有六如受(指眼触生眼想等)。"意思是说,"想"的功能是把感官获得的直觉,假合成男、女等"法相"和男、女等"名义",是寻、伺等思维活动的基础。换言之,"想"把感官直觉到的色、声、香、味、触要素,组合成了男女人众、万事万物等表象(法相),以及用以表达这类表象的语言概念(名义);或者说,把色声等直觉元素和合加工成人的表象和概念的,就是"想"的功能。据此,所谓"想"实指形成语言概念使之可以进行思维推理的理性认识,而按佛教的通义,认识之由感官直觉到思维的表象、概念,是从真实导向假象的过程,因此,作为实现这一过程的"想",本质上应该是虚妄的,起着无中生有的作用。

这种解释,涉及认识论的深层次问题,可以与西方许多哲学体系进行比较研究,从贝克莱、康德到当代的存在主义,有不少共同点。

此外,若按《入阿毗达磨论》定义"想"为"能假合相、名、义解",那么前五识只有直觉之"解",怎么还会有"想",而与意识并列? 这与上述《集异门足论》对"六受身"的解释完全一样:"眼及诸色为缘生眼识,三和合故触,触为缘故想。此中眼为增上,色为所缘,眼触为因,眼触等起,眼触种类,眼触所生,眼触所起,作意相应。"(卷一五)就是说,"眼触所生想"的意思,是通过眼触,经过"作意"的作用才能产生想——眼触只是"想"得以产生的一个通道,"想"的实现必须有意识的参与:眼触等提供"想"的素材,意识在这些素材上的加工制作,才是"想"的真正功能;若没有眼触等提供素材,则"想"即无发挥功能的前提。

4."六爱身"

"爱"属于心理的和情感的范畴。它在佛教中的基础含义是两性爱,后扩大到对生活和享乐用品的爱乐,一直归结到对世间人生、三界诸有的爱恋;其性为贪,故亦被定义为"诸所有染污希望皆名为爱"。它是十二因缘的一支,起因于"受","受"来自"触",均与六识相应,是故亦分六类,所谓"眼触所生爱身",以至"意触所生爱身"。例如,"眼及诸色为缘生眼识,三和合故触;触为缘故受,受为缘故爱。此中眼为增上,色为所缘,于眼所识色诸贪等贪,执藏防护,耽著爱乐,是名眼触所生爱身"(《集异门足论》卷一五),其余五爱可以类推。

这里表示,"爱"实是对所识色等境的贪求和爱乐,所以"六识"才是它们产生的直接原因,但行文中不是说"识为缘故生爱",而是说"受为缘故生爱",这是什么原因?《大毗婆沙论》卷二九释"爱"时说:"诸爱、等爱,喜、等喜,乐、等乐,是谓爱。"此中的喜、乐亦即是"受";以此等受解释"爱",就突出了爱的主体性。换言之,用"识"释爱因,表示爱由境生的一面;用"受"释爱,则表示爱的内在性一面。只有把爱的产生看做客观外境与主观感受的统一,才是全面的。这种统一促使人们耽于享乐、希求享乐,是即为"爱"。

然而上述《大毗婆沙论》并不认为所有的爱都属于"贪"。有问:"爱以何为自性?答:爱有二种。一染污,谓贪;二不染污,谓信。"(卷二九,下同)信念、信仰也是一种爱,例如敬爱"三宝"之类;甚至有说,"诸信皆爱,有爱非信"。这样,爱的范围扩大了:不但信仰的爱,凡不具染污的纯真的爱,都可以与"贪"这个不名誉的词汇脱钩。

5. "六思身"

"思",《俱舍论》(卷四)定义其为"谓能令心有造作"。如果说"想"是综合前五识的感觉材料而形成表象和概念,那么"思"就是运用这些表象概念进行思维和判断的能力,包括思想创造以及与之有关的想象、设计、意图,动机、意志等等一切决定人的行为性质和行动方向的精神活动,是人的能动性最集中的表现,故《入阿毗达磨论》谓"亦是令心运动为义"。在五蕴中是"行蕴"的规定性,在身口意三业中,是"意业"的代表,对人生命运起主宰和支配作用。

关于"六思身"的生成,亦始于"触",所谓"眼触所生思身",以至"意触所生思身"。(《集异门足论》卷一五,下同)其过程,如眼触所生思:"眼及诸色为缘生眼触,三和合故触;触为缘故思……眼触所生,眼触所起,作意相应,于眼所识色诸思、等思,现前等思、已思、当思,作心意业,是名眼触所生思身。"这里强调的是,即使像"思"这样具有能动性功能的精神现象,也离不开"依"、"缘"之与"识"的结合;"思"离不开前五识的制约;它依然需要前五识为它提供进行决断的材料。因此,不能把"意业"仅仅归结为"意识"自身的作为,正像意识活动不能脱离前五识独立存在一样,都是强调精神活动是统一的,再深层的思维运作如意志之类,也离不开根境识三和合的大前提,离不开感觉经验的基础。

6. "六识身"

在五蕴分类中,识蕴被列在非色四蕴中最后一项,那是因为六识被视为一切精神活动的通体。但从有部以及《阿含》诸经的普遍观点看,"受"的作用于人生应该先于"识",大于"识",所以在"六触身"中,"识"是既有的存在,只作为三和合之一,而并不牵涉"识"的生成问题。

"识"的定义是"了别",这个定义是佛教各派公认的;它依"根"、"境"两缘而生,故不说"触生"。六识即根据它们所依、所缘,以及由此形成的主观"行相"的差别而命名,如"眼(根)及诸色为缘,生眼识",这个"眼识"即是眼根缘某一色境而生成的某一色境的"行相",亦即映相或影像。耳与声为缘生耳识,意及诸法为缘生意识等,都是如此。有部论述"六识身"的任务,在于说明一切精神活动的通体,无不依识而生;而识之得生,绝对得依"根"为"依",依"境"为"缘";"识"仅仅是在这两个条件作用下派生的"行相",离开任何一个条件,"识"都不会发生。这样就回到了有部的老观点:心法必依色法而后存在,精神必依物质而后产生。

六识身虽以"了别"为共性,但依、缘不同,六识身之间亦不相同。这些共性与个性的相互关系,佛教多半在其他分类项下作了阐述,像上边提到的五位法中的"心法",讲的就比较多,不是阐释六识身的任务。

如果我们把触、受、想、爱、思、识等各自的性能以及它们之间的关系联结起来观察,那将会是一幅生动复杂的精神世界的画面,有感受问题,有认识问题,也有情感问题;认识论中有直觉感受,有理论思维,也有欲望意志,如此等等,提供了许多值得研究和开发的领域。

佛教有关认识论的论述还有很多,其中通行的一种,是把认识的性能区分为见、闻、觉、知。有关这四种认识形态的分类,《俱舍论》卷一六介绍了三家师说。其中毗婆沙师说:"若境由眼识所证,名所见;若境由耳识所证,名所闻;若境由意识所证,名所知;若境由鼻识、舌识及身识所证,名所觉。"经部师不全同意此释,另作解曰:"若是五根现所证境,名为所见;若他传说,名为所闻;若运自心以种种理比度所许,名为所觉;若意现证,名为所知。于五境中一一容起见闻觉知四种言说;于第六境除见有三,由此觉名,非无所目;香等三境,言说非无。"又有"轨范师"(指学《瑜伽论》者)说:"眼所现见,名为所见;从他传闻,名为所闻;自运己心,诸所思构,名为所觉;自内所受及自所证,名为所知。"这三家师说,有一个共同点,那就是把"见"与"知"称为眼与意的"证";这"证"指的是"识"与"境"完全吻合,而且不带任何主观成分。对"觉"的理解差别很大;有部师把它解释为不可用语言表达的鼻、舌、触等感觉;其余二师,则把它归结为意识自己的逻辑推理及创造性思维等认识能力。换言之,意识既有直接把握事物的"现证"功能,又具有运心比度和构思的能力。这些说法,对于全面了解佛教的认识论是必要的,因为它们被用于陈述认识的性质时,往往含义有不小的差别。

第三节 "心所法"建立的心理系统

上述的"心所有法",相当于佛教的心理学,内容丰富而成体系,至今仍然有参考价值,所以在"五位法"中,单独来作些考察。

按《俱舍论·分别根品》,全部"心所法"被分为六类,四十六种,每种也各有定义。对佛教认识和道德实践来说,它们也是组成一切心理现象、制约心理活动的要素,同样具有不可再行分割的性质,而且是真实的,可以作"因"的。

一、"大地法"十种

这里的"地",定义为"行处",指这类心理要素起生长或发生作用的领域;"大"指其"行处"遍及一切心理。就是说,除非没有思想认识活动,只要一有,这类心理就必然会相伴而生,并于其中发挥自己固有的作用。这十种是:(1)"受":即六受身。(2)"想":即六想身。(3)"思":即六思身。(4)"触":即六触身。(5)"欲":"谓希求所作事业"(《俱舍论》卷四,下同),即欲求,希望,包括期望作某一事业或得到某一事业的结果。(6)"慧":"谓于法能有简择",指对对象作了别筛选和判断分析的智能。(7)"念":"谓于缘明记不忘",即记忆能力。(8)"作意":"谓能令心警觉",指能够启动心识清醒自觉地选定目标并按照选定目标进行思维活动的机制,所谓"引心趣境为义"(《入阿毗达磨论》)。《俱舍论》又分为三种:所谓"自相作意,谓如观色变碍为相,乃至观识了别为相"(《俱舍论》卷七,下同)等,重在令意去"观自相";所谓"共相作意":"谓十六行相应作意",即有意观想无常、苦等事物的共相;所谓"胜解作意":"谓不净观及四无量"等令意识深入禅定,由此获得深刻而决定性理解的观想。

(9)"胜解":"谓能于境印可"(《俱舍论》卷四,下同),指能使所认识的对象得到清晰明确的反映和理解,而不含混或犹豫的机制。(10)"三摩地":"谓心一境性",即注意力集中。

以上十种要素的共同特征,就是"遍于一切心"。这其中有苦乐的主体感受,有表象性的反映和概念性的思维;有主观的希望,有客观的记忆;有驱动造作的意志,有成办事业的欲望;有导致认识的清醒和注意力的集中,也有对所知境的确定了解。这就意味着,任何一种细小的心识活动,都只能在这样错综复杂的大地法共同作用下实现;心理也是一个多元素构造的整体,一切精神现象互相联系,不可能单独孤立地活动。人们通常论述的认识论、心理学,以至伦理道德观念,只有在抽象的分科中才能成立,对于思想活动着的现实的人来说,是不可能作这样的割裂的。佛教的辩证法,也表现在它的心理学说中。

二、"大善地法"十种

此指凡有善生起的地方,就必然会有这十种善性心理同时伴生,也是一切善具有的普遍品格:(1)"信":谓"令心澄净"(《俱舍论》卷四,下同)。此"信"指信念或信仰,可以泛指能使人的心地明智洁净的一切心理机制。具体则"有说,于谛、实、业、果中现前忍许",此谛指"谛理",实即"真实",业指与谛、实相应的思想行为,果指据此获得的道果,也就是当时佛教和诸外道对自己主张的各种义理的认可和信受。(2)"不放逸":谓"修诸善法","于善专著为性",或指"能守护心",即令心专注于善而不分散旁骛。(3)"轻安":"谓心堪任性",实指心绪的安适状态,据认为这种状态具有令人从事善行的能力,所以说为"堪任性";它既是善行的反映,也是实施善行的心理素质。(4)"舍":谓"心平等性,无警觉性",指心性平和安详,无高下分别,无波动起伏,不故意做作。(5)"惭":谓"有敬有崇,有所忌难,有所随属";或"于所造罪,自观有耻"。(6)"愧":谓"于罪见怖"或"观他有耻"。"惭"是内在自觉的羞耻,"愧"是迫于恐惧或舆论的愧疚。(7)"无贪",指无贪心。(8)"无瞋",指无愤怒心。(9)"不害":"谓无损恼",无损害恼怒他人的心。(10)"勤":"谓令心勇悍为性"。

由上所列可见,此"十大善地法"所谓的"善",当然包含有与"恶"对立的道德含义,但并不限于伦理学上的道德。像勇于成办事业的"勤",心地安详的"舍",身心安适的"轻安",以至于"不放逸"、"信",都不能单纯地归于道德领域。有部把这些心理说名为"善",实是一种赞美性的肯定,与"好"的意思相近。在佛教语境里,"善"的这种用法很多。此处之所以肯定如此十善,主要因为它们有利于佛教的修习,或者说,它们能为佛教修习提供最有利的心理条件;只要认真不懈地从事佛教修习,这些心理必然伴之而生。

三、"大烦恼地法"六种

这六种是驱令人们烦恼的心理要素,"恒于染污心有";由于它们普遍并永远会于一切"染污"心理活动中存在,所以称之谓"大烦恼法"。此处所称"烦恼"、"染污",只说明它们的性质与佛教理想的"清净"不同,是不清静、不洁净,而与道德上的"不善"(即恶)有原则性的区别。它们是:(1)"痴",即通常说谓"无明"。无明也是一种心理要素,是它令人无智。(2)"逸",全称"放逸",是"不放逸"的对立面,此指不主动修善。(3)"怠",即懈怠,与"勤"相对,所谓"心不勇悍"。(4)"不信",与"信"相对,"谓心不澄净"。(5)"昏",即昏沉,此等昏沉不能承受修道重任,故曰身心"无堪任性"。(6)"掉",即掉举,指浮躁,"令心不宁"。

四、"大不善地法"两种

此即"无惭"、"无愧","但与一切不善心俱"。这"不善"即是"恶"。凡有作恶行不善之心,必有无惭、无愧的参与。一般来说,无惭无愧就是不知羞耻,此处认为,这是人们之所以向恶的基本品性,因此这对概念在佛教道德论中占有很特殊的地位。不过《俱舍论》的解说比较狭隘:谓"于诸功德及有德者,无敬,无崇,无所忌难,无所随属,说名无惭";"为诸善士所诃厌法说名为罪,于此罪中不见怖畏,说名无愧"。另有一说更具普遍意义:"于所造罪,自观无耻,名曰无惭","观他无耻,说名无愧"。人不知惭愧,就没有内心的约束,也就失去了道德基础。

五、"小烦恼地法"十种

此指唯与一部分"染污心"同时俱起而令人烦恼的心理,因其只涉及染污心的一部分,所以名"小":(1)"忿",佛教表示愤怒的总概念是"瞋"或"恚",付诸伤害行动的愤怒是"害",此词指出"瞋"、"害"之外的愤怒情绪,故谓"除瞋及害,于情、非情令心愤发,说名为忿"(《俱舍论》卷二一,下同)。(2)"覆",指"隐藏自罪"。(3)"悭",即吝啬:"谓财、法巧施相违,令心吝著"。(4)"嫉",即嫉妒:"谓于他诸兴盛事,令心不喜"。(5)"恼",指坚持错误、拒绝忠告的懊恼逆反情绪:"谓坚执诸有罪事,由此不取如理谏悔。"(6)"害",对他人产生伤害的情绪:"谓于他能为逼迫,由此能行打骂等事。"(7)"恨",指深沉而持续的仇恨心理:"谓于忿所缘事中,数数寻思,结怨不舍。"(8)"谄",阿曲,不直率,不如实显示自己,故意令人难以了解:"谓心曲,由此不能如实自显;或矫非拨,或设方便令解不明。"(9)"诳",即欺骗,故"谓惑他。"(10)"憍",指自大,目中无人:"谓染著自法为先,令心傲逸,无所顾性。"(《俱舍论》卷四,下同)

六、"不定心所"四种

此"不定"心理,指善恶的性质要视其蕴含的内容而定,它们自身是否善恶,其性不定。它们是:(1)"恶作",即恶已所作或恶已未作,指后悔:"谓缘恶作,心追悔性"。(2)"睡眠",将睡眠也作为一种不定心所法,原因之一,是有些佛教派别把它列为烦恼之内,当做修道的一种障碍。(3)"寻"与(4)"伺"。

此两者都是指借用语言概念的思维推理,故《俱舍论》引毗婆沙师说:"寻伺二法,是语言行。故契经言,要有寻伺,方有语言。"此中"语言行粗者名寻,细者名伺",简言之就是"心之粗性名寻,心之细性名伺"。这种区别在佛教文献里缺乏明晰的界说,但把寻伺作为非常重要的认识形式,是有部和瑜伽行派的共识。

总上"心所有法"列举的心理要素,主要包括两部分:一部分为普通认识活动所必有,是一切认识活动的心理基础,可以叫做认知心理;另一部分属道德思维所特有,分析了善恶和非善等的心理特点,可名为伦理心理。有部按照自己的修习实践的需要,把它们综合在一个统一的精神整体之中,从而在任何一种精神活动中,必然同时与判断是非等认识观念、抉择善恶等道德观念、感受苦乐等美学观念,以及审度利害等价值观念联结在一起,综合发生作用,并受到这些既有的观念体系的影响和制约。这里列举的每一心理要素,都有系统讨论的价值,也都可以构成一个独立研究的专题。

七、附论:"智"、"忍"与"现观"、"内证"

"心所法"包括的认识论问题,除上述触、受、想、思等外,还有慧、念、作意、胜解以及寻、伺等。这就是说,在有部分类中"六识"的"识",唯一的性能是"了别",六识的差别,仅限在它们所依的根、境两缘不同。此外,认识自身的一切功能和形式,全属于"心所法"。《五事毗婆沙论》卷二谓"诸心所法,依心而起,系属于心","心"即是识体,"心所法"则是这一识体上一切与"了别"有关的精神活动。其中需要特别提出来考察的,是与"慧"有密切关系的"智"。《品类足论》卷一说,"诸所有'智'、诸所有'见'、诸所有现'观'",皆属"心所法";《俱舍论》还单列出一个《分别智品》来,对"智"的性质和种类进行解说,也可见"智"受重视的程度。

在很多情况下,智与慧可以并称,或即称"智慧"。《大毗婆沙论》卷一〇八说:"能知所知故名为智。"意谓只要"能知"能够认知所知的对象,这就是"智",因此智与知没有原则上的区别。妙音认为,"能量故名智,所量故名所知",以及"能称所称,能度所度",也都是智的表现。此论卷九五更细一些说,"智"包括"五识相应慧",以及"除无漏忍,余意识相应慧"。属于智的这些慧,分为三类:一善、二污染、三无覆无记。"无覆无记"指对佛教修持不直接发生关系的智能,所谓"异熟生、威仪路、工巧处、通果心俱生",相当于人的先天智能、劳动技能,以及行为礼仪等。"善"特指有益于佛教修习的道德认识,也包括先天本有和后天获得两种;"污染"则特指与贪瞋痴相应的思维观念。据此,智慧作为一种认识能力,普遍地共存于一切人,而非佛教所独有。

  佛教倡导的智慧,都属善性。就它们的来源说,大体有三:一、"加行得",包括"闻、思、修"三门所得,其中"闻所成慧","谓于文义,如理决择";"思所成慧":"谓不净观、持息念及念住等";"修所成慧","谓暖、顶、忍、世第一法,现观边世俗智,无量、解脱、胜处、遍处等",二、"离染得","谓静虑、无量、无色,解脱、胜处、遍处等"。三、"生得","谓生彼地,法尔所得"。这里所用的多数概念,在不同的场合都有解释,这里为了说明"善慧"形成的原因,作了重新的分类,其中"闻所成慧",讲智慧源于学习他人所说和个人的独立思考;"生得"指与生俱来的智能,此外,一切都得在止观中成就。止观对于佛教智慧的形成,起关键作用:止观也是佛教特殊的思维方法。

  上述三大类来源的智慧,尽管是"善",依旧属世间性质,故名"有漏"(未脱三界)的善慧;还有一类智,纯属"无漏"(超脱三界),按修持者的程度,分为两种,所谓"学"和"无学"。其中在"学"者,要学"八智";"无学"位者,则得"尽智、无生智",总称"无学正智"。

  自有部而后,智、慧尽可连用,但更强调两者有别,所谓"凡智皆是慧,有慧非是智"。至瑜伽行派,更加明确起来,例如将般若波罗蜜分解为智与慧两种,就很突出。这里讲的"无漏"智慧,就只能称"智"而不可用"慧"将其泛化。前《品类足论》的所谓"诸所有智",以及《俱舍论·智品》所论之"一切智",指的都是无漏智慧,故亦唯以智称之。

这种智的形成,有三个条件:第一,只能运用止观(奢摩他、毗钵舍那)的思维方法进行,因为只有这样的方法,才能把认识同客观现实生活割裂开来,令思想空洞起来,以利思维集中于当前的观察;第二,在止观中观察的对象,不是个别的现实事物,而是"四谛"之理,以及此理在三界中的分布和体现;第三,所观四谛的基本知识,必须事前已经具备和理解,当前的观察,只在使这四谛进一步为行者所证得,变成自身的观念系统,并付诸实现,亦即实现"心"与"理"及与"行"的绝对同一,无间契合。因此,有部崇敬的"智",就是对四谛之知,以及按四谛要求,超越三界,归于涅槃。

《瑜伽师地论》为"智"下的定义是:"于入'谛'现观时,如实了知是苦圣谛,乃至广说是道圣谛,说名智位。"(卷九五)又说,四谛之智,皆为"离系",以其"曾习圣教,名为智者——先已寻求智资粮,摄诸梵行故"(卷九三)。讲的就是上述意思。此等"智"共有十种,《品类足论》所谓"法智、类智,他心智,世俗智,苦智、集智、灭智、道智,尽智、无生智"。《俱舍论》所说相同,唯安排的次第有所区别,并将其概略为三种:"谓世俗智、法智、类智。"

关于"世俗智",即上述之"有漏智"。因为此智虽"遍以一切有为、无为为所缘境"(《俱舍论》卷二六),但"多取瓶等世俗境",故以世俗名之。对于"四谛"之理的体认,即形成苦、集、灭、道之四智。法智和类智,则特指表现于三界中四谛的认识:"法智"是对"欲界"所作的"四谛"认识,或者是用"四谛"观察欲界证得的认识;"类智"是用四谛对"色界"和"无色界"的认识。由于与欲界的认识同类,所以名"类智";其认识的基础是把四谛法运用于对三界的体认,故名"法智"。"他心智",是运用世俗智和法、类智去观察和了解他人修行心理的知识。至于"尽智"和"无生智",则是成就一切智的最高也是最后的成果。其中"尽智","谓自遍知:我已知苦、我已断集、我已证灭、我已修道。由此而起智、见、明、觉、解、慧、光、观"(《品类足论》，下同)。"无生智"则谓"自遍知:我已知苦不复当知,我已断集不复当断,我已证灭不复当证,我已修道不复当修,由此而起智见明觉、解慧光观"。总之,这就到了涅槃的前夜,这类观念,前已释过,不再重复。

对于有部以及后来的瑜伽行派说,智慧是一切修习的基础：智慧既是获取真理、达到解脱和涅槃的根本途径,也是观察一切现象的根本观点和方法。所以关于这一部分的论述也很细碎,运用和创造了许多其他概念。其中之一是"见"。《品类足论》说:"'诸所有见'者,且诸智亦名见。有见非智:诸八现观边忍,一苦法智忍,二苦类智忍,三集法智忍,四集类智忍,五灭法智忍,六灭类智忍,七道法智忍,八道类智忍。"所谓"见",一般指世俗的观点,但这里是特指,指"八现观忍"。于是为了了解"见",还必须了解"忍"与"现观"。

什么是"忍"？这里特指上述证得"四谛"智之前的认识:于欲界四谛所得之智有四,名四法智;于色无色界四谛所得之智亦有四,名四类智,总此三界四谛之"智"有八;此八智前之慧名"忍",故忍亦有八。在这里,"忍"是"智"的初步,智是忍的完成,因此,"忍"虽然也属无漏慧,但不得名智。《俱舍论》卷二三在对"忍法"作解释时说:"此顶善根……至成满时,有善根生,名为忍法:于四谛理能忍可,中此最胜故。"据此,"忍"即"忍可"、"认可"。在修习中,认可四谛是真理的机会很多,唯有在修到"有顶"结束时的认可,才是最优越的,不可退转的,由此进一步就是"智",就是对四谛的完全把握。

"忍"后来也成了佛教认识真理的一个阶段,一种形式,而不限于对四谛之理的认可。像《成唯识论》卷九中更把"忍"释为"决定印持",如印记一样,不会动摇、不会忘却,以此界说:"于无所取,决定印持","忍境识空,故亦名忍"。

不论对真理的智或忍,都要通过"现观"去实现。《品类足论》卷一谓:"'诸所有现观'者,若智若见,俱名现观。"意即上述的八智八忍,就都是"现观"的结果。那么,什么是现观?字面的意思就是现前观察:行者把真理作为面前的对象,去亲眼看见。在一切认识活动中,佛教认为前五识最能把握客观真实性;而前五识中尤以眼见为最真切,所以常常把"现见"当做真实性认识的最高标准,例如对四谛的亲证,即称"见谛",于成"智"的瞬间,名为"见道"等。因此,体认缘起、四谛等佛教真理时的"现观",亦可名为"现见"。《法蕴足论》卷二"以正修习世尊所说苦集灭道现观道时,于现法中即入苦集灭道现观,故佛正法名为现见",一直到能"证见苦、见集、见灭、见道所断及修所断,诸随眠灭,故佛正法名为现见"。

关于"现观"的特点,大致有二:一是"明了观察";二是在此观察中不允许有任何其他思维活动的参与。《大毗婆沙论》卷三四释谓:"明了观察是现观义。世俗智中有能明了观察法者,亦名现观。"包括"闻、思、修观自、共相诸世俗智极明了者,亦得名现观"——实施这些观察的一个重要条件,是"除胜解、作意相应世俗智",即不能带有任何主观见解活动。《瑜伽师地论》卷三四对这两个特点用一个定义加以概括:"由能知智与所知境和合无乖,现前观察,故名现观。如刹帝利与刹帝利和合无乖,现前观察,名为现观。"此中"无乖":指的是智与境的合二为一,无所乖违。前一个刹帝利相当于"能知智",指刹帝利的理念;后一刹帝利,指作为认识对象的刹帝利。以先前已得的四谛之智,去契会作为体认对象的四谛之理,达到智与理在认识中的和合,使"四谛"完全变成自身所有,这就是现观。此等"现观"是直面佛理,无所隔阂的,不容有既有的观念和语言概念的中介,这就是"明了观察"的意思。《显扬圣教论》卷一六将这些意思又分为三个要点,用一个颂来表达:"由先世间智,简择谛究竟;于谛无加行,决定生起相;智境和合相,于所知究竟。"论文长行对颂文作了具体解释,明确宣布,佛教对真理的认识,至此就全部完成了,再也没有什么可以认识的了。故曰:"究竟到所知……除是已外,更无异境可须求。"

这种"现观",亦称"内证。"《法蕴足论》卷二说:"世尊所说苦集灭道,智者自内知见解了,正等觉为苦集灭道,故佛正法名智者内证。"这个"自内知见解了",即是内证的特征。《阿毗达磨杂集论》卷九认为现观的过程,是在"七觉支"中实现的,"由此最初各别内证,觉真理故"。"证"表示对象已被觉知,并为行者所容纳、所吸收,与行者已毫无隔阂,其中有"智证"和"身证"以及上述的"六识"证等等分别,实质上都属"内证",表示认识主体与认识客体处于浑然一体的状态——即直觉。佛教把这种认识方式看做是把握真理,使真理融入自身的关键环节,是全部修习中的决定性步骤。但它的主要特点是遗弃语言概念,绝对不容语言思维参与,因而有浓厚的神秘主义色彩,一直成为研究者怀疑和探索的问题。

最后需要指出,有部关于一切法的所有分类、定义,所有这些心理分类,都是为了去恶从善,离染得净的实践,核心是通过对"四谛"的体认,断灭三界各种烦恼,达到涅槃。其中"心所法"的分类定义,更把断染成净的修持过程变得可以具体操作,以至可以量化。《付法藏因缘传》卷三记有商那和修教忧波毱如何从"不净心"转为"净心"的故事:"教令系念:若起恶心,当下黑石;设生善念,下白石子。即便如教摄念不散,善恶之起,辄便投石;初黑偏多,白者甚少,渐渐修习,白黑正等,至满七日,心转纯净,黑石都尽,唯有白者。"这表示善心已经满足,"观道时至,可为说法"。这个故事说明,人的心理不但可以计量,而且还有计量的方法。有部开列的五位七十五法,为这种量化提供了方便。

这种把人的内心活动变成可以机械操作和数量计算的事业,在西方思维中或许是可以理解的,但在中国传统思维中就很难行得通。

第四节 论"一切有":多元化的本体论

按有部的说法,包容在"五事六十七法"或"五品七十五法"这一系统中的"法",每个都是具有本质规定的、独立实存的"实物"或"实体"。但

"法"的数量决不限于这个系统,独立实存的实物或实体究竟有多少,没有看到统计,或许根本无法统计。尽管佛教历来用"十二处"、"十八界",或这里的"五事"、"五品"等进行分类,表示这些分类已经囊括"一切法",可"一切法"就是个不可统计的量。从有部的原理看,这"一切法"若以单一的要素形态存在,就是客观的永恒的真实,不以任何意志为转移,此即谓之"一切法有",略为"一切有";有部倡导和坚持这"一切有"的主张,也就自名"说一切有部","说一切有"就成了有部的理论标志、哲学基础。

一般来说,"有"即"存在",除非对这些概念有特殊的规定。在黑格尔的《小逻辑》中,"有论"的"有"(Sein)是全部逻辑的开始,也是逻辑学的第一个概念;到了"本质论",由有"根据"的"有"发展出来,就是存在(Existenz)。尽管这两个概念可以互换,但在具体含义上有所不同。这是特殊哲学体系作的特殊规定,固然不能通用于公众,一般哲学史也不一定认同。文德尔班的《哲学史教程》把希腊哲学作为它的第一篇,其第一章"宇宙论",也是从"存在的概念"开始,它就没有作"存在"与"有"的区分。列宁的《黑格尔〈逻辑学〉一书摘要》甚至即将黑格尔的"有"译为"存在"。

要之,不论从史的角度,还是从逻辑的角度,"有"都被视为人类哲学思维的起点。佛教哲学的系统化,也首先从"说一切有"开始,不应该被看做偶然。在黑格尔的逻辑学中,这个"有"首先反映为"纯有";"纯有"是除了可以名之为有之外,没有任何进一步规定的概念,也没有任何条件和前提,因而是一个最空洞的抽象。在黑格尔的《哲学史讲演录》里,这个概念相当于古希腊哲学中的埃利亚学派,特别是巴门尼德;佛教哲学则被作为"无"这个概念的体现,列为"有"的对立面。从有到无,以及从无到有,就是"变易"。于是"有"、"无"及"变易"就形成了黑格尔逻辑学《有论》中"纯有"的内容。继之还有"限有"和"自有"。"限有"指有"质"的规定性的存在,而"质就是实在",也就是"某物":"某物之成为某物,乃由于其质,如失掉其质,便会停止其为某物"。正因为"限有"具有质的规定,所以必然含有它的否定面,所谓"一切规定皆是否定",因而也是有限的。在"自有"里,对"限有"起限制或否定作用的"别有",或不同于"某物"的"别物",也成了"限有"或"某物"的固有部分。换言之,"自有"是限有与别有、某物与他物,一与多的对立统一,其中已经蕴涵变化和转化的意思。黑格尔认为,对于"限有"和"自有"的这些认识,在柏拉图和原子哲学中已经得到了体现。

在我接触到西方学者所写的《哲学史》中,都没有论及说一切有部的"有";在佛教研究中,涉猎者也不多,像黑格尔把佛教哲学归于"有"的对立面"无",倒是相当普遍。中国学者就多半认为佛教是说"空"的,中国历史上还把佛教的"无"比附于《老子》的"无"。但我认为这都是从佛教的现象论上作出的判断,而忽视了它的本质论认识。世俗人认为,呈现于人的面前的一切事物,从人兽树木到瓶衣房舍,都是实在的"有";像佛教有部等认为,这只是认识上的一种表象,事实并不像认识上的表象那样,所以强调人、舍等现象即是"空、无";形成世俗表象的是客观存在的单一性,这单一性是认识构造一切现象的要素和本质,所以现象的本质恰巧是真实的"有",而不是"空、无"。就现象之"假"而曰"无",就要素之"真"则名"有";至于"假"也被认为是一种"有"而称"假有",那"有"的范围就更扩大了。因此,说"有"也是佛教哲学的起点,比把佛教仅仅归结为说"无",要更贴近佛教哲学史的原貌。至于有部的哪些论述可以与讲"有"的其他哲学派别进行比较,得从了解有部自身的说法开始。

实际上,佛教关于"有"的概念,含义非一,一般作为世界和人生的总称,譬如"三界"亦名"三有";按轮回教义,众生有四种存活形态,所谓中有、生有、死有、本有等,略为"四有";十二因缘中的"有支",表示人的一生思想行为的总和,如此等等,多用来表达世间、世俗,而与佛教理想的境界涅槃寂灭、认识上达到的空、无等相对立。《大毗婆沙论》卷一九二谓:"'有'声目多义。此中说属众同分、有情数、五蕴名有。"也就是处于三界五道的一切人事都是有,所以把有说为"苦器",而所谓涅槃以及通向涅槃的圣道,都被排在"有"的行列之外。但有部所谓的"有",包揽"一切法";"一切法"即是"一切法有",不但"有为法"是"有","无为法"也是"有","无常"是有,"常"亦是有,因此,在"有"的内涵上,还有它自己的特殊规定。

按照有部自身的发展逻辑,它关于"有"的观念大体可以归结为三个基本命题:一是"法体恒有";二是"三世实有";三是"识不缘无境"。而构成这些命题的理论基础,是物种不灭,是自性不空,是法相常定。由此也可以概括为三种有,即种类有、自性有、所缘有,而后还有单一有和缘起有两种。这后两种有,我将在"二谛"一节中另谈。

一、"法体恒有":物种不变与自性不空

《俱舍论》卷一,释"十八界"的"界"这个词时说:

> 法种族义是界义。如一山种有多铜铁金银等族,说名多界,如是一身或一相续有十八类诸法种族,名十八界。此中种族是生本义……有说,界声表种类义,谓十八法种类自性各别不同,名十八界。

这一解说对了解有部哲学极端重要:从概念上说,"界"表"种族",而种族亦是"自性"义。"种族"和"自性"都有两个方面,一是自我规定,二是与它区别。例如"眼"这一种族不同于"耳"这一种族,"眼种族"就是个别"眼"的"自性";而眼的"自性"也就区别于耳的"自性"。《阿毗昙心论》和《杂心论》卷一所谓"诸法离他性,各自住己性,故说一切法,自性之所摄",讲的就是这个道理:一切法无不隶属于它自己的种族,也无不纳入属于自己的自性中。这样,种族就是自性的外在表现,自性则是种族的内在规定。

《俱舍论》在解说"界"的"种性"义的时候,还特别强调"种族是生本"的含义,例如"眼",作为种族一般,是所有个体"眼"得以产生的本原,就

像植物先有种子,后有果实,众生先有祖宗才有后代一样。这种子、祖宗与其果实和后代,同属一个种族,表示的是种族相续,生生不已,而这"生"都出于同一个种族。因此,从有部来看,种族就是个体产生的原因。在有部的"六因"分类中,称这种生因为"同类因"。

族类反映的是同一事物的共性,也是区别于他物的本质;这种反映着共性的本质,就是"自性"或"己性"。《杂心论》卷九所谓"所禀性同,是性种类",这所秉之性,即是同类共有的自性。种族作为因性是稳定的、不变的,而它生出的个体,则有生灭。族性不灭,也就意谓着"自性不空";"自性"与族类也就具有了同样"生"自类的功能,同样的不变。牛是牛种族的产物,也是牛自性的生物;马是马自性的产物,所以归属于马的种族。牛马既是它们所属的族类所生,也是它们的所属的自性所生。这种思想在宗法社会很容易理解:牛某人是牛族姓的子孙,马族姓生的子孙必定姓马。

这同样的思想在《阿毗昙心论》中也有。它在解释"地水火风"与"识空"亦名"六界"的"界"时说:"是界说生本,是六法生死之本。""界"具有"生"的因素,所以"六界"就成了构造生死的本体。

这样的"界"及"界"包含的"种族"、"自性"和"生本",就是说一切有部所宗的"有"的第一个含义,也是最重要的含义。

从认识论上说,种族也是一种分类的结果。由于"人"、"物"的复杂性及其联系的多样性,加上分类的视角和尺度不同,个体的族类归属至多,可能屈指难数,因此,种族本身就是相对的。从一定的视角,用一定的尺度,将同一族类遍及所有个体的共同而稳定的特质抽象出来,佛教就称之为这一族类的"共相";共相决定个体的种族,这时的共相就是个体的本质属性,即佛教所谓的"自性"。换句话说,作为"性种类"的自性,在个别事物中就是体现它与其同类相同点的"共相",《杂心论》所谓"一切性各住自相",这个住于"自相"的"一切性",就是共相。

正因为事物的普遍联系,以及分类的多样性和相对性,所以共相也不是绝对的。《入阿毗达磨论》谓："诸法相略有三种：一自共相，二分共相，三遍共相。"它的特点，是把一切"法相"，同归之为"共相"；在共相中间再分"自相"、"分相"和"遍相"。这个观点是深刻的，它与一般哲学分别事物的性质为个别（个性）、特殊（特性）和一般（共性或普遍性）极其一致，而更加强调，即使个别也是共相的一种，没有什么事物是不具有共相的，只不过外延和内涵各有不同而已。以"色法"为例，其"自共相者，如变坏或变碍"；"分共相者，如非常性及苦性等"；"遍共相者，如非我性及空性等"。对于"色法"所作的这三种法相分析，完全出于教义上的需要，肯定不会得到人们的共识，但我们注意的是它的方法。我们仅以"自共相"为例："色法"不论在蕴、处、界"三科"中归为哪一科，它均区别于心和心所法，也不同于不相应行或无为法，而作为这区别的是它的本质属性"变碍"，"变碍"就是"色法"的自共相。这样的色法，范围包括"五根"、"五境"和"无表色"等；仅"眼根"所对的"色境"，又有青黄赤白等"显色"和长短方圆等"形色"的多种区别，所以"色法"表达的是"色"的一类，是所有色普遍具有的"共相"；说它又是"自相"，是它的"种类"与其他"种类"相比较而言，就其不同于心等的特点称之。其实，任何个别事物都不是孤立的存在，都必然与他物相互联系，因而也都应该是共相和自相的统一。"张三是人"，张三是个别，他的遍共相是"人"；他的分共相是张族姓；他的自共相则是区别于他人与其他张姓的自相——按有部等佛教的共识，任何法相，或者指整体表象，或指表达诸法的语言概念，都是多要素的复合，必然具有与其他事物相似相同点，因而必然要以"共相"的形态出现，而不是单一的属性。这是佛教认识论中的一个重要的原理，而且有普遍意义。

不论哪种共相，反映和表达的都是事物抽象而稳定的本质。这样的共相，是思维抽象的结果；它们的形式是以语言为外壳的概念、范畴，相当于佛教的"名"或"名言"。有部认为，族类是脱离个体的独立自在，而且是永不变易的实体；它们给个体以本质的规定，而且是产生个体的直接原因；作为种类的共相和概念，也是如此。这种类、共相、名都可以用"自性"一词来概括。所以说到"有"，归根结底，是自性有，而"自性"则意味着物种不变、共相自在、名是实在，以及三者都具"生本"的功能，这也是"自性不空"的内涵。只有了解有部的这一根本思想，才能了解般若经类和中观学派为什么会把"无自性"、"自性空"作为自己立论的基础。

现在需要特别说明一下有部关于"名"的理解。"名"的性质问题是佛教哲学讨论的焦点之一，在具体运用中，指谓的范围比较广泛，或即指语言学上的名词，也联称"名言"；或作为一切精神现象的略称，与物质现象联在一起，说为"名色"，但在哲学上，主要指概念。由于概念的内容与上述的"法相"相近，以至中国佛教直呼"法相"为"名相"；大乘中观学派斥之为"戏论"的，也是这种名相概念和基于名相概念的学说。有部主张种族不变，这与古老的物种不变的传统观念一致，由此说种族是在个体之外的别一种实体，或许可以为世俗经验所接受。但说概念也是永恒的实在，这就需要特别地论证才行。我们没有发现有部的论著中有这方面的专论，实际上是把它作为无须论证的前提来看待的。《俱舍论》卷一讲到佛陀所说教条，其数为八万"法蕴"时，指出这八万法蕴的"教体"，一曰"语"，一曰"名"。此"语"指发声的语言，它承载的是佛陀的说教，当然也包括名相概念，而"声"属于"色蕴"，其所表达的概念也应该以色为体；"名"指名词概念，在"五蕴"论里属于"行蕴"，所以它应该以"行"为体。总之，既然"法蕴"以"语"和"名"为体，或归为"色"，或归为"行"，那么名言概念就当然地成了一种真实的存在了。《大毗婆沙论》卷一五说，"一切名皆能显义"；"名亦是义，是余名所显故"。这里的"义"就是"自性"。所有的概念，都能显示其相应的自性，所以概念就是自性。黑格尔说，"语言实质上只表达普遍的东西"，他指的就是表达概念的语言。也可以说，没有普遍的东西，就形成不了语言。自性既然是实在的，名词、概念自然也是实在的。于是在族类产生个体，共相产生别相的地方，也可以说名词概念产生实物，自性产生具有自性之物。

这种把"名"视为实在,并当做个别事物产生本原的主张,在西方哲学史上叫做"唯实论";把概念、共相以至种类视为个别事物的原因,也属于这类唯实论,不过更加宽泛。在近代哲学分类里,一般归于客观唯心主义,列宁更称之为"原始的唯心主义"。他在《亚里士多德〈形而上学〉一书摘要》中说:"原始的唯心主义认为;一般(概念、观念)是单个的存在物。这看来是野蛮的、骇人听闻的(确切些说:幼稚的)。可是现代的唯心主义,康德、黑格尔以及神的观念难道不正是这样的(完全是这样的)吗?桌子、椅子和桌子观念、椅子观念,世界和世界观念(神)……人类认识的二重化和唯心主义(=宗教)的可能性,已经存在于最初的、最简单的抽象中(一般的'房屋'和个别的房屋)。"①

在这里,相对于个体,种类是"一般",个体是个别;作为一类事物普遍具有的共相是"一般",其个别事物是"个别";反映一类事物共同本质的概念是"一般",概念由之抽象的具体事物是"个别";表达概念的语言是"一般",被表达的实际事物是个别。"伊万是人","张三也是人",其中人是一般,伊万、张三是个别。人之所以为人,在于对千百万个伊万、张三舍弃其个性而对其共性的概括,人们之所以对伊万、张三有所了解,在于他们具有人类的普遍性及其各自的个性。此中"桌子"、"椅子"、"房屋",是种类,是共相,是概念,也是语言,属于观念范畴;它们来自思维对众多个别桌子、椅子、房子的抽象和概括,而这众多的个别,则是现实的客观存在。这就说明,"一般只能在个别中存在,只能通过个别而存在","因为当然不能设想:在看得见的房屋之外还存在着一般的房屋"。② 如果认为这一般的房屋是单独的存在物,就等于说抽象的观念可以脱离具体的客观事物而单独存在。

马克思和恩格斯在《神圣家族》中揭示黑格尔的"思辨结构的秘密"

---

① 列宁:《哲学笔记》,人民出版社,1956年,第339页。
② 列宁:《谈谈辩证法问题》,《哲学笔记》,人民出版社,1956年,第363页。

时分析得更加生动。他们写道:"如果我从现实的苹果、梨、草莓、扁桃中得出'果实'这个一般的观念,如果再进一步想象我从现实的果实中得到的'果实'这个抽象观念就是存在于我身外的一种本质,而且是梨苹果等等的真正的本质,那末我就宣布(用思辨的话说)果实是梨苹果扁桃等等的'实体'……作为它们的本质的并不是它们那种可以感触得到的实际的定在,而是我从它们中抽象出来又硬给他们塞进去的本质。即我的观念中的本质——'果实'。于是我就宣布:苹果、梨、扁桃等等是'果实'的简单的存在形式,是它的样态……思辨的理性在苹果和梨中看出了'共同的东西'……这就是'果实'。具有不同特点的现实的果实从此就只是'虚幻'的果实,而它们的真正的本质则是'果实'这个'实体'。"①

就是说,从苹果、梨、桃等个体实物出发,经过思维,取其共性,就可以抽象出"果实"这一物种概念来。这一抽象对于认识非常重要,否则,我们连一个最简单的判断都不可能做出来,更不必说进行复杂的思维和语言交流了。但是,如果把这抽象出来的概念当做存在于个体之前的本质,把"果实"说成是苹果、梨的"实体",而苹果、梨等则只是"果实"的"特殊化身","虚幻",那就是极端的颠倒。

唯物辩证法对于"思辨哲学"和"原始的唯心主义"的评论,并非全部否定。他们充分肯定这类思辨哲学在辩证思维上的价值,尤其是在阐述个别和一般的辩证关系方面;他们所反对的,是错把一般解释成独存于个别之前和之外,并给予一般以本质的观念。这种分析对我们理解有部关于"法体恒有"的基本命题,极有启发。

《施设论》卷七说,"一性所成,有多种类";"有多种类,还归一性",讲的也是个别与一般的辩证统一关系。譬如"某个比丘",这是个别,他有区别于其他比丘的个性(一性)。然而为"某个"定性为"比丘"的,就是比丘这一"种类",也就是"某个"的共相;如果要进一步把"某个比丘"从其

---

① 《马克思恩格斯全集》第2卷,人民出版社,1957年,第71—72页。

他比丘中区分开来,那还得描述他的身材高矮,品行优劣,脾性粗细,知识深浅,诸如此类一切能够说明他的个性(一性)的性质,无例外地也都是共相,而这些共相,即是"某个比丘"的"多种类",从而把他与其他"种类"联系起来。因此,"任何个别(不论怎样)都是一般……任何个别经过千万次的转化而与另一类的个别(事物、现象、过程)相联系"。但是,这所有种类的总和,最终还是归属于"某个比丘"这个个体(一性):"一般只能在个别中存在……任何一般都是个别的(一部分,或一方面,或本质)。"①因此,从认识论上说,离开"共相","自相"就是不可把握,不可表述的。于是在"某个比丘"的"一性"中,汇集着"多种类";而"多种类",总得归根于"一性"。

《施设论》的上述说法,是从认识论的"一"与"多"的关系来阐释个别与一般的关系的,在这个范围内,它的辩证法含量非常丰富;但是,一旦超出认识论范围,进入本体论和发生论范围,用"一般"来解释个体的生成时,性质就转化了。因为有部让"多种类"脱离了个别事物,凝固成一般的共性并使其独立存在,成了构造现实事物的客观因素;而现实事物则是这一般共相的复合或摹写,这就导向了谬误:果实这个"一般"成了产生苹果、梨等"个别"的原因。对于这样的解释,至少果农不会同意。

然而,在我们的日常生活中,类似的认识却会经常发生,而且我们不会感到奇怪。即以桌椅房屋来说,究竟是先有桌椅房屋的观念(一般)而后才有桌椅房屋(个别),还是先有桌椅房屋而后才有它们的观念?这类属于人的思维及其创造物的问题,回答起来比"先有鸡还是先有蛋"还要复杂,只有把人类的实践引进认识论,充分肯定认识的主体是实践中的人,承认人的认识具有能动性和创造性,才有可能得到合理的解释。但是,是先有"果实"的观念而后才有苹果梨等实物,还是先有苹果梨等实物而后才有"果实"的观念?就不能照样回答,因为两者的性质不同。房

---

① 列宁:《谈谈辩证法问题》,《哲学笔记》,人民出版社,1956年,第363页。

屋与其观念,是人的创造物与其创造观念的关系;果实与苹果梨的关系,是客观自然界的固有关系在人的大脑中的反映,它们作为个体和类的存在,与人的活动没有关系。但是,从哲学基本问题上考察,不论有否实践的参与,在个别与一般的关系中都存在相同而又必须回答的问题:一个是,概念(观念)是独立于实物的存在,还是实物的主观反映?一个是,"一般"先于"个别"而存在,还是"一般"只能在"个别"中存在?还有一个是,"一般"只是思维对一类"个别"的抽象,还是"个别"得以产生的客观原因?对这些问题,有部的哲学回答是:概念是单一的独立存在;一般先于个别而存在;共相是个体的原因。一般、共相、概念以至名言,都是"有",正是这样的"有",摹写和构造了世界和人生的一切。

有部主张的这样的"有",数量众多,各不统属,独立永存,既是世界万物的本原,又是构造万物的元素,所以说它的宇宙观是一个多元的客观唯心主义体系。"从粗陋的、简单的、形而上学的唯物主义的观点看来,哲学唯心主义不过是胡说。相反地,从辩证唯物主义的观点看来,哲学唯心主义是把认识的某一个特征、方面、部分片面地、夸大地、过分地……发展(膨胀、扩大)为脱离了物质、脱离了自然,神化了的绝对。"[①]我想,这一观点完全适应有部哲学;它为我们研究人的思维规律提供了有价值的资料。

二、"三世实有"和四种萨婆多

与有部立宗的经典命题"法体恒有"并列的是"三世实有"。"三世"是表"世间"和"有为法"的概念,也用于表时间和变化。凡处于三世的事物,必然是生灭变化的;但有部提出,它所主张的"有",虽在三世之内,但却实有其体,永恒不变。《俱舍论》卷二〇说:"以说三世皆定实有故,许是说一切有宗。谓若有人说三世实有,方许彼是说一切有宗。"此中"三

---

① 列宁:《谈谈辩证法问题》,《哲学笔记》,人民出版社,1956年,第365页。

世实有"指谓的是具有"自相"和"共相"的事物,而不是事物运行变化:"毗婆沙师定立(三世)实有,然彼诸行不名为常,由与有为诸相合故。"自相、共相都是不变的,可以名"常";运动变化非常,其所以成为非常,乃与"有为相"和合的结果,故不可以说"诸行"亦是三世实有。至于有为相如何与法体和合而使法体运动变化起来,下文再说。

说一切有部为什么要以"三世实有"为本宗的标识?《俱舍论》卷二○列举了四条理由,核心是两条:

第一,"以识起时必有境故。谓必有境,识乃得生,无则不生,其理决定。若去、来世境体实无,是则应有无所缘识;所缘无故,识亦应无"。认识是因为有认识的对象才产生的,没有对象就没有认识。色等"所缘境"与眼等"所依根",是认识的两大条件,认识活动就是所依根取所缘境,于识上生起境的"行相"(影像或映相)。因此无所缘境,就构不成认识。人们之所以能够回忆起过去的种种事件,证明这些事件在过去是真实存在的。同样道理,人们能够勾画出未来的种种图景,未来的这些图景也一定是真实的存在。于是头脑中的任何"行相",都成了客观真实的反映;凡人们主观能够认识的,一定有某个真实的对象与之对应;凡能够想到的,也就是真实存在的。关于这一观点,《顺正理论》有详细的发挥,我们也已指出,它的合理处是强调有境才能有识,它的不合理处是认为有识必有境。

第二,"已谢业有当果故。谓若实无过去体者,善恶二业当果应无,非果生时有现因在"。譬如过去做了善事或恶事(业),现在得到了好或坏的报应(果),如果说过去所做诸事不是真实的存在,那么,当来相应的果报也不应该真实存在。这里"业"属"过去世","果"属"现在世"或"未来世","业"与"果"亘贯三世,而不会是"果"、"业"同时。如果原则上不承认三世实有,势必动摇有关三世因果的教义,而否认三世因果是佛教中最不能容忍的"邪见"。像《大毗婆沙论》等尤其强调说"有"对于三世因果的意义,其卷七六谓"三世诸法,因性果性,随其所应,次第安立,体实恒有,无增无减"。类似的话在其他有部论著里也不少。

其实,有部关于"三世实有"、"法体恒有"的命题,从其物种不变、共相实有等主张中可以直接引申出来,但要具说服力,论证起来仍费周折,有部内部就不统一。几部重要的毗昙都记载有"四大论师",或称"四种毗婆沙",或称"四评家",他们的理解也各不相同。上述《俱舍论》卷二〇中载:

> 尊者法救作如是说:由"类"不同三世有异。彼谓诸法行于世时,由类有殊,非体有异,如破金器作余物时,"形"虽有殊而"显"无异;又,如乳变成于酪时,舍味势等,非舍颜色,如是诸法行于世时,从未来至现在、从现在入过去,唯舍得类,非舍得体。

> 尊者妙音作如是说:由"相"不同三世有异。彼谓诸法行于世时,过去正与过去相合,而不名为离现、未相,未来正与未来相合,而不名为离过、现相,现在正与现在相合,而不名为离过、未相,如人正染一妻室时,于余姬媵不名离染。

> 尊者世友作如是说:由"位"不同,三世有异。彼谓诸法行于世时,至位位中,作异异说,由位有别,非体有异。如运一筹,置一名一,置百名百,置千名千。

> 尊者觉天作如是说:由"待"有别,三世有异。彼谓诸法行于世时,前后相待,立名有异。如一女人名母、名女。

《俱舍论》的这一介绍,与《大毗婆沙论》卷七七所记全同。其中法救的主张名"类有异"说:"诸法行于世时,由类有殊,非体有异",例如破某一金器作另一种金器,金器的"形状"有了变化,但金的"显色"没有变化,诸法行于三世时也是这样,"类"别有了变化,如过去曾经作为发钗,现在变成耳环,而其"金"的实"体"不变。

妙音的主张名"相有异"说:"由相不同,三世有异",意谓"三世"是由三种永恒不变实"相",所谓"三世相"决定的,"诸法行于世时",如果与其中的某一实相"正合",就会使该法或为现在,或为过、未;虽未与其他二世"相"相合,但亦未离开二世"相":"如人正染一女色时,于余女色不名离染。"(《大毗婆沙论》卷七七,下同)

世友提倡的名"位有异"说:"诸法行于世时","由位有别,非体有异"而成三世。此中法"体"不变,只是该法运行的位置有了变化,所以导致三世差别,"如运一筹,置一位名一,置十位名十……虽历位有异,而筹体无异"。

觉天所立的名"待有异",也以"体"不变为前提,从法体的前后相待而说三世有异,如一女,相对其母名女,相对其女名母;同一女体,母、女名异。

《杂阿毗昙心论》的《择品》也记有这"四种萨婆多",只是没有点出代表人物,译文也略有区别,这里一并加上作者对它们的评析,摘引如下:

> 一种"异分别"者,彼说,诸法随世转时,分异非事异,如乳变为酪,舍味力饶益不舍色,如金银器破已,更作余器,舍行不舍色;法从未来至现在亦如是:当知此是"转变萨婆多"。"相异"者,过去法与过去相合,不离未来、现在相,如人著一色非不著余,彼亦如是。此说有过,若过去诸法不离未来、现在相者,竟何所成?亦成合义。若尔者则世乱。如人著一色,于一色爱著,亦行亦成就,于余成就而不行,是故彼说世乱,譬亦相违。"分分异"者,说诸法随世转时,分分异非事异,此则不乱建立世。何以故?业别故,谓法未作业说未来,作业说现在,作业已说过去。"彼异"者,彼说,诸法随世转时,前后相待,非事异,亦非分异,如一女人,亦名女亦名母,前后相待故,谓观女则知母,观母则知女。此最乱建立世。彼说,过去世一刹那有三世,说言观前起相名未来,观后起相名现在。

据此,"异分别"论者的代表是法救,"相异"论者是妙音,"分分异"论者是世友,"彼异"者是觉天。

关于有部这四评家的生平,现在知之甚少,一般估计,他们都是贵霜王朝时代人。其中世友,音译婆须蜜,生活在迦色腻伽王当政期,可能是《大毗婆沙论》的主编;汉译《大毗婆沙论》中载有他的许多重要观点,并即以他的观点作为评判是非的标准,所以在有部中的地位极高,中国佛教传说他是将继弥勒之后成佛的尊者,前述《婆须蜜集》和《异部宗轮论》,都是他的著作。

法救,从玄奘译《五事毗婆沙论》署名造者法救可知,后汉安世高译《阿毗昙五法行经》和唐法成译《萨婆多宗五事论》都是他的同一原本的异译,可见他的影响之久。三国吴时还译有他集的《法句经》,也相当有名。《杂阿毗昙心论》的作者是达磨多罗,而达磨多罗的意译即是法救;如此,则法救也就是《杂阿毗昙心论》的作者。如果这样推论,东晋时译出的《禅经修行方便》,即《达磨多罗禅经》,其阐发的达磨多罗禅也应该是法救的禅,而这个达磨多罗到了唐代,还被传为中国禅宗的始祖。按东晋慧远的介绍,作为禅师的达磨多罗,有自己的理论指南,所谓"其为观也,明起不以生,灭不以尽,虽往复无际而未始出于'如',故曰,色不离如,如不离色;色则是如,如则是色"(《庐山出修行方便禅经统序》,《出三藏记集》卷九)。此类说法尽可以作多种解释,但至少从字面的表述上,更与华严宗的"法界缘起"论接近,而"法界缘起"的理论形式,也确实与法救的"类有异"说接近。唐法藏撰《金师子章》,发挥"法界缘起",举的例子就是以"金"为实体(理)和金"器"的多样性(事),说明理事关系的。当然,这只能是个假说。在佛教的名人中,同名的颇多,像马鸣、世友就有好几个,甚至龙树、无著、世亲也不是一个形象,所以上述法救是否为同一个人,只好存疑。

与妙音对应的梵文很多,其一作"瞿沙",汉译《阿毗昙甘露味论》就是瞿沙的代表作;传说他也是古典有部的异端,世亲批评其"所立世相杂乱"而不取。其实,用"相有异"解释"三世实有",正与《阿毗昙心论》提倡的"法相"实有相符,也与《俱舍论》对"界"的释义相同。《心论》的作者是法胜,或许与妙音在思想上有所联系。法胜不在四种萨婆多行列,而发挥《心论》的《杂心论》作者法救反在其中,这一现象不甚好解释。

对于主"待"说的觉天,我们了解得最少。《大毗婆沙论》把他与法救并提,都是受批评的对象,但两人的观点并不相同。卷一二七记两人在论述"大种色"(四大)与造色(四大所造)的关系,以及在"心"与"心所"的关系时,觉天主张"色唯大种,心所即心"。意谓"造色即是大种差别,心所即是心之差别",把一切物质现象统一于"四大",把所有精神现象统一于"心",也就是用色、心两法去划分世界的。法救相反,"说离大种别有造色,说心所法非即是心"。这是强调在统一的物质现象和精神现象中,还应该看到它们中间存在性质上的区别;也许正因为如此,他才创造了"五事"的分类法。两者的异同,反映了佛教在认识世界和解释世界上的一种历程和深化。

在这四家说中,所有"毗昙"都认为世友说的"位有异"最为合理,最有说服力,表示赞同。不过《俱舍论》卷二〇中的评论有些与众不同:

> 此四种"说一切有"中,第一执法有转变,故应置数论外道朋中。第二所立世相杂乱,三世皆有三世相故;人于妻室贪现行时,于余境贪唯有成就,现无贪起,何义为同?第四所立前后相待,一世法中应有三世,谓过去世前后刹那,应名去、来中为现在,未来、现在类亦应然。故此四中,第二最胜,以约作用,位有差别。由位不同,立世有异。彼谓诸法作用未有,名为未来;有作用时,名为现在;作用已灭,名为过去,非体有殊。

世亲把世友的"位有异"说,从"体"之是否发生实际"作用"作解释,其实与"位有异"的原意有了差别,更与法救的"类有异"说接近,但他却批评法救的说法属于"数论外道"所倡的"转变"说,有些不可思议。在佛教义学中,将某一说法归之为外道,是一种非常严厉的指责。因此,不管实际内容如何,至少在形式上避免同外道有相同点,对于佛教来说是非常重要的。至于有部学说同数论师和胜论师在思想上究竟有无联系，以及在哪些方面存在联系，真谛和玄奘为什么要先后译出数论的名著《金七十论》和胜论的名著《胜宗十句义论》，就不是这里讨论的话题了。

《顺正理论》卷五二就曾针对《俱舍论》对法救的责难提出辩解：

> （在四种萨婆多中，）传说最初（法救）执法转变故，应置在数论朋中。今谓不然。非彼尊者说有为法其体是常，历三世时法隐、法显；但说诸法行于世时，体相虽同而性类异。此与尊者世友"分"同，何容判同数论外道……故此四种第三最善，以约作用，位有差别，由位不同，立世有异……谓一切行作用未有名为未来，有作用时名为现在，作用已灭名为过去，非体有殊。此作用名，为何所目？目有为法引果功能，即余性生时，能为因性义。

众贤是把法救和世友视为意见一致的，不过也采用了"约作用"而言，因为《大毗婆沙论》就是以"作用"的有无去解释"体"一而有三世差别的。卷七六谓："以作用故，立三世别，即以此理说有行义：谓有为法未有作用名未来，正有作用名现在，作用已灭名过去。"这一论点，事实上成了"三世实有"最有力的支撑点。众贤唯一的补充是，所谓"作用"，指的就是"有为法"的"引果功能"，其实也就是"业"。譬如"眼"，这是"三世实有"，如果过去某种行为使之于现在可以得到有眼的果报，这种业行就导致有现在"眼"的"作用"，也就是"作用"的"引果功能"。

四评家的说法尽管不同，但在坚持三世实有上没有区别。他们都肯定，"法体"不受时态限制，是超时间的，因而是绝对的，永恒的；生灭的，无常的，是法体的"作用"，或法体处在时态中的地位差别。举例来说，"色"的法体是"变碍"，当其正在发生变碍作用时，叫做现在；尚未变碍时名为未来；变碍已灭，即称过去，因此："若法有变碍，彼定是色；有法是色而无变碍，谓过去，未来色。"（《大毗婆沙论》卷七六）"色"自身始终存在，于"三世"中永恒不动，但它的"变碍"作用，则随三世而或有或无。此外，还有另一种解释:"色"以"变碍"为"自性",若"变碍"正在显示,即是现在色,未显示或显示已了,即是未来色或过去色。此中,作为"变碍"的色"自性"是永恒,贯穿于三世;显示与否,则反映色在三世中的变化。这贯穿于三世不变的"自性",也叫做"自性有","自性不空"。对有部的批评者,经常把"自性有"、"自性不空"或"有自性"当做"说一切有"的根本论点。这样的"自性",相当于事物的本质属性;"自性有"之说,则是把本质凝固化、永恒化的结果。

《俱舍论》卷二〇在介绍了上述有部四师关于"三世实有"的论述之后,就用长篇介绍经部师与毗婆沙师围绕"一切有"能否成立的问题展开的争论。这一资料极有理论价值,由此可见当时经院派佛教的思维方式和论辩方式,现略引如下:

经部师"论曰:应说,若法自体恒有,应一切时能起作用;以何碍力令此法体所起作用时有、时无?若谓众缘不和合者,此救非理,许常有故。又,此作用云何得说为去、来、今?岂作用中而得更立有余作用!若此作用非去、来、今,而复说言作用是有,则无为故应常非无,故不应言作用已灭、及此未有法名去、来。"

据此段论文,经部批评的应是四评家中世友的"约作用"说三世实有。于是毗婆沙师辩解说:"若许作用异法体者可有此失,然无有异故,不应言有此过失。"

经部师破曰:"若尔,所立世义便坏。谓若作用即是法体,体既恒有,用亦应然,何得有时名为过、未?故彼所立世义不成。"

毗婆沙师辩道:"何为不成!以有为法未已生名未来,若已生、未已灭名现在,若已灭名过去。"

经部师再破:"彼复应说,若如现在'法体实有',去、来亦然;谁未已生、谁复已灭、谁有为法'体实恒有'?如何可得成未已生、已灭?先何所阙,彼未有故名未已生,后复阙何,彼已无故名为已灭?故不许法'本无今有,有已还无',则三世义应一切种皆不成立。然彼(指有部)所说,'恒与有为诸相(指生住异灭)合,故行非常'者,此但有虚言,生灭理无故。

许体恒有、说性非常,如是义言所未曾有。依如是义,故有颂言:'许法体恒有,而说性非常,性、体复无别,此真自在作。'又,彼所言世尊说故,去、来二世体实有者,我等亦说有去、来世,谓过去世'曾有'名有;未来'当有',有果'因'故,依如是义说有去、来,非谓去、来如'现'实有。"

对此,有部驳曰:"谁言彼'有'如现在世?"经部问:"非如现在,彼'有'云何?"有部答:"彼有去、来二世'自性'。"

对此,经部又说:"此复应诘:若俱是'有',如何可言是去、来性!故说彼'有'但据曾、当因果二性,非体实有,世尊为遮谤因果见,据曾、当义说有去、来,'有声'通显有、无法故。如世间说有灯先无、有灯后无;又如有言,有灯已灭,非我今灭。说有去、来,其义亦应尔。若不尔者,去来性不成。"于是有部难曰:"若尔,何缘世尊依彼杖髻外道说'业'过去尽灭变坏,而犹是'有'?岂彼不许'业'曾有'性',而今世尊重为说'有'。"

对此,经部解释说:"依彼(业)所引现相续中与果功能,密说为有。若不尔者,彼过去业'现'实有性,过去岂成?以薄伽梵于《胜义空契经》中说,眼根生位,无所从来;眼根灭时,无所造集,本无今有,有已还无。去、来眼根若实有者,经不应说本无等言。若谓此言依现世说,此救非理,以现世性与彼眼根体无别故;若许现世本无今有、有已还无,是则眼根去、来无体义,已成立。"

以上论辩,围绕着两个问题:第一,有部把"有为法"的"体、用"分裂开来,"体"虽在三世之中,不失其为"有为法"的本性,从而不同于"无为法"的超越三世,所以是相对的恒常不变;但其"用"时有时无:有"作用"时名现在世,无"作用"时,是过去和未来。因此,从有为法的"体"说"三世实有",从"体"是否发生实际作用,说三世差别。也可以说,"法体"贯穿三世,体用合一,"作用"则唯存在于现世。经部师反对此说,即集中在有部对体、用的分裂上,认为如果有体而无用,是谁在妨碍?如果像有部解释的是"因缘"尚未和合,这话不通,因为按有部的说法,因缘也是实

571

有,怎么会"因缘实有"对"法体实有"不起作用? 第二,两家论师都承认,三世差别要从有为法的生灭关系上确定:已生未灭是现在,已灭名过去,未生名未来。两家的区别在于,有部从法体有无作用上说明生灭现象,即不论是生是灭,都是法体有无作用的表现,法体自身无生无灭;经部则依《胜义空经》,认为有为法的特征是"本无今有,有已还无",法的生灭,反映的是法体的有无;法体自身有生有灭,不是永恒不变。世尊虽然也说过三世因果,但对过去的因,是从"曾有"的角度说的,说未来的果,是从"当果"的意义上说的,曾有、当有都不像现在那样实有。

三、"识不缘无境":"所缘有"的基本命题

这一论点,《顺正理论》发挥得淋漓尽致,此处不再复述。《俱舍论》引经部师对有部的批评,这也是重点之一。卷二〇谓:

> 彼所说"要具二缘识方生,故去、来二世体实有"者,应共寻思:意、法为缘生意识者,为法如意作"能生缘",为法但能作"所缘境"? 若法如意作"能生缘",如何未来百千劫后当有彼法,或当亦无,为"能生缘"生今时识? 又涅槃性违一切生,立为能生,不应正理。若法但能为所缘境,我说过、未亦是所缘。

由此展开如下的辩论:

有部难:"若无,如何成所缘境?"经部答:"我说彼有,如成所缘。"

有部又问:"如何成所缘?"经部再答:"谓曾有、当有。非忆过去色受等时如现分明观彼为有,但追忆彼曾有之相;逆观未来当有,亦尔。谓如曾、现在所领色相,如是追忆过去为有;亦如当现在所领色相,如是逆观未来为有。若如现有应成现世;若体现无,则应许有缘无境识,其理自成。"

有部更难:"若体全无是所缘者,第十三处应是所缘。"经部答:"诸有达无第十三处,此能缘识为何所缘? 若谓即缘彼名为境,是则应拨彼名

为无。又,若缘声先非有者,此能缘识为何所缘?若谓即缘彼声为境求声'无'者,应更发声;若谓声'无'住未来位,未来实有,如何谓无?若谓去、来无现世者,此亦非理,其体一故;若有少分体差别者,本无今有,其理自成。故识通缘有非有境。然菩萨说,'世间所无,我知、我见,无是处'者,意说他人怀增上慢,亦于非有现相谓有,我唯于有方观为有;若异此者,则一切觉皆有所缘,何缘于境得有犹豫或有差别,理必应然……有是有,非有是非有,有上是有上,无上是无上。由此彼说,识有境故有去来者,亦不成因。"

这段问难,表明经部承认过去、未来可以作为"所缘",可以成为认识的对象,但不能作"能生缘"。就是说,可以作为认识对象的"所缘",并不是生成认识的主要原因,主要原因还是"能生缘",在于有认识主体(内六入)的存在,而过去和未来显然都不会有这样的"能生缘"。因此,过去之所以能够作为"所缘",是因为该法曾经存在过,是认识主体对自身经验的追忆;未来之所以能够成为"所缘",是根据现在的认识对该法的推论,意谓未来该法亦当如此,所以过、未都不是像现在那样的实有——也不能说凡是"所缘"就一定是"有"。有部最重要的反驳是,若据经部所说,则人的认识也可以从"无"中生成,"无"也能成为"所缘",例如"十三处"(按佛教通义,"十二处"代表一切法,不可能在此之外另有一"处"的存在),也会被人们认识。这当然是不可能的。经部认为这个问题不能成立;它据以质难有部的问题,与它们的独特见解有关,不易理解。大意是说,如果有人了达这"十三处"是"无",那么这所缘的境,可能有两种情况:一种即以这"无十三处"的"名"为境,以名为境,就不是无,或可谓之有;一种以发无十三处的"声"为境,但"声"属色法,与"名"表义的心法不同,并不表义,如要表达"无"义,还需发声,或使表"无"的声住于未来。这些推论,都与有部自己的主张矛盾。如此等等,经部的结论是"识通缘有非有境",而不是必缘有境。

经部在这里成立本宗的方法,是揭露论敌的逻辑矛盾:列出论敌所有可能的论证和辩解,然后用论敌赞同的另一些主张去一一进行批驳,由此证明本宗的正确。这种方法最大的特色,是以破代证:只要破除了对方,就是证明了己方;只要指出对方的错误,就是证明己方的正确。换言之,是以证伪替代了证实。这种方法走向极端,就有了般若三论学"只破不立"的学风,也使瑜伽唯识家的因明学发展成为一种论战的手段,而失去其求知的本意。

顺便指出,"名"在十二因缘中被视为心法;在五位法里列在不心相应行法中,是高明的;但把"声"归于单一的色法,则不明智:除了风雷等天籁以外,钟鼓吟唱都含有人文内容,可以表达丰富情感,把它归于单纯的物质现象,是一种片面。

在这一论辩中有一个值得注意的论点,那就是,任何人的知见都不能超出世间现实可以提供的限度,即使佛世尊也不例外;所谓"世间所无",而能为"我知、我见",是绝"无是处"。这一论点,经部也不否认。但是,有部,尤其是新有部,据此而将"所缘有"作为"三世实有"的主要论据,事实上是扩大了一切有的"有"的范围,一方面冲淡了古典有部确立的种族有和共相有为一切有(实有)的内涵,另一方面突出了人、衣等所谓假有(空),以及把三头六臂等幻想(毕竟无)也包容到一切有的范畴中,在概念上产生了歧义,在理论上造成混乱。于是不得不再划分所谓"胜义有"和"因缘有"两大类,建立双重真理观,加以调和。

第五节 "缘起"论:世界万物的产生和变化

"法体恒有"的另一含义,应该是无生、无灭。人们面对的世界却是有生有灭,生灭无常。无生无灭的法体,怎么会成为生灭无常的事物?这个问题的理论意义,就是种类如何产生个体,以及一般如何产生个别,总相产生别相、共相产生自相,本质产生现象的问题。有部为了解答这些问题,创造了许多范畴和概念,作了许多颇为奇特的论述。

一、"缘生"论和"因缘"观

《阿毗昙心论》卷一中说:"一切法不能自生","诸行性劣,无势力故"。"无有一法能自力生,但一法由多法生,多法亦由一法生。""一切众缘力,诸法乃得生。"这几段话可以作为"缘生"的基础定义,十分重要。

其中所说的"一切法",指的是"法体恒有"的"法";但这样的"法"只是抽象的而非现实的存在(有),它本身不能转化为现实的存在物,也没有产生现实存在物的力量。例如"果实"是一般,不能转化成苹果、梨等个别物,一般没有产生个别的能力。这"一切法"又都属"有为法",特点是必然要处于条件制约和不断运动中,故亦名"行",所以有问:"何故此诸法谓之行?答:多法生一法,一亦能生多,缘行所作行。"(《阿毗昙心论经》卷一,下同)换言之,当"一切法"作为"有为法",既为因缘所制约,又制约于它时,即名为"行"。所以论本又解释说:"'缘行所作故名行,应当知'者,此亦是缘,亦是行,故名'缘行'……所作此亦能作缘行,是故名行……此行为他所作,亦能作他,是故名行。"例如苹果,它由色香味触等构成,这是"为他所作",又是形成"果实"这个种概念的成分,这是"亦能作他"。《阿毗昙心论经·界品》也作了这样的两重解说:"法者,持也;持于自性,为他作缘,故名为法。""持自性",是使苹果持有果实的自性,果实这一自性就是产生苹果的"生本";"为他作缘",就是给果实以苹果的属性,苹果就为果实作缘。

简单地说,"一切法"有两层含义:族类作为个体的"生本"义,和共相为自相作"因缘"义。任何具体事物,都是以它的族类为"生本",又要以其他事物或性质的和合为条件,才能成为现实;与此同时,它也为其他事物的生成作为因缘条件。然而,不论从"法"或"行"的意义上说,也不论是从"法体"还是"因缘"上说,它们都是抽象的存在,尽管可以作为"生"起的条件,但却不具备"生"起的能力;无生即无灭,也就不能构成现实的活生生的事物。只有在一切条件都具备了,再加上"生、住、异、灭"所谓

"有为相"的功能,然后经过"业感"的实际综合,才能最终实现。

解释这一繁杂的生起过程的理论,都可以称为"缘生"或"缘起",实际上包含多项内容:"一切有"、"因缘"、"有为相"、"得"与"非得",最后是"业感"。此等说法,研究者多称为"业感缘起"——属于佛教诸多缘起说中最早、最基础、影响也最大的一种。

按有部通常的说法,"因缘"似乎也应该属于"一切法",但实际不是,它们没有被列在五位七十五法之内,因为因缘所表示的不是事物本身(物体),而是事物处在特定关系中表现出来的特殊作用。在事物的普遍联系和互相制约中,某物对他物的作用(一对多)和他物对某物的作用(多对一)究竟有多少,属于什么性质,有部就用"因"和"缘"的概念进行解说。因此,"因"、"缘"只是客观关系在思维中的抽象,并非在事物及其关系之外的另一种什么实体。尽管如此,在有部看来,"因"、"缘"与其他法体一样,也是实有;诸法之所以会具有作"因"、作"缘"的功能,起因缘的作用,就是因为这些作用也是实在的,尽管不是独立于法体之外。

有部异常强调因缘在生成诸法中的作用,而且作了许多细致的分析,所以又获得"说因部"的称号。

所谓"因缘",指谓的内容不全一样。一是"因"与"缘"的连称,是两个不同的概念;其中"缘"的范围极宽,相当于事物得以生成和存在的条件,所以凡对某事某物的生成和存在起积极作用或不起阻碍作用的一切现象,都可以称为某事物的"缘"。这样的"缘",有部分为四种,简称"四缘";其中作"因"的"缘",亦名"因缘",这样的因缘就是一个概念。"因"又是一个概念,它与"缘"不同,必须对某事某物的生成和存在起决定性作用,才能称为"因"。"因"相对于"果"言,只有某事某物具备生"果"功能时,某事物才能称为该"果"的"因"。对这样的"因",有部分为六种,略作"六因"。其作为"因"的"缘",即"因缘",相当于六因中的五因。"六因、四缘"概括了有部的全部因缘说,后亦为瑜伽行派所继承,而以"唯识"加以统率。

1. 关于"四缘"：因缘、等无间缘、所缘缘、增上缘

《品类足论》卷七：

> 因缘云何？谓一切有为法；等无间缘云何？谓除过去、现在阿罗汉命终时心心所法，诸余过去、现在心心所法；所缘缘及增上缘云何？谓一切法。

这是关于"四缘"的最概略的界说。此中将"因缘"界定为"一切有为法"，指凡有为法都具有为他事他物作"因缘"的资格；这里强调的是"有为法"，是把"无为法"从因缘中排除出去的："无为法"是绝对的存在，无生无灭，既不需要其他事物作它的"因缘"条件，也没有给其他事物作"因缘"的资质。

"所缘缘"指认识的客观对象；从有部看，除非是"无"，任何"有"都是可以被认识的，没有不可认识的"有"，所以"所缘缘"不限于有为法，而且包括无为法，总括为"一切法"，没有例外。

按佛教的惯例，"所缘"与"能缘"是对称的。相对于"能缘"，"所缘"即是认识对象的意思；但在这"四缘"里，情况就变了，所谓"所缘缘"，意思是给"所缘"作"缘"，是构成认识对象的客观事物，因此，所缘与所缘缘，一字之差，在佛教认识论里就涉及原则性的大问题：所缘与能缘是一对范畴，两者不能分离；所缘缘作为"一切法"，则是脱离主观能缘而独立的客观存在。据《俱舍论》卷七解释：

> 所缘缘性即一切法，望心心所随其所应。谓如眼识及相应法，以一切色为所缘缘；如是耳识及相应法以一切声……意识相应以一切法为所缘缘。若法与彼法为所缘无时，此与彼非所缘；于不缘位，亦所缘摄，被缘不缘其相一故。

这段话的重点，是"于不缘位，亦所缘摄"，因为不论是已经被缘还是没有被缘，这缘的体相是一个。意思是，在说"一切法"为"所缘缘"时，指一切法皆有被认识的可能性；当某法被认识时，它是认识的"所缘"，当它尚未

认识时,则不能称为"所缘",但其作为所缘的资质没有变化,其有被认识的可能性依旧存在,故名所缘缘。这个所缘与所缘缘的关系,到了佛教的大乘哲学,成了一个重要问题,被显著地突出出来。

四缘中有些特别的是"等无间缘"。此"缘"是用来说明认识活动和心理现象何以产生和连续的内在根据的,有作此"缘"资质的,必须是"心、心所法"。《俱舍论》卷七中的解说与上略同:

> 除阿罗汉临涅槃时最后心心所法,诸余已生心心所法,是等无间缘性。此缘生法,"等"而"无间",依是义立"等无间"名;由此色等皆不可立等无间缘。

此话有三个要点:第一,"阿罗汉临涅槃时最后心心所",不能作等无间缘,因为"涅槃"意味着全部心心所与肉体的一并灭绝,所以"临涅槃"时的心心所不可能为其"涅槃时"的心心所作"等无间缘"。也就是说,"等无间缘"的功能,乃是为将生的心心所创造条件的,而涅槃的标志是消灭任何心心所,在临涅槃时当然也不需要等无间缘了。言下之意,其他任何心识的活动,都需要等无间缘的参与才有可能。第二,"已生心心所法,是等无间缘性",换言之,从能构为续起的心识活动提供条件的心心所法,就是等无间缘;这样的心心所,必然是已经发生过的,即"已生心心所法",所以本然地具有"等无间缘性";等无间性的实现,就是等无间缘。第三,"此缘生法,等而无间",意谓此缘生起此后的心心所时的方式,是前后"等"而"无间"的关系,而这种关系,在色法的关系中是不存在的。那么,什么叫等无间?

《俱舍论》中有个长篇解答,其实很简单。这里的"等"指前际心心所(即已生心心所)与后际心心所(即将生心心所),生与被生之间,"生无杂乱",平等一致,是名为"等";其前后之间,不允许别有他法的阻隔,即是"无间"。《大毗婆沙论》卷十中说:"以一心中'受'等心所,随所应生,各唯有一,是故名等。"受与受、想与想、识与识,如此等等,前后连续而相应,同属一类;前者即是后者的等无间缘。这个道理也符合常识,因为认识活动和心理活动,是一个连续不间断的过程,只有前边的认识活动完成了,后边的认识活动才能继续下去,而且中间不能插入其他思维活动,否则就是认识的中断或转移。故此缘又名"次第缘"。思维运动只能是一维的,不可能像"色"那样可以是多维的存在和变化。

因此,对于等无间缘的论述,也还是佛教认识论和心理学分析的继续。《大毗婆沙论》卷十引世友的解释,谓"等无间缘相"有六义,即"能开避义"、"与次第义"、"能生心义"、"能引发心义"、"能警觉心义"、"能令心相续义"。又引阿毗达磨者说:"能令各别自相法无间生义,是等无间缘相。各别自相法者,谓受、想等心所及心自相,各别俱时而生,无容有二。"

所有这些规定,都在说明已有的思想认识和心理情感,是众生的思想认识和心理感情的基础和前提。这与上述对"意根"的界定完全相同。"意根"不属于"色法",不是心或大脑等生理机能,而是已有的精神活动的总和,即所谓"无间灭心"。有部自己很清楚两者的一致性,但也强调了它们的区别。《俱舍论》卷七中有一番问答:

> "意"是"依"所显,非作用所显。此最后心(指临涅槃心)有"所依"义,余缘阙故后识不生。等无间缘作用所显,若法此缘取为果已,定无诸法及诸有情能为障碍,令彼不起。故最后心虽得名"意",而不可说"等无间缘"。

据此,"意根"只表示心心所得以活动的依据和可能,"等无间缘"则表示,此意根的"作用"已经显示出来,必定生起相应的心心所活动。换句话说,依"法体"而名"意根",就"作用"名"等无间缘",所以阿罗汉的最后心是"意根",而非"等无间缘"。此缘和其他因缘一样,一旦有了取果的作用,是任何事物都阻碍不了的。

这样,等无间缘就有两个显著特点:第一,它的法体是已经成为过去的心心所;第二,它的作用是能为后起的心心所作依托,令其得生,瑜伽行派又称之为"等无间缘依"。《成唯识论》卷四所谓:"等无间缘依,谓前灭意,诸心心所皆托此依,离开导根必不起故。"就其能作后起心心所的所依言,亦称"开导依":"谓有缘法为主,能作等无间缘,此于后生心心所法开避引导,名开导依。此但属'心',非'心所'等。"

有部等非常重视等无间缘的论述和研究,其实质在于说明,一切精神活动在没有同一的生理机制条件下,是如何发生和连续下来的,以及前生意识对于后生意识所起的制约作用,后生意识对前生意识的继承关系等等。在这里,猜测和推理都有。对于此类心理现象的研究,至今也还是这样,尽管具体进展早已不可同日而语。

"增上缘"也有些特别。《俱舍论》卷七谓:

> 增上缘性即能作因,以即能作因为增上缘故。此缘体广,名增上缘……为增上故唯此体广;或所作广名增上缘,以一切法各除自性,与一切有为为增上缘故。

这里是用"能作因"规定"增上缘"的功能:能作因即是增上缘。它的详细内容,我们放到下边"因"论里一并去谈。

有关这四缘的性质、作用及其相互关系,《大毗婆沙论》卷二一中有个系统的说明:

> ("四缘"乃)依"作用"立,不依"物体";一物体中,有四用故。谓一刹那心心所法,引起次后刹那同类心心所故,立为"因缘"。即此开避次后刹那心心所法,令得生故,立为"等无间缘"。即此能为次后刹那心心所法所取境故,立为"所缘缘"。即此不障碍次后刹那心心所法,令得生故,立为"增上缘"。

此中因缘如种子法,等无间缘如开导法,所缘缘如任杖法,增上缘如不障法。此处列举的"物体",是心心所法;心心所法之生,可以四缘具备;像色法等物体,则肯定不具等无间缘,因而也不会四缘皆具。某法的生成,究竟需要哪些"缘",得具体分析。而某物之所以能够与他物作多种"缘",则在于"缘"是在某物与他物关系中反映出来的"作用",而非某物之"体"。

2. 关于"六因":能作因、俱有因、同类因、相应因、遍行因、异熟因

"六因"的第一因就是相当于增上缘的"能作因"。《俱舍论》卷六中对此因的定义是:"一切有为,唯除自体,以一切法为能作因,由彼生时,无障住故。"所谓"无障",指对任何法的生起不起障碍作用。它有两个含义:

(1) "不障"就是对"生"的支持:某物对某物的生成看似毫无关系,但是,不设置障碍、不阻止、不作为,就是令法得以生成的因素。譬如国人,以其国主不为损害,即言"我因国主而得安乐";如此类推,如果一个不幸的国民,也可以把他的国主作为他不得安乐的"能作因"。这其实是普遍联系所含有的意义之一:凡互为共存条件的,也应该互相负责。

(2) 在看似毫无关联的关系中,可能曲折地存在着认识尚未发现的"能生力",例如"涅槃"之"于眼识生",好像不应该有"能生力";但是,"意识(可以)缘彼为境而生,或善或恶,因此意识后时眼识次第得生:辗转因故,彼涅槃等于眼识生有能作力。如是余法由此方隅辗转,应知有能生力"。从古代一般人看,空气之对于植物的生长,引力之对于人类的生活,似乎都没有什么关系,但就"增上缘"、"能生因"提供的认识方法看,绝对不会没有关系,尽管这种关系是什么性质以及是如何"辗转"起"能生"作用的细节在当时尚不得而知。因此,此因此缘的设立,有非常积极的意义:在理论上有助于防止思想僵化,促进认识不断深化,激励人们不断去发现尚未认识的新领域。

以下是对其余五因的论述:

关于"俱有因",《俱舍论》卷六说:"若法更互为士用果,彼法更互为俱有因……如四大种,更互相望为俱有因。如是诸相与所相法、心与心随转,亦更互为因。是则俱有因由互为果遍摄有为法,如其所应。"那么,

什么叫"士用果"？"若法因彼势力所生,即说此法名士用果……士用果名,唯对作者。"就是说,事物的生起,都不是一种因素所成,凡对某一事物的生起共同形成势力的诸多因素,相互间名"俱有因";由此多因素生成的某物,就是"士用果"。《俱舍论》卷七中,以"四大"和四大所造色的关系为例,"'大'于'所造'能为五因……谓生、依、立、持、养别故";此五因都属"能作因"范畴,"是能作因之差别"。此中"从彼起故,说为生因;生已随逐大种转故,如依师等,说为依因;能任持故,如壁持画,说为立因;不断因故,说为持因;增长因故,说为养因。如是则显'大'与'所造'为起、变、持、住、长因性"。其中"诸大种更互相望",就包括"俱有因";"诸所造色自互相望"的"俱有因",则指"随心转身语二业,非余造色"。

《入阿毗达磨论》卷二中的解释,比较简明:"由此势力彼得生故,此名士用,彼名为果。""此"有势力,能生"彼"果,此势力即名"士用",所生彼果,则名"士用果"。但是,具有生果势力的因素,并不限于"俱有因";因此,此论对俱有因作了这样的定义:"诸有为法更互为果,或同一果,名俱有因",例如诸商人,"更相助力,能过险路,是俱有因"。诸商人于过险路而言,更互助力而形成合力,就是俱有因,或相互之间,则是互为俱有因,亦互为果。

关于"同类因":指同类事物代代相生中,前类为后类作同类因,故《入阿毗达磨论》卷二中说:"如种子法,与后相似为同类因。"豆种即是生豆的同类因。《大毗婆沙论》卷一八谓:"种类等义是同类义,界地等义……部类等义,是同类义。"佛教使用这个概念主要是解释三世因果的,所以此论又说:"此同类因,唯通过去现在二世,有等流果。"由同类因所结之果名"等流果"。据此《俱舍论》卷六定义说:"相似法与相似法为同类因。谓善五蕴与善五蕴展转相望为同类因,染污与染污、无记与无记五蕴相望,应知亦尔。"过去世是好人,是现在世成为好人的同类因;现在世是不善人,就给未来世成为不善人作同类因。

关于"相应因":指心理活动中有相应关系的诸现象间存在相互为因

的联系。《大毗婆沙论》卷一六谓:"受与受相应法,为相应因,受相应法与受,为相应因;想、思、触、作意、欲、胜解、念、三摩地、慧,与慧相应法为相应因,慧相应法与慧为相应因,是谓相应因。"例如受以领纳为性,苦乐等是受相应法;领纳即与苦乐等相应,两者形成互为相应因的关系。至《俱舍论》卷六则把相应因仅限于解释心与心的关系,故曰:"唯心、心所是相应因","由五平等(指心与心所在五个方面完全一致)共相应义,立相应因,即如商侣,同受、同作、食等事业,其中阙一,皆不相应"。《入阿毗达磨论》卷二则吸收了这两种说法,谓:"心、心所法展转相应,同取一境,名相应因;如心与受等,受等与受等,受等复与心,各除其自性。"

关于"遍行因":即是上述"同类因"中专用于解释染污心理的部分。是故《俱舍论》卷六中说:"前已生遍行诸法,与后同地染污诸法为遍行因……此与染法为通因,故同类因外更别建立,亦为余部染法因故,由此势力余部烦恼及彼眷属亦生长故。"

关于"异熟因":特指决定来生果报的种种思想行为,其所招果报名"异熟果",或略称"异熟",是解释三世轮回、业报法则最重要的概念。

按佛教通义,"业"的性质有三:善、不善和无记,其中能够作异熟因的,唯有善不善业,是故《俱舍论》卷六谓:"异熟因:不善及善,唯有漏。"为什么"无记"不能作异熟因? 答曰:"由力劣故,如朽败种。"为什么唯有漏,而"无漏"不招异熟? 答曰:"无'爱'润故,如贞实种,无水润沃。"属有漏的思想行为,必定有对三界的"爱";无"爱"就不会流注于三界,也就不会受业报法则支配。至于为什么此能招致三界果报的因名为"异熟因",《大毗婆沙论》卷二〇释曰:"异类而熟,是异熟义。谓善不善因以无记为果;果是熟义。"意谓"因"有善不善,"果"只是接受业报的事实,本身不具道德属性。例如作恶多端者要下地狱,但地狱本身并非恶行。这个解释极有意义,说明人的家庭出身固然有贫富贵贱的差别,但都与生者现实的道德品行无关,在生活的起点上,众生平等;此后的前途,决定于对当前的把握。

这样,异熟因与同类因之种瓜得瓜、种豆得豆的业报思想差不多,但据《俱舍论》卷六中的解释,两者还是不同的:"同类因就'位'建立,未来非有;若异熟因就'相'建立,未来非无。"就是说,未来世不可能有同类因,如有,则其所引果报就没有下落了(不在三世的位次中);异熟因则否,它是以异熟之"相"表明,必定要招致相应的果报为特性,所以即使未来世也必然存在。

3. 关于"五果"

"因"相对于"果"言,就"果"而言"因"。因此,对因、果的理解,不能孤立地脱离两者的关系去观察。与上述"六因"相对的是"五果",即等流果、异熟果、离系果、士用果、增上果。这里主要按《大毗婆沙论》卷一二一的解释:

所谓"等流果",即:"善生善,不善生不善,无记生无记。"此由"同类因"和"遍行因"所得:"此二因,果皆似因故。"(《俱舍论》卷六)

所谓"异熟果":"谓诸不善、有漏善法所招'异熟'——因是善恶,果唯无记;异类而熟,故立异熟名。"异熟即果报。过去诸行有善有恶,现在得生,无善无恶;现在世高官厚禄,未来世可能做牛做马,都是"异类而熟"。此果由"异熟因"得。

所谓"离系果",指离诸烦恼系缚,从三界轮回中解脱的果报。导致这一果报的是"无间道断诸烦恼"。此中的"无间道"指证得四谛与断灭烦恼并行,证灭均是直观性质,不容语言概念的中介间隔。由于修此道者,是经过多种努力才得以实现,有多重含义,故亦用多种"果"名解说:"以烦恼等断,为'离系果'及'士用果';以解脱道,为'等流果'及'士用果';以后等胜自类诸道,为'等流果'",如此等等。

所谓"士用果":"若法由彼士用故成,此法说为彼士用果。""士用"的本义指人力所为,人功所成,泛指事物得以生成的所有作用。

所谓"增上果":"若法由彼增上所起,当知此法是彼增上及增上果;是余增上非增上果。"一切有为法对于某法的生成,都有"增上"的作用,但对某法言，有些只起一般的增上作用，有的却同时又是增上之果。举例说："后生诸法，是前法增上及增上果，前生诸法，是后法增上，非增上果。"

由如上六因五果构成复杂的因果关系。其中的问题之一是，这些因果关系是同时发生的还是前后发生的？是"同时因果"还是"前后因果"？《俱舍论》主张，两者都有；经部认为，唯有前后，不能同时。论本卷六记经部质问有部之说谓："诸世间种等、芽等极成因果相生事中，未见如斯同时因果，故今应说，云何俱起诸法聚中有因果义？"有部答道："岂不现见灯焰灯明？芽、影同时亦为因果。"因为"若此有无、彼随有无者，此定为因，彼定为果。俱有法中，一有一切有，一无一切无，理成因果"。经部难曰："此应详辩：为即灯焰与明为因，为由前生因缘和合焰明俱起？余物障光明而有影现，如何说此影用芽为因……俱起因果，理且可然，如何可言互为因果……若谓如三杖互相依住，如是俱有法因果义成——此应思维：如是三杖，为由俱起相依力住，为由前生因缘合力令彼三杖俱起住耶？又，于彼中亦有别物绳、钩、地等，连持令住。"

所谓前因后果，大家都能理解；但说俱时因果、互为因果，一般不易理解。三杖互相依住，就是一个很好的例证：三杖之所以能够支住，是三杖共同相依的结果；而只有这样的结果，才能使三杖相依，于是果成了因；处于相依关系中的三杖，则各以其余两方为条件，也是一种互为因果。这样，因果的范畴扩大了，泛化了，以至把处于普遍联系中的事物，都可以解释成因果关系；同时也给了普遍联系更紧密、更深层的意义。相对来讲，经部的辩难，近乎诡辩。

有部论述的这些因果的性能特征及其关系，主要在于解释业报轮回、三世因果，旁及从修道出离。此中最重要的是异熟因和异熟果，以及同类因和等流果，这两对因果关系直接与因果轮回有关；具有更普遍意义的，是俱有因和士用果，这对因果突出了人的主体性，即主观创造与其创造物间的因果联系。这些，也都是佛教所说因果律的一些特点。

4. 因缘说的反神创论意义

"六因"、"四缘"构成有部"因缘"说的基本内容,此后佛教文献经常提及的因缘说,尽管还有许多开拓,但大体不出这个范围。佛教为什么特别重视并坚持因缘说?《俱舍论》卷七中有一个总结性解释,文字较长,但对理解有部的宗教哲学特质颇为重要,兹摘要如下:

> 一切世间,唯从如上所说诸因诸缘所起,非自在天、我、胜性等一因所起……又,诸世间非自在等一因所起,次第等故。谓诸世间若自在等一因生者,则应一切俱时而生,非次第起;现见诸法次第而生,故知定非一因所起。

此下乃破大自在天创世说:

> 彼"自在"作大功力生诸世间,得何义利?若为发喜生诸世间,此喜离余方便不发,是则"自在"于发喜中既必待余,应非自在;于喜既尔,余亦应然,差别因缘不可得故。或若自在生地狱等无量苦具,逼害有情,为见如斯,发生自喜,咄哉,何用此自在为!……若信受一切世间唯"自在天"一因所起,则为谁拨现见世间所余因缘人功等事;若言"自在"待余因缘助发功能,方成因者,但是朋敬"自在天"言,离所余因缘不见别用故。或彼"自在"要余因缘助方能生,应非自在。若执初起"自在"为因,余后续生待余因者,则初所起不待余因,应无始成,犹如"自在"。

同样道理,也适应"我"与"胜性"等,"故无有法唯一因生……彼彼生中,别别造业,自受异熟及士用果,而妄计有'自在'等因"。

总的意思是为了与婆罗门教等"外道"划清界限:用多因多缘论,反对任何形式的"一因论"。其中对"自在天"的创世、造人说,具有批驳一神论的普遍意义。在世界三大宗教中,其他两种宗教都是一神论者:世界和人都是由唯一的真神所创造,同时主宰着世界和人的命运。佛教主张三界五道或六道,经籍里充塞着种种天人鬼神,包括"自在天"在内,都被认为是世间存在,所以很像是多神论者,但是,最重要的是,所有天神和鬼魔,都被划在三界轮回范围,受制于因果律的支配,没有例外;在业报法则面前,一律平等,谁也不享有特权,更没有创造世界万有和决定人的命运的能力。在现世可能是猪狗的,未来世就可能成为天神,而过去世可能是天神的,现在也在与猪狗为伍。"自作自受"是不可动摇、不可转移、不能消灭的铁律;在这铁律面前,谁也帮不上忙,连佛也无能为力。佛是觉者、智者,他自己觉悟到了真理,又把这真理传播给众生,让众生自己去选择和认取,所以被称为"一切智者"、"人天师",众生"眼目",但从来没有自封为"万能的主",甚至连"救世主"的称呼都没有。俗语所谓"解铃还须系铃人",他人无法代庖。早期佛教没有偶像崇拜,反对为佛造像,主要原因就在于佛陀的教义不主张把他神化为造物主和救世主,而冲击和损害他的反婆罗门立场和特定的因缘学说。

为佛造像以及由此带来的偶像崇拜,有可能是伴同大乘的兴起而产生的,但大乘的一些经文仍然一再说明,佛像和对佛像的膜拜,只是为了满足信徒对佛崇敬的需要,以及通过这种崇敬,便于净化自己的心灵,而不认为冥冥中真的有一个法力无边、可以满足任何信众任何祈求的佛的存在。因此,每个人心目中的佛,也都是自造的,各人拥有自己的佛;同一信仰佛教的各个国家和民族,他们所造的佛像就是形象各异的。《大智度论》里说,佛有三十二相,其实是为适应古印度人对于超人的想象所创造的;其中有一项叫"长舌相",在中国的传统里,就不是一个庄严美好的象征,所以此论认为中国佛教在描述佛的相好中,就不一定采用。有一部《般舟三昧经》,中国佛教多把它视为讲"净土"的经典,事实上是要求通过行者的主观经验去体认佛即在个人的幻觉里,否认佛是作为神的真实存在。

相对于其他世界性宗教,佛教的信仰体系很杂,尤其是大乘佛教,就含有救苦救难、赏善罚恶、推崇救世主的宗教倾向,以至于出现了许多相关的经籍,创造了许多干预人事的菩萨和鬼神,但这不是文化层面的主流,而多半源于民间信仰,虽然亦为佛教知识界所承认,但也不认为是"胜义"。

所以总体说,佛教的因缘理论,原则上否定并取代了一神论的创世说。有学者把佛教最重要的特征归结为"缘起"说,正是与一神论神学作比较得出的结论。西方的一些学者把佛教理解为一种"无神论"的宗教,也是从与西方的一神论宗教的比较中作出的判断。从西方的一神论宗教看,"神"只能是唯一的,而且是创世和造人,并始终主宰着世界和人的命运,包括最终审判的超自然力量。

《俱舍论》的上述议论,对认识一神论,至今还有参考价值。其中:

第一,一神创世说,与人们的日常经验相矛盾:假若世界事物都由一神所生,应该是一次性完成,同时而生;但人们现见的是,有先有后,次第而生,是一种发展,而不是一次生成。

第二,一神创世造人,是为了给人们幸福还是不幸？如果是为了给众生带来幸福,可现见的事实是,离开人们的自我努力和创造,幸福不可能到来,说明这神并不"自在"(万能);如果这神制造地狱等苦难,只是为了从众生的苦难中得到他自己的快乐,那么,人们信仰这样的神干什么。

第三,如果世界一切都是这唯一神的决定,那就是毁谤人的主体功能,否认人的主观努力;假若承认人的活动还具有创造因缘条件以辅助神力的实现,则是对这唯一的神过于迷信的表现,因为世界事物,除了因缘条件之外,再也没有其他势力存在的必要。例如庄稼,没有种子、土地、水肥等因缘条件,就不会结果;如果没有人工的精心耕耘和管理,就不会有好的收成。如果没有这种种因缘作用,那唯一的"因"有"势力"办成这些世间的事业么？ 如果有了这种种因缘作用,世间事业就可以办成,那唯一的"神"还有什么用,他的势力表现在哪里？

照《大毗婆沙论》卷二○的解释,有部主张因缘说的目的,在于"显诸法生灭,无不由因",世上没有无因而存在的事物,既不能无因生,也不能无因灭;生灭都有其自身的因果关系,所以要把握任何具体事物及其生灭规律,必须从他们的因果联系中着眼。这种观点,具有更普遍的价值。

二、"生"、"得"与"根"、"业"和它们在缘起中的功能

总上所说,"一切有为法"的法体"自性"是永存的,不变的,按《大毗婆沙论》卷二一的规定:"诸法实体,恒无转变,非因果故。"它们自己不是因果,也不受因果律制约。令这些"实体"得以实现其"作用",因而成为现实,受制于因果律的,是"六因"、"四缘"。然而"因缘"之作为事物间的"作用",其永恒性和不变性,与其他实有的法体没有区别,所以《大毗婆沙论》卷一六谓:"显示因缘,若性若相,皆是实有。"某事物之所以能够为余事物作因作缘,是因为事物具有"因性";像"异熟因","果虽已熟,其体犹有",因为"因性"也是"实体"。然而同样,作为因性的实体,若要成为现实,也在于能够发生实际的作用。按毗婆沙的说法,作为实体的"因性",也只是种类和概念性的存在;如果要发挥实际的因缘功能,实体因性必须行在"作用"的位次上。

这样,"法体"有了,"因性"有了,但要令诸法得以成为现实,让一般、种族生产出个别、个体来,还缺少一个重要环节,那就是"生"。任何事物要成为现实的,首先需要的是"生",需要"生"于这个现实的世界,然后才能有所发展变化,否则只能停留在逻辑的存在层,或干脆是"无"。

1. "生":事物变化之因

令事物得以产生或发生的是"生"。这个"生"也是一种恒有的"法相"、"法体",亦即概念。加进了"生"的"作用",事物才能产生出来。譬如人,人只有生到这个世间,才有人的一切,才是活生生的现实的人。人之所以得生,就是在因缘的作用下,导致了与"生"这一法体的结合实现的。

"生"是"有为四相"的第一相,余下的"住、异、灭"三相,与"生"一样,也是"实体"。《俱舍论》卷五颂曰:"'相'谓诸有为,生、住、异、灭性。"继之解释说:"由此四种是有为相法。若有此应是有为,与此相违是无为

法。此于诸法,能起名生,能安名住,能衰名异,能坏名灭。性是体义。"这是关于有为四相的完整定义,它的理论特点,是把"四有为相"确定为能使事物生灭变化的四种"实体"。这种实体具有的作用力,是令诸行"三世流迁":"谓彼诸行'生力'所迁,令(法)从未来流入现在,'异'及'灭'相力所迁迫,令从现在流入过去,令其衰异及坏灭故。"

因此,事物的运动变迁,不是存在于事物自身中,不是事物自身的属性,而是独立于事物之外的"有为四相"所给予、所推动的。这一思想与有部的整体理论完全一致,但从常识看却很怪异,所以佛教内部的质疑声也频频发生。最常见的是,此"有为四相"属无为法还是有为法?无为法无生无灭,与有为相矛盾,故不可能属无为法;如果属有为法,"应更别有生等四相",即"生相"还须别一个"生相力"令其得生;住异灭等相,亦复如此。但这样一来,则生生、住住,导致无穷,最终使有为相成为不起作用。

针对这种问难,有部论师答道:"诸行有为由四本相,本相有为由四随相……四本四随,于八、于一功能别。"意谓一切有为法,是由生住异灭四相生成的,此四相称为"四本相";这四本相之所以成为"有为相",又因为另一组生住异灭给予的功能,此四有为相名"四随相",所谓生生、住住、异异、灭灭;"四本"、"四随"总成"八法";其中"四种本相一一皆于八法有用,四种随相一一皆于一法有用……谓法生时,并其自体九法俱起;自体为一相,随相八。本相中'生',除其自性生余八法;随相'生生',于九法内唯生'本生'"。简言之,"生生"生"生";而"生"不但能生"生生",且能生"住、异、灭"以及"住住、异异、灭灭"和法自体(即某一特定的有为法)。如此解释,即可避免无穷过。依此类推,住、异、灭也是这样。

经部对此说大不以为然,斥之曰:"何缘如是分析虚空!非'生'等相有'实法体'如所分别。所以者何?无定量故。谓此诸相非如色等有定现、比,或至教量证体实有。"意谓"生"等并非"实体",因为作为实体,不论在逻辑上还是从圣教上,都得不到证明。依经部的理解:"诸行相续,初起名生,终尽位中说名为灭;中间相续随转名住,此前后别名住异。"又引颂言:"本无今有'生',相续随转'住',前后别'住异',相续断名'灭'。"经部之所以这样解释,是因为它把"诸行相续"作为人生的历程,生住异灭,是"诸行相续"的表现,而不是离开"相续"别有有为相的存在,所以它一再强调:"有为法本无今有,有已还无,及相续住,即此前后相望别异,此中何用生等别物!"经部坚持的这一观点,叫做"依相续说有为相"。

剩下还有一个大问题:如果"生"能生诸有为法,还要"因缘"起什么作用?这个问题在《大毗婆沙论》中就已经提了出来,其卷三九载:"问:诸行起时,除其自性,余有为法皆有作用,能生此法,何故唯说'生'能生此法耶?答:诸行起时,'生'正能生,余但佐助,故但说'生'能生此法。如女产时,虽有诸女而为佐助,母正生故,独名产者。"其中的"佐助",对此法之生,即是"余缘"。"若无余缘,法不生故";但"虽有余缘,而生最胜……如但说'生'能生此法,故名生相;住、异、灭相,应知亦然"。

经部认为,有了因缘法即可解释"生","生"源自因缘和合,用不着在因缘之外再找一个"生"的实物来。《俱舍论》显然是倾向于经部意见的,但依旧引有部的传统观点为其作辩:"生能生所生,非离因缘合……非离所余因缘和合、唯生相力能生所生……生相若无,应无生觉。"(卷五)对此,经部师批驳道:"若尔,我等唯见因缘有生功能,无别生相:有因缘合,诸法即生;无即不生,何劳生相? 故知唯有因缘力起……生等唯是假立,无别实物,为了诸行本无今有,假立为生。如是本无今有生相,依色等法,种类众多,为简所余,说……色之生、受之生等。"——这"之生"之"生",不是动词,而是名词;而名词,依有部的理解,就是法体。

有部主张的有为相"实有"之说,在《入阿毗达磨论》卷二中另有解释,那就是用"内因力"和"外因力"说明"生相"与其余"因缘"的关系:"诸法生时,有内因力令彼获得各别功能;即此内因,说为'生相'。谓法生因,总有两种:一内二外;内谓生相,外谓六因或四缘性。若无生相,诸有为法应如虚空等,虽具外因缘,亦无生义。"这一观点把"生相"作为事物得生的内因,将其余因缘作为得生的外因,两者并列为"生因"。这看似是上述《大毗婆沙论》说的延伸,实际上更趋合理:其中作为"生因"的"内因",可以相当于事物得以生成的内在根据,而它的"外因",则是生成的外部条件。

有"生"必有"灭",这是"无常"的基本含义。有部将其提升为一个原理,即"灭不待因":"生"需要"因","灭"不需要"因";并用一个新的概念来表达,叫"刹那灭"。《俱舍论》卷一三在讨论"身表业"(即人身的举止行为)的性质时,介绍了两种不同的意见:一种是有部的,它以"思力"别起的"身形"为身表业;另一种是正量部的,它以"身动"、"行动"为身表业。有部为破正量部之说,而"说'非行动',以一切有为皆有'刹那'故。'刹那'何谓?得体无间灭;有此刹那法,名'有刹那',如有杖人名为有杖。诸有为法才得自体,从此无间必灭归无。若此处生,即此处灭,无容从此转至余方,故不可言'动'名身表"。"刹那"相当于瞬间,是表示最短的时间单位,它的定义是"得体无间灭"。有部也把它视为独立的实体;只要事物感得这"刹那"体,也必定"无间灭无"。一切有为法都是"有刹那",只要这法产生,在刹那的作用下,也就立即灭无;在生与灭之间,没有过程,不容间隔,因此也不会有"动";不论是行动还是运动,任何动都是不可能的,因为"动"即意味着从此方转至余方,违背了"得体"、"必灭归无"的原理。接着继续讨论:

正量部问:"若有为法皆有刹那,不至余方,义可成立?"答:"诸有为法皆有刹那,其理极成,后必尽故。谓有为法灭不待因。所以者何?待因谓果;灭无非果,故不待因。灭既不待因,才生已即灭。若初不灭,后亦应然,以后与初,有性等故。既后有尽,知前有灭;若后有异方可灭者,不应即此而名有异;即此相异,理必不然。"意谓若生之初不即灭无,那么灭无就成为不可能,而这与世俗所见有灭无的事实相违;至于"异",既非是生,亦非是灭,而别有"异"的实法作用所致。

于是正量部再问:"岂不世间现见薪等由与火合,故致灭无?定无余量过现量者,故非法灭皆不待因。"有部质疑:"如何知薪等由火合故灭?"正量部答:"以薪等火合后便不见故。"有部乃驳曰:"应共审思如是薪等为由火合灭故不见,(为)前前薪等生已自灭,后不更生,无故不见?如风手合、灯焰、铃声。故此义成,应由比量。何谓比量?谓如前说,灭无非果,故不待因。又,若待因,薪等方灭,应一切灭无不待因,如生待因,无无因者,然世现见觉、焰、音声不待余因,刹那自灭,故薪等灭亦不待因。"意思很简单:正量部认为灭亦待因,例如薪之灭无,是因为着火造成的;有部认为,这是前薪生已的自灭,一直自灭到后不更生,例如灯焰的自燃而至灭、声波由大至小的自行消失,均是灭不待因。

此外《俱舍论》卷一三中还有一个观点,用以论证"灭不待因",那就是"无"不能为"因":"有执灯焰灭以住'无'为因;有执焰灭时,由法非法力。彼俱非理。'无'非因故……故无有因令诸法灭,法自然灭,是坏性故。自然灭故,才生即灭;由才生即灭,刹那灭义成。有刹那故,定无行动。然于无间异方生中,如烧草焰行,起行增上慢。既有斯理,行动定无;身表是形,理得成立……毗婆沙师说,形是实,故身表业形色为体。"此处强调,"身表业"是"思"的物化为"形"的反映,本质是"形色",而不是肢体的"行动"。这也可以称为"物不迁论"。

《顺正理论》坚持"刹那灭"的主张,但不完全同意《俱舍论》的解释,其卷三二谓,"时"之极少者名"刹那",如"壮士一弹指时",所经已有六十五刹那,可知其短。据此反对把"得体无间灭"为一刹那量,所谓"众缘合时法得自体顷。如是所释,理不极成。应审:法生前,体为有、非有?对法者(论师)说,众缘合时诸法得生,非得自体;未生诸法已有体故。法体已有,何用复生?众缘合时,体虽已有,而能令彼至牵果位、起胜作用,故说为'生';至现已'生',正能牵果;牵果用息,说为过去"。这个解释注重于坚持"三世实有"的基本立场:既然"法体恒有",何来法体复"生"?"生"本身作为实物,对已有的法体只令其至"牵果位"——即转变为现实性,令无力自生的法体得以产生。此处所谓"牵果位",意指法体在"因

593

缘"力量的牵动下,至于"生"的参与而使其开始向果报转变。就此而言,《顺正理论》坚持的"三世实有论",更加前后一贯。

与此同时,《顺正理论》也反对"灭不待因"之说:"无法"不但能为"因",亦能为"果"。理由很简单:必"有"为先,后方"无"故。没有"有",何来"无"?如何不许是果有因?

"刹那灭"是佛教运动理论中的一个重要命题,这与其另一个命题"相续"相应,可以构成一对哲学范畴,同希腊诡辩学派确立的"飞矢不动"命题中"动"与"不动"的关系,进行比较研究,此处从略。

2."得":身心得以成就之因

以上仅就一般事物而言"生";但作为具有种种特性的"有情"之"生",不是被动的,而是主动的,是自己争得的,此称为"得"。《法蕴足论》卷六说:"生,谓彼诸有情类,即于彼彼有情聚中,诸生等生、趣入、出现,蕴得、界得、处得,诸蕴生、命根起,总名为生。"现实有情之生都是具体的,按五道轮回,趣入哪道,出生于什么种姓,最后都反映在该有情所得的"蕴、处、界"性质及其和合而成的"五蕴"和生命体上。因此,"得"就是造就有情特性的直接原因;相反,未获得这些特性,就叫"非得"。

"得"与"非得"也是一类"实物",依《俱舍论》卷四中的定义:"得谓获、成就,非得此相违……得有二种;一者,未得、已失今获;二者,得已不失,成就。"因此,"得"显示的是有情自身对于善、恶、无记以及择灭、非择灭等法的主动选择和获取,拒绝选择或不获取、未获取的,就是"非得"。所以有所"得",同时意味着有所不得,即"非得",所谓"得非得相翻而立,故诸有得者,亦有非得"。譬如某人行某一善事,就会感得与之相应善法性于自身,成就为自身的心性和形体。此中法性是既有的,永恒的;令这些法性构成为某人品德和遭遇的组成成分,即是"得"的作用;在"得"这善法性的同时,于某恶法性则为"非得"。

按照常识,"得"与"生"等一样,都应该是动词;"生"等表示一般事物运动,"得"等表示有情的行为,如果离开它们的主词,都不应该独立自存。有部说"生"等是可以离开主词的别一种实物,已经受到了经部的多方问难,关于"得"等也是如此:"何缘知有别物名得……谓于差别为建立因。所以者何?若无有得,异生、圣者起世俗心,应无异生及诸圣者建立差别。"(《俱舍论》卷四)意思是说,非佛教徒与佛教圣者都可以有世俗心,将这两者区别开来的,在于圣者已经断惑而"成就"了"圣性",于"异生性"则为"非得";"异生"则未断烦恼,没有成就"圣性",而于"异生性"为"得"。因此,两者虽然同有世俗心,但性质上根本不同。

"得"的概念实来自日常生活习见的现象,《集异门论》卷一八谓:"云何名得?答:若于可爱色声香味触、衣服饮食卧具、病缘医药、资生什物,诸得、别得、已得、当得,是名为得。"把这样的亘贯三世、营养众生的所有"得"抽象化,运用于人的身心构造,解释从凡成圣的原因,就是有部所谓"得"的根源。但也由此可见,有部强调,人的所有形象,包括外在的形体、内在的品格,都不是固有的、不变的,而是外加的,自外"得"来、自我成就的,所以也是可变的:行于世俗者成为凡人;修于圣性,就是圣者。对"得"的这一解释,与有部主张的缘起论,反对心性本净和心性不变的整体思想是吻合的。

经部并不否定圣者与俗人的差别,而驳斥有部将"得"与"非得"视为别有"实物":"所执得'无体'可知,如色声等,或贪瞋等;'无用'可知,如眼耳等,故无容有别物名'得'……若谓此'得'亦有作用,谓作所得诸法生因,是则'无为'应无有得。"(《俱舍论》卷四)通过这方面的论述,经部也把自己的基本思想阐述得比较清楚。

《俱舍论》卷四中所记以下经部之说,应该是经部重要的哲学观点:

> 善法有二:一者不由功力修得,二者要由功力修得,即名"生得"及"加行得"。不由功力而修得者,若所依中"种"未被损,名为成就;若所依中"种"已被损,名不成就。谓断善者,由邪见力损所依中善根种子,应知名断;非所依中善根种子毕竟被害,说名为断。要由功

力而修得者,若所依中彼法已起,生彼功力自在无损,说名成就;与此相违,名不成就。如是二种,亦假非实。故所依中唯有种子未拔、未损、增长自在,于如是位立成就名,无有别物。此中何法名为种子?谓"名"与"色"于生自果所有展转邻近"功能";此由相续"转变"差别。何名"转变"?谓相续中前后异性。何名"相续"?谓因果性三世诸行。何名"差别"?谓有无间生果功能……如是"成就"遍一切"种",唯假非实;唯遮于此,名"不成就",亦假非实。

此文有四个重点。第一,区分"得"与"非得"为两大类:一是"生得",即承认人有与生俱来的身份品格;二是"加行得":指经后天主观努力获得的身份品格。这同有部有意或无意地拒绝讨论先天人性问题有极大的差别。第二,不论先天或是后天,人的身份品德都与"种子"有关,都体现在"种子"上。什么是"种子"?按这里的定义:"种子"是产生自己果实的"功能";人的身份品德,总不外是物质和精神的组合,所以作为人的种子,就是"色"与"名"。色与名千差万别,作为种子,也只能各自"于生自果"产生作用。把"种子"升华为哲学概念,是佛教哲学上的一件大事,或许就是经部的创造。第三,此中把"相续"界定为"种子"的"因果性三世诸行":今世善行,未来世获善果;今世的善报,来自过去世的善行;恶行恶报,亦复如此,都是善恶"种子"于生自果相续过程转变差别的反映。因此,业报的主体实际上归结到了"种子"上。第四,能够包容一切的色、心和负荷相续功能的种子,存在于何处?回答是"所依";那么,"所依"又是什么?经部这里没有明文解释,瑜伽行派即说为"阿赖耶识":阿赖耶识与种子不一不异。质言之,经部的"所依",已经含有"阿赖耶识"的意思。

简单说来,"得"与"非得"就是"诸行"是否已经作为"种子"于"相续"中存在。如果是,就是"得",否则就是"非得";但种子不是永恒不变的"实物",只是诸行于"相续"中的生果"功能",可成可坏,所以"是假非实"。当然,这些说法得不到有部的赞同。

3. "根": "有情"得以成就及其流转、还灭的条件

在"俱舍论"的《界品》里，"界"是作"因"解的；在所列十八界中，眼、耳、鼻、身、意等所谓内六处，亦在其中，到了它的《分别根品》则改称"六根"。这样的"根"，显然也具有作因的性能，共计六类二十二种，总称二十二根。该论卷三对它们的分类和内容作了这样一个概括：

> 眼等六根……是有情本；此相差别，由女、男根；复由命根，此一期住；此成杂染，由五受根；此净资粮，由信等五；此成清净，由后三根。由此立根，事皆究竟。

此中"眼等六根"是"有情"的本质规定，所以列在诸根之首。有情间最大的差别是男女，决定这两性差别的是"男女二根"。有情各有自己的寿命，此寿命期限由"命根"决定。有情之所以发生杂染烦恼，流转生死，是因为具有领纳身心苦乐的感受，此等感受，源自苦、乐、喜、忧、舍等"五受根"。有情之所以会摆脱杂染世界，趋向清净涅槃，是因为具有信、精进、念、定、慧等作"净资粮"的"信等五根"，以及所谓"三无漏根"的"未知当知根"、"已知根"和"俱知根"。

《俱舍论》卷三同时还介绍了对此二十二根的另一种解释，是"约流转、还灭立二十二根"——"流转"指生死轮回，"还灭"指修道涅槃。其实，上说也是以此为标准去解释"根"的分类和意义的，不同的在于，上说突出的是有情本位；有情既是流转的主体，也是还灭的主体，而后者强调的"流转所依谓眼等六；生由女男，从彼生故"，言下之意，只有灭除六根和男女差别才可能趋向还灭。《俱舍论》不取此说，显然是不赞同的。

《俱舍论》用了五卷的篇幅讨论二十二根及其相关的问题，由此可见"根"在有部体系中的分量。具体事项这里不谈了，关键是，"根"是什么？卷三的定义为："最胜、自在、光显名根，由此总成根增上义。"其中，对二十二事起"增上"作用，是根的基础含义。但它不是一般增上缘的增上，而是增上缘中具有最胜、自在和光现的那一特殊种类。《五事毗婆沙论》

的解说是:"增上最胜、现见光明、喜观妙等,皆是根义……谓增上缘有胜有劣,当知胜者建立为根。"以眼耳鼻舌身等五根为例:"五根各于四事增上,一庄严身,二导养身,三生识等,四不共事。"它们的共性是"自在",即不受其他因素的制约,按其根性各自发挥各自的作用;其不共性,即是相互区别,办事不同。如眼生眼识、男根成男、喜根生喜,信根起信等等,如是诸根就是形成有情及其生死和出离的内在根据。

简言之,"根"就是形成有情自身及其品性和行为的内在根据。这些根据,按有部观点,也应该是外铄的;但一旦为有情牢固地具有,那就成了支配有情及其活动的内部力量,也就构成了"缘起"的必要条件。

4."业力":缘起的现实环节

这样,一切都具备了:一切法实有,因缘实有,生灭实有,成就实有,根据也是实有。一切元素都是现成的,那么,世界事物是否就可以产生,具备特定身份和品格的人,是否就可以降生下来,在现实中存活起来?这还是不行。这其中缺乏的是将所有这些有关元素连结和合成一个具体的整体生命的力量。这个力量,就是"业","业"是连结相关元素生成世界万有的根本力量。所以《俱舍论》卷一三在分别介绍了"有情世间及器世间"的种种差别之后,问:"如是差别由谁而生? 颂曰:世别由业生,思及思所作;思即是意业,所作谓身、语。"

此处解释的"业",突出的是"思",即意识的作用。"身"的行为、"语"的音声,虽然都是"业",但它们的内容是由"思"规定的,它们的表现是由"思"支配的,所以也叫做"思所作",是思的产物。人们通常也说,思想支配行动;这个思想和思想支配的言语和行动,就是"业"。

"业"有双重功能:其一是感召,即将上述本已存在的相关法体,招集并统一于业者,形成业者的各种品德和生活环境,就此或名"业感";其二是牵引,即牵引生产出相应的果报来,就此或名"感果"。这两者表达的是一回事,说明有情及其所处的世界,都是基于"思"和"思所作"招致相关元素,自我构造的结果。业的这种感召和牵引功能,是一种不可阻遏的力量,一旦形成,不论可能经过多少迂回曲折,总得实现;若不得果,决不消失。业的这种引果功能,就是"业力"。问题是,同样是"业"所生,为什么"郁金旃、旃檀等甚可爱乐,而内身形等与彼相违"?《俱舍论》卷一三回答:"以诸有情业类如是:若造杂业,感内身形,于九疮门常流不净;为对治彼,感外具生色香味触甚可爱乐。诸天众等造纯净业,故彼所招,二事俱妙。"此处所"感""召"的,是有情及其环境统一的整体,而实际的完成,则需要通过感召一个一个具体的法体才能实现。

关于这方面的问题,我们已经介绍过很多,此处再看看有部其他论著的说法。

《品类足论》卷六定义"业法","谓身、语业及思"。此处把"身、语"列在第一位,思在最后。这同《俱舍论》把思想放在统率地位,用思想统一人的全部活动,含义不同。古典有部更看重表现于外、能够直接产生后果的言论和行动;内在的意识只要不转化为实际行动,在业的分类里,只能占末位。人们通常说,想的和做的不一样,或者说,动机和效果不一致,都属于这一类:思想归思想,行为归行为,两者不能完全划一。实际上,人的思想与其行为有时一致,有时不一致,两种情况都有。离开表现于外的行为,思想就是不可理解,不可琢磨的;但若认为显示于外的行为一定就是真实思想的反映,那也容易为假象所蒙蔽。新旧有部的不同说法,客观上反映了人的内在思想与其外在表现的复杂性。

此外,《品类足论》又划出了一个与"业"没有必然联系的区域,所谓"业不相应法"。"业不相应法云何?谓若法,思不相应。此复云何?谓色及思心不相应行、无为。"这也很重要,凡与"思"不相应的事物就不是业,也就是说,业必须经过思。此中首先是色,即物质世界,与业没有直接联系,这也说明,色并不以"思"为转移,也不是思所作;色的性质至少应该与"无为"相近,不受主体精神左右。这种观点《俱舍论》中不载;倒是相反,上述说法明确表明,不但"有情世间",即是"器世间"的种种,也是"业"的产物,与业相应。换言之,古典有部尽管坚持的也是业力创世说,但在具体论述中,却不总是那么自觉,反而把物质世界看做是不依人的思想行为为转移的客观实在。

《大毗婆沙论》对业另有一套解释,卷一一三中谓:

> 由三义故,说名为业。一作用故,二持法式故,三分别果故。作用故者,谓即作用,说名为业;持法式者,谓能任持七众法式;分别果者,谓能分别爱非爱果。

这里所谓的业,全是从有情的主动作为上立论的,主动作为的功能和结果不一样,所以用"三义"作解。其中"作用"可以说是业的本质属性;"持法式"的"法式",可以简单理解为生活方式,业具有保持既定生活方式的功能,作什么业,就必定保持这些业所造就的生活方式而不遗弃和丢失;所谓"分别果",指业也有把善恶行为所造的不同果报给以实现的意思,"业"有善有恶,果则有"爱、非爱"。换句话说,"业"是相对于果来说的,从造业到果报的整个过程来定义业,就有这样"三义",也是古典有部强调的重点。

《大毗婆沙论》还记:

> 复有说者,由三义故,说名为业:一有作用故,二有行动故,三有造作故。有作用者,即是语业,如是评论:我当如是如是所作。有行动者,即是身业,虽实无动,如往余方。有造作者,即是意业,造作前二。由此义故,说名为业。(卷一一三)

此说似无新意,可注意的是它对身业的解释:身业就是"有行动,虽实无动",说身业即是身的行动,很好理解;但为什么又是"无动"? 这涉及一个很重要的理论问题:有部主张"刹那灭",即生即灭,灭不待因,而"动"则表示由此至彼,与刹那灭的观念不能相容,所以说虽有行动而实不动,到了《俱舍论》则干脆放弃了用"动"界说身业,而是用"身形"名"身表业","形"则属色法中的"形色"一类,这又引发了有部同正量部及经部的论争。

佛教关于业的分类还有很多,最重要的是"共业"和"不共业"之分:"不共业"指个别人或部分人所造的业,它决定人的个性和特性,即众生的种种差别相;"共业"指所有众生共同造的业,它决定人的共相,尤其是人们共同所处的自然界。《顺正理论》卷三三中有长文论述:

> 定由有情净、不净业,诸内、外事种种不同。云何知然?见业用故。谓世现见爱、非爱果差别生时,定由业用,如农夫类,由勤正业,有稼穑等,可爱果生;有诸愚夫行盗等业,便招非爱杀缚等果。复见,亦有从初出胎,不由现因,有乐有苦——既见现在要业为先,方能引得爱、非爱果,知前乐、苦必业为先,故非无因,诸内外事自然而有。种种差别又,世现见造善者少,造恶者多,然于世间有情乐少苦多,可得以现见为门,非现见成故。谓世现见造作种种净、不净业为因缘故,便有种种乐、苦果生。

如此如此,举了很多例子证明,因果业报是必然的法则,由此劝告众生,去恶从善,由不净转净。这些说法通俗易懂,从中可以了解,佛教是怎样论证这一法则及其主要根据的。

接下来的问题是:"若诸世间内外差别皆有情业增上所生,何缘钵特摩、嗢钵罗花等色香美妙,非有情身?"答曰:"由诸有情共、不共业所生诸果有差别故。谓诸有情造共净业,生莲花等美妙色香;共不净业生毒刺等。由不共业感有情身,杂思业生,故有净秽,与莲花等不可例同。"此处即把自然界现象,不论可爱或不可爱,通归之于"共业"所致,而所得"有情"身份,则归诸"不共业"。所以不论自然环境还是有情自身,都是"思"及"思所作"的产物,也就是人自己创造自己及其环境。

但是,"业"在创世上的功能,令世间种种差别,有一个大前提,那就是"业"必须蕴含具体的内容:"思"的是什么,说的是什么,做的又是什么。按有部的说法,世间的根源是"烦恼","业"所承载的内容也不出烦恼的范围——如前所说,烦恼与所谓清净一样,都有自身固有的法体。

在现实中,烦恼与业互相依存;业要发生业的功能,必然与烦恼俱;业所生世间差别,实是业所承载的烦恼所致。这种承载着烦恼的业,就构成了现实人物得以生成的"因缘";所谓因缘,也就是"业"所承载的不同烦恼在造就具体人物中表现的不同功能。因此,因缘的实质,就是"业力"在生果功能中产生差别的性能。为了表示这些差别必然要经过主体对既有法体的选择,所以又提炼出"得与非得"以及"二十二根"等,突出因缘之所以会成为因缘,只是对接受它们的主体而言,只对接受它们的主体起作用。否则,法性(法体)、因缘、生、得、根等,它们都只能作为各自独立分散的"实物",即客观元素存在,而不能按因果律将它们联结起来,构成相应的丰富多样的具体人生。

此所谓"业感缘起",即是解释由"业"的感召而使现实的人和物得以生成的一种学说;亦名"爱非爱缘起",意谓由此缘起生成的果报,有的可爱(善报),有的不可爱(恶报),不能超出世间范围。《俱舍论》卷九说:"由是业力,从此舍命,正结当有,此位名'生'。"此处说明人之所以"生",就是由"业"感召的结果,"业力"牵引的结果。

构建在业感缘起理论基础上的因果报应说,是佛教区别于其他宗教和理论的根本特点。从近现代科学的角度看,这些说法当然是荒唐的。不过佛教主要是用来反对一神创世造人和一神主宰人的命运的,让人在神的面前站立起来,把命运交给了人自身,所以不但应该历史地评价,也要具体分析。

仅就因果业报这一学说自身而言,它有难以调和的内在矛盾,也有两重性:当它解释现状时,它是保守的,肯定现存的一切都是必然的,因而也都是合理的;由此还可以导向命定论,抑制人们为改变自己的环境和际遇发挥主动性和创造性,也可以用来解释人们对自己的行为可以不负任何责任;但就其对未来的意义说,它激励个人积极创造,不求天、不尤人,自己塑造自己的形象,自己建造自己的周围环境,自己掌握自己的命运,因而,不但自己要对自己负责,也要对自己行为的社会后果负责。

这两个相互矛盾的方面,构成统一的业报法则、统一的因果律,从而也起着相互矛盾的作用。

但是,不论就哪种作用言,因果业报说都忽略了一个最重要的环节,即人的社会性。人是社会关系的总和,而不是个别的孤存者。人的活动并非可以根据个人的"思"随意而行;人的意志并非绝对自由,就此而言,任何个人都不可能随意地塑造自己,也不可能完全把握自己的命运;他必然受制于他的社会和他的时代,包括其中的许多偶然事件;他可能做的,就是在这些现实允许的条件下,作出有个性的反应,并反作用于这个社会和时代。因此,不论是自认为个人能够对自己的现状负起全部责任,还是要求他人为他人的行为后果负起全部责任,都是片面的。不但对个人的境遇,甚至对个人的品格,都不能完全推到个人身上。以有部为代表的部派佛教,没有注意到个人与社会的关系,没有把人视为社会的人,是一个最大的缺陷。到了大乘阶段,重视了"共业"的作用,这一缺陷得到了一些弥补,但没有本质的变化。

第六节　"二谛"说:"假有"的真实性

有部所说的"有",不论是种族还是共性、概念,都被认为是真实的存在;但是,它们作为元素或模型构造成的现实事物,即因缘所生物,则被视为是虚假的非实在,即所谓"空";"五蕴"是独立的真实存在,由五蕴和合构成的"人"则是虚假的;或作为模型的"人类"是实在的,由这个模型复制的具体的"人",则无自性,本质是"空",正像瓶、衣等物,作为类别是实在的;构成它们的元素,如色香味触也是实在的,但作为现实的具体的存在,则是虚假的,本质是"空"。这种说法就是中国佛教批评的"法有人空"论。

然而这种理论,在实际生活中行不通,与常识距离太远。有部在后来论证"说一切有"中,不得不承认"人、瓶"等也属于"有",尽管只是"假有"，或"施设有"(言说有)，不过这比起判定其为纯粹的空无，已经退让了不少。可如果要使自己方便与社会的沟通，在社会现实中生活和进行传播，还得继续妥协，承认实践和认识面对的实际事物，尤其是人，也是一种真实的存在。有部最终也这样承认了。不过，有部强调，普通民众公认人、瓶等是真实的这种理解，只有世俗意义，是"世俗谛"；有部等佛教哲学界说的真实，是最高真理，叫"胜义谛"。世俗谛和胜义谛，都是真理，但适应范围不同，高低程度不同。由此产生了"二谛"之说。

"二谛"之说，盛行于般若中观，部派佛教也使用这对范畴，不清楚孰先孰后，不过两者的内涵完全不同则非常明显。《大毗婆沙论》和《俱舍论》都有论述，众贤综合这些说法，又针对经部意见加以发挥，在《顺正理论》卷五八中有较详细的表述。

到了众贤这个时代，部派内部对二谛的解释已经发生争论，且集中反映在对"四谛"进行判定上：四谛中哪一谛属于世俗，哪一谛属于胜义？至于对二谛本身的含义，没有分歧。我们这里着重考察的，就是二谛自身的含义。

《顺正理论》记有一个最具代表性的界说，谓：

> 二谛约教有别：谓诸宣说补特伽罗、城、园、林等相应言教，皆世俗摄；此为显示实义为先，非从诳他作意引起，故名为谛。诸有宣说蕴、处、界等相应言教，皆胜义摄；此谓诠辩诸法实相，破坏一合有情想等，能诠真理，故名为谛。(卷五八，下同)

就是说，二谛都属于"言教"中事，"世俗谛"指宣讲有情、园林等复合物为真实的言教，此为世俗所许，而不是故意扯谎；"真谛"指宣辩蕴、处、界等单一性为真实存在的言教，此为"诸法实相"，反映的是真理——按有部观点，有情、瓶衣等，是五蕴、四大等的聚合物，而聚合物即是假有；相反，组成有情、瓶衣的蕴、处、界等元素，则是实有。以假有为真实的言教，即是世俗谛；以实有为实相的言教，即是胜义谛。因此，在"言教"的背后，还包含假有和真有的区别。

所以接下来众贤引了这样一个颂：

> 彼觉破便无，慧析余亦尔，如瓶、水世俗，异此名胜义。

这个颂原出自《俱舍论》卷二二，它的论释曰：

> 若彼物觉，彼破便无，彼物应知名世俗谛，如瓶被破为碎瓦时，瓶觉则无，衣等亦尔；又，若有物以慧析余，彼觉便无，亦是世俗，如水被慧析色等时，水觉则无，火等亦尔——即于彼物未破析时，以世想名施设为彼，施设有故，名为世俗；依世俗理说有瓶等，是实非虚，名世俗谛。若物异此，名胜义谛。谓彼物觉，彼破不无，及慧析余，彼觉仍有，应知彼物名胜义谛，如色等物，碎至极微，或以胜慧析除味等，彼觉恒有。受等亦然。此真实有，故名胜义；依胜义理说有色等，是实非虚，名胜义谛。

这个颂的核心，是为二谛制造了一个知觉的标准：任何事物，经过破析之后，有关它们的知觉随之而无者，这就属于世俗谛；虽经破析，有关它们的知觉依旧存在者，即是胜义谛。可以破析的，只能是"和合物"；人们给和合物安置一个名字，所以是"施设有"，依世俗道理，称之为瓶、衣等，实而不虚，故名世俗谛。不可以破析的，只能是单一性，也就是构成和合物的元素，亦称"胜义有"；依"胜义"肯定有"色"等五蕴，真实不虚，即是"胜义谛"。

众贤的解释与此大略相同："诸和合物"总可以分为两类，"一可以物破为细分，二可以慧析除余法"（《顺正理论》卷五八，下同）。譬喻瓶等和合物，及至破为瓦等细分，人们就不会再有瓶等的知觉，此瓶等在尚未破毁时，俗以为真实，是谓世俗谛。还有一类"和合物"，"虽破为多，彼觉非无"，例如水等；但"若以胜慧析除余法，彼觉方无，亦世俗谛"。水等不论如何破毁至于点滴，仍然可以被知觉；但是，如果从思想上分解，将显示为"水"的色、味、触（湿）等——"析除"，水的知觉也会不再存在。此处的

"瓶"、"水"代表两种不同形式的"和合聚";前者采用"物破",后者采取"慧析",最后都可以使它们不再被当做"瓶"、"水"去知觉,这样的"和合聚",世俗认为真实,故名世俗谛。他的概括,更与《俱舍论》全同:"于彼物未破析时,以世想名施设为彼,施设有故,名为世俗;依世俗理说有瓶等,是实非虚,名世俗谛,如世俗理说为有故。"在这里,世俗谛又被认为是依"世俗理"所说的"有";此"世俗有"又是建立在"世想"和"名"的施设上,所以也称"施设有";但不论哪一种,对于世俗来说,都必须"是实非虚",所以才能称之为"谛"。

关于胜义谛的解释,也是如此:

> 若物异此,名胜义谛。谓彼物觉彼破不无,及慧析余彼觉仍有,名胜义谛,犹如色等。如色等物碎为细分,渐渐破析,乃至极微;或以胜慧,析除味等,彼色等觉如本恒有……此真实有,故名胜义;以一切时体恒有故,依胜义理说有色等,是实非虚,名胜义谛,如胜义理说为有故。

新有部对二谛的诠释,全是来自《俱舍论》。《俱舍论》在讨论"五蕴"的性质时,将五蕴归为"假有";但在解析二谛时,以色、受等五蕴为例,说为胜义有,这显然是矛盾。众贤在这里用《俱舍论》的观点坚持"五蕴实有",恐怕也是对《俱舍论》的一种回击。他把"体恒有"、"一切时恒有"的法称为"真实有",而且即以这一界定命名"胜义"或"胜义理",与《俱舍论》之说即不完全一致。

新有部正是根据这些界定,维护古典有部认五蕴、十二处皆是胜义有的传统观念,反对经部上座以五蕴、十二处为世俗有的主张。如论载:

> 彼(上座)自言,"蕴"唯世俗,所依实物方是胜义;"处"亦如是。"界"唯胜义……彼自说二谛相言:若于多物施设为有,名为世俗;但于一物施设为有,名为胜义。又,细分别所目法时,便失本名,名为世俗;若细分别所目法时,不失本名,名为胜义。

不论是《俱舍论》还是《顺正理论》,对于二谛的区分都使用了同一个标准,即"知觉":析破之后无知觉的是俗谛,有知觉的是胜义。有无知觉变成了真假的试金石。知觉可以称名,无知觉即不可称名,故"名"之有无,也是分别真假的尺度。于是真假问题,就从原来的客观领域转到了主观领域,作为一种哲学,就是向主观唯心论倾斜。其中最值得注意的,是把水、火等四大原作为一切色法元素的客观实在,解释成为可以慧析为色、香、味、触等感觉的复合物,从而定为假法。这是有部对原始佛教的一大改造。

至于众贤,他的最新观念是将"四谛"、"二谛"毕竟应该归于"一谛"。还是《顺正理论》卷五八:"我宗说四(谛)皆胜义;诸世俗谛依胜义理。""四谛"都是"胜义",所以四谛毕竟"一谛";世俗谛依"胜义理"建立,只是"胜义"的语言表达,所以从世俗说"四谛",也是"一谛"。众贤引"世友说言:无倒显义'名',是世俗谛;此名所显'义',是胜义谛。'名'是实物"。这是用"名"与"义"的关系解释"二谛":没有错误的表达四谛义,是世俗谛;没有被错误表达的四谛义,是胜义谛;"名"与"义"是互为依存的关系,所以二谛也不可绝对割裂。又,为强调世俗谛是"有",故说"名是实物";为了避免把"谛"说成是"胜义空",故又强调"非胜义空可名谛"。那么,为什么"一谛"要说成"二谛"? 此有长篇答词:

即胜义中依少别理,立为世俗,非由"体"异。所以尔者,"名"是"言"依,随世俗情流布性故(按:意谓显无倒义的"名"或作为"实物"的名,是一切言说的基础,随世情流布,故特名俗谛)。依如此义应作是言:诸是世俗,必是胜义;有是胜义,而非世俗——谓但余名、余实有义。即依胜义是"有"义中,约少分理名世俗谛,约少别理名胜义谛——谓无简别、总相所取一"合相"理,名世俗谛;若有简别、别相所取或类或物,名胜义谛……此一谛言,总显圣教所说谛义……显谛唯一。

这些解释的特色之一,是引进了"总相"和"别相"这对范畴:世俗谛是"总相"所取"有"的"合相";胜义谛是"别相"所取"有"的"类"或"物"。

"共相"和"自相"是有部常用的一对范畴,此处又提出了"总相"和"别相"一对范畴。这两对范畴的含义并不相同,但有时很容易混淆。依有部的通说,共相与自相相当于一般与个别,例如上述所说,色之与青,色是一般,青是个别等。这里用的"总相"与"别相",则相当于整体与部分:世俗谛是对整体的认识,故名"合相";胜义谛是对部分的认识,所以说它有"简别"。整体由部分组成,所以说凡是世俗,必有胜义;胜义是世俗形成的"类"别或实"物";但胜义中未必有世俗,因为依有部说,类别和实物是独立于和合物,"三世实有"的,所以说为"别理",即有别于俗谛的理。于是四谛或二谛,都可以在法体恒有的基础上统一起来,名为"一谛";"一谛"也就是"三世实有"之理。

总相和别相的提出,以及这里对两者关系的解释,也有普遍意义,对佛教认识论的发展,是一种新的贡献。具体是在为世俗谛的真实性作证,以反对否认俗谛真实性和轻蔑世俗谛的种种倾向。所以论本继续说:"诸世俗依胜义理,有世俗体,亦无有诤,以见谛者于诸世间方域言词不坚执故——谓彼了达如是诸名,随世俗情、假施设转,取蕴一分摄,于中何所诤。"换言之,俗谛是表胜义理的名言,名言尽管可以随俗而有种种不同,但所表的胜义理不会变化,所以也不会因为语言上的差异而产生歧义。

众贤把二谛的区别,还界定为"谛"与"圣谛"的区别:

> 言圣谛者,为简余谛,故说圣言。谓一切法"自相"非虚,亦得名"谛";然成圣性,不由觉彼,缘"自相"境所有智生,无力能令入"见道"故。于法自相得善巧已,别有所觉,方成"圣性"。此所觉谛,是诸圣者同意所许,故名"圣谛";诸法"共相"名此所觉(按:此共相指觉"取蕴苦"、"能生法因"、"觉彼寂灭"等相,即苦、集、灭等)。

这对有部哲学来说,也是一个极重要的补充:古典有部把对"法相"的认识当做掌握真理、走向解脱的根本道路;在法相认识中,包括对自相和共相的分析,要求对两者作出区别,并认为唯有把握共相,才能获得解脱的智慧,而自相不过是世俗常识,称不上真理。众贤则明确指出,对于"自相"的正确认识,也是"谛",也是真理,不过不是"圣谛"而已;所谓"圣谛"是在对诸法自相认识的基础上,进一步觉知诸法的"共相",得到圣者的共许者即是,并非对"自相"是"谛"的否定——此处的"共相"是特指,即圣者共许的苦、集、灭、道等四谛,以及反映苦谛的无常、苦、空、无我等等行相;所谓"自相",则是地坚性、水湿性,以及色变碍性等事物的本质属性。于是在坚持古典有部要把握共相的同时,又强调了认识诸法自相的重要性。这对于佛教扩大自己的认识领域,无疑是一种促进。

众贤用总相、别相解释世俗谛和胜义谛的关系,目的还在于把"四谛"统一为唯一的"胜义谛",也用"四谛"统一世间和出世间一切法。这与《俱舍论》用"四谛"组织本宗学说是一致的。被认为是譬喻师的著作《成实论》,也是用"四谛"组织学说;所谓"成实",其所要成立之"实",即是四谛。由此可见,"四谛"在部派佛教的后期,已被广泛接受,把"四谛"作为部派佛教的总结,因而当做部派佛学的代表理论,也不为过。

这里顺便说明:我们说"总相"和"别相"相当于整体与部分的范畴,仅限于众贤此处的用法,在佛教其他论著里,不一定如此使用。法藏所撰《华严五教义章》中所说"六相"中的总相与别相,就与此不全相同。那里既有整体与部分的意思,也有一般与个别的含义。其实,两者的区别是很大的,法藏把它们混用了。

综上所说,新有部确定二谛的标准主要有四个:一、事物是否具有可分性:可分的事物,在其未被分解之前,世俗认为实有,此是世俗有,此有不虚,即名世俗谛;不可分的事物,不论用什么方法,也无法使其再分割,这是胜义有;此有不虚,故名胜义谛。二、是否能够一贯被知觉:若知觉随着该法的破析而消失,则未破析时的知觉,就是世俗谛;虽经种种破析,对该法的知觉依旧,此等知觉即是胜义谛。三、是否恒有:凡复合物都可以破析;破析的结果,是该物的毁灭,因而是无常的,属于世俗有;单一性不可破析,不可毁灭,所以是"恒有",即是胜义谛。四、也是众贤特别的主张,对诸法自相的认识是世俗谛,对诸法共相的认识是胜义谛。

此处提及的许多概念,就像"空"、"有"等范畴一样,各个派别、各种经论的使用和解释,往往非常不同;仅就词义而言,自相与共相、总相与别相、自性与自相,以及性与相等等,在理解和运用上都会有不少差别,尤其是经过般若中观作了许多模糊的处理,更要注意它们被运用的具体环境,即所谓"语境"。否则,很可能差之毫厘,谬以千里。

第七节　有部论著中的菩萨观和大乘因素

在佛教史上有一个难题,那就是大乘思潮起源于何时,以及以什么作标志。汉译《阿含经》中已有三乘的称呼,说明在现在流行的被认为是最早的佛教文籍中,已经有了大乘的存在,而且可能已经占有相当的势力。大乘兴起的自觉,肯定与"菩萨行"密切相关,所以大乘也自称为"菩萨乘"。但"菩萨"的概念以及对"菩萨"的界说,在有部论著中很早就有记载。这就提出了一系列问题:大乘是否只是由部派佛教中的大众一系发展出来的?有部的菩萨观念与大乘有什么关系?与此后的大乘菩萨观念有什么异同?

此处先看《杂阿毗昙心论》的说法。其《择品下》记:

> 若修诸相好,方便起彼业,从是转增进,说名为菩萨。若有众生,以一食施,起决定心,发无畏言:"我当作佛",能起相报,增长彼业,齐是名菩萨,以能从此作相似相续业故。若不如是,但有空名。菩萨虽有初起不退心,是则菩提决定、非趣决定,谓造相报业已,是则俱决定,是故齐相报业为名,以彼离四因缘故,谓离恶趣,离非男,离卑姓,离不具根;得一因缘,谓生性识宿命,以生识宿命故,闻即受

持,眷属信受,离众生过,度三阿僧祇劫,于百劫中种相报业,除释迦牟尼,释迦牟尼菩萨精进故……问:相报业为何等性?答:身业、口业、增上意业,又是思慧性,非闻慧,以劣故,非修慧,欲界不定故;阎浮提种,非余方;男子非女人;佛出世非不出世,见佛非不见佛,缘造业非缘余……佛无学法是菩提,谓尽智、无生智;萨埵求此智故,名菩提萨埵。得此菩提,觉一切法,故名为佛。

这段文字不长,但对菩萨所作的规定,却极有代表性。它有几个要点:一、把成就佛的"三十二相"和"八十随好"("相好")作为一切修习的终极目标,所有宗教实践都围绕获取这一"相报"为核心进行,因为这"相报"即是成佛的标志。二、从最简单的布施开始做起,以立志"我当作佛"为誓言,由此修行,必须经过漫长而艰难的过程,所谓"度三阿僧祇劫",才能最终完成。三、凡从事菩萨修习者,只有生在地上(不是天上),而且是生活在四大洲中的"阎浮提"的男性人(不是其他"有情"),种姓高贵,身材完美,才具有起码的条件,此外,还要处在"佛出世"期并亲自"见佛",再加上个人的先天智能("生识宿命")和后天努力("造业"),才能成为实际的菩萨。四、菩萨之名,意谓求"菩提"之有情,即"菩提萨埵"的略称;此"菩提"乃是到达佛"无学位"才能具备的、可以觉知一切法的智慧,为佛所独有,因此,得此"菩提",也就意谓着成佛。这样,不但要历劫苦修佛的相好,而且要为成就佛的菩提而修持,这才是完备意义上的菩萨。然而,若按《杂心论》的说明,此所谓"菩提",指的就是"尽智"和"无生智",与上述阿罗汉所得智,并没有明显的区别。

关于菩萨的思想,在世友的《发智论》中已有相当的反映。其卷一八谓"能造作增长'相异熟业'"者,即是"菩萨",说明《杂心论》表达的菩萨观,是有部的传统主张。不过《发智论》又引经文记佛对弥勒说"慈氏,汝于来世当得作佛……应正等觉"(卷一八),以此为例,说明菩萨成佛,必须达到"正等觉",而不是一般的"菩提"。这"正等觉"是什么?回答是"因智、道智",而不是"尽智"和"无生智"。其中"因智"指由修习"相报"

中所生之智;"道智"则指获取"阿耨多罗三藐三菩提"之智。实际上,按大乘经籍的普遍观点,"阿耨多罗三藐三菩提"才是菩萨追求的最高觉悟,也才是佛的智慧。菩萨的榜样是来自《阿含经》有关弥勒是未来佛的传说;弥勒也是最早被有部认定未来必定成佛的菩萨。因此,像婆须蜜、僧伽罗刹等有部大师,就是以追随弥勒的足迹自诩,相信于未来自己也会成佛的人。他们即以菩萨自居。这些都是大乘色彩很浓的地方。

既然大乘经籍无不把阿耨多罗三藐三菩提,即"无上正等觉"作为佛的觉悟,菩萨即以这一觉悟作为智慧的终极目的,那么《杂心论》用阿罗汉的二智解释菩萨的菩提,显然是一种倒退。换句话说,它容纳了菩萨以及为得相好的修行,但不接受无上正觉为终极目标。为什么?是仍然坚持传统的佛教出世观念,还是要用传统承认的出世观念加到佛和菩萨身上,或者还别有原因,现在还说不清。至于它限定只有生于佛的时代并见过佛的人,才有资格修持菩萨行,也与一般的大乘观念不同。

《大毗婆沙论》反映的大乘思想也很多。卷一七六在论述了阿罗汉最终涅槃而至"彼岸"以后,接着用近三卷的篇幅讨论有关菩萨的问题。首先引契经言:"有一有情是不愚类,是聪慧类,谓菩提萨埵。"它所引的契经是什么,我们不清楚,但可以肯定在《大毗婆沙论》集结的时代已经有了弘扬菩萨的经典,并得到了有部的尊崇。至于菩萨是如何不愚而聪慧,所引经文没有解释,《大毗婆沙论》卷一七六则从回答"齐何名菩萨,得何名菩萨"的问题展开,大加发挥,表明他们正在把"菩萨"引进自己的思想系统。从其驳斥所谓"实非菩萨起菩萨增上慢"的情景看,当时的以菩萨自居的人,早已迭有出现,其中或有"以一食施、或以一衣、或一住处,乃至或以一杨枝施,或受持一戒,或诵一伽他,或一摄心观不净等,便师子吼,作如是言:我因此故定当作佛"。此处列举的菩萨行,总归有布施、持戒、诵经与止观四项,而且只是其中的一点点。

《大毗婆沙论》认为,仅仅上述四项的细微修持并不是菩萨的标准。它强调的首先还是"修习妙相业",与前述菩萨提倡者们的意见一致,不过重点放在"三阿僧祇劫"和实践"苦行"上。在这三阿僧祇劫中：初无数劫，唯修种种苦行而"未修习妙相业"，"未能决定自知作佛"；第二个无数劫，"虽能决定自知作佛，而犹未敢发无畏言：我当作佛"；直到第三个无数劫，既修妙相业，亦知当作佛，并发"我当作佛"的无畏言，从而能坚持到底地"造作、增长'相'异熟业"，这才是菩萨。

这只是菩萨的一种特性。同时必须具备的另一特性，就是"发阿耨多罗三藐三菩提心"，并且"能不退转"。就此而言，"由阿耨多罗三藐三菩提故，名菩提萨埵"。"萨埵"的意译是"有情"；求取菩提的有情名菩提萨埵，略称菩萨。若意译菩萨为"觉有情"，好像是直译，但与"求取觉悟的有情"的原意不符，至少是含义模糊。

这样，菩萨的特性就被归结为两点："若于菩提决定及趣决定，乃名真实菩萨。"（卷一七六，下同）就是说，求取无上菩提和修习"相好"，两者缺一不可，相对而言，"相好"更加重要。因为无上菩提是内在的事，而相好是内在菩提的外部表现，能够得到人们的公认，所以说："修妙业相时，若人若天共识，知彼是菩萨，故名真菩萨。"所修"妙业相"中最现实的表现，就是"趣决定"，或者说，"趣决定"是"相好"的最现实的表现，总计五条，即在三界五趣中，"恒生善趣"，"恒生贵家"，"恒得男身"，"恒具诸根（非残疾）"，"恒得自性生念"。其中前四条与《杂心论》相同，不同的是多了个第五条。什么叫"得自性生念"？也就是永远不要忘失"自性"；一切念头都与"自性"相应，由此做到"离有情过，积集多闻，深信因果，善摄徒众，所说教诫终不唐捐，菩萨资粮转复圆满"。尽管这些规定都比较空泛，可以作多种解释；所谓"自性"，含义也不够明确，但它毕竟是新内容，从中可以引申出种种大乘菩萨观来。

在对待"无上菩提"方面，菩萨与佛陀有严格的区别。"证得"了无上菩提者是佛陀，未证得者只是无上菩提的"随转"者，此随转位的修习者乃是菩萨。菩萨如何由随转菩提而终于成佛？《大毗婆沙论》有一个比较完整的解释：

> 由此萨埵未得阿耨多罗三藐三菩提时,以增上意乐,恒随顺菩提,趋向菩提,亲近菩提,爱乐菩提,尊重菩提,渴仰菩提,求证、欲证,不懈不息,于菩提中心无暂舍,是故名为菩提萨埵。彼既证得阿耨多罗三藐三菩提已,于求菩提意乐加行并皆止息,唯于成就"觉义"为胜;一切染污、不染污痴皆永断故,觉了一切;胜义、世俗诸尔焰故复能觉悟,无量有情随根、欲、性作饶益故;由如是等"觉义"胜故,名为佛陀,不名菩萨。复次,萨埵是"勇猛者"义:未得阿耨多罗三藐三菩提时,恒于菩提精进勇猛,求欲速证,是故名为菩提萨埵;既得阿耨多罗三藐三菩提已,便于菩提勇猛心息,唯"觉义"胜,故名佛陀,以能成就最胜觉故。

对于菩萨和佛的这些说明,离一般理解的大乘有多远,此处不拟详述,但说它已经蕴含大乘的主要观点,则不会有很大的问题。其最不同于成熟期的大乘观之处,反映在过于突出佛的"相好",以及过于突出个人的觉悟这两个方面。就是说,在成熟的大乘那里,菩萨不只是为了个人的相好和个人的觉悟而发心修习,更主要的是为了令其他"有情"觉悟、促使他人成佛而精进勇猛;其所以需要三阿僧祇的苦行期,也主要因为"有情"有阿僧祇众那么多,等待菩萨的救度,是由于利他,并非完全为了自利。

至于"相好",在后出的大乘那里,越来越不占重要地位,而有部则始终把追求相好作为菩萨的根本目标。这也是有原因的。《大毗婆沙论》谓:

> "相"与"随好"更相显发,如林中花,显发诸树,佛身如是相好庄严;又如金山,众宝杂饰,如是佛身威光奇特。以如来身极鉴净故,诸祥瑞物皆现其中,如至那镜极磨莹已,随物远近,影像皆现,佛身亦尔。是故一切诸魔外道怀恶心者,至佛处时无不瞻仰,睹之无厌,右绕而去。(卷一七七,下同)

这一说法透露出佛陀之所以被偶像化的信息:为了吸引民众对佛教的信

仰,需要对佛身的相好进行庄严,令其威光奇特,以至像镜子一样,晶莹剔透,能够映现一切。这个被庄严起来,发着威光的"佛身",显然不是释迦牟尼的生身,而是他的塑像;目的是供人们"瞻仰"和"右绕"礼拜。

现实菩萨也要讲究相好,则是另有原因:"菩萨为欲降伏世间恃色侨慢、不受化者令受化故,以诸相好而庄严身。复次,为显佛所有法皆殊胜故——谓色力、族姓、眷属、名誉、财富、自在、智见、功德,皆悉殊胜;若不尔者,则所说法无人信受。是故菩萨庄严其身。"一句话,菩萨必须以自身的权势、出身、财富以及亲属关系、知识程度、做公益事业等表现自己的不同凡响,以便于佛教的推广;否则,佛法就没有人信受。这也是一条信息:"菩萨"的出现,是佛教向在家的权势者、富有者以及高文化社会阶层发展的一种反映。没有这样的身份,没有权势、财富等的"庄严",就不会有"菩萨"这样高贵的佛教信徒。佛教一些著名经典中塑造的许多居士、夫人,就可以看做男女菩萨的典范。

此外,还有一条理由:"欲与阿耨多罗三藐三菩提作所依器故。所以者何?殊胜功德决定依止殊胜之身。彼未来阿耨多罗三藐三菩提义,语菩萨言:如欲令我在身中者,先令汝身清净殊胜,以诸相好而庄严之;若不尔者,我亦不能于汝身生。"此处把阿耨多罗三藐三菩提拟人化,当然是为了说理生动,但这个童话却无意中表明了无上菩提的客观性质,是一种客观存在的实体。"菩提"的意译即是觉悟,亦作智慧解,理应是思想意识中的事,但现在它被实体化了,让它独立存在于人的意识以外,像是个什么精灵,成了修行佛道者通过庄严己身才能感召、证得的客观对象。

事实上,将无上菩提客体化、实体化,也是一切大乘经的共识。于是问题来了:作为客观实体的阿耨多罗三藐三菩提,究竟是一种什么觉悟或智慧?都有些什么具体的"功德"和规定?在经文里,除了表明它是"佛智"以外,很难找到一个正面的答案。此处所谓"具一切智见,断一切疑网,施一切决定,能尽一切问论源底,视诸有情犹如一子",有了一些实在的内容,但还嫌空洞。所以只能把它看做是佛教的总和及最高成就,也就是给予了大乘诠释的佛教整体理念。菩萨的任务,说到底就是去把握和实践这个理念;直到与这个理念合一,达到成佛。

在这里,有部从哲学的多元论又开始向宗教的一元论转变:最后归依于"无上菩提";终极目标也由涅槃而为菩提;最高果位,则从阿罗汉而成佛。这一切,都是标准的大乘观。

在佛的诸相好中,有"身真金色相"一项,"谓佛身真金色,映夺世间一切金光令不复现……是故佛身金色最胜"。在其他佛经里,还说佛身是"紫磨金色"。总之,没有说佛身是白色,是洁白如玉的:白象征洁净无染,玉象征高贵,用来形容佛身也是非常庄严的,但所有的佛经,都没有这样的说法。就是说,佛陀肯定不是白种人;他的肤色是金色或紫金色,相当于古印度的土著种族。近代西方有种流行的学术观点,就是把释迦族定为雅利安人,而雅利安人则应该是白种人。当然,雅利安人也可以演化成其他肤色人,不过佛经特别强调佛身为金色或紫金色,是无意识的还是有意识的?总是一个问题。弄清这个问题,对于了解当时雅利安人与土著人的关系,以及佛家的种族立场,或许也不是一件小事。

《大毗婆沙论》卷一七八论述了通达"无上觉"的途径,提出了"波罗蜜多"的概念。波罗蜜多意译"渡",通作"度",也是成佛的基本方法,共有四项,所谓"四波罗蜜多":布施、戒、精进、般若。论本介绍,对此四度总有两说。一说认为,若菩萨"行布施时,不为悭吝之所屈伏";"持净戒时,不为恶戒之所陵杂";"起精进时,不为懈怠之所退败";"修般若时,不为恶慧之所挠浊",这就是四波罗蜜多圆满。换句话说,四波罗蜜多只是对治"恶"的方式,除了字面意义外,别无深意。另一说则谓:"若时菩萨但以悲心,能施一切一切种物,乃至身命头目髓脑,都无少许恋著之心";若"横被有请斩截手足、割剔耳鼻、或矸身分,乃至无完如芥子许,尔时无有一念瞋心";若"心勇猛故,经七昼夜一足而立,不瞬而视,以一伽他赞叹于佛,而无一念懈倦之心";若"精求菩提,聪慧第一,论难无敌,世共称扬……或说乃至坐金刚座,入金刚喻定,将证无上正等菩提",如是相应,名四波罗蜜多圆满。此四度集中反映的是苦行加慧辩。

对此两说,论本都不同意,谓"如实义者,得'尽智'时,此四波罗蜜多方得圆满"。就是说,《大毗婆沙论》依旧以"尽智"为菩萨修习的终结,把诸波罗蜜多统一于"尽智",这与大乘的距离又拉开了。

此外,《大毗婆沙论》卷一七八中还介绍了"外国师说",即迦湿弥罗以外的有部师说,"有六波罗蜜多,谓于前四加忍、静虑。迦湿弥罗国诸论师言:后二波罗蜜多即前四所摄。谓'忍'摄在'戒'中,'静虑'摄在'般若'"。此外,还有别说六波罗蜜多者,"谓于前四加'闻'及'忍':若时菩萨能遍受持如来所说十二分教……自称忍辱",则被割截肢体"曾无一念愤恨之心,反以慈言誓饶益彼"。但此两种也可以包括在四波罗蜜多中,这可以说是《大毗婆沙论》代表的东方有部主张,也表明,当时的波罗蜜多说,尚在形成过程。

按照大乘佛经的说法,用"六度"来概括佛教的全部修习,是大乘佛教的主要特点。它既不同于戒、定、慧的概略,也不同于三十七菩提分的繁缛,尤其是增添了前所未有的内容,即"布施"和"忍辱",同时突出了"精进",也改变了"持戒"的内涵。此中的布施和持戒,是《阿含经》已经出现的"三论"的集约,本义是为在家者企求"生天"用的修持;忍辱则是为应对恶劣的生活处境,尤其是应对人际关系上极度困难时的心理准备。这三条只有在佛教积极向社会发展时期才具有实际意义。"忍辱"的心理和"精进"的精神必须作为一对范畴同时具备,才能成为坚忍不拔、忍辱负重的良好品格;一旦割裂,忍辱就会变成猥琐卑下,精进可能变成鲁莽轻浮。至于"般若",则是一个全新概念;它所表达的智慧,与戒、定、慧中的"慧"不同,也与尽智、无生智等"智"有异,它的内涵所包容的,其实是一个庞大的思想体系,所以历代的译家,极少有意译为"智慧"或"大明"的,绝大多数是采用音译"般若"。这类问题,已经涉及大乘的深层次,有部的论著中没有反映。

最后,是有部表现出来的多佛主义:不论在空间上还是在时间上,世界不是只有一个佛,而是有很多佛;也许多到不可计数。这相对于信仰释迦牟尼为唯一佛的佛教来说,也应该是一种新说。这在《长阿含》等经中也有反映,我称之为多佛主义。

《大毗婆沙论》卷一七八中有一个说法,可以作为了解这多佛主义以及它在菩萨修行中的作用。按有部制定的菩萨成佛的基本条件之一,是必须"逢事诸佛"。其中需要用"三大劫"去完成"四波罗蜜多"的修行:初劫须"逢事七万五千佛,最初名释迦牟尼,最后名宝髻";第二劫"逢事七万六千佛,最初即宝髻,最后名然灯";第三劫"逢事七万七千佛,最初即然灯,最后名胜观"。复次,还要用"九十一劫"去专修"相报",须逢事六佛,即从初佛胜观开始,终于迦叶波佛。这仅仅是依"释迦菩萨"言;其他还有许许多多的菩萨,所逢事的诸佛多少以及诸种名称,又各不相同。像释迦所修菩萨行,他达到的程度就算是修行圆满,应该得报了,还得"从此赡部洲殁,生睹史多天,受天趣,最后异熟":即降生于"中印度劫比罗筏窣睹城,于夜中分,窬城出家,依'处中'(即中道)行成等正觉,为诸有情说'处中'法,于夜中分入般涅槃"。菩萨一旦上生睹史多天,即称"补处菩萨",作佛候补的菩萨。这类说法,与流行的大乘神话,所谓菩萨本生和佛本事的故事,完全联结起来了。

总而言之,有部论著中充塞着大乘的许多主张,而与其整个部派的思想体系并不协调,因此很难确定,这些大乘成分究竟是由有部内部生长出来的,还是吸取已经发展壮大了的大乘思潮。

第六章 《成实论》的宗空和厌生哲学

《成实论》成书于我国新疆区内的古代沙勒,姚秦时鸠摩罗什译,是到隋唐为止,最流行的佛教论典之一,研习此论的学僧称为"成实论师",略名"成论师"或"成实师",由此形成的"成实论学",曾风靡南北两朝,特别是在一些帝王和上层士大夫中产生过相当大的影响,是研究中国佛教思想史不可忽视的一种思潮。但它在中国以外似乎鲜有人知,在印度佛教史上则完全没有地位。造成这种情况的原因之一,当与《成实论》在学理上比较孤立,没有形成一个拥有独立法系的派别有关。

据《出三藏记集》卷一一"诃梨跋摩传",《成实论》的作者诃梨跋摩(意译狮子铠),佛泥洹后九百年出生于中天竺婆罗门家庭,出家后,从萨婆多部究摩罗多论师习有部学。后不满于迦丹延所造《阿毗昙》(即作为有部奠基性著作的《法智论》),认为它"纷纭名相"、"浮繁妨情",乃"斥其偏谬","澄汰五部"(指有部的五家师说),而"研心方等"(指大乘经典),"述其独见之明"。据此,《成实论》之作,主要在批判有部学说,向大乘思想靠拢。南朝齐人周颙《抄成实论序》谓,此论"虽则近派小流,实乃有变方教,是以今之学众,皆云志存大典,而发迹之日,无不寄济此途",这当是当时人的普遍看法,以至于把它作为研习"波若诸经",扶助般若学的入门书。

《成实论》有许多类似般若经类的观点,但中国佛教所传中观学派却不承认它属大乘空宗体系,吉藏的《三论玄义》就以十条理由把它排除于大乘之列之外。吉藏在这里记述,此论曾"道振罽宾",而研究者对它的派系归属莫衷一是:以其内论人、法"二空"而被视为大乘;又,或说是取昙无德部义,或谓专同譬喻师,陈真谛则指其用经部义,总之不出小乘范围。但也"有人言,择善而从,有能必录,弃众师之短,取诸部之长"。从论本身看,后一说法更符合实际,在佛教思想发展史上可以视为极具个性的一支。它在理论上既反对有部之"有",但也并不同意般若经类所论的"空";在实践上,尽管它赞扬"自利利他"的大乘原则,但目的是要把"他"统统导入厌世无生的绝境。像三论宗、法相宗等中国佛教派别把"灰身灭智"或"身灰智灭"归结为小乘涅槃说的根本特点,在《成实论》中的反映就比较典型。所以中国佛教学者多把它看做"有部"的对立面,定位为"空宗",而不确定它在十八部中的归属;但它的空论与大乘各派所讲的空,差别极大,故将其贬为"小乘"之论。

实际上,《成实论》的理论体系完全可以构成一个独立的佛教哲学派别,遗憾的是竟在中国流传不久就中途夭折了。造成它的这一历史命运的原因,可能与其和有部哲学相似有关。中国佛教曾经发现它在观念和方法上的特色,但接受的多是它的悲观主义,而放弃了对它在世界观和认识论上的许多新颖思想进行挖掘。

此论以"成实"为名,这要成立之"实",指的是佛教各派共同拥护的"四谛"。《色相品》问:"汝先言当说成实论,今当说何者为实?答曰:实名四谛,谓苦、苦因、苦灭、苦灭道。五受阴是苦,诸业及烦恼是苦因,苦尽是苦灭,八圣道是苦灭道。为成是法,故造斯论。""四谛"既是佛教各派共同宣讲的主题,《成实论》也要来讲,并不新鲜;用"四谛"来组织论著,也很常见。对于这种几乎成了老生常谈的学说,诃梨跋摩还要重新加以成立,就在于他自己有些"独见之明",需要借机发挥。

流通至今的《成实论》，共二十卷，是经过鸠摩罗什的门徒昙影分类整理过的译本，共计二百零二品，分为五大类，即所谓"五聚"：第一名"法聚"，共三十五品，属概论性质；其余四聚，即以苦、集、灭、道四谛为名。它把"苦谛"即苦的本质归结为"五受阴"；将"集谛"虽然也说为"业"与"烦恼"，但给以新释；把"灭谛"定为"灭三心"，最具特色；"道谛"强调的既非"三十七菩提分"，也不是"三学"和"八正道"，而是概括为"定"与"智"，即"止观双运"，与《俱舍论》一样。它的整体结构大体如此，作者的独特见解，就分布在这个整体结构中。

第一节 背景、原则、方法

"法聚"部分有三个板块：一论佛法僧"三宝"，二谈"造论"的意义，三评当时发生在佛教内部的十大理论分歧，所谓"十论"。在这部分里，诃梨跋摩提出了他立论的思想背景和立论原则，对于把握此论的特色相当重要。

一、立论的佛学背景和"十论"

《立论品》说："佛以大悲心，为广利益一切世间，故说是法，无所齐限。"《成实论》自以为它就是为发扬这种"大悲心"，"利益一切世间"而造论的。所以在《赞论品》中强调，"应习此佛法论……从此论得二种利：自利利他"。

严格地说，"大悲心"、"自利利他"，都是标准的大乘流行语。像这类大乘流行语，在部派内部似乎已相当普及，所以在《成实论》里掺有许多大乘观点以及与大乘相互交涉的论辩，也很自然。诃梨跋摩既是从有部分化出来，因而回过头来说明他之所以离开有部的理论原因，加以清算，也不足怪。由此形成的佛学背景，虽然在《成实论》中没有一一说明，但其《十论初有相品》列举当时十种不同以至对立的意见，却作了曲回的反映,而其用以考察和分析这些意见的观念,也往往带有大乘的色彩。从根本上说,《成实论》并不是大乘思潮的拥护者,然而它又要采用大乘的个别提法,致使它在许多教理上,前后不一,甚至产生矛盾。

"十论"是《成实论》关注的中心;如果把它当做研究佛学史的文献看,也很有价值。我们不能说这十论概略了当时佛学界的所有见解,但至少代表了诃梨跋摩认为是最重大的问题。它们以十对对立的判断形式被表达出来:

(1) "二世有,二世无"(卷二,下同)。这"二世"是指"三世"中的过去和未来,清楚些说,谓"有人言二世法有,或有言无"。

(2) "一切有,一切无"。意指"有人说一切法有,或说一切法无"。

(3) "中阴有,中阴无"。所谓中阴,亦名"中有",对此,"有人说有中阴,或有说无"(卷三)。

(4) "四谛次第得,一时得"(卷二)。掌握"四谛",需要通过现观证得,这证得是次第渐修的过程,还是一时一次性完成?"有人说四谛次第见,有人说一时见。"(卷三)

(5) "有退,无退"(卷二)。指已获"阿罗汉"果者,是否还会失退?"有人说阿罗汉退,或说不退。"(卷三)

(6) "使,与心相应,心不相应"(卷二)。此"使"是烦恼的别称,特指积聚成习的那种烦恼。是否有"心"就一定会有此等烦恼共生?"有人说诸使心相应,有说心不相应。"(卷三)

(7) "心性本净,性本不净"(卷二)。这是中国佛教十分熟悉的问题,完整的说法是:"有人说心性本净,以客尘故不净;又说不然。"(卷三)

(8) "已受报业,或有或无"(卷二)。按照因果律,如果人的行为已经得到了相应的果报,那么此前所造之业,是否继续存在?这个问题是有针对性的:"迦叶鞞道人说,未受报业过去世有,余过去无。"(卷三)

(9) "佛在僧数,不在僧数"(卷二),即佛是否属于僧的一种,可以将两者归为一类。这也有针对性:"摩诃舍婆道人说,佛在僧数。"(卷三)

(10)"有人,无人"(卷二)。此"人"即本论所指的"我",后亦名"人我"。这个问题是针对犊子部提的:"犊子道人说有我,余者说无。"(卷三)

从这十对相反的命题中,看不出诃梨跋摩本人的主张来。总的来说,前一个命题是论本批判的对象,后一个反命题的多数反映了论者的趋向;但个别的正反命题,均为论者所不取。其所批判的十个对象,均是部派中人物,其中后三个是点名道姓的,像犊子部,中国佛教比较熟悉;迦叶鞞即饮光部;摩琉舍婆则不甚了解。其余七个,有六个属有部学说,加上"性本不净",有部有七个论点受到清理。鸠摩罗什谓"此诤论中有七处文破《毗昙》",可能指的就是与此有关的七处文。

《成实论》的基本观点,是围绕这"十论"开展的,以此作为建立自己的世界观的介质,形成一种新的理论体系。

二、立论的最高原则:"法相"的"自思维"原则

《成实论》有自己明确的立论原则,这原则的第一条叫做"非但随经"。"经"是佛说的载体,是以"经"的形式表达的佛说;"非但随经",就是不以佛说为立论的唯一准绳,不以佛说的是非为评判是非的唯一根据。这无疑宣布,佛说不等于真理,"阿毗昙"不应该限于对既有经典的疏解或通俗化上,因而具有明显的向传统佛教挑战的意味。其第六品中说:"佛听于正义中置随义语……不如外道随经而取。又,佛法中依法不依人;法亦分别,依了义经,不依不了义经……非但随经。"(卷一)这一观点的前提是把人与法、语(经)与义严格地分别开来。此中的"人",无疑包括创教者释迦牟尼在内,"法"指佛法的抽象,"义"指义理、道理。至于是"了义"还是"不了义",并没有客观标准,老实说,这只不过是论者对于相关经典的一种褒贬取舍之词而已。像《成实论》对一些佛经指名扬弃,把另一些佛经则当做成立自己论点的依据。这样,《成实论》主张在"人"、"经"与"义"三者的关系上,"义"是第一位的,是抉择其他两项的基

石。"我爱我师,我更爱真理",《成实论》中包含这种精神。

这一原则到《四法品》略有变化。此品在解释"依法不依人"时说,"有人虽言我从佛闻……不以信此人故,便受其语"(卷二,下同)。这似乎把佛从"人"中升华出去了,而事实上不从他人那里"闻"来的佛说,在任何佛教中都是没有的,凡属佛经,无不以"如是我闻"开讲,所以"非但随经",只是"非但随佛"的雅一点的说法。那么,对于已经通过所闻而纳入经的佛语怎么办?那就看它是否违背"法相"。所谓"依了义经"的"了义",即作为取舍标准的"义",指的就是"法相":"了义修多罗者,谓是义趣不违法相;法相者,随顺毗尼;毗尼名灭。如观有为法常、乐、我、净,则不灭贪等,若观有为法无常苦空无我,则灭贪等;知无常等名为法相。应依是法,不依于人。"因此,所谓"义",即是法相,法相即是佛教的"义趣",义理。于是就出现了"第三依","谓依于义不依语也:若此语义入修多罗中,不违法相,随顺毗尼,是则依止"。"毗尼"本指"律"言,这里用"灭",即灭除烦恼解。于是,在一切经典佛说中,"法相"是最高也是最后的准绳,而唯有把握了这样的"法相",才能顺应灭除烦恼的要求。

据此,《成实论》又提出了"不但随他"的原则,强调独立思考,反对盲从,包括反对对佛的盲从。《众法品》说:"佛法应当自身作证,不但随他。如佛语比丘,汝等莫但信我语,当自思惟是法可行是不可行。不如外道语弟子言……当如聋哑,但随我语。"(卷一,下同)这"不但随他"还有一个重要内容,是强调自己的问题只能由自己解决,其他任何人也替代不了,所以此品引佛言:"我不能自断汝疑。能证我法,汝疑自断。"

在这里,《成实论》是把"佛法"同"佛说"严格区分开来的。"佛法"相当于上述的"法相",指佛教的基本义理;"佛说"的主要载体就是佛经。"佛说"之所以不可全信,在于"佛法"只能自证,不可以向外人表达:"佛法可自证知,不可以己所证传与他人,如财物等。"说自己所证的佛法,不能像个人拥有的财物一样可以互相授受,或当做遗产那样继承下去,等于堵塞了佛教具有自身传承的可能。如果撇开此处所谓"证知"的神秘性不谈,它的直接结论,就是否定"声闻"的真实性和后来结集"三藏"的权威性,最终是动摇通过"如是我闻"所传的所有经典的可信性。

但也有例外。《十二部经品》说:"是十二部经名为佛法。"此说好像是把"经"与"法"又等同起来了。实际上,"十二部经",亦作"十二分教",指的仅是佛说的一种文体,与所说的内容没有直接关系。这"十二分"中有一种叫"优波提舍"的,意译为"论议"或"论经"。《成实论》的文体,在形式上就属于"论经"。《成实论》为了突出某种观点,经常出现语言混乱,以至于顾头不顾尾,偷换概念。此处所说就是一例:为了提高自身的地位,它让自己的"论"与"十二部经"的"论经"沟通,从而把"经"与"法"也并论起来。任何一种看似革命的理论,一旦事关个人的私利,大都会出现这种不彻底的情况。虽然如此,《成实论》不承认"经"的绝对权威地位,那总的趋向是坚定的,以至于到了第一百四十六品还没有忘记加一句:"经书意亦难解,或时说有,或时说无,云何取信!"(卷一一)这也许是作者未加推敲修饰的话,但也可能是发自深心的话。

在这三依以外,《成实论》还提到一依,叫"依智不依识",即第四依。将"智"与"识"严格区分开来,以至绝对对立起来,最后要求用"智"取代"识",是此论所倡认识论的一大特色,在理论形式上,与瑜伽行派极其相近。在下面,我们将作专题考察。

从思想渊源上说,勇于向传统佛教挑战的,应该是不断掀起创新浪潮的大乘佛教。没有打破旧传统的胆识,就没有大乘的生命,也就没有了整个佛教持续发展的内驱力。所以像《成实论》这种具有离经叛道性质的言论,应该属于大乘趋向,但究竟首先出现在什么文献上,《成实论》没有作出应有的交代。不过前述的《阿含》中已经蕴有"依法不依人"的思想;至于中观学派,这种趋向已经完全自觉,而且也更技巧了。《大智度论》卷九谓:"佛欲入涅槃时,语诸比丘,从今日应依法不依人,应依义不依语,应依智不依识,应依了义经不依未了义。"此一说法,就成了佛教继承法中的重要原则,略称"四依"。按这种说法,作为佛的临终嘱托,

"不依人"的"人",当然是把佛自身除外的。瑜伽行派也坚持这"四依"之说,《瑜伽师地论》卷一一谓:"一、法是依,非数取趣(对世人的一种宗教性称呼);二、义是依,非文;三、了义经是依,非不了义经;四、智是依,非识。"就是说,大乘的两大学派,都把"佛"从"不依人"的"人"中排除出去,而定义在流转于"三界"内的有情,这与《成实论》之指向佛经中的佛相比,实是退到维护佛陀的权威了。

从这些论述看,在反权威反传统的理论领域,《成实论》比之大乘诸派都要彻底,尽管在实践领域里,后者之践踏权威和传统是《成实论》无法望其项背的。至于对"四依"中其他三依的诠释,大乘两家也是各说各的,《成实论》更不能与之相提并论了。

三、"二门"的表述方法和"二谛"的表义的方法

如果说"非但随经"和"非但随人"的原则,体现的是一种理论创新所必需的大无畏精神,《成实论》提出"二门"和"二谛"之说,就涉及了它运用语言和表达义理的方法。

《成实论》的所谓"二门"宣示,论者陈述的观点,有些是针对世人说的,为的是便于与世人交流,易于世人接受,所以只属于世间的道理,名之为"世界门";有些则是专对出世者说的,讲的都是出世者应该具备的认识,属于最高真理,叫做"第一义门"。据说以这"二门"说法,是佛所运用,因而也贯穿在佛经里的。佛所讲的道理,单从文字表达上很难体会,往往是同样的话,在义理上却有极大的差别。表面上看来是完全相反的言说,相对于它们的对象可能是正确的;如果用错了对象,看来是颇为正确的话,就会变成极大的谬误。《成实论》非常强调这一方法论特色,认为千万不可望文生义,也不可死守教条,而必须视所处的具体语境而定。

《论门品》说:"论有二门:一世界门,二第一义门。以世界门故说有我……第一义门者,皆说空无。"这二门的区别,集中在所讲的内容上而非语言形式上。但从语言形式上,也可以分成另外二门,名"世俗门"和

"贤圣门",前者"以世俗说……如贫贱人字为富贵,佛亦随人名为富贵"(卷二,下同),如是等"随世语言,名世俗门"。"贤圣门者,如经中说因缘生识……但阴、界、入众缘和合,无有作者,亦无受者,又说一切苦"等。换句话说,《成实论》有时也讲"世俗语",但那仅是语言形式,与实义可以毫不相干,就如随俗称呼贫贱者之名为"富贵"一样;贤圣语不同,他们的语言所表达的,含有佛教义理,而且这些义理,并不等于上述的"第一义",因为他们既讲无还讲有,如有因缘,有苦等。

此上二门,《智相品》称为佛的"二种语":"佛二种语,一实语,二名字语。"(卷一五,下同)譬如"经中说,'慈断瞋恚'。而是慈法实不断结,但智能断,如说智刀断诸烦恼。故知'慈能断结',是名字语"。很明显,所谓"实语",就是"说智刀断诸烦恼"了。据此,这两种语,完全与义理有关。两者之间,究竟哪一个判断,以及在什么语境之下才是正确的,仅从字面上很难断定,必须联系它们所表达的整个理论体系才行。

与以上两种"二门"有关,《成实论》也提出"二谛"说来,所谓"第一义谛"和"世谛"。《身见品》谓:"有二谛:若说第一义谛故有我,是为身见;若说世谛无我,是为邪见;若说世谛故有我,第一义谛故无我,是为正见。又,第一义谛故说无,世谛故说有,不堕见中,如是有无二言皆通……名舍二边,行于中道。"(卷一〇,下同)"二谛"之说,原见于有部哲学,是指两种真实不虚的道理;《成实论》这里不再从单一性和和合物的角度划分,而是用"有"与"无","有我"与"无我"这些关系整个佛教体系的根本观念进行考察,所以在含义上也有了区别:从世俗道理上应该说"有",说"有我";从终极真理上应该说"无",说"无我"。在二谛的这种限定下,说有说无,说有我或无我,都是正确的,此即谓之"正见"。反之,若从第一义说有或有我,那就意味着佛教的至高智慧也承认有永恒不变的实体存在,此谓之"身见";若就世俗道理上说无或无我,那就会导致否定业报轮回,是为"邪见"。

此说把第一义谛规定为说无和无我,将世谛解释为说有和有我,两者的结合则为"中道"。而且认为,只有坚持这种"中道",才是全面的佛家认识;如果把二谛割裂开来,或只执其一面,则堕于"边见",即是片面:"佛法名清净中道,非常非断。第一义谛无故,非常;世谛有故,非断。"这里的"非常",指的就是"无"、"无我";"非断",主要是因果报应,更完整些说,是"五阴相续生故,不断;念念灭故,不常。离此断、常,名为中道"。(《初立假名品》,卷一一)

运用这"二谛"的典范是佛如来。《十号品》说:"有二种语法:一依世谛,二依第一义谛。如来依此二谛说故,所言皆实。又,佛不说世谛是第一义谛,不说第一义谛是世谛,是故二言皆不相违。"据此,佛陀的话就应该句句是真理,问题全看他是依哪类真理讲的,或者讲的是哪类真理。如此一来,"佛语"就成了真理的化身,怎么说怎么对,这与上述提倡的"非但随经"、"非但随人"的主张,显然是矛盾的。

以上"二谛",在《初立假名品》中称为"真谛"、"俗谛",而且定义也有所不同:"真谛,谓色等法及泥洹;俗谛,谓但假名,无有自体。如色等因缘成瓶,五阴因缘成人。"此说最大的特点是把"色等法"与"泥洹"并列,认为两者是同等的真实,共同构成"真谛"的内容。这其实是重复说一切有部的主张,与其前述"二谛"的规定,尤其是将"第一义"仅仅归结为"无",思想是极不一致的。这不可能是出于笔误,而是《成实论》体系的诸多矛盾之一,例如在色香味触所谓"四法"中承认"色"为实有,而在"五阴"论中又坚决否定"色"为实法,这类情况颇多。

"中道"思想早在原始佛教中就已经有了,那时另有含义。"二谛"之说,大约产生在部派佛教时期,而在般若经类和中观学派中最为流行。派别不同,对"二谛"这对概念的内涵和外延自然会有许多差别,不过总的来说,此说给佛教深入世间,协调与世人的关系,尤其是解决它的主无哲学与修道实践之间的冲突,提供了一种有用而且有一定说服力的办法。《成实论》所主张的"二谛",其实前者才能体现它的特色。前二谛说简单明了,着重在告诫读者,对于该论,或该论所涉及的经典中谈到的"有"和说到"无",究竟哪种说法属于真理,决不可以抽象地理解,仅从字面上判断,而应该首先解决,它们是在什么意义上使用有、无这类字句:是第一义谛的,还是世谛的,否则,就会是一片混乱。

当然,问题远没有这么简单,即便《成实论》明确地注明了它是从什么意义上说的,依旧无法清除混乱,何况它根本不可能一一注明。《成实论》是把"无"作为自己全部理论的最高原则和实践的根本宗旨的,而"有"则是把握它的理论,实现它的宗旨的唯一可能的途径。因此,仅从"第一义谛"说"无",就什么问题也解决不了。据卷一〇《身见品》载:

> 问曰:"若法第一义谛故无,便应是无,何为复说世谛故有?"答曰:"一切世间所有言说,谓业及业报,若缚若解,皆从痴生。所以者何?是五阴空,如幻如焰,相续生故。欲度凡夫,故随顺说有;若不说者,凡夫迷闷;若堕断灭,若不说诸阴则不可化,以罪福等业,若缚若解等,皆不得成。若破此痴语,则自能入空;尔时无诸邪见,是故后说第一义谛。"

这段话涉及许多义理问题。但归根结底在于说明,俗谛就在于为通向第一义谛起桥梁和工具的功能,是说服世人达到"无"的方便手段。俗谛的最一般特征是"言说",是"假名"。一切真假是非,善恶染净,以及业报、解脱和种种修持,无论是教理还是践行,无不需要借助语言表达出来,使人理解,使人接受。克实而言,说"有"论"无",都只能是俗谛的。从第一义说,论辩有无,是相对的,"无"也是一种"有",同属俗谛;第一义谛的"无",则是绝对的,它是以灭"有"来证明它的存在,而不会有"有"的任何痕迹。因此,《成实论》虽以真谛为归宿,但它所重视和着重讨论的,还是俗谛。这就涉及了语言的性质问题。

四、语与"人"和语与"义"

《十号品》区分人们通常运用的语言有三种情况,叫做"三种语法",谓"从见生,二从慢生,三从假名生"(卷一,下同)。"见"指偏见,错误的观点;"慢"指傲慢自大;"假名"即人为假设或施设的名称,指语言文字本身。前两种语法含有确定的义理,从《成实论》的立场看,都是从不洁净的思想情绪中产出的,佛不会有;而佛"于第三语,清净无染"。意思是说,佛尽管认识到语言文字仅仅是适用世俗需要的假施设,但并不拒绝使用;唯一不同于世人的,是对这些语言施设"清净无染",即不以为实;作为一般原则,也就意味着反对循名求实,或以名为实。

关于这"三种语法"的第三种,《智相品》改称"从事用生",并且对这三种言语的含意都作了很具体的说明:

> 凡夫若说瓶,若说人,是语皆从见生;学人虽无我见,以失正念,故于五阴中以我慢相说是人是瓶……事用生者谓阿罗汉,如大迦叶见僧伽梨(按:一种僧衣)言是我物,天神生疑。佛释之言,此人永拔慢根,烧尽因缘,云何有慢?但以世间名字故说。故知阿罗汉无瓶等心。

此中的"瓶"、"人",按有部的解释,均属于复合物,所以是不真实的;"凡人"把这类复合物视为真实,就是"我见",因此,由凡人口中说出的"瓶"、"人"等,都属于"我见"的范围。所谓"学人",这里主要指有部学者,他们虽然已经摈弃了凡人那样的我见,知道"人"只是"五阴"的和合,但又把"五阴"这类要素视为真实,仍然没有摆脱我见的拘束,是我见的一种;只因为这类我见是由"慢"而生,故名"我慢",因此,"学人"讲话作文,也总带有"我慢"的性质。阿罗汉不同,他讲"我"也讲"物",但由于他的心地已经清净无染,他之所说,只是为了"事用"上的方便,而并不认为他所说的一定就是真理,或确为实有。也就是说,像阿罗汉这样"贤圣",他们使用语言文字的目的,不但是为了导人出世,也是因为生活上有用。

语言文字具有人际交流的事用价值,而不具有把握和表达真理的价值,这是《成实论》的立论基础。然而就这里分别三种语法来看,它又客观地道出了一个重要事实:语言文字本身是一回事,其所表达的内涵和义理又是一回事,我们既不可以望文生义,也得看所用语义的层次性。在这里,注意使用者的身份是重要的。同一个词,同一句话,至少在凡人、学人和阿罗汉之间大有区别。这一观点无疑是符合事实的。黑格尔说过类似的话,他说:同一句格言,从年轻人口中说出来……总是没有那种在饱经风霜的成年人的智慧中所具有的意义和广袤性。至于由不同知识结构和不同社会阶层造成的语义差别,那就更显著了。

于是,同一种名言由不同的人讲出来,含义是不同的;与此相应,同样一句话因听者不同,理解也会不同。重要的是要善于分别,这语言是什么人讲的,以及为什么人讲的,其含有的道理是什么。

语言的性质和功能,是佛教哲学关心的重要问题之一。即以此处的例证来看:大迦叶说,此伽裟"是我物";世人也说,此瓶"是我物"。两者的命题中都有"我"和"物"两个关键词,但由于说者的认识不同,这两个关键词的含义也就大不相同。佛或阿罗汉所说,是建立在对世俗的实有观念的否定基础上,而随顺世俗的一种语言施设,于是同一语言,同一命题,就蕴含着两种完全对立的义理。假若把这种情形用语言表达出来,就可以变成这样一个公式:所谓"是我物",实是"非是我物",是谓"是我物"。这是个肯定、否定、否定之否定的公式,也就是般若经类普遍用以表达般若思想的方式。《成实论》没有自觉使用这一方式,却显示出这一公式形成的一种认识过程。以此解读般若经类佛典,可以避免许多不必要的糊涂。

《成实论》还认为,语言除了对贤圣本人有用之外,还要考虑是否对大众"有利"。"有利"是判断语言妥当与否的又一标准。

卷三中《有我无我品》记,有置难者言,如果依俗谛,只是随顺世间,因而把"但名字故无而说有者,圣人应有妄语";同样,"若圣人见实无我,以随俗故说有我者,则是见倒"。反之,如果当真认为"众生"非实,"但有名字",则"杀实牛亦不应有罪"。难者可以提出很多类似问题,以揭示"二谛"说的内在矛盾。因为用同一个语句,实在难以表达双重真理,何况这双重真理又完全是对立的。据此,河梨跋摩作了大篇解释,借机又陈述了他对教理的许多特别的看法,而在解答二谛的根本矛盾上,留下的依旧是困惑。他说:"汝先言'我但假名,应深思'者,是事不然。所以者何?是佛法中说世谛事,不应深思……又,汝言'不说经中实义'者,是事应说,令知第一义故。"(卷三,下同)意谓经法中说"我",只是假名,这是就世谛言,没有什么更深刻的道理;但经中所说的话,并非全是假名,而且也讲"实义",因为只有通过对实义的解说,才能使人认知"第一义谛"。

然而承认世谛,也并非随顺一切世俗语言。"汝言'世间所说尽应随'者,若说'从自在天生万物'等,是不可受;若有利益,不违实义,是则应受。"就是说,对世间语也应该有所分别,不能一一随从,像"从自在天生万物"之类与佛教教理完全不能相容的话,就决不可以接受。这样一来,没有世间语言,固然不能称之为"世谛",但世谛也不等于一切世间所说。因此,要使世俗所说成为"世谛",所说必须"不违实义"。于是"世谛"就失去了作为"谛"的普遍意义,因为所谓"自在天生万物",佛教尽可以非实,却不妨碍婆罗门认为是实。大约也正是为了避免这种尴尬,所以《成实论》最后强调,"若世谛中能生功德,能有利益,如是应受"。即世谛之对于佛教而言,重要的不在于其是否合乎实际,而是是否有利。衡量世谛受与不受的准则,说到底是利益原则,而这个原则,则相当于般若经类大力提倡的"方便"。

实际上,"世谛"事涉的是语义内容而不是单纯的语言形式。《成实论》正是通过它的语言论辩来表达它的思想主张的。它新增的有"用"和有"利"的原则,使我们知道,它所讨论的有无真假、善恶是非等等问题,是与其实用和利益紧密地联结在一起的。这样,世谛就具有了双重作用:既作为佛教通向出世的阶梯,也成为佛教入世必辩的领域。因为布教必须通过语言,论辩还需要运用语言的灵活性,这两者都涉及言与义、名与实的问题。《成实论》利用了语言表达上的灵活性,以至于使之与其固有的"实"与"义"脱节。从这一方面看,《成实论》也有与大乘中观派相似的地方。

第二节 有论与无论

是"有"还是"无",是"实"还是"假",是全部佛教哲学讨论的基本问题。有什么,无什么,在什么意义上说有,什么意义上说无,是真有实无,还是妄有假无,佛教各派都得作出自己的回答。这与佛教共同信奉的基础教义有关:一方面它必须说明世间的虚幻不实,并证明其所以不实的道理,另一方面又要指出彼岸的真实不虚,以及其所以真实的道理;而这两种道理自身是否真实可靠,也需要语言的表达和理论的论证,所以道理也有真理和假说之分。事涉佛教思想的哲学基础,各派不得置之不理。

《成实论》则是针对两个方面的论敌,一是"说有者",一是"说无者",通过对这两种极端的论者的批判,表达出诃梨跋摩的真假有无观来。

一、驳"说有者"论

据卷二之《有相品》介绍,说有者的基本观点可以从它给"有"下的定义中得知:"有者,若有法是中生心。"凡能产生心识活动的现象,都是"有"。"有"的本质和相状,叫做"有相"。"有相"也有个定义:"知所行处,名曰有相。"凡被认识所认识的,或认识所到之处,就都是"有"。设立这两个定义的理由,是"无有知行无所有处",或"识不行于无":"若知则不无,若无则不知……无无缘知。"认识必须有引发认识的对象,没有对象的认识是不存在的,因为"有所识故名为识",没有"所识",哪里来的"识"?既然识不缘"无",所识则必然是"有"。因为有相论者认为,"要以二法因缘,故识得生:一依,二缘。若当无缘而识生者,亦应无依而识得生。然则二法无用,如是亦无解脱,识应常生"。就是说,如果识不需要"所依"、(即六根)"所缘"作为产生的条件,识就成了无因而生,因而也就没有生灭变化,成了永恒的了,这不但违反常识,也使修行者从"识"解脱出来成为不可能。

用"识不缘无境",说明"知所行处即是有"的观点,显然是说一切有部的有的论点,到了新有部,这一观点被系统化,变成了说明"三世实有"的根本论据。《成实论》卷三于同品中复述的就是新有部的论点,所以接着"有者,若有法是中生心",马上就说:"三世法中能生心故,当知是有。"于是诃梨跋摩就从质疑"三世实有"能否成立,变成了"知所行处即是有"是否能够成立的问题。关于这个问题,我们在分析有部哲学中,已经谈过不少,现在着重看《成实论》的批判。

《成实论》卷三中首先提出一个反命题:"知亦行于无所有处","无法亦能生心"。譬如说,在某些禅定中,可以"非青见青",无水见水等;还有一种"无所有处定",即以"无所有处"为观想对象;"又,所作幻事,亦无而见有","梦中无而妄见"等;"又,以指按目,则见二月",诸如此类,梦幻错觉,不可胜数,本来是无而非有,但依然可识可知,成为认识的对象,说明确有"知无之知";因此,决不能因为它们是识所行处,是识的对象,就误以为"有"。

复次,若说有依、有缘"二法因缘生识",亦不合道理。因为依《成实论》的主张,是根、境、识三者和合生"识",而且认识的主体是"识",而非作所依的"根"。这一思想是对有部认识论的一大突破。人的认识,究竟是识体的功能,还是眼等器官的作用?在佛教内部有不同见解。以有部为代表的部派佛教,基本倾向于眼等六根是认识的主体,故把认识得以产生的条件仅仅归结为依、缘二种;诃梨跋摩则认为眼等诸根只对识的生起起扶助作用,决定者乃是六识。故有部在认识条件中排除了"识"的功能。他尤其反对"以有所识故名识"的有部说法,认为识体自有其"知见"的本性,"有则知有,无则知无;若此事无,以无此事故,名为见空"(卷三,下同)。"见空"是第一义谛的认识,按有部之说,"空"即是非有,非有则不能构成认识对象而成为可以认识的,那么佛教修持者就永远不可"见空"了。这当然是大问题。诃梨跋摩就在这里解释:"若无此事",意即能见到"无此事";本来是"空",即能认识到"空"。所以"无"也是可以认识的。

"见空"是通向泥洹的决定性步骤。坚持识能缘"无"的认识论,就是坚持泥洹一定可以达到。这与《成实论》的整个泥洹观有着直接的关系。

关于错觉幻想等现象是否也定为"有",本是新有部讨论的问题,《成实论》中即作为说有者的重要论点,加以驳斥。说有者谓:"非青中实有青性",如"木中有净性;又,取青相心力转广,一切尽青,非无青相"。就是说,像禅定中出现的幻觉,也是从实际事物固有的性相中转变过来的,推而广之,幻想也以"有"为根据。所谓"无所有处定",由"三昧力"产生"无相",此"无相"也是一种"有","非是无也,如实有色,坏为空相"。诃梨跋摩在驳斥这些说法时,可注意的略有两点:一、依有部之说,"诸尘是生识因,若无以何为因"?诃梨答:"即以无为因"。二、依有部之喻,"如木中有净性";诃梨谓此喻"有因中有果过"。因为说"非青"中有"青性",实是把"青性"作为"非青"之因,预先安置于"非青"之中,所以说它重复了外道所说"因中有果"的错误。

这种论难还有许多,《成实论》要确立的就是"识"可以缘"无","无法亦能生心"。由此推论,人们尽可以有过去、未来之知,但不能由此证明过去、未来是"有",因而"三世实有"不能成立。显然,这确实是经部的观点。

《无相品》还认为,从"第一义谛"说,"阴、界、入"所摄一切有为法都不能成立;而"'如'等诸无为法",亦非是有。因此,只有"无相不坏",而没有真实的"有相"可说。有部主张"有(相)与法合,故名为有",也不可能,因为"有中无有,云何有与法合故名有耶?"但是,如果从"俗谛"来说,则"十二入"可以说是"一切有";"若有道理,能成办事,亦名为有",十二入就属于能成办事的道理。在"三科"里,《成实论》没有明确提及"五阴、十八界"是否可以说是"世俗有",但从其否定"三世实有"的坚定性上看,它是不许的。以"五阴"为例,"若色等诸阴,在现在世能有所作,可得见知。如经中说,恼坏是色相;若在现在,则可恼坏,非去来也。受等亦然。故知但有现在五阴,二世无也"。既然过去、未来非有,则不是实有。又,有部认为,诸法自性,三世皆有,现在世是诸法正起作用时,过去,未来是未起作用和作用已过时。对此,《无相品》驳道:"若法无作,则无自相;若过去火不能烧者,不名为火。"

以上这些话,表明《成实论》是主张体用不可分离,体用统一于一事一时的。这是与有部的重要分歧之一。

二、驳"说无者"论

与"说有者"完全相反的是"说无者"。说无者立论,谓"诸法实无,以诸根,尘皆不可得故"。又谓"诸法中无有有分可取,是故一切法不可取,不可取故无"(《成实论》卷一一,下同)。此中"不可得"、"不可取",都是不可认识的别称,总的意思是,"根"和"尘",即认识主体的感官和认识的客观对象,都不具有认识诸法的能力;诸法既不可认识,所以"实无"。

首先看做为认识对象的"诸尘"。按有部等说,一切物体都可以分解而再分解,分解到不可以再分解的程度,叫做"邻虚"或"极微",《成实论》称之为"微尘",亦即这里所谓的"分"。有部等肯定"极微"是物体的最小单位,真实存在,因而是"有";"极微"集聚成为"粗物",而存在于粗物中的极微,就叫"有分"。这样的"有分",与粗物浑然一体,显然不是认识可以直接把握的,不能成为认识的直接对象,这可以说是第一种"不可取"、"不可得"。其次,"若谓有分虽不可取,诸分可取者,是事不然:诸分中不生心。所以者何?粗瓶等物可取故"。"诸分"即诸"极微"。像瓶等粗物可以引发心识活动,"诸分"则没有这种功能。事实上,"分"只是思维的一种抽象,离开粗物中的"有分",不可能独立存在,"有分"既无,"分"自然也就没有着落了。假若真的"有分"可识,那么粗物反而成为不可认识了:"若见细分,则应常生分心,不生瓶心。"

在这里,说无者是在全盘清算"极微"说,力图推翻"色"得以成立的基石,所以他作了一个全称否定判断:"无一切分"。原因是"一切分皆可分析坏裂,乃至微尘;以方破尘,终归都无"。就是说,没有不可以再继续分析使之坏裂的"微尘",所谓极微等"分"没有"有"的可能。因为从理论上说,不论多么微细的物体,必须以"方"的形式存在,即具有一定的体积;只要有体积,就可以分割,所以可分割是绝对的;如果没有体积,固然分割不成,但那时也就是"空",谈不上"分",更说不上"有"了。关于"分"的这类讨论,涉及的是物质能否无限分割问题,在中国古代哲学中有过,在现代理论物理中还在继续,佛教则有多家说法,说无者是其中一种。此说的直接目的,在使作为认识基本条件的"根"、"尘"失去立足的基础,因为"五根"、"五尘"是佛教公认的"色"的代表,"尘"既是无,由色作成的"根"也决成不了"有"。根、尘俱无,任何认识都不可能。

说无者的另一重要观点,是认识的本性使它不可能去认识客观事物:认识不具有认识的能力。《立无品》说:"眼不能见细色,意不能取现在色,是故色不可取。"识"色"应该是"眼"的功能,但极细微的色诸如极微等,却不是眼之所能识;认识"细色"应该是"意"的职责,但"意"不能当下"取",它需要眼识为其开道,提供材料,属于已经过去的事,所以总是"不能取现在色"。所谓"眼识见色已,即灭;次生意识",就是这个意思。又,确认是"色"还是"非色",属于认识的分别功能,然而"眼识不能分别是色,意识在过去,不在色中,故无有能分别色者。无分别故,色不可取"。因为前五识只有直觉,没有分别能力;按有部等的"刹那灭"和"次第生"的理论,意识缘色时,眼所识色已成过去,不可企及,无从分别。这样眼既不能,意亦不能,所以"色"是绝对不可认识的。

识有六识,尘有六尘。眼既不能识色,耳鼻舌身意也不能识声香味触法。《破声品》述说无者言:"声不可闻",因为"心念念灭,声亦念念灭。如说富楼沙,是语不可闻。所以者何?虽闻富识不闻楼识,闻楼识不闻沙,无有一识能取三言。是故无识能取一语,故知声不可闻"。"富楼沙"是今巴基斯坦白沙瓦西北部的一个古城。由于心与声都是念念灭,不可连续，所以作为"声"或"语"而存在的这个地名是不可闻，不可识的。可以证明"声不可闻"的理由还有一些，例如思想集中（定心）可以什么也听不到；又，"耳是虚空性……是故无耳，无耳故无声"，如此等等。《破香味触品》将香味触归为一类加以破除，理由大同于破眼识那些。以鼻为例，"鼻识不能分别是瞻蔔香，是诸余香；意识不能闻香，是故意识亦不能分别是瞻蔔香"，当然也就不能"取香"。按照复合物皆为假法的说法，"瞻蔔树"是复合物，认识中是不应该有的，"以愚痴故生瞻蔔树心，如是不得香体，以愚痴故而生香心"。换句话说，说五识能够认识五尘，全在于"愚痴生心"。

五识如此，"意识不能取法"，"意识不知法"，亦是如此。《破意识品》在说明"意识不能取现在色香味触"后，又强调意识也不知"自体"，即不能自知。通常都承认"意能缘法"，此说实有多过："如意到缘，识不到缘，不应忆色等。"这类理由均是从"识"的运作为次第生灭上讲的。譬如人们说意识能"忆"，能忆即可分别，而意识实不能忆，因为意识缘色，是眼识所识色，及至意识去缘，此色已灭；色既不能为意识所识，意识如何能忆？"若不见而能忆者，盲人亦应忆色。"总的意思是，"无一切物"，所谓"万物，亦皆虚诳，无而妄取"。如是一切认识都成为不可能。

在论述"根尘识"这认识三要素间的关系时，佛教往往使用因果这对范畴：根尘为因，识为结果。说无者则从根本上否认因果的可能；没有因果，也就没有一切法。《破因果品》就是专为破除因果论而作的。此中的论点颇多。

第一，不论说"因中有果"还是说"因中无果"，两说皆错："若有果，应因中先有求那而生，先无求那而生？二俱有过。"这里的"求那"，指的是能够产生结果的那些基本因素，与"因"的含义相似。如果说"先有求那而生果"，则违经验所见，因为现见"酒因中先无酒，亦能生酒；车因中先无车，而能成车"。如果说"因中先无求那而生果者"，那也有违经验所知，如白线织成白布，黑线织成黑布等；而且也破坏了实际存在的因果关系,以至可以说风中可以有色,金刚中可以有香等。总之,"若因中有果,则不应更生:有云何生?若无,亦不应生:无云何生?"

第二,联接因果使之发生关系的是"作"与"时","作"与"时"都可以视为生果的原因,但这两者皆不可得。例如说"瓶"是造作的结果,事实不是:"是瓶若先不作,云何可作?以其无故;若先已作,云何可作?以其有故。"就是说,若"作"发生在"瓶"成之先,尚无有"瓶",何来"作瓶"?如果发生在"瓶"成之后,那还要作它干什么?所以"作"本身就不能成立。或者可以说是"作时作"。这也不成,因为"无有作时。所以者何?所有作分已堕作中","作时"包括在"作"中,无"作"亦即无有"作时"。当然,从"作时"不可得的方法论,也可以推出"作业"以及"作者"亦不可得。

综上所论,"因于果若先,若后,若一时,皆不然。所以者何?若先因后果,因已灭尽,以何生果?如无父,云何生子?若后因先果,因自未生,云何生果?如父未生,何能生子?若因果一时,则无此理,如二角并出,不得言左右相因"。

用以论证因果不可能的道理,还有第三,"因果若一若异,二俱有过"。第四,若果"自作,他作,共作,无因作,是皆不然"。第五,"先有心无心,是皆不然"。等等。

据此,"说无者"得出最终结论:"如是等一切根、尘皆不可得,是故无法。"

《成实论》单列《破无品》,指出"说无者"的这些道理过错多多。从佛教立场,若一切皆无,则罪福因果,修习解脱,等于全部落空,所以也是"说无者"最大的错误。就理论层面上讲,"说无者"的逻辑矛盾太多,都会导向自我否定:"若执无所有,是执亦无,以无说者、听者故。"又,"汝意谓一切法无,是'知'何缘得生?诸知不以无缘而生,以知物故名知,是知不应言无"。意思是说,如果一切都无所有,则说无者所说的道理也应该无所有,甚至连"听者"、"说者"也成了无所有,那你还在喋喋不休地说些什么?"若一切无,是论亦无"。这种说是过于违反常识了,"瓶等法今现见有,以能生心故;随能生心,则有此法,故非无也"。类似违反常识,导致混乱的例子不胜枚举:"今瓶盆等现有差别,若一切无,何有差别?汝意或谓以邪想故有分别者,何故不于空中分别瓶等?又,汝若谓以痴故生物心者,若一切无,此痴亦无,何由而起?"

《成实论》揭示说无者的这些矛盾,都带有悖论性质,有相当的说服力。由此可见,《成实论》之被定性为"小乘空宗",只能是相对于"说一切有"而言,它并不否定一切,主张一切皆无所有。现在的问题是,它批驳的这一"说无者"具体指谁?

大乘般若学曾是一股强大的哲学思潮,尤其以《小品般若》为代表,它的理论核心,就是否认人的认识能力,认为人的认识不可能把握客观真实;至于中观学派的提婆撰《百论》,更进一步认定,一切认识全是荒谬。《成实论》介绍的"说无者",则从判定"根、尘"皆无,根本上动摇"识"生的"依、缘"二缘,说明认识自身就是不可能的,而不但在认识真理上是不可能的。又,中观学派祖师龙树著的《中论》中有《破因缘品》,在其论证"生"是不可能的时候,用的方法就是"自生,他生,共生,无因生"皆不可能;《观因果品》立论,也从"因中有果"或"因中无果"中考察,说明因果均不能存在;至于否认"作者"、"作时"等的真实性,《中论》中也有明文论述。

如此看来,《成实论》批判的"说无者",在佛教内部的代表,当属般若思潮,以及般若学的系统化者大乘中观派——特别是其中的"恶取空"者。"恶取空"就是以否定一切,一切皆空著称的。般若中观派的哲学思想,主流是怀疑论和不可知论,而《成实论》则大力倡导可知论。《成实论》批判"说无者"的理论武器,主要是可知论。

三、一切"可知可说"

《假名相品》列出了"四论",所谓一论、异论、不可说论和无论。其中"一者,色、香、味、触即是瓶;异者,离色等别有瓶;不可说者,不可说色等是瓶,离色等有瓶;无者,谓无此瓶"。《成实论》认为此等四论悉有过错,并一一给与驳斥。上述所驳说无者,就是这里的第四论不承认瓶等为"有"的"无论"。关于一、异两论的过错,《成实论》认为,"一论"者是把物体(瓶等)与构成物体的因素(色香味触)混而为一了;"异论"者则把这两者完全割裂开来。意思是说,构成物和构成因素之间,既有区别,也有联系,不能承认一方,否认另一方。这种认识,与早期佛教,包括有部等在内,认为复合体(人、车等)为"无",而单一性(色、香等)为"有"的观念,有非常明显的不同,实际上在肯定人瓶等复合物,也是一种存在,而且从特定意义上还可以说是一种真实的存在。

说凡是所识的就是存在的,《成实论》表示反对;但说凡是存在的,就是可识的,则可以成立。《成实论》持的正是这种观点,《破不可说品》也是从这个观点立论。它说:

> 实法无有于一、异中不可说者。所以者何?无有因缘譬喻以此知不可说(指没有什么理由或譬喻可以证知"不可说")。色等法实有,故非不可说也。又,诸法各有自相,如恼坏是色相,更无异相,云何不可说?

"可说"是建立在"可知"的基础上,客观对象的性质不同,认识就有不同的差别,"色是色入所摄,非声等摄",因而是"眼识知色,不知声等",这说明"异"亦可知;"随识差别,故法有差别。"

《成实论》反对不可知论的态度非常坚决。它在《世谛品》中批评"说无者"说,认识是有深浅广狭等种种差别的,不能以己之不知而认为不可知,"如人不知分别彩画等法,便言其无,汝亦如是,所不能成事,而便说无是事。于知者则有,不知者为无。如生盲人言无黑白,我不见故;不可以不见故,便无诸色。如是若不能以因缘成故,便言无一切法"。不能以我所不见不知而证明实无所有,这一观点,对常识来说也是重要的;自己办不成的事,认为根本不可能办成,指出这种认识的错误,也有积极意义。诃梨跋摩特别举佛为例:"佛虽说一切法,不说一切种,以不为解脱故。如佛说诸法从因缘生,不说一一所从因缘,但说要用能灭苦者。彩画等诸色,伎乐等诸音,诸香味触无量差别,不可尽说,若说亦无大利,故佛不说如是等事,不得言无。"佛为人所说,教人所知,全是为了让人从苦中解脱出来,与此无干或不利于这一目的的事不讲,但佛不讲不等于没有。因此,佛的认识领域和讲述的范围,不是无限的:佛是"一切法"的知者,所说的是"一切法";不是"一切种"的知者,所说的也不是"一切种"。此处所谓"一切法",指遍及一切事物的共相,也就是有部《成实论》等所说的"法相";所谓"一切种",指种种事物的别相,包括绘画歌舞等。这种分析,无疑是切合佛教实际的。因为佛经不是百科全书,包罗万象;佛教也不是万能的钥匙,可以打开一切知识之门。到了大乘兴起,随着对于现实生活技能的需要,知识面有所扩大,佛则由"一切知"者,跃上了拥有"一切种智"的智者,而《成实论》认为,这既不必要,也不可能。实事求是地讲,任何人的知能,都有特定的界限,关键在于,不要以自己的不知不能去否定可知可能,或把全知全能强加到佛的身上。

《成实论》坚持可知论,有其体系内部的原因。它把它的解脱之道,最终归结为止、观二途,而以智慧为核心。如果认识没有认识客观事物和把握真理的能力,那么它所提倡的解脱之道,就全是空话。它之所以反对"说无者",也主要是来自这种实践的要求。《世谛品》说,"空智易得,正分别诸法智慧难生";为了"正智",就不能不反对单纯的"空智"。但也正因为《成实论》的认识论是建立在它的解脱实践和为解脱实践服务上的,所以有极大的局限性,并不能在理论上真正驳倒不可知和不可说论。它在说明认识有层次、有等差时举例说,"世间事,众生事,业因缘事,坐禅人事,诸佛事",世上的一般认识是"不可思议"的;只有"一切智人"才能够通统"思量决断"。"声闻,辟支佛,但有通达泥洹智慧,于分别诸法智中,但得少分;诸佛于一切法、一切种、本末、体性、总相别相,皆能通达。"很明显,这里所谓的"通达",实属佛家观念;它的所谓的智,则是运用这些观念对上述五种"不可思议"作出的解释。这是运用观念诠释世界的方法,不是从世界认识世界的途径。尽管如此,至少在文字表达上,这番论述与上述对佛非是"一切种智"的判断相矛盾。

四、论"有"的层次性:二种"有"

以上反驳说无者的理论基础,是肯定"假名有"和"法有",也就是"以言说破空",以"法"破空的根据。《世谛品》最后所说"色等一切法有","瓶等以世谛故有",指的即是"有"的这两种形态。

《立假名品》和《假名相品》集中讨论了"假名有"与"法有"的问题。"何谓假名?答曰,因诸阴有所分别。如因五阴说有人,因色香味触说有瓶等……从众缘生,无决定性,但有名字,但有忆念,但有用故。"(卷一一,下同)此中"人、瓶"等是"假名",以其可以"忆念",可用"名字"表达,于现实生活和佛教修习"有用",故称之为"有",即所谓"假名有";组成它们的因素"五阴"、"色香味触"则是"法",谓之"法有",亦称"实法"或"实法有"。

此外,还有一些规定:"多入所摄是假名有,如瓶等,是故有人说,假名有四入所摄;实法不得多入所摄。"这里所谓"四入",即眼鼻舌身;四入所摄,即是"色香味触"。瓶等复合物,得由眼等诸入个别摄取色香味触等"四法"通过意识的综合、给以名称而成,故为"假名有";"实法"即是"色香味触",它们可以为眼等直觉所取,无须意识的分析综合,最为实在,故名实法有。在这里,《成实论》完全改变了有部的观念:有把瓶等视为四大的复合物,而四大作为"色法"的基本元素,是真实的,永存的。《成实论》则以色等"四法"取代了"四大"的地位和作用,把直觉作为评判真假的准则了。

《成实论》断定"假名有"和"实有"的尺度不只一个。两者还有一个主要区别,是"假名中示相,真实中无示相"。即前者有相状可知,后者则不能直接呈现出自己的相状来,"如言此色是瓶色,不得言是色色",因为

"色"等不能离开瓶等具体事物自己把自己显示出来。同样道理,色香等实法,自身也不能产生实际作用,只有通过瓶等假名有才能表现出来。瓶等假名有之所以具有种种不同功能,就在于有色香等实法存在于其中。这种实法存在于假名法中的现象,叫做"有具",譬喻说,"灯以色具能照,触具能烧;实法不见如是"。这里"灯"是假名有,"能照"、"能烧"是灯的功能;其所以具有这些功能,就在于灯含有"色、触"等实法的因素,所以说,"假名多有所能,如灯能照能烧,实法不见如是"。

这一类论证的实质,在于肯定具体事物是多样性质的统一:性质是对具体事物的抽象,所以任何性质都不可能独自存在;但正是这些众多的性质,呈现出事物的多样相状来,发挥着众多的作用,令人们可知可见。由此推论,"来去等,断坏等,烧烂等所有作事,皆是假名,非实法有,所以者何? 实法不可烧,不可坏故"。同样,"罪,福等业,皆假名有,所以者何? 杀生等罪,离杀等福,皆非实有"。此处把罪福等"业",与去来等"作事",通归之于假名有,实质上也在否认业报法则的真实不变性,与"说无者"的唯一区别,是承认因果也是一种"有":假名有。这一点,大体也与龙树的《中论》相同。

复次,因"异法"形成,和不因"异法"形成,也是假名有和实法有的重要区别:"因异法成,名假名有,如因色等成瓶;实法不因异成……如受不因异法成。""瓶"是由色香味触等要素复合而成,对瓶来说,色等皆是"异法",所以假名法的特点就是"因异法成"。按有部的说法,由五阴和合的人是假名有,"五阴"即是人的"异法";从《成实论》看,"五阴"亦是假名有,因为像"色阴"的色,是色香味触等要素的复合,色等四尘即是色阴的异法。于是"相待"还是"不相待",是相对"有"还是绝对"有",也就成了一种区别的标准:"假名有,相待故成,如此彼,轻重,长短,大小,师徒,父子及贵贱等;实法无所待成……色不待余物更成声等。"由此进一步,则有"有分别"和"无分别"的界限:"所有分别,是怨亲等,皆是假名,非实法有……若直于色等法中,不生怨亲等想。"

若从认识论上区分假名有和实有,则"假名中,心动不定"。意谓对于"假名有"可以有多方面的认识,如人见马,"或言见马身,或言见皮,或言见毛"等;"实法中,心定不动",即认识的单一性,如"不得言我见色亦见声等"。又如,"色等法自相可说,瓶等自相不可说"。前种认识亦被称为"不决定",后者则是"决定"。

又,"实法"的"自相"是可以用语言表达的,所谓"可说",因为它只作为具体事物的一种规定,能够用一个概念去涵盖,例如"色",它是瓶色树色青色赤色等种种色的一种抽象,它的"自相"是"恼坏",反映了一切色的共性。但具体到这个瓶或那个瓶,由于它有种种属性,种种功能,就不能把某一种属性归结为它的整体相状,所以说瓶等的"自相不可说"。因此,"实法有自相"和"假名无有自相",就成了《成实论》为这两种"有"划出的又一条重要界限。

类似的话还有不少,如"多相是假名相",色等相"亦无多相";"于一物中得生多识,是假名有,如瓶等;实法中不尔……色中不生耳等诸识"。

梁代成论师根据《成实论》的这些说法,将假名有分为三类,所谓"因成假"(诸要素所成),"相续假"(生灭无常),"相待假"(上下父子等),其实是过于简化了。《成实论》在陈述"假名"及其与"实法"的差别时,侧重点放在假名也是一种"有"上,而且与"实有"的关系密不可分。这一强调,使它同视"和合物"为"无",将"假名"定为"空"的观点,非常明确地区分了开来。而且正因为它执著地把"假名"归为"有"的行列,也才显示出它对"泥洹"的极度认真。它在说明承认假名亦是有对于佛教实践的意义时说,应"先知分别诸法,然后当知泥洹;行者先知诸法是假名有,是真实有,然后能证灭谛"。

为什么?《灭谛聚初立假名品》说:"上古时人,欲用物故,万物生时,为立名字,所谓瓶等。若直是法,则不可得用。"有瓶等万物,就得有瓶等名字,如果色香味触始终只是以其"法"的形式呈现于人的面前,那就没有诸物的存在,诸"法"也不得为用。人们为了应用万物,处理事务,必须为所生万物确立名字。因此,只要在世间生活,假名就必不可少。佛陀依世谛"说有众生,往来生死:是名正见;但凡夫以邪念故,于实无众生中说言实有。破此邪念,不破众生。如瓶等物,以假名说"。在世俗生活中,说有"我"有"众生"等假名有,乃是"正见";错误在于把这种"假名有"当做"实法有",应该破除的是这种邪见错误,而不是假名有的"众生"。

坚持"假名有",反对假名"无"或"不真即空",旨在坚持佛教对现实生活的认真态度和修习上的严肃作风,反对事实上已经流行于佛教内部某些典籍和派别中的虚无主义、颓废主义,以及混世主义。对于假名有的这种严肃和认真,贯彻到它的宗教实践和终极泥洹,则是极端的严厉和冷酷;认真的肯定,全是为了认真的否定。

第三节 色论

在传统佛教所讲的"阴界入"三科中,大都偏重对"五阴"的分析,《成实论》也不例外。《无我品》中有一段话,特为说明其所以偏重分析"五阴"的原因:"因五阴故有种种名,谓我,众生,人,天等。如是无量名字,皆因五阴有。"此中所说"我"等,尽管毫无实义,只是一种名字;但世人把名字误认为实在,以至成了流转生死、受苦无限的根本原因。据此,《成实论》在断定"苦谛者三界也",即"三界皆苦"的基础上,突出了"五受阴是苦谛"的观点。就是说,诃梨跋摩把人们容纳和执受五阴,确定为"四谛"中"苦谛"的本质;与此相应,"灭谛"的核心"灭苦",也就成了灭除"五受阴"。

苦谛即是五受阴,灭谛即是灭五受阴。这两个核心判断,可以看做《成实论》的基本世间观和出世间观,也是它界定世界人生和泥洹寂灭的基础内容。

讫于部派佛教,"五阴"已成为"人"的代称;"五受阴"则多用来称呼现实的人。关于这类问题,我们已经介绍过不少。依有部的说法,

"人"只是五阴集聚而成的复合体。其中"五阴"是"实";作为复合体的"人",本质是"空"。这也是所谓小乘佛教有关"无我"的原意。《成实论》承认这一学说,以此来驳斥犊子部等主张的"有我"论,可以说是足够的了,然而它并没有就此停下来,而是把"无我"的范围扩大了,扩大到了"五阴"自身:不但"五阴"合成的"人"空,合成"人"的"五阴"亦空。这当然冲破了有部的学说,《成实论》也就在这个方面展开了对有部的辩难。

"五阴空"或"五蕴皆空",本是大乘佛教的普遍主张。《成实论》的"五阴空"说,显然受到了这一思潮的影响。因此,在所谓小乘中可以说它是新观点,其实并非它的创造。然而,"五阴"为什么是"空",以及在什么意义上是"空",大乘诸派的诠释就各不相同;《成实论》的解释,则表现了诃摩跋梨的特色,有自己的个性。我们先从"色阴"看起。

一、"四大"元素向"四尘"要素的转换

佛教关于"色阴"的论议,相当于一般哲学里的物质论。前已说过,早期佛教哲学与古希腊哲学相似,是主张元素说的,公认地、水、火、风所谓"四大"是形成物质世界的基本元素,整个物质世界就可以用"四大及四大所成"这样的话去概括。以有部为代表的小乘认为,"四大所成"属复合物,所以是假是空;"四大"则是原始单位,是最后因,不可再加破坏剖析,所以是真是实。

《成实论》针对有部,给"色阴"作了一个全新的界说。《苦谛聚色论中色相品》说:"色阴者,谓四大及四大所因成法;亦因四大所成法,总名为色。四大者,地、水、火、风;因色、香、味、触,故成四大。因此四大,成眼等五根。"在这一界说中,"四大"及"因四大所成法",是沿袭传统的旧观念;"四大所因成法",则是增补的新说。就是说,诃梨跋摩不承认"四大"为物质世界的最后因,因为"四大"也是多要素的产物,还存在有形成"四大"的最后因,即"色、香、味、触"。此中"色"指"眼识所缘",香、味、触

则分别为鼻、舌、身的感觉对象。人的感官本来有五,所谓"五根",五根的对象是"五尘"。能够为"四大"作因的只有"四尘",而没有"声"这一尘在内。因为"声"被视为物物相触才能产生的现象,没有独存性,其性不实,所以被排除了承担原始因的资格。

把构造物质世界的原素,从"四大"变成"四尘",是哲学观念上的重大转变。"四大"是独立于人的感觉之外的物质现象,"四尘"则是离不开人的感觉机能的感觉对象。用四大解释物质世界的成因,是用物质解释物质现象,是唯物论原则;用"四尘"解释四大的成因,是把物质现象最终归结为人的感觉,是唯心论理论。于是物质的原素就被变成了感觉的要素,由四大和合的一切客观物质现象,也一并变成了感觉要素复合的认识对象。换句话说,"感觉对象,离不开感觉的存在",物质就成了感觉的复合。

这样,在《成实论》里,"色"的内涵没有变化,但却给"色"安置了一个"四尘"作它可能存在的根据:只有有了感觉,才能有物质存在。依此推论下去,必然更改与之相关的一系列观点。

《成实论》卷三在其"色论"一章中,用了二十四品的篇幅论述这一新的理念,可见诃摩跋梨的重视程度。

首先,既然"四大"不是"色"的最后因素,而四大自身还别有生因,那么,根据部派哲学的逻辑,最直接的推论就是,四大不是"实法",而是"假名"。故《四大假名品》说:"四大是假名,此义未立。有人言,四大是实有。"为什么不是"实有","四大假名故有"?回答是:"因'色'等,故成'地大'等。"即"地"等"四大"是由色等"四尘"作因所成,而"因所成法,皆是假名,无实有也"。

又,凡多因所成法,都可以被再破解,既可有多重表现,也能被多重认识,例如"世人说见地,嗅地,味地,触地……人示地色,地香,地味,地触。实法有中不可得异示"。因为"实法"的特征之一,是没有内在差别性,四大既可以被"异见"、"异示",表明它们有内在差别,所以只能是假而非实。

说四大是假名,还有一条重要理由。有部等认为,四大各有不变的自相,其性单一,作用可知,是故实有。如"《阿毗昙》中说,坚相是地种,湿相是水种,热相是火种,动相是风种",这是讲四大的"自相";此中"坚等有义,所谓坚相能持,水相能润,火相能热,风能成就",此是指四大的"作用"。由此两因,有部断定"四大是实"(《四大实有品》)。诃梨跋摩认为,《阿毗昙》的这一论点不能成立,因为它不符合事实。例如"地种",不但是"坚",而且还有"依坚",即依"坚"为主所生的其他感觉,如软硬涩粗等,或者说,坚的表现形相很多,而不是单一的、非决定的。再如"水种","佛说八功德水:轻,冷,软,美,清,净,不臭,饮时调适,饮已无患。是中若轻,冷,软,皆是触入;美是味入;清,净是色入;不臭是香入;调适无患,是其势利"(卷三,下同)。如此,水具八种性质,并非"湿性"一种;而此八种,最后都可归为色香味触"四尘"。于是,有部等将"坚湿暖动"规定为地水火风的本质属性,本是想以四大各有自性,说明四大为实的,经过诃梨跋摩这一解释,则变成了"坚法尚无,况假名地"。

总之,四大是"假名"有,作为四大之"成因"的"四尘",则是"实法有"。假名有的直接结论是"四大皆空",把物质从世界和人体的构成中彻底清洗出去;用四种感觉取代了四种物体,并承认这些感觉的实在性,而使其对"实有"的否定无法彻底。就是说,《成实论》否定了有部的"实有",肯定了自己的"实有"。

《成实论》的这一特点,给中国佛教留下的印象也是深刻的。《三论玄义》引僧叡的话说,该论"云:色香味触,实也;地水火风,假也。精巧有余,明实不足。推而究之,小乘内之实耳"。僧叡的话是否是如此说的,已不可考,但以"四尘"为实,破"四大"之实,在当时确曾引起议论。《大乘大义章》记罗什与慧远的问答,其十四、十五两章就是集中讨论此四尘与四大关系的。前述新有部也已经有了与《成实论》此说相同的观点,或许就是接受了《成实论》等经部倾向的一种反映。总之,这一由唯物论转到直觉论的理论意义,佛教内部也是自觉到了,但却没有开展起来。

一旦确立了这一理论原则,《成实论》就将它贯彻到底,遍及它的全部"色论"。依佛教的传统说法,"色阴"指谓的范围是"五根"、"五尘"和"法处"的一部分。其所谓"法处色",指的实是一类能起质碍作用的精神现象,此处不论,真正具有物质性质的是五根和五尘,所以就依次进行考察。

关于"五根",《成实论》着重讨论了两个问题:第一是它们的成因,第二是它们与其感知对象的关系。就第一个问题,《根假名品》有一个简明的说法:"从业因缘四大成眼等根",或者说:"四大从业因生,名眼等根"。意思是说,四大之所以能够分别成为眼等"五根",是由于"业因缘"的作用。"业"是形成眼等五根的根本因,四大只是在"业力"指使下用以具体构造眼等五根的材料。撇开业力不谈,就事论事,"诸根即是四大",或"眼等诸根,因四大造",从"四大成就"。四大已经是"假",由四大所成的五根,则是"因假名法更成假名",是假上又假,因此,眼等五根只是假名,实质是"空"。佛之所以"处处分别四大,示眼空故",分别是手段,示空才是目的。

在这一论辩中,《成实论》提炼出了一个具有指导性的理论:"若法有实,则非因成。"唯有不受因缘制约的事物,才是实在的;一切因缘所成的现象,都是非实在的。那么,世上是否有不受因缘制约、独立自在的"法"呢?有,那就是"四尘"。"四尘",是从"五尘"中简择出来的。所以马上就涉及"五尘"的性质问题。

"五尘"的第一尘是"色"。这个"色"属"色阴"的组成部分,与"色阴"中的"色"不是一个概念。"色阴"的"阴",有聚集为一类的意思;在这个意义上,"色阴"的"色"即相当于物质;"五尘"中"色尘"的"色",只是当做眼见的对象,属于"外六入"中的"色入"。这里的"入",指可以通过感官进入认识领域的意思,因而只有与认识主体连接在一起的时候,才有意义。《色入相品》列举诸种现象当做色入之"色"的外延,所谓"青黄等色,名为色入"。青黄赤白等颜色,《俱舍论》等名为"显色";长短粗细等形状,叫做"形色"。这两类色都是眼的感知对象,但从常识来看,这两种色的性质有所不同:"显色"更具主观性,更加依赖人的感觉;"形色"似乎是纯客观的,不甚为感觉所左右。《成实论》主张,色尘是实有,但只限于作为色入代表的显色,形色则是显色的差别相,属于假法。据此,作为"四尘"之一的"实色",只是青黄等依赖主体感觉的颜色。

作为耳的知觉对象"声",不是四大的构成因素,故曰"声非成四大因"。理由是"声不如色等常相续"(卷五,下同),"声从物得名,如说瓶声,不言瓶中声"。既非常续,又无自名,"将欲为声,必备四大质像",所以实是从四大而生,而不能给四大作因(见《声相品》),故虽在五尘中,却被排除出了实有的行列。

"香"的种类很多,其所以多,只是众香和合所生的差别,其香之作为香则一;此单一之香,不但存在于"地大"中,而且遍及四大一切,所谓"是香皆在四众中",此"四众"即四大。(见《香相品》)以其遍在性,故能为四大作因;以其唯为鼻所嗅,只具单一性,是故是实。

"味"包括:甜、酸、咸、辛、苦、淡等。"此六为皆随物差别,不以四大偏多故有……有随世俗故差别。"(见《味相品》)。

"触"的范围最广:坚、软、轻、重、强、弱、冷、热、涩、滑、强濯、猗乐、疲极、不疲极、若病、若差、身利、身钝、懒、重、迷闷、瞪瞢、疼、痹、频伸、饥渴、饱满、嗜乐、不嗜乐、憎等。它们的存在,不是由四大决定,也不是四大的属性,而是同一个"触"在四大中的不同表现形态。

对于"五尘"的这些解说,多数是针对"外道",特别是优楼伽、僧祛、那耶修摩等的。此"优楼伽",论又作"优楼祛",谓其说"陀罗骠等六事"(卷二,下同)为"有";此指"胜论派",即"卫世师";此派用"实,德,业,同,异,和合"所谓"六句义"作为思想核心而构成一个体系。"僧祛"以"二十五谛"为"有";此指数论派,它以"神我"和"自性"为主体,辅以"觉"、"我慢"以及"五大"、"十六变异"等,构造为一个体系。"那耶修摩"主"十六种义"为"有";此指正理派。正理派的哲学思想源自胜论派,其后的变化颇大,所谓"十六种义"的具体内容不详。《成实论》经常提到"求那"和"陀罗骠"这两个概念,或就是用于解释这些外道的特殊主张。《一切有无品》谓:"地等诸陀罗骠,数等诸求那,举下等诸业,总相、别相、和合等法,及波居帝本性等,及世间事中,兔角、龟毛、蛇足、盐香、风色等,是名无。"在具体运用中,《成实论》将"地大"等说为"陀罗骠";"求那"则是构成和合物的因素,它们的内涵,可以意会出来。总此"外道"所说,不论是和合物还是构成因素,都是同兔角龟毛一样的非存在;若以此对"五尘"进行解释,都必然错误。

二、"根"、"尘"从认识之因缘地位的跌落

在"四大不实"的前提下,《成实论》进一步讨论了"五根"、"五尘"同"识"的关系问题:"识"究竟是如何发生的,根、尘在其中起了什么作用?《非彼证品》记难者立论说:"识以眼,色为因缘,非眼,色以识为因缘。"(卷三,下同)以眼识为例,有了"眼根"这样的感官和"色尘"这样的对象,眼识就可以发生,所以"五根"和"五尘"是"五识"产生的"因缘"。显然,此难是有部观点,也是一般常识。《成实论》回答说:"不然,眼识以前心为因,眼、色为缘;因心先灭……现见世间物从似因生,如从稻生稻,从麦生麦。"按佛教的通常说法,认识活动是一维的连续过程,后心的生起,必须以前心的灭失为条件。《成实论》夸大了这一条件,把前"心先灭"当做诸识产生的根本原因,而感官和客体对象,则仅仅是诸识产生的外部条件。于是,眼识等的发生,就变成了识的自我前后运动,就像稻之生稻,麦之生麦一样,因此,说"因眼缘色有眼识生,是则非实"。

与此有关,"眼根"等感官有无认识客观对象的能力?或者说,实现认识功能的具体机制是什么?《根无知品》(卷四,下同)答复说:"非根能知。所以者何?若根能知尘,则可一时遍知诸尘,而实不能,是故以识能知。"能够认识客观对象的,不是"根"这种物质器官;也就是说,"根"不具

有认识能力。具有认识能力,能够认识对象的,乃是"识",而且也唯有"识"。"汝心或谓根待识共知,不离识知者,是事不然。无有一法待余法故能有所作,若眼能知,何须待识?""识"之发挥认识作用,认识事物,不须等待任何其他条件,可以说是独立自行;如果眼等诸根具有认识功能,还要"识"干什么?因此,说"根待识共知"或根"不离识知",都不能成立。

把根、尘作为认识产生的两个基本条件,是有部的一贯主张;《成实论》的矛头所向,不言而喻。认为"根"不能单独起认识作用,是佛教比较普遍的观点,但说与"识"一起,也不能成为认识活动的原因,则是《成实论》的特殊主张。诃梨跋摩认为,正确的表达应该是这样的:"如灯能照而不能知,必能为识作依,是名为根业,是故但识能知,非诸根也。""根"只是"识"依存和发生"知"功能的条件,它们自身却无"知"的功能。通常人们说"眼见色"而不说"识知色",那是一种习惯说法,其实是"以眼为门,识于中见"的意思。"根"可以作为"识"的门户,但决不具有"知"的功能。

当然,这不是说"根"对"识"完全没有作用。在"根"作为"识"的"所依"这个意义上,"根"还是"识"的决定性因素。《根无知品》说:"以诸根故,识得差别,名眼识,耳识等。""又,以诸根上、中、下故,识随差别。"例如,"根不通利,则识不明;若根清净,则识明了"。如此等等,但根本因还是"识"自身。

《成实论》之所以排除"根"、"尘"在生"识"中的决定性作用,确有其强调认识活动也有自我运作的一面,这与认识论中的机械论相比,无疑是合理的。像有部和瑜伽行派等,还特别列出"次第缘"、"次第灭心"或"等无间缘"、"开导依"等观念来,表示任何认识活动都不能离开它既有的认识基础,必然得从已有的认识出发,使重新启动的认识活动不能不带有主观成分,但都没有像《成实论》那样,将根、尘排除于生识的因缘之外,以致使人的认识脱离了认识器官,心理活动脱离了生理基础。

在解释为什么构成眼根的"四大"能够"见色",而其余四大不能时,

《分别根品》回答说,它们"皆从业生。从业生属眼四大,力能见色;余根亦尔……有业能为见因,如施灯烛得眼根报。声等亦尔。业差别故,根力有异"。此说又回到了佛教公认的业力决定论。

对于业力决定论,诃梨跋摩也有新的见解,也首先反映在他对"色"的成因的诠释上:既然《成实论》认定"四大"不实,绝非是"色"生成的本原,那么,"色"究竟是从哪里来的?《非彼证品》有个解答:"汝说色等从四大生。是事不然。所以者何?色等从业、烦恼、饮食、淫欲等生。如经中说,眼何所因?因业故生……是身从饮食生,从爱慢生,从淫欲生。故知色等非但从四大生。"(卷三,下同)这里起决定作用的是"业力":人们之所以具有四肢五官,或全或缺,都是因为前生作业的结果;即使在今世,保证身之得以产生和维护生身延续的,乃是爱欲和饮食。"四大"只是形成它们的必要条件,却不能仅由"四大"生。

《成实论》把"业力决定论"推向了极端,很少有像它那样用业力说去解释世间一切现象的派别,致使它可以否定后天所有因缘的作用。《非彼证品》说:"或有物无因缘而生……但从业生。"难者问:"何故有物但从业生,何故有物待外缘生?答曰,若有众生业力弱者,则须种子众缘助成;业力强者,不假外缘。"又答:"法应尔……但业力得,不须外缘。"很明显,这两种回答,什么道理也没有提出来,给人唯一的印象,就是"色",不论是作为物质的抽象还是认识必须的根境,说到底,全是"业"的产物。

《成实论》的哲学观念,在古代中国没有得到应有的反映,但在西方的科学和哲学上则大有同调。此处只讲四点:

第一,在古希腊哲学中,也有一个从原子论向感觉论的转变。"原子论者之伪实在在于物质,而不在于心灵。反对的学派认为感官传达的关于实在的信息虽然是可疑的,但是感觉的确存在。因此,感觉才是唯一的实在。"实现这一历史性转变的是苏格拉底。《成实论》由"四大"向"四主"的转变,在基本精神上是与希腊人一致的。

第二,《成实论》上述判断:色香味触"四尘是实";其所以是实,在于它们是唯一可直接感知的对象。18世纪英国哲学家贝克来则有个著名的论题:"存在就是被感知"。他围绕这个论题作了许多论证,建立起一个影响很大的主观唯心论体系,这里不可能作详细介绍。但只要从论题上与《成实论》比较一下,就可以看出,两者确乎相似。我不知道贝克来是否与佛教有过接触,不过另有一位奥地利的物理学家马赫,自己承认是受过佛教影响的,他也有个著名的命题:"物体是感觉的复合。"他所创建的哲学被称为"要素一元论",与诃梨跋摩断定一切物体都是"四尘"的复合,更加接近。由马赫形成的学派,不仅流行在自然科学领域,而且对社会主义运动也产生过相当的影响。列宁著《唯物主义与经验批判主义》主要清理的就是马赫学派的政治错误。

第三,《成实论》反对"识以眼,色为因缘",自立:"眼识以前心为因,眼、色为缘。"也就是说认识是由既有的"心"决定的,物质性的器官和客观对象,只是认识的条件。列宁引了与马赫同时代的科学思想家海克尔在《生命的奇迹》一书中的两段话,说明所谓二元论的认识论有两个重要观点,即"认识不是生理现象,而是纯精神过程"。以及"大脑中似乎起着认识器官作用的那一部分,事实上不过是帮助精神现象出现的一种工具"。[①] 如果就把这种观点作为对《成实论》上述说法的现代诠释,也非常合适,而这种观点,也是马赫主义的。

第四,《成实论》,将全部色法归诸于四尘的造作,是在用感觉否定物质的实在性,由此彻底改变了以四大为实法的佛教传统,在哲学上转到了主体感觉论的基础上。这个变化,使它既不同于有部,也不同于瑜伽唯识,更不同于般若中观,可以称得上独树一帜,而在近现代西方哲学中,从主体感觉论开拓出许多有价值的新领域来,我们通常称之为主观唯心主义,支派极多。

---

① 列宁:《经验批判主义和历史唯物主义》,《列宁选集》第二卷,人民出版社,1960年,第359页。

第四节　心论

《成实论》指谓的"心",包括一切精神现象,指谓的范围很广。《苦谛聚识论中立无数品》开头说:"心、意、识,体一而异名;若法能缘,是名为心。"据此,"五阴"中的其余"四阴"都包括在这"心"的范畴中,所以说:"受、想、行等皆心差别名";"心一,但随时故,得差别名,故知但是一心"。此"心"的唯一规定是"能缘":凡具有"能缘"功能的一切,都属于心。"能缘",指能够攀缘和缘虑对象的主观作用,可以泛指一切主观取境活动,能知,能识,能受,能想,能取,能行,能思,能觉,如此等等,它们的共性都是"了",所以又说:"正以了为心"。"了"是"识"的功能,了就是识,是故亦说"识名为心"。"智"也是"心","我说心有二种,一名为智,二名为识"。心有无数的差别性、无数名称,这些差别性和名称,都是"心"。兹分别来谈。

一、"识"生之因缘和可知之领域

"识"是怎样发生的?"识"来自何处?关于认识的来源问题,诃梨跋摩没有正面讨论。《根无知品》谓:"根是因,尘是缘。所以者何?以根异故,识有差别。"这话很像在肯定"识"是经"五根"取"五尘"而生,与有部没有区别,哲学上就是承认感觉是物质的产物。其实不然。这里是解释"五识"为什么会随"五根"命名而称眼、耳识等,为什么不随"五尘"命名而称"色识"、"声识"等的;其本意在说明,"眼识色"、"耳听声",并非感官在"知",但感官却是导向"知"的门户。从感官具有这种门户作用,以及因这种门户作用而产生五识等差别上,说"根"是"识差别"之因,而不是"识生"的原因。更清楚一些说,"识"自身是认识的主体,在理论上,它只是依附于"根"而存在,并非只有"根"才使它可能存在,所以说,"识所依处,是根非尘"。从本源上说,"根与识,一业果报",两者是同一类作"业"

的结果,均以"业"为根本因。人们通常把认识主体笼统称为"眼"、"耳"等,并不明确指出究竟它们指谓的是"识"还是"根",原因就在于业的统一性。

但是,具体到现实众生的认识活动上,情况就比较复杂。《根尘合离品》指出,五识在发生活动时,其与根、尘的关系不是完全相同的,或者"根尘合故识生",或者根尘"离故生",需要具体看待。其中"色"与"声"二尘不是直接抵达眼、耳二根,或者是眼、耳二根到达了色、声二尘,才被"识"所认识,故曰:"眼识不待到故知尘","耳等根尘不到而知";它们在根尘相"离"的状态下,就可以由视听得到。香、味、触则不同,必须与鼻、舌、身相合才能被"识"觉知,所以说,鼻舌身等"三识,皆到根而知","现见此三根与尘和合故可得知"。

这类表述,显得有些笨拙。《成实论》的实际意思是说,眼见色,耳听声,用不着感官同其对象紧密接触就可以实现,而鼻嗅香、舌知味、身受触,必须经过感官与对象的直接接触才有可能。这种区别,注意到了眼耳识物比鼻舌身获取感觉需要更多的外部条件,有其细致的一面,但由于它表达的模糊,似乎色声等知无需根尘的接触就可以完成,那就十分荒唐了。事实上《成实论》是有具体分析的。

在讨论根、尘、识三者关系中,《成实论》提出一个很重要的概念来,所谓"知境"。《根尘合离品》指出,在众生的具体认识活动中,尽管"五尘"可能是客观的存在,但它们之能够被感知,必须首先转化为该众生的"知境":"若色在知境,是则能见;若不在知境,则不能见。"同样,"五尘在知境,故可知"。因此,"知境"既"识"之能知,也是"境"能被知的大前提。那么,什么叫"知境"?

"随色与眼合时,名在知境。"因此,所谓"知境"就是"五尘"能被"五识"所触及,处于"五识"所知的范围,构成为认知的对象。换句话说,"五尘"有相对的独立性,不总是处在可以被认识的状态,要把它们转变成实际认识的对象,还需要另外一些条件。这些条件,一句话,就是没有"世障"。因为"世障故不见",清除了"世障"就是可见。这些世障包括过去、未来,和"山外色"、"暗中瓶"等,还有"鬼等身"、"初禅眼不见二禅色"之类。其中前数种,是由于感官与事物间有所隔离,不能相"合"造成的;后两种则是由于感官能力的限制,达不到相应的认知水平所致。特别像"初禅眼不见二禅色"这样的例子,说明"知境"是因人而异的,不同众生的认识能力有差别,所知的境界就有不同。原则上,没有不可知的领域,而能知则有主客观限制。

众生的认识,只能认识他们的"知境",鸟兽鬼神的"知境"与人的"知境"肯定不同,所以认识主体在认识活动中起决定性作用。除了认识主体的性质和认识能力以外,主体感官的健全与否也是重要因素。《根尘合离品》举眼为例,"若眼不坏,色在知境"。"色"之能够成为"知境",必须是"眼不坏"。"眼坏"的表现极多,如"风热冷等众病所坏。若风坏眼,则见青黑旋转等色;若热坏眼,则见黄赤火焰等色;若冷坏眼,则多见白池水等色"。如是"劳坏眼则见树木动摇","疲倦坏眼则见色不了,偏按一眼则见二月,鬼等所著则见怪异",以至于"眼根坏"或不具足,都不能正确见色。其余耳鼻等也是如此。

强调认识主体差异性对觉知的影响,是《成实论》注意的重点之一,指出感官的健全与否对认识正确与否的作用,尤为突出,这是一般讲认识论者经常忽视的一个方面。

以上是《成实论》对于前五识的论述。至于第六"意识",是佛教所有派别都非常重视的论题,诃梨跋摩也不例外。不过他把意识的"意"同"心意识"的"意"经常是混为一"意"来谈的,所以涉及范围异常宽泛,我们在具体考察时,尽可能作些区分。

按佛教通则,第六意识与前五识一样,也有自己的"根、尘"。其中"意根",《成实论》也持与其他佛教论家同样的观点。《根分别品》谓心法"但以次第灭心为根","待次第灭心,意识得生",即依"前心灭"为自己生起的根据。但是,诃梨跋摩强调,作为"次第灭心"的"根",是"意识"得以产生的决定性条件，而不是"意识"依存的条件；意识所依存的乃是"四大身"，即人体。在前五识中，"根"即是"依"，两者是一回事：眼根即是眼识所依。意识则否，它的"根"与"依"是分离的：意根乃是意识相续运作的一部分，众生的身体则是全部意识之所依。依照这一说法推论，似乎不可能有离开肉身而独存的意识，也不可能存在离开肉身而自在的魂灵。诃梨跋摩不完全是这个意思。作为五道轮回中的某些众生，如现实的人，可以这样讲：人体是意识的寄存处，只有意识寄生在人体中，意识才能发挥其应有的作用。一旦超出这个范围，情况就变了。

《法聚品》说："一切众生初受身时，以识为本。"这说明，"识"是可以独立自存的，"身"是他后天从娘胎中获得的。因此从本原上说，身是依识而有，而非识依身而存。同样，死后"身"亡"识"去，身与识相比，始终是派生的，第二性的，"识"则成了可以完全不依"四大身"的实有物。譬如三界中"无色界"众生，即以"无色身"为特点，他们的意识自然也不会依四大身而有。《分别根品》中有问："无色界复何所依？答曰：无色界识无所依；法应如是，无依而住……意识能知有无，若有色则依，无色亦能住，故无色界亦无依而住。"它认为，意识与前五识只能缘取现有的五境不同，而是具有分别有无的能力，有尘境和无尘境都可以作为它的认识对象，所以它也无须以"色身"作依，同样可以存在。从认识论上说，"众缘和合故识生……因意缘法，则意识生"，在认识领域，无需讨论意识是否有"依"的问题。

这一观点实质上是建立在心识不灭的基础上的。但在理论上，诃梨跋摩不承认心识自身具有能动作用，尤其是在他否定"中阴"的存在时。

"中阴"是完全莫须有的一类众生，佛教把他创造出来，在于完善它的宗教观，回答即使平常人也往往十分困惑的问题："若父母会时，众住随何处来依止其中？"（卷三，下同）所谓来者"为是谁？从何处来？"同样，"若人死，何处去，何处生，在何处？"这类问题，几乎为一切宗教所关切，并力求作出符合各自教义的回答。佛教就是想用"中阴"这个概念，把业报生死、三世往来联结起来。主张此说的，是上述有部，而中阴的实质即是"识"。《成实论》表示反对。《无中阴品》讲得很多，主要理由是，"心"从"死"到"生"和从"生"到"死"似乎具有统一性，实际上却不是流转的主体，因为"心无所至，以业因缘故，从此间灭，于彼处生"。"心"受业力的驱动，"业"才是生死流转的决定性原因，与中阴毫不相干，故曰："以业力故此人生此，彼人生彼，如过去未来虽不相续，而能忆念，是故无有中阴。"

由于引入业力说，使《成实论》对于意识的解释存在许多矛盾处，但可以肯定，意识具有摆脱物质约束的独立性。这也可以从意识的其他许多特性中看出来。例如，前五识各自有特定的"知境"，在正常情况下，眼以色为"知境"，耳以声为"知境"，如此等等，意识就不同，它所认识的是"法尘"。"法尘"是一个不确定的概念，既包括形色无数的五识之境，也包括差别千万的主体观念，可以泛指任何可能作为意识对象的东西。从这种不确定性上说，"法尘不在知境"。《根尘合离品》颇详细地分析了"不在知境"的种种情形，如"钝根心不知利根心中法"（意谓愚钝不知聪慧之所知），"摄心意识所知法，乱心意识所不能知"（意谓注意力分散不知思想集中之所知），"上品法下品意识所不能知"（意谓高深理论不能为浅识所知），以及还有"到障"、"力障"等使意识达不到的境界。但反过来说，上述"不在知境"，对另外一些人来说仍然是"在知境"；克服了那些认识障碍，也可以变成"在知境"，所以必须承认认识上有极大的差别，而毕竟没有不可知的领域。

按说意识的内涵应该包括一切思维形式，但有时又把"识"（包括意识）与"想"等严格地区别开来。譬喻说，"眼识识色，乃至意识识法者，是识但能识尘，不辨有无"（《有相品》）。如此则意识只起"了法"的作用，而把辨别善恶、是非、有无等，列为"想"的任务。然而，在将"心意识"三者归为一类时，意识同时具有"想"的功能。

《成实论》定义识为"了"，与有部和瑜伽行派界定为"了别"是不同的。"别"含有区分的意思,单一的"了",只是了知,而不含分别。这有别字和无别字,表现了对于六识性能的不同认识。作为"六识"之一的意识,只起"了"的作用;在"心意识一"意义上的意识,则有"分别"的含义,"想"等思维活动当然也就统统被囊括于内。

意识与前五识一样,保证它能够运作正确的前提,是"意根"即"意"自身必须是健全的。"意"之不健全,称为"意坏"。"意坏"的表现有"狂颠鬼著,骄逸失心,或酒醉,或药迷闷乱心,或有贪恚等烦恼炽盛,放逸坏心"(卷四,下同),以及"老病死亦能坏心"。这些现象提醒人们,正确的认识必须有健康的生理和健全的心理作基础;健康的生理和心理是通向正确认识的大前提。这个提醒,对于认识论的一般研究,有很现实的价值。

二、心的性质:有数与无数、一与多、染与净

按有部等的"五位法"分类,"心法"唯指"六识";"受、想、行"等则分别列到"心所法"里,别作一类,好像是独立于"心"的另一种东西。

"心所",《成实论》作"心数"。《立无数品》否定"心数"有自己的独立性,哪怕是相对独立也不允许。其所以如此,是诃梨跋摩强调"心"的统一性,反对把"六识"同其他心理活动和思想观念分裂开来。就是说,作为"六识"的"心"与其他"心数",都是同一个"心"的反应。他认为,他的这一主张,不论是从理论的一贯性还是从实践的彻底性来说,都很重要:"如经中说,是人欲漏心得解脱,有漏无明漏心得解脱;若别有心数,应说心数得解脱。"就是说,任何一种解脱都是属于"心"的一种解脱,而不会有从"心"中分离出来的"心数"的独自解脱,故谓"当知离心无得解脱,故但有心"(《明无数品》)。又引《经》说:"心垢故众生垢,心净故众生净。"众生的垢净,全在一心,而不提"心数",就是因为心数只是心的差别。

这里附带提请注意,所引上述经文,出在《维摩诘所说经》。说明在诃梨跋摩时代,这类大乘经典已经相当流行,而且得到了部派佛教的承认。

有部等论述在"心"外别有"心数"时,为了避免造成"六识"与其他心理、思想互相割裂的误解,特别强调"心数"与"心"的"相应"关系,说明两者并非完全的分离。《成实论》则从根本上否认有这种"相应"的可能,并对之反驳。《非有数品》说:"汝言'以相应故有心数法',是事不然。所以者何?诸法独行……是心独行。"此"诸法独行"、"是心独行",是《成实论》的一个很独特的观点,意思是说,起决定作用的"法"只有一个,"心"也是唯一的,以其自造的业力而行,不受任何干扰,也无需任何辅助条件与之相应。

关于有无"心数"和"心"与"心数"是否"相应",是《成实论》论辩的重点问题之一。因为将一切法分类为"五位法",把"心"与"心所"分别开来,在佛教内有很大的影响。即使《成实论》,也不一般地否认"心数"的存在,它对"心数"列举了四十九种之多,且一一加以界说。它所强调的是,心与心数并不相异。其中,"心所生法,名曰心数;心从心生,故名心数……心与心数俱从心生故,名为心数"(卷五)。因此,所谓心数,只是"心差别"、"心相续",离心之外,"无别心数"。一切精神现象,均应统一于"一心"。此可以称为"但心"说,或"一心"说。

有部在"五位七十五法"的分类中,"六识"被归于"五位"里的一位一法,通称"心法"。在这个意义上,有部也是"一心"论者。诃梨跋摩的"但心"或"一心"说,只是在否定独立于"心"外别有"心数"或"相应法"上说的。若从"心"之包括六识和诸多心数法等等差别言,又不可以简单地说为"一心",相反,应该说为"多心"。所以《多心品》在回答"今此心为一为多"时,非常明确地说:"多心。"譬如,对"色"的"识",就不是唯一的,而有青黄赤白等许多差别;眼在识"色"的时候,也不是独行的,而需要一定的光线等种种条件。就是说,六识在发生时,千差万别,且各有各的情况,不是用"一心"都可以解释的。

这就是说,在否认有脱离六识别有心数和相应法上,《成实论》主张"一心"说,因为任何心理状态和思想活动,都不可能离开六识独行,也可以说都是六识活动的不同表现；但是，认为"六识"没有本质差别，不包含受、想、行等种种心数，因而都归到"心法"这一类时，《成实论》又变成了"一心"论的反对者，自称为"多心"论者。同一个"一心"，内涵有如此大的不同。

诃梨跋摩在反对有部等的"一心"论时，列举了许多实事说明精神现象的多样性，而一切精神现象都是由于"心"的多样性所致。《多心品》说："若识知尘常如是相，云何更知异尘？若多心生，则能得知，如邪正知异。"识有种种，如果但是一心，则只能知一种事相，例如知色，如何还能知声、香、味、触等其他事相？假若承认"多心"，承认认识自身具有差别性，就容易解释了。尤其是像"正知"与"邪知"这类完全相反的认识，更是"多心"的明显证据。同样道理，"若心是一，一识应能取一切尘；说多心者随根生识，是故不能取一切尘"。如此类推，知有正邪，心有善恶，性有染净，何况善亦种种，恶亦种种，"无记"也有种种，都是用"一心"所回答不了的。

《一心品》集中介绍了"一心"论的核心主张，总起来可以归纳为一句话："心一，用为多业。"意谓一心为本，体有多用。心的特性是能"动"，能"行"，能"走"，所谓"心常动……心一，动此到彼"；"一心于五根门身窟中动"；"是心遍行，如日光照……故知心一，走诸缘中"。心的这种自身运动的能力，使它能够进入"五根"，成为感知外界的器官；又能走入种种条件，去认识自己的对象。简言之，感官之所以有感知能力，认识之所以能够认识对象，全在于其"心是一"。于是"一心"就成了派生和制约一切认识活动和心理活动的最高本体。

此"一心"之说的直接目的，在于维护哲学上的"无我"论，坚持宗教上的"业报"说，推动勤于修习的佛教实践："以心是一，能起诸业，还自受报。心死心生，心缚心解，本所更用。"这一切都只有"一心"才能承担。

《成实论》复述的这一观点，有可能还包括已经流行的瑜伽行派的，其实也是此派的理论框架，与"一心"说本质一样，即以"一心"作本体，派生和制约一切精神现象,并使它成为流转生死和转依出离的主体。《非一心品》与《明多心品》对这些论点也作了回答:"若心是一,即为是常;常即真我。"因为按佛学通义,"以今作后作常一不变,故名为我";而承认有真谛意义上的"我",即非佛教。同样,"若心常一,则无业无报";因为"心"始终不变,哪来的业和报?当然也就没有是缚是解的问题,一切修习都不能成立。

《成实论》用以非难"一心"说的根据之一,是佛教对"心"存在形式的传统观念,即心总是处于"念念灭"、"心无常"的状态。以眼识为例,"此眼识以眼为依,以色为缘;是二无常,念念生灭,眼识何得不念念灭?"(卷五)心既"念念灭",当然就不会是不变的"一"。但同时指出,"心"也有"相续";以"心"为主的因果业报以及假名谓"我"等,就是从"诸阴相续"的角度讲的,尽管是世俗谛。把"五阴"看做"刹那灭"与"相续"的统一,"非一非异",与主张"无我"而有"业报"一样,都是佛学的共识,只因为运用这一观念于不同的理论体系,所以又往往成为互相攻击的口实。

在这类讨论中,对中国佛教来说,最关切的话题当是"心性"问题。

前已说过,"心性本净,以客尘故不净",是上座部的标准思想,说一切有部是反对的,《成实论》也不赞成。《心性品》明确表示,"心性非本净,客尘故不净。所以者何?烦恼与心常相应生,非是客相"。这里"净"是相对"垢"而言;"客尘"的"尘"具体指色等五尘。"心性本净"者认为,"心名但觉色等,然后取相,从相生诸烦恼,与心作垢,故说本净"。意谓,心本来清净,像一片白纸,只因为它觉知了"色"等诸尘,并取"色"等诸相,分别美丑好恶以至是非利害等等,从而产生无限烦恼,这些烦恼即作为"垢",染污于心,使心不净起来,所以说"客尘故不净"。

《成实论》反对此说。理由主要有两点:第一,烦恼与心常在,属于心的一种,并非外来的"客尘"。它说,按佛教公认的分类法,有三种心:"善,不善,无记"(卷三,下同)。此中"善"与"无记"均为"非垢";"若不善心,本自不净,不以客故"。就是说,净与不净,同善与不善一样,都是心自身的属性,"不净"并非"客尘"的关系。第二,心的特性是"念念生灭";如果说烦恼是"客尘"造成的,则不待客尘沾染,心已刹那灭去,后来染污是不可能的;如果烦恼与刹那心共生,则"烦恼共生不名为客"。从《成实论》的多心论出发,净不净都属于心自身的差别,不能定心于一性,定"净"不可,定"不净"亦不可:"净不净心性各异。若心性净,则不为垢,如日光本净,终不可污;若性不净,不可令净,如毛性黑,不可令白。"(见《多心品》)此外,《非相应品》驳难"烦恼染心"之说时再次强调"不违法相"的重要:"若心先净,贪等来污,是即净法可污,则害法相。"净法的自性就是净,若净自性可污,岂不是概念矛盾?据此,它对于心之所以有染有净,基本上是持后天形成说:"以心相续行中,生垢等心,污诸相续,故说染心;如说从染心得解脱,是心相续中若净心生,名得解脱,是事亦然。"这里所谓的相续,即"五阴相续",是"我"这一假名的依附体,也就是"我"的代称。《根假名品》还有一个譬喻:"如因清水珠,水即为清水,清即是水;如是得信珠,则心池净,是心净即是心。"心像一个池子,清水浊水都可以容纳,在染为染,在净为净,染净都是心的表现;要使水清,需要"清水珠",要使心净,需要"信珠",所以染净都不是心的固有属性。

《成实论》否认有什么众生本有的心性,有一个极重要的理论基础,那就是"性"为后天所成。《喜品》说:"久修集心,则名为性。""性"是久习集聚而成,与中国传统所谓"习以成性"一致,只承认性是后天所得,不承认是先天本具。因此,"众生性类相从",亦即《周易》所谓的"物以类聚",也都是后天造成的,与先天无关。于是"众生随性相续,从长集恶心则好喜恶,久集善心则喜乐善";善恶都不是本有,而是从"集"即"习"产生。这种"性"的后天说,与"性"的先天决定论,是佛教人性论中的两大主流。有部和《成实论》都是后天说者。

支持"性"为后天形成的,是更广义的缘起论,所谓"诸法无性,从众缘生"。此话是《成实论》引自某经,但没有说经的名字。"因缘所生法,

665

我说即是空",虽然出自《中论》,实为般若经类的常谈。在这一点上,《成实论》与般若中观派的思想一致。

三、论"识"与"智"以及心的运动形式

《成实论》将"四依"作为立论原则,其中的"依智不依识"的智与识,被认为是完全对立的,但又同属于"心"。《非有数品》谓:"心有二种,一名为智,二名为识。"因为识与智只有存在同一个心中,才有可能实现"依智不依识也"。如此推论,心还有两种:痴心、智心。"痴心"就相当于"识"。据此,人也有两种:愚人、智人。愚人之知属于"识",智人之知即是"智"。在《成实论》看来,"识"与"痴心"与"愚心"是同等的概念。那么,智与识究竟有些什么区别?

前已说过,《成实论》是很彻底的可知论者。它认为没有什么不可知或不能知的事物,所以全论完全没有"不可思议"之类的文句。但同名为知,性质不同。《法聚品》谓法有两种:谓"可知法,可识法"。这个可知法的"知",就是"智"。"可知法者,第一义谛也;可识法者谓世谛也。"因此,"智"就是第一义谛的认识;"识"则是世谛性认识。《四法品》谓:"识者,谓名识色等……能识故识;智名通达实法。如经中说,如实知色受想行识,故名为智;如实即空。是故识有所得,不应依也;若依于智,即是依空。"此中"识"就是世人通常的自发认识,如眼识色,耳听声,随顺耳闻目睹而受取声色等于己身,如此之类谓之"有所得";"智"能够"如实"分别"五阴",把握五阴的实质,而不为识的自发活动所左右,叫做"如实知"。"有所得"的"识",是以"有"为"实",即是"痴心";"如实知"的"智",则是以"空"为"实",即是"智心"——"如实",即是"空"也。因此,所谓"依智不依识",也就是依"空观"不依"有执"的另一种表述。

《智论中智相品》关于"痴心"与"智心",作了一个更明确的规定:"缘假名法,是名痴心;若但缘法,谓空无我,是名智心。"这里,"假名"与"法"是对立的。凡以"假名"为对象,而不是以"法"为对象的认识,都属于

"识";反之,超越假名,达到"空无我"的认识,就是"智"。

关于智与识的这一新解释,与上述之单纯从认识论角度的解释,不完全相同。以假名为"实",是一种哲学实在论的观点,就此立"假名空",则是唯名论的观点,后者比前者当然更接近真理。问题是,《成实论》所谓的假名空,并没有停留在空"假名"上,空假名只是为了进入"如实"思维的一种手段。关于这类问题,到了大乘般若学和中观派更有系统详尽的发挥。

有人难曰:"若尔,则无世间智慧?答曰,实无世间智慧……所以者何?世间即是假名,出于假名名出世间。"(卷一五)因此,"假名"与"世间"就是一回事,"出世间"即是"出于假名",据此而论,世间也只能有"识"而不可能有"智"了。于是,逻辑的结论就是"世无智慧"。

然而这样的结论,即使《成实论》也不可能贯彻如一。《赞论品》就说:"世有二人:一谓智人,二谓愚人。若不善分别阴,界,诸入,十二因缘,因果等法,是名愚人;若善分别阴界入等,是名智人。"任何分别,不论是善分别还是不善分别,都离不开"假名";断定"空无我"自身,也是一种"假名"。因此,仅就需要假借名言概念进行"分别"这一点,智与识是同样的,没有什么势不两立的区别。《智相品》用了很长的篇幅,想要把"智"与"识"区分开来,但都没有涉及是否可以不借助名言这类形式就可以进行认识问题,只能重新回到"二谛"说上:贤圣所说"世谛",是处于"事用"的需要,是通过假名教导众生去把握"空无我"的"真谛",因而不执著假名,以名为实;凡人之所以为凡,即是视假名为真实,执著不悟。所以两者都使用假名,唯有含义不同。

与佛教其他经论和派别相比,没有进一步分析"智"与"识"在认识形式上的差别,是《成实论》的缺点;而认为智与识都是"心"的同一种功能,则是《成实论》的长处。它没有单列出一类反理性的神秘主义认知体系,也没有划出一个不可知领域,是它的特点也是优点之一。

作为五阴的"识",《成实论》是贬斥的。但有时它又把"识"与"心"等同起来,而心又包括"智"在内,所以在讨论一些具体认识问题时,不知它的"心"、"识"所指,究竟属哪个范畴,显得混乱。它有时在标题上用的是"识",内容谈的却是"心",实际上,是连"智"也包括在内的。在论述认识整体的存在形式和运动形式时,就有这样的情况。这说明《成实论》不认为"智"与"识"在认识形式上和运动形态上有什么原则性的区别。

首先看识的运动形态。佛教普遍认为,"心"的存在形式和运动形式,都是"无常";"观心无常"也是一项重要的止观法门。但对"心无常"的理解,各家有所不同。其中有部等将生灭无常的运动,分为三个阶段:生,住异,灭;或分四个阶段:生,住,异,灭,都把"住"作为无常的一大因素。有部还认为,所谓无常的运动形式,是即生即灭的,所谓刹那灭、"念念灭",但即使在这刹那生灭中,也应该包含"住"的阶段。《识暂住品》引述反面意见,认为"诸心为念念灭"中,也有"少时住",反映的就是有部等的这一主张。理由是,如果只有灭而无暂时住,"眼"等就不能"了色"等,认识就成为不可能;如果说,念念灭心"以相续故能决了者,是亦不然:若一一心不能决了,虽复相续,亦不能了"。同样道理,如果心唯是念念灭,则"去来等业,皆应无用;以少时住故,能令有用。是故知心非念念灭,虽复无常,要有暂住"。

《成实论》(卷五)反对这种"识暂住"说,提出"识无住"说与之抗衡。它的一个总论点,是"心"自身具备"能了"的能力,根本用不着"暂住"去保障以后再"了"。所谓"诸相在心,力能决了,不以住故";"正以了为心","不以住故能了"。另一方面,了与不了,还得取决于对象,也不由心的暂住与否:"若了青即非了黄……设使暂住,了青不能了黄。"

就《成实论》看,"识"之所以在其无常中能够具有"了"的功能,关键在"念念灭"的同时,还有识的"相续"性:"我以随识多相续生,是取则了;若少相续,是则不了。"(卷五)能了与否,以及了的深度,恰巧是由心的"相续"制约的,与"住"无关。同样道理,虽然念念灭,而"业"依旧有"用":"如灯虽念念灭,亦有照用,诸业与风虽念念灭,亦能动物,是识亦然。又如灯等，虽念念灭亦可得取，识亦如是，虽念念灭亦能得取。"

此处再次涉及那个古老的哲学问题，即运动中的动与静、连续性与中断性的关系问题，这在佛学内部也是个热门话题。《成实论》一方面只承认动而否认静，以维护"念念灭"的基本理念；另一方面又只承认连续性而否认中断性，以维护心的统一性和业报的可能性，看起来像是把统一运动的这两个方面割裂了，事实上是把"念念灭"与"相续"结合起来，与有部等的主张，没有什么大的差别——关键是它不承认"相续"即是"住"。从字义上分析，"住"意味着绝对不动；"相续"则表示过程，是动的一种形态。

《成实论》继续说，心既是念念灭，又是相续不断，加上六识各有分工，这就使得"诸识"的活动只能一维地行进，而不会"一时俱生"。《识不俱生品》谓"识待念生……若眼入不坏，色入在知境，若无能生识念，眼识不生"。即使根、境俱在，若没有生识的念头，识依旧不能发生。这是反对有部主张"二因缘生识"的又一个观点，一个颇特别的观点：每一个识，都要先有一个念头然后才能产生；而识的运动又是念念灭而念念相续的，所以诸识只有"次第"而生，而不会"一时俱生"。

这一观点，再次论证了识相续生识而非根境生识的基本主张，更方便于解释因果业报：归根到底，"心"是造"业"的主因，"以心一一生故，地狱等报不一时受；若多心俱生，便应俱受，而实不可"（卷五，下同）。其所以不可，因为那就乱了套了："一身中一心生，故名为一人；若识俱生，则一身多人，而实不然。"不过这种解释，很难说清统一认识的复杂性和多样性。

第五节 论心的"想"、"受"、"行"形态

"五阴"中的"受"、"想"、"行"三阴，与"识"一样，皆属心法，是心的不同形态。"心"的活动大体分为两类，前五识属于直观，特点是没有分别；

分别是"意识"的功能。因此，从广义上说，凡有所分别，都应该属于意识的领域，受、想、行的共性，就是分别，所以都应该是意识中的事，是意识的主体性和能动性的集中表现。从《成实论》看，意识之表现为主体性和能动性，是一个过程，受、想、行则是这个过程的不同阶段和环节。《无相应品》在论述六识"皆待次第缘生"，诸识前后为因果关系时，引经说"眼见色已，随喜思惟"。此中"眼见色"是"识"；"随喜"是"受"；"思维"是"想"。"又，经中说，眼见色不取相，取相即是想业。"又，"若人于眼识中不能取怨亲相及平等相，是则无想，亦无忧喜（受），无分别故。或有人说，是中亦无贪等烦恼（'五识'无记性），故知无思；能求后有，故名为思……故知五识亦无思也"。这里所谓的"思"，就是"行"的核心。

这些话总的意思是，"五识中无男女分别，亦无受等分别"，当然也不具有善恶染净等性质。但是，虽然受、想、行均非五识的功能，而"五识次第，必生意识"。所以五识是意识的成因，也是受、想、行的成因，是它们得以感受、思维、决定行为的加工材料，所以六识总归于心。

一、论"想"的思维形式：取相和假名

《成实论》关于"五阴"的排列次序，与一般不同，放在第二个位次的不是"受"，而是"想"。这个变化是经过深思熟虑的，颇有深意。现在就先看它讲的"想"。

《想阴品》开头就问："何法为想？答曰：取假法相，故名为想。"诃梨跋摩是把"法相"视同"实相"的，"想"达不到"法相"那样的认识，所以名之为"取假法相"。按当时佛教流行的一种说法，谓"假法"共有五种，所谓"一过去，二未来，三名字，四者相，五者人"；并即以此等"假法"之相，名"假法相"。《成实论》否定这种理解。它强调的是，"取相"才是假，或所取法之"相"是假，而不是法相为假，故名假法相。这种"取相"即"取假法相"，重点在"取"，是"想"的根本特征和特有的功能。《无相应品》说："眼见色不取相，取相即是想业"，《想阴品》引佛说，"眼见色，莫取相"，都

是界定"想阴"这一特殊内涵的。

这个界定有两个重点:

第一,通常把"想"理解为思维分别,这里则指"取假法相"。就是说,思维分别并不是"想"的本质属性,因为智慧也是一种思维分别。"想"需要否定,"智慧"需要拥有;以"智"代"想",是《成实论》最重要的理论任务。《想阴品》就力图把两者区分开来。它说,"想"之思维大都属于"颠倒",如以"苦"为"乐"之类;或以怨、亲、中等"三种差别"情绪分别事物,所以总的来说:"想有过"。佛经虽然说过"善修无常想"能断一切烦恼等话,似乎在肯定"想"的价值,然而,"此实是慧以想名说",是用"想"这个名字表达"慧"的内容;"理应用慧断诸烦恼,不以想也"。《成实论》把智慧界定为"如实知"或"正知";而这"如实知"或"正知"就是它认可的佛教观念。正由于此,它才竭力把通常人的"想"从它的认识论中排斥出去。

第二,把"人"、"瓶"等作为一种复合物,把"名字"视为无实物,把"过去"、"未来"定为非有,分别归于所谓"假法"即"空"的范畴,在早期佛教中都有人主张过。他们推导这类结论的方法,一是"法相"分析,一是验证认识之是否能及。至于把"相"自身当做假法看待,实是大乘兴起以后的事。《成实论》超出了早期佛教的常用方法,提倡"取相"即假;但又不赞同大乘"相即是假"的观点。

有人问:"相义云何?答曰:缘即是相。"(《成实论》卷六,下同)例如人们通常指谓的树木相、日出相、比丘相、世尊相等等,凡意识有所缘虑,作为认识对象的,都属于"相",大致相当于表象。这样的"相"并非就是假法。所以它一再强调,"不以假法为相","相无成因,故非假名"。就是说,"相"并不限于复合物和名言概念,而是事物直接呈现出来的形状相貌,也是通过前五识获取的表象。《想阴品》记有"三相"之说,所谓"摄相、发相、舍相",此中"摄相"就是通过"眼见色"等摄取所缘的表象,故曰:"随念何法,心系在缘,是名摄相。""相"的本质是"心系在缘",为识所缘即是"相"。

大乘瑜伽行派是把"相"与"名"自觉分别开来的,认为"相"是"一切言说所依处"(《显扬圣教论》),强调"相"与"名"不可混同,是佛教认识论上的一大进展。《成实论》也是处在这一进展之中。但它的"缘即是相",把"相"的外延从第六意识扩大到了前五识,有时就难于自圆其说。例如有人难:"若缘是相,云何取色而不取相?"(《成实论》卷六,下同)"色"是眼之"所缘",意识取之为"相";所缘之"色法"与意识所取之"色相",是由两种不同的识体形成的;"法"是所缘的客体,"相"是经意识形成的表象,怎么能说"缘即是相"? 于是诃梨跋摩又进一步区分出两种"相"来,所谓"有过相,有无过相。遮过相故,说见色不取相"。"有过相"即是意识的"取相";"无过相"则是"眼见色"而"意"不取。不取的无过相,即是"法相",取相的有过相即是假名相。

在这里,取相和不取相,过相和无过相,有一个标志,即是否给所缘的表象以名言的界定,或以名言去把握所缘之表象。所以说,"非一切相尽是过";"若取法相不能为污,取假名相则生烦恼"。"法相"与"假名相"虽同列在"一切相"中,但两者却有本质差别。

《成实论》这一"不取相"理论,亦称"无相论",与大乘的"无相论"相比,仍有很大的距离。

二、论"受":"苦"的根基

"受"本指由感官受到外部刺激引发的主体感受,所以中国佛教早期就把它译为"痛痒",表示"受"对于感官的直接依附性。其指谓的内容,最初仅为苦、乐、不苦不乐,到了《成实论》的时代,已经扩展到悲欢忧喜等内在情感;关于它生起的原因,也从外在事件的触发,转向内在的情感反应。《受论》有问,苦乐等受"无决定相","如即一事,或增身心(指乐),或为损减(指苦),或俱相违(指不苦不乐)? 答曰:是缘不定,非受不定……如即一火,或时生乐,或时生苦,或为时能生不苦不乐……即此一事,以随时故,或为乐因,或为苦因,或为不苦不乐因"。可以说,着重从心里的情感反应论述"受"的性质,是《成实论》关于受论的第一个特点。

佛教说"受",大都在引出人生是"苦"、世间是"苦"的结论。在表述这一思想时,多是罗列一些"苦"的现象,如生老病死、如怨憎会、爱别离、求不得之类;或借助无常、无我等理论解释,说明"受"之所以是"苦"的原因。《成实论》则否,它论证的重点不在"苦"自身,而是对"受"作分析,从受自身得出受的本质为"苦",受即是苦的结论。它一再强调,受由内因生起,而非外缘;至于这内因,则是前述的"想"。《想阴品》说"以想三种差别取缘,谓怨,亲,中人,于是缘中次生三受,受生三毒"。首先有怨、亲等"想",取怨、亲等"相",而后才会发生爱憎等情感,产生喜忧苦乐等"受",所以说,"取怨亲等差别相故,生忧喜等"。

卷一三的《灭尽定品》进一步扩大"受"的范围,把它与"心"的概念相等:"一切心皆名为受。是受二种:一想受,二慧受。想受名有为缘心……一切有为缘心,皆名为想;慧受名无为缘心。"这里的"想"相当于"识","慧"即是"智"。不论世间心还是出世间心,"一切心"之一切"诸心行",都必然反应为"受";"受"支配着想与智,在一切心法中居统帅的地位,起统帅的作用。这是《成实论》诸多独特观点中的又一个。

把"受"的外延从"三受"扩展为苦、乐、忧、喜、舍等"五受",不是《成实论》的独家之说,但把"五受"突出出来,乐于用"五受根"一词阐释"受"的内涵,则是它的特色。这"五受根"中,苦乐二根在"身",忧、喜、舍三根在"心"。所谓"苦乐在身",意谓通过身体接触可以直接产生,不必由"想分别"的参与;"余三在心",则"要以想分别生"。(卷六)

说苦乐不必经"想分别"即可得生,与前述"三受"皆是"想差别取缘"的产物,似乎是矛盾的,但这里的重点在于强调外身皮肉的感受与内心情感的感受是有极大区别的,而不是专论受与想的关系,所以不妨看做它的一种方便说。因为按照《成实论》关于"想"的诠释,任何分别都是"想"的功能,即使冷热等受的分别,也离不开想的作用,所以《辩三受品》再次指明,在"一意"中,"以想分别故,有苦分,乐分,舍分"。

"受"的这一切门类,都是世俗的。故《成实论》的判断就是一句话:"诸受皆苦";"五受"总归一受,即是"苦受"。按照佛教传统的说法,苦分三大类,所谓行苦、坏苦、苦苦。此中"苦苦"指苦自身,是公认的苦,没有什么可以说的。"坏苦"是从终极必然归于坏灭的角度说苦,可说的话也不多。关键是"行苦"。行苦的"行"包括众生身心的一切活动,也包括众生赖以依存的物质环境,所涉及的范围,其实已经包揽了苦苦和坏苦的全部内容,因此,《成实论》作了单独的考察。

《行苦品》谓,"一切万物皆是苦因";"一切物,渐渐次第皆可鄙恶"。像"衣食等物",缺衣短食固然是苦,"衣食过增,则苦亦增"。"又,身是苦因"(卷一四),"身如狱,常有羁锁"(卷六,下同);"身多怨贼……种种诸苦皆常随逐",是故"身为众苦之聚","身为众苦因缘"。于是又说,"爱为苦本";"求故名苦";"乐受是众苦本"。最后,"一切众生有所造作,无不为乐",所以"造作"亦名"苦本"。《辩三受品》特别阐述"一切心行,皆名为受",依据"诸受皆苦"的原理,"心行在于身中,皆名为苦";"色生即是苦生……缘及诸根,但能生苦"。总而言之,苦于世间无所不在,无所不是,或其表现,或其原因,所谓"一大苦聚"者是。

说明"五受"皆归于"苦"的主要论据,是"乐"只有相对性,没有绝对性;"苦"则相反,它是绝对的,没有相对性。《行苦品》说:"又人为苦所恼,于异苦中而生乐相,如人畏死,以刑罚为乐。""乐"只是"苦"的一种差别,它没有自己的"决定相",故曰"但以苦差别中,名为乐相";"凡夫愚人于微苦中妄生乐相"。有人以为,"随得所欲,以之为乐",其实大谬。即使真正得其所欲了,也只是增加虚妄和贪著,也只能更增其苦。《坏苦品》进一步把乐受当做造苦之因,名"乐为苦门"。人们之所以流转生死,穷尽地狱等苦,就在于追逐乐受,制造贪爱,故曰诸苦"以乐为根本"。从另一个角度说,"乐受"是"烦恼生处","是生死根本",原因是,"因乐生爱",而有了男女之爱,才会有生有死:"取乐生爱,爱故受身"。或者说,因乐受而"贪身","以贪身故,则欲所须;欲因缘故,恚等烦恼次第而生"。

《辩三受品》在解释"一切皆苦",为什么还有"三受"之别时说:"即一苦受,以时差别,故有三种:能恼害者,则名为苦;既恼害已,更求异苦以遮先苦,以愿求故大苦暂息,尔时名乐;忧喜不了,不愿不求,尔时名为不苦不乐。"其中"不苦不乐"为什么亦属于"受",此品有个解释,谓"如人热极,得冷触觉乐;得热触觉苦;得不冷不热触觉不苦不乐",从其有可以产生苦乐等后果推论,"不苦不乐受"是存在的,理应是"受"。不仅如此,"不苦不乐受"还是一切受的根基,有的论师甚至认为"此受是众生本性,苦乐为客"。不苦不乐的一大特点是"长寿:因贪此受故,寿八万大劫,久受苦相诸阴",一直到"穷生死边,断相续时断"。也就是说,即使修习达到了无苦无乐的状态,也不能铲除苦根,因为受本身就是苦因。

"苦谛"是四谛之首,人生是苦,是佛教的通义。但如此绝对地将"乐"归诸为"苦"的特殊表现,断定"不苦不乐"是苦根的主张,尚不多见;"受即是苦"、"乐为苦因"的论断,极具个性。通过这类论述,集中表达了《成实论》厌恶人身、否定人生的坚定性和彻底性;它的种种论证,无不与它对痛苦和幸福的这些基本观念相关。就世界观来说,它继承了早期佛教的悲观厌世主义,并有新的发挥,但对悲观厌世的认识论根源,即对痛苦和幸福的错误分析,则比任何一个派别都要深入,走得也更远,以至于反映到它对整个"五阴"的解释上。

三、论"行"与意志

在《成实论》中,"行阴"包括的范围极广:思、触、念、欲、喜、信、勤、觉、观、忆,以及放逸、不放逸,不贪不恚不痴等三善根,贪瞋痴等三不善根,骄、慢、无记根、猗、舍,如此等等"无量心数",相当于有部等所说触想受之外的全部"心相应行法",以及全部"心不相应行法",诸如"得、不得、无想定、灭尽定、无想处,命根,生灭住异,老死,名众、句众、字众,凡夫法等"。按照它不承认有独立的"心所法",也不承认有独立的"心不相应行法"的基本立场,"行阴"所含诸法,均非实体,而属"假"的范畴。

此处需要一提的是所谓"凡夫法"。"凡夫法"意指使凡夫成为凡夫的那种原型或本质(相当于"异生性"),其他派别中很少见到使用。通过对于此等"法"的态度,大体可以看出《成实论》在所谓"法性"问题上的一般观点。

按照佛教的一般定义,"法名自体";自体即是永恒不变的实在,可以指事物的本质属性,也指事物所属的类别,当然也可以归之为概念,或称之为理。有部哲学的基点,是理在事先,概念是事物的成因,所以整个哲学被建立在一般与个别、概念与实物、理与事相分离的基础上。在这里,《成实论》卷七中就是借抨击"凡夫法"对这一系列主张展开抨击的。它说:"凡夫法不异凡夫",就像"瓶法"不异于"瓶"一样;不会有离开"凡夫"而"别有凡夫法",也不会有离开瓶等"别有瓶法等"。它认为,离开具体事物别有法的"自体"之说,原出于"外经","有诸论师习外典故,造阿毗昙,说别有凡夫法等。亦有余论师,说别有如、法性、真际、因缘等诸无为法,故应深思此理,勿随文字"。此处所说"如、法性、真际",是般若经类常用的范畴,《大乘大义章》第十三章专门记载了鸠摩罗什对慧远问的回答,说明这些问题在中国佛教中也有讨论;"因缘"则是有部和般若经类等共用的概念。《成实论》对于把它们解释成脱离具体事物的另一种存在表示反对,即反对将"法性"等绝对化为独立的实体,也反对把"无为法"绝对化,同"有为法"分裂开来。诃梨跋摩的这一见解很值得重视:法性与法的统一,无为法与有为法的统一,亦即理与事的统一,是一种深刻的辩证的认识,《成实论》虽然没有用明确的语言表达出来,但却是蕴含了这一思想的。

上述所有诸"行"中,《成实论》认为起决定作用的是"思"。《行阴论中思品》谓:"经中说,思是行阴。"非常明确地把思作为整个行阴的代表,全部行阴的主帅和总纲。对于"思"的界说,则有种种:"愿求是思";"求即是思";又,"若人欲于五欲,欲即是求";"愿名为集,欲分愿名思";又,"思是作起","作起行相,故名为思";又,"思为爱果,亦是爱分","爱有二种,有因有果:因名爱,果为求,求即是思";又,"意即是思……若意非是思,何者为意业?意业名意行缘中,是故思即是意"。据此,一切欲望、期愿、策划、追求,以及由此发起的种种行动和作为,都是"思"的特性或功能。"思"也是意识的本质,它的作用在于让意识运行到它所希望的对象上而且执著不止,意识的能动性正是如此。于是"意即是思","思即是意";以"思"解"意",意思也就等于"意志"。众生正是因为有"思"这样的意志支配,才能够自主地行善或作恶,在道德伦理范围内行使自由,也因此而应该对自己的道德行为及其后果负完全的责任。

"行阴"的其他概念,有许多也与意志有关。例如"触",通常它被给予的定义是根、境、识"三事和合"。《触品》认为这不清晰,而应该界定为"识在缘中";只有"识"进到所缘的对象,才有触觉的发生,由此突出识的主动性和能动性,这也正是思与意的规定。"念"也类似:"心作发名念。此念是作发相,故念念能更生异心,又说念相能成办事。"所谓"作发",指发起认识活动,使认识成为可能。既引导认识前后的连续发展,又使特定的认识得以完成。因此,"念"也是体现意志,认识主体性和能动性的重要成分。所以正邪的不同,全在于念有不同,所谓正念、邪念之类。其余像"欲",谓"心有所须";"因所须故,贪于诸欲,是名贪欲"。"喜",即喜好:"欲心好乐,是名为喜","喜恶随恶,好善从善"。如此等等,它们也都与意志有关,或者说是意志的构成部分。也正因为如此,把"行"解释为广义的意志,还是适合的。《成实论》把它的范围扩大到了一切心理活动中,也有用"思"作统率的意思。

四、"五受阴"和人生价值观

然而应该注意的是,《成实论》虽然给"思"以代表意志的特殊地位,但它并不把"思"作为生命的本原和动力,因此,既不能把它归为意志哲学,也不能说它是一种生命哲学。《思品》明确指出,"爱"是"行"因,"行"是"爱"果,甚至说,"行"只是"爱"的一种成分。"爱"是意志的驱动者、

"行"的发动者,所以"爱"的作用远大于"行"的作用。《无相应品》引《大因缘经》所说"爱首九法",谓"因爱生求,因求故得,因得故校计,因校计故生染,因染故贪著,因贪著故取,因取故生悭心,因悭心故守护,因守护便有鞭杖,诤讼住苦恼等",则"爱"不但是一切烦恼之根,也是社会对立之本。这一思想早在传为安世高译的《阴持入经》中就有了。

但《成实论》没有停留在"爱"上,而是进一步问,"爱"又是因为什么产生的?《坏苦品》回答说,"因乐生爱";"一切众生有所造作,无不为乐"。这样,爱出于乐,而乐依附于受,受就成了世间人生的最终因。所以不论说"爱为苦本"也好,"乐为苦门"也好,归根结底是"受"在作怪。于是最后又回到了"受"。一旦"受"接受了"五阴",叫做"受身"或"受生",那时的"五阴"则名"五受阴"。"五受阴"标志着现实生命的开始,于世间轮回的开始,因而也就成了"苦"的象征。

《四谛品》解释"五阴"及其内在关系时说,"五阴者,眼识色为色阴;依此生识,能取前色,是名识阴;即时心生男女怨亲等想,名为想阴;若分别知怨,亲,中人,生三种受,是名受阴;是三受中生三种烦恼,是名行阴。以此事起受身因缘,名五受阴"。前已说过,"五阴"是"众生"或"我"的代称,所谓"五阴和合假名为我";"受身",指的是接受"五阴"之身,也就是新的生命体。《色相品》由此判定:"五受阴是苦";在"四谛"中,"五受阴是苦谛"。这样一来,"苦"就无须那么多的分类了,一切诸苦,终归一苦,即作为现实人的"五受阴":人身即苦,人生即苦。

"五受阴"是《成实论》中极为重要的概念。《俱舍论》等说"五受根"和"五取蕴",但不说"五受阴",原因在于有部等对于众生之所以得生和所以受苦的解释不同,也就是对苦因、苦谛以及苦体的理解不同。早期佛教一般把"生"归诸"淫",理论化一些,则说为"痴"与"爱";有部等更强调"取"的作用,《成实论》则统一于"受"。《圣行品》说,一切"圣行"可分两种:"空行,无我行。于五阴中不见众生,是名空行;见五阴亦无,是无我行。"此处所说之"空行",是有部等早期佛教普遍主张的观点;所谓"无我行"则是《成实论》独家之说,尽管在大乘中普遍流行。这"无我行"的要点是"见五阴亦无",所谓"见色无体性,见受、想、行、识无体性……色性非真实有,受想行识性非真实有"。此种"无我"观念,被认为高于"五阴中不见众生"的"空行",而这一高级观念的形成,即得自对"五受阴"的智慧。《一切缘品》说,"五受阴无常故无我"。世俗"我见"是缘"五受阴"所成,"无我智"亦由缘"五受阴"而生;五受阴是"苦谛","一切法无我,但缘苦谛说无我行"。此中特别突出的,是从"五受阴"的视角说"无我",而不是抽象地说"一切法无我",也不是泛泛说"空"。

众生差别有"五道"、"六道"之分,人的差别也多种多样,从佛教看,最重要的差别是凡夫与圣者;从众生的道德和修习程度分,最重要的是"有漏"和"无漏"。不论是有漏的凡夫还是无漏的圣者,他们有"心",都属众生,都必然因"受阴"而生,所以也均在"五受阴"之数。《圣行品》说:"若见众生,皆是见五受阴……无漏法亦在众生数,不在非众生数木石等中,故知亦因无漏诸阴名为众生。又,若圣人在无漏心,尔时亦名有心众生。故无漏心亦名众生。一切诸阴,皆名受阴,从受生故。"说"无漏心"也是"从受生",指其"从布施,持戒,修定等业心中生"。于是"愚夫得此身,智者亦如是。身即受阴"。唯一的区别,是愚者身有漏,智者身无漏,他们同为五受阴,则没有区别。

从"五阴皆空",到"五受阴是苦",最后,"一切五阴,皆名为苦"(卷六),系统地反映了《成实论》的人生观和价值观,包含着对全部现实身心的否定。

人生无常,这是自然规律。企图超越或抗拒这样的自然规律,那只有痛苦;而且除了厌弃人身之外,实在也没有别的出路。心想事成,万事如意,只能是祝福的话;长生不老,寿同天地,则是幻想。但这都不能构成悲观厌世的充分理由。大乘兴起中有一个重要口号,叫做"人身难值"。生而为人,是何等难值的机遇,每个人都应该珍惜这个机遇,善待人生,当然也包括创造欢乐、追求幸福、享受人生。然而就在这类人生问

679

题上，人们往往容易陷于困惑。

我们经常可以看到一些有关人生目的和人生意义等问题的讨论，佛教内部也有不少讨论。我们也看到过各式各样的答案，《成实论》提供的就是其中之一。然而克实而言，这类问题本身就是抽象，这比下雨是好还是不好的提问，更加抽象，根本上不可能就事论事地给予解答，也不可以就事论事地加以讨论。从科学上说，进化论，生育学以及生命科学，对于人的起源、人的生成，对于人从何处来，将到哪里去，已经有了令人信服的说明。但是，这一切说明，只是生命的自然发生过程，并不解释人生下来究竟是为了什么目的。如果不想听从宗教对这个问题的回答，那么唯一的途径是从人生自身、从人生所处的社会环境和时代特点中寻求解答。就是说，所谓人生目的，绝不是由先天决定的，也不会有一个先天的答案存在。佛教坚决反对把人生归由上帝的安排和神的意志，但也不是像佛教那样归诸前世的业报。由于人生目的是由现实的人自身确定的，受着社会和时代的制约，因而对任何一个人来说，它都不会是唯一的，一成不变的。这与"人生的意义"问题有非常密切的关系，而对人生意义的理解，更是受人生际遇、人生经历以及整体生活状态的影响，所以内容越加复杂，也越多变数。但是，不管对这类抽象可能给出什么样的具体答案，思维主体的人生态度始终起着决定性作用。《成实论》的理论重点，不在于解决这类抽象，而就是要确定一种人生态度，包括它指出的人生趋向以及给予人生的评价。它建立的是一种完整的人生观，力图从根本上解决一切人生问题。

这个人生观，我们已经作了介绍。它与其他佛教派别最重要的一个区别，是突出把人的构成和人自身同时否定，确立"乐即是苦"、"受为苦门"的极端观念。如果要一一分析它形成这类观念在理论上的失误，可能要费很大的篇幅。但它从根本上否认人生幸福的任何可能性，把痛苦绝对化，以至认为只有结束生命才能完全排除痛苦的主张，是绝对有害的，不足取的。对此，我在第一章中已有所评论，唯一的补充是：世上没有什么绝对的乐,也没有绝对的苦,苦与乐都是相对的;人生应该敢于正视现实,战胜痛苦,争取幸福,而把为解除多数人的痛苦作为个人的最大幸福。

《成实论》是从"乐即是苦"的一面,导致厌生,以至走上非与世界同归灭绝不可的道路,与那种"苦即是乐"的主张,总是满足于现状,以至于苟且偷生者,形成两个完全相反的极端,而它们的共同点,都是利己主义,在认识上则是抹煞苦乐的差别。

第六节 论"四谛归一谛":终极目标和通达的途径

诃梨跋摩对于人生即苦的认识既然如此绝对,对于致苦的原因,也就苦追不舍,最后恍然大悟,是"乐受"在作怪;乐受导致"五受阴"的产生,于是有了生死,轮回不已。那么为什么会有以苦为乐的颠倒认识?根子在于"无明",也就是作为生死流转图式的"十二缘起"的开端。

一、论"三心"和"灭三心"

什么是无明?《成实论》给予一个与众不同的回答,那就是"随逐假名"的"假名心"。《无明品》说:"随逐假名,名为无明……但诸法和合假名为人,凡夫不能分别,故生我心;我心生,即是无明。"有"我"之心,以"瓶"等为实有之心,都属假名心,都是随逐假名的表现。

前已说过,"假名"是有,但此"有"不实,是谓"假有"。凡夫之所以为凡夫,就在于以假为实,把"假名有"错当做"实法有"。《成实论》卷九中反复说"无明是十二因缘根本,若无无明,则诸业不集不成";"一切烦恼皆名无明……从无明生一切烦恼故"。据此,形成世间生死以及诸苦的初因和动因,全在"假名心":误把假名有当做实法有。

对早期佛教而言,世间生死集中体现在有"身"上。《明因品》谓:"从业有身……是业从烦恼生,故以烦恼为身因缘。"但所有烦恼,九九归一都来自无明,也就是"随假名心"。假名心是使"身"得生的本源,所谓"受身因缘";有"身"才会有其他世间活动,也才会有受苦的承受者。因此《杂问品》说,由假名心形成的"身见",是一切烦恼根本。因此,要灭除"身见"亦即"我见",必须灭除"假名心";灭假名心也就成了从世间及其诸苦中解脱出来的第一要务。

灭除假名心的途径,首先是借助于"法心"。所谓"法心",指的是上述以"色香味触"为"实法"的那类认识。《假名品》说:"真谛谓色等法及泥洹;俗谛谓但假名,无有自体。"将"色等法"与"泥洹"一起,并列为"真谛",应该是有部的观点;有部正是以"五阴"为"实法有",以"五阴"的和合为"空",去破除所谓"我见"的。这种相对于"无我"而说"法有",或即以"法有"破"我见"的方法,在早期佛教十分普遍,也叫"五阴空",意谓"五阴中无常法,定法,不坏法,不变法,我我所法;以无此法,故言其空"(卷一二)。然而,《成实论》强调,仅仅认识到以"五阴"无我故空,远远不够;还必须进一步,认识到"五阴"自身也"空"。《灭法心品》载谓:"何谓法心?云何当灭?答曰:有实五阴心,名为法心;善修空智,见五阴空,法心则灭。"灭除"法心",凭借的就是"法空"。

为什么要获得"法空"的认识?《灭法心品》指出,是因为五阴乃"成假名因缘",只有"成假名因缘灭","假名想"才不会"随逐。譬喻有树,剪伐梵烧,灰炭都尽,树想乃灭,不复随逐"。为了完全彻底地灭除"假名心",非要连形成它们的所有成分毁坏灭绝不可:既要"破裂散坏众生,令不现在",又要"破裂散坏色乃至识,令不现在"。此中"若坏众生,是假名空;若破坏色,是名法空"。

这里所谓"破裂散坏"等说,都是针对"我"有"法"有的观念而言。我有或法有表现在观念上,亦可通名"有相"。前已说过,《成实论》也是大力提倡"无相"的论者,此处值得注意的是它所引《水沫经》经文:"若人见水聚沫,谛观察之,知非真实,比丘亦尔,若正观色阴,即知虚诳,无牢无坚,败坏之相;观受如泡,想如野马,行如芭蕉,识如幻。""此中五喻,皆示空义."这一思想,与秦译《金刚经》所谓的"一切有为法,如梦幻泡影,如露亦如电",大体相同。《灭法心品》又谓:"若佛弟子,深厌生死,皆以见法本来不生,无所有故……当知一切诸法皆空。"此"本来不生"的思想,也以般若经类中观学派经论讲得最多最透。

灭"法心"的行为,仍须以"有为法"为缘;而囿于有为法,就不能超越世间。超越世间必须从"法心"中出离,达到"空心",而"空心"并非可由灭法心中获得。"空心"须要以"泥洹"为观想对象,具备把握"泥洹"的智慧:"若缘泥洹,是名空心。"按《成实论》的解说,"泥洹无法",是纯粹的空"无所有";所以由"心缘无所有"以认识"泥洹",才是"空心"的特征:"是心缘无所有……为知泥洹故。"诃梨跋摩一再坚持"心缘无境",固然有斥责有部"心不缘无"的理论成分,但更重要的是为他定义"泥洹"为无所有,并用以指导他提倡的修习实践,创立前提。

如此一来,《成实论》就给读者分列出三类心来,所谓"假名心"、"法心"和"空心"。这三心既是认识性质上的不同层次,也是佛教修习由低向高循序渐进,深入发展的阶梯。《假名品》谓:"先知分别诸法,然后当知泥洹。"又,"诸烦恼先粗后细,次第灭尽。如以发毛等相,灭男女等相;以色等相,灭发毛等相;后以空相,灭色等相,如以楔出楔"。因此,如是"三心",不论属于哪一类,都是用来灭除诸"相"的"楔子",是通向解脱的手段,所以最后,作为认识无所有之"空相"的"空心",也被列入了必须灭除的范围。

具体如何灭除"空心",那方法《成实论》没有介绍,但灭除的场所是有交待的。《灭尽品》说,此"空心"于二处灭:"一入无心定中灭;二入无余泥洹,断相续时灭。所以者何?因缘灭故,此心则灭。无心定中,以缘灭故灭;断相续时,以业尽故灭。"

关于"无心定",指没有任何思维感受活动的一类禅定。既然此定处在"无心"状态,"空心"仍是心的一种,理所当然地也不会存在于"无心定"中。

关于"无心定",《灭尽定品》说,"过一切非想非非想处,身证想受灭",这是诃梨跋摩给"灭尽定"下的定义,也是"无心定"的定义。此定与"外道"所修"无想定"不同;无想定是在"第四禅中能灭心心数法,入于无想"时所得的称谓,虽然以没有心想为特点,却以生"无想天"为目的,仍然没有超出世间,所以为佛教所不齿。佛教主张的"灭尽定",乃是"想受灭",不仅灭"想",而且灭"受",不但没有任何思维活动,也没有任何感受,包括所谓不苦不乐的"舍受",故称"大灭"。在这种定中,一切心识感受全部消失了,但不等于死亡,行者的生命集中体现在他的色"身"上。就是说,处于灭尽定的行者,是有身无心;既不能以"无心"证得此定,又不可以言说传达他的所得,唯有色身可证,此即谓之"身证":"如触水者则知冷相,非闻能知,此事亦尔。"得此灭尽定者,即名"无心众生"。

关于灭尽定,略作灭定,包括两种:"一诸烦恼尽,二烦恼未尽。烦恼尽者在解脱中,烦恼未尽者在次第中。"所谓解脱,指的是另类禅定"八解脱"中的"第八解脱",据称那是阿罗汉才能达到的果位,"一切想"已经灭除,而且再也不会复生;所谓次第,指的是作为九次第定中的"无心定"。此定的任务是"灭心心数法",虽能役使灭除诸想,"有余结故,不能令更不生",是灭得不彻底,思想感受还会再活动起来。《八解脱品》特别区分这两种"灭定"的差别:"(经谓)学人得次第定,不说得灭尽。行者若得灭尽而不能入诸禅定,名慧解脱;若能入诸禅定而不得灭尽,是名身证;若二俱得,名俱解脱。所以者何?诸漏是一分,障禅定法是一分;得解脱二分,名俱解脱。"意思就是要做到止观共行,既能由慧证灭,也能由身证灭,才能从有漏中完全解脱出来。

事实上,《成实论》将佛教全部修持归结到一个"灭"的过程,"灭"自身则是一个有内在差别的系列:

> 次第中灭,名心心数灭;解脱中灭,名诸烦恼灭。如经中说,诸行次第灭,谓入初禅语言灭,入二禅觉观灭,入三禅喜灭,入四禅乐灭;入空处色相灭,入识处空相灭,入无所有处识相灭,入非想非非

> 想处无所有想灭;入灭尽定,诸想受灭。于此诸灭,更有胜灭,所谓行者于贪恚痴心厌得解脱。(卷一二,下同)

这个"灭"的内容和次序,是对"四禅八定"、"九次第定"和"八解脱"之作用的概括,最终在于把"次第"中灭和"解脱"中灭的关系凸显出来,以便说明两者区别的重要性:

> 灭名虽同,义应有异。次第中说想、受灭,解脱中说无明、触、受灭。所以者何? 从假名生受,破假名则灭。次第中不尔……当知为证泥洹时,诸烦恼灭,不说心心数灭。

这两种"灭"中,都要灭"受";而"受"自"假名"生;"假名"即是"无明",因而最高等级的"灭",属于第八解脱的"灭尽定",因为此定处在"证泥洹时"了。

从灭除"假名心"开始,依次灭除"法心"和"空心",就是所谓"灭三心"。灭此三心,尽管在"无心定"中可以达到,但归根结底,是泥洹的任务。"三心"全灭不复再生之日,就是从诸苦世间彻底解脱之时,也就是"泥洹"的实现,用一句西方的宗教语言,也可称之为佛教的"终极"——非上帝的终极。

佛教一般把涅槃分为两种,所谓"有余依涅槃"和"无余依涅槃",各派对两者的态度不全一样。《成实论》则看重后者,即"无余泥洹"。它将灭"空心"的最高层次放到"入无余泥洹"处,因为只有到了这个层次,才能做到"断相续",即不但"烦恼"灭除了,"业"灭除了,而且表现和负荷"烦恼"、"业"运行的"相续"也断灭了。

"相续断"是《成实论》给"无余泥洹"的唯一界说,表达了诃梨跋摩在佛教涅槃说上的主要特色。前已说过,在《成实论》看来,"相续"相当于处于生死不断、连续流转的生命体,所以有"五阴相续名为人"之说。其实这个"人"也是广义的,他还包括动物鬼怪等所有"众生",当然也有世间所传的"神"、"魂"之类。只要这样的"相续"存在,要想彻底干净地灭处烦恼、业以及由此带来的诸苦,那就是空话。因此,要想真正解脱,最终必须走上"断相续"的道路。

然而,既否定了"假名有",又破除"五阴"等法有,最后连否定这一切的"心"都给空除了,还能剩下什么呢?《身见品》说,生死流转,均以"身见"即"我见"或"我心"为因缘,而身见之生,在于以"五阴"为实。是故"随诸阴相在,则我心不毕竟断……如诸树虽剪伐焚烧乃至灰炭,树想犹随;若此灰炭风吹水飘,树想乃灭。如是若破裂散坏,灭五阴相,尔时乃名空相具足……分析众生,令不现在……五阴散灭,是为法空"。只有这样,"身"才能彻底地灭尽。获得这类"法空"的是"智",即所谓法心、空心;而这种空心最终也得灭除,"智"也容不得存在。中国佛教归纳小乘的涅槃说为"灰身灭智",或"身灰智灭",在《成实论》中表现得最为系统。

二、论"四谛归一谛"和"止观共行"

《成实论》为佛教规划的最后归宿,可以用一个字表示,那就是"灭"。因此,在一切可以论说的"真实"中,"二谛"也好,"四谛"也好,唯有"灭谛"最高;在一切知见中,也是以把握"灭谛"的智慧最高。《智相品》说:"见一切五阴无常,从众缘生,尽相、坏相、离相、灭相,尔时行者知见清净;以说灭尽名知见净,故知见灭名见圣谛。"认识到灭,知见就清净了;所以认识到灭,也就等于见到了"圣谛"。又说:"先法住智,后泥洹智,故见灭谛,名得圣道。"这个"法智",就是上述的"法心";"泥洹智"即是以泥洹为缘的那个"空心",再跨上一步,就是泥洹了,所以叫"得圣道",也就是上述一系列"行灭"的最后结果,叫做"行果"。

按部派佛教的一般主张,"得圣道"意味着已经把握了"四圣谛"的真理,是"现观"所要完成的任务,说一切有部还特别提出所谓"十六心"现观的说法,以为"四谛"的每一谛都必须从四个方面体认,四四十六种,经历十六个阶段,依次完成。现观的时间尽管很短,但这一历程及其十六种次第必须做到。《见一谛品》反对有部这些主张,认为"非但以四谛得道","十六心不名得道"。因为在《成实论》看来,得道的途径不止于一条,"有人观五阴得道,或观十二入,十八界,十二因缘等得道"(卷一五,下同),观四谛只是其中的一种。至于说到观四谛对于修行者的利益,那也是因为四谛是针对"阴、界、入"而言的;从"阴、界、入"的观察分析中,也可以获得四谛的认识,用不着"十六心"。

于是有问:"若不以四谛得道,当以何法得道?答曰:以一谛得道,所谓为灭",因为只有"见灭(谛),诸烦恼尽",其余三谛才能真正把握。例如苦谛:"行者尔时苦想决定,若未证灭相,于有为法中苦心未定……未证泥洹寂灭相时,不得行苦;当知见灭谛故,苦想具足;苦想具足故,爱等结断。"再如"我心","人于诸阴中常有我心,虽观诸阴无常苦等,未得永灭,若见灭谛,以无相故,我心永灭"。关于"集谛"、"道谛",也都可以如此解释:四谛要以灭谛为终极真实,观四谛以证灭谛为终极目的。

总而言之,假说"三心"也好,"灭三心"也好,"得道"的归宿是自我的灭绝,而通向这灭绝的大道,除了这里讲的"智",还有被视为同等重要的"定"。

佛教所说解脱之道,途径甚多,《成实论》特选"定"与"智",也是一种个性的表现。《止观品》在解释它为什么唯选"止观"为修道方法时,有一段颇长的话说明:"止名定,观名慧,一切善法从修生者,此二皆摄;及在散心,闻思等慧,亦此中摄,以此二事能办道法。所以者何?止能遮结,观能断灭。止如捉草,观如镰刈;止如扫地,观如除粪;止如揩垢,观如水洗",如此等等,直到"止能舍乐,观能离苦",前后用了十五个譬喻,来说明定与慧的功能及其互补的关系;又以"止能断贪,观除无明"去概括戒、定、慧三学,三十七菩提分等种种修道分类,结论是:"修止则修心,修心则贪受断;修观则修慧,修慧则无明断。又,离贪故心得解脱,离无明故慧得解脱;得二解脱,更无余事,故但说二。"

这些话的意思,比较清楚。至于两者的关系,《止观品》也有说明:"散心者诸心相续行色等中,此相续心得止则息,故说止能修心;从息心生智,故说观能修慧。以生观已,后有所修皆名修慧;初慧名观,后名为慧。"意思是说,"散心"是随逐色等对象而相续的,只能有世俗的"识";一旦修"止",就能使这种散乱的相续心停息下来,因而名为"修心";修心使思想集中,利于观察思维,得到正确的知识,所以叫做"修慧"。由修心到修慧,这是一个心理调整过程,从散乱到可以集中观察,叫做"观",由"观"而后的思维活动及其获取的认识理念,则通称之为"慧"即"智"。

此外,止观之间还存在一种平行的关系,两者可以互相作用,都能达到修心和解脱的目的,这叫做"俱修止观":"以止修心,依观得解脱;以观修心,依止得解脱。"此中"若因禅定生缘灭智,是名以止修心,依观得解脱;若以散心分别阴、界、入等,因此得缘灭止,是名以观修心,依止得解脱"。就是说,"缘灭"是总目标,由止入观,得"缘灭智";由观入定,得"缘灭止"。"灭"就是解脱,止观均能够修心得解脱。因此,在《成实论》这里,止观的作用是同样的,重要性是同等的,但如果从论述的分量看,"定论"用了三十四品,"智论"用了十四品,至少可以说,它对"定"的重视程度,绝不低于"智"。

除了专门的禅论之外,像《成实论》那样广泛和详尽地陈述种种禅法的佛典,并不多见。它着重阐发的是在佛教内最流行的那些系列禅定,诸如上述的四禅、八定、九次第,以及三三昧、四无量、八解脱、八胜处、十一切处等,这种系列禅定,都是为了趋向"灭",是灭的不同定门。其中最具典型的是对"十想"的解释。

所谓"十想":一无常想,二苦想,三无我想,四食厌想,五一切世间不可乐想,六不净想,七死想,八断想,九离想,十灭想。此十想的内容,《阿含经》已经有所涉及,《成实论》把它们挑选出来,给以特别的发挥,堪作诃梨跋摩人生观和解脱观的一个总纲。

此中"食厌想",是借助定心构想对于食物的厌恶。为什么要设法厌恶食物?《食厌想品》说:"一切苦生,皆由贪食;亦以食故,助发淫欲。于欲界中所有诸苦,皆因饮食,淫欲故生。断食贪故,应修厌想。"(卷一四,下同)这里讲的是"欲界"的情形,人就生活在"欲界"中,上两界与人没有直接关系,我们可以不管。作为"欲界"共性的"欲",本指"淫欲"和"食欲",与中国传统所谓"食色,性也",不谋而合。以《四十二章经》为代表的佛教主流,把淫视为人生最直接的本原,所以对淫以至于对女人,逃避和攻击不遗余力,以至于"万恶淫为首"也成了中国的道德箴言。但佛教内部也有些人认为,"食"才是人生之本,重视食对人生的决定性影响,此则与中国历来认为"民以食为天"的传统接近。在决定人生活动的这两大因素中,《成实论》认为占第一位的是"食",而不是"淫"。"食"是人生活命的基础,是"淫"的前提;若无食则淫不成,淫只是食的派生物。因此,《成实论》一再强调,"贪著饮食,故生淫欲"(即所谓饱暖思淫欲);众生对食的依赖比淫更甚:"食是深贪著处。淫欲虽重,不能恼人如为食者,若少壮老年,在家出家,无不为食之所恼也",以至说"老病死相,皆由饮食"。这差不多就是"鸟为食亡"一类思想的翻版。因此,若要人不执著于食,比要他放弃淫更加困难:"应食此食而心不著,未离欲者,是最为难。"

在《成实论》提倡的禁欲主义中,认为对治食欲比对治淫欲更为根本,也更为重要,但这不意味着可以绝食。诃梨跋摩要求行者必须循序渐进:食是要食的,因为佛教不是把断食作为解脱法门,也不教人"行断食法"。正确的做法是为"修心"而食,"当思而食"——不食无以修心,所以该食;"当思而食",指的则是修持"食厌想"。

"食厌想"的核心,是观食不净:"此食体性不净"。为了令人观想食的体性即是不净,他列举了许多匪夷所思的事例,譬如说,看起来是极其"净洁香美饮食",但它们要通过"齿咀嚼,诞唾浸渍,状如呕吐",还是不净;为了饮食就要谋生,由此才带来无限苦难和罪恶:"以饮食因缘受田,作役使,积聚,守护,如是等苦,由此因缘起无量罪"。又,身是生之体,身是苦之体,为了认识到有身的种种不可爱,不可乐,产生厌恶舍离的想法,就要观身不净,"不净想"就是去实现这个任务的。具体内容,说来过于龌龊,不说也罢,而这一切不净的总根源,还是饮食:"所有不净,皆由饮食。"于是早期佛教中含有的"万恶淫为首",到了《成实论》就改成了"食为罪之源"。如果从它们反映的社会内容看,《成实论》可能更深刻一些。

一个心理正常和生活正常的人,是不会老往死里想的,把修"死想"当做日常功课,无疑是反常的、变态的。据《死想品》解释,为什么要修这种反常的想法,原因大致有三:第一,"众生多以忘死故,起不善业"。这大约是指种种亡命徒和不畏死者,按当时的社会道德标准,就是行不善的人。用死恐吓人们不犯罪,是世俗法;用死后恐吓或诱惑人不犯罪,就是宗教道德法。第二,"常念死故,于父母,兄弟,姊妹,亲里,知识等中,贪爱则薄"。老想着死,似乎对谁都可以失去爱心,其实或许相反,是由于失去爱心,才会往死处想。不论是哪种情形,生死观念与爱心的关系最为密切,佛教的这一观察是有一定根据的。第三,"修习死想,则为自利(指'能速得解脱'),谓能一心集诸善法;世间众生多乐他利,自舍己利"。此说同它的泥洹主张一起,当是与大乘思想最难相容的部分。它坦白承认,一心想死,乃是一种只为自己打算、纯粹自私自利的行为,而把"自舍己利"、"多乐他利"贬为"世间众生"的事。这一说法,反映出《成实论》的极端悲观主义,其实是以极端的个人利己主义为基础的。

最后三"想"是并为一个问题来谈的:断、离、灭,都是为了出离世间的修习,是断灭烦恼、证得泥洹的三个步骤。其"断想"是为了"除灭贪欲",而"断贪欲故,五阴则断";"离想"是在断欲的基础上,令"欲想不生","念此离想,故名离想";"灭想",是心向泥洹的意向,最后"入无余泥洹",故直称为"灭"。"经中说有三性:断性,离欲性,灭性。若说断性,离欲性,即是阿罗汉:断一切烦恼,离三界欲,住有余泥洹;若说灭性,即是命终舍寿,断阴相续,入无余泥洹。"又说,"有二种解脱:慧解脱,心解脱。若说断,即是离无明,故慧得解脱;若说离欲,即是离爱,心得解脱。二解脱果,是名为灭"。无明与爱是"生"之因,所以灭无明与爱,也就是灭绝一切"生"因,达到泥洹,亦即"无生"。

于是就可以这样总结:"断一切诸行故名断,离一切诸行故名离,灭一切诸行故名灭;然则此三义,一而名异。若修无常想,乃至灭想,则一切事讫:灭诸烦恼,断阴结相续,入无余泥洹。"这样,"灰身灭智"也就成为不可避免的结论。

《成实论》的思想,在中国后来的佛教义学中,受到抨击和扬弃。但就其悲观厌生的基本趋向言,它可能是最忠实地传达了早期佛教的信息。

本卷结语

一 原始佛教

关于原始佛教,尽管已经很难弄清它的许多历史细节,但在它的基础性教理方面,当今研究的成果,大体还是一致的。

第一,原始佛教集中思考和企求解决的核心问题是人的现实生活,而不是抽象的玄学;它提供的是一种人生观,而不涉及形而上的宇宙论。

这个人生观是从观察生老病死的一般生命过程、释迦族所遭遇的特殊灭族危机,以及深感人身与客观现实的重重矛盾得出的理论结论。这个结论断定:人生的本质是"苦","苦"的基本属性是"无常"——感叹人生苦短,不得永生;是"无我"——不知"我"之所在,不得自主。"无常"、"无我"的结合,就是不自由,其在日常生活中的表现,可以概括为"怨憎会"、"爱别离"和"求不得",归根结底,是对自己身体的希求和珍惜,而希求和珍惜人身就是"苦",即所谓"五盛阴苦"——人体只是盛苦的器具。

因此,原始佛教渲染人生完全是由苦编织的罗网,同时又特别抨击人身之"不净",尤其是女人之"不净"。观察"人体不净",是早期佛教最重要的修习科目,从饮食到排泄,从处胎到老死,以至腐烂而成白骨,力图通过厌恶人身而厌恶人生,通过厌恶人生而厌恶人身。其所以要特别观女人之"不净",则是为了禁欲;因为人身来自生育,生育始于情欲;为了不作"苦具",绝对不能生育,不育则必须从禁欲着手。据此,它抨击婚姻,抨击家庭,提倡出家,弃离妻子,禁欲修道。佛教始终把"无生"或"不生"作为最高理想,即所谓涅槃,追本溯源,就是从反对生育开始的。这一点,特别反映在有关比丘和比丘尼的戒律中。

原始佛教对"苦"的基本规定共有四项,即无常、无我、不净再加上"空",称为"苦谛四行相"。这"空"表达的是由繁华昌盛转向衰颓、由满怀希望而跌入绝望的一种失落,同时也是对世界本质作出的理论判断。不妨这样说:"苦"是原始佛教对人生作的价值判断,"空"则是它对整个世界作的本质判断。这一类思想情绪,在人生的某些发展阶段和遭遇的某些境况,可能以淡淡的哀愁或极度的痛苦表现出来,具有一定的普遍性;但原始佛教把它夸大了,绝对化了,对充满"喜怒哀惧爱恶欲"的情感世界和情趣人生作了悲观主义的曲解。

原始佛教从人生是"苦"的价值观抽象到对现实世界作出"空"的结论,有一系列的理论支持。其中最重要的是两个:一个是"五阴"说,一个是"缘起"说。

第二,"五阴"论与人体构造说,"缘起"论与人的本原说。

"五阴"亦作"五众",新译"五蕴",它被用作人身或众生的代称和同义语,是对人体作直观观察和抽象分析的产物。

最早的佛教,可能是把人身看做是头脑、肢体、五脏等部分的机械构成,及至发觉人还是有感受和思维的活物,始将精神因素也纳入了人身的组织成分。这看来是经过一个相当的认识过程,最后才把整体的人分解为"色、受、想、行、识"等五种基本元素,即所谓"五阴";人或众生,不论是谁,无非是这五阴的和合。一旦人身定型在这种"五阴"说上,并为佛教全体所接受,它就成了考察和论述人生最通行的名数概念,佛教各大派别和主要经论无不把它作为探究和诠释的主要对象。

原始佛教的诠释,着重在说明人体"无我":人身只是五阴在特定条件下的聚合,因而没有独立的自性,也没有本质,不得自在;不得自在,就是没有自由。所以"五阴"不是指它们每一个的孤立的个别的自然存在,而是由于业力炽盛的追求,令它们凝聚于一起,处于和合为人体的状态。因此"五阴"的本质,只能是"五盛阴";由于人们的无知,拼命去追逐五阴,执著五阴,以致流转三界五道,故又名"五趣阴"或"五取阴",导致受苦无穷。

原始佛教的"缘起"论,奠定了佛教区别于其他宗教哲学的根本特点。按照"缘起"论的定义,是"此有故彼有,此灭故彼灭",任何现象都不是自生自灭的,而是以其他现象作为自己存灭的根据和条件。用来解释人生过程,原始佛教有两种说法:一种说"十缘起",一种说"十二缘起"。这两种缘起论,在汉译经籍中都有保存。二者的区别集中在开端两支:人生究竟是始于"'无明'缘'行'",还是始于"'识'缘'名色'"。如果按"十缘起"解释,至少在逻辑上,"识"成了脱离并先于人身(即名色)的存在物,很容易把它视为不灭的魂灵,即所谓"识神"。在鸠摩罗什译经之前,汉译佛籍和中国佛教义学自觉或不自觉地承认"识神"的存在,就可能是遵循十缘起之说。但若承认有"识"独立存在,并成为人体生身的本原,则与原始"无我"的教义必然冲突;在"识"支之前加上"无明"与"行",就消除了"识"的独立自在的地位,避免了同"无我"说的矛盾。但就理论上看,这一变化在于把人生的发端归诸无智和意志的原因,而在实践上就必然强化智慧和控制意志(禅定)的功能,以至将其他伦理的和宗教的修持,贬抑到了第二位的、次要的行为。

中国佛教从十缘起中抽出"识神不灭"的观念,从十二缘起中总结出人生全部流程的学说——即突出"痴"、"欲"和"生"三支在形成整个人生过程中的特殊地位和作用。这两种缘起说,在东晋道安和慧远的言论中都有很明晰的反映。

事实上,这两种缘起论,都是用来说明人生的始因和人生流程的:除非不生,只要一生,就必然经历这一缘起规定的每一支(阶段),并遵循它们的先后因果次第所构成的必然法则运行,而人之所以生以及生命的类别与现实的遭遇,则是由"惑"与"业"决定的。"无明"是惑的概括,"行"则是业的概括;二者的现实活动,能够感召"五阴"集聚成身,以致降生为人。道安、慧远归结人生本原为"痴"、"欲"与"生",则是惑与业的统一。这种用业与惑解释人生本原的佛教学说,通称"业感缘起"。

第三,关于世俗世界的宗教构想。

依"业感缘起"规定的法则,有什么样的业惑,就会获得什么样的果报。世俗的世界,所谓三界六道、三千大千世界,就是由无限众多的"惑业"共同创造的,名为"共业";个别惑业称作"别业",别业决定个体的特性和命运。在惑业与其结果之间存在着不可消灭、不可转移的必然联系,即"业报"、"因果"铁律。这一铁律的通俗说法就是:善有善报,恶有恶报;不是不报,时候未到;时候一到,一定要报。世间众生就按照这一铁律,在三世中失去自由,流转受苦,而且没有穷期。

原始佛教的信仰主义性质,主要蕴含在这三世因果的"缘起"论里。它设计的天堂、地狱,充满了荒唐的幻想,其普及于普通民众的深度和广度,远非其人生观可比;它的稳定性和影响的时间长度,也是其人生观所不可比拟的。迄今为止,支持佛教信仰广泛流通的,依然是因果报应。然而就"业报轮回"说本身言,可能并非原始佛教的独创,不但古印度经典《奥义书》中有记载,古希腊的哲人如柏拉图,也有相近的主张;即使古代中国所谓"积善之家必有余庆,积不善之家必有余殃",也带有类似的神秘色彩。因此,我们不妨把这一学说看做古代思想家的一种通病,不宜单独苛求于佛教。

但当"三世轮回"之说经过"缘起"论的过滤后,它就同其他相近的宗教思想区分开了。首先,它否定"我"的存在,以"无我"而与《奥义书》和印度的其他宗派划上了一条鲜明的界限。《奥义书》的"我"与柏拉图的"灵魂"实质上是一回事,都承担着轮回主体的功能,在"缘起"论中一并为佛教所否定。至于古代中国的说法，是立足于家族本位，因果的联系不在个体自身，作者与受者完全不同，这与以"自作自受"为原理的"业报法则"是不相容的。

佛教设计的"三界"，与古印度的宗教实践可能有密切的联系，原始佛教由此出发，强化了禅定的修行。"欲界"、"色界"和"无色界"的划分，就是按禅定的高低层次及其达到的相应境界确立的；与之有关的"神通"，以及由之构造出来的各种怪异的宗教世界，也可以从禅定经验中获得想象，与"三界"一起被当成真实不虚的事。原始佛教异常重视经验，但究竟是主观经验还是客观经验，是主体的幻觉还是客体的反映，并没有清晰的区分。

第四，与其他宗教和哲学区别开来的根本特征。

一旦"业感缘起"将"自作自受"规定为"业报法则"的基本原理，也就把人及其命运完全置于人自身的思想言行的范围之内：人即是人自身的创作，人的遭遇及其所处的环境，也是人自身言行的结果。人既创造人本身，也创造他们所生活的世界。在这里，众生的思想言行是世上唯一的决定性力量，没有任何造物主存在的余地，也没有造物主存在的必要。天神是有的，魔鬼也存在，但他们都属于"众生"的范畴，服从同一的业报法则，不享有任何特权，也没有干预他人他物的资质和能力，即使作为教主的释迦牟尼、尊贵的佛，也不例外。

于是，原始佛教不但在否认"灵魂"的实存上，而且在否定神创论和神决定论上，态度也是明确而坚定的。尤其是一神论教，佛教从始至终把它作为最不能容忍的论敌看待，在印度本土，批判的对象主要是"欲界"的"大自在天"和"色界"的"大梵天"。前者是绝对自由的神格化，后者被奉为世界的创造主。

反对"梵天创世"说，是原始佛教在信仰领域最重要的任务。依《奥义书》之《森林书》说："万物从梵天而生，依梵天而存在，毁灭时又归于梵天。"正是这种梵天创世说和决定论，为种姓制度提供了宗教信仰上的依据。因此,原始佛教反对将"梵天"特权化,同时具有反对种姓制度的社会意义。现在学界大多认为,原始佛教的兴起,与当时社会的反婆罗门思潮有着密切的关系;佛教所反对的,就是婆罗门关于梵天创世说和它的种姓制度。

按照"业感缘起"论,不论是什么样的众生,神与人,贵与贱,富与贫,美与丑……无条件地一律得服从业报法则,依据这一法则而存在,也依据这一法则而死亡。在业报法则面前,一切众生完全平等,谁也不能享有例外的特权,谁也无法改变法则的铁律。这样,原始佛教一方面否定了人有自由意志的可能,同时给予人们以社会平等的权利。对这一学说,以后的部派佛教和大乘佛教虽然有不少修正,但思想核心没有原则变化。中国禅宗接受的域外佛教,主要是这一部分;章太炎之推崇禅宗的"依自不依他",批判基督教,根据也是这一部分。

为什么后来的佛教要对这种业报法则进行修正?因为这一因果律包含着一对明显的逻辑矛盾。

矛盾之一是因果律自身的:从一方面讲,业因具有造作果报的能力,而且是唯一的造作者,所以必须对由此导向的结果负完全的、绝对的责任,而不能推给任何外力;无条件地接受它,而不能随意地转移它。如果这个论点能够成立,那必须有个前提,即承认众生具有选择如何造作和造作什么的自由,也就是拥有自由使用自我造作能力的意志。因此,就"业"的本质及其对"惑"的选择言,人的本性应该是完全自由的。但从另一方面说,果报只能接受业因造作的既成事实,处在果报位置上的众生,只能是被动的受体,失去了独立思想和言行的任何可能,从而也失去了选择自己的道路,把握自己命运的可能。这表明,人的本性,自生之初就是不自由的、意志缺失的。由此而言,任何人对自己的任何活动都无法负责,也不必负责。

于是现实的人就处在两难之中:他可以是完全自由的,他也可以是完全不自由的;对于社会而言,他应该对自己的命运和行为负完全的责任,他也可以是完全不必负责任。业报法则之所以产生这样的矛盾,主要来自两个错误观念:一是"三世轮回",将因果关系神秘化为可以脱离实体而存在的东西,致使业因成了一种超时空的力量,令所谓果报成了无法证实是否与其业因有必然联系的事情。此生此时受穷,如何证实是彼生彼时作了穷业的结果?此生此时作恶,又如何证实来生来时必定得到惩处?实际上,它所宣布的因果律,在很大程度上是出自想象,是对于现世善行不必定得善报,恶行不必定得恶报等不公正现象的一种解释和慰藉。

与此有关的,是这一缘起论把人抽象成了纯粹个体化的存在。人是社会动物,是社会的存在。任何个人都不可避免地生活于特定的社会关系之中,接受社会条件的制约,并给他的周围环境以相应影响,因此,个人的思想行为,必然反映着作为他的生存基础的那个社会;而他的遭遇,也绝对不可能脱离他实际的生活条件而得到合理的解释。因此,从现象上看,确是个人的行为塑造了他个人的形象,决定着个人的命运,但若深层次地追究,决定着个人活动的却是社会关系,尤其是与社会生产力相对应的社会经济形态和文明程度。在同样的社会条件下,个人之间的主观状况与行为性质存在极大的差别,从这个意义上可以说个人的因素起决定作用,个人对自己的行为后果要负主要责任;但从社会的整体考察,任何个人都不可能对自己的行为和行为后果负起全部责任来。

马克思在《〈资本论〉第一卷第一版序言》中说:"我的观点是把经济的社会形态的发展理解为一种自然史的过程。不管个人在主观上怎样超脱各种关系,他在社会意义上总是这些关系的产物。同其他任何观点比起来,我的观点是更不能要个人对这些关系负责的。"[1]

如何观察和处理个人与群体、个人与社会的关系问题,是一个重大的理论问题,既涉及道德伦理方面,又关乎法律正义方面,更关系社会的

---

[1] 《马克思恩格斯选集》第二卷,人民出版社,1995年,第102页。

进步和个人的发展。把个人问题的解决与社会问题的解决统一起来,是更现实也更合理的途径。

逻辑矛盾之二,是肯定因果业报的真实存在,与否定"我"是真实存在的矛盾。

按"我"的本义,是单一性的、永恒不变而独立自存的实体,后来延伸作绝对的自由解。在这一含义上确立的"无我"观,针对的是造物主实在论和灵魂不灭论,表达的内容无疑是符合实际的。但是,在最早的经籍里就把"无我"的原理,推广到了一切现实事物悉无自性上:"无我"即是"无自性"。有车轮、车把、车座,但没有"车";有头有脑、有手有脚,但没有"人"——世上事物无不是诸多因素在特定条件作用下形成的复合体,人也不例外,即是五阴的和合;由于没有自己固有的自主性,所以是"空"。然而,作者既然不得自主,又非实体,让他来承担作业和作业的后果,当然难能自圆其说,所以到了部派佛教和大乘佛教,竞相修正,或变相地承认"我"的存在,或明确别有"我"的实存,或松动因果间的必然联系,修正业报法则。但这是佛教的一条根本性教义,任何派别都没有也不敢公开丢弃。

第五,关于人生的终极理想和达到理想境地的途径:涅槃与修道。

业报法则是说明世间现象的,是世间的根本规律,不管天、人与地狱之间有多么巨大的差别,但归根结底都是"苦"。世间的本质只有苦。佛陀的一切教诲,最终集中在摆脱六道轮回,不受因果律的束缚,根绝"苦"的再生上,这就是"涅槃"。最切合涅槃本义的意译,当是"寂灭",它的延伸则是无烦恼,"无生"。因为苦来自烦恼,烦恼由于有生,有生即有世间,而寂灭的实质,就是从不生着手,熄灭烦恼,铲除苦根,彻底地从世间解脱出来。因此,这个词本身,决不含有"乐"的意思。"苦"、"乐"是一对密不可分的范畴,乐只是苦的一种特殊表现形式,何况乐极生悲,毕竟是苦。中国佛教将涅槃的原始思想,形象地概括为"灰身灭智"——身体与精神全都不在了,还有谁去作"乐"的感受?

这样,"世间"不复存在了,所谓"出世间"就是一片空白。涅槃不是另外的一种生存状态,更不是别样的生活空间,而是个纯粹否定意义上的"无",亦即修行者的最终归宿"灭"——彻底的死亡。

原始佛教规定的全部修持,都是为了走向这个最终目标。所谓"三学"、"三十七道品"以及以禁欲主义为核心的戒律,都是围绕着在自身上实现涅槃而作的努力。由此修道获得的最高果报差别有四,加上为通达这些果报所作的准备所谓"四向",略称"四向四果",就是以摆脱三界六道、证得不生世间的层次来划分的。例如四果中的"预流果",是修习达到"见道"程度,断灭了三界的一切"见惑"所得的果位;正在断除"见惑",趋向预留果的,即称"预流向"。这一向一果,标志着修行者在思想上正在和已经断绝了对三界的留恋,完成了彻底厌离所有世间的思维进程。若继续修习,在断除所谓"修惑",即铲除了对三界根深蒂固的执著和情感,从此只要于死后再生"天"上与"人"间各一次,就可以达到完全断绝生死之路;处在这样阶段的行者,叫做"一来向"和"一来果"。从此再继续修习,就是"不还向",获取"不还果",意即死后再也不会生于三界中的"欲界",再也不会受"人身"之苦了。由此仍继续修习,就是"阿罗汉向"和"阿罗汉果"。

阿罗汉的本义应是"不生"或"无生",指其死后绝不会再生于三界即世间的意思;或意译"杀贼",谓已经杀灭一切可能导向死后再生的烦恼。因此,全部修行就是为了在死后也不要再次降生,在实践上则表达出原始佛教对于人身和生命的极端厌恶和决心遗弃的旨趣。中国道教以其极端的"贵生"而提倡长生之道,攻击外来佛教是"修死之术",并非绝对没有根据。

阿罗汉还有一个重要名称,叫"应供",意谓理应受到大众的物质供养的圣者,原因是这样的圣者才应该得到大众的尊重。这恐怕是对阿罗汉必须接受生活资料来维系生命的一种不失尊严的解释。

既然涅槃就是"不生"或"无生",获得"不生"或"无生"称号的修持者只有阿罗汉,反之,阿罗汉之所以成为佛教的最高阶位,就因为他证得了"灭谛"(涅槃的理论表述),因此,阿罗汉也应该是达到涅槃的人。可涅槃就意味着彻底的死亡,已经死亡的人,怎么还能以阿罗汉身份在世间活动,甚至在部派佛教中还发生了阿罗汉是否还会退失堕落问题的争论?于是就有了两种涅槃之说,所谓"有余涅槃"和"无余涅槃"。前者指,所有生死之业因已经完全寂灭了,死后决不会再生了,但前世的业因在现世中仍然起作用,五阴人身依旧存活,这人身和需要维系人体生活的资料,就是涅槃尚未实现的部分,故称为"有余",或"有余依"。修持到这种涅槃状态,已经完全失去了生活自理的能力,所以特别需要信徒的日常照顾。处在这"有余涅槃"的地位上,已获得阿罗汉的称呼,"应供"之名以及出现退失到恋生的可能,均来自这种异常的艰难境况。

至于"无余涅槃",那就是人身及其全部生命的结束,实质上与平常人的死亡没有两样,唯一的差别,是死者于生前已经断绝了一切再生的欲望,并且他自己和他的信徒,都相信他再也不会降生于这个恶浊的世间,成为受苦的器皿。于是他彻底地解脱了,因为他终于死了。

原始佛教的悲观厌生主义,以及对死亡的讴歌和追求,在社会某些特殊的少数人中或许能够引发共鸣。在社会异常动乱,自然灾害频降,大多数人在死亡线上挣扎而看不到前途和希望时,它就会得到流行。域外佛教进入中国内地,历史的明确记载是公元前1年,但它的开始盛行,却在东汉末年,约2世纪中叶以后。为什么从初传到发展,约有一百五十年的徘徊?一个非常显著的原因,就是当时的社会秩序完全崩溃,战乱和灾难的深重可以说是历史上之最:"乡邑望烟而奔,城郭睹尘而溃,百姓死亡,暴尸如莽。"(曹丕:《典论·自叙》)以致像曹操那样的枭雄也不得不发出"人生几何"的感伤。在正常稳定的社会条件和人生正常而健康的状况下,原始佛教的这种生不如死的哲学,是不会有什么大的市场的。佛教若要在社会上长期立足,就必须发挥更积极的作用,得到社会持久的呼应。就是说,佛教必须适应社会主流的需要,改变厌生乐死的形象。原始佛教走向分裂,并由部派佛教向大乘佛教转变,就成了一种必然。改造涅槃的概念和修行的方法,也就成了当然的事了。

但就认识论讲,原始佛教有两个重要判断,是绝对成立的:

一、世上无常事,有生必有死。这反映的是自然规律。西方人自觉到这一法则,可以追溯到黑格尔:"生命本身即具有死亡的种子"。恩格斯在《自然辩证法》中特别提到这一点:"今天,不把死亡看做生命的本质因素、不了解生命的否定实质上包含在生命自身之中的生理学,已经不被认为是科学的了……无论什么人一旦懂得了这一点,在他面前一切关于灵魂不死的说法便破除了……因此,在这里只要借助于辩证法简单地说明生和死的本性,就足以破除自古以来的迷信。生就意味着死。"[1]

由此可见,一切企图逾越自然规律,追求不变,奢望永生,都是妄想;因为好景不长而痛不欲生,为了逃避死亡而自虐自戕,也不是理性的选择。原始佛教对生死作了理性的分析,但却因不得长生不老而徒悲,以至于将具有否定灵魂不死这一破除迷信的"辩证法",也变成了消极颓废的东西。

当然,人不但是理性的,也是感性的。面对生老病死、离合不定,由之喜怒哀乐,悲欢起伏,是人生常态;如果麻木不仁,无动于衷,那才是变态。问题是要有理性的制约:面对人生,善待人生,珍爱人生,在曲折和奋斗中踏出自己的路,走好自己的路——在这里,人文关怀是需要的,科学精神更需要。人文关怀给人以人情和温暖,给人以精神上的慰藉;而科学则实际地教人如何生活得更健康,更快乐,也更长寿。就此而言,认识了必然,才有自由;不承认或不接受客观的必然性,与之相逆,那烦恼是无法排除的。

二、此有故彼有,此生故彼生。任何现象,都以他物为存在的条件,而其本身也必然是他物的存在条件。这种互为依存、互为因果、互相联

---

[1] 《马克思恩格斯选集》第四卷,人民出版社,1995年,第370页。

系的缘起说,也是自然规律。它首先把孤立自在的唯一性在理论上否定了,同时也就否定了造物主真实存在的可能性。恩格斯说,现今的"自然科学证实了黑格尔曾经说过的话……相互作用是事物的真正的终极原因。我们不能比对这种相互作用的认识追溯得更远了,因为在这之后没有什么要认识的东西了"①。也就是说,在事物的相互作用之外,根本不需要什么"神"作终极的原因或"第一推动力"。

"缘起"说是佛教哲学区别于其他哲学派别的主要特色,在原始佛教之后,还有很大发展,至《华严经》而达到一个制高点,并由中国的贤首宗做了很好的系统工作。西方学者之所以视佛教为"无神论",与佛教一贯地坚持"缘起"说,否定"神"的实在性和具有造物主功能,有密切的关系。

然而,也主要通过"缘起"说,佛教否定了现实事物具有各自的本质属性,众生则是相对稳定的生命体,以至断言四大皆空、五阴非我,导致了自我失落感的发生和主体意识的泯灭,形成对人生价值的负面评价和消极的人生观。

第六,关于分析和还原的方法论问题。

从接近真理的"缘起"说开始,最后导向具有谬误成分的"无我"说,这转化的中介是它的分析的、还原的思维方法。

根据某些今人的观点,分析和还原的方法产生于西方近代科学导致的机械论,并用东方所谓综合的整体观与之对立起来,由此断定东方的思维方式优于西方。这一说法颇为流行,但很难成立。因为人类的思维能力和思维规律,大体是一致的;在方式上固然会有所差别,但那原因与科学文明的程度和社会发展的水平有关,而与人种上的天赋无关。从人的认识历史进程观察,以西方为例,大致是以直观和想象为认识基础的古希腊哲学作为代表的整体观,经过近代科技以分析、还原为特征的机械论和思辨的辩证法,逐步达到了分析与综合、还原与整体统一的唯物

---

① 恩格斯:《自然辩证法》,《马克思恩格斯选集》第四卷,人民出版社,1995年,第328页。

辩证的认识论——由于现代世界性的思想文化交流频繁而紧密,这些思维方式实际上表现为形式极不相同的哲学体系,呈现出异常多样性的形态,仅仅用分析法还是整体观去考察东西方思维方式的异同,已经远远不够了。

但就依整体—分析—多样性的统一这一思维方式的发展轨迹看,也不是绝对的。古代的整体观,并非完全排斥分析;机械的分析法,也不否认整体。这细说起来,有些离题,就事论事,与近代科技完全无关的原始佛教哲学所体现的思维方法,就是典型的分析和还原,而且与古希腊的某些思想遥相呼应。这也可以与古代中国作比较。

前文中已一再强调,原始佛教确立的"空"即"无我"的根本原理,是通过对"人"这一整体进行分析和还原的思辨过程得出的结论。分析的结果之一,是"人"不过是头脑、肠胃和肢体等部分的机械拼凑;对这些部分作为抽象概括的"五阴",即是构造成"人"的基本元素;这些元素中还包含着其他可以分析出来的元素,例如从"色阴"中可以分析出"四大"(地水火风)来,四大就成了构成色阴的元素。每一四大,又可以再分析,一直分析到不可以再分析,旧译称作"临虚",新译名为"极微",它们就是组成物质的最小单位,亦即"原子"。于是"人"作为物质的和精神的聚合体(心色的和合),与其面对的世界一起,都成了诸多元素和原子的组合物。据此,被还原了的以单一性为特征的元素,或以不可再分割为特征的原子,被认为是实在的、永恒的、不变的,此即称之为"有";反之,由元素或原子聚集而成的和合物,由于它的多因素并处在不断变化中,所以没有固有的、永恒的实在性,此即是"空",亦是"无我"。

由此来看,得出"空"、"无我"结论的,不是分析、还原法本身的错误,而是否定由此构成的事物具有与其诸因素不同的本质属性。现在已经公认,整体大于部分的总和。意思是说,整体与部分,是一对密不可分的范畴。一袋土豆与一个土豆,不是整体与部分的关系,因为所有的土豆相加,依旧是土豆,二者只有量的差别,没有质的不同。两个氢原子与一个氧原子结合而成一个水分子,这水与氢、氧的关系,就不是量的差别,在水这个化合体中,已有了自己全新的质,也有了与其组成元素完全不同的功能。人是一个活的生命体,他的生理构造和精神活动,以及生理与心理的密切关系,其细致而复杂是任何物体都无法比拟的,把"人"归结为若干零部件的机械组合,首先就是忽视或抹杀了人是一个活的有机生命体。

关于这个问题,黑格尔说过这样的话:"不应当把动物的四肢和各种器官只看作动物的各个部分,因为四肢和各种器官只有在它们的统一体中才是四肢和各种器官,它们决不是和它们的统一体毫无关系的。四肢和各种器官只是在解剖学家的手下才变成单纯的部分,但这个解剖学家这时所处理的已不是活的躯体,而是尸体。"据此,恩格斯发挥说:"部分和整体在有机的自然界中已经是不够用的范畴了。种子的萌发——胚胎和生出来的动物,不能看作从'整体'中分出来的'部分',这是错误的解释。只是在尸体中才有部分。"①

在原始佛教那里,"五阴"的每一阴都是单独的存在,是现成的、既有的;所谓"众生"及"人",只是在业感的作用下,将这些分散的自在的元素召集聚合在一起的产物,而事实上,任何现实的动物都是由胚胎中孕育发展出来的,"五阴"只是这一生命体在适宜条件下的内部分化,而不是它的外部构成。换言之,把人简单地归结为诸多因素的和合,是丢弃了活的生命这一最本质的属性。恩格斯接着摘录黑格尔的话说:"单一的和复合的:这对范畴在有机的自然界中也早已失去意义,不适用了。无论是骨、血、肌肉、细胞纤维组织等等的机械组合,都不表示某个动物。"②

恩格斯欣赏黑格尔的这一思想,是因为它批评了一些机械论者,把人仅仅视为各种物质元素理化组合的结果,把人看成机器。这种机械

---

① 《马克思恩格斯选集》第四卷,人民出版社,1995年,第320页及边注249。
② 《马克思恩格斯选集》第四卷,人民出版社,1995年,第320—321页。

论,至今并未完全消失,譬如把男女间的爱情归结为化学反应或荷尔蒙作用等,就是比较流行的一种。至于今后的科学能否采用理化的手段制造出活的生命来,那还得拭目以待——当然,这又关乎如何去认识和定义生命的本质问题。

我这里特别对原始佛教采用的分析、还原的方法论啰嗦了这么些话,主要在表达两层意思:第一,佛教哲学不但充满辩证法的内容,而且也具有机械论的倾向;第二,这样的机械论,其实在古希腊哲学中也不缺乏。众所周知,留基波和德谟克利特是最著名的原子论学者;而米利都学派则将万物的构成,归诸水、火、土、气四种原质,与原始佛教确定的地、水、火、风"四大种"说完全相同。这种方法和观念上的一致,我们很难判断它们是谁影响了谁,但它们都可以划归为简朴的分析、还原论,是不会有异议的。

中国也有自己古老的元素说,那就是金、木、水、火、土,所谓"五行":"先王以土与金木水火杂,以成百物"(《国语·郑语》)。与上述列举的元素相比,共有的是水、火、土,没有的是气,多出来的是金与木。这有可能与当时的中国已经进入了以制造金属工具从事农业生产的时代有关,而在西方,包括古印度,游牧业占有的比重要大得多。遗憾的是,西方哲学上的元素说,从直观的想象而最后发现了化学元素和元素周期律,而佛教始终停留在原始思维阶段,只在其中做些简单的增减变化;中国的"五行"则与"阴阳"之矛盾统一的变化观相结合,扩大到解释一切现象——当一种学说可以解释一切现象的时候,或者任何现象都用一种学说进行解释的时候,它的认识论价值和科学价值,也就所剩不多了。对一个民族来说,可能标志着思维的停滞。

然而历史地辩证地看,不论古代还是当代,分析还原的思维方法始终是构成正确认识世界的一个不可或缺的重要方面,把它与整体认识对立起来,与综合的思维方法对立起来,是一个绝大的片面。原始佛教所提供的分析、还原法,与人类的思维发展大道是并行的,与它的辩证法因素有同等的价值。可以说,这是它在探索人类正确思维之路上的贡献,也是不可避免的局限。它的特殊性,在于把它的机械观和辩证法结合在一个体系中,为的是证成它的极端消极的人生观——就此而言,形成人生观的,固然有方法论上的问题,但绝不限于方法论。在这里,态度、利益、情感、身份、心理等非理性的主体性因素,在感受苦乐和决定人生的苦乐观上,起的作用可能更大。

二 部派佛教

就哲学层面看,部派佛教的理论体系发展到说一切有部就算结束了。《成实论》号称说"空",但此"空"是以承认"有"为实在作前提的,所以在根本世界观和方法论上,与有部没有原则区别。如果说有部哲学中的主流,最终转向了大乘菩萨行,那么,《成实论》可以作为它的一个支流,是导向了极端恶生厌世的一途,必定与头陀苦行派合流,并为它提供理论支持和实践指导。因此可以说,有部哲学是部派佛教的最后总结和最高成就。值得快慰的是,它的主要论籍,在汉译中保存得最为完备,不但有条件,而且也非常值得我们去认真整理研究。

说整理研究有部论著很有价值,是因为这个部派的哲学,具有普遍性。它的核心观念,在古今中外的哲学思潮中,都有不同形式的反映,影响之大、普及率之高,极少有能与之比肩并立的。

西方影响最为久远的哲学派别,莫过于古希腊的三巨头:苏格拉底、柏拉图和亚里士多德,而以柏拉图为最。他的"理念论"认为,"理念"是永恒不变的客观实在,它独立于事物和人的意识之外,而成为现实事物和人格的原型;现实的一切则只是理念的"影子"或"摹本"。这种"理念"存在于具体事物之外和具体事物之先的主张,就与有部哲学大同:同属于客观唯心主义。以下我们且作些简单的比较。

2004年,商务印书馆出版了王太庆先生翻译的《柏拉图对话集》,使我们有机会更准确地了解这位伟大学者的见解,但这里引用起来太过繁杂,不妨参考罗素在他的《西方哲学史》中的介绍。

罗素概括柏拉图的重要思想有五点,与我们讨论有关的有四个,即"共相"问题、"灵魂不朽"和"宇宙起源"问题,以及他的"知识观"。

罗素把柏拉图关于理念的阐述分为两部分:一是逻辑的,一是形而上学的。譬如说,"这是一只猫",在逻辑上是一个判断。此处"猫"的意义,"就不是这只猫或那只猫,而是某种普遍的猫性。这种猫性既不随个体的猫出生而出生,而当个体的猫死去的时候,它也并不随之而死去。事实上,它在时间和空间中是没有定位的,它是'永恒的'"。就形而上学言,"'猫'这个字就意味着某个理想的'猫',即被神所创造出来的唯一的'猫'。个别的猫都分享着'猫'的性质,但却多少是不完全的;正是由于这种不完全,所以才能有许多的猫。'猫'是真实的;而个别的猫则仅仅是现象"①。

据此,世界就被两重化了:一个是"真实"的、永恒的,即"理念"亦即"共相"、概念的世界;一个是"现象"的、变动的,即以"个别"形态存在的现实世界。理念世界是现象世界的"形式"(原型),现象世界则是理念世界的"摹本"(影子)。譬如"镜子里所反映的床仅仅是现象而非实在,所以各个不同的床也不是实在的,而只是'理念'的摹本;'理念'才是一张实在的床,而且是由神所创造的"②。

有两重世界,就有两类认识:一类叫"知识",一类叫"意见"。依上例所说,对于"由神所创造出来的床,我们可以有知识;但对于由木匠们所制造出来的许多张床,我们就只能有意见了"③。在这两类认识中,"哲学家便只对一个理想的床感到兴趣,而不是对感觉世界中所发现的许多张床感到兴趣"④。换言之,只有"共相"的认识才是高级的,可以名之为

---

① 罗素:《西方哲学史》上卷,第163页。
②③④ 罗素:《西方哲学史》上卷,第164页。

"知识";"别相"——感觉性的认识是低级的,所以只能称做"意见"。

有部哲学讲的也是两重世界、两类认识。一重世界是"有",超越时空,曰"三世实有"、"法体恒有",是永恒的、真实的;一重世界是"空",流动变化,相互制约,曰"无常"、"无我",虚伪不实。与之相应的两类认识:一曰"真谛",一曰"俗谛"。圣贤能够认识那个永恒的"有"的世界,这认识是真实而不虚妄的,故名"真谛",亦称为"智";凡人只能触及"空"(假)的世界,而误以为是"有",此等认识为现象所惑,虚妄颠倒而执以为实,只能称做"俗谛",亦即通常所谓的"识"。

有部哲学和柏拉图哲学的相似,主要表现在这两重世界和两类认识的区分上;至于"理念"和"有"是怎样形成的,在认识论的表达上也非常接近。"这是一只猫"的"这",是个别,"猫"是一般;"猫"是"这"的种族,"这"就是猫的"摹本"。"猫"的"一般"就是所有猫的"共相",亦即反映在思维过程的语言概念,柏拉图称之为"理念"。关于有部的"有"有许多解释,但最基础的是说它来自族类,所谓"界"。"界"既有界限的意思,以示与他物的区别,也有"因"的含义,表示它还有为后来的自类作因的作用。因此,用"这是一只猫"来表达有部处理个别与一般、别相与共相的关系,以及由之得出的哲学结论,与柏拉图哲学大体是相当的,不过一个叫"理念",一个名为"有"。

这里需要插一段话,是汪子嵩先生为《柏拉图对话集》汉译本作的序言里讲的。大意说,"理念"的英文词是 idea;陈康先生认为更切合原意的译法应该是"相"和"型",王太庆先生表示赞同。据此,汪先生在翻译《希腊哲学史》第二卷"论述柏拉图哲学时,下决心将'理念'改译为'相'"。王太庆先生还认为,"柏拉图的'相论'(Theory of Ideas),也就是'是论'(Theory of Being)";此中的"是"(being),中国通译作"有"或"存在",而在柏拉图继承的希腊哲学中,译作"是"比译作"有"或"存在",更为准确。

翻译是一门大学问,我全然不懂,但汪先生的介绍,却为比较有部哲学和柏拉图哲学的异同,提供了一个全新的视角。因为如果柏拉图的"理念"理应译作"相",而"相"亦即是旧译的"有",那么,至少在文字的表达上,东西方的这两个哲学派别就更紧密地联结起来了——前已说过,有部是以认识"法相"作为自己的哲学任务的,所以《阿毗昙心论·界品》开宗明义说:"法相应当知"。它所应知的"法相",不是局限在世人共知的地坚相、水湿相等别相,而是遍在于地、水等个别事相之中,像"无常"等更高一层的"共相"。不过别相与共相是相对的,地坚相,水湿相,相对于个别的地、水而言,也是一类"共相",所以也是有部的认识对象,也都可以称做"自相"。《阿毗昙心论·序品》说:阿毗昙"如灯照明,是慧根性,若取自相则觉法"。它的全部智慧,就在"取自相";只有通过对"自相"的认识,才能把握"真实义"。在有部那里,共相、自相与法相,在哲学意义上是同类的,是故又说:"若知诸法相,正觉开慧眼"。"自相"表现在个别的具体事物中,即是自性,如马有马性,而无牛性;这马性的原型,是所有马的共相。

认知法相的方法,是对法进行分析;由分析中推出单一的、不变的性质,即事物的质的规定性,那就是法相;从法相是永恒不变的存在而言,也就是"三世恒有"的"有"。于是结论就与柏拉图一样了:"相"即是"有"。至于有部所谓的有,是否可以相当于英文的 being,或 being 也可以译作"有",我就不敢妄言了。

到此为止,可以说有部的"有"论与柏拉图的"理念"论是一致的,在哲学史上可以归为客观唯心主义一类。但若进一步考察,差别就显露出来了。

首先,"理念"或"有"是怎样形成的? 柏拉图的回答非常明确:是"被神创造出来的";譬如"'人'的共相是神所创造的人的类型的名字,而实际的人则是这个人的类型之不完全的并且多少是不真实的摹本"[1]。

---

[1] 罗素:《西方哲学史》上卷,第170页。

本卷结语

"神"在柏拉图哲学中占有创造主的地位，这与有部哲学，以至整个佛教哲学完全不同，也是一神教与佛教最突出的区别。

罗素依《蒂迈欧篇》对柏拉图"宇宙生成论"作了详细评析，其中有一段陈述柏拉图原意的话，颇长，但最具特色，所以全引如下："凡是不变的都被理智和理性所认知，凡是变的都被意见所认知。世界既然是可感的，所以就不能是永恒的，而一定是被神所创造出来的。而且神既是善的，所以他就按照永恒的模型来造成世界；他既然不嫉妒，所以他就愿意使万物尽可能地象他自己。'神愿望一切事物应该是尽可能地好，而没有坏'。'看到了整个的可见界并不是静止的，而是处于一种不规则和无秩序的运动之中，于是神就从无秩序之中创造出秩序来'……神把理智放在灵魂里，又把灵魂放在身体里。他把整个的世界造成为一个既有灵魂又有理智的活物。仅仅只有一个世界……因为世界是被创造出来的一个摹本而且是被设计得尽可能地符合于为神所理解的那个永恒的原本的。"①

在上引第一个省略号处，原有罗素的一个注释："这样看起来柏拉图的神并不象犹太教与基督教的上帝；柏拉图的神不是从无物之中创造出世界来，而只是把预先存在着的质料重新加以安排。"

其实这段话可以作多层理解，罗素的注释是其中的一种。因为"世界是被创造出来的一个摹本"，而摹本的原型即理念，则神不但给"质料"以"秩序"，实际上通过对理念(共相)的再创造，也就创造了全世界，例如"猫"这个理念是"神"的创造物，理念的猫又创造了全世界所有个别的猫。在基督教神学的思想资源库里，柏拉图哲学是最重要的一个，由此可知个大概。

至于有部在用"有"解释世界万物形成时，有两个原本。一个是印度传统的世界模式说，把"三界五道"的世界及其成住坏空的运动规律，说成是永恒的不变法则，是客观的存在形态，与任何他力都无关系；"神"只

---

① 罗素：《西方哲学史》上卷，第189—190页。

是这个世界众生中的一个组成部分,服从的是同样的客观法则,完全没有创造或左右他物的特权。就是说,神不是创造主,对佛教来说,是绝对的、不容含糊的。那么世界和人生是谁创造的呢？这就是第二个原本,佛教独有的理论:"业感缘起"。有部哲学在这方面有充分的发挥。

从"三世恒有"、"法体实有"的命题说,"三界五道"、"三千大千世界"是永恒不变的世界模式,构造他们的种种元素则是永恒不变的单一的实体。现实表现出来的是千变万化的众生及其所处的种种环境,则是个别众生的业力对这些元素的特殊组合,以及对世界模式进行选择的结果。人身就是一种选择和组合,人生道路也由选择和组合决定,人们的生活环境则是选择和组合的结果。

驱动元素的组合和世界模式的选择的,有两大因素:一曰"业",二曰"惑"。"业"即是驱动力,"惑"则决定选择什么、怎样组合。善净选择善净的世界模式,将善净的元素组合起来,由此获得与善净相应的结果,如王者、富者、美者、寿者、幸运者等;反之,若选择恶秽的世界模式,将恶秽的元素组合在一起,则获得的必定是贫贱、丑残、短命等种种与恶秽相应的结果。是作天神还是入地狱,全靠众生的自我选择和自我创造——选择与组合,都是个体自身的决定,与任何神都无关系。

此中被选择的世界模式和可以用于组合的元素,都是已有的、现成的;但选择与组合的主动权,全都落在"业"上。"业",即思想与行为,是感得世界模式和元素组合从而生成现实世界和人物的关键。如此生成的世界人生,叫做缘起;由于是"业"的感得或感召的生成,即名"业感缘起"。

"业感缘起"之说,成于原始佛教时期,至部派佛教,以说一切有部为代表的哲学,则给这一思想安置了一个永恒的模式和可以和合成物而永恒不变的元素,从而构建了一个多元化的本体论,从此止步。柏拉图则又进了一步,在把"理念"即"共相"作为现实事物之永恒的"相"或"模型"的基础上,又为所有各色"理念"安置了一个创造主,即"神",把它们统一起来，使他的哲学带上了一元化本体论的色彩。佛教有部哲学与柏拉图哲学在共相方面的区别，即集中于此。

欧洲中世纪的基督教，主要是通过著名的奥古斯丁(354—430)的发挥，把柏拉图哲学改造成为基督教神学的一块重要基石，由此形成所谓柏拉图主义，一直影响着神学的发展方向。这一思潮的出发点和理论前提，就是断定"共相"为独立于个别事物而真实存在的实体，所以一般哲学史称之为"唯实论"或"实在论"；由此推论，上帝就是最终的实在，亦即创造者，创造者以"理念"为模式，创造出了世界万物，于是《圣经》的创世说就成了真理。奥古斯丁是基督教神学的奠基人，在盲目信仰之外，开创了以"理性"诠释《圣经》和传播神迹与教理的新途径，而这种对"理性"的崇尚，也是来自柏拉图哲学的影响。

有部对"三世恒有"的论证有很多种，发展到后来，尤其是到了新有部，则突出了"识不缘无境"的观念。这一观念源自"为境生觉，是真有相"的认识论。按通常知识，关于色声香味触等的主观认知，是来自色声香味触的客观实在；没有这些客观实在，就不会有色声等认知的可能，犹如镜面之映照某物，若无某物，镜内就不会有它的影像。就此而言，这也是一种反映论———一种直观的、直线的机械性的反映论；反过来，它用这种直线性的反映论证明，只要是"识"所认知的对象，亦必定是"有"，正如从镜面之影像就可以肯定必有与之相应的某物实存一样。

有部的这一论证方法，在西方基督教证明上帝是客观实在的神学中也有呼应，那就是著名的"本体论证明"。首先提出这一证明的是安瑟伦(约1033—1109)，他也是一个奥古斯丁主义的信奉者、唯实论的中坚，他的《宣讲》、《独白》、《上帝为什么变成人》等著作，对基督教神学的创新和发展有很大的影响。按照他的说法，上帝是作为"完善"的观念而成为我们的思想对象的，他必须是现实的存在，否则我们就可以想象出比他更完善的东西，而事实不可能；反之，上帝不能被想象为不存在，因为不存在就不是"完善"，所以必须肯定他一定存在。简言之，因为我们想象中上帝是存在的，上帝就必定是客观实在的。这与孔夫子所谓"祭神如神在"，以至演化为俗语说的"信神如神在"，意思大体相当。但本体论证明是否能够成立却成了西方哲学上的一个备受争议的论题。

为了把这个问题说清，不妨看看恩格斯的意见。在《反杜林论》的"世界模式论"一节中，恩格斯说："杜林先生为了用存在的概念去证明上帝不存在，却运用了证明上帝存在的本体论论证法。这种论证法说：当我们思考着上帝时，我们是把他作为一切完美性的总和来思考的。但是，归入一切完美性的总和的，首先是存在，因为不存在的东西必然是不完美的。因此我们必须把存在算在上帝的完美性之内。因此上帝一定存在。——杜林先生正是这样论证的：当我们思考着存在的时候，我们是把它作为一个概念来思考的。综合在一个概念中的东西是统一的。因此，如果存在不是统一的，那么它就不符合它本身的概念。所以它一定是统一的。所以上帝是不存在的，如此等等。"①

这段话指出，杜林想用"存在"这一概念，把上帝从"存在"中排斥出去，但使用的方法，恰巧就是论证上帝存在的本体论论证法。这个论证法的特征就是用思想概念证明客体的实在。杜林之所以想从这同一种论证法中得出上帝不存在的结论，是因为他企图用"存在"这一概念去统一世界。恩格斯认为，"存在"是没有任何差别的概念，此岸和彼岸，精神与物质，头脑与幻想，都是存在，所以杜林最后就把这样的存在与"虚无"等同起来，实际也就是容纳了上帝，而不是相反。恩格斯认为，"世界的统一性并不在于它的存在"，而"在于它的物质性"。

据此而言，即使本体论证明在逻辑上能够成立，上帝的存在也不一定是真实的客体。基督教提出"圣灵"之说的实质，就在期望把创世主安

---

① 《马克思恩格斯选集》第三卷，人民出版社，1995年，第382—383页。

置到每个人的心灵里;"道成肉身"的原则若能成立,也定会与"唯一真神"发生矛盾。

新有部主张的"识不缘非境"命题,扩大了"有"的范围,不只作为单一元素的"真有",即使作为现实复合物的"俗有"也包容到了"有"的范畴,其效果可以与杜林的"存在"论相比。

至于共相实有之说,在欧洲影响之大,还可以由它的反对者的强大反衬出来。像"唯名论"就是与"实在论"并行的反对派,而怀疑论和唯物论更是它的当然的对立面。以下着重介绍马克思主义哲学是怎样来分析这一学说的,这对我们深入理解有部哲学的历史地位和现实意义,是很有益的。

考察个别与一般的关系问题,是马克思主义哲学中的一大课题。最先映于人们眼帘的是《神圣家族》。此书是为清算青年黑格尔派哲学写的,该派用"自我意识"代替现实的个体的人,"并且同福音传播者一道教诲说:'精神创造众生,肉体则软弱无能'"。其第五章"思辨结构的秘密"里有这样一段话:"如果我从现实的苹果、梨、草莓、扁桃中得出'果实'这个一般的观念,如果再进一步想象我从现实的果实中得到'果实'这个抽象观念就是存在于我身外的一种本质,而且是梨、苹果等等的真正的本质,那末我就宣布(用思辨的话说),'果实'是梨、苹果、扁桃等等的'实体',所以我说:对梨说来,决定梨成为梨的那些方面是非本质的,对苹果说来,决定苹果成为苹果的那些方面也是非本质的。作为它们的本质的并不是它们那种可以感触得到的实际的定在,而是我从它们中抽象出来又硬给它们塞进去的本质,即我的观念中的本质——'果实'。于是我就宣布:苹果、梨、扁桃等等是'果实'的简单的存在形式,是它的样态。诚然,我的有限的、基于感觉的理智辨别出苹果不同于梨,梨不同于扁桃,但是我的思辨的理性却说这些感性的差别是非本质的、无关重要的。思辨的理性在苹果和梨中看出了共同的东西,在梨和扁桃中看出共同的东西,这就是'果实'。具有不同特点的现实的果实从此就是虚幻的果实,而它们的真正的本质,则是'果实'这个'实体'。"①

这段话是分析黑格尔哲学为什么会把"理念"或"概念"从个别事物中分离出来并使之成为个别事物的本质的,所涉及的则是关于"共相"的来源及其被抽象化为本体的思维过程。大致谓:相对于水果言,苹果、梨是"个别",果实则是"一般"。从"个别"到"一般",是一个思维"抽象"的过程,"一般"表现为概念、范畴或曰"理念",乃是抽象的结果。抽象的特点是略掉苹果、梨等个别事物的特有的属性,而将它们之间"共同的东西"归纳为一类,作为这同类的"本质",并用语言概念记认和表达出来,成为继续思维和进一步认识世界的介体和工具。按照《实践论》的说法,这个抽象过程就是从感性认识向理性认识的飞跃,飞跃所获得的认识,形成概念;概念扬弃了事物中无关紧要的属性而反映着事物本质,所以理性认识基于感性认识而高于感性认识。

这一论述表明:"共相"来自思维对现实的个别事物的抽象,它只能在思维中存在,而不可能颠倒过来,成为现实的个别事物的原因、原本或本质、规律。据此,马克思主义哲学反对把"一般"从"个别"中分离或独立出去,当成个别事物的模型。

列宁在《亚里士多德〈形而上学〉一书摘要》中着重分析了把"共相"视为客观实在的认识论原因:"原始的唯心主义认为:一般(概念、观念)**是单个的存在物**。这看来是野蛮的、骇人听闻的(确切些说,幼稚的)、荒谬的。可是现代唯心主义,康德、黑格尔以及神的观念,难道不正是这样的(完全是这样的)吗?桌子、椅子和桌子观念、椅子观念;世界和世界观念(神);物和'本体'、不可认识的'自在之物';地球和太阳、整个自然界的联系——以及规律逻各斯、神。人类认识的二重化和唯心主义(=宗教)的**可能性**,已经存在于**最初的、最简单的**抽象中(一般的"房屋"和个别的房屋)。"列宁继续说:"智慧(人的)对待个别物,对个别物的模写

---

① 《马克思恩格斯全集》第2卷,人民出版社,1957年,第71—72页。

(＝概念),这**不是**简单的、直接的、照镜子那样死板的动作,而是复杂的、二重化的、曲折的、有可能使幻想脱离生活的活动;不仅如此,它还有可能使抽象的概念、观念**转变**(而且是不知不觉的、人们意识不到的转变)**成幻想**(最后＝神)。因为即使在最简单的概括中,在最基本的一般观念(一般'桌子')中,都有一定成分的**幻想**。(反过来说,否认幻想也在最精确的科学中起作用,那是荒谬的)。"①

列宁这里讲的就是普遍的共相与个别事物的关系问题。在他看来,哪怕生活中最常用的最简单概念,也是来自对无数个别事物的抽象,例如"桌子",就是无数个别桌子的抽象;由抽象获得的概念,本是客观实际事物的"模写",但由于这一抽象过程的复杂和曲折,而呈现为"二重化"的现象——就是说,它不仅可以如实地反映客观事物,而且也可能变成幻想,导向错误。概念与观念是第二性的,永远不能如现实生活那样内容丰富,而且生动多变;但人类之具有强大的能动性,能够运用概念进行理性思维(包括幻想),并用以指导实践,创造不同于自然界的文明和文化,具有抽象能力是最重要的环节之一。所谓人是理性的动物,主要是这个意思。因此,如何保证人的正确思维,不犯错误或少犯错误,多一些实在的创造发明,少一些假话空话,正确认识共相问题,正确处理个别与一般的关系,就成了一个很现实的思想方法问题。

列宁对个别与一般的关系的问题,特别重视,有许多专门的论述,最著名的是他的《谈谈辩证法问题》。文中说,从任何一个命题开始,如树叶是绿的,哈叭狗是狗等,这里就已经有了辩证法:个别就是一般,因为不能设想在看得见的房屋之外,还存在着一般的房屋。这是说,个别一定与一般相联而存在;一般只能在个别中存在,只能通过个别而存在。任何个别,不论怎样,都是一般;任何一般都是个别的(一部分,或一方

---

① 列宁:《哲学笔记》,人民出版社,1956年,第338—339页。

面,或本质)。任何一般只能大致地包括一切个别事物;任何个别都不能完全地列入一般之中,等等。列宁认为,在这对范畴的关系中,还包含着偶然和必然、现象和本质等方面的关系,具有辩证法一切要素的萌芽。

据此,列宁认为辩证唯物主义和形而上学唯物主义在认识论上的区别,就在于是否把这样的辩证法应用于反映论,即是否承认认识是一个辩证的过程和曲折的发展。也因此,他反对把哲学唯心主义粗暴地定作"胡说","相反地,从辩证唯物主义的观点看来,哲学唯心主义是把认识的某一个特征、方面、部分片面地、夸大地……发展(膨胀、扩大)为脱离了物质、脱离了自然、神化了的绝对。"[1]正是因为在"认识的某一个特征、方面、部分"的意义上表达了思维的辩证法,所以列宁认为,某些哲学唯心主义比某些形而上学的唯物主义更接近事实。

辩证唯物主义最重要的一项原理是承认精神对物质的反作用。思想观念依赖物质(肉体、大脑),源自物质(是物质世界的反映),但同时指导实践(人体的现实活动),用自己的劳动改变着自然界的面貌,创造出自然界所没有的世界,即不断更新着的社会和社会生活,以及与之有关的、唯有人类才能具备的一切文明和文化。"理念"论在客观上反映了人类的这种主体性和能动性,而说一切有部亦得参列其间,应该享有同样的哲学荣耀,总结同样的理论失误。就有部论著数量之繁多,涉及的认识论问题之深广,尤有系统总结的价值。

为什么有部哲学在中国流传了那么长的时间,有关译籍的数量又那么多,却似乎并没有得到什么显著的反响?早期的禅数学,稍后的毗昙学,都是以有部哲学为理论指导的,但当时的人们着重于它的名相解说,而忽视这些名相之间的关系;重视它的人生观和修行实践,忽视它的世界观和方法论,加上上层社会青睐般若学和涅槃学,从而把有部的法相学给忽视了,以致直到今天,我们还把法相学仅仅归结为唯识宗一家。

---

[1] 《列宁选集》第二卷,人民出版社,1960年,第715页。

尽管如此,作为一种理论思潮言,它在中国古代的影响还是不可忽视的。

最早的中国佛教著作当属《理惑论》,它在论证"魂神不灭"这个中国佛教特有的观念时说:"身譬如五谷之根叶,魂如五谷之种实。根叶生必当死,种实岂有终亡?"所谓"种实",即是物种;种实不亡,即是物种不灭。此后,三国吴康僧会编译的《察微王经》,用"元气"统一地水火风"四大种",证明"识神"、"魂灵"之流转轮回,则把元气、四大和魂灵,统视为构造人身的元素,身死之后均不泯灭。至于后秦姚兴撰《通三世论》,提出"其理常在"的命题,进一步用"理"的不变性统一阿毗昙普遍强调的那永恒的"五阴":"如火之在木,木中欲言有火耶?视之不可见;欲言无耶?缘合火出……过去、未来虽无眼对,理恒相因。"五阴以及五阴所体现的道理,即使人们没有感知得到,也是存在的。

这类观点在世俗文人中也有相当的反映。西晋有位与贵无派玄学对立的人物裴𬱟,著《崇有论》,提出"始生者,自生也";"生而可寻,所谓理也;理之所体,所谓有也"等论点,即以"有"为万物之本原,而将事物所体现的理定义为"有"。就其立论的出发点看,他也是基于对万有的分类和对这种类的判断:"夫总混群本,宗极之道也。方以族异,庶类之品也。形象著分,有生之体也。化感错综,理迹之原也。"

由于这段话写得十分晦涩,还难以弄清它的哲学本义,所以不能说它与有部哲学有什么直接的关联,但它所用的混、本、品、类、族、分、迹、化、感、理等概念,以及这些概念间的关系,也不能说与有部思想的传播毫无关系,这看东晋文士们的有关论文就非常明显了。现在可以看两个人的文章:一是郗超的《奉法要》,一是罗含的《更生论》。

《奉法要》说:"心为种本,行为其地,报为结实。犹如种植,各以其类,时至而生,不可遏也。"此文把"心"作为一切种子的本体:心不同则种子不同,但只要种植,它们就会生出与其类相应的果实来,这是不可逆转的必然规律。此处已经把"心"作为一切"有"的载体了;其"生"是各随其"类"、不能错乱的。《更生论》的说法尤为系统,同时突出了它的社会意义:"天地虽大,混而不乱;万物虽众,区已别矣。各自其本,祖宗有序;本支百世,不失其旧……人物变化,各各有其往;往有本分,故复有常物。散虽混淆,聚不可乱。"

用这些十分清楚的说法去比照上述《崇有论》的晦涩言论,不难看出它们的相似点,由此也很容易联想到当时世家大族,看到他们是怎样用哲学去维护自己的特殊身份的。

《更生论》把世界完全凝固起来了,不但族类不变,个体的种姓与数量也不变,他们之间的界限也是永恒的,不会混杂,不会转化:"人物有定数,彼我有成分。有不可灭而为无,彼不得化而为我。聚散隐显,环转于无穷之途;贤愚寿夭,还复其物,自然贯次,分毫不差。"

对佛教的三世轮回作这样的解释,是把命定论推向了极端,将现实人生的主观能动性抹杀得也"分毫"不剩。至于隋唐佛教,有部的"有"转向了两个方面发展:一是"心"学,一是"理"学。

天台智顗有个关系他的思想体系的命题,叫做"一念三千"。按这个判断的解释,人们除非没有心念,一有心念,哪怕只是一瞬间,立即就会有"三千种世间"存在于心。但是,当人们没有心念的时候,这三千世间是否存在,以及存在于何处?智顗把这些问题归于出世间的不可思议领域,我们世间人是既不可认识,也不能表述的,所以没有答案;但三千世间存在于活动着的心行中,则必须绝对肯定。这一思想是智顗最有个性的创造,任何外来的译籍中都没有,但他却充分地运用了既有译籍提供的资料进行诠释。按智顗自己的说明,此处的"三千",是由"十法界"、"十如是"、"三种世间"等三类名数以互相包含而不可分离的形式综合形成的。这些名数分别来自《华严经》关于众生的分类,所谓天、人、非天、畜牲、饿鬼、地狱等"六凡",以及声闻、独觉、菩萨、佛等"四圣",是谓十法界;来自《妙法莲华经》关于事物性能和关系的分类,所谓如是相、如是性、如是体、如是力、如是作、如是因、如是缘、如是果、如是报、如是本末究竟等,即称十如是;《大智度论》关于世间的分类,所谓器世间、众生世间、五阴世间,总称"三种世间"。这些种类的"法界"、"如是"和"世间",涵盖着更多的概念,它们综合起来形成所谓"三千种世间"的这个"种",依旧有族类的意思;具体的个体众生,就是在对这些"种"的自由选择和特殊组合中生成的。

这种哲学导向的人生观,在于强调个体的生命和生活道路,均出自个体的自我选择,自己的形象是自己所塑造,用不着归咎于外在因素。但自我塑造中选择的元素,则是本有的,只要你有心理活动,这些元素就会无保留地提供给你选择,或遗弃,或吸取,最终和合为种种现实的人生。

这些不变的"世间"实质上就是有部的"有"。智者回避回答它们是否是客观的存在,但肯定了是"心"行所必在的固有物,从而成了"止观"者、"观心"者探究的对象。

华严宗是以讲"理"著称,但也可以列入心学范围,因为它的"理",实质上是精神性的东西,但它采取的理论形式,却是说"理"的,而且影响也很大,所以应该以"理"学视之。

最晚从法藏开始,就已经把世界二重化了,所谓"理法界"和"事法界",前者是本体,后者是现象,即用这二重世界解释现实中的一切事物。他有两个重要命题,叫"理彻于事"和"事彻于理",所谓"许如来藏随缘成阿赖耶识,此则理彻于事也;亦许依他缘起无性同如,此则事彻于理也"。据此,所谓"理"指的是"如来藏",即永恒独存的绝对"清净心",从其无任何分别、无任何活动而言,亦名"一心";所谓"事",此处特指"阿赖耶识",即有分别、有活动、染净并存的世间心,相当于天台宗所说具有了"三千种世间"的"念心";依照唯识家理论,这阿赖耶识是派生现实世界的直接根源,因此所谓"事",也就包括世间的一切心理和物理现象。

就理本体与事现象的次第言,理是事的本原,事生于理;但从它们实际的存在关系言,理事互彻,联结得密不可分。华严宗着重阐发的,就是二者不可分离的联系,而不是生与被生的关系——这层关系,必须通过特定的因缘才能发生,是佛教的另外一项任务。所谓"一即一切,一切即一",就是表达理、事之紧密关系最概括的表述。

就此而言,华严宗的"理"已经与有部所说的"有",有了很大的区别。作为"理"的实有,虽然也是亘贯三世,系为"恒有",而与"事"的无常虚幻相对应,但这里的"理"是唯一的,而不是多元的;是派生现象的根源,而不是"事"相的模型。因为这个"理"是从光明中抽象出来,加以哲理化了的:光明为万物生命之源,但并不生产万物;光明遍照一切,一切中体现着光明。这一理论模式,就是《华严经》中的光明,它被人格化了的,则是毗卢遮那佛;有部的"有",是对于种族分类的哲学抽象,所以事相就成了"实有"的摹本。

瑜伽行派是有部哲学的继承和改造,这已经是常识了;玄奘在译介这一学派的论著的同时,更系统地翻译有部著作,都说明二者的关系不一般。唯识家继承了有部的是什么呢?一句话,就是那多元化的"有",数不清的族类、法界,唯识家将它们称为"种子";二者的不同点,最明显的是,有部把它们分散地放置在不可思议的客观场所,而唯识家将它们全部置于一个精神的藏库中,所谓阿赖耶识,从而将有部多元化的客观唯心论,改造成了一元化的主观唯心论。

般若经和中观派是说"空"的,因而被冠以"大乘空宗"的名目。那么它们"空"的是什么?当前研究者的有关说法颇丰,但总给人一种隔靴搔痒的感觉,原因之一,是不甚了解它们批判的对象主要是说一切有部。由于它们的"空"针对性很强,而研究者对有部不都那么了解,所以往往一头雾水、不知所云。大乘空宗与小乘有部的争论,是佛教哲学史上最激烈也最有理论价值的部分。

以上说了有部哲学这么多话,只有一个意思:如果缺失对有部的认识,很难对中国的佛教哲学有更深厚的理解,对于域外的佛教哲学就更不容易如实地把握了。

至于有部哲学把概念,以至把观念、原理、原则等等看成是第一位的,而认为客观实际应该依从或符合它们的定式存在,由之指导人们的行动,在哲学上叫做唯心主义,在实践上就是教条主义。通过对于有部哲学的剖析,可以比较清楚地了解这种唯心主义和教条主义之陷于错误的思维过程和形成的原因,对我们今天学习如何正确地思维和实践,也是有益的。

汉译佛教经典哲学（下卷）

杜继文 著

江苏人民出版社

目 录

下 卷 大乘佛教思潮和大乘佛教经典

第一章 大乘佛教思潮的兴起及其一般特征 1

第一节 佛教向大乘转化的契机和大乘的基本精神 4

第二节 对释迦牟尼佛的限定和多佛主义的出现 8

第三节 佛教理想国的创建和佛国净土论 16
- 一、东方阿閦佛国 17
- 二、东方净琉璃世界 23
- 三、西方阿弥陀佛国 26
- 四、弥勒净土：下生和上生 28
- 五、唯心净土 34

第四节 革新中的新偶像：菩萨 35
- 一、菩萨的早期形象 36
- 二、居家菩萨的地位和女性地位的飙升 40

第五节 菩萨行和六波罗蜜多 46
- 一、大乘布施及其与走向社会的关系 46
- 二、大乘戒律和大乘伦理 51
- 三、忍辱和精进的内涵及其根本精神 66
- 四、"禅度无极"和大乘定学 72

五、关于偶像崇拜系列和鬼神系统　80
六、"般若"的原义和大乘智慧　86

第二章　大乘佛教主要经典的若干考察(一)
——《维摩诘经》与《妙法华经》　90

第一节　《维摩诘经》确立的大乘观念和"从不住本立一切法"　91

一、经文的结构和风格　92

二、对佛弟子的全面清理　98

三、"佛道"原自"非道"　105

四、"菩萨"和"菩萨行"　109

五、"入不二法门"　114

六、"实相"及"从不住本立一切法"　119

第二节　《法华经》的"会三归一"和佛出世的"一大事因缘"　127

一、信仰的多极化和"外力"的渗入　129

二、《法华经》与提婆达多　135

三、"会三归一"与"借权显实"　137

四、关于"佛身"及其神力与寿量:两个译本的哲学差别　143

五、"开佛知见"与"诸法实相"　147

六、"安乐行"与"常不轻菩萨"　150

第三章　大乘佛教主要经典的若干考察(二)
——《华严经》:从"光明普照"到"入法界"的理论体系　154

第一节　思想结构与表达上的一些特点　155

一、用幻想和神话构造世界、表达教义　157

二、有关数量和世界的观念创新　158

三、与教义有关的几个常用概念　161

第二节　光明崇拜与卢舍那佛:"智"之转化为"神力"　164

一、光明之与《华严经》　164

二、佛光普照下的万物有神论和诸神性善论　169

三、卢舍那佛及其与众生的关系　171

四、"如来身"与"化身"及"法身"的关系　179

第三节　"普贤菩萨"及其所说"如来性起"　184

一、关于"普贤菩萨"的特性　184

二、"如来性起"论　191

第四节　"入法界"和"普贤行"的世俗化及世俗化哲学　200

　　一、"入法界"的学习对象和知识范围　201

　　二、"入法界"的理论基础和深入世俗生活的价值观　210

　　三、"入法界"体现的认识论和方法论特点　216

　　四、普贤信仰的变异：普贤行愿　219

第五节　文殊师利所持般若学及其菩萨精神　223

第六节　论菩萨"十地"和"三界唯心"　236

　　一、菩萨的品德及其所修的"十地"　237

　　二、"三界唯心"的命题与唯识哲学的发轫　248

第七节　余论　255

第四章　大乘佛教主要经典的若干考察（三）
——《大般涅槃经》的佛性论及其排他性　262

第一节　佛教早期的涅槃说　263

第二节　《大般涅槃经》的结构和主要内容　268

第三节　关于涅槃的性质："常、乐、我、净"　269

第四节　论"佛性"和"一切众生悉有佛性"　279

第五节　论"我"的实在性及其存在形式　285

第六节　论"佛性"与众生的"中道佛性"　289

第七节　从一子想到一阐提：激进的排他主义　293

第八节　因果非决定论　302

第九节　孤因独果论与"性相常住"　312

第十节　《大般涅槃经》的文献价值　323

第五章　大乘佛教主要经典的若干考察（四）
——"如来藏"及其主要经典　336

第一节　《如来藏经》对诸大乘经所言"如来"之向内心收容　338

第二节　《胜鬘经》的"如来藏"和"无明住地"说　343

　　一、关于"如来妙色身"　344

　　二、"无明住地"与"意生身"　345

三、"如来藏"与"无明壳"　351
四、"如来藏"之作为"生死依"与"我"　353

第三节　《佛性论》中的"如来藏"："如来藏"进入瑜伽行派的轨迹　359

一、"如来藏"对于《大般涅槃经》"佛性"说的新诠释　361
二、"如来藏"："智与境"的统一　374
三、如来藏对佛性之融解："我"的真实义　377
四、"如来藏"与"即涅槃"、"即生死"　380
五、果位中的如来藏："转依"与"如来法身"　382
六、通达"如来法身"的途径："三自性"之成为思维方式　388
七、"法身"证明中的认识论和方法论　391
八、如来性及其不净位：如来藏的内在规定　394
九、从"如来性"到"三身"的形成　397
十、瑜伽"唯识"与法身　402

第六章　大乘佛教主要经典的若干考察（五）
　　　　——毗卢遮那佛与密乘哲学　408

第一节　引言　408

第二节　《密迹金刚力士经》的金刚崇拜与"二业"、"三密"的经旨　414

一、关于"金刚力士"出现的意义　414
二、菩萨行的"二业"与"娱乐"、"变示"的突出　416
三、菩萨"三密"和如来"三密"　419

第三节　《大毗卢遮那成佛神变加持经》的哲学系统和信仰特色　428

一、悟入的对象"心"：密乘之心论　430
二、"众生自心"的特征及其开发的主要方式　436
三、"识知自心"的修持方法和"即心成佛"的成佛途径　442
四、"真言悉地"及其净心的虚妄功能　446
五、"自心"之外化为"本尊"和"本尊"之回归"自心"：一种自我异化的信仰结构　449

第七章　从《宝积经》到《菩萨藏经》
　　　　——大乘的综合与菩萨行的总结　453

第一节 小品《大宝积经》：为菩萨定标准，为比丘制法　454
　　一、真假菩萨的区分及其标准　455
　　二、为沙门比丘制法定律　460
　　三、"正观"中的观念体系：立"空观"破"空见"的"中道"观　465
　　四、从"观心"到证"圣性"：关于"心"的性质问题　469
第二节 《菩萨藏经》对全部菩萨行的概括和总结　472
　　一、关于佛的相状和性能之一：身、声、智、光、戒、神通　473
　　二、关于佛的相状和性能之二：如来"十力"　480
　　三、关于佛的相状和性能之三："四无所畏"　487
　　四、关于佛的相状和性能之四："大悲"与"菩提"　491
　　五、关于佛的相状和性能之五：如来性之"十八不共"　500
　　六、关于菩萨道的新概括　502

第八章　隋唐以降最有影响和最有争议的几部经论　537
第一节 《大乘起信论》的"一心二门"：中国佛教哲学大纲　537
　　一、关于《大乘起信论》的真伪之争　537
　　二、《大乘起信论》产生的佛教背景及其流布　541
　　三、唐译《大乘起信论》的特点和出现的原因　547
　　四、《大乘起信论》的哲学体系和佛理的本土化　552
　　五、《大乘起信论》论"止观"实践　561
　　六、《大乘起信论》在今天　566
　　七、附记　569
第二节 《楞严经》论"死后无灭"和对"着魔"非法行为的讦露　580
　　一、表达上的晦涩背后　583
　　二、论众生皆有"两种根本"　586
　　三、论"身中有不灭性"："见精"　591
　　四、论"生死根本"："攀缘心"　594
　　五、论世界人生的本原："唯心所现"　596
　　六、广论"禅那"与"五阴"着魔犯罪　601
　　七、"五阴尽"的精神境界　614
　　八、由"真心"至"妄心"和由"妄心"至"真心"之路　618
第三节 《圆觉经》的"无上法王"和"圆觉性起"论　623
　　一、总论：本体论、世间发生论、修行圆觉论　625

二、圆觉不动、无明缘起的"性起"论　628
三、"顿悟"与"渐修"的觉修论　635
四、世界之性与幻、一与多、不动与动的统一　641
五、附记　643

第一章 大乘佛教思潮的兴起及其一般特征

大乘思潮的兴起,全面刷新了早期佛教的思想观念和宗教实践,是整个佛教发展史上的一场名副其实的革命。但这一思潮究竟发生在什么时代,以什么为标志,以及它的社会和文化背景如何,探索者虽然很多,然而莫衷一是,至今还没有一致的说法。说不清的原因是多方面的,其中之一,与佛教自身的内容庞杂、派别林立、经典浩瀚、信仰多元、变化剧烈等多样性有关。

凡属世界性宗教,都可以说是多样性的,但佛教若与之一比,那特点就会凸现出来。首先,佛教经典中没有一部是受到普遍独尊的,而其中的任何一部都可以获得崇拜。佛陀在世没有著作,他的言论也没有记录,传说他逝世以后,弟子们聚会企图为他的教诲结集,但这一结集的成果已经消失得无影无踪,我们现在能看到的,只有属于各个部派承认的,而且又经历过多少次改编的《阿含》经类和律典。就是说,佛教经籍,既不像中国儒家那样,有孔圣人编辑的"五经"及其弟子辈记录孔子言行的《论语》,也没有像西方一神教那样由"天启"构成的《圣经》——尽管信奉它的诸多不同教派,诠释的教义并不完全相同,但它之被作为虔敬的对象,从一开始就是唯一的权威,不容改变,更不容有另外的经典与之平行。大体说,孔子与佛陀活动的年代相当,耶稣要晚五百年,而他们的经典至今还是那几部和那一部。佛籍的产生,既不需要圣人,也无需乎天启,只要附上一句"如是我闻",随时随地都可以生产;至于随意改经,更是常事,从一种经典可以有多个内容不同的译本中可见一斑。现在流通的《大藏经》,不但有巴利文、汉文和藏文等巨大差别,汉文大藏经本身就有多种,而且至今还在不断编纂中。没有统一而稳定的权威性经典,就不可能有统一而稳定的权威性思想和专一的信仰。

据此可知,佛教的思想和信仰十分繁多,而且芜杂。一神教崇拜上帝,上帝是唯一的神。佛教似乎是在崇拜佛,但佛就有很多,决非释迦牟尼一个;早期多崇拜阿罗汉,后来多崇拜菩萨,有的还提倡崇拜法师、活佛和活菩萨,以至于天龙八部、精灵鬼怪,几乎包容人们能够想象出来的一切神灵,都能够在佛经里找到出处,都具有受崇拜的资格。这还不算,像舍利崇拜、庙塔崇拜、经籍崇拜,也非常盛行,甚至成了推动佛教传播的最重要的信仰形式。此外,还有一些崇拜,诸如对某些文字图形的崇拜,蜕变为咒语、曼陀罗等。所以我认为,佛教不是严格意义上的一神教,它包含的不但有多佛主义,而且吸收了多种异教和土著信仰,混合成诸多鬼神系统。缺乏唯一的信仰对象,对于宗教的独立性来说,或许是致命的;就它的适应性来说,也许是扩大生存圈的良方。

这种信仰上的多元化、崇拜上的多重化,与其在宗教理论和哲学世界观上的千差万别是相应的。任何人都可以造神,也都可以阐述自己的观念。而有胆识和能力的,就可以创造理论,构造体系,既可以假托"经"的形式,也可以自己署名为"论";既可用编辑诸经成为一个系统的方法,也可以假借名人名义自己造"论",它们都可能得到支持者,得到流通。在所有世界性宗教中,没有谁比佛教给予的自由更多了,自由到对经典、教义、戒律不但可以任意解释,任意修改,而且可以完全翻新。尽管它们都声声反对"外道",似乎是在维护佛说正统,其实那都是打击他说、树立己说的手段。造经成风,到了中国也没有停止,南朝齐梁时僧祐就曾对当时流行的经书普查过一遍,发现假托和伪造的数量委实可观,以致经录里不得不单列出"疑伪经"一项,企图加以区别。此后"伪经"的数量可能有所减少,但质量却大大提高,有的就不声不响地进入了大藏经目录。佛藏的杂乱,也表明它内容的丰富多彩。

与西方一神教那样教会可以与世俗国家抗衡、并能够严密控制自己的全部教民的教阶制度相比,佛教的组织相当松散,甚至连自保的力量也没有。它的僧伽团体主要靠僧纪维系,以寺院为活动中心,缺乏稳定的经济来源,而且流动性很大,所以尽管数量极多,但规模不大,即使是同一个派别,不同僧团间也难以形成统一的力量。它在一些国家和民族中扎下了根,也不是由于它有强大的组织力量。我们知道,佛教曾经遍布亚洲各地,然而后来大变。它首先被逐出本土,在此前后,它又被从近东和中亚诸多民族和国家中消灭。然而彼衰此兴,最终它只能停留在南亚的孤岛和部分东南亚国家,而在中国,它找到了真正大繁荣的基地。这种屡遭迫害依然表现为生生不息,以至于20世纪以来还有走向全球的趋向,其原因主要不是凭借佛教的组织力量,更不是由强制性的对内控制和对外扩张造成的,倒是相反,很可能与它松散自由、鲜活多变有关:由此提供的信仰空间,发挥的余地可以很大,满足人们精神需要的方面就会更为广泛,也不容易僵化和教条化,从而更有利于生存发展。这些情况,在大乘思潮中反映得尤为清楚。

从整个佛教史看,佛教在不同时期、不同国家,曾得到某些王朝不同程度的扶植,甚或参与政治斗争,这在大乘经律,如《大涅槃经》、《菩萨戒本》等都有所反映,但具体都发生过哪些流血事件,却很难搞得清楚。其中佛教反婆罗门的斗争以及最终被逐出本土,伊斯兰教对佛教的毁灭性清除,都是铁的历史事实,但对其中的详情,人们至今依然茫然。日本佛教曾拥有僧兵,直接参加武斗;西藏地区实行政教合一,喇嘛教长期掌握政权,维系农奴制度;南传佛教在近现代则成为反对殖民主义和争取民族独立的旗帜。这一切反映了佛教还有另一方面。对一种宗教的评价,完全从它本身着眼,远远不够。

佛教上述的种种特点,使人们很难用一个标准、一个时间,去确定"大乘"正式成立的标志。历来认为,大乘是从部派佛教中分化出来的,其中大众部是主要的一个。但如我在上卷所说,佛教的分裂趋向,早在释迦牟尼在世时已经很显著了,部派佛教不过是分裂的公开化、各自形成独立体系的表现。变化是佛教的内在生命力,贯穿在整部佛教史中。如果我们不局限于后世记载的佛教分裂史,无论巴利文、汉文和藏文,而是就有关经文本身去考察,就可以发现,这一变化是多头绪、多层面的,从早期佛教微细的量变,到形成大乘佛教的显著质变,从不自觉到自觉的过程,一直到独树"大乘"的旗帜而与"小乘"公开抗衡,实是佛教内部长期蕴积的结果。大乘的一些主要观念和论点,在许多有影响的部派中,如有部、犊子、经部等,都有明显的反映。即使被认为保存原始佛教最纯正的南传上座部,以及汉文的"四阿含"中,也有大乘的不少痕迹。把大乘的起源,仅仅归结到大众部,并不那么准确。

第一节 佛教向大乘转化的契机和大乘的基本精神

佛教为什么要向大乘转化?我认为,这与佛教力图走向社会有直接关系。任何一种宗教,如果脱离社会,脱离社会和时代的需要,要想长期存活下去,是根本不可能的。佛教本是以出离世间立宗的,以出家禁欲、涅槃无生为旨归,这种本质属于厌世的人生观,无论如何也不可能得到社会的共识和持久的支持。认真实践出离世间的典型代表是头陀行,尽管始终在佛教内部延绵残存,却从来没有形成一个独立的派别。这是因为它的思想虽可以迎合极少数人的极特殊的精神需要,却绝对不可能推向社会,为社会大众所普遍接受。相反,我们从《阿含经》和部派诸论中可以明显看出,诸种佛教,诸多主张,诸多派系,其体现出来的最大公约数,就是向社会布教,扩大社会影响力,争取社会各阶层的支持,在各阶层发展信徒。这股潮流异常强大,虽然不时有反对的声音传出来,但却是不可遏制的。所谓"杨朱无书",佛教留下那么多的经籍,说明它的主流从来没有忘怀社会、不干预社会。

从部派中酝酿成熟起来的大乘思潮,说到底,是佛教大规模涌向社会,参与社会生活而形成的。与小乘相比,大乘的基本特征,就是它的社会性。由此也可以理解,为什么到了大乘佛教才会提出和解决世间与出世间的关系问题,为什么会反对把出世间同世间割裂开来,确立"世间出世间不二"这样重要的命题,并以此作为自己一切活动的根本指针。

为了支持佛教走向社会,大约从部派时期就开始不断更新已有的相关观念。即以有部而论,学界认为它与大乘不相干,但在《大毗婆沙论》中已有关于"菩萨"的长篇论述,到了《俱舍论》则作了一个总结性的阐释。此论卷一二说:

> 无上菩提甚难可得,非多愿行无容得成。菩萨要经三劫无数,修大福德、智慧资粮、六波罗蜜多,多百千苦行,方证无上正等菩提,是故定应发长时愿。若余方便亦得涅槃,何用为菩提久修苦行?为欲利乐一切有情故求菩提,发长时愿:云何令我具大堪能,于苦瀑流济诸含识,故舍涅槃道,求无上菩提。济他有情,于己何益?菩萨济物,遂己悲心;故以济他即为己益。谁信菩萨有如是事?有怀润己,无大慈悲,此事难信;无心润己,有大慈悲,于如是有情,此事非难信。如有久习无哀愍者,虽无益己而乐损他,世所同悉;如是菩萨久习慈悲,虽无利己而乐他益,如何不信?又如有情由数习力于"无我行",不了有为执,由此为因,以为"我"而生爱著,甘负众苦,智者同悉。如是菩萨数习力故,舍自我爱,增恋他心,由此为因,甘负众苦,如何不信?又由种姓异,有此志愿起:以他苦为己苦,用他乐为己乐;不以自苦乐为己苦乐事,不见异益他而别有自益。

这无疑是利他主义对于利己主义者的一篇宣言,从人性上证明了菩萨是完全可能的。

所谓"菩萨",就是大乘行者,是大乘佛教给予大乘修行者的特定名称,以此与《阿含》和部派所尊重的阿罗汉等"贤圣"区分开来。因此,在佛教内部,即以"菩萨乘"作为"大乘"的同义语,"菩萨藏"即是"大乘藏","菩萨行"即是"大乘行"。我们说过,菩萨这一称谓,在《阿含》和部派论籍中已经出现,而且还与声闻弟子和辟支佛并列,实则表示,佛教"三乘"已为当时的佛教各派所承认。至于"菩萨"的品格,以及由这一品格带来的新观念,以此文说得最为简洁明了。

第一,"利他"而非"利己","以济他即为己益"。是故"济他有情"、"济诸含识"、"利乐一切有情"就成了菩萨一切品格中的最高品格,一切修行的唯一目的。这一利他的观念,是针对利己观念提出来的,而且经过深思熟虑,长期论辩。有人问:"谁信菩萨有如是事"?回答是,如果只想"润己"(利己)而不想利他者,以至于"虽无益己而乐损他"(损人不利己)者,确实不会相信;但是,"虽无利己而乐他益"者,则肯定相信。信不信是因人而异的——而人的这一差异,全在看他是否具有"大悲心"、"大慈悲"。在大乘经籍中我们知道,这一"利己"论者,指的就是"小乘"佛教,而"自利利他"则是大乘给自己规定的价值观。

于是第二,大慈大悲就成了菩萨的内在本质,支配菩萨所有行为的精神基石。至于为什么,是否可能,这就涉及道德的心理基础问题。

部派佛教把一切善行归诸内心的"惭愧"使然,把惭愧视为一切道德的心理根基,故《俱舍论》卷一三说:

> 自性善者,谓惭愧根。以有为中唯惭与愧及无贪等三种善根,不待相应及余等起,体性是善,犹如良药。相应善者,谓彼相应,以心心所要与惭愧根相应方成善性;若不与彼惭等相应,善性不成,如杂药水……自性不善,谓无惭愧、三不善根。由有漏中唯无惭愧及贪瞋等三不善根,不待相应及余等起,体是不善,犹如毒药。

以惭愧为善根,此说大体相当《孟子》所谓的"羞耻之心";以无惭愧为不善根,与人们以"无耻"表示在道德上的不可救药大体相当。大悲或大慈悲,则与《孟子》的"恻隐之心"相近。《孟子》把"恻隐之心"当做普遍的人性,故主性善说;大乘把慈悲心定为菩萨性格,认为只是部分人具有的心理,故有三乘的区分。大乘佛教伦理选择儒家作为同中国文化接轨的跳板,不是偶然的。

然而作为道德的心理基础,"惭愧"或"羞耻"与"大悲"或"恻隐",两者并不完全相同。前者是把道德当做个人的私事,属于私家的品德修养;后者则需面向大众,把同情、仁爱和社会责任的统一作为道德的根柢。

于是有了第三,目的在求菩提,而非涅槃。涅槃是小乘的终极目标,从大乘来看,这是不顾大众、自求解脱之路,是利己主义的表现;菩萨则反是,他以利他为己任,把追求"菩提"、成就"菩提"作为最高目标,而不以涅槃为归宿,拒绝修习涅槃道。由于世界无数,众生无数,需要解脱的世界众生无数,故菩萨行的法门无限,时间亦无限,动辄以"三劫无数"来形容。

所谓"菩提",实是"无上菩提"的略称,全称"阿耨多罗三藐三菩提"。我们已经说过,它的内涵十分模糊。此处则带出了两个规定:第一,菩萨的全部所行,都为了"利乐有情";第二,为"济诸含识",必须"具大堪能"。此中"具大堪能"是关键:由大堪能规定的菩提,已经远超出一般道德和智慧的范围,而是具备了可以令众生在实际生活中离苦得乐,包括足以为众生谋福利的世俗知识和营生的一切能力。因此"利他"不再成为一句空话或主观愿望,而变成了主要的实际行动。

基于"利他"这一根本观念的出现,全面冲刷着佛教早期的固有教义;为了适应向社会的积极开拓,从终极理想到实现这一理想的途径,从哲学观到宗教观,不间断地更新。而这一切都深藏在部派佛教的个别论点中,与部派佛教的整体思想不甚和谐地混合在一起。及至树立"大乘"

旗帜而与"小乘"公开分离,在思想原则上排斥"小乘",而将"大乘"完全彻底地确定下来,《增一阿含》已经有相当的反映,但只有到了《维摩诘经》(略称《维摩经》、《维摩》)和《法华经》(略称《法华》)产生的时代,才达到成熟的程度。

第二节　对释迦牟尼佛的限定和多佛主义的出现

唐道宣编撰《释迦氏谱》,序记:"古德流言:祖佛为师,羞观佛之本系;绍释为姓,耻寻释氏之源。"中国佛徒既以佛陀为祖师,僧尼出家又以"释"为姓,为什么对于佛陀的释迦氏族会感到如此之羞耻?这里有两个故事,对佛教以后的发展影响不小。

一个是有关释种灭绝的。释迦本属贵族,也是世家大族,梁僧祐辑《释迦谱》,根据诸多佛籍的记载,对这个族系作了相当详细的探究:到了悉达多的父辈,邻国憍萨罗强大起来,要求与之联姻。由于释迦族鄙视这个国家种姓低下,乃以一个婢女(一说婢女所生的女孩),嫁给了憍萨罗国波斯匿王(意译胜军王)为"第一夫人"。夫人生下太子名毗琉璃(亦作流离等,新译毗卢择迦),及长,回舅家探亲问学,遭到舅家上下意外的轻蔑和侮辱,由此结仇。及至流离即位,立即起兵,进军迦毗罗卫,屠杀了释迦全族,景象异常惨烈。佛陀是教人"种姓平等"的,而自己的氏族却坚持种族歧视,并因此而导致灭族之祸,这确实令人难堪。

第二个故事是关于释迦兄弟相仇的。乔达摩有堂兄弟多人,后来大都成为他的弟子,其中阿难作了他最亲近的侍者,而阿难的嫡亲兄弟提婆达多(亦作调达,意译天授等),则组成释迦僧团最大的反对派,两派的斗争,非常激烈,用"你死我活"来形容,决不过分。据此,僧祐说,"亟为戚属,恒结仇"(《释迦谱》卷二),生活在极重家庭伦理国度的僧人,对此难免产生困惑。

佛教经律中有许多故事,大半属寓言譬喻一类。但这两个故事,当有事实根据。前已说过,迦毗罗卫确实被毁了,释迦族确实被灭了(有部分逃亡出走的)。至于提婆达多,事关原始佛教的真相,有必要作些专门的探索。

有关提婆达多的记载,散见于佛本行经类典籍中,小乘律中也保存有不少,像我们已经提到的,《阿含》和有部等论著里,也时常提及。这些记载不尽一致,总起来看,他被作为分裂僧团组织、破坏僧伽团结的象征性代表,是备受谴责和诅咒的对象。他的具体罪行,依《增一阿含》卷四八有六项:一是"斗乱众僧"(相当于"破和合僧");二是"杀阿罗汉比丘尼"(即莲花色尼);三是"起谋害心向于如来"(即"恶心出佛身血");四是"教彼太子使害父王";五是"饮象使醉,往害如来";六是"执石掷佛"。像《出曜经》卷二五等还记,调达于悉达多出家成道以后,唐突宫中,谋图凌辱太子妃耶输陀罗;失败后,又赴佛所,伪装忏悔,铁爪置毒,欲再加害如来。在律典里,这些罪行被概括为"五逆罪"或"三逆罪",都是要入"无间地狱"的,所以也称"无间罪"。与我们这里讨论的问题有关的,是其中的第一条和第四条。

"教彼太子使害父王",所说的太子系摩揭陀国瓶沙王的儿子阿阇世。瓶沙王亦译频婆娑罗王等,意译影胜王等,是当时释迦文佛最有力的支持者;阿阇世意译未生怨,则与调达交好。阿阇世受调达教唆,幽禁其父(一说杀害其父),自立为王;调达则借机分化释迦文僧团,扩大自己的势力,谋求所谓"新王新佛,于摩揭陀国共弘道化"(见《五分律》卷三)。于是释迦文僧团一方以舍利弗、目连为首,调达僧团一方以铿荼陀婆、瞿波利为首,展开了争夺僧众的激烈斗争:一方要将释迦文僧团"丧灭师徒,使此国界众生不睹其形,不闻其声";一方则使调达彻底失败,令他生身入于无间地狱,受苦无穷(见《出曜经》卷一一)。

看来提婆达多没有成功,但也难说真的失败。东晋法显在他的《佛国论》里,记他在拘萨罗国舍卫城所见:"调达亦有众在,供养过去三佛,唯不供养释迦文佛。"(《高僧法显传》)到了唐玄奘再游印度,于羯罗拿苏伐剌那国,见到"别有三伽兰,不食乳,遵提婆达多遗训也"(《大唐西域记》卷一〇)。稍后于玄奘去印度留学的义净,他在所译的《根本说一切有部百一羯磨》卷九关于"随党"与"非随党"下注了一条释文:"此言随党者,谓是随顺提婆达多所有伴属;言非随党者,即是佛弟子。此乃由其住处,则令物随处判;处中既非两处,故遣两众均分。"意谓提婆达多徒众(随党)与佛徒(非随党)住在同一个那烂陀寺而分别安居,两派"共作制要",各自接受分内的布施供养,原则就是均分。义净接着说:

> 现今西方在处皆有天授种族出家之流,所有轨仪,多同佛法;至于五道轮回,生天解脱,所习三藏,亦有大同。无大寺舍,居村坞间;乞食自居,多修净行;葫芦为钵,衣但二巾,色类桑皱;不餐乳酪。多在那烂陀寺,杂听诸典。曾问之曰:"汝之轨式,多似大师;有僻邪处,复同天授,岂非天授之种胄乎?"彼便答曰:"我之所祖,实非天授。"此即恐人嫌弃,拒讳不臣耳。此虽多似佛法,若行聚集,则圣制分途,各自为行,别呈供养。

以上三个记载说明,提婆达多有自己独立的佛教信仰,也有自己独立的教诫,而且还有自己的三藏。但所有这些,多同于佛法,以至于到了义净时代,已经很难区别,究竟何者算是佛的正法,何者属于天授的僻邪,它们大都混淆在后出的种种芜杂的经典里,我们今天是更难分得清楚了。

佛教经典传有"过去七佛"之说,释迦牟尼是第七佛;调达众信仰"过去三佛",没有释迦文的地位;又按佛经传说,乔达摩继承的是"先佛"事业,这位先佛,一说为迦叶佛,一说是燃灯佛,传说不一。据此推论,这兄弟两人所唱的佛教,应该更有远源。假若"过去佛"之说,只是为了创教上的方便设置的一种偶像,那么至少可以说佛教团体不只是释迦文一家,佛教的基础教理也不会是他个人的独觉。这可以从调达与悉达多的思想分歧上看出来。

据现有的佛教资料,这两个僧团的矛盾,集中在解脱的方法上,尤其是对僧人行为的规范上。《出曜经·愤怒品》记调达：

> 于众说法：若有众生事我为尊，承受教诫，当习五法。何以故？行此五法，早得解脱，何假沙门瞿昙说八直行。云何为五？一尽形寿常守三衣，二尽形寿常当乞食，三尽形寿不得食肉饮血，四尽形寿常当树下露宿，五尽形寿不得获持金银宝物。诸有比丘修此五法者，早得解脱，尽有漏，成无漏。

《根本说一切有部毗奈耶破僧事》卷一〇则谓，提婆达多"谤毁圣说，决生邪见，定断善根，但有此生，更无后有"。于是"别立五法"：

(1) "沙门乔达摩及诸徒众，咸食乳酪，我等从今更不应食，何缘？由此令彼犊儿贞婴饥苦"；

(2) 乔达摩"听食鱼肉，我等从今更不应食，何缘？由此于诸众生为断命事"；

(3) 乔达摩"听食其盐，我等从今更不应食，何缘？由此于其内多尘土故"；

(4) 乔达摩及其徒众"受用衣时，截其缕织，我等从今受用衣时，留其缕织，何缘？由此破坏彼织师功劳故"；

(5) 乔达摩及其徒众"住阿兰若处，我等从今住村舍中，何缘？由此捐弃施主所施物故"。

关于调达"五法"的这两个记载，显然不全相同：前者更接近佛教所行的"头陀行"，后者全部建立在对生命的关怀，以及对他人的劳动和施与的尊重基础上，与头陀行的冷漠，是截然相反的两种精神。然而后者所记，与玄奘所见提婆达多的遗训似乎更为接近。当然，更大的可能，是调达一派也不是始终不变的，正像释迦文一派不是铁板一块一样，而这两派的思想教诫，也在不断地相互渗透。如果从整体佛教去观察，我们就很难把提婆达多视为异端。

《六度集经》卷六中记载许多调达的故事和主张，甚至说他是第一个接受佛说"菩萨偈"的人,此偈略曰:"守口摄意,身无犯恶,除是三行,得贤径度:是诸如来无所著正真最正觉戒,真说也。"此偈所论被通称为"佛三戒一章"。此经感叹说,可惜的是,调达虽然知此"正觉戒"甚早,却未能实行,"犹盲执烛照"。这一记载虽然简略,但表明调达是"菩萨偈"的首创者,对我们探究大乘思潮兴起的线索,仍很重要。

此外,还有一些佛典材料,说明乔达摩的时代,佛教不是一人所唱,而是一种流行的思潮,并且基本倾向一致,只有在某些理论解释和实践方法上,存在若干细微的差别,其中释迦文则是这一思潮最有力的推动者、理论的系统创建者、僧团的成功组织者,他被尊为佛教的奠基人和教主,是理所当然的。但他不是佛教的垄断者、绝对化者。作为一种新兴的社会潮流,佛教充满活力,从我们对《阿含经》的介绍中,也可以看到那生气盎然的情景;内部环境也很宽松,至少承认,不受释迦文教的"独觉"者也属正宗的佛教范围。我们现在讨论的大乘思潮,有许多就与释迦文佛的观念针锋相对,甚至公开贬斥他的主张,而其中的许多因素,可能就孕育在早期的佛教思潮中,并成熟于佛教思潮的不断更新和发展中。这也正是难以为大乘的形成确定一个具体时间和具体标准的原因之一。

从中国的译经史看,最早又最明确地提出大乘口号,从理论和实践上全面清算早期佛教,并形成巨大规模的,是般若经类。但旗帜鲜明地将早期佛教贬为"小乘"的,是《维摩经》和《法华经》。前者主张绝对排斥,后者主张将其容纳。我们就从这两部经谈起。

先看《法华经》。一般都知道,《法华经》是提倡"三乘归一"的。它把整个佛教思潮划分为三大流派,当是对既有的佛教思想派系的概括,也是对它们共存现实的承认,这在《阿含》和有部论著中也都有所反映。《妙法华经·序品》则明确地说,世尊演说正法,"为求声闻者说应四谛法,度生老病死,究竟涅槃;为求辟支佛者说应十二因缘法;为诸菩萨说应六波罗蜜,令得阿耨多罗三藐三菩提,成一切种智"。此"求声闻"、"求辟支佛"者,并称"二乘",被贬称"小道"、"小乘";"诸菩萨"即是"菩萨乘",自名"大道"、"大乘"。对于这三乘(尤其是大小乘)在思想和实践上的特点,此品也给予了概略的规定。

《法华经》成书于什么时间,很难详究。现已发现的梵文本据说有四十多种,现存的汉译本就有三个。最早是西晋竺法护于286年译出的《正法华经》,最流行的是鸠摩罗什(略称罗什)在406年译出的《妙法莲花经》。这两个译本在很多方面存在差异,有些差异还涉及重大的理论问题,这里要指出的只是其中之一:《正法华经·七宝塔品》中载有一则为调达彻底翻案的经文,罗什译本中完全没有。其文全录如下:

> 能仁佛告诸众会,吾往无数难称限劫,求《法华经》未曾懈怠。时作国王,遵修大法六度无极,布施金银水晶,琉璃琥珀,珊瑚珠玉,车磲玛瑙,头目肌肉,手足肢体,妻子男女,象马车乘,不惜躯命。时人寿长,不可计会。吾用法故,捐弃国位,委正太子,行求大典,击鼓振铎,宣令华裔:有能为吾演大典者,吾当为仆供给走使。时有梵志而报之曰:我有大典《正法华经》,若能为仆,吾当慧报。佛告比丘,吾闻其言,欢喜从命,奉侍梵志,给所当得,水浆饮食,扫洒应时,趋走采果,储蓄资粮,未曾懈怠,奉侍千岁,使无倦渴……佛告诸比丘:时国王则吾身是也,梵志者调达是。今吾身具足六度无极,大慈大悲,成四等心,三十二相,八十种好,紫磨金色,十种力,四无所畏,四事不护,十八不共,威神尊重,度脱十方,皆由调达恩德之力。调达却后无央数劫,当得作佛,号曰天王如来。

调达成了释迦文的老师。释迦文之所以能够成佛,以及拥有佛才能够具备的一切相好威神和功德智慧,全是调达之所赐。这与早期佛籍所记之调达相比,真是天翻地覆。

罗什译本中缺少这一部分,当然会引起人们的疑惑。作为佛教史学家的梁僧祐是其中有代表性的一个。他于《出三藏记集》卷二《妙法莲花经提婆达多品》下记:"自流沙以西,《妙法莲花经》并有《提婆达多品》,而中夏所传阙此一品。先师(指法献)之高昌郡,于彼获本,仍写还京都。"此品译出后大约不久,就被置入了《妙法莲华经》的经文中,成为该经的第十二品。北魏正始五年(508)勒那摩提译《妙法莲花经优婆提舍》,就有提婆达多的事;菩提留支的译本亦是如此,那时僧祐依然健在。

新译的这一品与法护译本的倾向完全一致,唯一重要的区别,是把《正法华经》特指的"能仁佛"改为抽象的"佛"。这一改动显然是用了心思的,目的在将佛进一步寓言化,以维护释迦牟尼佛的声誉。就总体而言,大乘经典中"如是我闻"的佛大都是抽象的,与早期《阿含经》等特指释迦文佛不同。

《法华经》以宽容著称,对一切佛教派别都采取调和容纳的态度,但不是没有原则,这原则就是"三乘归一",最终归于"佛乘":作为二乘归宿的涅槃,只能作为修道成佛的方便手段,而不是究竟目标,究竟目标在于成佛。于是它让已经涅槃了的阿罗汉也重新修起大乘来,并预言他们未来都能成佛。这里就有一个前提:佛决不会是唯一的或少数几个,至少在理论上,应该与众生数等,也就是无数多。这是一种多佛主义,最早可能就酝酿在提婆达多派中,也反映在众多的辟支佛中。《授记品》谓,"摩诃迦叶于未来世当奉觐三百万亿诸佛世尊",有的佛经认为,佛可以多到与麻秆一样密集于世。经过《法华经》的这番处理,给佛教带来的冲击和生机,是可以预见的,而其矛头所指,首先是释迦文的独尊地位,同时让早期佛教,包括部派佛教在内,改变立场和观点,向唯一的"佛乘"即大乘靠拢。

在《法华经》之前或同时,还应该有类似的经典出现,向释迦文佛的独尊地位提出挑战。现在能够看到的,其影响甚至超过《法华经》的一种,就是《维摩诘经》。该经也有过多种译本,现存下来的有署名三国吴支谦译的《维摩诘经》,鸠摩罗什译的《维摩诘所说经》和唐玄奘译的《说无垢称经》,最流行的是罗什译本。这部经典确定了许多理论原则,其一就是"佛身"论。它说：

> 佛身者,即法身也:从无量功德智慧生,从戒定慧、解脱、解脱知见生,从慈悲喜舍生,从布施、持戒、忍辱、柔和、勤行、精进、禅定、解脱、三昧、多闻、智慧、诸波罗蜜生……从如是无量清净法生如来身。

这样,人们不但可以按早期佛教的训导,依"阴界入"、"十二因缘"等观,从"四谛"理,修"八正道"等证得阿罗汉果,而且能够通过无量清净法门成就佛身、如来身。佛法不是乔达摩的个人创造,也不是先前诸佛的创造,正好相反,佛是依佛法修持所得。"法"是第一位的,"佛"是"法"的派生物;不是佛生法,而是法生佛。因此,佛教的一切思想和行为准则,就不应该以人为转移,而应该依法从事。我们前述的"四依",就是在这样的背景下形成的。其《法供养品》说:"依于义不依语,依于智不依识,依了义经不依不了义经,依于法不依人。"关键是依法不依人,与其供养佛,还不如供养法。

按照这一原则,《维摩诘经》对释迦牟尼佛作了重新评价。《香积品》借"众香国"之"香积佛"的话说,在此下方"四十二恒河沙佛土"中,有"世界名娑婆(即'忍世界'),佛号释迦牟尼,今现在五浊恶世为乐小法众生敷演道教"。又借维摩诘言:"此土众生刚强难化,故佛为说刚强之语以调服之,言是地狱,是畜生,是饿鬼,是诸难处,是愚人处",以致为之分别"是应作,是不应作","是邪道,是正道,是有为,是无为,是世间,是涅槃。以难化之人如猿猴,故以若干种法,制御其心,乃可调服。譬如象马,恍悷不调,加诸楚毒,乃至彻骨,然后调服。如是刚强难化众生,故以一切苦切之言,乃可入律"。

这一新的评估,给释迦牟尼佛的活动划定了一个非常有限的时空,那就是"五浊恶世";给他所说法的适用对象,作了明确的限定,即"乐小法"者;给他所说法的全部内容,确定了根本性质,即"刚强之语"、"苦切之言"——从断定世间是苦,善恶有报,一直到把涅槃作为最终归宿等早期佛教的全部主张,都限定死了。

相对于《法华经》对释迦佛教的贬黜及重在容纳,《维摩》作的这一限定,则由贬黜而转向了抨击。两者的宗旨,都要从根本上改造释迦文的教义。

第三节　佛教理想国的创建和佛国净土论

《维摩》、《法华》都承认有"十方诸佛"、"十方佛刹",而且就以无量诸佛和无量佛土为立论的前提。因此多佛主义和净土之说,应该是大乘思潮中极早出现的观念。它与小乘佛教只承认有过去佛或三世佛不同,认为从时间上说,不论过去、未来和现在,诸佛都是无限的;从空间上说,四面八方上下所谓十方,佛的存在也都是无限的。现有的译经中,最早反映这一思想的是东汉支娄迦谶(略称支谶)译的《佛说兜沙经》(略称《兜沙经》)。此经着重确立空间的无限性,十方不可计量;十方各有无数世界、无数人民、无数佛刹,存在无数佛:"如是十方及过去不可复记诸佛刹""悉清净无瑕秽",与释迦文佛所处的"五浊世界"反差异常明显。

无疑,这是宗教神话。但它的理论和现实意义,不啻革新思潮中的急先锋,是大乘佛教中最富于革命性的成分。释迦文的所谓"五浊世界",指的就是佛教公认的"三界五道"。"三界五道"穷尽了器世间和有情世间的一切。"佛刹",即十方诸佛所居的佛国净土,与此不同,在佛教的旧说中是从来没有的。现在由大乘创造出来了,描述这类理想国土和理想有情的经书如雨后春笋。于是问题也就来了:这些数不清的佛国净土,是在三界之内还是在三界之外?如果仍属三界,那就命定了超不出"五浊世界",创造得再多也没有用处;如果在三界之外,则原创的世界观念,就得完全更改。可接着又来了一个问题:本来是要走向现实社会的,现在却安排了另外一个世界鼓动大众前往,岂不失去大乘的本义?

有关佛国净土的经典,大都回避了这些问题。佛国论者急于用一种新的理想去替代涅槃的观念，在当时可能还没有来得及思考如何与原教旨接轨的问题。只有到了《维摩》才提出来讨论，至弥勒菩萨进入净土领域，又有新的说法。不论此后有多少释义，最重要的是，大乘把佛国净土当成是涅槃的替代物，确定为佛教的终极理想，这事件本身就足以改变早期佛教的全部面貌。

"佛国"与"佛身"的观念，有可能是同时酝酿形成的。有无数佛就有无数佛国，而这无数佛毕竟统一于一个佛身，是同一个佛身的不同表现。上述《兜沙经》记，此十方无数诸佛刹，"为四面如是辈各各呼释迦文佛名，合为'万'字，如是十方极过去不可复记诸佛刹，诸人民种种各异语呼释迦文佛名佛字"，以至于十亿万天下悉皆照明，"释迦文佛都所典主"。就是说，虽然十方诸佛无数，但唯有释迦文佛才是典范，是受一切人民普遍崇信的最高佛，也是主宰其他佛的佛，地位相当于大乘后来所谓的"法身佛"。由人民遍呼"释迦文佛"形成的"万"字，当是佛胸前所绘"卍"字的真正起源。这意味着，在多佛主义出现时，释迦牟尼依旧占据领袖地位，也是其他所有佛国的崇拜核心。

这部《兜沙经》后来被编入《大方广华严经》（略称《华严经》），作为它的一品，叫《佛名品》，但这段话的内容被全部删除了，释迦牟尼被降低到娑婆世界四天下诸佛中最平常的一个，而"卢舍那"（亦译毗卢遮那）佛成了最高佛，他的存在不受地域限制，他的说法不受时间限制，而是无所不在、时时在说法的"神"。《卢舍那佛品》所谓"卢舍那神力故，一切刹中转法轮"。这样，卢舍那变成了"法身佛"，释迦牟尼只是他的一个名号，或他的一个化身。于是释迦牟尼在毗卢遮那信仰系统中，被彻底矮化了——这集中反映在《华严经》和《大日经》的理论系统中。

一、东方阿閦佛国

大乘佛教关于多佛、多世界和多佛刹的设想，是与古代人对于世界范围认识的不断扩大有密切关系的。它超出了早期佛教沿袭的所谓三千大千世界的构想,而把世界推向了无数以至于无限,同时也不再对世界的自然结构和众生的组成作具体的描述,而注重于众生生活的自然环境、物质条件、道德水平,以及精神境界的设计。从译经史上看,最初出现的佛国是在东方,名"阿閦佛国"。东汉支娄迦谶译有《佛说阿閦佛国经》(略称《阿閦佛国经》)上下两卷,叙述了这个佛国的建立、佛国的基本状况,以及众生进入这一佛国的条件。它是我们能够见到的最早的净土经典。它确定了建构净土的基本模式,也可以说是净土思想的奠基性著作。

据本经讲,现今"东方去是千佛刹有世界,名阿比罗提,其佛名大目如来",说"六度无极",特别是"不得有瞋恚"法,听众极多,其中有阿閦菩萨,受大目如来记:"汝为当来佛,号阿閦如来无所著等正觉,成慧之行而为师父,安定世间,无上大人,为法之御"。因此,凡追随阿閦菩萨、行其菩萨道者,未来都可以生于阿閦佛建立的国土中。"阿閦"意译"无动",其佛即称"不动如来";唐菩提流志重译,收入《大宝积经》,题《不动如来会》。

按此经所说,行菩萨道,首先要"发意",即确立自己立志成佛的意向;成佛建国则要"发愿",即立誓要建造一个什么样的理想国度。于是阿閦菩萨乃"发是'萨芸若'意,审如是'愿'……""萨芸若"意译"一切智"或"一切种智",此特指"佛智",是菩萨追求的目标——此处与后来普遍以"无上菩提"为菩萨的追求目标,侧重点有所不同。至于所审之"愿",在净土观念中有特殊意义,是一切净土行中的决定性步骤,非常重要。

"愿",即愿望、希求、志愿、理想等,是作成任何事业不可或缺的思想动机和精神动力。想作什么,以及如何作成,都与"愿"有密切关系,所以也是人的主观能动性最重要的组成部分之一。净土经典看到了这一点,它列出了适应人们现实需要又符合佛教教义的系列愿望,激励人们,按这些愿望的要求坚持做下去,一定能够实现。这样的"愿",就会转化为强大的内驱力,叫做"愿力",相信这愿力能够带动愿的最终实现,结出相应的果来，叫做"结愿"。这样的愿力就变成了一种意志的力量，有不达目的誓不罢休的意味，所以也叫"誓愿"。发愿、发誓，含义大体相同；有时为了突出它们的崇高，亦名"大愿大誓"。

愿不同，行不同，净土也不同。《阿閦佛国经》所列的愿，有些杂乱，有可能经过后人变动过，但原始面貌也还依稀可见。阿閦菩萨发愿首先说，若我"为无上真正道者"，第一，当于"一切人民蜎飞蠕动之类"，不起"瞋恚"；第二，不发"弟子，缘一觉意"；第三，不思维"意念淫欲"；第四，不发意"念睡眠，念众生，想有誉"；第五，不发意"念狐疑"。此为五愿。

其中"弟子"，相当于前述的"声闻"，是"声闻弟子"之略；"缘一觉"，即"缘觉"、"辟支佛"。就是说，带着二乘的思想，不可能建立佛国；要想建立佛国，主要条件之一，是消除二乘观念。

接着还有五愿，内容相当于后来的"五戒"，但重点不是放在戒"行"上，而是放在戒"念"上，即戒"念杀生"、"念盗取他人财物"、"念非梵行"、"念妄语"、"念悔恨"。这里的五戒，没有戒酒，而是防止对誓行菩萨道的追悔。

此后还有五愿。但总而言之，这些都不是阿閦菩萨愿的主要特色。经文说，其菩萨"用无瞋恚故，名之为阿閦；用无瞋恚故，住阿閦地"。所以大目如来和诸众生都喜欢这个名字。此佛此国之所以称"不动"，就是"无瞋恚"的表现，它相当于六波罗蜜中"忍"的品格。也就是说，此经看重的是"忍波罗蜜"，把"忍"当做菩萨道的核心。

在诸多结愿中，包含了许多与早期佛教相互交涉的说法，从中可以看出大乘思潮从早期佛教中蜕化出来的某些痕迹。如愿"世世作沙门"，必具"三法衣"，"常行分卫"（指乞食），"常在树下坐"，就与《出曜经》所记"调达五法"相同；而特别说明不"为女人说法"，似乎也与调达仇视比丘尼有关。然而又说，若"令我成最正觉时，其刹所有比丘、比丘尼、优婆塞、优婆夷"，皆无有罪恶者。如此，则又承认出家和在家女人都是可以听法的佛徒了。又说，为了"佛刹严净"，将令诸弟子一切皆不于"梦中失精",尤其是"诸菩萨出家为道者,于梦中不失精"。此"梦中失精",是"大天五事"中攻击"阿罗汉"果位低下的内容之一,也是传说佛教大众部与上座部公开分裂的理由之一。此类种种不同的说法,正反映了大乘思潮初起,杂糅诸多传统教理和独创新义的情况。

在这部经里,独创的新义最明显的有两点:

第一,对佛的神化,以致形成对传统"业报"说的冲击。譬如它记阿閦菩萨结愿时,"承佛威神,自蒙高明力,乃令地六反震动"。令地震动本是菩萨结愿带给世界的一种反响,但其所以能够达到此等程度,则是"承佛神威"的结果;这种"神威",具体化就是佛智慧发出的光明,所谓"高明力"。于是"放光"、"光明"就成了佛智慧的象征,人们蒙受这种光明,就可以承受佛的神威,去从事种种常人不可能实现的事业,诸如早期佛教所设想的"神通"之类,创造种种奇迹,发现种种不可思议境界。此处提到的就有"盲者得视,聋者得听","鬼神常随后护之"等。这样,在自作业自受果的业报说基础上,又增添了佛的神威"加被"与鬼神护佑的"外力"成分,从而极大地冲击了早期佛教的信仰体系。

第二,与此有关,所谓"以是色像学僧那","以是色像学僧那及无上正真道"。所谓"僧那",亦称"僧那僧涅",是"郑重誓愿"的音译;所谓"色像",就是承佛威神、蒙佛光明、令地震动等可见的色相,以此作为自己立誓发愿、必然成就正觉的表征。据此推广,到处制造"色像",即呈现为可视的种种佛教形象,从而促使佛教的色相化,这就成了大乘佛教的又一特色。

阿閦佛国的特色是"善快"。"善"指道德水平高,没有罪恶,没有恶浊;"快"指快乐,生活安定幸福。经中描述:那里的人民"想念安隐,好喜相爱敬","皆行善事";"皆弃秽浊思想",包括"人民不从淫欲之事"、"行法清净行"。那里的"地平正,生树木,无有高下,无有山陵溪谷";气候"不大寒亦不大热,风徐起,甚香快",而且可以"随意念"自行调剂;亦"无有日月光明所照,亦无有窈冥之处,亦无挂碍"。那里"无有三病:风、寒、气;无有恶色丑者,淫怒痴薄,无有牢狱拘闭,众邪异道;树木常有花果实,人民皆从树取五色衣被;人民所着衣香,饭食香美,无有绝时:随所念,食即自然在前"。"人民所卧处,以七宝为交露精舍……浴池有八味水,人民共用之,其水转相灌注";"树以七宝作之(所发)声说,超过世间巧人鼓百种音乐"。那里的女人品德高洁,比玉女高"百倍千倍万倍亿倍",绝"无女人之态"(指"恶色"、"恶舌"、"嫉妒"等)而"欲得珠玑璎珞者,便于树上取着之"。"妊身不疲极,无苦安隐,无臭处恶露"。总而言之,那里"无有王治,但有阿閦法王";"人民无有治生者,亦无有贩卖往来者,人民但共同快乐,安定寂行……不著爱欲淫佚,以因缘自然爱乐"。

这个阿閦佛国,对于不能自食其力的佛弟子和诸菩萨,尤为理想。在那里,佛弟子辈再也不必担心"今日当于何食,近日谁当与我食?亦不行家家乞"。欲食时"饭食便办,满钵自然在前;即取食,食已,钵便自然去"。着衣也是如此,无需裁、缝、浣、染、作,"以佛威神所致,同共安乐自然生"。既无罪事,亦无"秽浊劫",所以也无需受戒持戒;在那里既可致"四果"(指罗汉等),也能入泥洹,令"身灭不现"。同样道理,修菩萨道者,也可以如愿以偿地完成自己的菩萨道行,包括大慈大悲、菩萨的"八相成道"、"六度无极",以及"无辟支佛意,无有弟子之行"等。

此类佛国净土的构想,蕴含有对本土现状的全面不满。在历史上,中国曾经是西方理想的国度。这种理想,我们在19世纪法国伟大思想家伏尔泰的著作中还可以看出若干端倪。《阿閦佛国经》把它的理想国安置在东方,这部经可能产生在什么地区,经文本身也流露出一点信息:它厌恶高山深谷的自然条件,它希望地上到处都是绿树成荫,它想象气候不要大寒大热,风也不要刮得那样剧烈,它甚至不喜欢强烈的阳光。沿着佛教发展的轨迹,对照这样的自然环境,我们很容易联想到地处世界高原的中亚地区,包括古代的安息、月氏、康居,以及犍陀罗和迦湿弥罗。就是说,这一地区的佛教僧侣,对中国曾经非常憧憬,这也可以说明,中国佛教为什么首先会从中亚地区传入。当然,这不是唯一的原因,但至少是原因之一,《洛阳伽蓝记》载有来自波斯国的菩提达摩对洛阳寺塔之宏伟庄严的赞叹和艳羡,可以略见一斑。此外,像《宝云经》等也把东方世界形容得十分美好,其名曰"莲花自在世界",佛名"莲花眼如来",完全是大乘菩萨的天下。

《阿閦佛国经》关于佛国的想象中,大篇幅地描述如何可以不劳动、不事生产、不经商买卖,意念所至,神威所被,即可衣来伸手、饭来张口,过着华衣美食的生活,这与后来大乘佛教以"五科教学",特别是禅宗提倡"一日不作,一日不食"的精神,大相径庭。这原因,一方面与早期佛教轻薄生命、禁止生产谋生的陋习有关,另一方面则反映了当地劳动谋生的艰辛不易,和远旅经商的危险万端。特别值得一提的是,它表达了对妇女的特殊关怀和尊重,这在早期佛教里是没有的,尽管它依然厌恶性的问题。

最后,人民如何才能生到这样的理想国呢?最根本的一点,就是按阿閦菩萨的愿望去做。阿閦菩萨有什么样的愿望,你就用自己的实际行动去满足什么愿望;他的愿望就是你的行动指南。简单讲,他愿他的国度中,人人行善,那你必须现在就事事行善;他的主要愿望是无有瞋恚,那你就得学会忍辱,不要生气发怒。按照阿閦菩萨的愿望一一去做,做者就是积累"福德";"福德"积累多了,达到一定程度,死后就可以如愿以偿地往生阿閦佛国。

《阿閦佛国经》的结构,也可以代表一般大乘经的普遍形态,那就是增加了佛经崇拜的成分。早期《阿含》诸经的最后,大都记入会听法者"闻佛说法,欢喜奉行",或"欢喜奉行,作礼而去",本经不是这样,它要求"讽诵"、"受持"此经,或者书写,或者供养,使之广为流通,并认为,这样做就能产生无量功德,不但临终时可以获得阿閦佛的护念,如愿获得"无上正真道","生阿閦佛刹",而且还能佑护"郡国县邑",似乎比任何善事所积功德都要见效快、成果大。佛教经典之所以会自发流通,汩汩不断,这种经书崇拜是起了很大作用的。

二、东方净琉璃世界

东方还有其他许多净土,在中国流行起来,影响大的是"净琉璃世界",它的主佛是"药师琉璃光如来",略名"药师如来"、"药师佛",亦称"大医王佛"。关于这一净土的经典,东晋的尸梨蜜多罗已介绍进来,至隋达磨笈多重新选本整理为《药师如来本愿经》(略称《药师经》),始大范围传播开来;唐玄奘重译,名《药师琉璃光如来本愿功德经》;此外,唐义净又译有《药师琉璃光七佛本愿功德经》(略称《药师七佛经》),将一个药师佛增为药师七佛,由一个净琉璃世界,增为七个,药师的"本愿"也随之而增加。

描述"净琉璃世界"的情状,并不是这类经籍的重点,所以只有寥寥的几句话,诸如"无女人形","离诸欲恶",是"极乐国"等,与我们下边将谈的"西方净土"相似。它们所侧重的,是在密教里尤为盛行的药师佛崇拜。达磨笈多译本前有当时译经组织者慧炬的序,对该经的内容概括得十分精当,他说:

> (此经为)致福消灾之要法也……十二大愿,彰因行之弘远;七宝庄严,显果德之纯净。忆念称名,则众苦咸脱;祈请供养,则诸愿皆满。至于病士求救,应死更生;王者攘灾,转祸为福,信是消百怪之神符,除九横之妙术矣……所愿此经深意人人共解,彼佛名号处处遍闻;十二夜叉念佛恩而护国,七千眷属承经力以利民。帝祚遐永,群生安乐。

在这里,不是用遥远的理想国鼓励人们行善积德,甚至不必行善积德,只要称念佛的名号或祈请供养,就可以得到充分的实际利益。于是向消灾祈福、护国祐民的道路挺进,就成了大乘佛教发展中的另一个重要方向。

《药师经》的思想核心,反映在药师为"菩萨"时的十二大愿上。这十二大愿,全是从现实问题出发,而且主要是为贫困者着想。且看:

第二愿:愿自身发光,明若日月,当有人处在"昏暗及夜,莫知方所,以我光故,随意所趋,作诸事业"。

第三愿:"令无量众生界受用无尽,莫令一人有所少乏"。

第六愿:"其身下劣,诸根不具,丑陋顽愚,聋盲跛臂,身挛背伛,白癞癫狂,若夫有余种种身病,闻我名已,一切皆得诸根具足,身分成满"。

第七愿:"诸患逼切,无护无依,无有住处,远离一切资生、医药,又无亲属,贫穷可愍。此人若闻我名号,众患悉除,无诸痛恼,乃至究竟无上菩提"。

第十愿:"若有众生,种种王法系缚鞭打,牢狱应死,无量灾难,悲忧煎迫,身心受苦,此等众生,以我福力,皆得解脱一切苦恼"。

第十一愿:"饥火烧身,为求食故,作诸恶业;我与彼所,先以最妙色香味食饱足其身,后以法味毕竟安乐而建立之"。

第十二愿:"贫无衣服,寒热蚊虻日夜逼恼,我当施彼随用衣服,种种杂色,如其所好,亦以一切宝庄严具花鬘、涂像、鼓乐、众伎,随诸众生所须之具,皆令满足"。

应该说,这些愿望是非常善良的。佛教本以体察人生见长,但着重的多属生老病死等自然过程和自然现象,极少注意社会问题,尤其是贫困问题。《药师经》借净土的题目,将佛教的关怀转移到如此现实的人生问题上来,无疑是给大乘佛教以新的生机,使它的目光从上等种姓转向低等种姓,从社会的上层转向社会的下层,为自己的信仰找到了更深厚的土壤。它体察的贫困生活很细致,解决的方法也很实际,例如第十一愿,对因为饥寒所逼造成的犯罪,就给以很大的同情。它没有给这些饥寒交迫者定什么盗、杀等罪,而是首先解决他们的吃饭问题,然后才给他们说法,这使处于类似境况的人,无疑会感到温暖,哪怕仅是幻想的也好。

此处的"发愿"者,具体指的是菩萨行时的药师,即药师菩萨,但也是一切欲追随药师而行菩萨行者的楷模,凡药师信仰者,都应该依照他的

愿望去做。因此,此经号召布施,赞叹施舍,特别诅咒那些"聚财护惜,不欲分施"的现象。经云:

> 见乞者来,其心不喜,如割身肉。复有无量悭贪众生,自不受用,亦不欲与父母妻子,况奴婢、作使及余乞人。

如此一来,信仰就不但是内心的,或仪轨形式的,而且是必须见诸社会行动上的。佛教之提倡救济和慈善事业,与这类教义的弘扬有直接的关系。至于某些解释者,于治"身病"之外重新强调佛教的功能在于治"心病",恐怕是离开《药师经》的本义远了。

然而也正因为《药师经》把药师佛描绘成贫困的救济者,满足了贫困者的信仰需要,从而也使药师佛带上了一些上帝救世的色彩。随着佛教深入民众,以及民众的佛崇拜,尤其是佛的偶像崇拜,佛也开始由人生的觉者带上了救世主的色彩,原本主张"业报"的自力说,则掺进了命运要由"他力"支配的成分。这是对佛教原始宗教最大的变革,本经就颇典型地反映了这一变革。

本经要求刹利王等诚心供养药师如来,可以获得诸多利益,特别是避免对王者威胁最大的灾难,所谓"人民疾疫难,他方侵逼难,自界反逆难,星宿变怪难,日月薄蚀难,非时风雨难,过时不雨难"。

此时王者只要"赦诸系闭"(指大赦)同时供养药师佛,"王界即得安隐"。一般民众,常有异常死亡的,所谓"横死",佛经概说为"九横",称念和供养药师佛,也能避免。于是,传统佛教所说自作业、自受报,业报法则不可抗拒、不可逆转的基础教理,就完全失效了,只要念称佛名或供养诸佛,作业就可以不再受报。这一思想倾向与《阿閦佛国经》是一致的。

但在这类经里的佛,毕竟不同于上帝。佛可以在现实生活中起佑护和救助的作用,但不主宰地狱,不是犯罪的审判者,甚至也不是众生善恶行为的评判者。具体执掌赏善罚恶的是阎摩罗。阎摩罗,俗称"阎罗王"、"阎王",在早期佛教里本属于"三界五道"之一,或置于地狱道,或置

25

于恶鬼道;作为鬼魂之王,到了《阿含》的《天使经》等,已经让他担任起众生死后的最后审判者的角色。《药师经》的思想与此相应,在判决众生的一生善恶是非,决定他们未来的投生方向,以及贫富贵贱寿夭好丑等命运上,都由阎罗王说了算。《药师经》是这样说的:

> (若有众生)死相现前,目无所见,父母亲眷、朋友知识啼泣围绕。其人尸形卧在本处,阎摩使人引其神识置于阎摩法王之前;此人背后有同生神,随其所作,若罪若福,一切皆书,进持授与阎摩法王。时阎摩法王推问其人,算计所作,随善恶而处分之。

这样看来,一经阎魔处分似乎再也无法更改了。但也可以例外:病人亲属及善知识等,"若能为此病人归依彼世尊药师琉璃光如来,如法供养,即得还复(指死而复生)。此人神识得回还时,如从梦觉,皆自忆知……具忆所有善恶业报。由自证故,及至失命,不造恶业。"

看来"业报"学说还在坚持,但增多了一个监督人们业行的"同生神"和一个判决果报的阎摩罗。义净译《药师七佛经》卷下也记载了"琰魔王簿录世间名籍"事,把审判的重点特别放在"不孝五逆、毁辱三宝、坏君臣法、破于禁戒"等方面。如此一来,孝亲忠君等一切世俗伦理,都直接进入了佛教的信仰领域。

三、西方阿弥陀佛国

支娄迦谶在译出《阿閦佛国经》的同时,还译有《般舟三昧经》,其中就提到西方有个"阿弥陀佛国"。东方佛国在中国没有得到多少崇拜者,西方佛国则大行其道,但在支谶时,还没有什么影响。

"阿弥陀"意译"无量寿",此佛建立的佛国,亦名"极乐世界",因为地处西方,所以多称"西天净土"或"西方净土"。对于西方弥陀净土的信仰,可以从三国吴支谦译《阿弥陀经》(一名《大阿弥陀经》)、西晋竺法护译《无量清净平等觉经》算起;此后还有姚秦鸠摩罗什译《阿弥陀经》、南朝宋宝云译《无量寿经》(后误为孙吴时康僧铠译)和畺良耶舍译《观无量寿经》(一名《无量寿观经》,略称《观经》)。到了东晋南北朝,这一净土信仰即已形成规模。传说在此诸经之前就有东汉支谶和安世高译本,现在学者一般不取;唐宋两朝也还续有译者,但影响极微。

后来的净土宗特别崇拜的是西晋、姚秦和刘宋三个译本,被称为"净土三大部"。就其基本结构言,它们与《阿閦佛国经》没有实质性区别。

这一西方佛国的建立,同样是以发愿立誓为基础,号称"二十四愿"或"三十四愿",按这些誓愿去做,积功累德,死后就可往生。当然,还有更简捷的办法,那就是心念阿弥陀佛形象,口称阿弥陀佛名号,死后同样能受到阿弥陀佛的迎接。但在世界观层次上,同一弥陀信仰有极大的差异。《阿閦佛国经》是只讲佛国信仰、不谈哲理的。弥陀信仰从《般舟三昧经》开始,就带有比较强烈的哲学色彩。这些理论归纳起来,大致有三种:一是弥陀空观说,一是唯心净土说,一是西方佛国说。这些说法在中国佛教中都有提倡者,但有时混杂在一起,模糊在一般信仰中。就是说,一般信仰者并不在乎它蕴含有什么哲学意义。

阿弥陀佛(略称弥陀佛)所在的西方净土,名"极乐世界"。顾名思义,那应该是一个十全十美的幸福国土,尽管对"极乐"的理解,杂有许多佛教教义的成分。佛教之所以设想出这样一个世界,就其社会性来说,是因为现住的国土实在是苦难深重,毫无希望。这可以从《观经》中窥见一二。此经向佛请问的是"韦提希"(阿阇世的母亲),佛所说的一切法都是用来回答她的提问的。当阿阇世受调达鼓动幽禁他的父亲瓶沙王近于饿死时,韦希提曾偷送食物进狱,使王得以残喘,阿阇世遂生杀母之心。于时,提婆达多与佛陀作为堂兄弟而生死相搏,阿阇世对其亲生父母忍施杀手,这个世界已经"浊恶"到这等程度,还值得留恋于其中吗?人的本性厌苦喜乐,追求情操高洁,厌恶残杀恶浊,但出路不应该是灰身灭智,即毁灭人生本身;或许会有一个美好的"极乐世界",未来能够生于斯、乐于斯,过上充满爱与乐的安稳和谐的幸福生活。这就是佛国净土,当然,也是一种希望。从这个意义说,净土,不论是东方的还是西方的,均属于佛教的乌托邦,而它的社会内容,在其他宗教想象的天国里是很难找到的。中国西方净土信仰的开始流行,与陶渊明作《桃花源记》发生在同一个时代,这也可以了解它在佛教中得以发展起来的现实基础。

《观无量寿经》有一段十分重要的话:

> 诸佛如来是法界身,遍入一切众生心想中,是故汝等心想佛时,是心即是三十二相八十随形好。是心作佛,是心是佛;诸佛正遍知海,从心想生。

此中"是心作佛,是心是佛",后来就成了禅宗高唱"即心是佛"、"即凡即圣"的底本,而其在哲学上的影响,比禅、净二宗更加广泛。

《观经》提出往生净土的途径,主要不是"种植德本",而是"观想",即以"系念谛观"的禅定方法,构想"极乐世界"种种美好之处,以及阿弥陀佛"八万四千"超常的庄严相好。这样,"佛法界身"既遍在一切众生心中,往生佛国只需系心观想,所以净土信仰很容易就变成一种禅观。中国的净土信仰和禅定修持,通常被结合在一起,是谓"禅净合一";而众生心中悉有的"佛法界身",就成了佛性论的一种应用。

四、弥勒净土:下生和上生

实际上,中国的净土信仰,流行最早、影响底层民众最大的,还不是阿弥陀信仰,而是弥勒信仰。

"弥勒",意译"慈氏"。关于他的传说极多。弥勒或许实有其人,因为大乘瑜伽行学派就把弥勒推为自己的祖师,集此派学说之大成的《瑜伽师地论》,署名弥勒说,从是论中析出单行的《王法正理论》以及《辩中边论》,都署名弥勒造;关于他的家庭出身、出生地点,也都有所介绍。但弥勒在佛经中的形象,始终是被神化了的,或被目为"未来佛"(即"补处佛"),故称"弥勒佛",或被视为现在仍居于兜率天上的菩萨,故名"弥勒菩萨"。不论是佛还是菩萨,他都是超人的。

关于弥勒和弥勒净土的崇拜,在早期许多佛典里就有记载。译介阿閦佛和阿弥陀佛的支谶也译介弥勒进来,他翻译《道行般若经》,其《不可计品》有言:

若复有菩萨从兜率天上来生是间,或从弥勒菩萨问是深经中慧,今来生是间,持是功德,今逮得深般若波罗蜜。

类似的记载,在《小品般若经》和《大品般若经》的诸异译本中都有。到东晋南北朝,"四阿含"陆续译出,除《杂阿含》外,更有了弥勒下生阎浮提、国泰民安的故事,而尤以《增一阿含》所载最多最详。这说明,弥勒信仰与阿閦信仰、弥陀信仰产生的时代大体一致,都属于大乘思潮中的信仰系统,同时也在部派佛教中广为流传。在部派佛教里,对弥勒信仰最深的是说一切有部,《大毗婆沙论》卷一七八详细描述了弥勒未来"下生"时,"人民炽盛,安隐丰乐"的情形;而有部的诸大论师,则信仰"上生"弥勒,有的还以弥勒佛以后的"未来佛"自居。这一传统,也为瑜伽行学派继承,一直延续到中国弘扬有部毗昙的东晋道安、传播瑜伽学说的唐玄奘,影响到文人白居易等。

有关弥勒信仰的独立经典也不少,还有过中国自造的"伪经"。由于历代记录比较杂乱,对有的译本的译者和译时,说法不尽相同。现存最早的译本题为西晋竺法护译《佛说弥勒下生经》(略称《下生经》),次有姚秦鸠摩罗什译《佛说弥勒大成佛经》,另有失译附东晋录的《佛说弥勒来时经》,以及唐义净译《弥勒下生成佛经》。这四部经都是讲弥勒于未来世将由兜率天下生的,此外,还有一部极重要的经,即北凉时沮渠京声译的《佛说观弥勒菩萨上生兜率陀天经》(略称《上生经》),是描绘弥勒所在兜率天宫富贵欢乐和说法情状的。于是,弥勒信仰也就构成两种形态:一是下生信仰,一是上生信仰。信仰的对象是一个,但信仰的内容,则有天壤之别。

此外,还有另一类弥勒经典,即西晋竺法护译《弥勒菩萨所问本愿经》,元魏菩提留支译作《弥勒菩萨问八法会》,唐菩提流志编译《大宝积经》时又重译一遍,与魏译同编入该丛书中。这类经与弥勒上生或下生无关,而是注重区分弥勒成道与释迦成道的原则差别。晋译本详细叙述了释迦牟尼舍身苦行、以求佛道的种种行事,反衬"弥勒菩萨本求道时,不持耳鼻头目手足身命,珍宝城邑妻子及以国土布施于人,以成佛道,但以善权方便安乐之行,得致无上真正之道"。唐译的意思差不多:"弥勒菩萨往昔行菩萨道时,不能舍施手足头目,但以善巧方便安乐之道,积集无上正等菩提"(《大宝积经》卷一一一)。其所行之道,具体是"昼夜各三,正衣束体,叉手下膝着地,向于十方说此偈言:我悔一切过,劝助众道德,归命礼诸佛,令得无上慧"。如此等等,诚心悔过从善,以及遵行悔过从善的若干仪则。这当是大乘菩萨行兴起以后,力图摆脱以无私布施为中心,别开忏悔行善一道所作的努力。这样我们就可以看到,弥勒的形象在般若经里是智者学者,在这里则行"安乐"行,成了"乐"的表征,在有部和瑜伽行那里,则是智者与乐者的共同体,并以欢乐的形象同释迦的苦行严格区分开来。

如果说,释迦佛是恶浊苦难的产物,弥勒就是清净幸福的象征,不管是现在上生还是未来下生,都是如此。

弥勒未来下生的世界,不在东,也不在西,就是我们现今居住的三界之内。他未来要下生的国度,需要这样一些条件:

第一,自然环境:那时海域有所减少,其地平净如琉璃,处处香花,花须柔软,状如天缯,所生吉祥果,香味具足;丛林树华,极大茂盛;四时顺节,谷食丰贱;城邑次比,鸡飞相及。

第二,城市建设:此土有一大城名"翅头末",高广千百由旬,七宝楼阁,端严殊妙;窗牖列诸宝女,手执珍珠罗网,密悬宝铃,声如天乐;渠泉树木成行,流水异色,更相映发,两岸纯布金沙;街巷宽敞,悉皆清净,有大龙王洒掩尘土,令其润泽,犹若油涂;陌巷处处有明珠柱,光耀如日,昼夜无异；市民亦随时洒扫，维护洁净；男女便利，地裂受之，受已还合，生赤莲花，以避秽气；人之将终，自然行至山林树下，安乐取尽。社会安隐，无有怨贼劫窃之患；城邑聚落无闭门者，亦无衰恼水火刀兵及诸饥馑毒害之难。以此都城为中心，复有八万四千众宝小城以为眷属；居民不管远近，随意交往相见，无所障碍。全境到处是园林浴池，泉河流沼；无数美鸟，各出妙音；四时花卉，昼夜常开；果树香美，充满国界。

第三，君民生活：这里的人民，寿命具足八万四千岁，智慧威德，五欲众具，日日享受，快乐安隐；无有中夭，无有病痛，亦无寒热风火等恼苦；贪瞋痴等三毒不大殷勤，无有垢秽，奉行十善；人心均平，皆同一意，相见欢悦，善言相向。地内自然生出香米，入口销化，百味具足，气力充实；金银珠宝，各散在地，无人省录。其时的国王称做"转轮圣王"，名叫"穰佉"，具有七宝，镇此阎浮地，"不以刀杖，自然靡伏"；拥有四种兵，但不以威武治天下；生有千子，勇猛端正，怨敌自伏。国界君民上下，一切相视，不怀恶意，如母爱子。国有四大宝藏，分别在乾陀罗国（在今巴基斯坦境）、弥缇罗国（不详）、须罗吒国（在今印度西北境）、波罗奈国（在今印度北部恒河左岸之瓦腊纳西，即传说弥勒的出生地）；此四大藏自然开发，显大光明，满中珍宝，各有四亿小藏附之；人皆可往观，而心无贪著，亦无守护者。

笔者之所以如此详细地介绍这一理想王国，是因为它提供可资研究的方面实在太多，譬如说，它显然是一个城邦国家，它关于城市管理的想象，简直可以作为当代城市的楷模，而它关于国内和国际以及人际等关系平等和谐的描述，也是当代人的期望；它一反佛教传统的禁欲主义，公然倡导"五欲众具，日日享受"。社会生活是如此的和谐富有，人民生活是如此的丰富多彩，也容易使人联想到武则天做皇帝，为什么会以弥勒自命。

按《下生经》的解释，国家之所以会获得这样的成就，并不是弥勒的赐予或救助，而是弥勒从兜率天下生的条件。就是说，弥勒不是西方宗教中的救世主,他既不创世,也不救世,却十分挑剔下生的条件,连他投生的父母也要经过严格的审查:从家庭出身、体性相貌,一直到道德品质,必须令他完全满意,他才会降生出世。就是说,我们这个世界之能够实现净土,并非弥勒下生特别施与我们的恩惠,而是我们在这个现实的世界上,用自己的实际行动,满足了弥勒的"本愿",感得了弥勒的下生。因此,众生只有按弥勒下生的条件去努力实干,才能实现。弥勒下生信仰的根本精神,仍然在鼓动世人自己去创造自己的幸福,而不是把希望寄托在奇迹和外力上,所以与佛教基础教义的业报说,也还是统一的。及至下生信仰传向民间,成为某些秘密结社和武装暴动的旗号,弥勒则被解释成真正的救世主,与《下生经》的本意距离就颇大了。下生信仰主要在民众底层中流行,弥勒也主要以救世主的形象受到崇拜。

弥勒上生信仰,主要在社会上层贵族和知识僧侣中流行。这一信仰里的弥勒形象,是极华贵又具大智慧。般若经类把他塑造为高居兜率天的般若学权威,暗示人间地上的般若学,就是从弥勒那里闻学得来的。有部的大论师,自称是弥勒学的忠实继承者,是弥勒指定的接班人。瑜伽行派的创始者,则称曾在弥勒座下听他说法,并把他的所说法记录下来于人间流通,逢到疑难问题,还可以上天向他请教。中国的上生信仰者,从东晋支遁、道安到陈隋的真谛、吉藏,唐代玄奘、窥基,都是富有的大学问僧。《上生经》的译者沮渠京声,是在他做北凉的安阳侯时译出的。

兜率天,亦作"都史多天",意译"知足"、"喜乐"等。佛教传统的"三界"说,将这一天定位在"欲界";"欲界"的"欲",首先是"淫欲",同时还有食欲,总而言之叫"五欲",即追求满足感官享乐的欲望。整个"欲界"有三个层次,自下而上是地狱、人间、天上。欲界天有六层,名"六欲天",其第四层即是"兜率天"。据说这是诸天中最能提供享受欲界快乐的地方,故特名"喜乐";享乐到此等程度,可谓至矣足矣,故又意译"知足"。《上生经》的中心内容,就在勾画兜率天上的种种"极妙乐事",陈述上生此天者可以享受到的种种"上妙快乐"。其所表现的想象,可以说穷富丽宏大之极致,除了有无数七宝装饰的上亿宫殿,各由七重七宝垣墙所绕,无数行树莲花错落其间,所以处处宝色金光、一片光明等等之外,就是成百亿计的"天子"各执莲花乐器,"不鼓自鸣";成千百倍于天子的"天女"、"宝女"、"玉女",手执璎珞,口吐妙音,竞起歌舞。

弥勒所居的地方叫"善法堂",值得特别一写:此堂由宝珠所化"四十九重微妙宝宫"组成,一一栏楯由摩尼宝合成,诸栏间有亿万天子天女奏乐歌舞,垣中有八色琉璃渠,渠水"涌绕梁栋间"(《观弥勒上生兜率天经赞》卷下);四门外化出四花,水出花中,如宝花流;每一花上"有二十四天女,身色微妙,如诸菩萨庄严身相",手中化有"五百亿宝器",甘露盈满,左肩荷璎珞,右肩负乐器,"如云住空,从水而出"。建筑的核心部位,是"七宝大师子座",无量金宝以为庄严;座四角头生四莲花,各由百宝所成,宝出百亿光明;其光化做"众宝杂花庄严宝帐",十方梵王各以妙宝为"宝铃"悬于帐上;小梵王持众宝作"罗帐",弥覆帐上;有"五百亿宝女,手执白拂,侍立帐内",诸天(凡信仰弥勒死后生于此天的人亦皆名为天)即围绕师子座听法提问。持此宫殿的有"四宝柱",一一宝柱有百千楼阁,以摩尼珠为"绞络";阁间"有百千天女,色妙无比,手执乐器"。据说,当弥勒于多少劫以后下生我们人间,于"龙华树"下集会,继续说法度人时,这些听法者亦可随弥勒下生听法,直到成佛。

这个"善法堂",唐窥基等名之为兜率天的"内院",那个"师子座"就是弥勒结伽趺坐昼夜讲法的地方。师子座所处的殿堂楼阁,及其悬挂的杂花宝帐,天女执拂侍立,曼歌妙舞,加上其他"侍御",大体相当于皇家贵族聚集学者讲学论议的模样。在这里,五欲众具,声色皆备,学者满席,剧谈高论。因此,上生兜率是普通人很少敢于奢望的。但由此反映上生信仰者的一般心态,对于中国大乘思想的发展,以及与道教向往的神仙世界的关系,却是不可忽视的。

五、唯心净土

在中国流行的净土信仰实际上是三类：阿弥陀佛的西方极乐世界，弥勒的兜率天上的知足乐园，以及在地上人间建立的理想王国。提倡这类非当前当地的净土信仰，称做"他方净土"论；还有另类净土理论，名为"唯心净土"。《维摩诘经》首品《佛国品》就是主张唯心净土最早的系统化者。它认为菩萨一切诸行，必需且唯一的目的，是为了众生，菩萨的净土行也不例外。因此，它的第一个命题就是"众生之类是菩萨佛土"。经云：

> 所以者何？菩萨随所化众生，而取佛土；随所调伏众生，而取佛土；随诸众生应以何国入佛智慧，而取佛土；随诸众生应以何国起菩萨根，而取佛土。所以者何？菩萨取于佛国，皆为饶益诸众生故。譬喻有人欲于空地造立宫殿，随意无碍；若于虚空，终不能成。菩萨如是，为成就众生故，愿取佛国；愿取佛国者，非于空也。

这话可以看做"唯心净土"论的经典表述，具体分析如下：

第一，菩萨所取佛国净土，只能以现实的众生为基础，为众生而建立，因此，企图脱离现实、超越众生，于现实众生之外别寻佛土，就等于空中楼阁，既没有意义，也不可能。此话明显是针对他方净土而发的；他方净土是招徕众生往生的处所，而个是建立在现实"众生"之类的基础上的。

第二，所建净土，不应以佛菩萨的意愿为意愿，诱胁众生接受，而应该随顺所化众生的要求及其可能接受教化的程度，去规划佛国的性状，而规划此类佛国性状，又全在引导众生"入佛智慧"，"起菩萨根"。就是说，建立佛国不是目的，而是从随顺众生的期望入手，通达佛的智慧、培植菩萨根性的手段，更简单些说，就是净化心灵的手段。是故，"随成就众生则佛土净，随佛土净则说法净，随说法净则智慧净，随智慧净则其心净,随其心净则一切功德净。是故宝积,若菩萨欲得净土,当净其心,随其心净,则佛土净"。

"随其心净则佛土净",是唯心净土的根本观念。但若如此,马上就会产生一个问题:"我世尊(指释迦牟尼)本为菩萨时,意岂不净,而佛土不净若此?"对于这个问题的回答,等于对唯心佛土观念的全面阐述,若择要言之,则日月明净,盲者不见;佛土本来严净,"众生罪故不见"。声闻弟子舍利弗大约有"罪",所以说:"我见此土丘陵坑坎,荆棘沙砾,土石诸山,秽恶充满。"有一位"梵王"立即出来作证:"我见释迦牟尼佛土清净,譬如自在天宫……仁者心有高下,不依佛慧,故间此土谓不净耳。"佛则回答:"我佛国土,常净若此,为欲度斯下劣人故,示是众恶不净……若人心净,便见此土功德庄严。"

这些话表达得十分清楚,唯心净土的本意,并非通过清净人心,提高全民道德水平,从而净化整个社会,以建造人间乐园。后人有向这个方向解释的,或作为倡导人生净土或人间净土的一种佛典依据,那是一种发挥。《维摩经》的意思,是要用改变人的观念的方法,改变人们对现实世界的认识;世界现状从来都是完美的,无需也不能改变,要改变的唯有你的思想;你认为这个世界不好,证明你的思想不好。《水浒传》里的杨志说,如今"不比太平时节"安全,老都管当即严斥道:"你这话该剜口割舌,今日天下怎地不太平!"两者思维方式是一样的。

第四节　革新中的新偶像:菩萨

所谓大乘,也就是"菩萨乘"。乘此乘者所行名"菩萨行",所行之道名"菩萨道",行其道者即名"菩萨"。早期佛教称自己的信徒,出家者名比丘、比丘尼,在家者名清信男、清信女;大乘则不论出家在家,一律以菩萨称之。菩萨既是大乘区别于小乘的称谓,也是所持教理和所行实践不同于小乘的标志。菩萨的基本品格,上述《俱舍论》给予的规定,可以通行于部派佛教和大乘佛教,但在具体理解上,还有不少差别;而这些差别,可能反映着这一观念的发展线索。

一、菩萨的早期形象

菩萨是"菩提萨埵"的简称。"菩提"意译为"觉","萨埵"意译为"众生"、"有情"。"菩提萨埵"既可理解为"觉有情"也可译为"有情觉",所以菩萨也被释为"自觉觉他",旧译也作"众祐"等。大乘经籍中又常作"菩萨摩诃萨",是"大菩萨"的意思。

关于菩萨这一称谓以及对菩萨品性行事的描绘,在《阿含》诸经中多多,但究竟最初产生在什么时候,至今也不甚了了。据后出佛经传说推究,可以追溯到佛教早期的根本分裂,即大众部与上座部的对峙。依佛教北传的资料,这次分裂的直接原因,是由于"大天五事",本书的上卷中已略有介绍,其中引《大毗婆沙论》的说法,谓此大天在出家之前,原犯有"三无间罪",即奸母(后又杀母)、杀父、杀阿罗汉比丘;后闻"沙门释子有灭罪法",乃求出家,而且声望渐高,得到王宫供养。但他依旧"不正思维,梦失不净"(《大毗婆沙论》卷九九,下同),由是推断阿罗汉非是修道究竟,妄说阿罗汉仍有烦恼缠身。大天据此认为,只有认识到阿罗汉的不足,才是"真佛教"。

"五事"的提出,引起了统一僧团的激烈争论,僧众多数支持大天之说,形成多数派,是谓"大众部";坚持传统,维护阿罗汉为最高果位的少数,就是"上座部"。于是上座部被迫"乘空西北而去",迁至迦湿弥罗,即后来有部东方师的大本营;大众部则居于传为阿阇世王时初建的波吒犁国(即华氏城)。当然,这只是说一切有部的记载。作为大众部律的《摩诃僧祇律》卷三三,记有一个七百人的结集,制订了所谓"五净法",把接受财物定为合法,而与"大天五事"无干。

此中"大天五事"的要点,在于贬斥阿罗汉的不足,这也意味着成佛才是佛教修持的最高果位,而把成佛作为最高目的,正是菩萨乘的特征。

允许接受财物,则是菩萨行中实现"施波罗蜜多"的自然结果。至于在佛教中开设"灭罪法",即允许任何罪大恶极者"忏悔",是大乘走向社会所必需的,也是菩萨戒最重要的内容之一。这三项主张对于当时的上座来说,都是异端,而大众则欣然奉行。据此可以说,菩萨的观念最早就孕育在大众部这类零散的个别主张中。

又据《杂阿毗昙心论》的《择品》给菩萨下的定义,也有三项内容:

第一,"若修诸相好,方便起彼业,从是转精进,说名为菩萨"(《杂阿毗昙心论》卷一一,下同)。

此所谓"相好",指传说中佛的形体特异和美好,即"三十二相"和"八十种好"。此等相好是从事种种清净善事、艰难修习的结果,因此,只要立志修习此等相好,并以佛陀本生行事为楷模实际践行,以积累足够功德者,就是菩萨。所以菩萨即是以成就佛的形体为目标的修行者。

若有众生以一食施,起决定心,发无畏言:我当作佛。(由此)能起相报,增长彼业,齐是名菩萨,以能从此作相似相续业故。

此中也是以"施"为菩萨行的第一位:哪怕一食施,只要与"我当作佛"的决心相应,并且坚持下去,就是具备了菩萨的资格。以成佛为目的而生起的身口意等一切业行,通称"相报业"。要完成"相报业",是一个异常漫长的过程,要"度三阿僧祇劫,于百劫中,种相报业",才有希望达到。

第二,"佛无学法是菩提,谓尽智,无生智;萨埵求此智,故名菩萨。萨埵得此菩提,觉一切法,故名为佛"。

在这里,佛的根本表征是"菩提",菩萨的所有修习是为了追求和获得菩提,而不是"涅槃";涅槃不属于菩萨乘特征。求佛成佛的最高标准既是内在的"菩提",也不单纯是外在的"相好"。前已说过,此菩提全称"阿耨多罗三藐三菩提",指的是唯佛才能具备的觉悟,也是佛智慧的特称。关于它的具体含义,众说纷纭,此处指出两条,所谓"尽智"、"无生智"。此二智均属"无漏智",可能是部派佛教的共识,而为有部和瑜伽行派所强调。此中"尽智",指其能够灭除一切烦恼,至矣尽矣,到了顶头;"无生智"则是对"尽智"的涵养和持续,像"无明"等惑,烦恼诸漏,再也不会产生了。

这两种智都是从认识"四谛"中成就的。《集异门论》卷三谓:"如实知我已知苦,我已断集,我已证灭,我已修道;此所生智、见、明、觉、解、慧、光、观,是名尽智。"所谓"智"、"见"、"明"、"觉"等都是智慧的同义词。又谓:"若如实知已,尽欲漏、有漏、无明漏,是名尽智。"这是强调修行者自己会知道自己的诸漏已尽,同一般阿罗汉之"他令入"者不同。此"入"为悟入,是觉知的意思。

关于"无生智",同论谓:"如实知我已知苦,不复当知;我已断集,不复当断;我已证灭,不复当证;我已修道,不复当修;此所生智、见、明、绝、解、慧、光、观",以及"如实知所尽一切结,缚,随眠,烦恼,缠,不复当起"等。

"尽智"、"无生智"也都是部派佛教用语,被认为是通向"涅槃"的智慧。古典有部用它来解释菩萨追求的无上菩提,也是菩萨这一观念在流通过程中反映出来的一种差别。不过重要的不是有部给"菩提"作出的这个解释,而是它给予菩提的至高无上的位置——只有菩萨乘才以"求菩提"为至高目的,把"得菩提"规定为成佛的标志;所谓"觉一切法故名为佛",也是大乘普遍的理解。

《大毗婆沙论》卷一七六还说:

> 由此萨埵未得阿耨多罗三藐三菩提时,以增上意乐,恒随顺菩提,趋向菩提,亲近菩提,爱乐菩提,尊重菩提,渴仰菩提,求证,欲证,不懈不息,于菩提中心无暂舍,是故名菩提萨埵。彼既得阿耨多罗三藐三菩提已,于求菩提意乐加行,并皆止息,唯于成就觉义为胜,一切染污、不染污痴永断故,觉了一切胜义、世俗诸尔焰故;复能觉悟无量有情,随根、欲、性作饶益故。由如是等觉义胜故,名为佛陀。

于是佛教的全部修习,统统纳入了菩提的轨道,围绕着菩提运转,与一切为了涅槃、围绕着涅槃而修持的方法,形成了鲜明的对比:同一有情,求菩提而不舍者名菩萨;已获菩提,转而成就觉悟者即是佛陀。

按此处解释,佛的觉悟有二义:一是觉了一切胜义谛、俗谛所知境界——"尔焰"(即"智境"、"知母"等的音译),意谓此"觉"于佛家的深奥道理和各种世俗知识,无所不知;二是即以此"觉"去觉悟无量众生,而且要随顺众生的根基、欲望和品性等不同情况,去作具体帮助,有益于他们。

第三,于"三阿僧祇劫"坚持不懈地修持"四波罗蜜多"或"六波罗蜜多",即是行"菩萨道"、"菩萨行"。此中"四波罗蜜多",指"施"、"戒"、"精进"和"般若";"六波罗蜜多"则于前四之外再加"忍"与"静虑"。有部论师认为,"忍摄在戒中,静虑摄在般若"(《大毗婆沙论》卷一七八),所以说四度不说六度。

从大众部的三项主张,到古典有部的三项菩萨规定,至少从一个侧面反映了菩萨观念从孕育到确立的一些痕迹。至于在大乘那里,尤其是在般若经类那里,不论是哲学层面还是实践层面,又有了新的变化,这是后话。而以作自觉觉他的佛陀为目的,种植"相好报"的业因,求"无上菩提"而不息,坚持"波罗蜜"之道,就可以看做菩萨的一般形象和品格。

与早期佛教把涅槃作为最后归宿相应,阿罗汉是佛教崇拜的主要对象,加上传说阿罗汉具备六种"神通",阿罗汉也就被神化为需要供养和信仰的偶像。部派佛教尽管有了对菩萨的尊崇,但没有从正面触及阿罗汉、动摇阿罗汉的至高地位。只有到了大乘兴盛之后,阿罗汉才受到公开的贬黜,菩萨崇拜取代了罗汉崇拜。按大乘的设计,菩萨既具有大慈大悲的利他主义胸怀,又有大智大勇,具备利益他人的实际智能,而世人也确实需要这样的菩萨的保护和援助,由此大乘佛教创造了许多鲜活的、个性迥异而又为大众敬畏和爱戴的菩萨形象。于是佛崇拜和菩萨崇拜就成了大乘佛教主要的信仰形态。

二、居家菩萨的地位和女性地位的飙升

部派佛教时期已经拥有了所谓"四众弟子",把在家的男女信徒纳进佛弟子行列,但依旧保持重出家、轻在家、重男性、轻女性的传统。《增一阿含》有了突破,它让四众弟子在佛法水平上完全一致,唯一的差别是人数上的。大乘佛教更进了一步,不仅主张在家菩萨和出家菩萨的地位完全平等,有些经典还认为在家菩萨的觉悟水平比出家者还高得多。

《维摩诘经》是这方面的代表经典。它让毗耶离大城中的长者维摩诘担任起在家菩萨的角色,其水平之高就超出一切出家的佛教大师。其《弟子品》历数了声闻乘的诸大比丘,从舍利弗、目犍连、大迦叶到优波离、罗睺罗、阿难等所谓"十大弟子",均在佛陀面前被维摩诘教训得自称无能。《菩萨品》则着重批评了以弥勒为代表的出家菩萨,令这位位阶候补佛的大菩萨也自叹弗如。"居士"是佛教对在家信徒的称呼,居士的典范就是这位维摩诘,也是大乘在家菩萨的典型。它不但反映了佛教教理正在适应在家居士的需要,而且标志着教义的创作权也在向在家居士转移。此经在中国文人中有广泛的影响,魏晋时期的士大夫,就以研读《维摩经》为时尚,成为谈玄者的必读书;唐诗人王维则以"摩诘"为字。

可以与《维摩诘经》相媲美的是《离垢施女经》(略称《离垢》),西晋竺法护译。经中说,离垢施是波斯匿王的女儿,十二岁即精通大乘菩萨行;在佛陀面前,曾质难"八大弟子"、"八大菩萨",使他们皆默然而退。在这八大弟子中,也有舍利弗、目犍连、大伽叶辈;而在八大菩萨中,首位是与弥勒声望同样显赫的文殊师利。那文字结构,同《维摩诘经》的《弟子品》和《菩萨品》别无二致,思想倾向也大体一致,都属般若系统。其中含有《金刚经》的若干观点,如世尊云"其有见我色,若以音声听,斯为愚邪见,此人不见佛",但比《金刚经》的正式译出要早得多。"离垢施"的音译叫"维摩罗达","维摩诘"的意译叫"无垢称",因此,说它是《维摩经》的姊妹篇也未尝不可。但这里的主人公是女性,而且是少女,这就使它显得更

不一般。《维摩经》重在抨击小乘，同时显示在家菩萨比出家菩萨还要高超，《离垢施女经》的意图也是如此，但更强调在家的女菩萨，即使年龄很小，也决不次于出家的大菩萨。大目犍连曾问离垢女："何以不转女人身？"她反问说："卿何以不转男子？"然后发挥说"不以女子及男子形逮成正觉"，因为"道"并没有男女的区分。

这部经在中唐以前很受重视，西晋聂道真有个异译本（《祐录》列为失译，比较可靠），唐代编入《大宝积经》，名《无垢施菩萨应辩会》；北魏瞿昙般若流支也译过一次，名《得无垢女经》。在轻女重男的古代中国，此经的社会影响远不能与《维摩诘经》相比，但它独为女性张目，像是黑暗里的星火，意义又远非《维摩诘经》所能比。

为在家女菩萨说话的还有另一种《阿阇世王女阿述达菩萨经》（略称《阿述达经》），也是竺法护译，思想大同于《离垢施女经》，只是王者变了，王女的名字成了"阿述达"，意为"无愁忧"，年龄只有八岁，内容删略了对诸大出家菩萨的质难，增强了对声闻、缘觉的攻击，认为小乘"此非吾类"，直呼之为"禽兽"，坚决反对世人王者对他们礼拜。其后北魏佛陀扇多重译，名《无畏德女经》，也被收入《大宝积经》，名《无畏德菩萨会》。

在中国佛教传播最广、影响最大，以在家女性身份说法的经典，是《胜鬘师子吼一乘大方便广经》（略称《胜鬘经》），南朝宋求那跋陀罗译，唐菩提流志重译作《胜鬘夫人会》，亦编入《大宝积经》中。此经所塑造的一位在家女菩萨胜鬘，更胜维摩诘一头。据称，这位夫人也是波斯匿王的女儿，是王与末利夫人所生，后来成为阿逾阇国夫人（或即是末利夫人的译名）。佛当众为她授记，说她"当于无量阿僧祇劫，天人之中为自在王"，更后"当得作佛，号普光如来"；其国土"无诸恶趣，老病衰恼不适宜苦，亦无不善恶业道名。彼国众生，色力寿命，五欲众具，皆悉快乐"。这可以说完全是一个由女菩萨建立的佛国净土。胜鬘夫人所说的佛教哲学，在中国佛学思想发展史上占有重要地位，她之由作"自在王"到建立"皆悉快乐"的佛国理想，有可能影响过唐代政治，武则天做皇帝，绝不是

41

一部《大云经》的事后论证；菩提流志编译《大宝积经》，收入了这么多的女菩萨所说佛经，也不能看做他个人的偏爱。

胜鬘夫人所说"正法"，也全是针对"二乘"的。她认为"阿罗汉有恐怖"，总是怀有一种有人"执剑欲来害己"的感觉，所以"无究竟乐"；阿罗汉、辟支佛以得涅槃为终极目标，但他们决不可能真的得到涅槃，因为涅槃乃是佛的"方便说"。在对二乘的批判上，《胜鬘经》与《维摩经》互为表里，是同样严厉的，尽管在哲学上，两者不是一个系统。

在教理上与《胜鬘经》相近的有《央掘魔罗经》，其中有言："女有佛藏，男亦如是"（《央掘魔罗经》卷四）。"佛藏"即是"如来藏"，同样蕴藏于女身，女性没有理由要比男性低矮。

《维摩》与《离垢》、《阿述达》、《胜鬘》等经籍的出现，反映了男女居士直接参与了佛教义学的创作和发展，加大了佛教大乘化的进度和清理早期佛教的深度。尤其是关于"胜鬘夫人"等形象的塑造，彻底变革了早期佛教对于妇女的偏见和歧视，对于在佛教里树立新的女性观，确定男女平等原则，有创世纪意义；对于改变中国传统的女性观，也不可忽视。

佛教歧视佛女，根深蒂固。部派的经律中都有传说，释迦牟尼是拒绝女性出家、不收女弟子的。因为女性被视为"淫"的象征，而"淫"又是"生"的本原，"生"则是"死"的始因；"生死"是世间的本质，是"苦"的源泉。如此推论，女性就成了"苦"的源泉的源泉；所以有些经典直把妇女描绘为蝎蛇、为剧毒，比丘是绝对不可以正视、不可与之对话的，更不许单独接近。由此发展成对女性道德品行的全面攻击。西晋聂承远译《超日月明三昧经》卷下记"上度比丘"的话说：

> 女有三事隔、五事碍。何谓三？少制父母，出嫁制夫，不得自由，长大制子：是为三。何谓五碍？一曰女人不得作帝释，所以者何？勇猛少欲乃得为男，杂恶多态故为女人……二曰不得作梵天，所以者何？奉清净行，无有垢秽，修四等心，若遵四禅，乃升梵天；淫恣无节，故为女人，不得作梵天。三曰不得作魔天，所以者何？十善

具足,尊敬三宝,孝事二亲,谦顺长老,乃得魔天;轻慢不顺,毁疾正教,故为女人不得作魔天。四曰不得作转轮圣王,所以者何?行菩萨道,慈愍群萌,奉养三尊先圣师父,乃得转轮王……(女人)愿态有八十四,无有清净行,故为女人,不得作圣帝。五曰女人不得作佛,所以者何?行菩萨心,愍念一切,大慈大悲,被大乘铠……无三趣(此指三界)想,乃得成佛;而著色欲,淖情匿态,身口意异(指心与言行不一致),故为女人,不得作佛。

这说明,即是在大乘中,鄙视女性也是存在的。

前述《五分律》卷三〇等载,阿难曾"三请世尊听女人于正法出家",哪怕这位要求出家的女人是世尊的姨母兼养母的瞿昙弥。由此可见,女人,不论是谁,在原则上是没有出家资格的。据《毗尼母经》等载,在后来结集律藏的时候,上座大迦叶因阿难为女人请求出家一事,宣布他有十大罪状,其中有九条是说,由于听女人出家而败坏了沙门威仪,以致不能得到檀越足够的恭敬和供养;另一条则是因此而影响佛教"正法"的流传缩短了五百年。此外,阿难还有一条罪状,是"听女人先礼舍利";不论女性有什么特殊原因,都不许先于男人礼拜。在所有部派戒律的规定中,比丘尼都没有独立的地位,必须依附于比丘。戒律是规范僧尼全部生活原则和制度的,它的制定者据称就是佛陀。在律学中,佛陀是比丘的典范,从戒条的制定到戒条的解释,以及评定某一思想行为是否合法,全由比丘掌握,即使是授戒忏悔等事,也要由比丘主持,得到比丘的认可;平日教诫,比丘尼只有恭顺接受的义务,是登不得上座的。即使违反同样的法规,所受惩处,男僧女尼也不平等。《摩诃僧祇律》记,被同样怀疑犯有淫罪的僧尼,比丘只受到个人的私下调查,而且仅仅根据他个人的坚决否认即可被判为无罪;而比丘尼,不论事实如何,都要受到惩罚。群尼认为佛陀处理不公,集体上告,由此引起事端,佛陀据此制定新的律例,凡比丘依法召尼不至或挥之不去者,比丘尼即属犯戒。中国佛教实行的主要是《四分律》,其中比丘戒是二百五十条,比丘尼戒为三百四十八条;

比丘尼所受限制和受处罚程度,大大超过比丘。

大乘思潮兴起,对鄙视和歧视女性的传统有极大的冲击。像般若诸经,提倡诸法平等,不应分别男女色相。但说到众生皆能成佛,女性亦不例外时,也还得打些折扣,设置一个前提,那就是首先得由女身变为男身;尽管这种变性的时间可以极短,瞬间即能完成,也总是不许以女身成佛。像《法华经》,已经相当宽容了,"龙女成佛"依旧得"忽然之间变成男子"(《妙法莲华经》卷四),另到南方一个世界"成正等觉"去。《维摩经》有了进步。它记维摩诘室中一天女说法,谓男可以转为女身,女亦可转为男身,因为男女其性本来不定,"非男非女",所以"虽现女身而非女也"(《维摩经》卷中);《无畏德经》也说,"一切法非男非女"(《大宝积经》卷九九),男女都属于"色相",不是真理实相,客观上也是反对对女性的歧视。

此外,为妇女作辩的还有另一类大乘经籍,上述《超日月明三昧经》卷下是其中之一。它记一位叫"慧施"的女性驳斥"上度比丘"所谓"不可女身得成佛道"时说:"一切无相,何有男女?""吾取佛者,有何难也!"又有《长者女庵提遮狮子吼了义经》记长者女对于佛弟子舍利弗分别男女的观念所作的长篇评论,她认为,持男女之见,尤其是用男性的眼光视女性,不但是佛家道理没有学好,而且是心理不健康的表现。她说:"大德自男故,生我女相;以我女色故,坏大德心也。而自男见彼女者,则不能于法生实信也。"意谓你之所以总是计较男女差别,实际上是没有忘记你的男性身份,惧怕女性会毁坏你出家修道的信心,这属于"妄想";假若你又总是想着我是"有夫"之人,那就是品质问题,属于"恶见"了。

此类经籍还有不少,对中国佛教义理产生重大作用的,除上述的《胜鬘经》,还有在中国社会政治生活中发生过作用的《大云经》。

《大云经》一名《方等大云经》、《方等无相大云经》等,北梁时昙无谶译,共分三十七犍度,重要的思想体现在后二犍度所记"天女净光"的故事中:佛向净光女说,她在过去世本是一位"王夫人",由于暂得一闻《大涅槃经》的缘故,得成今世"天身";如果能够再闻佛法深意,就会"舍是天形,即以女身当王国土,得转轮王所统领处四分之一,得大自在;受持五戒作优婆夷,教化所属……守护正法,摧毁外道诸邪异见"(《大方等无想经》卷四)。又记,作此女王者,原为南天竺某小国国王之女,王崩,"诸臣即奉此女以继王嗣。女既承正,威伏天下,阎浮提中所有国土悉来承奉,无拒违者……如是女王,未来之世过无量劫,当得成佛。"(同上,卷六)尔时此娑婆世界转名"净洁浣濯",云云。

这真是大长妇女的志气,还需要转成什么男身?即以女身,转轮圣王作得,佛也作得;"所有国土悉来承奉,无拒违者",看哪位比丘还敢说"三事隔、五事碍"!因此,武则天做皇帝,根本不必令人另造什么经,完全可以从佛典中找到充分的根据。在则天帝当政的长寿二年(693),菩提流志曾重译梁出的《宝云经》,稍作扩大而名《宝雨经》,它的最后一卷增添了一段天女将会成佛的预言,谓这位天女,名曰"长寿","有大威德",以"住不可思议解脱法门"(《宝雨经》卷一〇,下同),而"利益一切有情",将来即于我们所居的佛刹现等觉,"号长寿如来"。这位长寿女、长寿如来,与武周的长寿年号有无关系?恐怕难以否定。明智旭撰《阅藏知津》谓此经中有该女当于"支那国作女主"的悬记,但现流通本中没有这一记载。

当然,大乘的妇女观并非都是如此。除了上边提到的《超日月明三昧经》外,隋阇那崛多译《大威德陀罗尼经》(卷一八至卷一九)也是攻击女性的一个标本。该经卷一九曰:

> 妇人多欲,常不知足。以爱欲故,得复欲得,更复欲得,欲欲不止,常求常觅,不知餍足。

它认为,这种情况与妇女的生理结构有关,"臭秽可恶",因此,"妇人无有二法:怖及惭者"——即无所畏惧,不知羞耻。但别有"三法具足",至死不悔,所谓"自身庄严,与丈夫边所受欲乐,哀美言辞"。我们已经提到过的悲观主义哲学家叔本华,对妇女作过类似的攻击,不知他是否见到过这部佛经,如果见到的话,一定会引为知己,增加他偏爱佛教的倾向。

第五节 菩萨行和六波罗蜜多

"波罗蜜多"意译为"度",意指可以借此度过生死苦海,通向出世之彼岸。菩萨要自度,更要度人;自度度人就是自利利他的实施,菩萨行之即是菩萨行。但究竟什么才算是菩萨行,似乎也经过一个颇长的酝酿期。像《宝云经》等给菩萨的定义以及为菩萨行划出的范围,可以说包括所谓大小乘一切佛说、一切修行,除了广大无际因而也十分杂乱之外,不容易看出有什么特点来。有部将菩萨行分为"四度",《华严经》《宝云经》等说有"十度",眉目就比较清楚,而实际上,都是在"六度"上的增减,故以"六度"之说最为流行。最早系统译介此说并详加解释的,是三国吴时康僧会的《六度集经》。

一、大乘布施及其与走向社会的关系

"布施"在《阿含经》的"三论"中,高举首位,六度也把"布施"列为菩萨行的第一位,两者的继承关系十分明显。上卷已经说过,"布施"是佛教坚定地走向世俗社会的历史性标志。由于它对佛教的发展具有特别意义,这里还要再次强调。

原始佛教规定僧侣维持生计的途径,主要是沿街托钵乞食,或应邀赴施主家中吃饭,一日一食,多不过二食,不允许储存食物,更不许接受和储藏金银等财物。按《摩诃僧祇律》所记"七百结集"的故事说,"结集"的起因是毗舍离地方有比丘从檀越"乞索",公开要求"布施僧财物"。结集结果,主持者陀娑婆罗宣布"五净法",其中有言:"须钵者求钵,须衣者求衣,须药者求药;无有方便,得求金银及钱。"(《摩诃僧祇律》卷三三)即原则上不再禁止乞求金银钱财。但此律卷一〇,却对储存金银的行为作

了严厉的批评,它引佛说:

> 沙门释子不应蓄金银。若有人言应蓄金银,是诽谤我,非实、非法、非随顺,于现法中是为逆论。何以故?若有人言应蓄金银,亦应得蓄五欲。何等为五?一者眼分别色,爱染著,乃至身受触,爱染著。

佛陀把储蓄钱财者等同于"五欲人"。这说明,即使大众部允许乞求和接受财物,但也绝对不允许比丘储蓄金钱。

南传《岛史》也记有个"七百结集",说是会上有吠舍离的跋耆子,宣布"十净事",要求放宽对僧侣日常生活过分的严格约束,其中第十条叫"金银净",意谓允许接受施主的金银布施,接受金银也是洁净的。这一主张受到阿难、阿那律的门徒们的坚决反对,认为有违佛陀教戒,宣布此十事为"非法",称"十非法事"。统一的原始僧团由此分裂,主张"十事净"的形成"大众部",坚持"十非法事"的就是"上座部"。

接受和储存金银钱财对原始佛教的威胁,可能仅次于接触女色,即使大众部也难以容忍。五欲固然有害修持,但有了钱财,就等于拥有了实施五欲的物质条件,这道理长老们十分清楚。然而一旦承认接受金钱为正当,储蓄金钱就成了不可避免的选择。于是接踵而来的,是一切财物,包括土地、车马、奴仆等都堂而皇之地被纳入了布施的范围,并转手成了出家佛徒的财产。在中国,主要表现为庙产,由之形成社会的一种特殊经济实体,即所谓寺院经济。寺院经济转过来支持佛教教义的研究和佛教文化的开拓,使佛教越来越生活化、世俗化,以致成了大乘佛教最重要的组成部分:一方面,布施被解释为施主们获取善报的功德;另一方面,布施则被作为菩萨行中实现利益众生最具体的表现。这两条,都使僧尼寺院不可以拒绝任何布施,也有理由向任何人索取布施(化缘)。一切所获,一切聚敛,都可理直气壮,心安理得。如此一来,就在佛教与社会间架起了一座经济联系的桥梁,包括与富有阶层(施主)和贫困阶层

（慈善救济的对象）的联系，为开拓佛教传播的广度和深度提供了物质上的支持。由此，佛教的面貌不得不变。

其实，任何大型宗教组织，背后都有经济利益的参与，也都有经济实力的支持。佛教的布施是以"自愿"为原则，比用赤裸裸的威胁和利诱手段去俘获和掠夺钱财的宗教团体，还要文明得多。

但是，这里需要强调，《六度集经》列为六度首位的"布施度"，与仅仅为了维持僧侣生计的布施和后来被曲解了的布施，在基本精神上有极大的不同。即仅此一度，足以涵盖早期大乘菩萨行的根本内容。因为这里的菩萨行所说的布施，实是大乘利他和利他精神的集中表现，贯穿在六度的所有修行活动中，成了全部菩萨行的指导方针。

整部《六度集经》是以乔达摩的历劫修行作为实践菩萨道的表率，形象地阐发"六度"的实际内涵。布施度也是如此。它在正文之前有个提要式的说明，或许是译者康僧会所作，有纲领性意义：

> 慈育人物，悲愍群邪，喜贤成度，护济众生。跨天逾地，润弘河海，布施众生：饥者食之，渴者饮之，寒衣热凉，疾济以药。车马舟舆，众宝名珍，妻子国土，索即惠之。犹太子须大拏，布施贫乏，若亲育子，父王屏逐，愍而不怨。（《六度集经》卷一，下同）

据此产生的结论是："危己济众，菩萨之愿也。"一句话，舍己为人，危己济众，这是布施的要求，也是菩萨的根本精神。在历劫菩萨行中，乔达摩作过鹿，作过象，作过鹦鹉、猿猴、蛇龟等等鸟兽，都是以牺牲自我去挽救群生的，如以身喂虎、避免母子相食的故事，以己肉喂鹰、救鸽于垂危的故事，都令历代读者感动不已。作为太子须大拏，"无求不惠"，不只布施田园妻子，最后连身躯脑髓也施舍出去，更成为菩萨本行故事中最为人乐道的题材——这位太子，就是以"赒穷济乏，慈育群生为（菩萨）行之首"（卷二）的。

此种布施精神特别要求在国君那里得到实施，构成"仁道"治国的基础理念,所谓"为天牧民,当以仁道"(同上,卷八)者是。菩萨以一位国王的身份宣示:"诸佛以仁为三界上宝,吾宁殉躯命,不去仁道也。"(同上,卷四)他以"亡国不亡行"(卷一)自律,以为"全己害民,贤者不为"(卷一)。在他看来,国君的品行如何,是民众生活状况好坏的决定性因素,所谓"君贫德,民穷矣;君富德,民家足"(卷一)。他还主张"干戈废,杖楚灭,囹圄毁,路无吁嗟,群生得所,国丰民炽"(同上,卷二)。据此也反对国际战争,认为"胜则彼死,弱则吾丧;彼兵吾民,皆天生育,重身惜命,谁不然哉!"(卷一)

佛教的多数,包括部分大乘经籍,不赞成参与和干预政治和司法事务。昙无谶译《大方广三戒经》,哲学理论倾向于大乘般若空观,但规定的戒条却很严厉,不但不许与"诸王来去",而且禁止"论说王事、贼事"(《大方广三戒经》卷中),当然也不许涉及"讼事"。但另一些经论,尤其是一部分大乘经论,则提倡支持王者,为王者政事出谋划策,以至于提倡将王者发展为菩萨,或推动菩萨自身作王。这样就产生了佛教特有的国家论和王者论。《六度集经》是提倡依靠王者消灭国家机器,以建造共慈爱、无压迫、国富民安的理想社会的,这也可以理解为什么像康僧会那样的僧侣总是希望接近王者,积极向王者献策。从《瑜伽师地论》中析出的《王法正理论》,也是谈王事的,那更像是向王者进谏,为王者作谋臣,算是佛教中的另一派,与康僧会这里介绍的思想,差别就很大了,尽管两者都属菩萨行。

但是,"布施度"始终没有离开自己的佛教性质,它站在佛教立场说话,要促使佛教走向社会,为佛教谋取经济利益。《布施度无极章》这样写道:"济四海饿人,不如少惠净戒真贤者。"(《六度集经》卷三)类似的说法,在大乘经籍中比比皆是:布施给这个给那个,最后都不如布施给持戒比丘。把这类贪婪的语言夹杂在里面,显得特别刺目。由此也就产生了最世俗的交换关系:施主之所以布施,是为了积累功德,获得福报;要想获得更大的个人利益,莫过于布施。一种完全为他和利他的崇高精神,就此蜕变成一种卑微的利己行为;本来是可能净化人的灵魂的学说,反而会令人更加恶浊。后来有些经籍看到了这种不良的倾向,反对为求福报而布施,晋宋间名僧竺道生提出"善不受报",就是这个意思,不能把行善当成谋取更大利益的手段。像《心地观经》卷一说:"能施、所施及施物,于三世中无所得。"就要求更进一步,从理论上认识布施的性质,以及不要贪婪于施物或追逐来世福报上。然而效果不一定那么理想,"一方面是庄严的工作,另一方面却是荒淫与无耻",对于一类社会可以这样看,对于一类宗教团体大体也可以这样看。

如上所说,"布施度"原指用个人财物和身家性命以利益他人的行为,后来又发展出一种"法施",此前的布施则称为"财施"。"法施"的"法"指佛法。向他人宣传佛教,通过种种布教说法的方法将佛教的义理、智慧、信仰令他人接受和享乐(法乐),从而对社会起道德教化作用,这也是一种奉献。所以沙门释子的宣教说法自身,亦被目为布施,而且比财施更加重要,所积功德更大。此外还有一种叫"无畏施"的,是当众生处于最困难最危险的境地时,给以救援,使受施者免除恐惧。这一施尤见大乘精神。《优婆塞戒经》卷四《杂品》说:

> 若有众生怖畏王者、狮子、虎狼、水火、盗贼,菩萨见已,能为救济,名无畏施。

此处将王者与虎狼、盗贼等并列,同视为众生怖畏的对象,令人感叹;而在这类怖畏面前,要求自己的信徒敢于出手救助,实在够得上"侠义"。

如是"财施"、"法施"加"无畏施",就形成大乘布施的基本种类。

按上述《优婆塞戒经》所说,还有三种施:

一曰"一切施",它是布施的原则:任何布施都不能是不洁的。譬如"如法求物,持以布施"(《优婆塞戒经》卷四,下同)。"法"就是原则:施者所施之物,来源必须清白;像盗窃所得,就不应收受。又,"恒以净心,施于受者",施者布施,动机应该纯正,不应为了"求报"、"求名"而施。"怨亲等施",施不能有差等,看人上菜碟。

第二种施可谓"不施",譬如不施"不净物",诸如"酒、毒、刀杖、枷锁"之属,即使求者是多么急迫和高兴,也不应施与;再如"布施病人不净食、药"等,理应禁止。

第三叫"不思议施",包括一般经籍津津乐道的布施自己的身家性命、肢体脑髓,以及向坏人、恶人亦进行布施之属,统统归于这一类。用一个"不思议"而置之不议,明显有不赞成的意思。这样,有许多夸张不合情理的主张,被逐渐纠正过来。

总之,布施把佛教从出世间重新引回到了世间,从自我封闭和社会隔离中彻底地走了出来,但由此带上新的贪婪,也就难免了。

二、大乘戒律和大乘伦理

关于"戒度",《六度集经》卷四也有一段提要:

> 狂愚凶虐,好残生命,贪余盗窃,淫佚秽浊,两舌恶骂,妄言绮语,疾恚痴心,危亲戮圣,谤佛乱贤,取宗庙物,怀凶逆,毁三尊,如斯之恶……终而不为。信佛三宝,四恩普济矣。

总其根本精神,仍是仁慈,唯运用于不残杀生命而已;而把"常奉佛教,归命三尊"作为个人受戒持戒的信仰基础,将"五戒十德,慈化国民"当做君主治国理民的方针。

此处所谓"十德"即对治"十恶"的"十善",加上"五戒"和"八关斋",都是在家信徒需要奉持的戒规。其中特别提出众生有九种难值的事情,谓"获人道难,处中国难,六情完具难,生有道国难"——生而为人,而且又是生得如此完好的人,非常不容易,以此劝勉人们自爱自重,好自为之,否则落入"三途"(三恶道),受地狱之苦,悔之晚矣。

据此,康僧会译介的"戒度",着重于对社会整体的劝导,没有太多的细节规定。事实上,作为"六度"之一的戒规,相比于部派所传佛陀亲制的戒律,可以说有天壤之别,亦通称"大乘戒"或"菩萨戒"。

释迦在世,释迦所说的义理就是"法",释迦对僧尼生活的规范就是"律","法"与"律"悉归于释迦一身所出。释迦逝世,"法"、"律"失去依持,于是"法"被人格化,有了"法身"之说,可容多种诠释和多头发挥;而"律"关系教徒的切身生活和日常活动,如果不能一致,就很难继续和睦共处、行为一致。早期佛教之所以结集以至最后分裂再分裂,主要是由戒律问题引发的。南北朝时僧祐等传,律分五部,唐义净说律分四部,实际上仅译传于中国的律,就不少于五部。但这些都属于部派的律。

大乘的情况如何呢?中国两位知名度最高的译经大师鸠摩罗什和玄奘,都有关于结集大乘法藏的记载。罗什编译的《大智度论》卷一〇〇谓,有人传,佛灭后迦叶在耆阇崛聚众结集"三藏"的同时,"文殊师利、弥勒诸大菩萨亦将阿难集是摩诃衍"。此"三藏是声闻法,摩诃衍是大乘法"。三藏的数量虽多而有限,摩诃衍则无量无限。玄奘的《大唐西域记》卷九记,迦叶召集九百九十九人结集"上座部"三藏;阿难则召集"凡圣咸会",有"数百千比丘"参加的"大众部"结集,形成"五藏",除经、律、论外,还别有"杂集藏"、"禁咒藏",这后二藏显然属于大乘。此外,像苻秦竺佛念译《菩萨处胎经》(略称《处胎经》)的最后一品《出经品》记,迦叶令阿难一字一句如实诵出佛在世时所说法,曰"菩萨藏者亦集著一处,声闻藏者集著一处,戒律藏者亦集著一处",共集著八藏,所谓"胎化藏、中阴藏、摩诃衍方等藏、戒律藏、十住菩萨藏、杂藏、金刚藏、佛藏",直接以"摩诃衍"、"菩萨藏"等称之,更属大乘无疑。

佛教研究者对于此类传说,大都视为大乘思潮兴起后,为了证明大乘非是"非佛说",并为自己随意创造佛典的方便而制造的一种历史故事,所以在学术领域把它当真的不多,但在这里至少提出了一个问题,就是大乘究竟有没有自己独立的戒律,或者就是与声闻等通用一类戒律?不论罗什还是玄奘,都没有注明结集中是否含有大乘戒律,《处胎经》则将戒律藏同大小乘藏并列为三大处,也不那么明确。因此,要从现有的资料记载中找到大乘公认的律藏，相当困难，何况大乘自身就有许多派别，成分十分复杂。

然而这不是说，大乘没有戒律，问题是它大都分散见于有关的经籍中，缺乏一个完整的戒律系统；也有若干独立单行的戒律典籍，但不一定得到普遍的公认。尤其是中国的某些律学家，或许对它们还有所反感，为适应中国佛教的需要，不得不自己制订一些。有的公开宣布是自己的独创，像东晋道安"所制僧尼轨范，佛法宪章"（《高僧传》卷五），唐怀海所制《禅门规式》和元代的《百丈清规》等，其约束僧众的行为与戒律的功能相同，而与部派佛教的戒律则明显不同；有的则假托翻译，因而多被视为"疑伪"，例如《梵网经》、《菩萨璎珞本业经》等，更与部派律典不相干，实际上却备受推崇，十分流行。中国佛教是以大乘自居的，小乘有三藏，显得典籍很完善，大乘也不能例外，所以自隋代开始，历代经录家都要在大乘经论之外搞出一个大乘律藏目录来，或名"大乘毗尼藏"，或称"大乘律"，至《开元释教录》（略称《开元录》）已收入二十六部五十四卷。但就其内容看，总不出从外来译经中摘出的若干戒文和伪造独制经戒这两个系统。

从外来译经中摘除戒文形成的典籍，主要是《菩萨戒本》（略称《戒本》）。它只有一卷，文字不多，是从《瑜伽师地论》的《菩萨地》中摘录出来的。首先有北凉昙无谶的翻译，唐玄奘又重译单行。另有南朝宋求那跋摩译《菩萨善戒经》（略称《戒经》）一卷，与《戒本》略有不同。早在玄奘《瑜伽师地论》全文译出之前，其中的《菩萨地》已被翻译单独流通，也有两译：一是昙无谶的《菩萨地持经》（略称《地持经》）八卷，一是求那跋摩的《菩萨善戒经》九卷。上述《戒本》和《戒经》都是分别从《瑜伽师地论》中抽出来的。由此可见，大乘本来没有独立的律藏。我们在鸠摩罗什译介的般若中观派的经论中，就没有发现律典的踪迹，只有到了瑜伽行派才有了自己的戒法，但也不是离开它的整体教义独自单行。中国佛教即以《地持经》作为大乘的戒经和戒本，固然与它的内容适合中国以"大乘"

自命的潮流有关,可能也是没有办法的办法。此外,尚有失译的《优婆塞五戒威仪经》二卷,亦有《菩萨戒本》的内容,与北凉译本大同。

按《地持经》等说,"一切菩萨戒"可分为在家和出家两种;依其内容则有三类,所谓"律仪戒,摄善法戒,摄众生戒"(《地持经》卷五,下同),总名"三聚净戒"。"律仪戒"亦称"摄律仪戒","谓七众所受戒:比丘,比丘尼,式叉摩尼(正学女),沙弥,沙弥尼,优婆塞,优婆夷。在家出家,随其所应"。就是说,为此七众各自所制所授的种种戒法,菩萨戒一概给以承认,并兼容在菩萨戒中,因此,它们的戒条基本上没有超出小乘范围。

所谓"摄善法戒",范围异常宽泛,而且只能为"菩萨所受"。它以"上修大菩提"为大愿,以"回向无上菩提"为总目标,并即以此"大愿"和"回向"调顺和规范自己的一切"身口意业",指导自己的一切思想言行,因而不是用某些具体戒条可以穷尽说清,也是不受任何戒条去约束自己的菩萨行的。严格些说,它确立的是一种行为原则、一种指导思想,一切善恶是非,都要依这里所制订的思想原则进行判决。因此,从字面上看,"摄善法戒"就是思想要善,所有善事都要去做,是故又名"长养善法戒",事实上它以"大乘"的善恶为善恶,以"大乘"的是非为是非,所以它特别说明这是"菩萨所受戒",而非谨小慎微,把自己的行为限制在一些清规戒律的条文中。

大乘菩萨行的核心是利益众生,所谓"摄众生戒"就在于把利益众生这一宗旨用戒律的形式固定下来,加以强化。这一戒文列有十一条,着重在两个方面:其一是饶益众生、救济众生,尤其要求对贫困者和病痛者给以财物和医药上的具体帮助,对于因失意或丧亲而忧恼者,给以开解和安慰,如此等等;另一方面,是要求处理好与众生的关系,例如随顺众生,语言和软,见有人做好事,自己也去参与,对有实德者要称扬,对有过恶者要慈心呵责,或用天堂地狱、因果报应引导人们去恶向善,诸如此类。

此"摄众生戒",有人把它释为"四摄法";所谓"摄善法戒",有人把它释为"六度"。总之都不像戒条,也不像法规,最多可以说是一种道德规范、一种指导思想或行为准则。但这不是说,什么具体的戒条也没有。《地持经》等称之为"菩萨律仪戒"的规定,就比较具体;它们反映在《菩萨戒本》规定的"四波罗夷"以及相应的"轻戒"中,尤以"波罗夷"最见精神。

"波罗夷",意译"极恶"、"断头"、"弃",新译"他胜"等,指罪大恶极、罪不容赦,死后会下地狱,必须摈出僧团的过恶,亦称"重罪"或"性罪"。小乘律,诸如《四分律》等规定,比丘有"四波罗夷",比丘尼增加一倍,有"八波罗夷"。为比丘尼所增四波罗夷全属性别歧视,这里不论。最重要的是通行于僧尼的那四波罗夷,它们依次是"淫"、"杀"、"盗"、"妄语"。此四波罗夷中,以"淫"为首,严禁僧尼一切性行为和性意念,最充分地体现了早期佛教的禁欲主义倾向,以及将"生"作为病、老、死诸苦之因的基本教义。通行于在家居士的"五戒",也包括这四波罗夷,尽管名字相似,含义大异,例如把戒"杀"提到第一位,表示爱护生命才是头等大事,而对"淫"的解释,则在禁止"非道"或非婚配上。于是原始佛教的戒学开始蜕变,到了《菩萨戒本》,可以说面目全非。

按昙无谶译《菩萨戒本》卷一,四波罗夷是:

(1)"为贪利故,自叹已德,毁訾他人";

(2)"自有财物,性悭惜故",不起悲心,布施于人,或吝于为他人说法;

(3)"瞋恚出粗恶言",或手打杖击等"瞋恨增上",或"犯者求悔,不受其忏,结恨不舍";

(4)"谤菩萨藏,说相似法",或自信解,或从他受。

这四波罗夷中,给人最深的印象有二:其一是取消了"淫"、"杀"、"盗"、"妄语"等见诸客观行为的戒条,而把"贪"、"吝"、"瞋"等主观品性提高到律的水平,就是说,重点不是去禁止菩萨的行为,而是去禁止看不见摸不着的思想意识。从条文看,列入了思想情感罪,似乎比小乘律还要严厉;但也可能成为纵容和支持奸淫盗杀等犯罪活动的辩护词、保护伞。中国传统律学中有一派,侧重行为的动机而不甚看重行为的结果,所谓"无心作恶虽恶不罚,有心为善虽善不偿",企望对表现为善恶的现象作更深层的分析,但若走向绝对,所制律条就都变成了空话。其二是,在思想动机中,主要看对"大乘法"的态度;唯一不提动机的,是"谤菩萨法,说相似法",只要有这样的言论,就得波罗夷。

据此可以说,这四波罗夷的实质,在保护和促使大乘无限制的扩展:一切为了大乘,而且只能为了大乘;大乘利益高于一切,不容任何反对或质疑;在大乘的名义下,什么事情都可以做,都可以是"善",所以具有极强烈的宗派性和排他性。这一点从昙无谶全译的《大般涅槃经》中可以看得更清楚些。此经的《如来性品》之三提出了大乘戒的一个基本原则:

> 于此大乘,心不懈慢,是为本戒。

只要忠于大乘,勤于大乘,就是从根本上守戒,其他所有行为都是枝末,无需挂齿。因此,它轻蔑一切戒律,甚至把"破戒"也容纳到遵守它的"本戒"内。《大般涅槃经·圣行品》有这样一段话:

> 有菩萨未住不动地,有因缘可得破戒……若有菩萨知以破戒因缘则能令人受持爱乐大乘经典,又能令其读诵通利,书写经卷,广为他说,不退转于阿耨多罗三藐三菩提,为如是故,可得破戒。

照此行去,破戒的等于不受其他任何限制。这里略举《大般涅槃经》的其他一些说法。《金刚身品》言:

> 若诸菩萨为化众生,常入聚落,不择时节;或至寡妇、淫女舍宅,与同住止,经历多年。

就是说,为了向众生推行菩萨教,即使犯淫,犯最下流最不道德的"淫",也不算犯戒。《如来性品》之三曰:

> 如来观知所有弟子:有诸檀越供给所须,令无所乏,如是之人,佛则不听受畜奴婢、金银财宝、贩卖市易不净等物;若诸弟子无有檀

越供给所须,时世饥馑,饮食难得,为欲建立护持正法,我听弟子受畜奴婢、金银、车乘、田宅、谷米,卖易所须。

就是说,以建立和维护大乘"正法"的名义,可以用各种手段聚敛财富。《金刚身品》还规定:

护持正法者,不受五戒,不修威仪;应持刀剑弓箭铩槊,守护持戒清净比丘尼。

就是说,为了"护持正法",可以"不受五戒",做任何与僧尼言行(威仪)相乖的事情,甚至可以把自己全副武装起来,尽管借口是保护比丘尼。

为守护比丘尼而武装起来,总算是一条理由,下边《圣行品》之二的规定,性质就不同了:

心重大乘,闻婆罗门诽谤方等,闻已,即时断其命根……以是因缘,从是以来,不堕地狱。

"方等"是大乘经的异名;"婆罗门"也可能是特指,也可能是泛指一切"外道"。把"诽谤"大乘经典定为一条罪状,而且可以立即杀掉,这在中国历来以诽谤定罪,并即以诽谤罪施刑中,也是奇少的。这说明大乘佛教在兴起过程,也曾经动用讨一手拿"大乘经"对外传教,一手持刀剑诛杀异教徒的暴力手段。佛教史料传说,大乘的著名开创者和活动家龙树、提婆,都是非正常死亡的,他们可能都曾处在宗教敌对和宗教仇杀的漩涡中,而且最大的可能是当时大乘佛教同婆罗门教间的斗争。当然,与上座部斗争也不是不可能。大乘诸派,尤其是所谓"方广道人"被上座部从斯里兰卡驱逐或消灭的这段历史,我们现在已经很难知其详情了。

但不论如何解释,至少有一部分大乘经籍是主张不用戒杀、戒淫、戒聚敛去限制它的信徒的。至于在中国佛教中享有极高地位的这部《大般涅槃经》,还特别为某些大开杀戒的行为作辩解,尤其是在社会政治生活方面。其《梵行品》之五和六,长篇累牍地为那位犯有杀父害母等"五逆罪"的阿阇世王辩护。其中说:

> 法有二种：一者出家，二者王法。王法者，谓害其父则王国土，虽云是逆，实无有罪，如迦罗罗虫，要坏母腹然后乃生；生法如是，虽破母身，实亦无罪……治国之法，法应如是，虽杀父母，实无有罪。

一般说，封建国家中的政治斗争，确实没有什么伦理道德可讲，更没有什么法不法的问题，如果仅作一种直白的历史描述，《大般涅槃经》的这一说法无可厚非，但是，如果把它当做一条法则、一种教义固定下来，公然向社会传播，那就在纵恶为非，鼓动残杀，把邪恶合理化。因为它肯定，为了个人政治野心可以不择手段。这种主张，在一个心理正常、社会正常的国度里，是很难被广泛接受的。所以笔者曾一再思考，为什么像《大般涅槃经》这类佛经（还有《阿阇世王经》等）会在古代中国那么风行，尽管公开的文字宣教中极少见到这类内容。

姑且承认，"王法"就是如此残忍吧。那么，"云何如来昔为国王行菩萨行时，断绝尔所婆罗门命？"佛答："以爱念故断其命根，非恶心也。"（卷一六）在这话里，制律的动机论得到了具体的运用：我所以杀他，是因为我爱他。因此经文云：

> 譬如父母唯有一子，爱之甚重，犯官宪制，是时父母以怖畏故，若摈若杀；虽复摈杀，无有恶心。菩萨摩诃萨为护正法，亦复如是：若有众生谤大乘者，即以鞭打苦加治之，或夺其命，欲令改往尊修善法。

大乘佛教总在积极追求世俗政权的支持，这是一贯的；根据这里的主张，它还曾经提倡过政教合一的体制，或许还实行过这种体制，而就其本质言，决不会比西方中世纪的黑暗时代更好。《涅槃经》译出之初，曾受到过中国僧侣的抵制和反对，认为它非是佛说，但不知具体的理由是什么。笔者认为，它的主杀——杀政敌，杀异教，一直杀至父母子女，恐怕也是原因之一。

与此有关，是《菩萨戒本》四波罗夷中第三条的一项内容：

>犯者求悔，不受其忏，结恨不舍。（卷一）

即要求对犯罪者宽恕——宽恕似乎也是基督教新教的精神。但前提是犯罪者必须忏悔；忏悔即可免罪。如果不许罪人忏悔，也是一种严重的罪过，于是忏悔也就被引入了大乘菩萨行的范畴。忏悔和宽恕一样，有可能挽救了许多应该得到挽救的生命，但也可能使犯罪者更加肆无忌惮。俗语有"放下屠刀，立地成佛"之说，可能由此演化而来。佛教史上许多暴戾无道或杀戮过多的王者，晚年多归依三宝；佛教队伍中容纳了许多当时的政治、法律或社会难以容忍的人物，与允许忏悔的宽恕精神不无关系。在中国历史上，只要进入空门，政治的追究和道德的谴责一般就会停息下来；而对于出家人，包括名僧大德的生平出身，大都作为"隐私"，本人既不自报家门，他人也不宜追问，有关的史传更罕有记载。出家受戒是不填个人履历的。

《菩萨戒本》具有的宗教迫害和败坏伦理的倾向，很难在中国得到普遍的支持，而要中国佛教完全接受小乘诸律，又与大乘的许多教义难以调和，所以在求那跋摩译的《菩萨善戒经》中，就于原有的"四波罗夷"上添加了四条，而且放置在最前面，似乎成了"四波罗夷"的管制者。新添这四条是：戒杀、戒盗、戒淫、戒妄语，也就是小乘律中的四波罗夷，"五戒"中的前四戒。很明显，南朝的文化氛围很难全部接受《菩萨戒本》的制法思想，译者有意地把原文篡改了。但这种做法，在学问僧那里似乎难得通过，于是有了《梵网经》和《菩萨璎珞本业经》的问世。

《梵网经》又名《梵网经卢舍那说菩萨心地品第十》，给人的印象似乎它是从大本《梵网经》中略出来的一品，其实是仿照《菩萨戒本》从《瑜伽师地论》中略出的模式，假名鸠摩罗什译，隋代《法经录》即将其列入"疑惑类"，但却受到中国大乘学者的欢迎和奉持。

此经所说菩萨戒总为"十重、四十八轻戒"（《梵网经》卷二），其"十重"是在《菩萨戒经》的"八重"上又增添二项而成。新增者为"酤酒"和"说四众过"。其次第如下：不杀、不盗、不淫、不妄语、不酤酒、不说四众过、不自赞毁他、不悭惜财法、不瞋(也包括允许忏悔)、不毁谤三宝。这里的"酤酒"是卖酒,不是"五戒"中的饮酒;"四众"是出家和在家的男女信徒;"毁谤三宝",不限于"谤菩萨法"。经过如此修正和补充,《菩萨戒本》的宗派性和排他性大大缩小,与异教敌对的杀气全消,成了一般佛徒可以普遍接受的起码条件。

《梵网经》最大的变动,是适应中国社会和中国文化的历史特点,其卷二宣称"孝名为戒,亦名制止"。制止是从消极的方面说,而积极的方面是"孝":"孝顺父母、师僧三宝,孝顺至道之法"。它的戒律纲领,就在于积极的扶助传统伦理的建设;这也正是它之所以被普遍接受的原因。它的其他戒条,也富有积极的建设性,譬如"戒杀",首先是要求"起常住慈悲心、孝顺心",以方便"救护一切众生",而不是单纯宣布对杀者的惩处。"戒盗"亦是如此,首先要求"生佛性孝顺慈悲心","常助一切人生福、生乐",如此等等。其敢于宣布此类戒条为"一切佛本源、一切菩萨本源",是一切众生皆有的"佛性种子",与其制法的精神特别适合中国国情有关。

《六度集经》的整个倾向,就是与儒家的"仁道"接轨的,《孟子》的思想影响在"六度"中处处可见。这也是大乘佛教最终能够在中国土壤上生长壮大的重要原因。

与此相应,《梵网经》卷二把授戒的大门大开,把佛门大开,采取了非常宽松以至于来者不拒的态度:

> 国王王子、百官宰相、比丘比丘尼、十八梵天、六欲天子、庶民、黄门、淫男淫女、奴婢、八部鬼神、金刚神、畜生、乃至变化人,但解法师语,尽得受戒,皆名第一清净者。

此中有许多类"众生"原是被禁止进入佛门的,像"黄门",所指的性机能不全或有缺陷者,不论男女,都是不许剃度的。现在是全无禁忌,一律可以受戒,并能平等地得到"第一清净者"的尊称,实在是一大进步。同时它还强调：

> 若佛子欲受国王位时，受转轮王位时，百官受位时，应先受菩萨戒，一切鬼神救护王身、百官之身，诸佛欢喜。

表明中国大乘菩萨行者是坚定不移地要向王者和官僚层发展的，也许正因为王者和官僚层有了这样的需要，才有了《梵网经》等大乘律的产生。

上述菩萨戒整体上反映了大乘佛教向社会上层，尤其是政治上层、当权集团急剧扩展的状况，以及谋求控制世俗政权的意图。到了宋代施护译《佛说大乘经戒》，形势急剧变化，于是有了这样一些箴言：

> 女人无信，不可亲近；王恩虽胜，不可恃怙；水沫无实，不可撮摩；富贵无常，不可久住；色相如花，须臾变异；寿如熟果，不可久停。

（卷一）

大乘的那种舍命进取的精神已经不复存在了，尽管这戒对中国佛教没有发生什么大的影响。

另外还有一部大乘戒经，在中国佛教中反映也非常热烈，那就是昙无谶译的《优婆塞戒经》。它反映了大乘佛教在一般庶民中发展的情况，对人们日常生活的规范，以及应该如何待人接物，设想得周到细致，令人感到亲切。我认为，佛教有两部讲戒的典籍，是值得一读的：一部是为出家人写的《大比丘五千威仪》，一部就是这里说的《优婆塞戒经》。如果研究佛教伦理而不看这两部典籍，那恐怕是不可弥补的缺陷。此经提出的"因缘"论，独树一帜，也极有特色。

本来大乘在讲到菩萨和菩萨戒的时候，并不分在家和出家、是男是女的，只要发菩提心、求菩萨道，都可以成为菩萨，被称为菩萨；所以接受菩萨戒，也没有身份的限制。《优婆塞戒经》则强调在家与出家的区别，认为在家菩萨践行它所说的戒条，特别可贵，所得功德更多；它用男性"优婆塞"的名称讨论在家菩萨问题，有视男性为一家之长的意思，但并没有歧视妇女的特别规定。它给优婆塞规定的戒条，除一般所谓"三归五戒"之外,又提出"六重戒"来,即不杀生、不偷盗、不虚说、不邪淫、不说四众过、不酤酒等。这也不算新鲜,特别之处是它给制戒确定的原则:"大悲"。

前已说过,作菩萨的第一前提是发菩提心,而菩提心之所以会产生出来,按此经《悲品》说,那就是"大悲":

> 发菩提心或有生因,或有了因……夫生因者,即是大悲,因是悲故,便能发心……智者深见一切众生沉没生死苦恼大海,为欲拔济,是故生悲;又见众生未有十力、四无所畏、大悲三念:我当云何令彼具足,是故生悲。

所以"悲"就是有见于众生苦恼,欲为救济,使之接受佛教智慧的一种心态。其中"未得道时,未能救济"时的这种心态,叫做"悲";"得道已,能大救济之",始名"大悲"。"悲"限于怜悯同情,"大悲"还要有实际的救助行动。只有这样的"大悲",才能使"菩提心"产生。进一步说,一切菩萨行也都要以此大悲为动因,并贯彻始终,是故"六波罗蜜皆以悲心而作生因"。于是"悲"或"大悲"也就成了在家菩萨戒中的根本戒:

> 在家之人若不修悲,则不能得优婆塞戒;若修悲已,即便获得。

因此,是否成为佛教的在家信徒,不是形式的,而是要出自内心并见诸行动。《悲品》认为,在家之人修菩萨行比出家人有一个长处:"出家之人唯能具足五波罗蜜,不能具足檀波罗蜜"。只有在家者才有行施的条件,"是故在家之人应先修悲"。在一切善法中,"悲为根本"。《自利利他品》还认为:

> 在家菩萨能度多人,出家菩萨则不如是。何以故?若无在家,则无三乘出家之人;三乘出家,修道持戒、诵经坐禅,皆由在家而为庄严。

在家佛徒是出家的基础,出家者要由在家者供养尊崇,对佛教的生存发展起的作用绝大于出家。《优婆塞戒经》的观察,很客观,很冷静,把出家者的位置摆得很恰当。

大悲的总精神是"利他"。《菩萨心坚固品》举例说,菩萨"于饥馑世,我立大愿:以愿力故受大鱼身,为诸众生离于饥渴……疾疫世时,复立大愿:以愿力故,身为药树"(《优婆塞经》卷二,下同),令诸有病者食之,病悉除愈。这种利他,就是《六度集经》中"布施度"的传统;虽称"大愿",但据大乘关于"愿力"必然有力行跟着的学说,也表现了发愿者的精神。

不过"利他"也有区别。《名义菩萨品》中分菩萨为两类:"一者假名菩萨,二者实义菩萨"。假名菩萨是沽名钓誉辈,他们的布施是动机不纯,别有所图,因而提倡作"实义菩萨"。是否是"实义菩萨"不是从口头上可以鉴别出来的,这得看实际行动:"若少财时,先给贫穷,后施福田;先为贫者,后为富者。"所谓"施福田",是为施者个人谋私利;"为富者",是锦上添花,只有不为私利不讨好富有者,为真正贫穷生活需要的人布施,才称得上"实义菩萨"。它这里提供了一个识别真假布施、真假"善人"的重要标准,至今也还有现实意义。

"利他"并不绝对排斥"自利";专门利人并非毫不利己,大公亦非完全无私。我们知道,如何把个人利益与社会和他人利益协调起来,从来是伦理学关注的核心问题,有人称之为道德的"黄金律"。菩萨行的黄金律是"自利利他",所以"自利利他"也就成了菩萨的道德品行。但从佛教言,牺牲私利以利他,于利他中而自利,这不仅是道德的,也是宗教的:菩萨于今世利他,可能不会马上产生自利效用,但会得到后世的好报,尤其是可以发财长寿。更长远些看,利他是积累功德,为未来成佛打基础。但即使是纯宗教的,"自利利他"的原则也有利于社会群体,有利于宗教自身品格的提高。

《优婆塞戒经》的组织方法,可能从印度"外道"崇拜"六方"那里得到过启发,与《长阿含》和《中阿含》中的《善生经》即《六方礼经》的性质相似,也从礼拜"六方"开始论议。不过它所谓的"六方",即是人心,是人所发的菩提心,所以礼拜六方就是礼拜自己的菩提心,特别包括处理人际关系上的菩提心。

《受戒品》规定在家菩萨优婆塞的受戒方式,首先是供养六方,即:东方父母、南方师长、西方妻子、北方善知识、下方奴婢、上方沙门婆罗门等,即一般宗教布道者。此处把妻子、奴婢放在与父母师长同一需要礼拜供养的地位,本身就是一大突破;同时它还规定了与这六方面有关双方各自应负的义务和应享的权利,使之成为由权利与义务联结起来的互动关系,这在中国伦理史上是罕见的。细说话长,兹举数例分析。

首先,"供养父母,衣服、饮食、卧具、汤药、房舍、财宝;恭敬礼拜,赞叹尊重"(《优婆塞戒经》卷三,下同);与此相应,"父母还以五事报之:一者至心爱念,二者终不欺诳,三者舍财与之,四者为娉上族,五者教以世事"。

父母与子女间的爱,也是互动的,这与我们儒家的传统相比,例如与《孝经》规定的孝道比一比,就可以知道它的特点在哪里,是不是更具合理性。

其次,"供给妻子,衣服饮食卧具汤药",还有"璎珞、服饰、严身之具";"妻子复以十四事报之",这包括"所作"要尽心,不懈怠,要及时,"必令终竟";然后是"常为赡视宾客,净其房舍卧具,爱敬,言则柔软,僮使软言教诏,善能守护财物,晨起夜寐,能设净食,能任教诲,能覆恶事,能赡疾苦"。

民间俗语:"嫁汉嫁汉,穿衣吃饭"。在封建社会,像此处设计的夫妇关系也是一种理想了,因为它没有中国传统的"三从四德",也不像传统佛教那样攻击所谓"女态",倒是把"璎珞服饰"等美化妻子的身材作为丈夫的义务,而把参与理财和家庭教育列为妻子之权柄,这应当是相当文明开放的。

关于"供给奴婢",同样有"衣服饮食,病瘦医药",而且是"不骂不打";奴婢即以"十事"回报,不作罪过,不待教作,作必令竟,不令失时,早起,守物,少恩多报,至心敬念,善覆恶事,虽贫穷终不舍离。这样的奴婢,有些符合中国观念中的"忠仆"的形象,但那"忠"的前提条件,是主子不只要供给其一切生活所必需,而且还有不骂不打的人身尊重,这在"忠仆"的概念里是没有的;"忠仆"只能是无条件的,是只有义务而不可以讲权利的。

《菩萨善戒经》中也为王者设想过如何处理与臣民的关系问题,但自觉地把它当做一种社会政治关系提出来,并规定出总的处理原则的,那还是《六度集经》。其《戒度无极品》中记:

> 王者为德仁法。帝精明,即日月济等,后土润齐,乾坤含怀,众生即若虚空,尔乃可为天下王耳。若违仁从残,即豺狼之类矣;去明就暗,瞽者之畴矣。(《六度集经》卷四,下同)

于是结论就出来了:"狼残瞽暗","不可为宰人之监,岂可为天下王哉!"这样,被统治的臣民则表示:"宁为有道之畜,不为无道民矣。"就是说,王行仁政,慈爱众生,民即"无为",作畜也愿意;王若无道,残害民众,他的臣民就可以像对待豺狼、桀纣那样对待之。所以君臣之间、君民之间,也是互动的关系。这是一种政治伦理,它与《孟子》所谓"民为贵,社稷次之,君为轻"的主张相仿,而与《周易》经传等提倡的上尊下卑等主流政治观念不甚相同。

《优婆塞戒经》是很重视财产的,把拥有富足的财物同寿命长久等量齐观,但它强调取之有道,用之有道。除了禁止偷盗这类一般戒条之外,还提倡公平交易,反对欺诈,不许逃税,不得谋取不义之财,这也可以叫做经济伦理。《受戒品》特别规定,学习经营,善于处理财务,是优婆塞受戒的前提之一。该品云:

> 受优婆塞戒先学世事,既学通达,如法求财。若得财物,应作三分:一分供养父母、己身、妻子眷属,二分应作如法贩博,留余一分藏积拟用。

它把全部收入分为生活消费、继续投资和必需储备三分,这种理财方法,大约是善于经营者的经验总结,至今不失为一种理财的参考。它同时叮咛,储备须注意安全,"财物不应寄付四处:一者老人,二者远处,三者恶人,四者大力"。这当然也是经验之谈。这些经验之谈,说明《优婆塞戒经》中的优婆塞,主要是商人;商人在促进大乘佛教的发展中,曾经起过举足轻重的作用。

三、忍辱和精进的内涵及其根本精神

"六度"的第三度为"忍"或"忍辱"。《六度集经》卷五的提要是这样介绍的:

> 菩萨深唯:众生识神,以痴自壅,贡高自大,常忍欲胜彼;官爵国土,六情之好,己欲专焉。若睹彼有,愚即贪嫉。贪嫉处内,瞋恚处外,施不觉止。其为狂醉,常处盲冥矣。辗转五道,太山(地狱的古译)烧煮,恶鬼、畜生,积苦无量。菩萨睹之即觉,怅然而叹:众生所以有亡国破家,危身灭族,生有斯患,死有三道之辜,皆由不能怀忍行慈,使其然也。菩萨觉之,即自誓曰:吾宁就汤火之酷,菹醢之患,终不恚毒加于众生也。夫忍不可忍者,万福之源矣。自觉之后,世世行慈,众生加以骂詈捶杖,夺其财宝妻子国土,危身害命,菩萨辄以诸佛忍力之福,迮灭毒恚,慈悲愍之,追而济护,若其免咎,为之欢喜。

关于"忍辱",可以说是一切宗教中最普遍的教诫之一。一个人不能离群独居,大到一个社会,小到一个群体、家庭,都要碰到人际关系问题。如何正确处理这些关系,既是政治家、社会活动家们的大事,也是社会学家、伦理学家研究的主要课题,而个人为了营造自己必要的生存和生活空间,一般来说也很重视,于是待人接物就变成一门学问。在我们的传统生活里,或作为个人修养,或作为处世哲学,在当今商品社会里,就蜕

变为公关学。仅就个人言，正确处理人际关系需要多方面的性格和品德，其中最普遍的一种，就是忍让。如果没有忍让，但是任性而为，随意而行，或受情欲支使，或受名利驱动，不尊重他人人格，不考虑他人利益，那至少会破坏与周围关系的和谐，以致形成矛盾和对立，把自己孤立起来。

问题是，孰可忍孰不可忍？忍让的性质以及忍让的范围和程度如何？这在各个宗教之间就有很大的出入。同一部《圣经》，《旧约》提倡"以眼还眼，以牙还牙"的复仇主义；《新约》似乎在给以纠正，主张"有人打你的右脸，连左脸也转过来由他打"，而且爱，必须达到"爱你们的仇敌"的程度，以致"宗教宽容"被当做美德。可是在对付异端、审判异端的时候，即使新教也没有放弃火与血的手段；无神论者之在一神论那里，始终被当做邪恶的同义语，给以鄙视和仇视，而且不只是让他们死后下地狱。《六度集经》把忍辱作为菩萨的一种基本品格，提到慈、悲、喜、舍这种所谓菩萨行的高度，看来是无条件的、绝对的，以致被侮辱被损害到亡国灭种、杀身破家也在所不惜。这恐怕不是所有大乘佛教派别都能接受的，上述《涅槃经》对于"一阐提"的态度，就是明显的一例；其允诺于王者的治国之道，也不是宽容的。

实际上，任何忍让或宽容，都很难成为处理人际关系的唯一原则和最高准绳，在大多数情况下，它服从和服务于特定目的和其他一些原则，而不能成为目的和原则本身。即以《六度集经》看，也是如此。其《裸国经》说：

> 先圣影则，陨身不陨行，戒之常也；内金表铜，释仪从时；初讥后叹，权道之大矣。（《六度集经》卷五，下同）

此中的"行"、"金"就是原则；高然卓出的"行"不得不表现为种种并不高洁的"身"形，而真"金"不得不用"铜"伪装起来。所以不洁和铜伪，仅仅是一种"权道"，即所谓方便。

忍辱的重要一着是能够忍受他人的误解,以致讥笑辱骂,最终目的在使对方理解,受到赞叹敬信。它用兄弟二人同时到"裸国"传教为例,一个与当地风俗相结合,白身相见,男女相杂,同歌共舞,结果受到尊重,释教得以传播;另一个则认为"释人从畜,岂君子行乎!"结果是被人驱赶出境,受到更大的侮辱。据说,这位善于权变随俗者,是行菩萨道时的释迦牟尼,而自命为"君子"的,则是彼时的调达。在这里,《六度集经》为"忍辱度"作了一个颇带哲理的概括:"杀物者为自杀,活物者为自活"。忍辱者终会受到尊重,而辱人者必将受辱。这也是一条法则。

尽管如此,忍辱还是被当做必须遵循的信条在菩萨行中肯定了下来。如果不能宽容,就难以成为菩萨。及至把"忍不可忍者"当做"万福之源",加上因果报应的宗教观念,就使忍辱的信条更加固定下来。但这样做的结果,很可能适得其反,即使是推进菩萨道,也无法有所作为。绝对的忍辱可能导向苟且偷安、终生无耻。当然,如果斤斤计较条件,不能忍辱负重,小不忍而乱大谋,于事一无所成之外,或许还得继续蒙羞。因此,"忍辱"只能是方便手段。把方便当成原则,把手段当成目的,也不是大乘佛教的初衷。

此后,大乘佛教又给忍辱以许多新的含义,尤其是注入了认识论的含义,汉文的译文,也将界定明确的"忍辱"改成了内涵模糊的"忍",所以忍辱波罗蜜就成了"忍波罗蜜"或"安忍波罗蜜"等。由"忍辱"向"忍"的这种变化,在一切有部的论著中也已开始,像《俱舍论》卷二三,即将承认、认可四谛之理,不会倒退堕诸"恶趣",叫做"忍法";"忍"即有了"忍可"、"安忍"于佛理的意思。大乘则大大发挥了"忍"的认识论方面,提出了"无生法忍"和"谛察法忍"(亦作"观察法忍")的概念,在中观学派和瑜伽行学派的认识论和实践论中,都占有重要的地位。

《大智度论》卷六谓:"有二种忍:生忍、法忍"。其中"生忍,名众生中忍",它包括两项内容,一是处理人际关系中对人的基本态度,包括"忍辱"但不限于"忍辱",所谓"如恒河沙劫等众生,种种加恶,心不瞋恚;种种恭敬供养,心不欢喜"。所以此"忍"已超出忍辱,具有荣辱不动于心的意思,即所谓"安忍"。二是对于众生应持的理论性认识,所谓"众生无初,若有初则无因缘,若有因缘则无初;若无初亦应无后……若无初后,中亦应无。如是观时,不堕常、断二边。用安隐道观众生,不生邪见"。至于"法忍",这里只讲了一句话:"甚深法中心无挂碍"。此处的"无挂碍",指的是精通一切深奥的佛法,而心不执著,无所妨碍。

关于"生忍"和"法忍"的解释,非常之多,但究其实质,不外这两大类。

《大智度论》卷一四至卷一五,曾将"生忍"解释为对内心引发之愤怒、忧虑等苦恼的忍受,把"法忍"解释为对寒暑、饥渴、病死等外因引发之苦恼的忍受。但这是随宜说,而不是完整的说法。《摄大乘论释》卷七进一步综合为三种忍,所谓"耐怨害忍"、"安受苦忍"和"谛察法忍",就更加完全:前者相当于传统上讲的忍辱,后者指对佛说的忍持而不动摇,中间则是忍受外在恶劣条件的能力。这样,原始"忍辱"的成分被大大降低了,它与真理性的认识结合起来,又与制怒平忿、任劳任怨、不畏艰苦的精神结合起来,可以形成一种优良的品格,即广义上的坚忍不拔、坚持到底的精神,为一切事业得以成功的重要的主观条件。

不过总体上说,忍波罗蜜强调的是以忍让去协调人际关系,以忍耐去对待苦痛,所以总是消极的成分居多。佛教成为近代不抵抗主义的思想来源之一,可能与此有关。

关于"精进度无极",《六度集经》卷六是这样说的:

> 精存道奥,进之无怠,卧坐行步,喘息不替。其目仿佛恒睹诸佛灵像变化,立之前矣。厌耳听声,恒闻正真垂诲德音。鼻为道香,口为道言,手供道事,足蹈道堂,不替斯志呼吸之间矣。忧愍众生长夜沸海,洄流轮转,毒加无救;菩萨忧之,犹至孝之丧亲矣。若夫济众生之路,前有汤火之难,刃毒之害,投躬危命,喜济众难,志逾六冥之徒获荣华矣。

"精进"也是保障事业成功的精神条件,"浅尝辄止"、"虎头蛇尾"都是它的反面。对于一个要从世俗社会超脱出来,离家别亲,另走一种道路的人来说,要想坚持到底,没有超常的意志和精进不息的精神,几乎是不可能的,何况这条道路非常非常之漫长,要经过多少个生生死死,经历多少种难以预测的苦难。因此,可能伴同佛教的诞生,"精进"就作为佛徒必备的品格规定在自己的教义和修行上。

早期佛教认为,"五善根"是生长一切善,当然也是佛教善的内在根据,"精进根"即居其一;令"五善根"持续顽强发展的驱动力,叫做"五力","精进力"又是其中之一;"四谛"中的"道谛"被概略为"八正道","精进道"也被列入其中。可以说没有精进,也就没有修道;精进绝对是修道的必要条件。在"三十七菩提分"中,它还被包括在"四如意足"(又称"四神足")中,叫做"精进如意足",意谓只要坚持不懈,行者所精进的目标总会达到,如愿以偿。此外,"三十七菩提分"中还有所谓"四正勤"(亦称"四正断"),指在生善断恶的路上,要坚决,要勤奋,实际上就是早期佛教对于精进的具体要求;或者说,是精进的具体化。"七觉分"(又名"七觉意")里亦有"精进觉分",意谓专于所习之道,无有间杂,一心向前。这些虽是专对佛教修行而言,但不失普遍意义。

据此可知,"精进"本来是指保障个人修道办事得以成功的一种内在的品格,然而在《六度集经》中它被纳入"波罗蜜",成为菩萨行,其性质和功能随之起了变化,变成了体现于外,为救济众生而不松懈、不疲倦的实际行动。前述《六度集经》解释的精进度有两层意思,都与早期佛教把它限于个人修持的一种方法不同:一是内心念念不忘佛道,意之所显,眼耳鼻舌之所觉,口之所言,手足之所触,一时一事一念皆不离佛道,从而将佛道化解到行者的全部思想行为中,而目的全在"忧愍众生",培植"大悲"情怀;二是将"大悲"转化为行动,即使"前有汤火之难,刃毒之害",为济众生危难,也要精进不已,勇往直前。

《大智度论》卷一六等分精进为两种,所谓"身精进"与"心精进"。勤修外事为身精进，内自专精为心精进。前者是后者的延续和外在表现，后者是前者的根据和源泉；两者有所不同，但却是统一的，都在督促不懈怠、不偷懒，勤于进取，不断进步。其他分类还有许多，基本精神是一样的。那么，为什么佛教如此重视精进这样的品格，以致从"八正道"到"六波罗蜜"都要把它列为重要内容呢？

要做成功任何事情，都不会一帆风顺，通向高峰的路上总是布满荆棘，即使是平坦大道也需要一步一个脚印地走去。如果意志薄弱，缺乏韧性，很容易半途而废。因此，想要达到理想的巅峰，不能靠一时的信誓旦旦、但凭热血冲动，而精进与坚忍不拔的精神，就成了不可或缺的主观条件，尤其对佛教来说，更是如此。

在佛教史上，不论是部派佛教还是大乘佛教，都反复讨论过所谓"退堕"或"退失"的问题，就是说，任何一种修行都是一个漫长的过程，这一过程又被划分为许多阶段，而在过程的任一阶段，都存在不再继续前进，反而倒退回去的可能，将已经获得的成果，重新失掉，堕到最初的出发点，或许更下层。部派佛教讨论最多的是"阿罗汉"有退无退，以及退到什么程度的问题，由此还触发了僧团的分裂，一直延续为部派间的争论。大乘佛教遇到同样的问题，那就是菩萨有退还是无退的问题。在中国大乘佛教里，这个问题不突出，从域外译介进来的大乘经籍里，一般就把菩萨分为两类，即可能从菩萨位退失和不可能退失者。前者名"毗跋致"（意译为"退"），后者称"阿毗跋致"（意译"不退"）；而"阿毗跋致"则意味着未来必然成佛，是菩萨行追求的最重要的境地。正因为存在种种退堕的可能性，而退堕对于一个正统的宗派或虔诚的信徒来说，无异于倒退、堕落，所以"精进"就显得特别的需要。

有许多宗教精神是具有世俗的意义的。"忍"讲宽容、讲耐心、讲韧性，"精进"讲勤奋、不自满、不懈怠、进取不已，都是世俗人生中不可缺少的品格。如果说"忍"在防止激忿，还有些保守甚或消极成分的话，那么，"精进"就足以防止和纠正它的保守消极面，而"忍"反过来会防止和纠正由"精进"可能带来的急躁或浮夸,这两者的有机结合,在成就任何事业上都非常重要。

四、"禅度无极"和大乘定学

关于"禅度无极",《六度集经》卷七如是说:"端其心,一其意,合会众善,内著心中;意诸秽恶,以善消之。凡有四禅:一禅之行,去所贪爱五欲邪事……人远情欲,内净心寂,思为一禅";"第二之禅,如人避恶,情欲稍远,不能污己……喜心寂止,不复以善法消彼恶也";"第三之禅,守意牢固,善恶不入……身意俱安";到了四禅,善恶皆弃,"心中明净,犹琉璃珠"。至此,"菩萨心净,得彼四禅,在意所由:轻举腾飞,履水而行;分身散体,变化万端;出入无间,存亡自由;摸日月,动天地……心净观明,得一切智"。

如此四禅,不但是通向小乘果位以至于阿罗汉的必经之路,而且也是求得"各佛如来至真平觉无上之智"的必经之路。所以说,四禅"犹如万物皆因地生,自五通智至世尊,皆四禅成"。这段话对于我们了解"六度"中"禅波罗蜜"的原始意义十分重要。

我们已经概略地介绍过四禅八定在形成佛教世界图式,即"三界六道"结构中的作用。如果不求详解,撇开修习的具体方法和细微过程,此处关于四禅的阐述可以说是再精细、再扼要不过的了。禅以无情欲为基础,所以说它是超越"欲界"的;四禅是"心地"由粗向细、由动向静逐步进展的过程,最终目的则因修行者的要求不同而有异,《六度集经》看重的,不是因为修禅可以上生诸"禅天",而是它可以令"心静观明,得一切智"以及由此获得的变化万端、存亡自由的种种"神通"。传说古印度有所谓"五通仙人",就是练禅所成,此处称做"五通智";而"世尊"的"神通"则名"一切智"。此处的"一切智",不只是无所不知,而且还有无所不能的意思。这看它对神通的解释就可以知道。

大乘菩萨行中没有把"四无色定"或其他"三昧"纳入"六波罗蜜",仅取四禅作为"菩萨行",这是可注意的一件事。从佛教传统说,"四无色定"不仅是生诸"无色天"的途径,也是通向涅槃的必经道路;不论就其为"定"也好,为"天"也好,均以无"色身"为特征。若无色身则不可能与三界其他众生发生实质性接触,而脱离众生也就失掉了菩萨行的基础,菩萨就做不成;"无色"也表示唯有"心"的存在,而这种"心"只是一片混沌,没有什么具体界限和分别的朦胧,因而它没有知识,也没有智慧,更谈不上自觉觉他的"菩提心"。大乘佛教不取"无色定",也不提倡"无色天",理由是很充分的。

但是,大乘并不一般地排斥其他"三昧",即一般的所谓"定"、"止"。相反,它对"三昧"还有许多发展。发展之一,是它打破了早期佛教对"定"的规范性,和修习上严格的次第性,如我们已经介绍的"三十七道品"那样有特定联系的组合,像"安般"、"不净"、"十遍处"、"四念住"等那样有严密的顺序等,大乘把"三昧"的范围无限制地扩大,动辄以千百个计算,以至于使屈指可数的传统定法湮没在三昧的海洋里。因为从三昧的本质属性说,任何"心一境性",都是专注于一个对象,也都可以称做"定";可专注的对象无限,则三昧无限,完全说得通。与此同时,它也从它新创的一系列三昧中,突出了与它的思想体系密切相关的定法,其中最早、影响面最大的有两种:一是"般舟三昧",一是"首楞严三昧"。

"般舟三昧"意译"佛现前定"。修此定法能使佛的形象显现于行者的面前,而且可现的佛数量极多,多到"十方诸佛悉在前立"(《般舟三昧经》卷一)。东汉支娄迦谶译《内藏百宝经》卷一说:

> 人有至诚善意念佛者,佛即为现。佛亦无处所,佛现身行菩萨道者,随世间习俗而入,示现如是。佛度脱不可复计阿僧祇人为不度一人,何以故?本无故。

这段话把"般舟三昧"的原始含义表达无遗:首先,"至诚善意念佛"就是专注于"佛",念念不息,这体现了"三昧"的特点。"佛"的形象因修定者构想的不同而各有异,可以是一个,也可以是无数多。由此得出的理论结论,就是"佛无处所",不是定在,亦无定形;佛随行者生活的世俗条件和他的想象而变化,所以佛只是自心的产物,"譬如人年少端正,著好衣服,欲自见其形;若持以镜,若麻油、若净水、水精,于中照自见之。"那么,"云何宁有影从外入镜、麻油、水、水精中不?"回答是:"以镜、麻油、水、水精净故,自见其影耳。影不从中出,亦不从外入……色清净故所有者清净,欲见佛即见,见即问,问即报"。就是说,心外无佛,佛是人心的产物;但此心亦非平常心,而是在心地清净条件下的显现。《般舟三昧经》有句至关重要的话:

　　心作佛,心自见;心是佛心,佛心是我身。

此中"心作佛",表示心外别无佛。但是,此心作佛并非没有条件,只有修到"心是佛心",才能真正成就佛身。"般舟三昧"所现诸佛,是心地清净的一种结果,并非即是佛身;但所现诸佛并非无用,它有令心地清净的功能,是逐步成佛的因素,更是直接生诸净土的原因。此类思想,在《观无量寿经》中有很大的发挥,而在本经中,"般舟三昧"则是般若空观的证明。

"般舟三昧"开观佛的先河,由此发展出各种观佛三昧来,东晋佛陀跋陀罗译《观佛三昧经》(或称《观佛三昧经海》)对观佛的内容作了改变,重点放在观佛的"极妙色身"、"相好光明",即三十二相八十随形好上,同时与念想结合,从念七佛,念十方诸佛,到"观佛密行",一直达到"常念诸佛,心心相续,乃至无有一念之间不见佛时,心专精故,不离佛日"(《观佛三昧经》卷一〇)。于是观佛和念佛,就成了大乘佛教开辟佛崇拜的重要形式和一大法门。然而在《六度集经》里,这类观佛和念佛三昧以及其他千百三昧,都不属于"禅度无极"的范围。为什么?原因很简单,这类定法并不以激发"神通"为目的,而大乘菩萨行所迫切需要的,恰巧就是神通。

在当时迷信盛行的条件下，要走入社会，赢得信众，"神通"是个宝，它在所有宗教行为中是最能引起轰动效果、令人折服的手段。佛教这方面的传说很多。佛陀跋陀罗是晋宋之际的著名译家，初至长安，即以"神变"造势，"大弘禅业"，不久即聚弟子数百人；后被鸠摩罗什门徒以"显异惑众"的罪名，摈驱出境（见《出三藏记集·佛陀跋陀罗传》）。事实上罗什也是以神异著名的。他在长安娶妇生子，又受伎女十人，"不住僧坊，别立廨舍，诸僧多效之。什乃聚针盈盆，引诸僧谓之曰：'若能见效食此者，乃可畜室耳。'因举匕进针，与常食不别，诸僧愧服乃止"（《晋书·鸠摩罗什传》）。

依这类记载，"神通"之所以发生，原因有三：一是诱导与暗示，导致幻觉，佛陀跋陀罗的"神变"就是；二是魔术、变戏法，鸠摩罗什的吃针就是；三是造声势，作假象，这是任何"神通"能够成功的共同条件。据现代科学研究，精神异常，以及致幻药物的作用，也能导致"神通"一类的妄想发生。

其实"神通"也不是佛教的独创，而是古印度诸多宗教的共同信仰。它的性质与巫觋或萨满一样，在古代世界里曾经普遍流行，有颇深厚的民间基础，即使世界性的诸大宗教也未能避免，今天更流行于许多新宗教团体中。这是个需要脑科学、心理学、病理学和社会学共同关心研究的课题。

前已说过，佛教所传印度的神通，是作了一些加工的，共分五类，名"五神通"（略称"五通"），即所谓"天眼通"、"天耳通"、"神足通"、"他心通"和"宿命通"。这"五通"的名称有许多其他译法，总而言之是说，得此神通者，眼能见人所不能见，耳能听人所不能听，身能随意变化、来去自由，还能了知他人心理，能知"过去世"之事，也就是上述《六度集经》所形容的，无所不知，无所不能，把自己变成万能的神。如果菩萨具有了"神"那样的智慧和能力，又能深入民众中去，那么以大慈大悲、救苦救难为己任的菩萨行，就不会成为空想或仅仅停留在良好的愿望上了。处在水深火热、挣扎在生死线上的百姓们,是多么希望有这样的菩萨面世啊!

由于"五通"之说,与所谓世俗外道的主张无法划清界限,所以佛教又给增加了一通叫"无漏通",成为"六通",其实内容没有什么变化。五代时延寿编撰《宗镜录》,为了贬斥"神通"的地位,提出了另一类"五通"之说,所谓"道通"、"神通"、"依通"、"报通"和"妖通",直把神通与巫觋法术及草木狐狸之成精显灵并提。他提倡"道通",其实在要求悟解佛理(见该录卷一五)。另有将"六通"压缩为"三明"的,所谓"宿命明"、"天眼明"和"无漏明"。"明"即是"智",故亦称"三达"。前二明在通达众生的过去和未来以及他们的因果报应上,后一明在通达教理、灭除烦恼,重点已经转向佛教修习,不再单纯用于炫示。为了避免陷入追求神通而背离佛教的宗旨,所以一般是"三明六通"并提。

从整体上说,大乘对神通的宣传,大大超过小乘的水平。它甚至不满足于通过禅那所生的那些神通,于是产生了包括禅那神通在内的又一类神通,它的主要思想集中见于《首楞严三昧经》(略称《首楞严经》),也散见于其他大乘经论中。

《首楞严三昧经》早在东汉末期即由译介《般舟三昧经》的支娄迦谶同时译出,后经三国、西晋的支越、竺法护、竺叔兰、支施仑等多次重译,东晋支遁、谢敷等引入玄谈,可见当时信奉此经的热烈程度。可惜多种译本皆已不传,现存本为鸠摩罗什所译,分上下二卷。关于它的内容,南朝宋弘充的《新出首楞严经序》有个介绍:

> 首楞严三昧者,该神通之龙津,圣德之渊府也。妙物希微,非器象所表;幽玄冥湛,岂情言之所议……心虽澄一,应无不周;定必凝泊,在感斯至。(《出三藏记集》卷七)

说明这种三昧由"一心"之感应,无所不到,无所不周,由此所获"神通",奇妙幽玄,实在非"器象"、"情言"所可以理解和表述。

"首楞严三昧"意译"勇伏定"、"健行定"等,表示此定健勇有力,所向

披靡,没有什么不可以折伏的事物。经文内容的重点,大致有三:

其一,现菩萨从兜率天下降母胎,现处母胎,现欲生,"现生已,而行七步,举手自称:天上天下,唯我独尊"(《首楞严经》卷下),以及现处宫中与众彩女娱乐,现出家,现苦行,现取草,现坐道场,现降魔,以致现成佛,现转法轮,现般涅槃,亦即显现菩萨行的全过程,后来通称"八相成道"。

其二,显现这一菩萨行过程之无所不遍、无所不到的种种经历和情景:"遍行一切三界之中"(《首楞严经》卷上,下同),"遍生诸趣道中";上作诸大天王,中经刹帝利、婆罗门,下到恶鬼、地狱,无处不有菩萨之行,又"常能往来无量佛国"。以人间来说,既可现"作转轮王,诸彩女众恭敬围绕;现有妻子,五欲自恣",也可以变现"二百天子",满足"二百淫女"的性需要。当然,尽管"菩萨常于无量世界示现神变,于此三昧而不动转"(卷下),也不是为了利己,而是为了度人,包括使二乘归依大乘。

其三,也是这一三昧的主题,就是绝不"永灭","不毕竟入于涅槃"(卷上)。即强调,"涅槃"只是菩萨行中的一种示现,是示现给追逐"涅槃"的二乘人看的,决不是菩萨的目标,菩萨也决不能以"毕竟涅槃"为目标。所以说,"菩萨得是三昧"(卷上),一切都能示现,虽示现"入般涅槃而不永灭"(卷上);"示入涅槃,三昧力故,还复出生"(卷下)。该经对于小乘果位,对于涅槃,深恶痛绝,以至于说:"人宁作五逆重罪,得闻说是首楞严三昧,不入法位、作漏尽阿罗汉……漏尽阿罗汉犹如破器,永不堪忍受是三昧。""漏尽阿罗汉"相当于"涅槃"中的"有余依",再进一步到"无余依",就标志着"永灭"的"毕竟涅槃"。

"首楞严三昧"的意义,在于深入这充满种种有漏的世间,运用神通满足众生所愿,普度众生。一旦"永灭",与世永远隔绝,所谓菩萨行以及一切佛教,也就全无用处了。

《首楞严经》的理论体系,大同于《维摩诘经》,它们应该是同一个历史背景下的产物,都对于小乘持强烈的批判态度,把入世的理论建立在般若空观的基础上,并以二而"不二"地将入世的实践同空观的理论紧密结合起来。如经所谓：

> 遍行一切三界之中，而于法相无所动转；示现遍生诸趣道中，而不分别有诸道相；善能解说一切法句、以诸言辞开示其义，而知文字入平等相、于诸言辞无所分别；常在禅定而现化众生；行于尽忍、无生法忍，而说诸法有生灭相。独步无畏，犹如狮子。（卷上）

首楞严三昧就是要培养这种无畏精神。这无畏精神则来自"菩萨十力"，即：于菩提心得坚固力，于不可思议佛法得深信力，多闻不忘力，往来生死得无疲力，于诸众生得坚大悲力，于布施中得坚舍力，于持戒中得不坏力，于忍辱中得坚受力，魔不能坏得智慧力，于诸深法中得信乐力。这就是说，无畏来自信念的坚定性，对于众生的无限大悲，以及任何邪魔外道不可动摇的智慧。这些，都需要和可以在这一三昧中得到培植。

从"般舟三昧"到"首楞严三昧"，不论是佛还是所现佛的神通，就般若的理论上观察，都是三昧中的想象或幻想，是人自身的虚幻创造，不是实事，所以经文都理性地判定是假和空。然而另一方面，也正是奠基于念佛和观佛，很容易以假当真，弄假成真，尤其是当佛徒们从纪念和怀念佛陀，转向崇拜和信仰佛陀的时候，观佛和念佛就成了制造偶像的心理条件和心理需要。

据竺法护译《文殊师利佛土严净经》卷上记述，佛自身就是完美和吉祥的象征，只要有他出现，世界就会遍地美妙，人生就会变得幸福，人品就会变得高尚，人际关系就会变得和谐：

> 世尊入城，足蹈门阃，地则寻时六反震动，箜篌乐器不鼓自鸣，妇女珠环相敲作声，天雨华香，其下纷纷；盲视聋听，哑言跛行，病愈狂正，拘痹得伸，被诸毒蜇，毒蜇不行；裸者得衣，贫者得财，飞鸟走兽相和悲鸣。当尔之时，众生慈心，无淫、怒、痴；灭除贡高、猜、恚、恨、疑，合悦相向，如父如母，如兄如弟，如身如子，各各所喜。

佛的现世会有如此伟大的功效，"天上天下无能及佛者"，那么，如果佛不存在了怎么办？

早在东汉译出的《作佛形像经》中就提出了这个问题。据此经称，那时世尊，正在忉利天上为他的母亲说法，致使地上人心惶惶，感到孤独无依，后来格罗惧国十四岁的优填王即以此事问佛："佛去后我恐不复见佛，我欲作佛形像恭敬承事之，后当得何等福？"佛不但允许他造像，而且说了许多造像可得福报的种种利益，所谓"作佛形像，后世得福，无有穷极尽时"。同时又讲了供养和礼拜佛像的许多好处："人有出意持珍宝上佛者，皆非凡人"，"有人见佛形像，慈心叉手，自归于佛塔舍利者"，死后百劫不入三恶道，"即生天上，天上寿尽，复来下生世间为富家子"。这个故事显然是对《阿含》传说的加工。

问题是，佛有三十二相八十随形好，且遍身发光，在当时的科学水平下，所造形象不可能与之相符；如果造像与佛身不符，是否是对佛的歪曲和亵渎。唐提云般若译《大乘造像功德经》卷下回答说，要做到全像是不可能的，做到丁点像也很困难，只要诚心诚意，做了就是功德无量，就能获得无量福报，直至成佛。造像使用的材料，从金银铜铁铅锡，直到或泥或木悉可；装饰物可以是真珠螺贝，锦绣织成，也可以是丹土白灰；形状大小亦无限制，"随其力分而作佛像，及至极小如一指大，能令见者知是尊容，其人福报"就是多多。因此，造像就是功德，而不在于像不像，也不管使用什么材料，以及规格大小。这对于大造佛像，推动偶像崇拜，推动佛教向民间信仰发展，起了不可估量的作用，同时促进了佛教造型艺术的产生和发达。

不过这里又碰到一个难题：与念佛能获无量福报一样，佛像崇拜如何与业报决定论调和起来？此经提供了一个解决方案："若彼众生作诸罪已，发心造像，求哀忏悔，决定自断，誓不重犯，前时所作皆得销灭"，"一切业障皆得销除"，而且仍可获取其他福报。

这里最重要的是加上了"忏悔"，只有真正忏悔不再犯罪了，造像才能获得功德，使"如来常说善不善业皆不失坏"的因果铁律得以熔解，失去效用。这对于热衷于佛事而不一定忏悔的善男信女们,是一个重要提示。

五、关于偶像崇拜系列和鬼神系统

关于提倡偶像的动因,不同的佛经有不同的解释。给信众创造一个可获福报的机会,满足某种贪婪心理,这是一方面;另一方面,是起净化心灵的作用。《宝女所问经》卷三说:"众生见佛,瑕秽消除。"因而主张"瞻察如来,无有厌足"。礼佛的最大弊病是视偶像为真,执以为实,是故《无极宝三昧经》卷上说:"见佛像者为作礼,佛道威神";佛"虽不在像中,亦不礼于像,但有想者谓有威神,观之了无所有"。意谓佛的威神实是礼拜者臆想给予的,但通过对这种威神的礼拜,反过来又会净化礼拜者的心灵。如果认定这些偶像就如所见的那样真实,那就是认识上的颠倒:"当知所观,但是倒见"(卷下)。

佛的偶像崇拜很可能源自菩萨的偶像崇拜,就是说,应该先有菩萨崇拜和菩萨偶像,而后才有佛的偶像崇拜。《大乘造像功德经》卷上解释所造佛像必为"坐像"时说:

> 一切诸佛得大菩提,转正法轮,现大神通,降伏外道,作大佛事,皆悉坐故。

按菩萨行指谓的范围,从得菩提到做佛事的所有环节,都是菩萨的事业,包括所谓"八相成道",没有一项是佛的任务,也不是佛的形象。佛像所以要采取坐式,在于象征成佛前曾经经历过这种种菩萨行,所以崇拜的重点还是菩萨。佛的偶像化,在于菩萨的偶像化。因此在大乘偶像崇拜兴起以后,对菩萨的崇拜也越来越兴盛。

佛无限多,佛的世界无限多,那是因为需要救度的众生无限多,众生的世界无限多,当然,履行救度众生职责的菩萨也就无限多,所居的世界也就无限多。大乘经籍的结构特点之一,就是有以菩萨群为主体的集会作为佛说法的缘起,而且又大都通过菩萨的提问和菩萨的解答,阐发佛的思想,菩萨由此成为佛的实际代言人;也有一些经典记有诸多声闻弟子和阿罗汉参加,但或是作为被驳斥的对象,或是表明归顺大乘,用以反衬菩萨的高明。其于诸大乘经中有姓名可查的极多,那些名字又多与经的内容有关,所以往往带有个性化,像《小品般若》的"常啼菩萨"、《法华经》的"常不轻菩萨"等,就是大乘某一教理的表征。经籍中经常出现,影响民众信仰较大的菩萨,首先是弥勒、文殊师利、观世音、得大势(大势至)、虚空藏、普贤、宝积、药王、地藏等。其中弥勒菩萨以"与乐于世"的形象、观音菩萨以"救苦救难"的形象,受到范围普遍的崇拜;文殊表征"智慧"、普贤表征"行愿",于佛教内部受到特别的尊崇。中国民间还崇拜地藏菩萨,称他是救度地狱的使者。海外有人把弥勒作为新的救世主,引入新时代运动中;观音则多作为国家或地方的保护神。总之,他们各有特性,依照信仰者的需要而被塑造着,形成一种比较稳定的民俗文化和民众心理。

尽管佛菩萨崇拜在大乘崇拜领域内占绝对主导地位,但并不排斥为佛弟子和阿罗汉造像。在奉释迦牟尼为主佛的寺院里,阿难和迦叶作为佛的使者,仍然受到信众的膜拜;而罗汉们,或被置于专门的罗汉堂,或即围绕于佛殿周边安置,其数量可以多到十六、十八以至五百、八百,其中不但有说一切有部的大师们,而且还有中国产的"济公"之类,可以说是佛教崇拜系统中最可以自由发挥的区域。

大乘经典的另一个特色,是可以把佛安置于其想象世界的任何一个地方,请他说法,而参与集会听法的众生,可以有种种神话、民间传说以及佛徒独创的天魔鬼神,这只要随便翻翻《法华经》的《序品》就可知道个大概。它收容的与会者,不但有千百万的诸天天王及其眷属和阿修罗王及其眷属,还有"紧那罗王"、"乾达婆王"、"迦楼罗王"及其眷属,以及"龙王"、"夜叉"之类。他们都变成了佛的信徒,同时也都成了佛的护法者。此中的梵天王居色界初禅天,原是婆罗门教中的造物主;忉利天王位于

"六欲天"的最底层,居须弥山顶,王名"释提桓因",略称"帝释",亦名"天主",也是婆罗门教信奉的大神。在大乘传说里,梵天和帝释都归依了佛陀,当佛在忉利天为母说法时,这两位尊神就是佛的左右侍者,因而也是佛教的守护神,受到佛徒的崇拜。中国的一般寺院都设有"天王殿",供养"四大天王"塑像,他们原是帝释的部属,俗名"四大金刚",跟着帝释也成了佛的护卫者。

四天王崇拜,在佛教信仰系统中占有重要地位。昙无谶译的《金光明经》卷二说,四天王的部下,还有"天龙八部",天龙八部又统帅"二十八众"。他们不但护卫佛法,而且还能弘扬佛法,但最主要的职责乃是参与政事,救护世间。其《四天王品》中的四天王宣称"我等四王能说正法,修行正法,为世法王,以法治世",所以自称"护世王"。这里所谓"以法治国"的"法",就是《金光明经》讲的"佛法"。该经云:"若彼国土有诸衰耗,怨贼侵境,饥馑疾疫,种种艰难,若有比丘受持是经,我等四天王当共劝请,令是比丘以我力故即往彼所国邑郡县,广宣流布……令是等种种百千衰耗之事皆悉灭尽。"因此,当此"持经者若至其国,是王应当往是人所,听受如是微妙经典,闻已欢喜,复当护念恭敬是人……我等四王复当勤心拥护是王及国人民","灭其苦恼,与其安乐"。这段话就为比丘们假借天王名义护国安民制造了根据。

此经的《正论品》还说,国王生于"人中",是名"人王";但由于人王乃是三十三天给以的"德分",其入胎和处胎时又受到诸天的呵护,"故称天子;神力所加,故得自在(指生杀予夺等权力)"。这也是一种"君权神授"论。在中国传统中,"天子"的"天"本来是个模糊概念,在这里则明确指定为"忉利天",于是佛教的"天"就上升到左右地下君主的地位,大有取代中国传统的"天"的趋势。

《金光明经》也是流行很广的经典,尤其经过天台宗的弘扬;中国佛教对四大天王的崇拜,当与此经的宣传有直接关系。但就此经的本意看,它是想通过四天王护佑世人和王者的故事,求得国王和大众对佛教的支持,仍可以算做大乘佛教的"方便"法门,然而结果却是触发天王崇拜,反而冲淡了对佛的崇拜。

在历史上,四天王中以北方毗沙门对中国的影响最大。毗沙门是于阗的保护神,唐代曾以他的名字命名过西域的驻军。有说,中国神话中的托塔天王,即脱胎于此。

顺着这种思路,佛教企图把各地信仰和传说的或它能够想象得到的一切神祇鬼怪统统收容到佛的麾下,为推广佛教效劳。隋僧就编译的《方等大集经》(略称《大集经》)就是这一企图的反映。它把神鬼分为两类:一类是恶,一类是善。恶鬼的代表是"波旬",亦作"魔波旬",意译"天魔"、"天王",意谓恶者、极恶、杀者等。他是诱人以色欲和物欲,导人以放逸,以致令人不能安心行道、一心向善,导致受苦无尽的象征。有人认为他就是婆罗门教中的"大自在天",是欲界中最尊贵的神。传说,当"善神"丢弃众生,不再护佑时,恶鬼就会乘虚而入,给众生制造种种苦难,甚至使人们相互残害,令国土城邑荒无人烟。波旬就是这类恶鬼的首领,也是佛教修习的干扰者和破坏者的首领,所以佛教视他为神灵世界中最大的敌人。不过像《大集经》的《虚空菩萨品》说,后来波旬也归依了佛,而且佛还为天魔及五百魔子授记,未来必定成佛云云。大乘佛教把自己的神灵世界扩大到连自己的凤敌都包括进去,使他们全都成为自己的信徒和保卫者,其搜罗和包容的范围,真可谓叹为观止。

此外还有,《大集经》的《宝幢分·授记品》记有"天神"六万七千个,其中地、水、火、风"四大"是天神,山、涧、树、草、坻、花、果、种等也是天神,"虚空"更是天神。类似的说法,在《华严经》中也比比皆是。将自然界和自然现象加以神化,使之成为有意志的神祇并加以崇拜,即自然崇拜,是更原始的信仰,但在民间流行的历史极久、范围极广,至此也被佛教所吸收。

与此相应,菩萨变现的领域也为之大加扩张。上述《大集经》中的《宝幢分·护品》记一菩萨,他于"一时之中能示八万四千种色";从化现为天帝释到牛马蛇虫,以至于山涧河谷、树木百卉,全都可以成为菩萨的化身,于是佛教就把原始的自然崇拜很巧妙地转变成了菩萨崇拜,菩萨的范围也从鬼神系统扩大到了自然万物,与万物有神论结成一体了。

《大集经》也可以叫做佛教的"鬼神大全"。它的《虚空母分·净目品》把十二生肖摆到了一个突出的信仰地位。按此品所说,世有"十二兽":蛇、马、羊、猴、鸡、犬、猪、鼠、牛、狮(按中国内地为"虎")、兔、龙,分别于四方修习"声闻慈","昼夜常行阎浮提"(《大集经》卷二三,下同),按日按月轮流教化属于自己的同类,"令离恶业,劝修善事",由此表明,"此土多有功德,乃至畜生亦能教化演说无上菩提之道"。这样,菩提之道是推广了,但把它说成畜生也可以演说的东西,对于当时已经流行开来的法师崇拜和对善知识的尊敬,恐怕多少也是一种亵渎。

《宝幢分·三昧神足品》记载了二十八宿及其所处的方位,并介绍了用二十八宿算命的生属星相说,认为人的命运在很大程度上决定于人生所属的星宿。这也是一种古老而流行很广的信仰,一般称做占星术,是宿命论中的一种,佛教的《舍头谏太子二十八宿经》、《摩登伽经》等也多有宣扬。不过在《大集经》的这一品里,又表示了一定的怀疑,因为"亦有同属一星生者,向有贫贱富贵参差"(《大集经》卷二〇)。

总之,一些大乘经籍就将算命、占卜、星相、咒术等同样古老的萨满巫术也纳进了自己的宗教范围,甚至还当成一种解脱法门。《华严经·入法界品》要求菩萨向世间各行各业的善知识学习,其中"以善知众艺解脱"里的"众艺",就包括殊方异艺,如文字算数、医药咒术,以及"观察天文地理、人相吉凶、鸟兽音声、云霞气候、年谷丰俭、国土安危。如是世间所有技艺,莫不该练,尽其源本"。就是说,菩萨学会了巫觋的本事,也就替代了巫觋的角色,而僧尼从事这类行业,无疑就变成合于佛法的东西。这种观点和此类事件在佛教内部曾引起过强烈的反响,那强烈的程度远比引进婆罗门教和其他外道的鬼神系统要大得多。因为按照原始教义和部派诸律,都严禁僧尼从事医卜星相等妄说吉凶和预测祸福的活动,更不许用以骗人赚钱,凡违背者即属"邪命",为戒律所不容。这一传统一直为中国佛教的主流所继承,近现代名僧虚云就曾呵斥当时某些僧徒,谓其"有为不检,形同市侩巫觋",说明一些末流,还在做着巫觋之事。

然而巫觋中的咒术却在大乘佛教中巩固了地位并逐渐发展起来。

"咒"之一字,相当佛教所说的"陀罗尼"。《大集经》给"陀罗尼"以特别高的地位。"陀罗尼"意译"总持",原是佛教用以记忆佛法的一种方法,它用一字一句或数字数句概括或联想曾经学过的众多内容,便于巩固记忆,随时应用,但由于所用文字简略模糊,有时只是个别拼音字母,往往显得有些神秘,加上又吸取了民间比较普遍流行的咒语,就变成了佛教显示"威神"的一大法力,所以中国译之为"咒"十分确切。

佛教密乘始于对陀罗尼的启用,这方面的经籍很多,但很杂乱。《大集经》将陀罗尼的地位提升,与"戒"、"定"、"慧"三学并称为菩萨行的"四璎珞"(见《璎珞品》)。实际上,部派佛教并不全都反对使用咒术,《杂阿含》卷九记,世尊就说过"毒蛇护身咒"。其后越发昌盛,成了佛教密教产生的前奏,称之为"密咒"、"神咒"、"真言"等;研究者多称其为"杂密",在整个密藏中被单列作"杂咒部",是密教经籍中分量最多的一部分。它们的用途,大多与改善人们日常生活的希望息息相关,从治疗齿病、牙痛、痔疮到去除一切疾病,从救治小儿病痛到护诸童子,以至请雨、止风,护命、延寿、辟贼、拔罪,"救苦救难",无所不能。于是咒也变成了万能的神,"随求即得"、"自在"而"无能胜"。如果菩萨能够掌握这种神力,何愁不能利益众生!

然而这是佛教吗?《法苑珠林》卷九九载:

> 《四分律》云:时六群比丘诵外道安置舍吉凶符,书咒、枝节咒、刹利咒、知人生死吉凶咒、解诸音声咒。佛言:不应尔。彼教他彼以活命,佛言:皆不应尔。

就是说,在传统的佛教戒律里,以符咒妄言吉凶是非法的、犯戒的。

在诸咒中有一类是专门用来救济鬼魂的。唐实叉难陀译《救面然饿鬼陀罗尼经》及不空重译的《救拔焰口饿鬼陀罗尼经》，对佛教信仰的发展方向产生过很大的影响。此经记有佛说"无量威德自在光明殊胜妙力"陀罗尼，诵此陀罗尼不只能免除已死鬼魂的"饿鬼苦"，且可"福寿增长"。由此传说，遂形成了民间"放焰口"、给饿鬼施食的风习。与此类似的还有《佛说盂兰盆经》，谓目连（即目犍连）见其亡母生于饿鬼道中受苦无尽，乃向佛请示救拔之道，佛教其于七月十五日众僧自恣时，为处于厄难中的七世父母和现在父母施食于自恣中的僧众，即可从饿鬼道中超脱，生于人、天中，享受福报。这个故事在中国内地，演化出许多关于"目连救母"的文艺形式，七月十五则成了供养死去父母的"鬼节"。佛教信仰逐渐向追荐亡者倾斜，与传统的祖宗崇拜更密切地结合起来，越来越进入了社会民众的深层，也越来越远离佛教的原始教义了。

六、"般若"的原义和大乘智慧

"六度无极"的最后一度就是专门讲"智慧"的，叫做"智度"，亦译"明度"。"佛陀"意译"觉者"；"觉"就是"智"，所以佛又称"智者"、"大智者"。"觉悟"、"智慧"就成了贯穿和交织于一切佛教的经纬线。"戒"、"定"、"慧"三学中，"慧"是压轴的；"六度"也以"智度"终结，都表示"智"在全部佛教中具有统摄一切的作用和至高无上的地位。

然而"三学"中的智慧和"六度"中的智慧，不是一个概念。它们都是外来语，"三学"中的智慧称为"慧"，在翻译史上没有异议，但"六度"中的智慧，则普遍使用音译，谓之"般若"、"波若"或"钵罗若"。从现在的梵文看，慧学的"慧"音译"若那"、"阇那"，与"般若"明显地不是一个字。大乘佛教普遍使用"般若"一词，把"般若"当做自己独有的认识论和方法论，同一般世人的认识论和小乘的智慧都严格区别开来。

关于般若的内容，最初是怎样表达的，不甚清楚，《六度集经》每度之前本来都有一个概说，唯独"明度无极"没有，这是原译者未作，还是后来佚失，不甚清楚。正文部分由九个小经组成，中心是要求菩萨深入民众，弘扬"以佛明法，正心治国"（《六度集经》卷八，下同），教育人们信仰佛教，遵守戒律，却绝诸妖，拯济涂炭，如此等等，集中起来，就是要按菩萨行的原则，去让民众正确认识人生和善待人生。其中的《镜面王经》载有著名的"盲者摸象"故事，说明普通人的认识多是以偏概全，而以偏概全是产生种种论争的思想根源，佛即用这个故事"令弟子解，为后作明"。此"明"指的就是"般若"，意谓即以此所得智慧作为今后思想行动的指针。此外还反复嘱咐："菩萨普智度无极明施"，那是要求菩萨在掌握般若的同时，要大力向民众传布。

唯一涉及理论内容的，是《察微王经》。它集中讨论的是人之本原问题，确立它的"人原论"，该经云：

> 深睹人原，始自"本无"生。元气强者为地，弱者为水，暖者为火，动者为风。四者合焉，识神生焉。

此处用"元气"统一"四大"，这统一者显然是纯粹中国传统的；作为"元气"生成之前的"本无"，则是佛教般若经类早期翻译中的一个极为重要的概念，由此还引起佛老之争，即"本无"是否就是《老子》所谓"有生于无"的"无"。这个小经还说：

> 神依四立，大仁为天，小仁为人，众秽杂行为狷飞跂行软动之类。由形受身，阙形万端。识与元气，微妙难睹，形无系发，孰能获把？然其释故禀新，始终无穷耳。

这里使用"四大"的聚散解释"识神"的有无，用"仁"的大小解释"识神"受形或为"天"或为"人"或为"畜生"等"五道"差别的原因。所以说："魂灵与元气相合，终而复始，轮转无际，信有生死殃福所趣。"如何能脱离这种生死轮转之苦？经文回答："上明能觉，止欲空心，还神'本无'。"这段话的语言和部分思想，是中国固有的；诸趣轮转的思想，是原始佛教的。至于说，"人"生于"本无"，"生死"则是对"本无"的丢失，"解脱"即是回归于

"本无",与般若经类的基本主张不同,在中国传统里也找不到出处。这可能反映了从小乘智慧(若那)向大乘智慧(般若)转变的痕迹,也可能是译者的独创。但有一点是符合般若原意的:即作为六度之一,般若乃是"能觉"的"上明",是通向觉悟的最高智慧。在此之前,还没有哪一种智慧被提到如此崇高的地位。

把"般若"确立为一种完整的世界观、认识论和方法论,从而在"六度"中独树一帜,形成独尊的地位,以至于被定为"诸佛之母",概括全部菩萨行,那应该从般若经的问世算起。般若经是大乘中观学派所依的经典,后来也为瑜伽行派所重,对中国佛教的影响也很深远,我们将作专门考察,此处不论。

对于大乘来说,与"般若"智慧同等重要的还有一种智慧,叫做"菩提",就是我们屡屡提到的"阿耨多罗三藐三菩提"。此"菩提"原本译作"道",或译为"智",后来多译作"觉",但唐玄奘等译家认为,这个词在汉文里很难找到与之相应者,为了避免发生误解,不如像"般若"一样,音译"菩提"为好。

"阿耨多罗三藐三菩提",在《阿含》的一些经籍中就已经出现了。发心追求无上菩提是菩萨的特征,证得无上菩提就是成佛的标志。佛是觉者,佛之所觉就是这个无上菩提。此中从发心到成佛,完成这一过程的则是"般若"。就是说,在般若经中,无上菩提只是成佛的标志,是般若证知的对象,它本身并没有显示出什么认识功能来,所以关于它的具体内容,它在认识世界和解释世界中起什么作用,并没有确切的说明。

然而大乘的另一些经典,从《法华经》提出"佛之知见"算起,包括《涅槃经》的"佛性"、《楞伽经》等的"如来藏",以及其他倡导"唯识"的经籍,则把"无上菩提"对于众生的作用和在菩萨行中的功能,提到了远比般若重要的地位。就是说,无上菩提已不再是消极的被般若体认的对象,它本身也具有认识的作用。它既是被认识的,也有认识的功能;它是认识对象,也是认识的主体,是合二而一的。与此种思潮相应而产生和发展起来的派别,是大乘瑜伽行学派,尤其是它的旧译。探讨无上菩提的性质和作用,以及其与"识"的关系,就形成一个全新的、比般若学还要庞杂的哲学体系。

这样,大乘佛教就有两种智慧:般若和菩提。这两者是什么关系,中国的佛教义学家作过不少阐释。但要把它们真正解释清楚,恐怕还得联系相关的经籍一起考察才行。

第二章　大乘佛教主要经典的若干考察（一）
——《维摩诘经》与《妙法华经》

按唐义净所传，大乘佛教的哲学派别，不出"中观"和"瑜伽"两家；与此两家关系密切的佛经，各成体系，我们将与这两家的论著一起讨论。至于其他一些经典，结合对大乘思潮的一般介绍，上面也谈到了一些。但是，还有许多经典，规模很大，内容庞杂，涉及的面广，而且也大都有自己的独立思想，不论是域外的宗派还是内地的宗派，往往只取其一枝一干，为其所用，或干脆置之不理，让它们就此埋没下去，实在可惜。

中国大藏经的分目，历来以唐智升之《开元释教录》为准；此录将大乘译经划分为"般若"、"宝积"、"大集"、"华严"、"涅槃"等五大部及五大部外译籍，明末智旭撰《阅藏知津》依天台宗"五时判教"之说，改为"华严"、"方等"、"般若"、"法华"、"涅槃"等五大部。日本编印的《大正新修大藏经》，力图按佛教思想出产的历史次第进行编印，而将大乘译经分列在"般若"、"法华"、"华严"、"宝积"、"大集"、"经集"六个部类中。其中"密教"部分，大都单列一门。吕澂先生撰《新编汉文大藏经目录》对上述编目提出许多不同意见，而他个人的主张也没有得到更多的支持。这说明，想用编目方法体现佛教史的发展线索是很困难的，也不一定适合研究的需要，甚至对哪些可以作为大乘思想的代表，也不易达成共识。因此，为了叙述的方便，我想参照这些经籍的译出时间判定它们可能出现的先后，又选其中具有一定理论价值、在中国佛教中影响较大的部分，作为考察的范围。

从翻译史上看，般若经类是最早介绍进入内地的大乘经，影响最大的是《道行般若经》。但是，有意识地将大乘佛教从早期佛教中分离出来，而且给早期佛教以"小乘"名号，大加抨击的，是《维摩诘经》；同样独尊佛乘，对小乘取容纳态度的是《法华经》。从逻辑上判断，两者有可能也是佛教发展史上比较早出的大乘经。它们都以大乘佛教的名义，限定释迦佛教的作用范围，为自己的特殊教理开拓发展空间，又各自形成独立的理论系统。相对而言，《维摩诘经》侧重于对小乘佛教企图摆脱世间而求出世间的倾向进行批判，强调出世间与世间"不二"，否认在世间之外别有出世间的可能，也反对在世间之外别寻出世间之道；《法华经》则承认小乘是通向大乘的一个方便法门，强调三乘归于统一的佛乘，即各种佛教派别在大乘基础上的统一。两者的哲学基础，既相同又相异，可能反映了大乘思潮多种理论系统并起的形势。这里即以鸠摩罗什的译本为主，对它们优先考察，以见大乘的早期精神。

第一节 《维摩诘经》确立的大乘观念和"从不住本立一切法"

《维摩诘经》最早的译介者是三国吴支谦，后作《古维摩诘经》；继之有西晋的竺法护和竺叔兰各出一译，至东晋支愍度更合此三译为《合维摩诘经》；再后是姚秦鸠摩罗什重译，作《维摩诘所说经》，唐玄奘新译，名《说无垢称经》。现存的是后两个译本和支谦译本。宋人传说，后汉严佛调亦有《古维摩诘经》，已不可考。支谦本与罗什本大同，真实性可疑；唐译本流行不广，所以这里主要以罗什译本作为评介的根据，略作《维摩经》或《维摩》。

鲁迅先生说："晋以来的名流，每个人总有三种小玩意，一是《论语》

和《孝经》,二是《老子》,三是《维摩经》,不但作为谈资,并且常常做一点注解。"(《准风月谈——吃教》)在儒、道、释三家中,《维摩经》是佛家的思想代表,被上层文人所特别宠爱,从而挤进了玄学的讲堂。它的这种影响,也波及一些帝王和官僚,隋杨广一再逼迫天台智𫖮为他疏解《维摩经》,就透露出个中消息。一个在家的"长者",可以为佛教立法,决断佛教是非,而且指挥如意,所向披靡,不论对于好在精神世界标新立异的文人,还是好在政治上玩弄权术的野心家,都有鼓舞的作用。不过维摩诘为大乘佛教所作的理论贡献,中国历代文人和政客都难望其项背。

《维摩经》的出现,标志着大乘佛教的世俗化运动已经达到高潮;它在中国世俗社会受到特殊的优待,也指明了中国佛教的基本方向:它从哲学理论和宗教实践两个方面把出世间的佛教迁移到了世俗世界,不但让大乘僧侣的生活世俗化,而且让世俗人的生活僧侣化。

一、经文的结构和风格

罗什译本总计三万零五百余字,共十五品,不但大力清算部派佛教,而且也纠正部派佛教中的某些大乘观念,诸如佛相观、净土观和授记说等,改造弥勒,抬高文殊,全面论述了以"般若"为哲学基础的入世理论。它不但译文流畅,记述的故事生动,富有想象力和艺术感染力,而且观点鲜明,前后一贯,逻辑相当严密,可谓佛经译籍中的精品。据僧叡记,罗什之前的译本中有许多谬文,"如以'不来相'为'辱来','不见相'为'相见','未缘法'为'始神','缘合法'为'止心',诸如此类,无品不有,无章不尔"(《出三藏记集》卷八)。但在现存的支谦本中,这类"谬文"已经荡然无存;即使罗什的原译,或许亦有改动,例如,此经的原名为《毗摩罗诘提经》(见《出三藏记集·毗摩罗诘提经义疏序》),而非《维摩诘经》或《新摩诘经》。

此经与《华严经》有一些相似之处:一、菩萨中突出文殊师利的地位,而非弥勒;二、净土中推崇东方佛国,而非西方极乐;三、将禅定和神通的想象,用来描写无限宏大、无限神秘的佛世界,设想种种"不可思议境界";四、特别使用"境界"一词,表示众生在认识对象和觉悟水平上的主观差别性。

勾画"不可思议境界",以及通过对这种神秘境界的描述去表达特定的思想观念,几乎成了大乘经的普遍风格,与《阿含》诸经的现实性和生活化以及说理的朴实无华等特点,形成鲜明的对照。《不思议品》中记,维摩诘现神通力,能从"东方度三十六恒河沙国"调令须弥灯王佛"遣三万二千师子之座"入维摩诘的斗室内,"得神通菩萨即自变形为四万二千由旬"坐于其座,而悉皆包容之。据此维摩诘说:

> 诸佛菩萨有解脱名不可思议,若菩萨住是解脱者,以须弥之高广,内芥子中,无所增减,须弥山王本相如故,而四天王、忉利诸天,不觉不知己之所入,唯应度者乃见须弥入芥子中……住不可思议解脱菩萨,断取三千大千世界如陶家轮,著右掌中,掷过恒河沙世界之外,其中众生不觉不知己之所往;又复还置本处,都不使人有往来想,而此世界本相如故……菩萨以一切佛土众生置之右掌,飞到十方,遍示一切而不动本处……十方国土,所有日月星宿入一毛孔,普使见之。

他又说:

> 或有众生乐久住世而可度者,菩萨即延七日为一劫,令彼众生谓之一劫;或有众生不乐久住而可度者,菩萨即促一劫以为七日,令彼众生谓之七日。

这就是说,菩萨神通可以随意更改乾坤,既能变动空间的大小,也能令时间随意长短。人们最无可奈何的时间和空间问题,在菩萨的神通那里,都可以作为"不思议境",令其如愿以偿地得到解决。不止如此,"不可思议解脱菩萨能以神通现作佛身,或现作辟支佛身,或现声闻身,或现帝释身,或现梵王身,或现世主身,或现转轮王身"。此皆为"菩萨不可思议解脱之力"。如此一来,天上的主、地上的王都可能是菩萨的神通显现,人们也都应该对这些主和王像菩萨一样恭敬膜拜。

维摩诘又说:

> (十方世界中)魔王者,多是住不可思议解脱菩萨;以方便力故,教化众生,现作魔王……十方无量菩萨,或有人从乞手足、耳鼻、头目、髓脑……聚落、城邑、妻子、奴婢……如此乞者,多是住不可思议解脱菩萨,以方便力而往试之,令其坚固。

也就是说,这些魔王用"逼迫"的方法,示诸众生,考验众生。然而,这样的神通现示就太可怕了:任何人遭遇这些"魔王"的逼迫而当做菩萨的现化,因而连妻子、头目都要无怨无悔地贡献出去,岂非连奴才都不如了?大约多数人不会接受这样的考验,不会承认这是什么"不思议境相",于是又有一种解释:

> 譬如有人于盲者前,现众色相,非彼所见,一切声闻闻是不可思议解脱法门不能解了,为若此也;智者闻是,其谁不发阿耨多罗三藐三菩提心?

换言之,你之所以看不到这是神通构造的不思议境相,只因为你还处在愚盲的状态,没有达到那个水平。但同时也说明,这仅仅是达到那种水平者的独特境界,而并没有说这类境界是否是真实地存在。

描述这类不可思议境界的神通,遍及全经,处处皆是。《见阿閦佛品》记:

> (维摩诘)入于三昧,现神通力,以其右手断取妙喜世界(即东方佛国),置于此土。彼得神通菩萨及声闻众,并余天人,俱发声言:唯然世尊,谁取我去?愿见救护。无动佛(即阿閦佛)言:非我所为,是维摩诘神力所作。其余未得神通者,不觉不知己之所往。

《菩萨行品》记:

维摩诘即以神力持诸大众（这"大众"包括文殊菩萨）并师子座，置于右掌，往诣佛所。

《维摩经》构想的种种神通境界，总是呈现出一种似人似神、似有似无的梦幻般景象；在这种景象中演说的佛法，也带上了神秘莫测的高深。为什么要制造这类神秘兮兮的氛围，而且乐此不疲？按经文本身的解释，是为了"起神通慧，引导众生"（《菩萨行品》），故《不思议品》特名之为"住不可思议解脱菩萨智慧方便之门"。怎么方便引导呢？《菩萨品》记："城中一最下乞人，见是神力，闻其所说，即发阿耨多罗三藐三菩提心"。亦即企图用现示"神通"的办法，吸引信徒。这也是对小乘"神通"的一大发展。如前所说，小乘神通主要有两个用处：一是追求个人的"自在"，获得绝对自由；一是教信徒修获"天报"，生天享福。《维摩经》则用来震撼信众，吸引信徒归依大乘，很明显地转移了"神通"的使用重心。

对于"神通"，佛教各派的看法不完全一样，但从来没有否认过它的真实性。到了大乘有了一些变化，像《般舟三昧经》等，就把"诸佛现前"看做一种禅定的构想，以及由之产生的幻相，并当做"诸法性空"的一种经验的实证。《维摩经》实际上是继承了这一认识的，虽未专门论述，但贯彻在它使用神通的方方面面。若概言之，大约有三：

第一，譬喻。这特别是用来说明"心"和心的"分别"功能，至大无极，变化万端，超越时空，驾驭时空，左右万有，创造万有。"心"的本质是无常，《维摩经》称之为"无住"；"分别"的本质是构想，凡是现实不可能的，心的分别功能都可以做到，《维摩经》称之为"臆想"（支谦译本作"虚妄"）。心及其分别的这些特征，在"定"中最能体现出来。康僧会在《安般守意经序》中说："心之溢荡，无微不浃，恍惚仿佛，出入无间……弹指之间，心九百六十转，一日一夕，十三亿意"。这是说明心流动之迅速和无所不能的能力。继之说，得"定"者"厥心即明，举明所观，无幽不睹：往无数劫，方来之事，人物所更，现在诸刹；其中所有世尊法化,弟子诵习,无遐不见,无声不闻……制天地,住寿命,猛神德,坏天兵,动三千,移诸刹,入不思议"(《出三藏记集》卷六)。如此之类,就是心以高速度分别构想所致的幻觉。如果说康僧会的这些描绘还视其为可能成为现实的话,《维摩经》则主要用它来譬喻"心"之可能走向妄想的本性。

第二,宣传神通。这是用来作为大乘法力无边的实证。然而这只是对特殊人群讲的。在《维摩经》中,相信和希求神通者,名"应度"者,他们可以"住"于神通幻景,并乐于其中,由此导致对大乘信仰的异常坚定。因此,对这样的信徒,《维摩经》给以很高的评价。但多数众生,对于菩萨所现"神通"不知不觉、无动于衷,那就属于"不应度"者,他们不可能住于神通境界,《维摩经》虽然表示轻视,但并不认为不可以修菩萨行。这说明,对他人现示神通,必须是双向的:接受一方以"应度"为前提,而"应度"的实质,就是能够接受神通的暗示。换言之,神通之所以会对某些人发生实际作用,实在于暗示和由暗示引发的互动。西方在19世纪兴起的催眠术,运用的就是这一原理。对于排斥和拒绝暗示的人,神通和催眠术一样,都不起作用。

第三,《维摩经》把神通作为传教布道的手段,定为"慧方便"。这清楚地表明,此等大乘经籍并不以神通为目的,当然也不以为真实,所以总是用"现示"来表达。《问疾品》在介绍维摩诘其人时说:

(此人)深达实相,善说法要……一切菩萨法式悉知,诸佛秘藏无不得入;降伏众魔,游戏神通:其慧方便皆已得度。

此处特把"神通"作为一种"游戏",就很能说明问题。就此罗什注曰:"神通变化是为游,引物于我非真故名戏也。"(《注维摩诘经》卷五,下同)僧肇注曰:"游通化人,以之自娱。"这都说明,神通只是自我幻想和诱使他人幻想的一种巩固信仰和传播信仰的方法,既不以之为目的,也不以为真实。

《维摩经》在推行大乘信仰方面,与一般般若类经相同,都提出了经典崇拜这种新的信仰形式。《法供养品》借天帝释颂扬《维摩经》说:

> 若有受持读诵(此经),如说修行者,我当与诸眷属供养给事;所在聚落城邑、山林旷野有是经处,我亦与诸眷属听受法故,共到其所,其未信者,当令生信,其已信者,当为作护。

佛亦言:

> 若善男子善女人,受持、读诵、供养是经者,则为供养去来今佛。

由此所获福德,比之起七宝塔供养诸佛全身舍利,要多到不可计算:

> 是善男子善女人闻是不可思议解脱经典,信解受持读诵修行,福多于彼。所以者何?诸佛菩提皆从此生;菩提之相不可限量,以是因缘,福不可量。

瞧,只要诵读此经,就可以得到天帝释及其所部一切天神的护佑;只要供养此经,就等于供养一切诸佛,获无量福德。

对于此经的供养,又名"法供养":"法之供养,胜诸供养……法供养者,诸佛所说深经……菩萨法藏所摄……顺因缘法……能令众生入佛法藏,摄诸贤圣一切智慧,说众菩萨所行之道,依于诸法实相之义,明宣无常、苦、空、无我、寂灭之法。""守护法故,名法之供养。"

据此,《维摩经》也非常强调所谓"四依法":"依于义不依语,依于智不依识,依了义经不依不了义经,依于法不依人"。结论是:"以法供养于诸供养为上、为最,第一无比,是故……当以法之供养,供养于佛。"

这个"法供养"和"四依法"最终落实下来,那就是《维摩经》至尊至上,要依《维摩经》,供养《维摩经》,诵读和流通《维摩经》。这种"法供养"的格式,以及用法供养的方式制造经书崇拜,进行自我推销,也就成了大乘类经典最为常用的格式。

接下来还有个《嘱累品》,最后由佛出面,将《维摩经》所说"菩提法"

付嘱于未来佛弥勒：

> 如是等经于佛灭后末世之中，汝等当以神力广宣流布于阎浮提，无令断绝……若后末世有能受持读诵，为他说者，当知是弥勒神力之所建立。

于是弥勒于未来世的宣教任务也就由释迦的佛教转换成了维摩诘的佛教。

上述"神通"、"法供养"和经书崇拜，加上天人鬼龙交杂的大集会，构成大乘佛经不同于小乘经典的四大特点。这虽然不是创始于《维摩经》，但其表现形式则有典型意义：总体上，是把教义的创新与神话的想象密切地结合为一；在其向社会大众的推广和普及中，成了令人惶惑的神秘主义法器。

二、对佛弟子的全面清理

《维摩经》给读者最强烈的印象，是对早期佛教多种思想的清算。这种清算认真细致和毫不妥协，从头到尾，贯彻始终，即使在般若经籍中也很少见。其中有一品表现得尤为集中，那就是《弟子品》。此品通过对释迦十大弟子——作为早期佛教十大法门代表的批判，全面贬斥了早期佛教的基本观念和主要实践，为建构大乘的基本观念和宗教实践开路。让我们依其头践次第来看：

1. 关于"宴坐"

"定"、"慧"是佛家修持的基本内容和基本方式，方法即是"宴坐"。宴坐的特点是于无人处独坐静思，必须远离社会，隔离群生。维摩诘对正在林中"宴坐树下"的舍利弗说："不必是坐为'宴坐'也"；"不舍道法而现凡夫事，是谓宴坐；心不住内亦不在外，是谓宴坐"；"不断烦恼而入涅槃，是谓宴坐"。意思是宴坐不在形式，不一定要敛心于内，也不是脱离世俗生活；宴坐就贯穿在世俗的事务和众多烦恼之中。这大体表达了大乘的定慧观。中国禅宗认为"禅"不在于"坐",反对把坐禅教条化,它的经典根据当出于此。

2. 关于"乞食"

乞食是早期佛教唯一合法的谋生方式。维摩诘通过对大迦叶选择"贫里"乞食的批评,提出大乘的平等观。他指出,若"舍豪富,从贫乞",乃是"有慈悲心而不能普"的表现。正确的方法是:"住平等法,应次行乞食;为不食故,应行乞食。"乞食是维系生命的手段,目的在于"不食",因为不食标志着涅槃。意思是说,时时不能忘记僧人的本分。

那么什么是"平等法"?于是有了下边一番议论:

> 以空聚想,入于聚落;所见色与盲等……所食味不分别……知诸法如幻相,无自性,无他性,本自不燃,今则不灭……若能不舍八邪入八解脱,以邪相入正法……如是食者,非有烦恼,非离烦恼;非入定意,非起定意;非住世间,非住涅槃。其有施者,无大福、无小福,不为益,不为损:是谓正入佛道,不依声闻。

一句话,就是以大乘空观观察一切,对待一切;这一空观的要点,集中在"不分别"上:虽亦见色、亦食味,与世人同,而视之若幻,不留心,不别是非,无所好恶,亦无烦恼,形同涅槃。由此指导自己的行为,"非住世间,非住涅槃";于处世间中,超越世间。

说到这里,经意未尽,乃借须菩提至维摩诘家行乞,让维摩诘继续议论说:

> 若能于食等者,诸法亦等……不断淫怒痴,亦不与俱;不坏于身,而随一相;不灭痴爱,起于明脱;以五逆相,而得解脱,亦不解不缚;不见四谛,非不见谛……非凡夫,非离凡夫法;非圣人,非不圣人;虽成就一切法,而离诸法相……不见佛不闻法,彼外道六师……是汝之师,因其出家,彼师所堕,汝亦随堕;入诸邪见,不到彼岸;住于八难,不得无难;同于烦恼,离清净法……其施汝者,不名福田;

供养汝者,堕三恶道,为与众魔共一手作诸劳侣,汝与众魔及诸尘劳,等无有异。

须菩提听到这类完全是离经叛道的话,"不知以何答,置钵欲出其舍",维摩诘告诉他,不要惧怕:

> 如来所作化人,若以是事诘,宁有惧不?……一切诸法,如幻化相,汝今不应有所惧也。所以者何? 一切言说,不离是相;至于智者,不著文字,故无所惧。何以故? 文字性离,无有文字,是则解脱;解脱相者,则诸法也。

这段话将般若空观表达得十分精要。按它的逻辑,人们面对的一切,无非是主观分别产生的幻相;一切语言文字,则是于幻相上的人为施设,所以本质都是"离诸法相"、"无有文字"的,即使"佛"与"法"也不例外。众生处在自己幻化的文字世界中,而企图从中解脱出来,追求另一种涅槃的境界,其实仍是一种幻相文字的表现,因为人们不可能在这个虚假世界之外找到别的真实存在;唯一可能的,就是把握文字世界的空寂本质,而以无分别心平等观察和处理一切差别和对立。因此,不灭痴爱,即可由智慧中得到解脱,虽行"五逆",亦可得脱;因为若认识到本来"不缚",也就无所谓"解"。同样道理,即使谤佛毁法不入僧数,而与外道同行,与魔共舞,也未尝不可。因为"诸法化相",智者"不著文字",诸法本性就是超越化相与文字,是"解脱"的。

3. 关于"罪"与"律"

戒律是僧尼的行为规范,为小乘佛教三学之一。规范的制订,则以犯罪的轻重为依据。维摩诘借对优波离的批评,对于"罪"的性质作分析说:

> 彼罪性不在内、不在外,不在中间……心垢故众生垢,心净故众生净。心亦不在内、不在外,不在中间。如其心然,罪垢亦然,诸法亦然不出于如……一切众生心相无垢……妄想是垢,无妄想是净;

颠倒是垢，无颠倒是净；取我是垢，不取我是净……一切法不生不灭，如幻如电，诸法不相待，乃至一念不住。诸法皆妄见，如梦如焰，如水中月，如镜中像，以妄想生。其知此者名奉律；其知此者名善解。

罪生于心，心本不住，即不住于形相文字，故"罪性"亦然，本质皆"如"。只因为心有"妄想"乃有种种幻相生，有幻相生，就有罪与非罪等"诸法"的"妄见"。妄想就是"心垢"，无垢就是心清净。因此，心与罪其性皆空，若作分别，都是垢；只要无垢，心归于清净，罪也自行消除。

经文的这些表述，有些曲折隐晦。译者鸠摩罗什有两段专门的注释，有助于我们的理解。他说："犯律之人，心常战惧，复加以切之，则可谓心扰而罪增也；若闻实相，则心玄无寄，罪累自消，故言当直除之也。"（《注维摩诘经》卷三，下同）又说："以罪为罪则心自然生垢，心自然生垢，则垢能累之；垢能累之，则是罪垢众生；不以罪为罪，此即净心，心净则是众生净也。"

这就很清楚了，只要以大乘空观（实相）巡视一切，即可"不以罪为罪"，令心地清净、众生清净。在这里既无需部派佛教那样严苛细琐的戒条进行禁制，也没有一般大乘让人认罪和忏悔的要求，而只有一条，那就是树立它的无分别的空观，或者让"不分别"消除犯罪感，而不是犯罪本身。这也就是为什么，我们在般若中观学派中，见不到它们的专门律典的原因——大乘的律学普遍建立在它的学说基础上，为它的学说服务，所以它的学说就是它的律学，此外别无戒律。"解"与"戒"的同一，以及令"戒"融于"解"中，是大乘戒律的共性。

4. 关于"天眼"

崇拜"天"，向往"天眼"，也是早期佛教普遍的信仰，阿那律即以"天眼第一"著称。从大乘般若学开始，就对天眼表示贬斥，维摩诘则作了理论性批评：

> 吾见此释迦牟尼佛土三千大千世界,如观掌上庵摩罗果……天眼所见,为作相耶,无作相耶?假使作相,则与外道"五通"等;若无作相,即是无为,不应有见。(《维摩经》卷上,下同)

维摩诘意谓,他所得的天眼要比小乘人高明得多,问题是这都不是"真天眼"。真天眼是"常在三昧,悉见诸佛国",而"不以二相",是无差别的,也是寂灭的。

5. 关于"出家"

"出家为道"是小乘公认的解脱之道,释迦牟尼弃妻离家,就是范本;罗睺罗继之舍王位出家,说出家功德之利。维摩诘认为:"出家者,为无为法;无为法中无利、无功德……离众杂恶,摧毁外道,超越假名,出污泥,无系着,无我所,无所受。"这才是"真出家",而不在形体上是否离家。于是维摩诘语诸长者子:"汝等于正法中宜共出家……汝等便发阿耨多罗三藐三菩提心,是即出家,是即具足。"意指只要归心他所讲的"正法",发菩提心,在家就是出家,具足一切出家之道。因此,是否真的出家,全以是否奉行"正法"为准。

6. 关于佛

据《阿含》诸经所传,世尊有疾,阿难持钵为乞牛乳营养。维摩诘大不以为然。他说:"如来身者,金刚之体,诸恶已断,众善普会,当有何疾,当有何恼……诸如来身,即是法身,非思欲身。佛为世尊,过于三界。"

早期佛教,悉以佛为"人",故亦有人生不可避免的生死病痛。《维摩经》则强调,佛之作为世尊,已经超越"三界","不堕诸数",无思无欲无恼,是谓"金刚之体",永不坏灭;亦是"法身",为一切佛法的本体。"如此之身,当有何疾?"这一席话把阿难说得惭愧不已,进退失据。时空中有声告诸阿难:"但为佛出五浊恶世,现行斯法,度脱众生。行矣阿难,取乳无惭"。意谓释迦佛的有疾之身,乃是佛的一种现化,是为了度脱"恶世"众生的"方便",大乘一般称之为"化身"。于是"佛身"就有了两种:法身和化身。小乘的问题,就出在把化身视为唯一的佛身,这对大乘来说,即是大谬。

7. **关于"法要"**

"法要"是指佛法的核心教义。摩诃迦旃延说：

> 昔者，佛为诸比丘略说法要，我即于后敷衍其义，谓无常义、苦义、空义、无我义、寂灭义。

我们知道，这是标准的佛教早期观点，特别集中在有部学说中：前两点，是对人生本质作的基本判断；后两点，是解决人生问题的最后归宿和途径。维摩诘针锋相对地驳道：

> 无以生灭心行，说实相法……诸法毕竟不生不灭，是无常义；五受阴洞达空无所起，是苦义；诸法究竟无所有，是空义；于我、无我而不二，是无我义；法本不燃、今则无灭，是寂灭义。

他用"实相法"重新解释佛教的早期教义，从基础理论上驳斥了小乘佛教对人生的悲观主义判断，以及小乘为厌恶人生而将"无生"当做出路的主张。

8. **关于"说法"和"法"**

据罗什介绍，富楼那弥多罗尼子"于法师中第一，善说阿毗昙"（《注维摩诘经》卷三）。维摩诘首先对这位善说者的说法方法进行评论：为人说法之前，必先"观此人心"，看他适合和需要什么法，能够接受什么法，不能没有针对性。因此对大乘人只能说大乘法，决不可说小乘法。他说：

> 无以秽食，置于宝器……勿得发起以小乘法；彼自无疮，勿伤之也。欲行大道，无示小径。无以大海，内入牛迹。无以日光，等彼萤火。

在维摩诘看来，对于"久发大乘心"的人，"如何以小乘法而教导之？""小乘智慧微浅，犹如盲人，不能分别一切众生根之利钝。"

"根之利钝"的"根",指的是众生是否接受佛教和接受程度的内在根据、心性。根之利者,可以接受高深的佛教;钝者,只能了解一些肤浅的教理,如小乘法;"无根"即"无性"者,则指完全不接受佛教的人。对众生的这种区分,在以后的大乘佛教中相当普遍,此处则强调,说法要分对象,不能用一个道理,让各类不同的人群接受,尤其是不能向有大乘根基的人去说小乘法。

说法布道是佛教徒的天职,问题是怎么说,说什么样的"法"。维摩诘批评正在向居士说法的大目犍连说:"夫说法者,当如法说";而所谓"如法"并不等于重复佛说或经籍的语言文字,首先要懂得什么是"法"。依维摩诘的解说,只有顺从于"空",才能把握"法"的真正含义:

> 法无众生,离众生垢故;法无有我,离我垢故;法无寿命,离生死故;法无有人,前后际断故。法常寂然,灭诸相故。法离于相,无所缘故;法无名字,言语断故;法无有说,离觉观故;法无形相,如虚空故;法无戏论,毕竟空故……法无分别,离诸识故。法无有比,无相待故;法不属因,不在缘故。法同法性,入诸法故;法随于如,无所随故;法住实际,诸边不动故;法无动摇,不依六尘故;法无去来,常不住故。法顺空、随无相、应无作……法无生灭,法无所归,法过眼耳鼻舌身心。法无高下。法常住不动。法离一切观行……"法相"如是,岂可说乎。夫说法者,无说无示,其听者,无闻无得,譬如幻士为幻人说法,当建是意而为说法。

这段话颇长,是《维摩经》对"法"这个概念所作的最清楚、最详尽的界说。

首先,它把"法"限定在"法性"、"如"、"实际"等意义上,因而具有遍在性——作为事物的本质,遍在于一切法中,即所谓"入诸法"、"随于如"、"住实际"等;这样的本质,是永恒绝对的存在,所以不受因缘条件的制约,亦无运动变化,即所谓"不属因"、"不在缘"、"无生灭"、"无去来"、"常住不动";这样的本质,是不可分别、不可认识、不可语言表达的空寂,故亦不可命名,所谓"离觉观"、"离诸识"、"过眼耳鼻舌身心",以及"无名字"、"无有说"、"无分别"、"言语断"等。据此,人们所认识、所分别、所给予名称的一切,都是强加给"法"的垢尘、不净;呈现于认识中的一切表象,都像梦幻一样虚化不实。为了把这些不净的垢尘从本然的空寂中简别出去,体认真实的"法相",就只能用"空"或"无"等否定句来表,所谓"无形相"、"如虚空"、"毕竟空",以致用"空"、"无相"、"无作"等去把握事物的原貌。所谓"如"、"真如"、"实相"绝不是人们所认识、所表述的那个样子;人们尤其愿意把"我"、"人"、"寿命"、"生死"等视为真实,所以特别需要用"无"这个字以示否定,表明"实际"并非如此,所谓"法常寂然,灭诸相故"。

通过对小乘十大代表的批评,凸现的大乘观念,在哲学上纯属于般若空观体系,重点则放在清除早期佛教视生死和涅槃为真实的两极,并将两者绝对对立起来,直至深陷其中,导向悲观厌世。据此可以断定,《维摩经》当与般若类经典的产生和流通同时产生,实属般若经的一种,尽管它并不以般若命名。

三、"佛道"原自"非道"

般若类经的哲学观,并非为一切大乘佛教所接受。但它在两个方面,对大乘的整个开展,起了理论的先导作用:其一是给传统佛教以"小乘"的贬称,突出大乘的地位和价值,另一是把出世间与世间统一起来,突出了深入世间的基本方向。《维摩经》在这两个方面做得都很到位。

贬斥小乘,到了《佛道品》算是到了顶峰。在这一品里,大迦叶听罢文殊师利的大乘论后感叹说:

> 诚如所言,尘劳之俦为如来种。我等今者不复堪任发阿耨多罗三藐三菩提心。乃至五无间罪,犹能发意生于佛法,而今我等永不能发,譬如败根之士,其于五欲不能复利,如是声闻诸结断者,于佛法中无所复益,永不志愿……凡夫于佛法有反复,而声闻无也。所

以者何？凡夫闻佛法能起无上道心，不断三宝；正使声闻终身闻佛法力、无畏等，永不能发无上道意。

所谓"败根之士"，指生理器官毁坏，故于"五欲"无能之人，以此说明小乘人信仰大乘是根本不可能的。对于小乘的贬斥和决绝到这样的程度，在其他大乘经中是很少见的。

《维摩经》在这里宣讲的观点，认为只有世间凡夫才有成佛的可能性；小乘人一味向往涅槃，企图断除一切烦恼诸结，同时也就灭绝了"佛种"，永远不可能成佛。《佛道品》集中讨论的就是如何通达"佛道"，以及什么叫"佛种"的问题。

此品一开始有个纲领性论断：

若菩萨行于非道，是为通达佛道。

就是说，只有通过佛道的对立面才能通向佛道：非道是成就佛道的根据，故非道即是"佛种"、"如来种"。该品举例说：

若菩萨行五无间，而无恼恚；至于地狱，无诸罪垢……示行贪欲，离诸染著……示行毁禁，而安住净戒……示有资生，而恒观无常，实无所贪；示有妻妾彩女，而常乐远离五欲淤泥……现入涅槃，而不断生死。

从这些例证看，"佛道"之所以出于"非道"，可以有三层意思：一、即使身处无间地狱，受苦无穷，也不许恼恚，更不能反抗，相当于菩萨修养中的"忍"；二、"非道"是佛道的对治对象，即使身犯地狱之罪，也不能有犯罪的坏思想，这叫处污泥而不染，是菩萨最重要的品格；三、"非道"是菩萨"示现"于众的假象，表示与众生同行，以便于引导接纳，这是菩萨接近众生转化众生的根本途径。按这些意思解读，它要求求佛道的人们，必须深入社会下层，混迹世间人生，与众生同呼吸、共命运，借以体现佛道、播撒佛种，也为自己成佛积累智慧和福德。

按支谦译本，对上面这段话的翻译是这样的：

> 其至五无间处，能使无诤怒；至地狱处能除冥尘；至于畜生处则为除暗昧，能使无慢；求入饿鬼道，一切以福随次合会；至无智处不与同归，能使知道……在尘劳处为现都净，无有劳秽……入贫窭中则为施以无尽之财；入鄙陋中，为以威相严其种姓；入异学中，则使世间一切依附；遍入诸道，一切能为解说正要，至泥洹道度脱生死。（《佛说维摩诘经》卷下）

意思只有一个：菩萨深入众生生活，目的在于有针对性地为他们宣讲佛理，令他们依佛教认识自己的处境，脱离生死。比较而言，此译说理过于单纯。罗什的译文则抽象模糊，可解释的空间很大，其中之一，就是为贪爱"五欲"（拥有妻妾彩女），累积"生资"（拥有无量财富）等种种再世俗不过的情欲和贪求进行辩解，假"示"之名，行"实"之事。这一点，我们从东晋南北朝热衷于此经的名士们那里，可以得到验证。

发挥维摩诘这一混迹世间主张的是文殊师利。他说：

> 有身为种，无明、有爱为种，贪恚痴为种，四颠倒为种，五盖为种，六入为种，七识处为种，八邪法为种，九恼处为种，十不善道为种。以要言之，六十二见及一切烦恼，皆是佛种。（《维摩经》卷中，下同）

文殊进一步说明其原由：

> 譬如高原陆地不生莲花，卑湿淤泥乃生此华，如是见无为法入正位者，终不复能生于佛法，烦恼泥中，乃有众生起佛法耳。如殖种于空，终不得生，粪壤之地，乃能滋茂。如是入无为正位者不生佛法，起于我见如须弥山犹能发于阿耨多罗三藐三菩提心，生佛法矣。是故当知，一切烦恼为如来种，譬如不下巨海不能得无价宝珠，如是不入烦恼大海，不能得一切智宝。

这一系列观点，似乎与用以清理佛弟子所持的空观完全相反。此中一切世间法都必须承认其为"有"，而且还得深入"有"内，行于"有"中。

无明、爱、贪、瞋、恚,以及一切烦恼、一切邪恶,都不应该像小乘佛教那样,视为可厌恶、应排斥、必须灭绝的虚无,而是应该承认它们的存在,亲近它们,并身历其中,视为成佛的因素,即所谓"佛种"。据此而言,世俗的"我见"并不可怕,最大的敌人乃是"空见";即使持"我见"大如须弥山,也比执"空见"好得多。因为执"空见"就会看破一切,完全不可救药了。

《维摩经》的这类论述,在"空"、"有"之间制造了一种进退自由的根据,方便了左右逢源的处世之道,但在理论形式上,却是针对小乘佛教而发的。论"空",是批驳小乘把世间和出世间看得太认真,误以为"有",从而导致出世与入世的割裂和对立;说"有",是不赞成小乘佛教破斥世间一切,完全否定世间的意义,去追求绝对的无。总之,论"空"说"有",都是用来批驳小乘厌弃世间、别寻涅槃,以及鄙薄生命、颂扬无生这种悲观主义的。

将上述种种论述概括起来,那就是"智度菩萨母,方便以为父"。"智度"和"方便"就是成佛的种子,也是诸佛的父母,故曰:"一切众导师,无不由是生。"这里的"方便",指的就是世俗生活,"智度"指的是般若波罗蜜。两者结合起来,就是要求菩萨行者无条件地深入世俗生活,用般若的智慧去度脱众生。方便是手段,智度是目的。离开目的,方便就失去了大乘的本意;没有方便,目的就是一句空话。所以在成佛的道路上,两者形同父母,尊为"佛种"。这一观点,是般若类经籍的总纲,也是《维摩经》全部立论的基础。

为了把这个道理说清楚,《佛道品》又陈述了一系列观念,一方面是把佛教世俗化,一方面是把世俗佛教化,将世间生活与出世间观念融为一体。譬如说:

> 法喜以为妻,慈悲心为女,善心诚实男,毕竟空寂舍……四摄众妓女,歌咏诵法言,以此为音乐。

这就使大乘的所有观念都可以转变为世俗的事务,体现为世俗的行为,此可谓佛教世俗化的一面。再譬如说:

> 虽知无起灭，示彼故有生；悉现诸国土……虽知诸佛国及与众生空，而常修净土……觉知众魔事，而示随其行……经书、禁咒术，工巧诸技艺，尽现行此事，饶益诸群生……示受于五欲，亦复现行禅……或现作淫女，引诸好色者，先以欲钩牵，后令入佛智。或为邑中主，或作商人道、国师及大臣，以祐利众生……随彼之所须，得入于佛道，以善方便力，皆能给足之。

这样，世界的一切都变成了佛教的现化，此可谓世俗佛教化的一面。

当国王大臣以"祐利众生"名义统治民众，淫女"引诸好色者"的时候，你是看做菩萨的"方便"现示，还是看做世俗世界的真实？同样，如果把妻视做"法喜"，把众妓女当做"四摄"，这是在亵渎大乘，还是大乘就是这个样子？《维摩经》说到极端的时候，把一切界限全给模糊掉了：最卑污处，也是莲花最宜生处，卑污与莲花是一而二、二而一的；唯有在众生烦恼中，才有成就佛法的可能；离开众生烦恼，佛法就失去了生长的土壤，于是烦恼即是佛法，佛法即是烦恼，也是一而二、二而一的。

僧肇在此经的序言中说："统万行则以权智为主"，权智即是方便。这大概可以解释此经特别为某些士大夫所欢迎的一大原因。

四、"菩萨"和"菩萨行"

"菩萨"是大乘佛教独有的自称；菩萨之所应行，就是"菩萨行"，这在《阿含》和小乘论著中都有过反映，《维摩经》则专列两品，分别加以论述，表明它对此前的有关解释并不满意，也不满足，它要为其重新界定，作新的诠释。其中比较显著的是对以弥勒为中心的大乘观的批评。

弥勒是部派时期就酝酿出来的一位菩萨：他居于兜率天，受佛悬记，未来世当下生阎浮提成佛。对他的信仰，不只流行在汉语佛教系统中，在其他语系中，包括当代西方的某些新宗教，也颇有影响。维摩诘于此处就弥勒"受记"将于未来"一生"成佛这一说法提出两个问题：第一，未来一生的"生"，有可能吗？第二，"受记"是表示必然获得阿耨多罗三藐三菩提,则"菩提"的性质是否可"得"?

就第一个问题,维摩诘说:

> 为用何"生"得受记乎?过去耶?未来耶?现在耶?若过去生,过去生已灭;若未来生,未来生未至;若现在生,现在生无住。如佛所说,比丘,汝今时亦生、亦老、亦灭。若以"无生"得受记者,无生即是正位,于正位中已无受记,亦无得阿耨多罗三藐三菩提,云何弥勒受一生记乎?为从"如"生得受记耶,为从"如"灭得受记耶?若以如生得受记者,"如"无有生;若以如灭得受记者,"如"无有灭。一切众生皆"如"也;一切法亦"如"也。众圣贤亦"如"也,至于弥勒亦"如"也。若弥勒得受记者,一切众生亦应受记。所以者何?夫"如"者不二不异。(《维摩经》卷上,下同)

这段话表达三个意思:一、从理论上说,"生"是不可能的。关于"生"的不可能性,《中论》有详尽的阐释,此处暂略。二、如果因为"无生"得以受记,则无生即是一切活动的停息,与受记的行为矛盾。三、如果因为"如"而得受记,则在"如"上,一切众生平等皆有,不应为弥勒独占(此处的"如",是般若中观学派最常用的词汇之一,这里不宜详谈;按僧肇的解释,"如"无生无灭,而存在于一切生灭诸法之中,实指性空)。总而言之,说弥勒将于未来一生成佛,这一生的"生"就不能成立。

就第二个问题,维摩诘说:

> 若弥勒得阿耨多罗三藐三菩提者,一切众生皆亦应得。所以者何?一切众生,即菩提相。若弥勒得灭度者,一切众生亦当灭度。所以者何?诸佛知一切众生毕竟寂灭,即涅槃相,不复更灭。

为什么说,"一切众生,即菩提相"?因为从般若看来,任何"相"都是虚妄分别的产物,故"相"的本质即是"无",所谓"无相"。认识到众生的本质无相,那就是菩提,故在众生之外别无菩提。僧肇注曰:"无相之相是菩提相也"(《注维摩诘经》卷四)。与此道理相同,"一切众生毕竟寂灭",这里的寂灭、涅槃,也都是无相、性空的意思。

据此,维摩诘认为,说弥勒受记而必得无上菩提,其实是由臆想分别形成的妄见,应该舍弃,方法是:"舍于分别菩提之见。所以者何?菩提者,不可以身得,不可以心得。寂灭是菩提,灭诸相故;不观是菩提,离诸缘故。"(《维摩经》卷上,下同)如此类推,"无忆念"、"舍诸见"、"离诸妄想"、"障诸愿"、"无贪著"、"无生住灭"、"离意法"等,都可以从否定分别有相上诠释菩提,也可以用"顺于如"、"住法性"、"至实际"、"等虚空"等类似正面陈述的空观对菩提作出界定。

除此之外,菩提还有些规定,也很重要:"'知'是菩提,了众生心行故。'不会'是菩提,诸入'不会'故"。

菩提是一种"知",因为它至少能够了知众生的"心行"。但这种"知",并非如世人那样,是内心与外境合会产生的"知",而是内不为感官限定,外不受境界左右的"知";此等内六入与外六入的不合会,即名"不会",亦即般若和方便之知。因此,"假名是菩提,名字空故;如化是菩提,无取舍故"。承认假名、幻化就是"方便",见其"空"而"无取舍"就是"般若",如此等等,都是"菩提"的特性,它在"无取"、"无异"和"常自静"、"性清净"中而知一切法。所谓"微妙是菩提,诸法难知故",以世俗之知难以知法实相,而微妙的菩提可以知"道"。据此僧肇注曰:"诸法幽远难测,非有智之所知;以菩提无知,故无所不知。无知而无不知者,微妙之极也。"(《注维摩诘经》卷四)由于世俗知的特点是"分别";菩提之知是"无分别";以无分别而知诸法,故曰"菩提无知"。僧肇撰有《般若无知论》,与此处的论点是一致的。

《菩萨品》整个是用来与此前的大乘观念划界限的。除了批评弥勒,维摩诘还驳难了其他一些大菩萨,说明他的菩萨观与其他大乘讲的菩萨观有所不同。略举三点:

第一,菩萨说法教化众生,并非限定在特置的"道场"上,居士把握佛法,也不一定都到这样的"道场"来。真正的道场应该无处不在,菩萨所行处无非道场:"菩萨若应诸波罗蜜教化众生,诸有所作,举足下足,当知皆从道场来,住于佛法矣"。

第二,菩萨不应从禁欲中求解脱,而应于"五欲"中求解脱。有个故事说,"魔波旬从万二千天女……鼓乐弦歌",欲赠某菩萨以"备扫洒"。该菩萨误以为送赠送者是天帝释,乃语之曰:"虽福应有,不当自恣;当观五欲无常,以求善本,于身、命、财,而修坚法。"故拒之曰:"无以此非法之物,要我沙门释子。此非我宜。"维摩诘即语魔言:"是诸女等,可以与我。如我应受。"乃语诸女:"魔以汝等与我,今汝皆当发阿耨多罗三藐三菩提心。即随所应而为说法,令发道意。复言:汝等已发道意,有法乐可以自娱,不应复乐五欲乐也。"至此,维摩诘乃将此等天女归还波旬,并教给诸天女"止于魔宫"之道,曰"无尽灯"法门:

譬如一灯,然百千灯,冥者皆明,明终不尽。如是诸姊,夫一菩萨开导百千众生,令发阿耨多罗三藐三菩提心,于其道意,亦不灭尽……汝等虽住魔宫,以是无尽灯,令无数天子、天女发阿耨多罗三藐三菩提心。

这表明,菩萨要上至天宫说法,下至淫窟宣教,要使五欲具备者,都能成为菩萨。

第三,布施居六波罗蜜之首,从"食施"到"财施",是小乘到大乘的一大转折,至此,则提出"法施"高于"财施",甚至贬斥单纯的财施。维摩诘对"设大施会"的长者子说:"夫大施会不当如汝所设,当为法施之会,何用是财施会为!"

所谓法施,按其字义,是以佛法广施众生。此处之"法施会",则要求构造菩萨心与菩萨行合一的菩萨品格,所谓"以菩提,起于慈心;以救众生,起大悲心;以持正法,起于喜心;以摄智慧,行于舍心……教化众生,而起于空;不舍有为法,而起无相……知一切法,不取不舍;入一相门,起于慧业"。如此等等,"若菩萨住是法施会者,为大施主,亦为一切世间福田"。

维摩诘的这番道理,使二百婆罗门发菩提心;长者子叹未曾有,乃解价值百千的璎珞以上之,维摩诘略作推却乃受之,"分作二分,持一分施此会中一最下乞人",另一分则供养如来。这一记述可以看做"法施会"的样板:法施依旧需要财施的报酬;但财施的一部分,首先要分给与会的最贫困者。

能将这些品格转化为菩萨的思想作为,就是菩萨行。它的原则是根据众生的不同根性和需要,适应不同的环境和氛围,说不同的法,做不同的佛事,因此范围异常广泛,没有定格。世俗生活、小乘教义、大乘观念、卑下的五欲、高尚的情操、粗鄙的迷信、深奥的哲理,都可以视为佛事,成为菩萨行的内容。《菩萨行品》中讲诸佛现示的情况:"有以三十二相、八十随形好而作佛事,有以佛身而作佛事,有以虚空而作佛事,众生应以此缘得入律行。有以梦幻、影响、镜中像、水中月、热时焰,如是等喻而作佛事。有以音声、语言、文字而作佛事。或有清净佛土、寂寞无言、无说无示、无识、无作、无为,而作佛事。"以至三毒四魔,"八万四千诸烦恼门,而诸众生为之疲劳,诸佛即以此法而作佛事。是名入一切诸佛法门。"

这个"入诸佛法门"的理论指导,叫做"尽无尽解脱法门",它可以作为一切菩萨行的基本原则。此所谓"尽无尽解脱法门",用一句话说:"不尽有为,不住无为。"

> 何谓不尽有为?谓不离大慈,不舍大悲……教化众生,终不厌倦;于四摄法,常念顺行;护持正法,不惜躯命……于诸荣辱,心无忧喜……于远离乐,不以为贵;不著己乐,庆于彼乐在诸禅定,如地狱想;于生死中,如园观想……行少欲知足,而不舍世法;不坏威仪,而能随俗;起神通慧,引导众生。

因此,"不尽有为"即是不离世俗生活,不离世俗众生,而以空观视察这世俗的一切。

何谓菩萨不住无为?谓修学空,不以空为证;修学无相、无作,不以无相、无作为证;修学无起,不以无起为证。观于无常,而不厌善本;观世间苦,而不恶生死;观于无我,而诲人不倦;观于寂灭,而不永寂灭……观于无生,而以生法荷负一切。观于无漏,而不断诸漏。观无所行,而以行法教化众生。观于空无,而不舍大悲。

这与不尽有为是一个精神:虽以空观视察世俗的一切,但不住于空,不以空为归宿。

关于"不尽有为、不住无为"的话还有很多,如谓:"具福德故,不住无为;具智慧故,不尽有为。大慈悲故,不住无为;满本愿故,不尽有为。……知众生病故,不住无为;灭众生病故,不尽有为"。这也是"入一切诸佛法门"菩萨行的指导原则。

五、"入不二法门"

上述"菩萨行",明显地在调和世间与出世间的矛盾;而这种调和,则以思想与行动的分裂为前提:观念上应该认识到世间万物、生死烦恼本质皆"空",但行动上必须以承认现实的"有"来处世;人身不可能不处于"有"中,思想上则一定要保持"空观"。据此来看《维摩经》中的菩萨,往往是多重人格、言行不一的。到了卷中《入不二法门品》,又从调和矛盾进到否认矛盾,最后以抹杀一切差别作为菩萨行的最高境界,菩萨的最高品格。这样一来,在宗派上,就把小乘佛教制造的世间与出世间的对立给完全弥合起来了;作为人生观和社会观,则以"无分别"淡化利害、毁誉,泯灭善恶、是非,既可以于繁杂的尘劳和矛盾的纠葛中求得宁静,也能够销蚀人的道德情操和社会责任心。

这"无分别"叫做"无二",以"无二"的观点和方法去观察和对待一切事物,叫做"不二法门"。以"不二法门"连接世间和出世间的关系,说明在世间之外,别无出世间存在,从而令菩萨悟解佛教内涵并运用于处世接物,叫做"入不二法门"。《入不二法门品》列举了三十三对矛盾,一一加以消解，兹列举如下：

(1) "生、灭为二。法本不生，今则无灭，得此无生法忍，是为入不二法门。"

(2) "我、我所为二。因有我故，便有我所；若无有我，则无我所。"

(3) "受、不受为二。若法不受，则不可得；以不可得故，无取、无舍、无作、无行。"

(4) "垢、净为二。见垢实性，则无净相，顺于灭相。"

(5) "是动、是念为二。不动则无念，无念即无分别。"（《注维摩诘经》卷八罗什注："惑心微起名为动，取相深著名为念，始终为异耳。"）

(6) "一相、无相为二。若知一相即是无相，亦不取无相，入于平等。"

(7) "菩萨心、声闻心为二。观心相空、如幻化者，无菩萨心无声闻心。"

(8) "善、不善为二。若不起善不善，入无相际而通达。"

(9) "罪、福为二。若达罪性则与福无异，以金刚慧决了此相，无缚无解。"

(10) "有漏、无漏为二。若得诸法等，则不起漏、不漏想，不住于相，亦不住无相。"

(11) "有为、无为为二。若离一切数，则心如虚空，以清净慧无所碍。"

(12) "世间、出世间为二。世间性空，即是出世间；于其中不入不出，不溢不散。"

(13) "生死、涅槃为二。若见生死性，则无生死；无缚无解，不然不灭。"

(14) "尽、不尽为二。法若究竟尽、若不尽，皆是无尽相；无尽相即是空，空则无有尽不尽相。"

(15) "我、无我为二。我尚不可得，非我何可得？见我实性者，不复起二。"

(16)"明、无明为二。无明实性即是明,明亦不可取。离一切数,于其中平等无二。"

(17)"色、色空为二。色即是空,非色灭空,色性自空。如是受想行识,识、空为二。识即是空,非识灭空,识性自空。"

(18)"四种异、空种异为二。四种性即是空种性,如前际、后际空故,中际亦空。"

(19)"眼、色为二。若知眼性,于色不贪不恚不痴,是名寂灭……安住其中。"

(20)"布施、回向一切智为二。布施性即是回向一切智性……于其中入一相。"

(21)"是空、是无相、是无作为二。空即无相,无相即无作;若空无相无作,即无心、意、识,于一解脱门即是三解脱门。"

(22)"佛法众为二。佛即是法,法即是众,是三宝皆无为相,与虚空等,一切法亦尔。"(意谓在"性"、"实相"、"空性"上,佛、法、众生悉为平等。)

(23)"身、身灭为二。身即是身灭。所以者何?见身实相者,不起见身、见灭身;身与灭身,无二、无分别。"

(24)"身口意业为二。是三业皆无作相……是三业无作相,即一切法无作相,能如是随无作慧。"

(25)"罪行、福行、不动行为二。三行实性即是空;空则无罪行无福行无不动行,于此三行而不起。"

(26)"从我起二为二;见我实相者,不起二法。若不住二法,则无有识;无所识者,是为入不二法门。"(《注维摩诘经》卷八,僧肇注:"因我故有彼……若见我实相,则彼我之识无由起也。")

(27)"有所得相为二,若无所得则无取舍。"(《注维摩诘经》卷八,僧肇注:"得在于我,相在于彼;我不得相,谁取谁舍。")

(28)"暗与明为二。无暗无明则无有二……一切法相亦复如是,于其中平等入。"

(29)"乐涅槃、不乐世间为二。若不乐涅槃、不厌世间,则无有二。所以者何?若有缚则有解,若本无缚其谁求解?无缚无解,则无乐厌。"

(30)"正道、邪道为二。住正道者,则不分别是邪、是正,离此二者。"

(31)"实、不实为二。实见者尚不见实,何况非实。所以者何?非肉眼所见,慧眼乃能见;而此慧眼无见无不见。"

至此,文殊师利的总结是:

(32)"如我意者,于一切法无言无说、无示无识,离诸问答,是为入不二法门"。

接着,文殊问维摩诘的观点:

(33)"时维摩诘默然无言"。文殊叹曰:"乃至无有文字语言,是真入不二法门"。

把"默然无言"作为悟入"不二法门"的最高层次,并非视人同木石,没有识别能力,而是表示一切差别矛盾,尤其是"不二法门"揭示的差别和矛盾,都是主观认识上的错误,而非本然状态。诸法"性空",本来无"生",当然也不会有"灭";生、灭就是主观认识虚妄分别的结果。同样,世上本来无"我",因而也无需"非我"。人们通常认为自己所见的即是真实的,其实通常人根本不可能认识到真实;真实需要"慧眼"把握,而慧眼的特征是以其"无见而无不见",是对世人认识的否定上的认识。至于客观事实如何,此处不论,所有的般若经籍也都不讨论,因为离开主观认识和认识的主观对象,是人的认识绝对不能涉及的领域。于是情况就成了这样:有了分别性的认识,就会有"受",有受即有"得",有得则形成"见"。此中关键的一个环节是"得",即将自己的主观分别成就为凝固的思想观念,故《维摩经》以"无所得"为最佳的心理状态。"得"一旦构成为观念系统,用以观察和思考,那就是"见";不论正见还是邪见,本质上都属虚妄分别。由"无分别"、"无所得"形成的新观点,用于佛教实践,即是"不乐涅槃,不厌世间",亦是"无缚、无解"。

"不二法门"是建立在"世间性空,即是出世间"这一根本命题上的,据此要求菩萨在思想上不去分别事物:假若根本不生起分别,也就不会有什么差别矛盾,用不着费力地去对治由此带来的烦恼了。这可以看做《维摩经》代表性的思维方法,不但对中国佛教内部影响很大,在世俗文化领域也很有名。某些文士追求的"无差别境界",实脱胎于此。俗谚中的"不二法门",把它解作"唯一可行的方法",则与其原意完全相悖了。

然而,认识和语言自身即以分别为前提,所以要无分别,必须消除认识和语言自身。第三十二个"不二"就是讲这个道理的:"于一切法无言无说,无示无识"。然而,用以表达"无言无说"的,就是言说,表明既在"示",也有"识",仍属分别。所以最后只好"默然无言",实质上就是让人处世,装聋作哑,形同木石,《老子》名之曰"大智若愚"。

《维摩经》塑造的维摩诘形象,是以知识丰富、神通无限,又善于论辩为个性的,而这一切最终归结为"默然无言",并以此作为他的最高法门,呈现出来的是一种无奈,也是一种悲哀。译者罗什在《注维摩诘经》卷八中讲了一个故事:当年马鸣作为外道,曾与有部大师胁比丘论辩,唱言"一切论议悉皆可破"。胁比丘闻是论,默然不言。马鸣以为胁比丘对其立论不能置答,乃"徒有其名",于是失望而归,行至中路忽然悟解:"我堕负处……我言一切语言可破,即是自破;彼不言则无所破。"

这说明,标榜无分别、无言说,不可避免地要陷于逻辑矛盾,为了避免自我矛盾,唯有默然。这是无分别在逻辑上的无奈。僧肇对这段话也有注解:

> 上诸菩萨措言于法相,文殊有言于无言,净名无言于无言;此三明宗虽同,而迹有浅深。所以言后于无言,知后于无知,信矣哉。
>
> (《注维摩诘经》卷八)

意思是说,讲话不如不讲话,有知不如无知。这反映了某些无是非观者的最后退路,也是特殊境遇中某些文人的特殊感叹。所谓"难得糊涂",所谓"人生识字糊涂始",都可以作为这种"默然"的同调,表现的是无奈中的悲哀,尽管社会背景可能各有不同。

但若把"默然无言"当真作为最高法门,则维摩诘的一切所说全是废话,《维摩经》也就变成了教人说废话的经。《观众生品》对言语文字又是一种态度。时舍利弗不答天女所问,理由是:"解脱者无所言说,故吾于是不知所云"(《维摩经》卷中)。尔时天女驳道:

> 言说文字皆解脱相。所以者何?解脱者,不内、不外、不在两间;文字亦不内、不外,不在两间,是故……无离文字说解脱也。所以者何?一切诸法,是解脱相。

解脱在于把握实相;实相为一切法的共相,言说文字也不例外,因此,不可以离文字说解脱。它的实际意思是:解脱之道,只有通过言说文字才能表达出来,才得把握。中国禅宗是以标榜"不立文字"著称的,而他们所立的文字,在佛教各派中应该是最多的,以致到了宋代公然树起"文字禅"的大旗,这也表明,"默然"或许是逃避,或是无可奈何。

六、"实相"及"从不住本立一切法"

"空"与"幻"是《维摩经》论及诸法时使用频率最高的两个词汇,前者用来说明世界的本质,后者用来说明人生现象,两者统一于"实相"。"实相"则是《维摩经》用以解释现世界的总概念。

《方便品》中,维摩诘教人观身:

> 是身无常、无强、无力、无坚,速朽之法,不可信也;为苦、为恼,众病所集。诸仁者,如此身明智者所不怙。是身如聚沫,不可撮摩;是身如泡,不得久立;是身如焰,从渴爱生;是身如芭蕉,中无有坚。是身如幻,从颠倒起;是身如梦,为虚妄见;是身如影,从业缘现;是身如响,属诸因缘;是身如浮云,须臾变灭;是身如电,念念不住。是

> 身无主,为如地;是身无我,为如火;是身无寿,为如风;是身无人,为如水。是身不实,四大为家。是身为空,离我我所。是身无知,如草木瓦砾……是身虚伪……是身为灾……为老所逼;是身无定,为要当死。是身如毒蛇,如怨贼,如空寂,阴、界诸入所共合成。诸仁者,此可患厌,当乐佛身。

类似的话重复出现在《观众生品》:

> 譬如幻师见所幻人,菩萨观众生为若此。如智者见水中月,如镜中见其面像,如热时焰,如呼声响,入空中云,如水聚沫,如水上泡,如芭蕉坚,如电久住,如第五大,如第六阴……若菩萨作是观者,云何行慈?维摩诘言:菩萨作是观已,自念我当为众生说如斯法:是即真实慈也。行寂灭慈,无所生故;行不热慈,无烦恼故。

人身如幻,人生若梦,支持这一判断的基本人生观没有超出小乘佛教关于无常、无我、苦与空的范围,而形容譬喻却是一大堆,也是从《阿含》就有的,后为般若类经所常用,然其与小乘《阿含》所得的结论不全相同。差别之一,是并不完全归结为消极无为。它要求从认识人身梦幻不实中乐于佛身,成就佛身;同时要有所作为,令其他众生也具备这样的认识,给人以作佛的希望。

但是,与小乘说"幻"在理论上的最大差别,是把"幻"推到了一切"相"上:凡所有"相"无不是"幻",尤其是视生死为真实,把无常、苦、灭等视为真实的观念,更是典型的幻相。《见阿閦佛品》说:

> 诸法无没、生相……譬如幻师,幻作男女,宁没、生耶……佛说诸法如幻相……没者为虚诳法,坏败之相;生者为虚诳法,相续之相。

连诸佛所说法都是幻相,小乘计较的生死相续,岂能例外?

复次,幻只是诸法"有相"的一种外在表现。诸法的本质是"无相",无相即是诸法的"实相"。上述卷上《弟子品》已经指出:"无以生灭心行,说实相法"。同时也旁及"实相"的若干规定,所谓"诸法毕竟不生不灭……空无所起……究竟无所有",以及"于我、无我而不二……法本不燃、今则无灭",等等。卷下《见阿閦佛品》通过佛与维摩诘讨论"以何等观如来"问题,又特别提出,"实相"就是"如自观身实相,观佛亦然",意谓众生自身和如来佛身,在"实相"上是同一的。但这时的佛身,称为"如来",众生自身也不再以无常、苦、空、无我等界定,而是放在同一个"如来"的意义上,如佛身一样地加以论述:

> 我观如来,前际不来,后际不去,今则不住;不观色,不观色如,不观色性……非四大起,同于虚空。六入无积,眼耳鼻舌身心已过,不在三界。三垢已离、顺三解脱门、具足三明,与无明等。不一相、不异相,不自相、不他相、非无相、非取相。不此岸、不彼岸、不中流而化众生。观于寂灭,亦不永灭。不此不彼,不以此不以彼。不可以智知,不可以识识……无名无相……非净非秽。不在方,不离方。非有为,非无为。无示无说……不来不去,不出不入,一切言语道断……非有相、非无相,同真际、等法性……过诸称量……离众结缚,等诸智,同众生,于诸法无分别……不可以一切言说分别显示……如来身为若此,作如是观。以斯观者名为正观。

这段话把实相与如来、真际、法性、虚空等同起来,可以视为同义语。它们的共性是超越"三世"的时间限制,不拘于"三界"的空间范围;不一不异,无此无彼,没有任何差别相可取;无生无灭,不来不去,不受因缘条件的制约;不可以智知,不可以识识,一切聪明智慧都不可能有所认识。唯一可说的,是它不在认识的范围之内,因而也不可以言说表达。这样的实相,我们除了从否定意义上说它"不可以一切言说分别显示"之外,也实在别无可说。

但正因为如此,它又"与无明等","同众生"。就是说,正因为它的空、无差别性,世人才有可能虚妄分别,施设语言,呈现为差别万千的大千世界,以及为之从中解脱而产生的出世间法,以之与世间法对立。所以唯一通达实相之路,就是否定对现实一切的分别,在思想上实现"无分别"。《文殊师利问疾品》中论及一切诸法皆空,"诸佛国土亦复皆空"时,有以下问答:

> 以何为空?答曰:以空空。又问:空何用空?答曰:以无分别空故空。又问:空可分别耶?答曰:分别亦空。

一切皆空是对治一切有的,所以空不是实体,也不是本体,而是用以否定"分别"所生种种表象与名言的方法。"无分别"是庶几接近实相的途径,故对无分别亦不能分别。意谓无分别也不一定反映实相。实相是根本不可知的,因为实相与空一样,也不是实体,更不是本体,而是用来说明一切差别均产生于分别的理念。所谓"真际"、"如"或"如如"、"真如"、"如来"、"法性"等等,都应如此理解。早期般若经译"真如"为"本无",并没有错误。

正因为如此,所以又有下列问答:

> 又问:空当于何求?答曰:当于六十二见中求。又问:六十二见当于何求?答曰:当于诸佛解脱中求。又问:诸佛解脱当于何求?答曰:当于一切众生心行中求。

离开众生的心行诸见,无另外的空体;空即寓于"一切众魔及诸外道"中。结论是:

> 我及涅槃,此二皆空。以何为空?但以名字故空。如此二法,无决定性。得是平等,无有余病,唯有空病。空病亦空。是有疾菩萨,以无所受而受诸受。

由于诸法有名无实,故谓之空;以诸法自身无规定性,故名为空;若以空为别有实体,即是"空病",而此"空病"是由有所受、有所得所致,故亦是空。

《观众生品》讲了一个天女散花的寓言:"华至诸菩萨即皆堕落,至大弟子便著不堕"。大弟子舍利弗欲去身上所著之天女华,以为"此华不如法,是以去之",由此引发了一场论辩。天女言:

> 勿谓此华不如法;所以者何?是华无所分别,仁者自生分别想耳。若于佛法出家,有所分别,为不如法;若无所分别,是则如法。观诸菩萨华不著者,已断一切分别想故。

花是自然现象,本身并无如法、不如法的问题;著华还是不著华,全在于认识主体是否有分别想。此天女继续说:

> 譬如人畏时,非人(指魔)得其便,如是弟子畏生死故,色声香味触得其便也;已离畏者,一切五欲无能为也。结习未尽,华著身耳;结习尽者,华不著也。

问题不在客体,而在心理分别;著华不著华的要害,是出于对男女五欲的分别。所以接下来的议题,是从舍利弗询问天女为什么不转为男身开始。天女曰:"我从十二年来求女人相了不可得,当何所转?譬喻幻师化作幻女","幻无定相,当何所转!""一切诸法亦复如是,无有定相"。一切女人"虽现女身,而非女也。是故佛说,一切诸法,非男非女"。舍利弗由此有所觉悟,谓:"女身色相,无在无不在。天曰:一切诸法亦复如是,无在无不在。"这个"无在无不在"的"无在",指诸法实相即是无相;"无不在"指随分别而有相,差别万千。

"无分别"是认识世界、对待人生的最高精神境界,而它的前提是心"无所得";"无所得"的前提则是心不住于一处,所谓"无住";此处的"无住",即是"无著",思想不停滞在是非善恶上,感受不沉溺于苦乐忧喜上,情绪不执著于得失荣辱上,一切如过眼云烟,如禅宗所谓的心无挂碍、无忆无念,这就是"菩提"的内涵:"菩提无住处,是故无有得者"。舍利弗问,假若如此:"今诸佛得阿耨多罗三藐三菩提,已得、当得如恒河沙,皆谓何乎?"回答是:"皆以世俗文字数故说有三世,非谓菩提有去来今……

诸佛菩萨……无所得而得。"

无分别、无所得、无住，都是把握实相的菩提属性。现在也可以反过来探讨：人们为什么会有"分别"，以至于产生种种幻相和烦恼。先看《问疾品》的分析：

> 何谓病本？谓有攀缘；从有攀缘则为病本。何所攀缘？谓之三界。云何断攀缘？以无所得。若无所得，则无攀缘。何谓无所得？谓离二见。何谓二见？谓内见、外见，是无所得。

这两段话，鸠摩罗什和僧肇各有注解，对我们的理解颇有帮助。罗什注：

> 机神微动，则心有所属；心有所属，名为攀缘。攀缘取相，是妄想之始，病之根也。（《注维摩诘经》卷五）

攀缘三界只是"机神微动"的最终结果；"微动"之初，乃是"心有所属"；心有所属即是攀缘外物而"取相"，这才是世间一切的真正本原。肇注说得简练：

> 内有妄想，外有诸法。

所谓外法，即一切被认为是客观存在的事物，其实只是出自内心的妄想分别，并自以为是，而有所谓"得"。

罗什解说的，是妄想产生诸法的过程，对于我们了解《维摩诘经》的哲学基础十分重要。《观众生品》用逆推的方法，得出"从无住本立一切法"这一著名命题。全文很长，概略来说，一切生死烦恼，一切如来功德，都可以归结为善与不善两大类。

> 曰：善不善孰为本？答曰：身为本。又问：身孰为本？答曰：欲贪为本。又问：欲贪孰为本？答曰：虚妄分别为本。又问：虚妄分别孰为本？答曰：颠倒想为本。又问：颠倒想孰为本？答曰：无住为本。又问：无住孰为本？答曰：无住则无本……从无住本立一切法。

这一段话，可以看做《维摩诘经》的原人论：人源于"欲贪"，是"欲贪"的产物。这是早期佛教的普遍观点。"欲贪"源于何？源于"虚妄分别"，这在早期佛教中也是有的，但比较少见。"虚妄分别"源于何？源于"颠倒想"；早期佛教把"想"视为五阴身的构成，与这里的意思大体相当。但进一步推论，早期佛教认为"想"源于"受"，受源于"触"……而《维摩诘经》这里则说"想"以"无住为本"，而且"无住则无本"，世界人生、世间出世间、一切诸法皆来自"无住"，是从"无住"上确立起来的。比较此前的一切佛教，这个判断最为独特，但具体的含义是什么，经文本身没有进一步解释，倒是有两个注疏，很有意义。僧肇注曰：

> 心犹水也，静则有照，动则无鉴。痴爱所浊，邪风所扇，涌溢波荡，未始暂住，以此观法，何往不倒。譬喻面临（原文作"临面"）涌泉，而责以本状者，未之有也。倒想之兴，本乎不住，义存于此乎？
> （《注维摩诘经》卷六，下同）

此释是把"不住"解为"心动"：万有生自心动。接下来又说：

> 若以心动为本，则有有相生；理极初动，更无本也。若以无法为本，则有因无生，无不因无，故更无本也。

这一"无法为本"的"有因无生"，是《老子》的"有生于无"的另一种说法，有使"无法"成为本体的嫌疑。至于以"心动为本"的说法，则与上文罗什注"机神微动"的意思相合。而后出的《大乘起信论》将"无明心动"当做生灭世界的直接原因，对"心动"之说有系统的表述。

据此可以得出第一个结论：《维摩经》是以唯心主义的"心动"论支撑它的全部理论大厦的。

然而对于"从无住本立一切法"，罗什还有另一种注解。他说：

> 法无自性，缘感而起。当其未起，莫知所寄。莫知所寄，故无所住。无所住故，则非有无；非有无而为有无之本。无住则穷起源，更无所出，故曰无本；无本而为物之本，故言立一切法也。

僧肇重复过这一解释,但理解有误,此处不论。那么罗什的疏解是什么意思呢?这里有个概念需要弄清:什么叫"缘感"?"缘"是"因缘"之略,此处特指人造作事物的思想行为,即"业";"感"即是"感应",是"招致"义。以人的思想行为作因缘,招致相应的世界人生以及一切法的生起,这就是"缘感而起"。在佛教诸多缘起论里,称做"业感缘起"。缘起的事物,皆无自性,这在说一切有部那里已经很明确了。但有部认为,诸法自性(法性)是永恒的,早在缘起之前已经存在了,至于它们存在于哪里,"寄住"在何处,有部从来没有涉及,更没有回答。罗什即在此处作出回应:如有部所谓的自性,以其不知所寄,说明其本无所住;但缘起的诸法,则全本自这些无住的自性,故曰"从无住立一切法"。简言之,罗什的注解,持的是受"法体恒有"影响的业感缘起论,但他用"无住"把诸多元素的性质统一起来,从而与有部区别开来,也与僧肇的"心动"说,显然不是一个想法。

"从无住本立一切法"对中国佛教哲学是有影响的。最明显的还不是天台智𫖮特别注意到了这个命题,解释这个命题,而是他确立的另一个著名命题:"一念三千"。"三千"是智𫖮对"一切有"的新分类,他们是同样不住于固定时空,却是永恒不变的实在。这"三千"究竟"寄住"在何处?智𫖮用"不可思议"回避了正面的回答,却毫不含糊地断定:至少在人们的心念中有;除非无念,一念即有,所谓"若无心而已,介尔有心,即具三千"(《摩诃止观》卷五)。

就《维摩经》的整体论述看,有关世界原人的哲学解释,更倾向于主观唯心论一边。支谦译本的《弟子品》说:"一切法可知见者,如水月形。一切诸法从意生形。"(《维摩经》卷上)这就是标准的唯心论:人们可知可见的一切,都是意识的产物。但它没有说,是否还有个不可知不可见的领域,如"自性"、"三千"之类。

总之,上述一切解释表明,《维摩经》所论及的问题,仅限于可认识的范围,超出这个范围,它是不置可否的。因为人们的知见总不能超出自己幻化的对象,因而也就不能判断在人的认识之外是否还有别的真实存在。就此而言,《维摩经》的哲学更倾向于怀疑论和不可知论,这也与般若类经的主流思想相一致。

僧肇的理解似乎不同。他在秦译的《弟子品》中有个注,谓:

> 夫以见妄,故所见"不实";所见不实,则"实"存于所见之外;"实"存于所见之外,则见所不能见;见所不能见,故无相、常净也。

(《注维摩诘经》卷三)

以"见所不能见"为理由,断言"所见之外"会别有个真"实"存在,而且一定是"无相、常净"的,这是不合逻辑的。按如此理解,则世界至少得有两个,而且是对立的。一个是由心神派生的,人们的认识可以达到、却是充满污浊的虚幻世界;一个是如如不动,人们的认识不可知见,却是永恒清净的真实世界。这种理解,与《维摩经》力主"不二"的本义,区别就太大了。尽管在其他一些大乘说中,以及在中国佛教的某些想象里,这样的两重世界是有的。

第二节 《法华经》的"会三归一"和佛出世的"一大事因缘"

《法华经》与《维摩经》同是反映大乘革命的产物,都把清理小乘佛教、建立大乘佛教体系作为自觉的行动。不过《维摩经》是激进的,倾向于把小乘从大乘中清除出去;《法华经》提倡宽容,主张将小乘以至一切外道都兼容于统一的大乘中。表现于佛教内部这种主离主合的派系斗争,背景是大乘佛教与释迦传统的彻底决裂。大乘的独立发展已经完全成熟。

《法华经》先后译过六次,现存三个译本,即:西晋竺法护译的《正法华经》、后秦鸠摩罗什译的《妙法莲华经》、隋阇那崛多等编译的《添品妙法莲华经》(略称《添品》)。此外还有个别的单品译本,例如失译的一卷本《萨昙分陀利经》、《观世音菩萨普门品》,以及已佚的《光世音经》、《提婆达多品》等。另据《开元录》等记载,还有一种叫《法华三昧经》的,六卷,与《正法华》同本,三国时支彊梁接译于交州,这当是进入内地最早的译本,可惜隋唐时已阙。现有同名的《法华三昧经》,南朝宋智严译,一卷,与《正法华》没有关系,其记国王女利行说法的故事,倒有些像《维摩经》中天女散花的神话。

据说,现已发现的《法华经》梵文写本约四十余种,其中5—9世纪写的只有个别残本,余下的是9—19世纪的,都比汉译本晚很多。这说明此经的流通时间既长,传播的范围也广,在佛教流行地区受到普遍重视。支彊梁接所在的交州,也是康僧会翻译《六度集经》的地方,两人大致同时。就是说,《法华经》首先在中国南方出现,原本与竺法护的译本相近,而竺法护是西域人,他在西晋时期活动于东自洛阳、长安,西至酒泉、敦煌的河西走廊。法护介绍的《正法华经》不论在内容结构上和哲学基础上,与罗什译的《妙法莲华经》(略称《妙法华》)都有许多明显的不同,但最终在内地南北流行起来的是罗什译本。也正因为如此,《妙法华》也就成了中国僧人屡作增补的对象。此中补进最重要的部分是《提婆达多品》,由罗什原译的二十七品扩大为二十八品;后来隋阇那崛多译的《普门品偈》、唐玄奘译的《药王菩萨咒》等也被收进《妙法华》的相关品中。至于《添品妙法莲华经》,则是用竺法护译本的部分内容,以及译者的个别新译,对罗什译本所作的全面增补和调整。

按《添品妙法莲华经序》的作者说,他曾考查过《正法华》和《妙法华》二译,认为"定非一本。护似多罗之叶,什似龟兹之文。余捡经藏,备见二本……护所缺者,《普门品》偈也;什所缺者,《药草喻品》之半、富楼那及法师等二品之初、《提婆达多品》、《普门品》偈也。"(《添品》卷一)作者的意思是,竺法护所据的多罗叶本比罗什所依的龟兹文本要完备,他的"补缺"就是以"天竺多罗叶本"为底本进行的,所以在分量上也与《正法华》一样是十卷,而不是《妙法华》的七卷——虽然他所见的那个"天竺"本,也没有"富楼那及法师等二品之初"。

《法华经》的不同翻译及其不断演化给我们一个启发,那就是现存的大部头汉译经籍,可能都是在某个时间段内经过不断增删编纂完成的,应该是出自多人之手;有的原本就有不同,有的还经过中国学僧们的变动。因此,与《维摩诘经》相比,《法华经》不但内容杂乱,缺乏内在的逻辑性和连贯性,而且往往互相矛盾。像《华严经》,这种情况也很明显。然而也正因为它们的内容杂乱,涉及的范围广泛,容纳的思想和信仰就特别多样,可供信众选择和发挥的空间也变得十分宽广。这正是《法华》类经籍之所以能广为流行的一个重要原因。

一、信仰的多极化和"外力"的渗入

按佛经的一般结构,《嘱累品》是放在全经最后作为全经结尾的,《正法华》以及《添品》就是这样做的。但《妙法华》则把它置于第二十二品;其后还有六品,显然是有意地把这六品与整部经区分开来,当做附件处理的。这六品都与信仰有关,与佛教固有的教理比较疏远,但也是对中国佛教信仰系统影响特大的部分。其中首先是观音救世和焚身供佛,普贤和陀罗尼的影响也不小。

(1)观音菩萨之在中国,可以说妇孺皆知,其在普通民众佛教信仰中的地位,实际上压倒了对佛的崇拜。他担负的是救苦救难的重责,尤其是受苦难的底层民众,对他有一种安全感;他心地善良,有求必应,使人产生亲近感。这与佛像给予众生的庄严肃穆,由之产生的隔膜和疏远,在艺术的效果上是大不一样的。他又能给人以清净感,只要对他诚心恭敬,即可消除心底的淫恚痴,令人心洁净。观音又能变化种种身,出现于种种需要救助的众生之间,担当着救世主的角色,所以也令某些帝王和权势者以观音的化身自居。后一种情况,在藏传佛教以及东南亚和日本等佛教中尤为突出。

观音全称"观世音",他的最初形象就是由《法华经·观世音菩萨普门品》(略称《普门品》)塑造出来的。此品通过对"观世音"一词的释义,对他的特性和神力作了一个界说:"以何因缘名观世音?"经云:

若有无量百千万亿众生受诸苦恼,闻是观世音菩萨,一心称名,观世音菩萨即时观其音声,皆能解脱。若有持是观世音菩萨名者,设入大火,火不能烧,由是菩萨威神力故。若为大水所漂,称其名号,即得浅处。若有百千万亿众生为求金银、琉璃、砗磲、玛瑙、珊瑚、琥珀、珍珠等宝入于大海,假使黑风吹其船舫飘堕罗刹鬼国,其中若有乃至一人称观世音菩萨名者,是诸人等皆得解脱罗刹之难,以是因缘,名观世音。

如是如是,若有人身临被害,或杻械枷锁检系其身,或受夜叉罗刹恼害,只要称观世音菩萨名,即能免除伤害。若"有一商主将诸商人,赍持重宝,经过险路",只要"一心称观世音菩萨名号",此菩萨即"能以无畏,施于众生",令诸商人脱离怨贼的侵害。

这里列举称名即可得救的范例,一是航海,二是经商,三是遇盗、遭受官吏及水火等危害。中国最早记载由称观音名而得救者,是东晋法显之《佛国记》;而后观音信仰多在海域和商人中流行,或与此处的描述有关。

在《普门品》之前有一品,名《妙音菩萨品》,记此菩萨能行"现一切色身三昧":可"现种种身",从梵王、帝释、天王、转轮王、天龙鬼神,到一般居士、宰官、男身、女身,处处悉能变化。如此变化现身的目的有二:一是便于打入同类众生,宣讲此经;一是为了救护他们,并适应他们得度的根性,"而为现形"。这位"妙音菩萨"所持的"现一切色身三昧",到了《普门品》就成了观世音的"施无畏":把"无畏"施与众生,令其无所畏惧。他"以种种形,游诸国土,度脱众生……于怖畏急难之中,能施无畏,是故此娑婆世界皆号之为施无畏者"。有人统计他的变化有"三十二应",以适应和满足不同众生的要求而度脱之。

在佛教的诸神中,观世音算是最亲近众生、了解众生,并关心众生疾苦和欲求的形象了,例如:"若有女人设欲求男,礼拜供养观世音菩萨,便生福德智慧之男;设欲求女,便生端正有相之女。"观音之所以特别受到妇女的崇拜,这是很重要的一条,故亦俗称"送子娘娘"。

有学者认为,中国的神,凶恶的多于慈善的;中国的信仰,出于内心的恐怖多于衷心的爱戴。如果这一结论可以成立,观世音则是一个最大的例外。他以后被中国佛教定型为多种形象的女性,但总是端庄祥和、宽厚慈爱,怀悲天悯人之心,体察众生处境,救济种种危难,满足人们的各种心愿;在一些传说中,她风采动人,勤于劳作,聪慧幽默,人情味十足,可敬可亲可爱。我认为,她应该是我们民族妇女的一种表象,是伟大母亲的缩影。她赢得那么多的真挚信仰,遍及穷乡僻壤的家家户户,很值得放在整个传统文化中思考。

(2) 药王菩萨是《药王菩萨本事品》塑造的一个"乐习苦行"、专行"难行苦行"的菩萨形象。但这位菩萨的"苦行"不再是头陀行者的那种禁欲修行、求证涅槃,而是供养己身于佛,使己身就能够成为佛身的一种法门。据说他由"《法华经》力"而"得现一切色身三昧","以'难行苦行'而游于娑婆世界",供养于佛。最后自念:"我虽以神力供养于佛,不如以身供养。"于是他以身作则,为"以身供养"作了示范:先是服香饮油,再"以天宝衣缠身,灌诸香油,以神通力愿,而自燃身"。燃身所放"光明,遍照八十亿恒河沙世界。其中诸佛同为之赞曰:善哉善哉!善男子,是真精进,是名真法供养如来……是名第一之施,于诸施中最尊、最上,以法供养诸如来故"。因此《法华经》宣布:

> (若)舍两臂,必当得佛金色之身……若有发心欲得阿耨多罗三藐三菩提者,能燃手指乃至足之一指,供养佛塔,胜以一切国城、妻子及三千大千世界国土、山林河池、诸珍宝物而供养者。

这种宣教的影响所及,不但出现过梁武帝舍身同泰寺的滑稽戏,流行过慧可断臂求法的传说,而更多的人为了求福供佛,成了可悲的自残者、自焚者。梁《高僧传》卷一二列有"亡身"一科,就多记有此类僧人的故事,然慧皎评之曰:"七觉八道,实涅槃之要路,岂必燔炙形骸,然后离苦！"至于唐义净认为这完全是佛教的陋习，曾于《南海寄归内法传》中专题谴责。这种陋习与中国修身贵生的传统大悖，但在佛教内部，似乎始终未断。宋代中兴天台宗的名僧知礼，还因为扬言自焚，闹得惊动官府，名噪一时。不过像他这类焚身，那性质又变了。

（3）普贤菩萨是《普贤菩萨劝发品》（略称《劝发品》）中塑造的、以劝人信奉和供养《法华经》为主旨的菩萨形象。他把推广《法华》和护卫《法华》信奉者作为自己的职责。他向佛表示：

> 于后五百岁浊恶世中，其有受持是经典者，我当守护，除其衰患，令得安稳……是人若行若立，读诵此经，我尔时乘六牙白象王与大菩萨众，俱诣其所，而自现身，供养守护，安慰其心。（《妙法华》卷七，下同）

《法华经》通过普贤这一菩萨的宣传，把经书崇拜推向了信仰的极致。《劝发品》说：

> 若有受持读诵、正忆念，解其义趣，如说修行，当知是人行普贤行……若但书写，是人命终当生忉利天上，是时八万四千天女作众伎乐，而来迎之，其人即著七宝冠，于彩女中娱乐快乐。

> 若有人受持读诵、解其义趣，是人命终……即往兜率天上弥勒菩萨所……而于中生。

反之，若有人对《法华经》有"轻毁之言"，所获罪报"当世世无眼"；对于受持是经者，若出其过恶，不论实或不实，"现世得白癞病；若轻笑之者，当世世牙齿疏缺、丑唇平鼻……身体臭秽，恶疮脓水……诸恶重病"。

为了广播自己的经书，利诱到上升至天，与天女娱乐；对于轻视者，诅咒到五官残缺，全身臭脓。这种近乎卑劣的褊狭，形成了《法华经》绝对不宽容的一面。

普贤菩萨在中国佛教信仰中，占有重要地位，但他的形象在各种经文中不完全一样。"普贤神力"和"普贤行"，都说明他是一位佛说的践行者,是践行者的楷模;但究竟他践行的是什么样的佛说,那也得看他所属的经典说了些什么。《华严》系统中的普贤就完全是另一种形象。

(4)"陀罗尼"进入大乘法门。"陀罗尼",竺法护意译为"总持"。按其原意,总持就是总起来把握,用若干字符对某些繁杂教理进行概略,以方便记忆。但用以概略的内容往往与其字面的含义毫无关系,而与民间流行的咒语相似,所以陀罗尼亦被当成"祝咒"解,使之具有了神秘主义的功能,称为"神咒"。神咒公然纳入大乘佛教,成为"神通"之外的另一类独立的神力,并运用于各种不同场所,当始于《法华经》——此前或有,但无专品论述。

在《陀罗尼品》中,陀罗尼发挥的功能是护卫宣讲《法华经》者,即"法师"。佛向药王菩萨说:"若善男子善女人,能于是经乃至受持一四句偈",其功德之多,胜"供养八百万亿那由他恒河沙等诸佛"。于是药王向佛表示:"我今当与说法者陀罗尼咒,以守护之"。又说:

是陀罗尼神咒,六十二亿恒河沙等诸佛所说,若有侵毁此法师者,则为侵毁是诸佛已。时释迦牟尼佛赞药王菩萨……汝愍念拥护此法师故说是陀罗尼,于诸众生多所饶益。

接着,其他菩萨、天王以至罗刹女、鬼子母等也各以神咒,拥护《法华》的奉持者和说法者。其中有偈谓:

若不顺我咒,恼乱说法者,头破作七分……如杀父母罪,亦如压油殃……犯此法师者,当获如是殃。

为了推广《法华》而神化经典,神化讲经的法师,制造咒语,利诱威吓,是佛教中等而下之的教义,尽管它在向民间推行佛教方面所起的实际作用,绝不是一般讲经布道可以比拟的。密教能够最终侵入佛教而成为佛教的一大分支,在这里可见一斑。

此处的"药王咒",《妙法华》记的全是音译;《正法华》则作了意译,比较一下很有意思。其文曰:

奇异所思,意念无意,永久所行,奉修寂然,淡泊志默,解脱济度,平等无邪,安和普平,灭尽无尽,莫胜玄默,淡然总持,观察光耀,有所依倚,恃怙于内,究竟清净,无有坑坎,亦无高下,无有回旋,所周旋处,其目清净,等无所等,觉已越度,而察于法,合众无音,所说解明,而怀止足,尽除节限,宣畅音响,晓了众声,而了文字,无有穷尽,永无力势,无所思念。(《正法华》卷一〇)

作为"陀罗尼",意译出来的文字也是在可解与不可解之间。若其作为文本的"总持",从此或可能铺展出一整部经文来;若当做"神咒",这些文字就毫无意义,也不需要意义。由此可见,原本作为经论"总持"的偈颂,有可能转变为咒语,《正法华》和《妙法华》对陀罗尼的两种不同译法,就留有这种转变的痕迹。而其作为神咒终于为大乘佛教所接受,则与经书崇拜和法师崇拜有直接的关系。

总上菩萨崇拜、经书崇拜以及陀罗尼崇拜,有一个共同点,那就是削弱传统的、作为佛教标志性教义的业报轮回说,把自救和救世的希望由个人的"内力"转到了救世佑民的"菩萨"以及咒语等法术的"外力"上。这样,讲善与恶的道德成分,讲实与假的认识论成分,以及辨别空与有的玄学成分,都被纯粹的信仰主义压杀了、抛弃了。剩下的是建塔修庙、塑像造型、写经刻经,最后落实到供养法师上。佛教作为宗教的存在,在《法华经》里得到了完备的陈述。

《妙法华》卷一《方便品》中有一大段佛所说偈,大意说,通向佛道的"方便"法门很多,其中就有:"供养舍利者,起万亿种塔,金银及颇黎……清净广严饰,庄校于诸塔;或有起石庙……砖瓦泥土等,若于旷野中,积土成佛庙,乃并童子戏,聚沙为佛塔,如是诸人等,皆已成佛道。若人为佛故,建立诸形象,刻雕成佛像",或"以七宝装饰,玉石赤白铜,白腊及铅锡,铁木及与泥,或以绞漆布,严饰作佛像,如是诸人等,皆已成佛道"。至于"彩画作佛像",即使童子戏以"草木及笔,或以指爪甲而画作佛像……皆已成佛道"。剩下的就是礼拜和供养:"若人于塔庙,宝像及画像,以香华幡盖,敬心而供养",或使人作乐,歌唱讴颂佛德,"或有人礼拜,或复但合掌,乃至举一手","小低头","以此供养像,渐见无量佛,自成无上道"。

从倡导建塔供舍利,修寺立佛像,劝募信徒施舍财物,以至于鼓动上下民众贡献膜拜,这就构成一整套以寺院为中心的佛教信仰系统,它与教义上的因果轮回相表里,成了佛教得以持续发展的骨干结构。而以寺院塔庙和佛教诸种造像为特征的佛教艺术,包括建筑、雕塑、绘画、音乐等也随之形成并不断发展;加上佛教固有的神话和譬喻,大大激发了人们的想象力,丰富了中国的艺术和文学创作。

最后要再强调一次,大乘佛教至《法华经》而完成了由"自力"向"外力"的转变,人们本来具有足以创世纪、塑自我、左右环境的业力,至此变成了漂泊于人生苦海,处处需要外界救援的完全无力的弱者,哪怕请人念个咒,到庙里烧炷香,也希望有奇迹出现,得到某种外力的"护念"。于是不但新创的菩萨,即使佛,也被赋予了救世主的神格,《譬喻品》中佛即庄严宣告:

> 今此三界,皆是我有,其中众生,悉是吾子。而今此处,多诸患难,唯我一人能为救护!

这样,佛不只是人类的救世主,而且是三界众生共同拥有的唯一救世主。唯一不同于基督教上帝的,是还没有宣布佛也是创世造人的神。

二、《法华经》与提婆达多

关于《法华经》的原本,历来有不同的意见,一个关键性问题,就是《提婆达多品》是否为《法华》原本的固有部分。中国佛教从南朝僧祐到隋阇那崛多,他们所见到的原本,不论是胡本还是梵本,都与《正法华》的译本相同;那么鸠摩罗什的原译本中缺少《提婆达多品》,是译者的删略,还是所据原本本来就没有?这是个悬案。

按西晋失译的《萨昙分利经》一卷,一开始就记袍休罗兰佛(大宝佛)请释迦文佛坐其金床说《法华经》事。于是释迦说:

> 我行菩萨道时,求索《萨昙分利经》,布施与人,在所求索,饭食衣被,七宝妻子……(而)弃国事,捆鼓摇铃,自炫身言:谁欲持我作奴者,我为索《萨昙分利经》,我欲行供养。时有一婆罗门语我言:与我作奴来,我有《萨昙分利经》。我便随婆罗门去,一心作奴……时婆罗门者,调达是。谁恩令我得满六波罗蜜者,三十二相八十种好?皆是调达福恩……调达却后阿僧祇劫当做佛。

显然,此经文的内容,在说明《法华经》缘起,按佛经的一般格式,相当于《法华》的《序品》。

《正法华》有关这一段的译文,放置在《七宝塔品》内,与《萨昙分利经》的内容完全一样。此品分两部分,前分以"多宝如来"(即大宝佛)赞叹《法华经》为中心;后分即是能仁为调达作仆而领受《法华经》的故事。因此,《正法华》的《七宝塔品》可能就是《萨昙分利经》的扩展。如果这一推论成立,则《提婆达多品》确系是后来的添加物;当然,《萨昙分利经》也有可能是从《正法华》的《七宝塔品》略出去的,所以为鸠摩罗什所不取。

不论原本可能是什么样子,说《法华经》是出自提婆达多的传授,都与经文《妙法华·序品》的记载冲突。按《序品》记载,《法华》的始创者是"日月灯明如来",经历劫传授而为"燃灯佛"继承。《正法华》的《光瑞品》亦说,此经为历届日月灯明所说,与《妙法华》大同。

在同一部经中,自说有两个来源,有两个传统,这是《法华经》自我矛盾的表现之一。至于提婆达多的过去出身,说法也不相同。《萨昙分利经》说他是"婆罗门",《正法华》译作"梵志",《提婆达多品》记为"仙人"。把《法华经》的思想归诸婆罗门,那是犯了佛教的大忌;所谓"梵志",既可特指婆罗门,也可泛用于出家求道者,比较含混;至于称为"仙人",好像是为了把《法华》神化,实是回避真相的托词。但无论把提婆达多定位在哪里,有一点是绝对肯定的,那就是他不是佛教徒;《法华经》是释迦文接受的异教经典,而不是佛教的传承。鸠摩罗什及其弟子群,不接受《提婆达多品》,有可能看到了这一点。可自南北朝以后,中国佛教的整个倾向是接受了这一品的,这在当时已经很讲究传承的氛围中,很难以理解。也许这正是中国佛教特色的一种反映:宽容和兼容。

笔者在本书的有关章节里,曾一再谈到提婆达多其人及其学派,佛教对其传说的大趋势是逐步为他的"五逆罪"开脱,一直到佛预言他未来必定成佛。如果按照这种逻辑发展,提婆达多被容纳到佛教的正宗中,不应该使人惊讶。问题是,此提婆达多是否就是彼提婆达多——即分裂释迦教派的那位,如果是,《法华经》没有交待,而且让他的出身为非释迦种,也不是刹帝利;如果不是,为什么要启用这么个臭名昭著的名字?唯一合理的解释,就是《法华经》原本是提婆达多一系的创作,而为某些大乘佛教所容纳。大乘佛教的一大特点,是兼容各种异教哲学和异教信仰于自身,像《法华》这类经籍,为了壮大自己的信众,把本为适应社会生活的"方便"提到了原则性高度,以致无所不俯就,无所不收容,即使因此而失去佛教的本色,也在所不顾。中国佛教对这一特色的体现,尤其明显。在魏晋时期,佛教还在努力保持自己的独立性,南北朝以后,越来越趋向调和,吸取的儒道思想越多;同样,儒道也在大力吸取和融解佛教的教义和信仰,最后是儒释道"三教合一",使它们之间的界限变得完全模糊起来。

与西方宗教文化的排他性和唯一性相比,此种"三教合一"的文化宗教形态,是中国古代社会的一大特点,其中蕴含的历史根柢和民族性格,值得思索处甚多。与《法华经》有关的,是它特别宣扬的"会三归一"。

三、"会三归一"与"借权显实"

"会三归一"和"借权显实"是中国佛教对《法华经》特点所作的总体概括。前一个命题,表示此经站在大乘的立场上,对此前的一切佛教派别进行调和,使它们各得其所、各有所用,最终都归结到同一个"佛乘"上来;后一个命题表示,《法华》所阐释的核心观念是诸法"实相",而此"实相"若不借助善权方便,不可能显示出来,因此,它看重的不但是"实",更看重的是使之能够显示的"权"。

《序品》说:

> 佛世尊演说正法,初善、中善、后善。其义深远,其语巧妙……为求声闻者说应四谛法,度生老病死,究竟涅槃;为求辟支佛者说应十二因缘法;为诸菩萨说应六波罗蜜,令得阿耨多罗三藐三菩提,成一切种智。

所谓"初"、"中"、"后",是指佛演说"正法"的三个次第,因而教有三乘之别;三乘同出于诸佛之口,同为佛教的"正法",各有各的存在理由。其中初次演说的是"声闻乘",内容是"四谛法";中时演说的是"辟支佛乘",讲的是"十二因缘法";后时的听众是"菩萨",说的是"六度"。

有关"三乘"的这些名目及其基本规定,在《阿含》中已经有了。像《维摩经》等大乘典籍,多对前二乘斥之为"小乘",独尊菩萨乘为"大乘"。《妙法华》第一次把三乘解释成佛说"正法"的三个次第,目的在于把它们调和起来,统一于唯一的"佛乘"。所以此品反复强调:"如来但以一佛乘故,为众生说法,无有余乘,若二若三。""诸佛如来言无虚妄,无有余乘,唯一佛乘。"

为了证明三乘属于同一佛乘,《法华经》不但给著名的大菩萨们授记,而且给成千上万的声闻人授记,包括那些被公认"涅槃"已久的"阿罗汉"们,让三乘的所有人都取得未来必定作佛的许诺。像《授记品》、《五百弟子受记品》、《授学无学人记品》等,都有大篇幅的铺展,以增强听者和读者的印象。

至于为什么同一佛乘而要三时说法,而且内容各不相同?《方便品》是这样解释的:

> 诸佛出于五浊恶世,所谓劫浊、烦恼浊、众生浊、见浊、命浊……劫浊乱时,众生垢重,悭贪嫉妒,成就诸不善根,故诸佛以方便力,于一佛乘分别说三。

"五浊恶世"是释迦佛教的时代特征;释迦佛教是适应这样的时代才产生的,也只能流通于这样的时代。此中"劫浊",意即时代恶浊,居五浊之首;至于贪瞋痴等道德的堕落,边见邪见等观念上的谬误,众生行为之如畜生,受苦之如饿鬼和地狱,以致生命之短促在呼吸间,都是时代恶浊造成的。正是"劫浊乱世",造成了众生悭贪嫉妒等"诸不善根"。这一分析,是《法华经》中颇为精辟的观点:众生的诸多不善,不是众生固有的"不善根"生成的,恰巧相反,"不善根"自身,就是由社会时代造成的。"浊"不是众生之过,而是"浊世"所成;"浊"亦非众生本有,而是时代使然。这与佛教传统上把世间的一切悉归于众生自身的原因,有非常不同的意义,也使它同《维摩经》区分开来。

那么,如何解决这些"浊"的问题?《法华经》提出的方案,就是先觉者(佛)对于众生要实行平等的教育,使之都达到觉悟(菩提)。为了承担起这一使命,佛教必须适应"浊世"的特点,采取与"净土"等不一样的方式进行。是故《方便品》说:

> (佛)知诸众生有种种欲,深心所著,随其本性,以种种因缘譬喻、言辞方便,而为说法……如此皆为得一佛乘,一切种智故。

《维摩经》说,释迦佛面对的是"刚强难化众生",故必须说以"一切苦切之言"。《法华经》这里认为,处于恶浊世界的众生,"性"、"欲"各有不同,必须按照他们的不同性情和欲望——所谓"众生诸根",采取善权灵活的说法,而不宜拘于一格,才便于把他们引向觉悟之路。因此,众生的"根"和佛据以实施的"方便",就成了"于一佛乘分别说三"的原因,所谓"三乘"即是这同一佛乘的具体运用。是故《方便品》中如来说:

> 我以智慧力,知众生性、欲,方便说诸法,皆令得欢喜。

按照众生接受佛教的程度和可能达到的水平，可分众生为两种，即"利根"和"钝根"；了解听众诸根是利是钝，也就成了佛说时必须首先判断的问题。故《药草喻品》说：

> 如来于时，观是众生诸根利钝，精进懈怠，随其所堪而为说法，种种无量，皆令欢喜，快得善利。

据此，《方便品》又把众生分为三类：

第一，"罪根深重及增上慢"者，"斯人鲜福德，不堪受是法"。所以当如来在集会上宣布要演说《法华经》时，即有"比丘、比丘尼、优婆塞、优婆夷五千人从座起，礼佛而退"。说明这些佛徒在当时还不具备接受"佛乘"的根性，佛对待他们的态度只是说了句"退已佳矣"，没有深究，实是《法华经》回避了；但在其他大乘经籍里，这是一个原则性大问题，以致最后发展出所谓"一阐提"的观念来。

第二是"钝根"者，"贪著于生死，于诸无量佛，不行深妙道"，这是指"爱好小法"的小乘人。

第三是"利根"者，所谓"有佛子心净，柔软亦利根"，即菩萨乘人。

依此所说，所谓三乘归于一乘，实际上是排除了那些根本不信《法华经》的佛徒的，而不是包容一切佛徒。换言之，《法华经》并没有得到佛教徒的普遍承认；更大的可能，是受到过激烈的非难，而且非难的人数众多。这种情况在中国佛教中就有反映。僧叡《喻疑》中说："昙乐之非《法华》，凭陵其气，自以为是。"（《出三藏记集》卷五，下同）僧祐也说："昙乐偏执，非拨《法华》，罔天下之明，信己情之谬，关中大众，固已指为无间矣。"这位昙乐，现已无考，但他非拨《法华》而且引起罗什门下的抨击，以致诅咒他要下无间地狱，可知当时的影响是不小的。从此处也可以看出《法华》初出时可能遭遇的情况。

不过这并没有妨碍《法华经》调和三乘归于佛乘的努力，而对于所谓小乘，也不能不有所贬词。全经的提问者是舍利弗。在这里他就是以小乘的身份听受佛的教诲，由之成了归向大乘的典范。《譬喻品》中记舍利弗对佛说：

> 我昔从佛闻是法（指《法华》），见诸菩萨受记作佛，而我等不预斯事，甚自感伤，失于如来无量知见。世尊，我常独处山林树下，若坐若行，每作是念：我等同入法性，云何如来以小乘法而见济度？是我等咎，非世尊也。所以者何？若我等待说所因、成就阿耨多罗三藐三菩提者，必以大乘而得度脱。然我等不解方便随宜所说，初闻佛法，遇便信受，思唯取证。世尊，我从昔来，终日竟夜，每自克责。而今从佛闻所未闻未曾有法，断诸疑悔……今日乃知真是佛子，从佛口生，从法化生，得佛法分。

这像是一篇小乘归向大乘的忏悔文，也是表征大乘宽谅小乘的条件。顺便指出，后面所谓"佛子，从佛口生"云云，明显地是套用婆罗门教的说法。

当然，《法华》的主调，并非是让小乘忏悔，而是要把佛教各派统一于佛乘的名下。这在《妙法华》卷二《譬喻品》所举的"三车"喻中，讲得相当明确：一位极富有的长者，宅舍突然火起，诸子数十个，乐著嬉戏，不知烧害已至，其父虽百般诱劝，仍不知惊畏，了无出心。于是其父即投其所好，而告之有"种种珍玩奇异之物"，悉在"门外"之羊车、鹿车、牛车中。"尔时诸子闻父所说珍玩之物，适其愿故，心各勇锐，互相推排，竞其驰走，争出火宅。"于是终得脱离灾难。时诸子乃白其父，请求兑现许诺。时长者自念："我财物无极，不应以下劣小车于诸子等。今此幼童皆是吾子，爱无偏党，我有如是七宝大车，其数无量，应当等心各丑，各与之，不宜差别。"因而未给三车，而各赐以七宝大车。

在此喻中，求羊车者喻声闻乘，特点是"内有智性……欲速出三界，自求涅槃"；求鹿车者喻毗支佛乘，特点是"求自然慧，乐独善寂，深知诸法因缘"；求牛车者喻大乘，特点是"求一切智、佛智、自然智、无师智，如来知见、力、无所畏,愍念安乐无量众生,利益天人,度脱一切"。中国佛教理解的三乘,以及对三乘的界定,大致来源于此。至于那个七宝大车,当然就是譬喻佛乘的了,意思是在三乘之外还有另一个高于三乘、包容三乘的佛乘,然而在具体论述中,往往佛乘即指大乘,大乘之外别无佛乘,这是《法华》的混乱处。就三乘的共性,皆是"从佛世尊闻法信受,殷勤精进";目的也都是为了"出于三界火宅",实际上是把三乘完全凝结到统一的佛乘上了。是故佛一再说:"但以智慧方便于三界火宅拨济众生,为说三乘","此三乘法皆是圣所称叹"。

把二乘解释为佛的方便说,是《法华》的基调,类似的譬喻也很多,中国佛教津津乐道的还有一个"化城喻",是把佛教的基础教义像"四谛"等也归为一种方便,认为由此并不能达到真正的"解脱"或"涅槃";而佛之所以讲了"四谛"一类的道理,只是考虑到众生还有"深著五欲"、"志乐小法"的根性,给以临时性的抚慰。譬如商旅远行于险路上,"疲极而复怖畏,不能复进,前路犹远,今欲退还"(《妙法华》卷三,下同),时有"导师"以方便力,"化作一城,告众人言:汝等勿怖,莫得退还,今此大城,可于中止,随意所作……于是众人前入化城,生已度想,生安隐想"。尔时"导师灭此化城,告众人曰:此城为我所化作,为止息耳",并非真实。二乘所讲的涅槃,就是如来为"心怯懦下劣"者设置的化城:"以方便力而于中道为止息故,说二涅槃。"及至众生执住其中,佛"即便为说:汝等所作未办","佛道长远,久受勤苦乃可得成"。

《法华经》处处提到佛与众生的关系为父子关系,以示佛观众生,一体平等,没有差别。佛自称,如来"为一切众生之父",视"诸众生,皆是我子",其爱愍众生犹如长者之爱怜诸子,无所偏党。联系到佛弟子自称从"佛口生"的"佛子",其受婆罗门影响的痕迹,所在皆有。我们知道,"平等"是一切佛教的共同主张,但其他经籍或说"众生平等",是包括佛与众生关系的;此平等源于"诸法平等",意谓佛法在本质上与其他法亦是平等。现在变成了父子关系,是其父对其子的平等,反映的则是能生者与其派生者的不平等:如来成了高于众生、解脱众生的慈爱者和拯救者,这反映的思想,与上述诸多外力救世论是相近的,而在信仰上则更趋多极化。

四、关于"佛身"及其神力与寿量:两个译本的哲学差别

《如来寿量品》记,释迦佛三请而后始说"如来秘密神通之力":

> 皆谓今释迦牟尼佛,出释氏宫,去伽耶城不远,坐于道场,得阿耨多罗三藐三菩提。然善男子,我实成佛以来,无量无边百千万亿那由他劫,譬如五百千万亿那由他阿僧祇三千大千世界……自从是来,我常在此娑婆世界说法教化,亦于余处百千万亿那由他阿僧祇国,导利众生。诸善男子,于是中间,我说燃灯佛等;又复言其入于涅槃。如是皆以方便分别……若有众生来至我所,我以佛眼观其信等诸根利钝,随其所度,处处自说名字不同,年纪大小,亦复现言当入涅槃。又以种种方便,说微妙法,能令众生发欢喜心。(《妙法华》卷五,下同)

佛可以有种种名称、种种身形,行种种事,说种种法,显种种迹,演种种经典,都是为了适应不同众生接受佛道的程度,讨众生的喜欢,以度众生解脱,因而也都属于"方便教化",言说示现。这样,《阿含》所讲的七佛也罢,大乘经讲的三世十方无数诸佛也罢,以及说佛身三十二相、八十种好,千万名号,如此等等,统统都是释迦佛为满足众生不同需要而作的现化。

至于一些经书为什么记释迦佛"八相成道",已经涅槃了呢?释迦佛自己有两个解释:

其一,"我成佛已来,甚大久远,寿命无量阿僧祇劫,常住不灭";

其二,"我本行菩萨道,所成寿命,今犹未尽……今非实灭,而便唱言,当取灭度"。

这样,释迦佛就有两个身份:一个是"常住不灭"的佛身;一个是无量劫来,至今尚未灭度的菩萨身。不论从哪个角色说,释迦牟尼都未真正涅槃。可为什么实未灭度而要示现灭度?释迦佛也有个解释:

> 佛久住于世,薄德之人不种善根。贫穷下贱,贪著五欲,入于忆想妄见网中。若见如来常在不灭,便起憍恣而怀厌怠,不能生难遭之想,恭敬之心,是故如来以方便说……如来虽不实灭,而言灭度。

此处要确立的基本观念,是"如来常住不灭",而且是唯一的实在。其余所有佛事,都是如来对应于众生需要的方便现示,"以诸众生有种种性、种种欲、种种行、种种忆想分别故,欲令生诸善根,以若干因缘、譬喻、言辞"方便说之。于是,这样的佛既非《阿含》中人的觉者,也不是某些般若经类解释的,佛只是人的异化,而成了超越众生、教化众生、永恒不灭、遍于一切、客观实在的神灵。

把释迦牟尼树立成这样的佛身,是《法华经》把佛偶像化,从而导向信仰主义的又一重要教义。它对传统佛教产生的冲击之大,以及由此掀起的波澜之大,在《大般涅槃经》中有更为集中的反映。关于佛身的性质,《正法华》与《妙法华》在文字上则有些微妙的不同。《正法华》的《如来现寿品》是这样讲的:

> 如来皆见,一切三界随其所化现,亦无所行,亦复不生,亦不周旋,亦不灭度;不实不有,亦不本无……亦无虚实,亦不三界。

意思是说,佛在面对众生方便现化为种种身时,其自身是既无任何作为,也无任何分别,所以只是一种抽象的实在。

此经《药草品》关于佛身还有个说法:"佛为道父",为各种众生"分别道慧",使诸听受者,"因从本力、如其能量,坚固成就平等法身"。这个"平等法身",当就是上述那个无任何规定性的"如来"。此品又说:

> 如来正觉讲说深法,犹如大雨;大圣出现兴在世者,则为诸天人

民……大师子吼班宣景模:吾为如来使,天上天下诸天世人,未度者度,未脱者脱,未安者安,未灭度者令得灭度。

这一兴现于世、为世人所知见的佛身,实为"如来使",而非"如来",所以称做如来之"色像"。

这样,《正法华》里就有两种佛身:一种是经书所记,众生所知,具种种差别功德智慧、神力行事的"色像"佛;一种是不实不有、无生无灭的"法身"佛。

《妙法华》的《如来寿品》也有类似上文的译文,是这样表达的:

如来如实知见,三界之相无有生死,若退若出,亦无在世及灭度者,非实非虚,非如非异,不如三界,见于三界。

两相对照,《正法华》讲的如来虽有化现而其自身不生不灭,并无意识;《妙法华》说成是"如来知见"三界众生无有生死,意思全变了,变的核心是没有了无意识的"法身"这一观念,有了人格化的"知见"。

关于《正法华》讲"法身"的那段话,《妙法华·药草喻品》的译文是这样的:

一云所雨,称其种性而得生长,华果敷实。虽一地所生,一雨所润,而诸草木各有差别……如来亦复如是,出现于世,如大云起,以大音声普遍世界天人阿修罗……如来于时,观是众生诸根利钝,精进懈怠,随其所堪而为说法……皆令欢喜,快得善利……是诸众生,闻是法已……于诸法中任力所能,渐得入道。

这是指佛据众生的不同根性而为说三乘不同之法的。接着又说:

如来说法一相一味,所谓解脱相、离相、灭相,究竟至于一切种智。

这是指佛所说法本无不同,而由于根性差别致使解者有异,如同一云雨,所润花木不同。最后解释,尽管"如来知是一相一味之法,所谓解脱相、离相、灭相,究竟涅槃,常寂灭相,终归于空",但佛"观众生心欲,而将护之,是故不即为说一切种智",而是"随宜说法"。此"一切智",即"终归于空"的空智,是般若经类和中观学派才广为流行的概念,它在这里替代了"法身"的地位。

简言之,《正法华》归为"法身"——一种对"佛法"的概略性称谓;《妙法华》将它改成了有人格知见的佛身,同时又将这一佛身抽象化为精神性实体,即"终归于空"的"一切智"——一种般若性空的智慧。这种译文上的少许差异,反映的是两个译本在哲学倾向上的区别。再例如,竺法护译本《授五百弟子决品》之初,有一个"入海求宝喻",把入海"得如意珠"喻作佛教修习的最高成就,所谓"获如来无极法身";罗什的译本《五百弟子受记品》中,则根本没有这个譬喻,当然也不会要学者去求那个"法身"了。

又,法护本的《善权品》中有颂,谓:"诸佛本净,常行自然,此诸谊者,佛所开化。"罗什本的《方便品》中的相应颂文是:"诸佛两足尊,知法常无性;佛种从缘起,是故说一乘。"前者认为佛的本质是"本净",即不具有人们所给予的污染,其性亦非为人功造作、认识所增减,故谓之"自然"。在这里,佛是永恒的纯净自然的客观实在。后者强调佛道"无性","佛种"需托缘而起,并不绝对肯定佛是永恒的实体,而是强调佛非本有,从缘而有,关键在于人的认识和作为。这反映的当然也是两种不同的哲学观念。

竺法护是西晋时期的最大译家,理应在中国佛教中占有相应的地位,事实上却被忽视以致遗忘了。他传译的佛教思想,唯识学的倾向明显,与姚秦时期鸠摩罗什重点译介的般若中观,在哲学观上有极大的区别,由此也影响到两人对其他经籍的翻译上。《法华经》是其中的一例。

由此也涉及佛教思想史上的另一个问题:无著世亲的瑜伽行学派,有无先驱者?弥勒其人和《华严经·十地品》,以及反映在竺法护译籍中的唯识思想,都尚待深入的探讨。

五、"开佛知见"与"诸法实相"

《方便品》记:

> 诸佛随宜说法,意趣难解。所以者何……是法非思量分别之所能解,唯有诸佛乃能知之。

佛只是为了令众生也能得到像佛一样"解"法的"知见",才兴现于世间,进行教化的。所以经文反复强调:

> 诸佛世尊唯以一大事因缘故,出现于世。诸佛世尊欲令众生开佛知见,使得清净故,出现于世;欲示众生佛之知见故……欲令众生悟佛知见故……欲令众生入佛知见故,出现于世……诸佛如来但教化菩萨,诸有所作,常为一事:唯以佛之知见,示悟众生。

因此,开示"佛之知见"是佛兴现于世间的唯一原因;悟入"佛之知见",则成了菩萨一切修道的唯一任务。

如此重要的"佛之知见",指的是什么?《法华经》没有明确的交待。既然一切众生,包括二乘和已经高升到"不退地"的菩萨,都对这一知见不能理解,而称之为"无漏不思议",那么,它应该属于不可说的范围,可佛偏偏要向大众现示,要大众悟入,这岂不是逻辑矛盾?

其实,依《法华经》弘扬的内容推论,此"佛之知见"不外乎两种:一种是"智慧方便",一种是能够究尽"诸法实相"的"真谛慧"。其中,"一切诸如来以无量方便度脱诸众生"的所说所示,都属于方便智慧,因而可以包括世间和出世间的一切知识和旨趣;特殊地讲,则是引导各类众生最后纳入"佛乘"的各种手段。所谓"于诸法究尽明了,示诸众生一切智慧"(《妙法华》卷三),凡根据众生不同根性而分别说三乘法,以及三乘人程度不同地接受的佛说,就是这种智慧。《方便品》一再重复说:"众生从诸佛闻法,究竟皆得一切种智。"佛亦自称,其以种种方便力而为众生说法,

"皆为得一佛乘、一切种智"。此"一切种智",是般若经类中的重要概念,唯属"佛智",既包括对诸法"总相"的认识,也有对众生诸行、深心所念、过去所习,"欲、性、精进力,及诸根利、钝"等等"别相"的认识,还知道采取何种方便、譬喻言辞,令众生可以接受,将他们逐一地引向一佛乘路上的方法。说白了,"一切种智"即是三乘究竟归于同一佛乘的智慧。

但是,"究尽诸法实相"的智慧就不同了:"佛所成就第一希有难解之法,唯佛与佛乃能究尽诸法实相"。如此说来,"诸法实相"之知,唯佛才有,所以也是"佛之知见"中最具佛的个性的部分,也是"智慧方便"导向的究竟智慧。

前已说过,"实相"本是般若经类的重要概念,罗什所传的中观派思想,作了很多发挥,所以也引起中国佛教界的特别注意,产生了许多议论。但这一概念在《正法华经》中没有,代之的是"自然"。其《光瑞品》中记,佛"讲说经典,自然之义,显示众庶"。佛"讲说经法,自然之教"。此"自然"在罗什译文中,即是"实相"。

"自然"本是一个老庄用语,魏晋时期多与"名教"对应,或即视为"名教"的对立面;就此而解"实相",其含义与"自然"大体相当,指摆脱名言之后的本然状态。罗什不用现成的"自然"而改译为"实相",大约因为它更具佛教的本色,这也与他改译"本无"为"真如"的动机相同,在概念的内涵上,没有什么原则不同,但在理论体系上,却与老庄以至玄学区别开来了。

《妙法华·序品》说:《法华经》的本名是"无量义,教菩萨法",而"无量义"的意思,就是"从一实相生无量法"。此品还说,佛说《法华》,归根结底在于"告于天人众,诸法实相义","演畅实相义,开阐一乘法"(卷四)。即使佛眉上发出的白瑞光,也是佛以"方便力""助发实相义"的表现。如此重要的"实相义"究竟是什么,《妙法华》并没有明确诠释,我们只能从其具体的陈述中略见一二。

卷五《安乐行品》中说:"一切诸法空无所有,无有常住,亦无起灭。"

又说:"观一切法皆无所有,犹如虚空,无有坚固,不生不出,不动不退,常住一相。"

与此类似的说法还有一些,如卷一《方便品》所谓"诸法从本来,常自寂灭相","更以异方便,助显第一义"等。这"寂灭相"、"第一义"通常都可以作"实相"的同位语。

如此看来,《妙法华》似乎只是重复罗什译介的般若中观学派观点,把"不生不灭"、"空无所有"的"无性"当做诸法实相。但事实并不尽然。《方便品》中载有二段颇重要的偈:

> 诸佛两足尊,知法常无性,佛种从缘起,是故说一乘。
> 是法住法位,世间相常住;于道场知已,导师方便说。

"无性"是"法"的本质规定,正由于诸法"无性","佛"才有可能从缘兴起,因此,佛所说法尽管有种种差别,但归根结底,本质"无性"。"无性"之作为本质,存在于一切法中,而不同种类的法,就成了"无性"得以存在的"法位"。从佛教内部说,"无性"常住于三乘法中,三乘即是"无性"住的"法位"。推及世间现象,则"无性"也成了"世间相"的本质。这样,《妙法华》所讲的"实相",就不再像般若经类那样但从否定意义上讲"性空",而且也包括了它赖以"住"于其中的各种"世间相"——没有三乘就没有一佛乘;没有世间相,也就没有实相。佛乘存在于三乘法位中,实相存在于世间相中。《法华经》之所以强调会三归一,把方便视为大乘的生命,理论基础即在于此:"实相"不能离开"世间相","无相"不能离开"有相",据此也就特别发挥了关于差别性的思想。

在《方便品》中当讲到"唯佛与佛乃能究尽诸法实相"以后,接着就说了一段很重要的话:

> 所谓诸法如是相,如是性,如是体,如是力,如是作,如是因,如是缘,如是果,如是报,如是本末究竟等。

这段话是《正法华》所没有的,简称"十如是"。"如是"是"如实"的意思。

意谓这"十如是"是实相存在于诸法中的特殊形态,是众生个性得以形成和借以表现的主要方面,因而也就成了观察世界和众生的重要方法。其中"相"是指事物的外部形象;"体"指其内在体性;"力"指事物的对外作用;"作"指其内在的作为;"因缘"与"果报"既可泛指事物间的因果联系,也可特指众生自身的业报关系;"本末究竟"则是探究世界人生的根本因和终极归宿。它用这样五对范畴十个概念,在承认差别的基础上,推进了佛教对事物的个性认识,是《妙法华》对佛教认识论的一大贡献。天台宗重新设定"三千世界",就是把"十如是"当做最重要的元素综合进去,形成一种全新的世界观的。《如来寿量品》记佛所说"以诸众生有种种性,种种欲,种种行,种种忆想分别故,欲令生诸善根,以若干因缘譬喻言辞,种种说法",也是"十如是"的具体运用。

六、"安乐行"与"常不轻菩萨"

《法华经》把自己流通的范围,限定在"末世"、"恶世",是一部适应"末世"、"恶世"需要的经典。僧侣必须深入恶世传播佛教,既要在恶世修行,又要同恶世打交道,这就需要一套既不失佛教立场,又要有在社会生存延续下去的观念系统,作为自己的行为准则,这是《法华经》为宣传自己,也是为大乘布教制定的一套处世原则。

这套处世原则,与戒律不同,也与道德无关,而是应对世事、待人处物的基本态度和主要方法,总名叫做"安乐行"。《妙法华》卷五《安乐行品》列有四条,称"四安乐行"。

第一条,"安住菩萨行处及亲近处"。其中"菩萨行处",指心"住忍辱地,柔和善顺而不卒暴,心亦不惊。又复于法无所行,而观诸法如实相,亦不行不分别,是名菩萨摩诃萨行处"。意思是,菩萨于修道传法时,必须安住于"忍辱"的心态,以"柔和善顺"对待种种可能的羞辱和伤害,无执著,无善恶是非,无怨恨,不报复,亦不惊恐。同时"于法无所行",虽行菩萨道,说大乘法,但与"诸法实相"相应;心地是无分别,但也不是不行菩萨道,不作分别。这指的是菩萨应该具备的认识。

关于"菩萨亲近处",指菩萨应该和不应该亲近的人事和思想。不应亲近的范围很广,首先是"国王、王子、大臣、官长",与官方保持距离;其次是"诸外道梵志、尼犍子等,及造世俗文笔、赞咏外书"等,与非佛教思想划清界限;再次是疏远"诸有凶戏,相扠相扑,及那罗等种种变现之戏",以及打斗魔术等游戏等;更不能亲近"旃陀罗"以至扑杀或屠杀生畜者。对于上述各色人等,是不主动前去亲近,但不等于拒绝往来。所谓:"如是等人,或时来者,则为说法,无所希望。"为其说法,而无所希望,是对付上至国王、下至贱人的基本态度。至于声闻四众,也不应主动亲近,"亦不问讯",即使在讲堂上,也"不共住止";"或时来者,随宜说法,无所希求"。

此外,还有一些人群,不许亲近,这包括女人,尤其是小女、处女、寡女,以及五种不男,"不乐畜年少弟子、沙弥小儿,亦不乐同师"。

对于这些人的态度,与整个《法华经》那么热切于向外布道,纳三乘于一乘的基调有些不协调,但也可能是实情——它的观点大约并不都受到欢迎,所以来者可以不拒,但决不抱什么希望,出于无奈,也还要一些骄矜。而不与女人等亲近,那其实是近乎防非的戒律了。这大体反映了一些有资质的法师们的品格。可这样一来,菩萨可亲近的范围就相当狭小了,在人群中,是"善知识"、"法师"之辈,在佛"法"方面,此品强调的是"禅观"。

以上所说的是行为准则,又名菩萨"初亲近处"。还有一个思想准则,叫"第二亲近处":

> 观一切法空,如实相,不颠倒,不动不退不转,如虚空,无所有性,一切语言道断,不生不出不起,无名无相,实无所有……但以因缘有,从颠倒生故说。常观如是法相。(《妙法华》卷五,下同)

也就是在处世应物、弘扬佛法时,必须与"实相"相应,以空观观察一切,处理一切。

"安乐行"的第二条,是慎于言,莫谈是非好恶,避免祸从口出:

> 若口宣说,若读经时,不乐说人及〔其〕经典过,亦不轻慢诸余师。不说他人好恶长短。于声闻人,亦不称名说其过恶,亦不称名赞叹其美,又亦不生怨嫌之心。

意谓对世间人事,一切悉无毁誉。

> 诸有听者,不逆其意。有所难问,不以小乘答,但以大乘而为解说。

这是在大众中演说的技巧:首先要使得听众不起反感,避免引发争论,但要在适当的时机,表达自己的观点,不失既有的立场。

"安乐行"的第三条,是建设处世行道的大乘观念。除了"无怀嫉妒谄诳之心,亦勿轻骂学佛道者,求其长短……亦不应戏论诸法,有所诤竞"等外,重要的是"当于一切众生起大悲想,于诸如来起慈父想,于诸菩萨起大师想"。只有这样,才能对菩萨大师恭敬礼拜,于一切众生平等说法,从而说法时"无能恼乱,得好同学"。

"安乐行"的第四条,是把上述诸"想"化为实际的行动,以大慈大悲之心,深入各类众生,坚持为之说《法华经》,推广《法华经》。不论出家在家,也不论是否是菩萨,只要他们对于"如来方便随宜说法,不闻不知不觉,不问不信不解",都要"引之令得住是法中"。

"四安乐行"的形象表征,是《法华经》塑造的"常不轻菩萨"。这一菩萨得"常不轻"名的原因,在于他对出家和在家男女的态度:

> 皆悉礼拜赞叹,而作是言:我深敬汝等,不敢轻慢。所以者何?汝等皆行菩萨道,当得作佛。而是比丘不专读诵经典,但行礼拜。(《妙法华》卷六)

他曾因此常被骂詈,不仅不生瞋恚,反而"常作是言:汝当作佛。说是语时,众人或以杖木瓦石打掷之,避走远住,犹高声唱言:我不敢轻于汝等"(卷六)。这也是一种忠于自己的信仰,为在民众中传教所必备的品格。

"四安乐行"虽是教人传播《法华经》的方法,但也有一般意义,即佛教如何入世传道,而又保证传教者自己的"安乐"。《法华经》的处世原则和价值观,也由此得到体现。中国禅宗受《法华经》这一思想的影响就不小。慧能以"忍为教首",《坛经》讲"言满天下无口祸",就都是来自"安乐行"的精神。

第三章　大乘佛教主要经典的若干考察（二）
——《华严经》：从"光明普照"到"入法界"的理论体系

《华严经》的全名为《大方广华严经》，现存有两个译本。其一是六十卷本，三十四品，由佛陀跋陀罗于晋、宋之际（418—421）译出；另一个是由唐实叉难陀等于证圣至圣历年间（695—699）译出，八十卷本，三十九品。

《华严经》形成这样庞大的部头，从翻译史上看，是经过一个很长历程的。最早见诸东汉支娄迦谶译的《兜沙经》，相当于今六十卷《华严经》的《如来名号品》；三国吴支谦译的《菩萨本业经》相当于它的《净行品》和《十住品》。到了西晋竺法护，译出《华严经》的成分骤然增多起来：其《菩萨十住经》相当于六十卷《华严》的《十住品》，《渐备一切智经》相当于它的《十地品》，《如来兴显经》相当于它的《如来性起品》和《十忍品》，《度世品经》相当于它的《离世间品》，《等目菩萨所问三昧经》相当于八十卷《华严》的《十定品》，而六十卷《华严》不收。此外，西秦圣坚译的《罗摩伽经》，相当于六十卷《华严》的《入法界品》，而姚秦鸠摩罗什共佛驮耶舍译的《十住经》，后即被全部移植成为它的《十地品》。其他还有一些失译的散品经。到了唐宋，仍陆续有单行的重译本出现，像唐玄奘译《显无边佛土功德经》，相当于《华严》的《寿量品》，宋法贤又重译为《较量一切佛刹功德经》；唐尸罗达摩译的《十地品》，相当于《华严》的《十住品》；唐般若译的《大方广佛华严经入不思议解脱境界普贤行愿品》(亦称《大方广佛华严经》)四十卷，则是《入法界品》的再一次扩展，增添普贤行愿的内容，强化了普贤崇拜。据此可以认为，大部《华严经》不是一时一地的产物，而是在华严经学流传中产生的多种散本的最后结集，像当今流通的两种《华严》的《入法界品》，还都有法藏的新增成分。

关于《华严经》的最早底本，从翻译史上看，可能就是《佛说兜沙经》。此经仅有一卷，但已经具备了这一经籍的基本框架和一些主要特点，例如"十方佛刹"的提法；佛为菩萨所示诸法，皆以十数表示，如"十法住"、"十法所行"、"十法海"、"十道地"、"十镇"、"十所居处愿"、"十诘"、"十三昧"、"十飞法"、"十印"等，就是《华严经》的格式。而其中关于"佛放光明"的描述，更是《华严》的特色。

《兜沙经》的译者支谶来自月支；此前介绍《华严经》散品最多的竺法护，世居敦煌，通晓西域三十六种语言；六十卷《华严》的原本为"胡文"，系支法领得自于阗；八十卷本是实叉难陀自于阗携至长安所译；至今除《入法界品》和《十地品》之外，尚未发现《华严经》的任何梵文本。由此种种现象推断，《华严经》当是2—7世纪流传在西域，最后在于阗编纂成集的，而且不止一个定本。

此中六十卷本分"七处八会"，即佛在七个地方，主持八次集会。大体上，每一集会就是一个主题；八十卷本分"七处九会"，篇幅大了些，扩展旧译首品为五品，补进了《十定品》等，但内容没有实质性区别。相比之下，唐译的文义更加流畅，而就其影响，尤其是作为华严宗据以立宗的经典言，那还得算六十卷本。我们这里考察的，就是六十卷《华严》。

第一节 思想结构与表达上的一些特点

《华严经》把这许多分散的单行经集成一大经典，无疑是经过一番组织的。在总体上,好像结构松散,但内容上,却自成系统,前后逻辑相当严密。它以卢舍那佛为开展思想和信仰的核心,以普贤菩萨作为创造并实践此佛教旨的代表,以文殊师利菩萨作为沟通与大乘般若理论的代表,由之将全新的菩萨行贯穿于全经。这全新的菩萨行大致可分三部分:其一是"地前"的菩萨诸行,从"信敬三宝"开始,配合修习十波罗蜜,分别讲述"十住"、"十行"、"十无尽藏"、"十回向",止于"十地"。这是对开始立志修习菩萨行者讲的修行步骤。其二是"入地"的菩萨诸行,开端于"十地"之初,修行至此者,称"初地菩萨",是全部修习中最重大的转折,标志着从此"过凡夫地,入菩萨位","生在佛家"。其三是升入"佛界"的菩萨诸行,即十地修行圆满而至入"佛界",由此获得诸佛神通("十明品")和智慧("十忍品"),并为普救众生而兴显出世("如来性起品"),深入一切世间众生("入法界品")。这三大阶段,正体现着佛教如何把"凡夫"训练成"菩萨"而进至佛位的全过程。

《华严经》的单行经品,在哲学理论的论述上,并不相同,及至被组织到整部《华严经》中,就变成了四个各有侧重而又互相关联的统一的体系。这四个哲学体系是:一、以光明崇拜为中心,确立卢舍那的法身地位,构成遍在于世间一切事物的客观唯心论;二、以文殊师利为理论代表,采取"般若性空"的怀疑论,而与当时盛行的大乘思潮接轨;三、明确"三界唯心"的主观唯心论,开唯识学的先声;四、提出"心性本觉"的"性起"论,经华严宗的发挥而成为中国佛教哲学的主流。在信仰上,则完成了普贤崇拜的教义。

如果说《维摩经》的中心任务是在解决佛教出世间与世间的统一问题,以便完全彻底地融入世俗世界,那么,《华严经》的庞杂体系就在论述佛与众生的关系问题,把深入众生、利益众生和向众生学习,定为自己的根本任务。在说明佛与众生的关系,以及众生与众生的关系上,它发展了普遍联系的观念,将时间的瞬间和无限、空间的最小与最大,事物之间你我彼此,都相互容涵、相互渗透,"相即相入"、"一即一切"、"一切即一"

地联结起来,形成了广阔无际、层层无尽的普遍联系的世界之网,而每一事物就都是反映着这网的全体及其个别的一个纽结;在实践上,则提倡"深入法界"的"普贤行",由此形成了一种独特的"泛佛论"哲学体系。

应该讲,在所有汉译佛经中,卷帙如此浩大,内容如此丰富,而逻辑又如此紧密关联的,《华严经》当首屈一指。它的编纂者,一定是位大家。

为了便于我们以后的陈述,有必要先看看它在风貌和用语上的一些特色。

一、用幻想和神话构造世界、表达教义

上述《维摩》、《法华》等大乘经经籍,已经在通过隐喻和想象表达自己的教理了,所以触目皆是神话。但佛讲道的地方,毕竟还在人世间,如《维摩》是在毗耶离庵罗树园,《法华》是在王舍城耆阇崛山,听众也是以人为主体。《法华》虽有天龙鬼神的参与,不过佛一再解释,他所说的事相,全是"因缘譬喻",属于方便假说,是不可以执著戏论的。但到了《华严经》情况为之大变,全经,不论是六十卷还是八十卷,全部事相悉出于幻化,连篇皆是神话,置读者于仿佛恍惚中间,加上处处光明闪烁,佛来神往,使人昏昏然几乎不知身之所在。佛集会说法的地方有多处,其中就包括欲界忉利天的"帝释天宫"、"夜摩天宫"、"兜率天宫"以及"他化自在天宫"。在天上的集会,当然不会有人世间的众生参与,而在地上的人世间集会,至少也得取得"大声闻"、"大菩萨"的资格才有条件参与。如果说《维摩》、《法华》等大乘经的基调,是佛徒必须深入社会各个层面,与普通民众打成一片,《华严经》则竭尽其能地制造光怪陆离的神秘氛围,与普通民众的现实生活隔离开来。

古人有言:"欲知佛富贵,请看《华严经》。"《华严经》对佛世界富贵气象的描述,可谓极尽想象之能事。例如《世间净眼品》形容佛坐道场、始成正觉的形象:其地金刚,众宝杂华,以为庄饰;无量妙色,宝幢幡盖,光明照耀;妙香华鬘,周匝围绕;七宝落网,弥覆其上;雨无尽宝,显现自在;

诸杂宝树,华叶光茂。

> 佛以神力故,令此场地,广博严净,光明普照;一切奇特妙宝积聚,无量善根庄严道场。(《华严经》卷一,下同)

赞其菩提树:

> 高显殊特,清净琉璃以为其干,妙宝枝条庄严清净,宝叶垂布犹如重云,杂色宝华间错其间,如意摩尼以为其果;树光普照十方世界,种种现化,施作佛事,不可尽极,普现大乘菩萨道教;佛神力故,常出一切众妙之音,赞扬如来无量功德。

赞佛之座:

> 不可思议师子之座,犹如大海,众妙宝华而为严饰:流光如云,周遍普照无数菩萨大海之藏,大音远震;不可思议如来光明逾摩尼尊,弥覆其上,种种变化施作佛事,一切悉睹无所挂碍;于一念顷,一切现化,充满法界,如来妙藏无不遍至。无量众宝庄严宝台。

佛之所在,总是珠光宝气,流光溢彩。到了此经着重渲染的"华藏世界",那神异得令人若处梦幻中的气象,达到了极致。

由神异和富贵制造的这类氛围,看起来是远离社会现实,脱离众生实际生活的,而其实,这也正是一般宗教能够吸引普通信众的一种有效的方式,应该成为宗教心理学的研究对象。但也因为其中特别夸张的艺术描绘过多过滥,致使文字烦琐冗长,往往使论议的主题湮没在辞藻的海洋中,变得模糊起来。

二、有关数量和世界的观念创新

"阿僧祇"(asamkhya)是一般佛籍用以表示数量无限多的一个词,意译"无数","无央数"。《华严经》不满足于这一表达方式,认为这个词还不足以表示无限的含义。《阿僧祇品》用"百千"做基数,以平方进位的方法，把"阿僧祇"只作为通向"不可说转"数列的一个中间数："阿僧祇"个"阿僧祇"叫做"一阿僧祇转"，"阿僧祇转"个"阿僧祇转"叫做"一无量"，"无量"个"无量"叫"一无量转"，如此类推，"无分齐"、"无周遍"、"不可称"、"不可思议"、"不可说"等都成了无限大于"阿僧祇"的计量单位。

与"阿僧祇"相应，一般佛籍还用"恒河沙"的譬喻表示无限多，而《华严经》则用"佛刹微尘"或"佛世界尘数等"来表计量。"一佛刹"等于一佛教化的世界；一佛教化的世界大都指三千大千世界。三千大千世界粉为灰尘的数量，比起印度一条河的沙子来，那多得当然是不可思议了。

"海"与"藏"也被当做计量单位。像"莲华藏庄严世界海"这个词中，用做"世界"后缀的"海"，就是个量词，表示这是一个广袤无际的世界群：上下八面各有十方世界，这十方世界之外，还有不可数世界，故世界之多，范围之广，唯有用"海"可以譬喻，而"海尘"也可以连为一个计量单位。"莲花藏"的"藏"，即是仓库，这里也作计量用，以示这样的世界中，莲花充满，只得用"库"表达。通常所谓佛经"三藏"的藏，也是如此。

此外，云雨的"云"，有时也用于计量，多表示珠光宝气，花色香浓，妙声缭绕等程度，以至于弥漫太空。如形容某些大菩萨，能够兴发"宝色光明华云"、"妙宝楼阁藏云"、"妙音声云"、"妙香现众色云"等，"各兴一佛世界微尘数等妙庄严云"，悉皆弥覆充满虚空。

《华严经》中还有一个引人注目的数量是"十"："十住"、"十行"、"十无尽藏"、"十回向"、"十地"、"十明"、"十忍"，诸如此类。从该经的品名就会发现它对"十"持有特殊的兴趣。除《入法界品》外，其他各品的内容，也大都通过"十"的分类加以敷演。《佛不思议法品》由二十个"十种法"组成；《离世间品》约由二百个"十种法"组成。这种不顾思想内容如何，总是用十分类加以陈述的方法，使《华严经》变成了各种名相和断语的平铺罗列，显得既笨拙又烦琐。但是，这部经反复强调的"十"，已经不能单纯地看做数学上十进位的"十",而是有了别样的意义:它象征着全体、圆满与和谐。这与《华严经》主张世界万物既有无限的差别,同时又是和谐统一的思想密切相关。

与"十"相对的是"一",也是一切数的基数。"一"或表示个体、部分,故有"一"与"多"这对范畴;"十"或为"一切"的代称,故又有"一"与"一切"的范畴。所以"多"与"一切"等,也是《华严经》常用的数量词。

《华严经》提出的这类计量方式,大大丰富了人们关于数量观念的想象力。它力图用数量揭示"无限"的外延,将世界之大、众生之多、佛及佛法之无量,尽可能具体地显示出来;它把"一"与"一切"等当做认识世界和说明事物关系的范畴,在佛教哲学上是一大创举,一直影响到中国华严宗创制自己的理论体系。在用无限性说明世界在时间上的延续性和空间上的广袤性以及物类品种的多样性上,不只在教义上,为佛教确立了佛力的神妙莫测、佛教法门的浩瀚无际,以及菩萨诸行的无尽多样等宗教境界,而且在认识论上,扩大了人们的视野,提供了思维和想象的全新空间,这是传统佛教上的"三千大千世界"无法与之相比的。

见到"无限"这一概念之意义的,在中国当首属唐代武则天。她在八十卷《华严经序》中说:自有人文以来,"虽万八千岁,同临有截之区;七十二君,讵识无边之义?"至于"大觉","其为体也,则不生不灭;其为相也,则无去无来",而其心行方便圆对之多,"湿大空以为量,岂算数之能穷?人纤芥之微区,匪名言之可述"。这迂回地表达了世界无限、众生无限,所以认识也不能止于既有的名言,而需要面对种种无限多的新领域、一一方便圆融地去解决的新思维。近代英人罗素在其《哲学问题》一文中也说:"哲学所思量的宇宙是浩大的,意识也因此变得浩大,能与宇宙相联,从而臻于最高境界。"[①]这个最高境界,指的是思维需要不断开拓,避免被日常的经验所限制的意思。

---

① 罗素著,何明译:《哲学问题》,商务印书馆,1959年,第112页。

三、与教义有关的几个常用概念

其中主要的有三个:"界"、"法界"和"境界"。此外还有"世界"、"虚空界"和"愿"、"愿力"等。

"界",在早期佛教的"三科"里就使用过,所谓"蕴处界"的"界"。这三科把世界一切物质现象和精神现象分为三组十八类,即"六根"(人体)、"六境"(对象)和"六识"(精神活动),总称为"十八界"。用"界"命名这十八个门类,并非是六根、六境和六识的简单相加,而是别有含义的——尤其在哲学上。按《俱舍论》解释,此"界"相当于分类学上的"类",与佛教常用的"种"、"族"、"姓"等义相当,含有两层意思:一是界限、范围,所谓"分齐";一是与其同类的个别事物作因,所谓"因义"。例如"种子"是果实产生的原因,它涵盖的范围即是与之相应的一切植物。此"界"旧译多作"持",是表示它具有执持自性,使自性不失的功能。

《华严经》冲破了十八界的传统分类,将"界"运用到了具有对佛教最有意义,也最具普遍性的事物上,像世界、众生界、法界、虚空界等词,在经文中触目皆是。所谓"世界",与现代汉语里的世界一词大体相同;不过佛教传统上以一个日月所行的空间为一个世界单位,加上它们把"世"定义为变化无常的"有为"领域,而与"出世"的无生无灭的"无为"状态相对应,所以世界也与"世间"概念相当。《华严经》将"世"作为"界"的定语,是表示在"世"这个范围,乃以无常变化为特征,并给一切世事作因的,无需世外另有天神等作因,如传说中的"梵天"、"大自在天"等创世主。《华严经》勾画的理想世界是"华藏世界",这本是佛和大菩萨的聚居处,似乎应该属于出世间范畴,但《华严经》也不承认,所以仍以"世界"称之。

另一方面,早期佛教的"世界"不但指谓日月星辰、山河大地等自然环境,而且也包括在这一环境中居住的有情众生,例如"三界五道",既是器世间,也是有情世间,只有两者的统一才是世界。《华严经》改变了这种情况,世界的范围尽管扩大到了无限,但仅限于有情众生依存的客观环境;有情众生则被凸现出来,构成另一类,所谓"众生界"。中国佛教把众生与其生活环境的关系称为"依(环境)"、"正(有情)"的关系;认为此两者密不可分,故"依正"也往往被当做一个概念使用,《华严经》则强调它们的区别,故另立"众生界"之称。

《华严经》的"众生界",外延极广,它不但将传统上三界五道、处于轮回的一切有情包括了进去,而且将大罗汉和大菩萨,甚至显现于世的佛,也包容于内。不止于此,它认为树木、花草、谷物之属,悉能成神;山河大地、楼台城郭亦有神人,所以植物界以至整个自然界皆有神灵分管,称做"世主",也都归属于有情一类,列在"众生界"内。

"法界"的"法",可以泛指一切事物,也可以特指"佛法"。《华严经》在使用这个词的时候,并没有明确这一差别。所以"法界"有时指佛法界,有时指一切事物界。两者都含有令事物得以产生的原因及其存在领域这样两层意思,或者说,法界就是各有界限的事物,并具有为其相类事物作因的功能。中国佛教华严宗将法界分为四种,所谓"事法界"、"理法界"、"理事无碍法界"、"事事无碍法界",就是对"法界"作这样理解的:事物固有的内涵和外延,即是"事法界";佛法作为抽象道理的存在,即是"理法界";此理与彼事,相互关联,而事与事之间,由于同为一理,也互相联络,且都相互为因,这就是"理事无碍"、"事事无碍",同属"法界"范畴。不过经文中也常有"充满法界"之说,这时候的法界,则只指该法的界域了。

在佛教"缘起"的理论分类上,一般把《华严经》讲的缘起说归结为"法界缘起",意谓诸法的生灭变化,只是诸法自身的相互关系,强调在诸法之外,别无因缘。因此,"法界"这一概念在《华严》体系中具有非常特殊的重要性。它有时被人格化,似乎是独立于意识的客观实体,那就是"法身";它有时又遍在于一切事物之中,成为事物最普遍的共性,那就是"法性";它有时还被限定在每个众生那里,叫做"如来性",亦即"佛性";

162

佛教的一切实践,说到底,都是为了悟入"法界"。从这个意义上说,"法界"是贯穿《华严》全部理论的主线,是支撑《华严》全部思想的脊梁。

"境界"的"境"指认识对象,"界"是界限;就此而言,境界相当于视野。众生不同,视野有别,因而各有各的世界,经由视野限定的世界,即是境界,所以猪与狗的境界不同,人类与畜类的境界不同,佛又与一般众生的境界不同。于是,一般众生所见的世界与佛菩萨所见的世界,也就有了原则的区分,而众生在各自心目中的世界,则更是差别万千了。如果把"境界"的"界"作因解,则决定"境"的是"界";此"界"即是前述之"种类",也就是众生各自内在本质的规定性,在佛教来说,即是心性的善恶、染净,道德情操之有无、高下等,相当于心境。佛经在使用这个词的时候,视野与心境这两层意思都有。

在佛经里,"世界"是表达客体的词,不论哪类或哪个众生,不论是否意识到了,都必须依存和流转于其中;"境界"则是表达主体的词,不论哪类或哪个众生,不论是否承认,绝对不会完全一样。"境界"的发现和运用,深化了佛教哲学,它确立了人的认识和精神状态不仅有客观的原因,更重要的是受着主观自身的制约,因为思想情操的高下,还直接决定着认识的能力,包括智愚及认识的深浅、宽窄等。佛教般若学和唯识学则利用境界的差别性,当成建立自己体系的重要证明。

"虚空"在早期佛教的分类中,被列在"无为法"中,表示空间乃是无生无灭、永恒存在,而又广大无限的,其中可以容纳一切物体,但其自身则是完全的空无,与古人经验理解的绝对空间相似。"虚空界"指的就是虚空这一无边无际而又无特殊规定性,由此而形成不同于其他世事而言的,《华严经》经常用来譬喻如来佛身的根本性质,亦复如是。

"愿"、"大愿"或"誓愿"等词,虽不是《华严经》的独家创作,但贯彻于全经,对于强化信仰、实现理想起着重要作用。早在佛教早期经论中指出,众生维系存活的根本要素有四种"食",其中还有一类叫"意"或"思",或通称"意思食",认为意愿、思欲、希望、期待、理想等对于未来饱含着憧憬的心绪,也是维系生命的一大要素。大乘经籍普遍看重的"愿",当托胎于此,所谓愿望。人生不可以没有希望;希望是鼓动生命的火焰,足以使人在最危难、几乎没有生路的时候鼓起生活下去的勇气,而为了争取美好的前景,又会激起人们奋斗不息的力量。《华严》中的"愿",代表着佛和菩萨的理想;佛和菩萨在不间断地推进这些理想的实现,而一切佛徒众生也为满足佛菩萨的愿望和期待而切实实践。为了实现自己的理想愿望,百折不挠,精进不懈,不达目的誓不罢休,故又称"誓愿",因此形成一种不可抗拒的精神力量,即是"愿力"。

佛愿和菩萨愿可以有许多许多种类,《华严》也提到不少,但突出的唯有一点,那就是深入众生,利益众生。《华严》所说的菩萨行愿区别于其他经籍之处,也集中在这一点上。

第二节 光明崇拜与卢舍那佛:"智"之转化为"神力"

一、光明之与《华严经》

在大乘经典中,有不少是以光明象征佛法及佛之智慧、觉悟的描述,但所记光明的源泉不尽相同,像《维摩经》记光明来自"宝盖",这宝盖相当于宝藏,是佛经的隐喻;《金光明经》记光明源自"金鼓",这金鼓则是"法鼓"的美称,隐喻佛所说法。《法华经》不同,它记的是"佛光明",佛世尊自身就能发光,并解释说,这光明是佛要说法的前兆,是佛的神变、神通之相,现示佛光明之广大,可以照亮世界,而有益众生,所以也是一种瑞相。《法华》的一思想,早在东汉译出的《道行般若经》(《小品》)中已经有了,至于《放光》、《光赞》,更直接用光明作经名;《大品》的《初品》有这样的描绘:

> 是时世尊,从三昧安详而起,以天眼观视世界,举身微笑;从足下千辐相轮中放六百万亿光明,足十指、两踝、两腨、两膝、两髀、腰

脊、腹胁、背心、胸德字、肩臂、手十指、项、口、四十齿、鼻两孔、两眼、两耳、白毫相、肉髻,各各放六百万亿光明。从是诸光出大光明,遍照三千大千国土;从三千大千国土,遍照东方如恒河沙等诸佛国土,南西北方、四维上下,亦复如是。若有众生遇斯光者,必得阿耨多罗三藐三菩提……尔时世尊举身毛孔,皆亦微笑而放诸光,遍照三千大千国土,复至十方如恒河沙等诸佛国土……尔时世尊以常光明,遍照三千大千国土,亦至东方如恒河沙等诸佛国土,乃至十方亦复如是。若有众生遇斯光者,必得阿耨多罗三藐三菩提。

作为瑜伽行派特尊的《解深密经》,亦称薄伽梵"放大光明,普照一切无边世界"(卷一)。

早期佛教所传的佛身,体形是三十二相八十种好,肤色是金色或紫磨金色,并没有全身放光的传说。到了大乘经籍,几乎把佛身发光当成一种标志,置于经文的显著位置,而且不厌其烦地加以铺展。这一现象很值得注意:为什么要把光明引入佛身,或者说,让佛具有了光明的性能呢?简单说来:"为度一切众生故,放大光明难思议,以此光明救群生"(《华严经》卷六)。又说:"因缘所生非生性,如来法身非是身,湛然常住如虚空,因此化导成法光"(卷七)。此处的"法身",是《华严》全部理论与实践的人格化称谓,其性常住不变,而具化导众生的功能;这种功能,只能由发光——给予智慧,表现出来。卷四三记菩萨所放的光明也有种种名称,列举出来的就有四十多个,如善现、清净、济度、除爱、欢喜、爱乐、德聚、深智、慧灯、法自在、无悭、清凉、忍庄严、转胜、寂静、慧庄严、佛慧无畏、安隐、见佛、乐法、妙音、施甘露、殊胜、宝庄严、妙香、杂庄严、端严、大云、衣庄严、上味、示现宝、眼清净、耳清净、鼻根净、舌根净、身根净、意根净,以及色、声、香、味、触、法清净等。菩萨之光法所以会有如此不同的称呼,是因为众生各异,菩萨从事的净化法门,也必然多种多样。

从众生一方来说,《大智度论》卷七有个解释,大略谓:

> 有人见佛无量身放大光明,心信净恭敬,故知非常人;复次佛欲现智慧光明神相,故先出身光,众生知佛身光既现,智慧光明亦应当出;复次,一切众生常著欲乐,五欲中第一者色,见此妙光心必爱著,舍本所乐令其心渐离欲,然后为说智慧。

就是说,佛放光明,一是表示佛乃超人,便于众生产生敬畏虔信之心;二是表示佛之智慧,对众生有启蒙的作用;三是令众生爱著光明,驱除贪欲。

至于佛光是否也有熄灭的时候,《大智度论》卷七回答说:"佛用神力,欲住便住,舍神力便灭;佛光如灯,神力如脂,若佛不舍神力,光不灭也"。又问:"是光远照,云何不灭?"答曰:"光明以佛神力为本;本在故不灭……是诸光明以佛心故,遍照十方,中间不灭。"这一问答给佛光作了定义:佛光出自佛的"神力",是佛"神力"的一种遍在性的表现。神力是第一性的,佛光是神力的派生物。

就此而言,般若中观派的佛光说,只是把佛从"人"变为"神"的一种反映,是神化佛的诸多方面的一个方面。从此以后,众生"得道"不再单凭个人的精进修习,而且可以依赖于佛和佛的"神力"去实现了。但在《华严》的陈述中,佛光明含有重大的理论意义,与将佛简单地神化,不完全相同。

《华严》的思想,萌芽于《兜沙经》,此经谓"我佛光明","佛悉现光明威神","佛放光明,先从足下出,照一佛界中,极明现十亿阎浮利天……如是等,各各照见诸天人所止处",以至悉皆照明十方世界。这已不像《大智度论》所说,众生须有值此光明的机遇,才能获得菩提无上,而是强调光明普照一切,万物与众生都在他的照耀之下,问题全在众生是否能够觉知它。及至《华严》成经,不但说佛能发光,而且确定光明即是佛,因而塑造了卢舍那佛(毗卢舍那佛)的形象;那些蒙受佛光照耀,具有反映佛法性质的人和物,同时也具有了发光的能力。

《世间净眼品》对佛的形容有:

>智慧日光,照除众冥,悉能显现诸佛国土;普放三世智海光明,照净境界;无量光明,充满十方……以力无畏,显现无量自在力光……一切光明普现三世诸佛所行诸佛世界。

这里的佛光,类似于日光,是佛智慧的物化和形象化。太阳有驱暗照明的功能,佛智就起着驱除众生愚冥,令众生变得聪明起来的功能。日光可以令人见到被黑暗隐蔽起来的所有事物,佛智则能令人见到世人所不能见的佛国土和净境界。是故说,佛具备"一切智"和"一切种智",能"悉知一切众生所行",以及他们的共相和别相。日光遍照的能量无限,不会漏却任何事物,而且平等,无所爱憎,故曰"普入一切世间之身,妙音遍至一切世界不可穷尽",佛智也是如此,诸法平等,可以泽被一切众生,而无所偏依。日光能够映现在一切事物上,被其照耀的事物也就有了发光的能力;佛智能够体现在一切事物,在一切事物中,也就都蕴含了佛的智慧,可以宣讲这些智慧。这样,光明不再是"神力",而成了智慧的象征;佛光普照,等于佛智的启蒙:佛智普及到了世界一切众生,并体现在对一切事物的认识中。

被太阳化了的佛身,就成了一个整体。虽然在说法上与般若经籍等类似,从头顶到脚趾,从眉毛到牙齿,以至于佛的全身所有毛孔,都可以大放光明,但它更强调,这每一毛孔都是佛整体的组成部分,佛发光的任何部位,都属于佛身的整体,所以只要发光,就是智慧,就能启蒙;近照佛的道场及其徒众,远至十方微尘数世界,微尘数各类众生,无微不至,无所不照。

佛世界的诸大菩萨,当然是首被佛光的人,因而也都能发光,故多以光明命名,什么"普德智光"、"普胜宝光"、"普慧光照"、"净慧光焰"、"超趣华光"、"智云日光"、"香焰光幢"、"光明尊德",如此等等,隐喻佛光进入菩萨之身,佛法含藏于菩萨之智,所以皆能"普现诸佛功德光耀"。

一切天王鬼神都可以成为菩萨,从而也具备发光的能力,所谓"菩萨所行,具足清净,各随本行,皆得出要,悉由如来光明照故;乘解脱力,入如来海,于佛法门悉得自在"。其诸天鬼神之所以能于种种法门中获得自在,也是"如来光明"照耀的结果,所发光明,也就各有特性,并表现在各自不同的名字上。诸如有"乐乐焰"、"须弥光"、"百光明"、"金刚善曜"、"净光"、"乐光明"、"智慧妙光"、"大力光"等种种名称的诸天,还有"坚固光耀"、"日光耀"、"胜光明"、"淳厚光藏"、"珠髻华光"等名目的"金刚力士",以及"摩尼光"、"喜宝光"、"净身光"、"目宝光"等种种"龙神",总之,凡佛教传闻的一切鬼神,都会发光。

不止如此,从佛所坐之道场、法堂等地方,到天地一切非情物类,诸如山河树木、五谷花草、昼夜四时,皆悉有神,并能成就佛之"大喜普照"或"大悲普照",故亦以光明名之。像道场上的"菩提树",其所发之光,"普兴十方世界,种种现化,施作佛事";又"常出一切众妙之音",赞扬如来无量功德。佛所坐"师子座"之光,能"周遍普照无数菩萨大海之藏,大音远震","于一念顷,一切现化,充满法界"。佛的其他"庄严具",还能"一一各出一佛世界微尘数等大菩萨众",这些"大菩萨众",散众妙花,烧诸杂香,作众伎乐,"供养世尊,绕百千匝"。

这类描写,都是为了烘托佛的智慧,威德神明,无边无际,使得一切万物皆具有了佛性,反映着佛的无所不在,无处不在说法。

如果用一个基督教词汇表达,"佛光"的功能相当于"灵恩":灵性充满,众生受恩;佛法普被,充满世界;众生信仰,即可蒙恩。不论有情世界和无情世界中的任何人或物,无不在自己的个体中体现着普遍的佛法、蕴含着同一的佛性。

《华严》将佛法遍在化和个性化的思想倾向,导致了佛教世界观上的又一重大变化;其直接的表现,一是将光明拟人化,塑造了"卢舍那"的新佛,一是让光明成了佛教的象征,具有了负荷全部佛法和一切善良的功能。光明所至,黑暗被逐;愚昧尽处,即是觉悟。于是世界从此变得只有善良美好,富贵自在。此经勾画的"华藏世界",光明交织,无边无涯,莲花象征纯净,珠宝表现富贵,应当就是"佛光普照"下的理想国。

二、佛光普照下的万物有神论和诸神性善论

《华严经》把自然界所有的非情物也都加以神化,使这些神化了的非情物,具有了人的性情品格,而且无例外地一律都是佛的信徒,既承担起佛的部分教化和利益众生的事业,也发挥着它们固有的世俗功能。

例如,药草诸神,以其固有的医疗性能,体现着佛对众生之"大悲";谷物诸神,以其固有的疗饥和享乐的性能,体现着佛给众生之"大喜"。如此类推,河神,"常能精勤利益众生";火神,"悉为众生照除暗冥";风神,"能和合众生,令不分散";虚空神,表现"一切心皆无垢,坚固精妙";主方神,"能善照一切众生";主夜神,"于助道法,深重爱乐";主昼神,"信乐正法庄严"。如此等等,一切自然界物类各自固有的天然属性,都具有了体现佛法和利益众生的作用,或者说,凡于人类有益的自然物类,全有神主,无不体现着佛法的善良和对其余众生的慈悲。

这一观念也反映在对印度的神话和传说的重新定性上,像"阿修罗"本是与"天"对立的一类神,是恶魔的首领,《华严》将他改造成了"降伏憍慢放逸"的象征,变成有利于人们勤于精进的动力。其余诸龙鬼之属,如"伽留罗王"(一种龙神),能"成就方便,广润众生";"紧那罗王"(一种乐神)能"普于一切众生精勤、勤发,能使乐法";"摩睺罗伽王"(一种蛇神),能"普为众生除诸疑网";"鸠槃荼王"(一种鬼王),能"悉修习无碍法门";以至于"无量鬼神王",包括"毗沙门夜叉王"(隶属毗沙门天王的鬼王),"普能勤护一切众生"。于是,佛光使善的变成普善,恶则变成了善,害即变成了利,致令无益于众生的神,都变成了利益众生的神。

至于世间所见日月星辰,更是归依于佛,为众生勤作佛事和善事不断:"月天子"、"星宿天子"等,"勤以智慧普发众生无上宝心";"无量日天子","皆悉成就一切善根,常欲饶益一切众生"。而"欲界"诸"天"也不例外:"无量三十三天王","皆悉具足清净善业,能令众生生精妙处";"无量夜摩天王","皆悉勤修,出生欢喜,信乐知足";"无量兜率天王","皆悉成

就念佛三昧";"不可思议化乐天王","皆悉成就寂静法门,调伏众生";"无量他化自在天王","普皆勤修自在正法"。直到"色界","不可思议大梵天王","悉具大慈,度脱众生";"无量光音天子","安住喜光寂静法门",等等。

这样,经过佛光普照的世界,全都变得美好起来;现实中一切动植物,神话中的一切精灵,都围绕着卫护众生、利益众生而存在着、行动着。这样美好的世界是怎样形成的呢?《世间净眼品》说:

> 如来往昔,于无量劫行菩萨道时,以"四摄法"善摄众生,于诸如来集诸善根,方便教化,立如来道,深植无量如来善根,皆令安立一切智道,逮得无量功德势力,皆悉成就如来愿海——菩萨所行具足清净,各随本行,皆得出要,悉由如来光明照故。

原来这些神灵性格的改变,都是如来作菩萨时,行"菩萨道"的结果,是他以各种身份,各自"成就如来愿海"的结果,是"悉由如来光明照"的结果。

众生之所以能够成为菩萨,必须有一个基本前提,那就是接受佛的教诲,以成就作为菩萨内在根据的"善根";同时履行佛的愿望,实践菩萨道;蒙受佛的光明,取得佛的智慧和神力。只要做到这一些,就会使他们"悉在如来大众海数"。经云:

> 于一切众生悉行平等,无量妙色皆已成就;于"十力"中能善安住,处 切众而不倾动,随所至方无能坏者。如来所乘常现在前,离烦恼障,其心清净,诸结使山,皆已摧毁。睹佛姿颜无量妙色,光明普照。

意谓,上述生灵都已经属于如来种姓,其心清净无障,所作皆属"如来乘",故虽各有"妙色",各行"本行",但在体现佛的功德势力、饶益众生方面,却是平等一致的。

承受光明普照,表达的是如来遍在于一切个体的共相;各行"本行",指谓的是在同一光照下诸生灵的别相。别相令佛的存在不会失落,共相令众生悉具佛慈悲。所以华果给人以喜,药草施人以悲;日神驱冥散暗,夜神宁静和净;天龙鬼神也各以其独特的身份、职责而各持一特种法门,自在地利益众生。如毗沙门王,"于平等观方便,离一切恶,饶益众生法门,而得自在";持国乾达婆王,"于摄一切众生娱乐方便法门,而得自在";金刚眼照力士,"于示现如来无量色像法门,而得自在";毗楼波叉龙王,"于一切龙趣中,除灭炽燃、恐怖救济法门,而得自在",如此等等。

重点描述万物有神论的是《世间净眼品》,唐译将此品改成了《世主妙严品》。这一改变,无疑是把这些神灵当做世间万物的主宰了。由此导向的逻辑,可以有许多发挥,此处不论。仅就万物有神论言,它可能来自原始的万物有灵论,但两者有根本的区别。这里给万物的灵性以佛教的洗礼,赋予了大乘与人为善一面的品德和功能,等于是把世界万物佛教化、善良化了。而这一切的根源,都出在佛光明上。

三、卢舍那佛及其与众生的关系

至少在太阳系,光明的本源是太阳。在佛教传统的神话中,太阳的人格化是"日天"或"日天子";他们所居处,称做"日宫"。日月星辰都是"天",都属于三界五道内的世俗众生,地位并不高,佛教很少把这些场所作为教化地。到了《华严经》有了变化,它把光明升华为智慧和创造幸福的象征,从而将太阳化做智者、觉者、利益众生者的表征,因而也就人格化为一类新的佛,以太阳命名的佛,即"大日佛"。日夜伴随着我们的太阳和月亮及其光亮,则只是蒙受大日佛光明的反折,但也因此具有了他们本来所没有的那种慈祥性质。

卢舍那佛的创造,应该是《华严经》系统的专利;他的面世,开辟了佛教一个全新的信仰系列,在推动佛教哲学的发展上,具有重要意义。唐代就特别推崇毗卢佛,《大毗卢遮那成佛神变加持经》的译出,更把此佛引进了密教体系,并安置了《华严》的一些独特的思想观念,使其原始的神秘主义也有了一个哲学基础。

"卢舍那"是晋译本的音译,原义"光照";"毗卢遮那"是唐译本的音译,其中"毗",是"普遍"的意思,意谓光照普遍,多译作"光明普照"。它们都是太阳的别名,故意译"大日佛"。佛以毗卢遮那命名,是在什么时候,最早出现在哪部经里,很难考证。至少在《兜沙经》中,尚只有光明,而无此佛的名称;《阿含经》中偶尔提到毗卢遮那之名,但那不是佛。

在《华严经》中,卢舍那佛除了发光之外,别无其他作为。他作为光明的本体,使命是驱逐一切黑暗,令所有恶浊的人或物,及人或物的恶浊一面,消失殆尽,统统化为与人为善的因素;万物众生也由于蒙受他的光辉,得以自我净化,主动为善不已。三世十方,一切如来,都凝结在卢舍那佛身上,卢舍那佛也就成了一切佛的代表。于是,万物对如来感恩戴德,归依佛教。经文到处都是对佛的讴歌,表达众生对佛的"恭敬供养",归根结底,都是为了树立卢舍那佛的权威和形象。

关于此佛的性相,在《卢舍那佛品》中,是通过佛所居的"莲华藏庄严世界海"来阐述的。这个"世界海"其实是由十方无限世界海组成的无限空间,以其具有"莲花"的性质并以不可数的莲花装饰,故得名"莲花藏庄严"。莲花是高贵洁净的象征;它的生命不离污泥而又不为污泥沾染,所以早期佛教即将莲花的品格,喻为佛徒之虽居世间而能守其洁净的情操;至大乘更用来昭示,菩萨唯有居于世间的卑污低下之处,始能展现其志趣的伟大高尚。这个无限世界构成的无限空间,简称即是"华藏世界"。

华藏世界的规模和景象被全面显示出来,是在摩竭提国的一次集会上。尔时世尊发大光明,令诸大菩萨得以亲见目睹;未曾与会,未被佛光照耀,非大菩萨者,当然就看不到那些既宏伟又神异的奇观了。在诸大菩萨的视野里,此"世界海"由上下四方八面共十世界海构成,而十世界海外又各有十世界海围绕;这些世界海中的每一世界均为佛刹,各有佛居,佛各有名,各坐师子座,各领有菩萨众,数总有"十亿佛刹尘数世界海"。这些数不尽的大菩萨,"各兴一佛世界微尘数等妙庄严云",从十方佛土来至佛所,次第而坐。彼诸菩萨坐已,"一切毛孔各出十佛世界微尘数等一切妙宝净光明云;一一光中,各出十佛世界微尘数菩萨……一一尘中有十佛世界尘数佛刹,一一佛刹中三世诸佛皆悉显现",由此交织成一张令人眼花缭乱、层层叠叠、无穷无尽的光明之网,以及簇拥于这网中的憧憧菩萨。

集会于这里的诸菩萨,仍在念念中,"于一一世界各化一佛刹尘数众生,以'梦自在示现'法门教化、一切'诸天化生'法门教化、一切'菩萨行处音声'法门教化、'震动一切佛刹建立'诸佛法门教化、'一切愿海'法门教化、'一切众生言辞入佛音声'法门教化、'一切佛法云雨'法门教化、'法界自在光明'法门教化、'建立一切大众海于普贤菩萨'法门教化。以如是等一切法门,随其所乐而教化之"。即于一念顷,能灭一切世界尘数众生诸恶道苦,统归于佛道和功德智慧地。

由此形成了一条光明普照的通道:佛身发光;身被佛光的诸大菩萨向尘数众生进行教化;教化的法门很多,最后目的,是使"各如须弥山尘数众生,令立卢舍那佛愿性海中"——令一切众生都安身立命于卢舍那佛的愿望和法性中。于是绕了一个圆圈:从卢舍那光明始,经菩萨行,令一切众生再回到卢舍那的光明之中。

《华严经》将光明崇拜哲理化、神秘化,由此敷演的教理,构成本经的总纲,在佛教史上独树一帜,开创了佛教思想发展的又一条道路。它在域外的命运似乎不佳,除了《十地品》之外,很难见到它的哲学影响,而此品恰巧与光明缺乏有机的联系;只有在古代中国,才使它发扬光大起来。华严宗的始祖们,将光明普照与其照耀下的事物,抽象为一对"理"、"事"范畴,以"十玄缘起"、"六相圆融"为目,打造出一个你中有我、我中有你,既承认个性,又互相依存,专论普遍联系的和谐哲学体系来。这在全部佛教史上,是前无古人、后无来者的。

推求宗教史上向往光明、歌颂光明以至于崇拜光明的,可以上溯至公元前7—前6世纪的琐罗亚斯德教(祆教),下至3世纪的摩尼教(明教)。两者都被认为是善恶二元论者,善恶虽有斗争,而善为世界的本原,是世界的主流。前者认为善是光明与生命之本,恶是黑暗和死亡之源;后者则称善神为光明之神,恶神是黑暗之神。这两种宗教都产生于古代波斯,尽管受到种种压迫,但影响范围很大,时间很久,尤其是在地中海以东到我国新疆这一广袤地区,都曾经流行过。到了唐代,摩尼教还在内地建立寺院,后来转向民间,并产生过多样变种,也制造过许多事变,遂成为我国历史上一个瞩目的现象。前已说过,汉译佛经中最早用光明象征佛的是《兜沙经》,译者为月支人;从《法华经》开始,光明出现的频率增多,而此经的原本"蕴结大夏"(按唐道宣《妙法华弘传序》所说)。大夏、月支都是祆教和明教很发达的地区。传说汉明帝夜梦神人,"身有日光",乃遣人至大月支国写取《四十二章经》(见《牟子理惑论》),这也说明,祆教对于中国内地佛教的影响也是极早的。

在中国民间,祆教、摩尼教和佛教,往往被混同为一而流行。宋志磐撰《佛祖统记》卷五四记:

> 摩尼火祆者:初波斯国有苏鲁支,行火祆教,弟子来化中国。唐贞观五年(631),其徒穆护何禄诣阙进祆教,敕京师建大秦寺。武后延载元年(694),波斯国拂多诞持《二宗论》伪教来朝。玄宗开元二十年(732)敕:末尼本是邪见,妄称佛教,既为西胡师法,其徒自行,不须科罚。天宝四年(745),敕两京诸郡有波斯寺者,并改名大秦。大历三年(768),敕回纥及荆扬等州,奉摩尼各建大云光明寺。贞元六年(790),回纥请荆扬洪越等州,置摩邪寺。其徒白衣白冠。会昌三年(843),敕天下末尼寺并废,京城女末尼七十二人皆死,在回纥者流之诸道;五年(845)敕,大秦穆护火祆等二千人,并勒还俗。梁贞明六年(920),陈州末尼反,立母乙为天子,朝廷发兵禽斩之。

实际上摩尼教并没有因此消亡,倒因此而成为元明期间农民造反的主要组织形式。

袄教对西方基督教也有过不小的影响。尼采的名著、郭沫若译作《察拉斯屈拉图如是说》中的察氏,就是袄教的创始人琐罗亚斯德,亦即中国古称的苏鲁支,徐梵澄的全译本,依鲁迅意见,乃名《苏鲁支语录》。

但是,在《华严经》中,思想与袄教有很大的区别。经文开篇就大力描绘的"华藏世界"里,唯有光明,没有黑暗,只有佛及其信徒,没有魔鬼,或魔鬼也是改恶从善了的,是纯净无染、至善而富足的理想国度。这样的理想,在袄教和摩尼教的明暗斗争中没有得到实现,但在卢舍那的佛光普照下,通过大乘菩萨行实现了,而且让那些达到这样水平的人亲身目睹,以证实它的存在,并讲说给世人听闻。于是,此后佛教的全部任务,就是教化人们弃恶从善,把恶神腐蚀了的世界重新变得一片光明,令人们都变得互相饶益、互相为善起来。

复次,卢舍那佛只是教理的形象化,他是永恒的存在,但不是创世主;他所处的"一切世界海",也不是他单一的成果。《卢舍那佛品》之二这样说:

> 有世界海尘数因缘具故成,已成,今成,当成:所谓如来神力故,法应如是故,众生业故行;一切菩萨应得无上道故,普贤菩萨善根故,菩萨严净佛土愿行解脱自在故,如来无上善根依果故,普贤菩萨自在愿力故。如是等世界海尘数因缘具故,一切世界海成。

归纳起来,成就这样的世界,至少有三个主因:一是佛的神力(此处的"神",不是实体,而是指变化莫测)和菩萨的愿力;二是众生的业力和菩萨的善根;三是"法应如是"。前二因,不算新鲜,"法应如是",即是自然应该如此。在一般佛教里,此说称为"无因论":世界本然如此,没有创造它的第一因,当然也不会有第一力。《华严》是用多因多力的范畴,阐释世界事物之间的无限联系的。

《华严经》的光明普照说,富含哲学意蕴,中国华严宗就有许多精彩的总结。在西方,从太阳与万物的关系上,也有充满哲理的论述。尼采在《苏鲁支语录》中宣布"上帝已死",就是震动西方文坛、解放思想的名句。《苏鲁支语录》的《前言》第一节记,苏鲁支隐入山林十年,但一个早晨突然变了,他在日光前,向日球作如是说:

"伟大的星球,倘若不有为你所照耀之物你的幸福何有……但每日早晨我们等候你,挹取你的丰余而向你祝福。看啊,我厌足了智慧,如采取了过多蜜的蜜蜂,我需要向我求索之手。"

假若用《华严》的观点诠释这段话,那么,隐入山林的苏鲁支就是那主张弃家出世的释迦佛;出山而"堕落"到众生之中的苏鲁支,则是那普照大地,需要众生去信仰他、证实他的卢舍那佛。太阳必须有其照耀之物,才能够现其光明的意义;而众生由于得到太阳的照耀,才能够获得生命和幸福,所以必然要向太阳礼赞。

马克思在《1844年经济学哲学手稿》中说:"太阳是植物的对象,是植物不可缺少的、确证它的生命的对象,正象植物是太阳的对象,是太阳的唤醒生命的力量的表现,是太阳的对象性的本质力量的表现一样。"[①]

在这些论述中,太阳是不可以也不能够将自己从世界万有中孤立出来而独尊的;太阳的伟大和性能,只有在它于万有的联系中才能充分地显示出来,在它于世有益有用中成为一切生命不可或缺的对象,从而受到人们的膜拜。《华严》中的大日佛就与此类似。他是一个伟大的、仁慈的、具有无限神力的存在,但必须在众生的和谐相善中体现出来,所以一刻也不能脱离世界众生。如果卢舍那只是一味地孤独寂寞,他就无以表现他的清净和导人向善的智慧和能力,众生也无法获得他的慈悲。换言之,如果他拒绝众生,排斥万有,那不仅无以现示他的存在的无上价值,甚至连他自身是否存在也成了问题。太阳之于万物,佛教之于众生,互为主客关系,是绝对不同又必然紧密联结的两端。

---

① 马克思:《1844年经济学哲学手稿》,《马克思恩格斯全集》第42卷,人民出版社,1979年,第168页。

就卢舍那佛言,他的存在及其清净善性,对于一切众生都是平等的、"普门"的、无分别的;就一切众生言,则各有个性,互有差别,不可能是"普门"的。然而,正是众生的个性差别,决定着吸取大日佛遍照的多样性渠道,分别发挥着佛给予的生命之光;同时也在众生之间形成另一种互相依存、互相渗透、互为助力的关系。于是,佛与众生的关系,就可以抽象为"一与一切"或"一与多"的关系,众生之间的关系,同样可以用这样的抽象加以解释;不过前一组关系中的"一",是卢舍那,后一组关系中的"一"则指个体。为了避免用词上可能发生的混乱,卢舍那多以"十"来表示,是完满、整体性的象征,"十与一"的关系,就成了大日佛与每一个体之间的关系。

可以说,《华严经》的核心教义,是密切佛教与众生的联系;它的最有特色的理论形式,是处理"一与一切"的关系。

附记

威尔·杜兰著《世界文明史》之《东方的遗产》卷上记述了袄教及其创始,大略谓:

据波斯传说,在基督降生前数世纪,在雅利安人的故乡出现了一位先知,即 Zarathustra(查拉图斯特拉),希腊人称做 Zoroastres(琐罗亚斯德)。他的父亲原是一位祭师,与一位贵族少女结婚而生下这位先知。那时,先知的守护神与酒同时进入祭师的身体,而天空的一丝亮光则忽然降临这少女之腹。于是"守护神与天上的光一混合",查拉图斯特拉便诞生了。他降生之后即大笑,这笑声使他周围的魔鬼纷纷抱头鼠窜。

(按:可以认为,这光与笑,就成了查氏的特征。大乘佛教的佛陀形象,除了《华严经》的光,剩下的多半是佛陀的笑。大乘佛教之主张光明和快乐,这应该是来源之一。)

他聪明,爱好自由与正义,离人独居于远处的山上。他虔信有位"光明之主",名 Ahura-Mazda,是"唯一的真神"。他认为"世间值得崇拜的只有光明之神,其他神充其量不过系此神之一体或象征"。后来这真神授他一部经,名《知识及智慧之书》(Avesta),命他下山开导世人。由于得到埃及一位王子的支持,祆教就产生了,他本人成了祆教的始祖。这都属于神话,但都不肯定确有其人的存在。希腊人断定他活在公元前5500年左右,巴比伦学者认为他生活在公元前2000年左右,现代史学断定他是公元前10—前6世纪之间人。当时的波斯信仰多神,包括太阳神。

那部被称做《知识及智慧之书》的经典,实为其徒汇集他的教训和祷语而成,现名 Zend-Avesta,它比《圣经》薄得多,已经残缺,包括祷语、圣诗、神话、药方、仪式、教训等。内容有许多与《吠陀经》相似,印度学者认为,此经就是来自《吠陀经》(关于此经的情况,杜兰有详细的注释,7世纪伊斯兰教徒占领波斯后,作了最后改编,见《东方的遗产》卷上第436页注;其经的第二十二章是教义与道德条文,为目前印度拜火教之经典)。

但杜兰认为,"经上的故事,有许多显然是来自巴比伦。例如,神造万物计分六期(一天、二水、三地、四植物、五动物、六人)。人类的祖先,为一男一女。他们最初所住之地,乃人间乐园。人类堕落使造物者震怒,乃至以洪水毁灭人类。洪水之后,人类孑遗仅余一人等"。赞美诗部分,记有世界末日的预言。此经的特色是:"世间乃两种力量彼此抗争之舞台:Ahura-Mazta 与 Ahriman,一神一魔鬼,彼此抗争……圣洁与诚实为两种最大的美德,凭此美德,人类可获永生。"

查拉图斯特拉想象的神,是天的人格化后的形象:Ahura-Mazta"以苍穹为衣裳……以光明为身体,以日月为眼睛","一方面是造物者,一方面是统治者",他的助手有水火日月风雨等。对于此神的描述,很像《约伯记》的话:"请明白指示我,啊,Ahura-Mazta,是谁规划日月星辰的轨道?是谁叫月圆月缺……天之所以不掉下来,地之所以不沉下去,靠的是谁的力量?谁支撑着河海树木?谁驾驭着风云雷雨?谁使世界充满理性(good mind)?"①

"'理性'与人性有别,乃神之智慧,相当于一般所说的'道'(Logos)。Ahura-Mazta 即以'道'通万有。"(按:这样的神,尤其像《华严》的毗卢遮那。华严宗即将 good mind 或 Logos 释作"理"。)

有学者认为,good mind 一词,是一种半诺斯替教用语,从而确定,记叙此语的篇章,当在公元前1世纪。

查氏所述 Ahura-Mazta 有七种特性:一光、二理性、三正义、四统治、五虔诚、六幸福、七不朽。这些特性被人格化,就成了唯一真神的创造及统御世界的助手,于是一神教就变成了多神教:"这种情形,简直和基督教一模一样"。

四、"如来身"与"化身"及"法身"的关系

卢舍那佛是否是超越世界众生、独立自在的神？从以《卢舍那品》为中心的经文看,应该是的。其记谓:"普贤菩萨于如来前,坐莲花藏师子之座,即入一切如来净藏三昧正受,普照一切法界诸如来身无所障碍",由此"十方世界海诸佛悉现,彼诸如来各各赞言……汝乃能入此三昧正受,是皆卢舍那佛本愿力故,又汝于诸佛所清净行愿力故……尔时一切诸佛,与普贤菩萨一切智力,与入无量无边法界智,与能诣三世诸佛所智……与一身遍满一切世界智"。于时"十方诸佛各伸右手,摩普贤菩萨首"。普贤菩萨乃"承佛神力,观察一切诸世界海、一切众生海"而向大众作如是言:于诸如来种种不可思议法,"我当承佛神力,具足演说,欲令一切众生入佛智海……无量无边诸众生,一切如来所护念"。

这段经文说明,"如来"不是一个,三世十方各个世界各有如来,这些如来均有"神力",而且都有将神力给予菩萨的能力和职责;与此相应,菩萨说法行事,也都需要"承佛神力"才能办到。在肯定和赞扬菩萨的说法

---

① 威尔·杜兰著:《世界文明史·东方的遗产》(上),东方出版社,1999年,第437—438页。

行事时,如来们还会以手"摩顶",用动作表达出来。一般众生也无时无刻不蒙受一切如来的护念。这样的"如来"或"佛",就是处在一定时空之中,有意志、有力量、有作为的独立自在的"神"。但卢舍那佛与其余诸佛有些不同,他只有愿望和由愿望形成的力量,并无实际的举动。普贤之所以能入那神妙的三昧,以及于三昧中见诸华严世界和无边神变,全是卢舍那佛"愿力"所致,所谓"诸世界中,普贤自在……尽卢舍那本愿底故"。

这样,问题就来了:这个特别命名的佛与无称谓的一切佛,有什么差别,是一是异?佛与众生的关系是怎样密切起来的?

在讨论这些问题之前,首先要说明,尽管《华严》中的诸佛,有思想、有意志、有愿望、有行为,但是,不论何种佛,都不是创世主,不是造物者;世界万有不是佛的创作,佛也没有决定权;因为任何事物都是既有的、现成的,按照业报法则,各自"法尔"运行。因此,《华严》中的佛与佛教中的其他佛一样,不是西方一神教中的神,不是 God,也不是 Ahura-Masta,他所能做的,全得通过信仰他的菩萨说法弘教,开悟群氓,教育众生,改变人们的思想情感和行为方式,尤其是从价值观、伦理观和道德观方面反映出来,所以与一神教的神有原则的区别。佛陀的名号之一是"人天师",是众生的导师,这一名号最能反映佛教的性质。也如太阳之于万物,它并不是生命的起源,但离开它就没有生命,尤其是没有好的生活。

尽管如此,《华严经》安置了卢舍那这样一个超人的客体,并令他具备种种直接作用众生生活的神力,与一般佛经之重个体内因、否定天神等外因的总趋势相比,显然将对外崇拜的成分增大了,业报法则的作用降低了,成了大乘信仰主义发展中的重要阶段。大乘经典,至少自《道行般若经》开始,就十分重视对佛身的偶像崇拜,并将佛土当做理想国,然而都没有像此经论述的那样具体系统,那样绘声绘色。

为了把佛与众生的关系、卢舍那佛与一切佛的关系弄得清楚,先引几段经文:

《世间净眼品》说：如来"普现佛土功德境界，悉入无量众地方便……犹如虚空，清净无著，等真法性；现化无量，不可穷尽。"

《卢舍那佛品》偈谓："佛身充满诸法界，普现一切众生前，应受化器悉充满。"又偈："卢舍那如来，转清净法轮；一切法方便，如来云普覆。"此品还说："卢舍那佛神力故，一切刹中转法转……法身充满一切刹，普雨一切诸法雨，法相不生亦不灭，悉照一切诸世间……大光明网照十方，一一光中有诸佛，以无上道化众生，法身坚固不可坏，充满一切诸法界，普能示现诸色身，随应化导诸群生。"又言："卢舍那佛遍十方，出一切化庄严身，彼亦不来亦不去，佛愿力故皆悉现。"又言："卢舍那佛成正觉，放大光明照十方，诸毛孔出化身云，随众生器而开花。"

从这些偈言中看，卢舍那佛的实质是"不来亦不去"、"犹如虚空"，所谓"如如"、"不可坏"，而又本性"清净"，与"真法性"相等。此种佛身相当于大乘经籍共说的"法身"。法身只能有一个，无形无相，不可名状，不可思议，因而没有时空限制而成为唯一者。但法身能够"充满诸法界，普现一切众生前"；"普能示现诸色身"，以至于"现化无量"。这种普现于众生之前的佛身，或称佛的"色身"，或称佛的"化身"或"应化身"，其量无边无数，密集如地上长的甘蔗、稻谷，三世十方，无处不在，但又千姿百态，无限差别，有多少国土就会有多少种佛，有什么样的众生就会有什么样的佛形象。佛教传统上讲的三十二相八十种好，属于佛的色身，固然可以看做应化身，而众生依据自己的爱好，想象、塑造、供养的种种佛像，是更典型的应化身，其形象则远不止于三十二相八十种好。原则上说，有什么样的众生，就会有什么样的应化身。

唐译《毗卢遮那品》中并没有提及毗卢遮那佛，但却以此佛的称号名其品名，原因就在此品中的诸佛，都不是"法身"，而是形象化了的，可以描述形容的"应化身"。那么这应化的是谁呢？当然就是晋译中居于华藏世界的卢舍那佛。像这样的佛世界和佛光明，是佛与大菩萨们的境界，唯佛与大菩萨可见，其中的富贵光明、自由神变，也唯有佛与大菩萨能够制造得出、享受得到。中国佛教将处于这类境界中的佛,称为佛的"报身";报身佛所居的世界,则名"报土"。这"身"与"土"统称为"报",是表示菩萨若以此菩萨行为"因",最终导致的必然是此"报"。普贤菩萨说:"此莲花藏世界海,是卢舍那佛本修菩萨行时……所严净。"意思是说,华藏世界是卢舍那过去历劫修习菩萨行所获得的报酬,是他成佛带来的最高结果。

普通众生咸得目睹的佛,都属于"化佛"。此等化佛首先是从世间诸王"悉欲见佛"的愿望中感召出世的;此佛又能生起"无边化佛",令蒙佛光明的"一切世间主及其眷属"(即万物诸神)皆悉膜拜。这一类"化佛"的出现,都是为了满足世间需要,供世间众生供养的,所谓佛"随众生心,悉令获益"。话说直白了,就是世间诸王根据自己的需要,塑造他所想象的佛身;一般民众,也可以随从其王的佛教需要,塑造与自己身份相应的佛身。这些佛身既可以是石窟寺院中的造像或绘画,也可以存活在各自心目中、成为膜拜的偶像。是故《菩萨明难品》说:"众生业行异,所见各不同。"

众生的"业行异"及"所见各不同",决定人们对佛教的态度和接受佛教的程度。佛即依据众生的态度和接受的程度施行教化;能够接受佛教的众生,称做"应受化器",亦名"法器"。化器或法器有多大多深,所施教化也当有多广多深,既不可忽视他们的需求和低估他们的接受能力,也不能超出了他们的需求,过高估计他们的能力。因此,一方面承认一切众生都有接受佛教的可能,应该"有教无类";一方面应该考虑到众生的接受程度,需要"因材施教"。佛教的教育方针,与中国儒家的教育思想,大体是一样的。

"化佛"所处的国土,称做"化土"。化佛与化土,本质上都是虚幻不实;报身与报土,与化佛化土只有层次上的差别,本质则一,皆悉"性空"。《华严》的终极目的,是要所有菩萨的修行者,统统归于"法身";所谓化佛、报佛,其实是菩萨自我教化和教化众生的变现。所以经文中屡屡展示诸大菩萨的种种神异，与佛没有二致，因为神异所显示的境界，毕竟不是真实。

因此，从《华严》阐释的大乘实践看，在佛身与众生关系中，有一个关键性中介，那就是菩萨。佛通过信众映显他的存在和能量，信众从佛那里得到教化改造，两者是相辅相成、互为依存的关系。菩萨则是从信众中成长出来的骨干和领袖，他们的职责是代表着佛教，各以其自身的角色，对世间的不同群体，实施相应的化度——为众生度至佛的世界作桥。大乘、小乘、人天乘以及其余各乘各自具有的千百法门，都是菩萨依据众生的不同族类及其心地差别，推行同一佛教而开设的"方便"。所以也可以说，"法身"是佛教的原则，"应化身"是菩萨推行这一原则的手段；众生心目中的佛世界和种种异相，则是受制于自己的根器和业行的反映。《菩萨明难品》中说："一切诸佛身，唯是一法身，一心一智慧；力无畏亦然。"上述"众生业行异，所见各不同"，就是接着这话讲的。

《华严经》在陈述到"佛身"或"如来身"时，并没有明确指出这是"应化身"还是"法身"。似乎凡是佛身，都具有"神力"，都能护佑众生，如是佛就变成了真实的神，通过信仰膜拜即能赐福人间。但在知识僧侣，尤其是有高文化素养的佛徒那里，不一定都这样理解。《华严》在大力描写佛神力和佛世界的同时，就已经强调，所谓色身、应化身以及诸佛世界，不过是不同众生的不同想象和幻觉；佛给予的神力和展示的境界，与众生自身心目中的所见是完全同一的。真正的问题出在"法身"上。

什么是法身？早期佛教把"法身"说成是释迦佛的智慧与实践的统一——戒定慧加解脱和解脱知见，叫做"五分法身"，内涵异常清晰，不容误读。大乘可以支娄迦谶《内藏百宝经》卷一的定义为准："诸佛合一身，以经法为身。""法身"即是"以经法为身"的简略，尽管"经法"的含义较"五分"模糊。因此，不论大乘小乘，"法身"的本义即是佛法自身，不过已经带有将佛法实体化的味道；及至进一步被拟人化，就极容易被当做人格神。《华严》则经常采取模棱两可的表达方式，把佛身描绘成既像是人格神,又像是"法性"。

《十地品》中讲:"知一切佛法身无身,而起色身三十二相,八十种好,以自庄严。"此中的"色身",即是"化身";所谓"无身",相当于"法身",意谓无"色身"那样的"身",并不等于空无所有。所以《如来光明觉品》中说:"如来身色、形、相、处,一切世间莫能睹……非以相好为如来,无相离相寂灭法。"

正因法身"无身"而非虚无,所以才有可能为种种应化的"色身"作依据,所谓"如来一法身,出生诸佛身"(《十地品》)。由此可以断定,无身的"法身"是不依人的观念为转移的实体,应化的"色身"则是众生各自观念的造作。《赞佛品》中说:"譬如净满月,普现一切水,影象虽无量,本月未曾二。""如空无分际,彼无心意识,亦无起心想……如来不出世……众生见有出,而实无兴起。"说明"法身"的特性是静止不动,空寂而无任何内在差别,它的唯一作用,是随应众生乐欲"普现妙色身"。

但是,《十回向品》之九又另有一说:"一切诸佛菩萨清净微妙法身,悉从诸佛真法化生。"所谓"法身",只对追求成佛的菩萨有信仰上的意义。实际上,"法身"不过是从"佛真法"蜕化而成:真正的法身,说到底,是指佛法,而不是别样的人格神。

《华严》的法身,即介乎"佛真法"和佛神格化之间,而让读者自己去取舍;唯有应化身,是众生向往与法身客体结合的产物。

第三节 "普贤菩萨"及其所说"如来性起"

一、关于"普贤菩萨"的特性

《华严经》中有三个菩萨,对中国佛教影响很大,就是贤首、文殊、普贤。贤首,即众贤者之首,地位似乎很高,唐时成了法藏的名号,所以他创建的华严宗亦称"贤首宗",但在《华严经》里,贤首菩萨并无突出的思想见解。真正有理论建树的是文殊师利,而既有理论建树又有实践创新的是普贤。

普贤应是《华严》系统特尊的一位菩萨,在整部《华严》中占突出地位。除《十地品》之外,他在《卢舍那品》《如来性起品》《入法界品》等最具特色的篇章中,都担任主角;《华严经》卷三三还有记他的单独一品《普贤菩萨行品》。

普贤之名,在汉译经籍中,首见于《法华》的《普贤发愿品》。此品中的普贤白佛言:

> 世尊,于后五百年浊恶世中,其有受持是经者,我当守护,除其衰患,令得安隐……是人若行若立读诵此经,我尔时乘六牙白象王,与大菩萨众俱诣其所,而自现身供养守护,安慰其心……是人若坐思维此经,尔时我复乘白象王现其人前……我当教之,与共读诵,还令通利。

所以普贤菩萨的作用即在推广该经:

> 若《法华经》行阎浮提有受持者,应作此念:皆是普贤威神之力。若有受持、读诵、正忆念,解其义趣,如说修行,当知是人行普贤行,于无量无边诸佛所,深种善根……若但书写,是人命终当生忉利天上,是时八万四千天女作众伎乐而来迎之,其人即著七宝冠,于采女中娱乐快乐。

"行普贤行"会拥有那么多的天女以供娱乐,对于普贤信仰的推广,或许也是一种动力。

此后陆续出现了许多有关普贤的经书,其中之一,是南朝宋元嘉年间昙无蜜多译的《佛说观普贤菩萨行法经》。此经在《法华经·普贤菩萨劝发品》基础上,把观想普贤菩萨的形象作为全经的中心线索,将对释迦佛、多宝塔和菩萨的崇拜融为一体,把忏悔和传播大乘经融为一体,形成一种独特的信仰系统。

观想是"三昧"(定)的主要功能之一,任务是勾画(想象)出一个观想的对象,强化观想的对象,最终牢固地印记下来,可以时时处处在头脑中显示出来,以至于可以与观想者交往、谈论,从而痴迷地巩固自己的信仰。普贤菩萨就是通过这种三昧于修行者的心目中树立起来的:白象,莲花,金光,玉女,弦歌,身相端严如紫金山。如是昼夜不舍,最后可以导致普贤亲自来临,行住坐卧不离其身,即使梦中也能与行者交谈说法。

这里提供的"观普贤菩萨法",是一例培训宗教经验的生动个案,记载的方法和过程,具体而细致,可操作性颇强,非常值得现代心理学的研究。在中国佛教中,这一观法由智顗提倡,构成天台止观的重要法门;对禅宗也有所影响,《楞伽师资记》记道信条,称此经为《普贤观经》,并引其颂文,以证实道信本人的思想符合佛说。

为什么要观想普贤菩萨?企图解决什么问题?经文说得明确:

> 如来灭后,云何众生起菩萨心,修行大乘方等经典,正念思惟一实境界?云何不失无上菩提之心?云何复当不断烦恼、不离五欲,得净诸根,灭除诸罪?父母所生清净常眼,不断五欲而能得见诸障外事?(《佛说观普贤菩萨行法经》卷一,下同)

一句话,观想普贤,就能够不断烦恼,不离五欲,又能六根清净,灭除罪业,不失无上菩提心,并见到世眼所不能见到的境界。为此,经文强调:

> 遍礼十方无量诸佛,礼多宝塔及释迦牟尼……昼夜六时礼十方佛,行忏悔法,谓大乘经,读大乘经,思大乘义,念大乘事,恭敬供养持大乘者。视一切人犹如佛想,于诸众生如父母想。

此中忏悔——包括向诸世尊,发露黑恶一切罪事,是感召普贤菩萨现前的关键环节。在诸多忏悔中,有"六根清净忏悔之法",行此法者,"耳渐渐闻障外声,眼渐渐见障外事,鼻渐渐闻障外香……得是六根清净已,身心欢喜无诸恶相,心纯是法,与法相应"。所谓闻见"障外"事,指不再受感官的自然约束,产生出与观想内容相应的幻听幻视幻嗅等的幻觉、幻相。如是,则如经云:

行者即见东方一切无量世界，地平如掌，无诸堆阜丘陵荆棘，琉璃为地，黄金间侧。十方世界亦复如是。见是地已，即见宝树。宝树高妙五千由旬，其树常出黄金白银七宝庄严。树下自然有宝师子座，其师子座高二十由旬，座上亦出百宝光明。如是诸树及余宝座，一一宝座，皆有自然五百白象，象上皆有普贤菩萨。尔时行者礼诸普贤，而作是言：我有何罪？但见宝地宝座及与宝树，不见诸佛。作是语已，一一座上有一世尊端严微妙，而坐宝座。见诸佛已，心大欢喜。复更诵习大乘经典。大乘力故，空中有声而赞叹言：善哉善哉！善男子，汝行大乘功德因缘能见诸佛。今虽得见诸佛世尊，而不能见释迦牟尼佛分身诸佛及多宝佛塔。闻空中声已，复勤诵习大乘经典。以诵大乘方等经故，即于梦中见释迦牟尼佛，与诸大众，在耆阇崛山说《法华经》。

如是等等，就完全进入了幻觉的世界，用亲自经历验证了经文宣示的主旨，并成了行者此后的行为指南和戒条。

这样，观普贤只是手段，忏悔而不再犯罪才是目的。经文最后针对帝王信徒的总结就是如此：

> 云何名刹利居士忏悔法？忏悔法者，但当正心，不谤三宝，不障出家，不为梵行人作恶留难。应当系念修六念法，亦当供给供养持大乘者。
>
> 不必礼拜，应当忆念甚深经法第一义空，思是法者，是名刹利居士修第一忏悔。第二忏悔者，孝养父母恭敬师长……第三忏悔者，正法治国不邪枉人民……第四忏悔者，于六斋日，敕诸境内力所及处令行不杀……第五忏悔者，但当深信因果，信一实道，知佛不灭。

以上属《法华经》系统崇尚的普贤菩萨。至于《华严经》，则重塑了普贤的形象，改造了"普贤愿"和"普贤行"的内容，完全摆脱了《法华经》的框架。《华严经》记普贤的主要职责有三：第一，确立卢舍那佛及其华藏世界的存在；第二，确立如来性起理论；第三，建立起以"入法界"为核心的普贤行。所谓普贤行愿或愿行，则是上述理论和实践的行动法则。至于唐般若译四十卷《华严经》中的《普贤行愿品》，其实已经离开了《华严》的基本精神，而与《普贤观经》接近。

在佛"始成正觉"的法会上，簇拥于佛前有无数大菩萨，首位就是普贤，其余菩萨只是"悉得一切普贤愿海"者，"皆是卢舍那佛宿世善友"。于是，具"普贤愿"和"卢舍那宿世善友"，就成了所有与会菩萨的共同特征。继鬼神诸天颂赞如来之后，普贤向大众宣示了"佛土"与"如来身"的要点；接着就是莲花藏世界海及其十方诸佛的显现，并为普贤三昧所普照。这段长文的描述，意味着华藏世界和卢舍那光明，都是普贤所入"一切如来净藏三昧"的产物，确切些说，卢舍那佛及其华藏世界，只是进入普贤三昧中的一种境界。在这里，没有普贤菩萨，就没有卢舍那佛和华藏世界的存在；从佛教实践上说，没有普贤样的修行，就成不了佛；普贤成了佛和佛土得以成就的根源。

为什么唯独普贤能够进入这"如来净藏三昧"？《卢舍那品》之二记十方诸佛对普贤赞言：

> 汝乃能入此三昧正受，是皆卢舍那佛"本愿力"故。又，汝于诸佛所得清净"行愿力"故。

在这里，卢舍那佛的"本愿力"与普贤由诸佛处获得的"行愿力"，是卢舍那及其佛世界得以显现于世的因中之因；卢舍那的"本愿"与普贤的"行愿"，以及由此形成的力量，就成了《华严经》所讲全部理论和全部实践的总源头：佛教的一切，悉来自此"愿"，为了满足此"愿"，实现此"愿"，而其所以可能，则在于此"愿"具有转变为现实的能力。因此，《华严》中的普贤"愿"有双层含义：一是体现卢舍那佛之"本愿"，一是普贤乐于发愿去实践佛本愿的"行愿"。所谓"普贤行"，即是为实现卢舍那本愿及其自身行愿的全部实践，也通称"愿行"。于是佛又是普贤行得以成立的原因。

一说是普贤三昧而令佛及其世界得以存在,一说是佛愿力令普贤得入此三昧,客体与主体,世界与意识,互为因果,看来是矛盾的,但正体现着《华严》思想的整体结构。

卷二用十种"法门"记述"普贤行"的特色,要点是"不可思议方便法门",其中包括:

> 所谓出生究竟净诸佛土、调伏众生法门;诣诸佛所、能起一切具足功德法门;菩萨诸地愿行法门;普门示现法界尘数身云法门;持诸佛土不可思议方便轮法门;一切众生中自在显现无量无边菩萨境界法门;于一念中知三世劫生灭法门;分别显现一切菩萨诸根境界海法门;其身自在充满无量无边法界法门;一切菩萨种种方便广分别法入一切智方便法门。

据此,提倡方便,行为方便——方便的功能全在于深入世间、教化众生——此即可以作为全部"普贤行"的根基。

《卢舍那佛品》之二,记普贤的体性是:

> 于诸佛所修善法,满足一切大愿力,出生清净妙法身,如实平等同虚空;一切诸佛国土中,普贤菩萨常依住……无量微尘诸劫数,常见普贤真佛子,无量三昧方便行,法身充满诸法界……其身周遍满虚空,广说无量诸佛法。一切功德海中生,普放光明如大云,坚固众生清净行,微妙音说佛境界。

此品之三记:

> 普贤身相,犹如虚空,依于如如,不依国土,现身无量,普应众生,随群萌类,为现化故。

由此看来,普贤实等于表现出来的卢舍那佛;卢舍那佛的所有体性和功能,都体现在普贤身上。这从普贤的自我宣示中也可以知道:佛的所有智能,"皆不可思议,我当乘佛神力具足演说,欲令一切众生入佛智海"。

又说:"一切菩萨得善利,能见自在最盛尊,非余境界之所知,普贤方便皆得入……一切刹土及诸佛,在我身内无所碍,我于一切毛孔中,现佛境界谛观察。"

问题是,在诸大菩萨中,为什么独有普贤能够具备如此性能?原因也还是两个:"尽卢舍那本愿底故","普贤菩萨具足净愿",由之获得"无量自在"故。所谓:"普贤菩萨所愿行,无量无边悉具足,普眼境界清净身"。

《离世间品》中,特别介绍了这"普贤愿行法"的具体内容,共计十门,略谓:尽未来劫行菩萨行;恭敬供养未来一切佛;立一切众生于普贤菩萨愿行;积集一切善根;入一切波罗蜜;满足一切菩萨愿行;庄严一切世界;往生一切佛所;善巧方便求一切法;于一切十方佛刹成无上菩提。这"十愿行"当是后出的《普贤行愿品》的蓝本。

《华严》的重心之一,在于树立普贤作为菩萨模范的形象,所以有时即将卢舍那的本愿说为"普贤愿",把发菩提心说为"发普贤心"。《离世间品》中就记有"发普贤心"的内容:

> 所谓发大慈心,救护一切众生故;发大悲心,代一切众生受一切苦毒故;发一切施为首心,悉舍一切诸所有故;发正念一切智为首心,乐求一切佛法故;发功德庄严心,学一切菩萨诸行故;发金刚心,一切受生不忘失故;发大海心,一切白净法悉流入故;发须弥山王心,一切诽谤苦言悉堪忍故;法安隐心,施一切众生无畏故;发究竟般若波罗蜜到彼岸心,巧分别一切法无所有故。

因此,"普贤行"也就成了"菩萨行"的标准和代称。

《普贤菩萨行品》所记的菩萨行,是普贤行的突出点:

第一,离瞋、无瞋是菩萨行的首要任务。依普贤的看法,瞋为万恶之首:"起一瞋恚心者,一切恶中无过此恶";"我不见有一恶法出过菩萨一瞋心",因为瞋恚心能障碍接受一切佛教善法,而受"百千障碍法门"。这同把菩萨心首先安于"慈悲"的主张相比,显得十分突兀。

第二,克服瞋恚心的基本方法,是"修习十种正法",其中关键的第一条是:"不舍一切众生";其次是"于诸菩萨生如来想"和"常不诽谤一切佛法";继之是"修习菩萨一切诸辩,教化众生心无疲厌"。

由此等修习,就能获得一系列把握清净法、佛智慧以及说法巧便等为施行上述"正法"的种种能力,直到"与三世佛等"。于是所有闻听普贤此说的十方诸大菩萨,都具有了普贤的功德,并同名普贤;普贤遍及十方世界。

这当然是神话。意思是要用普贤的榜样,重塑一切菩萨行者的品格:戒瞋善忍,普遍联系众生而宣教不厌不倦;承认菩萨即是如来,而不诽谤此等大乘经典。

实际上,论及普贤行的重要章节,是《如来性起品》和《入法界品》。后一品在所有佛经中都很特别,需专门考察,现在先看前一品。

二、"如来性起"论

紧接《普贤菩萨行品》的是《宝王如来性起品》(略称《性起品》)。此品作为一部独立单行的经典,竺法护译作《如来兴显经》,是讲述"如来"是为什么以及如何兴显于世俗世界的。不过照《华严》的观点,如来的兴显过程,即是众生的修习过程,如来兴显的程度和展示的形象,与众生修习的层次和期望的形象,完全一致。正如同光明之普照,只有通过形色各异的万物,才能体现出它的功能来,而形色各异的万物只有接受了光明的照耀,才能发挥其有益于他物的个性。因此,如来之兴显和众生之修为,只是一件事情的两种不同的表达方式:"如来"本性寂灭,无色无形,不在时空之内,不可思议,不可言说。所以《性起品》只有从菩萨对于如来的认识和修习一方,才能显示"如来性"之"起"。

然而,首先什么是"如来性"?《华严》没有给以明确的定义,所以只好推论。本品还有一个概念叫"如来种姓";按佛教的传统理解,此"种姓"相当于种族,故有"如来种姓家"之说,但亦有"自性"义,指其不变而又能作"因";此外,"种"亦可作种子解,《维摩经》中说的"如来种",就是如此,指如来得以产生的根本"因"。此处的"如来性",当即是如来的自性、产生诸如来的根本因、隶属于如来的族类等含义的综合。这样一来,"如来性起"等于说"世间如来"即是"如来"这一族类,或这一根本因的生起。瓜种生瓜,豆种生豆,这很好理解;可"如来性"非瓜非豆,他自身是什么呢?

卷五九有一段话弥勒论菩提心的话:

> 菩提心者,则为一切诸佛种子,能生一切佛法故……则为良田,长养众生白净法故……则为大地,能持一切诸世间故……则为净日,普照一切众生类故……则为明月,诸白净法悉圆满故……则为净灯,普照一切诸法界故……则为净眼,悉能睹见邪正道故……为大乘,容载一切诸菩萨故……为园观,于中游戏受法乐故……为莲花,不染一切世间法故……为琉璃宝,其性精妙不受垢故……为法鼓,觉悟烦恼长寝众生故……为净水,其性清净无垢浊故……如是无量功德成就……因菩提心,出生一切诸菩萨行,三世诸佛成正觉故……菩提心宝……出生凡夫、声闻、缘觉、菩萨、诸佛功德珍宝……譬如一灯然百千灯,无所损减,菩提心灯亦复如是,悉然三世诸佛慧灯,无所损减。

《维摩经》讲得很清楚:"如来种"就是三毒十恶等烦恼垢污,诸佛是从烦恼垢污中兴起来的。《华严经》则绝对没有这个意思,它是大地良田,净日明月,净灯法鼓;不但能生一切佛法,一切诸菩萨行,为一切诸佛种子,而且也出生凡夫、缘觉、声闻之属,持一切诸世间;其性清净无垢,光明普照,本身即是智慧觉悟。

前述的《华严经》,将成佛之因归结为卢舍那的光明普照,即成佛的原因是外在于众生心的客体神力;到了此处,则又回到大乘共许为成佛标志的"阿耨多罗三藐三菩提",是众生内在的"菩提心"。这看来是矛盾的,怎么解释呢？卷三五中有言：

> （菩萨应）自知身中,悉有一切诸佛菩提。何以故？彼菩萨心不离一切如来菩提故；如自心中,一切众生心中,亦复如是：无量无边,无处不有,不可破坏,不可思议。

意思可以这样说：所谓自身"悉有一切诸佛菩提",全在于"菩萨心不离一切如来菩提"。一切如来的形象表达,乃是卢舍那佛；卢舍那佛光明普照下的众生身,即具"菩萨心"或"菩提心"；而众生菩提心具有的光明,则是卢舍那佛光普照的体现和反射,正如同太阳的性能映显在谷物药草中,谷物药草映显着太阳的性能。

大乘普遍认为,成佛的前提是必须具备菩提心。像《胜鬘经》等,主张众生悉有如来藏,这如来藏就是菩提心；《大般涅槃经》提倡众生皆有佛性,而菩提心则需由信仰《大般涅槃经》培植成就。在这里,《华严》则是另一种说法："如来性"既是外在于众生的客体,也是内在于众生的主体,两者是完全统一的——统一的光明、统一的智慧、统一的正觉。就方法言,它与《法华经》倡导一切众生皆有"佛之知见",大体相当。中国佛教特别发挥的是卢舍那佛内在于众生的主体一面,形成中国佛教延续的时间最长、影响力最强的思潮。法藏撰《起信论义记》就是这样的样本。

现在讨论"如来性"如何兴起,如来如何兴现,亦即众生是如何修习成佛的。本品以"如来性起法"为题,从三个方面进行阐述：一、对于"如来"的身口意和境界作出规定,所谓"何等如来身,清净妙音声；云何如来心,及无量境界？"二、阐释"如来行"的具体内容,所谓"何等如来行,及诸佛菩提；修习何等法,速成等正觉？"三、解答如何弘扬"如来法",所谓"云何转法轮,清净妙胜法？"

所有问题都是由普贤作答的,因此,本品的观点,就代表了普贤的基本思想。首先看普贤关于"如来性起法"的概论：

> 性起正法,不可思议。所以者何？非少因缘成等正觉,出兴于

世。(《华严经》卷三三,下同)

此处的"性起"有两个含义:一是成等正觉,二是出兴于世。此两者,皆是因缘所成,而无作者和成者。这些因缘总分十种:从发心开始,历经修善根、慈悲心、满足大愿、作功德、敬佛、方便,庄严,直到成就和分别实义,完成全部菩萨行。这是由"性起"修习,实现"成等正觉"的过程与条件。

至于如来等正觉"出兴于世",有多种法门,多因缘所成,但突出的是,"演说如来性起法",把宣讲"性起"说作为如来兴现于世的根本使命,最终令"如来性起不思议智,普照十方世界",成办众生种种智。

在这里,普贤再次解答了那个关键问题:"如来性"究竟存在于何处,如何得以兴起?

> 如来性起正法,一切如来平等智慧光明所起;一切如来一味智慧,出生无量无边功德。众生念言:此住功德如来所造。佛子,此非如来神力所造⋯⋯乃至一菩萨成无上道,(而)言佛造者,无有是处。诸佛为一切群生作善知识,众生依此得大智慧,无有作法,亦无作者。

这个回答与前说有同有不同。相同的是,这"一切如来"及其智慧光明,乃是全称,依旧可以作卢舍那佛解,由此才能生起"正法"、"无量无边功德";不同的是,"住"于众生内的"正法"和"功德",却绝对不是"如来神力所造"。

这个不同点指出,"如来性"即是如来智慧,"性起"是智慧发出的光明;强调的是如来智慧和光明,及其遍在性和客观性,纠正或澄清了《世间净眼品》等将如来光明说为"神力"的偏差。准确的说法是,如来智慧光明并非任何众生或其他神力所造。佛是先知先觉者,他可以作一切群生的"善知识",令他们获得如来的"大智慧"。按照《华严》思想体系,这个"成无上道"、"得大智慧",实际是教导群生启发(开发)他们各自具备的那个客观而遍在的"如来性"或"如来菩提"。一般众生崇拜佛,认为他们自身具备的种种如来功德乃是佛的神力所造,是绝对的错误。

下边分别解说与之有关的几个问题:

(1) 何谓"如来正觉菩提身"?

首先,"如来应供等正觉,成正觉已,正受三昧,名曰善觉;正受三昧已,得菩提身,数与众生身等",是谓"正觉菩提身"。意思说,如来身是"正觉"善觉到"正觉"时所成,前一正觉和后一正觉均指众生悉有的"如来菩提";所谓"善觉",即是对本有菩提的自觉。在没有善觉时的正觉,属于众生身,故言"数与众生身等";及至善觉到正觉,即转为佛身,所谓"菩提身"。因此,在理论上,菩提身亦与众生身等。据此,进一步发挥:

> (菩萨)于一毛道,悉知一切众生等如来之身……一切法界处,亦复如是。何以故?如来菩提身,无处不至,无处不有故……等正觉本求菩提,勤修精进,往诣道场……成最正觉,究竟菩提。(《华严经》卷三五,下同)

这段经文比较晦涩,但若参照《大乘起信论》就相当易懂。此论称众生悉有"本觉",后为无明所动,乃有"不觉",菩萨修习的全部任务,是由不觉而初觉,终于"究竟觉",这大框架与此处所讲的意思基本一致。华严学者多为《起信论》的阐释者,不是偶然。

(2) 何谓"正觉心"?

首先"知心意识非即如来;但知如来智无量,故心亦无量"。"正觉心"不是世俗的心意识,而是"如来智";但众生心受如来智的制约,以如来智为依止,为如来智所用,故智无量,心亦无量。又"三界唯心",故如来智毕竟为万物作依止,万物成为此智的显示。由此可以说,智有"体"义,心有"用"义;"智"与"识"是体用的关系。为了把这对关系说清楚,普贤用了许多譬喻:

> 譬如虚空,悉为一切万物所依,而彼虚空无所依止,如来智慧亦复如是,悉为一切世间智慧、离世间智之所依止,而如来智无所依

> 止……譬如清净法界,悉为一切声闻、缘觉、菩萨解脱之所依止,而清净法界无增无减,如来智慧亦复如是,悉为一切世间智、算数巧术、一切众智之所依止,而如来智无增无减。

就是说,"如来智"是世间和出世间一切智慧得以成立的最后依据,是"无本"之本,是一切知识得以流出的源泉,而这样的佛智,即存在于一切众生身上。《如来性起品》之三有这样两段话:

> 如来智慧无所不至。何以故?无有众生、无众生身如来智慧不具足者。但众生颠倒,不知如来智。远离颠倒,起一切智,无师智、无碍智。

> 如来智慧、无相智慧、无碍智慧,具足在于众生身中,但愚痴众生颠倒想覆,不知不见,不生信心。尔时如来以无障碍清净天眼观察一切众生。观已,作如是言:奇哉奇哉!云何如来具足智慧在于身中而不知见?我当教彼众生觉悟圣道,悉令永离妄想颠倒垢缚,具见如来在其身内,与佛无异。

菩提虽译为"觉悟",实质与"如来智慧"没有区别;说众生皆有如来智慧,就等于说菩提具足于众生身中:

> 如来菩提身,无所不至,无处不有……于一毛道悉知一切众生等如来之身……此菩萨摩诃萨知自身中悉有一切诸佛菩提。何以故?彼菩萨心不离一切如来菩提故……如自心中,一切众生心中亦复如是。

于是,经文又回到上述"如来菩提身"的那个循环圈子中:一切众生本有如来智慧,因为愚痴颠倒而不能自知自见,经佛的教化,具见如来智慧即在自身之中,由之成佛。唯一不同的是,此处将"菩提身"换成了"正觉心"(菩提心),又由正觉心改称"如来智慧",而"如来智慧"即是"佛之知见"。这样一来,就又与《法华经》的"开佛知见"衔接起来了。前曾说过,《法华》的《序品》推出的先佛名"日月灯明如来","因妙光菩萨说大乘经",所说教理为"无量义",这都是《华严》与之相通处。

然而问题也来了:如果佛智本有,何来颠倒?既已颠倒,如来又何以教其觉悟?这一矛盾与上帝创世造人的道理相似,既造了人,又让他犯罪,最后还得拯救他,中国的如来藏缘起论者,以《大乘起信论》为代表,也始终未能解决,也不可能解决这个问题,因为问题本身就是假设的。

(3) 关于"如来性起"的实践意义。

关于菩萨行者,如何令自身的如来性生起,以至增长成佛,对华严学者言,是个需要回答的现实问题。此处的回答是:如来智慧"从一切如来种姓中生"。这似乎又是一个互为因果的循环说明,但侧重点有所不同。此中突出的是:菩萨必须三世不懈地"修习大慈悲等无量无边功德",铸造"三世无量善根,皆悉普覆一切世间",而且"未曾舍离一切众生"。这是菩萨最终皆可成佛的条件。但所谓声闻、缘觉涅槃、地狱深坑,及诸犯戒、邪见、贪著、非法器等例外,他们本有的"如来智慧大药王树"不得生长。为什么?因为如来智慧乃是无所不知,而无所不知就包括"巧方便智"。此巧方便智有极大的功能:"能持一切菩萨,不令究竟尽灭,堕于声闻、辟支佛地",从而通达"究竟佛地"。二乘等不得成佛的主要原因,就是缺乏这"巧方便智"。

大乘与二乘有许多区别,就普贤菩萨看来,区别的主要点不在于是否平等地具有如来种姓(如来智慧大药王树),而是是否具有这"巧方便智",令如来性生起增长上。普贤行的目的,是穷尽法界,利益一切众生;达到此目的的手段,就必须具备充分的"巧方便智"。

(4) 什么是"如来境界"?

简单说,没有什么不可以成为佛的境界:"一切众生无量故,如来境界无量;一切世间无量故,如来境界无量"。因为如来"无所不至"。复次,"心境界是如来境界;如心境界无量故,如来境界无量。何以故?随心无量,出生智慧亦复如是……随心所念,于念念中出生无量不思议智"。又如,"一切大海水,皆从龙王心愿所起,如来智海亦复如是,悉从大愿力起"。据此,如来境界由如来智决定;智无量,境界即无量;如来智又有两个来源,一是"心",一是"愿"。所以说到底,心、愿决定着境界。

(5) 所谓"正觉行",即"如来行",亦称"如来无碍行,如如行"是一种什么状态?

根本特质是行遍一切,而无身、无行、无有意识,所谓"不灭不至不起","譬如法界,无量无缚"而又"无身",又如鸟飞虚空,所游行处不可度量,无有分齐。如来行亦如是,"譬如日月周行虚空,不作是念:我行虚空,从何所来,去至何所,如来亦复如是,周行无碍解脱虚空,分别一切法界,饶益一切众生,广作佛事,如来不作是念:我有去来"。然而,虽"住如来住,无所住故,而能普为一切众生示现、开导",能"观察法界诸宫殿中一切众生",并随其所应而安立之。

(6) "正觉菩提"是一种什么样的觉知?

总而言之,是无知而无所不知,觉而无所觉:"譬如大海,为一切众生色相之印……正觉菩提,亦复如是,一切众生心念、诸根,现菩提中而无所现,故说如来为一切觉。"这是一种无所不觉而不作分别之知。所以说:

> 如来身中悉见一切众生发菩提心,修菩萨行,成等正觉,乃至见一切众生寂灭涅槃……皆悉一性。以无性故,无相、无尽、无生、无灭故……觉无所觉故,法界无自性故,虚空界无自性故,如是等觉,一切无性。

此所谓无性,即是无分别性。

正觉菩提一旦兴现于世,即转化为"心",而心则变化多端,现示种种形色以及诸多如来;但正觉菩提总是"一性无性,舍离众性"。因此有这样一番问答:

问曰:"设有一人出兴于世,彼能化作恒沙等心;彼一一心悉能化作恒沙如来,无色无形,如是恒沙等劫,常化不绝,于意云何。彼化如来宁为多不?"

答曰:"我知仁意,若化不化,等无有异。""诚如所言……菩提无性故,无增无减;如来菩提,皆悉一性,所谓无性。"

这"如来菩提"与"心"的关系,到了法藏那里,就变成了"如来藏"与"阿赖耶识"的关系,构成华严宗哲学最核心的部分。

(7) 关于"正觉大涅槃"。

从理论上说,"涅槃非生灭法",涅槃不应诠解为"灭";从实践上说,佛亦不会为菩萨"显现如来究竟涅槃"。《华严》的基调是"欲令诸菩萨于一念中普见三世一切诸佛悉现前",而不是让佛从菩萨心目中消失(灭)。但对一般众生言,佛则有生有灭:

> 如来欲令众生欢喜故,出现于世;欲令众生忧悲感慕故,示现涅槃。其实如来无有出世,亦无涅槃。何以故? 如来常住如法界故。

(卷三六,下同)

譬如日出,于一切世界净水器中,影无不现;或有一水器破,日影不现,如来智慧亦是如此:

> 一念出现,悉能照明一切世界、一切法界、一切众生,灭除垢浊,净心水器,影无不显,常现在前;但破器浊心众生,不见如来法身影像,应见涅槃而得度者,是故如来现般涅槃。其实如来不生不灭,永无灭度。

这段话当然可以与开篇说的卢舍那佛的光明普照相对应,但在《性起品》里,此如来则指一切众生悉有的"如来性",众生也有如佛智慧平等的太阳:若有众生喜欢,"如来"即于"一念出现",以此光明洞观一切,令其视野中也是一片光明;如果心浊,或心存忧悲,蔽其不现,一些佛徒就会以为佛真有涅槃。全部问题出在心意识颠倒,把自我本有的如来性对象化、客体化、实在化,变成了外在于己的佛和佛刹,由之而信仰、崇拜。

以上反复说教的,是一种很值得回味的思想:众生自有光明,并有将光明遍照一切的愿望和能力。这光明的实体,是众生内心深处不自觉的善与爱与同情心,即大慈大悲,以及希望一切有生类互利互爱的大愿。这是一切众生普遍的永恒的共性。"如来性起"的内核,即是让这一不自觉的意愿觉醒起来,付诸行动。可惜的是,发挥《华严》这一积极方面的中国佛教不多,而把如来性仅仅归结为众生所有者,则是普遍的。禅僧有言:"毗卢心中行",就抓住了其中三昧。

第四节 "入法界"和"普贤行"的世俗化及世俗化哲学

《华严经》的最后四品是:《普贤菩萨行品》、《宝王如来性起品》、《离世间品》、《入法界品》。它们的次第安排,可以看做一个逻辑系列:"普贤行"即是"如来性起"的过程;"行"、"起"的目的,是将世间众生提升到出离世间,而"离世间"只能实现在"入法界"过程,入法界所实现的则是与佛教二乘根本区别的"巧方便智"。从这一意义上说,入法界是超越了涅槃和净土的至高理念。从卷四四到最后的卷六〇,用了十六卷的篇幅进行阐述,可见它在整部《华严》中占有的特殊地位。

《入法界品》的核心是向"善知识"参学,获取"巧方便智",这是"普贤行"的基本内容。

按《华严经》前两品的思想,一切群生,无不充满卢舍那佛光,同时发挥着个体的有益特性,因此,菩萨修习就不能停止在读经礼拜、建塔造像上,也不能止于个人的沉思默想、净心去垢上,最重要的乃是深入各类众生,向他们学习世间的和出世间一切知识;由此既成就佛教的一般原理,同时获取菩萨所需的充分知识和力量。经文强调,只有如此才能悟入"法界",证得"法身",达到佛的境界。

向一切善知识学习,既是实现"普贤行愿",也是"普贤行"的具体实施。依据此等主张,《华严》对此前的佛教进行了概括性批判,将自己的特色表达得更加显著。

《入法界品》也是用神话譬喻串联起来的。大致说：在一次盛大的集会上，与会的诸大菩萨"皆悉出生普贤之行"，共赞佛法光明以及如来境界，而与会的众多天人和声闻比丘却于如来境界不闻不见，原因是没有达到大菩萨的高度。"尔时文殊师利菩萨劝诸比丘，修普贤行，住普贤行"。会后，文殊师利菩萨还南行传教，受到世俗男女的礼拜，其中有五百童子之一的名"善财"者，乃随从文殊"专求菩提"。文殊则告诉他："求善知识，亲近善知识；问菩萨行，求菩萨道"，即是"修普贤菩萨行"。由此开始了善财童子南行参学的坚定而漫长的历程。

善财历经约一百一十城，参学的善知识，列名者有五十三人，大致有三类：一类是最平常的凡夫俗子，包括在家的男女信徒优婆塞、优婆夷，以及一般的王者、长者、良医、海师、教师、妓人、童子、童女；另一类是沙门，包括普通的比丘、比丘尼和个别菩萨观世音、弥勒，以及婆罗门、外道、仙人等；第三类则是天神，诸如夜天（星宿神）、忉利天、大天、地天、林天等。这些善知识，各擅一种法门，都是善财童子的学习对象，但又不滞留在他们的所长上，无餍足地继续参学。

一、"入法界"的学习对象和知识范围

1. 在家的俗人

其中列在首位的是长者群：卷四九记长者甘露顶，讲"如意功德宝藏法门"，即布施：财施与法施。另有长者法宝周罗，讲"满足大愿法门"，指供养诸佛，获诸功德。又有长者普眼妙香，讲"令一切众生欢喜普门法门"，主烧香供养诸佛，救护众生。青莲花长者，"善知诸香法门"，专讲诸香种类和功能：一是烧熏，一是涂身，悉能离诸垢染，令心清净——认识香，也是一种知识；为佛焚香熏香，则是一种功德。解脱长者，则说唯识法门。卷五〇记另一长者，常供养佛塔，讲"不灭度际菩萨法门"，正受"无尽佛性三昧"；谓除化众生方便灭度之外，佛无涅槃者，知"如来及我一切众生等无有二"。卷五七记沃田城长者，得菩萨"无著清净念法门"。

妙月长者,得"净智光明法门"。无胜军长者,得"无尽想解脱法门"。这些都是刻画长者对大乘佛教的特殊信仰和理念的。由此可见,当时的长者对佛教信仰的主要形式。但同卷所记另一位长者,是另一种情况:他在"林中"为无量长者宣讲"至一切趣菩萨净行庄严法门",包括灭除诤讼,理断王事及国土事,实属秘密集会,评议政治,参预讼事。据称,此等活动可令众生灭除诸恶;此外,还教以"巧术"及种种"论",皆令欢喜。这些均是"菩萨净行"。由此可见当时所谓"长者"这一阶层的社会行为。

《入法界品》所记的这类善知识,主要特点不在直叙一般的佛教常识,而是表述他们的社会活动、社会职业和谋生手段,以及通过社会生活所贯彻的《华严》精神:

卷五〇记某一"海师"(相当于航海家)提倡"大悲幢净行法门",他所知识的是:海中一切宝,以及龙宫、罗刹宫,水色、日月星辰、算数、昼夜,还有去、住安危之法,船舶牢不牢相,候风相(季风)等种种关于海洋、气候和航海安全等知识。此中海者,亦可喻作生死海;海师的知识就等于度脱生死,到达一切智的法门;但在现实性上,航海的知识本身,就是"大悲净行"的组成部分。

卷六七,记迦毗罗城"童子师",善讲"善知众艺菩萨解脱"法门,其一是说"菩萨字智":

> 唱 A(阿)字时入般若波罗蜜门,名菩萨威德小别境界……唱 B(波)时入般若波罗蜜门,名法界无异相……入诸解脱根本字时,此四十二字为首。

这种"字智"解脱,是密宗的一大法门。此外,还有:

> 能于一切世出世间善巧之法,以智通达,到于彼岸:殊方异艺,咸综无遗;文字算数,蕴其深解;医药咒术,善疗众病;有诸众生,鬼魅所持,怨憎咒诅,恶星变怪,死尸奔逐,癫痫羸瘦,种种疾病,咸能救之,使得痊愈;又善别知金玉、珠贝、珊瑚、琉璃、摩尼、砗磲、鸡萨

罗等一切宝藏出生之处,品类不同,价值多少;村营乡邑、大小都城,宫殿园苑,岩泉薮泽,凡是一切人众所居,菩萨咸能随方摄护;又善观察天文地理、人相吉凶,鸟兽音声、云霞气候,年谷丰俭,国土安危。如是世间所有技艺,莫不该练,尽其源本;又能分别出世之法,正名辩义,观察体相,随顺修行,智入其中,无疑无碍……无不现证。(卷七六)

由此可知,当时佛教提倡和经营俗务的大致范围。又,卷四八记某童子擅"一切巧术智慧法门":包括"相厴子法、算数法、印法"等,亦称"诸佛次第出世自在法门"。表示即使如来兴世,也应该从事这类江湖职业。

卷四九载有两个有关治国之术的王者。一个是"酷毒治国",其中满幢城满足王提倡的"菩萨幻化法门"是个代表,他对于犯王法者,施行"断手足"、"截耳鼻"、"挑双目"、"斩身首"等种种酷刑,用做教化众生、愍念众生、度脱众生,"令其解脱"的手段,也是彼王者依据业报法则必须履行的职责。这类全凭酷刑维护治安的做法,似乎有背《华严》利益众生的总体精神,故称做"菩萨方便不可思议……摄取众生不可思议,调伏众生不可思议"。另一个是"如法治国"的善光城大光王,他提倡的是"萨菩大慈幢行"法门,施行"大慈为首,顺世三昧","慈如大地,载育众生",顺行世间。包括观察众生,摄取众生,安置众生,饶益众生,尤其是以种种"资生之具",惠施国民,以达"净众生心,灭众生烦恼"的目的。这显然是两种不同的统治法术,但经文认为,两者同属菩萨行范畴,也是菩萨应该学习的知识。

卷五〇还记有一位名婆须蜜多的女人,身处深宫,"颜貌端庄,妙相成就,身如真金,目发绀色,不长不短,不白不黑,身分具足……言音婉妙,世无论匹,善知字轮、技艺诸论,成就幻智……身出光明,普照一切,触斯光者,欢喜乐悦,身心柔软,灭烦恼热"。她宣扬的是"离欲实际清净法门",自称:"若有众生欲所缠者,来诣我所,为其说法,皆悉离欲。"若有见者,得欢喜三昧;与之语者,得无碍妙音三昧;若执其手,得诣一切佛刹三昧;共其宿者,得解脱光明三昧;目视者,得寂静诸行三昧;"阿梨宜(抱持、摩触、摄受)我者,得摄一切众生三昧……阿众鞞(呬唇吻)我者,得诸功德密藏三昧"。由此皆得离欲。如此如此,女人则可以作为修道的法器,性行为也变成了解脱法门。在《华严》的大圆融中,密教的成分显著地增多起来。

在所有人物中,童子、童女占有醒目的地位。显然,这些孩童是应该接受启蒙的象征,善财童子是他们的集中代表,用他学而不厌、不耻下问的精神,造就普贤行的典范。卷八四记师子奋迅城师子幢王宫的一位"童女",主讲"般若波罗蜜普庄严法门",于其法堂庄严具中可见一切佛和佛事,"如净水中见月影像":——琉璃柱、金刚壁、摩尼珠、金铃、宝树、璎珞中"悉见法界等一切如来",由此现示的是《华严》的重要观念——泛佛论。另有童子德生、童女有德,得菩萨"幻住解脱"法门:"观世间皆幻住,因缘生故";一切众生生灭老死忧悲苦恼皆幻住,虚妄分别所生故;一切菩萨皆幻住。这种幻有性空的教义,属般若常谈。

在家的男女信徒,是佛教的群众基础,在入法界中,他们担当着重要角色。卷四九记某"优婆夷",在深宫中,"身出妙香",普熏大城,若有闻者,皆得不退菩提之心;"身心柔软",其有见者,皆得离欲,是谓"无尽功德藏法门",即以布施满足一切众生愿。另有一"优婆夷",在其家内,父母守护亲近,眷属周匝围绕,家内金色光明,触斯光者身心柔软,其有见者,一切烦恼皆悉除灭,宣讲"无坏三昧",所谓"不生欲想,何况其事"。就是说,讨人喜欢,而又离欲,是在家女信徒的妇德。

卷四六所记海潮处"优婆夷",则讲"离忧安隐幢法门":发愿"净一切刹……断一切众生类烦恼习气"。这是虔诚的在家女菩萨了。

在居家善知识中,有两位是释氏家族的成员,即卷五六和卷五七中记的释迦女瞿夷与佛母摩耶夫人。其中释迦女代表的是"贵族王者"的妇女形象,摩耶夫人则为十方无量无边诸佛之母。《入法界品》给释迦族人以崇高的地位。

2. 出家沙门

主要是比丘和比丘尼。他们的共同特点,是以佛教早期出家受戒者身份,说《华严》所宣示的大乘观。《入法界品》所记第一个善知识是在山顶静思经行的比丘,倡导的是"普门光明观察正念诸佛三昧"法门,于此三昧中"见如来身,普照法界及虚空界"。第二位也是比丘,宣讲"深植善根",成"菩提因缘",从而"深入一切众生心海",此名"普眼"法门。第三位还是比丘,宣讲的是"无碍法门",意谓观察一切众生心行,适应他们的需要,变现种种身形而无所障碍。以此三比丘作为参学善知识的开端,也可以看做有意的安排:比丘之归信《华严》,从"观佛"开始,以成就自己的随顺佛说的"善根",履行深入众生、教化众生的菩萨行。

其他僧尼,也有各自的法门,像卷四九记善现比丘尼,开"随顺菩萨灯明法门","出生普贤菩萨行愿力……满足菩萨因陀罗网行愿力",由此坚固菩萨大愿。卷五〇记"师子奋迅比丘尼",在王园日光林中,主讲"一切智底法门",其听众中有诸天、龙王及"常夺众生命罗刹王",以致十地菩萨,在尼僧中,同样具有大菩萨的品格。

在行进中参学的菩萨,只有两位。一位是观世音,卷五一记他居光明山,"成就大悲法门,光明之行",显现种种妙色化身或同类身,摄取众生,以令一切众生离诸杀害、贫穷等恐怖为教门,"灭除恐怖而为说法"。另一位名"正趣菩萨",是从东方来诣观世音的,他讲的是"菩萨普门速行法门"。在普贤行的无数法门中,只用"大悲"一种法门去界定观世音的职能,是《华严经》对他的肯定,也是一种限定。

至于其他沙门,卷四六有海潮国"仙人",在林中"服树皮,绕发草座",讲"无坏幢智慧法门"。有名方便命者的"婆罗门",讲"菩萨无尽法门",提倡苦行,谓:"若能登此刀山、投火聚者,菩萨诸行皆悉清净";"五热炙身时,放大光明,乃至普照阿鼻地狱,除灭苦痛……见斯光者,命终生天"。善财童子由此而"于婆罗门所发起真实善知识心"。卷四九记一名"随顺一切众生"的外道,说"至一切处行法门":"安住至一切处菩萨之行,成就普观三昧法门,无依无作神足",以平等般若光明观察分别一切诸趣,以种种方便饶益一切众生,或教世间种种技艺,或以"四摄"摄取众生。这些沙门,本是传统佛教的宿敌,现在也成了学习的对象,因为在他们身上,同样体现有《华严》精神。

3. 天神与精灵

万物有神是《华严》的重要思想。卷五七记参与"胜日光如来道场"集会的就有"一切天龙八部鬼神,乃至无量净居诸天,地神、风神、海神、火神、山神、树神、丛林、药草、城郭等神"。这类神灵,都有参与佛集会的资格,也都具有如来性,因此,他们不只因为自身具有特殊职能,而且也以深谙佛法成为学习的榜样。像作为诸佛之母的摩耶夫人,过去世就是"道场神"(地神的一种),所以地位同样不容小视。

在记载的诸神中,以"夜神"最多。夜神是对星宿的拟人化。卷五一记迦毗罗婆城夜天,于彼城上虚空中住,身上现一切星宿及其光明,成就"菩萨光明普照诸法,坏散众生愚痴法门",于夜暗人静、鬼神盗贼游行、日月不见时,以种种方便,灭其恐怖,救护众生,免除诸难,断其迷惑,照除长夜昏冥。以此喻菩萨给众生以空智,而不坏众生性的特性。另有"甚深妙德离垢光明"夜神,成就"菩萨寂灭定乐精进法门",光明照路,除灭暗冥,也是这个意思。

卷五二至卷五三等记,围绕如来有许多"夜天",有的宣扬"普光喜幢法门",以"戒香普熏一切众生"。有的获得"教化众生菩萨法门","显现菩萨教化一切世间法门境界",于"众生愚暗中出生一切智光明"。有的成就"菩萨无量欢喜庄严法门":当众生与父母兄弟欢娱燕集时,令与诸佛菩萨共会;与妻子欢会时,令具足大悲等观一切;若处王宫殿,令逮得贤圣快乐等等。有的夜天,主讲"甚深妙德自在音声法门",于"一切世界为明净日",以观察法界、随顺法界、摄取法界。有的夜天主讲"菩萨无量欢喜知足光明法门","以知足法,养智慧象",安乐生死。有的愿以"勇光明守护众生",讲"随应化觉悟众生长养善根法门",大慈大悲,现无量色身,令众生得菩提。

其他无情物成神者的情况与夜神大同,卷五一记某城神"大天",在城内大法堂上化身,讲"菩萨云网法门",现示积聚诸金玉珠宝,及"一切娱乐具、五欲境界",又复显现诸童女众,令其供养如来,教众生布施。摩揭陀国有道场"地神",一万"地天",成就"不可坏藏法门",常护菩萨,入诸佛秘密教法,开发无量地下宝藏给善财童子。卷五八记一"林天",讲"菩萨受生自在法门","菩萨生如来家,为世间灯"的因缘。"为世间灯",即为世间作"眼目",是菩萨世间行的一大理想。

在讲述这些天神时,大都要讲到他们获得天神果报的业因——主要是信仰佛教,践行佛教愿望,由此启发听读者,把他们当做榜样,归依佛教,尤其是《华严》阐释的佛教。

《入法界品》最后安排的善知识是三大菩萨:弥勒、文殊和普贤。其中弥勒是佛教理论的最高代表。据卷五八介绍,他居住在南方海涧国的大庄严藏园林中名严净藏的大楼观。善财童子有一大段话是对此住处的颂扬:

> 此是诸佛菩萨善知识,是诸佛塔,是如来像,诸佛法宝住处……此是众圣,亦是父母,亦是福田;此是一切法界境界。由此思念诸法:
>
> 非常非断,非生非灭,非无因作。舍离有见,诸颠倒惑:谓从自在而生诸法,本有实性,次第而出,离我我所。深达缘起,入诸法界,见有为法,犹如镜像,离有无性,不生不灭,灭邪痴惑;了诸法空,悉无自在,超出诸相,入无相际……悉知一切从因缘生,如因印故而生印相,如电如梦、如响如幻,各随因有。一切诸法亦复如是,随业受报,以善方便润泽诸法。

这段话中的前三句,相当于龙树《中论》开首偈颂的压缩;"舍离有见"所批评的,是说一切有部的基本观点;"深达缘起"之后讲的是缘起性空的般若观;"随业受报"即是不著"断见"的般若方便。据此而言,善财童子理解的弥勒思想,与龙树《中论》所述的般若要义相近。

但进一步发挥,就有了差异。弥勒住处还被认为是"知一切法无自性者,不虚妄取一切业者,了知一切心意识相者"的住处,尤为特别的是:

> 以一劫为一切劫、以一切劫为一劫者,以一切刹为一刹、以一刹为一切刹、而亦不坏诸刹相者;以一法为一切法、以一切法为一法、而亦不坏诸法相者;以一众生为一切众生、以一切众生为一众生、而解众生无差别者;以一佛为一切佛、以一切佛为一佛、而解诸佛无有二者;以三世为一念、以一念为三世者;于一念中诣一切刹者,普照饶益一切众生者……依善知识不昧法者;住一切魔宫不乐欲者;入一切相而不舍一切智者……自身容受一切世界而不坏法性者……不离一切毛端处、而现一切世界、普为众生说正法者……住空三昧、灭无见者;住无相三昧、为化众生不舍相者;住无愿三昧、不舍菩萨一切愿者;一切烦恼业中得自在力、为教化故示现随顺烦恼业者……修大慈大悲、不随爱者……观四真谛、而不证诸果者……修八正道、而不永出生死难者;观阴炽燃、而不永灭于五阴者;离四魔道、而不永舍诸魔觉者……观真如相、而不证于实际法者;现学一切乘、而不舍离摩诃衍者。(《华严经》卷五八,下同)

总之,"如此楼观,住一切功德者之所住处"。据此,弥勒的理论,包容了一切佛教体系,从般若到唯识,说一切有及二乘,最终统一于大乘不离生死、不舍众生的华严观上。因此,不妨把这段话看做华严家对当时佛教的总结:承认差别而圆融无碍。

弥勒接见善财,称赞其为"勇猛精进,专求实义"者,而后推荐他继续"往诣文殊师利,问诸法门智慧境界,普贤所行,彼当为汝分别演说"。于是文殊师利遥伸右手摩善财顶,表示对他的行为的认可,并说,若想了知"如是法性,如是理趣,如是所行,如是所住;若周遍知,若种种知,若尽原底,若渐趋入,若解说、若分别,若证知、若获得"(卷六〇,下同),决不能满足于一善根而不精进,于其已经成就阿僧祇法门之后,"复令得入普贤所行道场之内"。这样,普贤道场就成了《华严》所唱菩萨行的究竟处。

在善财的眼中,普贤道场名"金刚藏道场,于如来前处";普贤于此道场"莲花藏师子之座,大众围绕"。"普贤菩萨一一毛孔放一切世界微尘等光明,普照一切虚空、法界等世界,除灭一切众生苦患",具有灭除一切众生苦患的"神力";普贤"一一毛孔出种种香云,普熏十方一切如来及诸眷属",是以全身供养诸佛的楷模;普贤"出一切世界微尘等三世诸佛,充满虚空,无依众生为作归依",三世诸佛悉是从普贤光明中兴现出来的;"普贤一一身分,一一肢节,一一毛孔,悉见三千大千世界",自舍宅宫殿,到三界五道教化众生,"如是等事,皆悉显现",普贤又成了映显世俗世界及菩萨教化的源泉。按经文解释,这一切现化,都是普贤"不可思议自在神力"的结果,而从《华严》的整体哲学看,这实是"如来性起"、"三界唯心"的对象化、外在化。善财由此悟得:"一切法界海大方便波罗蜜门,得知一切众生欲性智慧波罗蜜门,得普贤所行智慧波罗蜜门。"即观法性空而不舍方便:方便包括对众生欲、性等个性的认识;性空即是般若智慧。

此时普贤摩善财顶,并对他说:

> 汝且观我清净法身,无量劫海行菩萨行之所成就……若有众生闻我名者,于阿耨多罗三藐三菩提不复退转;若见若触,若迎送,若随行,若见光明,若见震动诸佛世界,乃至梦中见闻我者,亦复如是;若思念我者……亦复如是……若有众生闻我修净佛刹者,必得往生清净世界;若有众生见闻我身,必得生我清净身中。

尔时善财"能自究竟普贤所行诸大愿海,不久当与一切佛等,一身充满一切世界"。普贤崇拜就这样产生了。善财的"入法界"则成了普贤崇拜的缩影。

在《入法界品》里,文殊是般若学的代表,是指路者;路是普贤行,普贤是佛愿的体现,参学善知识,则是普贤行的根本宗旨;最后见弥勒,弥勒是最高的佛教学者,是入法界思想的总结者。通过对善财童子形象的塑造,示范了该品独具特色的菩萨行。

二、"入法界"的理论基础和深入世俗生活的价值观

所谓"入法界",即是"悟"法界,认识法界;通过深入世界众生万物的现实生活把握法界。那么,什么是《华严》讲的法界呢?

关于"法界"这个概念,前已说过,通常是一指物种,一指佛因。《俱舍论》着重从这一概念的来源解释,故释为物种、万物的品类。《中边分别论》卷上则着重从佛法之因上作解,故曰:"圣法因为义故,是故说法界;圣法依此境生,此中因义是界义。"《华严》就是从这两个方面来使用"法界"这一概念的。在《夜摩天宫菩萨说偈品》中讲到佛身时说:

> 此处无边际,广大如法界,一切无不至,湛然不变迁。

说明"法界"的特征之一,是与"法身"同位,广大而无边际,恒常而不变,即具有遍在性与永恒性。同品解释"法性"说:

> 譬如种种数,皆悉是数法;诸法亦如是,其性无别异。譬如数法十,增一至无量,皆悉是本数,智慧故差别。

这说明"法界"的又一特征,是与"法性"同位的,为诸多差别事物中的抽象共性:不论哪个数,也不论数到哪个数,都隶属于"数"的概念。从"数"的共性来说,"数性"没有差别;它们的差别,是认识(智慧)造成的。由于"一至无量"的个别数都隶属于"数性","数性"就成了个别数的原因;能成为原因的"数性",即可称为"数界"。《十无尽藏品》中有这样的问答:

> 何等为无为法?所谓虚空、涅槃、数缘灭、非数缘灭,十二缘起及法界。

唐译本把"十二缘起及法界"一语改译为"缘起法性住",可见所谓"法

界",实质上就是"法性住",亦即住于"缘起法"中的"性"——法性。

因此,所谓"法界"有四重规定:不变的永恒性,广大无际的遍在性,作相关事物的共性,为相关事物作因——这些事物中,即包括佛法和成佛的一切因素。

事物有多少,佛法就有多少,法界也就有多少。事物与佛法无限无尽,所以法界亦是广袤绵延、无穷无尽,可以作出种种分类排列。见诸《华严经》的就有"三世法界"、"诸佛法界"、"一切法界"、"无量法界"、"清净法界"、"妙法界"以及"法界无量"、"法界遍至"等,它们都是成就"圣法",导至佛地的根本"因"。

《华严》的前分,卢舍那佛及其光明是"法界"的表征,佛的神力及其普照则是万物生长和菩萨得以成佛的主要原因。《华严》的中分,"法界"的主体转移到了三界本原的"心"和诸佛得以兴起的"如来性"。到了《华严》的后分,"法界"则分布到了世间一切有情和非情之物上。因此,对于卢舍那的认识,就是对法界的认识,对三界唯心和如来性起的认识,也是对法界的认识,但从《华严》看,唯有"入法界"才是对法界的完满把握。卢舍那及其光明,侧重说明的是法界的遍在性和永恒性;三界唯心和如来性起,侧重表达的是法界作为世间之因和成佛之因的基本功能;入法界则强调法界在个别事物中的存在,以及通过对个别事物去把握法界的特殊意义。

如果从近现代哲学的视角考察,大体可以说,法界相当于一切事物的共同属性,所谓一般、本质、抽象概念、普遍原理或法则;佛教自说一切有部开始,就把法界视为个别事物的成因、追求掌握的真理,《华严》继承了这一传统观念,但作了根本性修正:

第一,法界的实质不是"有",而是"空",因为只有空,才有作"业"的可能,由此与有部的思想体系区别开来。

第二,此"空"只有否定意义,即对"三界"世界和基于"一心"的"诸佛"世界的真实性的否定,但肯定它们是虚妄梦幻的存在,而不是黑格尔所谓的纯粹的"无",这相当于般若中观学派的因缘性空、方便为有之说。

第三,梦幻虚妄的根源是"心"的颠倒,梦幻虚妄可以否定,"心"的存在不容怀疑,由此发展出唯识瑜伽行派,"唯识性"便成了"法界"。

第四,《华严》包容了这些说法,更进一步指出:"心"其实有两重性,虚妄颠倒只是它的"世俗性",它的更深层乃是"如来性";"如来性"是与人为善的本性,是使一切世界、一切事物变得美好的源泉,正如同太阳令万物生气盎然,与众生以饶益一样,所以用光明喻之;"如来性"是卢舍那佛的内在化,是处于众生心中的存在形态,而卢舍那佛也可以视为如来性的外在化、对象化和神化,成为异己的力量。因此,所谓"法界",说到底,就是存在于每一个体中的如来性,外化为神一样的卢舍那佛。

复次,在一切美好的世界、美好的事物中,无不蕴含或体现着与人为善的心本性,即卢舍那性,因而同样发着光辉,使世界与世界之间、事物与事物之间、个体与个体之间,互相照耀,互为饶益,互相关怀,以及在这一基础上,交织成一个普遍联系、互依互存、互惠互利的光明之网,共同造就了善良美好、互爱互助、温暖和谐的光明世界——华藏世界。

因此,每一世界,每一事物,任一时空,任一个体,甚至所有微尘,无不是"法界"存在的形式;"法界"即存在于一切个别的具体事物之中。也正因为如此,唯有在个别的事物及其内外联系中,通过个别的事物及其内外联系,法界才能成为具象的、被认识的对象。就是说,不论是卢舍那佛还是如来性,就其抽象性来说,都不能成为认识真正把握的对象,所谓不可言说,不可思议;但是通过对一切个别事物及其共同本质和普遍联系的观察,就完全可以悟解,尽管这是一个无限的过程。

"入法界"就是这种悟解方式的示范。按照这一示范的要求,普贤行者必须深入群生,深入生活,学习一切知识,掌握一切知识,从个别中悟解法界的一般规定。《十行品》所谓"入于真实妙法界,自然觉悟不由他",指的就是这回事。这些知识有两类,一类是为了谋生需要的技能,

《华严》列举出来的，多与社会活动和商业行为关系密切，没有关于农业和畜牧业方面的记载，这大体反映了当时佛教接触的社会阶层及其乐于从事的行业；另一类即是佛教自身的知识，尤其是佛教修习的种种法门，包括既有的及新创的两部分。这些知识为"天"、"人"所拥有，称为"善知识"。善知识中的"人"，是世间具备特定技能和知识的众生；"天"则多是被神化了的能够提供特定知识的"物"。向人学习，向物学习，是获得知识，也是悟解法界的唯一方式。因此，善知识在佛教修习中的地位和作用，被提到至高无上、决定一切的程度。

卷四六中文殊告诫善财修普贤行的要点，是这样四句话：

> 求善知识，亲近善知识；问菩萨行，求菩萨道。

因此，"普贤行"也可以概括为追求善知识。卷五八中有言："善知识者则为慈母，生佛家故；善知识者则为慈父，以无量事益众生故。"这样，善知识对菩萨为养育，为守护，为大师、导师、勇将、牢船、船师、良医、雪山，如此等等，"菩萨因善知识究竟一切菩萨行，一切菩萨波罗蜜，一切菩萨地……一切菩萨大愿……如是等一切法，善知识为本，依善知识起，依善知识生，依善知识取，依善知识发，依善知识长，依善知识住，依善知识得"（卷五八）。因为善知识就是"真佛子"，是取得菩萨资格的基本要素，"知识"则会变为"神力"，而只有具备"神力"，才能实现利益众生、教化众生的菩萨职责，所以说，"众艺皆是解脱法门"。

对一切善知识的估价，就是对一切众生的估价，因此，也没有一部经像《华严》这样明确地承认普通俗人的价值，尤其是个体的价值，并显示出对个体个性的尊重。这使它总体上主张的"摄取众生，不舍方便"原则，具有了超越一般佛教褊狭性的意义。

按《入法界品》说，各种世俗技能、外道学说和佛教各派思想，都体现着法界，是法界的特殊存在。因此，菩萨需要从每一个别事物中去体察和增强对法界的认识深度和广度。诸佛世尊只是法界的觉悟者，是觉悟法界的结果,所以法界即是法身,诸佛色身即是他的化身。这样,《华严经》用"法界"一词,替代了真谛、实际、真如、实相等大乘佛教常用的词汇,从而将佛教真理安置到了一切现象、一切事物,以及一切崇拜的对象之中,建立起与人们社会生活更加紧密的关系:由于众生差别无限,知识无限,所以法门无限,需要学习的东西无限。

还没有一部佛经能像《华严》这样,注重向社会学习,注重学习一切知识。因为离开体现在个别中的佛法,就无以把握佛法一般;佛法一般若不能贯穿于个别事件中,就无所作用。《入法界品》本来应该是论述抽象佛理最集中的地方,实际上却全部讲述了善财童子参学求法的故事。这种结构自身,就在于将作为成佛依据的"法界"纳入日常的生活,不但一般地反对和防止佛教脱离生活、脱离社会、脱离众生,更多地是建设一种新的生活,在利益众生中教化众生。

这种精神,是遍及《华严》全经的。卷四三解说"华严三昧"时说:"菩萨希望一切断,于一念顷游十方,示现十方如满月,无量方便化众生。"而教化的法门无限多:

> 随顺众生起病门,一切对治诸法门;随彼众生烦恼性,如应说法广开化。如是一切诸法门,随其本性而济度……令离忧恼得欢喜……随其所乐而说法,八万四千诸法门。诸佛以此度众生……随众生性化导之;众生苦乐利无利,一切世间所行法,悉能普应同其事,以此摄法度众生。(卷六,下同)

因此,菩萨必须有所示现,不断变化自己的身份,以成就对群生的种种利益和快乐,给以诱导教化,共同把整个世界真善美化起来:

> 随顺世间度众生,不住世间如莲花,能令众生大欢喜……示现世间众技术,譬如幻师现众像:或为长者邑中主,或为贾客商人导,或为国王及大臣,或为良医疗众病;或于旷野作大树,或为良药无尽藏,或作珠宝随所求,迷道众生示正路;若见世界始成立,众生未知

资生法,是时菩萨为工匠,为之示现种种业;不作恶业害生具(刀杖之类),欲令群生寿安乐,咒术药草学众论,悉为诸佛所称叹;或现仙人殊胜行,一切群生所爱乐,示行苦行及深法,随其所应悉能现;或作外道出家人,或复示现事火法,或现裸形无衣服,能为彼人作师长;见有邪命种种行,习行非法以为胜,一切梵志诸苦行,能于其中而化度;五热炽身随日转,或受牛鹿畜生戒,被服草衣奉事火,为化是等作导师;现乐游行诸天庙,自投恒河求解脱,食果服气而饮水,思维正法不放逸……如是等类诸外道,具观彼意如应化,菩萨苦行无与等,外道由是得解脱。若见世间无正见,常依一切邪见住,方便为说甚深法,悉令得解真实谛。

此处特别值得一提的,是对待"外道",即异教徒的态度。《华严经》既没有一神教那样不共戴天的排他性,也反对《大般涅槃经》那样对一阐提的分类,更不用说加以迫害了。它所宣示的,是接触、对话、学习、说服、感化,而不是隔离、排斥、消灭和仇杀。这种态度,代表了佛教发展的主流。

《华严经》的这些主张,在中国的僧侣中引起相当普遍的响应。"遍游十方,求善知识",行脚参学,蔚然成风。有论辩,有派性;无敌视,不排斥。这也是一种开放的态度,对于防止佛教的自我封闭和教派主义倾向非常有利。它承认外道异端存在的合理性,倡导吸取它们的思想,并努力融合这些思想于自身,作为一项原则,对于中国佛教各派的相互融会以及促进儒释道三教合一,起着积极作用。它主张学习各种世俗技艺和谋生手段,对佛徒的技能训练和经济的部分独立,以至于最后发展为"五明"的学术体制,提供了教义上的支持。

但是,需要特别提醒的是,在参学一切的活动中,有一个总原则,那就是"有所闻法,即自开解,不由他悟"。自解自悟,并非闭目塞听,更需要多闻博识;而多闻博识的目的,在于对《华严》教理的解悟。然而说到底,解悟是不能仅从对外学习中获得的。

三、"入法界"体现的认识论和方法论特点

从认识论上讲,"一般"是个别的本质,只能存在于个别之中,离开个别,本质就成了不可认识的;"个别"包含着一般,离开一般,就意味着割断了此事物与他事物的联系,成为不可理解的。《华严经》主张,个别与一般在认识上都是重要的,不可或缺的。一般与个别之间,此个别与彼个别之间,互相包容,互相渗入,互相依存,圆融无碍。由此形成的方法论,要求观察事物时,从个别深入一般,从一般把握个别;由内到外,由外而内,由此及彼,由彼至此,反映出"相即"、"相入"、"相摄"、"互现"等关系错综复杂、重重无限的整体景象出来。

卷四五,记普贤"广说师子奋迅三昧",现菩萨功德:

> 深入十方甚深法界,摄取十方一切法界,于一一微尘中,现成正觉;于无色性现一切色。能以一方摄一切方……于菩萨身中,及楼阁中、庄严具中、师子座中,以法乐故,不可思议力故,于念念中各放无量光明云,普照法界,觉悟众生。

"三昧"既是佛教构思的方式,也是佛教的一种认识方式。通过"三昧"的构思,它就形象地、神奇地表达了一般入于个别、个别反映一般的普遍联系原理。

《初发心菩萨功德品》中讲:

> 欲知微细世界即是大世界,知大世界即是微细世界;知少世界即是多世界,知多世界即是少世界;知广世界即是狭世界,知狭世界即是广世界;知一世界即是无量无边世界,知无量无边世界即是一世界;知无量无边世界入一世界,知一世界入无量无边世界;知秽世界即是净世界,知净世界即是秽世界;于一毛孔中悉分别知一切世界,于一切世界中悉分别知一毛孔性;知一世界出生一切世界,知一切世界犹如虚空。

这里讲的是两对范畴,一讲个别即是一般,一般摄略个别;一讲部分组成全体,全体包括部分。所以从个别能认识一般,从部分认识全体,也能从一般认识个别,从全体认识部分。故曰:"细微"即是"大",大即是细微;"少"即是"多",多即是少;"广"即是"狭",狭即是广;"一"即是"无量",无量即是一。如此类推,矛盾的双方互相依存、互相转化,所以也可以说,"秽"即是"净",净即是秽。矛盾双方的相入关系,也可以如此理解。它强调的是,见微知显,一叶知秋,"于一毛孔中悉分别知一切世界":悟解佛理,就从眼前最细微处着眼,三昧中所见无边无际,一切世界,清净无垢,也同样适应对眼前的生活琐事的认识,以至于有助于对日常世事的处理。

对于时间,也应该如此了知:

> 欲悉了知(过去未来际以及现在)一切世界劫数成败,故发菩提心:欲知长劫即是短劫,短劫即是长劫;知一劫即是不可数阿僧祇劫,不可数阿僧祇劫即是一劫;知一切有佛劫,知一切无佛劫;知一佛劫中有无量佛,知无量佛劫中有一佛;知异劫中有无异劫,知无异劫中有异劫;知有尽劫是无尽劫,知无尽劫是有尽劫;知无量劫即是一念,知一念即是无量劫;知一切劫入无劫,知无劫入一切劫。(卷九,下同)

这种方法也适应对众生的认识:

> 欲悉知十方一切世界众生种种欲乐故……欲知种种无量欲乐即是一欲,而亦不坏一切欲性;欲悉知一切众生欲乐海;欲知一众生欲即是一切众生欲;欲悉知一切众生去来现在种种欲乐;欲悉知相似欲、不相似欲;欲知一切欲即是一欲,一欲即是一切欲;欲得具足如来种种欲乐力;欲知有上欲无上欲,有余欲无余欲,等欲不等欲,有所依欲无所依欲,共欲不共欲,有边欲无边欲;善欲不善欲,世间欲出世间欲;大智欲、净欲、胜欲、无碍智欲、无碍智佛解脱欲;清净欲不清净欲,广欲狭欲,细欲粗欲……

这种互入互出的关系,不只反映在个别与一般中,而且蕴含在个别与个别之间,表现为一种事物向他种事物的转化。所以《十行品》中要求:

> 解佛法、世间法等无差别;世间法入佛法,佛法入世间法;佛法、世间法而不杂乱,世间法不坏佛法。

佛法和世间法可以互相转换,所以两者"等无差别";但两者各有自性,所以又不许"杂乱"。

《入法界品》认为,菩萨有种种不同,其中有:

> 以一劫为一切劫、一切劫为一劫者;以一切刹为一刹、以一刹为一切刹、而亦不坏诸刹相者;以一法为一切法、以一切法为一法、而亦不坏诸法相者;以一众生为一切众生、以一切众生为一众生、而解众生无差别者;以一佛为一切佛、以一切佛为一佛、而解诸佛无有二者;以三世为一念、以一念为三世者;于一念中诣一切刹者,普照饶益一切众生者……依善知识不昧法者,住一切魔宫不乐欲者,入一切相而不舍一切智者……自身容受一切世界而不坏法性者……不离一切毛端处、而现一切世界、普为众生说正法者。

这说明,事物间的普遍联系,反映的是事物的统一性、不可割裂性,但决不可以抹杀他们之间的差别性和各自的特性。个性和差别性,是他们相互联系和统一的前提。

若佛的法身是一,则佛的应化身是多;若如来智慧是一,如来智慧的运用是多;若诸法的法性是一,法性的表现是多;若众生的心是一,心的造作是多;若此是一,彼即是多。于是上述种种关系,都可以用"一"与"多"这对范畴加以表示,并扩大到对全体与部分的关系的论述上。

《十住品》中的第七住,列举菩萨必学的"十法",第一就是"知一即是多,多即是一"。《十回向品》之八要求:"于一法中知一切诸法,于一切法中知一法。"《十忍品》中讲"观缘起法"的方法为:"于一法中解众多法,众多法中解一法。"

《华严》认为,只有"如实通达"了"多",又能如实证得"一",将两者结合起来,才能趋向最高成就,最圆满的认识。

联结这"一"与"多"的关系的,还有另外一些范畴。其中常用的,就是上述"相即"——你就是我,我即是你;"相入"——你中有我,我中有你;"相摄"——你包容我,我包容你;"互现"——你反映我,我反映你。中国华严宗将这种认识论和方法论系统化,创造了许多与此类似的范畴,建立起与其他宗派不同的缘起学说,所谓"十玄",所谓"六相圆融",或称"法界缘起",或名"无尽缘起",把佛教普遍联系的哲学观念发挥到了极致。

认识论和方法论上的这些特色,反映在表达方式上多运用"即即是是",与般若学"非非无无"的表述方法完全相反。

遗憾的是,《华严》这一普遍联系的理论,没有明确一般是否能够脱离个别而独自存在,也没有明确这一般是来自何处;在某些论述中,像卢舍那佛、如来性、法身等概念,明显地带有实体性质,具有作为世界万有和佛教法门本体的功能,从而有客观唯心论的倾向。它所描述的关系,光怪陆离,神妙莫名,固然与其采取的神话譬喻的表达方式有关,但更多的是在"三昧"中造就的想象和幻觉,很容易被误解成个体经验到的实在——当它一再提醒这都是幻化时,又把人们面对的现实世界,解做与"三昧"境界是同等的虚幻。

四、普贤信仰的变异:普贤行愿

《入法界品》也是独立于《华严》的单行经,唐贞元间般若译之为四十卷,并以《大方广华严经》为名,是否就是它的原本,现无法判断。此经的最后一卷名《普贤行愿品》,是六十卷和八十卷《华严》之《入法界品》所没有的,很可能也是独立的单行经。因为六十卷《华严》的译者佛陀跋陀罗还译有《文殊师利发愿经》,即是《普贤行愿品》的早期译本;《普贤行愿品》也与四十卷《华严》并行,称《大方广华严经入不思议解脱境界普贤行愿经》，敦煌还发现有《普贤菩萨行愿王经》、《大方广华严经菩萨行愿王经》等写本。至于为什么将文殊"发愿"的经典，改名普贤"行愿"，此处不作详究，但由此给中国佛教增添了普贤行愿一项信仰，而且影响久远，则是事实。唐不空所译《普贤行愿赞》，起了辅翼作用。

一般推崇普贤菩萨信仰的人，往往把《普贤行愿品经》当做全部《华严经》的概略和总结，因为作为《华严经》终结的"入法界"，只讲行者应该深入众生，向众生学习，但却没有联系个人实际，讲应该如何正心修身，而《普贤行愿品》则用满足和实践普贤愿望的方式，使全部普贤行有了落实处。但就思想内容看，与《华严》整体其实有不小的距离。

此品经一开始，由普贤菩萨提出成就如来无数"功德门"的根本方法，是修"十大行愿"，即：

一者礼敬诸佛，二者称赞如来，三者广修供养，四者忏悔业障，五者随喜功德，六者请转法轮，七者请佛住世，八者常随佛学，九者恒顺众生，十者普皆回向。（卷四〇，下同）

这十愿的核心，是突出对诸佛的信仰，包括敬礼、颂赞、供养、随喜此类佛事，以及祝请诸佛说法、住世和决心随学佛教，从而形成发自内心到见诸行动的完整的信仰系列。其中特别需要信仰者联系个人实际修行的，一是忏悔自己有违佛教的种种罪过言行，二是顺应众生情状，令其由恶向善，归依佛教。如果满足这十大愿望，依从十愿行动，那就是虔诚的模范佛教徒，成就了诸佛所有功德，必定获得相应的福报。

由于此品经文制定的佛徒标准，是将外在的祈福同内在的修善结合了起来，简明而且可行，所以此品经文在推动佛教信仰的大众化方面，起了很大的作用。其侧重点还有这样几点：

第一，诸佛和诸佛功德，众生和众生业行，以及个人烦恼，数量无限，范围无际，等同"虚空、法界"，三世十方，无穷无尽，因而普贤行愿也没有限度，没有止境，不能一蹴而成，不可半途而废，而要念念相续，连绵无尽地践行,无有疲厌。与此同时,要始终保持并不断加深对于诸佛的"信解"。

第二,对诸佛的信仰,一定要落实到"忏除业障"上。忏除的方法是行者自念:

> 我于过去无始劫中,由贪瞋痴发身口意,作诸恶业,无量无边;若此恶业有体相者,尽虚空界不能容受。我今悉以清净三业,遍于法界极微尘刹一切诸佛菩萨众前,诚心忏悔,后不复造,恒住净戒……我此忏悔无有穷尽,念念相续,无有间断。

因此,诚心承认自己有过恶思、恶口、恶行,而且其数无限,这是忏悔的前提;与此相应,于佛菩萨前坦诚忏悔,也没有终期。这是为了"忏除业障"的忏悔,终生不断,所以要求"恒住净戒",行善亦当终生不断。

这样的忏悔,还只限于个人行为。依普贤愿,还必须把去恶从善的精神推及一切众生:

> 愿令众生常得安乐,无诸病苦,欲行恶法皆悉不成;所修善业,皆速成就,关闭一切诸恶趣门……若诸众生,因其积集诸恶业故所感一切极重苦果,我皆代受,令彼众生悉得解脱。

显然,这与一般的斋戒和一时一事的忏悔相比,在精神境界上是深厚而高尚得多了。

第三,对诸佛的信仰,必须落实到"利乐有情"上。为此,劝请诸佛"住世",以慈悲世间众生;劝请一切善知识"莫入涅槃",以免脱离世间众生。所谓佛般涅槃,仅是菩萨的一种方便现示,并非真实,不可执著。娑婆世界,众生种类繁多:

> 我皆于彼,随顺而转。种种承事,种种供养,如敬父母,如奉师长及阿罗汉,乃至如来,等无有异。于诸病苦为作良医。于失道者示其正路,于暗夜中为作光明,于贫穷者令得伏藏。菩萨如是平等饶益一切众生。何以故?菩萨若能随顺众生,则为随顺供养诸佛;

若于众生尊重承事,则为尊重承事如来;若令众生生欢喜者,则令一切如来欢喜。何以故?诸佛如来以大悲心而为体故:因于众生而起大悲,因于大悲生菩提心,因菩提心成等正觉。

譬如旷野沙碛之中有大树王,若根得水枝叶华果悉皆繁茂,生死旷野菩提树王亦复如是,一切众生而为树根,诸佛菩萨而为华果;以大悲水饶益众生,则能成就诸佛菩萨智慧华果。何以故?若诸菩萨以大悲水饶益众生,则能成就阿耨多罗三藐三菩提故。是故菩提属于众生。若无众生,一切菩萨终不能成无上正觉。

以上两段话,是最接近整体《华严经》的,也是《普贤行愿品》的精华;它给普贤菩萨增光,无愧于信众对他的崇拜,并乐于实践他的愿望的主要根据。这原因有三:

(1)"诸佛如来以大悲心而为体",意谓诸佛如来只是"大悲心"的表象,更确切地说,一般大众膜拜供养的诸佛,只是"大悲心"的人格化和神化,因此,对佛的崇拜,实质是对"大悲心"的发扬。

(2)"大悲心"不是空洞的抽象,不是口头禅,而需要反映到具体的"利乐有情"上,对待众生如敬父母,如奉师长,如供如来,包括救济贫穷、医治疾苦等解决他们实实在在的日常生活问题。

(3)"若于众生尊重承事,则为尊重承事如来"。因为如来即存在于众生之中,就体现为各色众生,所以供养众生就是供养如来。反之,若只去供养被塑造的佛,而不致力于利乐现实的有情,那就称不上佛教信徒。"菩提属于众生",离开众生,没有菩提。

这种思想,最能适应我国的传统观念,也最容易受到广大民众的拥戴。不过由于它是通过宗教形式表达的,所以最终仍然不能不停留在宗教的层面上。这里就是用业报因果之说,诱使信众奉行上述普贤大愿的。现照录一段有关文字,以见一斑:

若人诵此愿者,行于世间,无有障碍,如空中月出于云翳,诸佛菩萨之所称赞,一切人天皆应礼敬,一切众生悉应供养。此善男子善得人身,圆满普贤所有功德,不久当如普贤菩萨速得成就微妙色身,具三十二大丈夫相;若生人天所在之处,常居胜族。悉能破坏一切恶趣,悉能远离一切恶友,悉能制伏一切外道,悉能解脱一切烦恼,如师子王摧伏群兽,堪受一切众生供养。又复,是人临命终时,最后刹那,一切诸根悉皆散坏,一切亲属悉皆舍离,一切威势悉皆退失……一切无复相随,唯此愿王不相舍离,于一切时引导其前,一刹那中即得往生极乐世界。到已即见阿弥陀佛、文殊师利菩萨、普贤菩萨、观自在菩萨、弥勒菩萨等,此诸菩萨色相端严,功德具足,所共围绕。其人自见生莲华中,蒙佛授记……成等正觉,转妙法轮,能令佛刹极微尘数世界众生,发菩提心……广能利益一切众生。

在《华严》所有大菩萨中,普贤菩萨被定位为"贤劫"中的"上首"。按佛教的通说,释迦牟尼佛即处在"贤劫"时期,但这个时期不只一个佛,也不只出在娑婆世界,是理应有三世十方诸佛的。换句话说,普贤菩萨比某处某时的佛,存活时间更为久远,活动范围更加辽阔,所以普贤行愿也被解释为成就诸佛之"因"。

第五节　文殊师利所持般若学及其菩萨精神

文殊师利,简称文殊,还有其他许多译名,是大乘经籍中最常见的菩萨之一。但在不同的经典中,担任的角色并不相同,而持般若智慧,则是一致的。《维摩诘经》中有关于他的专章《文殊师利问疾品》,是通过对维摩诘的发问,发挥"无分别"而必须有"方便"的般若思想的。还有一部以他命名的《文殊般若经》,南朝梁时就有两个译本,玄奘将它辑入《大般若波罗蜜多经》第七会,对禅宗的思想构造有所影响。在《华严》中,文殊仍然演说般若的空观与方便这个主题,由此看来,他所表征的"智",即是大乘般若学。

《如来光明觉品》记:"以佛神力故,百亿阎浮提皆见十方各有一大菩萨,各与十世界尘数菩萨眷属俱,来诣佛所。"其中首位是文殊,最后是贤首。他们来自不同的国度,从"金色世界"到"如实色世界",追随不同名号的佛,从"不动智佛"到"伏怨智佛","净修梵行"。即于此时,文殊诵了一段偈文:

> 若有知正觉,解脱离诸漏,不著一切世,彼非净道眼。
> 若有知如来,观察无所有,知法散灭相,彼人疾作佛。
> 能见此世界,一切处无著,如来身亦然,是人疾成佛。
> 若于佛法中,其心随平等,入不二法门,彼人难思议。
> 若见我及佛,安住平等相,彼住无所住,远离一切有。
> 色受无有数,想行识亦然,能如是知者,彼是大牟尼。
> 见者无所有,所见法亦无,明了一切法,彼能照世间。
> 一念见诸佛,出现于世间,而实无所起,彼人大名称。
> 无我无众生,亦无有败坏,若转如是相,彼则无上人。
> 一中解无量,无量中解一,辗转生非实,智者无所畏。

这段话教导佛徒们如何看待世界万物和佛如来,如何确立符合《华严》教理的世界观。首先一条,是不能脱离世俗世界,强调把远离烦恼、不著世间当做佛的"正觉"是错误的。原因有二:

第一,佛,如来自身,若离开世间就是"无所有",而佛法一旦表现出来,必定是"散灭相"。

第二,世界与如来身,本质性空,两者是同一的,都无可执著处。正确的认识乃是"平等"观:诸法悉空,是谓"不二";我与佛,佛与众生,平等一相,即是无相。因此,在社会实践上,虽住于世间而无所住;虽处有而离一切有。若能如此知行,那就是佛,不必别处求佛。

最后总结:见者与所见法,皆无所有;念中所见诸佛和诸佛兴现于世,并非真实;实际上,无我无众生,亦无有败坏,一切皆空——假若达到这样的认识,那就成了超人(无上人)。此中还有一条颇具方法论意义:上述空观,既适应个别事物,也适应所有事物;从个别可以推及一般,从一般可以认知个别。

这话也可看做《华严》表达的佛光明的第一觉,而"觉"即是光明,光明即是般若。但是,如果当真用般若性空的观点去考察卢舍那佛及其神力,探究华藏世界及其光明富贵的真相,那岂非全都落空了吗?《华严经》并没有正面解答这样的困惑,《光明觉品》仍让文殊说下去:

> 善逝法甚深,无相亦无有。众生颠倒故,次第现一切。
> 无有我我所,彼境界空寂。善逝身清净,自觉离诸尘。
> 等觉明解脱,无量不可数。无边世界中,因缘和合起。
> 无诸阴界入,永离生死苦。不在世间数,故号人师子。
> ……本来常自空,一切离虚妄……善知因缘法,业报及众生……佛智如炼金,一切有非有。随其所应化,为说清净法。

"善逝"(佛)没有具体的规定性,所以说他"无相亦无有";之所以否定佛及佛世界有"相"的"有",是因为"有"和"有相"均出于众生的认识颠倒,虚假的现示。因此,经文在判定如来的本质是"无相"、"无有"时,只限于对众生的那种颠倒的认识和虚幻的表象,而不涉及佛自身是否为真实的存在。

针对"如来不可以色相计"这一点,文殊说:

> 若以色性大神力,而欲望见调御士,是则瞖目颠倒见,彼为不识最胜法;如来身色形相处,一切世间莫能睹……非以相好为如来,无相离相寂灭法;一切具足妙境界,随其所应悉能现。诸佛正法不可量,无能分别说其相……其性本来常寂灭……远离取相真实观,得自在力决定见;言语道断行处灭,等观身心无异相。

世间众生的认识本性,决定人们不可能真正知见如来;世间思维的特点是有"相"、有"分别"的,而如来恰恰是无分别、无形象、无规定性、不可思议、断言语道,因此,除非不说不思维,一说即妄,思维即谬。然而正因为如此,说"如来"不是世人心目中经过分别、给以世间表象和观念的存在,也就不等于说如来是非存在,是完全的"无"。说如来是存在或非存在,都不正确。

文殊在上文中也明白地表达了如来不是纯粹的"无",而是"离相寂灭法","其性本来常寂灭";而且就在这样的寂灭中,具足一切"妙境界",并能随众生的修行所应悉现。他再进一步颂扬如来:

普放妙光明,遍照世界境。净眼一切智,自在深广义。
知诸众生性,随顺一切处。身无所从来,去亦无所至。
虚妄非真实,现有种种身。一切诸世间,皆从妄想生。
是诸妄想法,其性未曾有。如是真实相,唯佛能究竟。
若能如是知,是则见导师。

"无来无去"是如来的真实相,他具备随应众生而现示种种身形的功德作用,说明他不是"无"。但只有作为无来无去的如来,才是真实的有,所现诸种身形,则是虚妄的有。世间的境界,只能是虚妄的有;而真实相,唯是佛的境界。这也是世人与佛的根本区别。

如果确实有佛的境界存在,这种存在又是世人所不可知识,那么,根据什么作出的这样的判断?因为既肯定他的存在,又肯定他不可知,是矛盾的。对这一问题,所有般若经类都没有解释,《华严经》在此处作了回答:能够证明如来及其境界是真实存在的,是依据诸佛及其体现于菩萨心行的"净妙业"。此"净妙业"无量无边,中心有二,一是"常行大慈心,救护诸众生";二是"一向信如来……不舍念诸佛"。信念诸佛,是因为诸佛的观念来自法身实相;救护众生,是因为这是法身借以现示自身的唯一途径。譬如光明普照而无所分别,万物由之生长而利益众生;光明源自卢舍那,虽不可知,而万物生长,即可作为卢舍那存在的证明。因此，佛及其境界，是由众生的内心信仰和他们相互慈爱的现实生活反映出来，从而成为证明的。光明在它照耀的生物中得到证实，佛从群生的信仰中得到证实。

根据这种认识，既要了解不生不灭、无来无去的如来本质，也要了解如来随应众生的现状和需求作种种变现。如是这就构成了般若智慧的两个轮子：一是性空，一是假有。用于佛教世间教化，是处处以无分别的平等观和无所得的无著心，不畏艰苦，不生懈怠，深入群生，利益群生，团结群生，觉悟群生，扩大大乘佛教的社会基础。文殊菩萨即以种种偈颂，阐发这般若智慧，将性空与假有、真谛与方便、理论与实践，归根结底，是将佛境界与世俗生活统一并紧密联系起来——一方面需要"解了诸法真实性，不生差别种种念……谛了分别诸法时，无有自性假说名"；他方面又要对"众生诸法及国土，分别了知无差别，善能观察如自性，是则了知佛法义"。

但总趋势是强调般若方便一面，因为如果离开千差万别的事物，性空之"智"就没有了着落。是故经文反复陈述：

> 大智无有量，妙法无伦匹……常观三世法，不生止足想；了达所缘境，未曾起妄想……常乐观众生，而无众生想；示现有身趣，永离诸趣想。内常乐禅寂，而无系心想……心犹虚空界，亦如变化法；一切所依性，是相则非相。行于涅槃性，犹若虚空相；能到深妙处，是则方便力……一切诸世界，始终成败相……一切群萌类，随业受生死……彼彼姓名号，所趣谛了知……一切过去世，未来现在法；随顺佛所说，善念谛观察。觉三世平等，如其真实相；是诸真妙道，无比方便力。

世俗之知越多越广，则佛智越深越妙；俗知与佛智是对立的统一，没有俗知的广博，就没有对佛智深奥的体认。所以对世俗知识的追求，不应有满足时，不应有止境。就此而言，文殊也非常重视以有分别、有名相为特征的认识方法,因为没有这样的认识方法,就无能掌握世俗知识;没有知识就无法进入社会,更不用说去接近众生、救护众生了。因此,以语言概念为核心,入世度世的"方便"也就是佛境界的表现:

> 大音师子吼:一切众生类,我今悉当度……一切三有海,深广无涯底,见彼群生类,漂溺莫能济,为彼勤方便,兴造正法船,普拯所应度,是则佛境界……见彼生死狱,楚毒难可量,长夜老病死,三苦竞侵逼,自觉深妙法,专修方便慧,誓度斯等苦,是则佛境界。

文殊师利与佛一样,有种种化身而遍及一切世界,所以要求其他菩萨们也能:"普遍十方刹,究竟一切法;皆悉能遍至一切诸世界","十方靡不现"。他的一切活动,"普为众生类";于"一切国土中,能说真实义;灭除众垢难,安住平等法"。通过这无限的实际活动,加深对佛的正确认识:

> 无来亦无去,现在亦不住……不见如来空,寂灭犹幻化。随见无所见,如盲对五色;虚妄取相者,是人不见佛;一切无所着,乃见真如来。

总起来,文殊所说,可用一个偈概括之:

> 如来觉诸法,如幻如虚空;心净无障碍,调伏群生类。

在《菩萨明难品》中,文殊提出十个问题,要求其余菩萨作出回答,可以看做对此前般若"方便"说的细化,也是《华严》对般若学的发展。

(1)"心性是一,云何能生种种果报——或至善趣,或至恶趣……端正丑陋、苦乐不同;(而)业不知心、心不知业,受不知报、报不知受,受不知心、心不知受,因不知缘、缘不知因,智不知法、法不知智?"

这里提出的实是两个问题:其一,一切果报,悉由心生;同一"心性",为什么产生的果报会有种种不同? 其二,心意识及其支配下的身语等行为,叫做"业",亦即制造果报的"因"和"缘",接受果报的叫做"受";业报法则自身是"法",揭示业报真相的是"智"——为什么在"心"造作业报和展示业报过程中,心与业、受与报、因与缘、法与智等,互不相知?

关于一心能生多报的问题,此处并没有具体回答,它应该包含在《十地品》有关"三界唯心"的论述中。至于诸法互不相知,一位叫觉首的菩萨这样答:"诸法不自在,求实不可得,是故一切法,二俱不相知。"

唐译《问明品》中的译文是:"诸法无作用,亦无有体性,是故彼一切,各各不相知。"(按:此译不如前译更接近华严宗普遍联系的哲学体系。)

这"不相知"的情形是:

> 譬如驶水流,流流无绝已……亦如明灯焰,焰焰不停息……亦如长风起,鼓拂生动势……亦如深广地,展转相依住。(卷五,下同)

意谓诸法受因果律的支配,确是"不自在"的。所用的譬喻,水流、灯焰、长风、广地等,指的都是心和心的存在形式:由于心动而导致诸法变动不已,又互相依存。是故,诸法的"不自在"就是不相知的原因。

"不自在"的潜台词就是"苦",故曰:"眼耳鼻舌身心意诸情根,因此转众苦。"然而实际上,心意识等"实无所转":

> 法性无所转,示现故有转。于彼无示现,示现无所有。眼耳鼻舌身,心意诸情根。其性悉空寂,虚妄无真实……虚妄非虚妄,若实若不实。世间出世间,但有假言说。

意思是说,"法性",这里特指"心性",本质是不生不起的("转"有生起的意思);若有生起,那是为了向他人示现;而示现即是虚妄,非是真实。因此,只要是心意识示现出来的,不论什么差别,哪怕是世间与出世间,也只有语言上的假设意义,而非真谛。

由此显示,《华严》所讲的般若空观,重心已开始由怀疑论转移到了唯心论的基础上。

(2)"一切众生非众生,如来云何随众生时、随命、随身、随行、随欲乐、随愿、随意、随方便、随思维、随筹量、随众生而教化之?"

此处提出的问题是,"如来"如何"随众生而教化之"？但回答的却是"众生"应该如何随顺"如来"的教化。所以要求学者:

> 分别观内心,我身何所有……观身一切分,无所依止住;谛了是身者,于身无所着。能解身如实,明达一切法;知法悉虚妄,其心无所染。身命相随顺,辗转更相因;犹如旋火轮,前后不可知。智者能观察,一切有无常;诸法空无我,则离一切相。因缘所起业,无我犹如梦;果报性寂灭,前后无异相。一切世间法,唯以心为主;随乐取相者,皆悉是颠倒。世间所有法,一切悉虚妄;不能解诸法,真实无有二。一切生灭法,皆悉从缘起;念念速归灭,始终无异相。

首先,本来应该解答"如来"是如何依据众生不同情况进行教化的,为什么实际的解答,却是让众生依据佛法去自我观察？这可以有两种解释:其一,如来的教化,即是佛法,而佛法必须通过众生运用于自身及其周围事物,才能被真正领悟;其二,"如来"即是众生人人悉具的"如来性",此如来性深蕴于不同的众生心中,导致每一个体在时、命、身、行、欲、乐、愿、意、方便、思维、筹量等方面出现种种差别,所以如来随众生的教化,说到底,是众生自身的"如来性"对于自己"众生身"的教化。前一解释,适应前述卢舍那佛与众生的关系;后一解释,则与《如来性起品》相应。

至于此处所说如来教化的内容,依旧是般若思想,没有超出"因缘性空"范围,但它把因缘之所本,明确地归诸"心",则是新意。因缘性空是般若经类和中观学派的主调,此处将因缘所起的"一切世间法,唯一心为主",使哲学基础有了变化。

仅就以上两则问答,已经反映出《华严》蕴含的三个不同的哲学体系:光明普照的泛佛论、般若的怀疑论和三界唯心的唯识论。

以下第三至第十(卷五)所述的七对问答,对佛教教义也颇重要,这里作些摘要,不再一一分析,以备参见。

(3) 性空与业报的关系。

问:"一切众生、四大,悉非我、非我所,云何众生或受苦受乐,或作恶作善,或内端正或外端正……然诸法性无善无恶?"

答:"随所行业,受果报亦然,造者无所有……犹如明净镜,随其面像现,内外无所有,业性亦如是。亦如田种子,各各不相知,自然能作因,业性亦如是。亦如大幻师……示现种种身色……如匠造木人……彼无我非我……如亲因缘会,受生无来者,诸根各别异……如大地狱中,众生受苦恼,苦恼无处来……亦如诸世界,有成或有败,成败无来去,业性亦如是。"

(4) 佛法唯一与说法多样的关系。

问:"如来唯觉一法,云何乃说无量诸法,音声遍满无量世界悉能教化无量众生:出无量声,现无量身,了知无量众生心意,示现无量神足自在,示现无量无边世界……种种境界,而法性分别实不可得?"

答:"犹如地性,能持种种物,不分别一异,诸佛法如是。犹如火性,能烧世间物,火性无分别……犹如大海水,注以百川流,其味无别异……犹如风性一,吹动一切物,风性无分别……犹如龙雷震,普雨一切地,雨滴无分别……犹如大地一,能生种种芽,地性无别异……犹日无云翳,普能照十方,光明无异性……犹如空中月,世间靡不见,非至一切处。"

(5) 同一佛供养与福报不一的关系。

问:"如来福田等一无异,云何布施果报不同:有种种色、种种性、种种家、种种根、种种财、种种奇特、种种眷属、种种自在、种种功德、种种慧,如来平等无有怨亲?"

答:"譬如水一味,因器故不同,诸佛福田一,众生故有异……譬如明净镜,随对现众像,诸佛圣福田,众生故有异……诸佛圣福田,能烧一切有。"

(6) 关于断诸烦恼的途径——是"教"还是"知"。

问:"众生为见如来教断诸烦恼耶,为知色受想行识、欲界色界无色界痴爱,断诸烦恼耶?"回答是,从根本上讲,是精进而不懈怠:"或有速出要,或有难解脱,若欲求除灭无量诸过恶,应当一切时勇猛大精进。"

(7) 关于"多闻"的局限性。

问:"如佛所说,闻受法者能断烦恼,云何众生等闻正法而不能断,随淫怒痴、随慢、随爱、随恣?"

答:"非但积多闻,能入如来法。譬如水所漂,惧溺而渴死,不能如说行,多闻亦如是……譬如有良医,具知诸方药,自疾不能救,多闻亦如是。譬如贫穷人,日夜数他宝,自无半分钱……譬如帝王子,应受无极乐,业障故贫苦……譬如聋聩人,善奏诸音声,悦彼不自闻……譬如海导师,能度无量众生,拯彼不自济……譬如人处大众,善说胜妙事,内自无实德,多闻亦如是。"

(8) 智度与其他法门的关系。

问:"于佛法中智慧为首,如来何故或为众生赞叹檀波罗蜜……般若波罗蜜,慈悲喜舍,此一一法皆不能得无上菩提?"

答:三世诸导师,"未曾以一法得成无上道。如来知众生,本性所修习,善顺应度者,为说净妙法:悭者赞布施,毁禁赞持戒,瞋恚赞忍辱,懈怠赞精进,乱意赞禅定,愚痴赞智慧,不仁赞慈愍,怒害赞大悲,忧戚为赞喜,憎爱为赞舍,如是修习者,渐解一切法"。

(9) 一乘(法身)与多佛(应化身)的关系。

问:"一切诸佛唯以一乘得出生死,云何今见一切佛刹事事不同,所谓世界、众生、说法、教化、寿命、光明、神力、众会、佛法、法住,如是等事皆悉不同? 无有不具一切佛法,而能成就无上菩提?"

贤首菩萨对此问作答:"法常尔。法王唯一法,一切无碍人,一道出生死;一切诸佛身,唯是一法身,一心、一智慧,力、无畏亦然。随众生本行,求无上菩提,佛刹及众会、说法,悉不同;一切诸佛刹,平等普严净,众生业行异,所见各不同。诸佛及佛法,众生莫能见,佛刹、法身、众,说法亦如是。本行广清净,具足一切愿,彼人见真实,明达知见者;随顺众生欲、诸业及果报,各令见真实,佛力自在故。佛刹无异相,如来无爱憎,随彼众生行,自得如是见;非是一切佛,安住导师咎。"

(10) 关于"佛境界"。

问:"何等是佛境界,何等是佛境界因,何等是佛境界所入,何等是佛境界所度,何等是佛境界随顺知,何等是佛境界随顺法,何等是佛境界分别知;何等是识佛境界,何等是决定知佛境界,何等是佛境界照,何等是佛境界广?"

文殊用这样一段话,全给回答了:"如来境界因,唯佛能分别……随顺众生故,普入诸世间。智慧常寂然,不同世所见,度脱诸群生,随顺其心智……如来一切智,三世无障碍,诸佛妙境界,皆悉如虚空。法界无异相,随顺众生说,若欲具分别,唯佛之境界……其'实'无分别,非识所能识,亦非心境界,自性真清净,能示诸群生。"

上述问答,贯彻一个总的精神,那就是,成就佛境界之因固是世人所不可知的;但佛境界反映在世间,则是可知的。众生不同、心智不同,所以差异万千,佛诸法门也随之呈多样示显,可以分别,也应该分别。因为就世间而言,是唯心所主。在这个领域,不论断烦恼,修菩提,都需要般若智慧指导,然而这智慧不只是玄奥的空理,更重要的是方便实践。行者不应该单纯追求"多闻",更重要的是救度众生;不能依赖佛的神力,而要自身的精进不息;不能外尚空谈,"内无实德"。《华严经》雕塑的文殊师利,尽管所持仍是般若空观,但已有了很大不同——他更重视如何在"有"的世界中,认真对待人生每件事,按部就班地切实修行,尤其是不间断地眷恋众生、教化众生。

次后的《净行品》,记述文殊为众菩萨的身口意所作的规范,相当于菩萨的戒律。其中特别说明,菩萨不应有个人的希望,而应以教化众生为务:"随顺众生起病门,一切对治诸法门;随彼众生烦恼性,如应说法广开化。"为此,菩萨必须把念想众生、祝愿众生,贯穿在日常生活的每时、每处、每事之中。一切为了众生,也就成了菩萨的第一戒条、文殊菩萨的标志性原则。这些事例都很生动,也很能显示出《华严》中的菩萨精神,按其在家、出家、参学、修道的经历,略举如下。

菩萨在家:

> 当愿众生舍离家难,入空法中;孝事父母,当愿众生一切护养,永得大安;妻子集会,当愿众生令出爱狱,无恋慕心;若得五欲,当愿众生舍离贪惑,功德具足;若在妓乐,当愿众生悉得法乐,见法如幻;若在房室,当愿众生入贤圣地,永离欲秽……若在楼阁,当愿众生升佛法堂,得微妙法……若在聚会,当愿众生究竟解脱,到如来处。若在危难,当愿众生随意自在,无所挂碍。

若初出家:

> 以信舍家,当愿众生弃舍世业,心无所著;若入僧坊,当愿众生一切和合,心无限碍……脱去俗服,当愿众生解道修德,无复懈怠;除剃须发,当愿众生断除烦恼,究竟寂灭;受着袈裟,当愿众生舍离三毒,心得欢喜……

以及归信三宝,受戒、入舍、坐床、行禅、观法、下床、举足、被衣、整服,直到"晨嚼杨枝"、"左右便利",都得心念众生,祝愿众生,濯除污秽,以"成就法器,受天人供"。

行道走路及日所见:

> 若已在道,当愿众生成就佛道,无余所行;涉路而行,当愿众生履净法界,心无障碍;见趣高路,当愿众生升无上道,超出三界;见趣下路,当愿众生谦下柔软,入佛深法;若见险路,当愿众生弃捐恶道,灭除邪见……若见大树,当愿众生离我诤心,无有忿恨……若见高山,当愿众生得无上善,无能见顶;若见荆棘,当愿众生拔三毒刺,无贼害心……见树丰果,当愿众生起道树行,成无上果;见诸流水,当愿众生得正法流,入佛智海。

由见物到见人：

见人汲井，当愿众生得如来辩，不可穷尽……若见桥梁，当愿众生兴造法桥，度人不休；见修园圃，当愿众生耘除秽恶，不生欲根……见严饰人，当愿众生三十二相，而自庄严……见志乐人，当愿众生清净法乐，以道自娱；见愁忧人，当愿众生欲有为法心生厌离；见欢乐人，当愿众生得无上乐，淡泊无患；见苦恼人，当愿众生灭除众苦，得佛智慧；见坚强人，当愿众生得金刚身，无有衰老；见疾病人，当愿众生知身空寂，解脱众苦……见论议人，当愿众生得无上辩，摧伏外道……若见帝王，当愿众生逮得法王，转无碍轮；见帝王子，当愿众生履佛子行，化生法中；若见长者，当愿众生永离爱欲，深解佛法；若见大臣，当愿众生常得正念，修行众善。

进城所见：

若见王都，当愿众生明达远照，功德自在；若见妙色，当愿众生得上妙色，天人赞叹；入里乞食，当愿众生入深法界，心无障碍；到人门户，当愿众生入总持门，见诸佛法；入人堂室，当愿众生入一佛乘，明达三世……见舍戒人，当愿众生超出众难，度三恶道；若见空钵，当愿众生其心清净，空无烦恼；若见满钵，当愿众生具足成满一切善法；若得食时，当愿众生为法供养，志在佛道；若不得食，当愿众生远离一切诸不善行……得香美食，当愿众生知节少欲，情无所著；得不美食，当愿众生具足成满无愿三昧……若咽食时，当愿众生禅悦为食，法喜充满……饭食已讫，当愿众生德行充满，成十种力。

（又，）澡浴身体，当愿众生身心无垢，光明无量……若洗足时，当愿众生得四神足，究竟解脱。昏夜寝息，当愿众生休息诸行，心净无秽。晨朝觉寤，当愿众生一切知觉，不舍十方。

季节变换：

盛暑焰炽，当愿众生离烦恼热，得清凉定；隆冬结冰，当愿众生究竟解脱，无上清凉。

诵经礼佛：

> 讽诵经典，当愿众生得总持门，摄一切法；若见如来，当愿众生悉得佛眼，见诸最胜；谛观如来，当愿众生悉睹十方端正如佛……顶礼佛塔，当愿众生得道如佛，无能见顶……赞佛相好，当愿众生光明神德，如佛法身。

总而言之，在念念不忘众生中，使佛教观念生活化，令一切生活佛教观念化。作为菩萨，不论面对的条件好恶，是否受到众生善待，都必须永持良好的祝愿，将自己训练得心地无比纯洁，不离与人为善。

据《菩萨住处品》，八方四大海中"现在"均有菩萨住处，其中有许多是我们熟悉的地方和菩萨，如四大海中"现在"住有"昙无竭菩萨"（《般若》类经中的一位菩萨）；而"毗舍离"、"巴连弗邑"、"莫瑜罗国"等都有过去菩萨住过；还有"甘菩国"、"真旦国"、"罽宾国"、"乾陀罗国"，也是"过去诸菩萨常于中住"的地方。据此研究《华严经》的实际产生地及其编辑年代，有参考价值。

其对中国佛教产生直接影响的不是"真旦国"，而是说：

> 东北方有菩萨住处，名清凉山，过去诸菩萨常于中住。彼现有菩萨名文殊师利，有一万菩萨眷属，常为说法。（卷二九）

此"清凉山"，即被解释为山西省的五台山，以至于传说五台山即是文殊师利的道场。

第六节　论菩萨"十地"和"三界唯心"

在《华严经》中，《十地品》的地位有些特殊。它的单行本，最早是西晋竺法护译的《渐备一切智德经》，姚秦时鸠摩罗什共佛驮耶舍重译，名《十住经》；中观派的龙树对此经有过注疏，鸠摩罗什译《十住毗婆沙论》，即是其疏解的前两住;瑜伽行派世亲(天亲)也为之作疏,北魏菩提留支、勒那摩提等译名《十地经论》,由此还形成影响中国佛学走向的地论学和地论师。

此经的格式也有些特别。从整体看,左右《华严》教义导向的菩萨是文殊和普贤,但在涉及教理极端重要的《十地品》中,说法的主角却换成了"金刚藏菩萨",令人感到突兀;唯一与《华严》联系起来的,是把金刚藏的说法,归结为佛赐予他的神威和"卢舍那佛的本愿力"。演说此品的集会是在他化自在天上,主持者却是《华严经》只给以化佛身份的释迦牟尼。

这种种特异处,表明此品经原本是独立自行的,被纳入《华严经》可能相当晚了。此品经之所以引起重视,主要由于两个方面的内容:一是为菩萨定性,并制定菩萨修行的次第,所谓"十地";一是将世间的成因,毕竟归之为"心",从而统一了此前的"十二缘起"和其他多因素说的缘起理论。

一、菩萨的品德及其所修的"十地"

菩萨修习而至最后成佛,须经十个阶段,有十个层次,故名"菩萨十地"。此"地"全名"智地",是菩萨智慧得以生长的境地。"智地有十",曰:欢喜、离垢、明、焰、难胜、现前、远行、不动、善慧、法云。此"十地者,是一切佛法之根本;菩萨具足行是十地,能得一切智慧",所以亦名"智行处"、"究竟道"。此十智地唯菩萨能入,故"但以智可知,非识之所及"。

十地的"初地"名"欢喜地",是佛教行者由凡俗上升为菩萨、必定成佛的标志性阶段。这个阶段从"发菩提心"开始,到生如是之"心":

> 是心以大悲为首,智慧增上,方便所护……量同佛力,善决定众生力、佛力……能受一切佛法,以智慧教化,广大如法界,究竟如虚空,尽未来际。菩萨如是发心,即时过凡夫地,入菩萨位,生在佛家,种姓尊贵,无可讥嫌;过一切世间道,入出世间道,住菩萨法中,在诸

菩萨数,等入三世如来种中,必定究竟阿耨多罗三藐三菩提。菩萨住如是法,名住欢喜地。(卷二三,下同)

简单地说,由凡夫进入菩萨行列,关键是"发菩提心",将凡俗之心转变到追求"无上菩提"之心。此"菩提心"以"大悲"为基础,而以"智慧"和"方便"为辅翼。"大悲"来自对世间众生苦身、苦境的怜悯和同情,以及由此发起救护、解脱的愿望和决心;"智慧"是对世间本质的真理性把握;"方便"则是深入众生,教化众生,令其自我觉悟、自我解脱的种种途径和手段。《华严》认为,这样的心也就是菩萨心,其性质和力量与佛相等,所以成为菩萨与凡夫区别的根本标志。大乘通论,说"大慈大悲"为菩萨的品德;此处则突出"大悲",以为"多以信心分别,出生大悲,成就大慈心"——大慈源自大悲,是大悲的必然。

菩萨"安住欢喜地"的第一件事,是"发诸大愿":从供养一切诸佛、受持一切经法、行一切菩萨所行,以教化一切众生,显示种种佛土,净种种国土,为众生做楷模等,一直到"现八相成道,使众生知一切法皆是假伪,而不断菩萨行",都属初地菩萨的愿望。

接着,"为满此愿"需要"勤行精进"。精进到什么程度?一句话,没有终结,"不可尽"。因为菩萨行的对象、范围、时间以及所需的知识,悉不可尽,所谓:

> 一众生不可尽,二世界不可尽,三虚空不可尽,四法界不可尽,五涅槃不可尽,六佛出世不可尽,七诸佛智慧不可尽,八心所缘不可尽,九起智不可尽,十世间转、法转、智转不可尽。若众生尽,我愿乃尽……而众生实不可尽,世界、虚空……实不可尽;我诸愿善根亦不可尽。

像这样由"信"发愿,由"愿"促行,"行"之无尽,唯一的宗旨是将佛教普及于众生。如此信、愿、行,即构成菩萨的"善根"。这"善根"是生长菩萨行的内在品德,与外在的"善知识"及佛的"威神"一起,就成了推动菩萨无尽精进、无尽学习和实践的主要力量。从另外的角度说,亲近并学习善知识,恭敬供养诸佛,也是培植菩萨善根的不可缺少的成分,同属于菩萨品德的范畴。

初地菩萨应该把握的"智慧"和运用的"方便",与上述文殊所说的般若学说,没有原则区别。略有特色的是这类说法:诸法"无我、无我所,无作者、无受者、无知者,如草木瓦石,又如影响"。而"凡夫可愍,不知不觉",受诸苦恼。"菩萨于此见诸众生不免诸苦,即生大悲智慧;是诸众生我应救护,令住毕竟佛道之乐,即生大慈智慧。菩萨摩诃萨,随顺如是大慈悲法,以深妙心,住在初地。"据说,这一修习次第,与十波罗蜜中的"施布"相应:"学行大施,即时所有尽能施与。"由于布施故,此地菩萨"多作阎浮提王,豪贵自在,常护正法"。是谓"初地"的"行果相貌"。如初地所述,以下九地相应十波罗蜜中的其余九波罗蜜,亦各得相当的"行果",如作转轮圣王、帝释天王、夜摩天王、兜率天王等。

第二地名"离垢地",第三地名"明地",第四地名"焰地"。依其名称,大体可以知道它们的主要内容:从发菩提心,入菩萨位,生在佛家而极喜,接着就远离戒禁规定的诸烦恼,故曰"离垢";由此修定,获得智慧光明,所谓"明";继续积累智慧,那就是"焰"了。值得更细一些考察的是五地以后的思想。

第五地名"难胜地",是菩萨需要成就"如来智谛"的阶段,包括"知世谛,究竟一乘故;第一义谛,分别诸法自相故;知相谛,诸法各异故"。此中前"二谛"、"二知",是一般大乘都讲的世谛和真谛、方便智和根本智,而"知相谛"则是《华严》独家之言,侧重于掌握世间"各异"的诸法。世谛处所举的知识范围有:"知世有经书、技艺、文章、算数、金石诸性、治病医方、乾消癫病、鬼着蛊毒等;妓乐歌舞、戏笑欢娱,国土城郭、聚落室宅、园林池观、花果药草,金银、琉璃、珊瑚、琥玻、砗磲、玛瑙"等宝聚;还有"日月五星,二十八宿,占相吉凶,地动梦怪,身中诸相"之类。拥有这样丰富的知识,展示这样的创造才能,目的亦在于利益众生,"摄伏其心"。因此,菩萨应该"常求转胜利益众生法"。这常求利益众生的技能和方法,造就了《华严经》最具特色的社会实践,并与经尾的《入法界品》遥相照应。

具体分析它所列的诸种行业,大体可以了解当时大乘佛徒的职业及其所属的社会阶层——没有农业和渔牧业生产,最为显著。

第六地名"现前地",是修习智慧达到的一个转折点,是所谓"无分别智"的形成阶段,但它的实际价值,却是确立"三界唯心"的哲学命题。它从"一切法平等"开始,以"法性"之"无性"观,考察一切法:"能忍随顺入第六地。无生法忍虽未现前,心已成就明利顺忍。"这个"无生法忍"是对法性无性的认识,在般若智中占有重要地位,它完成于对十二因缘的观察,所谓"观世间生灭相,作是念:世间所有受身生处,皆以贪著我故;若离著我,则无生处"。邪念邪行,乃愚痴所盲(即无明),"以是'行'故,起有漏'心'种子;有漏有取心故,起生死身:所谓业为地,识为种子,无明覆蔽,爱水为润,我心灌溉,种种诸见,令得增长,生'名色'芽……是十二因缘无有集者,无有散者;缘合则有,缘散则无"。"又作是念:不如实知第一义,故有无明;无名起业,是名行……是十二因缘,无我、无我所,无作者、无使作者。"其中把"业为地,识为种子,无明覆蔽,爱水为润,我心灌溉,种种诸见,令得增长",作为"名色"之成因(后文谓"业是田、爱是水、无明是覆、识是种子、后身是芽,名色共生而不相离,痴爱相续"),这已经超出古典的十二缘起说;最后将它们通归于"一心",则是《十地品》中最重大的哲学创见。它的具体内容,将在下文来谈。

第七地名"远行地",经文着重阐发的,乃是性空智慧与方便教化的统一,即菩萨所得无生法忍及其于世间的具体运用。例如,要善修三解脱门,而以慈悲心与众生相处;常乐思维空智门,而广集福德资粮;远离三界,而庄严三界;随顺诸法如幻如梦如水中月等不二相,而起分别种种烦恼,不失因果业报;知一切佛国土如虚空,皆是离相,而起净国土行;知一切佛法身无身,而起色身三十二相、八十种好,以自庄严等等。

就在这里,经文将大乘共许的"六波罗蜜",扩展为"十波罗蜜",并作了具体诠释:(1) 布施:将求佛道所修之善根,与一切众生;(2) 持戒:灭离一切烦恼热;(3) 忍辱:慈悲为首,于一切众生心无所伤;(4) 精进:求增善根无有餍足;(5) 禅:修道心集中不散,常向一切智;(6) 般若:忍受诸法"不生"门;(7) 方便:能起无量智门;(8) 愿:求转胜智慧;(9) 力:诸魔外道不能沮坏;(10) 智:于一切法相如实说。这后四波罗蜜中的"方便"和"智",实际上属于般若波罗蜜的传统内容,新颖的只有"愿"与"力";"愿"经华严系统的提倡,变成了佛教信仰中的一个重要的独立法门;"力"则在传统的早期"五力"和佛"十力"基础上,突出了"神力",使佛之为"神"的实体化和客体化,处处昭现出来。

此地是菩萨十地修习中具有总结意义的一地。它要求菩萨于念念中具足十波罗蜜与十地行,达到"功行具足,入智慧神通道"。经文比较前六地与第七地的关系时说:

> 初地发愿,缘一切佛法……二地除心恶垢……三地愿转增长,得法明……四地入道……五地随顺行世间法……六地入甚深法门……此第七地起一切佛法故,具足助菩提法。(卷二五,下同)

又说:

> 初发心时,胜于二乘,以发大愿,深心清净故;今住此地,以智慧力胜于声闻及辟支佛。

其殊胜于二乘处,在于既"得无生法忍,照明诸法",又能据以指引菩萨的种种方便行。因此,第七地之名"远行地",其真实含义是:

> 虽行实际,而不证实际……从六地来,能入寂灭;今住此地,于念念中能入寂灭,而不证寂灭……譬如有人乘船入海,善为行法,善知水相,不为水害之所沦没,如是菩萨住此七地,乘诸波罗蜜船,能行实际,而不证实际。菩萨如是以大愿力故、得智慧力故、从禅定智慧生大方便力故,虽深爱涅槃,而现身生死;虽眷属围绕,而心常远

离;以愿力故受生三界,不为世法之所污染;心常善寂,以方便力故而还炽燃……虽过四魔,而现魔行;虽现外道行,而不舍佛济;虽现身一切世间,而心常在出世间法。

《维摩经》广论的即世间为出世间,寓出世间于世间的观念,就相当于这里讲的七地菩萨的境界。

第八地名"不动地",特性是纯净无杂。相对而言,前七地净秽交杂,名曰"杂道"。原因是,前七地皆须"离罪业",需要循序渐进地修习对治,所谓"随地清净",故谓之"杂";"若舍一切所修功行,入于八地,尔时名为乘清净乘",已经无需主观用功,即可任运行道,是故为"净"。

经文在这里描述了"无生法忍"以及由此悟入"不动地"的心理过程,谓:

> 大慈大悲,不舍众生,修行无量智道,入诸法本来无生,无起、无相、无成、无坏,无来、无去,无初、无中、无后,入如来智;一切心意识、忆想分别,无所贪著,一切法如虚空性,是名菩萨得无生法忍,入第八地。

(住于此地,)"离一切相,离一切想、一切贪著……如人梦中欲度深水,发大精进,施大方便,未度之间,忽然便觉,诸方便事皆悉放舍。菩萨亦如是,从初以来,发大精进,广修道行,至不动地,一切皆舍,不行二心。诸所忆想,不复现前……乃至佛心、菩提心、涅槃心尚不现前,何况当生诸世间心!

这段话,也可当做"无生法忍"的经典诠释。处于此"忍"的心理状态,与早期佛教所说的"灭尽定"类似:任何情感欲望和思维活动都停止了,形如枯木,被认为是涅槃的一种预演。大乘普遍不赞成停留在这样的心理状态,但把它视为体认诸法"无生"不可缺乏的经验实证。然而,《华严》强调,一旦获得此"第一忍",即应念想"本愿":佛之"十力、四无所畏、十八不共法,汝今未得;为得是故,勤加精进……应念本所愿,欲利益众生"(卷二六,下同)。

因此,尽管"无生法忍"是佛教修习中的重大转折,"一切如来,不以得此法故说名为佛"。因为声闻、毗支佛"亦得此寂灭无分别法"。菩萨所得,应该超越"此一法明,所谓一切法寂灭无有分别";相反,十方无量国土、无量众生、无量诸法差别,"汝应如实通达是事……起智慧门因缘;以此无量门故,是菩萨能起无量智业,皆悉成就"。否则即是"毕竟取于涅槃,舍弃利益一切众生",不成其为菩萨,当然更不会成佛。

此处又一个重要的判断:"一切法性、一切法相,有佛无佛,常住不异。"所谓"法相"与"法性",是同样的"常住不异",同为不变的真理,此说有些特殊。以"常住不异"解释"法相"的,是有部和瑜伽行派;如此解释"法性"的,是般若学和中观派。这两大不同派别的不同命题,在这里都得到了承认:"法性常住"要求以性空观察一切法的实质;"法相常住"则要求通达一切法的差别相。

这表明,至此第八地,就应该运用一般与个别相统一的方法,"无功用"地观察诸法,实践于世间。所以说:八地菩萨,"从大方便慧,生无功用心"。不只能够了知一切世界及诸众生,而且能随众生身而为受身、现身,遍满三千大千世界,各各差别。"譬如日月于一切水中皆现其像……(菩萨)随众生身,随所信乐,于众大会而现身像。若于沙门中示沙门形色……居士中示居士形色……以声闻乘度者,示声闻形色……以菩萨乘度者,示菩萨形色;以佛身度者,示佛形色。所有不可说诸佛国中,随众生身信乐差别,现为受身,而实远离身相差别,常住平等。"由此既"知法身平等不坏相;知虚空身无量相,周遍相,无形相",同时"悉知无边世界中差别事"。此之谓"自在"、"神通",似乎比佛还神了。因为这样的菩萨,已经可以向众生示现佛的形象,甚至有资格"常生是心:我当于众生为首为胜,乃至于一切众生为依止者"。

第九地名"善慧地",是八地所得智慧的进一步实施,重点仍是认知世界、众生和善恶业报等诸法的差别相。其中涉及"习气"的概念,谓:

> 知诸习气有起不起：随所生处有习气，随众生行有习气，随业烦恼有习气；善不善无记有习气，离欲有习气；随后身有习气，次第随趣有习气。久远不断，持烦恼业，离则无法。

在瑜伽行派中，"习气"是一个关系重要的概念，此处界说的习气功能，在于持烦恼与业使之不失，认为离习气即无法。这对唯识家无疑是有影响的。经文又说：

> 菩萨住是地，知众生如是诸行差别相，随其所解而与因缘，是菩萨化众生法、度众生法，如实知而为说法……随众生因缘而为说法：随心、随根、随欲差别而为说法；又随行处，随智慧处……随众生性……随趣、随生、随烦恼、随习气转故说法；随乘令解脱故说法。

由此形成随顺众生、弘法众生的一整套理论和方法。

最后，总结出来的是"四无碍智"：

> 以"法"无碍智，知诸法"自相"；以"义"无碍智，知"差别法"；以"辞"无碍智，知说诸法"不可坏"；以"乐说"无碍智，知说诸法"次第不断"。
>
> 复次，以法无碍智，知诸法"无体性"；以义无碍智，知诸法"生灭相"；以辞无碍智，知诸法"假名"，不断假名说；以乐说无碍智，知"随假名"，不坏无边说……
>
> 以法无碍智，知"诸法差别"；以义无碍智，知诸法"义差别"；以辞无碍智，"随诸言音"而为说法；以乐说无碍智，"随所乐解"而为说法。
>
> 复次，以法无碍智，以"法智"方便，知诸法差别不可坏；以义无碍智，以"比智"如实知诸法差别；以辞无碍智，以"世智"说诸法差别；以乐说无碍智，知"善说"第一义。

总此四智，以"法"、"义"为认知和解说的对象，或说诸法有"自相"，或说诸法"无体性"；或承认诸法有"差别"，或在"生灭相"上同一。但不论是说有还是说无,承认有差别还是无差别,都必须以知识为前提,否则,既失其"法",亦失其"义"。无法无义,就没有佛法的存在。"辞"指语言,它也有两种性格:一是"不可坏",二是唯为"假名"。"不坏假名"或"不断假名"、"随顺假名",是深入各类众生,说法布教的基本条件。"乐说"是一种态度,只有乐说的态度,才能随顺大众的需要和理解程度,不厌其烦地广布佛法。

此处解释的四无碍智,是颇有针对性的。"乐说"反对把缄默视为高深;"辞"之不断假名,反对把语言视为把握真谛的障碍;而承认法有"自相",义有"差别",是说一切有部的观点,为般若学所否定,《华严经》则给以肯定;说法"无体性",义为"生灭相"(按:"无常是空的初门"),是般若学的通识,《华严经》也全部容纳。这像对待"辞"的观点一样,说语言"不可坏"的是有部,说语言仅是"假名"的是般若,《华严经》都给予承认,认为这两家的不同说法,只是认识的不同层次,各有其实际地位和作用,而不是不可调和的矛盾——它这里分智为三类,所谓"法智"、"比智"、"世智"者是。以对"差别"的认知为例,"法智"认定,诸法差别是永恒的,所以说"不可坏";"比智"(推理)则要求超验的"如实知",即无差别的"不二";"世智"则是非佛教的世俗认识——既不是有部的差别永恒说,也非般若的无差别说,而是世人生活所经验的差别。

要之,认识不同的事物和事物的差别,以及认识各色人等在认识上的多样性,是此地菩萨的主要任务。为此,不但需要广泛深入的观察,而且需要良好的记忆。记忆的最佳方法是"陀罗尼",即"总持"。牢固记住,不会忘却,名"得陀罗尼":

> 如是善知无碍智……得众义陀罗尼、众法陀罗尼、起智陀罗尼……如是等百万阿僧祇陀罗尼……能于无量佛所听法,闻已不忘;如所闻法,能以无量差别门为人演说。

由此说法,就会"神通"无限:

或以一音,欲令一切悉得解了,即得解乐;或以种种音声,欲令一切各得开解,即得开解;或以默然,但放光明,欲令一切各得开解,即得开解;或一切毛孔皆出法音,或三千大千世界所有色、无色物,皆出法音……周遍世界,欲令得解,即皆得解。

这一切物事皆能说法,当然是将菩萨说法神异化的结果;它的实际意义,则是要求菩萨于世间万有中体验佛所说法,不离世间万有而为众生说法,凸现菩萨行不得脱离世间众生万有之义。这一点,在前述《入法界品》中得到了充分的发挥。

第十地名"法云地",这也是最后一地。此地由"知分别世界差别,深入众生难处,入诸如来行处",逐步"趋向诸佛力、无畏、不共法,坚持不舍","得至'一切智'位",即"近佛位地"。换言之,"如来行处"就是把握"法界差别",亦即"一切智"——"知一切法如幻如化"。此智亦名"空慧",是近"佛位"的标志;由此"空慧所成光明,能照一切世界"。

于是经文描绘说:此菩萨坐大莲花上,"足"出光明照十方"阿鼻地狱"等,减众生苦恼;"膝"出光明照诸"畜生";"脐"出光明照诸"饿鬼",能灭除此类众生的苦恼;"胁"放光明照"人",令"安隐快乐";"手"放光照诸"天和阿修罗宫";"肩"放光照"声闻乘";"项"放光照"毗支佛乘";"口"放光照"九地之前菩萨";"白豪"放光照"得位菩萨";"顶"上放光"照十方诸佛大会",住于虚空,成光明网。菩萨于胸前出一大光,名"破魔贼",照十方世界,示无量神力。尔时,十方诸佛出眉间白毫相光,名"益一切智",入此菩萨顶。即当"一切十方诸佛光明入是菩萨顶时,名为'得职',名为入诸佛界,具佛十力,堕在佛数……受职时,诸佛以智水灌是菩萨顶,名灌顶法王……菩萨得是职已,住法云地"——以"光明灌顶"为标识,菩萨得住法云地,成十地菩萨,算是进入佛的境界,隶属于佛的范畴了。

菩萨光照所及,从凡俗之地狱、畜生、饿鬼、人、天、阿修罗,到佛家的声闻、毗支佛、菩萨和诸佛,凡十大类众生,同属"十方世界",在菩萨智慧的普照之下,于他们之间交织成一个光明之网,互相联结,互相映现——

这不妨看做是"华严世界"的现实基础。华严宗人,则将这十大类众生,称为"十法界",作为打造"三千世间"的基础。智𫖮也是吃透《华严》精神的,他同样不把佛当做远离世间众生的超世间存在看待。

描述菩萨修习成佛全过程的经籍,以此处最为细致。其后还有一个简明的总结,为了省得一一解说,略录如下:

> 是菩萨十地,因佛智故而有差别……住"欢喜地",一切世间经书、技艺、文颂、咒术集在其中,无有穷尽……住"离垢地",持戒、头陀、威仪、助法集在其中,无有穷尽……住于"明地",集一切世间禅定、神通、解脱、三昧,问不可尽……住于"焰地",集令众生入道因缘、种种问难,不可穷尽……住"难胜地",集一切自在如意神通,说不可尽……住"现前地",集深因缘法,说声闻果,不可穷尽……住"远行地",集种种方便智慧,说毗支佛道,不可穷尽……住"不动地",集一切菩萨自在道,说世间性,不可穷尽……住"善慧地",集转众生行智,说世间相,不可穷尽……住"法云地",集如来十力、四无所畏,说诸佛法,不可穷尽。

> (又,此十地)同在佛智。因一切智故,有差别相……欢喜地中,渐生坚固愿;离垢地中,不与破戒共宿;明地中,舍诸假名;焰地中,于佛得一心不坏净心;难胜地中,生世间无量方便神通,起世间事;现前地中,观甚深因缘法;远行地中,以广大心,善观诸法;不动地中,能起大庄严示现;善慧地中,能得深解脱,通达世间行,如实不失。

在陈述菩萨十地的过程中,"阿耨多罗三藐三菩提"这一表示大乘最高觉悟和智慧的概念,被提及的次数明显减少,代之而起的是"一切智"和"一切种智"。这两智都是般若经类的概念,此处当做菩萨行必须掌握和运用的"佛智"。

"一切智"即是"空慧",指对事物共相(本质)的把握,"十地"即是此智在菩萨不同修行阶段的具体展示。同时又说:"是菩萨十地,次第顺行趋向一切种智。""一切种智"则是对一切事物的别相(现象)的认识。菩萨的十地修习,表达的是把握事物共相本质的历程;这一整个历程的最高成就,是对一切个别事物都能具备正确的认识。将对个别事物和事物的个性推崇为至高无上的佛智,是《十地品》最显著的特点之一,也是贯穿于全部《华严》的一条主线。它所要求的,是不满足于共相认识,停止在共相认识,或简单地把共相认识套用到个别的事物上,重要的是,还要认识一切个别事物以及它们特殊的性相,在每一事物的别相中,体认到一切事物的共相。共相与别相、一般与个别、本质与现象,相即相入,不可分离。如此一来,这两种佛智就给予"无上菩提"这一空泛的抽象以生动的内容,也为菩萨深入生活,切实生活,注入了强大的动力。

附带说明,《十地品》有时把"发心"的发"菩提心"改做发"萨婆若心"。"萨婆若"的意译,或作"一切智",或作"一切种智"。《十住品》或说:"发菩提心,求一切智",把"一切智"作为觉悟的最高标准;或说"菩提"系"觉一切法"。将菩提释为"一切智"或"一切种智",力图将无上菩提的模糊性,确定为对事物的无限的认识活动,也可以看做《华严》整体思想的表露。

这样一来,一般认为,菩萨在成佛的修行中,是般若为因,菩提为果,至此就得改为般若为因,佛智为果了——尽管"菩提"亦有"智"义。

二、"三界唯心"的命题与唯识哲学的发轫

上述"第六地"中讲到:"三界虚妄,但是心作;十二缘分,是皆依心。"(卷二五)这段话,《渐备一切智德经》卷三作:"其三界者,心之所为;其计于斯,十二缘起、五趣所归。"唐译为:"三界所有,唯是一心,如来于此分别演说十二有支。"译文尽管不同,意思一样:世界与众生,均是"心"的造作,同属于"心"。

依佛教传统，有情众生和无情环境是一体的，同属"三界"，都遵从"十二因缘"的规律而生灭流转；由于三界唯是一心作，所以十二因缘被统一到了"心"，就是顺理成章的事。再明白些说，原有的缘起论，是"十二支"之间的因果连续，其中的"识"或"名色"中的"名"，均相当于"心"，但并不居于特殊地位。现在变了，"心"已不再是十二支的一分子，而成了十二支的每支之所依；全部世界和众生，都成了"心"的产物，依赖于心而存在，而运动。

毫无疑问，"三界唯心"的命题，彻底结束了佛教早期多元化的世界观，同时也给般若学的"假有性空"，找到了一种新的解释，为佛教向一元论的唯心主义哲学发展，开辟了另一类前景。

至于为什么十二因缘依心建立，经文从十二因缘自身的结构解释说：

> 随事生欲心，是心即是"识"；事是"行"，行诳心故名"无明"；识所依处名"名色"；名色增长名"六入"……贪著所受名为"爱"；爱不舍名为"取"……识亦有二种作：一者能受生，二者与名色作因；名色亦有二种作：一者令识相续，二者与六入作因。（卷二五）

此中说，"随事生欲心"，这是常识；"事是行"，则有特殊含义。按此品给"行"下的定义是"生未来世果报"，所以"行"即是"业"。在三业中，起支配作用的是"意"，因此，所谓"行诳心"，等于"意"诳"心"。于是"随事生欲心"的常识，就变成了心、意相续不断，其余诸支只是它们的表现。所谓"五阴从业起，诸业因心起"，"心"升化成世界和众生之始端。

此文给"识"和"名色"规定的作用，使"识"变成了脱离肉体而自在的灵魂，"名"变成了这灵魂令人体得以存活的精神，"心"则变成了这识与名的"体"。由此看来，《十地品》的缘起说，当是脱胎于部派佛教中的"十因缘"说——此说将世界人生的缘起，最后推至于"识"，"识"是世界众生的本原。不过"十因缘"说似乎反响甚微，至此，它被扩充成一种依心而起的十二因缘,也标志着古典的缘起论就此终结了。

当《华严经》一经确定"三界唯心"的命题,它就到处运用。《夜摩天宫说偈品》中有个著名的偈文:

> 心如工画师,画种种五阴;一切世界中,无法而不造。

这一偈文,成了此后一切佛教唯心论者最推崇的权威表述。

《菩萨明难品》有一偈曰:

> 一切世间法,唯以心为主;随乐取相者,皆悉是颠倒。

意谓,世间诸法之所以性空不实,颠倒虚幻,缘于它们是心的主观勾画,是把心的勾画物——"名相",误以为真实。把世界众生看做虚幻不实,是大乘哲学的共性,但般若学归结为诸多"因缘所生",此处则统一于"一心",是"心"的勾画,成了世界众生的唯一因缘,从而与般若学区分开来。

根据唯心原理,佛如来也应该是"心"的产物,所以《夜摩天宫说偈品》说:

> 若人欲求知,三世一切佛,应当如是观:心造诸如来。

"心造诸如来",也是《华严经》中的重要判断。由此又可以直接导出两个重要观点来:

第一,即本品之三讲的,修佛在于修心,见佛在于知心,所谓:"诸佛悉了知,一切从心转;若能如是解,彼人真见佛。"唐译文为:"若人知心行,普造诸世间,是人则见佛,了佛真实性。"这一观念的重点,是将成佛的根柢放在认识心的创造功能上,借此修习,去染心,成净心,所以《入法界品》之三说:

> 当知菩萨皆由已心得诸佛法,修菩萨行,净一切刹、教化众生……诸佛菩萨一切自在无碍境界,皆由己心,具甚深智,了一切法,是故善男子,以诸善根增长己心,雨甘露法,润泽其心,于境界

中,令心清净。

此文的目的,在于突出众生的觉悟,不由"他力",而在"自悟"。

第二,全经时有涉及的一个观点:佛既唯心所造,故本质亦属虚妄。《入法界品》之三说:菩萨应"知一切佛及与我心,皆悉如梦……知一切佛皆悉如幻,己心亦尔"。此文的本意在说明,若要令心清净,条件之一,就是无住、无相、无著、无所得;此等心境,当然也容不得某个佛如来质碍其中,因而需要断定佛如来亦为虚幻,加以破除。这也符合般若通义。上述《菩萨说偈品》中说,如来"光明无来处,去亦无所至,不生亦不灭,空寂无所有……若能如是解,斯人睹如来"。这样,见空即是见如来,而不是上述之见心即是见佛了。这是重归般若的一种反映。

再进一步,不但是佛,即使认识佛的那个"我心",也不可横计在心,必须破除,所以宣布"心"不但是梦幻的制造者,而且心自性即是梦幻。

《菩萨说偈品》中还有两个偈:

> 如心佛亦尔,如佛众生然;心佛及众生,是三无差别。
> 世间既虚寂,佛及法亦然;斯等三种法,其性无所有。

前偈说明心、佛与众生三者的统一,统一于虚妄;后偈说明佛、法与世间无异,三者同一虚寂,即无相、无自性。虚妄的"妄"是妄取诸相而以为"有",虚寂的"寂"是"空寂不变迁",故谓之"无"。"有"属世间,"无"表出世间,而实际上,"世间非世间,二俱非真实",都是一心妄自分别的产物。

如果按照此处解释,此心、佛、众生以及世间、出世间,都是在梦幻性空上的统一,而不是在实有的"佛性"或"心性"上的一致,那么问题就来了:这如梦如幻之"知",是否超越了梦幻,不是梦幻?因为"知"也是"我心"的功能。假若"心"的本身就是不真实,如何断定那些梦幻之知不是同样的梦幻?假若佛亦虚幻,经文再三强调的,菩萨必须"发心",必须对佛如来虔诚信仰和供养崇拜,岂不都成了自欺欺人?

《华严经》这类混乱的说法,反映了它企图综合诸种思想体系为一的窘境。

依据"心造诸如来"的原理,经文所说的十方无数诸佛,只相当于佛的"应化身",定其为虚幻,这在逻辑上是通得过的。《菩萨说偈品》中有这样的话:

> 若有能赞叹,无量诸如来,不可思议劫,功德不可尽。犹如随意珠,能现无量色,此色非真色,诸佛亦如是。如虚空清净,非色不可见,能现一切色,其性不可见……一切诸如来,无有说佛法,随其所应化,而为演说法。

意思很清楚:佛实有两个:一个是"能现一切色",为的是让众生知见的;一个是"虚空清净","其性不可见","非识之所识"。前者为应化身,后者即是法身。应化身随着众生的根性和修习水平,呈现的形象差别万千,适应"心造诸如来"的原理。法身或即佛性,则不是众生的认识对象,不在认识的范围;对于众生,他是绝对的不可知,所谓不可思议、不可言说,因而不可能成为"心"之所造。

质言之,"三界唯心"的命题,只能适应对世俗世界的解释;"三界"之外不在心识之内,但却不能否定有一个不依心识而存在的"法身"以及与之紧密相连的佛刹。

如上所论,"法身"完全是出世间的,是空,是无,是无所有,即全无世间的规定性,那么如何证明他是真实的存在呢?《华严经》主要用虚空(佛身)、太阳(佛智)作譬喻,同时推定应化佛的生成应该有一个法身作为本体。就是说,《华严》是用佛光的作用(功德)证明法身的实在,而且人人都可以体会得到;但它的本体则是绝对不可被认识。天台宗以"一念三千"为基石的哲学系统,与此大致相同。

这类哲学,有些近似康德的不可知论:物自体是不可知的,但"知"应有来源,从知有来源上证明,必有物自体存在。在这里,《华严》不同于般若学的只限于否定,正如同不可知论之不同于怀疑论的仅限于怀疑。到了瑜伽行派,此等思想就成了论证"唯识无境"的重要证明,尤其是《华严》关于境界之说。

《入法界品》之一中记,三乘境界,众生境界各有不同,究其原因,是认知不同,视野有别,形成的"根性"殊异。譬如同在佛会,展示在菩萨面前的世界,是那样的神妙广大,庄严光辉;佛之自在、说法音声,"充满世界","遍满十方"。然而诸大声闻虽同处其地,"皆悉不见","亦不生意"。为什么?是"菩萨智慧境界,非诸声闻智慧境界";"以声闻乘出三界故……住真实谛,常乐寂静,远离大悲,常自调伏,舍离众生。是故虽与如来对面而坐,不能觉知神变自在"。由此说明世俗认知的差别性:任何众生都有自己的特殊境界,也都有各自的局限性。

　　譬如饿鬼,裸兴饥渴,举身燃烧……欲求水饮,或见枯竭,或见灰炭。所以者何?悉由宿行罪业障故。

　　譬如有人于大会中昏寝,梦见诸天城郭、帝释宫殿……诸天男女,游戏其中,自然妙音,共相娱乐,受大快乐。其人自睹,安住此处……其余大会,悉不知见。所以者何?觉、梦异故。

　　譬如雪山有诸药草,贤明良医悉分别知,随有扑猎放牧人等游止彼山,悉不能知。

　　譬如地中有诸宝藏,唯咒术者悉能分别,记录库藏,以自资给,奉养父母。

　　(譬如比丘)入一切处定,所谓地水火风,天众生境界,其余大众悉不能见。(卷四四,下同)

由此推论,如来所现不可思议境界,菩萨悉见,诸大声闻不知不见;如来永离世间,无能见者,唯一切智菩萨境界,非诸声闻之所能知,就是完全可能的了。

　　如人从生有二种天,常随侍卫,一曰同生,二曰同名;天常见人,

> 人不见天。如来神变亦复如是,非诸声闻所能知见,唯诸菩萨乃能睹见。譬如比丘……入灭尽定,不舍诸根,亦不灭度,而不知见诸大众事,所以者何? 灭定力故。诸大声闻,亦复如是,处祇园林大众中,诸根现前,而不睹见如来神变……所以者何? 如来境界,甚深弥旷,难知难见,难得原底,无有限量,远离世间……非诸声闻缘觉境界。

这一思想在瑜伽行派论证"唯识无境"命题中多有发挥。它指出,认识要受两个主要条件制约,一是客观的,一是主观的。某物尚未进入认识领域,当然不会有关于某物的知识;即使在可以认识的范围内,由于主体的文化、喜好、视角、方法等种种原因,不同个体也不会有同样的认识。实际上,认识自身就是一个复杂过程,往往是谬误与真理交错并进,而不是直线式的发展。《华严经》看到了认识的复杂性及其在不同个体间的差别性,将佛教的认识论推进了一大步,但它过于追究意识自身的原因,所以也容易导向神秘主义。

这里附带说明,《华严经》把"法界"同"境界"是区分开来的:

> 离垢无碍心,究竟诸法界……诸法无变化,示现无量变。

法界的特性是"不变",是客观对象,只有达到"离垢"而使认识不受任何质碍时才可究竟认知。然此不变的法界,却是无量变化的诸法的本体和原因。这无量变化的诸法在心识中呈现出来,既是心所造,亦是心境界。又颂:

> 佛法不可坏,安住法界地,法性不可坏;牟尼甚深法,句身及味身,分别无穷尽。

佛法等于法界,法界就是诸法的法性,都是不变的。释迦牟尼的说法,用的是言语文字,是有变化的,因人而异,分别解说,所以无穷无尽。菩萨由此"逮得佛菩提,最胜之境界"。这里的"境界",是"法界"的"示现",也是菩萨的自心所造。

第七节 余论

《华严经》中的菩萨,与其他佛经的相比,有一个显著的不同点。像《法华经》中的观世音,只有接到众生呼救的信号时才伸出援救之手,是对身处危难者的被动反应;《华严》则否,它的菩萨是完全主动的救助,是无条件的奉献。当众生并不以苦为苦,甚或以苦为乐时,这些菩萨就要积极去布施,去服务,去与乐,以至于舍却整个身命或身体的肢体而在所不惜。其中贯穿着以己身之苦换取众生之不苦,以自入地狱替换地狱众生的精神,十分炽烈,大有世界之得救,舍我其谁的模样。就此而言,《华严》塑造的菩萨有些像耶稣,宁肯自己钉在十字架上,也要代众赎罪。但菩萨不止于赎罪,更重要的在于赐福于众生。这种把救赎与赐福作为己任的菩萨心肠,将佛教的菩萨形象,雕琢得异常完美。

《十回向品》中有一"救护一切众生,离众生相回向",谓救护众生是菩萨的天职。如何救护?谓:

> 譬如日天子出,普照天下,不以盲人故,隐而不现……我以明净圆满慧日出于世间,清净调伏一切众生……令一切众生具佛快乐……于彼三恶道中,悉代受苦,令得解脱。我当代受无量苦恼……我为众生荷负重担,满平等愿……我当悉度,免此中苦……我当为一切众生受苦无量,令诸众生悉得免除生死沃焦;我当为一切众生于一切刹一切地狱中,受一切苦,终不舍离……我宁独受诸苦,不令众生受诸楚毒。当以我身免赎一切恶道众生,令得解脱……诸众生不以自身光明,知有昼夜,游行观察,兴造诸业;皆由日天子出,普照天下,一切众生无业不就……彼诸众生无智慧光,尚不能自照,何况照他?唯我一人,志独无侣,修诸善根回向,欲为度脱一切众生,普照一切众生……我当修学如日天子,普照一切,不求恩报。

这段话的重点,全在"普"字上;对众生无分别,一体平等;动机上清净无染著,目的全在于解苦难,谋利益,与欢乐。这超出了基督的救赎精神,更多的是博爱情怀。尤其是后一段,特别像是唯一的救世主。但与基督不同,他不求恩报,也没有宣布"除了我以外,你们不可有别的神",他的普救主义是无条件的。

现在的问题是,类似救世主这种思想来自何处?恐怕还得从琐罗亚斯德教处寻找答案。大约宗教都要有个创世主的,唯独佛教没有;任何创世主必然也是救世主,佛教到了大乘,给菩萨的主要职责,就在救世,但不承认有"主"。只有《华严》,这救世主的形象,是被羞羞答答地肯定了,但最后还是转向众生的心行方面,没有坚持到底。中国佛教则两面都有:在大众信仰层次,佛与菩萨,大都是被当做救世主崇拜的;而在知识分子层次,却是相信自心完满的居多,始终未能普遍流通起来。这是中外文化和民族心理的差别之一。

要救世,首先要自信是超人。卷四三讲到菩萨出生,"放一切如来光明,普照觉悟一切众生",尔时作念:

> 一切世间,没五欲泥,除我一人,无能济彼……烦恼愚痴覆众生眼,皆悉盲瞽,我今智慧自在,当普开导众生慧眼,悉令清净……我今因此假名身故,得如来无上清净法身,充满三世。

菩萨需要具备许多优越的品格,其中之一名"师子奋迅"。"安住'无畏',被执'平等'大智铠仗,摧伏众魔、诸外道故;勇健奋迅,能于'生死'大战阵中,摧灭一切烦恼大怨敌故。"(卷四一,下同)这是一种无坚不摧的战斗精神。另有所谓"师子吼":包括"我必成佛"的宣示,以及"普眼观世界,一切众生无胜我者",宣布"我于世间,最胜第一"。对菩萨从事的事业,表现出超人的信心和超人的能力。

早期佛教已经传说,释迦初生即行七步,一手指天,一手指地,说:"天上地上,唯我独尊。"在《华严》这里,则指出了其所以超人因而独尊的理由。但他与超人论者又有不同,菩萨只是在悲天悯人,在人格上并不贬损和轻蔑群盲,而且强调,菩萨生来必须学习,如在"童子地",要"学一切世间巧妙、谈论、诸嬉戏",包括书数、算计、刻印方便;乘象马、车乘、弓射等技艺。善财童子则是样板。

与此有关,需要建立一种尊重他人一切善行的"不轻心",并定为"普贤行"的首要条件。文见《十回向品》的"无缚无著解脱回向"。它所列举的不轻范围,包括一切善根、出生死心、摄善根心、悔过心、随喜善根心:礼他方佛、恭敬合掌、礼拜塔庙、劝请他方诸佛转法轮等,由此即可达到"无缚无著解脱心",变成像普贤一样的超人了。所谓"彼善根回向具足普贤身口意业……修习普贤勇猛精进……具足普贤无碍音声陀罗尼门,充满十方……得持普贤一切劫行陀罗尼,于一切世界具足修习诸菩萨行……于一众生身,尽未来劫,示现普贤菩萨一切自在神力……一切众生亦复如是:得普贤一法门,于无量无数劫示现诸佛无尽自在,悉能度脱一切众生",得普贤自在,"于一花中令一切严净世界皆悉安住","出生普贤微妙音声,充满法界十方佛刹,随其所应,皆悉得闻";修普贤行,"得无量无边智慧……成就(与具足)普贤菩萨所行……于一毛道,分别无量无数佛刹,悉能包容一切法界,究竟空界……能以无量无数阿僧祇劫为一念,能以一切众生诸念以为一念……于心内悉能容受无量诸身……分别一切平等法界,令杂世界悉为一形,无量种种世界、无量方便,入深法界,皆如虚空,而亦不坏世界之性……于一念中悉能了知(一切诸想),心无虚妄;悉离诸想,心无所著;一切如来智慧充满"(卷二○)。

这其实是由"定"发"慧",描述如何从幻觉的神力无穷中,得出"入深法界,皆如虚空"这一结论的思维过程。它的超人,是存在于虚幻中的;超人的智慧,是这种虚幻的结晶。

然而在《十明品》中,普贤所讲的智慧,则完全是基于现实生活的需要了。这里略摘一点,可供比较:

其七,"分别一切言音智明":于微尘数世界种种音声语言悉能了知,

"善分别知,入一切施设,深入了解一切世谛;悉知种种诸言音法……随其所入,游行世界,悉能了知此世界中众生之性"(即声明)。

其八,"出生无量阿僧祇色身庄严智明":知一切色不生,无任何色,但依旧要"深入法界,住持变化种种形色","入无色法界,住持变化种种形色,随所应故,所谓见教化,正念教化……亲近教化,随逐教化……悉能度脱一切众生"。此相当于"工巧明"和"医药明"(如长养色、最坚固色、胜色等),故要住持和变化种种形色,亦名"一切种行足具普贤菩萨色",成了普贤行和普贤变现形象的重要内容。

其九,"一切诸法真实智明",知诸法无名字,无有性,无来无去,不生不灭,无所从来,去无所从至,无我无比,但"知一切法别异,知一切法无别异;知一切法不二,非不二……知如是诸法故,不著世谛,不著第一谛:不虚妄取诸法,不起诸文字,随顺寂灭性,不舍一切愿;见第一实义,决定知诸法,兴无量法云,普雨一切甘露法雨……成就大慈悲。无文字境界,出生文字义,不坏文字性。观察诸法,悉从缘起,无所染著"(卷二八)(此般若后来发展成为因明和内明)。以上为大乘"五明"之根据。

其十是总结,"一切诸法灭定智明":"于念念中入'灭一切法'三昧正受"而不舍菩萨事,"于一切世界悉能善学一切所学,一切法相,深入法相。善知诸法,悉从缘起,了一切法无有真实,随顺世间诸语言法,于一切法无所沾染;方便演说一切诸法……于有丁无,恐无所作,悉能成办诸菩萨事……不舍普照一切诸趣,于正受地寂然不动"(卷二八)(精通各种语言、变化各种身份、把握真实,而学习一切应该学的东西,这是普贤行的精要)。

最后,应该说《华严》的基调是与人快乐;自己快乐,也要让众生快乐。因此,它的救世,不是消极地灭苦,不像早期佛教那样,苦是灭了,人也灭了。它强调的是与众生以乐,取代众生之苦。所以全经对菩萨行的描述,多从饶益众生、安乐众生、惠利众生等方面着笔。它认为,此等善行不但是为了讨众生的喜欢,而且也是讨如来的喜欢;如来是否欢喜,即体现在众生是否欢喜上。作菩萨的唯一目的是为了利益众生,菩萨的利益只能实现在利益众生之中,离开众生利益,就没有菩萨的利益。就此而言,《华严》是提倡彻底的利他主义的,问题出在利益的内涵究竟是什么,这就需要具体分析了。

且就《十回向品》中的"随顺平等善根回向"来看,此"回向"主要是为王者说的:

> 若为王时,得胜国土,安隐丰乐,降伏怨敌……功盖天下,德覆十方,万国归顺,无敢违命,兵仗不用,自然泰平。以四摄法善摄众生……具足修行一切布施……若见狱囚受诸楚毒(按:此即现实的地狱之原本)起大悲心,舍诸库藏、妻子眷属,以身处狱,救苦众生;见送狱囚趣于死地,自舍己身,以代彼命……为求正法,投身火坑;为求法故,举身具受无量众苦;为法难故,能舍大地四海国土……国土丰乐,人民炽盛……自在法王,断除一切屠杀恶业,普施无畏……或施大地,起佛殿堂,造僧房舍,安处菩萨圣众福田;或建尊庙,随应一切;或施僮使,供给三尊、父母、知识一切福田。以身布施,一切给使;复以一身普覆诸佛,以自身施一切众生……

只此一回向,就用了三卷半的篇幅(卷一六至一九中)。而叮嘱王者理应施乐与人的程度及其落实的所在是民众和佛教。

"回向"一词是个外来语,或作"施向"、"转向",在汉语里很难找到更恰当的意译,意思是指,个人所积累的功德善根,无条件地转给他人享有,或作为祝愿他人的依据。像布施,能够培植出施者的"善根",而施者同时可将这一善根回向于"众生和诸佛",譬如:

> 若施饮时,如是回向:以此善根令一切众生饮法甘露,成菩萨道,除灭渴爱;常乐大乘,离五欲爱,得净法爱,法身柔软,三昧调心,未曾散乱入智慧海,兴大法云,雨法甘露。(卷一六,下同)

布施的范围,从身家性命,而饮食、美味、车乘、衣服,以及各种用品、设施和装饰品,如华蔓、涂香、床座、灯明、汤药、杂宝、车乘、象马、盖、幢、幡、竿、缯、明珠、宝冠之类,对于施者(菩萨)而言,都应如此回向。《十回向品》是专门讲这一法门的。

就施者自身言,布施不但会培植自己的"善根",而且必得优厚的报酬,所以布施亦称"福田"——为自己种植福报的田地:

> 若诸方来一切福田(按:此指向菩萨索取布施),或承菩萨名闻故来,或与菩萨因缘故来,或闻菩萨本愿故来,或复菩萨心愿请来,菩萨于彼悉乐惠施而无厌倦。尔时菩萨于来求者发悔过心,作如是言:诸人当知,我应诣彼礼拜供养种种惠施,而今为我故从远来……处令安隐,供给所须:或施摩尼宝车,载以阎浮提内第一宝女;或施金车,载以己国最胜宝女;或施清净琉璃宝车,载以内妓;或施乐车,载以童女,容美如天……以如是等种种宝车,随其所求皆给施之,满足彼愿,欢喜无量。菩萨摩诃萨,诸乘施时,如是回向:以此善根令一切众生乘不退转摩诃衍乘,诣不思议菩提树下……令一切众生乘般若波罗蜜乘,化身充满一切法界及佛境界。

令人奇怪的是,在一切布施中,总是翻来覆去地要求"菩萨"去布施女人。卷一八记:

> (菩萨应)布施宝女,侍人眷属,技术悉备,才能巧妙,善于言戏,欲仪具足,奉事恭顺,能感人心;世间功德,无不备举,庄严绮丽,回动天人;言音和雅而无粗陋,侍主尽礼,不失其意,姿容殊妙,见者无厌。千亿技直,供侍宝女,皆是菩萨净业果报,而用布施……布施宝女眷属善根回向……菩萨摩诃萨住如是法,生如来家,出生一切智道……布施宝女眷属所摄善根,回向众生,令一切众生逮得无量三昧眷属……令一切众生悉行菩萨不可思议自在游戏三昧。

此名"布施宝女眷属善根回向"。接下去是布施"妻妾男女",是又一个原则,讨众生欢喜:

普于众生,行一切施,于未满足者,悉令满足;护持安慰一切众生……令一切众生皆悉欢喜。

从这里看,做菩萨也实在不容易,首先得有宝女、童女可供布施;如果没有,把自己的妻妾贡献出来也行,但经文始终没有明确接受这类布施的那类人,不像般若经类等所言,接受布施的只能是大菩萨。记得华严宗的法藏说过,穷人是做不了菩萨的,因为只布施一条,他就过不了关。

第四章　大乘佛教主要经典的若干考察（三）
——《大般涅槃经》的佛性论及其排他性

对早期佛教作根本理论上的清算，而且最明确，最彻底的，是《大般涅槃经》。它通过对"涅槃"一词的重新诠释，推翻了已往佛教对世间人生作出的"无常"、"苦"、"无我"、"不净"的基石性判断。像大乘般若类经籍，也是反对这个判断的，但采取的是更激进的态度：这个判断不应限制在世间人生的范围，即使构成世间人生的元素，以及出世间和一切诸佛，也统统适应这个判断。在这"苦谛四行相"中，核心是"无我"；大乘诸派共认，佛教不只断定"人无我"，而且还说"法无我"——不论是"人无我"还是"法无我"，"无我"说就成了所有佛教最重要的思想特征，贯穿在所有理论论著和经籍中。佛教共识的"三法印"中，"无常"、"无我"就占了两项。《大般涅槃经》用"常乐我净"规定"涅槃"的本质属性，实质上是在改变大小乘所有佛教对世间人生所作的根本规定，成了超越"无我"诸说、创建说"我"的另一种体系。这一变化，对中国佛教的影响，异常巨大。它没有在中国形成独立的派别，因为此经译出后，几乎为一切宗派所接受，作为基础性思想资料，融化在诸家的学说中。

按，"涅槃"是佛教全部修习共同承认的终极目标；"四谛归于一谛"即"灭谛"，所以涅槃也是原始教理的最高理念。然而正是在这个领域，给佛教各派发挥独自见解的空间最大,反映出来的差别最为明显。

一般佛经在教理上着重于对世间性质及其成因的分析,关于涅槃本身很少有正面的表述,或者说它"灭苦",或说它"无生",都是从其离世间、无生死这类否定性角度界说的;也有说为寂静的或清净的,那其实还是对离生死、无烦恼的一种想象,仍不是涅槃实在的规定性;部派佛教开始说涅槃是"常",是"乐",也还是从其无生、离苦中引申出来的,并无进一步的解释。这些说法有个共同点:涅槃就意味着与世间的绝对对立,是对人生的彻底否定。《成实论》宣称涅槃无生,意即灰身灭智,具有代表性。然而,菩萨乘以入世救度一切众生为己任,世界无量,众生无量,在理论上就得承认菩萨生生不息,不能允许所谓中途涅槃,更确切些说,根本上不允许早期佛教宣示的那种涅槃。所以在大乘经籍中,普遍反对将烦恼和涅槃割裂开来,反对把世间和出世间割裂开来。像般若经类、中观派以毕竟无所有否定涅槃的实在性,认为涅槃至多是一种世俗谛,其实性空。像瑜伽行派经论和《胜鬘经》等又是一种观点,认为,二乘所证只能算做"有余涅槃",水平是很低下的,还有所谓"大般涅槃",并非空无所有,问题是唯佛才能达到,连最高级的菩萨也是不能企及的。这后一种涅槃论的产生,促使大乘佛教的整个世界观和伦理体系均为之大变,推动菩萨行转到了建立涅槃世界的新方向,《大般涅槃经》即是它的总结和系统化者。

第一节　佛教早期的涅槃说

为了有所比较,需要再回忆一下部派佛教代表性更大一些的涅槃学说。此处且以《佛般泥洹经》为例。此经现有三个单行本:先由西晋竺法护于泰始五年(289)译出;东晋法显作了重译,题名《大般涅槃经》;还有一个译本叫《般泥洹经》,失译附东晋录。姚秦弘始十五年(413)佛陀耶舍译出《长阿含经》,将它作为初分以《游行经》为名收入。由此大体可知

263

当时对于此经的重视程度不同于一般。

《泥洹经》以佛陀身体病痛,预感不久将离世间即"般泥洹"为背景,记述佛陀与其信徒间的关系和对话。有些话相当于临终嘱咐,可谓最后说法。此中与教理有关的事件之一,是论布施,突出对佛陀和僧众的供养布施,尤其是供养佛最后一餐的功德。为此,讲了三个故事:

一是有关摩竭国大臣名雨舍公的,他请佛与二百五十比丘僧吃饭,佛为此祝愿曰:

> 使若(此"若"指雨舍公大臣,代词,下同)得道,莫乐国公位。虽今世不得离于县官者,若今饭佛及比丘僧,使若后世脱于县官。世有明者,当饭食贤善道人;道人祝愿,不弃仕官。求官不可有贪心、酷心、进心、乐心、劝心;去是五心,事县官者可得无他,死后可得除地狱之罪。

佛的这番教导,是奉劝其施主最好不要从政做官;如果不愿放弃做官,那也不要存有"五心"。五心中的"贪"、"酷",容易理解;所谓"进"、"乐"、"劝",总指乐于不断向上巴结。为官者若无此五心,则效力于朝廷(县官)就可能平安无事,死后也可不下地狱。反之如何,佛陀没有说,但已尽在不言中。

佛的第二顿饭是接受"淫女"领袖柰女之请的。据传柰女曾为佛陀建有"柰园",她畜有"五百淫弟子";柰女因为她们出身"皆是贫民"而养护之。佛批评说:你们"譬如画瓶,外有好画,中但有不净……即至柰女,皆是瓶辈",且"不得自在"。是故佛要求她观"自身不净"。于是柰女表示:"我痴所致,慧者不为是。"是让淫女有自知之明。

最后供养于佛的是"华氏淳",佛为他说天下有四种比丘:为道殊胜、解道能言、依道生活、为道作秽。前三种比丘,是值得肯定的。后一种则须否定:

> 但作所乐,依恃种姓,专造浊行,致彼论议。不念佛言,亦不畏

罪。是辈沙门,为道作秽。凡人间者,以为弟子在清白知;有善者、有恶者,不可皆同以为一也……佛言:人不用颜貌、衣服为好;清净意端者,是乃为好。人不可妄相。

这是忠告人们,不要以衣貌取人,尤其要警惕那些着沙门服、造浊行的比丘。

此三餐供养者,上至高官达人,下至淫女贫贱,中有一般平民,佛都不拒绝;作为回报,佛为其说相应法,内容各有侧重。由此彰显的是抵制等级制度,宣扬种姓平等,这种态度当然是积极的。但是最后,佛告淳:"若饭佛及比丘僧,死当生天上。"又说:"若一饭佛,得五福……佛持若饭食气力,用般泥洹,淳得长寿,得端正,得富贵、尊豪,得生天上。"这是把布施同业报联系起来,鼓励人们向僧侣(本经主张"佛在僧数")投资的一种手法,与佛陀在菩萨行中的布施,意义已经完全不同。

与教理有关的第二件事,是记广大佛徒对佛泥洹的悲伤和失落,佛因此所说之法。那时佛身大痛,欲般泥洹。然而自念:"诸比丘皆去,我独般泥洹,不事无教戒。"意谓死前理应留下教戒,因而嘱咐:"尔等无得以吾去故,不奉经戒,慎无懈慢。"同时教以识别和接纳比丘,以及考察和教诲比丘、维护僧伽团结的种种方法,认为只有僧团内部的事做好了,经法才能久远。他举例说,一个都城,只有在三种情况下才能被毁坏:大火、大水、"中人与外人谋",即除了不可抗拒的自然灾害外,就是内部与外界相勾结。

顺便提到一种现象:涅槃经类大都愿意发表政见,包括向国王进治国之法。此处即提出保护国家不遭侵害、维持不衰的"七法":一、"数相聚会,讲议政事,修备自守";二、"君臣常和,所任忠良,转相承用";三、"奉法相率,无取无愿,不敢有过";四、"礼化谨敬,男女有别,长幼相事";五、"孝于父母,逊弟师长,受诫教诲";六、"承天则地,敬畏社稷,奉事四时";七、"尊奉道德,国有沙门应真及远方来者,供养衣被、床卧、医药"。

其中第一条是要实行民主政治,这可能与释迦牟尼本国实行贵族共和制有关；第二条是要上下团结，用人以忠良为标准；第三条是要依法治国，不许法外另有特权；其下三条，主要是贯彻伦理原则，协调人际关系；最后一条是要求扶持宗教。关于这个政治纲领，我们将与《大般涅槃经》的主张比较，从中可以更清楚地看出后者的特点来。

以治国为例，维护佛教不衰，令"法"久住，也有"七法"：一、"比丘当数相聚会诵经"；二、"上下相承用坐起"；三、"坐起不得念家室妻子"；四、"在山阻间，若在深林、树下、塚间，当自思维五灭"；五、"少年奉道，当先问长老比丘，敬畏承用，受教莫厌"；六、"心当奉法，敬畏经戒"；七、"持二百五十戒，具以得阿罗汉道，欲来学者莫却；入者相承用，来者所有衣被、饮食当共用，病瘦当相瞻视"。

这里强调的是集体诵经，坐起有序，禁欲敬师，奉持经戒，平等互助。不过这些规定，只能算是一般原则。佛陀临终集中考虑和讲说的根本问题，仍是生死问题。经载，佛语阿难："今佛年已尊且八十，如故车无坚强，我身体如此无坚强。""无有堕地不死者，最上有天，名不想入，寿八十亿四千万劫，会当复死。"是故，佛告诸比丘："天下无常坚固人。"即生者皆当死，天下无生不死者，天地无不败坏者。又云：

> 须弥山尚崩坏，天上诸天亦死，作王者亦死，贫富贵贱，下至畜生，无不死者。莫怪佛却后三月当般泥洹。

此类话反复说了很多，意思是佛也无法避免死亡，唯有"愚人以天地为常"。那么出路呢？佛陀思考的结果，就是跳出生死流转的苦圈，证入不再生死的泥洹。在《泥洹经》里，佛告诉大众，他的灭度就是泥洹，泥洹就是永离生死，不再生死，所谓"断生死根本"；有时也说："灭有归本，不复生死，谓之无为也"，而作为"本"的"无为"，即指泥洹。此外，泥洹别无内容。因此，生死之苦是彻底解脱了，但所得泥洹是否是"乐"，甚或是否还是一种存在，佛陀没有作任何说明。

然而明显的是佛并不愿泥洹。他感到他生活的这个世界非常美好，表现出来的是备加留恋。《泥洹经》记,当佛的"急疾"见好,于树下露坐"思维生死之事"时,阿难前来问佛:"何以不般泥洹?"佛告阿难:"维耶离国大乐,越耶国大乐",摩竭国大乐,以至于城中街曲大乐,阎浮利天下大乐,"阎浮利内地所生,五色如画,人存其中生者大乐"。"阎浮利",通常译为阎浮提,亦译赡部洲,其实所指,就是释迦生活的那个广大的地区;他列举的那些国家,应该都是他很熟悉的。当时流行的神话是,如有比丘、比丘尼正心熟思:"外亦思善、中亦思善、心亦无所复贪乐、心不惊恐不复走",持此志意,称为"四神足","其有知是四神足者,当可在天地间一劫有余"而不死。佛即以此事问阿难:佛是否达到了这样的水平?"如是者再三,阿难不应四神足事。"其时有"魔"亦向佛说:"何以不般泥洹?"佛言:"咄,弊魔!未可般泥洹。须我四辈弟子诘慧得道,须我天上诸天、世间人民逮及鬼神智慧得道,须我经法遍布天下,未可般泥洹。"佛立志要做的事无限多,他不能死。于是,"佛坐自思维:亦可放弃寿命?"

《泥洹经》如此委婉凄惨地写来,充满了无可奈何的悲凉气氛。真是生死事大,即使以善解生死为必然的佛陀,面临泥洹,放弃寿命,还是如此徘徊踟蹰。如果有一种学说,哪怕是纯系想象的,能够满足人们可以生而不死的愿望,一定会受到欢迎。大乘的新涅槃说,就满足了这种愿望,至少在中国佛教界,也确实受到了欢迎。

《泥洹经》没有涉及太多的哲学问题。它对世界的解释,因袭的依然是业报轮回,但在"身"、"口"、"意"三业中,强调的是"心"的作用,把"心"作为世俗世界之因,全部宗教修习也都安置在"制心"和"正心"上,所谓"正心端意":

> 当捡心。心当随人,人莫随心;心者误人,心杀身。心取罗汉,心取天,心取人,心取畜生虫蚁鸟兽,心取地狱,心取饿鬼。作形貌者,皆心所为……(心)寿、命,三者相随,心最是师。命随心,寿随命,三者相随。

此处把"形貌"定为"心所为",使佛教的三界五道之说,具有了更多的现实性;至于说"寿命随心",当然也包括所谓"四神足"可能延寿一劫之说。

在这样一种传统涅槃学的背景中考察《大般涅槃经》,可以更深切地了解它产生的实际意义。

第二节 《大般涅槃经》的结构和主要内容

此经实由两个部分组成。前分共五品,从初《寿命品》至《一切大众所问品》,系东晋法显从摩竭提国跋连弗邑(华氏城)携回建业,于义熙十三年(417)共佛陀跋陀罗译出,名《大般泥洹经》,或称《方等大般泥洹经》,先作六卷,后作十卷;至北凉昙无谶重译,新译八品(从《现病品》到《憍陈如品》)作为此经的后分;两分相加,总成十三品三十六卷,或作四十卷,构成一部,时在玄始十年(421)。事实上,法显所译《大般泥洹经》是一个独立的系统,独立的分品:从《序品》到《随喜品》共分十八品。南朝宋慧严、慧观、谢灵运等,有鉴于法显译本分品细致的长处,遂将这些品名易为昙无谶译本的前分中,于是就有了两种《大般涅槃经》,昙无谶的原译本称为"北本",在建业修订了前分品名的,叫做"南本",经文本身都以凉译为准,没有大的差别。

《大般涅槃经》所述缘起,正是接着《佛般泥洹经》的故事展开的。此经记载,佛将般涅槃,四众弟子、阿罗汉、诸菩萨等闻知,生大苦恼,有的"遍体血现",举声号泣,有的捶胸大叫,哀动天地,相互言曰:"苦哉仁者!世间空虚,世间空虚。"(《大般涅槃经》卷一)《梵行品》之五还特别叙述了佛涅槃将对佛教发展产生的影响:

> 无上佛法将欲衰殄,甚深法河于是欲涸,大法明灯将灭,不久,法山欲颓,法船欲沉,法桥欲坏,法殿欲崩,法幢欲倒,法树欲折,善友欲去,大怖将至,法恶众生将至;不久,烦恼疫病将欲流行,大暗时至,渴法时来。

于是，四众弟子辈各各奉持饮食等供养之具，投身如来，欲作"最后供养"。佛对所有这些都表示拒绝，唯独接受了一个名叫纯陀的"工巧之子"的供养。此子自称"贫四姓者，即我是贫"，希望以此"最后供养"，"除断我等贫穷困苦"。（卷二，下同）佛如是回答："善哉善哉，我今为汝除断贫穷：无上法雨，雨汝身田令生法芽；汝今于我欲求寿命、色、力、安、辩，我当施汝常命、色、力、安、无碍辩。"这位纯陀与《泥洹经》中的华氏淳，应该是一个人，意译"妙解"，表征能理解和接受佛最后说法者，其所对话的内容，就都集中在"寿命"的问题上。

这里所谓"色(色身、妙色)、力(指种种能力，一般分五力)、安(安和、平安)、辩(即辩才无碍)"，都与寿命紧密相关。如果寿命不足，其余全是空谈。《大般涅槃经》就从寿命这里切入，集中论述了几个特殊的观念和论断，即：关于涅槃的性质是"常、乐、我、净"的观念，一切众生皆有佛性和成佛可能性的观念；为确定这两大观念而成立的因果非决定论和独因孤果论，以及为保障这些观念得以贯彻的大乘戒论。

这些观念和论断，即使在大乘佛教中也与众不同，对中国佛教的影响则异常重大。

第三节　关于涅槃的性质："常、乐、我、净"

《寿命品》借佛之口，集中纠正了一种根深蒂固的传统看法，那就是佛所受之身，乃是需要饮食营养之身，所谓"杂食之身"；佛之涅槃，就是断除由业报限定的寿命，即八十岁。这是大错特错了。佛说：

> 如来已于无量无边阿僧祇劫无有食身、烦恼之身，无后边身，（而是）常身、法身、金刚之身。

纯陀据此则说，如来已"降烦恼魔、阴魔(指聚集为人身的五阴)、天魔、死魔"等所谓"四魔"，可以"常住于世，不般涅槃"。此说与佛教原始教义大相径庭，因而引起了弟子间的争论。弟子辈坚持早期佛教关于世间人生的基本判断,所谓"无常、苦、无我、不净",而以"无常"为世间第一特征。"无常"亦即"有为",与早期佛教崇信的"无为"绝对对立,而"无为"即是"涅槃"。由人生无常而生苦,是自然而生、无可逃避的,所以"苦"只是"无常"的副产品;"无常"说明逝去是一种必然,而非我之所愿,"苦"更非我之所求,所以我不自在,没有任何主宰能力,没有意志自由,是谓"无我"。佛教通常以"三法印"印证佛说,即诸行无常、诸法无我、涅槃寂静。《大般涅槃经》通过佛对弟子辈的指正,对"三法印"这一根本性观念作了全面刷新。

《寿命品》第一之二中,佛说:

> 如彼醉人见上日月,实非回转生回转想,众生亦尔,为诸烦恼无明所覆,生颠倒心:我计无我,常计无常,净计不净,乐计为苦。以为烦恼之所覆故,虽生此想,不达其义。

传统佛教认为,世间众生把"无常、苦、无我、不净"视之为"常、乐、我、净",或从无常等追求"常、乐、我、净",由此产生主观与客观的矛盾,烦恼不已,所以被称为"四颠倒";此处则说,早期佛教坚持的"无常、苦、无我、不净"说,完全否认"常、乐、我、净"的真实存在,也是一种颠倒,而且比世间的颠倒危害更大,是另一类"四颠倒"。为什么?佛回答说:

> 我者即是佛义,常者是法身义,乐者是涅槃义,净者是法义。

根据这个定义,否认"常、乐、我、净"就是否认整个佛教,就是挖掉了佛教赖以存在的基础。因此,决不许一般地反对"我想",不可抽象地说"有我想者憍慢贡高,流转生死",这需要具体分析。所谓:

> 世间亦有常乐我净,出世亦有常乐我净。世间法者,有字无义;出世间者,有字有义。

此中,世间所有之"常、乐、我、净",虽然是只有字面的意义,但它们是世间人的追求,表示它们并非脱离世间法的独存;可是,"世间之人"对于蕴含于世间的"常、乐、我、净"视而不见,反而"乐中见苦,常见无常,我见无我,净见不净"。正由于这种颠倒性认识,说"世间知字而不知义"。那么,"何等为义?"经云:

> 无我者名为生死,我者名为如来;无常者声闻、缘觉,常者如来法身;苦者一切外道,乐者即是涅槃;不净者即有为法,净者诸佛菩萨所有正法。

流转生死的凡人不能把握和实现"我",所以是"无我","如来"反是,故名为"我";二乘只知人的生身,因而处于对"无常"的恐惧中,"法身"反是,故名为"常";外道只知诸行是"苦",所以力求从苦行中求解脱,"涅槃"反是,是名为"乐"。"不净"定义为"有为法",即一切生灭法,"净"则指信奉大乘"正法"。总之,如果这样认识就是"不颠倒"。"以不倒故,知字知义。若欲远离四颠倒者,应知如是常、乐、我、净。"

上述如来法身、涅槃、正法,与我、常、乐、净相对应,实质在于把"解脱"、"法身"和"般若"这三个大乘视为最高佛果的范畴,统一到了"涅槃"的名下。凡般若经类力图用"般若"概括一切佛教的,此处则力图把一切佛教统摄于"涅槃"中。般若以"空"为真谛,所以涅槃亦空;此处以"有"为真谛,所以涅槃不空。佛说:

> 我今当令涅槃一切众生及以我子四部之众,悉皆安住秘密藏中,我亦复当安住是中,入于涅槃。何等名为秘密之藏?犹如"伊"字三点,若并则不成伊,纵亦不成……若别亦不得成。我亦如是:解脱之法亦非涅槃,如来之身亦非涅槃,摩诃般若亦非涅槃;三法各异,亦非涅槃。我今安住如是三法,为众生故,名入涅槃。

此中"解脱"指摆脱诸苦,即"乐";"法身"指永恒自由,即所谓"常"、"我";"般若"指智慧,也可以释为"净"。此三者可以囊括一切"大乘正法",都可以融入"涅槃"这一核心观念中,从而形成一个互相依存、不可分离的有机整体,不论般若还是解脱,都只能纳入涅槃之内,而不可以从涅槃中割裂出去。

按照中国佛教的理解,"常"是不死、"乐"是幸福、"我"是自由、"净"是道德高尚,加上至高的智慧,人生达到如此境界,可谓完满至极,无以复加,在任何宗教天国,任何乌托邦世界,都不可能找到如此令人向往的归宿。它对未来美好的规划,以及由此给人生带来的炽热的希望,与般若中观给人以空濛虚无的世界,以及由此带来的冷漠和无望,形成极为强烈的对比。大乘佛教由此获得了继续存在和持续发展的最新的合理性根据,具有了最新的震撼力和诱惑力。在原则上,尽管新的涅槃说并不完全否定早期佛教对于世间人生所作"无常、苦、无我、不净"的判断,因为这有助于消除世俗众生误以为世间即是"常、乐、我、净",满足现状而不求进取的诸"见",但是,相比之下,"无常"等说犹如草芥,是不值得经常去修习的。佛陀告诫诸比丘:"不应如是修习无常、苦、无我、不净想等,以为实义,如彼诸人各以瓦石、草木、沙砾而为珠宝",而应"在在处处常修我想、常、乐、净想"。褒贬之义,流于言表。

"常、乐、我、净"号称涅槃四德,从宗教哲学角度说,这四德的核心是"我"。"我"是实在的主体,有了"我","常"、"乐"、"净"才有着落。

佛陀说了一段很重要的话,解释他为什么曾经主张"无我",以及他现在改唱"我"的意义:

> 我为医王,欲伏外道,故唱是言:无我,无人、众生、寿命、养育、知见、作者、受者……(因为)是诸外道所言我者,如虫食木,偶成字尔,是故如来于佛法中唱是无我;为调众生故,为知时故,说是无我……(然而)诸法无我,实非无我。

那么,"何者是我?"

> 若法是实,是真,是常,是主,是依,性不变易者,是名为我……诸法中真实有我。汝等四众,应当如是修习是法。

此处佛用此五个"是"来界定"我"的内涵,归纳起来是三种性质:真实性、不变易性、主宰性。"主"和"依"是一对范畴："主"即自己是自己的主人；"依"指为他作依，他人他事均依附于己，听命于己。承认人有这样的"我"，所谓"人我"；"法"有类似的我，所谓"法我"。"人我"是早期佛教共同反对的对象；"法我"是早期佛教，特别是说一切有部的主张，而受到般若学的反对。到了这里，《涅槃经》没有直接对"法"表示是否有"我"，但却堂堂正正地把"人我"引了进来，从而背离了此前的一切佛教，并与之本质地区分开来。

《涅槃经》这样论述的目的之一，在于进一步把佛、法、僧所谓"三宝"，与如来等同起来，说明佛教在它的所有组成部分上都是一体的、永恒的，持续常存，所以其次说"常"。佛告诉他的信徒：

> 应当修习佛、法及僧而作常想。是三法者，无有异想，无无常想，无变易想。若于三法修异想者，当知是辈清净三归则无依处，所有禁戒皆不具足，终不能证声闻、缘觉、菩提之果……有常法故，则有归依，非是无常。（卷三）

佛、法、僧三位一体，都属如来，常住不变，没有原则差异。正因为三者一体，是常而非无常，所以才能成为众生的归依处；无常无法，不可能成为归依的主体。类似说法，经文中反复多次。其理论的结果，是从根本上改变佛教的哲学基础。但这结果却与所谓外道之说"常、乐、我、净"者，难解难分。

（1）关于常。《圣行品》之三，文殊师利问："如佛所说有常、有我、有乐、有净是实义者，诸外道等应有实谛，佛法中无。"（卷一三，下同）他列举了许多例子，介绍当时外道的一些说法。关于"诸行是常"，其说有三：

一是因果不失，所谓"可意、不可意诸业报等不失"，如果善恶无常，生已即灭，受报者谁？

二是记忆不失，不论是专念所记，或先时所见，经过若干年后，依然不会忘失，若见想无常，何来记忆？

三是"数"即是常,"算数之法,从一至二,从二至三,乃至百千;若无常者,初一应灭……谁复至二?""以一不灭故,得至二乃至百千"。

据此进一步推论,"瓶衣车乘,如人负债;大地形相,山河树林,药木草叶,众生治病,皆悉是常,亦是如此"。按瓶衣车乘等,如果从它们作为复合物看,有部说之为"假";但如果作为种类或概念,有部亦得承认是"实","实"即是"常"。但此处所论,指瓶衣山河等物属于果报,是对过去世业行的偿还,也还是从业报不失的角度讲"常"的。此中特殊的是"数",它是最标准的抽象,而"算数之法"则是最稳定的法则,因而被视为"常"。持这种观点的哲学家东西方都有。

(2) 关于"乐",文殊也列举了外道的多种说法:

一是有可乐的业报,所谓"受者定得可意报",诸如婆罗门教宣扬的"大梵天王、大自在天、释提桓因、毗纽天及诸人天",都是受乐者。

二是追求乐的希望,"饥者求食,渴者求饮,寒者求温,热者求凉,极者求息,病者求差,欲者求色,若无乐者,彼何缘求?以有求者,故知有乐"。

三是有受乐的因缘,"有乐因缘,则知有乐",乐触来自受乐者的多种因缘,以其有乐因缘的存在,说明必有乐触的发生,如施者望得乐报,以有施故,表明有乐。

(3) 关于"净"的观念,外道的说法也很多,例如从起"欲"知道有"净"(佛教以性行为为不净),"若起欲者当知有净"。又有外道提出,金银珍宝、饮食衣服、花灯香烛之属为"净法";"净五阴"被认为是"净器",净器盛有人、天、菩萨、佛等"净物"。

(4) 这些"外道"的所有说法中,最可注意的也是"我"。

其一说:"有我,有所睹见,能造作故。譬如有人入陶师家,虽复不见陶师之身,以见轮绳定知其家必是陶师。我亦如是,眼见色已,必知有我;若无我者,谁能见色、闻声乃至触法?"这种论证,是由其功能推其必有体性,从有认识作用,推断必有认识的主体,这与笛卡儿的"我思故我在"的观点相似,可以简化为"有知故有我"。

其二可以概略为"有相故有我",所谓"因相故知。何等为相?喘息、视眴、寿命、役心、受诸苦乐、贪求、瞋恚,如是等法,悉是我相,是故当知,必定有我"。

其三从"执作业"上故知有我,例如"执镰能刈,执斧能砍,执瓶盛水,执车能御,如是等事,我能执作,当知必有我也"。这是由使用工具、从事劳作推断有我。

其四是从与生俱有的本能推论有我:"即于生时,欲得乳铺,乘宿习故,是故当知必定有我。"意谓乳铺的本能,是"我"的宿习的延续。

以下还列举了近似佛教传统观点作了论证,谓"我"是存在的:

> 和合,利益他众生故。譬如瓶衣、车乘、田宅、山林、树木、象马、牛羊,如是等物,若和合者则有利益,此内五阴亦复如是,眼等诸根有和合故则利益我,是故当知必定有我。
>
> 复次……有遮法故。如有物故则有遮碍,若无者则无有遮;若有遮者则知有我。是故当知必定有我。
>
> 复次……伴非伴故。亲与非亲非是伴侣,正法邪法亦非伴侣,智与非智亦非伴侣;沙门非沙门,婆罗门非婆罗门,子非子,昼非昼,夜非夜,我非我,如是等法为伴非伴,是故当知必定有我。

对外道的此类说法,佛陀并未全部否定,而是作了这样的分析:"若有沙门、婆罗门有常有乐有净有我者,是非沙门、婆罗门。"就是说,这些外道若真的体认了"常、乐、我、净",就不成其外道了。问题是,是诸外道,终究"迷于生死",虽口说"常、乐、我、净",仍非"正法"。于是佛说了以下一段话,表示佛教与外道的区别:

> 沙门婆罗门等沉没诸欲,善法羸损故;是诸外道系在贪欲瞋恚痴狱,堪忍爱乐故;是诸外道虽知业果自作自受,而犹不能远离恶法;是诸外道非是正法、正命自活。何以故?无智慧火,不能消故;

是诸外道虽欲贪著上妙五欲,贫于善法不勤修故;是诸外道虽欲往至正解脱中,而持戒足不成就故;是诸外道虽欲求乐,而不能求乐因缘故;是诸外道虽复憎恶一切诸苦,然其所行未能远离诸苦因缘。是诸外道虽为四大毒蛇所缠,犹行放逸,不能谨慎;是诸外道无明所覆,远离善友;乐在三界无常炽然大火之中,而不能出。是诸外道遇诸烦恼难愈之病,而复不求大智良医;诸外道方于未来当涉无边险远之路,而不知习善法资粮而自庄严;是诸外道常为淫欲灾毒所害,而反抱持五欲霜毒;是诸外道瞋恚炽盛,而复反更亲近恶友;是诸外道常为无明之所覆蔽,而反推求邪恶之法;是诸外道常为邪见之所诳惑,而反于中生亲善想;是诸外道怖食甘果而种苦子;是诸外道已处烦恼暗室之中,而反远离大智炬明;是诸外道患烦恼渴,而复反饮诸欲咸水;是诸外道漂没生死无边大河,而复远离无上船师;是诸外道迷惑颠倒言诸行常,诸行若常无有是处。

要而言之,早期佛教只见到了人生无常、苦、无我、不净的一面,把这一面夸张为人生的全部,规定为世间的本质,所以既是实亦非是实;外道看到了人生具有常乐我净的一面,但他们或者言行不一,所行与常乐我净之道相反,或者认识颠倒,把非常乐我净误为常乐我净,故亦实亦非实。佛在此处倡导的常乐我净,避免了二乘和外道的这两个片面,而将它们纳入了"佛性"这一全新的观念中。

为了与外道划清界限,经文依然采用了传统的"三法印"标准,以示区别。

佛说:"我观诸行,悉是无常。"(卷一四,下同)为什么?"若有诸法从缘生者,则知无常;是诸外道无有一法不从缘生",所以只能属于有为范围。驳斥"外道"的这一理由很充分,而且还从有为法的构成即"色"、"心"两个方面考察:心法无常,色法无常。但是,为什么"佛、法、僧"就不是因缘法,一定是"常"、是"无为法"呢?回答是:"是诸外道不见佛性、如来及法,是故外道所可言说,悉是妄语,无有真谛",而"佛性者即是如来,如来者即是无为,无为者即是常,常者即是法,法者即是僧,僧即无为"。据此,外道的错误根本不在那些具体的例证上,根源是没有见到佛性;一旦见到佛性,外道亦不再是外道。

但问题接着来了:"见佛性"是不是也需要因缘?如果需要,是否也是有为法?如果不需要,一切修习不都成了多余了吗?《寿命品》之三,佛告迦叶:"当为汝说如来所得长寿之业:菩萨以是业因缘故得寿命长。"这里且不管他所谓的"业因缘"指的是什么,但成就如来寿命需要条件是无疑的,为什么出自佛陀之口,即使因缘法,也变成了无为法?又,佛、法、僧为什么一定是"常"?把"僧"从有为法中排除出去,似乎是当然的事,但即使在佛教内部也不会得到共识。像这样一类重要判断,整部经文没有任何论证。所谓"法",即使特指佛所说法,也包括"有为"和"无为"两大类,并非都是无为,这是佛教沿袭下来的常识;阴、界、入都是佛说,而且说得最多,也不全属无为法。

这类混乱,依照有部之说可以得到解释。按有部的分类,阴、界、入虽然不属无为法,但其法体恒有,同样是"常",就是说,种类、概念、一般,以及单一性,其性皆常。从这种哲学分析,佛、法、僧都可以谓之"常"。然而若将这一哲学原理贯彻到底,不但阴、界、入是"常",因和缘也是"常",大大有违于此处视它们为"无常"的主张。在佛教史上,早就有将五阴、十二因缘等定为无常、空的学派,《成实论》是,般若经类更是。而持之为"常"的观念,则有说一切有部。因此可以说,《涅槃经》所谓的"常"及"我",理论来源即是说一切有部;而用以驳斥"外道"的,多半采用空宗思想,不惜维护佛教的某些原始观念。作为佛教的一种,大约只能做到这种程度,所以对于自己提出的一些重要命题,缺乏必要的理论分析,为了维护自己的基本观念,可以随意采取任何佛说,也就在情理之中了。

关于"常"的主张如此,关于"我"的主张也是如此。

对于外道所说的"我",《圣行品》之四也确立了一个相反的命题:"诸行无我"。注意,"三法印"的第二句谓"诸法无我",一切法皆无我;这里称"诸行无我",无我只限于"行",仍属"有为法"的范围。"行"与"法"是两个不同的概念,这里是有意说成一件事了。不过具体仍分一切法为两大类,所谓"总一切法谓色、非色(即心)"(卷一四,下同)。其中,"色非我也。何以故?可破、可坏、可裂、可打、生增长故。我者不可破坏、裂打、生长"。同样,"非色之法,亦复非我。何以故?因缘生故"。据此也一一驳斥了外道关于"我"的论证,但唯独对"我知故我在"和由"执作业"有"我",没有作出回应。重点驳斥的是由"有相貌"得知有我的说法:"若诸外道以相貌故知有我者",则"人睡时不能进止、伏仰、视眴,不觉苦乐,不应有我;若以进止、伏仰、视眴知有我者,机关木人亦应有我"。这一批驳显然无力,不过由此强调,如来"不进、不止、不伏、不仰、不视、不眴,不觉苦乐,不贪、不恚、不痴、不行,如来如是真实有我"。这样一来,则"真我"无所表现,不可认识,当然也就成了无法论证的了。

《金刚身品》将"常、乐、我、净"归为"法身"的属性,即以"常住"称之。此常住之身,除佛以外,任何人也不得而知,所谓"不可思议"。其中有言:"如来之身,非身是身,不生不灭,不习不修,无量无边,无有足迹。"这表明佛的法身依旧是不可知领域。

区分世间说"我"和此处所说"我"有个最简单的办法,那就是世间所说全是颠倒,佛陀所说都是真实,而不必过多地考虑事情本身。《如来性品》之四说:

> 世间之人亦说有我,佛法之中亦说有我。世间之人虽说有我,无有佛性,是则名为于无我中而生我想,是名颠倒;佛法有我,即是佛性。世间之人说佛法无我,是名我中生无我想;若言佛法必定无我,是故如来敕诸弟子修习无我,名为颠倒。

这里毕竟提出了一个衡量"我"之真伪的标准,那就是看是否承认佛性的存在:主张无"佛性"的"我",是颠倒的;肯定有"佛性"的"我",则是真实的。而"佛性"即是"佛法有我"。显然,这是逻辑上的同义反复。一方面说其是不可知的,另一方面却用这样一部大经加以表述,这又是一种矛盾。

第四节 论"佛性"和"一切众生悉有佛性"

"佛性"的提出,在整个佛教史上有创新意义,在全部哲学史上也很别致。佛教和一般哲学都讨论过"心性"和"人性"问题,但多限于道德范畴,如性善性恶之类;早期佛教有所超越,涉及性净、性染之类,但都没有离开"人"的属性。基督教提出"圣灵充满"的说法,暗示人也可能具有神性的一面;近代西方思潮中主张"天赋人权",人性中含有"天"的成分——不论是"圣灵"还是"天",都有外在的给予,非人自身固有的意味。《大般涅槃经》既不简单地将佛性归结为人性或心性,也不承认是外在的给予,只是用"常、乐、我、净"去丰富人的内涵,表明人本性中蕴含有这些美好的东西。

就此而言,"佛性"观念的提出和"一切众生悉有佛性"的判断,是对一切人性论的提升,也是对人的无上尊重——特别是相对于那种把人视为罪恶堕落的产物,或视人为卑污低下之物的观念来说,当然,这也是对佛教传统心性论的改造。

"常、乐、我、净"是"佛性"的根本属性。此外,《涅槃经》还有许多不同的解释,但都不出这四德的范围,而是在强化这四德。《寿命品》之三记,佛说:"涅槃义者,即是诸佛之法性也","夫法性者,无有灭也"。又说,如来"其性常住,是不变易"。据此,涅槃是诸佛之法性,佛性则是佛之法性的略语,亦称"如来性"。《如来性品》之四说:

> 佛性雄猛,难可沮坏,是故无有能杀害者;若有杀者则断佛性。如是佛性,终不可断。性若可断,无有是处。如我性者,即是如来秘密之藏。

所以佛性也是"我性",也是"如来藏":"我者,即是如来藏义。一切众生悉有佛性,即是我义。如是我义,从本以来常为无量烦恼所覆,是故众生不能得见。"

据此,佛性与如来性、法性,以及法身、如来藏、我、常住等,属于同类概念,表达的都是"大涅槃"的内在规定性。但在经文的具体阐释中,它们各有各的运用范围,尤其是佛性与涅槃,绝对不许混为一谈。因为"一切众生悉有佛性",指的是佛性的共性,从共性上也可以说,一切众生悉有涅槃性。但佛性在不同众生中的表现不同,呈现的特性有别,所以处在众生中的佛性,系共性和特性的统一,被称为"众生佛性"。不过经文的具体论述,并没有明确区分佛性与众生佛性的差别,所以在界定佛性概念时也经常出现混乱。

《师子吼菩萨品》之一记佛说:"佛性者名第一义空。""第一义空"来自般若经典,这里用来既有与般若调和,又有改造般若的意思。所以定义谓:

> "第一义空名为智慧。所言空者,不见空与不空;智者见空及与不空、常与无常、苦之与乐、我与无我;空者一切生死,不空者谓大涅槃,乃至无我者即是生死,我者为大涅槃。

在这里,"第一义空"通过佛性论的诠释,就完全变味了,变成了既承认生死是无常、苦、无我、空,又承认大涅槃是常、乐、我、不空,其中"言空者",否认有空与不空的区别,即否认大涅槃的存在;而"智者",则既见到空,又见到"不空",即肯定大涅槃的存在。此等将"生死是空"同"涅槃不空"结合起来的观察和践行,叫做"中道"。故曰:

> 佛性者即第一义空,第一义空名为中道,中道者即名为佛,佛者名为涅槃。

这段话也可以从认识论理解:从第一义空到最后涅槃,是一个系列认识过程,其中每个环节,都是佛性的体现,所以不但说"佛性者即第一义空",也说"中道者名为佛性"。

此外,还有一个提法:"佛性者即是一切诸佛阿耨多罗三藐三菩提。"(卷二七,下同)把获得无上菩提作为成佛的主要标志,是一切大乘经的共同主张,但这无上菩提究竟具有什么样的质,各家或者避而不说,或者说而各异,这里则把无上菩提纳入佛性范畴,但又使之不同于佛性概念,因而在用肯定的语气将佛性与无上菩提等同起来的同时,又说:"一切众生定得阿耨多罗三藐三菩提,是故我说一切众生悉有佛性","一切众生未来之世,当有阿耨多罗三藐三菩提,是名佛性"。

不论是未来"定得"还是未来"当有",从文字表达上看,无上菩提都不应该属于众生皆有的范围,也不应该像佛性那样,是超越三世的常法,而应该在"今无当有"的有为法之列。遗憾的是,经文经常有这样矛盾的表达。不过由此可知,"佛性"还有未来定能获得无上菩提这样一层意思,从而使佛性又具有了一切众生有成佛可能性的意思。这样,为了获取觉悟、通向成佛道路的一切修习,也都该归于佛性,因为只有通过修习,才有可能实现理想的目标。

也许正是基于这样的考虑,《大般涅槃经》吸取和改造了传统佛教的许多理念和方法,将它们融解到佛性的概念中。以下只举它对"四谛"说的改造和融会,以见一斑。

《如来性品》之四说,苦、集、灭、道同苦谛、集谛、灭谛、道谛不是一码事,并非认识了苦、集、灭、道就是把握了四谛。如果认识了苦就是苦圣谛,则"一切牛羊驴马及地狱众生应有圣谛"(卷七,下同),这当然荒唐;真正的苦圣谛应是"能知如来常住,无有变易,或闻常住二字……后解脱时,乃能证知如来常住,无有变易;既证知已",才自觉到"我于本际以不知故,轮转生死,周遍无穷;始于今日,乃得真智"。这种真智,才是真正把握了苦的真理,才名苦圣谛。反之,通常那种以苦为苦,对苦现象的简单肯定,只可名苦,不是苦谛。"集谛"的意思大同,若"言正法无有常住,悉是灭法,以是因缘,于无量劫流转生死受诸苦恼。若能知法常住不灭,是名知集,名集圣谛"。同样,"灭谛者,若有多修习学空法,是为不善。何以故？灭一切法故,坏于如来真法藏故。作是修学,是名修空",不是灭圣谛。相反,"若有说言,有如来藏,虽不可见,若能灭除一切烦恼,尔乃得入。若发此心,一念因缘,于诸法中而得自在",虽有烦恼疾能灭除,是名灭圣谛。道圣谛,是"所谓佛、法、僧宝及正解脱",若"言无佛、法、僧及正解脱、生死流转犹如幻化,修习是见,以此因缘轮转三有,久受大苦"。相反,"若能发心,见于如来常住不变,法、僧、解脱亦复如是,乘此一念,于无量世自在果报,随意而得",从而灭一切恶业恶报,"如是见故,成佛正觉,是名道圣谛"。

这样解释的结果,是四谛的传统名字一个不变,内容全异;而形成一切差异的原因,唯有一个,是在这些词句中置入了"常住不变"的观念。这一观念用"不空"纠正了般若经类的"空";用"常、乐、我、净"取代早期佛教以"无常、苦、无我、不净"为核心的四谛说。

综上所述,"佛性"至少有三层意思:一、一切众生悉有的常乐我净,与大涅槃的概念同位,是佛性一般;二、于不同众生有不同表现,是所谓众生佛性;三、成佛的可能性以及相应的实践,即所谓菩提"当有"和一切趋向"正解脱"的修习。其中第二,指明众生佛性的差别;第三解释造成这些差别的原因。由于三者同称佛性,含义不一,所以很容易造成混乱。但有一点是清楚的,即众生佛性的差别,并不意味着佛性自身有差别。有差别的佛性或众生佛性,在大多数情况下,是指众生对于自身固有佛性是否认识及认识程度,而不是那个佛性一般。佛性一般即是常乐我净,是"常住不变",也没有差别的;差别在于佛性所处的众生对其认识不同。

佛即是佛性的完全和彻底的体现。经云:"佛者即是佛性,何以故？一切诸佛以此为性。"(卷二七,下同)据此推论,众生在现实性上还没有或没有完全以佛为性:"佛与佛性虽无差别,然诸众生悉未具足。"这里的"未具足",表示尽管"一切众生悉有佛性",但并没有自觉到,或自觉的程度不够,这也正是"众生佛性"出现差别的原因。

对于佛性的自觉,《涅槃经》使用的是"见",是"了",是"知",但多半用"了"和"见",而且要求"了了见",略称"了了"。意思是说,对佛性的认识,要像掌上视物一样清晰明了,所谓现观或现量。众生佛性的差别,全由于是否了见和了见的清晰度不同造成的。

至于如何了见,这里只讲一个通理:"是诸众生为诸无量亿烦恼等之所覆蔽,不识佛性;若尽烦恼,尔时乃得证知了了。"(卷七,下同)"尽烦恼"是了了的条件和前提,为此,须亲近"善知识",懂得佛性的道理,同时还要持戒,修习诸方便,所谓"一切众生虽有佛性,要因持戒然后乃见,因见佛性,得成阿耨多罗三藐三菩提";"虽有佛性,以未修习诸善方便,是故未见;以未见故,不能得成阿耨多罗三藐三菩提"。

断烦恼—见性—得无上菩提,这是一个顺序过程;反之,众生固有的佛性,又是启动断烦恼程序的根据,经云:"一切众生皆有佛性,以是性故,断无量亿诸烦恼结,即得成于阿耨多罗三藐三菩提,除一阐提。"此处是把"一阐提"革除于成佛之外的,是本经的又一个重要观点。古人已经发现,"一阐提"有无佛性,以及能否成佛,《大般涅槃经》的前分和后分,严格讲是法显所译《大般泥洹经》与昙无谶续译的《大般涅槃经》部分,是不一致的,前者明确说,一阐提不能成佛;后者说,一阐提也可以成佛。为此,在这两译中间,佛教义学界还发生过争论,道生在后分未译出之前,即主张一阐提亦能成佛,而名噪一时。这在中国佛教史上已被传为佳话。

总之,只有见了佛性而得无上菩提,才得成佛,才得称为"大涅槃"。见性是成佛和大涅槃的根本标志。《光明遍照高贵德王菩萨品》之三说:

> 声闻、缘觉至十住菩萨,不见佛性,名为涅槃,非大涅槃;若能了了见于佛性,则得名为大涅槃。

二乘及十住菩萨,只能证得涅槃,而不能成就"大涅槃",原因就在于他们的涅槃不是建立在"见性"的基础上,称不上"大"。有时经文说,菩萨亦能见到佛性,二乘也能见到佛性,只是清晰度不够,未能了了,或者即以了了的程度差别,区分三乘的上下高低。但这不影响全经的主调:三乘虽然可以获得涅槃,但不是成佛,成佛的标志是必须经由了见佛性才得成就的大涅槃。于是,大乘为了追求成佛,需要经历无数劫难,满足种种智慧方便和功德积累,至此都被排到了次要的地位,最重要的任务是了了见知自身佛性。自我内向的知见,变成了外向修习的前提。这一转变,对中国佛教的影响也是巨大的。

关于佛性与成佛的这种关系,在中国禅宗中略做"见性成佛"。"见性成佛"几乎成了禅宗的口头禅。《坛经》记慧能,曾听人读《涅槃经》有悟,又曾与僧辩论《涅槃经》义,暗示《大般涅槃经》在形成禅宗思想中起过重要作用,但禅宗研究者很少注意到这一点,而多归诸《金刚经》。其实,查遍《金刚经》也不会找到"了了见性"这类思想。

《大般涅槃经》关于"一切众生悉有佛性"的判断,为人生指出了一条无限自由和幸福的出路,提升了人生的现实价值,也给每一个人以生活的自信和勤于实践的勇气。这是佛教史上的又一重大创新,为佛教长期流通于社会,提供了新的理论武器。它的译本初一问世,立即在中国佛教义学界引起轰动,认为"佛有真我,一切众生悉有佛性"之说,如白日之朗胸衿,甘露之润四体,无异于一场教理革命(参见僧叡《喻疑》,《出三藏记集》卷五);而近代维新之士,则吸取"常、乐、我、净"以构造理想的"大同世界",关键都是看好这一思想在扫除虚无痛苦的呻吟、代之以真实欢乐的理想中的作用。

《梵行品》之四,将菩萨行的大慈大悲最后归结为"与众生以乐",特别体现了这种佛性涅槃观的现实意义。它说,"四魔者是菩萨怨",菩萨能以智慧"破坏四魔",所以成佛。这四魔,有的经书指"生、老、病、死",本经则指"无常、苦、无我、不净",并集中把"苦"作为破坏的对象。破坏的方法,则是易苦为乐。为了使众生得到快乐,即是自己受苦,也属于乐，而且是更高尚的乐："过去诸佛为菩萨时，虽于无量阿僧祇劫为众生故受诸苦恼，终无不乐，而常乐之。"又说，菩萨"所见生死无量过患……虽知生死无量过恶，为众生故，于中受苦，不生厌离"，以至于"虽在地狱，受诸苦恼，如三禅乐"。譬如长者家失火，"长者见已，从舍而出；诸子在后，未脱火难。长者尔时定知火害，为诸子故，旋还赴救，不顾其难"。菩萨为众生之处于苦难世间，亦是如此。《大般涅槃经》屡屡提到，菩萨不畏地狱，为了众生，要有甘下地狱的决心。

这一些，使大乘精神又一次得到升华，升华成一种可贵的品格，一种不逃避现实，不独善其身，以牺牲自我为民先驱的那类品格，尽管它的许多具体说法是虚诞的，幻想的。

第五节　论"我"的实在性及其存在形式

"常、乐、我、净"是佛性人格的统一，这统一建立在真实而又常在的"我"上。"我"是涅槃四德的主体，是佛性的支柱。当说"一切众生悉有佛性"时，也就意味着人人都有一个常住不变的"我"，没有一个例外。众生之所以痛苦，那根源，说到底，是误认为人生无常、人本无我；如果认识到"人"本于"我"，"生"来自"常"，人生不过是"常我"的一种变形，那还有什么苦可言？早期佛教宣称人只是一个假名，本质是"无我"，只能增添人们对死亡的恐怖，加深人生的痛苦，应该得到彻底清算。因此，全经从头到尾，贯穿着对早期佛教这类悲观主义的批判，全力树立"常、乐、我、净"的乐观主义信念，客观上反映了人们对"常我"的渴望，不论是潜意识的，还是显意识的。

然而《大般涅槃经》的全部虚诞，也都可以归于对"常我"认识方面的虚诞上。这样的常我，叫做"大我"。卷二三中的《光明遍照高贵德王菩萨品》之三，在解释何为"大涅槃"时说："有大我故，名大涅槃，涅槃无我。大自在故，名为大我。"接下来问："云何名为大自在耶？有八自在则名为我。"

其实,这"八自在",既可作为"大我"存在的证明,也可看做"大我"的存在形式:

(1)"能示一身以为多身,身数大小,犹如微尘,充满十方无量世界";

(2)"示一尘身,满于三千大千世界";

(3)"能以满此三千大千世界之身,轻举飞空,过于二十恒沙诸佛世界而无障碍";

(4)"以自在故而得自在……如来一心安住不动,所可示化无量形类,各令有心;如来有时或造一事,而令众生各各成办;如来之身常住一土,而令他土一切悉见";

(5)"根自在……一根亦能见色、闻声、嗅香、别味、觉触、知法,如来六根亦不见色、闻生、嗅香、别味、觉触、知法";

(6)"以自在故得一切法,如来之心亦无得想";

(7)"说自在故,如来演说一偈之义,经无量劫义亦不尽";

(8)"如来遍满一切诸处,犹如虚空;虚空之性,不可得见,如来亦尔,实不可见,以自在故,令一切见"。

这样的"自在",其实就是印度宗教普遍想象的"神通"和被佛教化为"六神通"的变异,也相当于《华严经》中关于"佛身"遍及十方世界的描绘,但并没有明文肯定十方诸佛及其不受时空限制的流动是"我"。此处用来证明这就是"大我"真实存在的根据,是从有"用"必有"体"中推论出来的:从"大自在"的这些表现中,说明"大我"存在的真实性。

此外,在讲到以有"大乐"而名大涅槃时还说:"一切知故,名为大乐……诸佛如来一切知故,名为大乐,以大乐故名大涅槃。"又,"身不坏故,名为大乐……如来之身,金刚无坏"。由此大乐,名大涅槃。这也是"大我"存在的重要证明。

如此等等,与佛性、大涅槃等同的"大我",又成了遍满于一切世界、一切众生的实在。就是说,不但人人都有一个这样的"大我",而且这"大我"还弥满于世界和世界的一切事物。这种思想,很容易让人们联想起婆罗门教中的"梵我一如"来。它的实际来源,可能就是婆罗门教关于大我(大宇宙)和小我(小宇宙)的区分,及其在"梵"上的统一。

中国的传统上,有董仲舒的天人合一说,有王充的人体结构与天的结构一致说,而灵魂不灭则是敬天祭祖的宗教基础,所以容易与《涅槃经》的"常我"说产生共鸣。东晋慧远死于义熙十二年(416),次年,法显的《大般泥洹经》译出。慧远生前没有机会接触到专论"我"、"常"一类的经典,但其所撰《神不灭论》中的"神",与这里讲的"我",所指谓的实体就出奇的相似。传说慧远作过《法性论》,谓"至极以不变为性,得性以体极为宗"(《高僧传》卷六);这"至极"即相当于涅槃,"不变"就是"常";"得性"相当于"见性",就是说,在思维方法上,是与《大般涅槃经》一致的。

其实,"神我"之说,早在佛教初传中国时已经见诸某些经籍译文了,除了鸠摩罗什系统,中国佛教很少对神我表示过公开的质疑。即使比较忠于佛教原典的译经,也多半羞羞答答地承认有神我的存在。原因是,神我的观念与形形色色的佛教虚无主义对立,不但可以为自己的终极目标安置上坚固的基石,也可以为三世轮回找到一个承担者、一个不变的主体,从而稳定佛教自身存在的基础。据此,理论的表述就成了这个样子:三界五道,所有众生,应该各有一个神我,超越时空,永存不变;现实生灭不已、千差万别的芸芸众生,则只是本有神我的自我堕落、不见自性的反映。如是无量世界、无量众生,也就应该有无量个神我;其数虽然无量,但总归是一个常数。他们各能周遍一切世界,按因果律生灭不已,而这生灭变化,只能是这些神我的自我循环。东晋名士罗含作《更生论》,就是以"人物有定数,彼我有成分……聚散隐显,循环于无穷之途"(《弘明集》卷五),解释众生有数(常数)、业报轮回无穷(变数)的道理。

《大般涅槃经》的"常我"观念,特别符合中国传统的口味。但与域外佛教相比,这一观念不但与作为佛教通义的"无我"说背离,也与一般大乘的佛身论不相同:不论是般若中观,还是唯识瑜伽,从绝对真谛上讲,所有佛身,都是为了方便度脱众生的假施设,都是坚定不移的无我论者。无我论与缘起论相对应,是一切佛教的底线,而这一底线,在《大般涅槃经》中被彻底突破了,并成了此后中国佛教的主流观念。

从佛教思想源流说,"佛性"来自"心性本净",但决不等于"心性"。"心性本净,客尘所染",在这里改成了众生佛性,"客尘所覆"。"所覆"意谓被遮蔽了,"所染"指被玷污了。用语不一,表示佛性有自己的独殊含义。佛性之净是绝对的,只可被障蔽,不能被染污。"心性"即"佛性",其遭受的"客尘"指的是烦恼,但烦恼的性质和种类极多。《大般涅槃经》里的烦恼特指"无我"的观念;"无我"的观念属于最大的"无明",意谓不知不见自身有"我"存在,受到"无我"的恼害,从而成为生死诸苦之因。《如来性品》之五谓:

> 所谓佛性,非是作法,但为烦恼客尘所覆……不可得见,是故我说,众生无我;(众生之所以)流转无量生死,常为无我之所惑乱。

《如来性品》之四表达了类似的观点:

> 有诸外道,或说我常,或说我断。如来不尔,亦说有我,亦说无我,是名中道。若有说言,佛说中道,一切众生悉有佛性,烦恼覆故,不见不知,是故应当勤修方便,断坏烦恼……得成阿耨多罗三藐三菩提。

总之,烦恼之首就是不能了了见"我",而误以为"无我"。

《如来性品》之五引"摩诃般若波罗蜜经中说我、无我,无有二相"一语,重新解释说:

> 是诸众生以明、无明业因缘故,生于二相。若无明转,则变为明。

此"无明"即是将"我"误以为"无我"的颠倒;"明"则是把颠倒的再颠倒过来,知"我"之常住不变。《如来性品》之四中,佛说:

若有能知如来常住,无有变易,或闻常住二字音声,若一经耳,即生天上。后解脱时,乃能证知如来常住,无有变易。既证知已,而作是言:我于往昔曾闻是义,今得解脱,方乃证知;我于本际以不知故,轮转生死,周遍无穷。

在这里,佛性成了认识的客体;常我虽为众生所固有,但却盲目无知。世间法和佛法的根本区别,众生与佛的根本区别,全在于是否承认佛性——我之存在于自身,以及是否能了了知见之。

第六节 论"佛性"与众生的"中道佛性"

"一切众生悉有佛性",这是《大般涅槃经》树立的中心观念。按经文说,"佛性"与世间是隔离的,因为它非色、非心。色、心属生灭法,其性无常;佛性是无为法,其性常住,两者完全对立。但是,《如来性品》之四说:"众生佛性,住五阴中。若坏五阴,名曰杀生。""五阴"就是众生身,"色心"则是五阴的概略。佛性存住于有色有心的五阴,可又不属于色心五阴,这就产生了一系列新的问题:佛性常住,怎么会住于无常的五阴中?五阴无常,为什么能够容纳常住的佛性?五阴坏灭,表示众生之死亡,其后的佛性又存住于何处呢?能够容纳佛性常住的五阴,又是一种什么性质的存在呢?如此等等,佛教义学需要继续回答,遂成了推动佛教哲学继续发展的一种内驱力。

本经的后部分曾略为涉及"佛性住众生中"的问题。《师子吼菩萨品》之六举出佛教著名的"盲者摸象"的寓言,谓众生对佛性的认识,好像盲者摸象,既非即是佛性,亦不离佛性,而是对佛性的片面认识。

或作是言:色是佛性:何以故?是色虽灭,次第相续,是故获得无上如来三十二相如来色常。如来色者,常不断故,是故说色名为佛性。譬如真金,质虽迁变,色常不异,或时作钏作镮作盘,然其黄色初无改易。众生佛性亦复如是,质虽无常,而色是常。以是故说,色为佛性。

同样道理,受、想、行、识,也都可说为佛性:佛性即是五阴,虽然包括十二入、十八界,毕竟还是五阴,所以总说:"众生我者,即是五阴,离阴之外,更无别我。"(卷三二,下同)

为什么说"众生我者,即是五阴"？单从文字看,似乎是沿袭传统佛教把"我"看成"五阴"的假和合,因而性属"无我",但这里不是。按此处所说,"五阴"皆能"次第相续",相续的结果,就可以从平凡的众生五阴流为如来五阴:色阴次第相续的结果,是如来的"色常";受阴次第相续的结果是"如来常受";想阴相续的结果,"得如来常恒之想";行阴也是如此,"行名寿命","寿次第相续不断故,得如来真实常寿";识阴相续则得"如来真实常心"。

如此说来,众生和如来之间没有不可逾越的鸿沟,他们之身同属五阴,只不过是相续的次第有所差别罢了。后来的《憍陈如品》对这一观点还作了补充:

> 色是无常,因灭是色,获得解脱常住之色。
> 色即是苦,因灭是色,获得解脱安乐之色。
> 色即是空,因灭空色,获得解脱非空之色。
> 色是无我,因灭是色,获得解脱真我之色。
> 色是生老病死之相,因灭是色,获得解脱非生老病死之相。

总而言之,"色是无量恶法之因"(卷三九),"色即是缚",灭此等色,即获无恶之色、无缚之色。这里的色,是五阴的代称,意思是说,从众生五阴次第而成就如来五阴,并非是简单的相续,而是要灭除众生五阴中的无常、苦、无我、不净,以及一切生、老、病、死等世俗因素,去获得没有这些世俗特征的如来五阴。换言之,从平凡的众生到超人的如来,是五阴性质的根本转化,亦即从无常、苦、无我、不净向常、乐、我、净的转化。这种五阴性质的转化,与心性本净论者主张的去垢现净,单一地从心性着眼,有明显的差别:它不是单一的思想转变,而是整个身心的转变,因为它追求的是整体的"我"和我的永生,即现实人的绝对自由和永恒的快活。

与这里讨论的问题密切相关,《大般涅槃经》对于佛教哲学的一些论题,作出了自己的特殊解释。

其一是"刹那灭"与"相续"的关系:虚无主义用念念灭否定事物的连续性,由之引申出"无常即空"的消极结论;与此相反的一边,则从"相续"不断中引申出常恒不灭的结论,此处就用事物的前后"相续",解释众生佛性和众生必然成佛的道理。

其二是把"法体恒有"的观念作为原则前提,用以比附和阐释众生佛性,像上述以金器有变而金色不变,以及"譬如有人姓㤭尸迦,人虽无常而姓是常,经千万世无有改易,众生佛性亦复如是"(卷三二,下同);"譬如众生十二因缘,众生虽灭而因缘常";"譬如十二部经,听者说者虽复无常,而是经典常存不变";寿命也是如此,众生寿命尽管无常,但寿命本身则常。

此类说法,不论是"相续不断"还是"法体恒有",都属说一切有部的理论范围,《大般涅槃经》没有新的创作,但将其运用于解释佛性涅槃说,却在佛教最重要的理想领域更新了佛教的传统观念。瑜伽行派提出过"转依"的概念,企图用"转依"说明涅槃的性质,以及由烦恼向涅槃的过渡,此处讲的由众生五阴转变为如来五阴,可能是一座重要的桥梁。

此外,《师子吼菩萨品》之六,还介绍了一种"离阴有我"之说:"离阴有我,我是佛性。何以故?我因缘故,如来获得八自在我。"这其实也是对"我"的另一种解释,意谓:五阴非我,我是离五阴的另类存在;若能从五阴中解脱出来,作为佛性的我就实现了。此说更为神秘,《大般涅槃经》不取。

又"有诸外道说,去来、见闻、悲喜、语说为我;如是我相虽复无常,而如来我真实是常"。此即是上述"我知故我在"的论证方法,也不为本经所取。但是,这说明有关"我"的观念深入人心,尽管没有触到"我"的全体,仍然可以证明,"我"之永存,实在不虚:"如阴入界,虽复无常而名是常,众生佛性,亦复如是","如彼盲人个个说象,虽不得实,非不说象……是故我说,众生佛性非色不离色,乃至非我不离我"。

这好像已经定案了:众生佛性在五阴之内,五阴即是佛性。但与此同时还有一个观点:"众生佛性非内非外"(卷三三),所谓"中道"。《迦叶菩萨品》之三集中论述了这个观点。佛说:

> 凡夫众生,或言佛性住五阴中,如器中有果;或言离阴而有,犹如虚空。是故如来说于中道。众生佛性非内六入,非外六入;内外合故,名为中道。

所谓"内六入",指认识机能,据此有言,"佛性即是内善思维",因为离开"善思维",就不能证得无上菩提;所谓"外六入",指认识的对象,据此而言,"佛性即是从他闻法",因为只有从他闻法,才能去"善思维"。佛认为,必须"遮此二边",令"内外合",才是众生佛性。这一说法,有些类似"学而不思则罔,思而不学则殆"的味道,认为佛性应是外学与内思的合一,而不应割裂。所以也可以说,佛性"中道"是"外道"与"内道"的合一:所谓"外道",指菩萨的向外(外在于佛性)修习,包括断诸烦恼、调伏己心、教化众生之类,然后乃得无上菩提;所谓"内道",当指了见本有的佛性。佛性即是对治烦恼和了了见性的合一。

从这些论述看,所谓"中道佛性",实指众生对佛性的体认,是被了知中的佛性,修习中的佛性,经文则径直把它说成是佛性在不同众生中的不同表现,因而说不同众生有不同的佛性。有一个很有名的譬喻,所谓乳、生酥、熟酥、酪、醍醐是乳的五种形态,譬如众生佛性有高低上下的区分和三乘差别,就是以众生对佛性的了知程度作为区划标准的。这种众生了知中的佛性,与大涅槃同位亦即常恒不变的佛性,显然不是一个概念。把遍在于一切众生、永不变易的佛性和众生经过修习所见的佛性混为一谈,也给《大般涅槃经》的佛性论增加了不少混乱。例如在解释佛性非如兔角之"无"时说:"龟毛兔角虽以无量善巧方便不可得生,佛性可生"(卷三五),就是一大混乱,因为按照佛教通例,生属有为法,佛性是常,属无为法,是只可见而不可生的。

所谓"中道",本是佛教内部的普遍主张,但解释各有不同。"遮二边",是般若经类和中观学派的套话,也不是新词。然而这里强调的不是两边俱非,而是两边皆是,合二而一,这就赋予中道以新的含义了。《迦叶菩萨品》在解说佛性的性质是"非有非无"时,就加了一句"亦有亦无"。此段经文说:

> 云何名有? 一切悉有,是诸众生不断不灭,犹如灯焰,乃至得阿耨多罗三藐三菩提,是故名有;云何名无? 一切众生现在未有一切佛法常乐我净,是故名无;有无合故,即是中道。

前者有佛性,指与大涅槃同位的佛性;后者无佛性,指众生尚未断惑见性使之彻底解脱的佛性;完整的佛性观,应该是两者的同一。在这里,"中道"的着重点,不是对两边的否定,主要是对两边肯定,虽然肯定和否定指谓的内容不同,但论断明确,不那么含糊。

第七节 从一子想到一阐提:激进的排他主义

大乘佛经普遍自视极高,不论哪一部,都会把自己说得至高无上,制造经典崇拜。《大般涅槃经》也不例外。它把自己安排在佛临涅槃时所说,带有总结和终结一切佛说的意味,经文中也往往以"方等大乘经"或"方等经"、"大乘经"的代表身份讲话。据传,佛教最早期的经典由九部分组成,称"九分教";再后扩大为十二部分,名"十二分教"。《如来性品》之二说,"九分教"是佛对于声闻弟子的教导,属佛教初步;因为他们的智力幼稚,不堪大乘,譬如小儿启蒙,教以"半字"。这个"半字",就是讲无常、苦等观念的。"十二分教"新增了一种,所谓"毗伽罗(或作毗佛略)论者",即"方等大乘经典",是佛"为诸弟子说于半字九部经已,次为演说"

(卷五,下同)者,即"所谓如来常存不变"之说,称为"满字"教,为诸菩萨所信奉。在"十二分教"中,《大般涅槃经》只取其"方等"一分,其余则蔑如也。卷一八中的《梵行品》之四更把"十二分教"分为两大部分,所谓两种佛法:"一者十一部经,两者方等经。十一部经则有坏灭,方等经典无有坏灭",因为"诸佛虽有十一部经,不说佛性,不说如来常乐我净"。据此,此经陈述的佛说,实是佛说诸经中的一种,属于一家之言,但它却宣布,凡与其有异的其他说法均属非法,并对之采取异常苛责的态度。同品说,"凡夫"虽有善法,"皆是如来正法之余。何以故?如来世尊入涅槃后,盗窃如来遗余善法,若戒定慧,如彼诸贼劫掠群牛"。其包括的范围,是有异于本经思想的一切佛家经籍。由此也可以知道《大般涅槃经》在全体佛教中的独特地位。

依据这种态度,《大般涅槃经》不但对"外书"来说是神圣的、不可侵犯的,在佛教内部也是巅峰之作、终极真理。它是佛的佛性之外化,是导向众生发菩提心、了见自身佛性的因缘。《如来性品》之四说:

是《大涅槃》因缘力故,能灭烦恼而结自灭。

如是经典亦为是人作菩提因。

是经出世,如彼果实多所利益、安乐一切,能令众生见于佛性。

因此,众生差别,三乘高低,也都要以对待这一经典及其思想的态度,作为评估的准绳。《如来性品》之七说:

一切菩萨、声闻、缘觉,未来之世皆当归于大般涅槃,譬如众流归于大海,是故声闻、缘觉之人悉名为常,非是无常。

所有佛教,最终毕竟要归依于《大般涅槃经》,信仰"大般涅槃"。从这个意义上也可以说,"三乘"、"四性"以及一切众生,均无区别;只是因为他们归信的程度和迟早等有所差异,是以有所不同。譬如"声闻如乳,缘觉如酪,菩萨之人如生熟酥",其余众生则"如牛(乳)新生,乳血未别"。(卷十)

此中普通众生与声闻、缘觉、菩萨以至于佛,通称"五种性";除佛之外的四种有情,单称"四种性",中间三种即是"三乘"。抽象地说,一切众生悉有佛性,三乘毕竟一乘;又因为同有佛性,故说众生平等,与佛无异;但具体言,则差别极大,所以需要教育,需要修习,而《大般涅槃经》就是唯一可以选择的教材,"大般涅槃"则是唯一符合佛教的指导思想。

我这里强调"唯一",是表示《大般涅槃经》不允许有另外的经典和思想与它并列、与它竞争,当然更不许与之对抗。用"顺我者昌,逆我者亡"八个字来作说明,是再恰当不过了。《圣行品》之二有这样一段话:

> 若有菩萨知以破戒因缘,则能令人受持爱乐大乘经典,又能令其诵读通利、书写经卷,广为他说,不退转于阿耨多罗三藐三菩提,为如是故,故得破戒……为是毁戒,若堕阿鼻,无有是处。

意思是说,为了传播"大乘经典",让民众信奉,可以不择任何手段,即使被认为"破戒"、"毁戒",也不会受到惩罚。佛教最平常的戒律是五戒,所谓杀、盗、淫、妄语、酒;为了捍卫和推广自己的教典,这些被戒律所禁制的诸事,悉可行之,哪怕罪至阿鼻地狱,因为不算毁戒,也不会下至地狱。

这里就涉及本经提出的另外两个概念,所谓"一子想"和"一阐提"。《寿命品》之三说:"菩萨修平等心,于诸众生,同一子想","如来视诸众生,同于子想"。《如来性品》之二,再次强调:"所言一子者,谓一切众生。"佛把一切众生视同他的亲生儿子罗睺罗一样。这一思想贯穿全经,当与大乘的慈悲观有关,不算新鲜,甚至算不得佛教的特色。上帝就自称人民是他的"子民",信徒们称上帝为"天父",信徒间即以兄弟姊妹相称,表示人际关系平等。但是,《大般涅槃经》对"一子想"的解释非常特别,这对理解基督教的教义或许也有帮助。

"一子想"所针对的"一切众生",主要是其中的"毁谤正法及一阐提,或有杀生乃至邪见及故犯禁"者,强调佛对于此等犯罪者亦"悉生悲心,同于子想"。在这些犯罪者中间,又特别针对反佛者言,譬如"有一人以刀害佛,复有一人持旃檀涂佛",佛于此两种人,持"平等"心,有同样的"爱念"。因此,仅从字面看,所谓"一子想"无疑是一种宗教宽容,相当于六度中的"忍"。然而接下去的解释就完全相反了:

"譬如国王、大臣、宰相产育诸子",将付严师教育而作是言:"我今四子就君受学,假使三子病杖而死,余有一子,必当苦治。要令成就虽丧三子,我终不恨。"(卷三,下同)此父及师,"以爱念故,为欲成就,无有恶心"。所以致死此子不但不获杀生罪,而且将得无量福报。

笔者想,如果把不惜苦逼子女成才致死作为教育方针,不论是父母或教师,都应当是犯罪行为,没有人性;如果以死要挟他人必须信仰此经的观念,那就是严酷的宗教迫害。果然如此:"如来亦尔"。他"以无上正法,付嘱诸王、大臣、宰相,比丘、比丘尼、优婆塞、优婆夷",劝励诸学人等,令得增上戒定慧,"若有不学是三品法、懈怠、破戒、毁正法者,王者大臣、四部之众应当苦治"。此处所列需要"苦治"的罪状,首先是不学佛教戒定慧,接着是学而懈怠,把毁谤大乘"正法"作为重罪状压轴。如何"苦治"呢?按戒律,可以呵责,可以驱遣,属于佛教内部管理,这无可厚非;但这里要求的是由王者大臣出面,动用国家机器和立法手段;要求在家信徒出面,动用财富以致鞭打杀害等各种残暴手段"苦治"之。简言之,为了推行对大涅槃的信仰,必须采取各种强制措施,一直到杀死诽谤者和异教徒;行杀者不但无罪,而且有功积德,因为他们体现了佛的"一子想"精神,实现了佛的"悲心"和"爱念"。

卷一六中《梵行品》之二记,当菩萨修习"四无量"的"慈、悲、喜"阶段时,"得住极爱一子之地",住于此地,"视诸众生同于一子,见修善者生大欢喜……见诸众生为烦恼病之所缠切,心生愁恼,忧念如子",以至于"见一阐提堕于地狱,亦愿与俱生地狱中"。据此,佛一再强调,"如来真实能为众生断除烦恼,终不为作烦恼因",菩萨"于诸众生,终无夺命"。然而就在同时,佛以他本人作菩萨时诛杀婆罗门为例,说明"一子想"的实质:当时他修菩萨行已住"极爱一子地",曾诛杀过婆罗门,理由是"以爱念

故,断其命根"。佛解释说:

> 譬如父母唯有一子,爱之甚重,犯官宪制。是时父母以怖畏故,若摈若杀;虽复摈杀,无有恶心。

菩萨为护正法,亦复如是:

> 若有众生谤大乘者,即以鞭打,苦加治之,或夺其命,欲令改往,遵修善法。菩萨常当做是思维:以何因缘能令众生发起信心?随其方便,要当为之。

这话说得异常清楚:为了让众生对大乘,特别是这部《大般涅槃经》发起信心,可以采取任何"方便"手段,包括鞭打和杀戮。这就是"一子想"中的"极爱"。为什么?因为"诸婆罗门命终之后,生阿鼻地狱,要有三念",其中之一是:

> 自念乘何业缘而来生此?即便自知,乘谤方等大乘经典、不信因缘,为国主所杀而来生此。念是事已,即于大乘方等经典生信敬心,寻时命终,生甘露鼓如来世界,于彼寿命具足十劫。

此处分"杀"为三种:从杀蚁虫到一切畜生为"下杀";从杀凡人到阿那含为"中杀";杀父母及阿罗汉、菩萨为"上杀"。凡行杀者依次得到重的或极重的罪报,必受相应的苦罚,没有例外。然而,下面的情况另当别论:

> 若有能杀一阐提者,则不堕此三种杀中……彼诸婆罗门等一切,皆是一阐提也。譬如掘地、刈草、砍树,斩截死尸、骂诅鞭打,无有罪报,杀一阐提亦复如是,无有罪报。何以故?诸婆罗门乃至无有信等五根,是故虽杀不堕地狱。

杀害婆罗门等的唯一理由,是因为他们没有信仰佛教的"信根";又因为他们没有"信根",所以杀而无罪。就是说,即使无意中伤害一只昆虫都是要获罪的,但杀害婆罗门等异教徒或不信佛教的"一阐提",则完全无罪。

在所有佛教经籍中,这部《大般涅槃经》可能是最具排他性以至于仇他性的一种。这种排他性和仇他性,已经远远超出一般比较高下优劣和思想批判的范围,而是把宗教普遍固有的褊狭心理,上升为对"非我族类"的全面敌视,到了除暴力解决别无出路的地步。在世界宗教史上,采用暴力强行推广某种信仰,或以行政手段强制人们信仰,是常有的事,由此造成的宗教仇恨、宗教迫害以至于宗教战争也屡见不鲜。佛教的发展一般是和平的。它缺乏组织力量,又善于融会和吸取外来思想文化和宗教观念为己所用,把满足社会不同人群的宗教和哲学需要作为自己传播的杠杆,所以也以宽容和兼容见长于其他世界性宗教。它的教理虽然不乏恐吓民众信仰的成分,但极少有宗教仇他主义内容,更少看到公开号召迫害和屠杀异教徒和反对派的言论。《大般涅槃经》打破了这一传统,或许是个例外的个案。然而例外应该有其之所以例外的原因,很值得深入探索。

《大般涅槃经》所反映的社会背景和文化背景,我们知之甚少,无可怀疑的是,这当是佛教发展中的一个非常时期。按照一般通史和宗教文化史推断,佛教始终面临的思想对手有两个:一个是本土的婆罗门教,一个是外来的伊斯兰教。伊斯兰教对佛教的打击,是在局部地区,其结果是使佛教失去了自己固有的领地,包括它的诞生地。婆罗门教则是佛教从头到尾的对立面,两者的斗争和融会贯彻在种种佛经中。佛教在其本土的衰亡,和最终退出它的祖国,至少在现象上,与这两个对手的强大有直接的关系。此外,佛教内部的派别斗争也是激烈的。早期佛教围绕提婆达多问题展开的斗争就很典型;大乘与小乘的争论,也不完全限于文字。在佛教史上,早期有目犍连死于非命之说,大乘领袖如龙树、提婆等也是非正常死亡。本经产生在公元 400 年以前,当然不是针对伊斯兰教讲这番话的,最大的可能仍是婆罗门教和部派佛教。认为大乘经非佛说因而不予承认,大约是部派佛教的普遍立场,一直传到中国,依然有僧人起来反对《法华》以及《涅槃》，就是例子；而中国的某些大乘教徒，对这些反对者则采取极端的诅咒态度，也可见宗派性带来的排他性情绪是何等恶劣了。

佛教的"护法"观念，也应该是在这样的背景下被突出出来的。《金刚身品》说，"护正法者"可得无量善报，包括获得金刚不坏之身。国王大臣首先应该做"护法者"，任务就是用武力镇压反对派和异教徒。该品说：

> 护法优婆塞等，应当执持刀剑拥护如是持法比丘；若有受持五戒者，不名为大乘人也。不受五戒，为护正法，乃名大乘。护正法者，应当执持刀剑、器杖，侍说法者。

又以佛的名义说：

> 我今听持戒人依诸白衣持刀杖者，以为伴侣。若诸国王大臣、长者优婆塞等，为护法故，虽持刀杖，我说是等名为持戒。

武装护法，即是持戒。此外，佛教僧侣间的矛盾，也提倡用流血手段解决。该品说：

> 多有为饥饿故发心出家，如是之人名为秃人；是秃人辈见有持戒威仪具足清净比丘护持正法，驱逐令出，若杀若害。

这表明当时的对立面对于"护持大乘正法"者，就实行过"若杀若害"政策的。

"一阐提"在佛教内部曾是一个很大的问题。它最初的提出，反映了大乘佛教对待婆罗门等异教徒和小乘佛教反对派的对抗态度；后来被提升到一般原则，而且力图给以理性的说明。

《如来性品》之二说："何等名为一阐提耶？一阐提者，断灭一切诸善根，本心不攀缘一切善法，乃至不生一念之善。"这个"善"，并非指公认的道德品质，而是有非常具体内容的宗教偏见：信我者为善，否则不善。

《如来性品》之六说:"《大涅槃》光能入众生诸毛孔故,众生虽无菩提之心,而能为作菩提因缘",但一阐提例外。此经"能除一切众生恶业、四波罗夷、五无间罪……因是则得发菩提心",唯除一阐提。此品还说:"是《大涅槃》微妙经典……雨大法雨,普润众生,唯一阐提发菩提心无有是处……譬如焦种,虽遇甘雨百千万劫,终不发芽;芽若生者,亦无是处。一阐提辈……断灭一切善根,如彼焦种,不能复生菩提根芽。"又说:"譬如明珠置浊水中,以珠威德,水即为清,投之于淤泥不能令清",《大涅槃经》"置余众生五无间罪、四重禁法浊水之中,犹可澄清发菩提心,投一阐提淤泥之中,百千万岁不能令清起菩提心"。譬如有药,能医所有烦恼重病,"而不能治必死之人",一阐提就是这样的必死之人,注定不能得到真解脱。

《如来性品》之二说,"真解脱者,即是如来",是有佛性的人。又说:

> 解脱者,名曰虚寂,无有不定。不定者,如一阐提,究竟不移。犯重禁者不成佛道,无有是处。何以故?是人若于佛正法中心得净信,尔时即便灭一阐提……是故若言毕竟不移,不成佛道,无有是处。真解脱中都无如是灭尽之事……一阐提若尽灭者,则不得称一阐提也。

意谓,即使犯重禁者也能成就佛道,唯有一阐提不能。对于一阐提可谓痛心疾首,除杀之外,似乎别无他法。

这里所谓"断善根"的"善",指的是信奉《大般涅槃经》;断善根者指的是谤大乘方等经者,亦即上述的小乘中的正统派,以及婆罗门、六师外道;由于其谤,所以"非器",不是容纳大乘涅槃思想的材料。但值得注意的是,此处唯独为佛的世仇提婆达多辩解。《梵行品》之二说:

> 我于尔时实不骂辱提婆达多,提婆达多亦不愚痴、食人涕唾,亦不生于恶趣之中、阿鼻地狱受罪一劫,亦不坏僧、出佛身血,亦不违犯四重之罪;诽谤正法、大乘经典,非一阐提,亦非声闻、辟支佛

也……提婆达多者,实非声闻、缘觉境界,唯是诸佛之所知见。

其所以为提婆达多如此辩解,或与大乘思潮的兴起以及提婆达多派有些关联,像《法华经》的《提婆达多品》表现得就很明显。

我们知道,"善"与"恶"一样都是道德范畴,但它们并不是抽象的。《大般涅槃经》对一切善都予以承认,都加以赞扬,也大力提倡;但有一条底线是绝对不可逾越的,那就是承认《大般涅槃经》是佛教唯一的圣典,承认其解释的涅槃佛性论是唯一的真理。这条底线也是衡量善恶的最后尺度:凡拥护《涅槃经》者,一切全善,淫、盗、杀也善,悉可成佛;反之,不信此经,反对此经及其所说,无论如何忠诚地吃斋念佛、修路补桥、慈悲布施,也属于恶,仍在可杀之列。道德善恶,服从经典神圣、教义权威和理论原则。经典之外,教理之外,别无道德,或只能作为附庸摆设。

现下有一种颇为流行的观念,认为宗教都是让人学好行善的,所以劝人入教,似乎宗教之外就没有道德。在这里,《大般涅槃经》给予了回答:所谓善恶的实际内涵,在不同宗教甚至同一宗教的不同教派和不同经典中,差别是非常大的,有兴趣的人不妨再翻翻基督教的《圣经》,查一查自"十字军东征"或更前以及迄今仍在继续的宗教战争和宗教仇杀的事实。英国的罗素曾来中国说过这样一段话:"一个无神论者,可能具备高度的道德水准,同时,当道德和宗教发生过分密切关系时,道德往往会变为伪善。"可以说,善恶观念在实际内容上的差别,比之是非曲直还要大得多。看不到或抹杀这些差别,至少是糊涂的。

关于"一阐提"只可以诛杀而必定不能成佛的断语,是《大般涅槃经》前部分的主调,这同中国提倡中庸之道的儒家精神难以融会,因而受到当时名僧道生的强烈反对;昙无谶译出《大般涅槃经》的后一部分,提法有了显著变化。《高贵德王菩萨品》之六中,佛还坚持"一阐提中无有佛性":众生佛性,无有住处,"以善方便,故得可见;以可见故得阿耨多罗三藐三菩提。一阐提辈不见佛性,云何能遮三恶道?"但到了《师子吼菩萨品》之一,佛即改口了:

> 我常宣说一切众生悉有佛性,乃至一阐提等亦有佛性。一阐提等无有善法;佛性亦善,以未来有故,一阐提等悉有佛性。何以故?一阐提等定当得成阿耨多罗三藐三菩提故。

如是,一阐提不但悉有佛性,而且未来定可成佛,因为得无上菩提就是成佛的标志。

大乘瑜伽行派是提倡"五种姓"说的。其中有类众生"无姓",即无菩提种子,决定不能成佛,就是这里提出的一阐提。于是一阐提是否具有佛性的问题,到了唐代又掀起新的一轮辩论。中国佛教主流始终没有接受一阐提不可以成佛的论点,更没有接受一阐提可杀的主张。这当是中国文化的特色使然。

第八节 因果非决定论

建立在业报论上的因果律,是佛教的基本教理、基本信仰。不论哪个派别,哪种经论,不论说"空"说到什么程度,没有谁敢站出来公然否定因果业报之说。抽掉或否定因果报应,佛教就失去了自己的信仰立足点。正因为因果律具有如此重要的地位,所以研究因果关系也就成了佛教哲学的重点课题,从而有了诸种典籍和各个派别关于因果的多种说法。其中最系统的因果论,首推说一切有部,它所创始的"四缘"、"六因"和"五果"之说,到瑜伽唯识还在继续完善。般若中观在真谛意义上否认任何实在,但在俗谛意义上对因果律的肯定同样强烈。《大般涅槃经》则提出了许多新的见解。

传统佛教的因果论强调,有因必有果,有果必有因。因果是一对反映事物之间必然联系、不可分割的范畴,由此说明,善有善报,恶有恶报,因果不爽。《大般涅槃经》则动摇了因果间的必然联系,同时认为,"因"可以脱离"果"而独存,"果"可以不由"因"而孤生,变革了佛教的业报法则。

《大般涅槃经》接收了不少般若经类的说法,其中之一,是认为一切法"自性不定"。这个"不定"说,对它主张如来、涅槃、佛性等"常住不变",是一个极大的冲击,对于一阐提不能成佛的前分主张,也是一种致命的否定。尽管如此,它还是采取了这一"不定"说,而且反复运用,主要目的在于打破传统的业报决定论。

《如来性品》之七载有两个对立的偈颂:

  一切江河必有回曲,一切丛林必名树木,一切女人必怀谄曲,一切自在必受安乐。

  非一切河必有回曲,非一切林悉名树木,非一切女必怀谄曲,一切自在不必受乐。

前偈是说明因果是决定的,后偈说明因果是非决定的。据经文解释,说因果决定,是为了调伏"诸国王、后妃、太子、王子、大臣"等的"憍慢心",向他们"示现恐怖",使其做事有所顾忌,所以是有条件的。这种因果决定不失之说,称为"有余"义,意有"未尽"。

此"有余"义或意"未尽"也成了《大般涅槃经》评判一切佛说的一项原则,看待任何佛经的一种态度:佛教是借助语言表达出来并指导行为的,而言不尽意的情况经常会发生;佛教所说教义,大都有很强的针对性,在一种条件下是绝对真理,但并不表示在其他条件下也是真理,所以佛教的具体教义不能代表佛教义理的全部,不能忽视它还别有"余义"。譬如,有一个说明佛教传统观念的偈颂这样说:

  一切属他则名为苦,一切由己自在安乐,一切憍慢势极暴恶,贤善之人一切爱念。(卷十,下同)

然而有许多事例证实,"一切属他不必受苦",像从师学智;"一切自在不必受乐",如不从师学智;"一切憍慢之结不必暴恶",如诸烈女以有憍慢心故,威仪成就;贤善之人也不须一切爱念,如贤善人犯重禁,护法者即得驱令罢道。

这种非决定论的方法，可以使学人避免教条主义，实事求是地观察具体的因缘变化。由此达到的重要成就，就是对传统业报法则的修正。像上述为护持正法和大乘经典，尽管破戒而不会受到恶报，就是其中最突出的一例。《圣行品》之二，佛陀举自身为例，说他往昔曾做大国王，爱乐大乘方等经典，只因为"婆罗门言：大王，菩提之性是无所有，大乘经典亦复如是。大王，何乃令人同于虚空……我于尔时，心重大乘，闻婆罗门诽谤方等，闻已，即时断其命根……以是因缘，从是以来，不堕地狱"。

佛之所以得出杀人无罪、而且有功的结论，从逻辑上说，与他奉行的善恶标准有关，与因果律本身没有直接关系，但佛却是作为因果新说中的意"未尽"、"有余"义来讲的。因为依照佛教旧说，凡杀即是罪，不管假借什么口实，没有例外。

然而一旦认定因果不定，佛教的业报法则是否继续有效就成了严重问题。我们已经说过，阿阇世是以杀父篡权坐上王位的。按业报法则，杀父奸母属"无间罪"，必定要下阿鼻地狱，备受苦罚，因此阿阇世做王以后，陷在极度的恐怖之中，想方设法寻找补救的办法。《梵行品》之六记其苦恼和到处求救的情景，十分生动：

> （尔时有大臣言：）法有二种，一者出家，二者王法。王法者，谓害其父则王国土，虽云是逆，实无有罪。如伽罗罗虫，要坏母腹然后得生；生法如是，虽破母身，实亦无罪……治国之法，法应如是：虽杀父兄，实无有罪。

其余外道六师也都各以自己的学说为之解脱，说王者尽管杀生，如何如何无罪。但王始终不能解除良心的谴责和负罪的恐怖感，以至于闷绝躄地。此时世尊"即告大众：我今当为是王住世至无量劫，不入涅槃"（卷二〇，下同）。为什么？为的是让像阿阇世王这样怀有犯罪感的人，从理论上认识到杀人无罪，最后是从良心上安于杀人，将杀人当做常态。由是佛说：

> 诸法无有定相……若彼王心是决定者,王之逆罪云何可坏?以无定相,其罪可坏。是故我为阿阇世王作决定心。

所谓"作决定心",就是让王牢固树立"法无定相"的信念。以下是佛与王的一段很长的对话。

> 佛言:一切诸法,性相无常,无有决定,王云何言,必定当堕阿鼻地狱?阿阇世王白佛言:世尊,若一切法无定相者,我之杀罪,亦应不定。若杀定者,一切诸法则非不定……佛言:善哉善哉!一切法悉无定相。王复能知杀亦不定,是故当知杀无定相。

这话可作为杀父无罪的理论纲要,而这纲要的原则,即是"法无定相"。

据此,佛为之逐一分析:

> 大王,如汝所言先父无辜横加逆害者——何者是父?但于假名众生五阴妄生父想……若色是父,四阴应非;若四是父,色亦应非;若色非色合为父者,无有是处,何以故?色与非色,性无合故。

此说是一切佛教的老生常谈,所谓五阴和合,假名为人;若以为实有,即是"妄想"——但却从来没有把它运用到杀父上。即使退一步说:

> 凡夫众生于是色阴妄生父想,如是色阴亦不可害。何以故?色有十种,是十种中唯色一种,可见可持、可称可量、可牵可缚。虽可见缚,其性不住;以不住故,不可得见,不可捉持,不可称量,不可牵缚。色相如是,云何可杀?若色是父,可杀、可害、获罪报者,余九应非;若九非者,则应无罪。

按佛教通常分别,一切物体不出"五根"、"五境",所谓"色有十种"。但人们能见、能执持的,唯有眼所见色一种;如果即此一色认做"父",那么捉持杀害的也只是所见色,并不能施及其他九色。从一色看可谓"杀",从余九色看则不是杀,所以杀或不杀不决定。至于色法,其性念念不住,捉持都不可能,何况是杀?

> （复次，）色有三种：过去、未来、现在。过去、现在则不可害。何以故？过去过去故，现在念念灭故；遮未来故名之为杀。如是一色，或有可杀，或不可杀，有杀不杀，色则不定；若色不定，杀亦不定；杀不定故，报亦不定，云何说言定入地狱。

这些说法，都可以看做运用般若空观对杀者无罪的判决。

般若经类在理论逻辑上导向否定业报法则，是必然的，中观学派的激进论师的这一倾向也很明显，只是由于提出"二谛"之说，避免了对佛教这一根本信仰的动摇。《大般涅槃经》为了给王者赎罪，强化了"不定"说，让它直接为否定因果律作辩，则显示了它对"二谛"说的特殊诠解。

《梵行品》之六论及杀事时谓：

> 非有非无而亦是有……受果报者名之为有，空见之人，则为非有；有见之人，则为非无，有有见者亦名为有。何以故？有有见者得果报故，无有见者则无果报。常见之人则为非有（36卷本"非有"作"非无"），无常见者则为非无（36卷本"非无"作"非有"）；常常见者不得为无。何以故？常常见者有恶业果故。

这段话不甚好解。大意是说所谓善恶果报，不是客观的适应一切的法则，而是随认识的不同，或有或无，而不决定。其中"空见之人"所见之空，相当于真谛；而"有见之人"所见之有，则相当于俗谛；"常见之人"指承认大涅槃的人，"无常见者"指持早期佛教观点的人。"常常见"者，不知所指。总之，对待果报存在两种不同的认识，也是一类二谛，所以是不决定的。

又，"众生者名出入息；断出入息，故名为杀。诸佛随俗，亦说为杀"，实不是杀；从俗故，得有杀报。

又，"譬如幻师，四衢道头幻作种种男女、象马、缨络、衣服，愚痴之人谓为真实，有智之人知非真有。杀亦如是，凡夫谓实，诸佛世尊知其非真"。

此等说法都可以归为二谛,均非决定。所以说到底,佛说是实,余说为妄;第一义谛是真,俗谛则妄。以真除妄,那就是一切听从佛说:

  杀法、杀业、杀者、杀果及以解脱,我皆了之,则无有罪;王虽知杀,云何有罪。

  譬如有人,主治典酒,如其不饮,则亦不醉;虽复知火,亦不燃烧。王亦如是,王虽知杀,云何有罪。

  又如人于日月照耀之下劫盗,此日月实不得罪,杀亦如是,虽复因王,王实无罪。

这类说法,有些语无伦次,但既是佛说,也只好当真。不过这已经透露出因果分离的消息:虽然作因,但可以不获报应。

单从佛教二谛说看,《大般涅槃经》不仅轻俗重真,甚或以真驱俗,与般若经类对二谛平等相待、互为依存的主张,差别极大。而这些差别,在于《涅槃经》只顾提出自己的主张,而没有相应的逻辑和理论跟随上去。此处论证的"杀"无罪,实质在于通过对阿阇世王杀父一事的分析,给王者的杀人权以教理上的支持,也为它号召佛教徒诛杀一阐提作思想动员。这从《梵行品》之六提出的另外三种杀人无罪的理由中也可以看出来:

一者,被杀属于业报,是被杀者该杀,所以杀者无罪。佛告阿阇世王说:"汝父先王若无辜罪,云何有报?"此乃汝"先王自作,还自受之,云何令王而得杀罪?"就是说,其父频婆娑罗王被亲子所杀,是咎由自取,"自作自受",该杀。佛陀还说,频婆娑罗之所以会"得居王位",是因为过去世"常于诸佛种诸善根"。由于过去所种"善根",所以今世才成为王者;同理,今世为王被杀,说明他过去造过该杀的罪业;如果杀他有罪,佛亦应有罪,因为频婆娑罗之为王,乃是他敬佛的果报。就此而言,"有罪者则有罪报,无恶业者则无罪报",这是决定的。但据此用来向杀父的阿阇世王解释,则受报又成了"不定"的现象:"杀亦不定。杀不定故,云何而言定入地狱？"究竟是决定还是非决定，全看对其要论述的命题是否有利。

二者，杀猪杀羊与杀人杀父同是一杀，用不着为杀人杀父不安："如王宫中常勅屠羊，心无所惧，云何于父独生惧心？虽复人畜尊卑差别，宝命重死二俱无异，何故于羊心轻无惧，于父先王生重忧苦？"

三者，杀人是杀者不得自由的行为，不应对杀的行为负责："世间之人，是爱僮仆，不得自在；为爱所使，而行杀害，设有果报，乃是爱罪，王不自在，当有何咎？"同样道理，"王本贪国，逆害父王；贪狂心作，云何得罪？"

《梵行品》之六还有一段话，谓人即是"五阴"；五阴之"因缘"无常。

> 以无常故苦，以苦故空，以空故无我。若是无常、苦、空、无我，为何所杀？杀无常者得常涅槃，杀苦得乐，杀空得实，杀于无我而得真我。

这是偷换概念，转换话题。但也说明，本经为了替杀罪辩解，是无所不用其极了。

同品中提出一个有现代意义的法学问题，那就是不能自我控制，没有自主行为能力的精神异常者，这里称为"狂惑"的，是否要负法律责任？

> 众生狂惑凡有四种：一者贪狂，二者药狂，三者咒狂，四者本业缘狂。我弟子中有是四狂，虽多作恶，我终不记是人犯戒……如人酒醉，逆害其母，既醒寤已，心生悔恨，当知是业亦不得报。王今贪醉，非本心作。若非本心，云何得罪。

此中"本业缘狂"，相当于先天精神病；"咒狂"，指受到法术、催眠等作用令精神被他人控制；"药狂"，指因服用致幻剂等药物导致精神错乱。至于因"贪"导致"狂惑"，这里举出贪酒一例，如此类推，像某些性变态、盗癖等也可以包括在内。对于因上四"狂惑"所犯罪行，经文定在不受戒律制裁之列，这对今天的法学建设，可能也有参考价值。

本品中还说道：

> 有诸众生，于日出时作种种罪，于月出时复行劫盗；日月不出，则不作罪。虽因日月令其作罪，然此日月实不得罪。杀亦如是，虽复因王，王实无罪。

月黑杀人，风高放火，犯罪是否与日月运行、气象条件有所联系，这可能是一个待研究的领域，摘此存照，以备有心人探究。

"狂惑"是人失去自我主宰能力，没有行动自由的极端表现，提升为佛教教义就是"无我"。既然无我，善恶行为则无主体，行为的后果也不应该由行为者承担。《师子吼菩萨品》之六，讲到众生悉有佛性，而诸众生不能得见的原因时，佛说："此非我咎，亦非圣道、众生等过，当知悉是烦恼过恶。"于是整体人与其行善作恶无关；善有善报，恶有恶报，都不属于整体人的事情。这就回到佛教把有情众生只看做诸多零部件的拼凑的老缺陷上了。

《大般涅槃经》产生的背景，我们不清楚，它可以告诉我们的是，此时此地的大乘佛教与国家权力正在密切起来：佛教直接参与了王权更迭的政治斗争，以换取王者的全力支持；王者也希望从佛教僧侣中得到支持，以夺取和巩固自己的权力。一般佛经谴责提婆达多害佛、煽动阿阇世杀父，企图建造一个由新佛、新王联合执政的新世界，那背景与本经提倡的思想主张异常吻合。本经的译者昙无谶，从谋求左右王权政治发端，最后因参与策划太子政变被杀，也可以作为解读本经的一个注释。

所谓因果不定，严格讲包括两项内容："业不定"和"果不定"。"业不定"指现在所作业，可以不受过去所作业的支配，从新安排；"果不定"指现在所作业，未来世不一定获相应的果报，不必担心。这两个不定，都在突出当下的行为才具有决定性的意义，鼓励当下就去行善去恶和修习佛教大乘，把行为的主导权从业报法则那里收归到现实的行为者这里。

《师子吼菩萨品》之五,佛说:"若一切业定得果者,则不应求梵行解脱;以不定故,修梵行及解脱果。"又说:"若能远离一切恶业,则得善果;若远善业,则得恶果。"这话应该是对现在的人说的。如果认为现在所作,仅仅是过去作业的结果,只能被动地接受,人们就会失去离恶行善的主动性和积极性,在这样的条件下,就要强调业果不定:"若一切业定得果者,则不应求修习圣道。"

力图摆脱传统佛教因果论的束缚,确立人在现实生活中的主体性和主导精神,是《大般涅槃经》提出"诸法不定"说的积极一面,发挥也很多,如说:

> 若一切业定得果者,一世所作纯善之业,应当永已常受安乐;一世所作极重恶业,亦应永已受大苦恼。业果若尔,则无修道、解脱、涅槃。(卷三一,下同)

是故业报决定论对佛教修习不利,对佛教传播不利。不仅如此,"若如是者,则不应有下姓下人,人应常人,婆罗门应常婆罗门"。

社会的种姓等级,众生的五道差别,都应该是永恒的;任何个体的任何努力,对改变自己的地位和命运全都无用。这样,人就变成了完全受动的、不能自主的,因而也就无所作为的机器。这样《大般涅槃经》就明确反对"业力不失"之说,认为"业若尤失,云何而有修道、涅槃?"

《师子吼菩萨品》之五分业为两种:定与不定。其中"定业"有二:"一者报定,两者时定。或有报定而时不定,缘合则受;或三时受,所谓现受、生受、后受。""报定"指一定受报的业,但它受制于两种情况:一是受报的条件是否成熟(缘合);一是受报不一定在一个时态。"现受"亦即"现报","如王作恶,天降恶雨",所谓现作现报是。"生报"即是"现报"的一种,指严重犯罪,以至于生命断绝,立即下地狱之类。"后报"指死后未来世受报。按照经文,除上三种受报外,其他业行皆属不定。

实际上，这所谓的"定业"，仍有"不定"的意思，因为任何业行，若要受果，都必须有因缘条件；如果没有这些条件，所谓"缺缘"或未与"缘合"，则不可能受报。佛教修习的一大任务，就是不创造令业报实现的条件，而是破坏既有的业力，使之失去结果的可能。因此，业报的实质，是非决定的。譬如人群总分上智下愚，两种作业都有不定："智者善根深固难动，是故能令重业为轻；愚痴之人不善深厚，能令轻业而作重报，以是义故，诸业不名决定。"所以"一切众生不定业多，决定业少"。正是从这个意义上，才为修道提供了可能性和有效性："以是义故，有修习道。修习道故，决定重业可使轻受。"

《大涅槃经》的因果新论，解决了佛教史上的两大理论难题：一是业报不失，导向命定论，削弱了去恶向善、修学佛法的主动精神，也冲淡了原有的业报创世的积极因素；一是把现状唯一地归结为业报的必然性，把现实的人生当成完全受动的无能者，从而抹杀了人的主动性以及对其行为应负的社会责任。本经在相当程度上纠正了这些偏颇。

与此同时，是夸张了意志自由的作用，只需"本心"的动机、修习层次，以及道德性质，即可决定一切，其他因缘关系和因果联系全不在话下。它不但重复着佛教内外有关"神通"的想象，认为有了"神通"就能够不受任何限制，任意而为，而且为打破因果链条，还复述和新添了许多其他神话，如说："若见佛者，所有重罪必当得灭"；信奉大乘经典者，也会如此。又，若犯罪而自感惭愧并且忏悔者，即可灭罪等。最典型的还是菩萨，据《梵行品》之四说：

> 菩萨得住是自在地，得自在力，随欲生处即得往生……若见地狱一切众生有可化令住善根者，菩萨即往而生其中；菩萨虽生，非本业果……虽在地狱，不受炽燃碎身之苦。

同类的话很多，意思是说，达到一定程度的菩萨，其所有行为，都是绝对自由而不受任何限制的。其他大乘经也有同样描述，但给以非决定论解释的,是在这里。

第九节 孤因独果论与"性相常住"

上述因果理论,主要是围绕世间关系说的。《大般涅槃经》的重点,还在于讨论出世间的因果问题,也就是说,传统的业报法则,是否适应出世间。它的回答是既有否定,也有肯定,丰富了这方面的内容。

卷一〇中的《如来性品》之七有一个偈:

> 本无今有,本有今无,三世有法,无有是处。

按偈文本义,是诠释有为法皆依因缘而不断变化的。就这个意义上说,认为有超越三世而永恒不变的佛性,是绝对的错误。但若从修习上,从对治烦恼和了见佛性而言,则是正确的。经文谓:"诸佛、菩萨、声闻、缘觉亦有差别,亦无差别",以及一切众生性相亦有差别,亦无差别。从诸佛菩萨声闻缘觉以及一切众生,"同一佛性"上讲,没有"差别";但凡圣之间,烦恼之有无、多寡,以及是否已见佛性和所见佛性的明了程度,至少有五种不同,这就是"差别"。换言之,无差别的是佛性,体现在众生"相"上则是差别。所谓"本无今有、本有今无",就是从众生的差别相上说的:大涅槃本来未见,今天见了;烦恼本有,今天没了——这是修习过程,属有为法范围。

卷一七中的《梵行品》之三也有一个偈:

> 本有今无,本无今有,三世有法,无有是处。

这个偈与前一个偈没有什么原则上的不同。佛陀解释说:

> 言本有者,我昔本有无量烦恼;以烦恼故,现在无有大般涅槃。
>
> 言本无者,本无般若波罗蜜;以无般若波罗蜜故,现在具有诸烦恼。

据此,若言"如来去、来、现在有烦恼者,无有是处"。以同样的道理,佛说:

> 言本有者,我昔本有无常无我无乐无净;以有无常无我无乐无净故,现在无有阿耨多罗三藐三菩提。言本无者,本不见佛性;以不见故,无常乐我净。

据此,若言"如来去、来、现在无常乐我净者,无有是处"。

从理论形式上看,这两个偈都是用来反对"三世有法",尤其是针对有部"三世实有"这一命题的。意谓,尽管"佛性"不受三世限定,众生悉有而且实有,但这本有的佛性是受烦恼障蔽的,包括受无常、苦、无我、不净的障蔽,所以它在众生那里的实际反映,并非同样地超越三世,永恒不变;众生要了见佛性,也非世俗知识所能,必须依靠般若波罗蜜断除烦恼,以及由此才能具有的阿耨多罗三藐三菩提,而这样的般若和菩提,也不是众生都所具有或具有的程度没有差别的。因此,尽管众生皆有佛性,并不等于众生已经达到常乐我净,已经是佛。

为了说明众生既有佛性又不是佛,以及如何才能将既有的佛性转化为现实的佛,《大般涅槃经》提出了"佛性是因不是果"和"大涅槃是果不是因"的因果分离说。《师子吼菩萨品》之二:

> 是果非因,谓大涅槃……涅槃无因,而体是果。何以故?无生灭故,无所作故,非有为故,是无为故……若涅槃有因,则不得称为涅槃……一切诸法悉无有我,而此涅槃真实有我,以是义故,涅槃无因而体是果。

说它是果,是因为涅槃是一切沙门追求的最高结果;说它无因,是因为涅槃本是永恒的存在,无需因缘条件令它产生。又谓:

> 是因非果,名为佛性。非因生故,是因非果;非沙门果,故名非果。

佛性是同样的"常",从它是被了见的对象,是得成无上菩提的内在依据,说其为"因";但它本身无因,不是由沙门修习可以产生的,所以说为"非果"。

从理论上说,大涅槃即是佛性,佛性即是大涅槃,两者没有本质区别;但从实践上说,佛性可以为因,大涅槃可以作果。这一对因果虽同住于一切众生中,但却各自孤立独存,并不发生因果联系,所以尽管佛性人人皆有,但不等于众生都已成就大涅槃。大涅槃是佛性在果位的称呼,佛性是大涅槃在因位上的名目,两者之间需要经过了了见性的认知和相应的修习过程,才能统一起来,而不会自动合一。原因是,两者的本性都是"常",而"常"是如如不动,不可变易的,所以不受因果律的制约。《光明遍照高贵德王菩萨品》之一谓:"常住之法,不从因缘",佛光明、智慧、大慈大悲等是常住之法,大涅槃更是常住之法,不从佛性因缘得,是当然的。

那种把佛性说成大涅槃之因或认为两者毫无关系的论调,《大般涅槃经》认为都是错误的。前者属"因中有果"论,后者属"因中无果"论,均应该批判清理——譬如"种生果",这是植物界常见的现象。如果对这一现象作哲学思考,这种与果的关系可以抽象为因果关系,进一步就产生了果先存在于因中,还是不存在于因中的问题,这就是"因中有果"和"因中无果"讨论的问题。

《光明遍照高贵德王菩萨品》之五记有双方的主要论点:"有诸外道作如是言:因缘和合则有果生。"(卷二五,下同)这当是因中无果论的命题:因缘生法,无需在因缘之外再为"法"找寻"生"的其他根据。我们知道,这其实也是佛教般若学的基本主张。对此,因中有果论难曰:

> 若众缘中本无生性而能生者,虚空不生亦应生果;虚空不生非是因故。以众缘中本有果性,是故合集而得生果。所以者何?如……欲造墙壁,则取泥土不取彩色;欲造画像,则集彩色不取草木;作衣取缕不取泥木,作舍取泥不取缕线。以人取故,当知是中各能生果;以能生果故,当知因中必先有性。若无性者,一物之中应当出生一切诸物;若是可取、可作、可出,当知是中必先有果……以有因故,如尼拘陀子生尼拘陀树,乳有醍醐,缕中有布,泥中有瓶。

此品所记因中无果论谓：

> 有诸凡夫复作是言：一切因中悉无有果。因有二种，一者微细，二者粗大；细即是常，粗则无常；从微细因转成粗因，从此粗因转复成果，粗无常故果亦无常。

此等因中无果论亦称"因转变为果"论，略名"转变论"。

《大般涅槃经》的态度是：

> 诸佛菩萨终不定说因中有果，因中无果，及有无果，非有非无果。若言因中先定有果及定无果，定有无果、定非有非无果，当知是等皆魔伴党，系属于魔。

这一观点，本经有多处发挥。《迦叶菩萨品》之三记佛说：

> 如有人问，是种子中有果无耶？应定答言，亦有亦无。何以故？离子之外不能生果，是故名有；有子未出芽，是故名无。（卷三五，下同）

"亦有亦无"的原因是："时节有异，其体是一。"以此譬如众生佛性，"若言众生中别有佛性者，是义不然。何以故？众生即佛性，佛性即众生。直以时异，有净不净"。同样，"是子能生果不？是果能生子不？应定答言，亦生、不生"。譬如，若说"乳中有酪，是名执著；若言无酪，是名虚妄。离是二事，应定说言，亦有亦无。何故名有？从乳生酪，因即是酪性，果即是酪……云何名无？色味各异，服用不同"。另一方面，"若言乳中有酪性者，乳即是酪，酪即是乳，其性是一，何因缘故乳在先出，酪不先生……是故知酪先无今有"。"若有说言，乳无酪性，能生于酪；水无酪性，故不生酪。是义不然。何以故？水草亦有乳酪之性。所以者何？因于水草，则出乳酪。"按此中水草，相当于本经讲的"缘因"。据此当知"是酪本无今有"；"是故智者应言，乳中非有酪性非无酪性"。同样，若言"一切众生定有佛性，是名为著；若无佛性，是名虚妄。智者应说，众生佛性亦有亦无"。此话是对前分《如来性品》之五的重述，那里说：

> 清净佛性常住不变，若言有者，智不应染；若言无者即是妄语……如因乳生酪，因酪得生酥，因生酥得熟酥，因熟酥得醍醐。如是酪性为从乳生，为从自生、从他生耶……若从他生，即是他作，非是乳生；若非乳生，乳无所为；若自生者，不应相似相续而生；若相续生则不俱生……虽不一时，定复不从余处来也。当知乳中先有酪相，甘味多故不能自变，乃至醍醐亦复如是。是牛食噉水草因缘，血脉转变而得成乳；若食甘草，其乳则甜，若食苦草，乳则苦味……是诸众生以明、无明业因缘故，生于二相；若无明转，则变为明。一切诸法善、不善等，亦复如是，无有二相。

"不定说"也贯彻在对众生佛性的理解上：如乳是一，表现的形态多种多样，不可以作决定说有说无。因为众生了见佛性的程度各有差别，如佛性之在凡夫可能不见，如一阐提；有些众生虽见而有声闻、缘觉、菩萨、佛等区别。就此而言，不能说众生没有佛性，亦不可说众生具有同等的佛性。这些区别，是众生各自修为的结果，并不是佛性的先天决定；后天的修为才起决定作用。因此，《光明遍照高贵德王菩萨品》之五说："如来说言，非有非无"，"从缘生故，名之为有；无自性故，名之为无"。

这里涉及的是佛教另一个重要观点：因果属有为法，而佛性和大涅槃属无为法。绝不可以用有为法的因果论，理解佛性与大涅槃的抓因独果，也不可否定作为了见佛性和证得大涅槃那个属于有为法的因缘说。《光明遍照高贵德王菩萨品》之六举例说：箜篌之声清妙，这声是哪里来的呢？将其弦、皮、木，以至"悉皆析裂，推求其声，了不能得"。原因是："取声者，法不如此。应以众缘、善巧方便，声乃出耳。"据此说明，佛性之于众生，并非一因一缘可见，大涅槃亦非佛性所成：

> 如乳中有酪性者，不应复假众缘力……若本有酪何故待缘？众生佛性，亦复如是，假众缘故则便可见，假众缘故，得成阿耨多罗三

藐三菩提。若待众缘然后成者,即是无性;以无性故,能得阿耨多罗三藐三菩提。(卷二六)

类似的话,《师子吼菩萨品》之一也说:

> 佛性者非阴界入,非本无今有,非已有还无。从善因缘,众生得见……佛性亦尔,一切众生烦恼火灭,则得闻见。

《光明遍照高贵德王菩萨品》之一举例说:

> 如火有本性,遇缘则发;眼有见性,因色、因明、因心故见。众生生法亦复如是,由本有(生)性遇业因缘,父母和合则便有生。

这里强调的是因果的复杂性,尤其是反对一因论。一因论是佛教缘起说的大敌,故云:

> 一切诸法,异因异果;亦非一因生一切果,非一切果从一因生……如从四事生于眼识,不可复说从此四事应生耳识……智者不可见离方便从乳得酪,谓得生酥亦应如是离方便得……因生故法有,因灭故法无……如盐性咸,能令非咸使咸。若非咸物先有咸性,世人何故更求盐耶?若先无者,当知先无今有,以余缘故而得咸也。(卷三五)

由此才能准确理解:

> 涅槃之体,非本无今有……有佛无佛,性相常住;以诸众生烦恼覆故,不见涅槃,便谓是无……涅槃是常住法,非本无今有,是故为常。(卷二一)

这样我们就得到两种佛性、两种涅槃:一是本体论意义上的,"有佛无佛,性相常住",独因孤果,不受因果律制约,一切众生悉有;二是认识论意义上的,其作为了见的对象,服从因果律,是无常的、变化的,不同众生有不同反应。这两者讨论的不是一个问题,所以不容混淆。为了说明众生佛性,即作为常住的佛性变为了见的对象,以及众生是如何了见它的,《大般涅槃经》提出了两对全新的"因"概念,即"生因"与"了因"、"正因"与"缘因"。

《师子吼菩萨品》之二说:"因有二种:一者生因,两者了因。能生法者,是名生因;灯能了物,故名了因。"譬如"因缘诸结,是名生因;众生父母,是名了因。如谷子等,是名生因;地水粪等,是名了因"(卷二八)。依照这些譬喻,"生因"指生果的根本因、是决定生果性质的因,若无此因,定无此果;"了因"是将本有的生因显现出来,是生果的辅助条件。任何事物,都必须具备这两个因才会结果,缺一不可。按有部等关于"四缘"的分类,"生因"相当于"因缘","了因"相当于其余三缘。此处所不同的是,"生因"是直接对果起生成作用的原因;"了因"无直接生果功能,而是使既有之物显露出来,令人可见。将此种二因说运用于涅槃佛性论,则成如下情况:

> 生因,谓六波罗蜜阿耨多罗三藐三菩提;复有了因,谓佛性阿耨多罗三藐三菩提。复有了因,谓六波罗蜜佛性;复有生因,谓首楞严三昧阿耨多罗三藐三菩提。复有了因,谓谓八正道阿耨多罗三藐三菩提;复有生因,所谓信心六波罗蜜。(卷二八)

对于大涅槃而言,六波罗蜜、八正道、首楞严三昧、信心,以及佛性和无上菩提,都是它的因,可以说是多因的结果;由于"因"和"了"与"生"的性质不同,凡与"佛性"有关的因性,均被列入"了因"范围,作为"生因"的,是六度与首楞严三昧。换言之,在这一切因中,唯一可以确定的,是"佛性"不能成为大涅槃的生因,只能作为了因。其余论述都很含混,但又与生因、了因的区分密切相关,所以不得不略作考察。

首先在分别大涅槃的生因、了因时,从来不使用单一的词解释:"生因"是六度与无上菩提连用,首楞严三昧与无上菩提连用,信心与六度连用;"了因"是佛性与无上菩提连用,六度与佛性连用,八正道与无上菩提连用。这意味着,即使作为了因,佛性也不能单独发生作用,而无上菩提、六度以至八正道,这类通向涅槃的道路,必得与佛性联结在一起,才能走通;无上菩提,既在生因中与六度等并称,又在了因中与佛性结合,正表现出它的特殊地位来:它既像佛性那样是被了知的对象,也是有了知佛性能力的智慧;六度的情形与无上菩提相同,二因中都有。关于这些关系及其如此之安排,在于表明,大乘普遍遵循的成佛之道,《大般涅槃经》是全部接受了的,但都给以佛性的规定,使它们获得新的质;而作为新质的佛性,又不许其自行发挥功能。

《师子吼菩萨品》之二说,还有两种因:"一者正因,两者缘因。正因者,如乳生酪;缘因者,如醪、暖等。"(卷二八,下同)根据此说,则"从乳生故,故言乳中而有酪性",此属正因;亦可说"乳中本无酪性,今方有者",此属缘因。缘因可以很多,正因只能是一。以此例证"众生佛性",在师子吼菩萨与佛的一番问难中表达出来。佛说:"正因者,谓诸众生;缘因者,谓六波罗蜜。"师子吼按照这个定义解释说:"我今定知乳有酪性……诸众生内有佛性",此酪性即是佛性;"以有性故,故须缘因。何以故?欲明见故;缘因者,即是了因……是故虽先有性,要假了因然后得见。以是义故,定知乳中先有酪性"。

师子吼的这个解释,以佛性为正因,以六度等为缘因,在逻辑上说得过去。但佛陀却给以坚决的驳斥。驳斥的言论很多,集中于一点,就是不能承认因中有果,不能承认佛性本身有了见的功能,也就是说,不能把大涅槃看做是佛性自我了知的结果:佛性不能既是正因,又兼缘因,而将二因融于一体。

这类辩难很繁,最后结论大体如此:

> 众生佛性不名为佛。以诸功德因缘和合得见佛性,然后得佛。汝言众生悉有佛性何故不见者,是义不然。何以故?以诸因缘未和合故。善男子,以是义故,我说二因:正因、缘因。正因者,名为佛性;缘因者,发菩提心。以二因缘得阿耨多罗三藐三菩提,如石

出金。

这话算是说清楚了,但又提出一个问题:所谓菩提心与佛性,两者是什么关系?此处的回答很明确:"此菩提心,实非佛性。"原因在于,"心非佛性。何以故?心是无常,佛性常故"。

此"菩提心",属于无常。可"阿耨多罗三藐三菩提"呢,是心?非心?如果是心,还有什么"发心"、与"缘得"的区别?如果"非心",它与佛性又有什么区别?对佛教来说,这是些重要问题。《如来性品》之六有段话:"《大涅槃》光能入众生诸毛孔故,众生虽无菩提之心,而能为作菩提因缘。"因为此经"能除一切众生恶业、四波罗夷、五无间罪……因是则得发菩提心",唯除一阐提。

如此看来,阿耨多罗三藐三菩提不是众生所固有的;人们要具有菩提心,必须接受《大涅槃》的光照,所谓发菩提心,也就等于下决心接受"大涅槃"的信仰。这一解释,对我们理解大乘经典屡屡把获取无上菩提作为成佛的依据,是一把钥匙。

除此之外,《光明遍照高贵德王菩萨品》之一列有另一对因:

> 复有二因:一者作因,二者了因。如陶师、轮、绳,是名作因;如烧烛等照暗中物,是名了因。善男子,大涅槃者,不从作因而有,唯有了因。了因者,所谓三十七助道法、六波罗蜜。

这话说得就更清楚了。

在谈到"心"与"菩提"以及与"佛性"的关系时,论题就转向了"心性"的内涵问题。

传统上,佛教有两种对立主张:一主"心性本净,客尘所染";一主"心性杂染",本有贪性和解脱性等。此处都不赞成。《光明遍照高贵德王菩萨品》之五说:

> 诸佛菩萨终不定说心有净性及不净性,净、不净性,心无住处故。从缘生贪,故说非无;本无贪性,故说非有。善男子,从因缘故

心则生贪;从因缘故心生解脱。

就是说,心性是中立的,无记的,如同一张白纸,无所谓净不净,所以再次强调:

> 诸佛菩萨不决定说心性本净、性本不净。善男子,是心不与贪结和合,亦复不与瞋痴和合……譬如日月虽为烟尘云雾及罗睺罗(指日月蚀)之所覆蔽,以是因缘令诸众生不能得见;虽不可见,日月之性终不与彼五翳和合。心亦如是,以因缘故,生于贪结;众生虽说心与贪合,而是心性实不与合……以是义故,贪欲之结不能污心。

如此说来,这个心性也应该是常恒不变的,它可以受到烦恼的遮蔽,但不能被污染;可以被了知,但不会因此而更洁净。这样的心性,也可以比做众生皆有的佛性,但经文却无明确的表达。相反,它对心的本质,依旧用"无常"去界定,其与佛性之常住完全相反,故有"愿作心师,不师于心"的说法。心性之不等于佛性,似乎是清楚的,可佛性究竟存在于何方?这是本经的一大悬案。然而有一点是肯定的,那就是不能把心之贪瞋痴或从中所得到的解脱,说成是心的固有性质:

> 一切凡夫无明所盲,作是定说:色有著义,心有贪性。复言:凡夫心有贪性,亦有解脱性;遇贪因缘心则生贪,若遇解脱心则解脱。虽作此说,是义不然。

为什么这么说不对,因为此亦是"因中有果"论,是一种决定说。本经不赞同将贪等烦恼或所得的解脱,说成是存在于心的贪性或解脱性中。心不决定,起决定作用的是因缘。说得再清楚些:是烦恼还是解脱,与心的先天本性无关,而是众生后天因缘行为的结果。

这样的心性论,或后天决定论,在整个佛教中是独树一帜的。昙无谶译的《菩萨戒本》有同类的思想。

此类问题,引起中国佛教义学的不少讨论,例如分佛性为正因佛性、了因佛性、缘因佛性;从修习的过程,将佛性列入因位,涅槃作为果位,或把因位佛性称为性佛性,把所获涅槃称为修得佛性,等等。目的都在于解释,既然众生佛性与大涅槃实为一体,为什么在众生平等悉有的前提下,会有六道三乘等诸多差别,以及为什么皆有佛性而不成为现实的佛;其所以作这类解释,目的又在于强调后天修习,尤其是学习大乘经典、护卫大乘法师的特殊性和重要性。在哲学上,还引发了心性与佛性的关系,两者是一是异,以及心性的具体规定等。

从理论上说,因果是一对相互关联的范畴,相对而有。佛性既被定义为无果之因,涅槃是无因之果,那就不可以再用因果范畴解释佛性与涅槃的关系,《大涅槃经》自身也说,佛性与涅槃是不受因果律左右的常在。然而它还是使用了因果的概念,而且不惜把两者割裂开来,变成完全隔离的孤因独果,这不能不说是一种思维的困窘。它这里所说的"因",实指四谛、十二因缘、戒定慧、八正道以及般若、六度、无上菩提等一切可以通向涅槃的佛法,而所谓涅槃果,也是指基于此等佛法认识和修习所得解脱的结果。按照这种思维,则佛性是一切佛法的本原,涅槃则是通过佛性流出的佛法,铲除烦恼障碍、了见佛性、回归佛性的结果。如此一来,从众生到成佛,从生死到解脱,从佛性到涅槃,只是佛性涅槃本身的自我分裂又自我合一,是自我运动的过程。而《大般涅槃经》是不承认的。它强调的恰恰相反,是向外学习,学习大乘方等经典,听闻法师的大乘说教,尊敬和礼拜这些法师,并将这一切也纳入了佛性的范围。于是在思维了见之外,佛性又增加了必须外向的内容。使本来并不复杂的问题,搅得越加混乱起来。用现在的话,可以简单概括如下:佛性是成佛的内在根据,即未来成佛的可能性;内思外学和宗教实践,是实现成佛的因缘条件,亦即将可能性转化为现实性的条件;满足这些条件,完成这一转化,就是"大涅槃"。被割裂的孤因独果,在宗教实践中被衔接起来了。

顺便指出,经文之所以混乱,与其使用的方法也有一定关系。这方法,一是上述的"不定说";二是"随意语",如《迦叶菩萨品》之四说:"夫佛性者,不名一法、不名十法……不名万法,未得阿耨多罗三貌三菩提时,一切善、不善、无记尽名佛性。如来或时因中说果,果中说因,是名如来随自意语。随意语故,名为如来。"这个不定和随意,可以打破任何正常的逻辑思维,也可以供人随意诠释和猜想。《大般涅槃经》在中国的传播范围之广和影响之巨,绝不下于《般若》、"三论"以及《法华》和《华严》等诸典,但竟没有形成一个独立的学派,更不用说是宗派了,这一现象值得思考。

第十节 《大般涅槃经》的文献价值

《大般涅槃经》的译出,在中国佛教义学史上,起过历史性的转折作用。它不但与小乘有、空二宗划清了界限,也否定了大乘般若的思想体系,曾引起当时中国佛教义学界的强烈震动,反对者和欢呼者形成鲜明的对垒。

反对者的首领是北魏时著名的成实论师彭城僧渊,以至于梁僧祐在《出三藏记集》里诅咒说:"彭城僧渊,诽谤《涅槃》,舌根销烂,现表厥殃。"

前已述过,《成实论》把涅槃规定为"灰身灭智",其反对把涅槃解释成常乐我净,是坚持《成实论》正义的必然反映。而后三论宗吉藏,贬斥《成实论》为小乘宗空,致使此论在义学中的地位每况愈下。令吉藏作出这一判决的理论依据,并不全是般若三论家的所谓大乘空观,起决定作用的还是《大般涅槃经》。《三论玄义》之"排成实",最重要的理由是《成实》"但明于空,未说不空";所谓"不空"即是"大涅槃"。吉藏还以同样理由"折毗昙",称说一切有部"违法界及大涅槃"。学界多认为三论宗是龙树、提婆体系的忠实传播者,其实不确。

既是成实论师又是中观学者的僧叡,于法显译本问世之后作《喻疑》,则专门分析当时罗什所传般若中观系学者对大涅槃的怀疑态度,文中说:

> 今疑《大般泥洹》者,远而求之,正当以一切众生皆有佛性,为不通真照;真照自可照其虚妄,真复何须其照?一切众生既有伪矣,别有真性为不变之本。所以陶练既精,真性乃发,恒以大慧之明,除其虚妄。虚妄既尽,法身独存,为应化之本。应其所化能成之缘,一人不度,吾终不舍。此义始验,复何为疑耶!若于真性法身而复致疑者,恐此邪心无处不惑。佛之真我尚复生疑,亦可不信佛有正觉之照而为一切种智也。般若之明,自是照虚妄之神器,复何与佛之真我?法身常存,一切皆有佛之真性。真性存焉,学不越涯,成不乖本乎!而欲以真照无虚言,言而亦无,佛我亦无,泥洹是邪见也。但知执此照惑之明,不知无惑之性,非其照也。为欲以此诬罔天下,天下之人何可诬也。(《出三藏记集》卷五)

这段话详解起来颇为麻烦,大意是说,当时的般若学者也是坚决反对法身常存、佛有真我之说的,而且态度坚决,以致僧叡斥此等反对派"皆为不救之物",不得不撰《喻疑》之论以斥之。

如果此经在中国佛教内部都引起如此尖锐的论辩,那么在生产出它的本土,斗争更是不可避免的了;此经论说比较繁杂混乱,也可能反映了当时佛教的内部分化,与思想多头、歧义竟出有关。《梵行品》之四在解释为何此经名"如来秘密之藏"时说:

> 为未来世诸恶比丘畜不净物,为四众说如来毕竟入于涅槃,读诵世典、不敬佛经,如是等恶现于世时,如来为欲灭是诸恶,令得远离邪命利养,如来则为演说是经。若是经典秘密之藏灭不现时,当知尔时佛法则灭。

此处的"畜不净物",指储藏金银等财物;"说如来毕竟入于涅槃",是声闻缘觉的普遍主张;不敬佛典而读世典,当然是离经叛道了——此处统归之谓"邪命利养",意为目的均是为了非法牟利。《大般涅槃经》即以清理门户,灭除此类恶行为己任,以至于说,没有此经,也就没有了佛法。同品还记：

>我法灭时，有声闻弟子或说有神、或说神空，或说有中阴、或说无中阴，或说有三世、或说无三世，或说有三乘、或说无三乘，或言一切有、或言一切无，或言众生有始有终、或言众生无始无终，或言十二因缘是有为法、或言因缘是无为法，或言如来有病苦行、或言如来无病苦行，或言如来不听比丘食十种肉……或言一切不听，或言比丘不作五事……或言不听入五种舍，或言不听著憍奢耶衣，余一切听，或言如来听诸比丘受畜衣食卧具、其价各直十万两金，或言不听，或言涅槃常乐我净，或言涅槃直是结尽、更无别法。

又记："拘睒弥国有二弟子，一者罗汉，两者破戒"。破戒徒众五百，其说"如来毕竟入于涅槃……如来所制四重之法，若持亦可，犯亦无罪"；罗汉比丘徒众一百所持观点相反；"不应说如来毕竟入于涅槃，我知如来常、不变易"，而阿罗汉亦不会犯四重罪。这一争论的结果，是"破戒比丘徒众即共断是阿罗汉命"，由此引起两派相残，六百比丘全部受害。这位阿罗汉所持的"如来常、不变易"显然是《大涅槃》的观点，由此引发的残杀会如此惨重，如不见于佛典自己的记录，很难令人相信。

《憍陈如品》有一段论述，表明《大般涅槃经》曾经企图用自己的教派思想统一所有沙门和婆罗门：

>色非寂静，因灭是色，获得涅槃寂静之色；受想行识，亦复如是。

此指由世俗五阴转化为如来五阴，从无常等转得常乐我净，属《大涅槃》思想。又说：

>若有人能如是知者，是名沙门、名婆罗门，具足沙门婆罗门法……若离佛法，无有沙门婆罗门，亦无沙门婆罗门法。一切外道虚假诈称，都无实行。

经文要求他的徒众"亦当在大众中作师子吼"，由此引起"外道有无量人"

心生瞋恶，甚至认为"瞿昙之言如狂无异"，属于"妖惑"。然而最重要的是，《大涅槃》之说确实分化了外道徒众，大批地转信涅槃之常乐我净，谓：瞿昙先说"无常苦空无我等法，我诸弟子闻生恐怖：云何众生无常苦空无我？不受其语"。今者瞿昙，"为诸大众说有常乐我净之法，我诸弟子闻是语已，悉舍我去，去受瞿昙语"。"外道"，实是早期佛教诸派，由此失去信徒，失去供养，失去利益，所以骂其为假慈悲等。

《大般涅槃经》与反对者的教派斗争，在教义上的反应，就是中国佛教史上曾引起众所注目的"一阐提"及其是否能够成佛的问题。

首先反映在翻译上。此经的最早译本是法显从印度巴连弗邑（华氏城）的婆罗门家得来，回国后于义熙十三年（417）末在建康译出的《大般泥洹经》，分十八品，共六卷，或十卷（见《祐录·六卷泥洹经记》、《法显传》），现存。它是提倡一阐提绝不会成佛的，态度坚决，没有丝毫妥协的余地。另据《祐录·大涅槃经记序》谓："此《大涅槃经》，初十卷，有五品。其梵本是东方道人智猛从天竺将来，暂憩高昌。"（《出三藏记集》卷一四）这个五品十卷本的《大涅槃经》，在昙无谶所译《大般涅槃经》中被称为"前分"，内容与法显译本相同，来自同一个地方，唯分品不同。也就是说，法显译本原是单行的独立体系。这个《记序》还说："此经初分，唯有五品；次六品已后，其本久在敦煌。"这说明"次六品已后"——被称为该经的"后分"，也是单行，应该属于另一个体系。它与前分最显著的区别，是提倡一阐提亦能成佛。河西王即命昙无谶依据这两个原本于北凉玄始十年（421）在姑臧译出，成为现在我们见到的三十六卷本或四十卷本共十三品的《大般涅槃经》。及至此经传至建业，慧严、慧观与谢灵运等依法显译本品目，扩大谶译之前五品为十七品，总成二十五品，是谓南本《涅槃》；昙无谶原译，称北本《涅槃》。这好像是定论了。

但问题依旧还有一些。据《祐录·昙无谶传》：谶中天竺人，偶遇一禅师，得受树皮《涅槃经》本，后因讹诈无行被所在国追捕，"乃赍《大涅槃经》本前分十二卷"等，逃奔龟兹。就是说，昙无谶在中天竺时已经拥有

《大涅槃经》的"前分",后至姑臧,河西王乃命翻为汉语,沙门慧嵩执笔,将此前分译出。至于"后分"呢,本传说:"谶以《涅槃》本品数未足,还国寻求。值其母亡,遂留岁余。后于于阗更得经本,复还姑臧译之,续为三十六卷焉。"这是说,《涅槃》后分,是来自于阗,而不是印度。这个记载的特点,是把《大般涅槃经》前后两分都当做译者昙无谶的发现,与前述经序所记事实,差别是明显的。然而《祐录·昙无谶传》还记:"初,谶译出《涅槃》,卷数已定,而外国沙门昙无法云,此经品未尽。谶尝慨然,誓必重寻。"后因谶被诛而未成。"后道场寺慧观欲重求后品",乃资助高昌沙门道普西行寻经;普行至长广郡,因疾而卒。临终叹曰:"《涅槃》后分,与宋地无缘矣。"(《出三藏记集》卷八)此处所谓"后品"、"后分",是指前五品之后言,还是指三十六卷之后言,表达得不清楚。假若指前五品之后,则南京道场寺的学僧们对于谶译的后分相当不满意,故曰"欲重求";若指三十六卷之后,则说明谶的全译本并不完善,他本人也不满意,故曰"誓必重寻"。不论哪种说法,对于谶译《大般涅槃经》后分的不满是普遍的。

《高僧传·昙无谶传》又增加一番周折,谓谶携《大涅槃》前分先至罽宾,再至龟兹,而后于姑臧译出之;及至发现品数未足,乃于于阗"更得经本中分";"后又遣使于于阗,寻得后分,于是续译为三十三卷"。(《高僧传》卷二)如此说来,《大般涅槃经》应该分前、中、后三分,在此之后,不应再有什么后分。这一传说,显然认为谶的既有译本就是全本,应该满意的了。可接着把《祐录》的记载拉进来,谓"谶固请西行,更寻《涅槃》后分",又自我矛盾起来。

《大般涅槃经》前后两分除了对一阐提采取完全不同的立场以外,还有什么问题,使得信奉此经的沙门不满,我们很难弄得清楚。但可以肯定,此经的前分是稳定的,而后分的原貌,甚或是否有这个与前分衔接的后分,却很难说。谶译本的分品编纂,当是译者所为。法朗是当时凉州名僧,也是本经翻译的参与者,他在《经序》里说:"如来去世,后人不量愚浅，抄略此经，分作数分；随意增损，杂以世语，缘使违失本正，如乳之投水……虽然，犹胜余经。"(《出三藏记集》卷八)就是说，当时的参与翻译的人，已经发现问题不少了，遗憾的是，他并没有交代他根据什么说此经只是抄略，而且思想不纯，"分作数分"。假若反过来想一想，这被分的"数分"，是好事者在"前分"基础上的无限增补，或许更符合逻辑。

又，据智猛《游外国传》记，他曾于华氏城一婆罗门家"得《泥洹》胡本，还于凉州，出得二十卷"(见《祐录·二十卷泥洹经记》)。这可能又是一个本子，可惜此经已佚，与谶译本无法比对了。然而到了唐朝，确实又译出了一部《大般涅槃经》后分(二卷)来，但讲的是佛的临终嘱咐和徒众们如何去处理他的后事，与法显译和谶译的思想全不相干，所以信奉者和研究者都不把它列在涅槃学的范围。

僧传的有关记载，大体如此。这里要补充的是，前分(即法显本《大般泥洹经》)关于"一阐提"，以及"一阐提"始终不可能接受"如来是常"、涅槃佛性为"常乐我净"，因而不可能成佛的基本观念。

《大般泥洹经》卷六的《问菩萨品》中讨论了"何等为菩萨摩诃萨"的问题。佛的解释是：抽象地说，"已发意者及未发意，是等一切悉为菩萨"。具体而言，"一切众生必有菩提因缘入身中者"，即是菩萨。什么是众生的"菩提因"？佛讲了这样一段话：

> 除一阐提，诸余众生其有闻此《大般泥洹方等契经》为菩提因者。当知是等已曾供养无量诸佛故，得闻此经，其余诸罪无能为也。所以者何？此摩诃衍大方便力，开发一切如来性故……于彼能发菩提之心，于此《大乘般泥洹经》不乐之心，从是永灭。如是则为菩提之因。如是为因，如是为缘，即立菩提……如虚空中兴大云雨，雨于大地枯木、山石及诸高原，其水不住；流澍下田，陂池悉满。众生受用此摩诃衍大乘法雨，雨一阐提如雨木石高源之地，不受菩提因缘津泽……譬如种子熬令干焦，虽复时雨，百千万劫不能令生。一阐提辈亦复如是，于此《方等般泥洹经》，虽百千劫闻，终不能发菩提萌

芽。所以者何？如焦谷种，善根灭故……此《摩诃衍般泥洹经》亦复如是，著诸众生五无间罪、犯四堕法浊水之中，犹可澄清发菩提心，投一阐提淤泥之中，百千万岁不能令清，起菩提因。所以者何？无善根故……此《摩诃衍般泥洹经》，一切众生恶业重病悉能疗治，若四堕法、无间罪业，及诸外道不乐菩提，闻斯方等一经耳者，为菩提因。所以者何？此《摩诃衍般泥洹经》一切诸恶无不治故，唯除一阐提。所以者何？无菩提因故……永离善心名一阐提。诸增上慢一阐提辈，以何为本？诽谤经法不善之业，以是为本。诽谤经法凶逆暴害……一阐提辈永离菩提因缘功德。斯等名为世间鄙行。

这段话只讲了一个道理：《大般涅槃经》就是大乘方等经的唯一代表，众生之所以具有菩提心，全在于能接受和信奉此经。因为此经的作用，就在于开发众生本有的如来性（佛性）。所以无论犯多大罪、多少罪，即使奸淫盗杀，无恶不作，必定要下无间地狱，一旦闻听此经，信奉此经，一切罪皆可赦免，而且必定发菩提心，终于成佛。反之，拒绝信奉，尤其是诽谤此经，对其作"不善之业"，"凶逆暴害"，那就是"一阐提"，意谓着"永离善心"、"无善根"。

换言之，唯有《大般涅槃经》是"菩提因"；"一阐提"无菩提因，就在于诽谤《大般涅槃经》，所以说，一阐提辈"以何为本？诽谤经法不善之业，以是为本"。所谓"经"，即是《大般涅槃经》，所谓"法"，即是此经说的佛身常住，涅槃佛性常乐我净。

那么，《大般涅槃经》是怎样成为"菩提因"的？在《如来性品》之六中，佛说：

> 譬如莲花为日所照，无不开敷，一切众生亦复如是，若得见闻大涅槃日，未发心者皆悉发心，为菩提因。是故我说大涅槃光，所入毛孔必为妙因。彼一阐提虽有佛性而为无量罪垢所缠，不能得出，如蚕处茧。以是业缘不能生于菩提妙因，流转生死无有穷已。

意谓《大般涅槃经》如同太阳,日光所照即能令众生发菩提心,一阐提虽有佛性,以其罪恶深重,不能接受大涅槃进入他们的毛孔,所以不能成为他们的菩提因。

这些话都表明,本经与一阐提的对立,集中在一点上,即是否承认《大般涅槃经》为佛所说,以及是否听受信奉。这也绰约地反映了本经问世的历史遭遇:曾受到过激烈的反对,甚至遇到过暴力;而本经的缔造者和拥戴者们,也是以暴易暴,给予了最极端的报复。这些冲突并非发生在对待"外道"异教上,而是佛教的内部派系中。

大家都知道印度的大乘佛教分为两派,即以弘扬般若空观为核心的中观学派和以发挥唯识思想为中心的瑜伽行学派。前者是不允许任何真实本体存在的;后者则持绝对肯定的态度。这两派的斗争,在他们的汉译论著中有所反映,但多持调和的立场,其中的尖锐成分,我们很难看到。《大般涅槃经》对一阐提的记述及其采取的严厉态度,有可能是这两大派中的极端分子斗争的写照:从理论上说,唯一不能忍容佛性论的是般若思潮——那种批判的、不妥协的否定性精神,绝不会允许"真我"占领佛教领地;而推崇《大般涅槃经》的,唯有在瑜伽行学派中才留有若干痕迹——尤其是它的九识说、五种姓说,以及对《楞伽经》的推崇。现存有陈真谛译介的《〈大涅槃经〉本有今无偈论》和《佛性论》,表明其与旧译瑜伽之间的某种联系。当然,也有可能,在这两大派之外,还有一些更激进的佛教思潮,我们完全缺乏了解。

"真我"的出现,当与"佛身"观念有直接的关系。释迦牟尼去世以后,他的信徒为了追念他,有了造像之举,由此发展为偶像崇拜;为了将他的学说持久化,有了"法身"的理念。所谓法身,即是以法为身,开始将佛法人格化;到了多佛主义的出现,"法"的地位高于"人"的地位,于是"释迦佛"被解释为"法"的实践者、"法身"的体现者,称之为佛的"色身"(生身)。法身是常、是一,色身(生身)无常、是多,表明统一的佛教,可以拥有无量数佛。但此中始终没有明确,色身(生身)佛,是否也可以是永生的、不灭的。如果做了佛,也与人天一样地要服从无常、无我的规律,那佛的优越性何在?《大般涅槃经》解决了这个困惑:任何众生都具备成佛的因素,只要信仰《大般涅槃经》,获得菩提因,即可以他的色身转化为永生的佛身,并享受到他应该享受的"常乐我净"。后来的大乘佛教普遍提倡佛有"三身"说,其中"法身"是历史沿革下来的,"化身"或"变化身"是"色身"或"生身"的变异,而所谓"报身"或"受用身",其实就是此处的拥有我、乐、净的"常住身"。《大般涅槃经》有关"真我"的思想,实际上溶解在大乘的宗教部分,尽管哲学上依旧坚持着"无我"之论。

关于"一阐提",在《大般泥洹经》的同卷中还另有分析,并非一味地把它与罪恶等同。

> 有似阿罗汉一阐提而行恶业,似一阐提阿罗汉而行慈心。有似阿罗汉一阐提者,是诸众生诽谤方等;似一阐提阿罗汉者,毁訾声闻,广说方等,语众生言,我与汝等俱是菩萨。所以者何?一切皆有如来性故。然彼众生谓一阐提而言,如来授我等诀,汝亦如是,我与汝等皆当俱离无量烦恼、众魔恶业,如坏水瓶。于此契经必成菩提,勿复生疑。譬如烈士奉王使令,至他国中称叹王德,宁失身命,要不移易。我等今日亦复如是,如来记说一切众生皆有佛性,我等要当不惜身命,于凡愚中广说此经,是名似一阐提摩诃萨也。

它所反对的是"似阿罗汉一阐提",支持的是"似一阐提阿罗汉"。虽然表现或为恶或为罪,与阿罗汉的行为不相应,但他们毁訾声闻,广说方等,以菩萨自许,所以具有如来性,未来必定成佛。那种诽谤方等诸经,即使表现得多么像个阿罗汉,也只可能是"似",决不能成佛的,所以说:

> 若阿练若愚痴无智,状似阿罗汉而诽谤方等,愚呆凡夫谓真阿罗汉、谓是大士。是恶比丘示现空闲阿练若处,而自处置似真阿罗汉,于阿练若行永不随顺,而作异说,起四因缘,言方等经皆是魔说;言摩诃衍者是诸黠慧正法刺剑,诸佛世尊皆当无常而说常住,当知

> 是为毁灭正法、破僧之相。作是说者名一阐提。若有众生修《摩诃衍般泥洹经》,亦复如是,不为烦恼之所污染。所以者何?如来之性不受染故……譬如盲人不见五色,良医能治令目开明,唯不能疗彼生盲者。此《摩诃衍般泥洹经》亦复如是,一切众生声闻缘觉不乐菩提未发心者,悉皆疗治,令开慧眼发菩提心,唯除生盲一阐提辈。
>
> (佛之泥洹,)如蛇脱皮,更游余处,而实不死。如是善男子,如来泥洹,舍彼故身,如脱皮去,是故如来名为善逝,舍毒药树方便之身,或复于余阎浮提方便现化。是故善男子,当知如来是常住法。复次善男子。譬如金师得好真金,随意能造诸庄严具种种器服。诸佛如来亦复如是,随彼受化于二十五有,悉能现身而度脱之,是故如来名无量身,亦名常住。复次善男子,如庵罗树及阎浮树于三时变,有时茂叶,有时华果,有时衰落,非为彼树枯而更生。如是善男子,如来应供等正觉方便之身,为教化故亦三时现,示有出生成佛现般泥洹,其实常存而不灭尽。

类似说法甚多,摘此以供备考,尤可与中国道教和佛教密宗作比较。

分真理为两重,所谓"二谛"说,是说一切有部和般若中观学派的通义,但内容完全不同。《大般涅槃经》力图超越所有二谛之说,以突出"常住"为"实"的主张。《圣行品》之三有段话,是讨论"世谛"和"第一义谛"及其关系的,其重要的判断是:"世谛者,即第一义谛。"而只有"随顺众生"时,方便说有二谛。佛说:

> 若随言说,则有二种:一者世法,二者出世法。善男子,如出世人之所知者,名第一义谛;世人知者,名为世谛。善男子,五阴和合称言某甲,凡夫众生随其所称,是名世谛;解阴无有某甲名字,离阴亦无某甲名字,出世之人如其性相而能知之,名第一义谛。复次善男子,或复有法有名有实,或复有法有名无实。善男子,有名无实者,即是世谛;有名有实者,是第一义谛。(《大般涅槃经》卷一三,

下同)

此方便言说之二谛,与说一切有部的主张大同。据此分析则为:

> 世法有五种:一者名世,二者句世,三者缚世,四者法世,五者执著世……云何名世?男女、瓶衣、车乘、屋舍,如是等物是名名世。云何句世?四句一偈如是等偈,名为句世。云何缚世?卷合、系结、束缚、合掌,是名缚世。云何法世?如鸣揵、集僧、严鼓、戒兵、吹贝、知时,是名法世。云何执著世?如望远人有染衣者,生想执著,言是沙门、非婆罗门;见有结绳横佩身上,便生念,言是婆罗门、非沙门也。是名执著世……若有众生于如是等五种世法,心无颠倒,如实而知,是名第一义谛。

以下的诠释,近乎般若中观:

> 复次善男子,若烧若割若死若坏,是名世谛;无烧无割无死无坏,是名第一义谛。复次善男子,有八苦相名为世谛,无生、无老、无病、无死、无爱别离、无怨憎会、无求不得、无五盛阴,是名第一义谛。复次善男子,譬如一人多有所能,若其走时则名走者,或收刈时复名刈者,或作饮食名作食者,若治材木则名工匠,锻金银时言金银师,如是一人有多名字,法亦如是,其实是一而有多名。依因父母和合而生,名为世谛;十二因缘和合生者,名第一义谛。

意思是说,一切分别皆是世谛,无分别即是第一义;因缘所生法,皆是世谛,认识到它的本质是空,即是第一义。而把人的诞生区分二谛,是纯粹的佛教偏见。

本经的特色,是用"实"或"实谛"将二谛统一起来。佛言:

> 言实谛者名曰真法。善男子,若法非真不名实谛。善男子,实谛者无颠无倒,无颠倒者乃名实谛。善男子,实谛者无有虚妄,若有虚妄不名实谛。善男子,实谛者名曰大乘,非大乘者不名实谛。善

> 男子,实谛者是佛所说,非魔所说;若是魔说非佛说者,不名实谛。善男子,实谛者一道清净无有二也。

如是说到底,"有常有乐有我有净,是则名为实谛之义"。"实谛"即是"常乐我净",以"常乐我净"统一二谛,超越二谛,故名"一道清净无二"。以四谛为例,苦是现象,对这一现象的认识是"世谛",对这一现象的真理性认识是苦谛,属第一义谛,而此处则超越苦与苦谛的认识,从中把握它们的"常住"性的认识,即是"实",或名"实谛"。所以它把真理实际上分为三重,所谓"有苦、有谛、有实",表现为"世谛"、"第一义谛"、"实谛",而以"实谛"作其他二谛的本质。四谛中的余三谛,亦作如是观。经文为了区别从方便语言上谈论诸谛的通例,这"实谛"有时略之为"实",而第一义谛为"实谛",表达上显得混乱。例如:

> 佛性非苦非谛是实……所言苦者为无常相,是可断相,是为实谛;如来之性,非苦、非无常、非可断相,是故为实。

此处的"苦"是"世谛","谛"即上述之"第一义谛",而此名"实谛";"实"是本经的主张,上面称之为"实谛"。为什么此处称"实"而不称"实谛",按经文自己的解释:

> 有苦有苦因有苦尽有苦对,如来非苦乃至非对,是故为实不名为谛。虚空佛性亦复如是。苦者,有为、有漏、无乐,如来非有为、非有漏,湛然安乐,是实非谛。

其实意思一样,都在把"常乐我净"与历来讲"谛"者区别开来,独树一帜。

此外,本经给予了"首楞严三昧"至高无上的评价,非常显眼,随着《大涅槃》的盛行,也使这一三昧在中国佛教中享有很高的声誉。《师子吼菩萨品》之一:

> 佛性者即首楞严三昧,性如醍醐,即是一切诸佛之母。以首楞严三昧力故,而令诸佛常乐我净。一切众生悉有首楞严三昧,以不

修行,故不得见,是故不能得成阿耨多罗三藐三菩提。

此三昧亦名"般若波罗蜜"、"金刚三昧"、"师子吼三昧"和"佛性"。所谓佛性,即具体体现在首楞严三昧等四名中。因为佛性只能是了见的对象,而不像般若等是认识的方法。此中首楞严三昧对佛性的了见,最为清晰完满,故曰:

> 首楞者名一切毕竟……见于佛性如观掌中阿摩勒果。以是义故,首楞严定名为毕竟。

由于对首楞严三昧作了如此重要的评价,对唐疑伪的《大佛顶如来密因修证了义诸菩萨万行首楞严经》(略称《楞严经》)之出产,可能有所影响。

第五章　大乘佛教主要经典的若干考察（四）
——"如来藏"及其主要经典

"如来藏"在《增一阿含经》（卷一）中是这样界定的：

> 其有专心持《增一》，便为总持如来藏。

这个"藏"与"佛教大藏经"的"藏"似乎是一个意思，但实质不同。作为"如来藏"，它指谓的不是佛教经典的总库，而是说某些经典，例如《增一阿含经》，已经蕴藏一切"如来"在内，无需别求。当大乘的又一种思潮涌现，把"如来"从某些经典那里收归到众生的心中，让一切"如来"蕴藏于众生心中时，就催生了另一种思想体系和修行方法，那就是被华严宗法藏称为"如来藏缘起"的新学说。

最早专题译介"如来藏缘起"说的经典，当属东晋佛陀跋陀罗于元熙二年（420）译出的《大方等如来藏经》一卷；此后唐不空重译，作《大方广如来藏经》一卷。另据梁僧祐《出三藏记集》卷二记有同名《大方等如来藏经》一卷，在西晋惠、怀帝时（291—313）由法炬译出，可惜此译已经佚失。但依经目下小注"《旧录》云：《佛藏方等经》"，此"佛藏"尽管亦可作"如来藏"解，但在字义上，"佛"与"如来"毕竟不是一个概念，所以仍可以指某一特殊佛经，难说一定与现今所传的《如来藏经》内容一致。

涉及"如来藏"的大乘经典几乎在同一个时期被翻译出来，包括《大般涅槃经》(417—421)和《华严经》(418—421);继之,有求那跋陀罗于刘宋元嘉十三年(436)译出的《胜鬘经》,和元嘉二十年(443)译出的《楞伽经》。再经百年,即有梁陈间真谛(548—569)的译经事业,构成瑜伽行派的所谓"旧译"系统,其所译《佛性论》和以真谛译名面世的《大乘起信论》,把"如来藏缘起"说的译介活动推向一个高潮,为隋唐佛教的发挥提供了基础性资料。

佛教用以解释世界人生本原的学说,通称"缘起"论,是与其他宗教哲学主张的"神创"论区别开来,亦与唯物主义哲学区别开来的基点。缘起论的根本特点,是把人生和世界的起源和变迁归诸众生自身,具体地讲,是人的身口业及其所思所行的净不净、善不善的性质,即由于"业"与"惑"的差异,众生为自己创造的身形、命运和环境随即各不相同;众生"业"与"惑"的相同点,就是共同打造相同的世界和环境。在这"业"与"惑"中的自相和共相的统一,构造了三千大千世界和三界六道,一般称此说为"业感缘起"论。

自从《华严》系统的《十地经》提出,"三界虚妄,唯是一心作",将"业感缘起"的多元素说统一于"一心"之中,所谓"三界唯心",侧重点转向了对"心"的哲学阐释:就"心"的地位言,它在身口意三业中被提升到"本体"的高度,所有"业感",即所有思想行为,全部依赖于"心","心"即成了"身口"得以存在和活动的唯一实体;于是再进一步推论,当"身口"等形体性的东西衰亡了,"心"依然可以存活下去,并成了打造新形体的主体。由此导向的是形灭神不灭,身死人不死的观念。与此有关,又进一步讨论这样的"心",其"性相"是什么,是动是静,是空是有,是净是染,是善是恶,以及它与人们平常日用的心是什么关系,如此等等,这类话题在"业感缘起"中都极少涉及。接下来就是讨论"心"的功能:它能创造世间,具体是一种什么过程?有没有一个时间上的开端?它与世间是什么关系,能否依赖它成佛?换句话说,这样的"心"与佛是什么关系:是成佛的根据还是成佛的障碍?进一步说,世界都在众生心中,佛是否也在心中?

如果是,佛与心是什么关系?如果不是,佛又在哪里?"心"的"体"、"相"、"用",是如来藏系统讨论的主要问题。

总起来说,凡以"三界唯心"作为全部哲学出发点的佛教派别,我们统称之为"唯识"学派。这其中又有两大支:一支就是我们这里讨论的"如来藏缘起",另有一支是唐玄奘所创的法相宗译介的"阿赖耶识缘起"。阿赖耶识问题,我们此处不谈。即使都讲"如来藏缘起",其作为专注于如来藏的经典,与旁涉如来藏的经典,也不一定是一个体系,正像所有佛教都讲"空",但在不同的经典中,那"空"的具体含义往往完全不同。此外,外来的译经又与中国佛教自己的诠释不完全一样。在中国佛教中,主"如来藏缘起"说的是旧译家,如北魏菩提流支等传译的瑜伽行派论著,特别是以宣扬《十地经论》为主的北方"地论师"所持;南朝则有梁陈真谛所传,以宣扬《摄大乘论》为主的"摄论师"所持。但"如来藏缘起"说的影响,远远超出这些派别,三论宗、天台宗,尤其是华严宗,那影响更加强烈,也更加持久。关于瑜伽行这两大唯识学派系,我们将在后卷中别论,中国诸宗的如来藏说,会有中国佛教思想史学家论述,这里只能就译典中比较有代表性的三种经论,即《如来藏经》、《胜鬘经》和《佛性论》,做一概观。

第一节 《如来藏经》对诸大乘经所言"如来"之向内心收容

《大方等如来藏经》中的"方等",是早期大乘的别称;唐不空改称"方广",意思没有变化。它的篇幅很小,只有一卷,文字清晰可读,表达的思想也比较精要。

开卷记佛在一次规模庞大的集会上,变现无数含苞未放的莲花,每一花苞内皆有化佛,一起上升虚空,弥覆世界,于时莲花各放无量光明,"同时舒荣";又以"佛神力故,须臾之间皆悉萎变,其诸花内一切化佛结跏趺坐,各放无数百千光明"。对于这一神变现象,入会大众"怪未曾有,咸有疑念:今何因缘无数妙花忽然毁变,萎黑臭秽,甚可恶餍"。佛即据

此疑惑,为大众说法:

> 如佛所化,无数莲花忽然萎变,无量化佛在莲花内,相好庄严,结跏趺坐,放大光明,众睹希有,靡不恭敬。如是善男子,我以佛眼观一切众生,贪欲恚痴诸烦恼中有如来智、如来眼、如来身,结跏趺坐,俨然不动。善男子,一切众生虽在诸趣烦恼身中,有如来藏常无染污,德相备足,如我无异。

这段话,是全经的思想核心。它把含苞未放的莲花,比做世俗的身心;当人的世俗性萎变,他本有的佛性就显示出来。以此譬喻众生,即使身如莲花,也是黑臭的,充塞的是贪瞋痴等烦恼;然而,佛也就蕴藏在这黑臭的贪瞋痴之中——"诸烦恼中有如来",这也是本经为"如来藏"下的定义。

这个定义特别值得注意的是,它对"如来"的规定:"如来智、如来眼、如来身"。"如来智"即"佛智",一般指"萨婆若",意译"一切智"或"一切种智",属于般若系统的空观与方便的统一;"如来眼"即"佛眼",按如来藏系统的理解,此乃了达如来藏真如"如实真有"的认识;"如来身"即"佛身",是有形体的佛身,按《胜鬘经》所说,即是"色身"。由此可见,本经所谓的"如来藏",已经远远超出心性本净还是杂染等心性论探讨的范围,也与一般大乘经用"知见"或"佛性"解说心本体有很大的差别。它所含藏的"如来",是精神与肉体的统一,是活生生地在"藏"中"结跏趺坐,俨然不动"的佛陀、觉者。

经文进一步指出,"如来藏"的存在是自然现象,"诸佛法尔。若佛出世若不出世,一切众生如来之藏常住不变。但彼众生烦恼覆故,如来出世,广为说法,除灭尘劳,净一切智"。世尊更以偈颂强调说:

> 佛观众生类,悉有如来藏,无量烦恼覆,犹如秽花缠,我为诸众生,除灭烦恼故,普为说正法,令速成佛道……一切众生身,佛藏安隐住,说法令开现。

本经的要旨大意即是如此。所谓"诸烦恼中有如来"的判断,除了一个神变的寓言之外,别无论证,显得思维贫乏。但为了强化它的说服力,《大方等如来藏经》卷一中使用了大量譬喻,摘要如下:

(1)"譬如淳蜜在岩树中,无数群蜂围绕守护。时有一人巧智方便,先除彼蜂,乃取其蜜,随意食用,惠及远近……一切众生有如来藏,如彼淳蜜在于岩树,为诸烦恼之所覆蔽,亦如彼蜜群蜂守护。我以佛眼如实观之,以善方便随应说法,灭除烦恼,'开佛知见',普为世间施作佛事。"

(2)"譬如粳粮未离皮䊆,贫愚轻贱谓为可弃。除荡既精,常为御用……我以佛眼观诸众生,烦恼糠䊆覆蔽如来'无量知见',故以方便如应说法,令除烦恼,净一切智,于诸世间为最正觉。"

(3)"譬如真金堕不净处,隐没不现,经历年载,真金不坏而莫能知。有天眼者语众人言,此不净中有真金宝,汝等出之,随意受用……不净处者,无量烦恼是;真金宝者,如来藏是;有天眼者,谓如来是。是故如来广为说法,令诸众生除灭烦恼,悉成正觉,施作佛事。"

此中偈文谓:"烦恼淤泥中,'如来性'不坏,随应而说法,令办一切事;'佛性'烦恼覆,速除令清净。"

(4)"譬如贫家有珍宝藏,宝不能言我在于此。既不自知又无语者,不能开发此珍宝藏。一切众生亦复如是。如来'知见'力无所畏,大法宝藏在其身内,不闻不知,耽惑五欲,轮转生死,受苦无量。是故诸佛出兴于世,为开身内如来法藏,彼即信受,净一切智。"

(5)"譬如庵罗果内实不坏,种之于地,成大树王……我以佛眼观诸众生,如来宝藏在无明壳,犹如果种在于核内……彼如来藏清凉无热,大智慧聚妙寂泥洹,名为如来应供等正觉。"

(6)"譬如有人持真金像,行诣他国,经由险路,惧遭劫夺,裹以弊物令无识者。此人于道忽便命终,于是金像弃捐旷野,行人践蹈,咸谓不净。得天眼者见弊物中有真金像,即为出之一切礼敬……我见众生种种烦恼,长夜流转,生死无量,如来妙藏在其身内,俨然清净,如我无异。是故佛为众生说法,断除烦恼,净如来智,转复化导一切世间。"

其偈颂有言:"无明尘垢中,如来性不动……烦恼众恶业,覆弊最胜身,当勤净除断,显出如来智。"

(7)"譬如女人,贫贱丑陋,众人所恶而怀贵子,当为圣王王四天下。此人不知经历时节,常作下劣生贱子想……如来观察一切众生,轮转生死,受诸苦毒,其身皆有如来宝藏,如彼女人而不觉知,是故如来普为说法,言善男子莫自轻鄙,汝等自身皆有佛性,若勤精进,灭众过恶,则受菩萨及世尊号,化导济度无量众生。"

(8)"譬如铸师,铸真金像,既铸成已,倒置于地,外虽焦黑,内像不变,开模出像,金色晃曜……如来观察一切众生,佛藏在身,众相具足。如是观已,广为显说,彼诸众生得息清凉,以金刚慧搥破烦恼,开净佛身,如出金像。"

以上八喻,加上开卷的莲花喻,总称如来藏九喻。这些譬喻大同小异,着重阐释"如来藏"并不存在于经书、偶像、塔庙或他方净土等外在的崇拜和信仰中,而是内在于一切众生,并且是充斥着"无明"、"烦恼"的众生中,没有一个例外;佛或菩萨的任务是教导众生,莫自轻鄙,领悟如来就在自身之中,只要冲破无明壳,净除烦恼恶业,自然就会显示出自己本有的佛来。这些说法好像不很新鲜,但它用"如来藏"一词,将《法华经》首倡的"开佛知见",《大涅槃经》主张的"一切众生皆有佛性",以至《般若经》强调的"一切智"或"如来智"全部归纳起来,让它们融入"如来藏"中,这种统一就是大乘的一大创举;尤其重要的是,在如来藏中增添了"众相具足"的"佛身"或"最胜身",从而把如来藏中的"如来"人格化为实在的佛,像释迦牟尼样的佛。这种观念的变化是巨大的,对于中国佛教的影响也是巨大的。

最后,经文说到"如来藏"观念的来源。大意谓,过去无量劫之前有佛名"常放光明王如来",其为菩萨时,从降神母胎开始,以至最后涅槃,即光明不断：

> 彻照十方千佛世界微尘等刹。若有众生见斯光者，一切欢喜，烦恼悉灭，色力具足，念智成就，得无碍辩；若地狱饿鬼畜生阎罗王阿修罗等见光明者，皆离恶道生天人中……彼光明所照国土，皆悉严净，如天琉璃；黄金为绳，以界八道；种种宝树花果茂盛，香气芬馨，微风吹动出微妙音，演畅三宝菩萨功德……众生闻者，皆得法喜，信乐坚固。

他所演说的经典，即是《如来藏经》。

这位"常放光明王"也可以解做"毗卢遮那佛"。所以不妨也把此经当做《华严经》的一个分支看待。

但是，这里要强调的是，当《如来藏经》将"佛之知见"、"如来性"、"佛性"以至"佛身"都装进"如来藏"这个口袋里的时候，它也将佛教一直存在着的两种思维路线和两种实践形式，最明显地揭示了出来。以《华严经》为代表的大乘思维路线，认为佛如来，不论是在心外还是在心内，他的光明觉悟只有在对他物的关系中才能显示出来，要想成佛，把握如来的光明觉悟，也只有通过对他物的认识才有可能，人的觉悟程度与对他物的认识程度是成正比的。因此，这种思维方式是开放的，要求菩萨行深入众生，向众生学习，不拒绝任何知识。简言之，这是把知识的枳累和对众生效劳与乐当做成佛之道，从而与重在济世的菩萨精神衔接起来。按《如来藏经》的思路，则"如来藏"一切现成，从佛智到佛身，无不包裹在"无明壳"内，受众烦恼缠绕不得显现。所以成佛之道，不在于多闻博学，孜孜不倦，似乎是在自造障碍，而是破除无明，逐一地不停息地铲除烦恼，很有些"损之又损，以至于无为"的味道，因而它是封闭的、内向的开发，大乘的普世救度的菩萨行，在相当程度上被削弱了。

在中国佛教中，开放型和封闭型的两种趋向同时存在，但都不那么极端,在其宗教哲学和宗教实践中往往并存。

第二节 《胜鬘经》的"如来藏"和"无明住地"说

《胜鬘经》,最早由北魏时昙无谶译出,后佚。现存有《胜鬘师子吼一乘大方便方广经》一卷,刘宋求那跋陀罗译;唐菩提流志重译,题《胜鬘夫人会》一卷,编入《大宝积经》中。这两个译本均不分品,现流行本多根据隋吉藏撰《胜鬘宝窟》,将它分为十五章,可以参考。

胜鬘是我们一再提到的波斯匿王和末利夫人的女儿,她出嫁在阿踰阇国为妃,称"胜鬘夫人",受其父母信佛的影响而信仰如来。由于她的虔诚,感得"佛于空中现,普放净光明,显示无比身;胜鬘及眷属,头面接足礼,咸以清净心,叹佛实功德"(见《胜鬘师子吼一乘大方便方广经》,下简称《胜鬘经》),由此开始了胜鬘与佛的问答,所以经文像是两者问答和互动的纪实。这与通常大乘经总以规模宏大的集会说法者不同,也与大规模集会是由三昧"神变"作支持者不同,本经的全部内容都是出自胜鬘夫人个人的幻化。

如果说,《维摩诘所说经》是让一位在家的优婆塞(男居士)创造新说,成为代佛布教的权威,《胜鬘师子吼一乘大方便方广经》就是塑造一位在家的优婆夷(女居士),作为创新佛教、代佛布道的权威。我们不妨把这两部经当做姊妹篇看待,因为这两部经都推崇在家佛徒,并使他们成为革新教义的领袖。维摩诘是长者,当是商人等富有者的代表;胜鬘是王妃,理应属刹帝利种姓,是权势者的代表,两人社会地位都很高,由此大体可以了解接受这类大乘思想的社会基础。不过本经特别选了胜鬘其人,或许还别有深意。我们知道,波斯匿王夫妇的儿子就是毗琉璃王,他是在肉体上彻底灭绝释迦氏族的人;胜鬘夫人是他们的女儿,与毗琉璃王当然是嫡亲兄妹了,让她担当佛教新思维的革新者,能看成是一种偶然么?

一、关于"如来妙色身"

《胜鬘经》的第一个思想创新,反映在胜鬘之所以向佛致敬,并归依于佛的理由中:

> 如来妙色身,世间无与等;无比不思议,是故今敬礼。
> 如来色无尽,智慧亦复然;一切法常住,是故我归依。

这两个偈讲了两个有关联的观点:第一,胜鬘信仰的佛,是"妙色身"的,但我们"世间"没有。早期佛教崇拜的佛,向往的佛身,是三十二相八十种好,也可以说是"妙色身",但并非"不可思议",据说,世间的转轮王就有希望达到这样的相好。因此,偈文里讲的"妙色身",不是传统的相好,而是不可思议的色相;因为不可思议,所以经文也不会有进一步的描绘。第二,是透露了一点信息:如来色身是"无尽"的,是一种空间上无尽、时间上无尽的实体,与此相应,如来的智慧也是无尽的。无尽的形体与无尽的智慧,这就构成了人格化的佛;以其形与神都是无尽的,所以说"一切法常住"。

对于"佛身"的这番赞扬,很容易联想到《如来藏经》倡导的"佛身"。此后在唐代出现的《圆觉经》中,我们将再次见到他的形象。但是,我们从经文介绍由这样的佛身建立的佛国(即胜鬘未来成佛建立的国土,所谓"普光如来应正等觉"的佛国)中,也可以窥见个人概:

> 无诸恶趣、衰老病苦,亦无不善恶业道名;其中众生,形色端严,具五妙境,纯受快乐,蔽于他化自在诸天。(《大宝积经》卷一一九)

把欲界诸天作为自己的教化对象,同时也定为佛菩萨居住和说法之地,当是大乘佛教兴起以后的事,也可以作为大乘兴起的标识之一。其中释迦牟尼的母亲,被安置在"忉利天"上,也是佛经常上天说法的地方,此天是地居的最高处须弥山。弥勒菩萨则居于"兜率天",比忉利天高了一层,而且处在空中。此处所谓"他化自在天",则是"六欲天"的最高层,其快乐的程度,比兜率天至少高出两层。

按《大智度论》卷九记:"此天夺他所化而自娱乐,故言他化自在。"用现在的话说,此天是把属于他人和他人创造的可娱乐物,不受任何限制地夺来供自己享受,由之得名"他化自在"。据传,此天长相端庄,娱乐无度,可是长寿,传统佛教普遍视之为"魔",所以本经下文也把此天作为"恶魔波旬"的居处。这样,胜鬘所建的佛国,比这个天所拥有的"五妙境,纯受快乐"还要高得多,也就可知处于此情此境的"妙色身"的佛是何等模样了。

唐译《华严经》讲七处八会,其中的第六会是在"他化自在天宫"中举行的;唐译《大般若经》分四处十六会,其第十会也在这个天宫中召开,即《般若理趣分》的产地。很明显,唐代对"他化自在天"的向往,在佛教中无声地流行起来。它的意义,可以参见本书对《圆觉经》的分析。

二、"无明住地"与"意生身"

本经与《维摩经》的另一共同点,是对二乘的批评,但比较集中,主要有两点;第一,"阿罗汉辟支佛无究竟乐",因为他们总是处在恐惧之中,好像时时有人执剑欲来害他。第二,通常言二乘得涅槃,只是佛的一种方便说,实际上,"唯有如来得般涅槃,成就无量功德故",二乘所谓涅槃,只是"死"的一种形式。胜鬘的新意主要出在关于"死"及"生"的重新解释上。她说:

> 有二种死。何等为二?谓分段死,不思议变易死。分段死者,谓虚伪众生;不思议变易死者,谓阿罗汉、辟支佛、大力菩萨意生身,乃至究竟无上菩提。二种死中,以分段死故,说阿罗汉、辟支佛智"我生已尽";得有余果证故,说"梵行已立";凡夫人天所不能办……虚伪烦恼断故,说"所作已办";阿罗汉、辟支佛所断烦恼,更不能受后有故,说"不受后有",非尽一切烦恼,亦非尽一切受生故,说不受后有。(《胜鬘经》,下同)

345

以上所谓"我生已尽"、"梵行已立"、"所作已办"、"不受后有",是二乘临终时能够清醒地认识得到并向大众表达出来的话,以此表示对自己一生全部修行的自信,从而成为他们已经达到"无余涅槃",即"不受后有"的证明——"不受后有"即是"尽一切受生",亦即"不生"或"无生",所谓"涅槃"的标志。胜鬘批驳二乘的这一观念,在于清算从早期佛教以来就把二乘最后果位定为涅槃的传统见解,同时也在纠正一般大乘经籍据此对二乘"中道涅槃"的责难,例如说他们不顾大众仍在生死苦海挣扎而独自解脱的利己主义等。然而在胜鬘看来,二乘根本没有涅槃,因为他们断除的烦恼仅限于"虚伪烦恼","不受后有"亦仅限于与"虚伪烦恼"相应的"虚伪众生"——此处所谓"虚伪",指三界六道,来自《华严经十地品》所说"三界虚伪,唯一心作"——二乘还有超越虚伪烦恼的更基础性的烦恼,因而必然还得受生,只不过已非虚伪众生的那种身,而是与更基础性烦恼相应的另一类身罢了。

那么决定阿罗汉、辟支佛必然受生的烦恼是什么?他们所受生的身又是什么?其与三界众生有什么区别?诸如此类,就成了胜鬘夫人建构她的理念的重大课题。在这里,她启用两个重要概念:一个是"无明住地",一个是"意生身",加以回答。她用"意生身"说明阿罗汉、辟支佛之所谓"涅槃",其实是相对于"虚伪众生"的"分段死"而言的;他们的死叫"变易死",死只是作为另一种受生的前提——因为在他们那里,死生是可以随意选择、随意变化的一种生活方式,所以他们受生之身,叫做"意生身",是超越三界,不属六道轮回之中的另一类有情。

至于派生和支持这"意生身"的烦恼,胜鬘说:

> 烦恼有二种。何等为二?谓"住地烦恼"及"起烦恼"。"住地"有四种。何等为四?谓见一处住地,欲爱住地,色爱住地,有爱住地。此四种住地,生一切"起烦恼"……起者,刹那心刹那相应。世尊,(另有)心不相应无始"无明住地"。世尊,此四住地力、一切上烦恼依种,比"无明住地"算数譬喻所不能及。世尊,如是无明住地力,

> 于有爱数四住地，无明住地其力最大……无明住地力，于有爱数四住地其力最胜，恒沙等数上烦恼依，亦令四种烦恼久住。

此文把烦恼分为三大类：其一叫"住地烦恼"，包括"见一切住地"（普遍于一切烦恼生处的错误见解）、"欲爱"（爱恋欲界）、"色爱"（爱恋色界）和"有爱"（爱恋无色界）这四种烦恼，皆属于"类"烦恼，它们能够产生与之性质相类的无数烦恼，就像大地能生长万物一样，故称为诸类烦恼的"住地"。其二叫"起烦恼"，就是由这四种住地生长出来的无数个别烦恼。其三叫"无明住地"，这是最重要的，它是"上烦恼"之所依，也是令"四种烦恼"久住的根柢，它的力量比任何烦恼都大，都难以断灭。

关于"烦恼"的分类，与"法"的分类有些相似，都是佛教各家根据自己特定的世界观、人生观和宗教实践的需要确立的。因此，佛教的不同哲学体系，总会伴随着不同的分类方法。《胜鬘经》在佛教通常确定的世间与出世间两重法界之外，实际上增加到三种法界；于世间中又划分为两种，构成三界六道与超越三界六道的三种意生身。因此，它的烦恼分类也就不同于两重法界的分类。

本经强调，阿罗汉、辟支佛可以断灭导致"三界"轮回的烦恼，即"四种烦恼"及其随起的无数烦恼，但对"无明住地"，"阿罗汉、辟支佛智所不能断，唯如来菩提之智所能断"。因此，他们不可能获得涅槃，这也是他们将继续生死轮转下去的根源。

那么，什么是"无明住地"？按传统佛教的说法，"无明"是"十二因缘"的开端，亦即世界人生的开端。但如此重要的"无明"，来自何处？又存在于哪里？不少佛经想作出自己的解释，其中最有名的当然属《华严经》所谓的"三界唯心"，将"十二支"的多元论统一到"心"的一元论上；《不尽意经》则给"无明"加上了一个"不正思维"作为生因，成了"十三因缘"。但前者未免笼统，后者近乎同义反复，于是就出现了"无明住地"的概念：这一"无明"就像一块土地，从这里能生长出一切"无明"来，并支持烦恼不断。

按佛教的通说,作为世俗世界总称的"三界",都是由"业"与"烦恼"造作而成;其所以会有三界的差别,则由修善所克制的烦恼性质和数量决定。修行要克制的三界烦恼大体分为十种,所谓"十结",其中"欲界"有五,即属于欲界的身见、疑、戒禁取、欲贪及瞋,亦称"下五分结";"色界"和"无色界"也有五种,所谓色贪、无色贪、慢、掉举、无明,亦称"上五分结"。小乘修行,断除十结中的下三结,使之不再现行,得"预流果";进而将此三惑削弱到极微,得"一来果";将下五结全部断除,得"不还果";连同上五结一并断除,那就得到最高果位"阿罗汉果"。部派佛教中的化地部将此十结概括为四类,《胜鬘经》即说为烦恼的"四种住地",略为"见"与"爱",认为它们是孕育和产生其他一切烦恼的温床;相对于此"住地烦恼",其他烦恼称为"起烦恼"。《胜鬘经》的创造,是将此"四种住地"及其"起烦恼"全部统一于"无明住地"上。

与"四种住地"的特点是"刹那刹那与心相应"相比,此"无明住地无始时来,心不相应"。也可以说,通常的三界烦恼,与"心"的运作是相应的,相当于"心所法",为"心"所有,隶属于"心",与"心"共存亡;"无明住地"虽是这些烦恼的最后因,但不属于"心所法",并不与心共生灭,所以它没有开端,与处于生灭状态的心行无关。这就意味着,在日常的心行之外,还有一个专司烦恼的处所,即"无明住地"。关于无明住地的地位和作用,唐译《胜鬘夫人会》文字更清楚些,引用如下:

> 如"取"缘有漏业因,而生三有。如是无明住地为缘,无漏业因,能生阿罗汉及辟支佛、大力菩萨三种随意生身。此之三地随意生身及无漏业,皆以无明住地为所依处。彼虽有缘,亦能为缘。世尊,是故三种随意生身及无漏业,皆以无明住地为缘,同于有爱。世尊,有爱住地不与无明住地业同,无明住地异四住地。异四住地,唯佛能断。何以故?阿罗汉、辟支佛断四种住地,于漏尽力不得自在,不能现证。(《大宝积经》卷一一九)

接下来，还是刘宋译《胜鬘经》的话：

> 无漏不尽者，即是无明住地。阿罗汉、辟支佛、最后身菩萨为无明住地之所覆障故，于彼彼法不知不觉；以不知见故，所应断者不断、不究竟。

上述大意谓，一切生命有两种业因，生两种身：一种是"取缘有漏业因，而生三有"，"三有"即三界有情，所谓"虚伪众生"；二乘果位和大乘"大力菩萨"即"最后身菩萨"（指接近成佛者）可以跳出三界之外，不再成为"虚伪众生"，上升为"圣"者，但他们还有"无漏业因"，造就所谓"随意生身"即"意生身"。既有生，必有死，所以阿罗汉等远没有超脱，大力菩萨也不一定追求超脱，三者都有持续的变易生死在。形成这三种"意生身"的原因是"无漏业"，而"无漏业"即植根于"无明住地"。因此说，"无明住地缘无漏业因"产生三种"意生身"。

所谓"漏"，是对"三界烦恼"的描绘，"三界"所有有情因三界烦恼业而生，这种因缘即是"有漏业因"；阿罗汉和大菩萨等，已经断灭了三界烦恼，他们的所有智慧和活动，均属"无漏业"。但是，既然还有"业"，就必定有"报"，哪怕是无漏的，依旧得受因果律的支配，"不得自在力"。

据此，"无明住地"尽管贯彻于一切心行，成为种种有情一切烦恼的根源，但也可以单独存在于阿罗汉大菩萨等心内，成为"意生身"的精神支柱和活动的动力。它是覆蔽意生身进一步知觉佛界的障碍，是意生身修断的对象。故曰："无明住地积聚，生一切修道烦恼……如来菩提智所断一切，皆以无明住地之所建立……如来菩提智所应断法，一切皆是无明住地所持所建立。"（《胜鬘经》，下同）反之，"若无明住地断者，过恒河沙等如来菩提智所应断法，皆亦随断。"就此而言，"无明住地"的提出，其实是在为"意生身"找到一个超越三界而依然实存的根据；"意生身"的提出则在为佛教大小乘的圣人们找到一个超越生死而可以随意生死的根据。

那么"意生身"又是什么？他们像是一群精灵，可以随意而生，身形可以随意变化，成了大乘佛教在禅那三昧中幻想神变游戏的载体。他们已经不属于三界，跳出了六道轮回，但似乎又就存活在三界六道之中，或为飞禽走兽，或为帝王圣贤，或为诸天帝释；虽可随意选择，若一旦生成，又必须遵从有生必有死的铁律，不得自由。换言之，所谓意生身的"身"，依旧是佛教笔下的世俗身，受因果律的支配；但他的"意"却不在三界因果律的作用范围内，所以"意"之所生，不属于业报，而是"意"之自由选择。因此，"意生身"既不是中国传统中的灵魂，也不是《大涅槃经》中的"常我"，它平添了许多可供神话想象的资料，让我们去设想印度神话中的"仙人"，或勾画中国道教的"神仙"生活，当然也可以构成一种信仰，或信仰的组成分子。

"意生身"，以及胜鬘夫人所归依的"如来妙色身"及其建立的"五妙欲"、"佛国"，相互照应，展现出来的是大乘即佛乘的另一类图景。经文自身讲得空洞抽象，从中既无法知道他们的存在空间，也不能了解他们具体的生活状况。若就大乘佛教自己的经典考察，关于如来身与佛国的所在地，有两个截然不同的答案：一个是他方净土类经籍的说法，是将他们安置在"西方"或"兜率天"等非我们现实生活的人世间；另一个是《维摩诘经》的说法，是把他们统统纳入"一心"之中：是心地的纯净，超越了三界，并不妨碍身形仍处人间，尽享五欲之乐。至于"意生身"，除了世间三界和这两种净土论之外，没有见到还有别的容身之地，所以只能从佛的本生故事中找到解释——这种本生故事，讲的是佛在修习菩萨行时，为了救度各类众生而变做种种身份，去行利他的事业。但是，由于本经设想的如来身和佛国，全与"五妙欲"有关，因此，所谓"随意"所生的"身"，是否也与这类"五妙欲"联系在一起，那就得看信奉本经者是如何悟解了。

《胜鬘经》中表达出来的出世间清净实为入世间五欲，这种思想可能反映了大乘佛教在其本土的最后走向。

三、"如来藏"与"无明壳"

"无明住地"有两个作用:一个是上边说的,作为一切烦恼的总根源,尤其是为"意生身"的存在作证;还有一个是为"如来藏"作对立面,用以确立"烦恼"与"如来"同处一心的深处,以及双方的关系。当它被用于与"如来藏"相应并称的时候,"无明住地"改名"无明壳"、"无明壳藏"或"烦恼壳"、"烦恼藏"。"无明壳"或"烦恼藏",突出的是一切无明烦恼全在这个库藏中,别无分号;"如来藏"强调的是,如来的一切佛法,不论大小乘,全在这个库藏中,也是别无分号。《胜鬘经》的主要宗旨,就在于解决这两者的关系,为佛教如何对待世间人生,提供一种解释。

什么是"如来藏"?单从字面上看,"如来之藏"即是如来藏,可以一言以蔽之,如来藏即是"如来"的住处。但仔细考究经文,并不那么简单。

经文对如来藏并没有下一个普遍适用的定义,主要是通过与"四圣谛"的比较和阐释与"无明壳"的关系来表达它的具体含义的。

按胜鬘所说,"圣谛"有两种:一是"说作圣谛义",二是"说无作圣谛义"。前者系"有量四圣谛义。何以故?非因他(力不)能知一切苦、断一切集、证一切灭、修一切道。是故,(有)有为生死、无为生死,涅槃亦如是,(有)有余及无余"。后者系"无量四圣谛义。何以故?能以自力知一切受苦、断一切受集、证一切受灭、修一切受灭道"。此中二乘所说四圣谛乃是"有量"的,"无量四圣谛"唯佛能够究竟。因此,胜鬘判决二乘所说的"四谛"不是"圣谛","此谛如来应等正觉初始觉知,然后为无明壳藏世间(众生)开现演说,是故名圣谛"。

那么,这两种"四圣谛"的差别何在?回答是:二乘之所知所行,是由于"他力"所致;如来之所知所行,则来自"自力"。究竟是依他力觉悟还是依自力觉悟,这就成了二乘与佛乘的根本区别所在。

"他力"比较好解释,例如声闻的觉悟来自他人的说法,靠法师教诲的力量觉悟;辟支佛依靠经书等的启发如法修行,始能获得圣果,如此等等。大乘与此不同,觉悟既不在经书文字里,也不在法师语言里,依靠的是自身的内在力量,而这自力即储存在"如来藏"中,所谓"甚深如来之藏"中。正是从这个意义上,"如来藏处说圣谛义"——"圣谛"即是"如来藏","如来藏"即是"圣谛",所以"四圣谛"也不是来自"三转法轮",由释迦牟尼说出来的。

"依自不依他",尽管在本经中讲得最为明确,但实是贯彻大乘思潮的一条重要原则,对中国佛教的影响尤为显著。

至于"如来藏"自身,经文唯一表达出来的特点,是"非思量境界,是智者所知,一切世间所不能信"。尽管如此,胜鬘夫人还是道出了其中的一些消息。在谈到"四圣谛"最终归于一灭谛时,她说:

> 非坏法故名为苦灭。所言苦灭者,名无始无作,无起无尽,离尽常住,自性清净,离一切烦恼藏。世尊,过于恒沙不离不脱不异不思议佛法成就,说如来法身。世尊,如是如来法身不离烦恼藏,名如来藏。

这段话有三层含义:第一,"苦灭",即涅槃,并不意味着现有的一切法,包括世界人生以及物质生活的毁灭,而是回归那本来无作无尽、"自性清净"的"常住",也就是"离一切烦恼藏"。很明显,此说只是重复从部派佛教就确立的"心性本净",去除一切烦恼就自然会成就佛果的老话。但第二,这常住的清净自性,不是一般的"心性",而是能够成就无限多佛法的"如来法身"。尤其重要的是第三,这"如来法身"始终"不离烦恼藏",是名"如来藏"。换言之,"如来法身",以及"佛性"、"法界"等,都不能单独称为"如来藏",只有在承认"如来法身"等"不离烦恼藏"的条件下,才可称为"如来藏"。"如来藏"与"烦恼藏"是须臾不离的。

按这段经文的翻译,唐译有所不同,略谓:

> 言苦灭者……常住不动,本性清净,出烦恼壳……如是法身,不离烦恼,名如来藏。(《大宝积经》卷一一九)

不同点在于它把"烦恼藏"译为"烦恼壳",把"不离烦恼藏"译为"不离烦恼";把"离一切烦恼藏",译为"出烦恼壳"。这些差别说明,所谓"烦恼藏"也有两层意思:相对烦恼自身言,它是一切烦恼的总库;相对如来藏言,它是"烦恼壳"——是用烦恼包裹着如来藏的外壳。因此"离"或"不离"烦恼,都是从"烦恼壳"中出离还是不出离的意思。因此,经文给如来藏作的界说中有这么一句:"无量烦恼藏所缠如来藏"。再简单些说,"如来藏"即是"无明壳藏"。上文所谓"无明壳藏世间众生",亦即世间众生皆有如来藏的意思。

因此,凡论如来藏,绝对不能离开"无明住地"和"烦脑壳";也可以说,离开烦恼,就没有如来。这是"如来藏"说与"自性清净"论、"佛性"论等的主要差别。

大乘佛教是不离般若空观的,从空观的佛之观察,"如来藏"可以分为两种:

> 有两种如来藏空智……空如来藏,若离若脱若异,一切烦恼藏……不空如来藏,过于恒沙不离不脱,不异不思议佛法……唯佛得证,坏一切烦恼藏,修一切灭苦道。(《胜鬘经》)

这两种如来藏之说,对中国佛教有相当的影响,但这里的经文却有些语焉不详,与唐译本也有矛盾。我们这里只能作个大概的介绍。所谓"空如来藏"是脱离和异于"一切烦恼藏"的如来藏含义过于模糊,唐译说:"空如来藏,所谓离于不解脱智一切烦恼。"脱离的仅限于"不解脱智"所对治的烦恼,亦即阿罗汉等克服的"虚伪烦恼",从此烦恼中解脱出来的,称"空如来藏"。"不空如来藏"即是一切佛法的总藏,应该是唯佛才能达到的,不应该是意生身和凡夫俗子的境界。但经文自身讲得很乱。

四、"如来藏"之作为"生死依"与"我"

按上述"四谛归于一谛"即"苦灭谛"之说,本于《成实论》,《胜鬘经》

将这一观念引来,加以批判改造,用以发挥它的"出壳"后的"如来藏"性能。经文说:

> 一苦灭谛,离有为相;离有为相者是常。常者非虚妄法;非虚妄法者是谛,是常,是依,是故灭谛是第一义不思议,是灭谛过一切众生心识所缘,亦非一切阿罗汉辟支佛境界。

说"灭谛"是"谛",即上述之所谓"圣谛";是"常",即上述之"常住不动";是"依",则是下文要重点阐述的"生死依",所以都是对如来藏内涵的继续显示。此处的目的,在于批评"意生身"者及凡夫人的若干错误认识:

> 凡夫识者,二见颠倒——是名边见,所谓常见、断见。见诸行无常,是断见,非正见;见涅槃常,是常见,非正见。妄想见故,作如是见。于身诸根分别思维,现法见坏,于有相续不见,起于断见,妄想见故;于心相续愚暗不解,不知刹那间意识境界,起于常见,妄想见故。

这两种"边见",也是大乘佛教的惯说,一般认为,生死与涅槃不可分离,只见到生死无常一边,即称"断见";只想涅槃是常一边,即是"常见"。此处则增添了本经独特的解释:只见到肉身的坏灭,于"有相续"的一面不见,是谓"断见";只见到"心相续"的一面,不知"意识"是刹那灭的,则是"常见"。

其中新增添的那种"边见",须有两个前提:第一,肯定肉身无常,"有相续"是常。这"有相续"的"有",相当于"十二缘起"中的"有支",此处则指"意识",或即"如来藏"。这也是对"形灭神不灭"更理论化的诠释。第二,肯定"心"是"相续"不灭的,但它的意识形态则是刹那无间灭的——心的连续性,采取的是"刹那灭"的运作方式。只见到心的相续不断一边,是"常见";只见到"刹那灭"的一边,是"断见"。这种观点,也可以看做古希腊哲学关于运动是连续性与中断性的统一的一种具体运用。

胜鬘夫人认为,由此边见就会生四种颠倒的认识,所谓"于五受阴

(身),无常常想,苦有乐想,无我我想,不净净想"。这当然是错误的,不是"正见"。但是,"如来法身"与"五受阴身"相反,他不但具备"常乐我净",而且是通向"常乐我净"的实体。"常乐我净"属"涅槃四德",这也意味着"大般涅槃"即是获得"如来法身"。这种认识完全正确,属于"正见"。于是胜鬘夫人就构造了一个链条:"如来藏"冲破"无明壳",转名"如来法身",此身即是"大涅槃"的成就者,他的特性是与世俗"五阴身"绝对相反的"常乐我净"。如是,一个具备永生、常乐、自由而高洁的佛身形象就这样竖立起来了。

但是,对于这种如来法身,虽为"意生身"者也不能得见,例外的倒是凡夫众生:

> 信佛语故,起常想、乐想、我想、净想,非颠倒见,是名正见。何以故?如来法身是常波罗蜜,乐波罗蜜,我波罗蜜,净波罗蜜。于佛法身作是见者,是名正见。(《胜鬘经》,下同)

理性思维不可见的,依靠对佛语的信仰倒是可见,所以信仰也是"正见"。用信仰保证"正见",在大乘某些经文中也有,但明确"信佛语"即是"正见"者,还是很稀罕的。

以上是"如来藏"出离"无明壳"后的事,所谓"果位"。当它处在"因位"时,即是"无明壳藏"的如来藏,则是五阴众生生死流转之所依,所谓"生死依"。胜鬘说:

> 生死者依如来藏。依如来藏故,说本际不可知。世尊,有如来藏,故说生死。

如来藏是自性清净,生死是烦恼;但生死烦恼却依存于自性清净,而且正因为生死依存于如来藏,所以无法知道生死是从什么时候开始(本际)的。尽管如此,但不能说如来藏有生死,如同不能说如来藏即是无明烦恼一样。于是,何谓生死?经云:

> 诸受根没,次第不受根起,名为生死……此二法者,是如来藏,

> 世间言说故，有生有死。死者谓根坏，生者新诸根起。非如来藏有生有死。如来藏离有为相，如来藏常住不变，是故如来藏是依、是持、是建立。世尊，不离、不断、不脱、不异、不思议佛法。世尊，断、脱、异、外有为法依持建立者，是如来藏。

此处"诸根"，指肉身而言。按业报轮回说，肉身之此没彼起，其性无常，属"有为法"，是"如来藏"的世俗性表现：肉身依靠如来藏存在，由如来藏支持而有起有灭，所以如来藏是生死的承担者，是生死的主体。但是，"如来藏离有为相"，属"无为法"，无生无死，"常住不变"，"不离、不断、不脱、不异、不思议佛法"，与佛法没有差别。其要"断、脱、异、外有为法依持建立者"，即超越生死世间者，亦即"是如来藏"，因为只有依持如来藏，依靠如来藏，才能建立断脱无明的根据和途径。

因此，如来藏既是世间之因和依持者，也是出世间之因和依持者。世间与出世间，都建立在如来藏内。

仅就佛教自身言，如果不承认如来藏，就无法解释"厌苦求灭"这一佛教断定为人生普遍心理得以产生的缘由。经云：

> 若无如来藏者，不得厌苦，乐求涅槃。何以故？于此六识及心法智，此七法刹那不住，不种众苦，不得厌苦、乐求涅槃。世尊，如来藏者，无前际，不起不灭法，种诸苦，得厌苦、乐求涅槃。

众生之所以厌恶生死，欣乐涅槃，全因为有如来藏的存在。原因是，传统认为众生的心识，只限于"六识"及与之相应的思维和道德活动，即所谓"六识及心法智"。心识的这种运作方式是"刹那灭"的，即生即灭，丝毫没有暂住的时刻，因而不具有接受众苦或种植众苦的机能，当然也就不会有厌世苦、乐涅槃的可能。因此，这就需要一个不生不灭、永恒存在的精神主体，既可以接受或种植生死轮回之苦，也可以成为厌恶众苦、欣乐涅槃的根源，而"如来藏"就是这样的主体。

这样，由传统佛教创建也符合世俗认识的，那个以"六识"为"心"和

"心所有法"为基础的精神世界,以"刹那灭"为由提出质疑,重新建构了一个统一"六识"和"心所法",同时赋予以蕴含全部烦恼法和清净法在内的精神总库——如来藏。如来藏是统摄过去、现在和未来所有精神活动于一体的产物,也是大乘佛教主张多识说的先声。

据此,人们也可以对上述的"空如来藏"和"不空如来藏"作另一种解释:如来藏既是世间生死的本体,也是出世间得涅槃的主体。从这个主体的两重性考察,则"空如来藏",可以指"若离、若脱、若异一切烦恼",以其摆脱一切烦恼,无任何烦恼,说之为"空";所谓"不空如来藏",谓"过于恒沙不离、不脱、不异、不思义佛法",以其具备所有佛法,说为"不空"。两者所表达的,都是自性清净,常住不变,而且正是这清净不变,成了流转生死和修习涅槃的实体。那么这样的实体,应该是什么呢?经文强调,"如来藏者,非我、非众生、非命、非人",而实质上,它正是贯穿在"我"、"众生"、"命"、"人"中的一种生命体,即"我"——与"如来法身"之具备"常乐我净"一样的"我"。

求那跋陀罗还译有一部经,名《大法鼓经》,其中佛言:

> 众生轮回生死,我不自在,是故我说无我义;然诸佛所得大般涅槃,常住安乐。(《大法鼓经》卷二)

"我"就是如来藏,"我不自在",就是如来藏为生死烦恼所缠缚,也就是"心性本净,客尘所染",犹如金之蒙垢。一旦"除彼金垢,尔乃见金"。"如是我者,生客烦恼;欲见我者,作是思维:今当推导我及垢本",决不可得;"若勤方便,除烦恼垢,尔乃得我"。得"我"即是得"涅槃"。

把"常、乐、我、净"规定为涅槃四德的,是《大般涅槃经》;把涅槃四德归结为统一的如来藏的,是《胜鬘经》;将如来藏直解为"我"的,是《大法鼓经》。从明确的"无我"说走向明确的有"我"说,是佛教义学的重大转变。佛教经论中羞羞答答地说"我"者,并不稀奇;如此明目张胆地提倡有"我"说,则十分罕见。但《胜鬘经》毕竟胜于《大法鼓经》的地方,是它把羞羞答答的"我"转化为"意生身"、"如来色身",并将他们安排在我们生活的"五欲"世界中活动,可文字上还得主张"非我"。

从佛教哲学上说,"我"是"自在";"自在"则是"绝对自由"。每一有情都有一个为烦恼系缚的"我",等于肯定每个人都是自由的。自由是人的本性,追求涅槃即是追求自由;获得自由就是获得涅槃,也就是佛。但最终把实现自由寄托在这种"涅槃"那里,不免是一种遗憾。唐宋时期的禅宗,是中国佛教追求自由的代表,他们把希望寄托在"普请"的农禅上,显得更加亲切。

《胜鬘经》、《如来藏经》、《大法鼓经》以及以后要详谈的《楞伽经》,在中国藏传佛教的某些密教派别中,也被奉为修学的主要经典。从此说开,话可以很多,这里就免了。

大乘佛教哲学,普遍争取统一部派佛教的多元论倾向,然而所建一元论并不全同,如来藏也是一种一元论,但并不彻底。它在理论上,给义学家留下了一个难解的问题,那就是为什么"自性清净心而有染污"?本来"无明住地"与"如来藏"都是无始来独立并存的,可在什么时候、由于什么原因,无明烦恼竟把如来藏缠缚起来,使其染污?既然自性清净,为什么还能受到污染?这都是些莫须有的烦琐哲学问题,但它涉及的是,世界何以发生与人生何以清净安宁这样的重大宗教课题,是回避不得的。《胜鬘经》也企图解决这个问题,所以在最后有这么一段理论性的解答:

> 如来藏者是法界藏、法身藏、出世间上上藏、自性清净藏。此自性清净如来藏而客尘烦恼、上烦恼所染,不思议如来境界。何以故?刹那善心非烦恼所染,刹那不善心,亦非烦恼所染;烦恼不触心,心不触烦恼,云何不触法而能得染心?世尊,然而有烦恼,有烦恼染心。自性清净心而有染者,难可了知,唯佛实眼实智……如实知见。

这个解答,其实就是疑惑。于时,世尊也肯定了胜鬘夫人的疑惑:

如是如是,自性清净心而有染污,难可了知。有二法难可了知,谓自性清净心难可了知,彼心为烦恼所染亦不可了知。

此中所谓"烦恼不触心,心不触烦恼"的"烦恼",既包括"不善",也包括"善",此善恶之性,属"有为法",其特点是"刹那灭",故以"刹那"作这两种烦恼的定语;但善或不善依附的"心",是指"自性清净心",其性常住不变。任何烦恼,一旦生起,立即熄灭,哪里来得及去染污常住的清净心?所以说"心"与"烦恼"互不相触,是井水不犯河水的。这是理论层面讲的。然而事实是,或者佛经明确说,烦恼是存在的,烦恼染心也是存在的,这又如何解释呢?胜鬘解释说,这个问题不是她所能解答的,因为唯佛才能够知见。但是佛也没有回答,这就成了《胜鬘经》有意存疑的问题。提出问题而不回答问题,特别再三地表示不可了知,这在其他佛经中也是难得一见的现象。

依《胜鬘经》的逻辑推论,烦恼藏缠缚如来藏,这是一切世间的共因;如来藏以自力清除烦恼藏,则是一切出世间的共因,所以不能说两者没有关系。但两者都是无始时的存在,都与现行的心识关系不完全相应,因而是平行的,实质上也都是永恒的。因此可以说,《胜鬘经》表达的思想,实质上是一种善恶染净二元论,有可能也是受摩尼教的影响。

第三节 《佛性论》中的"如来藏":"如来藏"进入瑜伽行派的轨迹

《佛性论》四卷,隋《众经目录》未题作者,陈真谛译,至唐《开元释教录》增记天亲造。天亲亦作"世亲",与其兄长无著,同为印度瑜伽行派的奠基人。在中国汉译和介绍这一派的理论体系中,有两大家:一是南北朝时期的所谓"旧译家",一是唐代的"新译家"。"新译"的主帅是玄奘,"旧译"的代表在南朝的就是这位真谛。这两家发生过不少争论,对于这两家关系的研究,至今还在继续;由于两派的差异,以至于有学者认为,历史上可能有两个无著、世亲。在一定程度上，《佛性论》反映了"如来藏"思想进入瑜伽行派理论体系的一段历程，也可能是旧译家接受"如来藏"思想，用以改造"阿赖耶缘起"说的一种证据。为什么这么说？这有两种现象可以解释：

第一，从现有的汉文译经看，将"如来藏"引入瑜伽行派的"八识"论以构造唯识学的经典是《楞伽经》；此经的初译四卷本，译者与《胜鬘经》的译者是同一个人，都是求那跋陀罗。此经卷二引经谓：

> 修多罗说：如来藏自性清净，转三十二相入于一切众生身中，如大价宝，垢衣所缠。如来之藏常住不变，亦复如是，而阴界入垢衣所缠，贪欲恚痴不实、妄想尘劳所污。（《楞伽阿跋多罗宝经》卷二）

此处所引"修多罗"，毫无疑问就是《胜鬘经》。又，四卷《楞伽经》中同时使用了"藏识"这个概念；一般作为"阿赖耶识"的意译，只是没有直接涉及与"如来藏"的关系问题。

第二，《佛性论》不完全是翻译著作，或许根本不是翻译著作，而是真谛就"佛性"有关问题的综合性阐释之作，甚至不排除是他的弟子辈的加工注疏。它以清晰的语言、颇强的逻辑证明表达思想，其中之一，就是以"如来藏"破除"阿梨耶识"。

对于《佛性论》的研究，有助于厘清新旧两译或两个无著、世亲这段佛学历史，所以放在这一章节中来谈，从中也可以见到"如来藏"的出现所产生的影响有多么巨大。

我们说《佛性论》是真谛一系的编著，主要根据是，论文所解释的内容，都是当时已经翻译为汉文的经典，特别是上述的《胜鬘经》、《如来藏经》和真谛自己译的《无上依经》，以及《大般涅槃经》等，所用经文基本上来自汉译本。论说的内容，很有针对性，大都与当时佛教义学关注和争论的问题有关。因此，我们不妨也把它看成是对"如来藏"的旧译瑜伽行派的诠释。

一、"如来藏"对于《大般涅槃经》"佛性"说的新诠释

1."一切众生悉有佛性"

据《佛性论·缘起分》解释,《大般涅槃经》中佛之所以说"一切众生悉有佛性",有五条理由:

(1)"为令众生离下劣心"。"有诸众生未闻佛说有佛性理,不知自身必当有得佛义故,于此身起下劣想,不能发菩提心。"今"说众生悉有佛性",有助于提高众生的自尊心和自信心。

(2)"为离高慢心"。若有人已发菩提心,"便谓我有佛性故能发心。作轻慢意,谓他不能"。为了尊重他人,相信他人,"佛说'一切众生'皆有佛性"。

(3)"为离虚妄执"。若人有上述高慢心,则起虚妄两种过失:

一谓"本无","如如理中,本无人我,作人我执,此执无本;由无本执故,起无明等,由无明起业,由业起果报"。即将"佛性"妄以为"我",由此导致"无明",产生一系列业报,轮回不已。据此,论文第一个反对的是将佛性误解为"我"——"我"即是"本无"。

二谓"客",此"客"当指与"佛性常住"相对的"有为法",特别表现在"能所"关系,即主客观关系上的有为法——"有为诸法皆念念灭,无停住义",因此不能将它们视之为"住",执以为实。为除此执故说佛性,由此得出结论:"佛性者,即是人法二空所显真如。由真如故,无能骂所骂。通达此理,离虚妄执。"此中以"人法二空"显现"真如",是瑜伽行派的特有主张,加上用此"二空"所显"真如"揭示"佛性"的内涵,都与中国佛教通常把"如来藏"理解为"觉"或"智"不一致。

(4)"为除诽谤真实法"。什么叫"二空",论文定义为"一切众生过失之事"。什么叫"真实"?"由解此空故,所起清净智慧功德,是名真实。言诽谤者,若不说佛性,则不了空,便执实有;违谤真如,净智功德,皆不成就。"意思是,"佛性"是"空"与"不空"的统一:空者,指一切众生之过

失;不空者,系空掉过失所显出来的"真实"即"真如",由此生起的"净智功德",就是"真如",或依"真如"生起。

(5)"离我执"。"由闻佛说佛性故,知虚妄过失、真实功德,则于众生中,起大悲心,无有彼此,故除我执。"这里的重点是推己及人:自己体认了佛性,也助他人去体认。意思是不要把"彼此"割裂,把我与他人对立起来,并非否认"我"是实体。

从以上"五义"看,《佛性论》是在重新诠释"一切众生悉有佛性"的命题,纠正《大般涅槃经》那种强烈的排他性:既要肯定我有佛性,也要承认他人亦有佛性;既要自尊自信,也要承认他人亦会自尊自信。这种承认是无条件的,即使"一阐提"也不能排除。

与此同时,它也在重新诠释大乘中观学派的"般若"观。首先提出"二空"的是般若中观学派。此派认为,它所说之"空"优于二乘,因为它不但像二乘那样说"人空",而且还特别说"法空",表示它的空观比二乘深刻得多、彻底得多。但是,此派所理解的般若"空观",只有否定意义,即对世人认识之具有真理性表示否定;用以表示这种否定的肯定词,叫做"实相"——"实相"的内涵,是"实际"的性相并非如世人的认识那样。因此,这种般若思想,具有很消极的虚无主义倾向。瑜伽唯识学也讲般若,也普遍承认"二空",但这"空"却是有针对性的,是针对"我"与"法"取绝对不变的那类观念的否定,为的是通过这种否定,显示出其背后的"真实"——真实的"净智功德",因此,它一般不用"实相"这个概念,而是用"真实"和"真如"这种完全肯定意义上的词句来表达——承认脱离人的凡俗认识,有真实的实体存在,而且最终可以认识。

由此佛性"五义"达到的直接目的,同一般大乘主张涅槃与世间的统一没有区别,所以说:

> 由佛性故,观一切众生二无所有,息自爱念。观诸众生二空所摄,一切功德,而得成就,是故于他而生爱念。由般若故,灭自爱念;由大悲故,生他爱念。由般若故,舍凡夫执;由大悲故,舍二乘执。

由般若故,不舍涅槃;由大悲故,不舍生死。由般若故,成就佛法;由大悲故,成熟众生。由二方便,住无住处,无有退转,速证菩提。(《佛性论》卷一,下同)

但是,这里用的是"般若"与"大悲"一对范畴取代了般若中观学派用"般若"和"方便"一对范畴以观察世间与出世间关系的方法,突出了"灭自爱念"和"生他爱念",取代了《大般涅槃经》的排他主义,从而为瑜伽行派更积极、更乐观地面对现实,创造了一种理论氛围。

2. "一阐提亦有佛性"

根据这一新的佛性论,它清查了与之不同的另一些佛性论者。这一部分论述对于中国佛教打破"五种姓"学说,肯定"一阐提"亦具"佛性",有决定性意义;它的论证方法,则反映了瑜伽行派那种特有的逻辑性,值得介绍——论文通过与三种偏执,所谓小乘执、外道执和大乘执的论辩,从理论上完成了"一阐提亦有佛性"的论证。

(1) 驳"小乘执"。经典中记有:"佛为小乘人说,有众生不住于性,永不般涅槃。"有人对佛的此说表示怀疑,不肯相信。论文就以捍卫佛说的形式,纠正《大般涅槃经》关于一阐提无涅槃性之说。

它从小乘关于佛性的不同理解讲起:

> 小乘诸部,解执不同。若依分别部说,一切凡圣众生,并以"空"为其本。所以凡圣众生,皆从空出,故"空"是佛性。佛性者即大涅槃。

这个"分别部"有可能是"恶取空"者,其主空之说是用"空"的遍在性解释一切,所以把"佛性"和"涅槃"也释之为空。以一切众生无不空者,于是一切众生皆有佛性,就是理所当然了。

> 若依毗昙萨婆多等诸部说者,则一切众生无有性得佛性,但有修得佛性。

此毗昙萨婆多,即说一切有部;此部认为,佛性是后天修得的,不是先天

具有的。据此,该论认为:

> 分别众生,凡有三种:一定无佛性,永不得涅槃,是一阐提犯重禁者;二不定有无,若修时即得,不修不得,是贤善共位以上人故;三定有佛性,即三乘人:一声闻从苦忍以上即得佛性,二独觉从世法以上即得佛性,三者菩萨十回向以上是不退位时得于佛性。

此中的"一阐提"是"定无佛性,永不得涅槃"者;其余"三乘"虽有佛性,但都是后天修得的;"不定有无者",则由他们是修还是不修决定。因此五种姓皆无《大般涅槃经》意义上的佛性,即先天佛性。瑜伽行派所持的"五种姓说",即来源于说一切有部,只是它强调佛性的先天本性,而不像这里所说,主要看后天是否修习。

对于佛性论的这两种说法,引起小乘的疑问,以至于小乘不相信此为佛说。"何者?若从分别部说,则不信有无性众生;若萨婆多等部说,则不信皆有佛性故。"究竟何者为是?论文集中驳斥了"无性"论者,以下试析之。

无性论者立论的主要依据是:

> 众生既有种种麁妙不同,故知理有有性、无性。汝若不信有无性众生永不涅槃,而信有众生有种种麁妙等界者,是义不然。何以故?执不平等故。

意谓,所谓众生,存在凡圣、人天、畜类、地狱等种种差别,此中当然就包含有性、无性的差别;如果不信有无性众生,而承认众生之间存在巨大差别,那就是自我矛盾(执不平等)。反对有无性众生者驳道:

> 汝信有众生种种麁妙等界,即令信有无性众生者,亦应信有无根众生耶。何以故?众生由有根、无根故。有种种麁妙等界。汝若不信有无根众生者,云何信有麁妙等界。若谓有麁妙等界不关有根、无根者,我亦信有麁妙等界,不关有性、无性之义。

意谓,不能用众生的差别性推断众生定有无性者,因为众生的差别是由于"六根"(身形器官意识)的不同。如果按无性论者的逻辑,则众生中亦应有"无根"者了。无性论者答曰:

> "汝以有根、无根例我有性、无性,是义不然。何以故?谓无根者,为是众生,为非众生?若是众生,有二过失:一者泰过过失——若无六根而是众生者,则一切无情草木石等皆是众生,同无根故;二者不及过失——本说六根以为众生,既无六根,更说何物?"

用"过犹不及"作为论辩的逻辑术语,作为表达不合实际的一种方式,而不用域外佛教通常的"离二边"作为行"中道"的表达方式,也是说明《佛性论》是中国产的一个证据,但运用在这里非常合适。无性论者认为,若无六根即是众生,则超出了众生的范畴,等同木石等无情之物,离开众生这个实际太远了,是犯了"太过"之过。事实是,无六根即无众生,则无根达不到众生这个实际,所以犯了"不及"的过失。据此,"汝以有根、无根例我有性、无性"不能成立。

于是,反无性论者运用同样的方法难曰:

> 若汝谓我立无根众生有二过失者,汝立犯重一阐提人无有佛性,永不得涅槃,亦有二失:

> 一者泰过过失——众生本以我见无明为凡夫法。寻此无明,由违人空故起;既起无明,故有业报。若不违人空,则无无明业报。既无无明业报等三轮,若尔,应是圣人作于凡夫。

《佛性论》定义"无明",是以佛教共许的"我见"为内涵的,只要有"我见无明"即是"凡夫"而非"圣人"(指获得佛教圣果者);与"我见"相违,能够获得圣果的观点则是"人空"。所以只要体认了"人空"真理的众生,即是圣人,并没有为众生自身制订另外的什么条件。如果有众生确实已经做到了"不违人空",因而也不会再有"无明"及其引生的业报轮回,可你认为他依旧处在无明业报之中不能成圣,那岂非把圣人当成凡夫?是故,"若谓众生无佛性者,但圣为凡,无凡得圣,此成泰过"。

> 二者不及过失——若汝谓有众生无佛性者,既无空性,则无无明;若无无明,则无业报;既无业报,众生岂有?故成不及。

按《佛性论》上述"有性"论者解释,"佛性"就是"空性";否认佛性,即是否认"空性",也就是肯定众生本质不空。这是任何佛教派别都不会承认的。但一旦承认佛性即是空性,问题又来了:"空"是对"无明"否定,是无明的本质;如果没有了无明,不但没有了"空"的对象,而且也不会有由"无明"缘生的业报轮回,因而也不会有"众生"的存在——哪里还有判断有性、无性的对象!

除了这种逻辑的论辩,证明有类众生无有佛性之说先后失据、不得成立之外,又深一层,是根据现实的社会现象对无性论者的驳难。

> 问曰:汝说有众生无佛性者——如刹底利种,为具有四性及地狱人天等性为不具有?若言不具有者,人应常人,永无作诸道义。

"四种姓"是古印度社会基本的等级制度。若有众生现属刹帝利,其本性中是否具有所有四种姓,是否具有三界六道所有可能因素?这有两个答案:一个是"不具有"——众生本性是单一的,"人"永远是"人",不可能轮转六道;"婆罗门"永远是"婆罗门",不可以为天帝或为畜类。此说有悖佛教基本教义。另一个是"具足有"——众生本性具有凡圣六道等一切因素,但这也违经。"如经中说:如来性力能了种种麤妙等界,此众生性,既其平等,经不证故。"此语表达模糊,大意说,"如来性"之"力"虽能了知众生种种差别,但毕竟认为在"众生性"上他们是平等的,无有差别,也不突出这些差别。总之,不论一类众生是否同时"具有"他类"众生性",确认有类众生不具佛性,就难以自圆其说了。

此类论辩还有很多,与佛教基本理论有关的,是有因论还是无因论。问题是这样的:

> 若汝谓无佛性是定无者,如火定热性,不可转为水冷性,佛性亦

尔，有无应定，皆不可转。若不可转者，汝立此定为由因故定，不由因故定？

这有两个答案：

> 若由因故定，此定不成定。何以故？本时未是定，由因方定故。若说不由因而定者，则无穷过失……非理之事并应得成……如人谓石女生两儿，一白一黑，亦如兔有两角，一利一钝。若人不由因说，此不平等义亦应得成。

此"不平等义"指不合逻辑，这里特指对根本没有的事进行分析。无性论者所作"佛性定无"的判断，不论是据有因论还是无因论，都不能成立。因此如汝所说，"有本定有，无本定无，有不可灭，无不可生。此等过失，由汝邪执，无性义生故"。

经过这番论辩，结论是：

> 若尔，云何佛说众生不住于性，永无般涅槃耶？答曰：若憎背大乘者，此法是一阐提因，为令众生舍此法故；若随一阐提因，于长时中，轮转不灭，以是义故，经作是说。若依道理，一切众生皆悉本有清净佛性，若永不得般涅槃者，无有是处。是故佛性决定本有，离有离无故。

大家知道，坚持"佛性"遍在于一切众生，首倡"一阐提亦有佛性"的，是晋宋之际的竺道生，中国本土僧人；昙无谶所译《大般涅槃经》后分，糅进了这个观点，由此来看《佛性论》的这个结论并不新鲜。但意义并不一样。道生的观点是从儒家出发推出来的，《大般涅槃经》肯定了道生的观点，但没有论证。《佛性论》则是针对说一切有部和瑜伽行派继承有部之说所作的批评，为佛性的遍在性重新论证，以至于成为唐代法相宗的对立面，在形成和维护"如来藏缘起"说上起了巨大的作用。

为了坚持一阐提亦有佛性，《佛性论》还引用了经典中的不同说法，加以会通：

经中说：一阐提人堕邪定聚，有二种身：一本性法身，二随意身。佛日慧光照此二身，法身者，即真如理；随意身者，即从如理起佛光明。为怜愍阐提二身者，一为令法身得生，二为令加行得长，修菩提行，故观得成。复有经说，阐提众生决无般涅槃性。若尔，二经便自相违。

会此二说，一了、一不了，故不相违。言有性者，是名了说；言无性者，是不了说。故佛说，若不信乐大乘名一阐提，欲令舍离一阐提心故，说作阐提时决无解脱。若有众生有自性清净性永不得解脱者，无有是处。故佛观一切众生有自性故，后时决得清净法身。

上述引文中的"经"不知所指。其说一阐提仍有二身之说，则与《胜鬘经》之说大同：如来藏并不因为一阐提堕于群邪之中而消失，如来之佛日慧光自能形成两种身——一是"真如理"，一是"如理"所起之智慧。正是如来藏的这种自我满足，所以断定一阐提"后时决得清净法身"。

一阐提能否成佛，似乎也是一个神学问题。但是它的论辩背后隐藏的问题，却很有价值。譬如，物种或人性是永恒的，还是变化的？物种之间能否互相转化？种姓制度、等级现象是永恒的，还是变化的？种姓或等级之间是否可以互相转化？由此涉及，事物是由先天决定的，还是后天决定的？是内因起决定作用，还是外因起决定作用？如此种种，《佛性论》虽然没有展开讨论，但在逻辑上取肯定态度，说明其在思维深度上已有明显突破。

(2) 破"外道执"。此处的"外道"，指"胜论师"和"数论师"。在印度，此两者是批判佛教的主要"外道"，也是大乘论师们的主要论敌。其实，"外道"是不讲佛性的，但他们的主张不利于佛性论的确立，所以《佛性论》要单列一项，让他们认识佛性；而在清理外道的主张中，也巩固了佛性论的地位。所以说，"为外道不识佛性故，彼立义应知"。

首先，该论谓：

> 有外道说，一切诸法，皆有自性，等有不空，性各异故。若诸法悉空，无自性者，则水火、色心、生死、涅槃，并无自性。自性既无，应可转火为水，转于涅槃更作生死。何以故？等无自性故。现见火性定热，不可为水；水性定湿，不可为火；涅槃生死，亦复如是，不可互相转作。如此二法，并有自性故；若互可转，则修道无用。故知诸法各有自性，是故不空。

论中所指持此说的"外道"是胜论师，本论作"鞞世师"。此师先以"六句义"概括他们的学说，将"实、德、业、同、异、和合"作为决定一切法之实体、性质和变化的元素；其后，此派又在六句义基础上增加"有能、无能、俱分、无说"四句，成"十句义"，以解释世界现象和说明解脱之道。总括这些说法，核心是主张"自性"实有的。《佛性论》即抓住这一核心，将他们的思想体系如上地介绍出来，以便破除。具体论辩颇繁，简单讲来就是一句话：

> 汝说诸法各有自性不空、性定异者，是义不然。何以故？自性决定不可得故。

大乘讲"诸法性空"，主要理由是"法无自性"；"无自性"的主要理由是"性不决定"。"性不决定"是中观学派"诸法性空"的主要证明。论辩的最后，引《中论》中偈言：

> 一切处诸法，从自不得生，从他二亦尔，从无因亦然。

这个译文不如鸠摩罗什所译《中论》的文字流畅。意思是说：任何事物都不是由"自性"产生，也不是"他性"所生，更不是"自他二性"共生，但也不是"无因生"。此四句偈很有名，由此说明般若的缘起"无生义"，被佛教各派广泛采用。据此，论文批驳了胜论师有关"自性"论的众多观点，在此处就是用于维护"如来藏"的"人法二空"一面。

胜论师的著作有汉译介绍，即唐玄奘翻译的慧月造《胜宗十句义论》一卷，为历代《大藏经》所收；关于此派的思想，在《佛性论》的批判中也保存不少。

论文接着考察数论师。此师亦作"僧佉",真谛所译的《金七十论》二卷,是其代表作之一,此论亦作《僧佉论》,是大藏经收入的两种"外论"之一。而《佛性论》对此派的批判尤其细微,也是研究它的重要资料。

按佛教观点,此师属于"因中有果"论者,认为一切世界事物都隐含在最初因中,是最初因自我开展转变的结果,此因即是"自性"。"自性"是一种未显现的隐在物质,它与它的转变物由"三德"构成,所谓"萨捶"(喜与照明)、"罗伽"(忧与冲动)、"多磨"(迷暗与抑制);"自性"首先转变为"觉",继之而成"我慢",开展为"十一根"(眼耳手足心等器官)和"五唯"(色香味等五境)、"五大"(地水等四大与空),总称"二十五谛",由之形成差别万千的世界。此外,还另有一个独自存在的"神我"(无上我),是"神我"与"自性"结合引起"自性"的变化;在与"自性"物质结合中的"神我"是不自由的,只要"神我"摆脱了自性物质,那就是解脱。因此,数论师就成了"自性论"者的另一种典型。

《佛性论》对数论师的破解,是从一个具体事例开始的———一切事物都有自性,这是个全称判断;论文举出,"声"也是一类事物,是否也有"自性"? 于是"内学"(佛学)者问:

> 汝义云"声有自性,与自性不异故"者,是义不然。何以故? 若声有自性,则声应为耳本故;若说声是耳、耳即是声,可说自性即声、声即自性,若不许耳即是声者,亦不许汝声即自性。若汝说声是所闻,耳不尔者,是义不然。何以故? 汝声与耳为一为异? 若汝说声是所闻与耳异者,已所闻故,与自性亦异;若说声与耳不异者,何故不说声能闻耳! 若汝说德如耳者,是亦不然。何以故? 若声灭时,耳应俱灭,声耳是一故。如耳声一物不成例,余成不成亦尔。故知诸法决无自性,悉皆是空。

就"声"之"无自性"一例,足以破你一切诸法皆有自性的全称判断。但是，这一破法如能成立，应该有个前提，那就是只从"声"与能闻的"耳"之关系上，限定在声与耳的关系范围对声进行考察：没有耳，即听不到声，所以声即以耳为"本"，此"本"即是"自性"，于是声的自性即是耳，结论当然是荒唐的。这一结论的得出，不在于推理本身，而在于那个没有说出来的前提——可这个前提，即眼耳等与色声等是对应的概念，"能"识与"所"识不可相离，这是佛教也是古印度哲学普遍承认的一种思想，因此"内学"者可以这样驳难数论师，而没有对"声"本身的物理性质作探讨。

然而，即使如此也不能反证"法无自性，悉皆是空"是正确的。在这里，需要逻辑。数论师是古印度哲学中很重视逻辑的学派，他们在立"自性"有时，就运用了逻辑，名之为"量"。由于他们的逻辑与认识论紧密关连，所以"量"分三类，即"证量"（现量）、"比量"和"圣教量"。《佛性论》也因此采取了"量"的论辩方式，我们只看它所作的"证量"：

> 今我立证量，显了二空：诸法空故，自性不可得，如见幻事。幻物者，证量所见，不如实有。诸法亦尔，不如所见而有所见。由体不实故不有，由证量故不无。由体无故，空义得成，以证量故，假有不失。

所谓"证量"，指的是感官直觉到的认识，是绝对不经理性思维而对对象的直接感受。例如眼见色，如果中间不经思维分别，唯有眼根与色相的直接相触，由此得出的眼识就是证量所得。《佛性论》开出的证量，是"幻事"，幻觉中感知的事物，例如快速转动手中火炬能够见到一个火圈，夏日可以于田间见到的"野马"之类。这火圈和野马都是"幻化物"，它们是"不如所见而有所见"的现象——就其为证量直观所见而言"不无"，以区别于兔角、石女儿等之纯无；就其"体不实"而言"不有"。据此证明了"性空假有"般若空观的基本论点，驳斥了数论师的"自性"说。

继之，论辩进一步涉及了"量"自身的性质问题。数论师认为，由于"量"由"能量、所量二法成就，所以诸法各有自性故不空"。论文驳道：

是义不然。何以故？量从自生故不缘所量境而能量智自成者，无有是处。既无所量，能量之名，对何而立，则量何所量耶？若汝说由观所量故得成能量者，是义不然。何以故？若前境未有即量何所缘？所量者是所缘境，能量者是能缘智。若所量已成，能量何用？"所"本由"能"故得"所"名，若能量未有，已成所量，则能量无用；若所量不关能量自得成者，有何能所？

此处关系一个重大的哲学问题，所谓思维对存在的统一性问题：能量与所量，能知与所知，略称"能"、"所"，他们之间是相互联系不可分离的，还是互相分离，而联系只是有条件的？这对整个唯识家来说都是个要害问题。《佛性论》主张，"能"、"所"是相互依存的，因为它这里讲的是认识论范围内的主客关系，离开任何一方，认识活动都不可能正常进行。因此，数论师说"量从自（性）生"，等于说认识从认识的自性生，是荒谬的；说"不缘所量境而能量智自成"，等于说无需客观对象就会产生关于这一对象的认识，同样是荒谬的。但是，如果超出认识论范围，讨论认识是从哪里来的，即思维对存在谁是第一性的问题时，性质就变了：认为"'所'由'能'得名"，就不是正确的；所谓"所量已成，能量何用"的提问也就没有意义。唯识家的错误不在于承认认识论范围内"能"、"所"的不可分离性，即思维对存在的统一性，而是超出了这个范围，把这一原理运用到解答思维与存在孰是第一性的问题上，这成了他们形成唯识世界观的一个重要原因。

关于"量"以及"能量"和"所量"是否具有"自性"的问题，《佛性论》记载的论辩还有很多，此处不拟细谈。针对数论师运用"比量"对"自性有"的证明，《佛性论》也作了具体驳难，由于牵涉数论师自身的观点很多，也不适宜于此处详说。总而言之两句话：

由证量故有比量……证既不成，比譬、圣言等量皆失。

故知一切法如实无自性，唯真实空是其自性。

(3)"破大乘见"。这里的"大乘",明显是指大乘的中观学派;其所谓"见",是指此派"学有所执"部分,即"二谛"说。论文首先以答问方式陈述论敌一方的基本观点:

> 若汝说一切有,皆由俗谛;一切无,皆由真谛。应作此问:善友,何者是真实?何者是俗谛?答曰:一切诸法无有自性,是为真实;于无自性法中说有自性,是名俗谛,以于无中假说有故。

关于"二谛"的这一解说,可参见鸠摩罗什译的《中论》中的"三是偈"。问难由此开始:

> 问曰:是执无有自性,为当依世俗言故有,为当唯是语言(故有)?若依世俗言有此执者,此执则不可说。何以故?执是无故——若此执唯是语言则无所诠,世俗语言不成就故;若不成就是世俗者,是义不然。又,若汝谓于无自性中执有自性,是名为俗——若执有者,云何是无?答曰:为颠倒品类故,故无中说有,乃至于无常乐我等诸法,说言皆有;常等诸德,其体实无,但假说有。如此执者,为四倒摄,是故虽执是有,而得是无。

《佛性论》认为,说"一切诸法无有自性",并非真实,而是一种偏执;"于无自性中说有自性",则不能成立。因为所谓世俗有,指的是什么?按《中论》的解说,即是"假名有"。那么此"有"是指某物依赖语言而有,还是语言自身即是有呢?若是前者,则某物无自性亦即是无,因而是不可说,何来世俗有?若是后者,语言没有了诠释的对象,那就什么用处都没有;没有用处就成不得世俗。

这些论辩太嫌抽象,一旦用以解释"常乐我净"涅槃四德,就变得非常具体——依中观派说:"常等诸德,其体实无,但假说有";认为它们实有,即是"颠倒","虽执是有而得是无"。《佛性论》由此总结说:

> 若无性中执有自性为俗谛者,是义不然。何以故?二谛不可说有,不可说无,非有非无故。真谛不可说有不可说无者,无人法故不

可说有;显二空故,不可说无。俗谛亦尔:分别性故不可说有,依他性故不可说无。

这里提出的见解,是标准的瑜伽行派的"三自性"说。它用"三自性"批判"二谛"说,重新解释"二谛"说,反映了此派与中观派的主要分歧之一:依"二谛"论"无"说"有",自身就是一个错误。因为不论真谛或俗谛,都不可以用"有"或"无"来界定,两者的本质都是"非有非无",亦可说既"有"既"无"。瑜伽行派称"真实"为"圆成实",它的含义是"无人法"——对人我、法我二执的否定,故"不可说有",亦即是"无";它的另一个含义是"二空",乃"无我"所显,"不可说无",亦即是"有"。"俗谛"也包含这两层含义:"分别"世俗现象执以为实,属"遍计所执",其性本无,故"不可说有",但其所执之现象,由因缘所生,属"依他起",故"不可说无",亦即"假有"。

《佛性论》诠释瑜伽行派的"三自性"学说比较简洁明确,不是这里考察的范围,只是说明,其在"破大乘见"中,是从"三自性"出发反对中观派的"无自性",从而捍卫"有自性",尤其是"大般涅槃常乐我净"这一重要理念的。

以上三破,破有破无,核心是在确立"一切众生皆有佛性",不存在无佛性的"一阐提"这种例外。这样一来,它也为"如来藏"的"清净"内涵增加了更丰富的规定。

二、"如来藏":"智与境"的统一

何谓"如来藏"?论文指出三义:"一所摄藏,二隐覆藏,三能摄藏。"以下分述之。

(1)"所摄藏",意即"所摄名藏"。论云:

佛说约住自性如如,一切众生是"如来"藏。

言"如"者,有二义:一如如智,二如如境;并不倒故名如如。言"来"者,约从自性来;来至"至得",是名如来。故如来性虽"因"名

"应得","果"名"至得",其体不二,但由清浊有异。在因时,为违二空故起无明,而为烦恼所杂,故名染浊;虽未即显,必当可现,故名"应得"。若至果时,与二空合,无复惑累,烦恼不染,说名为清。果已显现,故名"至得"。譬如水性,体非清浊,但由秽不秽故有清浊名。若泥滓浊乱,故不澄清;虽不澄清,而水清性不失,若方便澄渟,即得清净。故知净不净名由有秽无秽故得,非关水性自有净秽。应得、至得是二种佛性,亦复如是,同一真如,无有异体,但违空理,故起惑着,烦恼染乱,故名为浊。若不违二空,与如一相,则不起无明,烦惑不染,所以假号为清。

所言"藏"者,一切众生悉在如来智内,故名为藏,以如如智称如如境故。一切众生决无有出如如境者,并为如来之所摄持,故名所藏众生为如来藏。

复次藏有三种:一显正境无比,离如如境,无别一境出此境故;二显正行无比,离此智外,无别胜智过此智故;三为现正果无比,无别一果过此果故,故曰无比。由此果能摄藏一切众生故,说众生为如来藏。(《佛性论》卷二,下同)

这段话虽然很长,但意思简单,有许多提法与《胜鬘经》相近,有些提法更为清楚,如将"如来性"、"佛性"定为同位语,都纳入"如来藏"中,但区分为"因位"和"果位",唯"因位"为烦恼杂染,至"果位"即全部清净等。还有些提法则相当独特,如名因位为"应得",名果位为"至得"。这"应得"和"至得"所"得"的是什么?回答是"如如",是"如来智"和"如来境"两个"如"的统一。就是说,如来藏不只蕴藏如来智,而且蕴藏如来境。依据瑜伽行派"唯识无境"的主张,境由识生,有识必有相应之境生起,则如来智必有如来境与之相应。

如此一来,情形就成了这个样子:"约住自性如如,一切众生是如来藏",是谓一切众生皆有如来藏;又谓"一切众生悉在如来智内,故名为藏",是谓如来藏中有一切众生。这两个相反的论断,可以造成一系列逻辑矛盾。但从唯识哲学说，一切客观境界，悉是唯识所现，一切众生也不例外，众生因此而被纳入"如来藏"内，以构成如来智的对象，道理上讲得通，但就现实众生而言，让他们背负着这一切众生岂不太过艰难？为了摆脱这一窘境，《佛性论》把这一重责放在果位上，让佛承担去了。但这有可能造成"如来藏"在因位和果位上的分离，又不符合如来藏为"同一真如，无有异体"的定义了。

中国佛教的如来藏奉持者，很少有把众生也纳进如来藏中的，大都是采用此处替代两个"如"的"真如"来与"智"相应。但"真如"的含义广泛，可容纳的内容很多，一般即释之为"理"，于是如来藏又成了"智"与"理"的统一体，修习所必须的"智"和所要知的"理"，皆备于众生的如来藏一心中。这也意味着，"依自不依他"的路线是最后完成了。

(2) "隐覆藏"，意即"隐覆为藏"。意思也很简单："如来自隐不现，故名为藏。"论云：

> 言如来者有二义：一者现如，不颠倒义；由妄想故名为颠倒，不妄想故名之为如。二者现常住义：此如性从住自性性来至至得，如体不变异，故是常义。如来性住道前时，为烦恼隐覆，众生不见，故名为藏。

(3) "能摄藏"，意即"能摄为藏"。论云：

> 谓果地，一切过恒沙数功德住如来应得性时，摄之已尽故。若至果时方言得性者，此性便是无常。何以故？非始得故。故知本有，是故言常。

以上对如来藏之"藏"的三种解说，只有其二是从"藏"的字义上说的，所谓"隐覆"："如来"受"烦恼"隐覆，众生不得其见。关系教理的是"所摄藏"和"能摄藏"："所摄藏"是如来藏的核心，摄藏如来的全部内容；"能摄藏"则特指"果地"即佛位时的如来藏，此时成佛所应满足的一切功德，均已住于"如性"中。这里用"住"如来"应得性"，而不是说如来"得性"，是为了坚持"如体不变",是"本有",不是"始有",是"常"不是"无常"。

三、如来藏对佛性之融解:"我"的真实义

《佛性论》以"十义"说明"佛性"诸相,看来是要把如来藏融入佛性之中,实际相反,它是在用如来藏丰富佛性,让佛性融进如来藏中。我们且看佛性的"自体相"。"自体相者有二种:一者别相,两者通相。"其中最有理论意义的是"别相"中的第一"如意功德性"。论云:

> 所言如意功德相者,谓如来藏有五种。何等为五?一"如来"藏:自性是其藏义,一切诸法不出如来自性,无我为相故,故说一切诸法为如来藏;二者"正法"藏:因是其藏义,以一切圣人四念处等正法,皆取此性作境,未生得生,已生得满,是故说名为正法藏;三者"法身"藏:"至得"是其藏义,此一切圣人信乐正性,信乐愿闻,由此信乐心故,令诸圣人得于四德,及过恒沙数等一切如来功德,故说此性名法身藏;四者"出世"藏:真实是其藏义——"世"有三失,一者对治可灭尽,故名为世,此法则无对治,故名出世,二不静住,故名为世……此法不尔,故名出世,三由有倒见故,心在世间……以其虚妄,故名为世,此法能出世间故,名真实为出世藏;五者"自性清净"藏:以秘密是其藏义——若一切法随顺此性则名为内,是正非邪则为清净,若诸法违逆此理则名为外,是邪非正名为染浊,故言自性清净藏。

上述所言佛性之"如意功德相",就是用"五种如来藏"诠释的;而且它之所本,则直接来源于《胜鬘经》。所以论文继之说:

> 《胜鬘经》言:世尊,佛性者是如来藏,是正法藏,是法身藏,是出世藏,是自性清净藏。由说此五藏义故,如意功德而得显现。佛为显此义故,说如意宝:譬如人以宿业故,感得如意宝珠,得此珠已,随其意所乐事自然得成。

在这五义中,一切"正法"和"法身"也被吸纳到如来藏内了。

至于佛性的"通相",只有一句话:"自性清净是其通相",为的是强调"如来性在烦恼中无所染污"。

其次,在以十义说明"佛性"体相中,有"果相"一种,也有新意。按论文说,此"果相"有两处:

> 一者地前凡圣二位,不得四德;二者十地诸位。地前有如信乐等;四德为清净佛性因,为对治四倒,如来法身四相功德波罗蜜是其果。

此处对"地前凡圣"与"地上菩萨"的区分,制定了一个重要标准,那就是是否得到了"常乐我净"四德。论文认为,地前众生,"不得四德",而地上菩萨为了对治"四颠倒",所以得到,并成为"如来法身四相"之因。这也与《大般涅槃经》之说大异。《涅槃经》之所谓四德,是隶属于涅槃"果位"的,"佛性"才是"因位",而且这一对因果是互相孤立的,并没有直接的因果关系。《佛性论》则将四德本身分解为"因位"和"果位":一方面,佛性即具四德,它的作用是对治"四颠倒",以此为因,成就"法身"之果,即"四相功德"。换言之,"常乐我净"亦是一切众生本有,破除四倒,实现二空,四德即成了法身的属性。于是"涅槃四德"就变成了"法身四德","法身"的性质随之大变——法身不再是"以法为身"的抽象,而是人格化成为具备"常乐我净"的有情了。

此中作为破除"四颠倒"的因位四德,作用是令圣人通观"三界五阴",如实知其无常、苦、无我、不净,"此四皆实,是故非倒"。但这样的四德还是消极的,起破除的作用;"若约佛性常等四德,此四无倒还成颠倒,为对此倒,是故安立如来法身四德"。同样四德,至此则起正面建立作用,成为法身四波罗蜜,所谓"一常波罗蜜,二乐波罗蜜,三我波罗蜜,四净波罗蜜"。

《佛性论》表示,它的这一诠释,也是来自《胜鬘经》:

如《胜鬘经》说:世尊,是诸众生生颠倒心,于内五取阴,无常见常,苦中见乐,无我见我,不净见净。世尊,一切声闻独觉由空解,未曾见一切智智境,如来法身应修不修故。若大乘人由信世尊故,于如来法身便作常乐我净等解,是人则不名倒,名得正见。

在这里,是否承认如来法身是"常乐我净",成了大乘与二乘的分水岭,可见这一观念在如来藏思想中的地位。接着还说:

如来四德波罗蜜,由因次第渐深,应知逆说。翻后为前,谓净我乐常。由一阐提憎背大乘,为翻彼乐住生死不净故,修习菩萨信乐大乘法,得净波罗蜜,是其果应知;由一切外道色等五阴无我性类,计执为我,而是色等法,与汝执我相相违故,恒常无我;诸佛菩萨由真如智至得一切法无我波罗蜜,是无我波罗蜜,与汝所见无我相不相违故,如来说是相恒常无我。是一切法真体性故,故说无我波罗蜜是我。如经偈说:"二空已清净,得无我胜我,佛得净性故,无我转成我。"

这段话关系颇为重大:"常乐我净"是因果逆说,理应是"净我乐常"。其中"乐"、"净"是针对一阐提乐住生死不净讲的;"常"、"我"是针对外道所执实为"恒常无我"而言的。这番言论的核心,在于证成达到佛位的标准,是"无我转成我"。它的论证方法是有些怪:外道所执之"我",乃是"色身";而"色"以质碍破坏为性,与"我"—"常"之"自在"的自相相违,本质是"恒常无我";这个"无我"就是一切法的"真体性",于是"真体性"就转变成"我"了。

很明显,这种论证是没有说服力的。但它肯定了一点:依凭色身是达不到"我"的,但对色身的否定,则是"我"的实现。或者说,在色身之外,还可以有另外一个"我",譬如"意生身"之类。因为这样的"意生身",已经达到完全绝对的自由,不受任何因果律的限制,所以也有资格称之为"我"。依"我"为"真实性",也就有了其他三德。佛即是这样的永恒的"我"。

四、"如来藏"与"即涅槃"、"即生死"

所谓"法身四功德波罗蜜",是修习所得。论云:

> 诸外道等于五取阴中执见有我,为飜其我执虚妄故,修习般若波罗蜜,至得最胜无我,即我波罗蜜,是其果应知;由诸声闻人怖畏生死乐苦,住生死苦灭静中,为飜此乐意故,修习破虚空三昧,一切相世出世法乐波罗蜜,是其果应知;由独觉圣人者不观众生利益等事,但乐独处静住,为飜此意故,修习菩萨大悲,为利益众生事,乃至穷于生死常所持护,常波罗蜜是其果应知。如是信乐大乘般若波罗蜜、破虚空三昧、菩萨大悲等四因,能成就如来法身四功德波罗蜜。

此中论到般若的"无我"观时,有个解释:

> 五阴名众生世间即人空,国土四大名器世界,即是法空。是二空所显故,故说犹如虚空。

将"器世界",即自然界和物质环境之空,说为"法空",与域外佛教的理解绝然不同。不论般若中观和瑜伽唯识,所谓"法空"均指"自性空";说一切有部等亦说"人空",那是指和合空,五阴复合之人谓之空,作为元素的五阴不空,是谓"人空法不空";自般若经籍开始,即士五阴亦空,《心经》所谓"色不异空,空不异色;色即是空,空即是色",即指"法空"。《佛性论》之将"法空"释为"器世间空",不可能出于误解,更大的可能是有益的修正——在哲学上继承说一切有部更本质的东西,也适应中国佛教的特殊需要——保存灵魂。

讲到这里,《佛性论》回到讨论十地菩萨的局限性问题上来:

> 十地由四障故,未得极果四德。金刚后心方乃得之应知。何以故?以出三界外有三种圣人,谓声闻、独觉、大力菩萨,住无流界,有

四种怨障。由此四怨障故,不得如来法身四种功德波罗蜜。

上述"三种圣人",不在三界之内,别住于"无漏界",这是区别于世人的另类有情,前已说过;但他们也没有获得"法身四德",原因是他们还有生死,尽管是另类的,即称为"四怨障者"的方便生死、因缘生死、有有生死、无有生死。

此四种生死中都发生在意生身上:"方便生死,譬凡夫位;因缘生死,譬须陀洹以上。"至于"有有者,未来生有,更有一生……如上流阿那含人于第二生中般涅槃者,余有一生故,故名有有。无有生死者,是三圣意生最后身为缘,是不可思惟退堕",譬如生为缘。说起来这都是佛教中的神学问题,无需细究。此说的唯一目的,在于说明已经涅槃了的阿罗汉等并没有死,他们以意生身的身份,在三界之外的另一个世界里经历生死之苦,并给他们一个继续修习大乘,获得法身四德的机会——他们之还有生死,不能成就常乐我净之身的原因,说到底,是"无明住地"在作怪:

> 无明住地为一切烦恼所依止处。而一切烦恼通名无明者,以无明为众惑根本。根本既未灭尽,犹为一切烦恼垢臭秽熏习故,阿罗汉、辟支佛及自在菩萨,不能至得无所染污大净波罗蜜。

同样道理,此三种意生身不能得"无行无想大我波罗蜜"、"极离因果苦大乐波罗蜜"、"极无别异老死等大常波罗蜜"。相反的情况则是:

> 以如来法身一切烦恼习气皆灭尽故,是名极净;一切我无我虚妄执灭息故,故名大我;意所生身因果究竟尽故,故名大乐;生死涅槃平等通达故,故名大常。

据此,在"三界"之内,超越"五阴"之外,理应另有一个有情世界,而非我们世人所思议。但是,论文的笔锋一转,在谈及"法身四德"的认识时,又要求必须远离断、常二见。论文引《胜鬘经》说:

> 若见诸行无常,是名断见,不名正见;若见涅槃常住,是名常见,

> 非是正见。是故如来法身离于二见,名为大常波罗蜜。由此如实法
> 界道理门故,即是涅槃,即是生死,不可分别,即是得入不二法门。
> 亦不一不二,住无住处故——由灭诸惑,不住生死;由本愿故,不住
> 涅槃。由般若故,诸惑得灭;由大悲故,本愿得成。故《不可思量经》
> 偈中说:诸惑成觉分,生死成涅槃,修习大方便,诸佛叵思议。

这段话在整部《佛性论》中十分突兀。主张离二边,走中道,是一般大乘的老生常谈,目的在于反对把生死与涅槃分裂开来,对立起来,这一点我们在《维摩诘经》中已经看得很清楚,"入不二法门"也是《维摩诘经》的提法。不过这一主张此处称为"如实法界道理法门"——从法界看,"即是涅槃,即是生死,不可分别";而此"法界"即是"如来藏",以如来藏亦称"无明壳藏"故——"如来"即藏在无明生死壳中。因此,论文又有了下边一番议论:

> 此清净性事能有二:一于生死苦中能生厌离,二于涅槃欲求乐
> 愿。若无清净之性,如是二事,则不得成。故经中说:世尊,若无如
> 来藏,于生死苦无厌离意,亦无欲求乐愿之心。故不定聚众生起此
> 二事为用:一于生死苦,观于过失,为依止处,生不定聚众生厌离心
> 故;二于涅槃乐,观于功德,为依止处,生不定聚众生欲求乐愿。

所谓"不定聚众生",指五种姓中的"不定种姓",其实也就是一般人,他们之所以厌生死、乐涅槃,即在于如来藏具有清净之本性。就是说,如来藏处于无明壳时,它是生死和涅槃不可分的,但它的"清净性"依旧发挥作用,具体就表现在厌生死、乐涅槃上,此即是众生能够起信大乘的内在依据。《大乘起信论》的说法与此大体相同。

五、果位中的如来藏:"转依"与"如来法身"

《佛性论》是对"法身"论述最为具体的典籍,由此显示大乘全部修习的最终结局与众不同,用一个词可以概括之,即"如来法身"。此"法身"

也与众不同,不是一个模糊的抽象,而是具有实在的内容,是可以清晰理解的概念。

首先,用譬喻说,如来法身如"日",日有三相"一体,二光,三明",此与佛身之"三身相似故",就是说,"法身"相当于"日"之"体";其所发之"光"、所照之"明",相当于佛之"报身"和"应身"。与此相应,亦以日为喻,譬法身具备之"三法",所谓"神通、流灭、显净":

> 一神通者,譬日有明,能除障自境界无明之暗以为事用故,与日明相似。二流灭者,谓尽无生智,能烧除业烦恼令无余以为事用故,与日光相似——所言灭者,即是真智,正能除惑故;与灭名尽者,即惑无时,名为解脱,故与尽称。三显净者,谓尽无生境名转依,极清净故,无垢故,澄静故,与日轮相似。清净者,解脱障灭故;无垢者,一切智障灭故;澄静者,客尘所不能染,以本性清净故;转依者,胜声闻独觉菩萨三人所依止法故。(《佛性论》卷三,下同)

此处以日为喻,明显是受毗卢遮那佛信仰的影响,据此解释传统的"神通",但重点不再是自在游戏,而是驱除无明之暗,故譬之为日所照明。所谓"流灭",即灭除生死流转的能力,此指"尽无生智",亦称"真智",由于此智而能灭尽一切业与惑,令不再生死,此似日光,遍照一切角落而无遗留。但是注意,生死之流虽然断绝了,生命体不但没有消失,反而真正显示出来:光明所驱逐的是由生死障蔽的黑暗,黑暗既尽,放射光明的本体太阳就显露出来了,这就是"显净",即纯净的如来法身,一种永恒的生命体。

在"流灭"中的"尽无生智",是由生死流转转变为无生死流转的关键一环,瑜伽行派用了"转依"一词来表达。这个词的使用,使此派的终极目的与其他佛教派别的区别更清楚了。什么叫"转依"?上文只讲了一句话:"胜声闻、独觉、菩萨三人所依止法"——声闻等三人,依"意生身"存活,与佛果所得"如来法身"当然不同了,而"如来法身"说到底是依"二空"所成之"我"或"大我"。"转依"就是由"意生身"转为"我"或"大我",这是其他佛教派别不能和不敢明言的。

论文以"四种相"阐释"转依"的具体内涵,即"生依、灭依、善熟思量果、法界清净相"。其中生灭二依,互相关联:

> 一、生依者,佛无分别道相续依止。若不缘此法,无分别道即不得生,以依缘此故,名此法为道生依。二、灭依者,一切诸惑及习气究竟灭不生,无所依止故。若不依此转依法究竟灭惑者,则声闻独觉与佛灭惑不异;由不同故,故知此法为究竟灭惑依止。

"生依"即"道生依",此"道"指"无分别道",包括"根本无分别"和"后得无分别",这是把握真如和运用真如之道,只有从依止有分别之修道,转到依止无分别之修道,才是通达成佛之路。更清楚些说,就是从有分别智转依为无分别智。所谓"灭依",指灭除烦恼及其习气得以产生的依止,转为令诸惑及其习气彻底不生的依止——这种能够灭除诸惑,又能使之不生的"依止",并非二乘理解的仅仅是消极的"灭惑",而是要转依到令诸惑不生的依止上来。我们知道,这一依止就是如来自性——真如。

"转依"的另外两种相,是对上述"二依"的进一步阐发:

> 三、善熟思量果者,善正通达,长时恭敬,无间无余等修习所知真如,是转依果。若在道中,转依为因;若在道后即名为果。若转依非是善熟思量果者,则诸佛自性应更熟思量,更灭更净,而不然者,故知转依为善熟思量之果。四、法界清净相者,一切妄想于中灭尽故。此法界过思量、过言说所显现故,故以法界清净为相。此即心行处灭,言语道断,不可诠谛,方是得无所得真如理故。

此"善熟思量果",所谓"转依果",即是上述之"无分别道"或"无分别智";其在趋向"真如"之道,名"转依因",认知了"真如",即是"转依果";在"道"的过程即是智之"思量"过程,所以把握了真如,就叫"思量果"。此"思量果",也就是"法界清净相"——"法界"可以泛指一切各具特性诸法产生之因,此处特指法界清净部分,即一切佛法——一切佛法就来自如来性、真如。由于此法界已经是思量果,故不可再思量;其作为"真如",尽管超越言语思量,但不是不可以得的。它是法身所得,是不经语言思量所得,故称"得无所得真如理"。此"真如理",得到瑜伽行派的普遍承认,一般叫做"离言自性"。承认"离言自性"或"真如理",是瑜伽行学派与中观学派最重要的区别之一。

此"如来转依"摄持有八种法,所谓"不可思量、无二、无分别、清净、照了因、对治、离欲、离欲因"。

"此八法合有二意:一离欲,是灭谛;二离欲因,即是道谛。"

就是说,"转依"的内涵,即是四谛中出世间的灭谛和道谛,但论文对此二谛内涵的界定——"灭",限于灭"欲";"道",限于"离欲因"。据此,如来转依所成如来法身,本质即是"离欲","离欲"即是"法身"。至于为什么把"离欲"看得如此重要,论文没有解释,单说:"如来法身,苦灭究竟,永无生起。云何如此?非为除灭一法故名为灭,以本来不生故名为灭。"据此,或许此"欲"是泛指一切欲求,而不是特指欲界之欲,故以"苦灭究竟"称谓"离欲"。论文说到这里,话头一转,又对"灭"作了这样的解说:"以本来不生故名为灭。"接着引《无上依经》中说:"阿难,于无生无灭法中,心意及识,决定不生故。"于是有了下面一段重要的诠释:

> 心者即六识心,意者阿陀那识,识者阿梨耶识;于此三中不得生故。此中若无三识,则无分别;分别既无,亦无不正思唯等。既无三识,则不得起无明。是以如来法身离不正思惟故,则不起无明;若不起无明,十二有分不为生缘,故名不生。

此中所谓"三识",即是玄奘新译之"八识"体系,只是译名有所不同。在作为精神世界总称的"心意识"中,第八识"阿梨耶识",被列入"识"类,新译"阿赖耶识",则归于"心"类;第七识"阿陀那识",新译为"末那识",均意译为"意",新译更以"阿陀那识"为第八识的异名;前"六识",即眼、耳、鼻、舌、身、意,此处统归于"心",新译归之谓"识"。这些差别,与新旧两译的教义关系不大,唯此处将所有八识的特点统归之为"分别",以"分别"界定三类识的共性,而从本论看,凡"分别"都不可能"得无所得真如理",因而也不能完成"转依",成如来法身。换言之,真谛所谓"转依",说到底,是转此八识,归依于如来藏中的如来性,成就法身。

瑜伽行派在中国佛教中形成新旧两大译家,他们的差异在这里也可见一斑。

此外,关于"转依法身"的特性,论文用"七种名"作了更细致的规定。此七名是:

> 一沉没,沉没取阴故;二寂静,诸行无生故;三弃舍,弃舍诸余伴故;四过度,出二苦故;五拔除,拔除本识故;六济度,济度五怖畏故;七断,断于六道果报故。

其中略有新意的主要是第三与第五:

> 三、弃舍诸余。诸余者,二乘人有三种余:一烦恼余,谓无明住地;二业余,即无漏业;三果报余,谓意生身。一烦恼余应灭;二道余应修;三虚妄余应除。如来已离虚妄,说名无余;二乘未离故名为余。如来转依法身,已度四种生死故,一切烦恼虚妄已火尽故,一切道已修故,弃生死舍道谛故。此二无四德故,唯法身独住;四德圆满故,是名弃舍诸余。

"独住"而"四德圆满",此即是"法身"特色——一个人格化了的佛身,跃然而出。所谓"意生身"已经令人难以想象了,到了这样的佛身,他"独住"于何处,又是如何"常乐我净"的,连想象的余地都没有了。

> 五、拔除阿梨耶。阿梨耶者,依隐为义,是生死本,能生四种末故。四末者,烦恼有二,业一,果报一。

初烦恼本二者：一者，一切诸见，以无明为本，无相解脱门为治道。二者，离诸见外一切烦恼，以贪爱为本，无愿解脱为对治道。次业本一者，以凡夫性为本；凡夫性者，即是身见故。次果报本一者，一切生死果报，依阿梨耶识为本故，以未离此识，果报不断。

于法身中由两道故，二世灭尽，故说拔除。言两道者，一无分别智，能除拔现在虚妄，能清净法身，即名尽智；二无分别后智，能令未来虚妄永不得起，圆满法身，即无生智。拔者清净，灭现在惑；除者圆满，断未来惑，故名拔除。

此文是旧译对阿梨耶识最简明的界说。所谓"依隐为义"，是解释"阿梨耶"词义的，"依隐"即是"藏"。说它"是生死本"，是对其内涵的诠释；有情之所以会有生死，全在于有阿梨耶识。此识所生的"四末"，一是"诸见"，即"以无明为本"的观念系统；二是"烦恼"，即"以贪爱为本"的欲望情感系统——把佛教通说的"烦恼"，重新划分为这么两种，是大乘的创造，意在强调智慧，认识"真实"，掌握"如""理"；同时作为一种尺度，贬损小乘佛教之出离，仅限于欲望情感系统的解脱，没有观念系统上的转变，因而是不彻底的。

至于把阿梨耶规定为"业本"，或谓"以凡夫性为本"，这是把凡夫之所以成为凡夫归结为阿梨耶；阿梨耶是凡夫之因，理由是它是"身见"的根源。阿梨耶又是"果本"，因为只要此识存在，生死轮回就不可避免。换句话说，阿梨耶识是"因果"的统一，是生死流转的主体。所谓解脱，说到底是从阿梨耶识中解脱。

因此，解脱就是"拔除阿梨耶"。拔除的方法是对治"四末"：以"三解脱门"中的"无相"与"无愿"，对治"诸见"与"烦恼"；以"无分别智"和"无分别后智"，拔除作为"业本"和"果报本"的阿梨耶，由此"清净法身"，"圆满法身"，得如来法身。

对于阿梨耶识的这套说法，涉及世界观和宗教观的方方面面，相当重要，但与新译相比，差别极大。现在在这里介绍，便于我们对瑜伽行派有个全面认识,也有助于同新译的比较研究。

六、通达"如来法身"的途径:"三自性"之成为思维方式

上文是说"离欲果"的。下文则解释"离欲因":

> 为得此法身,见谛道、修道所摄;由境界故,说无分别智,有三义与日相似:无流清净故,与日轮相似;能照了一切境界故,与日明相似;能对治一切真见暗障故,与日光相似。

"如来法身"是由"见道"、"修道"所得;见修二道,贯彻的是"无分别智"。这一说法是大乘通论。问题是,既然"无分别",又怎么会成为一种见知(智)的呢?在这个问题的讨论中,才显《佛性论》的特色。论云:

> 如来法身离欲,云何见知?谓如实思量,不见想及不见境。境者名分别性,想名依他。不见分别依他二性故,名为真实见知一界。
> 又想者人,境者法;不见此人法想境,故名二空。

所谓"无分别智",论文给出了一个明晰的解说,即"不见想"和"不见境"的"如实思量";"想"的主体是"人","境"则是所想的"法",所以不见"想"、"境",即是人法二空——可"想"、"境"都不见了,还有什么"如实思量"?于是论文进一步解释:原来所谓"想",不是指思量全体,而是特指依据因缘条件产生的所有现象。按"唯识无境"之说,此因缘条件所生之诸现象,说到底是"想"造就的;所谓"依他",即"想"依以活动的因缘条件;"想"的产物是所谓"相",在"三自性"中称做"依他起自性"。"境"也非指一切境界,而是指对"依他起自性"妄做"分别",认为他们本身即具有真实自性的那类妄境,在"三自性"中称做"分别性"。"如实思量"即是去除"分别"、"依他"二性的思量,亦即"无分别智";此智所思量之境,是离言的"真如理",在"三自性"中即是"圆成实性"。

因此一句话,按"三自性"的思维方式去认识一切法,就是"如实思量",如论谓:

> 如是一切诸法，如来悉见悉知，由平等已通达如真实故。境、智等无增减，是名平等观。此观能除真实见暗障，是如来法身至得家因，见、修二道所摄故。以是义故，此离欲因，不离二修，而得成就。

通过三自性，如来即能如实地通达一切法，何谓唯识现象，何谓妄执，何谓真实，都能按照他们的本来性质，平等地、无需主观增减地"悉见悉知"，由此就能回到如来法身之家，是谓"离欲因"。

由此说来，"无分别智"并非没有思量，而是要按"三自性"的思维方式去思量。这种思维方式可以通过两种修习方法去获得，所谓"如理修"、"如量修"，简称"二修"。论云：

> 世间所知，唯有二种：一人、二法。若能通达此二空者，则为永得应如实际，是故名为如理；如量际者，穷源达性，究法界源，故名为际。

这样，"如理修"是对"实际"的正确认识，此指对"二空"的把握；"如量修"是"如理智"的推广，令一切法悉合如理的认识，令一切众生悉能成就如理智。由此出发，论文对此"二修"又作了专门分析。

其一，"如理修"，即"如理智"。论云：

> 不坏人法。何以故？如此人、法本来妙极，寂静为性故，无增无减，离有离无。寂静相者：自性清净，诸惑本来无生，见此二空名寂静相。自性清净心，名为道谛；惑本无生，净心不执，名为灭谛。

这话讲得有些啰唆，但意思很简单：通达二空之理，并非是去破坏，亦即否认人、法的存在。因为从般若性空看来，人、法本来无生，寂静为性。如果达到这样的认识，就是自识"自性清净心"，也就是"道谛"；由此不生惑，不执净，即是"灭谛"。因此，"如理修"即是"人法"与"二空"的统一，就像"色即是空，空即是色"一样。

对于般若学的这一回答，《佛性论》似乎并不满意。它对"如理修"作了合乎"如来藏"的解释：

> 是心有自性清净及有烦恼惑障。如此两法,无流界中善心、恶心独自行故,于一念中两心不相应故,此两法难可通达。如《胜鬘经》说:世尊,善心念念灭不住,诸惑不能染;恶心念念灭,诸惑亦不染。世尊,烦恼不触心,心不触烦恼,云何无触法而能得染心?如此而知名如理智。

此说叫染、净不能互熏说:自性清净与烦恼惑障,性质完全相反,互不干涉。只有认识到这一点,才叫"如理智"。染、净同处于一心,两者是否互相作用,以至所谓"互熏",在中国佛教义学界意见不完全一致;此处又将善恶各自独行,限制在"无流界"范围,也很特别,遗憾的是没有作进一步解释。

其二,"如量智",即"如量修"。论云:

> 究竟穷知一切境名如量智。若见一切众生乖如境智,则成生死;若扶从(如)境智,则得涅槃。一切如来法,以是义故,名为如量。

"一切境"本质"二空",亦即是"如";究竟穷知一切境的"二空"本质,就叫"如量智";这个道理也应该推向一切众生,令其知道:违背此智的就流于生死;服从此智的就得涅槃。

关于此二智的性质,论文还有这样的发挥:

> 此二智有二种相,一者无著,二者无碍。言无著者,见众生界自性清净,名为无著,是如理智相;无碍者,能通达观无量无边界故,是名无碍,是如量智相。

此"如理智",关键一环是承认"众生界自性清净";"如量智"即是以此如理通达无量界。就此而言,"此二智有二义:如理智为因,如量智为果。言如理为因者,能作生死及涅槃因;如量为果者,由此理故,知于如来真俗等法具足成就"。如理智是对真如的体认,如量智是对真俗诸法的丰富和无完备。

七、"法身"证明中的认识论和方法论

这个体现着常乐我净、神妙莫测的"如来法身",是《佛性论》所持如来藏观念的最终目标。但它是否真的存在,如何证实它的存在,是一个理论难题。论文以"外"论置难、"内"学作答的方式,进行辩护。外曰:

> 如汝所立,法身应决定是无,不可执故。若物非六识所得,决定是无,如兔角。兔角者,非六识所得,定是无故。法身亦尔,是故法身决定是无。

答曰:

> 汝言非六识所见故法身无者,是义不然。何以故?以由方便能证涅槃故。"想"称正行,是名方便;由此方便,是故法身可知可见。譬如由他心通故,则能得见出世圣心。

"六识"是凡圣三乘共许的认识主体。凡存在的实在事物,六识都应该认识得到;反之,凡六识认识不到的,就是不存在的,故曰"若非六识所得,决定是无"。这个判断过于抽象和绝对,很难成立。反驳的理由是"想";"想"在一定条件下,即"想称正行"时成为"方便",就会变成另一种认识途径,并且譬喻说,"他心通"能见到"出世圣心"。这等于在六识之外给认识又开辟了一条渠道,所以颇值得考察。

先看它的这个譬喻:

> 他心通者,有三种因缘所得:两是方便,一是正道。方便二者:一因天耳,二由天眼。因天耳故,闻觉、观声;由此声故,得知他心。依天眼能见他肉心孔中有水;水相若黑则知痴,生黄则知贪,赤则知瞋,青白则知善,见缥色时知是无记。因于耳目方便故,比知他心。次正道者:若欲得他心通,须缘自心,先修观行——不用现在心观现世心,自体不得一时见故;以现在心能观过去心。何以故?可追缘

故。从远至近,次第向后。初则观无量念,如是渐渐至一刹那,乃至灭一刹那,于自心观中而得自在。然后取前人心作自境界以修观行——初入观时,须作愿心,起要期意。先须假想观前人身,身相具足;如是遣析,除皮肉骨,三相都尽,唯余心在,细细修习。缘前人心,随其利钝、远近、奢促,自能彻见。如彼所缘,我皆能见种种诸心故。

如他圣心,虽过六根境,亦能得见,如来法身亦复如是,虽非六识所见,由方便正行,所以能见。故知是有,不得同无。

此处把"天眼天耳"抬出来,毫无意义,因为它们得不到普遍的承认。即使得到承认,眼耳仍属六识凭借的器官,与"想"没有直接关系。但此处提出的其他三点,就有普遍性了:一、"因于耳目方便故,比知他心";二、"以现在心能观过去心";三、假想他人身,"遣析"而知他人心。

此中"耳目方便","耳目"是经验,"方便"是"称正行"之"想",此"正行"指正确推理和思维,"想"即表象概念。此话意指,由耳目经验上升为概念性认识;又,通过概念推理,可以得到"比量"知识,即所谓"比知",这也是"想称正行"的认识活动——如是,在六识之外,确乎存在另一类认识机能,而这种机能又确乎是凭六识所不能见的。因此,所谓"非六识所得决定是无",不能成立。至于二,那是用现在回想过去;三,以观自身方法——"遣析",用于假想他身。这既包括推理,也包括想象,都是正确认识的方法,也都不是用"六识"可以概括的。

附带说明,从部派佛教到瑜伽行派,都是把六识作为"心王"即认识主体来看的;至于"想",理应附属于心王而被列入"心所",正行的"行",既不属于"心"也不属于"心所",从这个意义上说,此处肯定"方便"为六识之外的另一认识渠道,可以成立,对于佛教认识论也是一种丰富。但这与我们一般所讲的认识论,大不一样;上述所举的例证大约来自禅定想象,没有普遍意义。

关于"法身是有"还有许多论证,主要是针对小乘和般若家提出的。

论文的正面说法是：

> 若法身无者，则诸正行皆应空失，以正见为先行，摄戒定慧等善法故，所修正行不空无果。由此正行能得果故，故知法身非无。

正行是因，必得相应之果，此果即是法身。但这个结论在佛教内部行不通，因为占统治地位的意见是，"正行"的结果是"五阴灭尽"，并非成就法身。于是论文驳道：

> 若汝说法身定无，而正行能令至五阴入等灭尽故，当知正行不无果者，是义不然。何以故？涅槃不有故。若五阴等无是涅槃者，则去来二世阴等并无，应是涅槃，而此二世阴等无处既非涅槃，故知不取阴无之处名为涅槃。

结论是："烦恼灭处不名涅槃"。

按二乘理解，涅槃是五阴无处，或烦恼灭处；论文意见，涅槃不是止于"灭"，而是实在的"有"，是成就法身。

此类论辩还有很多，其中之一，是把"无生"作为涅槃的内涵。为了更具体地了解瑜伽行派的论辩方法，不妨再作些观察。论文曰：

> 汝立无生，其义云何？为是有惑故无生，为是无惑故无生？若烦恼有则无无生。何以故？有无二法不得一时同处故……烦恼在时，则不得立以无生故。若无烦恼，立无生者，是时烦恼既无，约谁而辩无生耶？

这是用揭示"无生"这一概念的矛盾令"无生"不得成立，以驳斥把涅槃解做"无生"的主张。这种方法，在般若中观学派中运用最多。

> 复次，汝立烦恼无生者为是物有，为非物有？是物有者，如四大等有实法、有假名，此等是有物。非物有者，如空花兔角等，了自无故，故言非物有。若言是有物者，则由四缘所成；四缘所成故，无生义则不立，以是义故，有为无为则无差别。若汝说是物有不为四缘

成者,即同邪见外道所执自性、隣虚、我、时、方等故。若非有物是涅槃者,但有名字,便如人说兔角尖利。若尔即同前破,则修道无用。

这是设定两个对立判断,置论敌于两难推理中:不论肯定或否定,使"烦恼无生"的命题皆难成立。这种论辩方法,般若中观学派也很常用。

那么,"若不取无生为涅槃者,云何佛说无生灭尽为涅槃耶?""答曰:'道'依涅槃,能使烦恼未来不生,现在者灭。因中说果故,名涅槃为无生灭尽。"由此带来的论辩依旧很多,且多与"外道"的思想有关,恐繁且止。

八、如来性及其不净位:如来藏的内在规定

按《佛性论》之说,佛性即如来性,是如来藏的内核,杂染不净则是如来藏的外壳。如前所说,两者是缠与被缠的关系,但净与不净,互不相干。为了把这个问题讲得更清楚些,论文又将如来性之"通相"及其处于不净位时的状况,作了总结性的概括:

> 是如来性,明一切法如如清净,是其通相,如《般若》等经中所说。

关于此话,论文逐词解释:

> 一切法者,即三性法。

如来性贯彻在"一切法"中,瑜伽行派即以分别、依他、圆成等"三自性"为之分类。

> 如如者,俗如即真如,真如即俗如,真俗二如,无别异故。

"如如"是"真如"和"俗如"。瑜伽行派往往用"如"取代"谛",故不讲"二谛",而讲"二如"。"如"是"如实"之意,"谛"是正确的认识,一个强调"实",一个强调认识之正确,侧重点有所不同。中观学派依旧讲"二谛",瑜伽行派以"三自性"予以修正,从而也以"二如"涵盖"三自性"。事涉大乘这两大哲学派系的异同,此处从略。

> 清净者,有二种:一者因中如如,未得无垢;果地如如,无复垢秽故。二者因果俱净,因中是无染清净,至果无垢清净故。

"清净"即是"如如","如如"即是"清净"。其中"因中如如",即如来性处不净位的名称;"因果具净",处染而不染是谓"因清净";至果位而染除,即是"无垢清净"。其所以突出因果清净,在于说明,凡、圣、如来三者的因果位次虽然不同,但如如无异,如来性是一。

> 如此等义,是佛性通相。为显此义故,佛说般若波罗蜜等诸经。

此说表示,《佛性论》以如来藏解佛性说,是有经典依据的,其中特指《般若》"等诸经",也就是特别要与《般若经》会同;它实际引用的,则是《如来藏》、《胜鬘经》等小经,修正的是《大般涅槃经》。据此观察众生:

> 是佛性中分别众生,自有三种:一者不证见佛性,名为凡夫;二者能证见佛性,名为圣人;三者证至此理,究竟清净,说名如来。

此处把"证理"作为成佛的根本动因,反映了比般若中观学派还要浓重的理性主义倾向。最后小结:

> 净位中,常乐我净四德及如来恒沙功德,恒相应故,故说如来性前后无变异。

至于如来性在"不净位中,有九种客尘",即:"一者随眠贪欲烦恼,二随眠瞋,三随眠痴,四贪瞋痴等极重上心惑,五无明住地,六见谛所灭,七修习所灭,八不净地,九净地惑。"这些烦恼是依三界凡夫、阿罗汉以至大菩萨的修习次第和得果高下来分类的。它们的性质及其与"如来法身"的关系,全依《如来藏经》之"九喻"进行解说,在枯燥的论议中,平添了几分生动情趣:

> 一为显贪欲烦恼故,立莲花化佛譬。譬如莲花初开之时,甚可

爱乐，后时萎悴，人厌恶之。贪欲亦尔：初依尘成，后依尘坏，故以华譬贪，而华坏时，化佛出世，如贪覆法身。

二为瞋烦恼故以蜂为譬者，如蜂若为他所触，放毒螫人。瞋亦如是，若心起瞋，即能自害，复能害他，而有甘蜜，即譬法身，为瞋所覆故。

三为无明惑故，立谷中粳粮譬。譬如白米，为糠所覆，不得受用。法身亦尔，为无明壳所隐覆，故不得现。

四为上心三种烦恼，立金堕不净譬。譬如净洁金宝，为粪所涂，违逆人心。离欲之人亦复如是，为上心烦恼违逆其意，故说此譬。法身本净，为上心惑所覆，故言不净。

五为显无明住地故，立贫女宝藏譬。譬如贫女宅中地下有金宝藏，为地覆故，受贫穷苦。二乘亦尔，为无明所覆，不见佛果故，受四种生死之苦。

六为显见谛惑，立庵罗树子譬。譬如庵罗子生芽之时，必破其皮，然后得出。皮譬见谛，芽譬法身；见谛亦尔，初见真理，即破此惑，法身显现故。

七为显思唯惑故，立弊帛裹金宝譬。譬如败衣，不堪服用，身见真实，先来已破。圣道对治，数数习故，思唯烦恼无复势力，譬彼败衣；金如法身，为思惑所障。

八为显不净地惑，立贫女怀王子譬。譬如转轮王子在贫女腹中，胎不能污。七地以还烦恼亦尔，虽名烦恼，而有三德：一者无染浊智慧，慈悲所含养故；二者无过失，以不损自他故；三者无量功德，能成熟佛法及众生故。若长烦恼即成凡夫，不能成熟佛法；若断烦恼，即成二乘，不能成熟众生。

九为显净地惑故，立模中金像譬。譬如铸金像，未开模时像已成熟，水等诸物不能破，唯斧等乃能破故。八地以上惑亦如是，唯金刚心能破究竟故。

九、从"如来性"到"三身"的形成

以上九譬易懂,无需再作解释。而经文的实际目的,是在于进一步揭示如来藏的内涵:

> 因三种自性为显心清净界名如来藏,故说九种如莲花等譬。三种自性者:一者法身,二如如,三佛性。合此九譬为三:初三譬法身,次一譬如如,后五譬佛性。(《佛性论》卷四,下同)

从"心"的"清净界"(即一切清净之总因)来命名"如来藏",它由"三种自性"显示出来,所谓法身、如如、佛性。

(1)关于"法身",论文云:

> 诸佛法身有二种:一正得,二正说。言正得法身者,最清净法界,是无分别智境,诸佛当体,是自所得法;二正说法身者,为得此法身清净法界正流,从如所化众生识生,名为正说法身。

说得再清楚些,所谓"正得法身",即是众生悉有而为尘垢所缠,诸佛自得之"法体";此"体"即是"真如",以"世间无物可为譬者,故还取花中佛像为譬"。所谓"正说法身",是从在缠之法身中流出的"真如",转化为众生的"识",或者说,是"真如"转化为"俗如",通过"识"所得之法身。同一法身,前者是先天的本然的,后者是后天的获得的。正因为"正说法身"是后天获得的,所以又有"深妙"和"粗浅"之分——目的是为了反映两种道理:

> 一深妙者,为安大乘道理;二麁浅,为二乘人说此道理。复次,第一义谛,为安立菩萨甚深法藏;约真俗二谛,安立二乘十二部等种种法藏。

相对于这两种"正说法身",其深妙者,"以真如一味故,故取蜂家蜜为譬";其粗浅者,"以显真俗种种义味故,故取糠中米为譬"。由是作结:

是三法身遍满摄藏一切众生界无余故,故经说无一众生出如来法身外者,如无一色出虚空外者故。

(2) 关于"如如",论文云:

如如有三义故,取金为譬。一者性无变异,二者功德无穷,三者清净无二。自性亦如,无变异故;功德亦如,无增减故;清净亦如,无染污故,故曰如如是真如。如在一切邪定聚及一阐提诸众生中本无差别,若至客尘灭后说名如来藏,故说一切众生为如来藏,能藏如来不得显现。为显此清净无二故,佛说此经……由此自性清净,应一切众生清净,是自性清净与众生清净无有二故。

此处界定,"如如"即是"真如"。就其"自性",永无变异,譬喻金性;因为"真如"之"功德"作用及其所处境地虽有种种不同,但不影响它的自性,始终清净。正是在"真如"的意义上,说"一切众生是如来藏","自性清净与众生清净"无二无别。

(3) 关于"佛性",亦有两种,论文云:

一者住自性性,二者引出性。诸佛三身,因此二性故得成就。

先看"住自性性":

此住自性佛性者,有六种德,故如宝藏:一者最难得,佛性亦尔,于无数时节,起正勤心,因福德智慧满足庄严,方始显现故……二者清净无垢,由佛性与烦恼不相染故……三者威神无穷,明六神通等功德圆满故……四者能庄严一切世间功德善根,于一切处相称可故,如意宝亦尔,能为世间种种庄严具。五者最胜,于一切法中无与等故……六者八种世法中无有变异,为十种常住因故,真宝亦尔,虽烧打磨不能改其自性故。

此"住自性佛性",即普存于一切众生中先天本然的佛性,尽管众生皆有,但非常"难得";尽管处烦恼之中,但"清净无垢",这都不是新意。但说它

"威神无穷",具备"随意能办"的"六神通",能为"世间功德善根"做装饰品,甚至经受"八种世法"等的"烧打磨不能改起自性",并为"十种常住"作因,这就是新说:佛性,即使住"自性佛性"也不只是作消极的被认识、被显示的对象;它在如如不动中,仍然具有作用世间、随意成办善事佛事的潜在功能,尽管并不为一切众生所觉知——即使潜隐的存在,也能起现实的作用。

再看"引出佛性":

> 从初发意,至金刚心,此中佛性名为引出。言引出者,凡有五位:一能出阐提位,二能出外道位,三出声闻位,四出独觉位,五出菩萨无明住地位。此法身能破烦恼壳,其体显现故。

"住自性佛性"的潜在能力,终究会突破烦恼壳,由此导致发意修道,直到成佛之前的"金刚心"位,通名"引出佛性"。

由此两种佛性——成佛的内在根据及其相应的实践,就成了产生三种佛身的两大原因,所谓"为约此两因故,佛说三身果",即"法身"、"应身"与"化身"。论云:

> 一者,因住自性佛性故说法身。法身有四种功德……一自性有,如金本有,非所造作;二清净,如金本净,尘垢不能染污;三为一切功德所依处,如金能感种种贵物故;四平等所得,谓一切众生并同应得,如金无主,众人共有,随其功力修者即得。

此中的"法身"即是"自性佛性"的别称,由于它能够为一切众生平等所得,只要如法修习,即能转而成身,故名"法身"。尽管它以佛性的形式存在于一切众生心内,但对于希求成佛者言,它仍然还是客体,需要修得。故论云:

> 二者,因引出佛性故说应身。应身有四种功德……一依止,依止者,三十七道品是所依止;二者正生,谓欲得应得,即是未知、欲知根;三者正住,谓正得,即是知根;四正受用,即知已根。合此四义,

名为应身。如胎中转轮王亦有四义：一以宿业为依止；二未得王位欲得，如初生；三正得王位，如住；四得已不失，如受用。是故应身以胎中转轮王为譬。

"应身"之"四种功德"，可分两类：第一，"三十七道品"是此身得以生成的基本条件，这包括小乘的所有修习；第二，求得"知根"，即获得追求和成就一切智或无分别智的内在动力，包括"欲知"、"正知"和"知已"等得以增长成熟的根基。"一切智"或"无分别智"，以及"受用"这"智"及其营造的世界和对象，完全属于"应身"自身的，只有极少数能够达到同类功德智慧的大菩萨，或者能与之共享。论又说：

> 此身本有三德：一大般若，二大禅定，三大慈悲。大般若者，无分别圣智是其体相；大禅定者，无作意是其体相，已离出入意故；大慈悲者，能拔能救，是其体相。如众生意令得圆满故须此三：一为法乐，二为六通，三为拔济。是故大悲为拔三恶道苦，安置人天；大定能显六通，令生信乐；般若为受法乐，能成熟解脱。是名应身。

如此说来，"应身"又非限于佛之自我受用，对于三界人天依旧在起慈悲拔救的作用，尽管它无作意、无分别，但却有"神通"。由此论说：

> 三者，因引出佛性复出化身。化身者有三事：一有相，如水中月，以影相为体故；二由功力，以宿愿所作故；三有始有终故，第九立模中佛像为譬。

相对于"应身"完全属于成佛者本人所有，"化身"则完全是为他人存在的。它有"相貌"，大众可见，但此相犹如月在水中投影，并非实有；它由人工造作，宿愿所起；随缘变化，有始有终。这种"化身"，若作狭义的理解，像大乘后期称呼释迦牟尼，是在特定劫中、特定国度、面对特定众生，因而演说特定教义的觉者，即属"化佛"；若作广义解释，则佛教信众所建立供养之一切佛像，也都可以称为"化佛"。化佛之多，不可胜数，原因就在于此。

以释迦牟尼为例,论云:

> 化身者,大悲为本,禅定为变现,般若能令有五种能:一令生厌怖,二令入圣道,三令舍昔执,四令信乐大法,五令受大菩提记。

此大悲、禅定和般若,都是"在因地中,熏修如如,安立本愿"所致。故论云:

> 由此本愿,至道后时,随于三身能作利益众生之事。是故出现五浊世中,事有十四:一现本生事,二现生兜率天,三从天下处中阴,四入胎,五出胎,六学技能,七童子游戏,八出家,九苦行,十诣菩提树,十一破魔军,十二成佛,十三转法轮,十四般涅槃。此十四事现五浊世,至众生尽。

此十四事,后被概括为"八相成道",就是"化身"的一生写照。《佛性论》于此传统的说法之后,又作了重要补充,以为此"化身"其实是在做五件事:

> 一为说无常、苦、无我、空、涅槃寂静,由此正说音声,能令众生于三有中而生怖畏;二生怖畏已,令入二乘圣道;三入圣道已,生究竟涅槃心;为破如此增上慢心故,说大乘《法花》等真实法教,令诸众生舍本所执,摄取慈悲般若方便;四摄已,于无上乘中而成熟之;五成熟已,授其无上菩提道记。是名化身事。

很明显,前者说"十四事",是为了给释迦牟尼定位为"化身",限定他只有在"五浊世"存在,不具遍在性;后讲"五事",是大乘塑造的"化身",不仅在"五浊世"适用,而且遍于一切时空。

最后,关于三身的特性,论谓各自不同:

> 依此三身随一,一身各有一德:法身微细故,甚深是其德;应身威神具足故,广大是其德;化身能济度凡夫等诸众生故,和善是其德。

十、瑜伽"唯识"与法身

《佛性论》的最后部分,是对"法身"此前所说的回顾和总结,特别以"五相"概括"法身"的主要性能。

其"五相者":"一无为相,二无一异相,三离二边相,四离障相,五法身界清净相。"我们这里只拣有一定理论意义的问题来看。

关于"无一异相"。论云:

> 真与俗谛不一不异。复有二种:一约法辩,二就人论。
>
> 约法辩不一不异者:为真通故,不可言异;以俗别故,不得言一。如螺白色,螺之与色不一不二。若言异者,见取螺白色时,不应得于螺解;若言一者,不应有香味触异,但应是色。
>
> 二约人论真俗不一不异者:若真与俗一,凡人见俗则应通真,若通真者应是圣人,以不见真故,故知不一;若言异者,圣人见俗不应通真,若不通真,即是凡夫,以圣人见故,不得为异。是故不一不异。

将"真俗"分别就"法"讲和就"人"讲,使法身的讨论更具体化些。"真"遍于一切,永恒不变,所以是一,故曰"真通",一直通到俗的范围;"俗"千差万别,所以是"异",故曰"俗别",但可又无不为"真"所通。因此两者关系不可言一言异。此处以螺之与色的关系为喻:螺之性坚,具"香味触",但其"色白";坚与白,不可言一,不可言异。中国古代哲学有"离坚白"的命题,有过争论,这里就以"不一不异"解决了。

关于"离二边相",论云:

> 有六种中道故,能出离六种二边。何者为六?一者执可灭灭,二者执可畏畏,三者执可执执,四者执正与邪,五者执有作无作,六者执不生同生一。

此中涉及佛教内部的若干重大观点,故宜略作介绍。

(1) 所谓"执可灭与灭",论云:

> 有人谓言,一切诸法毕竟可灭,是名一边;毕竟灭尽,是名为空,复是一边。因此二边偏执而生怖畏。为离此二边偏执故,佛说诸法不有,故非可灭;不无,故非不灭。非灭非不灭,是名中道,故佛立虚空譬。

"法身"离此二执,犹如"虚空",以此显示"一切诸法本性非有,故说法空,非关法灭,然后得空。故于空性,不应生怖"。亦以诸法性空,表示法身之清净无染。

(2) 所谓"执可畏畏二边",论云:

> 以分别性所起色等六尘执为实苦,是为一边;生怖畏心,复为一边。此是因依他性,执分别性,于中计有实苦,而生怖畏。为离此二边偏执,欲显中道故,佛以画师为譬:"迦叶,譬如画师作罗刹像,像甚可畏,画师见像,自生怖畏,覆面不敢看,失心颠狂。迦叶,如是凡夫由自所作色等诸尘,流转生死,于如是法不能通达如实道理。"

瑜伽行派将"色声香味触法"等六境,视为"识"之所生,名"依他性";世人执此依他性为"实",小乘执之为"苦",乃是虚妄分别所致,称为"分别性";小乘之所以逃避现实,对六境产生畏惧,就是由此产生的。

此中所用譬喻以及下边所引经文,均来自《宝顶经》。于是论文释曰:

> 此譬为显何义?为明色等诸尘非是实有,但以妄想分别所作,如彼画师自分别作罗刹恶像,见还生怖。是人亦尔,自于空中,而生怖畏。

(3) 所谓"可执执二边",论云:

> 分别可执与能执,以为实有,为离此二边故,《经》中佛以幻师为譬:"迦叶,譬如幻师作诸幻像,所作虎等还食幻师。迦叶,如是观行

> 比丘随观一境,显现唯空故,实无所有,虚无真实。"

此"能执"指"能分别"的"识","所执"指所分别的"境"。

> 云何能得离此二边?由依意识生唯识智。唯识智者,即无尘体智。是唯识智若成,则能还灭自本意识。何以故?以尘无体故,意识不生;意识不生故;唯识自灭。故意识如幻师,唯识智如幻虎。以意识能生唯识故,唯识观成,还能灭于意识。何以故?由尘等无故,意识不生。譬如幻虎还食幻师。如提婆法师说偈言:意识三有本,诸尘是其因,若见尘无体,有种自然灭。

以上"三离",全是依瑜伽唯识的中道观成立的。至此,"唯识无尘"可以作为所有破立的最后根据。按"唯识无尘"之说,诸识面对的一切境界,无非"意识"所生,此名"唯识智";"唯识智"即是断定一切外境均非实体的认识。如是,既然没有实在的境界,那么意识也不得生;因为没有实境,自然不会有相应的意识发生。于是"唯识无尘"这个命题,不但灭除了外在世界的实在性,也灭除了意识自身,以及所谓"唯识智"。

那么,既然没有了认识的客体,也没有了认识的主体,剩下的还有什么呢?按《佛性论》的观点,那就是"法身"——唯"法身"没有主客观的分别。一切"边见",说到底,都以这种分别为基础,消灭了主客观区别,等于消灭了一切边见,当然,作为这种分别的主体"意识",亦不复存在了。这从形式上看,似乎是"空"到极点了,但不要忘了,此"空"是虚空的"空",是绝对"有"、永恒"有"的别称,它只是"法身"的一种规定。

其余所离二边,值得一提的是第六,所谓离"不生同生二边"。论云:

> 一不生执者:譬如凡夫相续中,烦恼恒起,未曾生道,由惑碍故,未来亦尔,故知永不解脱,即是一边;二同生者:明诸惑于无始长时本有,若对治道与惑同时起者,可能灭惑,若道始生,此道力弱,不能灭惑,故知永不解脱。

此二执都在说明一个问题:凡夫不可能得到解脱,原因是,烦恼恒起,通向解脱的佛道或者因为它的强大永不得生,或者虽生而无有灭惑之力。

为离此二边,是故佛说第二灯譬:迦叶,如崄暗山岩及庙堂房舍,无数千年暗在其中,未曾有人燃灯照了;设有人能于中燃灯得成以不?答言得成。迦叶,此中诸暗得作念言:我住此已久,我今不去,是暗能作此意以不?不可,世尊。何以故?灯光既成,不得去。迦叶,如是烦恼及业,从无数劫来,在众生相续中,若能生一念正思唯者,则久劫烦恼悉皆自灭。迦叶,是灯光者,即譬圣无分别智;黑暗者,即譬众生烦恼业。由此灯譬,破道不生执。何以故?以道依因缘生故。若因缘未合,道不得生;因缘具者,道即得生,犹如燃灯,后方暗灭。暗灭譬者,破同生执,以暗分赢弱故可灭,是无颠倒境界故。以白净最强,有真实境,无颠倒故。

关于烦恼,如来藏论者有两个理论难题不得解决:一个是心性本净,为什么会为无名烦恼所缠?一个就是这里提出的,"烦恼"既是无始以来即有,如何能够根本对治,令清净心体得以显现?此处以灯光为喻,灯光照处,黑暗自灭;灯光喻"无分别智",无分别智即是佛道,道之所生,烦恼自灭。但是,此"道"并非天赋,而是"依因缘生",因此,烦恼之灭与不灭,全看因缘之具与不具,这与"法身"自身无关;法身要从烦恼中解脱出来,自己没有力量,必须依靠外在的因缘为之打破烦恼壳才有可能。但是,尽管如此,"离道不生执"即是"法身"诸相之一,是"法身"的本质规定。

瑜伽唯识学与般若中观学有很大的差别,在《佛性论》中也时有反映,集中起来是是否承认"佛性"实有——"法身"可得。论文的最后,又谈及这个问题:

问曰:佛说大乘诸经,一向皆言显诸法空,如云、梦、幻。烦恼能障故,以云为譬;一切诸业不真实故,以梦为譬;一切五阴果报,烦恼业所起故,故以幻为譬。前说此经,显于此义,云何更说一切众生皆有佛性?

梦幻二喻,亦为般若经类所常用。此处加上"云",虽亦譬"空",但性质已有变化——此处的空,不具普遍性,唯指"烦恼"、"业"与"报",此三者是构成生死流转的三大环节,因而所谓"空"也仅限于生死因果的范围。至于"佛性",一切众生皆有,但不是"空",而是"有"。除前边已经多处论述之外,这里还从九种譬喻中概括出"佛性五义"来:一义是"真实有";二义是"依方便则可得见";三义是"得见已功德无穷"(此既是真实存在的,又是方便可见的,而且知见之后还会对佛教起无限的积极作用,岂可否认);四、五两义涉及佛性与生死流转和佛教功能的关系问题,故须再作些考察。论云:

> 四、无初、不应、相应、壳。释曰:无初者,谓烦恼、业、报并皆无始,故言无初;不应者,由此三故违逆法身,故言不应;相应者,由依法身得起此三,故说相应;壳者,此三能藏法身,故名为壳。

这里用四个词说明生死流转的三大环节与"法身"的关系,文字解释得很清楚,即烦恼等既与法身相违,又依法身而起,而且隐藏法身。其与法身"不相应"、"相应"和"能藏"的三种关系中,值得注意的是,生死流转"依法身得起":法身应该是根本的、原初的,烦恼等尽管"无初",但毕竟是依存于法身的。从此出发,逻辑上应该承认有一个先于生死的实体存在,此或许即是所谓"第九识"产生的原因,但在《佛性论》里看不到。

> 五、无初、相应,善性为法者。释曰:无初者,以性得般若、大悲、禅定,法身并本有故,故言无初;体用未曾相离,故言相应,是名无初相应;善性为法者,法身自性无改,由般若故性有威德,由禅定故性能润滑,由大悲故,故称善性为法。

这里用"无初"、"相应"和"善性为法"三个词说明法身对于菩萨行的作用。在本论中,般若、禅定和大悲,被认为是一切善性法的共性,法身的佛教行善功能即是通过此三者实现的。据此,"般若"等本为法身所具,与法身同样"无初",故称为"性得般若"等;此"性得般若"等是法身之

"用",法身是"性得般若"之"体","体"与"用"不得相离,是谓"相应"。于是不变的法身具有般若等功能,即名"善性为法"。

佛性的这两义,突出了"法身"为生死流转所"依",是佛教全部善法得以发生作用之"体",所以是非常真实的存在,不可动摇。如果对照《金刚经》所言"若以色见我,以音声求我,是人行邪道,不能见如来",那么在这里我们看到,至少通过逻辑推理,"法身"是可见可求的,而逻辑推理既离不开"相",也离不开"色"、"声"。

至于为什么佛性又说名"法身",论文对相关概念有个通释:

> 一由佛、法不相离故,说名法身;二由性一切处如,故名如来;三由无虚妄颠倒故,名真实谛;四由本来寂静故,名般涅槃。是四义四名,于如来性无有差别。

又,此四名亦可就人而言。我们只看它对"法身"的解释:

> 非身见众生境界。由此真性是邪执对治故,为身见人说名法身。问曰:云何对此人以真如名法身?答曰:是诸凡夫色等诸阴无有此性,强横执有我及有我所。由此人法二执染污其心,身见灭处是甘露界,不能信乐,何能通达如来法界?若见此界,身见执灭;虽复身见已除,未除此界恒尔,是故此界乃名真身。凡夫所执既非真实,故不俱在,不得名身。为对如是身见凡夫,立名为身。

就"义"理言,佛与法不可分,故名佛为法身;就"人"而言,凡夫俗子好执"身见",即所谓"我执",因此不能接受"无我"、"无身"的高深之论,遂以通达真如法界,名以"法身"。

实际上,这两种解释都是矫情。如来性即是大涅槃,大涅槃即是"我","我"即是"法身",这是《佛性论》依据瑜伽行派哲学观所释"如来藏"的精粹,但为什么偏偏又把法身解释为方便假说?道理很简单,是为了与佛教其他派别,尤其是与般若中观学派调和妥协,以至于论文本身不得不前后矛盾。

第六章 大乘佛教主要经典的若干考察（五）
——毗卢遮那佛与密乘哲学

第一节 引 言

《华严经》是多个思想体系的综合。它吸取了般若空观，开启了唯识有宗，确立了毗卢遮那的本体论和万物有神论，并以"入法界"刷新了传统的佛教实践，因此其影响也是多元的。在中国，华严宗突出了它的普遍联系，创立了所谓"法界缘起"的理论体系；禅宗把毗卢遮那纳入自心，构成"直指人心，见性成佛"的指导原则；对毗卢佛以及文殊师利和普贤两菩萨的崇敬，则开辟了佛教信仰领域中的新系统。然而，这一切都比不上它给密乘以合"法"化的作用力巨大。

密乘是传统佛教"三乘"之外的另一个"特殊"系统，尽管它自称是"大乘"中的"密教"，而将传统的三乘称作"显教"，但不论在观念上还是方法上，那距离几乎是很难弥合的。

密乘的确立，没有一个标志性的界石。一个重要原因，是它的法门繁多，时间跨度大，且多与巫觋萨满、婆罗门"外道"的信仰和作法相近或相同，难以找到一个统一的标准。近代研究者多认为，密乘兴于"陀罗尼"，在《般若》等大乘经籍出现时已经广泛使用；它的完成是"坦特罗"

(又作"坦陀罗"),尤其是作为无上瑜伽崇尚的"时轮坦特罗",但那已经是8世纪以后的事了。其所行的法门和修持的方法,大致可以归结为如下一些:

(1)"陀罗尼"的神秘化。

所谓"陀罗尼",意译"总持",指的是一种概略性、旨要性的记忆方法,用极少的字、词、语总括众多的内容,或将所有言说的根本精神简略为少数符号,以便于经籍的口头流传,此后则成了佛教经籍的一种文体,所以并无什么秘密可言。密宗之使用陀罗尼,是赋予它某种万能的神秘力量,与民间普遍流行的咒术混而为一,故陀罗尼亦译作"咒",或作"明咒"、"神咒"。

从现有文献看,佛教接纳咒术的渗入,在部派佛教时代已经相当严重了,以至于部派诸律不得不明文禁止"诵咒行术",规定凡以咒术谋食即犯"邪命"罪。《摩诃僧祇律》卷五列举的咒术有咒蛇、咒龙、咒鬼、咒病、咒水、咒火等多种,吕澂《新编汉文大藏经目录》列"杂咒部"229部434卷,占全部密藏388部639卷的50%~60%多,从《咒齿》、《咒眼痛》、《咒小儿》、《疗痔病经》到《请雨经》、《止风雨陀罗尼经》、《护命法门神咒经》、《延寿妙门陀罗尼经》以及《辟除贼害咒》、《辟除诸恶陀罗尼经》等等,凡民间所苦、所需、所愿,而又得不到正确解决途径或很难实现的,陀罗尼都能解决,助其梦想成真。许多来华的名僧,往往都有异迹显示,咒术是其中的重要一项。像东晋时的帛尸梨密多罗即以"善持咒术,所向皆验"(《历代三宝经》卷七)而名闻江南的名士群。大译家昙无谶,更以"明解咒术"声震北国,他能咒山石出水,咒龙不雨,直接影响王政,"西域号为大咒师"。(《高僧传》卷二)

只要佛教积极入世,争取民众的信仰,满足民众在思想情感上的需求,甚至解决民众的现实生活问题,就成了它兴衰存亡的大事。在各种异教民俗的竞争中,咒术是与民众日常生活关系最为密切的一种古老信仰。当大乘高举入世慈悲的大旗,"六度"已不足以实现普及的任务,而又别无他法时,吸取咒术一类有广泛群众基础的信仰,就是很难避免的了。因为按大乘说教,凡外道能够作用众生的法术、神通之类,佛教也必能做到。我国中医有一个特科,名叫"祝由",此"祝"通"咒",意即由咒治病,由此也可以知道咒术在古代的声誉和作用了。

(2) "悉昙"的秘密化。

"咒"用的是语言符号,给语言符号加以密乘的特殊意义,称为"真言"。语言本是负荷和传达思想情感与精神信息的载体,是人类互相交流最重要的工具,因此它们都有共许的含义、公认的解说,并能反转过来,支配着人们的思想和行为,成为人的主观能动性的重要方面。咒或真言则在这些共许的含义和公认的解说之外,赋予了某些语言以另外的神秘含义和信息,由此支配某些信仰人群的思想行为,显示语言符号本身似乎具备一种能够通天地、动鬼神,左右人的命运的力量,所谓"真言力"。

密教使用的语言是梵文。梵文是一种拼音文字,它的字母叫做"悉昙",由于方言和传承不同,传入中国内地的悉昙字母数量也有差别,大约从42个到52个不等。但影响最大的是《大品般若》传入的42个和《大般涅槃经》的50个。其中元音字母有14个,称作"十四音"。研习其字音字义的方法有"悉昙五十字门"或"悉昙四十二字门";专门研习梵文的学问,叫"声明",包括字母、名词、文句以及它们的形、音、义和语法结构,所以毫无神秘可言。以《瑜伽师地论》卷十五的解说为例,"声明"研习的内容,总共施设分有六门:一法施设:以音声为体,分别名、句、文身;二义施设:关于义的诠释及其方法;三补特伽罗施设:关于名词的性别及其转声之变化;四时施设:关于文句的时态;五数施设:关于名词的单复数;六处所根栽施设:有关造句、作文、制诵等基本法则。因此"声明"也是一切儿童接受教育的开蒙功课。

然而在古印度,一直存在将悉昙文字及其语音玄学化和神秘化的倾向。所谓"声论师",是其中的哲学流派,他们立"声为常住"或"声是常",

首先把"声"玄学化了；又从语言之具有决断是非,令他人理解或听从的功能,把"声"扭曲成可以支配一切的神秘力量。据说这种思潮起源于梵书时代,认为祈祷所发的音声,足以指使神祇,而表达吠陀的声字则永恒不变。及至弥曼蹉派和吠檀多派,从"声是常"的命题中,又衍生出"声显论"和"声生论"两种说法,遂成为古印度哲学关切的一个重要理论问题。由于这种"常住"的观念与佛教基本教义派主张的"诸行无常"对立,所以也是佛教义学理论的批评对象,特别反映在瑜伽行派的因明学中。然而从《大品般若》卷五到《大般涅槃经》卷八等都有对悉昙的记载和评述来看,此时已经有了运用悉昙说明佛教教理的动向,至密教而大行其道,一并列入了陀罗尼明咒系统。

(3) 从"手势"到"手印"对人体动作的秘密化。

事实上,人类除了运用语言音声互相交流之外,在很多情况下还利用自己的身形、手势等动作当做与人交流的中介。其中手势尤其普遍,它们所包含的信息,表达的内容多种多样,不妨看做另一个语言系统,例如哑语和舞蹈就是很显著的两种。同一个手势,在不同的国度、民族和不同的地区、人群中,有极不相同的含义。例如食指与中指成V字形,西方把它视做"胜利"的表征,中国民俗有当做叉形解读的,是表示不友好的。拇指与食指伸开,在交易中代表"八"这个数字,但在其他场合,或作武器,或作吸毒,或作女人等。密教也从这里吸取智能,创造了所谓"手印"的表意和布教的方式,构成了一个庞杂的神秘系统。手印包括拳头、十指,以及它们之间互相连结的形状,还有它们所持的物品,以及举手投足等动作和身形姿态,异常繁多,全都被赋予了特殊的教义和神通能力。

(4) 从"祭坛"到"曼荼罗"的秘密化。

古代建坛祭祀以及祷神祝愿,也是一种跨国界,多民族的信仰形式,如我国就有知名的天坛、地坛等。密乘也吸收过来,创建了一种全新的"坛场",所谓"曼荼罗"。它的形状或方或圆；它的制作或建造土坛,或在地上划以区域,而更多的是以绘图的形式加以表现。它将陀罗尼咒语包含的神秘力量,物化为不同的方位、饰物和色彩,更具有直观的功效,既用来驱魔护法、息灾求福、降天下神,又能清净佛种、觉悟成佛,具有了"道场"的性能。因为曼荼罗有"聚集"义,它能将各色佛、菩萨、天神及其眷属等聚集于其中,与曼荼罗的主持者(阿阇梨)合一,从而实现主持者各项相应的祝愿与命令。

(5)从"火祭"到"护摩"的秘密化。

上文说过,《华严经》可能受到琐罗亚斯德教的影响。此教在中国亦名"火祆教"、"拜火教",这是因为它以拜火得名。地上的火与天上的太阳在性能上相同,也是光明的来源,而光明象征着智能,所以火也具有焚烧痴迷、令眼目明亮的意思。对火的这种崇拜,被密乘吸取,就构成另一种法门,所谓"护摩法"。"护摩"意译"火祭"、"火供养",护摩法就是"火祭祀法"。

有说,护摩法源自古印度供养火神阿耆尼,在吠陀时代已经很流行,是用以驱邪求福的,所谓"事火婆罗门"者是。但密乘主要是用火表征智能光明,驱除烦恼无明的,所以更大的可能,是密乘经过拜火教的启发,而采用了印度固有的崇拜形式及其渲染的功能,混合而成。

(6)从"性力"解脱到"怛特罗佛教"。

把两性做爱当做解脱而成为超人的手段,在古代的某些宗教中可能相当流行。中国的道教就有很显赫的一派,它一直影响到中医的长寿养生术。佛教大乘一直存有纵欲主义的倾向,从《维摩诘经》到《华严经》的"入法界",都有痕迹可见。大翻译家如鸠摩罗什、昙无谶等大约也都是精通这一行的。但怛特罗佛教与纵欲主义倾向又不一样,它是公然把性行为当做解脱成佛之秘密法门的。

按"怛特罗"本是印度教性力派的经典总汇,现存部分,多为8世纪左右的作品,记载其基本教义、瑜伽方法,以及礼拜仪轨和神庙神像等设施的制作等。其中的"左道性力派"提倡"轮坐礼拜",奉献人体,男女杂交,希求于做爱中与神合一,体验其解脱的境界。密乘接受他们的影响,一反传统佛教对两性关系的厌恶和攻击,而将爱欲定为幸福快乐的源泉,由此走向另一个极端,以为从此就能实现"即身成佛",是故名为"怛特罗佛教",亦被称为"左道密乘"。在藏传佛教中,"怛特罗乘"的含义比性力派宽泛得多,有时等于对密教的特称,与指谓显教的"波罗蜜多乘"相对应。

综上所述,密乘容纳的东西十分杂乱,从咒术到悉昙,从手势表义到建坛祭祀,以致最后的追求性力解脱,无不属于婆罗门"外道"或民俗风习,而且它们互不连贯,完全可以独成法门。现在要把它们从思想上统一起来,纳入佛教体系,争取佛教全体的承认,只给予"秘密"二字,显然是缺乏说服力的。从另一方面说,密乘的出现,主要在与婆罗门—印度教等其他宗教争夺信仰群,以拯救整个佛教在其本土日益衰微的颓势,假若把"外道"、"邪说"统统吸收进来,信众可能稳定了、增加了,可佛教自身则有被完全消解的危险。因此,能否将所有秘密法门统一于佛教教理,就是能否渗入佛教、取得合法化手续的大事。

据藏传多罗那他(1575～1634)的《印度佛教史》,密教的创始可以上溯到大乘中观学派的龙树,而怛特罗乘则始于龙树系的僧护;瑜伽行派中亦有密乘弘扬者,其中师子贤即以学承弥勒自诩。因此,后期的大乘学者,既采取显密共举的措施,而在哲学的解释上,则依靠中观、瑜伽两大潮流。

从密乘后来流行的趋向来看,此说大约是不错的。因为后来修习密乘的、发展密乘的,全属中观派和瑜伽行派论师,有时这两派论师还纠缠不清。这表明,密乘哲学没有任何独创性。但史实究竟如何,可探讨的地方不少,其中《华严经》树立的毗卢遮那佛,给出的就是一个关键性启示。

直接用毗卢遮那的哲学与信仰,将密乘诸多法术统一起来,并给予理论基础的,当始于唐善无畏(音译"输波迦罗")共一行译的《大毗卢遮那成佛神变加持经》（略称《毗卢遮那神变加持经》），而此前竺法护译的《密迹金刚力士经》，可以看做它在思想上的先行。

第二节 《密迹金刚力士经》的金刚崇拜与"二业"、"三密"的经旨

《密迹金刚力士经》七卷，竺法护于西晋太康九年(288)译出，唐菩提流志编入《大宝积经》作第三会，"经"改名"会"。宋景德至嘉祐年间(1004～1063)，法护译《如来不思议秘密大乘经》二十卷，二十五品，当是此经的异译本，而有极大的扩展。

经文以"一时佛游王舍城灵鹫山"(《大宝积经》卷八)聚会开端，在"佛"的主持下，由"密迹金刚力士"主讲，遂成经名。与会者有天龙八部、鬼神夜叉、比丘菩萨、男女居士，与其他大乘经的神话铺张基本相同，唯一的不同，是让一位"金刚力士"作为全经的主讲人，为佛教创造了又一类说教护法的偶像，并成了密乘形成过程的一个标志性事件。

一、关于"金刚力士"出现的意义

"金刚"是表无坚不摧而绝不会被毁之义。所谓"金刚力士"，或指力士自身即是金刚之身；或作为一种形象，则指"执金刚"（手执"金刚杵"的力士）。此经的金刚力士，"名曰密迹，住世尊右，手执金刚"（同上，卷八）。由此形成佛崇拜系统中的一个新秀——密迹金刚力士，"期诸菩萨后成佛时，皆当手执金刚侍从后"（同上，卷一一）。他变成了佛的侍卫，因而于十方佛土受到奉事供养，也就为佛徒增添了新的偶像。他在本经里，承担的是佛之嘱托："仁能重任，为此众会说菩萨密、如来秘要，千佛劝叹。卿宣诸菩萨道品诸行，众会乐闻。"（同上，卷八）这表示，菩萨和如来的秘密藏要，乃是从密迹金刚力士那里确立并传播开来的。假若讲传承，他应该是密乘的鼻祖。无论事实如何，自此以后，

金刚力士确与密乘结下了不解之缘。

依本经解释,金刚力士过去世本为王子,其族代代奉佛,后自作誓:"诸人成得佛时,当做金刚力士,常亲近佛,在外威仪。省诸如来一切秘要,常委托侬,普闻一切诸佛秘要密迹之事,信乐受喜,不怀疑结。"(《大宝积经》卷九)在《毗卢遮那神变加持经》中,此"密迹金刚"上升为"执金刚秘密主"(同上,卷一),再次成为如来布道的主将。

按《大日经疏》卷一释:"西方谓夜叉为秘密,以其身口意速疾隐秘,难可了知故。旧翻或云密迹。若浅略明义,秘密主即夜叉王也。"所谓"夜叉",是外来语的音译,本属古印度神话"天龙八部"中的鬼类。在佛教里,他是欲界忉利天中"四大天王"中北方毗沙门的部属,地位实在不高,但他具备的是娱乐与威势两种性能,恰巧与密乘主乐和重威的教理相应,因此,密乘把他请出来担任驱魔护教的角色,似乎并非偶然。至于毗沙门天王,他被奉为于阗的保护神,在西域享有很高的声威,启用他的部属护法传密,有可能反映西域佛教对密乘教理的形成,发挥过相当的作用。

当如来要求密迹金刚为与会大众讲述秘密藏要时,经载:

> 密迹金刚力士前白佛言:少能堪任为诸众会宣菩萨密如来秘要——假使如来劝佐威神而见扶接,乘大慧光,承佛圣旨,乃敢宣布诸菩萨密如来秘要。犹如世尊,夜暗冥时依灯火明,得见形色往来好丑、东西南北,所当进退。如是世尊,若见建立,承佛圣旨,所知少小粗举叹说。佛言善哉,便时宣之。(《大宝积经》卷八)

这段话反映的是大乘经籍通用的另一种格式:佛授权于某某,并给予神力,代佛演说相应的教义;而受权者则承佛圣旨,假佛神威演说,并得到佛的认可,也就成了"佛教"。这种格式,《华严经》就很标准,尤以光明照耀作为佛智加身的象征,表示佛与说者之间的这种授受关系。

在《毗卢遮那神变加持经》等经中,这种授受关系叫做"加持"或"加被"。"加"指佛的给予,"持"或"被"指说者的受纳和保持。像本经陈述的那样,"佛"和"密迹金刚"是两个完全不同的主体,他们间的授受关系是两个不同主体间的关系;而从"真谛"考察,所有主体同属"本无",佛与密迹本质悉空。这种思想主张,没有超出《般若》经类,但到了《神变加持经》,悄然发生了变化,"本无"成了惯常的套话,实际突出的是两者的授受关系,由此直接影响到了密乘的哲学根基。促使这一变化的中介,当是《华严经》,尤其是它的《性起品》。

二、菩萨行的"二业"与"娱乐"、"变示"的突出

本经卷一开宗明义,是把一切菩萨行皆归结为"妙功德"和"修慧明""二业":

> 其妙功德悉诸菩萨之所娱乐,所化变示,以是所乐摄导众生;其慧业者,菩萨雅词多所悦可。若有菩萨,晓了举要功德之业,修慧明业,是行第一真实至诚。所以者何?其功德业,则是菩萨善权方便所度无极,具足福庆;其斯慧业,则是菩萨智度无极,众行备悉。以是二业,普备一切诸菩萨道而恩广济,诸魔官属莫能当者,以度魔界。菩萨如是至不退转,当成无上正真之道。计于法本,诸不退转近佛世尊,皆致如来秘密要藏。(《大宝积经》卷八,下同)

在《般若》类经籍中,把"般若波罗蜜"分解为"智能"和"方便"两个层面,是很普遍的作法:智能讲"真谛"空;方便讲"世谛"有;观"空"与行"有"的结合,即是"中道"。大乘中观学派就是这样组织学说的。此经沿袭的也是这一思路,但强调的是菩萨的"善权方便",变化示现,尽最大可能地展现其在世间传教度人的才能和手段。至于"慧业",只提供一种认识论:一切现实的存在与实际的活动,均归"本无";"本无"便成了菩萨观察世界人生所取的一种虚无理论和人生态度,可用一句话带过,其余全是"善权方便"。"善权方便"也就代表了菩萨行的全部内容,此中的积累

"功德"比抽象的智能更重要。本经承认"功德"的目的在获取来世的"福庆",但重点却放在菩萨追求现实的"娱乐"上,并主张用娱乐恩施广济,吸引和指导众生。这里只举一例:

> 若有众生,多所吝业,随其所好,现若干种珍宝财业,(令)各使得所;头目肌肉骨节支体髓脑、妻子群从车马奴仆衣裘,从志所乐,皆施与之……道智无穷,各现其身,在于十方,不可限极,因缘方便,亦不可尽。以无数身,随时现体,开化众生,各令得所。若有众生多贪欲者,淫想情色,化现女像端正殊妙,其人见之,喜悦敬向,与共相娱,视之无厌,如宝明珠。卒便臭秽,颜色甚恶。睹是所变,心患厌之,便示死亡益用恶见。因为说法:无常苦空,一切三界犹如幻化,无一真谛。闻之则达,便发无上正真道意,逮不退转。

简单看,此说是在讲"布施波罗蜜",其施舍的范围,广及妻子家产和个人肢体性命,与早期大乘六度无异,但它加了一个"欲"字和"道智无穷",性质则为之大变。

这里的所谓"欲",重点在得"乐",而不是解"苦"。因此,布施一方必须依据索求者希求之"所乐",而"皆施与之"。这就为企想作菩萨的人们,提出了一个异常荒唐的条件,那就是无条件地献出一切,甚至自己的身体,而且目的只有一个,那就是供他人娱乐。此文要求端正殊妙的妇女,满足"淫想情色"的众生的"贪欲",与共相娱,还算不上极端。《华严经》的《入法界品》,将男女亲吻拥抱也列在深入法界的行列,反映大乘中的这类思潮,并非个别。

所谓"道智无穷"的"道智",指的是神通变化;这变化可以示现种种身份,在任何地点和时间,造作任何行为,而不受限制,是谓之"无穷"。在传统佛教中,此等"道智"神通属禅定中的一种幻想;但就本经用"本无"否定世间一切真实,所以断定世界人生都是幻化而言,其用情色淫欲的实际行为去体验苦、空等教义,可能是某些法师自身修行劝化的摹写,在理论上,则归类于"因缘方便"。也就是说,大乘"方便"中,是包容淫乱和暴力在内的。当然,这类构想有时也仅限于禅定想象的范围。

某些方便示现,还成了制定禁戒的依据,例如:

> 菩萨大士听受经法,示大力士在于冢间,大聚众人,自现身死:形体广长,弃大冢间,又诸禽兽,食吃其肉,四足两足,服食其体,寿终之后,皆得生天。缘是为本,乃至灭度,悉是菩萨本愿殊特之所致也。所以者何?其彼菩萨本发意时,心自要誓:设使有人禽兽飞鸟,见我身死,来吃肌肉,寿终生天,度世得道。奉持禁戒,所愿者得。

将自己的死尸,供鸟兽食吃,可令鸟兽生天,这大约是菩萨终极的慈悲了,将娱乐他人的教义彰显得特别鲜明;它被作为一项重要的禁戒规定下来,通称"天葬",而与佛教传统的火葬制完全相背。这种制度对密乘的影响也很明显。

于是经文指出,如果能以种种方便和权宜之计,自己娱乐而又娱乐他人,同时亦能认识到这种种身份和作为无非"本无",而不当真和执着,那就实现了般若观下的菩萨行,接近于佛了。此谓之"如来秘密要藏"。如果"欣喜大悦奉菩萨行,具足成就此要密事"(《大宝积经》,卷八,下同),必定"心性调和,入无极慈",可以普度众生而永不死灭。

密迹力士的这类话语,可能是与会者闻所未闻的,于是他安慰大众,若"闻诸菩萨密、如来秘要,勿恐勿怖,无以怀怖"。因为此处所示之秘密,相当一般经籍所谓的"不可思议"。他把"不可思议"概略四种,称"四不思议":

> 何谓为四?所造立业,不可思议;志如龙王,行不可计;禅思一心,不可称限;诸佛所行,无有边际……是四不可思议,佛道所行;不可思议为最至尊,以成正觉。

此四者，关键是第一句"造业"；"业"分身、口、意三，"三业"皆不可思议，即是"三密"。

三、菩萨"三密"和如来"三密"

"三密"有两种，一属菩萨的，一属如来的。

1．"菩萨三密"

（1）菩萨"身密"，指菩萨身体和行为秘密。这也要从"般若"和"方便"两方面观察。就般若看，人身实质"本无"；"方便"则是"本无"基础上的种种作为。经云：

> （菩萨）身所行众密，坚固牢强，不可破坏，犹如金刚。其身散以众人，所学从志律故，虽欲毁之，不能破坏……菩萨身，身顺法律，调化众生。其菩萨心，不以寂然，不怀妄想，一切众生，身悉本无，其己亦然，亦复本空。以了本无，已身本无。一切诸法，亦复本无……过去、当来、今现在法，亦复本无……设使生死及与无为，自然本无。生死本无。以无所行，本无自然。无行本无，不违本无，诸行本无自然。

据此，菩萨"身密"有三个特点：一、此身若金刚，不可破坏，故俗称菩萨身为金刚不坏身；二、此身可分体散形，以调化众生；三、这散化的所有身形，皆是"本无"，如此推论诸法，一切皆空。然而，所有"本无"，都离不开"幻有"，尤其是"欲"。经云：

> 其本无者，等无有异，不离于欲……假使众生淫怒痴盛，男女大小，欲相慕乐，即共相娱。贪欲尘劳，悉得休息。以得休息，于内息想，谓离热欲，因斯受化，皆是菩萨所愿具足。

这个"本无"是从"欲"上讲的；体验"本无"的途径，是男女慕乐，共相欢娱。结论是：本无不离于欲，欲即是本无。

以"本无"观察如来身和菩萨身，则表现如下：

如来无像,归斯本无,是则名曰如来形像,普现一切诸所色像。是故形像、如来形像,一切本空,是则名曰如来之像。是故菩萨现一切像,如来未曾造现形像,无像无谛。尔乃普现一切众像,不以本无有所成立。以本无业,自观其身,诸身本无。自察法身,一切诸身皆无有身。观如来身,晓一切身从因缘生,以了法身。本所从行,因与法身,乃成法身。无阴种诸入,则曰法身。行平等业,消除众生所见之缘。若有所闻,所更麤细。犹如……耆域医王合集诸药,以取药草作童子形,端正姝好,世之希有,所作安谛,所有究竟,殊异无比,往来周旋,住立安坐,卧寐经行,无所缺漏。所显变业,或有大豪国王太子大臣百官贵姓长者,来到耆域医王所,视药童子,与共歌戏,相其颜色,病皆得除,便致安隐,寂静无欲……其耆域医王疗治世间,其余医师所不能及也。

　　这段译文欠佳,总的意思还清楚:第一,如来的本质是"本无",未曾造现形像;菩萨能够普现一切色像,才有了如来的种种色像,所以如来形象实乃菩萨所造。这一思想,在《般舟三昧》、《观无量寿》等经中都有专门表述,说明菩萨是如何靠"三昧"中的想象造立佛形象的,并由此得出佛性本空、心造诸佛的两大结论。第二,据此而"自观其身",原也本无,其所得之身,系从因缘生;由此得知,阴界入(因缘)亦属本无。达到这样的认识,就是与"法身"契合,转成"菩萨法身"了。

　　"菩萨法身"亦称"菩萨密身",是"菩萨身密"的又一含义。经云:

　　(此身)不知所生,亦无有死;无终无始,而随习俗,现有生死。虽现终没,解一切法;悉无所行,示现所生;畅一切法,无为无会……知如来身者,即虚空身,而无等伦;处于三界,为最至尊;施于众生,身无所归……本性仁和,悉无所生。其身寂然,不为心意识所见拘系。其身自然,犹如幻化野马水月;其身已度,空、无相、愿;其身普周十方虚空……其身无像,自然现像。无痛现痛,自然无想,而现有想……无地水火风,因其示现地水火风四大之身。解诸世间一切现法,皆虚不实……若有菩萨,以能逮斯如来等身靡不周,普奉菩萨行,在此三千大千世界,诸四方域郡国县邑州城大邦,悉化其身,皆遍现之。

由之开化众生,做到这个程度,即是"致于密身清净之体"。

这番表述,似无新意:其无死无生,即是"金刚不坏身";化身遍现,即是般若"方便"。但此处没有用"本无"去否定一切,而是用"无行"、"无为"、"无愿"、"无想"等主观心态取而代之,从而将"密身清净之体"及其无意识地自由现化,全都变成真实的,可以在现实生活中发挥实际作用,而不单纯是"三昧"内的构想——这是本经异于《般若》经类的突出点之一。

经文讲了一个菩萨化作虫身为肉,以疗众人疾患的故事:

> 世尊当尔时作天帝释,名曰善自。在于天上遥见众人得若干病,困厄难言,以天耳闻众人厄困,呻呼悲嗟。见闻如是,兴大悲哀,心自念言:今此众人,委厄甚困,无所归依,今吾应宜,济众困厄,其无救者为立善救,无所依者为设众依,无所归者为造受归。尔时天下阎浮利中,有一大国城名具留,彼时天帝菩萨去国不远,化作一虫名曰仁良,自然化生在其国界。时天帝释往在虚空以偶,告语天下阎浮利人,去此国土不大远,而有一虫名仁良。其有服食此虫肉,则得免,济一切厄。汝等勿恐莫怀惧,睹其虫身恣取肉,终不抱瞋。

于是国城郡县村落诸疾病人,咸到虫所,取其肌肉各赍来归,以救疗病,各得除愈,其虫身肉如故不减:

> 是则菩萨所修密行,护身清净,不惜身命,以己用施,开化救济无数众生,使至大道。

这是获得"身密"菩萨应有作为的示范——不惜身命,以身布施,而不是《般若》的仅限于认识和空谈。它所表现的精神,与其主张天葬是相同的。

(2) 菩萨"口密",亦称"言密",指菩萨之语言音声秘密。其所以称为秘密,在理论上与身密同,均可从"般若"和"方便"两方面解释。口密的自身特点,是随顺众生的语言音声、风俗习惯和喜爱好乐而言说,同时熟悉三界五趣一切众生的语言音声,由此令菩萨所演言教,得以普及一切众生而无遗漏。经云:

> 何谓言密?其言清净,随众生类,堕畜生中,多少限数,菩萨亦现若干音响言语,其察音响,现若干辞。顺其众生章句言语而演言教……其菩萨音,一切普入,靡所不达。或有歌戏,幻化瞋喜,演其音句。随其众生言辞音响而入训诲。因其一切身意所信,心所好乐,菩萨悉解而分别之,各使闻了。

> 又,菩萨音所顺无限,犹如众生所生之处心念各异,五趣音辞各各不同,不可称计。菩萨如是各从音辞,亦无言辞,是则名曰随众生音。无不达之,晓无所有……菩萨所化随时,不可喻尽。自恣颁宣,不可计响。或演释梵、四天王音,或复恣宣诸天龙神……随众生音,上中下声,麤细好丑,而演音响,喜悦一切。

规范言说的礼仪和内容,也属于"口密"范围。经云:

> 菩萨所说,口未曾宣污染、恶言不仁之辞,瞋恚痴言……无刚结言、崎岖之语、调戏俳说、无益之文语。不妄笑……不失仪节志,亦无结心……谨慎守节,不轻慢人,不说非宜;不毁有宜,不诽密言,常随时护……菩萨言行相应。(《大宝积经》卷九,下同)

(3) 菩萨"心密",亦称"意密",指菩萨之内在精神和意识秘密。菩萨"心密"有两个特点:一是突出"神通",自由示现;一是突出智能认识,得"无生法忍"。经云:

> 何谓心密?心行清净,不失神通,造立慧业。神通自娱,在所示现;正住神通,建立大哀无极之业。以神通化,无央数变,一切普显。

以诚谛通,智能为室。

如此,则表现为:

> 慧通无极普御一切……独步三界不以为拘……开化一切十方众生,使入法律……是为菩萨心密之业,心行清净。

这些话很通俗,不必多解。继之则说,心若真的清净,性即安调和顺,随行极良,处于普慧三昧,"不永灭度,不厌欲界。设生其中,无所系着,不为所缚……由是之故,得脱生老病死",是谓"心密"。

"心密"还包括"其心行密"。经云:

> 斯行慈愍,不计吾我故。其行悲哀,无有众生故。以行欢喜,则无命故,以能济护,乃达无寿故……其神足飞,心广无际故……其智能根,心无想故。其势力者,顺流心本故……其寂然者,淡泊静思故。

此说又回到了般若方便。因为本经在理论上始终没有超出《般若》经类,所以它把心密的获得,归功于"无生法忍"——即这里的"不起法忍"。经云:

> 菩萨若得"不起法忍",心则甚密,心亦清净。心已清净,便解一切众生;心净,普无不入,其众生心,入于道心。一切众生,心趣道心而被照明,犹如虚空普悉平等,遍入一切有形无形道心。如是一切皆入众生心行。

这段话颇为晦涩,大意是:心密是菩萨获得"无生法忍"的结果;心密的标志则是"心清净",把这种清净心深入到众生中去,就是"道心"。就是说,"心清净"不是众生先天具有的,而是接受菩萨言教之所得。这种说法,也是本经的一个特点。

2."如来三密"

关于"如来三密",卷三有颇细致的陈述,其与"菩萨三密"的重要差

别,是如来之身口意为绝对的不动、遍在、永恒,但依众生之喜乐而示现,无有限涯。以下分述之:

(1) 如来"身密"。经云:

> 何谓身密?如来于斯无所思想,亦不唯念,普现一切威仪礼节。或有诸天人民自喜经行,见睹如来经行之时……若诸天人喜坐,见如来坐;若诸天人喜卧,见如来卧。若喜听经,见如来说经;若喜寂静,见如来默然……若意自在有喜光者,便见如来光无所阂……天人民心志无量品色各异,亦见如来若干品种功勋德色……如来至真,有以是缘,各于众生现如来像威仪礼节言行。(《大宝积经》卷一〇,下同)

如来身与众生似乎存在互动关系,似真似幻,但细读可知,如来身本质上是被动的,随不同众生的不同喜乐而示现不同形象,因而可以多姿多彩,变化万端;实际表示,佛的形象是众生凭自己的喜乐塑造出来的,因为佛身既无思维,也无身形可觅。但从下文看,如来似乎又是有意识的实体,因为他之示现色相有确定的目的,即取悦众生:

> 如来至真乃能可悦一切众生,以悦众生,显示色像;威仪礼节言行亦然。

但接下去举例,更清楚地表明,如来不过是众生的自我反馈:

> (犹如)清净明镜,随其色貌以往照之,则现其像,不失本类。等示无异,未曾变改;明镜照形,亦无想念。如来如是,虽以法济一切众生,无有想念,无利养心,可悦一切众生心行,随上中下深浅之法,开化度脱三界迷惑。是为如来身行秘要。

如来身究竟是客观实体,还是众生自相的影像,只得交给读者自己去判断了。总而言之,如经云:

> 佛身则是法身,身无有色……所现色相,为贪慕好、求豪尊位众

> 生之故,而示形相令目睹矣……如来身者,不可限取,无若干像……无所不遍……普照众生,靡所不遍。犹如虚空,皆长一切百谷草木,如来若斯,至真之体,长育德本。

可以把这段话作"如来身密"的定论:此身即是法身与化身的统一——法身是派生一切化身的本体,化身则是法身的幻化。至于化身如何依据法身而化生,则有两种解释:第一,众生所见之三十二相、八十种好以及其他佛身偶像,是佛为了满足众生对于如来色相的贪求变现出来的;第二,佛身无思无想,亦无形象,众生所见,只是众生满足自身贪求的投影。这两种说法,对于把如来偶像化并盲目崇拜者显然都不太有利,但却符合本经的根本精神:前者是如来为了取悦众生,后者是众生满足了自己的贪欲。这与前述之菩萨必须无条件地满足索食索色者的贪欲,令众生娱乐,是同样性质的"秘密"。

(2) 如来口密。经云:"何谓为如来口秘要?"从"如来逮无上正真道,成最正觉,至无余泥洹"之日,于其中间,一切文字颁宣,"一一分别,无数亿载,讲演布散,无限义理",均属如来口密范围。如此说来,凡世上流通的佛经教理,都是如来的口密了。那怎么宣示呢?"虽口所宣,无想无行"。无想无行而有所宣,并且"皆以文字而分别说",这确实不可思议。下文则说,"如来口永无所说",众生误以为"如来为我讲说经法",其实那只是众生自己的念想。

这一解释与对身密的释义完全相同,但反映了一个新的问题:同样的文字音声,为什么不同的听众会有非常不同的理解?这个问题至今还为哲学界所关切。由于译文错乱,很难细评下去。

陈述口密的例证和譬喻很多,也可以看做上述法身与化身统一为"身密"的演绎。例如:

> 若有想知如来至真,闻其音响,随其所好诸根厚薄,从其应度而开化之。演斯音训,悉使入律。虽尔,如来所观开化,亦无相念……

425

> 譬如伎乐以调其音,以手鼓之,其声悲和,无有在彼作是声者,皆由方便缘合,而有殊特悲和之音。如是……如来言辞,化众生心,缘其畅教。如来在彼,有所演说,无有偏党,皆是宿缘,所造立行,而有殊特……各使开解。虽显是教,亦无想念,是则如来所宣秘要。

这个譬喻原出《般若》经类,此处谓之"演有为之门,而如来法悉是无为",也就是化身与法身在"口密"上的反映。

此处经文,记载了当时佛音传播的范围,或有历史价值,备存如下:

> 如来圣慧,从其音响随时而入,皆悉化之,立正真业。各有种号:释种、安息、月支、大秦、剑浮、扰动、丘慈、于阗、沙勒、禅善、乌耆。前后诸国,匈奴鲜卑,吴蜀秦地,诸幺夷狄,他罗多,愚民野人,及诸须曼耶咒,女人处国、牟兜呧国、因缘国、波罗奈国、数树国、金本国、脾罗本国、倚脾沙国、益本国、上本国、他谈国,北方异国,西方所持国……如斯千国,周围充满。于阎浮利天下,各自异居。又,是诸人及非人类,言语各异,志操不同,音声各别,如来至真随其言音而入其中,因开化之,立于正真。

这其中的许多地名国名,是我们熟悉的,这是否意味着,本经也是在这些地区流通过的,或即在这些地区形成的呢?值得研究。

(3) 如来心密。经云:"何谓为如来心秘要?"(《大宝积经》卷一一,下同)卷四集中讲了两点:

第一,"以一识慧,寿八万四千劫。又,其神识不转不变,以为余识乃至定意,还得寿命,从彼终没,因其所行,受身而生"。

如来亦有寿命,决定这寿命的是"一识慧",而"其识神"始终不变。"识神"是永在的心本体,"识慧"是心本体示现出来的有限的灵魂。如来的这一寿命,从其作为菩萨投生至于成佛灭度计算,其间的一切活动,都是他的"识慧"起作用,作为心本体的"识神"则无思无行、无合无散、无乱无护,亦不造作罪福之业。就是说,如来的寿命及其一生的活动,只是

"心"的方便示现。

第二，心本体清净，亦非不见，只是所见等于不见："如来所见，不肉眼视，不天眼睹，不慧眼察，不法眼看，不佛眼观"，更"不依神足而为变化"；"无心意识、身口意"，"于一切法悉无合会"，"永无所行"。所以这"见"只是绝对孤立的自在，与"不见"同。"其慧所住，犹若本无"，但其"应于诸法，无所挂碍"，"皆知一切众生心行"，"普造一切诸佛道事"。

这样，"如来心密"也有两重性：一是不变的"清净心"，即"如来至真"；二是"识慧"，亦称"道心"。此"至真"能"化如来像。其化如来，其行所在，至真示现，随时能作佛事"。故"至真"相当于法身，"至真"所化如来像即是化身；法身虽然无思无形，但随化身而示现，作佛事。

据此可以得出两个结论：第一，《密迹经》中的"至真"指谓的"法身"，并非一般佛经所谓的"以佛法为身"。第二，此至真法身不是超越众生别有的客体，而是众生皆有的"清净心"；此"清净心"亦非对染污心的否定，而是实实在在永恒不灭的"识神"。

把"识神"作为"清净心"的同位语，互相界定，是《般若》经类中不会有的，也不应该有的。但在密乘中，至少从本经开始，已经成了当然的前提。密乘的这一观念，也打通了佛教与道教的隔膜，标志着中国佛教由被讥为"修死之术"开始向"求不死"之术转变——尽管"识神"一词，在鸠摩罗什之前的译籍中屡见不鲜，但都没有本经表达得这样明晰。

经文继之说："如来至真，处于一切众生志性，显仁慈慧。"这段话很重要，意思是：处于一切众生志性中的"如来至真"，就显示在众生之具有"仁慈"智慧上。此论无疑可以把孟子的性善说，所谓"恻隐之心"、"不忍人之心"，引为同道。但是，本经关于如来的陈述与《华严经》相似，总是把"至真"描绘得像是外在于一般众生的客体，所以这段话也可以理解成：是"如来至真"的遍在化，体现在众生的"志性"中，表现为"仁慈"上。卷五记密迹金刚力士与佛的一番对话，就是这么讲的：

> 唯然大圣，我向所宣如来秘要，将无违失毁谤如来，傥不顺法？

> 如来秘要,甚为玄妙,广大无际,一切世间所不能信。下劣虽说如来秘要,心自忆之,如来至慧入我身中,非我威势圣猛之力。佛言如是,如密迹,如来道慧所入至处,莫不蒙安,敢佛弟子班宣经典,皆承如来威神圣旨,以入如来空法之身,道慧玄妙,靡不通达……卿审真谛,承如来慧,得无所畏。今演斯法所云真谛,正谓此法。(《大宝积经》卷一二)

意谓,密迹说法,是佛"威势圣猛"加持的作用;这种加持的途径,是"如来至慧"入其身中。由此推出具有一般意义的结论:如来道慧所至处,即得蒙安,敢于班宣经典而无所畏惧。

这样,本经的最高本体"如来心密"就有两个:一个是外在于众生的至真客体;一个是内在于众生的清净心性。"如来心密"的心体,也有两个:一名"识神",永存而不动;一名"识慧",尽管长寿,但有生死。这"如来心密"的外在化和内在性的统一,永恒不动和变化无常的统一,已经蕴含着密乘的根本世界观,只是表达模糊,语言不很清楚罢了。

附加一句:本经同样反映着佛教向万物有神论发展的趋向,对于旷野鬼神妖魅的关怀尤多:祝愿他们"长夜永安,使无众患。多所安和,多所愍伤。诸天及人三界众生,得殊特愿,与世超殊"(同上,卷一三)。这也是密乘的特色。

第三节 《大毗卢遮那成佛神变加持经》的哲学系统和信仰特色

本经意译《大日经》,共六卷三十一品;一般作七卷,因为其后还附有《供养念诵三昧耶法门真言行学处》等五品。关于此经的来路可疑处颇多。据《开元释教录》卷九记,此经原是沙门无行西游天竺所得的诸多梵经总持门之一,开元 12 年,善无畏与一行从中拣出,并为一行译出。时"沙门宝月译语,沙门一行笔受,承旨兼删缀词理"。原本"有十万颂,今所出者撮其要耳"。此中一行删了些什么，缀了些什么，已完全不可考，且不说此经原本自身就来历模糊。因此，我们不妨把它视为依一行意愿所作的编译。现下权威的疏解，是一行所述的《大毗卢遮那经疏》(略称《大日经疏》)。此疏存有两个本子。一个是二十卷本，即名《大毗卢遮那成佛经疏》，署"沙门一行阿阇梨记"，有唐清河崔牧序；另一个是十四卷本，题《毗卢遮那成佛神变加持经义释》，署"沙门一行记述"，有唐释温古序。这两个本子的内容和分量大致相同。崔牧序谓此经为善无畏从中天竺带来的，并且深有研究，而一行则在善无畏的译文基础上，"存实去华，令质文有体"，仅限于文辞的修饰。此序突出了善无畏在译经中的主导地位，而与《开元释教录》之突出一行地位相异，但不论称此疏为"记"或"记述"，其内容为一行的，则无问题。

总之，我们对经文的理解，只能依据一行的疏解，实即一行的思想。这个疏解引用了大量大乘经论，给人的印象很深，明显地在向听者读者证明此经与其他大乘经的教理相符，属于佛说，不容置疑。引用的范围极广，最多的是《大品般若》和《大智度论》，似是与大乘中观学派衔接；但也引《涅槃》诸经，而多述"三界唯心"的《华严》经旨，所以又与主张如来藏的唯识家相近。此外，它还旁及中国的天台宗义，与华严宗"性起"之说相类，同禅宗"即心是佛"的旨趣相通，在整体思想上，很像是《大乘起信论》的运用。所以单从文字上考察，显得杂乱无章，似乎是中国佛教义理的拼凑，但经文自身贯穿的，应该是《华严经》有关毗卢遮那的哲学系统，这与一行所处的佛教义学和禅学背景是吻合的。

就全经的思想内容，大致可分三部分：其一论"心性"，是统括全经大意的理论基础，论毗卢遮那佛自外在性转入内在性，及其成为众生成佛的内驱力的原因；其二讲曼荼罗、字、印、三昧耶、持诵、护摩等修持方法及其神异效果(悉地)，总括世、出世的一切佛事，是内在的毗卢遮那外在化，以及由此构成诸多仪轨和多神崇拜系统；其三是理论结论：般若性空与真言经验的结合，归结为"无相三昧"，即静住于"无相"的心态。

一、悟入的对象"心":密乘之心论

本经一开端,就有些与众不同,谓:

> 如是我闻:一时薄伽梵住"如来加持广大金刚法界宫"。一切"持金刚者"皆悉集会。如来信解"游戏神变,生大楼阁宝王"……诸大妙宝王种种间饰菩萨之身,为师子座。

首先,这集会的地点和佛座就很特殊:地点是"如来加持"的,而不是佛通常说教的印度某天某地;是"广大金刚法界宫",而不是地上的精舍或神话中的天宫。由此产生了一种全新的地理概念和建筑概念,所谓"加持住处"和"法界宫"。

我们看一行对"加持住处"的疏解:

> 经云"薄伽梵住如来加持"者——"薄伽梵"即毗卢遮那本地"法身";次云"如来",是佛"加持身";其所住处,名佛"受用身"——即以此身,为佛加持住处。如来心王,诸佛住而住其中。既从遍一切处加持力生,即与无相法身无二无别,而以自在神力令一切众生见身密之色,闻语密之声,悟意密之法,随其根性分种种不同:即此所住名加持处也。

这是在用佛的"三身"说明薄伽梵的住处:其中"薄伽梵",即是"法身";此"法身"是"毗卢遮那本地",同时亦是"如来心王"。依瑜伽行派的法相分析说,"心"分两大类:"心王"和"心所"——心王是主、是一,心数(心所)是多、是属;"如来心王"就是由此演化来的,据此可知"法身"的另一种性质,相当于"心王"。所谓"佛加持身",则是"三身"说中的"应化身",是"法身"为世俗众生之显现,亦即普通人群所建和所见之种种佛像,离开众生的世俗认识不复存在。所谓"受用身"是唯佛能够享有并认识的境界,与世俗大众没有关系,因而是不可思议的。这样,"如来加持住处",即是大众可知之如来,住在果位上的"受用身"处。换一种说法,佛之"受用身",即是佛之"加持住处",也等于说,诸佛即住于"如来心王"之中。

这话绕了一个很大的圈子。实际在说,薄伽梵并不在什么遥远的天国或佛土,而就住在众生"心"中;因为这心的本质,即是"毗卢遮那本地",亦即所谓"法身"。当众生自觉到并通过修习而从无明烦恼中解脱,就能够回归自己的"本地"而成佛,由此达到的境界即是"受用身"。因此,所谓"如来加持",等于处于"本地"的心给予世俗心的一种激励和推动。在这里,毗卢遮那、法身、加持身、受用身等等被描述得完全像是外在的东西,但实质上都在众生的内心里,可用"如来心王"统一起来,所以说,诸佛住于其中的"如来心王",与无相法身无二无别。

这一思想,在《华严经》中已有模糊的表达:卢舍那佛光明普照,令一切万有悉具佛性光明,此卢舍那像是客体存在;就一切万有悉具佛性光明言,卢舍那亦在众生心中,此卢舍那即是主体。这是一种哲学二元论。《华严·性起品》着重讲的是心中蕴含的卢舍那,如何推动众生修习菩萨行,从世俗身转化为佛身。一行疏解"毗卢遮那",大致是按这一思路说的:

> 如来日光遍照法界,亦能平等开发无量众生种种善根……佛心之日,亦复如是,虽为无明烦恼戏论重云所覆障而无所减,究竟诸法实相三昧圆明无际而无所增。(《大毗卢遮那成佛经疏》卷一,下同)

这"佛心之日"就是内在的毗卢遮那。

所谓"加持住处",即是"广大金刚法界宫"。依一行释:

> "金刚"喻"实相智",过一切语言心行道,适无所依,不示诸法,无初中后,不尽不坏,离诸过罪,不可变易,不可破毁……"法界"者,广大金刚智体也。此智体者,所谓如来实相智身。以加持故,即是真实功德所庄严处;妙住之境,心王所都,故曰"宫"也。

此"宫"即是"实相智",是菩萨修习所得的佛智,亦是菩萨成佛的一大标志,相当于后文的"一切智智"。"广大"和"金刚"是对此"智"性能的譬喻,所以又名"金刚智"。以"智"为宫,这"宫"当然也是内在于心的。

这样,薄伽梵集会说法的处所,就只是内心毗卢遮那的自我活动。参与集会的一切众生,也就成了这"心"的显现了。这"心",也不是外在的另一种精神实体,而是一切"众生自心"。

薄伽梵所居的"大楼阁"及其所坐的"师子座",略有不同:"上说'金刚法界宫'即是如来身;此云'大楼阁宝王'亦即是如来身;今云'师子座'当知亦尔"。但为什么经文又说是"菩萨身"呢?"谓本行菩萨道时,次第修行地波罗蜜,乃至第十一地。当知后地,即以前地为基,故云如来以菩萨身为师子座。"意谓,薄伽梵之所居和所坐,是其修菩萨行时积累功德之果报;而其所住之地与宫,则是因修菩萨行获得"受用身"的果报。如此一来,薄伽梵似乎又不仅在众生自心中,而确有另一个佛世界的存在了。

这种是心非心,令人不得要领的言论,说白了很简单:同一如来心性,众生悉有,其蕴藏于内心深处,本质清净,永恒不动;只有觉知它的存在,并依据它的本性修习,行菩萨行,最终回归到这一清净不动的状态,此即谓之成佛。此时的身,或对世人示现,成应化身;或自我享受,成受用身。就此二身言,都是众生自心毗卢遮那给予加持的结果——同一心性,在作"因"的时候(因位),它是不动的毗卢遮那,是法身;在作"果"的时候(果位),此时的毗卢遮那,就体现在种种菩萨,以致应化身、受用身上。那么,"薄伽梵"又是什么?一行撇开一般用"六义"解释此词的惯例,特别引用"帝释声论"之说:

> 女人为"薄伽",是欲求因缘;能息烦恼义。又,是所从生义,金刚顶宗即翻此义,云女人者即是般若佛母,无碍知见人皆悉从是生,其有志求因缘得与相应,烦恼戏论皆悉永息,非如世间欲热,虽小止息,而实更增也。

这是把女人当做止息欲热而且能生"无碍知见"等的工具,是密乘被垢病的一大话柄。一行以此义释佛之德称"薄伽梵"(按:梵有无欲之义),接着补充了一句很重要的话:"以密教不可直宣故,多有如是隐语,学者当触类思之。"

如果连薄伽梵这类佛教共用的名词都属于"隐语",密教经籍之不可从文字上解读,就可想而知了。密教之所以特别需要"阿阇梨",既作秘典的解读者,又为密行的指导者,从而成为密乘的最高权威,完全取代了大乘"法师"的地位,也是因为它处处皆是"隐语"的关系。密乘之所以为密,用"隐语"宣教布道,是原因之一。一行是被尊为"大阿阇梨"的,所以我们对本经的理解,只能依从他的疏解,别无他法。

其次,与会的众生与一般佛经所述也大大不同,只有两类:一类是"一切持金刚者",以"金刚手秘密主"为首;一类是"诸大菩萨",以"普贤"为上首。他们都是佛智的表征,内在于众生之心,亦外化为种种形象,一行就是这样解释的。且以前六位的执金刚为例:

(1)"虚空无垢执金刚者,即是菩提心体……如此之心,即金刚智印;能持此印,名虚空无垢执金刚"。

(2)"虚空游步执金刚者……以净菩提心,于一切法无所住,而常进修万行,起大神通"。

(3)"虚空生执金刚者……菩提心……以无所得为方便,万行为缘,得真实生者,所谓大空生"。

(4)"被杂色衣执金刚者……菩提心树王,万德开敷……故云具种种色;复次,以种种法界色,染此无垢菩提心,成大悲曼荼罗,故名被杂色衣"。

(5)"善行步执金刚者……善行步者,即是诸佛威仪:谓善知时宜、可度不可度等种种通塞,以身口意方便,俯应群机,曲中规矩,皆成佛事"。

(6)"住一切法平等执金刚者,谓住一切佛平等性也——谓因果、自他、有为、无为等一切诸法,入此如实智中,究竟平等,同一实际。能持此智印,故以为名也"。

上列执金刚,是参与佛集会的众生,佛是主持,他们即是佛的"眷属";就"心"而言,主持的佛是"如来心王",即内心毗卢遮那;诸执金刚者则是隶属心王之"心所",包括"菩提心"及菩提心发动的种种智慧。其中第一的"菩提心体",是作为毗卢遮那动态的"心所";第二个心所,是主持依菩提心而从事的修行;第三主菩提心之方便运用;第四主菩提心深入诸法界;第五主佛以身口意方便,应机作佛事;第六将这一切作为,悉归为平等如实智。再简单些说,这些执金刚者,均属如来心王毗卢遮那以及由菩提心运作的种种智慧;同样,这一切心智的外在化,作为众生的崇拜对象,即称"执金刚"。一行就此释曰:

> 此毗卢遮那内证之德以加持故,从一一智印各现执金刚身,形色形类各有表象;各随本缘性欲,引摄众生。若诸行人殷勤修习,能令三业同于本尊。

内心毗卢遮那,以及由毗卢遮那加持成就的菩提心和无数心智,是众生自我修习之所获,也是佛心的内在结构;为了深入法界,普度众生,内心毗卢遮那及其心智即转化为外在的执金刚,依据众生的不同性欲和因缘,分别引摄,使修行者均能达到与之相应的本尊水平。

前文说过,"秘密主"的前身是"夜叉王"。在这里,一行特别解释了为什么以"夜叉王"为"秘密主":

> 是中深义:言夜叉者,即是如来身语意密。唯佛与佛乃能知之,乃至弥勒菩萨等犹于如是秘密神通,力所不及。秘中最秘,所谓心密之主,故曰秘密主;能持此印,故云执金刚也。

正因为"秘密主"是"心密之主",所以在本经中执金刚的地位绝对压倒大乘菩萨;在《密迹金刚力士经》中的"密迹",上升为"秘密主",变成了全部密教的主持者。在佛教全体中,执金刚则是毗卢遮那系佛教的核心。

至于菩萨,本经提到四个:普贤、慈氏弥勒、妙吉祥文殊师利、除一切盖障。其象征意义分别为:

普贤:"普是遍一切处义,贤是最妙善义。谓菩提心所起愿行及身口意,悉皆平等遍一切处,纯一妙善,备具众德"。

慈氏:"谓佛四无量心……此慈从如来种姓中生,能令一切世间不断佛家"。

妙吉祥:"妙,谓佛无上慧……吉祥,即是具众德义……言以大慈悲力故,演妙法音,令一切闻"。

除一切盖障:"障,为众生种种心垢,能翳如来净眼,不能开明;若以无分别法灭诸戏论,如云雾消除,日轮显照,故曰除盖障"。

如此,则菩萨亦是佛功德智慧的人格化,本质上与金刚力士无异。所以一行这样解释:

> 前明诸执金刚,一向是如来智印。今此菩萨,义兼定慧,又兼慈悲,故别受名也,亦是毗卢遮那内证功德(又称"佛身四德")。如执金刚有十佛刹微尘数众,当知诸菩萨法门相对,亦有十佛刹微尘众;以加持故,各得从法界一门,现为一善知识身也。

意谓,菩萨系众生内证自心毗卢遮那所得之"善知识身",或者说,善知识身系毗卢遮那加持而行菩萨道所得。内证毗卢遮那的法门无数多,或者说,毗卢遮那示现的法门有多少,则菩萨数就有多少。总而言之,一切执金刚、所有菩萨,都可以说是毗卢遮那加持的反映,或是毗卢遮那的示现。毗卢遮那"现执金刚、普贤、莲花手等像貌,普于十方宣说真言道、清净句法,所谓初发心乃至十地次第,此生满足"。

推而广之,一切密教的宣教者、修持者、信仰者,也都成了毗卢遮那的示现或加持。这样,我们也就回到《华严经》的《入法界品》:万物有神,悉能显现卢舍那佛性。所以经文这样说:

> 毗卢遮那一切身业、一切语业、一切意业,一切处、一切时,于有情界宣说真言道句法;又现执金刚、普贤、莲花手菩萨等像貌,普于十方宣说真言道清净句法。(《大毗卢遮那成佛神变加持经》卷一)

据此也可以说,所谓如来"加持受用身","即是毗卢遮那遍一切身"(《大毗卢遮那成佛经疏》卷一,下同);"普贤、秘密主等上首诸仁者,即是毗卢遮那差别智身",就像《华严经》所说,万物众生无不受光明照耀,大日佛也就存活在万物众生中。因此一行说:

> 毗卢遮那普于十方一切世界,一一皆现佛加持身。是一一身,各十佛刹微尘数等菩萨、金刚大众;此诸大众诸根相好,亦复无边,如胡麻油,遍满法界,于中无空隙处。

二、"众生自心"的特征及其开发的主要方式

一行认为初品《入真言住心品》的内容乃全经之大意:

> 所谓众生自心,即是一切智智;如实了知,名为一切智者。是故此教诸菩萨:真语为门,自心发菩提,即心具万行,见心等正觉,证心大涅槃;发起心方便,严净心佛国。从因至果,皆以无所住而住其心,故曰入真言门住心品也。

我们不妨就用这段话作为把握全经的要点。

此中"众生自心",是全经立论的中心观念,也是诸菩萨借"如实了知"、得以成佛的特殊对象;所谓"住心"包括"见心"和"证心",是全经的最高目的,即成"等正觉"和"大涅槃"(此说原自法相宗);达到这一目的的根本方法,是"真语"即"真言",通过这一渠道,令"自心"发起觉悟(发菩提),与"心"相即(即心),就是一切菩萨行;亦与"心"相应,入世处世,广度众生(心方便),令众生心得以完全的严净(心佛国)。于是,从认识"众生自心"为"因",最后证得自心清净为"果",都离不开"住心",而贯穿于这一因果过程,并实现这一由因到果之转变的法门,即是"真言门"。一行于此处,特别解释如何"住心":"以无所住而住其心"。

上述强调"众生自心"的"心",具有"本体"意义,与唯识学派中的"清净心"论者大同,所以要求去知去证;但知与证的过程,包括"真言"所示

的诸种法门,都属方便手段,因而不得执著,不得停滞于其中,就此而言,全经又充满了否定词句,带有浓重的般若色彩。

本经的关键是,什么是"众生自心"?一行的界定为"一切智智"。什么又是一切智智?经文如此说:

> 云何如来应供正遍智得一切智智?彼得一切智智为无量众生广演分布,随种种趣、种种性欲,种种方便道,宣说一切智智——或声闻乘道、或缘觉乘道、或大乘道、或五通智道,或愿生天、或生人中,及龙、夜叉、乾闼婆乃至说生摩睺罗伽法。若有众生应佛度者,即现佛身;或现声闻身……或现菩萨身,或梵天身……乃至摩睺罗伽、人非人等身,各各同彼言音,住种种威仪,而此一切智智道一味,所谓如来解脱味。世尊,譬如虚空界,离一切分别、无分别,无分别、无无分别,如是一切智智离一切分别、无分别,无分别、无无分别。世尊,譬如大地,一切众生依,如是一切智智,天、人、阿修罗依。世尊,譬如火界,烧一切薪无厌足,如是一切智智烧一切无智无厌足。世尊,譬如风界,除一切尘,如是一切智智除去一切诸烦恼尘。世尊,喻如水界,一切众生依之欢乐,如是一切智智为诸天世人利乐。

(《大毗卢遮那成佛神变加持经》卷一,下同)

如此,则"一切智智"既是众生赖以依存的永恒实体,也是菩萨需要修习和把握的根本智慧;佛之所以为佛,即是了知证得此等智智,所以称作"一切智者"。

"一切智智"的特性,首先是"离一切分别",包括最细微的主客观分别,因而是绝对的不动,也可解作"不生不灭";就此而言,它是无分别的;但它同时也是对"无分别"的否定,所谓"无无分别"。譬如虚空,本无分别;但它容纳万有,现示差别万千。此一切智智本性无差别,而蕴含万有,能现示万有的诸多差别。前者即是毗卢遮那的本性;后者则表现为毗卢遮那之"遍一切身"及其"差别智身"。因此,"一切智智"即是包容了知识一切差别及其共相之智的智慧。按照《般若》类经典的说法,此智大致包揽了"一切智"和"一切种智"在内的智慧,音译亦作"萨婆若",而含义有些微差别。

接下来的问题是,"一切智智"怎样才能够被开发出来。经云:"如是智慧,以何为因,云何为根,云何究竟?"佛言:

> 菩提心为因,悲为根本,方便为究竟。

这两句话,一般作为密乘之区别于其他佛教派别的主要教义,其实欠妥,因为《华严经》的结构,也可以作此等解释。我们这里就事论事,先看那个作因的"菩提心"指的是什么?

> 云何菩提?谓如实知自心。

仅从文字理解,此"菩提心"有两重含义,第一,指"如实知自心"的觉悟和智慧;第二,指被觉知的那个"众生自心"。经文和注疏缺乏明晰的说明,所以往往将"菩提"与"菩提心"混为一谈。如是"菩提心为因",也就含有了"菩提"为因的意思。实际上,在《大乘起信论》里,就是作这两重用法的,只是给予的位格不同罢了:一个"菩提"是处于不动的"一心";一个是具有了知此"一心"的"菩提",即"阿耨多罗三藐三菩提"。不论是哪个"菩提",均不在"心外",不可于众生自心之外他求;它不等于众生的世俗心,可也不离世俗心。它的本质是"无所得",不可用决定相作规定。所以佛说:

> 是阿耨夺罗三藐三菩提,乃至彼法少分,无有可得。何以故?虚空相是菩提,无知解者,亦无开晓。何以故?菩提无相故……诸法无相,谓虚空相。

因为"众生自心"只是一个纯粹的精神主体,不受时间和空间的限制,没有任何差别和运动,所以"菩提"作为对它了知的一种觉悟和智慧,永远不会穷尽它的内涵;对它作任何规定,都会背离它的实相。因此只能用

"虚空"去形容,用"无相"去否定世人强加给它的一切性相。人们一旦了知菩提心本是众生自心,那就是觉悟,也就获得了菩提;从此以往,全部修持即集中于修心,而用不着徒劳地向心外求佛了。

那么,众生又是如何去了知"自心"的呢?按经文的问法:"谁寻求一切智,谁为菩提成正觉者,谁发起彼一切智智?"佛言:"自心寻求菩提及一切智。何以故?本性清净故。""众生自心"既是被了知的对象,也是能了知自心的主体。当它作为对象时,自心即是"菩提心",本性清净;当它成为知者,自心则是"菩提",是有分别有运动的,因而无有自性。前者是绝对的无差别,静止不动;后者一动,即是差别。"寻求菩提及一切智",就是心动的反应之一。因此,众生自心是主体与对象的统一,"能"与"所"的统一,静与动的统一。于是一行释曰:

> 菩提心,名为一向志求一切智智。若一切智智即是菩提心者,此中谁为能求,谁为所求?谁为可觉,谁为觉者?又复,离心之外都无一法,谁能发起此心,令至妙果者?(《大毗卢遮那成佛经疏》卷一,下同)

针对这个问题,佛答言:

> "自心寻求菩提及一切智。何以故?本性清净故。"虽众生自心,实相即是菩提,有佛无佛常自严净。然不如实自知故,即是无明……正观三法实相,即是见心实相。心实相者,即是无相菩提,亦名一切智智。虽复离诸因缘,亦非无因而得成就也。

所以关键全在那"不生不灭"、"常自严净"的自心上;如果"不如实知",就是无明生死;如果如实知("见心实相"),那就是"一切智"。而这一切智,其实也就是"自心"之处于有生有灭的状态。

唐宗密是禅教一体的倡导者,他将禅宗与华严宗在"心"的基础上衔接起来。他有句名言:"知之一字,众妙之门"(《禅源诸诠集都序》卷二),用"知"诠释"心"的本质,亦即"菩提"的实际含义。其说与这里以"一切智智"诠释"众生自心"大体一致:"心"的一切性能悉可抽象为"知",亦可释为永恒不灭的灵魂,同时亦是觉悟成佛的认识对象。这也是《起信论》的观念。

经文接着回答"云何自知心":

> 谓若分段,或显色,或形色,或境界;若色,若受想行识;若我,若我所,若能执,若所执,若清净,若界,若处,乃至一切分段中,求不可得……此菩萨净菩提心门,名初法明道。(《大毗卢遮那成佛神变加持经》卷一,下同)

一句话,"知自心"即是知心体之不生不灭,不能作任何分别规定,而又具菩提知觉之功能。

了知自心即是"明道"。"明道"即可修学除障,如经云:

> 菩萨住此修学,不久勤苦,便得"除一切盖障三昧"。若得此者,则与诸佛菩萨同等住,当发五神通,获无量语言音陀罗尼;知众生心行,诸佛护持;虽处生死,而无染着;为法界众生,不辞劳倦;成就住无为戒,离于邪见,通达正见……住此除一切盖障菩萨,信解力故,不久勤修,满足一切佛法……以要言之,是善男子善女子无量功德,皆得成就。

因此,觉悟的要义是认知自心本无分别而无无分别,终于不可得,尤其是"我"之不可得。如经云:

> 心不在内、不在外,及两中间;心不可得……如来应正等觉,非青非黄……非长非短……非明非暗,非男非女,非不男女……心非欲界同性,非色界同性,非无色界同性;非天、龙、夜叉、乾闼婆……人非人同性……心不住眼界,不住耳鼻舌身意界,非见非显现。何以故?虚空相心,离诸分别、无分别,所以者何?性同虚空,即同于心;性同于心,即同菩提……心、虚空界、菩提,三种无二。

达到此等认识,亦即"悲为根本,方便波罗蜜满足"——"自心"中即具备满足大悲与方便。此所谓"心、虚空界、菩提"之"三种无二",一行称之为"一法界心"。他说:

> 即此一法界心,虽因缘毕竟不生,而不坏因缘实相。以不生故,则无能、所之异;以不坏故,以得悲为根本、方便波罗蜜满足,即是究竟不思议中道义也。(《大毗卢遮那成佛经疏》卷一,下同)

这不生的自心,为什么会产生认知万事万物之差别及其本质的种种佛教智慧?这答案还可以用另一种方式表达:

> (心相)从无始以来,本自不生。以本不生故,无有一法能令染污动摇,常住不变,永寂无相……尔时行人为此寂光所照,无量知见,自然开发,如莲花敷,故云无量智成就。此智成就,即是毗卢遮那心佛现前,故云正等觉显现。

这样又回到了"众生自心"即是毗卢遮那,亦即"心佛"的出发点;此佛的本性固然"不生",如《华严经》所说,但却"发光",能遍照一切世界,此处称作"寂光";寂光所照,即是一切智——一切皆知。据此,众生自心等于毗卢遮那心佛,所以自心的心体可以不动,而能灵知一切,包括了知自心。

到此为止,一行诠释的《大日经》哲学,没有超出《大乘起信论》的理论体系。但由于它更加明确地把毗卢遮那引进了"众生自心"之中,并用以规定心的根本属性,使《大乘起信论》所谓的"一心",由强调"不生不灭"的主"静",转移到了主"知"的方面,从而推动了华严宗和禅宗的思想变化。而《大乘起信论》最终还被密宗扩充为《摩诃衍论》,一行的《大日经疏》可能起了决定性作用。

附带说明,从《楞伽经》《大乘起信论》开始,就提出心性本"静"的主张,"无明"则源于心"动"。但为什么"静"的本性会产生"动"的现象,经论都用海水与波浪的关系作喻,水性不动,动的只是波,而波来自风,与水性无关,所谓"无明风动"使静的心变成了动的心。一行的解释也用了这个譬喻。但这譬喻有一个根本缺陷,即无法说明这无明之风来自何处。本经以毗卢遮那心佛作解释,那就圆满得多了:心体固然不动,但不妨心知能照,体用是一致的。

三、"识知自心"的修持方法和"即心成佛"的成佛途径

一行统揽全经宗旨,认为全在"菩提心为因,悲为根本,方便为究竟"(《大毗卢遮那成佛神变加持经》卷一,下同)这三句经文上,核心是"令彼诸菩萨众菩提心清净,知识其心……若族姓男、族姓女欲识知菩提,当如是识知自心"。与此同时,"识知其心"还包括识知由无明障蔽静心而产生动态的无数"心相"。他说:

> 谓贪心、无贪心、瞋心、慈心、痴心、智心决定心、疑心、暗心、明心……天心、阿修罗心……人心、女心……商人心、农夫心,河心……井心……狗心、狸心……受生心……云何鼠心?谓思维断诸系缚。云何歌咏心?云何舞心?谓修行如是法,我当上升,种种神变……云何须弥等心?谓常思维心,高举为性……云何穴等心?谓先决定,后复改变为性。

于是"凡百六十心",罗列的世间种种心理,洋洋大观,很可以作为今天心理学研究的备考。若观察这些世间心理,驱除妄执,则"出世间心生"。怎样观察驱除?佛教有戒定慧等各种方法修习,本经则专讲"真言门"修:

> 若真言门修菩萨行诸菩萨,深修观察十缘生句,当于真言行通达作证。云何为十?谓如幻、阳焰、梦、影、乾达婆城、响、水月、浮泡、虚空华、旋火轮。

此"十缘生句"亦称十喻,本自《般若》经籍。此处则增添了特殊含义:

云何为幻?谓如咒术、药力,能造所造种种色像,惑自眼故,见稀有事,辗转相生,往来十方,然后非去非不去。何以故?本性净故。如是真言幻,持诵成就,能生一切。

阳焰性空,彼依世人妄想成立,有所谈议。如是真言想,唯是假名。

如梦中所见,昼日、牟呼栗多、刹那、岁时等住,种种异类,受诸苦乐,觉已都无所见。如是梦真言行,应知亦尔。

以影喻解了真言,能发悉地,如面缘于镜而现面像。彼真言悉地,当如是知。

以响喻,解了真言声,如缘声有响。彼真言者,应如是解。

如因月出故,照于净水而现月影像。如是真言水月,喻彼持明者。

如天降雨生泡,彼真言悉地种种变化,当知亦尔。

如空中无众生、无寿命,彼作者不可得,以心迷乱而生如是种种妄见……譬喻火烬,若人执持在手而以旋转空中,有轮像生……应如是了知大乘句、心句……渐次大乘生句,当得具足法财,出生种种工巧大智,如实遍知一切心想。

如是十喻缘生句,属密宗经典,是修持真言行的指南。所谓"通达作证",即是通达真言行的本质,证明真言行的本质;其所作一切,皆如十喻之虚化空幻,而不得妄执为实,由此推广去认识一切语言心想,哪怕是大乘的文句和心想,也不例外。所以一行强调,它们在菩萨"万行方便中",对"净除心垢","最为旨要,真言行者特宜留意思之"(《大毗卢遮那成佛经疏》卷三,下同)。一行特别将它们用于对治三种心想:

一者,以心没蕴中,欲对治实法故,观此十缘生句……即空之幻是也;二者,以心没法中,欲对治境界攀缘故,观此十缘生句……蕴阿赖耶即心之幻是也;三者,以深著没心实际中,欲离有为无为界故,观此十缘生句……解脱一切业烦恼而业烦恼具依,即不思议之幻也。

此中,"蕴"指五蕴;"法"指对象。一旦自心被五蕴所蔽,误以为诸蕴乃是"实法";对治之道,是观此十缘生句,认识到五蕴性空,其所以被执为"人我"之类,乃是一种幻相,所谓"空之幻也"。如果自心被"法"所蔽,误以为所识的一切都是外在于心,因而向心外攀缘,也要对治,通过十缘生句观察,就会认识到,原来五蕴(此表人我)、阿赖耶(此表世界万有),都是心之幻化。最后,由于深著人法诸执,又沉没在"实际"(指唯空无幻的认识)中,仍然有分别、有所得,故须继续观察十缘生句,泯灭有为界和无为界的对立,既令自心从烦恼业中解脱出来,也不失其为烦恼业之所具、所依。

这三段话,进一步将"众生自心"与其由无明生发的世俗心相之关系,作了更具体的解说:"自心"既是清净的、静止的,也是污染的、动态的心相之存在依据。这是当时唯识学旧译者的标准观点:"众生自心"相当第九识,或如来藏;阿赖耶则是世俗心的本体,染净杂处,而具备世界万有,派生世界万有。与此同时,又充分运用般若空观,将世间和出世间一切法统归之于空。就是说,从唯识观,一切如幻;从般若看,一切皆空;空是众生自心即灵知的内在本质,幻是众生自心灵知的外在影像。空与幻是众生自心一体而又密切相关的两个方面。

一行所释《大日经》的哲学依据,大致如此。可问题是怎样将这一哲学贯彻到口吐真言,手作结印,意念本尊,外筑曼荼罗,火祭诸神,既作为成佛的手段,又用于驱魔降妖、祈福消灾呢?既是行动,又是意念;既动嘴,又动手;既是身外崇拜,又是心内信仰呢?

在疏解第二《入曼荼罗具缘真言品》时,一行说,上述十喻是针对"心相"、"辨一切智心"的。至于以何方便去获得"一切智心",那就得令"真

言"、"明咒"进"入曼荼罗"。他说:

> 摩诃衍中,亦以持明为密藏。未入漫荼罗者,不令读诵受持;(若读诵受持)还同盗听布萨,反招重罪。所以然者,如世人慈育稚子,虽复情无所吝,而不授与干将、莫耶,以不知运用方便故,必伤其体。今此法门亦复如是:即心成佛,旨趣难知,恐未来众生轻慢法故,不能咨访善知识,未蒙三密加持,而自师心执文,辄自修学,久用功力,无所能成,反谤此经为非佛说。

尤其因为此经经文,乃密中有密,以未入者不解密号故,而生轻慢,"于无量劫堕恶趣中。所以修学真言者,要令先入漫荼罗也"。

这段话讲了三个要点:一"即心成佛"义,这其实也正是禅宗的基础观念;二"入曼荼罗"义,这才是密宗特有的规定,只有经受曼荼罗仪轨法式的训练印可,一般陀罗尼才能成为"真言",否则,随意持咒,自称真言,即属盗听,犯重罪;三"咨访善知识"义——由谁制作曼荼罗、主持仪轨、施行法式呢?是善知识,即阿阇梨。阿阇梨是已经掌握"三密"并能以"三密"加持于来学者,使之贯通真言的导师。于是大乘佛教的法师崇拜,转而成为阿阇梨崇拜;由禅宗代表的中国诸教派,如天台、华严、法相等奉行之内向的成佛路线,被转移到了外向的曼荼罗仪轨的成佛路线——据称,这是成佛最方便的捷径,属于"易行道"。

中国佛教的主要教派,总体上是反对于心外求佛的,将"即心成佛"释之为依据经文而"自师其心";真言密宗继续坚持"即心成佛"的哲学原则,但贬斥"自师其心"的成佛之路,主张经由阿阇梨主持的曼荼罗师徒秘密传授,最为上乘。因为在密乘中,曼荼罗这种"坛"具有了"佛"与"心"的双重象征含义,既是"佛"的一种独特的存在形式,也是"心"的外在物化形态,所以从它的形状、方位、颜色,到它的种种帜物、法器、图像,都是含有特定教义和神话的象征性符号,非由筑坛造型的阿阇梨解读,他人是无法猜测的;仪轨行进中的手结印契、口诵真言的实际意义,也只有行者本身才有诠释的权利。密乘之所以为秘密,这是最重要的原因。《阅藏知津》卷一一,在《方等部·密部》中说:"梵语陀罗尼,此云总持,亦云遮持,本通显密二说,亦复遍于五时。但密探仪轨,需有师承,设或辄自结印持明,便名盗法,招愆不小。今此道失传久已,典籍仅存,何容僭议。"

四、"真言悉地"及其净心的虚妄功能

连佛教大师都不敢"僭议"密乘的仪轨,我们这里也只好回避了。现在让我们简略地看看通过"真言"可能获得的若干神奇效果。

经文第六品名"悉地出现",中心是讲"悉地"的。此"悉地"意译"成就",依据经文定义:"真言所成物,是名为悉地",特指修习真言获取的种种神力和奇迹,所谓"当现法界神力,悉地流出",亦称"真言悉地"。经云:

> 欲界有"自在悦满意明",乃至一切欲处天子,于此迷醉,出众妙杂类戏笑,及现种种杂类受用、遍受用,授予自所变化、他化自在天等……如"幻术真言",能现种种园林人物。如"阿修罗真言",现幻化事……"摩旦哩神真言",能作众生疾疫灾疠,及"世咒术",摄除毒及寒热等,能变炽火,而生清凉。

如是诸如来亦以"方便波罗蜜",显现如下.

> 以有为为表,辗转相应,而为众生示现,遍于法界,令得见法,安乐住,发欢喜心。或得长寿,五欲嬉戏,而自娱乐。

凡诸菩萨"于无量劫勤求,修诸苦行所不能得"者,"真言门行道诸菩萨即于此生而获得之"。所以它也是速得成佛的门径。

统而言之,真言门修菩萨行菩萨,只要具备此等方便,"随所乐求而有所作,彼唯心自在而得成就","一切希愿,皆悉满足"。或者说,"随意所欲,唯心所转,即成就也"(《大毗卢遮那成佛经疏》卷一一)。

"真言"给予这一切慷慨的许诺,集中还是世间现时的尽情享乐,但究竟有多少能够转化实现,我想无需乎另行分析了。问题是,《大日经》和一行是如何从哲学上看待的。

据一行在《普通真言藏品》中疏,众生自心本性,即是"清净法界",亦是"大悲胎藏",又名"虚空藏":

> 了达如是清净法界之境,即是大空之秘藏也。又此虚空藏,即是大悲胎藏,能长养成就菩提之心也。(卷一〇)

按照这一释文,一行对《悉地出现品》作了这样一些解说。首先是:

> 大空,无为亦无自性故,能生一切智智,即是巧智……若非巧智,岂能随一切众生种种心行,见其所乐见身,说其所闻法,称其得解之机,皆悉不虚而入一切平等法界?……以平等空亦无自性,有相生灭亦无自性故,于法自在,能生巧智,普与一切众生之愿,不可思议度量也……此不可得空之自性,即是第一常住法佛之身……如一切世间皆依于空而得安住,而此大空更无所依……从自证法界佛心,而流出无量巧智之门。(卷一一,下同)

这段话集中说明,众生自心性空,空到无任何分别,故染净皆无,是谓"大空"。正因为其无任何规定限制,所以能产生种种智巧,满足众生的各种愿望,成就各种见闻。此大空之心性,亦即是佛常住之"法身",或曰"法界佛心",所以在表述时,随场合不同,而用众生自心、佛心、法身、法界等随宜互补、互用。总的是表达一个意思:所有真言悉地成就,说到底,即是出自众生自心,是自心的流出。

接下来,一行疏道:

> 若人于此真言行中作如是念:我今行如是因,当得如是果——当知如此非正说也,唯是愚夫虚妄计也……因本性空寂,当知果相亦复如是。若于如是缘起法中,而言有因有果,即是遍计所执……是故行者若作是念:我诵真言,修真言行,当得成果,徒自欺耳。若

> 此真言者，虽从缘起，而实无作；从本以来，本是法界，无生无灭，非净非染。法体如是，云何得成耶？

于是认为一切真言悉地成就可以当真实现，就全成了自欺欺人。如此一来，要人修行真言岂非多余？非也。一行解释说：

> 当知真言行者，但以方便自净其心……修真言行者，本为除遣惑业，当体解法界无生灭、净染，离诸分别。知此真言之体，即是法界之体也。

质言之，真言行只是悟解自心即是法界，从而遣除惑业的一种手段。譬如"有人梦中修行种种六度，而净佛国；觉见则无成果之相，但是一念无明心中有因果万行耳"。

大乘普遍修持的佛现前定，于定中可见千佛万佛呈现在行者面前，由此经验证实，世界万有无非空幻，佛也不例外。在真言行中，从曼荼罗、护摩、咒语、手势、身印、标帜、字体、音韵，以及它们所蕴含的教义、神话以及自称获得的悉地，包括一切仪轨和法术及其所得的成就，不论说的和做的是如何煞有介事，归根结底，悉是出自虚妄梦幻。如果作为体认自心本性清净，从而清除外来污染的修行法门，即符合经文的教旨，否则，执以为实，那就是愚夫愚妇。一行所疏《大日经》，几乎无时无处不在提醒这一点，所以也处处贯彻般若之空观。

一行的这种疏解，与《大日经》的根本精神当是相符的。其卷六《说如来品》有颂曰：

> 菩提虚空相，离一切分别。乐求彼菩提，名菩提萨埵。
> 成就十地等，自在善通达。诸法空如幻，知此一切同。
> 解诸世间趣，故名世间觉。法如虚空相，无二唯一相。
> 成佛十智力，故号三菩提。唯慧害无明，自性离言说。
> 自证之智能，故说名如来。

不论是作菩萨，还是成佛，前提就须离一切分别，通达诸法空如梦幻。因为无上菩提即众生自心,本质属性就是"离言说",而"真言"即是"言说",当然也在远离之列。

五、"自心"之外化为"本尊"和"本尊"之回归"自心":一种自我异化的信仰结构

一行释空,仍按《般若》之因缘性空说,但他始终不离《大日经》将毗卢遮那安置于"众生自心","众生自心"即是"毗卢遮那"的思想模式。因此,密乘的空观又与般若有异:"众生自心"是实在的不空,唯除智性之外的其他心想属于性空。这种空与不空的结合,反映在曼荼罗仪轨上,就是自心之外化为本尊,本质是空,本尊回归于自心,即是不空。且看《说本尊三昧品》记秘密主与佛的问答:

> 世尊,愿说诸尊色像威验现前,令真言门修菩(萨)行诸菩萨观缘本尊形故,即本尊身以为自身,无有疑惑而得悉地……佛言:秘密主,诸尊有三种身,所谓字、印、形像。彼字有二种,所谓声及菩提心。印有二种,所谓有形、无形。本尊之身亦有二种,所谓清净、非清净——彼证净身,离一切相;非净有相之身,则有显形众色。彼二种尊形,成就二种事:有想故,成就有相悉地;无想故,随生无相悉地。(《大毗卢遮那成佛神变加持经》卷六)

此处之"本尊",所谓"直所尊之义……亦云自尊,谓自所持之尊也"(同上,卷二〇,下同),换言之,真言行者所奉拜的"本尊",就是行者"自身"的外在化,它包括三项:

一、所谓"字",即以 a 字打头的悉昙。按一行的解释,这 a 字即是菩提心,而字必有音,故亦包含发音的声。

二、所谓"印",指有象征性的一切标帜、身形、动作。其中有形的一种,即是"青黄赤白等色,方圆三角等形,屈伸坐立及所住处等类",若但称印,即是身手所执之物,如"刀、轮、绢、索、金刚杵之类"——它们都表现在曼荼罗画面上边,及至观想到无需乎这类画像的启迪,"自然而现,

与心相应。尔时此本尊,但从心现,不别外缘",这就是"无形"之印了。

三、所谓形像,即本尊的身形相貌,亦有二种。于"非清净"即"有相"的一种,一行的解释是这样的:

> (行者)先观圆明佛菩萨印身,初作不见,别画像等而观;渐则法力所加,渐得明了。尚有所障:闭目即见,开目不见;次渐,开目闭目,皆得明见,渐渐不加作意亦见,乃至触身亦无有碍,有如目对世人等也。(《大毗卢遮那成佛经疏》卷二〇,下同)

这段话可以作为今天了解一些信仰痴迷者,是如何通过个人"经验"被引入妄想境地的文献资料。接着这"有相"的观想,一行说:

> 由此有相,渐引入于清净处。以有相故,名为非清净;由此三摩四多所等引故,住清净处,寂然无相,名为净也。净者是果,非净是因……由无常之因而至常果也。

综观此品所述之真言本尊,无非是行者心造:所造形像,既是自心的物化,又通过这些物化物,净化已被污染的无常心,最后回归到本自清净的常心。此即所谓"缘本尊形故,即本尊身以为自身"(《大毗卢遮那成佛神变加持经》卷六,下同),由此达到"无有疑惑,而得悉地"。观察本尊过程中所否定的,唯是"有相",而肯定"无相",因为唯有"无相"才能真实地体现众生自心不生不灭的本质。据此可以说,密乘的理论根基,就是建立在"佛即是我心,我心即是佛"的基础上。佛非我莫属,即心可以成佛。对本尊,包括佛菩萨天神等崇拜,其实就是对自心的崇拜。

于是《大日经》即以心住"无相",所谓"无相三昧"为修行的最高境界。《说无相三昧品》就是陈述全经这一最后归宿的:

> 彼真言门修菩萨行诸菩萨乐欲成就无相三昧,当如是思唯:想从何生?为自身耶?自心意耶?若从身生,身如草木、瓦石,自性如是,离于造作,无所识知;因业所生,应当等观同于外事。又如造立形像,非火非水,非刃非毒,非金刚等之所伤坏,或忿恚粗语而能少

分令其动作；若以饮食、衣服、涂香、华鬘，或以涂香、旃檀、龙脑，如是等类种种殊胜受用之具，诸天世人，奉事供给，亦不生喜。何以故？愚童凡夫，于自性空形像自我分生，颠倒不实，起诸分别，或复供养，或加毁害。秘密主，当如是住：循"身"念观察性空。复次，秘密主，"心"无自性，离一切想故，当思唯性空。秘密主，"心"于三时，求不可得，以过三世故，如是自性，远离诸相。秘密主，有心"想"者，即是愚童凡夫之所分别，由不了知，有如是等虚妄横计。如彼不实不生，当如是思念。（卷六，下同）

这段以毗卢遮那佛的名义宣示的观点，清楚地表明，《大日经》构建的密宗哲学系统，是以"心"与"想"的对立为出发点的。"心"的特征是"无自性，离一切想"。它超越"三世"，所以是永恒的；它"求不可得"，所以无法用语言文字加以规定，唯一的可能，就是用"性空"、"无相"去表述。毫无疑问，这个"心"就是全经一以贯之的那个"众生自心"。"想"的特征是有生有灭，因而就有了"想从何生"的问题。毗卢佛给出了两个可能的答案：

(1) 想从"自身"生。于是观身，身属色蕴，与草木瓦石等心外之事一样，如何能生出"想"来？"身"本自"造作"，是"业因"的结果，这正像人们造作的木偶一样，或毒杀或咒骂，或奉侍或供给，无所喜怒——因为从密宗继承的哲学看，"色"只是构成人身的一种物质质料，它必须与"受想行识"等和合才能成为有知觉情感的生命体，而"受想行识"则依附于"心"，是"心"遭受无明妄动的产物。因此，说想来自"自身"，不合佛家道理。

与此有关，经文批判了一切偶像崇拜，包括佛教自己塑造的佛菩萨和数不清的神祇，当然也应该包括曼荼罗在内。因为这被造立的一切形像，智者见其"自性空"，而"愚童凡夫"则于此"自性空形像，自我分生，颠倒不实，起诸分别，或复供养，或加毁害"。这一思想也类似禅宗对待偶像的态度；或许中唐禅宗对偶像的否定，即受密宗的影响。总之，看重修心而反对偶像，在佛教里确实是有史可循的。

(2) 想从"心"生。这很容易否定,因为心的本质即是性空,它的自性,当然使它"远离诸相",何况偶像?

由此得出结论:"有心想者,即是愚童凡夫之所分别;由不了知,有如是等虚妄横计"——凡信仰偶像的,都是愚童凡夫,虚妄横计,至于曼荼罗之类,自然也在其中。

到此为止,在般若空观的支持下,《大日经》所述密乘,还保持着若干理性的成分。然而即使如此,经文也不忘下这样的断语:

> 此真言门修菩萨行诸菩萨,证得无相三昧;由住无相三昧故,如来所说真语,亲对其人,常现在前。

至于为什么住于"无相三昧"就会使如来真言"亲对其人,常现在前",没有解释,也不可能找到解释,因为"真言"本身,就是便于虚妄横计的,这正与曼荼罗之类尽管虚幻,依然在密宗信众中流行一样——它们是"智者"专为"愚者"设立的信仰系统。

第七章　从《宝积经》到《菩萨藏经》
——大乘的综合与菩萨行的总结

此处所谓《大宝积经》,指的是编入大部《大宝积经》中的《普明菩萨会》。此会的原名即是《大宝积经》,亦称《迦叶品》,一卷,失译,附《秦录》。有多种异译本,最早为东汉支谶译《佛遗日摩尼宝经》("佛遗日"意译"方等",是早期大乘经的别名);次有《摩诃乘宝严经》,亦失译,附《晋录》;宋代施护再译,名《大伽叶问大宝积正法经》。相对于大部《大宝积经》(略称《大部》)而言,我们把《普明普萨会》称作小部《大宝积经》(略称《小部》)。

大部《大宝积经》是一套典型的经籍汇编,共收经四十九部,唐菩提流志编译,作一百二十卷。为什么这大部丛书要用一个小部经名命名,原因可能出在"宝积"二字上。北朝菩提留支译有《宝积经论》四卷,是释《小部》的。释文开头就问:"以何义故名为宝积?答曰:大乘法宝中,一切诸法差别义摄取故。所有大乘法宝中诸法差别相者,彼尽摄取义故,名曰宝积。"(卷一,下同)又说:"彼大乘法宝中,所有诸相尽摄取故,此妙法门名为宝积。"就是说,它把大乘所有"法相",特别是一切诸法的"差别义"及其通达的法门,全都收进去了,因而一般认为,它所收的经籍属于大乘通论性质。但实际上也很难说,譬如我们在前文中已经提到的经典，如《密迹金刚力士会》《无量寿如来会》《不动如来会》《无畏德菩萨会》《无垢施菩萨会》《胜鬘夫人会》等，都是个性很强的经籍；此外，像《无尽慧菩萨会》与华严部的《庄严菩提心经》同本，《文殊师利说般若会》即是般若部的《文殊般若经》，而《无尽慧菩萨会》、《宝髻菩萨会》在《大集经》中也有，唯改"无尽慧"为"无尽意"而已，全不能归于通论范围。因此，大部《宝积经》在大藏经中实是难以归类，更可以视作诸多重要杂经的汇集。

据《大慈恩寺三藏法师传》卷一〇记，玄奘晚年，有翻经大德等"殷勤启请翻《大宝积经》，法师见众情专至，俯仰翻数行讫，便收梵本停住，告众曰：此经部轴与《大般若》同，玄奘自量气力不复办此……遂绝翻译"。按照此说，《大般若经》六百卷，此《大部》仅为一百二十卷，菩提流志只收入了其中的20%，所余经籍不得其详。但就这四十九卷看，能够作为大乘通论性的经典，只有两部可以代表，那就是我们这里要介绍的《小部》（即《普明菩萨会》）和《菩萨藏经》（即《菩萨藏会》）。

《菩萨藏经》是玄奘回国后翻译的第一部经，被收在大部的第十二会，改名《菩萨藏会》。玄奘回国，百事待举，他为什么急着要先译出此经？一个合理的解释是，因为此经可以反映当时印度大乘思潮发展的一些共同特点，或者说，是对西域大乘思潮的最新总结；据此可以为他此后的译经事业定位，便于了解他所翻译的诸多经论，在整个大乘中的地位。

这样，约从公元4世纪末到公元645年间，中国佛教可能接触的域外大乘思潮的变化及其最一般的特色，在小品《大宝积经》和《菩萨藏经》中可见个大略。因此，这两部经的理论深度尽管不够，但对我们理解在这个大乘一般观念下产生的若干特殊哲学流派，却是必要的。

第一节 小品《大宝积经》：为菩萨定标准，为比丘制法

据《宝积经论》卷一介绍，《宝积经》中记：

如来为诸菩萨十六种相差别说法。何者十六种相？一法邪行相：如是菩萨行邪行已，名为行邪行相；二正行相：如是菩萨行正行已，名为行正行相；三行正行利益相：菩萨住正行已，名法行等行善行；四行法行诸相差别；五于诸菩萨所生慈心相，为令生敬重心行说相故；六菩萨住正行学戒相故；七声闻戒与菩萨戒中，说优劣胜如相故；八菩萨善学菩萨戒已，能与世间智等，饶益他行，差别相故；九受彼菩萨藏时，教修声闻戒相差别；十不善学沙门相差别故；十一不学沙门相差别故；十二住假名行相差别故；十三住真实行相差别故；十四如来方便化度众生相差别故；十五说微密语相差别故；十六于菩萨藏中得教诲已，善信有益相差别故。

大乘经中，如来为诸菩萨说如是等十六种相差别法故，彼法门中，此一切诸相现所说故，彼大乘法宝中，所有诸相尽摄取故，此妙法门名为宝积。

这十六种相大体可涉及四个方面的问题：其一，为菩萨定标准；其二，为比丘制法律；其三，以"观正法"为出离之道；其四，由"观心"通向"圣性"。前二解决大乘佛教发展中遇到的新问题；后二反映当时大乘哲学的主要倾向问题。全经运用譬喻甚多，很像譬喻师的作品，生动活泼，在理论形式上是般若学的；在思想内容上，对瑜伽行派可能也有影响。前述《佛性论》中所引譬喻，有些就出自本经。

一、真假菩萨的区分及其标准

1. 区分标准

作为菩萨，怎样才能既不退失败坏，又能名副其实而非假冒，经文提供了八条标准，每条含四项内容，供人审视：

(1) 得"大智慧"相，离退失大智慧相：

　　常尊重法，恭敬法师；随所闻法，以清净心广为人说，不求一切

名闻利养;知从多闻生于智慧,勤求不懈,如救头然;闻经诵持,乐如说行,不随言说。(卷一一二,下同)

与此相反,就是退失智慧:

> 不尊重法,不敬法师;所受深法,秘不说尽,有乐法者为作留难;说诸因缘,沮坏其心;骄慢自高,卑下他人。

(2) 得"菩提"相,离失菩提相:

> 失命因缘不以妄语,何况戏笑;常以直心与人从事,离诸谄曲;于诸菩萨生世尊想,能于四方称扬其名;自不爱乐诸小乘法,所化众生皆悉令住无上菩提。

与此相反,失菩提心相是:

> 欺诳师长,已受经法而不恭敬;无疑悔处令他疑悔;求大乘者诃骂诽谤广其恶名;以谄曲心与人从事。

(3) 生长"善法"相,离失善法相:

> 舍离邪法,求正经典、六波罗蜜菩萨法藏;心无憍慢,于诸众生谦卑下下;如法得施,知量知足,离诸邪命,安住圣种;不出他人罪过、虚实,不求人短,若于诸法心不通达,作如是念:佛法无量,随众所乐而为演说,唯佛所知,非我所解,以佛为证,不生违逆。

(4) 有"直心"相,离"曲心"相:

> 菩萨有四直心之相。何谓为四?所犯众罪终不覆藏,向他发露,心无盖缠;若失国界身命财利,如是急事终不妄语,亦不余言一切恶事;骂詈毁谤、挝打系缚、种种伤害,受是苦时但自咎责,自依业报,不瞋恨他;安住信力,若闻甚深难信佛法,自心清净,能悉受持。

所谓曲心应离,亦有四种:

>　　于佛法中心生疑悔；于诸众生憍慢瞋恨；于他利养起嫉妒心；诃骂菩萨，广其恶名。

(5) 有"善顺"相，离"败坏"相：

>　　菩萨有四善顺之相。何谓为四？所未闻经闻便信受，如所说行，依止于法，不依言说；随顺师教，能知意旨，易与言语，所作皆善，不失师意；不退戒定，以调顺心而受供养；见善菩萨恭敬爱乐，随顺善人禀受德行。

与此相反，是四败坏相应离：

>　　读诵经典而生戏论，不随法行；不能奉顺恭敬师长，令心欢悦，损他供养；自违本誓而受信施；见善菩萨轻慢不敬。

(6) 有"正道"相，离"错谬"相：

>　　菩萨有四正道。何谓为四？于诸众生其心平等；普化众生，等以佛慧；于诸众生平等说法；普令众生等住正行。

应离之错谬亦有四种：

>　　不可信人与之同意，是菩萨谬；非器众生说其深法，是菩萨谬；乐大乘者为赞小乘，是菩萨谬；若行施时但与持戒，供养善者，不与恶人，是菩萨谬。

(7) "善知识"之"善相"与"非善等侣"之相：

>　　菩萨有四善知识、四善等侣。何谓为四？诸来求者是善知识，佛道因缘故；能说法者是善知识，生智慧故；能教他人令出家者是善知识，增长善法故；诸佛世尊是善知识，增长一切诸佛法故。

应离之"非善知识、非善等侣"，其相亦有四种：

>　　求声闻者但欲自利；求缘觉者喜乐少事；读外经典路伽耶毘，文辞严饰所亲近者；但增世利，不益法利。

(8)"真实菩萨"相与"似菩萨"相:

> 菩萨有四真实菩萨。何谓为四?能信解空,亦信业报;知一切法无有吾我,而于众生起大悲心;深乐涅槃而游生死;所作行施皆为众生,不求果报。

与此对应的是似菩萨而非菩萨诸相:

> 贪求利养而不求法;贪求名称不求福德;贪求自乐不救众生;以灭苦法,乐聚徒众,不乐远离。

以上八种各有四相,构成"真实菩萨"之三十二相,成了衡量"菩萨"这一类大乘行者的具体尺度:凡符合这三十二相的就是"菩萨",反之或为外道,或为二乘,或是假菩萨。这一尺度以维护"智慧"、"菩提"、"善心"和"利他"作为菩萨的根本属性,辅以尊大乘师、信大乘教,善择师友,平等待人,以及不贪利养,乐求福德,言行一致等必需的品格。

2. 三十二法

"三十二法"乃菩萨所必须成就者,它们是:

> 常为众生深求安乐;皆令得住一切智中;心不憎恶他人智慧;破坏憍慢,深乐佛道;爱敬无虚亲厚究竟;于怨亲中,其心同等,至于涅槃;言常含笑,先意问讯;所为事业,终不中息;普为众生,等行大悲;心无疲倦,多闻无厌,自求己过,不说他短;以菩提心行诸威仪;所行惠施,不求其报;不依生处而行持戒;诸众生中行无碍忍;为修一切诸善根故,勤行精进;离生无色而起禅定;行方便慧;应四摄法;(于)善恶众生慈心无畏;一心听法,心住远离;心不乐著世间众事;不贪小乘;于大乘中常见大利;离恶知识,亲近善友;成四梵行;游戏五通;常依真智;于诸众生邪行、正行俱不舍弃;言常决定,贵真实法;一切所作,菩提为首。

这三十二法,与上三十二相的内容大体相当,唯一的区别是,"法"是"菩萨"必须具有的,是内在的;"相"则侧重于外在的表现,是可以观察的。总此法相所体现的菩萨品格,都要付诸实践,用以教化和利益众生,反过来构成菩萨的"福德";"菩萨福德"无量无边,乃以"譬喻因缘"明之:

譬如一切大地,众生所用,无分别心,不求其报。菩萨亦尔:从初发心至坐道场,一切众生皆蒙利益,心无分别,不求其报。

譬如一切水种,百谷药木皆得增长。菩萨亦尔:自心净故,慈悲普覆一切众生,皆令增长一切善法。

譬如一切火种,皆能成熟百谷果实。菩萨智慧亦复如是:皆能成熟一切善法。

譬如一切风种,皆能成立一切世界。菩萨方便亦复如是:皆能成立一切佛法。

譬如月初生时,光明形色日日增长。菩萨净心亦复如是:一切善法日日增长。

譬如日之初出,一时放光,普为一切众生照明。菩萨亦尔:放智慧光,一时普照一切众生。

譬如师子兽王,随所至处不惊不畏。菩萨亦尔,清净持戒真实智慧,随所住处不惊不畏。

譬如善调象王,能办大事,身不疲极。菩萨亦尔:善调心故,能为众生作大利益,心无疲倦。

譬如有诸莲花,生于水中,水不能着。菩萨亦尔:生于世间,而世间法所不能污。

譬如有人伐树,根在还生。菩萨亦尔:方便力故,虽断结使,有善根爱,还生三界。

譬如诸方流水,入大海已,皆为一味。菩萨亦尔:以种种门集诸善根,迴向阿耨多罗三藐三菩提皆为一味。

譬如须弥山王,忉利诸天及四天王皆依止住。菩萨菩提心亦复如是:为萨婆若所依止住。

> 譬如有大国王,以臣力故能办国事。菩萨智慧亦复如是:方便力故,皆能成办一切佛事。
>
> 譬如天晴明时,净无云翳,必无雨相。寡闻菩萨无法雨相,亦复如是。
>
> 譬如天阴云时,必能降雨,充足众生。菩萨亦尔,从大悲云起大法雨,利益众生。
>
> 譬如随转轮王,所出之处则有七宝。如是……菩萨出时,三十七品现于世间。
>
> 譬如随摩尼珠所在之处,则有无量金银珍宝。菩萨亦尔:随所出处,则有无量百千声闻辟支佛宝。
>
> 譬如忉利诸天入同等园,所用之物皆悉同等。菩萨亦尔:真净心故于众生中平等教化。
>
> 譬如咒术药力毒不害人。菩萨结毒亦复如是:智慧力故,不堕恶道。
>
> 譬如诸大城中所弃粪秽,若置甘蔗蒲桃田中则有利益。菩萨结使亦复如是,所有遗余,皆是利益,萨婆若因缘故。

以上共二十个譬喻,从四大、日月、云雨、须弥山、狮子大象、国王转轮王,一直到粪便、毒物,都用来说明菩萨本身的品格,对于众生可能给予的种种积极作用。也就是说,菩萨苦苦修习所得,都要付诸影响众生,"利益众生"。这些品格中,首先是"无分别智"、"自心净",以及"智慧"与"方便","持戒"与"禅定"(调心)。以此等品格布教利他的活动中,即使"三毒"俱全,"结使"臭秽,也不会危害菩萨自身,而有益于他人——"三毒俱全"、"结使臭秽"就是菩萨品格结构中的重要成分。当然,这得有个前提,那就是坚持"萨婆若",即般若"空观"。

二、为沙门比丘制法定律

小部《大宝积经》对于一般出家沙门比丘的批评是很激烈的,但并不

排斥,而是为他们制定行为准则。我们且看它批评的是什么:

> 当来比丘如犬逐块。云何比丘如犬逐块?譬如有人以块掷犬,犬即舍人而往逐之。如是……有沙门、婆罗门怖畏好色声香味触故,住空闲处独无等侣,离众愦闹;身离五欲而心不舍。是人有时或念好色声香味触,贪心乐著而不观内,不知云何当得离色声香味触;以不知故,有时来入城邑聚落在人众中,还为好色声香味触五欲所缚。以空闲处,持俗戒故,死得生天;又为天上五欲所缚,从天上没,亦不得脱于四恶道:地狱、饿鬼、畜生、阿修罗道——是名比丘如犬逐块。

好"色声香味触",亦即"五欲",是"欲界"的特征;欲界特苦,所以沙门、婆罗门以致比丘,都想从中解脱出来,因此出家,于空旷无人处独居修持。但是,"身离而心不舍",一旦入城,目睹耳染,依旧被五欲所缚;或者有修得死后生天者,又被天上五欲所缚,最后还得堕于"四恶道"——此经把阿修罗也视为恶道,是个特点——这与狗之逐块,同受贪欲的支配,没有区别。

问题是,怎样才能做到不像狗之逐块?

> "云何比丘不如犬逐块?若有比丘为人所骂而不报骂,打害瞋毁亦不报毁,但自内观,求伏其心,作如是念:骂者为谁,受者为谁,打者害者、毁者瞋者亦复为谁,是名比丘不如犬逐块。

这里讲了两个条件:第一是"伏心";第二是"无我":

> 譬如善调马师,随马㥄悷,即时能伏。行者亦尔:随心所向,即时能摄,不令放逸。

> 譬如咽塞病,即能断命……一切见中唯有我见,即时能断于智慧命;譬如有人随所缚处而求解脱,如是……随心所著,应当求解。

所谓"伏心",即是随心所向往处而制伏之,不令心自由放逸。它的特点

461

是,哪里被缚,哪里求解。但根本点,是断除"我见",达到"无我"。

由此可见,本经对于出家人的要求是离欲;离欲的方式在治心,支持治心的理论,则是无我。这都没有超出小乘的古典主张,所以接着又有如下与之相应的系列规范:

> 出家之人有二不净心。何谓为二?一者读诵路伽耶等外道经书;二者多畜诸好衣钵。

如是还有:

> 二坚缚:一者见缚,二者利养缚。
>
> 有二障法:一者亲近白衣,二者憎恶善人。
>
> 有二种垢:一者忍受烦恼,二者贪诸檀越。
>
> 有二雨雹,坏诸善根:一者败逆正法,二者破戒受人信施。
>
> 有二痈疮:一者求见他过,二者自覆其罪。
>
> 有二烧法:一者垢心受着法衣,二者受他持戒善人供养。
>
> 有二种病:一者怀增上慢而不伏心,二者坏他发大乘心。

从这里看,《大宝积经》对出家人的规定是非常严格的,最重要的是不得"亲近白衣",与在家众生,保持距离;不得贪诸檀越,即使接受"信施"和"供养",也是有条件的,譬如不得接受破戒和持他戒者的布施之类,在保持信仰纯洁性上就很重要。

与此相应,经文对于真假沙门也划定了界限,大略分为四种:
一者所谓"形服沙门":

> 有一沙门,形服具足,被僧伽梨,剃除须发,执持应器,而便成就不净身业、不净口业、不净意业,不善护身,悭嫉懈怠,破戒为恶。

两者"威仪欺诳沙门":

> 有一沙门,具足沙门身四威仪,行立坐卧,一心安详,断诸美味,修四圣种,远离众会、出家愦闹之众,言语柔软,行如是法,皆为欺

诳;不为善净而于空法有所见得,于无得法生恐畏心,如临深想,于空论比丘生怨贼想。

三者"贪求名闻沙门":

　　有一沙门,以现因缘而行持戒,欲令人知自力读诵,欲令他人知为多闻,自力独处在于闲静,欲令人知为阿练若,少欲知足行远离行;但为人知,不以厌离,不为善寂,不为得道,不为沙门、婆罗门果,不为涅槃。

四者"实行沙门":

　　有一沙门,不贪身命,何况利养?闻诸法空、无相、无愿,心达随顺,如所说行;不为涅槃而修梵行,何况三界?尚不乐起空无我见,何况我见众生人见?离依止法,而求解脱一切烦恼;见一切诸法,本来无垢,毕竟清净,而自依止亦不依他;以正法身尚不见佛,何况形色?以空远离尚不见法,何况贪著音声言说?以无为法尚不见僧,何况当见有和合众?而于诸法无所断除,无所修行。不生生死,不著涅槃,知一切法本来寂灭,不见有缚,不求解脱。

在这四种沙门中,第一种徒具沙门身形,实在是作恶不止;第三种一切符合沙门规格,但目的都是为了名誉,而非为沙门果。这两种沙门,至今仍然可以作为世人考察出家人真假的借鉴。而第二和第四,则涉及本经与其他教派在教义上的区分问题。

第二种沙门之所以被称为"威仪欺诳",意指此等沙门只表现在威仪上,而不是在教理上。其实,他们也不是没自己的教理,只是与本经的主张不同罢了,所以上不到"欺诳"的纲上去。他们的教理倾向于般若空观,但"不为善净而于空法有所见得",即以"空"为实,可见可得,即所谓"恶取空";而般若空观的另一派,即"空论比丘",则主张"空亦无所得",反对把"空"实在化。

第四种"实行沙门",即是"空论沙门"。他们信奉的般若空观是由空、无相、无愿所谓"三解脱门"为指导的，建立在"一切诸法毕竟清净"的命题上，提倡无断无修，生死即是涅槃，因而不拘小节，轻薄威仪，由此形成另一类佛家风范：

> 譬如有人漂没大水，渴乏而死。如是……有诸沙门多读诵经，而不能止贪恚痴渴，法水漂没，烦恼渴死，堕诸恶道。譬如药师持药囊行，而自身病不能疗治，多闻之人有烦恼病亦复如是，虽有多闻不止烦恼，不能自利。譬如有人服王贵药，不能将适，为药所害，多闻之人有烦恼病亦复如是，得好法药，不能修善，自害慧根。

那就是反对一切形式主义，特别不屑于"多读经"和"多闻"博识。

最后，经文揭示，比丘中有四种"似善持戒"而实"破戒"者，尤能看到它的独特风范：

其一，"有一比丘具足持戒，大小罪中心常怖畏，所闻戒法皆能履行，身业清净口业清净，意业清净，正命清净。""具足戒"是佛教中最完备的戒律，此类比丘能持能行，应该是律宗的模范，为什么反而是"破戒"呢？关键在于把犯罪看得太认真、太真实，以致"心常畏惧"，表明有"我"之心太重，故称之为"说有我论"比丘。

其二，"有一比丘诵持戒律，随所说行，身见不灭。"既能诵持戒律，又能行之，也是应该是持戒的模范，但同样属于破戒行列，因为他们身体力行，反映他们是固守"身见"甚深的比丘。

其三，"有一比丘具足持戒，取众生相而行慈心；闻一切法本来无生，心大惊怖。"

此等比丘之所以"似善"而非"善"，原因是他们的戒行是建立在"取众生相"基础上的，不能接受"一切法本来无生"的观念。

其四，"有一比丘具足修行十二头陀，见有所得。""头陀行"是佛教中持戒最为严苛的派别，追求出离世间的信念也最强烈，最坚定，经文认为，这是以"有所得"的心情持戒苦行，不是善持戒者。

那么,什么是善持戒比丘?经谓:

> 善持戒者,无我无我所,无作无非作,无有所作,亦无作者。无行无非行,无色无名,无相无非相,无灭无非灭,无取无舍,无可取无可弃。无众生无众生名,无心无心名,无世间无非世间。无依止,无非依止;不以戒自高,不下他戒;亦不忆想分别此戒——是名诸圣所持戒行,无漏不系,不受三界,远离一切诸依止法。

这一系列用"无"或"不"表达的观念体系,就是本经所持的戒律。这些观念是最高原则,也是判断一切是非善恶的最终尺度。一切思想行为,必须在这个观念体系中运作,接受这个观念体系的指导,因此,戒律也不例外,必须绝对服从。这样,戒律的独立性,哪怕是相对的独立性,就被完全否定了,它的观念体系不但是衡量戒律真伪的准绳,而且变成了戒律自身。我们知道,般若中观学派就没有自己独立的戒律;瑜伽唯识学派有一本短短的《菩萨戒本》,完全是用于维护自身的观念体系不受侵犯。因此,在信奉自身观念体系之内,一切思想行为,包括杀人放火都是可以不受约束的。本经所创建的沙门比丘风范,及其戒律主张,就是这类大乘思潮的初期反应——忠诚于大乘理念等于"大乘戒"。

据经文记:佛说是语时,"五百比丘闻是深法心不信解,不能通达,从坐起去"。这反映了大乘与小乘在观念形态上的分歧已经达到了不可共处的严重程度。

三、"正观"中的观念体系:立"空观"破"空见"的"中道"观

虽然有学者称《宝积经》类为大乘的通论性质,但没有一种通论是不带倾向、完全白描的。小部《宝积》的理论倾向,集中反映在它的"正观"中:

> 菩萨欲学是《宝积经》者,应修习正观诸法。云何为正观?
> 所谓真实思唯诸法。

此"真实思维诸法"的要点,是"不观我、人、众生、寿命"。通名"中道真实正观"。具体可以列举这样一些:

> 观色非常,亦非无常观;受想行识非常,亦非无常。
> 观地种非常,亦非无常;观水火风种非常,亦非无常。
> 以常是一边,无常是一边,常无常是中。
> 我是一边,无我是一边;我、无我是中。
> 若心有实是为一边,若心非实是为一边;若无心识、亦无心数法,是名中道。
> 如是善法不善法,世法出世法,有罪法无罪法,有漏法无漏法,有为法无为法,乃至有垢法无垢法,亦复如是,离于二边,而不可受、亦不可说,是名中道。

这个离二边、行中道,是般若中观学派的口头禅,但说者的含义往往并不一致。此处所谓"中道"的含义,是诸法"无色无形、无明无知",是"不可受,亦不可说"。这话是什么意思?举例来说:"有是一边,无是一边;有、无、中间,无色无形、无明无知——是名中道诸法实观。"佛教哲学总体是通过说"有"说"无"来表达的,但实际上,极少有单讲"有"或单讲"无"的,绝大多数主张离"二边","有"、"无"并观走"中道";因此,从"有"、"无"这对范畴的解释上,可以看到本经关于"中道"的基本观念:不论是"有"是"无"还是"既有既无"的中间,没有形色可识,亦非理智可明可知,是不可知、不可受、不可说的。因此所谓"中道正观",即是不受知见约束,不可正面表述,只有用"非非无无空空"等否定词表示一切思维言说所肯定的非真实性。

据此,此处所谓的中道正观,与中观学派讲的"实相"含义相当,成为此派的根本观念;瑜伽行派则用以作为方法论之一,而并不归结为不可知。他们共同的理念,是"自性空"而非人为之"空":

> 真实观者,不以空故令诸法空,但法性自空;不以无相故令法无

相,但法自无相;不以无愿令法无愿,但法自无愿。不以无起无生无我无取无性故令法无起无取无性,但法自无起无取无性。

这个"自性空",也是建立在认识之不可能把握诸法真实性上:因为认识中的诸法(对象),均非真实,故名之谓"空"。

但接下来,本经对"中道"有了新解释。此以十二因缘为例:若从生死本原顺观十二因缘,是"无明缘行,行缘识",以致"有缘生,生缘老死",如是因缘"但为集成是大苦聚"。但若从出离生死逆观,则"无明灭则行灭,行灭故识灭",以致"有灭故生灭,生灭故如是老死忧悲、众恼大苦皆灭"。这样,同为十二因缘,因观不同,结果完全相反——说明"无明"与"明","生"与"生灭",以致"老死"与"老死灭"是互相连结,不可分的,所谓"无二无别,如是知者,是名中道诸法实观"。

在这里,经文没有否定十二因缘的实在性,"自性空"不适用于十二因缘。这不可能是理论上的忽略,而是信仰的最后基石:业报因果是佛教的宗教基石,十二缘起则是这一基石的理论描述。即使中观学派,也不敢动摇,不用说瑜伽行派了。这在下文中亦可见到:

> 非无人故名曰为空,但空自空。前际空,后际空,中际亦空。当依于空,莫依于人。若以得空便依于空,是于佛法则为退堕。如是迦叶,宁起我见积若须弥,非以空见起增上慢。所以者何?一切诸见以空得脱,若起空见,则不可除。

并非因为"无人"而曰"人空";空只空其执著实有的部分(我见),因此要用空观看人,而不能执人以为实有,此曰"当依于空,莫依于人"——依空观破"我见"。但是"若以得空便依于空"而目中"无人",则为"空见",是对佛法的背叛。于是有了这样一句很著名的话:"宁起'我见'积若须弥,非以'空见'起增上慢"——"我见"可以"空"对治;"空见"则无可对治,也就是病入膏肓,不可救药了。为了强调这句话的重要意义,经文举出许多譬喻加以发挥。这些譬喻是很有名的,值得回味处颇多:

> 譬如医师授药,令病扰动;是药在内而不出者,于意云何,如是病人宁得差不? 不也,世尊,是药不出,其病转增。如是迦叶,一切诸见唯空能灭,若起空见,则不可除。

这是对"空观"的总譬。此下二譬则说明"空观"的本义及其真实性:

> 譬如有人怖畏虚空,悲嗥椎胸,作如是言:我舍虚空。于意云何,是虚空者可舍离不? 不也,世尊。如是迦叶,若畏空法,我说是人狂乱失心。所以者何? 常行空中而畏于空。

> 譬如画师自手画作夜叉鬼像,见已怖畏,迷闷躄地。一切凡夫亦复如是,自造色声香味触故,往来生死,受诸苦恼而不自觉。

"空"是一切事物得以生成的条件,众生及其所有造作,无不在"空"中存在和运行。其造作物中最重要的是"色声香味触",它们是构造众生及其世界的基本元素,而众生却不自觉其本质是"空"。但大乘"空观"的实质,就在于指出这一造作的真相,令众生不再受生死之苦。于是以下诸譬,在对生死世间坚持"空观"的同时,破除"空见",而它采取的理论形式,则是把空观运行到底:

> 譬如幻师作幻人已,还自残食。行道比丘亦复如是,有所观法皆空皆寂,无有坚固;是观亦空。

> 譬如两木相磨便有火生,还烧是木。如是迦叶,真实观故,生圣智慧;圣智生已,还烧实观。

> 譬如然灯,一切黑暗皆自无有,无所从来,去无所至……而此灯明无有是念:我能灭暗。但因灯明,法自无暗;明暗俱空,无作无取。如是迦叶,实智慧生,无智便灭;智与无智二相俱空,无作无取。

这种看似最彻底的空观,它的实际意义却是在反对"取证",即证灭(涅槃),为菩萨深入现实社会的各个角落,发展各类信徒,以致被小乘视为最肮脏、最龌龊,也可能是最不幸者作辩。故经文又说:

> 譬如种在空中而能生长,从本已来无有是处。菩萨取证,亦复如是,增长佛法,终无是处。
>
> 譬如种在良田则能生长,如是迦叶,菩萨亦尔,有诸结使,离世间法能长佛法。
>
> 譬如高原陆地,不生莲花,菩萨亦复如是,于无为中不生佛法。迦叶,譬如卑湿淤泥中乃生莲花,菩萨亦尔,生死淤泥、邪定众生,能生佛法。

于是譬喻的重点立即转向对菩萨的赞扬,对声闻乘的抨击:

> 譬如有四大海满中生酥,菩萨有为善根甚多无量,亦复如是;迦叶,譬如若破一毛以为百分,以一分毛取海一渧,一切声闻有为善根亦复如是。迦叶,譬如小芥子孔所有虚空,一切声闻有为智慧亦复如是;迦叶,譬如十方虚空无量无边,菩萨有为智慧甚多为力无量亦复如是。

如此等等,鄙视小乘,抬高菩萨,连篇累牍,这也代表了《大宝积经》的主旋律。结论是:

> 信我语者,爱敬菩萨过于如来。所以者何?由诸菩萨生如来故……譬如愚人舍月,礼事星宿,智者不尔,终不舍离菩萨行者,礼敬声闻。

四、从"观心"到证"圣性":关于"心"的性质问题

《宝积经》还有的重要一面,是把世间与出世间对立起来,提倡用"出世智药","毕竟疗治一切众生"。治疗众生的什么呢?所谓"心中结使烦恼、邪见、疑悔病"。那么,什么是"出世智药"? 经云:

> 谓知诸法从缘合生,信一切法无我无人,亦无众生、寿命、知见,无作无受;信解通达无我、我所,于是空法无所得中,不惊不畏,勤加

精进而求心相。

这是说,求知"心相"缘生性空,就是"出世智药"的实施。

从本体论看,所谓"心"者,本质非"有"。经云:

> 何等是心?若贪欲耶,若瞋恚耶,若愚痴耶?若过去未来现在耶?若心过去,即是尽灭;若心未来,未生未至;若心现在,则无有住。是心非内非外,亦非中间。是心无色,无形无对,无识无知,无住无处。如是心者,十方三世一切诸佛不已见,不今见,不当见。若一切佛过去来今而所不见,云何当有!

简单讲,"心"作为本体,是不可见、不可知,逻辑推论不可得的,而且"佛"尚不得见,何况芸芸众生?尽管如此,心的现象和作用却不能否认:

> 但以颠倒想故,心生诸法种种差别;是心如幻,以忆想分别故,起种种业,受种种身。

"心"能产生种种诸法,"心"能支配人的思想行为,由此造就众生受种种果报。于是心非本体,而有生产世事、支配行为、打造自身形象的功能,就成了经文陈述的重点:

> 心去如风,不可捉故。心如流水,生灭不住故。心如灯焰,众缘有故。是心如电,念念灭故。心如虚空,客尘污故。心如猕猴,贪六欲故。心如画师,能起种种业因缘故。心不一定,随逐种种诸烦恼故。心如大王,一切诸法增上主故。心常独行,无二无伴,无有二心能一时故。心如怨家,能与一切诸苦恼故。心如狂象,蹋诸土舍,能坏一切诸善根故。心如吞钩,苦中生乐想故。是心如梦,于无我中生我想故。心如苍蝇,于不净中起净想故。心如恶贼,能与种种考掠苦故。心如恶鬼,求人便故。心常高下,贪恚所坏故。心如盗贼,劫一切善根故。心常贪色,如蛾投火。心常贪声,如军久行,乐胜鼓音。心常贪香,如猪憙乐不净中卧。心常贪味,如小女人乐着美食。

> 心常贪触,如蝇着油。

从这些譬喻中看,经文对"心"的解说与其上文对心本体的判断并不一致。此处所谓的心,至少有三个含义:(1)描述性的:心如风、流水、灯焰、电等;(2)本体性的:心如虚空、画师、大王等,能造业创生和支配命运;(3)抨击性的:心如怨家、猕猴、狂象、苍蝇、恶贼、恶鬼、盗贼,以致贪欲无度等。不论从哪个角度说,"心"是个坏东西,心性不净,心性恶——不过经文并没有明确地做出这样的结论,它这里只讲"心相"如此多样,不可作决定说。它所要论证的是"心相不可得",并且由此有了一系列推论:

> 求是心相而不可得;若不可得,则非过去未来现在。若非过去未来现在,则出三世;若出三世,非有非无;若非有非无,即是不起;若不起者,即是无性。

如此如此,"若无性者,即是无生":

> 无生则无行业;若无行业,则是无为。若无为者,则是一切诸圣根本,是中无有持戒,亦无破戒。若无持戒无破戒者,是则无行,亦无非行。若无有行无非行者,是则无心,无心数法;若无有心心数法者,则无有业,亦无业报。若无有业,无业报者,则无苦乐;若无苦乐,即是圣性……是中无有上中下差别,圣性平等如虚空故;是性无别,一切诸法等一味故……是性真谛,第一义谛故……是性常住,诸法常如故;是性安乐,涅槃为第一故。是性清净,离一切相故。是性无我,求我不可得故。是性真净,从本已来毕竟净故。

这一系列推论,全部建立在"心相不可得"上。显然,这"不可得"自身难以成立,因为上面列举的种种,全是"心相";即使当真"不可得",也得不出一个"圣性"出来——何况这个"圣性"即是"真谛"、"常住"、"安乐"、"毕竟清净"。在这里,我们不能去寻求经文的逻辑性,而只能去考察它的意图:它力图说明在肮脏的"心"之外之上,还有一个永恒不变的"圣性"。从这里我们看到了后来的"如来藏"的影子;其所观之"心",则近乎"阿赖耶识"。

《大宝积经》把解脱之道集中在"观心"上,所谓"汝等当自观内,莫外驰骋",对中国佛教的践行,影响是巨大的;至于所观之"心",或净或染,也成了中国佛教内部分歧的重要内容。

第二节 《菩萨藏经》对全部菩萨行的概括和总结

《宝积经》中全面论述菩萨和菩萨行的是《菩萨藏会》,即玄奘译《菩萨藏经》;宋代唯净等还重译过一次,名《大乘菩萨藏正法经》。此经在玄奘回国后首先译出,可以设想他是相当重视的。但至今为止,我们还没有发现玄奘本人对这部经有何评论,也没有见到他的弟子辈有什么注述,甚至连反应也难以见到;在法相宗为本宗立宗开列的所依诸经中,也没有它的名字。这有些奇怪。我们知道,玄奘译经虽是在国家译场中进行的,但译什么经,先译什么,后译什么,以及如何译法,都是玄奘自己说了算的,与鸠摩罗什译经多受其弟子辈左右大不相同,那么为什么他要首先翻译此经,而译出后却毫无反响? 这在玄奘研究中是个值得思考的问题。

《菩萨藏经》二十卷,共十二品,分量不算小。它的前四品,可以当做绪论看,其余是顺序论说所谓"四无量"、"六波罗蜜多"和"四摄"。其中"六波罗蜜多",作为菩萨行的中心内容,在我们介绍的《六度集经》和其他大乘经中都有;"四无量"和"四摄"也不新鲜,只不过在其他一些典籍里,陈述的角度不全相同,也没有提到这里所提的高度。第三品《如来不思议性品》,注重阐述如来的性能,所谓"十不思议法",在其他经籍里也都有记载,尽管没有这里谈得系统。因此从表面看,此经没有什么新东西,不容易引起人们的兴趣。然而若仔细研读可以发现,此经的特点,正是以既有的概念和命题为材料,通过给予新的释义来表达自己的一些特殊主张。

其实,此经的组织就有特点。其中《如来不思议性品》陈述了只有佛才会具有身形和品性,结合玄奘回国翻译的第二部经,即《佛地经》(后来还译了解释此经的《佛地经论》)关于佛的存在形式及其功能的议论,说明他首先要把佛的形象自外而内,完整而丰满地树立起来。因为对于力主以成佛为最终目标的菩萨乘来说,不能让佛老是处在一种抽象模糊、不可捉摸的状态;所谓"三十二相、八十种好",只是一种外在的相貌,并不能揭示出佛的深层次品格。这样,完成了对佛的再塑造,继之再讲菩萨行就有了更充实的根据,有了通过菩萨行成就佛果的信心和勇气。在菩萨行里,"四无量"排在第一的位置上,重点在规定菩萨的基本精神;"六度"则是这一基本精神见诸行动的实践;最后讲"四摄",则是解决实践中如何吸引和团结信众为同道的问题。

更简单地说,全经内容集中在阐释什么是佛,以及怎样成佛的问题,所以从瑜伽行派的观念体系出发,是可以作为大乘佛教的普及读本的。

一、关于佛的相状和性能之一:身、声、智、光、戒、神通

佛教是具有多种哲学体系的多神论宗教,而承认"佛"是最高的教主,则是所有佛教的共同信仰。原始佛教把释迦牟尼尊为唯一的教主,他从一个平凡的太子,出家修行而觉悟人生"真谛",所以被称为觉者。"佛"是"觉者"的音译,亦可译作"智者",所以并无任何神秘可言。随着佛教的传播和佛教信徒的扩大,尤其是向世界性宗教的迈进,释迦牟尼逐步被抽象化的"佛"所取代,遂出现了佛的多元化形势——三世十方无不有佛的存在,而佛的思想面貌也变得越来越多样化起来。首先是佛的外在身形,由单一的"色身"相好,变为"三身"共存;继之是内在的品格和能力,由单一的"觉悟"变为诸如智慧、慈悲、神通、自在、三昧以及所谓十力、四无畏、十八不共法等种种性能的综合,不断有新的规定,增添到佛的身上,使佛的性格越来越庞杂,内容也越来越丰富。对佛面貌的不断重新塑造,反映了佛教发展的若干轨迹,也是佛教各派互相区分的重要内容。

《菩萨藏经》的首要任务,就是将当时佛教有关"佛"的所有陈述加以概括。《如来不思议性品》用所谓"如来十法"作了分类,所谓"身、声、智、光、尸罗、神通、力、无畏、大悲、不共",由此确定佛的整体面貌,也不妨将此处的记载,当做大乘佛教对"佛"的共识。

(1) 关于如来之"身"。佛的存在形态问题,是部派佛教以来一再讨论的重大问题,大乘佛教最后发展为佛有"三身"说,算是完备了。此品则作了一个简明的总结:

> 如来身者,自性清澈……无量功德,久已积集福德资粮,一切众生慧命依止。(《大宝积经》卷三七,下同)

其为"戒"、"慧"等所"熏修",犹如镜中像、水中月、光之影,"不可思议,等虚空界,极法界性"。就其"自性清澈"言,他是永恒的、本有的,相当于"法身";就其为"熏修"所成来看,他是后天形成的,相当于"受用身";就其作为一种镜像和投影,他又是"变化身"。由此说佛身"等虚空性",意味着他的性质是"空";说他"极法界性",表示他蕴含一切佛法,应是"非空"。佛身,对于信仰者和修持者来说,正像三十二相、八十中好一样,是一种客观性的存在;但此处强调他还是"一切众生慧命依止",是佛智得以产生的唯一依存处,所以又不会是心外之物。那么,这"身"究竟是什么形象,又存在于何处?经文用"不可思议"来回答,其实正为众生随自身信仰和理性创作佛形象埋下伏笔:佛以"三身"方式存在,任何一身都可以称之为佛;"法身"可供教义家论述,"受用身"可供笃信者设立,而"变化身"则供普通信徒随意制作。由此形成佛无所不在又非定在的时空形式,确立了凡信仰处即是佛所在处的信仰理念。

(2) 关于如来之"音声"。经云:

> 由所调伏众生力故,如来音声普遍十方无量世界……是诸众生乐闻法故,各自谓闻如来法声面门而发;然是法声于其所说,种类言辞不相障碍,个别悟解自所了法。

佛所说法,尽管是为"调伏众生"而发,但既没有特定的时间、场景和听众,也没有特定的演说形式和言说内容。他发出的只是一种没有任何音韵词调和含义的"音声"。这种音声遍满一切世界,不受时空限制,因而也是一种永恒的存在,众生只要喜欢听就能够听得到,并根据自己的喜爱和理解去接受。众生不同,理解有别,佛法也就多种多样;尽管多种多样,统统来自佛的音声,属于佛的教法,不容置疑。这样,所谓"佛说"就变成了不承载任何教理的信仰形式,全靠自称闻听者自己的理解和诠释。据此,所谓佛法,与其说是佛之所言,毋宁说是众生自己的创作。本经对如来音声的这一解说,使佛教彻底打破了经籍需要由阿难诵出并得到大众聚会结集承认的传统,为大乘佛教用一句"如是所闻"随时随地创造经典提供了合理和合法的根据,也为诸种经典互道短长,形成比较自由宽容的风气创造了条件。佛教经典之多,动辄以千百计算,思想教理之繁多,世界上还没有哪种宗教可以与之相比。

(3) 关于如来之"光"。前已说过,佛身发光,为许多大乘经籍所乐道。本经主要在解释佛身为什么会发光,以及这光的总体意义。

> 诸佛如来善通达法界故,不可思议;由通达故,一切如来放大光明,遍照三千大千佛之世界而无障碍。

前一句指佛光的由来,即由"通达法界"所致,而"通达法界"就是"智",所以又说:

> 如来发意,欲以光明遍照一切世界则能遍照。何以故?由如来得第一般若波罗蜜多故。

因此,佛光就是佛智的形象化。后一句"遍照"而"无障碍",指佛光的广大性和遍在性,亦即无所不照,而且所照之处,无不蒙其明慧。这些都是旧说。然而,接下来却有新说:

> 如来光者不可思议,从无量戒聚生,从等持聚生,慧聚、解脱聚、解脱知见聚生,从如是等无量功德生。

意谓:如来光不是无因而生,先天具有的;它是由积聚"戒定慧"、"解脱和解脱知见"等无量功德而产生的,而光的含义,也由单一的智慧,转变为戒定慧等一切佛教修持。"光"的性质有了显著的变化。同时还说:"如来为欲怜愍诸众生故,又放光明遍照如虚空,等诸众生界。"(卷三七)而诸众生却并不能遍受其明,于是明的作用也有了差别:"随所化众生,见光有差别:如有生盲者,不见日光明,彼不见光明,谓日光无有;下劣诸众生,不见佛光明……谓佛光无有。"

这一思想,看似提高了佛的能力,实际是让佛的作用受到了限制:佛光可以是普照的,但这光究竟对众生是否能够起作用,以及这作用有多大,决定性因素不是佛,而是众生自己。

(4)关于如来之"智"。一般大乘经,尤其是般若经类,多称佛智为"萨婆若",即"一切智"或"一切智智"。《不思议性品》则称佛智为"如来不思议大智"、"如来无碍知见"、"如来应正遍知"、"如来智波罗蜜多"等。关于此智的能力,有两个譬喻:一个说,假若有无尽个世界的所有草木被烧成灰,而后又被掷于无尽个世界的大海洋中,经百千年后已尽为墨汁,若从中取出任一墨滴,佛都可从中分析了知此墨滴原属于某世界中的某树某枝某叶;一个说,有人持一毛端之水滴,寄放于无尽的大海洋里,百年之后,前来索取,佛能以一毛端就大海中粘原来水滴还归其人。由此譬喻说明:"若人于如来所起一念善心者,尽于苦际,毕竟不坏。"就是说,尽管只是一念善心,如来也会了知记忆,即使涅槃也不会坏失。为什么佛会有这样大的智力?"如来善通达法界故"——"通达法界",取得关于"法界"的认识,就是此处所谓"佛智"的本质。

这样的佛智与普通人的认识有什么异同之处?于是问曰:"如来不思议大智,离识而转不?"佛言:"不也。"原则上说,智与识是有联系的,"智"不能离"识"而独生。如此,则两者有什么差别:"云何为智,云何为识?"答曰:"有四识住,依此住故名识。"

依佛教通论,"五蕴"是众生的代称,也是世俗世界的代称。本经把五蕴分解为二分:一分是认识活动的主体,主体即是"识",或曰"能识";其余"色、受、想、行"为一分,是认识的对象,所谓"所识"。如果"识"去认识"色",而且已经认识到了"色",此即谓之"色识住"。意思是,"识"已经把握了"色"这一对象。如果进一步喜欢让"色"住于"识"中,以致顽强地坚持和扩大这种"色识住",则名"色识住识"。同样,对于受、想、行的认识,也有相应的"识住",如果进一步喜爱和执著,即属于相应的"识住识"。"识"之喜爱和执著于"色受想行"等四,即是"四识住识"。故曰:"何者为四?所谓色识住者,识缘于色,识住色中;由如此故生喜住著,转加增长,坚固广大。"如此类推,受、想、行也是这样。"智"则与此相反:"所谓不住五受蕴中,了达识蕴,是名为智。"

"五受蕴"指处于生死流转中的五蕴;凡不能令人堕于生死流转,又能了解"识"之本质的认识,即属于"智"。据此,"识"是导向世间的认识,"智"是导向出世间的认识,而获得"智"的途径,关键是对"识"的"了达"。

那么什么是"识"? 经云:

"所言识者,谓能了别地界、水界、火界、风界",以及"了别眼所知色、耳所知声、鼻所知香、舌所知味、身所知触、意所知法"。

一句话,"了别"就是"识"的本质规定——"了"谓了知,即清晰无误的认识;"别"谓分别,即对事物之差别性的认识。此"了"与"智"之"了达"之"了",没有区分,要害是识"了"而有"分别","智"虽"了"则仅为"通达"而无分别。所以说:

所言智者,于内寂静,不行于外,唯依于智,不于一法而生分别及种种分别。

也是一句话,"智"就是"无分别"。但此"无分别",并非愚痴无知,是故又言:"若有不住四大界中,能通达法界不相杂者,是名为智。"意谓认识四大,但不为四大的认识所限,并能从此通达"法界"者,即名为"智"。"识"限于了别,"智"则把握了别背后的"法界"——此"法界"指诸法生成的原因,亦即世俗了别所谓"识"生成的原因。

仅就"识"、"智"差别言:

> 从境界生,是名为识;从作意生,是名为识;从分别生,是名为识。无取无执,无有所缘,无所了别,无有分别,是名为智。

所谓"作意",这里可以解作动机;动机就在有所了别,有所执取,所以凡内有作意,外有所缘,心有分别的一切认识形态,同归之于"识"。"智"是"识"的否定,它无需外缘,无有作意,无所分别,因而也无所执著。

关于"智"、"识"的区别,在讲般若波罗蜜多时还有发挥,不过从大乘关于"智"的整个分类看,这里解说的"智"叫作"无分别智"。此智又分两种,所谓"根本无分别"与"无分别后得",是大乘般若学的首创。因此,这里又为"智"、"识"划出另一条界限:

> 所言识者,住有为法。何以故?无为法中识不能行。若能了达无为之法,是名为智。

"了达无为法"的"智"即是"无分别智"。但"无分别智"不是"智"的唯一形态,也不是"佛智"的唯一形态,因为佛菩萨不仅要了达无为法,而且要通晓有为法,否则觉悟众生、慈悲众生就成了空话。所以在本文结束时,佛说:

> 住生灭者为识;不生不灭,无有所住,是名为智……如是诸相,若识若智,是名如来……不思议大智。

"大智"是包括了"识"的,这个"识"在般若学里叫作"方便";而"无分别智"也可以和"识"结合起来,通过"识"表达出来,即是"后得智"。

(5) 关于如来之"尸罗"或"尸罗波罗蜜多"。是与如来之"三摩地"同时讲的。"尸罗"是"戒"义,"三摩地"是"定"义。大意是说,如来之戒无边无际,不可胜数,全部是戒,没有非戒,因为如来即是戒,所以如来之戒,没有特别的规定。同样,如来之行住坐卧,无处不"定",无所不"定",

而且处"定"的自然条件,必然是极为美好的。"定"就是如来一切行为的特征,因而也没有特殊的规范,作特殊的说明。

此处"戒、定"并论,是因为此两者是佛教一切行为必具的主观条件,达到如来这种程度,已经无需由这类条件的约束,因而也无需作特殊的规定。我们知道,大乘般若学没有独立的戒律,也没有自己的禅法系统。瑜伽唯识学的戒律实质上只有一条,就是维护本派利益;它的奢摩他、毗钵舍那,只供理论思考,所以也没有特殊的禅学。大乘的这些特性,在这里也得到足够的反映,虽然文字很少。

(6) 关于如来之"神通"或"神通波罗蜜多"。

"神通"是早期佛教就向往的一种能力,在三十七道品中占有重要的地位。这种能力本自想象或幻觉,早期佛教已经把它夸张到随心所欲、无所不能的极限,实在难以继续想象下去了,所以在描述佛的神通时,几乎没有可用的语言,所以只好比较。按佛教传统的说法,"大目犍连于声闻僧中神通第一"——于是即以目犍连为参照,他比起菩萨所得的神通来,像一根毫毛,已经微不足道;而佛的神通较之菩萨又不知道高妙到什么程度。例如"风劫"来时,大风将摧毁整个世界,但不能吹动如来衣上的一毛端;当此大风轮将吹坏此世界时,"如来以一指端持此世界往至余处,或令风轮无力能吹,飒然还返"。

其实,这一想象,仍然没有超出所谓"扪日月,动天地,生死自由"(《六度集经》卷七)的范围,不过推广到整个世界的存亡罢了。

以上之如来六法,一般大乘经籍都讲过,但没有这样组织起来作为唯佛特有的个性,更没有赋予这些个性以如此之方便,为大乘佛教不断创新自己的信仰和理论作有力的辩护。实际上,从部派佛教后期开始,公认佛的特性是所谓"十力、四无所畏、四无碍和十八不共法"系列,本经继承了这些说法,作为"如来十法"中的后四法,但有所调整——"四无碍解"只限于菩萨,在佛这里则被取消了,代之以"大悲"。内容也有变化。

二、关于佛的相状和性能之二:如来"十力"

"如来十力",即十种"如来智力",简称"十力"。

(1)"处非处智力"。"所谓于是处如实知是处,于非处如实知非处"(《大宝积经》卷三八,下同)。

此中"是处",指正确,也就是善;"非处"意谓"无有是处",属于错误,也就是恶。如来有区分和判断是非善恶的能力,了解善有福报,恶有非福报,据此对"是处"摄受之,对"非处"则无所摄受。总之,是懂得是非善恶,因果报应,从而行善而不作恶,修习佛道而不信从外道邪说。

(2)"业报智力"。"如实能知去、来、今业,及与业受,若因、若处、若诸异报,皆能了知"。

经文于此处详说三世因果及其业报差异,以及它们在众生中的种种表现,其中包括"若诸业受当得声闻性因,当得独觉性因,当得佛性因者",如来全知——此可注意者,不论是"声闻性"、"独觉性"以及"佛性",都是由"受业"所得。也就是说,"业"是"性"之成"因",是"业"决定"性",而不是"性"决定"业"。据此可以得出,众生间的差别,诸如贫富穷达之类,不是天性决定的,而是个体业行造成的;同样道理,所谓"种性"也不会凝固不变,完全可以随业行而变更。如此,则"五种姓"说就不能成立。遗憾的是,这一思想并没有得到经文的进一步说明。

(3)"种种解智力"。"能如实知彼有情类,彼数取趣非一欲解、种种欲解,如来于此能并了知"。

此"数取趣"特指处于轮回五道中的众生。"五道"亦称"五趣";此"趣"为其业行所取,故名"取趣";如果不离生死则取趣不绝,故曰"数取趣"。"欲"即欲望;"解"即知解。众生具有什么样的欲望,现有什么样的认识和理解,以及未来可能的理解和欲望,全在佛的"了知"范围。众生的欲求和理解非一,所以说"非一欲解、种种欲解"。此处可注意的是:"由此解当于来世受种种生,受种种类、种种受用……或由此解殖解脱种。"

意谓"解",即我们通常的认识,像植物的种子一样,既能决定未来所受的果报,而且还有生殖"解脱"的功能。把认识问题提到决定未来人生道路的高度,是大乘佛教特别重视"智慧",亦即理论思维的一大原因。

(4)"如来种种界智力"。"如实了知一切世间种种诸界。由此界故,世间含生集起福行,集非福行,集不动行,或有此界殖出离种"。

此"界"既有类别的意思,也有因性的意思;"世界"可作种种分类,"界"别可以无量无边。佛教通常分世间为三界,若以认识为中心则分十八界,从物质元素说四大或六大,从佛教教理说清净杂染、世间涅槃、有为无为,如此等等,均可称之为"界"。佛的智力不但表现在如实了知这一切界的性相上,而且明了他们的种种功能,如"诸'行界'不顺理,'无明'相故;'涅槃界'顺理,'明'相故"。特别是这段话:

> 若界能安立,此界世间之所依住;如是若界能发牵引,若界能兴建立,若界能起方便,若界能生意欲,若界能起炽燃,若界能为依止。

此中"安立",指人为的造作,不是本然状态。如果"界"被用来建造安立什么,那么这被建造安立之物就属于世间,世间亦即依"此界"而存在。换言之,"界"具有牵引生果,建立世间的功能;反过来说,世间就是由"界"牵引和造就的。这些话,都是从"界"含有"因性"的意思中申引出来的,我们在讨论说一切有部哲学时,有过介绍。但"界"不只可以成为世间的"因","界"亦"殖出离种":"出离"就是出世;"清净界"就有生殖出世种子的功能。能够一一了知这种种"界",世与出世的根本因,即是如来的"界智力"。

(5)"根智力",即"种种根智力"。"若他有情若数取者,种种诸根差别之相,如来皆能分别了知"。

"根"指生长的根基。按佛教的分类,起生"识"功能的有眼、耳、鼻、舌、身、意等六根;决定男女差别的有男根、女根;决定生命长短的有"命根";决定情绪的有乐、苦、忧、喜、舍等五根;决定道德性质的有不善因所生诸根、善因所生诸根、不动因所生诸根,以及出离因所生诸根等;决定信仰和修持的有信、勤、念、定、知等五根。如是布施、持戒等六度亦称六根;而按有情对佛教的态度和信仰程度、信仰性质又分为钝、利、中、胜、劣等根。总而言之,"根"是一切事物得以生成的内在根据,对佛教来说,根即是众生能否接受和修习佛教的内在根据。如来能够依据众生的"根"考察有情是否可能成为"法器",并决定如何对之说法和说何种法——对众生内在根基的认知能力,即是"根智力"。

(6)"遍趣诸行智力",亦名"一切遍行行智力"。"谓能了知有情性等正定之性,不正定性及邪定性"。

此"有情性",指众生的先天本性;"定性",指此天性决定而不可变易;"不定性",即此天性不是绝对不可变更。

所谓"正定之性",指符合佛教要求,特别是符合大乘要求而不会变易的天性,故曰:

> 谓由因力先世方便开智、利根之所生故,若诸如来为彼说法、若不说法,如来如实知彼有情前世因果,堪忍法器,随应说法,令速解脱。

意思是说,有一类有情,不论听没听过佛的教诲,由于"前世因果"而具有"利根",所以天生有接受佛说、速得解脱的内在因素。

所谓"不正定性",实指"不定之性"。经云:

> 云何名为不定之性?由外缘力而成熟相:若得如法教授教诫,可得解脱;不得如法教授教诫,不得解脱。如来为说,随顺缘因相应之法,彼诸有情闻正法已,如理修行,证解脱果。为如是等得义利故,诸佛世尊出兴于世。

据此,"不定性"就是先天不决定,而由后天外在环境和所受教育或决定或不决定——能否接受佛教。

所谓"邪定之性":"谓有情性烦恼所蔽,不修净业,识性薄弱,愚痴深厚,住邪见网,非正法器;若使如来为彼说法、若不说法,终不堪任证于解脱,如来如实知彼有情非法器已,而便舍置"。

此处所谓"性烦恼所蔽",是指"'性'烦恼所蔽",还是指"'性烦恼'所蔽",语焉不明,但有一点是清楚的:"邪定性"是天生不会接受佛教,不会解脱的,因而如来放弃对他们的教育,他们不是佛教宣化的对象。

以上所说众生的"根"与"性",都是讲佛教信仰需要以众生的内因为根据,外在的宣教只是条件,不起决定性作用,因而明显地倾向于先天决定论。其中把"有情性"分为"正定性"、"不定性"和"邪定性"三类,则是瑜伽行派提倡"五种性"说的理论基础。但按此经经文的解释,此先天决定论的含义,可以推敲的地方不少。

首先,这里讲的"先天"包含有过去世的因果,而依佛教通论,凡受因果制约、属于因果范畴的事物,其规定性就不会是绝对的、不变的。其次,"邪定性"的特征是"愚痴","愚痴"的特重者是"邪见",而依佛教通论,一切"见"皆是后天所受,所以也不会是绝对的、永恒不变的。最后,假若如来"出兴于世"只是为了适应"不定性"的水平,把"不定性"作为唯一的教化对象,那么,这或者把"利根"众生的内因作用夸大到可以不需要佛教的程度,或者表示佛对"劣根"众生无能为力,从而否定了前述之佛的大悲和智力的作用。然而,对于"邪定性",佛当真就不加慈悲了吗?似乎又没有。经文接下去有一段话:

> 诸菩萨摩诃萨愍此有情,作利益故,被弘誓铠入邪见军,教化摧伏。

这样,"邪见"是可以由菩萨摧伏的。经过摧伏是否能够令他们通向解脱呢?没有正面回答;同样,如果先世因缘可以培育"利根",那么今世是否可以造作因缘于未来世驱除"劣根"而成就"利根"呢?也没有答案。此类问题,一直困惑着中国佛教义学界,尤其是法相宗人,最终也未能完满解决。

(7)"定智力"。全称"如来静虑、解脱、三摩地、三摩钵底,发起杂染、清净智力"。

此文很长,包括这样几个概念:"静虑"前已解释,指"四静虑",亦即"四禅定";"解脱",属"定"的一种,有"三解脱"、"八解脱"等说,此处指"八解脱";"三摩地"意译"等持",平等持心的意思,指注意力集中时心的运行状态,相当于注意力集中,通常亦译作"定"、"心一境性";"三摩钵底"意译"等至"、"正受"、"正定现前"等,谓所修"定"已达到令心平等运行、身心安和的状态,是三摩底的深化,或被视为与普通心理所运行者不同,而是有意进行佛教修持的那种精神集中——普通心理之"定",属于"散地";佛教有意修持的"定"属于"定地"。总而言之,这一切思想集中,或可能发起"杂染",或可能引向"清净",全看将这思想集中于何处,以及如何思想,所以说:

> 由因由缘,一切有情能令杂染……由因缘故,一切有情能令清净。

其中,能令杂染的"因"是"不称理作意","缘"为"无明",所谓"由不称理作意为因、无明为缘,令诸有情发起杂染",由此而有世间生死,业报轮转。至于能令有情清净的因缘则比较多,例如"不来不去"智,"无生观及证正定","修解解脱门及性解脱智"、"随觉谛及随得谛"等,其实都可以归纳在"二因二缘"中:

> 所谓由他顺音,及由内自如理作意;又,奢摩他缘于一境,及毗钵舍那善巧方便。

"听他顺音",指听他人说法;"如理作意",是要自己独立思考,做出合理判断。"奢摩他"意译作"止"、"止寂"等,与"定"同义,但内涵更狭,特指那种"清净"而不带"染污"的定;"毗钵舍那"意译"观",有观察、观想等义,特指以佛教道理为指南,思维某一特定对象,由此生起或巩固某种特定认识的方式。"止""观"经常并用,亦称"定慧"。这里要求,心需要清净地集中于自己所观想的特定境界,并且善于思考。

如此看来,"一切有情"(这里强调"一切"乃是全称,没有例外),都可以通过"因缘"而导致或清净或污染,能否解脱似乎又非先天决定。在所有这些因缘中,能否通过"止观"、"如理作意"最为重要,甚或起决定性作用。于是分别何者为"理",如何"作意",就成了全部佛教的要义所在。换句话说,理论思维的意义和作用被空前提高了,佛教的其他修习法门,都降到了次位,并服从于理论思维。这种倾向,在译者玄奘一生的实践上也充分地反映出来。

(8)"宿住智力",全称"如来宿住随念作证智力",或"所念前世宿住作证智力"。如来"随所忆念,如实了知……若自若他,一切有情无量宿住"。

所谓"宿住",指"过去世"的所有经历,从一生到百千生,以致一劫无量劫,无所不知;此处"作证",是了了知悉、亲眼所见的意思。因此,如来此力就是"神通"中的"宿命通",不过所知的范围更加广大,更为细微而已。唯一特别处,是在知自、知他、亦能知自他之"心"以外,如来还能"以佛神力加彼有情,令知宿住",而"彼诸有情以如来力,随念皆知"。

(9)"天眼智力",全名"如来天眼通作证智力",又名"死生作证智力"。此即"神通"中"天眼通"的推广,所谓佛的"天眼"。此"智"系对一切"含灵"类所作业行于"未来世"所得果报,能作出历历在目的预见;其所见范围不止"三千大千世界所有人天",而且"尽虚空际,穷法界量,诸佛世界种种相状",无不洞然;不止了知生死五道,而且能预知成佛和成佛过程。

(10)"流尽智力",或"流尽作证智力"。

所谓"流尽"即是"漏尽",熄灭一切烦恼,趋于涅槃。此智包含两种认识:一是"如实了知,为尽诸流无流,心解脱、慧解脱、自然通慧,作证具足而住";一是"如实了知,我生已尽,梵行已立,所作已办,不受后有"。

485

前者指通向"流尽"的条件,即"心解脱、慧解脱、自然通慧",必须亲证而且完满;后者指所获解脱必须达到自觉。

"流尽"及"解脱"是涅槃的两个标志性条件,在早期佛教里就讲过,此处则特别指出三乘对其认识上的差别:

> 诸声闻乘虽复流尽,唯能断除少分习气;诸独觉乘虽复流尽,亦能断除少分习气,而远离大悲及诸才辩;唯有如来诸流永尽,具一切种微妙佛法,断除一切相续习气,大悲所摄,无畏才辩之所观察。

对三乘作如此区别,反映了大乘佛教比较正统的一种观点,但不是全部观点。就影响于中国佛教更多一些的大乘思想来说,大乘的任务,不是"断除一切相续习气",即绝对的不再生活于我们这个现实的世间;如果真的断灭了"相续",所谓"大悲"也就彻底地落空了。此文还说:

> 诸佛如来住如是等流尽智已,复能为彼有流有取一切众生说流尽法,及说永断一切取法:一切众生诸流诸取,皆从虚妄遍分别起……欲令一切不复起故,如其所应,以诸譬喻而为说法,令如实知诸流虚妄;由知是已,不取诸法;由不取故,则能毕竟入般涅槃。

这与上文的思想一致,还是把"毕竟涅槃"作为最高目标,这是另外一些大乘经所不取的。

综观如是"十力",核心是要说明唯有诸佛如来才能具有说法的资格和能力,而只有"信受"如来的这种资格和能力,才能称作"菩萨摩诃萨"。所以在讲完每"力"之后都要重复这样一段话:

> 由成就此力故,如来应正等觉于大众中正师子吼。自称,我处大仙尊位,能转法轮,一切世间沙门、婆罗门,及天、魔、梵不能转……诸菩萨摩诃萨由闻如来功德不可思议故,于如来十力信受谛奉,心虑清净,无惑无疑。

"十力"表达的思想,大体有个两部分:一是佛所说法的内容,特殊地反映在"处非处"和"业报"二力上,也就是说,分清善恶是非和明了业报法则,是具备说法能力的首要条件;二是中间五力,尤其是讲"界"、"解"、"根"、"行(性)"的部分,乃是对世界和众生之本质和本性的认识,即对于说法对象的认识。如果不了解演说的对象,包括他们的要求和希望,他们的认识水平和理解能力,以及他们能够接受的程度,就会陷于盲目性,无的放矢,或适得其反。就此而言,"十力"在提示:佛乃众生的"大导师",所发"狮子吼",是唯一的"转法轮"者,同时向菩萨示范,应该具备什么样的宣教能力和如何具备这种能力,从而使"佛力"具有普遍的实践意义。至于后三力,相当于佛教通常讲的"三明",不过为了加到佛的身上,作了一些补充,从中也能看出此经对于解脱、涅槃这类终极问题的基本观点。

"如来十力",究其终点,在于把佛从"觉者"更塑为"智者":觉只是对真谛的悟解,"智"则是对一切法无不具有的真实认识。

三、关于佛的相状和性能之三:"四无所畏"

"四无所畏",即四种"如来不思议无畏"(卷三九,下同)。此与"十力"论述的主题紧密相接,是进一步阐释为什么唯有如来才是佛教的唯一立法者,及其所立诸法的根本宗旨:

> 由成就是四无畏故,如来应正等觉于大众中自称我处大仙位,正狮子吼,转大法轮。

如来之所以具备说法者的资格和能力,是由于他具备立法上的绝对权威,无所畏惧,无有能够驳难和破坏者。

(1)"正等觉无畏"。如来"于大众中自称我是正等觉者",并立"正等觉"为第一佛法,而"此中诸天世间,不见有能于如来前立如是论"者。所谓"正等觉",亦称"平等正觉",是指对"平等之性"的觉知:

> 如来能于一切诸法平等正觉,无非平等。若凡夫法、若诸圣法、

> 若诸佛法,若诸学法、若无学法,若独觉法、若菩萨法,平等平等;若世间法、若出世间法,若有罪、无罪,有流、无流,有为、无为,如是等一切诸法,如来悉能平等知觉。

那么,什么是"平等之性"或"平等"?此处开出了一个颇长的清单,有利于我们的具体了解,摘录如下:

> 诸见自体与彼"空性",其性平等;诸相自体与彼"无相",其性平等;三界自体与彼"无愿",其性平等。生法自体与彼"无生",其性平等;诸行自体与彼"无行",其体平等;起法自体与彼"不起",其性平等。贪性自体与彼"无贪",其性平等;三世自体与彼"真如",其性平等;无明有爱自体与"明解脱",其性平等;生死流转自体与彼"寂静涅槃",其性平等。

这里列举的十对相互对立的范畴,反映的是传统佛教关于出世间和世间的对立观念。其中所谓诸见、诸相、三界,是世俗认识以及由世俗认识导向的世俗世界;作为佛教对治他们的手段,是空、无相、无愿,即"三解脱门";生、行、起,被视为世俗缘起的动力,为了消解产生世俗世界的动力,所以有无生、无行、不起的修习;无明、有、爱,是十二缘起中的三大关键环节,以明与解脱对治之;贪居烦恼之首,以无贪对治之;三世是生死轮回的标志,用真如破除之;最后,生死流转由寂静涅槃解决。依照本经的观察,这些对立和解决对立的方法,都是错误的,因为从双方的"性"上看,它们没有区别,是完全"平等"的,更确切些说,在"性"上,不论多么对立的事物,一律平等。

此说当然是对早期传统佛教观点的冲击,要点在于把出世间和世间统一起来,反对将两者割裂开来。这也是一切大乘的共性。问题是,平等的保障在于"性",那么"性"是什么?这里提出的是"真如""如性",所谓:

> 真如平等,真性如性,非不如性,不变易性……如性平等,处法

界性,流布遍满诸世界中,无能违者。

如来为诸有情开示如此妙法,"若能依此修远离行,速尽苦际"。话就说到这里,关键是"真性""如性"是什么,在"正等觉无畏"中没有明确的回答——但也正因为没有明确的回答,可以为大乘诸多学派所接受。

(2)"流尽无畏"。如来"于大众中自称,我今诸流已尽。此中诸天世间无能于如来前如法立论"者。

"流尽"即"漏尽",亦称"如来流尽之性"即"漏尽性",是如来所立第二法,也是他所以具有立法身份的第二个根据。此中"尽"即是"心善解脱"。贪、瞋、痴是一切烦恼的根本,如来已经永远断灭此三毒及其"习气",所以分别于"欲流"、"有流"、"见流"中心善解脱。

对佛之无畏作此等规定,显然没有超出早期佛教的水平。其把出世间与世间、烦恼与解脱对立起来,而以解脱出世为归宿,是一切大乘经共同反对的倾向,所以本经接着强调:

> 如是说法,依世俗故非为胜义。于胜义中无有一法住圣智前可遍知、可永断、可修习、可作证者。何以故——所言"尽"者,未尝不尽,性究竟尽,不由对治说名为尽,如实性尽。如实性尽故,无法可尽;无法可尽故,即是无为;以无为故,无生无灭,亦无有住。是故说言,如来出世、若不出世,常住法性,常住法界。即于其中,圣智能转;虽如是转,无转无还……由是法门故,无有诸流,亦无流尽而可得者。

意思很清楚,上述"流"与"流尽"的区分,以及要求由"流"向"流尽"的修习,都是从世俗意义上说的。按大乘"胜义",一切诸法的真性、如性无不是"尽";"尽"也就是真性、如性的唯一规定性。"尽"亦即是"灭","灭"就是"空";"空"就是一切诸法的真性,亦即所谓"法性"、"法界"。如来之所以为如来,在于他"常住法性,常住法界",而不在于他是否出现于世。

仅此而言,这仍属大乘各家可以普遍接受的观念。

(3)"说障法无畏"。如来"于大众中唱如是言:我说障法,决定能障。此中诸天世间无能于如来前如法立论"者。

"障"指障碍,修习佛法的障碍极多,也有各种各样的分类;对这一切障碍法,无所不知,而且能够区分哪些是真正的障碍,哪些不是,以及了达种种相应的对治办法。此等障碍法以"心不清净"开始,用增一法逐一递增,至"十不善法",列举了种种有碍修行的思想和作为,然后说:"为欲止息、寂静、永断如是障碍法故,如来为诸有情敷演正法。"此无畏是对障碍众生修道的各种症状的诊断,由此确定如来演说"正法"的针对性和有效性。

(4)"生出离道无畏"。如来"于大众中唱如是言:我说圣出离所修,能正尽苦道,若诸有情修习此道,必定出离。此中诸天世间无能于如来前如法立论"者。

如果把佛说"障碍"譬如为众生诊病,此无畏就是依据病者病情开出的医疗处方,所以名"能正出离苦道"。此"出离道"从"以正趣道"开始,也以增一法而增至"十善道",列举种种出离诸苦的修持方法,然后结论说:

> 能出离者,所谓正行。言正行者,于此法中无有一法若增若减、若来若去、若取若舍。何以故?非行、正行者行一种觉。若能如实知见诸法,皆不二性,是则名为圣出离行。

"正行"本来是对治"非行",亦即上述障碍法的,但最后的结论,是两者不可分别,二者无分别,所谓"不二性"。这种表达方法,与其用空性解说平等的含义一样,但在思想内涵上有所不同。这里不是用"空",而是用两者"行一种觉"作为"不二性"的原因。也就是说,"不二性"亦即法性、法界、真性、如性,既可以从"空"上说,也可以从"觉"上说,似乎有既为客体又为主体,既可从客观看,也可从主观看的双重含意。这种思想,在一般大乘经中往往也不是很明确的。

以上四无畏,既要求实践上必须善恶是非分别清楚,弃恶从善,由染转净,同时要求认识上必须无所分别,心无所得,以"无二"法门指导宗教修习和社会活动。这看起来"有""无"平等,不偏不倚。但事实上,强调"有"的成分远大于对"无"的肯定。四无畏中的每一畏,都要重复这样一句话:如来"以大悲而为方便……光显大众,能令悦豫,遍身怡适,心生净信,欢喜踊跃";"由如来大悲熏心,为众生说流尽法"。此中"光显"就是为众生说法,说法就必有分别,而分别即是"有"的主要表现。

四无畏的目的,在于坚定对如来的信心:如来所说法是建立在对真如把握上的,具有现实的针对性,能有效地解脱众生诸苦,但不可分别执著。

四、关于佛的相状和性能之四:"大悲"与"菩提"

法性、真如,本无分别,佛智亦无分别,但佛毕竟还要说法,而且说了那么多,出了那么多的经,处处都是分别——这唯一的解释,是佛性格中本具"大悲",怜悯众生,不舍众生。本经用"大悲"取代"四无碍解",在如来的十大品格中显得特别突出。

> 诸佛如来大悲常转。何以故?诸佛如来不舍一切众生故,于一切时为成熟一切众生故。

如果进一步问,此大悲心无时无处无不遍及一切有情,是为了什么以及如何可能?回答是:"如来证得菩提不可思议。"因为如来"证得菩提",令他必然不舍众生,同时也有了发大悲心于众生的依据。这样,"大悲"即与"菩提"结下了不可解的关系,而"菩提"通过"大悲"彰显出它的特殊重要性。那么,什么是菩提,以及如何证得?这本来是大乘自一开始就提出来,并力求解决的大问题,但始终缺乏一个明确的、统一的答案。《菩萨藏经》则作了具体规定:

1. 菩提性"寂静"

> 菩提者,其性寂静。何等名为寂静……于内为寂,于外为静。何以故?眼性是空,离我我所,如是耳鼻舌身意,意性是空,离我我

所；若如是知，名之为寂。如实了知眼性空已，不趣于色，乃至如实了知意性空已，不趣于法；若如是知，名之为静。

从经文看，"菩提"不是什么别的神秘之物，它就是一种"了知"，是对"内六处"和"外六处"悉为"性空"、"离我我所"的了知。对内了知之性空为"寂"；对外了知之性空曰"静"，而"寂静"是一种认识状态，不是虚无。据说，此种认识状态的本性，乃是"清净"，亦名"自性清净"、"菩提自性清净"。经云：

> 云何名为自性清净？舍利子，菩提之性，体无染污；菩提之性，与虚空等……是虚空性……同于虚空；菩提虚空，平等平等，究竟性净。愚痴凡夫不觉如是自性清净，而为客尘烦恼之所染。

按照这里的说明，菩提就由一种认识状态凝固成了一种实体，一种与虚空相似，清净无染的"知"体，一种从"了知"性空无我中升华出来，自性"寂静"的"知"体。此体的功能是"知"，自性则"空"。它为一切众生所普遍共有；但愚痴凡夫对自己本有的知体不知"不觉"，以至于受到客尘烦恼之所污染。

此说似乎回到了部派佛教所谓的"心性本净，客尘所染"（《辩中边论》卷一）的老主张，但有本质差别——此处所谓的"心性"，乃是特指"般若"所理解之"知性"，而此了知之性，又归之为大乘追求的最高理念"菩提"，这样，它就从单一的"清净"心理，例如宁静、不浮动之类，变成了能动的、全面认识世界人生的根据和一切大乘智慧的本原。也可以这样说，尽管"菩提"不是指具体的，表现在现实运动中的认识能力，但却是这种能力的抽象化和实体化；虽然是空洞的、广袤的、静止的，但也是无限的，贯穿于一切具体认识活动之中，成为指导这些认识活动的机制。这是一个简单的等式："心性"="知性"="菩提"=精神实体。

2. 菩提性"离言"

把"菩提"诠释为精神实体，是笔者个人的看法，经文本身没有这样

的表达,而且一再强调:

> 言菩提者,不可以身证,不可以心证。何以故? 身性无知,无有作用,譬如草木墙壁、琢石之光。心性亦尔,譬如幻事、阳焰、水月——若能如是觉悟身心,是名菩提。(《大宝积经》卷三九,下同)

正由于身心皆不能证,所谓菩提也只能停留在言说的层面上,是故:

> 但以世俗言说假名菩提。菩提实性不可言说,不可以身得,不可以心得;不可以法得,不可以非法得;不可以真实得,不可以非真实得;不可以谛得,不可以妄得。何以故? 有菩提性离言说故,亦离一切诸法相故。又,以菩提无有形相用通言说,譬如虚空无有形处,故不可说。

由此推论下去,"如实寻求一切诸法,皆无言说。何以故? 由诸法中无有言说,于言说中无有诸法"。

这一段话,值得特别注意:菩提与言说是分离的,诸法与语言是分离的,所谓"菩提",只是一种"假名",并非"菩提之性";菩提之性,不可言说。由此得出一个普遍性结论:"由诸法中无有言说,于言说中无有诸法"。

这一观点,大大超出了般若中观学派。般若否定语言有把握真理的能力,但也否定没有把握真理的能力,属于非决定论的怀疑论。本经此处所论,对于语言之不能把握真实性,取绝对肯定的态度,对于脱离语言别有真实性,也取绝对肯定的态度,因而肯定有所谓"离言自性"的实际存在,则构成类似不可知论的本体论。我们知道,这正是玄奘所传瑜伽行派最有特色的主张。在这里,"菩提"虽然不可以言语知,以言语得,但并不影响菩提之真实存在,因为"菩提性离言故,亦离一切法相故"——此"法相"既指名言概念,也指感觉表象。

"菩提性"之离言离法相所显,称作"谛实义理";对菩提作此等理解,即是"诸法理趣"。就此而言,菩提又是一种义理、一种理趣,因而它不但是"了知"被抽象化了的精神实体,而且也是作为离言智慧的认识对象,具有了不依名相左右的客体性质。

3. 菩提性"不住"

这是进一步说明,菩提为什么不能被认识,以及为什么超出于认识之外。原文说,"菩提者无取无藏":"了知眼故,名无所取;不观色故,名曰无藏"。意谓菩提了知"眼"等内六处性空,所以无所取;不以"色"等外六处为实,所以不会收藏,此即谓之菩提性"不住于识"——既不能被识所识,也不为识所限制。故曰:"不取于眼,不藏于色,不住于识,乃至不取于意,不藏于法,不住于识。"但是,菩提"虽不住识,而能了知一切众生心之所住。云何了知? 谓诸众生心住四法……一切众生心住于识,心住于受,心住于想,心住于行。如来如是如实了知住于不住"。

大意说,普通六识是依赖六根、六境产生的,由此形成的"心"法,就被限定在五蕴中的非色四蕴"受想行识"圈子里,此名之"心住于识",心住于受、想、行。"菩提"则不取根、不藏境,因而不为"受"所支使,不受"识"所主宰,不勾画相(想),不造作业(行),总称"不住于识",略谓"不住"。"菩提"之区别于"识"的,即在于此等"不住";如来的智慧,则是"了知住于不住",亦即同于"住于菩提"。换言之,"佛智"即"菩提"。

4. 菩提性"空"

对于语言世界来说,"空"是"菩提"的本质属性,凡言菩提或菩提性处,无不是"空"。经云:

> 言菩提者,空之异名。由空空故,菩提亦空;菩提空故,诸法亦空。是故如来,"如其空性"觉一切法;"不由空故"觉法性空。由一理趣智故,觉法性空。空与菩提性无有二。由无二故,不可说言此是菩提、此是空性;若有二者,则可说言此为菩提、此为空性。以法无二,无有二相——无名无相无行,毕竟不行,亦不现行。所言空者,远离取执。胜义谛中,无法可得。由性空故说名为空,如说太虚名为虚空,而太虚性不可言说……如是悟入诸法,实无有名,假立名

说。然诸法名,无方无处;如名诠诸法,此法无方无处,亦复如是。如来了知,一切诸法从本以来无生、无起;如是知已而证解脱,然其实性,无缚无解。

这一段长文的中心,在确立"菩提即空"的根本命题。这个命题包含三层意思:

(1)"菩提空故,诸法亦空"。就是说,诸法空是由于菩提空。大小乘无不讲空,但空的含义和说空的角度各有不同,此处从菩提性空说明一切法空,就是别树一帜。按本经的上述看法,菩提性空,意即是心体本净、自性清净、内外寂静。如此,则凡心所生所起,都是外加与心体的所谓"客尘",其表现则是差别万千的"诸法",与"菩提"自性无关。也就是从这个意义上说,诸法虚幻,没有确实的性相。换言之,菩提空,指菩提自性清净空;诸法空,指诸法虚假不实空。两者虽同为空,指谓的内涵有所不同。由于菩提不可为"识"所识,是故建立在识上的一切表象都是虚幻,一切言说都是假立,没有"诸法"真实性的根据。所以经文要求,认识上不可取执,"远离取执",亦谓之"空"。

(2)"菩提与太虚等"。经云:

> 菩提之性与太虚等。然太虚性无等不等,菩提亦尔,无等不等;犹如诸法,性无真实,不可说等及不等……一切诸法,其性平等,无不平等。

用虚空譬喻菩提,是个老方法,此处在揭示菩提的另一个属性"平等"——菩提性平等、诸法平等,由此确立本经看待众生的基本态度。从佛教传统认为,虚空是构造物质世界和精神世界的六大因素之一,因而是"有",而且是"实有";它的特点是容纳一切物体和一切变化,但本身却非物体,也无变化。据此理解"菩提"及其与诸法的关系,则菩提性空并非说菩提是非存在,它容纳一切表象概念(名相、诸法)和精神活动(诸行),但自身却非表象和概念,也没有活动。

(3)"本无而生"。如果菩提等同虚空,则是永恒存在、无生无灭,那么世间万有、人生苦乐,来自何处? 这需要由"如实智"去理解:

> 何者名为如实智耶? 谓知诸法本无而生,生亦离散;无主而生,无主而散。若生若散,随缘而转,此中无有一法若转若还及随转者。

"生"本于"无",与永恒的菩提无关,菩提"无生",亦非主宰,故曰"无主"。其所以有"生",在于"随缘",因"缘"而生;有生必有灭,一切随缘而转,所以诸法"无主"。"无主"即"无我";菩提非我,诸法无我。这使"菩提"论者与一切有我论者区分开来。"本无而生"之说,与《老子》的"有生于无"在理论形式上极为相像,这也可以解释为什么早期译"菩提"为"道"的一个原因。

5."菩提即是如句"

按照"菩提即空"之说,菩提被放置在语言所不能了达的彼岸,一切言语认识似乎全不能把握也不能表达真理了。但到这里,似乎又有了转机:"言菩提者,即是如句"。

"如句"的"如",指"真如";"句"指表达,对菩提的如实表达就是真如,或者说,对菩提的表达同表达真如一样,必须"如实":"何等名为如句之相"? 所谓"如菩提相",经云:

> 如菩提相,诸色亦尔,同彼真如,无有退还而不遍至;受、想、行、识亦复如是,如彼真如,无不遍至——如菩提相,同彼真如,四大之性亦复如是,同彼真如,无有退还而不遍至。如菩提性,同彼真如,眼界、色眼及眼识界乃至意界、法界、意识界,亦复如是。如菩提相,但假施设,一切诸法蕴、界、处等,但假施设,亦复如是。知如是相,名为如句。

"如句",即是"如菩提相";"如菩提相",即"同彼真如";所谓"彼真如",即遍在于五蕴十八界中的"真如"——转了一个大圈子,所谓"如句"即是表现在一切事物中的菩提相,亦即真如。这话读起来是很艰涩,其实意思很简单:菩提本无相,其贯穿于一切事物之中,作为事物的真如,表示这一切事物无非言语假名施设。换言之,菩提"无相",诸法"无相",所有诸相,悉是假名施设,对于这一认识的语言表达,即谓之"如句"。是故"如句"就是对性空的语言表达。语言对于认识菩提的全部功能,亦在于此。又云:

> 如来一切如实觉悟,不颠倒觉,犹如前际,中后亦尔。何以故?前际无生,后际无趣,中际远离,如是一切名为如句。如是一句,一切亦尔;如是一切,一句亦尔;非如性中一性、多性而是可得。

据此,"如句"亦可解作"如实"的觉悟,此"如实"即是诸法性空而不可得。用言语表述之"如实"或"如性",谓之"真如法句"。"如句"则是"真如法句"之略。

6. 菩提与"行"及"无行"

> 菩提者,名入于行及入无行……发起善法名之为行;一切诸法即不可得,名为无行。住不住心名之为行;无相、三摩地、解脱门,名为无行……所言行者,称量算数观察于心;言无行者,过称量等。何名为过称量等?以一切处无有诸识作用业故。

"行"即行善之类;虽行诸善,而心于一切法皆无所得,是谓"无行"。又,"行"指"住不住心","不住心"即是无常,属平常心行;修持"无相"、"三摩地"和"三解脱门",是名"无行"。又,心有"称量"是为"行",超越"称量"则为"无行";所谓"称量"指计算考量,即平常的思虑,"超称量",则不受平常诸识的支使。如此类推,依据"菩提"之实践,即是了达世间和出世间的统一,是"有为"和"无为"的统一。

7. 菩提"无流无取"

据"菩提"观察生死本原,了达无相、无缘之理,由之超越世间生死,此谓之"菩提者,无流无取"。经文解释,所谓"欲"、"有"、"无明"、"见",统名"流性";无此四流性,即是"无流"。接受和追取"欲"、"有"、"见"、

"戒",名曰"取性";离此四取性即是"无取"。"流"谓流转生死;"取"谓取著于"我"及由"我"而来的"爱"和"分别"——是名"我取",亦即"无明"流向生死的根本因。"菩提"则于此无流性和无取性中体现出来,"我取根本,自性清净"。

与此理相应,思维观察,不起无明,即是"无生";由此"无生义"而有"缘起义":"诸缘起义者,即是法义;诸法义者,即如来义"。据此,"若能如是观缘起者,即是观法"、"观如来",而"离真如外,无有所观"。于是由"无生"而"缘起"而"法"而"如来",通过这一系统的观察,再回到"无生",以致"无所有"的认识上。什么是"无所有"?"无所有"是对"有所有"的否定:

> 云何有所有耶?谓相及缘,如是二法。若能观察无相、无缘,即真实观察如来。

"相"是无量无数之法相;"缘"是法相间的联系,或联结诸多相关法相为一的纽带。因此,"相"与"缘"是一切有的概括。若能观察"相"及"缘"本来"无所有",那就是"如来",把握了"真如"是谓"菩提无流无取"。

8. 菩提"无垢无执"

> 夫菩提者,其性清净,无垢无执……空故清净,无相故无垢,无愿故无执。

这是对上述菩提性的总结:从"空、无相、无愿"三解脱门看,菩提性清净,无垢无执。由此推及,无生、无作、无取,自性、遍净、光洁,无戏论、离戏论、戏论寂静,真如、法界、实际,虚静、无碍、空寂,以及"内遍知、外不行、内外不可得","过去尽智、未来无生智、现在法界住智",诸如此类大乘观念和命题,均可以"清净、无垢、无执之性"归纳之,最后又"同趋一句——言一句者,谓寂静句",所谓"诸寂静、极寂静、遍寂静"亦即"大牟尼"。于是一切"诸法本来清净无执",故说"涅槃诸法平等,一名究竟"。

本经用了如此大的篇幅来论述菩提之性相,以及应该如何依菩提的真实面貌(真如)去认识和实践,是诸多大乘经籍中论述最为具体而详尽的部分,对于菩提内涵的规定,有些是旧说的复述,有些则是此经的独创,尤其是关于菩提性之离言,以及菩提与语言的关系,极具理论意义,在瑜伽唯识哲学中占有重要地位,这里只能讲到这个程度,略备存照的意思。

"菩提"既是"离言"的客体存在,识所不能识,但却是可以被如来觉知证得的对象。那么,它是怎样被觉知证得的呢？回答是:"如来入如是无根、无住故,证得菩提。"这里的"入"相当悟解、觉了等,表示认识深切的意思。如来觉知的"无根无住",是对"根"与"住"的否定。其中,"有身为根","有身"指生命体,众生执"身根"为"我";此根之体性空,即是"无根"。"虚妄分别为住","虚妄分别"相当于一切世间之因,这里特指"我执"之因;世间空、我空,即名为"无住"。"如来于此二法平等解了,是故说言,犹如如来入无根、无住故,证得阿耨多罗三藐三菩提",意谓认识到"身根"与"虚妄分别"是同一的"性空",平等无别,那就是证得了"菩提"。因为"菩提"之所以"自性清净",就在于它自性是"空":无我,无分别。

最后,经文回到了佛的本性"大悲"上来。为什么如来由"证得菩提"必发"大悲"？

> 一切众生于是自性清净不能解了,如来于彼发起大悲:我今定当开示,令其解了如是自性清净。

一切众生无不"自性清净",而自性清净是自我具备的离苦至宝,为什么要陷在生死诸苦之中,而不去开悟自己的自性呢？

> 一切众生于此寂、静二法不能解了,如来于彼发起大悲:我今定当开示,令其解了如是寂、静二法。

所谓清净,即是寂静。因此,为了向一切众生"开示"各自拥有的"自性清净"和通达"寂静二法"之路,这就是如来发起大悲的动因,又正是这大悲推动如来入于世间,为众生说法。这样,大悲就成了佛必须入世而不能停止在出世的唯一原因;入世的根本任务,则在开示众生的"自性清净"以及对其解脱途径的指正。

基于开启众生自性清净的大悲,即所谓佛,也是本经给佛规定的最本质的属性。至于"菩提"怎样才能证得?佛说:"我证菩提,无入无出",即对入、出的否定。

> 所言入者,名执诸法;所言出者,名不执法。如来明见,无入无出,平等法性,犹如如来明见,无远及无彼岸。何以故? 以一切法性离远及彼岸故。

总而言之,是既不执著诸法,也不远离诸法;既不陷入世间,也不出离世间,而是把世间和出世间在本有的"菩提"基础上统一起来,付诸实践。正是佛证菩提"不出不入",才使佛遍施一切众生的"大悲"成为可能:

> 佛如来大悲常转。何以故? 诸佛如来不舍一切众生故,于一切时为成熟一切众生故。

"大悲"之所以能够常转不息,在于它"不由功用,任运常转,流布遍满十方世界,无有障碍"。

如果说,佛是"菩提"的已经证得者,菩萨则是"菩提证得"的追逐者。要想成佛,作为菩萨的首要任务就是"信受"上述如来种种"不思议"。由菩提而发的大悲,也是如此:

> 菩萨摩萨诃闻如来不思议大悲同虚空已,信受谛奉,清净无疑,乃至发稀奇想。

所以对于如来和如来神异的"信受",就成了做菩萨的思想前提,于是大乘佛教又增加了一层信仰主义色彩。理性与信仰,始终并存在大乘菩萨行中。

五、关于佛的相状和性能之五:如来性之"十八不共"

为什么"如来"理应接受众生的崇拜? 因为他很特殊,与众不同。他的特殊性集中为一点,是不犯错误、没有错误,是永远正确、绝对正确的化身:"所谓如来处世,无诸误失,以无失故,名为如来。"(同上,卷四〇,下同)分别来说,共计十八项。譬如第一,"诸业无有误失不共佛法"——如来"处世","身"、"语"、"心"所有活动无不如律如法,完全合乎佛教对于僧侣的要求和规范,因而"毕竟无误失",可以垂范世人,作世人师表。如是,第二不共曰"言无卒暴",三"念无忘失",四"无不定心",五"无诸异想",六"无简择舍",七"志欲无有退减",八"正勤无有退减",九"念无退减",十"三摩地无有退减",十一"智能无减",十二"解脱无减",十三"身业智导"(全称"一切身业智为前导随智而转",即以"智"指导一切身行),十四"语业智导",十五"意业智导",十六"过去无碍智"(全称"于过去世无著无碍智见转"),十七"未来无碍智",十八"现在无碍智"。

这十八不共的内容,其实是为大乘菩萨思想行为设置的标尺、规范的理想品格,在一般大乘经中都有不同角度的说明,所以内容并不新鲜,唯一的特点是把它们永恒化并加到佛的身上而已。此中需要略加说明的是所谓"意业智导"。"云何如来一切意业智为前导随智而转?"答曰:

> 夫如来者,心、意与识皆不可说……夫如来者,应以智求;智增上故,说名如来。此如来智,随至一切众生之心,随入一切众生之意,不离一切众生之识;焚荡诸法、诸三摩地,不从他缘,超过一切所缘境界,远离缘生,灭三有趣,超诸慢种,解脱魔业,离诸诌诳,舍我我所,除灭无明痴暗之膜,善修道支,与虚空等,无有分别,与诸法界而无差别……如来证入如是意业,为如是相智为前导,随众生心而为说法,令彼证入如来意故。

此处的"如来智",与"菩提"的内涵是相等的;此智亦名"如来意"。"如来智"追随并进入一切众生的心意识(意即一直存在于众生的心意识之内,但又不为众生普通的心意识所知,所以需要如来令彼证入),那么所谓"如来"又存在在哪里,又怎样为众生说法?经文本身没有解释。原因是,菩提、如来以及如来智、如来意,实指同一个为一切众生本有的清净"心性";就其心性本体而说为"空",为"无分别";就心体功用而说为"智",为"意"。从其不可言说看,它是了知的客观对象;从其可以了知诸法性空看,它又是能够把握事物本质的认识主体。所以菩提与佛智的统一,是本体论与认识论的统一——能够证入如来智的"如来",其实就是"如来智"的拟人化。换句话说,是众生本有而未被证知的菩提,去证知自己本有而尚未证知的菩提——菩提既是被证知的客观对象,同时也是能够证知的主体;客体与主体统一在同一个"众生"中。这一思想,非常贴近旧译瑜伽行派的主张。

六、关于菩萨道的新概括

综上所述,重点刻画的是佛的外在形象和内在性能。以下则是如来为立志成佛的菩萨们确定的行为规范,所谓"菩萨道"即"菩萨行"。

早期大乘哲学,特别是般若经类确定的菩萨实践,主要是六波罗密。至此,则增添了"四无量"和"四摄法",与"六度"一起,成了此后大乘佛教的共识。一般认为,菩萨道的这一新结构,也是《菩萨藏经》最重要的奉献。

1. 所谓"四无量"

"四无量"即"慈、悲、喜、舍",本是早期佛教就提倡的一种禅观,大乘佛教把它吸收过来,变成为一种菩萨精神,一种完全为了善待众生、利益众生的为他主义精神;同时扩大它的功能,提升为菩萨修习,获得菩提、成就佛果的基本内涵,故又名"四波罗蜜",并各冠以"大"字,所谓"大慈、大悲、大喜、大舍",以示与早期佛教"四无量定"的区别。区别的要点,是不再将"慈、悲、喜、舍"停留在个人独自观想的范围,而是深入现实的众生之中,切实履行"菩萨道"。"云何名为菩萨道耶?所谓菩萨摩诃萨于诸有情精勤修习四无量心"(同上,卷四一,下同)。

(1) 关于"大慈":云何菩萨"于诸众生精勤修学大慈无量波罗蜜?所

谓菩萨摩诃萨行菩萨道，为阿耨多罗三藐三菩提故，尽众生界，慈心遍满"。这里强调，菩萨的"慈心"必须遍及一切众生，一个也不许遗漏。譬如"虚空界无所不遍"，菩萨"大慈无量，亦复如是，无有众生含识类而不充满"；"空无边故众生无边，众生无边故慈亦无边"。此"众生无边"还特别包括"众生性"无边——意谓众生之差别性无边，"慈心"必须适应不同众生的不同需要，因此"修慈善根，遍众世界为无限量"。

"大慈之相"有二：一是"此慈无量，能护自身"；二是"此慈如是，发起他利"。所谓"能护自身"，在于"慈能除断忿恚根栽"，"于无争论"中最为第一；"以慈严身，所有威德"，受人称赞。所谓"发起他利"，在于"此能令彼多瞋、暴恶、不忍众生发清净信"，"将导一切众生趣于解脱"。

总之，"大慈无量，捐舍自乐，能与一切众生安隐快乐"，而菩萨"由成就是大慈无量故，观诸众生常怀慈善"，"毕竟度脱一切众生"。故云："慈为大乘，最具前导"。此外，从认识层次和所缘对象上还可以分"慈"为三种，所谓"众生缘慈"、"法缘之慈"、"无缘之慈"等。

（2）关于"大悲"：云何菩萨"大悲无量波罗蜜"？菩萨"为欲证得阿耨多罗三藐三菩提故，应以大悲而为导首，如人命根，出息入息而为上首……所有一切诸佛正法，皆以大悲而为导首"。因为菩萨"度诸众生，行于大悲，毕竟不舍一切众生"。于是"大悲"就成了大乘的"命根"。它的具体体现，首先反映在对众生现状的看法以及采取应对的态度上，譬如"观诸众生，虚伪身见之所束缚，为主恶见之所藏隐"，如此观已，乃"发起大悲：我当为彼说微妙法，令其永断虚伪身见种种缠缚、诸恶见等"。如此类推，"观诸众生安住不实颠倒"，"愚痴颠倒、耽嗜爱欲"等等，共计十类生死烦恼，菩萨依次发起大悲，令彼永断，趋向涅槃，总名"观众生性，发起十种大悲无量"。

继之说明"大悲"产生的原因，亦有十种，通名"十种大悲转相"，例如"如是大悲，由于不谄而得生起"，如是不诳、不曲、不诈妄以及"由护彼故"、"由舍自乐"、"为欲荷负众生"等而发生，着重论述菩萨大悲应该具有的品质。菩萨成就如是大悲波罗蜜,即能"作自所作,善作所作,不变异作,为诸众生作所应作",令一切众生"如意满足"。

(3) 关于"大喜":云何菩萨"大喜无量波罗蜜"?"为众生故,求阿耨三藐三菩提时修行大喜"。此喜"有无量相",略谓:于"诸善法,忆念欢悦,清净妙喜","远离一切乐世间性","能令内以欢悦,身力勇锐","乐于如来之身",以至于诸菩萨、于正法所、于如来所、于尊重师、于诸众生等"起爱乐心",由此外现欢悦之相貌、内存爱乐的仪容心地,喜爱"三宝"和一切众生,喜爱修习正法并引导众生修习而不厌倦。

(4) 关于"大舍":云何菩萨"大舍无量波罗蜜"?此"舍"有舍离、不追求、不在意等义。共分三种:

其一名"舍烦恼舍",对于善恶、是非、高下、誉谤、讥称、怨亲、苦乐、自他等差别烦恼事,不生执著,平等称量,其心无二,如是"于身命所,情无顾恋;于下中上诸众生所,起平等照;于隐、现法起平等性;于谛、非谛自体清净"。总之,于所有差别烦恼事,"若能自然起胜对治",即是"舍烦恼舍"。

其二名"护自他舍"。此有二义:其一,即使身受他人肢解,"其内心唯住于舍,无所希望及以追求;纵于身语起诸变异,具能堪忍"。同时,"被他所损,不加报故,于自于他,俱能忍受"。其二,不随世俗认识、不受主客观左右而生损害心;"所谓不由眼相及以色相,乃不由意相及以法相心生损害"。

其三名"时非时舍",知何时该舍离,何时不该舍离,具体谓:

> 非法器诸众生所,应起于舍;不恭敬所,应起于舍;于无利益讥毁苦恼,应起于舍;于声闻乘趣正决定,应起于舍。

此中将"非法器众生"和"声闻乘趋正决定"者同"不恭敬所"、"无利益"等并列作应该舍离的对象,与前述之"大慈大悲"相抵牾,而与本经之倾向种姓说一致。

由此看本经对"慈、悲、喜、舍"四无量波罗蜜的诠释，有异于他说处，主要有二点：第一，将四无量的无条件为他主义，充实以大乘教义为内容，并当做为己求得"无上菩提"的手段；第二，将"舍"之"平等"义，增补以"舍离"义，从而背离了大乘一贯主张"不舍众生"的菩萨精神，使"四无量"普门价值大打折扣——这与后期大乘特别强调选择"法器"可能有关——选择门徒不当，可能蒙受严重后果，尤其是对密宗而言。

2. 所谓"四摄法"

"四摄法"即"布施、爱语、利行、同事"（同上，卷五四，下同）。这也不是《菩萨藏经》的新创。旧说将"四摄"用于法师如何团结他的弟子辈，以顺利完成如法教授的任务，此处则将正确处理师徒关系的原则，扩大到对一切众生上，成了菩萨担任众生导师这一角色所必须具备的条件。本经在《大自在天受记品》里解释什么是菩萨"随摄法转"时说，菩萨"具足如来四摄之法，由是法故，菩萨摩诃萨恒处长夜，摄诸众生"。所谓"摄诸众生"，就是把众生吸引、团结、争取到"如来"身边。这是菩萨恒处生死长夜的根本任务，也是主要理由。

此"摄法"有四："布施、爱语、利行、同事"。简单说来，就是施他人以财物、佛法，对他人讲说要使用令人爱听的话，满足他人之所意乐和实际利益，与他人共作同一事业。如果作为待人处事的基本态度和基本方法，这"四摄法"有普遍意义，但由于"施""语""利""事"的内容往往会有极大的不同，因此从佛教讲来自有它的含义，而本经所说也有别于早期佛教的解释。譬如说：

> 言布施者，如法求财，常思行舍，拯济贫乏；言爱语者，既施财已，重复安处，令住法义；言利行者，自利利他，平等摄受；言同事者，为欲利益诸众生故，究竟发起一切智心。

这里第一，肯定"求财"的必要性，因为"财"是菩萨行使施舍的真正前提；

第二,施舍的根本目的,在于令受惠者乐于接受菩萨所说之"法义"。从大乘来说,这一求财、布施、说法的过程,不但利他,也是自利,所以叫做"平等摄受"。这个自利的集中体现,就是在利益众生当中发展"一切智",提高自己和他人的佛教觉悟。据此,以"四摄法"观察一切宗教布道的基本法则,也可能得到启发。

然而最能体现本经宗旨的,还是下列解释:

> 言布施者,为欲坚固菩提根本;言爱语者,为欲成就菩提萌芽;言利行者,为欲开发菩提妙花;言同事者,为欲成熟菩提胜果。

这话集中起来表达一个思想:"菩提"虽为一切众生所有,但要据此成佛,就必须坚固这菩提根本,促成菩提萌芽,开发菩提妙华,成熟菩提胜果,一时一刻也离不开"众生";布施众生,爱语众生,利行众生,与众生同事,是菩提发自根本到最后结果的唯一条件;因为离开众生,"菩提"等同废物,菩萨即一事无成。糟糕的是在此文之后,还有借某长者子的另一段话:

> 我今者率领眷属将往佛所,为求如是广大佛法,为欲成办不可思议、不可称量诸佛智慧。为欲种植无上正等菩提善根,汝等若欲成就广大诸佛法者,可共同诣彼如来所,当共种是广大佛法无上善根。

若按此文诠释,则"菩提"并非众生所固有清净心性,更不是佛智的主体,而是佛从众生心外种植的"善根",是佛教自外向内灌输的结果,对众生的"四摄"全然无用了。

"菩提"的实质是佛性,一直是大乘佛教追求的最高目标,但关于它的性能,诠释者虽然不少,而能言之成理、自圆其说的不多。从玄奘所译的此段文字看,产生这类矛盾的根本原因,是理性思考与偶像信仰的不可调和性。既要坚持理性,又要维护信仰,是贯穿全部大乘佛教内在的基本矛盾。

3. 所谓"六波罗蜜多"

其基本内容与《六度集经》等大同。但某些具体主张,则有自己的特点,尤以"持戒"和"般若"最为显著。

(1)论"持戒度":所谓"尸罗波罗蜜多"(同上,卷四二,下同)。

此度以规范行者的"身、口、意"三业为核心,与早期佛教的一般见解无别;又以"诸业"和"尸罗","性不可为作",不应分别,不应执著,由是"正知行,故名持戒者",以致"不毁尸罗、不取尸罗而行于行",这与大乘佛教的一般主张也是相同的。但是,在讲到"观身"时,除重复传统上观身是"病"、"不坚"之外,特别强调种植"福田":"依诸福田,常养慧命,以不坚身贸易坚身"。此所谓"坚身",是由修"福"而得,相当于世间长寿。这种长寿,是泛指同一身命住于世间的久远,而不限于一生的岁数多寡;寿命的长短,也不限于是"人"还是"天",所以又有"不顾身命,以不坚身贸易坚身"之说。此外还有所谓"以彼朽烂、坏衰、老无常身,转成于佛身及难思法身",则不只靠智能成就,而且从修福亦可获得。于是追求坚身长寿,常驻世间,以致获得佛身法身,都可以从修福中实现了。智慧的作用,显然被减色了。

突出福报本是"施波罗蜜多"的主题,但本经在"戒度"中也非常强调,就很有意味。譬如因持戒而生于"人"中,能"获得五种希有圆满之法"(同上,卷四三,下同),其中有"于舍宅中安设空器,随菩萨手所及之处,一切众宝即皆盈满"——这是"聚宝盆"的来源;"若遇渴时,即于其前具八德池,自然涌现","福德持身,不为外物之所侵害,所谓若毒若刀,若水若火"之类——这是抵御饥渴灾难的手段;若灾劫起,"若刀兵劫,若饥馑劫,若疾病劫",乃至水、火、风、渴等劫起时,"菩萨不生其中,便处天上,受极快乐",而且可以"永不复生诸难之处"——这是提供逃避灾难的处所。不止如此,还能"制衰老,不为所侵","资生作业,百倍获利",以致"获得四种尊位之相",所谓"为转轮王,威加四域",为四大洲之所朝宗;所谓"为王敬重,请升御座,又为宰相群臣守卫,众会国界人民所共尊

仰"——如此等等,天上人间,福、禄、寿、权、智,一切美事、乐事、能事,都可因持戒而集于一身:

> 具足如是清净戒故,无有人天诸妙快乐是诸菩萨而不受者,无有世间工巧等处是诸菩萨所不知者,无有世间诸众生等所受用具是诸菩萨不获感者。

在我们广泛介绍大乘倡导大慈大悲、诸法平等之际,了解一下此类因果福报之说,以及由中反映出来的近乎变异的心态,会增加对大乘思潮的更全面的认识。

于"戒度"中讲因果报应,还有一个特点,那就是"于一切众生起父母想"(同上,卷四四,下同):一切众生,或过去世曾经是我的父母,或未来世可能是我的父母,所以现在我必须以父母看待之:

> 菩萨摩诃萨行尸罗波罗蜜多时,作是思维:无有众生于彼过去久远世来、非父非母易可得者,何以故?一切众生定曾为我若父若母,然由于彼生贪心故,舍于母想;生瞋心故,舍于父想。

要求于一切众生起父母想,从正面解释是应该慈爱众生、不要杀生,但在这里不是这个意思。按佛教的传统解释,人之所以降生,直接原因是于冥冥中见父母交合,对母起"贪心",对父起"瞋心",很有些像弗洛伊德的精神分析中所谓恋母情结。因此,对众生起父母想,主要是指不可对异性起贪欲想,为的是坚持和回归原始的禁欲主义。

像此处宣传的禁欲主义,在大乘经籍中实属罕见。它创造的菩萨典范,是不分昼夜,恒起"无常之想,一切世间不可乐想";"未曾于乐而生耽著","于诸欲中未曾贪染"。它要求"安住净戒,于彼诸欲,恒兴起厌违背之心……于诸欲中,起真实违厌之想"。为此,必须"了知诸欲之相,又能了知诸欲违厌":"诸欲,名为贪爱:谓贪爱眼识所识诸色,是名为欲;贪爱耳识所识诸声,是名为欲,如是贪爱……身识所识诸触,是名为欲"。总此贪爱"色声香味触"五境,即名为"五欲"。"若有贪爱,则有执著。夫执著者,名之为结;结名发起,发起名缚,又亦名为不实戏论……一切众生皆为不实戏论诸缚所缚",是故"五欲"即是"五缚"。以"色"为例,"谓于自身所得诸色,妄起我"等想,名为"色缚";"于所起我自体想,深亲宝重,广兴我爱,于诸妻妾一切女色,恋着不已,如是名为色缚所缚"。

有妻有妾,是在家的标志。此经的异于其他大乘经,最突出之处在于抨击在家者,而且就从其拥有妻子、能够受用诸欲着眼。因为"既得受用诸欲法已,造不善业";尤其因为"一切习近欲时,无有少恶而不作者,彼若报熟,无有少苦而不摄受",所以说"一切千世界中,众生大怨,无过妻妾女色诸欲"。无智者与有智者的区别,就在于前者"摄受男女妻妾诸女色等",而摄受此等事者,"略说则是摄受怨雠,即为摄受地狱、傍生、焰魔、鬼趣等","即是摄受一切恶不善法"。据此断言:"若有乐处居家,耽嗜不舍,当知即是乐处冢间,是故我说,乐处居家如住冢间";"若有摄受居处舍宅,当知摄受大热铁瓮"。对于家庭的如此强烈的憎恶和抨击,自西晋竺法护以来几乎是没有的,而至玄奘达到极端。

接着是对妇女的抨击:

> 当知妇人是众苦本,是障碍本,是杀害本,是系缚本,是忧愁本,是怨刘本,是生盲本……何因缘故名为妇人?所谓妇者名加重担。

能使众生负重担故,使众生持于重担有所行故,令众生于此重担心疲劳故,为于重担所煎迫、所伤害故。

> 复以何缘名之为妇?所言妇者,是诸众生所输委处,是贪爱奴所流没处,是顺妇者所输税处,是妇媚者所迷惑处,是妇胜者所归投处,是屈妇者所凭仗处,妇自在者所放逸处,为妇奴者所疲苦处,随妇转者所欣仰处。

居家当然以夫妇为本;由于成家,女方就成了男方的重负,成了一切不善的出处。于是由对妇女的攻击再次转向对居家的攻击,最终还是落实到对妇女的攻击上。此处有言:"世人名妇以为母众",或曰"母幻村"。为什么?因为"一切女人生多过失,无边幻诳……善能示现幻诳之术","能令丈夫若见、若闻、若摩、若触,皆被系缚";又"巧知惑媚","于一切时能令丈夫不得自在,随彼女人系缚驱使"。这类攻击性语言很多,男性的贪欲全在于女性的存在,于是"万恶淫为首"就变成了"女为万恶源";至于根深蒂固的男尊女卑,以及女性遭受男权主义的损害和侮辱呢,一字不提——顺便指出,玄奘特别受到唐太宗的青睐,至唐高宗和武则天则开始失宠,与他的译籍中充斥着对女性和家庭的攻击不无关系,而本经之始终得不到广泛流通,这可能也是一个重要原因。

另一方面,本经也与其他大乘经有相同之处,即要求对所有女性起"亲属想":

> 应更起三种亲想:所谓于母等类起于母想,姊妹等类起姊妹想,于女等类而起女想。

但是,要求对女性起亲属想,并非起于对女性的尊重,而是为了抵抗女性对菩萨可怕的诱惑,是在修习诸如"不净观"等等对治贪爱、厌离贪爱无效后的补充措施,所以接着说:

> 是诸众生皆曾为我而作父母,若有习近妻妾女人,则为习近过去之母。

为什么此经如此之仇视女性?这固然可以解释为对性爱的恐惧,但重点却放在丑化和仇视夫妻关系,以及由此组成的家庭上,对于受过儒家深刻熏陶的译者玄奘来说,实在是难以理解。这在玄奘研究中应该是一个待决的问题。我想,原因之一,可能他不满于当时已经十分时髦的在家"菩萨",把佛教坚持戒律的严谨性和严肃性涤荡殆尽,或以"空观"粉饰居家"菩萨"的权势、放荡和无耻。这在经文讲到"精进波罗蜜多"时可以略窥一二:

有五种在家菩萨:一、"在家菩萨,为王师傅,以威势力恐怖众生……凡所出言,无非为利"(同上,卷四七,下同)。二、"在家菩萨,住毁城法",

此"城"指"戒",尤其是指比丘尼戒,"彼诸在家菩萨来是住处(指比丘尼住处),污其戒众;以毁戒故,名住毁城"。三、"在家菩萨,见诸有依(指生存所需的物质条件),善说法律、演正法时,便于父母、兄弟、姊妹、妻妾、男女眷属及诸众生而为法障"。"法障"指障碍听受佛法。四、"在家菩萨,闻佛经中如来赞说少欲知足、出要相应独静山林离苦之法,心生不信,轻毁诽谤,亦教他人起如是见"。五、"在家菩萨,依止国王及诸大臣乃至富贵有自在者,行弊恶行,恃为势力,讥毁诃骂、轻蔑戏弄无量众生"。

这类情形,自东晋南北朝以来就不乏实例。因此,从东晋开始,中国佛教力求建立适合本国国情的戒律体系,但最后没有成功,不得不放弃大乘律,接受小乘律——自北魏至隋唐,形成以《四分律》为基础的律宗,将佛徒主体定位在出家的僧尼上,而非在家的居士,这与玄奘译籍的基本理念是相通的——当然,本经也不一定完全代表玄奘的思想,因为他也是《维摩诘经》的再译者,即《说无垢称经》。

佛教提倡出家,以及以出家为基本特征的禁欲主义,一个重要原因,是轻蔑人身,厌恶人身,《菩萨藏经》也继承了这个传统,不过论说的重点是放在有"身"即有"病"上:"一切众生皆是病者。何以故?由为三毒常热恼故"(同上,卷四八,下同)。世上没有什么良医良药能够治疗这种病症,"唯有如来无上医王、法身菩萨,以大愿力而得除灭"——此处提出与"在家菩萨"抗衡的"法身菩萨"概念,以及对"法身菩萨"作的一些具体规定,比较稀罕。

首先,什么是法身?什么是法身菩萨?这个问题在般若经和中国般若学中,有过不少论述,按东晋道安据鸠摩罗什的解说,"法身"为三种:一、"法身"即"实相","与泥洹同像"(《鸠摩罗什法师大义》卷一,下同);二、"法身同化",如水月镜像;三、"真法身"即"法性生身","能久住于世,犹如日现"。关于佛有三身之说,后出的大乘经籍中还有许多其他诠释,一般称那个与泥洹"同像"的"实相",名为"法身";"同化"之身即名

"化身";所谓"法性生身",则相当于本经讲的"菩萨法身"。鸠摩罗什于《大乘大义章》说:

> 菩萨得无生法忍,舍肉身,次受后身,名为法身。所以者何?体无生忍力,无诸烦恼,亦不取二乘证,又未成佛,于其中间所受之身,名为法性生身。

简单地说,菩萨自得"无生法忍"(此指菩萨于把握真谛、法性的一瞬间所得之智慧)开始,到成佛之前,已经超越生死之身,但能化作生死之身,类似后来所说之菩萨"意生身",即称"法性生身",亦即"菩萨法身"。此身的根本任务,在于根据自己的"愿力"从事利他活动——他只是为了救助和度脱一切众生而存活。然而据《菩萨藏经》这里假释迦牟尼之言说:"彼然灯佛授我记已,尔时便证法身成就"(《大宝积经》卷四八,下同),意谓菩萨只要得到佛的授记,就算证得法身,成为"法身菩萨",与般若学者的解释有所差别。

引人兴趣的还有对菩萨"修获法身之相"的描述:

> 无生无死,坚固难坏,犹如金刚……(然此法身)圆成具足……非有功用,但以其身,则能成熟无量众生;不假其心思量分别,即此菩萨身,自能知了诸身相随,入自身真如法性。自身真如,随入诸法真如;诸法真如,随入自身真如;自身真如,随入诸佛真如;诸佛真如,随入自身真如。

由此推知,过、未、现"三世"真如互入而不相违;"蕴、处、界真如,即染污、清净真如;又染污、清净真如,即流转寂灭真如",如是"一切行即是真如,而此真如即一切行"。

大意谓,"菩萨法身"具足世间和出世间一切法、一切行,超越三世生死而不离三世生死。所谓超越生死,表明其身永恒不变的"坚固";所谓不离生死,指其能够化现种种世间"身相"。而此"菩萨身"说到底,就是众生固有的"真如法性";菩萨所化种种"身相",也只是自身真如法性的体现。这样,我们就又回到了"心性本净"的"菩提"上,而"菩萨法身"既是菩提心性的另一种表达,也是对证得此一心性之有情的称呼;既是真如"理",也指"人",即真如"理"化了的人。

"夫真如者,即是(诸法)实性,即是(诸法)如性"。正因为真如理存在于诸法中,所以一切读法都是真如理的表现,不仅表现为寂灭,也表现于流转;不仅表现于清净行,也表现于染污行——自身真如与诸法真如以及诸佛真如,尽管存在的形式互有差违,其同一真如没有差别。

是故,菩萨法身亦即"如来身","于如来身平等法性,即观自身平等法性,又于自身平等法性,观察如来平等法性",以及观察一切身及非身,直到"于缘生法了一切身,即了知已,引摄法身"。此处要求将"如来身法性"与"自身法性"互相观照,然后推及一切身或非身,认识到在"法性"上,一切有情及一切法悉皆"平等",无有例外,然后观察"一切身"本自"缘生法",再从"缘生法""引摄法身"——即众生的"缘生身",本质就是"法身","法身"就存在于"缘生身"中。因此佛说,菩萨"当于引摄此法身时,我说是等便证法身;既得证已,又能示现蕴、界、处身,当知是身法身所显"。一旦了知缘生身的本原即是法身,就等于证得了"法身菩萨";在这个基础上,继续显示缘生身(即蕴处界身),则是法身菩萨之"行",构成自觉的菩萨行。

瑜伽行派的"三自性"说把"圆成实性"定为一切诸法的最后法性,修持者的最高的认识和获取的最高成就,抽象说来十分空洞,从这里对"菩萨法身"的描述中,则可以得到更具体更清晰的表现。

这里顺便插一段"精进波罗蜜多"所说菩萨行为良医的故事:"菩萨摩诃萨亦以大愿自严持身,为法良药",解除众生一切病痛。有种种医疗方法,其中最稀奇的一种是让众生同吃"菩萨肉"。"时赡部洲内,一切众生为病逼故,段段割截菩萨之身"。是诸众生噉吃菩萨肉已,"一切病患悉皆除灭",复令众生心得安乐,形无变异。此名"菩萨肉施"。

还有一种是触摸治病。一切众生"若有值遇如是法身,若见若闻,即皆调伏，触彼身时，能令众生作诸义利"。这种触身之法，有些怪异，譬如"大医王"，"聚集众药，和为形相，变成女像，妍质华美，净色悦人……是药女像，虽无思虑，又无分别，而能示现往来住止、若坐若卧，诸有豪贵大王、王子、大臣、长者及诸小王，有病恼者"，医王"即以药女赐为仇匹。彼诸人等既蒙所惠，便执药女暂身交触，一切患苦自然消除"。

法身所显菩萨，在医疗贪恚痴热恼病上，也是如此，患者"若男若女，童男童女……至菩萨所，暂触其身，一切病苦皆得消灭"。

（2）论"智度"：所谓"般若波罗蜜多"。

《菩萨藏经》以四卷的篇幅专门论述般若波罗蜜多的观念，我们也需要多费些笔墨作些考察——这对于了解玄奘的般若观，及其晚年之所以全力翻译《大般若经》，有重要参考价值。

在论述般若之前，经文照例要阐释"静虑波罗密多"。此处将佛教提倡的几乎所有"三摩地"，包括"奢摩他"、"三摩钵底"、"三摩四多"、"三摩半那"等统统归于"静虑波罗蜜多"的范畴，作为"静虑"的前导或后续，而其核心内容是"心静观智以为前导"（同上，卷五〇），以"智慧"、"方便"贯穿始终。

按"智慧"、"方便"，本系"般若"的两项不可分割的规定性，现在把这两项统置入"静虑"之中，成为静虑的唯一内容，这意味着静虑已不再做他用，例如，为了离欲生天之类，唯一的作用是保障行"般若波罗蜜"时不离"心静"，令一切思维活动和实践行为都不脱离般若的轨道，所谓"唯常安止平等法性，不舍深定而现世间一切作业"（同上，卷四九，下同）。中国佛教称静虑与般若之此等关系为"禅智双运"、"定慧并行"，本经则在以"般若"消解"静虑"的独立性，《大乘起信论》和中国禅宗也是这么做的。

《菩萨藏经》更突出了静虑与般若的紧密结合，它把本为般若之规定性的"方便"与"智慧"，从一开始就纳进了禅度之中：

以大悲力系心于境，为度众生，是名方便；证入寂静，最极寂静，是名为慧……若能证入佛智无碍,是名方便;无有一法而可虑知,是名为慧……平等证入忆念诸佛所演言辞梵言声等,是名方便;观察法性不可言说,是名为慧……安住本愿成熟众生,是为方便;观察众生皆无我性,是名为慧。

如此等等,通过静虑而证入寂静,无可思虑,无可言说,无我性,均属静虑所发之"慧";反之,系心于境,成熟众生,运用言说,有所分别,以及一切现实活动,都属于"方便"。

静虑中"方便"的最高成就乃是"神通"。菩萨依静虑而获神通,由神通而"善能建立智所作业",从而"游戏神通,示现世间一切作用;安住神通,发起世间一切大事",以致用以"调伏一切有情"。这样的神通,既可以理解为神秘主义的幻想,也可以视为"方便"的出神入化的巧妙运用,而此"神通者",就是菩萨大智大慧的表相。据此,结论说:

  菩萨静虑,自在而转,诸有所作,善圆满故;菩萨静虑,是为大我,以妙智慧为大我故。(同上,卷五〇,下同)

此处的"大我",对整个佛教来说,是个特别重要的概念,它与佛教一贯否定的"我"完全不同。"我"是非存在,是空;"大我"是存在,是有。在传统佛教里,"我"的主要规定是自在、自由;但由"五蕴"所成之"我",是不自在、不自由,故曰"无我"。"大我"则由"神通"所成,能够"自在而转",是绝对的自由,而它的实质就是"智慧"。获得智慧就获得自由,就是"我"的实现,是谓"大我"。《大般涅槃经》是首先把涅槃解释成"我"的,但没有说明"我"的含义,这里说得就比较清楚:"我"意味着"神通",神通来自智慧,所以把握了般若智慧就成就了"大我"。

那么,什么是"般若波罗蜜多"?简单回答就是:"为阿耨多罗三藐三菩提故,依此勤修行菩萨行。"据此,般若以证"菩提"为目的,以及为达到此目的的菩萨行提供思想指南,换言之,般若就是指导菩萨通向成佛道路的正确方针。实践"般若"的标准是:"于菩萨藏微妙法门,殷勤郑重听闻受持,若读若诵,思择义理,既能通达,复为他人广宣敷演,开示其要。"这个标准非常简单:若有菩萨,"如法奉行,于菩萨藏微妙法门,殷勤郑重听闻受持,读诵研寻,通达其义,为他宣说,广开示已,当知是人证得如是无尽慧相"。因此,这里所谓的般若,就是闻大乘经、受大乘理、说菩萨道的智慧。但若进一步发挥,内容就复杂起来。

首先,什么是智慧?智慧源自何处?经云:

"所言慧者,以闻为相;菩萨之人,如理证入,是故说为无尽慧相。""闻"是菩萨般若的唯一来源;智慧只能从"闻"中获得,既不是先天所有,也不能自悟觉知。因为"闻"即是"慧相","慧"首先表现在"闻"上。当然,仅停止在"闻"上,还不能为菩萨所有,而要菩萨把握,则需要根据所闻道理,思择通达,"如理证入",是名"无尽慧相",是菩萨全面掌握了般若的表现。此"闻"来自法师的讲说,而法师根据的是《菩萨藏经》。这为大乘佛教特别提倡法师崇拜和经籍崇拜提供了更理论化的依据。

关于"闻相"或"闻"的"慧相",并非随意的一说,而是有许多细致规定的。围绕"求正法"为中心,从对"正法"的欲乐、欲解、方便,对"善友"(指善知识、法师)的无慢、恭敬、尊重、亲觐、谛闻、承事,以及对所闻诸法的思维、不乱、珍宝想、良药想、息诸病想,直到闻者之趣觉、乐大慧、证入觉、闻无餍足、亲近多闻者、于诸作事喜爱、身调适等,皆属"闻相"。此外,闻者对于听闻的内容,要有拣择,所谓听闻正义、听闻正法、听闻正行、听闻正智、听闻波罗蜜多,以及听闻菩萨藏法、诸摄法、方便善巧、梵住、神通、正念、正智、念住、神足、缘起、无常、苦、无我、寂静、空、无相、无愿,以至于"无量佛法"等等,唯属于佛教的一切主张,才是可以听闻的。菩萨"若于此听闻,即于此解了,即于此正行",总为"四十一法闻相",全称菩萨"修行般若波罗蜜多闻慧本相"。菩萨由此获得的智慧名为"闻慧"。

依照所闻佛法修行,并坚持不动摇,叫做"正行":"所谓如说修行,建立而住,是名于法而起正行"。此等"正行"由闻知之般若指导,本质上是不执著,无分别,不以言说见取,是故又说:"若复有能一切不去取,是名于法而起正行"。于是,"若于诸法不取不舍、不生不灭,是名正行"。再进一步,"无有少法而可见闻,亦无可说。如是一切诸法非可得见,非可执取。何以故?一切诸法皆是一相,所谓无相"。又,以"一切诸法,性本无相",亦不可认为真有什么"无相","无相、有相皆无相故,不可说言此为有相、此为无相"。"能悟如是一切法相,即是无相,不可得见,不可执取,如法了知,是名正行"。

修行达到这种"正行"的程度,智慧就上升到了另一个高度,"当于诸法证入无障照明之慧"。以此"明慧"重新观察诸法,就不会再有任何障碍,"于一切法获得光明,能破一切无明黑暗及诸翳膜",既能如实了知善不善法,又能如实了知诸法性本无相。此亦名"正行之相";所谓"般若智慧"的主要特征,即在于此。

"正行"的本质,即是把握"般若"视一切法"无相"的思维模式,由此建立起牢固的观念体系,则所谓"正见"。

"正见"须由"二因二缘"引发:"所谓从他闻音,及以内自如理作意"。"从他闻音"和"如理作意",是正确观念形成的唯一来源,而"如理"的"理",即是般若"无相"之理。据此,再一次强调般若智慧是外因形成的,贬斥"三摩地"的作用:

> 若有乐定、修相应行诸菩萨等,未曾听闻大菩萨藏微妙法门,又不听闻圣法律教,但于三摩地中生知足想,当知是人以慢力故起增上慢,我说是人不能解脱生老病死……

经文的类似见解,在瑜伽法相学那里有普遍意义,是理解这个学派整个体系的重要一面,那就是把"智慧"归结为听经读书、接受法师教育和如其教理思维的结果,因而不是天赋的、与生俱有的能力,也不是个人闭目塞听、静思观想可以成就的。这种主张比之把智慧当做自觉自悟、自我内省的产物,要开放得多;它之强调后天教育的作用,也更接近真理。但是，把正确认识的来源，解释成仅仅是教育的结果，显然也是一种片面。佛教整个认识论是建立在反世俗观念的基础上，在理论原则上反对社会世俗生活，因而绝对排斥社会实践对人的认识产生作用。相反，它要求自己的认识论完全和彻底地服务于它的宗教实践和宗教理想，因为它的认识论就是从它的特殊宗教实践和宗教理想中概括和抽象出来的。作这种概括和抽象的，是佛教徒中某些卓越的法师和学者，以及以佛说名义流通而成的经书。就普通信众来说，法师与经书确是他们智慧的真正来源。

作为般若智慧形成内因的"如理作意"，实质是依"无相"之理为前导的思维模式，它要求从"闻法"一事本身开始：

> 当知此相（指闻相）但是音声，而此音声性无所起，亦不转起，及由彼故而发音声。何以故？彼一切皆不可得故。

由此推求一切皆不可得，也都无得者，是谓"正观察"，又名"如理方便作意"，略称"如理方便"。继之而来的是"如理证入，观如理句"（同上，卷五一，下同）。

"证入"之"证"，是知的一种，指亲身体验所得，已经变成自己的认识部分；"入"，指悟解，完全彻底的理解。对于所闻道理，彻底把握并经自己亲自验证，从而成为思想行为的支配原则，即是"证入"。"证入"的特点在于不可以言说表达。类似的"证入"在佛教修习中可能有很多种，证"空"，包括"无相"，是最普遍的一种。经文这里要求的是"如理证入"，此"理"固然是"空"，但又包含"不取空"，乃是"空"与"不空"的结合，例如："虽观众生无我证入，而不舍大悲证……虽舍一切戏论思觉证入，而不舍善巧方便证。"由此而分两类般若观，其一是观察诸法的共性，其性自空，是谓"般若正慧"、"如理正慧"；其一是了知一切诸法个别自性，各有差别，是谓"般若方便"，或"如理方便"、"方便善巧"。只有把正慧与方便结合起来认识和解释世界人生，才是完善的般若智慧。总此解说，称曰"正法如理之句",或"观如理句"。

首先,看"般若正慧"。

经云:"所有般若,自性清净,不与一切有为行法而共同止。"此正慧般若的根本特点是独立自在性:它不与无明共同止,不与诸行共同止,不与十二因缘共同止,不与六十二见共同止,乃至不与蕴、界、处,不与一切所缘、作意,不与一切烦恼而共同止,"不与一切随俗习气而共同止",不与思维分别、相貌所缘、见闻念识而共同止,总之,不与一切差别性而共同止,不与一切思维、心意识、安住等法而共同止。这种绝对清净不与任何世间事物和任何世俗意识共存的"智慧",是一种独立永恒的精神实体,它超越一切具体事物,不与任何具体事物发生关系。它在哪里存在呢?人们除了通过法师或经书的灌输才能有所了解,而且最后毕竟不可得之外,几乎一无所知。是的,经文还提供了一种"证入",但不论是"证"还是"入",除了空或无相及不可说之外,依旧是一无所知。

这样,《菩萨藏经》所提供的般若智慧,变成了与"菩提"同样神秘的精神实体以及作为成佛的本体,而与大小品《般若》经文中的般若,否定任何实体和本体的精神,大相径庭——倒是极像《如来藏经》类给予清净心性的那种"知性"。

其次,看"般若方便"。

此亦称"般若分别善巧",乃是掌握般若正慧之后对于这种智慧的具体运用。它的特点与般若之单一的"无分别"、不可言说相反,是"有分别"而且必须言说的;在有分别有言说中,掌握无分别无言说的本性,以无分别无言说的心态而分别言说。这表达起来似乎很玄,其实意思很单纯。于是凡语言分别之所在,就是般若善巧的对象,也就应该有多少种善巧,因而说"如是善巧无量无边"。但略说则有十种,所谓蕴法、界法、处法、谛法、无碍解、依趣、资粮、道法、缘起、一切法等善巧。所谓般若方便,就具体表现在这些善巧中。

先看前三善巧——蕴、界、处所谓"三科",是一切佛教着手对世界人

生现象进行分析,从而建立自己世界观体系的出发点,《般若》经籍则主要从"蕴法"(即"五蕴")开始。此处揭示说:

> 蕴法善巧者,所谓依诸蕴法起于言说……如是言说:犹如幻化、阳焰、梦中、传响、光影。是故如来以无碍辩,为诸众生说如是法。

又说:

> 我说此色,喻如聚沫……即此聚沫本无有我,亦无有情、无生者、无命者……以聚沫性即色自性。

菩萨"于如是法善巧知之,是则名为蕴法善巧"。同样道理,"受喻水泡","想喻阳焰","行喻芭蕉","识喻幻事",均为"无我"、"无命"者,同属蕴法善巧。经文又说:

> 所谓蕴者,说名世间。世间之法,即败坏相。是故当知,诸世间性即蕴自性。

这个解释,与任何一部般若经都没有区别,但它的总结——"五蕴"的自性即是"世间性",颇有特色。

"界法善巧"的界,指十八界,也包括"四大"、"六大"之类。此善巧谓:"法界即为地界。何以故?以彼法界非坚硬相故。""地界"以"法界"为本质,法界"无相",而"地界"本质即"非坚硬相",故曰"法界即为地界"。如此类推,"法界"亦即水、火、风界,以法界亦无湿润、成熟、摇动等相故。据此"无相"理,十八界皆无自性,以致最后"我界与法界平等,有情界与法界平等……生死界、涅槃界与法界平等,如是乃至虚空界、法界及一切法界,皆悉平等"。此中"以何义故而得平等?谓由空平等故,一切法平等;无变易平等故,一切法平等"。

在这里,所谓"一切法界皆悉平等",并界定"法界"即是性空无相,经文并无进一步说明。按照佛教传统,此处地、水、火、风等悉称之为"界",是从分类上讲的,指的是"类",而不是个体——就其"类"而言"空",就其

"类"而言"无变易",也就其"类"而言平等。换言之,此处所立"一切法界空"针对的是"说一切有",是对说一切有部的批判。经文谓:"作是简择,证入法界,是则名为界法善巧。"所谓"简择",指具体分析——从对诸法之界性分析中,把握"法界"性空无相的本质,就是对于"界法"的善巧。

应该说,"界法善巧"是经文涉及般若理论最有价值的部分,它客观反映了般若思潮在佛教兴起的内部原因,同时表达了般若所谓"性空"的原始含义。可惜的是这里并没有作这样的发挥。

关于"处法善巧"的"处法",主要指内外六处,亦泛称一切处所。此善巧谓:"眼为是空,无我我所……如实了知如是眼性,乃至意为是空,无我我所。"意谓内六处性空无我。又,如是了知:"虽于诸处不积集不善而积集于善,然于善、不善中不起二相"。佛教通常把内外六处当做积集善恶的门户,故而要求积善而不集不善,但同时又不得有善不善的分别,是谓"不起二相"。又,于眼处、色处"观见离欲,然于离欲而不作证……如是耳声、鼻香、舌味、身触、意法,即此意法观见离欲,然于离欲而不作证"。对外六处,重点是"离欲",但虽离欲,并不亲身体验,与其化而为一。离欲是早期佛教的目的,但若完全无欲,则菩萨一无所成。最后,是关于如来所说法,"或说圣处或非圣处。言圣处者,堪受道法;非圣处者,远离道法。"菩萨"安住于道,于离道住诸众生所,获得大悲,不舍道处"。如此等等,千言万语,就是以性空观念,认识世间,行于世间,积极处世,传道度人,没有新意。

第四,所谓"谛法善巧",有些特殊。它之说"谛",不但与小乘二谛有异,也与般若经籍的二谛不同,它主张的是"三谛":"一者世俗谛,两者胜义谛,三者相谛"。经文的解释是:

> 世俗谛者,当知乃至世间所有语言文字、音声假说,如是等相,名世俗谛;胜义谛者,所谓若于是处尚非心行,况复文字而能陈说?如是等法,名胜义谛;相谛者,所谓诸相即是一相,如是一相即是无相,如是说者名为相谛。

此中世俗与胜义的区别,在于前者为语言文字系统,后者离语言文字以及心所行处。所谓"相谛",是肯定现实为表象的存在,而所有表象都是幻化,故又以"无相"称之。这三谛构成一个认识系列:借助语言的认识,通过表象的认识,语言概念、思维表象所达不到的认识。这三谛在特定的条件下,对于特定的人群说,都是真实的,而且相互联系。对照瑜伽行派的"三自性"说,相谛相当于"依他起",俗谛相当于"遍计所执",而胜义谛即是"圆成实"。由此三谛善巧,也可以说明上述蕴界处三科一切善巧。

经文对传统的"四谛"说,在"谛善巧"中作了重新解释:

> 苦圣谛者,谓五受蕴,其性实苦……于是谛中通达五蕴皆为苦相。夫苦相者,即为空相。
>
> 集圣谛者,五受蕴因:随眠、爱、见……于此因法若爱若见,无有增益,无取无迷,明了通达。
>
> 灭圣谛者,若五受蕴究竟灭尽……观是谛法,不失前际,不往后际,不住现在,明了通达。
>
> 道圣谛者,若依彼道,证得苦智、集智、灭智,无第二智。

总而言之,"五受蕴"本身即是苦体;"五受蕴"灭尽,则是"灭谛"的标志。其中,"受"五蕴是"集谛"的本质;于五蕴"灭受",是"灭谛"的本质,把苦与灭苦的关键环节,放在"受"与"灭受"上,与《楞严经》等放在"五蕴"自身上有很大的区别。又谓,三谛、四谛一切谛,皆归于一灭谛:"复有一谛,无有第二。何等一谛?所谓灭谛。"这是《成实论》的观点。

然而经文没有停留在对"四谛"的传统解释上,而是要求以"智"作更深层的认识:

> 若证于灭,则苦不生;观无生智,是名苦智……有为生缘;观察此有,非有非无,如是之智,名为集智……一切生者,即是无生,了知此故,都无所灭,此无灭智名尽灭智……若如是道无所称量,无所追

寻,无所观察,名广大智,如是之智名为道智。

认为"苦"只有证灭才是解脱,这是片面;只有观苦"无生",这才抓住根本,所谓"苦智"。同样,传统的缘起说把"生"视为"有"的结果,这里则要求视"有"为"非有非无";传统认为有生必有灭,这里认为生即无生,无生故无灭;传统说"道",追逐三学、六度、三十七菩提分等等,这里表示,道不可名状,不可观察追求。只有用这样的智慧考察诸谛,"于谛智无所住著",才属般若的认识,才叫"谛善巧"。

第五,所谓"无碍解善巧",指对义、法、词、辩等四事"无碍解"的善巧,其实就是以般若智慧对传统"四无碍"的重新解释,因而也都可以称之为智。此中所谓"义",可以泛指一切认识对象,也可以特指佛教所说的义理,依据般若智慧去观察、认识和解释相应的对象和教理,都可以包括在"义无碍解善巧"的范围,总名"观智"。又,"义"指"依趣":"所谓依趣之义,以诸法性之所依趣。何以故?以一切法遍皆是空;空性义者,说名为义。"同样道理,无相、无愿,无有情、无命者等等皆遍一切法,为一切法所依趣,所以"义",也就是般若所谓的"胜义空",此中认识称作"真慧"、"实慧"。

所谓"法无碍解"的"法",指善恶、染净、有罪无罪、世间出世间等一切法,于此"诸法中随入智",亦即"于如是等一切法中,随能证入,法性平等、菩提平等,如是智性"。换言之,既深入了知善恶、染净等法千差万别,又能切实了知它们在法性和菩提上一律平等;既能把握诸法一律平等,又能证入众生"八万四千烦恼行门",是谓"法无碍解善巧",亦名"随证入智"、"解心智"、"心广大智"等。

所谓"词无碍解",指"于诸言词证入之智",即把握语言的智能,包括了知人与非人,"乃至五道众生一切含识所有言辞、音声、筹议",并能运用;又能善于运用语言,使之恰当、确切而又灵活:"如是言词,唯应显了如是之法,如是言词,唯应随辩如是之法,如是言词,应以是字隐藏是法";又能了知语言结构,"是一名言,是二名言,是多名言"以及名言之为略为广,是好是恶等;又要讲究"发言"(演说)的"善巧","无有繁重,无有急速;词极明了,文义圆备;顺悦大众,种种美妙,显示深奥,世俗、胜义之所庄严",包括语言学、音韵学、演说技巧等内容丰富的语言艺术。

所谓"辩无碍解",指在掌握词无碍解的基础上,进行论辩的才干,诸如言辞无碍辩、宣畅无断辩、捷疾辩、不讷钝辩、随问对辩、无退却辩、可乐法辩等,"具足才辩,以是言音,愍诸有情及数取者,广为宣说微妙正法"。这是关于论辩艺术的。

此"四无碍解"在大乘佛教中占有重要地位。因为菩萨行的实现,全在众生界,其中最重要的一项,就是作众生导师,为众生说法:"义"与"法"是要求菩萨精通佛教义理,掌握一切世间和出世间知识,了解不同听众的心态;"词"与"辩"则要求菩萨具备掌握和运用语言的艺术,以说服听众,于论辩中处于不败之地。由此四无碍扩展而为佛教的"声明"、"因明"以及论辩术,时至今天,仍然是值得注意研究总结的课目。

第六,"依趣善巧",指处世行道、利益众生所应依靠、所应趋向处,共有"四依趣",略称"四依",我们在分析《成实论》时,已作过介绍,此处则作了新的诠释:

> 所谓依趣于义,不依趣于文;依趣于智,不依趣于识;依趣于了义经,不依趣于不了义经;依趣于法,不依趣于数取趣者。
>
> 所言文者,诃毁生死,分别言词;所谓义者,生死不染,彻见法性。所言文者,称扬赞叹涅槃功德;所言义者,谓诸法性涅槃无分别性。所谓文者,随顺诸乘,建立言说;所言义者,一理趣法,善通达智……举要言之,如来所演八万四千法藏声教,皆名为文;诸离一切言音文字理不可说,是名为义。(同上,卷五二,下同)

据此,文与义、言与理不仅有差别,而且有矛盾,甚至不能并容。菩萨不是通过"文言"去把握"义理",而是要超越文言、弃舍文言,直接去体验"义理",故曰"依趣于义,不依趣于文"。这种认识论在大乘经籍中常见,但解释又不全同,因而成为佛教哲学中最有争议的问题之一。

所谓"依趣于智,不依趣识",关键在于"智"与"识"的区别;这种区别前已说过,此处还有些特殊解释,需要一提:

> 依般若波罗蜜多故,善巧了知,诸有言教数趣取义,是名为识,此不应依;诸有言教如法性义,即是于智,此应依趣。

这是从言教自身上的区别:同一言教,含有"数趣取"(我)内容的,属于识;讲"法性"(空)义理的,属于智。经文又说:

> 识者,所谓了别,眼所识色,耳所识声……所言智者,若于内处心虑寂静,若于外处寻伺不行,依趣于智,不于一法而生、分别,如是等相,名之为智。

这是从认识之有无分别上作的区分:有分别者为识,无分别者为智。

又,"识者,从所缘境而生",从诸作意而生,从遍分别而生;"所言智者,无取无执,无缘无了别,无所分别"。这是从认识的条件性上作的区别:识依赖"所缘境"和"作意"、"分别"三个条件才能发生;智则是无条件的,对外无所了别,于内无所分别。

在这些解说里,我们看到的不仅是智的神秘性,而且知道,在言教上、语言表达上,也可以区分出智与识来。"智"也可以从语言表达中传达出来。

所谓言教,对于佛教而言,就是佛所说经籍;言教中智与识的区别,就是"了义经"和"不了义经"的区别,故曰:

> 若诸经中宣说于道,如是言教名不了义;若诸经中宣说于果,如是言教名为了义。若诸经中说世俗谛,名不了义;说胜义谛,名为了义",以致"宣说厌背生死、欣乐涅槃,名不了义;若有宣说生死、涅槃二无差别,是名了义。若诸经中宣说种种文句差别,是名不了义;若说甚深,难见难觉,是名了义。若诸经中文句广博,能令众生心意踊跃,名不了义。

"了义"是对经文全部的肯定,"不了义"则否定对经文作字面的理解。因此"了义"和"不了义"含有褒贬之义,乃是大乘佛教清算历来所出佛经的一种手段,并没有统一的固定的标准,不同教派对它们的解释往往极不相同,此处所说就是矛盾的。例如把说"道"归为不了义,说"果"当做了义,这应该属小乘主张;又把厌生死、乐涅槃说为不了义,应属大乘主张。

最后是"依趣于法,不依趣数取者"。这里的"数取者",泛指一切有情,从凡夫到阿罗汉,以致独觉、菩萨和出现于世的如来。但是,本经指出,这些"数取者",只是"名言":

> 如来依世俗谛为众生说。若有众生于此言教起于执著,如是等类不应依趣。何以故?如来欲令于彼正依趣故。佛薄伽梵说如是法:汝等依趣诸法实性,无宜依趣彼数取者。

任何有情(无我),都是名言假设,所以不应依趣,而应依趣于诸法实性。于是早期所谓"依法不依人"的含义,在这里变了,变成了不要依趣"我执"而应依趣"法性"。同一个命题,表达的内涵已经完全被替换了。由此转过来讨论所谓法性问题:

> 所谓无有变异、无有增益,无作无不作,不住,无根本,如是之相,是名法性……无有分别、无有所缘,于一切法证得决定、究竟体相,如是名为诸法实性。

这个"法性"即诸法实性,依旧是脱离一般认识,但可"于一切法中证得"其"体相"的实体,所谓"离言自性"。

以上"四依趣",即以依趣这一"法性"为归宿,亦以依趣"法性"为总纲:"由证入如是门故,于一切法依趣一切法性故……如是名为菩萨摩诃萨四种依趣",亦名"依趣善巧"。

第七,关于"资粮善巧"。所谓"资粮",指菩萨为证得菩提而进行的一切修行,一般归结为两大类,即修"福"、修"智"。这里沿袭一般说法,唯要求依般若慧为指导,"善能通达二种资粮"。

所谓"福德资粮",一指"住福所作事业",即为获取福报而应作的一切事业,例如"为诸如来营构制多,令丈夫相具满足故;积集无遮大祀法会,为随显相令圆满故;积集种种善根资粮,为庄严身故",乃至于"修行布施一切珍宝,为欲获得无尽之财及无尽藏故"——供奉于佛,可以为供奉者积累更大的福报。二指"大慈定大悲方便",包括为"诸贫穷者,摄以财物",对众生"以无染心宣说净法","所爱重物先用行施,为欲令诸众生暂见便起清净信故"——这是用财、法作布施,换取受布施者的信仰。

所谓"智德资粮",指为摄取和成就佛之正智的修习条件:"由住如是因缘法故,摄取于智,是故名曰智德资粮",由此资粮所成之智,亦名"摄智"。"如是摄智,以何等法为因为缘?"简单说有两项:一是行者主观上"欲无厌(求智之心无有厌倦)精进寻求,智随行性";二是对外"亲近善友,趣诸佛智,不趣声闻及独觉智"。

第八,关于"道法善巧",这是对传统修道法,即三十七菩提分的全面清理。我们这里选择几个重点来看:

首先是对"四念住"的重新释义——按"身、受、心、法"本是佛教对"人"的构成所作的另一种分析,通过分析观察,确立他们完整的人生观。传统上一般认为"身"是"不净","受"是"苦","心"是"无常","法"是"无我",由此建立人生是苦、人身可厌的悲观厌世主义,同时破除世人将"人"视做"净乐常我"的"四颠倒"。本经是这样解释的:

① 关于"身念住"。先要"观察是身前际过咎":

> 思维如是身者,颠倒业起,因缘所生,本无主宰,无所摄受,如彼卉木丛林药草等……我今不应于是身分,妄有所计。是故,我今当以如是不坚之身,用贸坚身。

人的生身固然"无常"不可取,但完全可以"用贸坚身"——以"无常"的生身,换取"坚实"的"常身"。于是问:

> 何等身者名为坚实?谓如来身是坚实身……如来身者,即是法

身,金刚之身,不可坏身,坚固之身,超于三界最胜之身。

而且不止于此:

> 观察是身,四大种摄,为住随眠所依窟宅。是故,我今当以此身为诸众生驱役给使……用此四大所合成身,以种种门无量差别境界资财,当为众生之所受用。

此是运用"生身"换取为众生服务的"受用身"。复次:

> 虽观此身,体性是苦,而不厌患如是苦身;虽观是身,究竟尽性,而不厌患流转受生;虽观是身,其性无我,而无厌倦成熟众生;虽观是身,我寂灭性,而不堕彼永舍寂灭……菩萨成就如是身念住已,其身清净,无有染污,具足一切清净身业,得清净相庄严之身。

此是转变"生身"用以教化众生,相当于"化身"。

有关"身"的此等观念,与传统所解,可以说大异其趣,与一般大乘的三身之说,也不相同。此处则突出以"生身"换取"法身",而"受用身"和"化身"则是为众生"受用"服务的,全没有为佛或菩萨自受用的身体。就是说,本经的佛身说全是建立在为他主义上的,或许这才是大乘创立"三身"的本意。

② 关于"受念住"。此处所理解的"受",与传统佛教规定的性质基本一样,所谓"诸所有受一切皆苦"。但念"受"的目的与众不同:不止是诸菩萨自身要熄灭"一切所受诸过失法",而且"应具发起方便善巧及与大悲,摄诸众生令于诸受皆得熄灭",直到"于诸受智慧简择,能引于乐,不引于苦"。知苦是手段,引于乐才是目的。

然而最大的变化是,这里的所谓"受",已经超出传统上特指伦理学的主观感受,所谓苦乐和不苦不乐等,而是把对一切外在事物的主观容受统称之为"受",使之外延大为开展,数量无限,内涵也为之一变。如说"一受,所谓一心了别诸境",此受即是知识诸境,属于认识论范畴;或说"五受,所谓思维如是五蕴":把五蕴作为对象,接受进来思维分别,更是认识论问题;或说"十受,所谓十善业道等",此"十善业道"是特定的道德观念,因而接受观念形态的东西也是"受"。于是诸受皆苦,就变成了一切认识和分别对象都是苦——但同样,从对一切对象的认识中,经过"智慧拣择",亦"能引于乐"。于是"受"既是苦,亦能引于乐;"了别"既是苦,亦能引于乐——对于感受世界和认识世界,就由绝对的必要,大大增添了乐观的成分。

③ 关于"心念住"。此处照样重复传统观点:"观察于心,生灭散坏,念念不住"。但是,如果据此指导佛教实践,就产生了一系列问题:

> 我忆最初曾所发心如是,诸心生已即灭,离散变坏,不可了知诣何方所;又,我所有无量诸心积集善根,生已即灭,离散变坏,无有方所。

如果心生即灭,无有方所,那么修行积善如何能够聚集成果?念想记忆佛说如何成为可能?继之一个问题是:

> 我所有无量心相回向菩提,而心体相不能自了,云何此心能作是念,我当证觉阿耨多罗三藐三菩提耶。何以故?以此心体不能了心,不能观心,不能通达于自心故。

这个"心体不能了心",或曰"心不了心"——这是从"心法无住"中直接推论出来的一个重要观点,假若此说能够成立,那么善心如何才能证知本有的菩提?

这两个问题,对于佛教义理的深入发展,起过相当大的推动作用,此处解决的方式比较简单:"菩提心"由"善根心"涵养,善根心由"回向心"涵养,回向心由"菩提心"涵养,如是构成一个因果连环,而前提是它们皆不坏灭失散:

> 若菩提心由善根心无有失者,则善根心由回向心无有迷失;若回向心由菩提故无有失者,则阿耨多罗三藐三菩提无有失。

对这一因果连环的进一步发挥,是解释心之"法性"无作与诸法生起的关系:

> 此缘起法,因果不坏;虽复是心法性,无有自性,无有作用,无有主宰,然此诸法,依止因缘而得生起。我当随其所欲积集善根;既积集已,修相应行,终不舍离是心法性。

此处讲的是"心法性",其本身无用无作,但菩提心、回向心等,得依"因缘"而生起——发菩提心就是因缘所致,由发菩提心而积集善根心,依此善根心而修行,于修行中而不离心法性,此谓之"善根"的"积集之相",亦是因缘的结果。但是在具体解释"六波罗蜜多"善根何以积集时,说法便有了变化:

> 是心本性,犹如幻化,无有一法而可施者;是心法性,而能布施一切众生,回向积集庄严佛土……是心本性,如梦所见,其相寂静;是心法性,而能守护尸罗,皆为回向神通作用……是心本性,犹如阳焰,究竟尽灭;是心法性,而能修习一切可乐忍辱之力,回向积集庄严菩提……心本性者,如水中月,究竟远离积集之相;是心法性,而能发起一切正勤,回向成熟无量佛法……心本性者,不可取得,不可睹见;是心法性,而能修习一切静虑、解脱、三摩地、三摩钵底,回向诸佛胜三摩地……观此心性,本非色相,无见无对,不可了知,是心法性,而能修习一切慧句、差别说智,回向圆满诸佛智慧。

此处是把"心本性"与"心法性"分别开来的。从"心本性"说,心性虚幻不实,如幻、如梦、如阳焰、如水月,性空寂静;从"心法性"说,法性能导致布施、持戒、忍辱、精进,从而回向一切佛法——"心本性"即是"心性",无用无作,是不可了知的,但"心法性",却能守护、发起种种菩萨修持佛法诸事。于是"心本性"体现着"般若正慧";"心法性"体现着"般若方便"。据此推论,不论"本性"还是"法性",都应该隶属于"心",而此心非同凡心——了别之心,应该是般若智慧——无分别之正慧与有分别之方便的统一。经文就是以"心"的这两个方面,说明善根积集之可能以及完成的过程,所谓"积集之相"。

区分这两种心性,阐述两者的关系,是本经的特点之一:"心无所缘,无生无起","心无所因,亦无所生"。然而,"是心法性而能建立无量善法、摄受色相","是心法性而能摄受觉分法因"。又,"心性远离六种境界,亦不生起;是心法性而引发菩提境界因所生心"。如此说来,心性无生,不受因缘制约,所以是无条件、无任何规定性的纯存在。但此心具有"法性",所谓"心法性",却有建立、摄受、引发佛法的功能——所谓"建立",指主体自我异化为客观对象;所谓"摄受",指摄取客体转归自己所有;所谓"引发",指"是心法性"的持续和扩展,亦即法性的引申发展。其中所"建立"的都是遵循佛教的"善法","摄受"的则有"色相"(三十二相、佛土等)和"觉法分因"(三十七菩提分等),其"引发"的则为"菩提境界因所生心"(指以菩提为境界所生之心,即菩提心的具体运作)。

上述三个概念和三段话,对于理解瑜伽行派的本体论和认识论十分重要:本体是心;心性本来无生。但心所蕴含之法性,却能建立一切善法,引发智慧,使之自我完善,证取菩提,行菩萨道。此中"心"或"心性",即是菩提。这一思想的表达实在曲回笨拙,说穿了,就是心性本静,由心性本静而蕴含诸多善法;依心性本静而起菩萨行,最后回归于本静,就可以完成菩萨修习的根本目的。但由于"心"这个简单的自我展开、自我完善、自我回归的过程,关系到心为什么会有污染,为什么不守自性,会有五蕴及其世界的产生,以及此心又存在在什么地方,诸如此类一大堆问题,要解答得圆满,有一定的说服力,十分困难,所以有些说法晦涩难解,不知所云;有些前后矛盾,不知孰是;有些粗略不详,可作多解。如此等等,暂且打住。

经文的结论有二:

(一)菩萨"住随心观……系缚其心,修习智通,得神通已,但以一心而能善知一切心相;既了知已,依心自体说法"。

此处说法的依据,已经不是经书,而是众生本有的"心自体";心自体至高无上,成了唯一的权威。

> (二)菩萨住随心观故,不为心尽,不为心灭,安住于心;但为令心远离生死相续结缚,而安住于心。又复以诸心念智力,安住诸法无生无起正决定性,而不退堕二乘地中;又以是力持心相续,乃至成满一切佛法,一刹那心相应慧、觉悟阿耨多罗三藐三菩提。

"安住于心"略称"安心",在中国南北朝以致隋唐禅法中,占有重要地位。此处所谓"安心",不是为了令心灭尽,任何思维活动皆无,而是为了把心从生死的结缚中解脱出来。同时充分运用"念心"所生智力,一方面安住于诸法本来"无生"的认识中不动摇,另一方面支持此心持续相续,直到觉悟无上菩提。这也是"心念住"的最终目的。

④ 关于"法念住"。此念住有三:一念法"空",即"于一切法住随法观,不见少法远离于空",与此相应,是无相、无愿、无起;二念法"缘起",即"不见少法远离缘起";三是"不观于法及以非法",即无分别。

那么什么是"法"?这里的定义是:"谓无我义是名法义,无有情义、无命者义、无数取趣义,如是等义,是名为法。"所谓"非法",那就相反,以"我见义"为首的诸种"见义",均名"非法"。然而克实说来,法与非法都是语言概念,是对同一对象的两种不同的判断,所以说:

> 举要而言,一切诸法,或名为法,或名非法……若能了知如是诸法皆空、无相及以无愿,即一切法并名为法;若有计著我及以我所见随眠,即一切法并名非法。

据此,法与非法只是认识论上的差别,与客观事物自身的存在或不存在以及可能存在的形式无关。正因为如此,佛教的全部修习,无不以树立所谓"正见"、"正观"为根本任务:"住(如是)随法观已,不见一法而非佛法,而非是佛,而非是道,而非解脱,而非出离者"。此即是"空"。具备了这种"空"的观念之后,"又复获得无障大悲,观诸众生所有烦恼皆从虚假妄想而生,知诸烦恼体性自离。何以故?是诸烦恼等趣了义,无少烦恼可积可集。"此即是"缘起"。而缘起则妄,妄即是空,以空始能成妄,故空即缘起。

将这套观念运用于佛教实践,是把菩提与烦恼统一起来,"如是随觉即是菩提,烦恼之性即是菩提性"。菩提性"觉"即是"空",所以说"随觉即是菩提";烦恼性空,所以又说"烦恼之性即是菩提性"。

⑤ 菩萨应如何"念"法并住于"法"?回答是:

> (但心)无所住,非忆非忘,而能了知,(是谓)念所安住。何以故?所安住念,即名法界;若住法界,即住有情界;若住有情界,即住虚空界。由如是故,说此诸法与虚空等。

此处所言的"安住念",乃是空性与觉性的统一,体现的是菩提之功能,为一切善法的本原,所以叫作"法界"。如果把握了法界,那就把握了有情界,也就懂得了有情的本质与虚空界相等。

对法的这些分析,实际上都与其规定的菩提性有关,而不涉及"法"是否具有客观性的问题。此处所谓法界即是菩提,菩提即是法界。因为缘起性空,言语假立,都必须以菩提的存在为前提、为主体。

在三十七菩提分中,略有特色的解释还有一些,这里撮要作点介绍:

其一,决定善恶心的要素有二:一是"所缘境",如"色相",其作为客体无所谓善恶,但作为"所缘",它的客观性就有了变化——若以"妙相"视之,则起贪心;见到受到损坏,而起瞋心;若以"不净相"视之,则"贪欲寂静;慈愍相故瞋恚寂静",如此等等,在同一物上,由于取相作所缘境之不同,才使本无善恶之心性有了善恶诸行。二是"作意","作意"指动机、意向,究此"所缘境",乃由"作意"取相所生起。"作意"既可引发向恶,亦能导向从善。此说值得注意处,是"所缘境"并非脱离"作意"等取相行为的客体;在"所缘境"背后,应该另有可以被"取相"的客体存在,不过经文中并没有如此表达,在瑜伽行派中则成为一大问题。

其二，促使善法积集的途径极多，表达善法的文句无量，然而"菩萨一切善根，乐欲为本，由精进故而能积集"。因为只有乐于修善的欲望，才精进不已，坚持到底，达到究竟。由此打破了佛教不分青红皂白，厌恶和反对任何"乐"和"欲"的传统。

其三，关于菩萨的"智慧力"，谓"是菩萨生生之处，乃至世间已行、正行工巧业处，难作难解，而诸菩萨于彼一切不由师教，现前了知……又于一切出世间法，谓能救度诸世间者"，悉能摄受，不为一切世间天人之所制伏。据此，菩萨智应该是全能的，不只在佛教教理和实践上，而且于世间工巧等行业也出类拔萃；于能够救度世间的一切出世间法，也能摄受——至少在理论上，大乘佛教并不排斥生产技能，但也为江湖法术之类进入佛教敞开了大门。

其四，在解释"念觉分"时，再次论及"念力"的问题，认为"正念"即是"如理"念想，由此念力，"随觉诸法，观察诸法，寻思诸法，了达诸法，简择诸法，鉴照诸法"，最后"随觉一切诸法体相"，成就"了达诸法自体相智"："谓由念力觉一切法自体相空"。这说明，诸法性空，是从"念"开始，由念力统帅此后的观察、寻思、了达、拣择、鉴照等一切认识活动，由此成就的空慧，其实已经存在于开始对空的念想之中。出发点就是终结点，终结的空慧在于把最初灌输来的空理转化为自己所有。

《菩萨藏经》列举了种种修道，说一千道一万，总归"唯有一趣道善巧"。此"一趣道"，为菩萨道作了一个总结，以其非常的特殊性，值得摘录备存：

> 所谓菩萨，独一众表，无有与等，不假伴助，为证阿耨多罗三藐三菩提故，由自摄受精进势力，清净欲解，被坚固铠。何以故？由是菩萨不由他悟，不缘于他，自所建立，自力所起，严备如是坚固甲铠。
>
> （菩萨由此兴发是念：）如是甲铠一切众生所不能摄，我今独摄……我于今者严备如是，岂令布施自在度我？我当自在度彼布施；如是持戒、忍辱、精进、静虑及般若等，岂令自在而度于我？我当

自在先度于彼。又作是念：我于今者，岂令波罗蜜多发起于我？我当发起波罗蜜多。如是广说，一切善根皆当因我而便发起，不令善根发起于我……

（总而言之，）于如是法不假伴助，自能建立，谓我独一，无有等者，当坐坚固胜金刚座，自以势力摧伏魔军，用一刹那相应妙慧，当证无上正等菩提。

这一段话，集中表现了菩萨道"依自不依他"的精神。"我"是六波罗蜜多的唯一主体，"我"不能受波罗蜜多的支配，而应该支配波罗蜜多。"我"应该主宰一切、创作一切，而不应该被任何势力所主宰、被任何理论所支配。佛教始终反对"我见"，本经也不例外，但在这里，不但没有破除"我"，回避"我"，而且特别号召菩萨树立"谓我独一，无有等者"的观念，强化以致坚固对"我"的自信。这种精神，我们在中国禅宗中可以见到，在外来的佛典译籍里则十分稀罕。玄奘在他的第一部译经里将这一精神作为所有菩萨道的总结和概括，推荐给大唐的读者们，这不只对我们理解他所译介的瑜伽唯识学是一种启发，即使对理解玄奘的佛学思想背景，也是一种帮助。联系到前述把智慧解释作"大我"，和追求"自在"的说法，是中国佛教研究者很值得深入探索的题目。

第九，关于菩萨之"缘起善巧"，指的是以般若观对十二因缘的重新解释。此处可记的是它对"无明"的界定："不如理作意"。"不如理作意"是生死流转之本；"如理作意"则是出离生死之本——世间与出世间的差别，归根结底，决定于是否如理作意——理性思维起决定性作用。

第十，菩萨善巧的最后一项"一切法善巧"，包括所谓有为善巧、无为善巧两方面。按经文解释，"无为善巧，即以如是妙善身、语及以意行，回向毕竟无为菩提，回向无为菩提妙观"。又，"诸法正智现观善巧，无上菩提不由他缘于无为法而复作证，是则名为无为善巧"。

把握"无为菩提"是"无为善巧"唯一任务。前一句话表示，要通过本经描述的佛教有为法（身语意）回向无为菩提；后一句话表示，要以"正智"无条件地证得"无为菩提"——其所谓"不由他缘",指"正智"非是"能缘","无为菩提"亦非"所缘";尽管"正智"能够证得菩提,但两者不存在通常认识的那种"能缘"与"所缘"的关系。这是瑜伽行派认识论中的神秘主义部分。

分析一切法善巧,最终归结为"一切智智",所以说菩萨"一切法善巧者,是则名为一切智智"。"一切智"是一个概念,"一切智智"又是一个概念。前者相当于共相智,指对性空的认识,或称"无为智";后者指在性空认识的指导下对一切法的认识,相当于对"别相"的认识,即是"有为智"。这两者加在一起,就能作到"菩萨虽行三界而不为彼三界烦恼之所染污……虽具通达一切三界出离之法,而不坠堕出离界中"——这都属于大乘的通说。

《菩萨藏经》以所谓"四无量"、"六波罗蜜多"和"四摄法"概括全部菩萨道,至少在中国,成为大乘佛教共许的主张。一切菩萨行,无出其外。但在具体诠释时,本经既摄取了小乘的某些思想,甚至与当时大乘潮流极不相容的部分,也在已经十分流行的大乘般若学和菩提心论中摇摆,表现了此经在世界观和宗教实践上双重综合的特色。

至于全经的特色,它最明确地表示,"佛"不是创世主,即使神通如何广大无边,也不能创造世界,创造物种,他甚至没有决定他人命运的能力。佛被描绘为先知先觉者,他只能成为众生的导师。众生的命运由众生自身决定,此谓之"业报"法则;业报法则不可变更,但导师可以指出从中解脱出来的道路,至于听与不听、行与不行,全由众生自己选择。菩萨是佛的学说的践行者、普及者,只有处在众生中间,讨众生欢喜,为众生谋利益,启发众生觉悟,菩萨自身才能彻底解脱,由此形成对众生的尊重和恭敬——这一系列观念的理论意义和实际意义,只有在与一神教教旨的比较中,才能深切地体会得到。尤其是能够喊出"自能建立,谓我独一"这种自信和自立的口号,是对"神"的"唯一性"的更明晰的挑战。

第八章　隋唐以降最有影响和最有争议的几部经论

所谓"疑伪经",指怀疑不是外来的译籍,或假名外来译籍的中国著作。这个问题,早在东晋道安撰《综理众经目录》已经注意到了,而后成了中国佛经目录学中的一个特殊项目,被历代的经目撰编者所沿袭,都要留心辨别译籍的真伪,并作出自己的判断。这也是中国史学的一大优良传统。然而有不少经、律、论、密,应属疑伪,但由于内容被普遍看好,影响也大,所以往往也被录入正典,为佛教界所承认。我们这里只选择三种与中国佛教哲学关系最为密切的,作一简要考察,可以了解个大概。

第一节　《大乘起信论》的"一心二门":中国佛教哲学大纲

一、关于《大乘起信论》的真伪之争

《大乘起信论》(以下简称《起信论》)现下有两个译本,一题马鸣造,一卷本,梁真谛译,前有智恺序;一题马鸣造,大周实叉难陀译,二卷本,也有序文,作者佚名。关于这两个译本,从造者到译者,从论本到序言,都有人表示怀疑,所谓《起信论》是真译还是伪托的问题,就成了中国佛教史上的一大悬案,争论一直延续到现在。

关于《起信论》一书可信的最早记载,见于隋初昙延所撰《起信论疏》及与之同时代的慧远所撰《大乘义章》。《大乘义章》卷三《八识义》中多次引用《起信论》文。又有《大乘起信义疏》二卷,亦题净影慧远所作。这些早期文献中,只提《起信论》的造者是马鸣,而未涉及译者。隋开皇十四年(594)法经等编成《众经目录》,在《众论疑惑》录下说:"《大乘起信论》一卷。人云真谛译,勘《真谛录》无此论,故入疑。"三年后,开皇十七年(597),费长房的《历代三宝记》编成,在卷一一真谛条下记:"《大乘起信论》一卷,梁太清四年在富春陆元哲宅出。"《起信论疏》二卷,太清四年出。"这是第一个肯定译者真谛,且有疏二卷问世的记载,但他没有说明这一记载的文献根据,梁亦无"太清四年",所以颇有破绽。又过五年,隋仁寿二年(602)彦琮等重订《众经目录》卷一,谓《起信论》一卷,"陈真谛译",不载有疏二卷,并将译出时间模糊,由梁世转到陈世。至唐麟德元年(664),道宣编《大唐内典录》卷四真谛条中又记,"《大乘起信论》,大同四年在陆元哲宅出。《起信论疏》二卷,太清四年出"。大同四年是公元538年,真谛尚未来中国,显然是在《长房录》上的错上加错。道宣在《续高僧传·拘那罗陀传》中,没有提到真谛是否译有《起信论》一事,却特别声明本传所记真谛译疏数目,是根据曹毗的《真谛别历》。曹毗是真谛的著名弟子,撰有《三藏历传》、《真谛传》,与这里提到的《别历》可能是一回事。可惜《别历》等已佚,内容难详。但《内典录》对《起信论》的记载则没有注明来自《别历》,可见说《起信论》为真谛所译,绝不是出自曹毗之口。

总之,直到道宣为止,各种经录对于《起信论》的记载,互相矛盾处甚多。又经过六十余年,唐开元十八年(730)智升编纂《开元释教录》,又有了新的变化。其卷六真谛目中记:"《大乘起信论》一卷,初出,与唐实叉难陀出者同本。承圣二年癸酉二年九月十日于衡州始兴郡建兴寺出,月婆首那等传语,沙门智恺等执笔并制序,见《论序》。"这次不但译出时间变了,且多了一个传语者,一个执笔者,删去了疏二卷,增添了一个新译本。

查作《论序》的智恺,本名慧恺,是曹毗的堂兄,《续高僧传·法泰传》中附传,是真谛最主要的弟子和助手,现存有他为真谛译籍所作的序文、后记四篇,都没有提到《起信论》一书。与四篇序记比较,《起信论序》为伪十分明显。例如四篇序记称译者为"俱罗那他"或"拘罗那他",没有意译;《论序》则作"拘兰那陀,译名真谛",是常识性错误。因为"真谛"的梵音应是"波罗末那";"拘兰难陀"即"拘罗那他",意译"亲依"而非"真谛"。作为真谛译籍的笔受者,不会出现这种笑话。

慧恺在《摄大乘论释序》和《俱舍释论序》中都提到过亲依(真谛)的出身历史,说他原籍优禅尼国,后来"远游此国"(指梁);《起信论序》则定真谛为"摩伽陁"国人,并称是梁武帝遣使到天竺求法,由摩伽陁国王将他强制派出。① 同一个真谛的弟子,会给自己的师长制造出两个不同的经历来,也太离奇了。至于传语的月婆首那,《起信论序》作月支首那,与真谛同时,由北方来至南朝,经历侯景之乱,后于陈天嘉乙酉岁(565)在江州兴业寺译经,本贯也是优禅尼国,所以《续高僧传》将他附在《拘那罗陀传》中,与真谛并没有交往的证据。据慧恺的《俱舍释论序》,时真谛早已"精解此土音义,凡所翻不须度语"。《起信论序》强加一"传语人",更显虚假。

现存《一心二门大意》一卷,是对《起信论》的疏解,撰者题为智恺,学术界普遍表示怀疑。

在佛教史学和义学界,有关的记载也很混乱。《续高僧传·玄奘传》说:"又以《起信》一论,文出马鸣,彼土诸僧思承其本,奘乃译唐为梵,通布五天。"《起信论》的思想与玄奘所传抵牾颇大,而玄奘未曾质疑;道宣曾参与过玄奘译场,在治史上,也以学风严谨著称,所记当不会有错。然

---

① 《续高僧传·拘那罗陀传》记,真谛原籍优禅尼国,游方至扶南,受扶南国王委托,随梁使至广州。

而由玄奘弟子慧立、彦悰所著《大慈恩寺三藏法师传》，却只字未提玄奘有翻译《起信论》为梵文一事，所以有人亦疑道宣所传有误。新罗僧元晓(617—686)撰《起信论疏》二卷，与净影慧远的《疏》一样，虽不记译者，而以马鸣造为当然的事。唐法藏(643—712)的《大乘起信论义记》依然定该论为真谛译，关于译时译地，则综合《起信序》、《开元录》，并参照《续高僧传》等成，模糊错乱处更多。与此同时，怀疑《起信论》为真谛译文者，更进一步提出，它只是中国人假马鸣、真谛之名的伪造。唐初吉藏的弟子慧均撰《四论玄义》(约618年)，其第五卷说："《起信》是虏鲁人作，借马鸣菩萨名。"卷十又针对《长房录》的记载说："《起信论》一卷，人云马鸣菩萨造。北地诸论师云：非马鸣造论，昔日地论师造论，借菩萨名目之，故寻释经目录中无有也。未知定是否？"至于晚唐，新罗珍嵩著《华严经探玄记私记》说："马鸣《起信论》一卷，依《渐刹经》造此论。而《道宣目》中云：此经是伪经。故依此经之《起信论》是伪论也。"这样，不但说明译者是假托，作者是假托，而且指出假托者的派系及其依据的经典。

关于实叉难陀的新译本，疑问也不少。《开元录》卷九实叉难陀录中说："《大乘起信论》二卷，第二出，与真谛出者同本。"但没有说明这一记载的根据。现存有佚名的《新译大乘起信论序》说，新译所据梵本，原由实叉难陀自于阗带来，同时于西京慈恩塔内获得旧梵本，与弘景、法藏等以大周圣历三年(700)岁次癸亥(按：本年非癸亥)与《华严经》相次而译。在这里，把法藏作为实叉难陀译场的参与者，符合事实；法藏是《起信论》的重要弘扬者，把他拉进新译的行列，也很合乎情理。但是，法藏所撰《起信义记》七卷，《起信别记》一卷，都是以梁译为底本，从来没有提到他自己参与过新译。法藏撰《华严经传》，说实叉难陀"译经"十九部，也没有提他还译过什么"论"。《宋高僧传》的《实叉难陀传》也没有关于新译《起信论》的记载。看来作为僧史学者的赞宁，对于新译也采取不轻信的态度。

关于《起信论》真伪的这些不同说法，唐以后很少再引人注意。进入

20世纪,随着东西文化交流和佛教的复兴,又重新被提了出来,引起中日两国有关学者的浓厚兴趣。日人望月信亨于明治三十五年作《起信论之作者》,明治四十三年松本文三郎作《起信论考》,到大正八年村上专精作《对于大乘起信论之史的考察》,掀起了否定《起信论》为印度原著,力主支那撰述的高潮,而常盘大定、羽溪了谛等则维护旧说,驳难竞起,在1919—1921年,1926—1929年,发生过两次颇具规模的辩论,直接影响到中国的佛学研究者。1922年梁启超著《大乘起信论考证》长文,概括日人1921年前的研究成果,力证《起信论》为"吾先民之所自出",欢喜踊跃;欧阳渐作《抉择五法谈正智》,以为《起信论》非佛教唯识之学,颇多贬斥,形成中国否认《起信论》为印度产的两股势力。章太炎作《大乘起信论辩》,为马鸣造论辩解;太虚作《佛法总抉择谈》,从东方文化的特质上驳难梁启超等的研究方法。由此形成两支维护《起信论》为印度人撰述的势力。

这两种相反的见解,虽然在情绪上逐渐趋向平和,但认识上并没有得到统一。1949年以后,大陆以吕澂为代表,从《起信》与《楞加》、《起信》与禅的关系上,继续论证其为中国人撰。台湾以印顺为代表,则从肯定《起信论》的价值上着眼,将其真伪问题搁置起来,表现了另一种态度。

二、《大乘起信论》产生的佛教背景及其流布

隋慧远在《起信论义疏》中说,《起信论》的思想本于《楞伽经》。《楞伽经》在唐以前有两个译本,其一是南朝宋求那跋陀罗译于443年的四卷本;另一个是北魏菩提流支译于513年的十卷本。据吕澂先生考察,《起信论》主要本于十卷《楞伽》。因此,《起信论》问世的最早期限不会前于513年;引用《起信论》最可靠的资料是《大乘义章》,作者慧远死于隋开皇十二年(592),所以至迟不会晚于592年。事实上,这个时间段还可以缩小。昙延撰《起信论疏》是可以肯定的,他死于隋开皇八年(588);论本既然假托真谛译,则其出现也不会在真谛来华之前。真谛来梁入都在

太清二年(548),死于陈太建元年(569)。因此,《起信论》的面世,只能在548年到588年的四十年内;如果再压缩一些,或只是569到588年的二十年里。

在这数十年间,中国的佛教思潮经般若中观学、涅槃佛性论,正在兴起瑜伽唯识学的热潮。北朝由菩提流支、慧光和法上等开创的地论学,成为魏、齐、周三代佛教的统治思想;楞伽学与禅学结合,则成了隋唐禅宗的摇篮;南朝的三论学事实上只是梁陈统治集团的麻醉剂;摄论学以越来越大的规模由南向北扩展;颇有势力的天台一系,也受到巨大的冲击。南北的这两股唯识学,都以"清净心"为最高本体,随着全国统一的进程逐步汇合,终于成了隋唐影响面最大的佛学潮流。

佛教思想的这一背景,为梁译《起信论》的产生提供了条件。首先可注意的是昙延,《续高僧传·昙延传》没有提到他注疏《起信论》一事,但说他研习《华严》、《涅槃》、《十地》、《地持》等;注疏除《涅槃》外,尚有《宝性》、《胜鬘》等,都是当时最流行的以心性释佛性的经论。昙延一直活跃在北朝地论学势力范围,与儒士也颇有接触。他曾经解释"方圆动静"四字谓:"方如方等城,圆如智慧日,动则识波浪,静类涅槃室。"此中"方等"指菩萨经类①,"智慧"可谓"本觉","识波浪"相当"不觉","涅槃"指不觉经始觉向本觉回归,这四句话与《起信论》的思想和结构大致相当。昙延注解《涅槃》,梦见有人衣白服,乘白马,"谈授经旨",醒后自思:"此必马鸣大师授我义端",由是述疏《涅槃》,作偈曰:"归命如来藏,不可思议法。"这直接指明,昙延解释的《涅槃》义理,倡导"如来藏",不是他个人的见解,而是马鸣梦授。自称梦授或神启经典,在中国不是自昙延始,也不是到昙延终,但他以马鸣名义作疏,而且思想如此接近《起信论》,使人很容易怀疑昙延就是《起信论》的真正作者。他的《起信论疏》二卷,与《长房录》称真谛译《起信论》并撰疏二卷的记载,也很类似。就是说,真谛的

---

① 净影慧远《起信论义疏》卷上,谓"十二部中唯方等菩萨所持"。

《起信论疏》二卷，其实就是昙延《起信论疏》二卷之误植。在齐、周、隋三朝的北方诸师中，最博学的僧人是净影慧远。但据道宣比较，就"标举宏纲、通镜长鹜"言，昙延"过于慧远久矣"。《起信论》言简意赅，概括性很强，与道宣的评论是很相称的。

《起信论》将大乘佛教通行的菩萨"六度"改作"五门"，合并"禅定"和"般若"两波罗密为"止观双修"，是特色之一。但这类禅观在天台宗的先驱者那里就已经出现。《续高僧传·慧思传》介绍慧思行禅是"昼夜摄心，理事筹度"。"摄心"就是"止"，"筹度"就是"观"。慧思在修持中遇到"禅障"，亦称"禅病"，在《起信论》中有系统的总结。慧思提出对治"禅病"的办法，"即自观察：我今病者，皆从业生；业由心起，本无外境；反见心源，业非可得；身如云影，相有体无。如是观已，颠倒想灭，心性清净，所苦消除。"这些说法，《起信论》也多有发挥。他提倡"方等忏悔"，"常坐苦行，这在《起信论》中也有反映。慧思原在北齐洛阳嵩山一带聚徒，后来转居光州（河南潢川），晚年在湖南衡山度过，死于陈太建九年（577），对南北义学和禅学都颇了解，也有影响。

《起信论》中特别引起研究者注意的，是它对于"人我见"的批判。"人我见"是主张有一永恒自主之神我存在的观点，它涉及的领域主要是灵魂不死、意志自由、天神创世等方面的问题。《起信论》把"人我见"胪列为五种，完全没有涉及上述问题，这在外来佛教中是罕见的，倒是在两晋南北朝的中国佛教中有所表现。例如前两种所谓"虚空是如来性"、"真如涅槃之性唯是其空"，在六家七宗的般若学和梁陈以来的三论学中就能找到出处；中间两种所谓"如来之藏有色心法自相差别"、"自体具有一切世间生死等法"，有可能是毗昙师和地论北道的思想，至于天台宗而形成一个完整的体系；最后一种所谓"众生有始"、"涅槃有终"、"三界外更有众生始起"的观点，当是将"无明"与"真如"绝对对立起来，成为当时佛教界颇为流行的误解。

根据这样一些现象，说昙延总结了南北朝末期的义学主流和禅法新潮,以马鸣梦授的形式写成《起信论》,是极可能的。《起信论》的哲学核心部分,不只是在涅槃师、地论师、摄论师、楞伽师中早已酝酿流通,而且在其他假托的经论中也有表现。上述的《渐刹经》最有代表性。

《渐刹经》就是《占察经》,全名《占察善恶业报经》,二卷。《法经目录》卷五,将它列在"疑伪录"中,谓"名虽似正,义涉人造。"《长房录》卷一二还记载了有关《占察经》的一桩公案:"广州有一僧行塔忏法,以皮作二枚帖子,一书善字,一书恶字;令人掷之,得善者好,得恶者不好。又行自扑法以为灭罪,而男女合杂。青州有一居士,同行此法。开皇十三年,有人告广州官司,云其是妖。"此中塔忏法,即是占卜法,根据来自《占察经》。后来因为《占察经》目录无名及译处,敕令"不须流行"。《内典录》卷中,沿袭《法经目录》,列入《疑伪经论录》中。到《大周刊定众经目录》,正式列进《大乘单经目》,并在《占察经》下注明:"外国沙门菩提登译,天册万岁元年(695)十月廿四日奉敕编行。"就是说,此经由"疑伪",变成"译经",实出于朝廷的决定。

《占察经》卷上主要介绍如何刻木为轮,记以不同数字,用来占察宿世所作善恶行为及其受报差别,同时用佛教教义解说所占的数相。这种将占卜术引进佛教,甚至影响社会治安,使正统的义学和律学僧侣难以容忍,由此揭露其伪,是可以理解的。但它的理论基础同《起信论》是如此相似,终于使它在中国佛教史上取得了合法的地位。它在上卷中说:"当知如此诸数,皆从一数而起,以一为本。如是数相者,显示一切众生六根之聚,皆从如来藏自性清净心一实境界而起,依一实境界以之为本。所谓依一实境界故,有彼无明,不了一法界,谬念思维,现妄境界。"这个说法与《起信论》所谓依"一心"为本,"无明"起念而生诸种境界的思想大致相同。下卷中有许多细微的观点也同《起信论》衔接得很紧。

《占察经》的目的在于将占卜术引进佛教,并给予占卜一个理论基础。它提出"以一为本",派生和统摄一切"数相",象征着以"一心"为本,在"无明"的作用下,派生和统摄世间一切业报现象;据此现象,在所占的

"数相"上也可能反映出冥冥中存在的业报法则来。当然,通过占卜,也可以扩大佛教在民众中的影响。换句话说,《起信论》把自己的哲学本体论运用到止观双修的宗教实践方面,《占察经》则将这同一的哲学本体论应用到占卜这一原始巫术方面。就基础理论说,两者没有原则差别。珍嵩说《起信论》依《渐刹经》造,不知有何根据;如果说《渐刹经》依《起信论》造,或者说两者是另依某种师说所作,也不是没有可能。重要的是这一种哲学确乎是中国人的创造,而且在数十年中就遍及南(广州)北(邺、洛),并以修禅、占卜等多种形式流通,这其中的原因,大值得探讨。

此外,还有一部不知产于什么年代的《释摩诃衍论》十卷,用密言咒语方式贯彻梁译《起信论》,将其咒术化,是又开了一个法门。论前有序一篇,署名"而(天)回凤威姚兴皇帝制",说此论是他"遣骃"于中天竺奉迎而来,以弘始三年(401)于"大庄严寺亲受笔削,敬译斯论。直翻译人筏提摩多三藏,传俗语人刘连陀等,执笔人谢贤金等",署名龙树菩萨造。序言的荒唐,一目了然。将梁译《起信论》的注释放到姚秦弘始年间翻译,可见作假者的历史知识是在水平以下。论中说,佛教诸论有十万九千部,总括为十部,《起信论》为其中的最后一部;马鸣造论一百部,《起信论》依一百种经造。所列十论百经,几乎全是子虚乌有;论中使用大量梵语音译,显示它是来自天竺,但极少有音译准确的,说明伪造者对梵语一窍不通。尽管如此,它对于《起信论》的疏解在佛教界仍有影响,所以一直流布至今,在古代没有人提出怀疑。最早提到此论的是唐宗密的《圆觉经疏钞》(卷一〇):"准龙树菩萨《释摩诃衍论》中说,马鸣菩萨约一百了义大乘经造此《起信论》"云云。正式编入藏经目录是《至元法宝勘同总录》(卷九),其下有注:"此论蕃云有本,未至于此。"所谓"有本",或指梵文本,或指藏文本,总之,《起信论》带着它的咒语,又进入了藏传佛教系统。

据朝鲜、日本传说,《释摩诃衍论》系新罗月忠在唐武后时撰。这一说法不无道理,但作为结论尚待继续研究。《内典录》(卷五)法上(495—580)中记,高句丽大丞相曾遣僧义渊到邺都问佛教史籍,法上答中有:"《摩诃衍论》,龙树菩萨造,晋隆安年鸠摩罗什至长安为姚兴译"等语。鸠摩罗什没有译过什么《摩诃衍论》,他来长安是401年,译经始于402年,不可能在隆安年(397—401)就有经籍译出。《释摩诃衍论》除了更换了一个不知名的译者外,在译时(姚秦弘始三年,即东晋隆安末年)、译地(长安)和主持者(姚兴)都与《内典录》的记载相同,因此,两者可能是同一部论,《内典录》脱漏了"释"字。如果这一推论成立,那么,《释摩诃衍论》大约与《起信论》同时在北方出现,而且不久就双双传入朝鲜半岛。当然,《摩诃衍论》或许是《大智度论》的别称,那当另作别论。

朝鲜佛教持"真如缘起"之说,有很久远的历史,玄奘的唯识新罗系,从圆测(613—696)开始就沿着真谛旧译的思路发展。旧译以阿摩罗识(无垢识)为最高本体,与《起信论》以真如、正智为本体的主张大同。元晓(617—686)疏解《起信论》,谓其内容是"开则无量无边之义为宗,合则二门一心之法为要",提倡"为道者永息万境,遂还一心之原",由此成为《起信论》在朝鲜的最有力的弘扬者。他曾与一个叫做大安的人,创制《金刚三昧经》,伪称原本来自"龙宫",并且作疏五卷,略为三卷,加以敷演。《宋高僧传》本传称此经"以本、始二觉为宗",以"二觉圆通示菩萨行",也止是《起信论》的主体思想。经中说:"诸佛如来常以一觉而转诸识,入庵摩罗","庵摩罗"即"阿摩罗",说明此经之解《起信论》,与真谛旧译有更直接的关系。

总而言之,梁译《起信论》的出现,不是孤立的事件,它是南北佛教向着一种共同思潮融汇的产物。由此涉及的中土自造经论,成了影响此后中国佛教义学发展最有力量的一支。其中最直接而明显的,南有《占察经》,东有《金刚三昧经》,而《释摩诃衍论》转到西藏。围绕《起信论》而出现的假托经论如此之多,也可以反证《起信论》决非是真的译籍。

三、唐译《大乘起信论》的特点和出现的原因

唐译《起信论》的序言是一个颇重要的文件,它说:"夫理幽则信难,道尊则魔盛,况且劫浊,尤更倍增,故使偏见之流执《成唯识》,诽毁此论真妄互熏。既形于言,遂彰时听;方等甘露,翻为毒药。"就是说,《起信论》是提倡"真妄互熏"说的;玄奘编译的《成唯识论》面世(659)以后,法相宗人即以此论为准绳,对《起信》之说大加斥责,因此,唐译论序广引《胜鬘》、《楞伽》、《密严》等经和梁译《摄大乘论》等,为《起信论》之说找寻经典根据。结论是:"圣教明白,何以致疑?良由滞相而乖真,寻末而弃本,言越规矩,动成戏论,自贻圣责,深可悲哉!"法相宗与《起信论》的拥护者之间的这次争论,已不得详知。近代唯识学家批评《起信论》,"真妄互熏"仍然是一个重点,其发言之激烈,直斥之为"非佛",由此可以推想当时争论的一斑。唐武后时期,窥基的门徒们曾对圆测一系展开过全面的声讨,对《起信论》的责难,或许是其中的一个环节。

因此,唐本的出现,首先具有辨诬的性质,表明它确是来自佛陀的故土,而不是本地伪造。当然,不仅如此,它还有两个显著的特点:

第一,修整文字,使之通畅、明了、易解。随便举几个例子说:梁译劈头就论:"有法能起摩诃衍信根,是故应说。"唐本在此之上增加一段造论目的:"为欲发起大乘净信,断诸众生疑暗邪执,令佛种性相不断,故造此论。"这种增补,虽然较前清楚,但又嫌啰唆,因为这里提出的内容后文中都有论述。梁本的"立义分"谓:"摩诃衍者总说有二种。云何为二?一者法,两者义。""义"有两种,其中一种亦名为"义",显得概念混乱。新本改成:"谓摩诃衍略有二种:有法及法。"①这样就避免了上述的逻辑矛盾。

---

① 此处所谓"法"指体大、相大、用大,也可泛指"一切世间出世间法";"有法"指一心,即摄有"一切世间出世间法"之"众生心"。

"有法"与"法",作为一对范畴,来自玄奘所传因明,这里用来说明"大乘"一词的含义,也有向法相宗现示的意味。

梁译《起信论》最晦涩的部分,是用觉知心的"有为四相"以对应于凡夫、二乘、菩萨、如来的四种修持水平,新本作了修订,现对照如下:

众生种类	觉知四相	梁 译	唐 译
凡夫	灭	觉知前念起恶故,能止后念令其不起。虽复名觉,即是不觉。	前念不觉起于烦恼,后念制伏令不更生。此虽名觉,即是不觉。
二乘与初发意菩萨	异	觉于念异,念无异相。以舍粗分别执著相故,名相似觉。	觉有念、无念体相别异。以舍粗分别故,名相似觉。
法身菩萨	住	觉于念住,念住异相。以离分别粗念相故,名随分觉。	觉念、无念皆无有相。舍中品分别故,名随分觉。
菩萨地尽	生	菩萨地尽,满足方便,一念相应觉心初起,心无初相。以远离微细念故,得见心性,心即常住,名究意觉。	超过菩萨地究竟道满足,一念相应觉心初起,始名为觉。远离觉相微细分别,究竟永尽,心根本性常住现前,是为如来,名究竟觉。

此处两者讲的是一回事:通过对心念变化的认识,以求得相应的心理效应,标志佛教修习的层次。但两者对心念变化的认识,则有不同,梁译的"灭",指"真心"在一般众生中已经消失殆尽,所以造业流入三恶道;因此,在凡夫位修道,首先是止恶,成为复归"真心"的初步。在这里,对于"灭"的知觉含有双重意义:一是觉知真心泯灭的危机,二是实现止灭诸恶的行动。"异"也有双重含义:一是觉知一切烦恼出于心念的差别执著,一是觉知心念本来没有差别执著。"住"指心念的稳定性,特殊地指概念言。"生"指心念的活动,也都有两层含义,但文字过于简略,很难理解。新本的文字则清楚多了,除了把觉灭由止恶改成制伏烦恼外,觉"异"即是觉知有念与无念的差异,觉"住"皆为无相可住,这样就将梁译的思想单一化了。

因此,从总体上说,梁译文字上带来的模糊和朦胧,在新译本中大都改得清楚明朗；前者由模糊、朦胧带来的深奥难测之感，在新译本中往往荡然无存，可以容留多种阐释发挥的余地也就不多了。后人对新本的注疏始终没有梁译的多，流通也远不如梁译深广，这是重要的原因。

此外，新本有些更改反而变得不通，例如关于阿赖耶识，它说："此识有二种义，谓能摄一切法，能生一切法；复有二种义，一者觉义，两者不觉义。"将这两种"二种义"完全并列，看不出它们有什么内在的联系。梁译则说："此识有二种义，能摄一切法，生一切法。云何为二？一者觉义，两者不觉义。"意思指，阿赖耶识只有"觉"与"不觉"二义，由此二义，才能"摄一切法，生一切法"。换言之，由于"不觉"，才能摄持和派生世间一切现象，流转生死；由于"觉"才能摄持和派生出世间一切现象，还归涅槃。新本没有把这一思想写出来，与全论的本体论和宗教观就很不协调，这也是影响它的声望的一个原因。

第二，某些侧重点有所转移。现取三段话试作比较：

梁 本	唐 本
"是故修多罗说，若有众生能观无念者，则为向佛智故。"	"是故经说，若有众生能观一切妄念无相，则为证得如来智慧。"
"知初相者，即谓无念。是故一切众生不名为觉，从本已来念念相续，未曾离念，故说无始无明。"	"言心初起者，但随俗说，求其初相终不可得。……是观一切众生不名为觉。以无始来恒有无明妄念相续，未曾离故。"
"若得无念者，则知心相生、住、异、灭。以无念等故，而实无有始觉之异。以四相俱时而有，皆无自立，本来平等，同一觉故。"	"若妄念息，即知心相生住异灭皆悉无相，以于一心前后同时皆不相应，无自性故，如是知已，则知始觉不可得，以不异本觉故。"

在这里，梁本称"佛智"为"无念"，唐本改作"妄念无相"；梁本称"不觉"为"念念相续，未曾离念"，唐本改作"妄念相续，未曾离故"；梁本称"得无念"，唐本改作"妄念息"，"皆悉无相"。这种更改，直接涉及了义理上的变化。按梁本的解释，"念"就是心动，心动就是"无明"、"不觉"，这

是人生流转世间的根本原因;真心的本性是"无念",无念就是心静,心静就是"智慧","觉",就是出离世间的根本原因。因此,它在实践上要求"离念",回归原始的"心静"、"本觉"的状态。唐本不强调"无念",也不一般地反对有"念"。因为念有正、妄之别,"正念"在佛教的认识修持和实践中具有决定性作用;"妄念"才是需要克服和息灭的主要对象。"妄念"的内在认识机制是有"分别",其集中表现则是有"相"。"相"相对于"体"、"性"说,有现象、假象的意思,也泛指主观的表象、映象、语言、概念和客体的形状、相貌、特征、个性等,其实际所指,是那些能够引起是非、善恶、爱憎等思想感情欲望的一切差别性和特性。所以内息妄念,也就要求外止诸相,达到"无相";而"妄念"的本质就是"无相"。

新本《起信论》这些思想上的细微变化,与当时的禅宗发展形势可能有极大关系。

禅宗自弘忍之后派别林立,至少有十个山头很有势力,在思想上大致可分二大体系,其一是以四卷《楞伽》为旗帜的禅师,而后发展成为法如、神秀、玄赜以致义福、净觉等所谓北宗体系;另一支用《金刚经》传法,形成为智诜、慧能以致神会、处寂等所谓南宗体系。这两大体系至少从弘忍开始都是以梁译《起信论》为真正的理论基础,至此而有了新的变化。

首先南宗推崇《金刚经》,而《金刚经》并没有"无念"这个概念。此经反复强调"不住"或"无住",所谓"不应住色生心,不应住声、香、味、触、法生心,应无所住而生其心"。这种"不住",即不住于"六境",按"唯识无境"的说法,也就是"不住于相",所以"离相"或"无相"就成了《金刚经》的核心思想,以至于说:"实相者,则是非相","离一切诸相,则名言佛。"以慧能名义流通的《坛经》中说:"我此法门从上已来,顿渐皆立无念为宗,无相为体,无住为本。"其中又以"无相"作为"戒体",所以有"无相忏悔"、"无相三归依戒"、"无相灭罪颂"之说。出于智诜一系的《历代法宝记》引金和尚无相自言宗旨的话:"无忆、无念、无妄。无忆是戒,无念是定,无妄是慧。""无忆",即不忆前境,是"无相"的另一种表达。以"无忆"为戒,与《坛经》相同;"无念"则仅限于"定";"无妄",即是"息妄念",这才是佛智。无相弟子无住,调和《起信论》的"无念"与《金刚经》的"无相"说:"无念即无相,有念即虚妄",其所"无"之"念",依然是妄念。以树立慧能为禅宗正统而著名的神会,对"无念"的解释更加特别:"无者无有二法,念者唯念真如……所言念者,是真如之用;真如者,即是念之体,以是义故,立无念之宗。"①"无念"被解释成了"专念",与梁本《起信》的"无念"成了全然不同的二回事。智诜一系也有将"无妄"改为"无忘"的,"无忘",也就是"唯念真如"的意思。

南宗之所以作这些变动,除了要与《金刚经》协调以外,根本原因是梁译《起信论》的"无念"之说,不利于宗教的社会实践。《坛经》说,"无念"很容易被误解成"百物不思"。"百物不思,即令念绝",达到这种程度,等于停止了一切活动,与标榜的大乘教旨无法相容,所以《坛经》斥之为另一类的"法缚"。《坛经》的解释是:"无念法者,见一切法,不著一切法。"因而不是不思不念,只是不执著而已,所谓"不住"。

此外,在楞伽禅师方面也有一些变化,玄赜的弟子净觉编述《楞伽师资记》,记道信言:"无所念者,是名念佛。何等名无所念? 即念佛心名无所念……常忆念佛,攀缘不起,则泯然无相,平等不二。"意思是说,"无念"虽是理想境界,但要以念佛(亦即念心)为抑制其他杂念的手段;而无念的最后表现则是泯然"无相"。所以净觉也把"无相"看得很重要。他说:"诸相无相,由心作相","体空无相,不可为有,用之不废,不可为无"。不论在哲理上还是践行上,无念都需要"无相"的补充。

上述文献,大都出现在唐开元年以后,但作为禅思潮的新变化,至少在武后时代即已萌发。新译《起信论》的创制,无疑反映了这种形势。吕澂先生据此在《起信与禅》一文中认为,新本即是出于智诜一系对梁译的

---

① 见《神会语录》。

改订。当然,这不是定论。比较新本序文和净觉的《楞伽师资记序》,也有一些雷同的提法。新本序文说:"演恒沙法门,唯有方寸,开诸佛之秘藏,本自一心";《师资记序》说,自听其师开示后,"始知方寸之内,具足真如"。净觉在唐代的社会地位和义学素养,与昙延之在隋代的地位,相当接近。当然,这更不是定论,但有助于历史考察。

四、《大乘起信论》的哲学体系和佛理的本土化

《起信论》的两个本子,究竟出于谁人之手,尽管一时很难弄得具体清楚,但说它们是中国人的撰述,当不再成为问题。除了前述理由以外,还因为它所表达的思想内容具有明显的中国特色,是中国佛教思潮发展到一定时期带有必然性的产物。

中国佛教来源于印度佛教,两者当然有一致性,但社会历史条件和民族文化背景不同,必然有很大差别,特别是演化到大乘阶段。

印度大乘佛教从基础理论上划分,大体可以概括为两个体系,其一是以《般若》经类为依据,由龙树、提婆创始的中观学派;另一个派别依《解深密》等经,由无着、世亲发展起来的瑜伽行派。这两个体系在中国都有传播,前者自汉魏的般若学,至姚秦鸠摩罗什达到顶端,而后转成三论学,主要流行在南朝,到隋唐吉藏的三论宗而衰落。后者发端于北魏菩提流支等译经集团,由此形成地论学,成为北朝历代佛教中的显学;梢后还有梁陈之际在广州的真谛,以弘扬《摄大乘论》为中心,逐步向长江流域及其以北推进,直到玄奘留学归国,把瑜伽行派体系的传播再次推向高潮。它们都以"唯识无境"为基本命题,所以通称为"唯识学";它们也都以"三自性"解释一切现象,故亦称"法相学"。

但是,在这两大体系之外,还有一些经论,对印度佛教的发展,几乎没有发生什么影响,而在中国却引起巨大的反响。这首先是《涅槃经》。僧叡在读到法显于 417 年所译《大般泥洹经》(即《涅槃经》前分)时兴奋地说:"此经云:泥洹不灭,佛有真我,一切众生,皆有佛性。"如果鸠摩罗什在世,听到此言,"亦当如白日朗其胸衿,甘露润其四体。"①由此开辟佛性论一途,立即风靡全国。继之《胜鬘经》译出(436年),认为人人具有"自性清净心",此心含藏如来一切功德,亦名"如来藏",由是促使佛性论进一步向心性论发展。此后的佛教学派和学者,几乎没有哪个不参与探讨佛性问题的,以致成为中国佛教中最具特色的部分。

在印、中佛教史上也有一个历史悬案,那就是瑜伽行派所说的心本体究竟是什么性质。在菩提流支译经集团形成的地论师中,分为南北二道,分歧在于"阿赖耶识"是清净的还是杂染的;真谛旧译与玄奘新译的主要区别,则在于杂染"阿赖耶"之上,有没有一个清净的第九识。同样是无着、世亲的论著,为什么会有理解以致译文上的这种差别?有学者认为,这是因为无着、世亲自身的思想有变化,所依原本有差别引起的。但也有可能,是瑜伽行学派在传播过程中发生的变化。在中国佛教中,以众生悉有佛性、佛性即是清净心性之说,到南北朝时已形成主流。刘宋期间译出的《楞伽经》四卷本,也属于唯识学范围,中国禅概括为"以语心为宗";《法华经》译介较早,以秦译本影响最大,其中有"诸佛世尊欲令众生开佛知见"一语,也成了众生本有"佛之知见"的证明。《华严经》早就译介进来(418—421),但直到唐代以《起信论》的本体论对"心"的性质作出解释,才形成华严这样一个宗派。大体可以说,自南北朝起,一切外来经论,都是经过中国佛性论的筛选才能得到广泛流通。《起信论》在这样的氛围中产生,特别集中地反映了这一特点。

近代中国的佛教学者判教,自欧阳渐开始,在全部佛教中,定《起信论》为"真如缘起之说",谓"真如缘起之说出于《起信论》"。太虚分大乘为三宗,所谓法相唯识宗、法性空慧宗、法界圆觉宗;印顺称之为虚妄唯识论、性空唯名论、真常唯心论。前二宗论相当于印度的瑜伽行和中观二派,为国际佛教界和藏传佛教史所共同承认,与印度的大乘佛教史可

---

① 《喻疑》,见《出三藏记集》卷五。

以衔接起来;第三种宗论,即"真如缘起之说",虽有某些译籍为依据,但得不到公认,在中国汉传系统却占据绝对的优势地位,《起信论》则是它的概括和发展。

《起信论》共分五部分:第一部分说明造论的目的,第五部分劝告众生修持;基本理论的阐述在第二、三部分,第四部分侧重于宗教践行。总的看,层次清楚,结构比较严密,不像译经那样松散烦琐;直陈命题多,逻辑论证少,与印度作论的体例也不甚相同。它的中心任务在指示信徒开发自身固有的摩诃衍信仰,由此通向成佛之路。

"摩诃衍"意译大乘,本是大乘佛教自诩优胜的一个普通概念,《起信论》则给它一个相当特殊的定义,即所谓"众生心"。"众生心"指一切众生皆有的心性,亦称"一心"。意思是说,众生只有依靠本有的心性,求得解脱,因而能够成为由此岸渡往彼岸的"大乘";"是心摄一切世间法、出世间法",所以又是世界的最高本体。这样,"众生心"就具有双重职能:世界得以建立的根本原因,众生得以解脱的根本保障。

佛教发展到大乘阶段,同时兴起三大崇拜,即所谓佛、法、僧三宝,解脱之道至少包括布施、持戒等六度。与此相应,建塔、筑寺、造像、写经、诵经、念佛、礼拜、供养,如此等等企图借助"外力"求取福报或解脱的法门十分普及,于是在中国大地上涌现了规模宏大的石窟群,豪华壮丽的诸多寺院,民众中念佛、拜佛更是成风。对于这一切,《起信论》在理论上予以贬低,统称"外缘";认为成佛的内在根据在于"自心",所以突出"自信己性"。《起信论》所要开发、要启发的"信",指的就是对"己性"的这种"自信"。

关于"众生心"的性质,《起信论》作了多方面的规定,最有代表性的说法叫做"三大":"一者体大,谓一切法真如平等,不增减故",明确"心"是一种实体,就是佛教当做绝对真理的真如,它平等地遍在于一切现象之中,不因表现不同而有差别。"两者相大,谓如来藏具足无量性功德故"。指众生心即是"如来藏",说明它的本性就是具足佛如来的一切功能品德。"三者用大,能生一切世间、出世间善因果故。"就是说,一切从善的行为都由此"心"决定,从而成为本有佛性得以实现,达到成佛目的保证。这"三大"的规定,实际上已经包含了《起信论》将要推演的全部理论和实践。

"一心"又用"二门"阐释:"一者心真如门,两者心生灭门。是二种门皆各总摄一切法",且"不相离"。"心真如",就是心本体自身,相当于"体大"的含义,开此法门,为的是说明心的最本质特性:无生灭变化,无差别相状,离名字言说,恒常不坏。它的所谓"总摄一切法",一指具足"净法",一为"心生灭"作依持,所以也称它为"如来藏"。所谓"心生灭","依如来藏故有",其特性是"不生不灭,与生灭和合,非一非异,名为阿黎耶识"。"阿黎耶识"也"总摄一切法",不只涵盖"相大"和"用大"中的一切"净法",而且还包括一切"染法";不仅"能摄一切法",而且"能生一切法"。因此,"阿黎耶"成了"心"的第二重本体:现实世界的直接派生者,回归涅槃的真正实现者。

"阿黎耶识"作为摄持和派生一切染法,即现实世界的本体,叫做"不觉"。"不觉"的定义"谓不如实知真如法义","不觉心起而有念"。"不如实知"的原因在于起"念",起"念"是"不觉"的本质属性。"以不达一法界故,心不相应,忽而念起,名为无明"。"念"、"无明"与"不觉"是同等性概念,以"念"规定"不觉"和"无明"的内容,又以"心起"即"心动"说明"念"的含义,是《起信论》的又一哲学特点。

"不觉"有三种基本表现,第一是"心动",心动"说名为业"。按佛教业力创世的传统说法,"心动"是造就世间一切的直接原因;"动则有苦",也是众生受诸苦痛的主要根源。第二是"能见",即认识能力,按佛教习惯说法,就是心攀缘(缘虑)境界(对象)的功能。第三,妄现"境界","境界"泛指一切对象,它们依"能见"而现,"能见"依"心动"而有。因此,"心动"是"一心"分化为主观和客观的基因;主观和客观的分化,又是世间一切物质现象和精神现象得以产生的基因。"不觉"的这三种表现被称为

"三细",属心念的精细部分,在此基础上又划分六种,具体陈述人生如何依赖诸种"境界",心起分别,生其苦乐,执取追求,相继不断,以致造业受果,轮回不已,被称为"六粗",是心念的粗卑可见部分。

"阿黎耶识"在摄持和派生净法,即表现心真如的功能方面,叫做"觉"。"所言觉义者,谓心体离念"。"离念"亦称"无念",是"觉"的本质属性。由"离念"所显"心体",即是"如来平等法身",或称"本觉"。以"镜"为喻,它有四大特征,其中"如实空镜",指其本质既无反映的对象,也无反映的功能。"因熏习镜",谓世间境界常住一心,悉于中现,是世间之因;又处世不染,智体不动,是出世间之因。另有"法出离镜"、"缘熏习镜",指依"本觉"而出离世间,并随众生的接受能力,示现相应的佛法等。事实上,这里的"四大",也就是前述摩诃衍所有"三大"的具体化,而所谓"大乘",即是"本觉"。

"众生心"由"本觉"而"不觉",关键是"心动"。"心非动性",为什么会"动"了起来?"因无明风动"。什么叫"无明风动"?曰"忽然念起"。"无明"或"念",与心性不相分离,但决不属于清净心性,那么"风"自何来?"念"从何起?《起信论》没有回答,也无法回答,使之成为它的全部体系中最明显的破绽。但就这样,《起信论》过渡到论述作为世俗标志的动心方面。

动心属"有为法","有为法"具"生、住、异、灭"四相。根据对这"四相"的认识程度,决定离念的程度,按一定的次第,逐步向"本觉"回归。例如,凡人初信佛教,能止恶从善,说明已认识了恶心将灭,与"灭相"相应。这虽然也可叫做"觉",但与《起信论》指谓的"觉"不是一回事,故仍名"不觉"。心的"异相",指对事物有差别性的认识;有差别,即有是非、好恶、喜怒等观念,即有执著和追求,佛教视此为大敌。认识到事物的一切差别不过是"念"上的自我分别,因而加以克服,达到"无分别"的境地,是向"本觉"前进了一大步,叫做"相似觉"。所谓"住相",指事物的自性或特性。承认事物各有特性,是产生分别心的前提。认识到事物的特性,不过是"念住"的表现,因而不留住于心,达到"无住"的境地,这就接近了"本觉",名"随分觉"。最后,觉知一切现象都是由心而生,而心本来"无生",连细微的动念都克服了,由是"得见心性",即名"究竟觉",也就是成佛了。"究竟觉"是契合"本觉"之觉,所以又名"始觉"。本觉、始觉、究竟觉,同是一觉,即心真如,或名心源、心性、佛性、如来藏、智慧、法身等。

《起信论》在说明本觉如何因无明风动而起生、住、异、灭四相时,包含佛教的宇宙发生论和人生起源论,一般叫做"染熏于净",是世俗世界产生的原因。当说明如何依靠本觉、觉知灭、异、住、生四相本来离念时,包括了佛教的解脱论和出世说,一般叫做"净熏于染",是达到彼岸世界的原因。它说:"真如净法,实无于染,但以无明而熏习故,则有染相;无明染法,实无净业,但以真如而熏习,则有净用"。这就是著名的"染净互熏"说。由于它涉及的是佛教最根本的教义,所以历来是佛教义学界议论《起信论》的焦点。

为便利了解《起信论》的思想结构,略表如下:

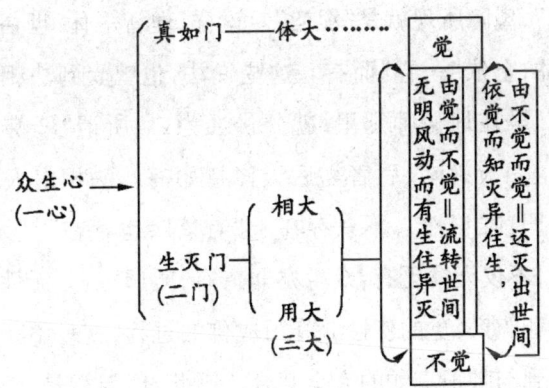

从《起信论》这一体系中,还可以直接推演出几个极有特色的观点来:

第一,"色心不二":《起信论》说:"三界虚伪,唯心所作",它本是《华严经·十地品》的论断;又说:"离心则无六尘境界",则是唯识学家公认的命题。这类有关的外来译典,虽主张"色"不离"心",但两者各有自身的规定性,不容混同。《起信论》则有变化:"以一切色法本来是心,实无外色……唯一真心,无所不遍"。这"唯一真心",亦名"法身",所以又说:"即此法身是色体故,能现于色。所谓从本已来,色、心不二。以色性即智故,色体无形,说名智身;以智性即色故,说名法身,遍一切处。""色"是"法身"的显现,"法身"亦名"智",因而"色心不二"又成了:"色性即智","智性即色"。这一观点,诚然新颖。般若中观学派建立过"色即是空,空即是色"的命题,唯识瑜伽学派曾规定唯识真理为诸法的法性,都没有将色与心,特别是将色与智等同起来。它的发源可以上溯到地论师提出的"草木亦有佛性"说,隋吉藏曾介绍过这个观点,《起信论》将它形成系统理论,则是独创。此后,中唐湛然弘扬"无情有性"说,禅宗中流行的"青青翠竹总是法身,郁郁黄花无非般若",大大增强了中国佛教中的唯灵论和泛神论倾向。

第二,"理智"合一:"一心"作为"真如"是"理",此理以佛法为体,叫做"法身";理是智慧的结晶叫做"觉",觉即是智;理智处于无明所障的位次叫"如来藏",离障所现就是"涅槃"。这样,理智一体,世俗因果和出世因果亦是一体,全依"一心"而有。这些说法,也曾受到法相宗的后学们的极度非难。早在地论师那里,就分佛性为二,所谓"理佛性"和"行佛性";前者众生先天悉有,后者需后天修持始有。法相宗人继承这种说法,以为"理"即"唯识性",不只存在于"有情",也存在于"无情";"行佛性"即是"智",不仅无情无有,众生亦非皆有,所谓"一分无性",就是一部分众生没有"智"意义上的佛性。修习成佛的过程,就是不断增添"智"的成分,最后达到与唯识真如的完全契合。因此,理与智是分离的,两者是客体(所)和主体(能)的关系。实际上,这也是印度佛教的正宗思想。例如般若中观学派以"诸法实相"为不依人的意志为转移的真理,而般若之智属认识范畴,最后以契合实相而得觉悟,成佛。那么,《起信论》将理与智,真如与觉悟统归一体,是来自哪里的观点?

首先令人想到的是《孟子》。中国佛教融会《孟子》的思想始于三国,着重于他的仁政说,而这里的重点则转向他的伦理哲学。所谓"仁义礼智皆根于心",而非"外铄";一般人是"舍其路而弗由,放其心而不知求",圣人则"反求诸己","求其放心"。"仁义礼智"既是应该反求的"理",也是能够启动反求的"智",两者同存于人"心"中,这种"性善"说,与佛性论在内涵上虽有不同,但作为一种思想方法和思维模式,是完全相通的。孟子为了确保"存心"、"养性"这条内省路线的成立,还提出了"万物皆备于我"的著名命题,这同《起信论》以一心摄一切法的提法,也无本质区别。孟子极端夸张他的思路可能产生的效益,所谓"我善养吾浩然之气",以致至大至刚,充塞于天地之间,与《起信论》想象的法身为"心色不二"、"遍一切处",有大功能等,相当类似。此外,《起信论》特别用"觉"与"不觉"表达出世间与世间的差别,也令人注意。大乘所谓的"觉",梵文为"阿耨多罗三藐三菩提",或略为"菩提",指的是唯佛才能具有的特种智慧,旧译为"道",是受中国传统道家的影响;《起信论》直名为"觉",与孟子关于"先知先觉"、"以斯道觉斯民"的说法沟通起来。尤其是以"不觉"代表"无明",这在外来佛教中是没有的,当是脱胎于孟子关于"后知后觉"之说。当然,孟子提倡的主观能动性与《起信论》有原则的差别,我们也没有其他根据说《起信论》是直接采自《孟子》,但思维方法的一致性,是存在的。

在南北朝关于佛性论的讨论中,有许多与外来经籍不同的主张,可以说是《起信论》思想形成的另一种背景。现存梁沈约撰的《佛知不异众生知义》,谓"佛者觉也,觉者知也"。凡夫与佛在善的得失上有所不同,而"知不异也"。他赞同"众生"即是"佛性",原因就在于众生的"知性常传"。这种观点经《起信论》本体化,而后又为禅宗所接受。唐宗密认为禅宗提倡的"以心传心"的"心",就是众生皆有的"知性",所谓"知之一字,众妙之门"。又,梁武帝撰《神明成佛义记》,沈绩制序注,即以"体(本)、用"范畴说明"心识性一"而"随缘"有异的道理,所谓"无明即是神明,性不迁也","而无明体上有生有灭,是其异用"。在大的理论框架上,与《起信论》仿佛,都是把"心"作为世间和出世间赖以存在的根本原因。"以其用、本不断,故成佛之理皎然"。

理、智不二,最后归为众生一心,等于将全部佛教纳入了"心学"的范围。这不只影响了禅宗思想的形成,也影响了天台宗和华严宗的教义,成为中国佛教诸宗独具的理论系统。

第三,"静"即是"净"。佛教上座部体系曾提出"心性本净,客尘所染"的重要命题,大乘的"如来藏"说和佛性说也属于这种框架,都以"净"规定人的心性。所谓"净",指离诸烦恼,"染",指贪瞋痴等烦恼。"涅槃"虽有"寂静"之义,但也是从灭惑着眼,因此,"心净"就是摆脱世间欲望情感和思想认识等支配的意思,着重从否定"染"的意义上立论,往往用"空"来表示。《起信论》有所不同,它以"无念"为最高境界,规定"心性无动"。"无动"指的是内不起心,外不取境,主、客观没有分化,所谓"不生不灭",精神处于绝对静止的状态。因此,心静成了心净的原因;而"有生灭"即"心动",就成了"染心"的根源。动心虽"空",静心则是永恒的"有"。

由重点对治烦恼污染为清净的外来佛教,转到《起信论》以静心息念为清净,与中国的禅思想发展很有关系。三国吴的康僧会是禅数学大家,他就从"心之溢荡"说明众生漂流生死之因,而以"行寂"、"寂无他念"、"心思寂寞"为解脱之道。

姚秦时鸠摩罗什重译《维摩诘所说经》,其卷五"无住为本"下,僧肇有注谓:"心犹水也,静则有照,动则无鉴。痴爱所浊,邪风所扇,涌溢波荡,未始暂住,以此观法,何往不倒?"又说:"无住故想倒,想倒故分别,分别故贪欲,贪欲故有身。既有身也,则善恶并陈;善恶既陈,则万法斯起,自兹以往,言数不能尽也。"此中的"无住",僧肇即解之为"心动","心动"为世间之本,其派生世俗世界的过程,与《起信论》所述大同;心静则"有照","照"即是佛智。所以僧肇也是提倡静心的。不过这种思想完全明晰起来是在南北朝。

梁武帝在《净业赋》中说:"《礼》云:人生而静,天之性也;感物而动,性之欲也。有动则心垢,有静则心净。外动既止,内心亦明。始自觉悟,患累无所由生也"。这短短的几句话,恍若是《起信论》体系的一个纲要。而它的真正思想来源,即借以明晰起来的历史根源,却是儒家经典。像《周易》也有类似思想,所谓"寂然不动,感而遂通",与《起信论》构画"离念"所得的"佛身",同样神秘。《荀子》讲"治心之道"在于"虚壹而静";将"虚壹而静"当做是"知道"的前提,故谓之"大清明"。其实,道家也是主静的,《高僧传·禅论》说:"老子云,'重为轻根,静为躁君',故轻必以重为本,躁必以静为基"。慧皎将道家的这一思想,当做中国佛教禅学得以成立的重要根据。

从这个意义上说,《起信论》是把儒、道的这类思想在佛教的旗号下集中概括了起来,不但成为此后佛教义理发展的重要方向,而且也将"主静"的传统巩固下来,变成了一股相当稳定的历史长风,影响到思想、文化的各个方面。在研究我国国民性格史中,是很值得注意的一环。有人称中国的文明为"静态的文明",《起信论》就是一部有代表性的著作。

顺便指出,心静与无动的具体表现是"无念"。"无念"一词来源于秦译《维摩诘经》。其卷六中说:"是动是念为二,不动则无念;无念即无分别。通达此者,是谓入不二法门。"鸠摩罗什注曰:"惑心微起名动,取相深著名为念,始终为异耳。"此处把"动"定义为"惑心微起",把"念"定义为"取相深著",与《起信论》所说"心起"即是"动",不管有惑与否,心动即"念",不管是否"取相深著",含义明显不同。从这个角度说,"无念"也是中国佛教特有的概念。它从整体上表明心性寂然的状态,更容易为中国僧俗所接受。

五、《大乘起信论》论"止观"实践

大乘佛教将成佛之路分解为六,所谓"六度"。其中布施、持戒、禅定、般若等,都曾各成流派,在域外的不同时期有所发展,但介绍到中国,始终作为一个整体,尽管也有所侧重,例如特别看重般若就是。《起信论》将"六度"改为"五门",把禅定与般若合并为"止观门",用大篇幅突出论述,可以说是以"止观"统摄佛教全部修持的尝试。这可能是受天台宗先驱者们的影响,但成为智𫖮倡导"止观双修"的自觉行动,则与《起信论》反映的这一思潮有重要关系。而后的禅宗,更以"禅"概括全部佛教,实际仍然离不开"观"的教理。从这个意义上说,《起信论》也为中国佛教的实践,开辟了一条新路。

《起信论》讲"止观",有自己的特点:

第一,它以"止一切境界相"规定"止"的性质,使它同外来的禅法区别开来。古印度的禅法类别和名称很多,但有一点是共同的,即"心一境性",注意力集中在一个特定的对象上。传入中国最早,而且影响最大的是"安般禅"(即数息观),与"不净观"并称为"二甘露门",前者要求注意力集中于呼吸,后者则以尸体为构想对象。以此二门为中心,增添所谓"慈悲观"、"因缘观"、"界方便观"等,形成"五门禅法",也都各有自己的特定观想境相。五门禅法曾经风行于东晋以来几乎所有僧侣中,但在《起信论》里,则完全贬值,受到排斥。因为它主张"无念",必然"无相";若从"心一境性"出发,必然与"无念"的主张矛盾。

然而,在具体的禅定修行中,很难做到不依任何对象而"止一切境界相",高度入静。因此理论上尽可以自圆其说,实践上却造成困难。因此,新译本《起信论》作了更改,谓"息灭一切戏论境界是止义"。"止",只止"戏论境界",①而非"一切境界",大大增加了可行性,也为观想佛理和佛像留有余地。梁本说:"亦不得随心外念境界,后以心除心",新本改为:"前心依境,次舍于境;后念依心,复舍于心",两者含义完全相反。新本对旧本的这一修订,也是在强调禅定依境、依心的不可避免性,使行者

---

① 戏论境界,指世俗语言执持的境界。

便于实际操作,尽管最终的目的仍然是境、心均止。

《起信论》对"观"的定义为"分别因缘生灭相",新本更明确地说:"明见因果生灭之相",目的在使禅定不脱离佛教人生观的轨道,不忘度生救世的大任,所以它的禅定,依然含有思辨的性质,也反对远离尘世众生的独修孤行。它主张,"唯除坐时专念于止。若余一切悉当观察应作不应作。若行若住,若卧若起,皆应止观俱行。"要求将"止观"渗透到日常的一切世俗生活之中,与后来的禅宗相同;但它依然需要分别善恶染净,遵循宗教道德原则,与后来禅宗一味提倡任运自在者不同。《起信论》将"止"的最高水平叫做"真如三昧",由此"一切诸佛法身与众生身平等无二,即名一行三昧",也就是在禅定中证知自心与真如是一非二的认识。这在理论上,与禅宗没有差别,但具体到"一行三昧",则与弘忍根据《文殊般若》所开"东山法门"的"一行三昧"不是一回事。《起信论》对禅宗的影响最大,但并不是所有观点都相同。

第二、《起信论》关于坐禅入魔的记述和对治,使它超出了外来禅法。修禅不当会引起病态,佛教早就注意到了。刘宋沮渠京声专门译有《治禅病秘要法》二卷,当是练禅者的经验之谈。其所集各种禅病中,以精神错乱为最多,重者疯癫狂乱,轻者幻觉丛生,有的乍寒乍热,有的喜怒无常,说明当时对禅能致病,已有相当的认识。但治疗的方法,大都停留在以禅治禅上,特别推崇用构想佛菩萨形象的方法,使佛菩萨现前,或使行者本人自觉成为菩萨,由此诱导学者走上信仰佛教之路。《起信论》在倡导"一行三昧"的同时,也列举了禅病种种,但进一步指出,这些都是"邪网"、"业障",是"世间三昧"的表现。它尤其呵责"或现天像、菩萨像,亦作如来像",以及因此而听说的种种佛法神通,认为这能"令众生贪著世间名利之事",与佛教的宗旨相违。

根据现代心理学和精神病理学,像禅观导致的种种病态现象,在很大程度上是来自外力诱导或自我暗示,对它们的生理、病理机制,已引起国际性的注意,正在开展研究。有些研究成果证明,某些宗教信徒,特别是各种教派的教祖和专业性的巫觋、萨满等,往往都有过类似禅病的经验。《起信论》把见神见鬼、现佛菩萨等,一律排出在佛教"正念"之外,列进禅病范围,又斥其修持者为"外道三昧",其提倡者是"贪著名利"。这减免了佛教的巫术化,也减免了为追求神秘效果而给信众带来各种伤害,反映了中国佛教的优胜处,是有积极意义的。

第三,提倡"净土"念佛:"谓以专意念佛因缘,随愿得生他方佛土,常见于佛,永离恶道。"这里它特别指出"专念西方极乐世界阿弥陀佛"。尽管它强调这是为众生所设的"初学法门",仅仅是建立"正信"的一种"方便",但对禅宗的影响依然很大。中国西方净土之教虽说发源于东晋慧远,但其所以能够不断推广普及,实赖于禅宗。禅宗自弘忍就开始以念佛为入门方便,经后来者的不断提倡,终于形成宋明以来禅净并修的风气,一直延续至今。首开这一风气的,当是《起信论》。不过按其思想体系,即心外无境言,西方净土依然是在自身心中,所以专意念佛不过是为了给"正信"无力者设置一种法门,并不承认在心外实有其佛、其土的存在,这与真正的净土信仰是不同的。

佛教的传统禅法,都以成就"三明"、"五通"(或六通)为最高目标,幻想一旦修禅成功,就能变化自在,知宿命、未来、他心、辩才无碍,因而成为救度众生、游戏世间的手段,《起信论》对这类粗卑惑众的表现,大致取否定态度。但这一切有异于外来佛教神秘主义的主张,都不能说明《起信论》是无神论者。首先,《起信论》所谓的"一心",带有明显的"神明"、"神我"的性能,所谓"自体有大智慧光明义"、"真实识知义"、"常乐我净义"、"清凉不变自在义"等就是。在这里,"我"是核心,有了"我",就有自体的常恒永存,自在变现,欢迎无穷;"明"则是"我"的功能,有了"明",即能真实识知,智慧光明,遍照法界。因此,这样的"我"与"明"都是"神",或者说是"神"的根本属性。也可以说,"神"即是"明",以"神我"将这一精神本体的所有功能总括起来。

"神我"的思想本出于《涅槃》,在刘宋间译出的《大法鼓经》中得到充分的发挥。此经断言:"众生必应有常","有常"即是"有我","若有我者,必有解脱",而"有解脱"又必"有色"。此"我"又名"真我",即是"佛性"、"如来性",众生悉有,"无边明净"。这一思想,随着《涅槃》学的普及,信奉者颇多,像著名的道生就宣传"佛法中我,即是佛性",所谓"佛性即我"。在《起信论》中,没有突出"神"和"我"这一术语,因为在传统的佛教中,既否定"神",也否定"我",所以它将"神我"的精髓转移到了佛教普遍接受的"法身"身上。

关于"法身",佛教诸派定义颇多,《起信论》指的则是"心性无动"的"真心"。此心"不动",即静,是"法身"自体,或名"真如"、"本觉"。静心中"具足无量性功德","满足一切性功德",亦名"如来藏",此"如来藏",含有种种"方便智",经过修持,"除灭无明,见本法身,自然有不思议业种种之用,即与真如等遍一切处"。据说,获得此等"不思议业"用的菩萨,能于"色究竟处示一切世间最高大身",遍及"十方","利益众生"。这所示"最高大身",就是世间所见的"佛身","利益众生",包括各种神通变化。因此,修持大乘,除灭"无明"的过程,也是开发自我本具的"性功德"的过程,而所谓"性功德",与今人神秘化了的所谓"潜意识"、"特异功能"相当类似。

"不思议业用"所示"佛身",《起信论》定为"应身"与"报身"两种:"凡夫、二乘所见者名为应身";诸菩萨所见者"名为报身"。"应身"成为凡夫、二乘崇拜的对象,"报身"即是诸菩萨崇拜的对象。根据这种说法,则一切诸佛,凡众生所敬信者,都是众生意识的创造,由此发生的诸佛神通境界,只能是信仰者自己的幻觉。《起信论》还具体指出,"应身"依"分别事识"生,"报身"依"业识"生,与真心法身的无动、无相性质是不相应的。从这个意义上说,《起信论》反映了人是按照自己面貌造神的真理,所谓"心生则种种法生,心灭则种种法灭",当然,也适用佛教的神话系统。在中国佛教史上,有不少高僧反对以神异惑众,把目击诸佛斥为幻魔,形成一种令人尊重的正派传统,《起信论》是这种传统理论化的典范。

然而,这并没有消除由"神我"和"性功德"之说带来的神秘色彩。《起信论》在指出"应身"、"报身"与"法身"不相应的同时,又强调说,"法身"虽然离于"色相"(应、报二身则是"色相"),但能现示"色相"。按照"色心不二"的原则,法身也成了色身。《大法鼓经》更明确地表示,众生最后的解脱,必然成就为永恒的"妙色"。这样,本来是把佛菩萨及其神妙境界视做精神世界的自我构造,似乎又变成了物质世界的真实存在,从而加深和拓广了神秘主义的领域。《大法鼓经》最后提出"有色解脱",已接近"肉身成佛"的思想;《起信论》避免了这条路,更容易导向万物有灵论。

六、《大乘起信论》在今天

《起信论》出世不久,即流传朝鲜,继之进入日本,使它在佛教的汉文化圈内,成为最有影响的论著。据统计,注释此论的作者约170家,为书不下千卷。① 传说唐玄奘曾译为梵文,以应印度僧人的要求。近代自铃木大拙于1900年英译于美国,至少已有三个英译本为西方所知。在一定意义上说,《起信论》成了中国佛教首先走向世界的著作。

近现代对于《起信论》的重新发现,不论褒者贬者,对它的历史评价都是极高的。梁启超说:"本论是否吻合佛意且勿论,是否能阐宇宙唯一的真理更勿论",只以其"克岐克嶷显于世界","证明出于我先民之手,吾之欢喜踊跃乃不可言喻",以致"不能不感激沸流也"②。这种完全从民族自豪心出发的评论,在当时民族自卑心理的笼罩下,是令人鼓舞的。

关于《起信论》的教理价值,欧阳渐一系与太虚一系的评估有相当大的差别,但把它看做是中国佛教的基本精神所在,则完全一致。据印顺分析,太虚之所以维护《起信论》为马鸣造、是佛教教理的最后发展,那是因为他考虑到"中国佛教传统的思想,是和《起信论》一致的",如果《起信

---

① 梁启超:《大乘起信论考序》。
② 梁启超:《大乘起信论考序》。

论》被人推翻,"中国佛教所受的威胁是怎样的可怕!"①吕澂在《起信与禅》一文中特别注释说:"隋唐时代的禅、天台、贤首等宗思想的结构及其发展,都受到《起信》的真心本觉的影响。"因此,把《起信论》看做中国佛教的哲学大纲,是不过分的。

《起信论》在哲学理论上影响于诸宗派的,是它的"如来藏缘起"说,对宗教实践影响最大的,则是它的"止观",特别是静心说。前已说过,《起信论》提倡以"不动"、"无念"、"无相"为特征的静心说,不同于外来佛教的涅槃寂静,而是类似今天某种气功要求入静的"静"。因此,它从一开始就有双重性能:一方面导向修心养生,成为一种防治疾病和健身长寿的手段②;一方面导向宗教妄想,诱使开发静心本具的特异功能,所谓"性功德"。不过对士大夫来说,大都以"静"作为超越是非好恶或应付突然事变的心理条件,这又是一种情形了。

佛教哲学传入西方的时间较早,其宗教实践被看重起来,当开端于19世纪中下叶。通过巴利文上座系统的介绍,引起对"神智"的兴趣,为西方的心灵学增添了东方的内容;介绍北传汉文系统进入欧美的,则首推日人铃木大拙。

铃木弘扬的禅学,其哲学基础就是出自《起信论》。他认为,众生都有"佛"或"佛性",存在于"永恒的实体里",禅的目的,就是开发佛性以成佛。佛即是悟(觉);悟指的是一种"心境";这种"心境",平素被"我们自身心智的造作"所骚扰,"起伏不安,从不安宁",是谓"无明"。一旦无明散尽,"明心见性",意识的波涛平静下来,"变得像个宁静的汪洋,无波无浪,有无俱寂",这就达到了佛性。届时,"我们便能理解存在的意义,人生的真相",具体说,即"意识到自己的我"——没有主客观分别的"我",从而"为个人的生活带来前所未有的自由",一笑即"能震撼乾坤"。

---

① 印顺:《大乘起信论讲记》。
② 《起信论》的禅,可能吸收道家的养生术。梁武帝自叙他的健身明意的经验,结构就在于"静",见《净业赋》。

西方首先注意到佛教禅学的,是一批心理学家和精神病理学家,他们从中发现,禅在心理治疗上的某些作用,因此,对铃木等所讲的"佛性"、"心境",大半理解为弗洛伊德的"无意识",将"禅"视做"对无意识的觉察"。铃木的本意,远比这个要大。他是把"禅"当做东方文明的代表向西方输出的。他认为,西方"在科学的研究里走过了头",一切都要经过"理智"的(逻辑的和分析的)回答,把人变成机器的奴隶,受制于"好恶美丑"的现实世界,从而失去了生活的价值和人生的意义。出路在于接受东方文明。据铃木看,东方文明的古老代表,可以追溯到老子的"若愚",庄子的"混沌",也就是非科学,反理性,归于自然;禅则是通向这种彼岸状态,达到自我解脱的最好方法。因此,禅的本质在于"阻止每一个想用理智解答问题的尝试",在烦恼的现实中,保持"深沉宁静境界"①。

铃木大拙的这类观点,不只给西方世界带去了"东方文明"原来如此的印象,进一步引起了对东方神秘主义的兴趣,而且对中国现代的某些佛教大师也有影响,今天有的非宗教出版物也捧来咀嚼。

关于"东洋文明主静,西洋文明主动"之说,最早见于李大钊的《东方文明之根本异点》,着重从地理条件的差别上说明两大文明的差别。而对于"静止的精神",他倾向给予"根本扫荡";"守静的态度,持静的观念,以临动的生活,必至人身与器物、国家与制度都归于粉碎。世间最可怖的事莫过于斯矣!"当然,中国的文化传统是否可以归结为"主静",甚或发展到非理性反科学的程度,这就涉及对我们传统文化的实质及其评估问题,也关系到东西文化比较的问题,已经超出了本文讨论的范围,这里略作介绍,以见《起信论》所反映的传统精神具有何等典型意义,起着如何深远的影响。

我的意见,《起信论》是佛教在中国历史上的产物,在一定程度上表达了社会特定阶层在特定时代中的一种特殊心态和追求,反映了我们民

---

① 参看铃木大拙与弗洛姆等合著的《禅与心理分析》。

族文化心理的某个侧面,其产生的社会根源和作用,同中国禅宗产生的根源和作用大体相当,是佛教研究中,需要继续探索的重要课题。假若在这方面有所突破,有可能加深对我国封建社会的历史,尤其是士大夫的性格的认识,更科学、更全面地分析、评价我们的精神遗产。现将《起信论》以今译和注释的方式,介绍给读者,希望有助于对中国佛都哲学的了解,也希望能引起对此类精神遗产的必要讨论和剖析。

七、附记

上文原是作者《〈大乘起信论〉今译》一书对《起信论》所作的述评,曾收入我的一本论文集中。在诸多假托译籍中,此论是理论影响最大、争议最多的一种,不得不再移到本章中。这些年来,自己对《起信论》的思考无甚长进,所以不论是资料和观点,都没有什么变化。

《起信论》对新罗佛教的影响也是巨大的,但其理解别有一种风貌,从一个侧面反映了中韩两国在观念历史上的趋同性和差异性。此可参考我的一篇旧作:《评元晓关于〈大乘起信论〉的正解》,文见《中国佛教与中国文化》,宗教文化出版社出版,2003年。

1

据现有史料,最早弘扬此论并为之注疏的是隋初昙延和慧远,其次就是唐代新罗僧元晓。元晓记疏的《起信论》著作共有七种,现存二种,其中《大乘起信论疏》二卷,就是在中国佛教界享誉极高的《海东疏》,最有代表性。

其后,新罗学僧大多倡言《起信论》,竞相注疏。现在可以开列的名流,即有憬兴、太贤、胜庄、道伦、缘起、大衍、见登、审谛等。据此说新罗佛教的主流教理也是《起信论》,是恰当的。此中月忠所撰《释摩诃衍论》十卷,广演《起信论》的义理,假托龙树著,姚秦人译,影响于中国佛教尤大。此论称,佛教诸论有十万九千部,总括为十部,《起信论》是最后因而也是最高的一部;马鸣造论一百部,《起信论》是他依一百部经造。中唐宗密即沿袭此说，谓马鸣"约一百了义大乘经造此《起信论》"。评价之高，直是将《起信论》置于佛教一切经论之上。

追根寻源，这一评价本于元晓。他在《起信论疏》中说："鹄林一味之宗，鹫山无二之趣，《金鼓》、《同性》三身之极果，《华严》、《璎珞》四阶之深因，《大品》、《大集》旷荡之至道，《日藏》、《月藏》微密之玄门，凡此等辈中，众典之肝心，一以贯之者，其唯此论乎！"此文同样见于他的《起信论别记》中。中心意思是，佛陀所讲经教，尽管典籍和义理多不胜数，但道理是同一的，那就是集中反映在《起信》里的思想，因此，只要把握了《起信论》的内容，就是把握了整个佛教的精髓。按照这样的逻辑，我们也可以说，只要理解了元晓的《起信论疏》就能把握元晓全部思想的核心；进一步说，也就掌握了认识元晓其他作品的钥匙。

元晓所疏记的《起信论》是梁译本，他在《疏》和《别记》中都没有提及此论的译者，这同隋慧远的《起信论疏》所取的立场是一致的。比元晓稍晚有贤首法藏撰《起信论义记》，始依假托智恺之论序，肯定译人为真谛。这三家的注解，被尊为"《论》之三师"，或称"《起信论》三疏"。因此，比较这"三疏"的异同，即可凸显《海东疏》的特色。《慧远疏》中说：《起信论》系马鸣"依《楞伽经》造出"。解义则多依地论师说兼容摄论师言。《海东疏》虽然不时引用《楞伽经》的四卷本和十卷本，但并没有把《起信论》仅限于"依《楞伽》造"的狭小范围，从而才可能将此论断定为一切经论的总结的高度。

《海东疏》写在法相宗正盛的年代，印度大乘佛教的两大哲学流派，中观学派和瑜伽行学派，都已被相当完整地译介到了中国，先后成为两股强大的潮流，统治中国佛教当时的义学领域，而《起信论》则受到相当的批评①，对此，元晓作出了异常敏锐的反应。其《起信论别记》(本)在概

---

① 这种批评，主要来自法相宗，而且与窥基之徒清算真谛归译的运动联系在一起。这事在《起信论》中的反映，可参见唐译《起信论序》。

括本论的主要特征时说：

> 其为论也，无所不立，无所不破。如《中观论》、《十二门论》等，遍破诸执，亦破于破，而不还许能破、所破：是谓往而不遍论也；其《瑜伽论》、《摄大乘论》等，通立深浅，判于法门，而不融遣自所立法，是谓与而不夺论也。今此论者，既智且仁，亦玄亦传。无不立而自遣，无不破而还许。而还许者，显彼往者，往极而遍立；而自遣者，明此与者，穷与而夺。是谓诸论之祖宗，群诤之评主也。

此中所列《中观论》等，是中观学派的代表作，为中国三论宗所宗，《瑜伽论》等，是瑜伽行学派的代表作，为中国法相宗所宗。三论宗与般若学同属大乘空宗系统，法相宗与地论师、摄论师同属大乘有宗系统，因而说这两大派代表了佛教大乘哲学的两种基本倾向，是不过分的。元晓对这两大派别作了分析，认为《中观》等空宗是只破不立（般若中观学只指出世俗认识的矛盾和谬误，而不肯定客观真实性之是否存在），以致使其"破"也不得成立；《瑜伽论》等有宗，立而不遣（瑜伽唯识学重法相解析，立唯识真如，倡种姓不变，往往执着不能自拔），所以他称之为"与而不夺论"。前者重智慧，后者重慈悲，也各有偏颇。在元晓看来，唯一正确的，那就是《起信论》，"既智且仁，亦玄（空）亦传（有）"，故敢高言独唱为"诸论之祖宗，群诤之评主"！

对于《起信论》作如此评估的，元晓是第一人，甚或可说是古今唯一人。《起信论》的基本思想，可以远溯至晋宋之际，成型于周隋之间，唐代华严宗、禅宗以至于净土宗、密宗和中间的天台宗等，无不受其影响，或即以其哲学观作为各自的理论支柱。但是，这些宗派中的任何人，都没有像元晓作出的那种评价。从中国佛教哲学的发展史上看，元晓此说的意义不但在抬高《起信论》的地位，而且明确地表达了《起信论》的思想理论，既不属中观，亦不属于瑜伽，而是另一种类型的大乘系统，这就是所谓"如来藏"或"真如"缘起说；被称为《起信论》作者的马鸣，也在龙树、提婆和无着、世亲之外,于中国佛教中得到了特别的尊敬。

在中国佛教史学界,自觉到《起信论》这一价值的,最早当是中唐时的宗密。他在《禅源诸诠集都序》中,判全部佛学为"三宗"、"三教"。"三宗"是从禅学的实践上分类,"三教"是从经典的义理上分类。其中"教"三种是:(1)"密意依性说相教",(2)"密意破相显性教",(3)"显示真心即性教"。"禅三宗"即以此"教三种"为依据。此"三教"中的前二种,大体相当瑜伽系统和中观系统,而第三种,尽管他自称引经"四十余部",论"十五部",《起信论》仅是其中区区一种,实际上是贯彻了元晓的观点,把《起信论》的思想当成了评判全部经论是非的尺度,从而确定了《起信论》在佛教多种哲学派别中自成体系的独立性质。近代支那内学院以欧阳竟无为主,谓"真如缘起之说出于《起信论》",并力斥其为"伪"。这也证明,《起信论》所论确实不属印度佛教的哲学范畴,而为中国佛教所独有。即使佛教界卫护《起信论》为译籍的正统学僧,也把它判归为所谓"法界圆觉宗"或"真常唯识宗",事实上是将它从瑜伽、中观二宗中区分出来。①

仅就确定《起信论》在全部佛教中至高无上的地位及其独立的性质言,元晓之影响于中国佛教可谓大矣远矣深矣,而其所以能够率先作出这样的判断,在于他对中国当时佛教思潮的熟悉和锐敏的观察。据此,把他的佛教体系归结到他所推崇和树立的《起信论》领域,理由是充分的。

2

《起信论》只有一万一千字左右,言简文约,可供发挥的地方很多,所以自三大《疏》以后,注解者依然持续不断。《海东疏》与众有何不同?回答这个问题就要揭示元晓在"真如缘起"这个大范围内表现出来的特殊观点。

---

① 近代学者大都沿袭宗密之说,把中国大乘教理分为三宗,很不确切。即使从哲学基础上看,也不止三家。理由此处从略。

按元晓自己的说法,《起信论》的要义是有"破"有"立"①:破在心"动"、有"念",立在"一心"、"真如"不变。此说没有超出《起信论》自身的范围。元晓又认为,《起信论》坚持的是"既智且仁",实际上是反映了他本人追求的人格和品性。中国佛教一般提倡"般若"与"大悲"的结合,并将这种结合视为菩萨品格,但没有像元晓那样用儒家的概念"智"与"仁"概括得精粹和丰富。然而这依然不能算作他的独创。我以为,完全属于元晓个人创造的思想,是他对《起信论》中的"一心"、"本觉"和"真如"的诠释。

《起信论》是以完全彻底的唯心论作指针的。一般用"一心二门"和"二门一心"来概括它的中心内容。② 所谓"一心",《起信论》定义为"众生心",即一切众生普遍具有的精神实体。所谓"二门",即"真如门"、"生灭门",是用来诠解"一心"的双重含义的。其中"真如门"侧重说明"一心"不以人的意志为转移的不变性、永恒性,是绝对的客观实在,具有"本觉"(本性觉悟)的意义;"生灭门"表明,作为"一心"的"真如""本觉"如何为"无明"熏动而有了主观与客观的分别,从而引发境相万殊,烦恼迭生,以及由此流转生死和修习"出离",由所谓"不觉"而"始觉"、"究竟觉",最后归向"本觉"的动态状态和过程。因此,这"一心"就是世界人生的本体和本原,亦通称"心源"。这些道理为一切《起信论》学者所公认,他们之间的差别,主要反映在对"一心"、"本觉"、"真如"等具有本体意义的概念的具体规定中。

元晓的解释是这样的:

> "心真如门"者,即释彼《经》"寂灭者名为一心"也;"心生灭门"者,是释《经》中"一心名如来藏"也……以一切法无生无灭,本来寂静,唯是一心,如是名为心真如门……又此一心体是本觉,而随无明

---

① 元晓《起信论疏》(上):"立而无得","破而不失",是谓《起信》之宗体也"。
② 元晓《起信论疏》(上)总结《起信论》的"宗要"时说:"开则无边无量之义为宗,合则二门一心之法为要"。此中"开"指"一心二门";"合"指"二门一心"。

动作生灭,故于此门如来之性隐而不显,名如来藏。

这一释文用以证明的经典是《楞伽经》,要点有三:(1)"一心"即是"真如",全称"心真如";"一心"也是佛性,其作为潜在的佛,称"如来之性",名"如来藏"。(2)"一心"的唯一特性,是"不生不灭",即绝对的静止,所谓"寂静",由于"无明"熏动而有了"生灭"变化;虽随顺"生灭"变化,而其作为"一心",依然"不变",这就是后来华严宗所谓的"不变随缘"和"随缘不变"。(3)"此一心体是本觉",①这可说是元晓最特殊的命题,需要重点分析。

按《起信论》"本觉"区别于"不觉"、"始觉"和"究竟觉",只能在"生灭门"中。元晓把"本觉"当作"一心"之"体",等于确定"一心"的本质即是"本觉"。所谓"体"者,按照《起信论》学者的通解,"法无藉他名为体,亦可应用所依在之为体"②,是一种不藉任何时空和条件而存在又能发生特定功能作用的实体。

元晓《起信论疏》又专门解释"一心"之"心"说:"此无二处(即一心无分别的状态),诸法中实,不同虚空,性自神解,故名为心。"以"神解"解"一心"之"心性",说明"神解"即是"本觉"的内容。小乘上座部说:"心性本净",大乘《涅槃经》说:"一切众生皆有佛性",《起信论》说:"众生心"。此"心性"、"佛性"、"一心"究竟指谓的是什么?元晓以非常清晰的语言回答:是"本觉",而"本觉"就是"神解"。

"神解"是元晓独运的概念,有可能脱胎于慧远的《起信论疏》。此《疏》有云:"非为木石,神知之虑,故名为心。"显然,这"神知之虑"是用来区别"木石"而给"心"下的定义。元晓的"神解"不同,他虽然没有给"神解"下过完整的定义,但从许多分散的说法中,大体可以看出有两种基本含义:

---

① 别本作"此一心体有本觉",本文不取。
② 净影慧远《起信论疏》(上之下)。

第一,"神解"之"神",指的是一种抽象的精神实体,即佛教所谓的"识神",一般所谓的"灵魂"。元晓在解释"生灭心"与"不生灭"的关系为"不一、不异"时说:"若是一者,生灭识相灭尽时,心神之体亦应随灭。"这里讲的"心神之体",即是"神解"之"神",亦即是"体",特点是永恒"不灭"。其作为"不灭"之识,亦名"自真相"。所以元晓又说:"若不异者,转识灭,藏识亦应灭,而自真相实不灭,是故非自真相灭,但业相灭。"此"自真相",指的就是在"一心"未被无明熏动和虽随生灭而自身不变的状态。至于"神解"之"解",与"知"同义,但"解"偏重于主体的内在认识,接近于"悟",而含有理解的成分,比"悟"更为理性;"知"着重于向外的认识,很容易与一般的认识论相混。据此,"神解"即是"神"之"解"或"神"即"解",指精神实体本来具有的悟解能力,或"神"自体就是这种解悟能力的实体化。

第二,"神解"之"神"意谓玄妙莫测,用以形容众生"一心"先天本具之"解"的奇特功能。元晓在《疏》中说:

> 不生灭心举体动故,心不离生灭相;生灭之相,莫非神解,故生灭不离心相。

又说:

> 本觉之心,不藉妄缘,性自神解,故名自真相……随无明风作生灭时,神解之性与本不异,故亦得名为自真相。

此处所讲"神解"、"神解之性",都是"神妙的悟解"的意思,说明"心真如"、"心自体"亦即"一心"之根本特性。

从上述引言中,可以直接推演出两个十分重要的结论:第一,一切众生无例外的都有一个永远不灭的"神";第二,这个"神"的本质是"先知先觉"是天赋的知觉能力。第一个结论同印度佛教的"无我"说,尤其是同般若中观派的无"神"论相背离,而与东晋慧远的"神不灭论"遥相呼应,与儒家灵魂不死的观念吻合;第二个结论则摈弃了儒家关于上智下愚的等级观念,容纳了佛家众生平等、无有差别的观念。

《起信论》论本释"众生心"时说:"是心则摄一切世间法、出世间法。"一切事物无不包容于众生一心中,这同孟轲所谓"万物皆备于我",在表达方式上完全相同。元晓的"神解",则将这"摄一切法"和备有"万物"的一心,确定为永恒的、以"既智且仁"为唯一规定性的"自体"。因此可以说,"自体论"是元晓佛教体系的哲学基础。

3

"自体"一词,在元晓的《疏》中经常出现。上述之"自真相"是它的异名之一,实指"一心"。他在疏《起信论》本文所言"法者,谓众生心"一句时说:

> 自体名法。今大乘中一切诸法皆无别体,唯用一心为其自体,故言"法者,谓众生心"也;言"是心即摄一切法"者,显大乘法异小乘法,良由是心通摄诸法,诸法自体唯是一心;不同小乘,一切诸法各有自体。

就是说,"一心"之作为"自体",不但是万物的本原,而且同时是万物的"自体"。这段话的意思,与小乘作比较,更易理解。此处所指小乘是"有部"的观点。这个部派认为,现实的一切现象,均产自"自种类",系属于什么种类,就以什么种类为"自体"。如苹果、香蕉都属水果一类,亦即以水果为"自体"。所以有多少种类,就有多少自体,故谓之"诸法各有自体"。元晓从他的"大乘"观看"小乘"的"各有自体"说,认为是不能成立的。诸法由同一心源发生,依"一心"而存在,以"一心"获得种种性、相、因、果,其不以"一心"为"自体"是不可能的。所以他又说:

"一切妄法,皆是佛心之相;相现于自体,自体照其相。"

此中"妄法",泛指一切可分别的现象;"佛心"即是"一心"。一切现象,都由"一心"所现示,亦由"一心"所解知。用当代通俗的话说,"一心"是万物的主宰,为万物立法;万物只有作为对象的时候,才能展现出来,为人所认识,也才能作用于人和被人所作用,而对象难免不打上主观的烙印,成为人的精神的异化物。人作为实践的主体,既按照自己的精神世界创造世界,也把世界看做是自身精神的一种体现。这与当代的哲学中称作主体论的思想,比较相似。

元晓依据"自体"论策划的实践,集中反映在他的"止观"学说上,所谓"止观双运,万行斯备"。

佛教大乘的实践,大体包容在所谓布施、持戒、忍辱、精进、禅、智等"六度"上。从《起信论》开始,将禅、智二度合而为一,所谓"定慧双修",通称"止观",隋代天台宗更以"止观"为组织其宗派理论的纽带。因此,在元晓的年代提倡"止观",并不新鲜。关键是他对"止观"的解释。

元晓在《疏》(下),用了约五分之二的篇幅广示"止观"的内容。他说:

"止一切境界相"者,先由分别系诸外尘,今以觉慧破外尘相,尘相既止,无所分别,故名"止也";

"分别生灭相"者,依生灭门观察法相,故言"分别"。

是即为"观"。为了说明这一解释的正确性,他引《瑜伽师地论·菩萨地品》作证:

即于诸法无所分别,当知名止;若于诸法胜义理趣及诸无量安立理趣世俗妙智,当知名观。

据此作出结论说:

依真如门,止诸境相故,无所分别,即成无分别智;依生灭门分别诸相,观诸理趣,即成后得智也。

此处所论的"止观"在很大程度上关系佛教大乘的认识论,所以为"止观"所下的定义,与专就禅观而言的"定慧"就有很大不同。《起信论》把瑜伽唯识学确立的"唯识无尘"(尘,唐译作"境",指不依人的意识而存在的客观境物)作为当然的前提;而破除识外有境则是成立这个前提的根本任务。元晓定义的"止",就是"以觉慧破外尘相",使"尘相"不生,由此达到内心"无所分别"的状态。据此用以"破外尘相"的"觉慧"是整个认识过程的初级阶段;"止"诸尘相,"无所分别"则是此过程的另一个阶段。按佛教传统的观点,"无分别"阶段是全部认识中的一大飞跃,虽然为时极短,但标志着对真理的直接体认,是走上"圣智"的决定性步骤,所以元晓把它放在"真如门"中,一般称为"根本无分智"。"观"是认识过程的最后阶段,元晓定义为"分别诸相、观诸理趣",由此成就所谓"后得智"。此"后得智"全称"无分别后得智",是在"根本无分别智"对真理的把握基础上,对诸现象及其道理的重新观察和分析,也就是以既掌握的真理,指导对世界、人及其解释的再认识和实践。

因此,以"无所分别"的心态去观察种种现象,或虽观察种种现象而于心无所分别,是元晓描述的认识过程,也是认识方法,也是他讨论"止观"说的重心所在。元晓《疏》先后引用《般若经》的命题:"不坏假名而说实相,""不动实际而建立诸法",并名之为"不废观行而入止门",都是论证他的"止观"说的。

关于这套"止观"的论述,可以有多方面的诠解。元晓强调的是"不依外尘","直欲定心,与理相应"。就是说,"止"在定心于"理"上,令"观"不受"外尘"的干扰;"观"在"不依外尘",令"与理相应","理"是"止观"中的核心观念。元晓《疏》分"止观"为两类:其一曰"顺理俱行止观",其二曰"对障俱行止观"。"对障"主要在克服"外尘"对止观的影响,目的在令止观"顺理俱行"。所以他屡屡强调大乘"止门唯修理定"①,也就是专心于"理",以"理"思维的意思。那么,什么是"理"呢?

《起信论别记》(末)说:"转识所现色相,不离转识,而意识不知如是

---

① "理定"的概念出自慧远的《起信论义疏》,其卷下之下说:"言真如三昧者,理定也。小乘之中但止心流,住在一境,名为得定。大乘之中解其妄理,理中住心,名为得定。故《经》中云:诸佛菩萨常在住定,游法性也。"

道理,谓自心外实有佛身……"意谓"佛身"与其他"色相"一样,都是"转识"所现,意识不明这一"唯识道理",所以妄执为"心外实有"。又说:"非为无明所起业识,即能觉知唯识道理也。"

因此,从广义上说,元晓的"理",就是"唯识理",在法相宗说来,就是"唯识真如"。但是,二者字句虽然相同,含义差别极大。法相宗所谓的"唯识理",是觉知(菩提)的客观对象,因此,"真如"与"菩提"是两回事;元晓所谓的"唯识道理",指对"本觉"、"神解"的自我体认,这种体认的功能,即在"本觉"、"神解"自身,因此"真如"(理)与"菩提"(本觉)是一回事。换言之,法相宗偏重于对对象的认识,元晓偏重于对精神自体功能的发挥,即"神解"的"解"的发挥。所以也可以说,元晓的"止观"说,正是他的"自体"论在实践上的贯彻。

从以上论述看,元晓的思想似乎侧向于慧解,而不甚看重禅定,大有融禅入慧之势。事实不尽如此。元晓《疏》在释《起信论》的"奢摩他(即'止')观义"和"毗跋舍那(即'观')观义"时,全文引用了玄奘译《瑜伽师地论·声闻地》中的解说,即以"九种心住"解"止",以"四种慧行"释"观"。由此评述坐禅的五个条件和五肢安置的坐姿,并从"数息"说起,历陈内心禅行的种种路程,包括坐禅入魔的各类表现和克制的途径,以及得禅时刻的身心感受,诸如"八触"之类。这其中固然有沿袭前人的说法,但绝不排除也含有他自身的禅实践经验。然而同样不能据此说他在由慧入定,走向所谓"暗证"。

接着,元晓又说:"寻此文义,乃说声闻止观法门。然以此法趣大乘境,即为大乘止观之行。"这说明,元晓之采取《瑜伽论》中声闻乘的"止观"说,仅仅是作为他的大乘"止观"说的修持方法,其止观所对之"境",即止观修持的内容,则是属于他本人的。因此,"九种住心"全在令心专注于其"唯识道理"上;"四种慧行"则成了指导和控制"九种住心"的理性思维。这样,"止观"互依并行,不但实现在静坐修持的过程,而且足以统帅行者的全部生活,包括社会实践。

元晓生活的时代,距今已有一千三百多年,今天人们可以有种种理由不同意他的观点,驳斥他的观点。但是,在他的体系中有没有一种精神,一种思维方式,是值得我们认真探讨,认真思索的地方呢?我认为是有的,并且相当重要。作为清末民初学界英杰的章太炎在《答铁铮》一文中说:

"自贵其心,不以鬼神为奥主",或"自贵其心,不依他力,"亦即佛教所谓的"依自不依他"的"自力"说,实为"孔子之后,儒、道、名、法变易万端"的共同根源。由此涵养而成的性格是"自尊无畏",尤见于"艰难危机之时"的"气节之士"。进入20世纪30年代的非常时期,中国文坛又重新讨论"民族的自尊心和自信力"问题。如此等等,如果顺着这一思路考察元晓树立的"自体"观念和"神解"学说,那么,它的历史价值和现实意义就应该是不言而喻的了。不论就个人或民族、国家言,一旦具备了这样的性格,也就会成为一种精神,一种思维定式,其凝聚和产生的力量,将是不可限量的。

然而任何性格都可能是双重的。元晓关于"自体"和"神解"的佛教体系,建立在哲学唯心主义基础上,没有给客观世界以应有的地位,没有认识到"自体""神解"对于吸取外界知识以充实自身力量的必要性,也很难通过实际地改变物质世界以改善自身及其周围环境,所以很容易把可贵的自信、自尊、自立和自力变成某种自我封闭,自我陶醉,以至夜郎自大、自欺欺人的境地。"自信力"转化成为"自欺力",这不论对于个人、民族和国家来说,都将是不幸的。

从元晓的体系中,可以由正反两个方面得到启迪。

第二节 《楞严经》论"死后无灭"和对"着魔"非法行为的讦露

《大毗卢遮那成佛神变加持经》于唐开元十二年(724)译出。六年后,即开元十八年(730),智昇编就了两种目录,一是《续古今译经图记》

(略称《续图记》),一是《开元释教录》(略称《开元录》)。在这同年完成的两种目录里,记载着同一部译典,即《大佛顶如来密因修证了义诸菩萨万行首楞严经》(略称《楞严经》),它的哲学本体论,与《大日经》在根本点上是相通的,在大藏经目录中,也被列在密乘一类。这两部经籍间有无什么内在的联系,颇值得研究。

这是一部非常有名的佛典,自其问世以来,似乎历时越久受到佛教界的重视越高,不但与《大日经》同样地对密乘的发展具有重要意义,在禅宗和教门中也能看到它的影子;其阐释的佛教哲学,一直影响着此后的中国佛教走向。至于宋明,更为文人所青睐,类乎隋唐之前士人之于《维摩诘经》那么热衷,其中尤以宋之王安石、张无尽,明清之际的钱谦益等为甚。这些带有特定叛逆性格人物之归信,令人尤为瞩目。苏轼在《书柳子厚〈大鉴禅师碑〉后》说:"大乘诸经至《楞严》则委曲精尽,胜妙独出。"智旭在其《阅藏知津》卷一一一中介绍:"此宗教司南,性相总要,一代法门之精髓,成佛作祖之正印也。"这一俗一僧的评价,自宋明以来有相当的代表性。

然而正是这一部经,自其入录就被质疑。先是日本入唐僧传谓:"《大佛顶经》是房融伪造,非真经也,智昇未详,缪编正录。"迄于现代学者梁启超,直言"《楞严经》一书是假书",因为其中"充满了长生神仙的荒诞话头";吕澂先生更作《楞严百伪》,从成书的时间地点、戒律威仪、神话传说,到思想教义,揭示其有悖于域外佛教之处不可胜数。由此引发的问题是,它真的是来自域外的译经,还是中土托名的自撰?

唐智昇在其《续图记》里称,此经为中印度沙门般剌密帝主译,弥伽释迦译语,房融笔受,怀迪证译,于神龙元年(705)五月译出。所记翻译程序,中规中矩,无可挑剔。然而同是这个智昇撰的《开元录》则记,此经乃是沙门怀迪,"因游广府遇一梵僧(未得其名),赍梵经一夹,请共译之",语焉不详,有许多缺项,看似更为可靠。此经从一面世就有如此不同的记录,引起后人的质疑是当然的。据吕澂先生考订,不论从时间或人物上，这两个说法都不可信（见《楞严百伪》）。怀迪有无其人，是否是参与《大宝积经》译场的慧迪，还需考证。此后几乎被共许为真正译家的乃是房融，然而却看不到任何新的根据。僧俗两界公认，智昇的权威性经录是《开元录》，《续图记》只是他对《古今译经图录》的些微补充。但为什么大家都相信《续图记》之说，而不采用《开元录》的记载？理由大约就是一个，因为此经颇多"文采"，似乎只有像房融这样做过高官的文人才能写得出来。

按房融在武后朝晚期任正谏大夫、同平章事。神龙的前一年末，李唐政变，迫武周让位，至是年二月初，房融因牵入张易之、张宗昌案，乃被"除名"。《旧唐书》称其由此"下狱"，《新唐书》和《资治通鉴》谓其"流高州"（唐有"高州"数个，此指"去京师六千二百余里"的那个），至于到了高州如何，没有下文。因此，关于房融其人，再也没有更多的资料可供了解了。

但到了宋代赞宁撰《宋高僧传》又有了新的说法。其卷六僧《唯慤传》记："（慤）年临不惑，尚住神都，因受旧相房公融宅请。未饭之前，宅中出经函云：相公在南海知南铨，预其翻经，躬亲笔受《首楞严经》一部，留家供养。今筵中正有十僧，每人可开题一卷。慤坐居第四，舒经见福楼那问生起义，觉其文婉，其理玄，发愿撰疏。"时间起自大历元年（766），完成于何时不详，这可能就是现存的《楞严经玄赞》，其中心是讲"华严宗中文殊智也"。这是本传的传说之一。本传还记一说，"《楞严经》初是荆州度门寺神秀禅师在内时得本，后因馆陶沙门慧震于度门寺传出，慤遇之，著疏解之。"此传又记："后有弘允法师者，蜀人也，作《义章》，开释此经，号《资中疏》，其中亦引震法师义例。似有今古之说。此岷蜀行之，近亦流江表焉。"

《宋高僧传》撰于太平兴国七年至端拱元年（982—988）。记《楞严经》的来源有二，一是京都长安，直接来自房融家族，当是出自房融无疑了；一说是得自禅宗北宗祖师神秀，而未记译者，而我以为倒是更可信些。譬如说,此经原出四川,宋初才开始流向江表,就是一个重要印证——四川佛教宗系的主要代表是菏泽系的神会和宗密,他们的思想也最符合《楞严经》的主张。

依据这星星点点的记述,我们可以推断这部经问世的佛教背景。从禅宗领袖神秀入京(时在700—701年),至密教大师善无畏至京布道(时在716年),这期间佛教密乘在东西两京可能已有相当的发展。神秀住京的两大弟子义福(657—736)和普寂(650—739),同时传播密乘,由此形成了禅密结合的新风气,也可视做此后密乘得以突破性传播的桥梁。义福的门徒中,有萧瑀的孙女尼惠源(662—737),"精承密行";另一优婆夷未曾有(?—738),"尝以诸佛秘密是总持,诵《千眼》、《尊胜》等咒"。其中《尊胜》即《佛顶尊胜陀罗尼经》,有三个译本都是在武周朝译出的;《千眼》即《千眼千臂观世音菩萨陀罗尼神咒经》,也是在善无畏来华之前已有了译本的。至于一行,他本是普寂弟子,其所以倾向于密宗,参与《大日经》的翻译和注疏,普寂的禅密结合是可能起了作用的。

因此,我们且撇开《楞严经》之是否与房融或怀迪有关,它之出现的那个年代,即705年前后,就有这么个大的佛教背景,供我们考虑。当时义福、普寂,还有他们的同门敬贤、惠福等,拥有的门徒几乎遍及两京的所有贵族官僚;他们接受禅密双重熏陶,并能以较好文采表达出来的,大有人在,其中任何一人,都有可能写作这类经典。

研究者一般认为中国密宗发端于"开元三大师"。我想补充的是,开其先河的应是北宗禅;也只有在北宗禅这样的氛围中,才能产生《楞严经》以及一行注疏的《大日经》。

一、表达上的晦涩背后

说《楞严经》很有文采,其实是溢美之谈。全经采取的是偈颂体,又像是中国传统的骈体文,四言一句,看起来整齐华丽,作为文学式的譬喻描述,或许有其长处,但用来表义达理,逻辑论证,就显得笨拙曲涩,像是语无伦次——它使得内容必须服从形式,为了维持它的四言一句,不惜让内容残缺难解;加上制作者有意让文字莫测深奥,使一些非常重要的理论问题,一时不知所云。这里随便举两个例子:

> 已灭生灭,而于寂灭,精妙未圆。若于圆明,计明中虚,以永灭依,为所归依,生胜解者,是人则堕,归无归执。(卷一〇,下同)

> 已灭生灭,而于寂灭,精妙未圆。若于圆常,固身常住,同于精圆,长不倾逝,生胜解者,是人则堕,贪非贪执。

就文论文,什么意思?它们陈述的思想,并不高深,但经文的遣字造词,省略颠倒,就令人莫名其妙起来。

其实,这两段话都是讲修"定"(三奢地)者,在定中可能发生偏离佛教宗旨的错误,而且都出在"识阴区域"对"行阴"的理解和体验上。行文中没有用"行阴"二字,但它将行阴的"行"界定为"生灭"的运动,因而也就用"生灭"这个一般用语,替代"行阴"这个特定的概念。"寂灭"也是佛教的一般用语,此处则特指"行阴"不再对修定者产生作用的那种境界。由于经文用一般概念(生灭、寂灭)替代了特殊对象(行阴、行阴灭),所以全部论述显得模糊起来。切实意思是,修定达到行阴寂灭的这个阶段,已经很高了,但未臻极致,因为这种"寂灭"只有否定含义,并未完全示现众生固有的"真常心",所以认识(即"明")虽然已经"精妙"了,但仍未圆满,是谓"精妙未圆"。

这两段话的前一句文字一样,思想也相同;后边的话结构一样,"者"字之前,讲的都是行者的错误,但错误不同,所以表达的言语也不尽同。第一段是对于"圆明"的理解。此"圆明"应是"真常之心"的一种性能,有圆满明鉴一切的意思。假若行者,于此圆明中,妄计为空无所有(即"虚"),那就犯了灭除"真常心"的错误。按本经观点,"真常心"乃是众生得以存活的依据。若把永恒地灭除众生存活之依据为宗旨(即"归依"),就与本经主张的"涅槃"相违,而与小乘的"毁身灭智"一致,一般佛教称为"断灭见",此处则名"归无归执"——于不该归依处而去归依。第二段是对"圆常"的理解。"圆常"是真常心的又一种规定,强调的是此心超越生灭而遍圆恒常,永不变异。但行者若因此而认为,人的肉身可以与此心(即"精圆")同样坚固不变,所谓"固身常住",永生不死,一般佛教称之为"常见",本经名作"贪非贪执"——于无可贪欲处而去贪欲的执著。

对这两段话再作简单些解释,就是在禅定观察思考"五阴"这一主题时,绝不能否认"真常心"的永恒性,但也不能因此肯定肉身也会长生不死。一个从东晋慧远就为中国佛教肯定下来的命题"形灭神不灭",用骈体文一表达,就变成了难解的天书。

再举一例:

> 无始菩提涅槃,元清净体;则汝今者,识精元明,能生诸缘,缘所遗者,由诸众生,遗此本明,虽终日行,而不自觉,枉入诸趣。(卷一,下同)

这话是佛对阿难说的。此中"菩提涅槃,元清净体",指的是永恒不变的"真常心";"识精元明",指的是支持生死轮回、不断变动的那个"识体"。也可以这样解释:前两句是对"真常心"总功能的抽象;它存在于每一个众生之中,并能产生活动,则改称"识精元明"。"识精元明"活动的最重要表现,是派生"诸缘",所谓"能生诸缘",即形成世间一切事物的因缘条件。然而,一旦产生了诸缘,这"真常心"就被遗忘了。所以尽管"真常心"始终存在,而众生却不能自知,以致不得不趋向生死轮回之路。

因此,这思想也极简单:人人都有个真常心,它主宰着生命的运转,并以"识"的面貌派生周围世界事物;而人们被它的派生物所迷惑,忘记了自己的本来面目,所以流转生死。其中行文作"能生诸缘,缘所遗者",就令人十分费解。至于"元清净体"与"识精元明"是个什么关系,更让人摸不着头脑——按《大乘起信论》"一心二门"的说法,"元清净体"相当"真如门"的心,而处在阿难那里的"识精元明",则是"生灭门"中的心。

"心"只是一个,共相都是"明"与"常",但所处的位格不同,所具的性能也不一样,前者是绝对的静止,后者则以动态形式出现。由于本经没有阐明这些关系,愈增加了思想理论上的混乱。

本经的核心任务是建立所谓"真常之心"的本体论。此心的别名非常之多:刚讲的"无始菩提涅槃、元清净体"是,后文所谓"妙明真精妙心""本妙圆妙明心"、"妙微密性净明心"、"妙明真心"、"妙明元心"、"本妙明净"、"精明净妙见元"、"妙明无上菩提净圆真心"、"菩提妙净明体"、"真精妙觉明性"、"寂常心性"、"觉明无漏妙心"、"如来藏常住妙明"、"如来藏妙真如性",以及"如来藏"、"妙觉元"、"妙明心"、"净明心"、"妙明"、"本明"、"本心"、"明心"、"本觉"、"圆觉"、"性觉"、"觉明"、"觉元"等等都是。有时就用一个字表示,诸如"明"、"觉"、"元"、"常"、"精"、"圆"等,以表征"真常之心"的不同性能。但在行文里却没用明确的释义,所以读起来有些眼花缭乱,而它们要表达的思想反而被隐晦起来了。

这类例子俯拾即是。但在后文谈及戒律一类问题时,文风立即变得通畅起来,简明易了,绝对不会产生误会。为什么?这可能有两个原因:第一,回避对"心"作"神"的解释——因为批评"识神不死"之说,从鸠摩罗什的门徒开始到唐代的部分禅师,可谓代有其人,尽管全经贯彻的就是用"神不灭"释"心";第二,关于这"心"的性能是什么,不但义学僧侣缺乏统一的认识,即使诸多译经也说法繁多,莫衷一是,因而不得不用了那么多的形容词和同位语去揭示它的内涵,从而可以作多角度的理解。经文的作者是费了心机的。

二、论众生皆有"两种根本"

卷一提出,一切众生悉有"两种根本":

> 一者无始生死根本,则汝今者与诸众生用攀缘心为自性者;二者无始菩提涅槃、元清净体,则汝今者识精元明,能生诸缘、缘所遗者。

确立这两种根本,论述两者的关系和如何正确对待,是贯穿全经的一条理论线索。这两种根本,是同一个心本体的两重性能,大体相当于《大乘起信论》的"一心二门"。所谓"元清净体",即"真常心",是不生不灭、无条件的永恒存在;那个"生死根本",即"攀缘心",是真常心之处于被生灭扰动的状态,亦即有了主体和对象区分,从而有了"识"的存在。佛教的全部修习,即在去除攀缘生灭之心,回归不生不灭的菩提涅槃本心。

现在先看"真常心"及其存在的证明。

"真常之心"的第一个特征是"明","明"即是"毗卢遮那"的意译"光明"的略称;与之紧密相关的第二个特征是"常",即超越生灭变化,永恒存在。这样的"心"普遍存在于一切众生中,是构造世间和出世间的本体,故名为"元",即元初、原始之义。众生依据此心而流转生死,也依据此心而觉悟成佛,故称为"依"。就其作为成佛的内在根据言,名之为"觉",是天赋的"菩提涅槃";同时它又是佛之法性的体现,所以名为"真如"或"真如性";它含藏着一切佛法,故名"如来藏";它是自我满足的,并周遍于一切事物,故称为"圆";它的作用是神妙的,本体是精细的,因而还有"精"、"妙"等称呼。

按照常识,人们的认识和情感,都是由"目"和"心"完成的:"目"观对象,"心"生爱恶;"真常心"就是要从这种世俗性认识中发明出来。自唐五代以后,"心目"或"眼目"成了佛教极重要的范畴,其开端也与本经在这里的讨论有关。卷一,佛问阿难:

> 如汝所说,真所爱乐,因于心目。若不识心目所在,则不能降伏尘劳。譬如国王为贼所侵,发兵讨除,士兵要当知贼所在。使汝流转,心目为咎。吾今问汝:唯心与目今何所在?

这一问确实令人发蒙,似乎不是问题的,一下变成了问题:人的"心目"究竟在哪里?

根据当时人们对这个问题可能的解释,阿难做了如下回答:第一,

"识心居在身内",而"眼"在人的脸"面"。第二,不在身内,"心实居身外"。第三,在身内身外俱非,乃身心"在一处"——"潜伏根里",即潜伏在人身的生理器官中。第四,心潜伏在根内亦非,则"开眼见明,名为见外,闭眼见暗(指人体内脏),名为见内"。上述四种解释,佛一一驳难,以为"无有是处"。于是第五,"即思唯体,实我心性,随所合处,心则随有"。第六,心既在内不成,在外非义,"当在中间"——即"眼、色为缘,生于眼识;眼有分别,色尘无知,识生其中,则为心在",也就是说,心"在根、尘之中"。对这些说法,佛依旧斥之为"无有是处"。

关于这些详细的问难,这里不一一介绍。还有一个,则需要作点分析。阿难问:"觉知分别心性,既不在内,亦不在外,不在中间,俱无所在。"这是否可以说"一切无著,名之为心"？于是佛首先对这"一切"作了界定:"世间虚空、水陆飞行诸所物象,名为一切。"接之质问:

> 汝不著者,为在为无？无则同于龟毛兔角,云何不著？有不著者,不可名无。无相则无,非无则相；相有则在,云何无著？是故应知,一切无著名觉知心,无有是处。

此处所以特别要分析这一问难,第一,是它对某些大乘经论动辄以"无著"或"无所住"作为般若(觉知心)的运用,提出了温和的批评,纠正那种把"不著"视为最高的认识准则的偏颇；第二,从其所持的反对理由中,可见全经的一般方法论:揭示立论者的自我矛盾。把这段话译成白话文可以看得更清楚些:

既然你把"不著"当成"觉知心",那么,所谓"不著"的对象是存在还是不存在？假若不存在,你不著什么？假若存在,你的不著并不能意味着它不存在。因为只有"相"不复存在时,才能说不存在；不能说不存在也是"相"。只要"相"有,即是存在。换言之,"不著"只是自以为无,并未否定"相"的存在——《楞严经》所谓的"相",既指表象,也指概念,相当于说一切有部和瑜伽行派指谓的"法相"。这两个派别,都承认法相是

"有",而非全无。

最后,佛举臂屈指问阿难:见这一形象不?阿难回答见。佛又问,你是"以何为心"去见的?阿难答:"如来现今征心所在,而我以心推穷寻逐,即能推者,我将为心。"此"能推者",指能够进行推理判断者,即上述之"思唯体,实我心性"。阿难就把根据"眼见"而"能推"的思维方式界定为"心"。佛对这一界说表示了总结性的不满:

> 咄!阿难,此非汝心……此是前尘虚妄相想,惑汝真性。由汝无始至于今生,认贼为子,失汝元常,故受轮转。

所谓"前尘虚妄相想",意谓由呈现于面前的"相"而产生的"妄想"。"相"是"识"的显现,将其作为认识对象,就引生出虚妄的"想"来。因此,以判断推理为特征的思维活动,是在这"相"、"想"之间实现的,均属虚妄,而非众生本有的"真心"。这样,话题又回到了本经要确定的核心观念"真常之心"上:什么是"真心"?佛说:"若离前尘,有分别性,即真汝心。"意谓不受客观对象(前尘)的制约,或者说,在客观对象并没有呈现在你的面前时,你依然具有主观"分别"的性能,那才是真正属于你的"心"。佛举了好些事例,譬如:佛示以拳,如果没有佛之手和阿难之眼,即不成眼见。此中佛手是"色境",阿难之眼是"眼根",由之产生的佛手是"眼识",即上述所谓"眼、色为缘,生于眼识",这是常识,也是佛家"十八界"的传统说法。但佛批评了这种认识。佛说,盲者无眼,其所见唯是黑暗,但不等于他们没有"见性";因为一旦眼病治好,仍然能见前尘种种色境。有眼者在全无灯光的暗屋中所见,与盲者没有区别,但灯光照来,所有物体全能现见,我们不能说是灯见而不是眼见。这个譬喻说明,真正能见的不是眼;眼与灯一样,没有"显色"的作用,只有产生"见"的功能。决定能见的是"心",此"心"在产生眼见作用时即名"见性":"如是见性,是心非眼"。

在《楞严经》中,"见性"是个重要概念。为了确立这个概念,经文用

了不少篇幅论述。卷一之末记有这样一段情节,可以作为代表:

> 即时,如来于大众中屈五轮指,屈已复开,开已又屈。谓阿难曰:"汝今何见?"阿难言:"我见如来百宝轮掌,众中开合。"佛告阿难:"汝见我手,众中开合——为是我手有开有合,为复汝见有开有合?"阿难言:"世尊宝手,众中开合;我见如来手自开合,非我见性有开有合。"佛言:"谁动谁静?"阿难言:"佛手不住,而我见性尚无有静,谁为无住?"佛言:"如是。"

这一情节提出的问题是,阿难目见如来手指屈伸、手掌开合,这屈伸开合是由阿难之见决定的,还是由如来之手决定的?阿难肯定双方的原因都有,但见动是源自"佛手不住",即攀缘了佛手的结果,与"见性"无关——"见性"自身是永恒的,所以无所谓动与静,当然也不会决定佛手之"无住"(动)。

接着记了一段类似的情节:

> 如来于是从轮掌中飞一宝光在阿难右,即时阿难回首右顾;又放一光在阿难左,阿难又则回首左顾。佛告阿难:"汝头今日何因摇动?"阿难言:"我见如来出妙宝光来我左右,故左右观头自摇动。""阿难,汝盼佛光,左右动头——为汝头动,为复见动?""世尊,我头自动。而我见性尚无有止,谁为摇动。"佛言:"如是。"

道理与上大同。唯一的不同是上一个"动",是源自阿难攀缘的"境"(佛手);今此动的是出乎阿难之"身"(头)。不论是境是身,都属于"见"的活动,而其作为"见"的"见性",则不动不止,是永在的。

于是如来向大众总结说:

> 若复众生以摇动者名之为尘,以不住者名之为客——汝观阿难,头自动摇,见无所动;又汝观我,手自开合,见无舒卷。云何汝今以动为身,以动为境?从始洎终,念念生灭,遗失真性,颠倒行事;性心失真,认物为己,轮回是中,自取流转。

佛教有个古老命题,所谓"心性本净,客尘所染"。所谓客尘,是泛指烦恼言,本经则作"不住、摇动",即生灭变化解。世俗日常所见,如"以动为身,以动为境"之类,本属"客尘",可误以为这就是自己的本来面目,而能够令头动手合等活动的深层根源,而那不动不止的"见性",却被遗失了。所以说是"性心失真,认物为己"。

这一思想其实并不复杂:人们日常之所见所知所感,有两个特点:第一,是有条件的,如眼根、色境和内识的和合等;第二,是变化的,所谓"念念生灭"和时过境迁之类。但概括这一切条件和变化,人们会发现贯穿于一切条件和变化之中,存在一个无条件而且不变化的东西,那就是"知、见"自身——所有"知、见"的总合和抽象:一切个别的认识(见)及其认识的对象(前尘),所谓"缘尘分别影事",都是有条件的存在,处在运动变化中,是虚假不实的;但那认识及其派生对象的能力,则是真实的,是心的真性,永恒的。

这样,在哲学上《楞严经》所犯的错误,依旧是分裂个别(见)与一般(见性),让一般脱离个别并把一般定为永恒不变的真理——但它走得更远,把抽象了的见性或知性,当成了永恒不灭的精神主体,而将色身及其变化着的精神世界,只认作流转生死最终可遗弃的外壳。全经就是把世俗见闻觉知,定为生灭无常、虚假不实,由之推论出有一个支撑着这世俗认识的世界,其本身则无生无灭,属"真常之心"的本体。

三、论"身中有不灭性":"见精"

人死如灯灭,这也是常识。但人们不甘心,所以总是哀叹人生苦短,希冀长命不死,万寿无疆。中国的秦皇汉武唐太宗,他们的英明伟业名垂青史,令人敬仰,但也都在这个问题上摔了跟头,追求长生,成为千古笑柄。佛教以有生必有死,无生才无灭的教义进入中国,而中国佛教始终不满足于这个结论,从译经一开始,"性空"之身即与"识神"常在之说并行,至东晋慧远公开提出"形灭神不灭"论,并作了系统的论证,遂成了中国佛教的主流观念。尽管反对意见并未完全停止,不时还会触发争论,如鸠摩罗什之对旧译的批评,禅宗内南阳慧忠对南宗神会及《坛经》的批评等。《楞严经》从建立"真常之心",重新审视这一论题,为"身灭神不灭"作出新的论证。

卷二的开始,波斯匿王发出了"此身死后断灭"、"此身终从变灭"的感叹:"我此无常变坏之身,虽未曾灭,我观现前,念念迁谢,新新不住,如火成灰,渐渐销殒,殒亡不息。决知此身,当从灭尽。"于是佛为之指出了一条足以令他振奋的道路:"汝见变化,迁改不停,悟知汝灭亦于灭时。汝知身中有不灭耶?"王称不知。佛言:"我今示汝不生灭性。"佛问王曰:你在多大年纪时见过恒河水?王答三岁时。佛又问:你十三岁见此河时,其水云何?王言:"如三岁时,宛然无异。乃至于今年六十二,亦无有异。"佛乃接着言:"汝今自伤,发白面皱,其面必定皱于童年。则如今时观此恒河,与昔童时观河之见,有童耄不?"王言:"不也,世尊。"据此佛作结论说:"大王,汝面虽皱,而此见精,性未曾皱。皱者为变,不皱非变。变者受灭;彼不变者元无生灭,云何于中受汝生死,而犹引彼末伽黎六师等,都言此身死后全灭?"王闻是言,"信知身后舍生趣生,与诸大众踊跃欢喜,得未曾有。"

这一段记载,可作为本经最为明晰的观点。人身有老死变化,可人具备能见恒河长流之水,能知面之童耄的"知见",所谓"见精"、"见性",却是始终不变的,因而也是不生不灭的永恒。由此推论,"此身"之"舍生",意味着"彼身"的"再生",而不是生命的断灭。因此,众生只有生生之不息——所谓"舍生趣生",没有生命的中断:生的形态有变化,生本身无有变化。支持这生的精神主体,并证明这一主体真实存在的,就是"见精"或"见性",亦即抽象的"知性"不灭,它被视为人的"真性"——灵魂的特殊规定性。全经之所以着力确定人人具有这样的"真常之心",最现实的目的是满足人们希冀永生不死的心理需要。

按经文的陈述,这样的"见性"或"见精"与现实的见闻觉知有一个根本不同点,那就是无条件、无时限,也非"自然"而有,所谓"非因、非缘"和非自然性。依佛教通常义理,"眼见"起码需要四个条件,即"因空(中无障碍)、因明(足够的光线)、因眼(眼睛健康)、因心(意识清楚)","见性"或"见精"则否。卷二记佛说:

> 汝今当知,见明之时,见非是明;见暗之时,见非是暗;见空之时,见非是空;见塞之时,见非是塞。

明暗空塞,都可以见,但不受它们的限制,说明"见"是遍及一切、无所不见的,但见(性)不可以见。因为"见犹离见,见不能及"——"见性"是独立于一切知见的自在实体。卷二说:"如来常说,诸法所生,唯心所现。一切因果,世界微尘,因心成体。"因此,"诸世界一切所有,其中乃至草叶缕结,诘其根元,咸有体性,纵令虚空,亦有名貌;何况清净妙净明心,性一切心,而无自体? 若汝执吝分别觉观所了知性必为心者,此心即应离诸一切色香味触诸尘事业,别有全性"。

"诸法所生,唯心所现"是《华严经》以来一切唯识家的老生常谈,新鲜的是,从微尘到因果、时空一切皆因心而"成体"。这所成之"体",有体性、体相的意思,经文亦用"名貌"来表达。"名"是语言概念,"貌"是相貌、表象,他们都不是"无"。说世界一切不是无,般若学也承认,称之为"假名"或"假有";唯识家也承认,称他们为"虚妄有",仅存在于"识"内而非"识"外。但这段经文既没有强调"名貌"之假,也没有凸出"体性"存在于识内,而是把它们同归之于一个"根元"上去,让它们都成为这一"根元"的显现。这就有些特别:至少它不赞同把"假"归结为"空"或"无",也不愿意把"名貌"只重复其存在于"识"内。

此处所谓的"根元"即真常"明心",是显生世界一切现象的本体。这些现象各有体性名貌,是否存在于每个人的内心中,经文并未指明,但却强调,世界万有之各色体性名貌,乃是作为"根元"的"心"所给予的规定。既然那"心"能给予万物以体性,则"心"自身反而没有自体,是纯粹的无,在逻辑上是说不通的。因此,只要人们承认日常的"分别觉观"或"知性"乃是"心"存在的证据,就得承认此心是脱离色香味触等一切"客尘"而别有独立自性的完整存在。于是卷二说:

> 若离前尘有分别性,即真汝心;若分别性离尘无体,斯则前尘分别影事——尘非常住,若变灭时,此心则同龟毛兔角,则如法身同于断灭,其谁修证无生法忍?

"知见"的本质即是"分别性"。如果你的"分别性"不受前尘(客观对象)的制约,是独立的存在,那就是你的"真心";反之,如果没有前尘的存在就没有分别性,那只能是你对自心影像的分别,属于攀缘心而非真常心。因为按唯识家的说法,"尘"即色尘,乃心识的显现,属于相分,它依心而住,其性无常,如果分别性随着这样的色尘而变动,则色尘灭时,心亦当灭,如此,则心体亦同空幻不常,那么一切佛教修习,不也就失去主体,全要落空了么?

因此,不论其作为人身和万有的本体,还是作为修证佛智而成佛的主体,都需要一个"清净妙净"之"真常"、"明心",也都可以证明此心的必然存在。

四、论"生死根本":"攀缘心"

与此相应的是作为"生死根本"的"攀缘心"。卷二记,众生平常见佛听法,都是以"缘心"进行的:见得以色为缘,听得以声为缘,所谓"前尘"的存在是闻见的根本条件。针对世俗认识的这一特征,佛讲了这么一段话:

> 譬如有客,寄宿旅亭,暂止便去,终不常住;而掌亭人,都无所去,名为亭主。

见闻也有这两种情况:

> 若真汝心,则无所去,云何离声无分别性?斯则岂唯声分别心、分别我容,离诸色相无分别性……离诸法缘无分别性,则汝心性各有所还,云何为主?

意思说,如果那"心"确是属于你的,是寄于你身的主人,它就不应该离开色声等缘境失去"分别性";反之,若离开声音和面貌等色相即失去了分别性,就不是你的真心,怎么还能称作"主人"?世人的错误恰巧是把攀缘之心当做自我,从而也把"主人"与"旅亭"对立起来,把自我与其所见的境相对立起来,乃至认为没有前境即无分别性,遂失去自我。

佛说,众生所见,各有形象限度,但"无非前尘分别留碍"。此中谁是我,谁是他?应该分别了知:"今吾将汝择于见中:谁是我体,谁为物相?"极目所见,"云腾鸟飞,风动尘起,树木山林,草芥人畜,咸物非汝"。然而"是诸近远,诸有物性,虽复差殊,同汝见精清净所瞩;则诸物类自有差别,见性无殊。此精妙明,诚汝见性"。

就此而言,"见性周遍,非汝而谁"。在远近大小明暗等万象横陈的各色所见物中,贯穿和体现着你的"见性",你的"见性"就遍在这一切物相中,而此"见性"亦即显示着你的"我体"。于是佛进一步说:

> 一切众生从无始来迷己为物,失于本心,为物所转,故于是中观大观小。若能转物,则同如来,身心圆明,不动道场,于一毛端遍能含受十方国土。

山川大地,十方国土,本是我之见精所瞩,唯识所现,是"我"的体现。一般人缺乏这样的认识,不知那就是"我",而误以为是与我对立的"物",因而受物的役使而不知自觉。如果回归本心,身心统一,就能够役使物而获得大自在——"心"与"身"与"境",完全地融为一体,明鉴一切了。

为了表达这一思想,经文讲了许多类似的话:任何人都"不能于万物像前,剖出精见,离一切物,别有自性";"无有见精,离一切物别有自性……我实遍见此祇陀林,不知是中何者非见……是万象中细微发明,无非见者"。如此等等,读起来很别扭,但依"万法唯识"、"色心不二"的原理,则"唯识"变成了"见性";"色心不二"变成了身心不朽,从而使身心与其所处的世界同时永在。尽管这个被显现的世界和身心是虚幻的,表达得也非常模糊。

这种世界观也不是本经或佛教所独有的。有一种经验主义哲学认为,人的认识对象不可能是脱离主体认识的绝对客体,"物自体"是不可能的;同样,在认识对象中,不可避免地带有认识主体的印记,所以人们也可从你的认识中——认识的深度和广度,知识范围和知识水平,认识你这个人本身,而你这个人则既表现在你的全身心的活动上,也反映在你的认识对象和认识程度中。因此,见、身、境三者是统一的。本经的问题出在否定认识的条件上,把"见性"抽象到无条件的、可以脱离肉体并永恒存在上。

据此解释,一般众生虽然"同是觉明无漏妙心",但我们普通俗人总是达不到这神仙般的境地,原因在于"见闻觉知虚妄病缘,和合妄生,和合妄死。若能远离诸和合缘及不和合,则复灭除诸生死因,圆满菩提不生灭性,本觉常住"。

世人的见闻觉知,都是依赖因缘条件之和合发生的;因缘和合是产生虚妄的根源,所以追求一种超越条件变化,不为主客观因缘所动的精神境界,就成了显示"不生不灭"之"本觉常住"的根本途径。如是因缘和合即是生死根本,而因缘和合来自见闻觉知,见闻觉知则是妄想形成的因缘,所以说,世俗人生世界说到底是"妄想"的产物。

五、论世界人生的本原:"唯心所现"

现在让我们转过去观察本经对世俗人生和世俗世界具体的形成是如何描述的。

按佛教传统的分类,整个世俗人生世界,是由"阴持入"或"蕴处界",

即"五阴"、"十二入"、"十八界"等元素构成的,此中又以"五阴"最为通行,它既是众生的构成元素,也是众生打造自身环境的元素。《楞严经》集中讨论的就是"五阴"问题。

卷二记佛言:

> 我常说言,色、心诸缘及心所使诸所缘法,唯心所现。汝身汝心,皆是妙明、真精妙心中所现物。云何汝等遗失本妙、圆妙明心、宝明妙性,认悟中迷?晦昧为空;空晦暗中,结暗为色。色杂妄想,想相为身。聚缘内摇,趣外奔逸;昏扰扰相,以为心性。一迷为心,决定惑为色身之内。不知色身,外洎山河、虚空大地,咸是妙明真心中物。

此中"色、心诸缘",指人自身的全部构成;"心所使诸所缘法",指一切认识对象,两者悉是"唯心所现"——这具备显现一切"缘法"能力的"心",则是一切众生皆有的那个"真精妙心"、"原妙明心",所谓"真常之心"。由于普通众生遗失了此心,于本觉(悟)中迷失方向,思想就晦昧起来,变得一片虚空;"色"就从这晦暗和虚空的郁结中产生出来;对"色"杂以"妄想",妄想的那个"(色)相"即转变成"身"。于是这精妙的心也杂有了妄想,备受各种因缘的左右,乃至向心外奔逸,并即以此能够外逸而成"昏扰相"者定为心性,说"心"存在于"色身"之内。其实,不但"色身",即使山河大地,也都是"妙明真心"的产物。

上述言说本身就有些恍兮惚兮。什么叫"晦昧为空"、"结暗为色"?空指虚空,色指物质,世界的这两大分类就在这类晦暗的语言中被产生出来,无论如何是难以向听者读者交代的。于是作为在虚空中生活的"人"就被分解为"色心",扩大而为"五阴",从"五阴"的形成中进一步说明人身之所以产生:"譬如有人以清净目观晴明空,唯一晴虚,迥无所有。其人'无故'不动目睛,瞪以发劳,则于虚空别见狂华,复有一切狂乱非相。""目"指色身,"狂华"指"色相",两者均属"色阴"——"色阴"就如此产生了:无缘无故,亦非"自然"而然,只要人们执著眼、色分离,盯着虚空发呆,直至疲劳狂乱,色阴就此产生了。据此,色阴既非由"目"所生,亦非因"空"而有,也不是自然如此,而是专注操劳,导致虚妄幻觉所致。经文又细加备述:

> 譬如有人……"无故"以二手掌于空相摩,于二手中妄生涩滑冷热诸相。受阴当知亦复如是……是诸幻触,不从空来,不从掌出……是故当知,受阴虚妄,本非因缘,非自然性。

> 譬如有人谈说酢梅,口中水出;思踏悬崖,足心酸涩。想阴当知亦复如是……是故当知,想阴虚妄,本非因缘,非自然性。

> 譬如瀑流,波浪相续,前际后际不相逾越,行阴当知亦复如是……如是流性,不因空生,不因水有,亦非水性;非离空、水……是故当知,行阴虚妄,本非因缘,非自然性。

> 譬如有人取频伽瓶,塞其两孔,满中擎空,千里远行,以饷他国,识阴当知亦复如是……如是虚空,非彼方"来",非此方"入"……若彼方"来",则本瓶中既贮空去,于本瓶地应少虚空;若此方"入",开孔倒瓶,应见空出。是故识阴虚妄……

简单说,"受、想、行、识"等与色阴一样,都是由于错觉和"妄想"产生的,不过对"识阴"的譬喻有些怪:将两头有孔的瓶子,比作由眼耳鼻舌构造的身体;把瓶子中贮存的虚空,比作诸"识"。如果诸识被封闭住眼耳等物质器官之内,则外在的事相"入"不了身内之识,身内的诸识也"来"不到外在的事相:人的感觉器官把内识和外界完全隔离开了。因此,所谓识阴也是虚妄。

总其原因,五阴是基于错觉和妄想产生的,其所以发生错觉和妄想,则出自劳作过度,导致众生失去本有的真常心性。因此从根源上说,即使五阴妄想,也仍然是由真常心承载着,是真常心"发劳"引起的结果。据此,经文断定:"五阴本如来藏妙真如性"。作为五阴的世人,虽然虚妄种种,但这不是真常心不存在的证明,恰巧是真常心就体现在世俗形式中的证明。

卷二的结论是:

> 一切浮尘诸幻化相,当处出生,随处灭尽。幻妄真相,其性真,为妙觉明体。如是乃至五阴、六入,从十二处至十八界,因缘和合,虚妄有生;因缘别离,虚妄名灭;殊不能知生灭去来,本如来藏,常住妙明,不动周圆妙真如性。性真常中,求于去来,迷悟生死,了无所得。

人们的日常生活及其所处环境,都是"浮尘幻化相",属于幻化,但即使如此,它们的本体也是"真常之心",例如"阴入界",因缘生灭,只不过是在这心体上产生的妄想,是故"生灭去来本如来藏"。但人们不了解这种情况,误将虚妄生灭也归结为真心的特性,于"性真常中求于去来",这就不正确了。

经文一再用"如来藏"一词,表达"真常之心"的内涵,所谓"真如"、"真如性"也成了"真常心"的别名。这说明,本经确实受"如来藏缘起"说的影响很深,但它的努力,却是在将此前所出佛经提出的诸多本体论概念,包括"如来藏"、"清净心"、"佛性"、"法身"、"佛之知见"、"第九识"等,全用"真常之心"给统一起来,造就一种新的体系。此中用以论证这"真常心"本质及其存在的,乃是前边再三讲到的那个"见性"。"见性"是此经最具创新意义的概念。

按照这一思路,则关于"见"与"见缘"、"精见"和"色空"、"见精"与"诸物象"等,就是认识主体与认识对象之间关系的特殊表达,按本经的意见,这两者都是"所想相,如虚空华,本无所有"。那么,"此'见'及'缘',元是菩提妙净明体",但"云何于中有是非是?"那是因为世人关于主观与客观、能缘与所缘、能指与所指,或简作"能与所",都是以同一的"真心"为体,都是这同一"真心"的不同体现。这一思想与其他佛经所说也相当不同,大多数佛经或是对所缘之"前尘"进行分别,判断它们是"色"是"空",或对这一能分别之"见",判断是"妄"是"实",极少有自觉地将"能"、"所"的分别自身定为虚妄的,而这"虚妄"同时即以"真心"为本体,并且表现着"真心"的现实存在。佛说:

> 此见妙明,与诸空尘,亦复如是:本是妙明无上菩提净圆真心,妄为色空及与闻见,如第二月……是以汝今观"见"与"尘",种种发明,名为妄想。

正确的观点是:

> 觉(性)缘遍十方界,湛然常住,性非生灭……远离一切虚妄颠倒,似非因缘与彼自然……无非不非,无是不是;离一切相,即一切法。

这"离一切相,即一切法",指"真常心"的双重性:一方面,它绝不受事相和妄想的污染,所以是清净而永存的独立实体;另一方面,它也从不脱离世俗事相和妄想烦恼的世俗生活,成为毫无内容的"纯有",因为"纯有"与"空无"几乎是相等的概念,而《楞严经》的整体思想是不允许脱离世俗世界和世俗生活的。

因此,我们也可以将"离一切相,即一切法"作为"真常心"之与现世界人生关系最确切的表述:

> 娑婆世界,并洎十方诸有漏国及诸众生,同是觉明无漏妙心;见闻觉知,虚妄病缘,和合妄生,和合妄死。若能远离诸和合缘及不和合,则复灭除诸生死因。圆满菩提不生灭性,清净本心,本觉常住。

虽然必须生活在现实的娑婆世界,不得不受因缘条件的限制,用见闻觉知去与现实环境打交道,但是,重要的是不要追逐客尘,不要限于见闻觉知,不要被六境、六根支配自己的思想认识;同时也不能着意地脱离自己所处的环境,拒绝认识和思考,排除因缘和合。此即谓之"远离诸和合缘及不和合"。这既是一种心态,也是一种处世原则。经文认为,假若加上灭除其他能导致生死的因缘,人们就是回归"本觉"、"净心",甚至常住不死了。

由此看来,作为一个独立的思想体系,《楞严经》实在没有太多理论性贡献,但作为一种从"佛性论"到"如来藏说",从《法华经》的"佛之知见"到《华严经》的"毗卢遮那",从唯识家的"九识"说(摄论师说与地论师说)到"八识"说(新译和法相宗),以及《般若》之论色空,几乎所有思潮它都吸收了,并用"真常之心"给收拢在一起,这的确是一种创意。它总是用模糊朦胧的语言,空泛而不明晰的文辞,替代含义确定的概念和必需的思维逻辑,以至于包容和掩盖了诸多思潮之间的差异和矛盾,甚至连它自身的说法,也往往相互矛盾。这是本经受到现代学者诟病的一个重要原因。

据报道,关于"'鬼怪'为何总出现在幽暗处"这个问题,当代神经学家研究认定:阴暗处许多东西看起来都是模糊的,这样就容易引发人们的想象去填补空白。①《楞严经》的用语幽暗模糊,具有类似效用:它受到后人如此这般欢迎,做了那么多疏解,就在于它可供发挥的空白,足以填补某些想象的需要。

六、广论"禅那"与"五阴"着魔犯罪

从中国佛教思想史的整体角度考察,《楞严经》的最大贡献还不是它对"真常心"的肯定,以及它对灵魂不灭、身心永生的论说,从而影响着中国佛教生死观的演化,以及对道教神仙术的改造。此类观念在本经问世的前后,还有其他一些经论,也有所陈述。它的主要价值,我以为是对禅宗行为的规范,特别是对"狂禅"的纠正上。

---

① 见《参考消息》,2008 年 3 月第 23 期。

卷九记佛讲述世界万物的生成过程,谓一切众生之状:

> 本觉妙明、觉圆心体,与十方佛无二无别。由汝妄想,迷理为咎,痴爱发生。生发遍迷,故有空性;化迷不息,有世界生。(卷九,下同)

"世界"生于"空",空生于"痴爱",痴爱由于"迷",迷由于"妄想"。因此,"十方微尘国土,非无漏者,皆是迷顽妄想安立"。这段话,比较清晰地表达了本经所倡导的一种世界发生论。其中特别强调,世界初起是"虚空",这虚空就产生在你的心内,世界万物则充塞于虚空中。这种说法,在其他佛经中是很难见到的。据此佛说:

> 汝等一人发真归元,此十方空皆悉销殒,云何空中所有国土而不振裂?

此话听来就像狂言:只要一个人回归自身本有的真常之心,虚空就会毁灭,从而使存在于其中的国土"振裂"。接下来便进入了一个鬼魅魍魉扰乱行禅者的世界:

> 一切魔王及与鬼神、诸凡夫天,见其宫殿无故崩裂,大地振坼,水陆飞腾,无不惊慑……彼等咸得五种神通……恋此尘劳,如何令汝摧裂其处?是故鬼神及诸天魔魍魉妖精,于三昧时佥来恼汝。

佛教传说的鬼神精灵之多,创造出来的神话绮丽绚烂,在文学史上是有名的,但把它们与我们个体的现实生活如此紧密联结起来,干预我们的生活,应当是《楞严经》的新创作。如果我们把它也当做神话寓言看待,那么这个世界可能是修禅中产生的幻觉被真实化了。对于这类幻觉,冷静而负责任的佛典,大多归为"禅病",是修习禅定不当触发的身心失常,俗称走火入魔,或曰着魔。本经作了如此怪异的记载,重点在说明,这些妖魔鬼怪其实是奈何不了你的,因为你固有的"妙觉",自然可以将其销殒——它们是客,作不了你的主。真正令你入魔,造成身心破乱的,是构造你的"五阴":"成就破乱,由汝心中五阴主人。主人若迷,客得其便……若不明悟,被阴所迷。""五阴"是支配你的"主人"。如果对"五阴"没有正确的认识而为之着迷,那就必然成为"魔子"、"魔人"。那么,人们是怎样迷于"五阴"而被魔所乘的呢?经文用了近两卷的篇幅加以叙述,相对于其他佛典来说,这是创纪录的,也是它最有价值的部分。因此有必要作更详细些的解析。

1. "五阴"着魔

先从坐禅开始谈起。坐禅的首要条件是"销落诸念",即去除杂念,所谓"无念"或"离念":"其念若尽,则诸离念,一切精明,动静不移,忆忘如一;当住此处入三摩地。"

(1) 色阴着魔。

"离念"是"入定"的前提。此时尽管头脑清明,但还没有任何观想,相当于"止观"、"定慧"中的"有止无观","有定无慧"的阶段,按法相家所言,是只有"奢摩他",而无"毗婆舍那":"如明目人,处大幽暗;精性妙净,心未发光。"此种纯一的"定"境,叫做"色阴区域"。它的特征是不受四大等色尘的障蔽,由此可能形成的偏差,总有十种:

①"少选之间,身能出碍;此名精明流溢前境。"这相当灵魂出壳之类,内在的精明是绝对自由的,以致可以不受肉体和物体的障碍,流溢于眼前,呈现种种幻相。修定者应该清楚,这不是得"圣"的证明,如果误以为"圣证","即受群邪"。以下九种现象,是同类的"群邪"。

②"复以此心,精研妙明,其身内彻,是人忽然于其身内拾出蛲蛔,身相宛然,亦无伤毁。此名精明流溢形体。"

③"又以此心,内外精研,其时魂魄、意志、精神,除执受身,余皆涉入,互为宾主——忽于空中闻说法声,或闻十方同敷密义。此名精魄递相离合。"

④"又以此心,澄露皎彻,内光发明十方,遍作阎浮檀色,一切种类化作如来。于时忽见毗卢遮那踞天光台,千佛围绕,百亿国土及与莲花俱时出现。此名心魂灵悟所染,心光研明,照诸世界。"

⑤ "又以此心,精研妙明,观察不停,抑按降伏,制止超越。于时,忽然十方虚空成七宝色,或百宝色,同时遍满,不相留碍,青黄赤白,各各纯现。此名抑按功力逾分。"

⑥ "又以此心,研究澄彻,精光不乱,忽于夜半,在暗室内见种种物,不殊白昼,而暗室物亦不除灭。此名心细,密澄其见,所视洞幽。"

⑦ "又以此心,圆入虚融,四体忽然同于草木,火烧刀砍,会无所觉。又则火光不能烧爇,纵割其肉,犹如削木。此名尘并,排四大性,一向入纯,暂得如是。"

⑧ "又以此心,成就清净,净心功极,忽见大地、十方山河,皆成佛国,具足七宝,光明遍满;又见恒沙诸佛如来,遍满空界,楼殿华丽。下见地狱,上观天宫,得无障碍。此名欣厌凝想,日深想久化成。"

⑨ "又以此心,研究深远,忽于中夜,遥见远方市井街巷,亲族眷属,或闻其语。此名迫心,逼极飞出,故多隔见。"

⑩ "又以此心,研究精极,见善知识形体变迁,少选,无端种种迁改。此名邪心含受魑魅,或遭天魔入其心腹,无端说法,通达妙义。"

上述禅定中产生的十种幻境,皆出在所谓"色阴区域",是"定心"迷于"色阴",产生妄念造成的(例如妄想超越色身、色境,希求灵魂自在独行之类),必须从中解脱出来:

> 如是十种禅那现境,皆是色阴用心交互,故现斯事。众生顽迷,不自忖量,逢自因缘,迷不自识,谓言登圣,大妄语成。

此中所谓"色阴用心交互",是恍兮惚兮类的表达方式之一,最多使人知道,上述十种幻境,是由于用心于色阴,同色阴打交道产生的问题。但为什么,以及具体情形如何,则一无交代。

(2) 受阴着魔。

经文即此断言,行者一旦度过这些魔事的干扰,并进一步修习三摩地,就会达到心目明朗、十方洞开、无复幽暗。此等景象标志着"色阴尽",接下来,可能是"见诸佛心,如明镜中显现其像。若有所得而未能用,犹如魇人,手足宛然,见闻不惑,心触客邪而不能动。此则名为'受阴区域'"。

处在"受阴区域"的禅定,当会发生另外十种现象:

① "得大光耀,其心发明,内抑过分,忽于其处发无穷悲,如是乃至观见蚊虻犹如赤子,心生怜悯,不觉流泪。此名功用抑摧过越,悟则无咎……若作圣解,则有悲魔入其心腑,见人则悲,涕泣无限,失于正受,当从沦坠。"

② 又,"见色阴销,受阴明白,胜相现前,感激过分,忽于其中生无限勇,其心猛利,志齐诸佛,谓三僧祇一念能越。此名功用陵率过越,悟则无咎……若作圣解,则有狂魔入其心腑,见人则夸,我慢无比。其心乃上不见佛,下不见人。"

③ 又,于彼定中,"前无新证,归失故居,智力衰微,入中坠地,迥无所见,心中忽然生大枯竭,于一切时沈忆不散,将此以为勤精进相。此名修心无慧自失……若作圣解,则有忆魔入其心腑,且夕撮心,悬在一起。"

④ 又,"慧力过定,失于猛利,以诸胜性怀于心中,自心疑是卢舍那,得少为足。此名用心亡失恒审,溺于知见……有下劣易知足魔入其心腑,见人自言我得无上第一义谛。"

⑤ 又,"新证未获,故心已亡,历览二际,自生艰险,于心忽然生无尽忧,如坐铁床,如饮毒药,心不欲活,常求于人,令害其命,早取解脱。此名修行失于方便……有一分常忧愁魔入其心腑,手执刀剑,自割其肉,欣其舍寿;或常忧愁,走入山林,不耐见人。"

⑥ 又,"处清净中,心安隐后,忽然自有无限喜生,心中欢悦不能自止。此名轻安无慧自禁……有一分好喜乐魔入其心腑,见人则笑,于衢路旁,自歌自舞,自谓已得无碍解脱。"

⑦ 又,"自谓已足,忽于无端大我慢起……心中尚轻十方如来,何况下位声闻缘觉? 此名见胜无慧自救……有一分大我慢魔入其心腑,不礼

塔庙,摧毁经像,谓檀越言:此是金铜,或是土木,经是树叶或是氎华;肉身真常,不自恭敬,却崇土木,实为颠倒。其深信者,从其毁碎,埋弃地中,疑误众生。"

⑧ 又,"于精明中,圆悟精理,得大随顺,其心忽生无量轻安,已言成圣得大自在。此名因慧获诸轻清……有一分好轻清魔入其心腑,自谓满足,更不求进。"

⑨ 又,"于明悟中得虚明性,其中忽然归向永灭,拨无因果,一向入空;空心现前,乃至心生长断灭解……空魔入其心腑,乃谤持戒,名为小乘;菩萨悟空,有何持犯?其人常于信心檀越饮酒噉肉,广行淫秽,因魔力故,摄其前人不生疑谤;鬼心久入,或食屎尿,与酒肉等。一种俱空,破佛律仪,误入人罪。"

⑩ 又,"昧其虚明,深入心骨,其心忽有无限爱生,爱极发狂,便为贪欲。此名定境安顺入心,无慧自持,误入诸欲……有欲魔入其心腑:一向说欲为菩提道,化诸白衣,平等行欲,其行淫者,名持法子;神鬼力故,于末世中摄其凡愚,其数至百,如是乃至一百二百,或五六百,多满千万。魔心生厌,离其身体,威德既无,陷于王难,疑误众生。"

行禅者的上述十类反常的心态和言行,本经认定是修禅者迷于"受阴"的表现,于"受阴区域"产生的魔事,故谓:"如是十种禅那现境,皆是受阴用心交互。"这话当然也不可解。按佛教通义,"受"指主观感受;如果一味用心妄想,自己希冀感受如何如何具神通能力以及淫秽境界之类,以致见诸于行动,其不着魔发狂也难。

(3) 想阴着魔。

"(如梦)魇咎歇,其心离身,返观其面,去住自由,无复留碍,名受阴尽"。意谓,修禅者一旦从痴迷中清醒过来,即使出现类似的幻相,也不再经意留滞于其中,那就达到了"受阴尽"的程度,在禅那修习中,则提升到了一个新的高度,其时表现为:

> 虽未漏尽,心离其形,如鸟出笼,已能成就。从是凡身,上历菩

萨六十圣位,得意生身,随往无碍。譬如有人,熟寐呓言;是人虽则别无所知,其音已成音韵伦次,令不寐者咸悟其语,此则名为想阴区域。

所谓"意生身",指可以不受形体拘束,随意而生,随意往来的精神主体,也是佛教的一种幻想。在这里,经文把它定为三摩地中的"想阴区域",误认为思想是可以出离色身随意驰骋并产生为实际效果。它们的具体表现也有十种:

① "心爱圆明,锐其精思,贪求善巧,尔时天魔候得其便,飞精附入,口说经法。其人不觉是其魔著,自言谓得无上涅槃,来彼求巧善男子处,敷座说法,其形斯须或作比丘,令彼人见;或作帝释,或为妇女,或比丘尼,或寝暗室身有光明,是人愚迷,惑为菩萨,信其教化,摇荡其心,破佛律仪,潜行贪欲;口中好言灾祥变异,或言如来某处出世,或言劫火,或言刀兵,恐怖于人,令其家资无故耗散。此名怪鬼,年老成魔,恼乱是人;厌足心生,去彼人体,弟子与师,俱陷王难。"

② 又,"心爱游荡,飞其精思,贪求经历,尔时天魔候得其便,飞精附入,口说经法,其人亦不觉知魔著,亦言自得无上涅槃,来彼求游善男子处,敷座说法;自形无变,其听法者忽自见身坐宝莲华,全体化成紫金光聚,一众听人,各各如是,得未曾有。是人愚迷,惑为菩萨,淫逸其心,破佛律仪,潜行贪欲;口中好言诸佛应世,某处某人,当是某佛化身来此,某人即是某菩萨等,来化人间,其人见故,心生倾渴,邪见密兴,种智销灭。此名魃鬼,年老成魔,恼乱是人;厌足心生,去彼人体。弟子与师,俱陷王难。"

③ 又,"心爱绵㳷,澄其精思,贪求契合,尔时天魔候得其便……亦言自得无上涅槃,来彼求合善男子处,敷座说法,其形及彼听法之人,外无迁变,令其听者,未闻法前,心自开悟,念念移易,或得宿命,或有他心,或见地狱,或知人间好恶诸事,或口说偈,或自诵经,各各欢娱,得未曾有。是人愚迷,惑为菩萨,绵爱其心,破佛律仪,潜行贪欲——口中好言,佛有

大小,某佛先佛,某佛后佛,其中亦有真佛假佛、男佛女佛,菩萨亦然。其人见故,易入邪悟。此名魅鬼……弟子与师,俱陷王难。"

④ 又,"心爱根本,穷览物化、性之终始,精爽其心,贪求辨析,尔时天魔,候得其便……来彼求元善男子处,敷座说法,身有威神,摧伏求者,令其座下,随未闻法,自然心服——是诸人等,将佛涅槃菩提法身,即是现前我肉身上;父父子子,递代相生,即是法身,常住不绝;都指现在,即为佛国,无别净居及金色相。其人信受,亡失先心,身命归依,得未曾有。是等愚迷,惑为菩萨,推究其心,破佛律仪,潜行贪欲——口中好言,眼耳鼻舌皆为净土;男女二根,即是菩提涅槃真处。彼无知者,信是秽言。此名蛊毒,魇胜恶鬼……弟子与师,俱陷王难。"

⑤ 又,"心爱悬应,周流精研,贪求冥感,尔时天魔……来彼求应善男子处,敷座说法,能令听众暂见其身如百千岁,心生爱染,不能舍离,身为奴仆,四事供养,不觉疲劳,各各令其座下人心,知是先师,本善知识,别生法爱,粘如胶漆,得未曾有。是人愚迷……口中好言,我于前世,于某生中先度某人,当时是我妻妾兄弟,今来相度,与汝相随,归某世界,供养某佛;或言别有大光明天,佛于中住,一切如来所休居地。彼无知者,信是虚诞,遗失本心,此名疠鬼……弟子与师,俱陷王难。"

⑥ 又,"心爱深入,克己辛勤,乐处阴寂,贪求静谧,尔时天魔……来彼求阴善男子处,敷座说法,令其听人各知本业——或于其处,语一人言,汝今未死已作畜生;敕使一人于后蹋尾,顿令其人起不能得,于是一众倾心钦伏。有人起心,已知其肇,佛律仪外,重加精苦,诽谤比丘,骂訾徒众,讦露人事,不避讥嫌;口中好言未然祸福,及至其时,毫发无失。此大力鬼……弟子与师,俱陷王难。"

⑦ 又,"心爱知见,勤苦研寻,探求宿命,尔时天魔……来彼求善知识男子处,敷座说法。是人无端于说法处得大宝珠,其魔或时化为畜生,口衔其珠,及杂珍宝、简册符牍、诸奇异物,先授彼人,后著其体;或诱听人,藏于地下,有明月珠照耀其处,是诸听者得未曾有;多食药草,不餐嘉馔,

或时日餐一麻一麦,其形肥充,魔力持故……好言他方宝藏,十方圣贤潜匿之处,随其后者,往往见有奇异之人。此名山林土地城隍川岳鬼神,年老成魔。或有宣淫,破佛戒律,与承事者潜行五欲;或有精进,纯食草木,无定行事……弟子与师,多陷王难。"

⑧ 又,"心爱神通种种变化,研究化元,贪取神力,尔时天魔……来彼求通善男子处,敷座说法。是人或复手执火光,手撮其光,分于所听四众头上;是诸听人顶上,火光皆长数尺,亦无热性,曾不焚烧;或水上行,如履平地;或于空中,安坐不动,或入瓶内,或处囊中;越牖透垣,曾无障碍,唯于刀兵,不得自在。自言是佛,身着白衣,受比丘礼,诽谤禅律,詈骂徒众,讦露人事,不避讥嫌,口中常说神通自在,或复令人傍见佛土。鬼力惑人,非有真实。赞叹行淫,不毁粗行,将诸猥亵以为传法。此名天地大力、山精海精风精河精水精、一切草木积劫精魅,或复龙魅,或寿终仙再活为魅,或仙期终,计年应死,其形不化,他怪所附,年老成魔,恼乱是人……弟子与师,多陷王难。"

⑨ 又,"心爱入灭,研究化性,探求深空,尔时天魔……来彼求空善男子处,敷座说法。于大众内,其形忽空,众无所见,还从虚空,突然而出,存没自在;或现其身,洞如琉璃,或垂手足,作栴檀气,或大小便,如厚石蜜。诽谤戒律,轻贱出家,口中常说,无因无果,一死永灭,无复后身,及诸凡圣;虽得空寂,潜行贪欲,受其欲者,亦得空心,拨无因果。此名日月薄蚀精气,金玉芝草、麟凤龟鹤经千年不死为灵,出生国土,年老成魔……弟子与师,多陷王难。"

⑩ 又,"心爱长寿,辛苦研几,贪求永岁,弃分段生,顿希变易细相常住。尔时天魔……来彼求生善男子处,敷座说法,好言他方,往还无滞;或经万里,瞬息再来,皆于彼方取得其物;或于一处,在一宅中,数步之间,令其从东诣至西壁,是人急行,累年不到,因此心信,疑佛出现。口中常说,十方众生皆是吾子;我生诸佛,我出世界,我是元佛,出世自然,不因修得。此名住世自在天魔,使其眷属如遮文茶、及四天王、毗舍童子未

发心者,利其虚明,食彼精气;或不因师,其修行人亲自观见,称执金刚,与汝长命——现美女身,盛行贪欲,未逾年岁,肝脑枯竭,口兼独言,听若妖魅。前人未详,多陷王难。未及遇刑,现已干死;恼乱彼人,以致殂殒。"

于这十种"想阴区域"产生的十种禅那现境,"皆是想阴用心交互故现斯事,众生顽迷,不自忖量,逢此因缘,迷不自识,谓言登圣"。这不光是要下来世的"地狱",而且一定要入现时的监狱,"陷于王难"了。

上述色阴、受阴、想阴三种"区域"所着之魔,表现不同,原因也有差别。"色阴区域"是"真心"为色阴所迷,着魔的主要表现,是幻视幻听造成身内体外出现种种离奇境界。迷于"受阴"产生的现象,大多由于个人的特殊感受造成,如悲、喜、忧、勇、轻安、自大(我慢)、爱欲等导致的种种变态。迷于"想阴"则使"真心"完全被"爱"和"贪欲"障蔽,以致妄想连连,行为乖张,违法犯罪,尤以淫乱为最普遍。

(4) 修禅者迷于诸阴的原因。

按经文解释,修禅者之所以会迷于诸阴,主要有两个原因:第一,是注意力过分集中,竭心积虑,用心过度,极端地追求些什么,所谓"研究"、"精研"、"研究化性,探求深空"、"勤苦研寻,探求宿命",以及欲"成就清净,净心功极"、"乐处阴寂,贪求静谧"之类;或者专事压抑某些心绪或需求,所谓"抑按降伏,制止超越","其心发明,内抑过分"等,由此导致精神失常,心理变态。第二,是所谓诸魔附身缠心,令人痴迷,于是失去自我,随魔起舞,导致行为乖僻诡异——但也不排除诡异中存在有意作假骗人的成分。第一种解释是具有心理学意义的;第二种解释是附和民间迷信的——从其所列的神鬼精灵名单中,可以看出古代中国在创造神灵方面的特色以及密宗的影响——与古印度相比,模糊含混的观念多于个性鲜明的形象,以及它们被中国佛教吸纳的情形。

就在"想阴区域",佛特别嘱托他的徒众说:

阿难当知,是十种魔,于末世时在我法中出家修道,或附人体,

> 或自现形,皆云已成正遍知觉,赞叹淫欲,破佛律仪;先恶魔师与魔弟子,淫淫相传,如是邪精,魅其心腑……汝今未须先取寂灭,纵得无学,留愿入彼末法之中,起大慈悲,救度正心深信众生,令不着魔,得正知见。

这反映,在《楞严经》形成期的佛教,已经出现严重的违背佛家戒律、败坏传统伦理,以致威胁社会安宁、触犯国法的程度。其中有些骨干可能已被官方定罪处置。经文把这类犯罪归结为是修"禅"不善导致的着魔,并不完全恰当,因为这还有复杂的社会根源。

无论如何,经文揭示出这类现象,本身就具有多方面意义。因为禅修过程,不论是"止"还是"观",或"止观"并行,同时也是一种心理的经验过程,因而具有"宗教经验"或"宗教体验"的共性一面。西方某些学者,无条件地赞赏"宗教经验",并用来作为支持宗教信仰和非理性主义的理由,就远不如《楞严经》那样的冷静客观——它将触发宗教痴迷和宗教犯罪,视为行禅者和信仰者的心理畸变,属精神失常,实质上,也就指出了缺乏理性指导的宗教经验,有可能导向的严重后果。这不仅对宗教信仰和布道者是一种警示,在科学上也具有史料价值。

一百多年来,国外对于巫术现象的研究,以及新时代和新宗教运动、膜拜团体和邪教的频频兴起,还有令人瞩目的宗教狂热和宗教极端主义,已经引起医学界,特别是精神病学界和心理学界的重视,成为前沿性的研究科目。中国自上个世纪初掀起的灵学运动,中经会道门的彼伏此起,至70年代末发起的人体特异功能和神化气功,不但造成了思想上的混乱,也引起社会的不安,余波至今未息。就此而言,《楞严经》提供的材料,是珍贵的,不应埋没。

2. 修禅不当的后果

其实,修禅不当,易致病态,后果会非常严重,早在南北朝初期就为佛教禅学家指出来了。刘宋沮渠京声译有《治禅病秘要法》二卷,就是专门谈这个问题的。此书更具直观性,完全没有《楞严经》那些鬼神精灵一类的魔语,更像是对事件的记录和分类。此后《大乘起信论》再次提醒,并归诸修行者的"业障",堕于"邪网"。到了唐初,这类邪网业障似乎已经遍及禅僧群体,形成风气,连颇信神异的道宣都忍不住出来说话了。他在《续高僧传》卷二〇的《禅论》中有关的几段话,可以作为解读《楞严经》此类揭露的现实根据:

> 世有定学,妄传风教,同缠俗染,混轻仪迹。即色明空,既谈之于心口;体乱为静,固形之于有累。神用没于辞令,定相腐于唇吻……顷世已来,宗斯者众,岂不以力劣兼忘之道,神顿绝虑之乡乎。

> 偏浅之识,随堕之流,朝入禅门,夕弘其术,相与传说,谓各穷源。神道冥昧,孰明通塞?是知虑之所及,智之所图,无非妄境域心。斯是不能返照其识浪,执境缘心静波惊,多生定障,即谓功用,定力所知;外彰其说,逞慢逞惑。此则未闲治障,我倒常行,他力所持,宗为正业,真妄相迷,卒难通晓。若知惟心,妄境不结;返执前境,非心所行。如此胥徒,安可论道?

> 顷世定士,多削义门,随闻道听,即而依学,未曾思择,扈背了经,每缘极旨,多亏声望,吐言来诮,往往繁焉。或复耽著世定,谓习真空;诵念西方,志图灭惑。肩颈挂珠乱掐,而称禅数;纳衣乞食综计,以为心道。

> 复有相述同好,聚结山门,持犯蒙然,动挂刑网;运斤挥刃,无避种生,烦釁噉饮,宁惭宿触?或有立性刚猛,志尚下流,善友莫寻,正经罕读,瞥闻一句,即谓司南……此并约境住心,妄言澄净,还缘心住;附相转心,不觉心移。故怀虚讬,生心念净,岂得会真?故径陈心相,飘鼓不停,蛇舌灯焰,住山流水,念念生灭,变变常新,不识乱念,翻怀见网。相命禅宗,未闲禅字。如斯般辈,其量甚多。

道宣所谓的"念念生灭心"也是相对于"性心"而言的,此心有始有终,生灭不已,以致将本有的不生不灭的真性丢失了,由此将不属本心的心当成了本真的心,把本不属于自己的客尘,当成是自我的主人。于是一切都颠倒了。这与《楞严经》的思想也可以衔接起来。经文云:"若动念尽,浮想销除,于觉明心如去尘垢,一伦生死,首尾圆照,名想阴尽。"意谓,将"浮想"去尽,再无"动念",本有的"觉明"就清除了尘垢,可以认清生死轮回的本质了。

《楞严经》对于佛门的非法活动,可以说深恶痛绝,处处警示,不遗余力。卷六诠释"四种律仪"处,是又一次讦露,此处也简录于次:

(1) 由于"淫心",落入"魔道":"上品魔王,中品魔民,下品魔女。彼等诸魔,亦有徒众,各各自谓成无上道……炽盛世间,广行贪淫"。

(2) 由于"杀心",落入"神道":"上品之人为大力鬼,中品则为飞行夜叉、诸鬼帅等,下品当为地行罗刹。彼诸鬼神亦有徒众,各各自谓成无上道……炽盛世间,自言食肉得菩提路……如是之人,相杀相吞,相食未已"。

(3) 由于"偷心",落入"邪道":"上品精灵,中品妖魅,下品邪人,诸魅所着。彼等群邪,亦有徒众,个各自谓成无上道……炽盛世间,潜匿奸欺,称善知识,各自谓已得上人法,眩惑无识,恐令失心。所过之处,其家耗散……云何贼人,假我衣服,裨贩如来,造种种业,皆言佛法?"

(4) 由于"大妄语","成爱见魔":"所谓未得为得,未证言证;或求世间尊胜第一……求彼礼忏,贪其供养。佛记是人,永殒善根……"

就在这里,经文复述了《维摩经》提倡的那类菩萨行:

> 我(佛自称)灭度后,敕诸菩萨及阿罗汉,应身生末法中,作种种形,度诸轮转:或作沙门、白衣居士、人王宰官、童男童女,如是乃至淫女、寡妇、奸、偷、屠、贩,与其同事,称赞佛乘……

如此提倡的本意,是要将佛教普及到社会的所有层面,不拒绝任何人,不遗漏任何角落,上至最权势最辉煌的帝王大臣,下至最阴暗最受损害的社会底层,佛教都要进去,发展自己的徒众。此中,"方便"是必然的,"着魔"也是必然的,而坚持"方便",避免"着魔",也就成了佛教在发展中必须解决的两大任务。这种情形,只要全面了解隋唐佛教的实际状况,就可以知道《楞严经》决不是无病呻吟或故弄玄虚。

七、"五阴尽"的精神境界

卷十继续对"五阴区域"的"行阴"和"识阴"进行观察,侧重点则从"止"、"定"转向"观"、"慧"一方。

1. 行阴

依经文所说,修习三摩地达到"想阴尽"的时候,所有浮想全无,"觉明虚静……观诸世间大地山河,如镜鉴明,来无所粘,过无踪迹,虚受照应,了罔陈习"。于时"唯一精真,生灭根元,从此披露"。此"精真",即真常心,开始显露出它作为"生死根元"的特殊功能,此即是"行阴"的作用。

据此见诸十方众生,各个生命虽然千差万别,而"生基"相同:"犹如野马熠熠清扰,为浮根尘究竟枢穴,此则名为行阴区域"。这是为"行阴区域"下的定义。本经把"行阴"归结为变化运动,是业报轮回,生灭不已,故以"熠熠清扰"形容之;它也是形成世俗"根、尘",即世人六根、六境的根基(枢穴)。因此,在这一领域观察的现象,以及由此形成的各种观念,皆与世界人生之变化有关,并用以批评各种流行的"生死"观。细说过繁,兹撮要介绍其与世界观有关的几个论点,以见一斑:(卷一〇,下同)

(1)于三摩地精研"穷生死本"过程,物类的"生元"得以披露,从中可以看到"清幽"(行阴)作循环运动,此名"圆元"(循环的根元)。如果对这"圆元"妄自计度,就会产生两种"无因论"。其一是"见本无因":以为十方众生,"无因自有"。这一妄见,是由于受"眼根"的限制,只能看到"八万劫"以内的事;在这个限度内,是人"业流湾环,死此生彼,只见众生轮回其处",而找不到"生"的原始所在,得出众生"无因"而有的结论。其二是"见末无因",理由与前大同:由于轮回法则是永恒的,所以一切物种及其性能都不会变异,"知人生人,悟鸟生鸟,乌从来黑,鹄从来白,人天本竖,畜生本横,白非洗成,黑非染造,从八万劫,无复改移,今尽此形,亦复如是",世界人生永远如此,没有终极的原因。

这两种"无因论"之所以错误,受到批评,经文认为,这是由于两者把自己的结论都建立在业报轮回的范围内,并受制于业报造就的眼根所观境界的限制造成的。本经认为,佛教的最高目的,是超越业报轮回所圈定的"八万劫",人的认识也可以从眼耳鼻舌身意等六根局限中解脱出来,因为人的真正本体,乃是永恒不变的真常之心,它是不受生死业报法则支配的存在。也就是说,经文是用形死神不灭、真心常存的观念系统作标准,去评判一切流行学说的。

(2) 在生死变化观上,除循环论之外,还有个论点,那就是将循环轮回看做是永恒的"常",是谓"圆常"。若于"圆常起计度者,是人坠入四遍常论",包括上述之"生灭循环"论,以及"四大体恒"论、"心意识本来常住"论、"灭想"即是"不生灭"论等。

此四种论点统称"圆常论"——凡认识不到"真常心"的存在,而将生灭变化中现象误作"圆常"的论点,皆属此类。

(3) 对生死变化现象,"于自、他中起计度者,是人坠入四颠倒见",包括将自己的"妙明心"视为"神我",说心性是"常";见其他众生于我心中自生自死而以为"无常";"见行阴常流"计为"常性",以为"色受想"等已灭,名为"无常"之类。

此外,于众生生死过程的"分位"中,计有边、无边等;于生死流转的"知见"中,计有计无,计生计灭,或计亦生亦灭、亦有亦无等,或立"死后有相",或计"死后无相",或计死后有相无相"俱非"等,都归为外道邪见。其中把修禅所得果报(指诸禅天)计作"无苦"和"不受轮回",以及"计度死后断灭",主张"涅槃"于"五阴"中实现等,也被并入其中,加以斥责。

经文总计"行阴区域"产生而为本经反对的见解,称为"十种禅那狂解"。通常佛教把"禅那"这种三摩地,认为是最适于思考的心理状态,唯一反对的是企图通过禅那追求"天报"。本经则同时指出,禅那类的静虑也有导向邪见的危险,表示不赞成盲目赞扬。

2. 识阴

按照这种观察的逻辑,经文谈及"识阴区域"就变成这个样子:"五阴"中的前四阴,经过止观修行已经全部消解,不再成为束缚你的因素,剩下的唯有赤裸裸的"识"。那时,生死相续、业报轮回的存活方式结束了,涅槃世界临近了,所谓"补特加罗酬业深脉,感应悬绝,于涅槃天,将大明悟"。处于这种状态,就是"识阴区域"。此中可能产生的问题也有十个,总括一句,是犯了把"识"当做"真常因"的错误。譬如,对于识阴,"若有所归,立真常因",并以此为最胜的理解,"是人则堕因所因执"——识并非真常,也不是世界众生的最终原因,以识为"真常因",犯了以非因为因的偏执错误。

同样,依"唯识无境"理论,"尽虚空界、十二类内所有众生,皆我身中一类流出",而且认为这就是最高明的理解,"是人则堕能非能执"——"识"并不能流出世界一切来,硬要说它能,这是以"非能"为"能"的偏执。此外,所谓"常非常执"之类,逻辑推论上与此相同。

又,依"唯识无境"之说,万物皆有唯识性,"十方草木,皆称有情,与人无异","是人则堕知无知执"——草木本来无知,硬说它们有知。这种偏执发展下去,就会"事火崇水",并进而"求出生死"。此名"计著崇事,迷心从物"。

此外,还有"以永灭依,为所归依"者——是把息灭想识作为最终的归宿,这是把不应归依的当做归依处。还有,"若于圆常,固身常住,同于精圆,长不倾逝"——以为识阴可与肉身同在,同自己的真常心一样永不消失——这是一种贪求本来不可以贪求的偏执。还有"发邪思"者,鉴于生命无常,乃"多增宝媛,恣纵其心",这当属纵欲主义者。还有迷于"见苦断集,正灭修道,居灭已休,更不前进","是人则堕定性声闻"。还有

"即立涅槃而不前进"者,"是人则堕定性毗支"。

总观发生于"识阴区域"十种偏执,一类是把"识"当做世界众生的最高本体和最终本原,这种主张,明显是属于法相唯识家所提倡的阿赖耶缘起论;另一类是反对泛识论,这种思潮在禅宗和天台宗中有广泛的市场,所谓"无情有性"、"青青翠竹尽是法身"之类;至于火祭和水祭,是古印度盛行的信仰,对于密乘也有所影响;还有一类则反对肉身长生,可能是指向道教的。最能体现本经思想的,是反对将"识"的生灭当做人不可以永生的主张,而且即从身心死亡而真心不灭的角度,反对二乘关于将涅槃诠释为"永灭"的观念。

由此可见,本经反对的许多"异端"思想是有针对性的,也反映出当时的流行思潮,这对今人的有关研究,是一种很好的参考资料。

经文谓:

> 若于群召已获同中,消磨六门,合开成就,见闻通邻,互用清净,十方世界及与身心,如吠琉璃,内外明彻,名识阴尽。

"识阴尽",标志着修习者于禅那中已从"五阴"中完全解脱出来,限制人们无限神通的"六根"已经合而为一,成为可以互用的精神主体,据此洞观世界和自己的身心,就会无所不知,达到无微不照那样的晶莹明澈。这可能也是本经为那不死的"真常心"设计的一种理想的存活状态。用佛教语言说,那就是成佛:"识阴若尽,则汝现前诸根互用。从互用中能入菩萨金刚乾慧,圆明精心,于中发化",直至"等觉圆明,入于如来妙庄严海,圆明菩提,归无所得"。

从《那先比丘经》开始,佛教就明确地把"五阴"作为"人"得以形成的基础元素,"涅槃"的本质,所谓"无生",即在于不再接受"五阴"的枷锁。大乘佛教改变了涅槃的原始含义,对于解脱之后是否还有"五阴"类的众生存在,有些经论语焉不详。《楞严经》把对治"五阴"是放在"三摩地"中,目的是避免着魔和导致邪见,但最后又把"五阴"的完全销蚀当做最终目标,却留下一大悬念:所谓"死后无灭"那无灭者是一种什么样的存活? 经文所能说的,是将"五阴"配"五浊",所谓"色阴尽"亦即"超越劫浊","受阴尽"表示"超越见浊","想阴尽"为"超烦恼浊","行阴尽"是"超众生浊","识阴尽"则"超越命浊"。超越"五浊"可以解作不再于我们这个现世界中生存;亦可解作,虽然存在我们这个世界之中,但已不再过"五浊"式的生活。总之,对于佛教修习的最终结果,并没有明确的交代,这就为追求长生不死的各色教派留下了尽情发挥的余地。它把佛教公认的五趣或六趣扩展为"七趣",增添了"神仙"一趣,就透露着个中消息。

然而,需要强调的是,它又明文将"等觉圆明,入于如来妙庄严海",归于"无所得"。至少在形式上,它采用了般若中观派的思想,用"无所得"统一全经的一切说法;也为任何想假借本经制造神迹的倾向,作了预先的警告。

八、由"真心"至"妄心"和由"妄心"至"真心"之路

最后是卷一〇佛作的总结:

> 精真妙明,本觉圆净。非留生死及诸尘垢,乃至虚空,皆因妄想之所生——斯元本觉,妙明精真,妄以发生诸器世间……妄元无因,于妄想中立因缘性;迷因缘者,称为自然。彼虚空性,犹实幻生,因缘、自然皆是众生妄心计度……是故如来为汝发明:五阴本因,同是妄想。

由此回到前述之两种根本,即众生有两种心体,所谓"真心"与"妄心"上。"妄心"无因而妄自计度,乃立"因缘"或"自然"等说,遂派生了"虚空",以及受种种条件制约的有情世间和器世间;但"真心"始终圆明真常,亦即"本觉",是超越这一切虚妄和因缘的存在。于是佛得出结论:"五阴"产生的"本因",与"五阴"的所造作物一样,"同是妄想"。这也说明,《楞严经》论述的侧重点,不是勾画"真常心"及其超越五阴

之后的存在形式和存活状态,而是解释现实世界和人生,何以如此污浊躁动,以及对治"五阴"缠缚轭牵,从而回归永恒纯清宁静的"本心"的修养方法。

正是本于这样的宗旨,所以经文不厌其详地表述,众生之所以失去"本心",以致随逐生死的根本缘由。因此,全经的理论最后,又特别具体地阐释了"妄想"产生五阴的各个环节:

1. "色阴"的形成

> 汝体先因父母想生;汝心非想,则不能来想中传命。如我先言,心想醋味,口中诞生;心想登高,足心酸起。悬崖不有,醋物不来,汝体必非虚妄通伦,口水如何因谈醋出?是故当知,汝现色身,名为坚固第一妄想。

这话大意:人的身体,首先因为人有"父母"之想(按佛教传统说法,是父母有淫欲之想),如果没有父母之想,怎么可能"来"于此"想"中活命?因此,人的身体并不实在,只是如闻醋口酸、望高足软等错觉所致。"色阴",在这里就是色身,它的生成,被认为是众生得以繁衍而且最坚固的妄想。有意思的是,经文很巧妙地修正了传统佛教对于父母的色情渲染,而把生为色身的责任归结为本人对于渴求父母的妄想——其适应中国传统的孝道,十分明显。

2. "受阴"的形成

> 即此临高想心,能令汝形真受酸涩,由因受生,能动色体,汝今现前顺益、违损,二现驰驱。名为虚明第二妄想。

酸涩等属于主体的"感受",这是实在的,由此感受触动全身,误认为有顺益和违损的两种客观境界存在而不自知。这是虚妄认识(虚明)所致,属第二种妄想。

3. "想阴"的形成

> 由汝念虑,使汝色身——身非念伦,汝身何因随念所使,种种取

相？心生形取，与念相应；寤即想心，寐为诸梦。则汝想念，摇动妄
情，名为融通第三妄想。

思想决定行动,人的念虑支使人的色身。可色身不属于念一类,为什么要被念支使,去追取种种色相？因为心若有"生",必然有形可取,而且与其所"念"相应。这话不易理解,其实是指,真心除非不动,一动即意味着它在派生对象;"念"是心动的表现,所以有相和取相就成了"念"的特征;有相和取相之念,即所谓"想"。"念"、"想"有启动情感的功能,两者互动,支配人的行为而不自觉,是谓"融通第三妄想"。

4. "行阴"的形成

化理不住,运运密移,甲长发生,气消容皱,日夜相代,曾无觉
悟……此若非汝,云何体迁？如必是真,汝何无觉？则汝诸行,念念
不停,名为幽隐第四妄想。

迁移变化(行)是人生常见的现象,令人感到既是你又非你,如此支配着人生而隐秘难觉,是谓"幽隐第四妄想"。

5. "识阴"的形成

这是经文讲得尤为模糊的地方之一,这里只能按其逻辑强作一解。首先是,"汝精明湛不动摇处",是否可以"名恒常者"。这句话的关键词是"湛",经文没有任何注释,其实所指是"识":"湛"有清澄义,表"识"有照鉴功能;"湛"亦有深厚义,表"识"之可以积累储存。因此"识"有可以连续忆持、相对稳定的一面。据此经文问:这识是否就是那个恒常的"真心"呢？于是经文进一步发挥:作为"识","于身不出见闻觉知。若实精真,不容习妄"——可是,"何因,汝等曾于昔年睹一奇物,历经年岁遗忘俱无,于后忽然复睹前异,记忆宛然,曾不遗失？则此精了,湛不摇中,念念受熏,有何筹算!""识"之看似不变,是由接受"熏习"(习惯经验)记忆造成的假象。因为在"识"的运转过程,接受的经验、保存的习惯,不胜筹算,而"受熏"就是心摇动的表现;如果"识"即是"精真"(真心),就不应该

"受熏"。所以下文接着说：

> 当知此湛非真，如急流水；望如恬静，流急不见，非是无流。若非想元，宁受妄习——非汝六根互用合开，此之妄想，无时得灭——故汝现在见闻觉知，中串习几，则湛了内，罔象虚无。

"识"如瀑布，流动不已，是唯识家对阿赖耶识的描述。在古典的十缘起说中，"识"则是人身的负荷者或标志着人生的开端；在本经里，"识"被视为"妄想"的根元："见闻觉知"是识的特性，其特点是取境而有分别，充塞着的是经验习惯，所以"识"所了知的内容（湛了），全是虚无的假象。如前所述，《楞严经》是把"六根互用"——眼能听声，耳能辨色之类，作为理想的认识能力，而把通过眼耳鼻舌身等生理器官获取知识的"识"，视为制造妄想的主因。因此，"识阴"的性质与真常心绝然不同，被定为"第五颠倒细微精思"。

《楞严经》是从探索世界人生以及人的认识和情感如何发生，开始它的全部哲学阐述的，最后以从"五阴"中彻底解脱出来作为终结。而这解脱之道，全是围绕如何回归一切众生悉有的那个"真常之心"。此心清净圆明，不仅是众生的根本主体，最高魂灵，而且是通过五阴因缘派生世界人生的终极根源；其自身即是光明，是本觉的，也是如来藏真如之所在。因此，它是永生的、世界唯一的本体、佛教的觉悟，以及真如、法身的载体；本体、觉悟和真理，三位一体，所以一切都是自满自足，自我完善而无缺憾的。如此一来，任何修习都成了"本觉"的自我发动，并用以排除外在干扰，内向地反省。这种修道思路，与其类似的经论一起，基本上支配了中国佛教后期的发展方向。

为了理解全经的这一思路，让我们摘录卷六所记文殊师利的一段颇为精要的偈文，以资备考：

> 觉海性澄圆，圆澄觉元妙；元明照生所，所立照性亡。迷妄有虚空，依空立世界；想澄成国土，知觉乃众生。空生大觉中，如海一沤

>发,有漏微尘国,皆依空所生;沤灭空本无,况复诸三有?归元性无二,方便有多门;圣性无不通,顺逆皆方便。(卷六,下同)

此中"觉海"是"真常之心"的另一种规定,与"本觉"义同;"澄圆"是对此觉的形容,故亦称"圆澄觉";"元妙"一指其为万物众生的本原(元),一指其存在形式和派生世界之神妙不可言(妙)。"元明"即是"本觉",依本觉明察世界万有,则一切皆是依"觉海"假立之物,它们没有固有的自性。

那么,"觉海"是怎样产生万有并包容万有于自身呢?那是由于"迷妄",迷于虚妄。这"迷妄"的第一个表现是产生"虚空",继之是"依空立世界":从"想"有了国土的建立,众生则由"知觉"所成。世界、国土、众生,都是依于觉海,并迷于觉海,由妄想确立的。

其实,"觉海"圆澄无垠,虚空不过像大海中的一点泡沫;泡沫本性空无,何况其中的三界及其众生?所以佛告诫他的徒众:还是应该回归自己觉海本元;它的本性虽然同一真性,但回归的途径却有众多方法。因为"觉海"同时亦是"圣性";其性规定,不论是顺世还是逆世而行,都可以作为通达目的的方便法门。

在所有这些"方便"中,《楞严经》特别提出一种快速的修持法门,那就是陀罗尼咒。卷七就是专门陈述这一法门的。其文接卷六上述之说,曰:

>如是四事(即四律仪)若不遗失,心尚不缘色香味触,一切魔事何能发生?若有宿习不能灭除,汝教是人一心诵我"佛顶光明摩诃萨怛多般怛罗"无上神咒。

凭此"神力冥资",即可"速证无学",以致"决定成佛",其易如"尘扬于顺风,有何艰险"?

以下即记述如何筑坛、奉佛菩萨,以及与诵咒有关的种种仪轨,最后是如来宣说"神咒"全文,并说明这一咒文无所不能的神奇效用。《楞严经》之被归类于密乘,当与此卷的内容有直接关系。

第三节 《圆觉经》的"无上法王"和"圆觉性起"论

此经全称《大方广圆觉修多罗了义经》，中心思想与《楞严经》大体相同，有些用语也颇相近，但只有一卷，文字简洁明晰，逻辑相对严密，也可以用作揭示《楞严经》那些晦涩词语背后的实意。

据《开元释教录》卷九，译者"佛陀多罗，唐云觉救，北印度罽宾人也。于东都白马寺译……此经近出，不委何年"。智昇是第一个将此经入录的人，他知道是"近出"的，但具体是哪年，他不清楚，因此我们也无法判断，它问世的时间究竟比《楞严经》早还是晚，也无从可考。不过他于此处特加了一句："且弘道为怀，务甄诈妄；但真诠不谬，岂假具知年月也。"就是说，智昇将此经入录时，对其真伪已经有所怀疑，或有疑伪者在，所以才做了"真诠不谬"的结论。

宗密是这部经最早也是最具权威的注释家。他在《大方广圆觉经大疏》开卷的归命颂中首句谓："归命妙色身，无碍辨才智"，结句是"身心入觉城，同受无为乐"，令人对这部经的性质，更加疑惑。按佛教经典的共识，所谓归命的"妙色身"肯定不是佛①；他的最终目的，是"身"与"心"的"同受无为乐"。显然，这"无为"也不是涅槃，因为即使《大涅槃经》规定"常乐我净"为涅槃的属性，但也从来没有学僧把"我"解释为"色身"。就此而言，宗密认定《圆觉经》是主张人即以其"色身"可以永生不死，而他本人就要按这一教旨做下去。这种主张与《楞严经》提倡"死后无灭"相互呼应，不妨看做是为《楞严经》的解密。这两部经的趋向，似乎与道教之以修炼成仙为终极目的的根本宗旨完全接轨了。

但是，对宗密的归命颂，还可以作另一种解释。按《弥勒上生经》之

---

① 大乘佛教佛普遍主张佛有"三身"，"法身"是无形象的，"应化身"只对信仰者有意义，千差万别；佛的"报身"是什么形象，从来没有明文解说，因为此身不是普通信众的认识对象。一句话，三身中没有一个是用"色身"界定的。但此处也可能是套用《胜鬘经》尊崇"如来妙色身"之说，可参见。

说,弥勒是未来将下生成佛的菩萨,而不是佛。他居住在"欲界"的兜率天,那是世上最美好、最快乐、最可以提供五欲享受的地方。他是阐释佛教的最高权威,有关佛教的一切疑难问题,都可以从他那里得到正确答案。由此形成弥勒的上生兜率净土信仰,在知识僧侣和某些文人中,有不少信仰者,在东晋有影响巨大的释道安,在唐代,释门有玄奘、窥基,文人则有白居易。由于兜率天居者自身的特征,就是五欲俱全,能够享尽妙欲,所以弥勒为"色身"自是当然之义;弥勒是佛学至高无上的权威,这也与宗密称此色身为"无碍辩才智"相应。这样,宗密向往的"同受无为乐",也可能是兜率天了。

实际上,从《弥勒上生经》译出开始,一批贵族僧侣就不满足于把涅槃作为佛教的终极归宿,期望用永生至乐取而代之,于是原本佛教与道教的对立,逐渐消解。像窥基更提出"大悲菩萨一阐提"概念,表示他永不涅槃成佛的决心。佛教与道教的界限越来越模糊了。宗密之发现《圆觉经》,以及作如此之"归命颂",是有这样一个大背景的——佛教向道教趋同,都想长生不死,享乐世间;道教向佛教取经,寻找理论依据。两者都反映了中国重生和贵生的传统。

宗密自称是禅宗南宗神会的传人,同时又师承澄观的华严宗。他是经教与禅宗的合一论者,也是发现并促使《圆觉经》在整个佛教流行的原创者。他撰《原人论》,调和儒释道关系,是促使三教分流向三教合流转化的关键人物,由此也使《圆觉经》影响到儒道二教。在当时,接受宗密这些主张的,是世代奉佛的大官僚裴休。裴休为宗密的《大疏》作序,介绍了宗密得遇《圆觉经》的经过,谓:

> 圭峰禅师得法于荷泽嫡孙、南印上足道圆和尚。一日随众僧斋于州民任灌家,居下位,以次受经,遇《圆觉了义》,卷未终轴,感悟流涕。归以所悟告其师,师抚之曰:"汝当大弘圆顿之教,此经诸佛授汝耳"。

此经乃是宗密从四川的一位居士家初次发现的,可见当时并未普遍流行。《开元录》完成于开元十八年(730),宗密为晚唐人(780—841),假定这顿斋饭发生在他20岁左右,则距离此经的问世至少有70年光景。联系到《宋高僧传·唯悫传》所记,《楞严经》系"在岷蜀行之,近亦流江表焉",情况差不多,而《楞严经》之出川,可能更晚。但不论如何,《圆觉经》与《楞严经》都是首先在四川被发现并开始向江南流布的。而四川是道教最重要的发祥地,这是众所周知的。

全部《圆觉经》由十二个菩萨提问,佛逐一作答,每答论述一个议题,所以眉目清楚,语言简练,与一般佛经的风格不甚相似。譬如经文开端陈述的法会场景,就可以看做《华严经》的缩微:其中光明、神通、三昧,以及与会一切如来、诸菩萨及其眷属等等,一项不缺,唯一的区别是略去了对无限境界大量重复的描绘。显然,《华严经》夸张的艺术想象,在这里让给了逻辑的语言表达。

一、总论:本体论、世间发生论、修行圆觉论

与《楞严经》等一样,《圆觉经》也是讲本体论的。它们指谓的本体,在根本性质上没有原则区别,但在称谓上,却不完全相同,诠释的重点也有了差异。《圆觉经》在这里称这一本体为"无上法王有大陀罗门,名圆觉"。所谓"圆觉"无非是"觉"前加上了个"圆"的限定词,与"本觉"、"明觉"、"正觉"等"觉"是一个词,都是"菩提"或"阿耨多罗三藐三菩提"的意译,没有什么特别处。特别的是,它把"圆觉"归于"无上法王"所有,并作为"大陀罗门"的同位语,这有点意思。

所谓"无上法王",什么意思?按《华严经》,那就是毗卢遮那,既可以被外化为客观存在的"佛",也可以被内化为众生的"心",佛与心是一而二,二而一的;对大众信仰者,他是外在的佛,对文人的理性,它是内在的心。心佛所拥有的"大陀罗门",可以释为大记忆库、大知识库,是用密乘术语表示它蕴含着世间出世间"一切法",因此与大陀罗门同位的"圆

觉",就具有"流出一切清净、真如、菩提、涅槃及波罗蜜"的功用。按《大乘起信论》"一心二门"的说法,"无上法王"即是那不生不灭的"一心";"大陀罗门"相当于无差别的"真如门",即"本觉"之所在;其"生灭门"则成为有差别的清净、真如以致诸波罗蜜的源泉。就此而言,《圆觉经》的本体论没有什么新意,只是用于表达的语言有些奇特。

"无上法王"作为一切佛法的本体,是无差别、无生灭,除了肯定其为永恒的实在之外,别无可说;对于修习成佛起作用的则是大陀罗门圆觉,它是"一切如来本地起因",一切世俗众生"皆依圆照清净觉相,永断无明,方成佛道"。

"无上法王"一切众生悉有,所以众生本性是佛,但为什么众生毕竟是众生而不是佛,原因在于"无明"。"无明"是众生迷于"无上法王",认识颠倒造成的,是一切世间生死得以发生的最初根源。按经文说:

> 一切众生,从无始来种种颠倒,犹如迷人四方易处,妄认四大为自身相,六尘缘影为自心相。譬彼病目,见空中花及第二月……空实无花,病者妄执。由妄执故,非唯惑此虚空自性,亦复迷彼实花生处。由此妄有,轮转生死,故名无明。(卷一,下同)

既然众生本有"无上法王",自性"圆觉",怎么"从无始来"就有"种种颠倒"?经文本身没有解释,其他类似的经论,如《楞伽经》、《起信论》等也都没有解释,因为无法解释,所以只好认作当然的前提,照直陈述下去。在本经中,无明颠倒的第一位结果,是"妄认四大为自身相,六尘缘影为自心相",即"身"与"心"及"身"与"心"的分离。人身由四大及四大所造色构成,这是佛教的共识;把众生生活的周围环境称作"六尘缘影",则是唯识经论的独家之说——所谓"色声香味触法",其作为周边世界的构成元素,乃是唯识所现的影像,又是诸识所缘的对象,一般人即以识体具备这"能"、"所"两种功能,称作"自心相"。换言之,在说明世界众生生起的具体原因时,经文采用的是唯识家的理论,但略去了它的繁琐。这是《圆觉经》不同于其他类似经论的主要特点。

"身心"可以作"有情世间"的略称,"六尘"可以作为"器世间"的略称,所以一旦身心形成,亦即意味着全部世界万有的形成。经文接下来就断定无明及其所生这个世界的根本性质——"空":

> 此无明者,非实有体。如梦中人,梦时非无,及至于醒,了无所得。如众空花,灭于虚空,不可说言有定灭处,何以故?无生处故。一切众生,于无生中妄见生灭,是故说名轮转生死。

用"梦"与"空花"譬喻世间人生的虚妄不实,是大乘诸经常用的论证方法:"无上法王"本质是无生无灭,由于无明而生身心世界,也因身心世界而有生死轮回,这样,"无明"即是"妄见",所以说,"于无生(无上法王)中妄见生灭"。

按照这种世间缘起论,决定菩萨修行就是这个样子:

> 如来因地修圆觉者,知是空花,即无轮转,亦无身心,受彼生死。非作故无,本性无故。彼知觉者,犹如虚空,知虚空者即空花相;亦不可说无知觉性。有无俱遣,是则名为净觉随顺。何以故?虚空性故,常不动故;如来藏中无起灭故,无知见故;如法界性,究竟圆满,遍十方故,是则名为因地法行。菩萨因此于大乘中发清净心,末世众生依此修行,不堕邪见。

菩萨修行的中心任务,是修"圆觉",即依圆觉,认识圆觉,按圆觉性能实践,于是觉知身心本无,不受生死轮回;同时知此觉者(我)虽空,觉性不空,这就是随顺"净觉"(超脱生死的圆觉)的行为了。为什么呢?因为"圆觉"虽然蕴含一切法,但其自身没有任何质的规定性,此即谓"虚空性";圆觉亦即"如来藏",虽具备一切如来佛法,但并无知见起灭;圆觉亦如"法界性",虽无具体形象,但遍满十方一切法,是诸法本质——万事万物,悉是圆觉的体现,皆具圆觉性。在唯识法相家将"唯识性"作为一切现象之本质规定的地方,本经改作了"圆觉性",差别就在这里。如果沿以上认识发心修习菩萨行,就是清净的、正确的。

由此看来,《圆觉经》的本体论、世界发生论及其解脱修行论,只是在《大乘起信论》基础上,对如来藏说、唯识论、华严论等的杂糅,实在说不上有什么创新。

二、圆觉不动、无明缘起的"性起"论

依据众生皆有无上法王圆觉之说,理应"诸众生本来成佛,何故复有一切无明"?同样,无明为众生从"无始"即有,所谓"众生本有,何因缘故,如来复说本来成佛?十方异生本成佛道,后起无明,一切如来,何时复生一切烦恼?"

换言之,世界有两个本源:一是圆觉,是成佛之因,亦可等同于佛;一是无明,是烦恼之因,即是"异生"(非佛教徒)。这两个本源,究竟以哪个为先?而无论以哪个为先,在逻辑上都难说得通。于是佛解释道:

> 一切世界,始终生灭、前后有无、聚散起止,念念相续,循环往复,种种取舍,皆是轮回。未出轮回而辨圆觉,彼圆觉性即同流转;若免轮回,无有是处。

佛反对用前后生灭等含有差别相续一类动态词句表述"圆觉"与"无明"的关系,一旦使用这类词句,亦即意味着流转轮回。只要身心未出轮回流转,"圆觉性"即处于世间,同于世间。经论之谓:

> 譬如动目,能摇湛水;又如定眼,犹回转火。云驶月运,舟行岸移,亦复如是……诸旋未息,彼物先住尚不可得,何况轮转?生死垢心曾未清净,观佛圆觉而不旋复?是故汝等便生三惑。

> 譬如患翳,妄见空花;患翳若除,不可说言此翳已灭,何时更起一切诸翳。何以故?翳花二法非相待故。亦如空花灭于空时,不可说言虚空何时更起空花。何以故?空本无花,非起灭故。生死涅槃,同于起灭,妙觉圆照,离于花翳……当知虚空非是暂有,亦非暂

无，况复如来圆觉随顺而为虚空平等本性。

如销金矿，金非销有；既已成金，不重为矿。经无穷时金性不坏，不应说言，本非成就。如来圆觉，亦复如是。

以上三喻，都不新鲜，前二喻《楞严经》就有，后一喻华严学家常用。这里都是用来说明下列道理的：

(1)"一切如来妙圆觉心，本无菩提及与涅槃，亦无成佛及不成佛，无妄轮回及非轮回。""妙圆觉心"即"圆觉"的本质，就是无差别、无生灭，永恒不变的"寂灭性"。

(2)"但诸声闻所圆境界，身心语言皆悉断灭，终不能至彼之亲证所现涅槃，何况能以有思唯心测度如来圆觉境界？如取萤火烧须弥山，终不能著。以轮回心，生轮回见，入于如来大寂灭海，终不能至。是故我说，一切菩萨及末世众生先断无始轮回根本。"——声闻人以"身心断灭"为修习终点，不可能达到他们向往的涅槃境界；凡俗以"有思唯心"测度圆觉境界，也不能入于大涅槃。为了克服凡俗声闻的这些缺陷，首先需要断除"无始轮回根本"。

(3)"有作思唯，从有心起，皆是六尘妄想缘气，非实心体，亦如空花。用此思唯辨于佛境，犹如空花复结空果，展转妄想，无有是处……虚妄浮心，多诸巧见，不能成就圆觉方便。"——凡俗的通病是"有思唯心"或"有作思唯"。此"思唯"指凭借语言的逻辑思维，佛籍一般译作"觉观"或"寻伺"。它的主要特点是妄想为"有"，并加以"分别"，诸如区分"生死与涅槃，凡夫及诸佛"等，即是"思唯"的产物。本经将这一思维方式定为"心"之"六尘妄想缘气"，即以内心妄想"六尘"为缘的习惯势力。

上述思想其实很简单：圆觉性寂灭而永恒，不因生死轮回而消失，时时处处存在于现实世界之中；一切生灭本质是空，存于其中的圆觉本体不空。凡俗声闻之所以不能证得自己本有的圆觉，一个是因为在证得之前身心已经断灭了，一个是思唯方式障碍了亲证圆觉的可能。

妨碍证得圆觉的原因,也是世界形成的原因,即是上述"无始轮回根本"。这一"根本",抽象讲都可以归咎于无明,具体可分有两层:一是贪欲,尤其是淫欲;二是思唯,尤其是分别世间与出世间的思唯。先看爱欲:

> 一切众生从无始际由有种种恩爱贪欲,故有轮回。若诸世界一切种性,卵生、胎生、湿生、化生,皆因淫欲而正性命,当知轮回爱为根本。由有诸欲,助发爱性,是故能令生死相续。欲因爱生,命因欲有,众生爱命,还依欲本。爱欲为因,爱命为果。由于欲境起诸违顺,境背爱心而生憎嫉,造种种业,是故复生地狱、饿鬼;知欲可厌,爱厌业道,舍恶乐善,复现天人。又知诸爱可厌恶故,弃爱乐舍,还滋爱本,便现有为增上善果,皆轮回故不成圣道。是故众生欲脱生死,免诸轮回,先断贪欲及除爱渴。

"爱欲"是生死轮回的直接原因:"人趣"以下,由"淫欲"而延续性命;诸"天"实现"禁欲",但助长了对"天"果的"爱",因而都不能超越轮回。众生想解脱生死流转,必须首先断除贪爱。这类思想,只是佛教原始教义的重复。但这有例外:

> 菩萨变化示现世间,非爱为本,但以慈悲令彼舍爱,假诸贪欲,而入生死。若诸末世一切众生能舍诸欲及除憎爱,永断轮回,勤求如来圆觉境界,于清净心便得开悟。

例外的是菩萨。菩萨生活于世间,生死爱欲齐全,但这只是假象,本意是慈悲,令诸众生舍离爱欲,永断轮回。这例外也有出处,原始版本就是《维摩经》。稍有新意的是下列说法:

> 一切众生由本贪欲,发挥无明,显出五性,差别不等。依二种障,而现深浅。云何二障?一者理障,碍正知见;二者事障,续诸生死。

按大乘佛教通说,所谓二障指"烦恼障"与"所知障";此处之"理障"即是"所知障","事障"相当"烦恼障"。经文的特殊点,在于指明"二障"皆本于"贪欲";无始即有的"无明",因"贪欲"才得以发挥作用。大乘通说,是将贪欲仅仅归结为"烦恼障"的规定,"所知障"则全属认识论问题,与贪欲没有干系。换言之,《圆觉经》把"贪欲"作为启动先天"无明"的动因,其作用是统帅所知、烦恼二障的。

所谓"五种性"说,盛唱于瑜伽唯识家,《圆觉经》显然沿袭此说,但在具体解释时,又增添了一些特殊点:

> 若此二障未得断灭,名未成佛。若诸众生永舍贪欲,先除事障,未断理障,但能悟入声闻缘觉……若诸末世一切众生欲泛如来大圆觉海,先当发愿,勤断二障;二障已伏,即能悟入菩萨境界。若事理障已永断灭,即入如来微妙圆觉,满足菩提及大涅槃……一切众生皆证圆觉,逢善知识,依彼所作因地法行,尔时修习便有顿渐,若遇如来无上菩提正修行路,根无大小,皆成佛果。若诸众生虽求善友遇邪见者未得正悟,是则名为外道种性,邪师过谬,非众生咎。是名众生五性差别。

这样,五种性就变成这个样子:(1) 二障未断,名"未成佛众生";(2) 已断事障未断理障,名"声闻缘觉";(3) 二障已伏,即是"菩萨";(4) 二障永灭,则成"佛果";(5) 未得正悟,是谓"外道"。此说与瑜伽唯识相比,则(1)相当于"不定种姓";(2)、(3)、(4),即声闻、菩萨、佛,相当于"定性种姓",而(5)当是"无性种姓"——恰恰在此处,经文没有下这个结论,而是把"未得正悟"的责任推给了他的师长。也就是说,《圆觉经》接受了五种性说,但不承认有无佛种的人,其用"未得正悟"替代"一阐提",显然是华严学家的思想。

然而,既然"法王圆满觉性"一切众生皆有,为什么依同一圆觉证得的众生会有三乘五种性等差别?经载,尔时世尊言:

> 圆觉自性,非性性有。循诸性起,无取无证,于实相中实,无菩萨及诸众生。何以故?菩萨众生皆是幻化,幻化灭故,无取证者。譬如眼根不自见眼,性自平等,无平等者。众生迷倒,未能除灭一切幻化。于灭未灭,妄功用中便显差别。若得如来寂灭随顺,实无寂灭及寂灭者。

意思是说,法王圆觉的自性,不是圆觉自身规定的,它自身也无所谓自性,也没有众生所谓的自性之有。众生但可"循诸性起",而其性自身,"无取无证",当然也没有"菩萨及诸众生"等差别。原因何在?答案又回到前述之世界本原上:无明贪欲导致众生于圆觉迷倒,造成幻化。譬如眼能见诸万物,但不能见眼自身,人们能依圆觉了知万有,但却不能认识圆觉自身。这段话的要义,是"循诸性起":众生无不依靠"圆觉"兴起,由无明贪爱等程度的不同,形成世间种种差别。以下经文就是具体解释这个道理的:

> 一切众生从无始来由妄想我及爱我者,曾不自知念念生灭,故起憎爱,耽着五欲。若遇善友教令开悟净圆觉性,发明起灭,即知此生,性自劳虑。若复有人劳虑永断,得法界净,即彼净解为自障碍,故于圆觉而不自在,此名凡夫随顺觉性……一切菩萨见解为碍,虽断解碍,犹住见觉,觉碍为碍而不自在,此名菩萨未入地者随顺觉性……有照有觉,俱名障碍,是故菩萨常觉不住,照与照者同时寂灭。譬如有人自断其首,首已断故无能断者,则以碍心自灭诸碍,碍已断灭,无灭碍者。修多罗教如标月指,若复见月,了知所标毕竟非月,一切如来种种言说开示菩萨亦复如是,此名菩萨已入地者随顺觉性。

未曾开悟圆觉,而耽着五欲者,相当于凡夫;开悟圆觉,已了知无常而劳虑永断,虽然"随顺觉性",而于圆觉不得自在,这是诸天和二乘人,性质依然属于凡夫;至于菩萨,在圆觉的理解上已无障碍("解碍"亦即"理碍"),但仍有解碍或理碍的主体意识,所谓"见觉",这是未入菩萨地者的"随顺觉性"。及至灭除诸碍的自我意识也灭除了,直达净圆觉性,连作为开悟圆觉的语言文字都不需要了,此名地上菩萨"随顺觉性"。据此,众生差别,全在于是否能够制服自身的无明、贪欲和诸碍,悟解本有的圆觉以及悟解的程度。

由此可知,制服的对象与制服的觉悟必定共生共灭,智慧与无明相依为命——对立即存在于统一中。这好像是辩证法,但在表达上,或者在实践上,却只有统一而无对立,故曰:

> 一切障碍即究竟觉,得念、失念无非解脱;成法、破法皆名涅槃;智慧、愚痴通为般若;菩萨、外道所成就法同是菩提;无明、真如无异境界;诸戒定慧及淫怒痴,俱是梵行;众生、国土同一法性;地狱、天宫皆为净土;有性、无性齐成佛道;一切烦恼毕竟解脱;法界海慧照了诸相,犹如虚空——此名如来随顺觉性。

如果说,作为至上法王的心性或如来,是无分别的,这还说得通;但用于混世的佛徒,也完全合适,其与世俗凡夫的唯一区别,就是前者视世间为虚幻不实,后者视之为真实不虚而已。《华严经》提出,佛与诸众生,无别无有异,《圆觉经》则作了如此发挥,由此指导实践,就成了这样一种处世哲学,是之谓"随顺觉性"的"一切种智":

> 但诸菩萨及末世众生,居一切时不起妄念;于诸妄心亦不息灭。住妄想境,不加了知;于无了知,不辨真实。彼诸众生闻是法门,信解受持,不生惊畏,是则名为随顺觉性……佛说是人名为成就一切种智。

最好是不起妄念,一旦有之,随其自然;对待妄想境界,则不知不辨。这可以是《老子》的"大智若愚",可以是《庄子》的无是非观;清代士大夫发出的"难得糊涂",近代文人追求的"无差别境界",也都可以从中引申出来。

"循诸性起"是《华严经》所论"性起"最简明的概括,也是华严宗核心宗旨所在。它以心性"不生不灭"为本体,与瑜伽唯识系规定心体本为生灭杂染区分开来;它用无明贪爱依圆觉而生世间出世间一切法,说明世界缘起之根由,则受到宋代天台家主张一心即具善恶之所谓"性具"说的挑战。要想把握瑜伽唯识新旧二译的区别,华严与天台二宗以及反映在天台内部山家与山外之争,了解"循诸性起"是极重要的一方。

在众生由"圆觉性净"转变为污染世界时,经文还有另一番解释。

一是以憎爱为二妄,等同流转与涅槃之因。经文载净诸业障菩萨问:"若此觉心本性清净,因何染污,使诸众生迷闷不入?"世尊告净诸业障菩萨:

> 一切众生从无始来妄想执有我、人、众生及与寿命。认四颠倒为实我体,由此便生憎爱二境,于虚妄体,重执虚妄;二妄相依,生妄业道。有妄业故,妄见流转;厌流转者,妄见涅槃。由此不能入清净觉,非觉违拒诸能入者,有诸能入非觉入故。是故动念及与息念,皆归迷闷。何以故?由有无始本起无明为己主宰。一切众生生无慧目。身心等性。皆是无明,譬如有人不自断命。是故当知,有爱我者我与随顺,非随顺者,便生憎怨。为憎爱心养无明故,相续求道皆不成就。

其后还有大段陈述,兹不备录。

二是用爱憎作为"我"见的根底,觉悟的障碍。经文载世尊言:

> 末世众生不了四相,虽经多劫勤苦修道但名有为,终不能成一切圣果,是故名为正法末世。何以故?认一切我为涅槃故,有证有悟,名成就故。譬如有人以贼为子(《楞严》语),其家财宝终不成就。何以故?有我爱者,亦爱涅槃,伏我爱根,为涅槃相;有憎我者,亦憎生死。不知爱者真生死故,别憎生死,名不解脱。云何当知法不解

脱？善男子：彼末世众生习菩提者，以己微证为自清净，犹未能尽我相根本，若复有人赞叹彼法，即生欢喜便欲济度，若复诽谤彼所得者，便生瞋恨，则知我相坚固执持，潜伏藏识，游戏诸根，曾不间断。善男子：彼修道者不除我相，是故不能入清净觉。善男子：若知我空，无毁我者，有我说法，我未断故。众生寿命亦复如是。善男子：末世众生说病为法，是故名为可怜愍者。虽勤精进增益诸病，是故不能入清净觉。善男子：末世众生不了四相。以如来解及所行处为自修行，终不成就，或有众生未得谓得，未证谓证，见胜进者心生嫉妒，由彼众生未断我爱，是故不能入清净觉。善男子：末世众生希望成道，无令求悟，唯益多闻增长我见。但当精勤降伏烦恼起大勇猛，未得令得，未断令断。贪瞋爱慢谄曲嫉妒，对境不生。彼我恩爱一切寂灭。佛说是人渐次成就，求善知识不堕邪见。若于所求别生憎爱，则不能入清净觉海。

由此现示，《圆觉经》把爱憎情感因素视作左右世俗人生最重要的成分，比之于善恶、是非等道德观念和认识问题，在决定人生道路的选择上更为强烈。

三、"顿悟"与"渐修"的觉修论

如果世界以及众生皆是幻化，立马就会产生这样的问题：

云何以幻还修于幻？若诸幻性，一切尽灭，则无有心，谁为修行，云何复说修行如幻？若诸众生本不修行，于生死中常居幻化，曾不了知如幻境界，令妄想心云何解脱？

世尊就此答道：

一切众生，种种幻化，皆生如来圆觉妙心。犹如空花从空而有，幻花虽灭，空性不坏。众生幻心，还依幻灭，诸幻尽灭，觉心不动。

这是再次复述无明幻化依圆觉而起的道理:圆觉犹如虚空,幻化犹如空中之花,花灭空不灭,幻灭觉不灭。但此说只是客观陈述,并非肯定圆觉是有是无,是幻是真,因为圆觉本质不动,没有任何差别,也不能作任何规定。故曰:

> 依幻说觉,亦名为幻。若说有觉,犹未离幻;说无觉者,亦复如是,是故幻灭名为不动。

据此,解脱的根本任务就是远离一切幻化境界:

> 一切菩萨及末世众生,应当远离一切幻化虚妄境界,由坚执持远离心故。心如幻者,亦复远离;远离为幻,亦复远离;离远离幻,亦复远离,得无所离,即除诸幻。譬如钻火,两木相因,火出木尽,灰飞烟灭,以幻修幻,亦复如是。

这里的远离以及远离亦须远离,相当般若所谓的"无所得,无所得亦无所得"。此既可作一切皆无所执著解,亦可解作对"远离"或"无所得"的否定解,所以又说:"诸幻虽尽,不入断灭"。

至于"远离"的方法,重点在"知":

> 知幻即离,不作方便;离幻即觉,亦无渐次。一切菩萨及末世众生依此修行如是乃能永离诸幻。

"知"字当头,则远离诸幻,不须方便;离即是觉,亦无渐次。这是《圆觉经》最具特色的修行理论。禅宗荷泽神会系提倡"言下使悟"的顿悟说,宗密所谓"知之一字,众妙之门",在这段经文中就可以找到痕迹。

以下颂文,对本经的整体世界观有极明晰的表述,文义浅显,无需再作解释:

> 一切诸众生,无始幻无明,皆从诸如来,圆觉心建立。犹如虚空花,依空而有相,空花若复灭,虚空本不动。幻从诸觉生,幻灭觉圆满,觉心不动故。

此谓之"修习菩萨如幻三昧方便,渐次令诸众生得离诸幻"。

然而"顿"是仅就"知"或"观"而言的。为了保障幻灭与圆觉的完满,持戒与禅定等传统的修习方法还是必要的,这属于"渐"。问题是这样提出的:所谓"菩萨修行渐次,云何思唯,云何住持,众生未悟,作何方便普令开悟?"

佛答:

> 彼新学菩萨及末世众生,欲求如来净圆觉心,应当正念远离诸幻。先依如来奢摩他行,坚持禁戒,安处徒众。宴坐静室,恒作是念:我今此身四大和合,所谓发毛爪齿皮肉筋骨髓脑垢色,皆归于地;唾涕脓血津液涎沫痰泪精气大小便利,皆归于水;暖气归火,动转归风。四大各离,今者妄身,当在何处?即知此身毕竟无体,和合为相,实同幻化。四缘假合,妄有六根;六根四大,中外合成,妄有缘气,于中积聚,似有缘相,假名为心。

此等禅观,相当于传统佛教"四念处"中的观"身"和观"心",不同的地方在于,以观"身"为"四大和合",取代了原有的"观身不净";以"六根四大"、"积聚缘相"为"心",取代了"观心无常"。这种取代的实际意义,在于用身心的自然结构发明本经经旨,抵消了用佛教教义界定身心性质的武断。此中对"心"形成的机制的说明,颇有特色:按照它的逻辑,四大和合有身,身则表现为"六根";六根乃司认识的官能,又与外部之四大统一(中外和合),于是就有了"缘气"——"缘气"是本经独创的概念,意指能够对外攀缘境界的"气";此气聚集到一定程度,就产生了能够反映境界相状的功能,"心"即由此而生。

我们知道,关于意识(精神)的起源,始终是科学和哲学企图解决的问题,但至今还在探讨中,没有定论,《圆觉经》的"缘气"说,固然有些神秘,但毕竟提出了这个问题,并指出了意识(精神)源于物质这个正确的方向,比之上帝吹口生气给人,人就有了灵的解释,更有意义。

由四大六根缘气积聚而成的"心",当然不是与圆觉同位的心,而是"虚妄心",经云:

> 此虚妄心若无六尘,则不能有;四大分解,无尘可得。于中缘尘各归散灭,毕竟无有缘心可见……彼之众生幻身灭故,幻心亦灭;幻心灭故,幻尘亦灭;幻尘灭故,幻灭亦灭。幻灭灭故,非幻不灭,譬如磨镜,垢尽明现……当知身心皆为幻垢,垢相永灭,十方清净。

认识达到这种程度,算是修习的基本完成。但具体说来,由于"圆觉净性现于身心,随类各应",愚智不同,五种性有异,在修习的方便手段上也必有差别,总括起来,略有三种:

1. 奢摩他

> 若诸菩萨悟净圆觉,以净觉心,取静为行。由澄诸念,觉识烦动,静慧发生,身心客尘从此永灭,便能内发寂静轻安。由寂静故,十方世界诸如来心于中显现,如镜中像。此方便者名奢摩他。

"奢摩他"与"三摩地"在含义上没有区别,都可意译为"止",但它特别被用于对特定的佛教观想,所以多与毗钵舍那(观)并用,所谓"止观"、"定慧"。这里则特指依据悟解了本有圆觉的"净觉心",澄除杂念,以达到物我两忘的"寂静轻安"心理状态,由此显现遍于十方的内在"如来心"。

按佛教通行的说法,这相当对"真如"的实证,此处则指作为"至上法王"圆觉的证得。在整个修习过程,这是由"解"悟向"证"悟的一种飞跃,完成了认识上的根本转变。

2. 三摩钵提

> 若诸菩萨悟净圆觉,以净觉心,知觉心性及与根尘,皆因幻化。即起诸幻,以除幻者,变化诸幻,而开幻众。由起幻故,便能内发大悲轻安,一切菩萨从此起行,渐次增进。彼观幻者,非同幻故;非同幻观,皆是幻故,幻相永离。是诸菩萨所圆妙行,如土长苗。此方便

者名三摩钵提。

"三摩钵提"意译"等至"、"至等"、"正受"等,亦属"三摩地",指注意力已令心理无高下波动和昏沉亢奋地平等运行。此处特用来解释,以所悟的圆觉心,觉知"心性及与根、尘",即身心与环境,皆是幻化;于是以幻止幻,运用幻化去开悟幻化的众生,由此发明内心的"大悲轻安",普行菩萨行。由于菩萨行幻,知是幻故,可以不受幻相约束,但却能增长和圆满菩萨行,所以将幻化比之为长苗之土。

其实这里用的全是隐晦的语言。它所谓的起幻行幻,实际就是一般大乘佛经讲的菩萨大悲,以及由大悲推动的菩萨行。在修习过程,是在证得"根本无分别智"之后,遍及尘世一切方面的具体运用,一般名之为"无分别后得智"。上述经文证得的圆觉,相当于"根本智",此处之起幻行幻,相当"后得智"。

3. 禅那

> 若诸菩萨悟净圆觉,以净觉心,不取幻化及诸净相,了知身心皆为挂碍无知,觉明不依诸碍,永得超过碍无碍境。受用世界及与身心,相在尘域,如器中锽,声出于外,烦恼涅槃,不相留碍,便能内发寂灭轻安,妙觉随顺寂灭境界,自他身心所不能及,众生寿命皆为浮想。此方便者名为禅那。

"禅那"略称曰"禅",是稍习佛教的人都懂得的一个概念。这里的解释也与一般不同,它是把禅那视熄灭一切差别的观念来使用的。按理,起幻行幻已经含有无差别的意思,但幻相还是以有差别为特征,此无差别似乎是回归圆觉自身,但却外化为可受用的"世界"和"身心",身心世界虽在尘域,却又不受烦恼涅槃等差别的扰碍。由此发明内在的"寂灭轻安",即是灭除一切差别而令妙觉随顺,与寂静境界的合一。

以上三种方便,皆以"轻安"为鹄的。此"轻安"是一种身心轻松安适的心理状态,表示不论运用何种方便,都不要当做负担。由此结论:"此三法门皆是圆觉,亲近随顺十方如来。因此成佛十方菩萨种种方便,一切同异皆依如是三种事业,若得圆证即成圆觉",亦称"究竟涅槃"。

上述三法门可称作"圆觉门",要进入此门,还需另外的方便,名曰"依于未觉幻力修行",由此可以从"未觉"通向"究竟觉"之路,总称"二十五种清净定轮",包揽了《圆觉经》提倡的全部"止观"。其核心内容是修习上述三法门的不同配置。譬如:(1) 单修奢摩他;(2) 单修三摩钵提;(3) 单修禅那;(4) 先修奢摩他,后修三摩钵提;(5) 先修奢摩他,后修禅那;(6) 先修奢摩他,中修三摩钵提,后修禅那;(7) 先修奢摩他,中修禅那,后修三摩钵提;(8) 先修奢摩他,齐修三摩钵提及修禅那;(9) 齐修奢摩他和三摩钵提,后修禅那;(10) 齐修奢摩他和禅那,后修三摩钵提;(11) 先修三摩钵提,后修奢摩他;(12) 先修三摩钵提,后修禅那;(13) 先修三摩钵提,中修奢摩他,后修禅那;(14) 先修三摩钵提,中修禅那,后修奢摩他;(15) 先修三摩钵提,齐修奢摩他和禅那;(16) 齐修三摩钵提和奢摩他,后修禅那;(17) 齐修三摩钵提和禅那,后修奢摩他;(18) 先修禅那,后修奢摩他;(19) 先修禅那,后修三摩钵提;(20) 先修禅那,中修奢摩他,后修三摩钵提;(21) 先修禅那,中修三摩钵提,后修奢摩他;(22) 先修禅那,齐修奢摩他和三摩钵提;(23) 齐修禅那和奢摩他,后修三摩钵提;(24) 齐修禅那和三摩钵提,后修奢摩他。于是最后,(25) "若诸菩萨以圆觉慧圆合一切,于诸性相无离觉性,此菩萨者名为圆修三种自性清净随顺"。

很明显,这些内容已经包含在上述的三种修习法门中。可为什么还要搞出个"二十五轮"来,繁琐而贫乏,与整体经文的简明如此不同?这与其静修的特殊方法有关,如经谓:"若诸菩萨及末世众生依此轮者,当持梵行,寂静思唯,求哀忏悔,经三七日。于二十五轮,各安标记,至心求哀,随手结取,依结开示,便知顿渐。一念疑悔。即不成就。"不过这种方法只适应"渐修"者,"顿悟"者是可以言下便悟的。

四、世界之性与幻、一与多、不动与动的统一

"圆觉净性现于身心,随类各应。"这是《圆觉经》画龙点睛的话。"圆觉"是"净性","现于身心"是"幻化";性即是"一",幻即是"多",一即是"不动",多即是"动"——这众生同一的净性,随众生各自类属而呈现相应的身心特征,差别无数,而它们统统是虚妄幻化的产物。因此,幻与性、多与一、动与不动,就不是绝对隔离、绝对对立的。佛说:

> 彼愚痴者说净圆觉,实有如是身心,自相亦复如是,由此不能远于幻化。是故我说身心幻垢,对离幻垢说名菩萨垢尽。

认为既有的身心乃是"实有",这是愚痴者。佛针对这类人,指出你这"身心"是"幻"是"垢",对修习达到远离幻垢者,说名"菩萨垢尽"。把实有、幻垢和离垢对立起来,把愚痴者和菩萨对立起来,都是祛病方便之言;若真的实现"垢尽","即无对垢及说名者"——垢既然没了,说净者也就没了;人、法全无分别,世界就变得一片清净。经谓:

> 此菩萨及末世众生证得诸幻灭影像故,尔时便得无方清净,无边虚空觉所显发。觉圆明故显心清净,心清净故见尘清净,见清净故眼根清净,根清净故眼识清净。

如是"六根清净",乃至"六尘清净",四大、十二处、十八界、二十五有悉皆清净。彼清净故,十力、四无所畏等"八万四千陀罗尼门"一切佛法清净。故也可以这样说:

> 一切实相性清净故,一身清净;一身清净故,多身清净;多身清净故,如是乃至十方众生圆觉清净……一世界清净故,多世界清净;多世界清净故,如是乃至尽于虚空,圆裹三世,一切平等清净不动。

由此一切清净,推知"一切不动";由此"一切不动",推知"觉性遍满"。结果是:

> 当知六根遍满法界；根遍满故，当知六尘遍满法界；尘遍满故，当知四大遍满法界，如是乃至陀罗尼门遍满法界……由彼妙觉性遍满故，根性、尘性无坏无杂；根尘无坏故，如是乃至陀罗尼门无坏无杂。如百千灯光照一室，其光遍满，无坏无杂。

这个"光明遍满"无疑就是《华严经》描述的华藏世界的境界了：一切浸沉在光明普照之中。此处则是"觉成就"者的境界——觉者（佛）眼目中的世界，但行动于其中的，已不是虚幻的来自十方的诸佛和大菩萨，而是生活在现世界中的"菩萨"们：

> 觉成就故，当知菩萨，不与法缚，不求法脱；不厌生死，不爱涅槃；不敬持戒，不憎毁禁；不重久习，不轻初学。何以故？一切觉故。

因此，觉悟就是确立了无差别观念，并以无差别观去认识世界，去处世应事，此谓之"缘觉普照，寂灭无二"。就此而言，经文并无别样新意。但它强调，这种境界当下众生即可以做到，因为众生"本来成佛"，这比其他经籍更加突出：

> 众生本来成佛，生死涅槃，犹如昨梦……如昨梦故，当知生死及与涅槃无起无灭，无来无去。其所证者，无得无失，无取无舍。其能证者，无住无止，无作无灭。于此证中，无能无所，毕竟无证，亦无证者，一切法性平等不坏。

这番言语，在表达什么呢？至少顿悟者可以这样解读：一切佛教修习，全是多余的。唐宋涌现出的许多禅宗大师自由放任，就是榜样。

东晋以来，凡涉禅的经论无不叮嘱防治禅病。相比《起信论》《楞严经》等，《圆觉经》所治的禅病，重在避免"邪见"，慎重选择"善知识"上。佛说：

> 末世众生将发大心求善知识欲修行者，当求一切正知见人。心不住相，不着声闻缘觉境界。虽现尘劳，心恒清净；示有诸过，赞叹

梵行,不令众生入不律仪。求如是人,即得成就阿耨多罗三藐三菩
提。末世众生见如是人应当供养,不惜身命。彼善知识四威仪中常
现清净,乃至示现种种过患,心无憍慢,况复搏财妻子眷属。若善男
子于彼善友不起恶念,即能究竟成就正觉,心花发明,照十方刹。

这整段话,是为"善知识"及其"正知见"树立样板的,内容则是《维摩经》
的翻版;而要求无条件地供养自己的法师(禅师),不论他是如何现诸尘
劳、种种过患,则是《般若》经类的一贯主张。但这样的善知识,必须没有
下列四病:

一者作病:若复有人作如是言,我于本心作种种行,欲求圆觉。
彼圆觉性,非作得故,说名为病。二者任病:若复有人作如是言,我
等今者不断生死,不求涅槃,涅槃生死无起灭念,任彼一切,随诸法
性,欲求圆觉。彼圆觉性非任有故,说名为病。三者止病:若复有人
作如是言,我今自心永息诸念,得一切性,寂然平等,欲求圆觉。彼
圆觉性非止合故,说名为病。四者灭病:若复有人作如是言,我今永
断一切烦恼,身心毕竟空无所有,何况根尘虚妄境界?一切永寂,欲
求圆觉。彼圆觉性非寂相故,说名为病。

此中"作病"和"任病",是出于对"圆觉"不生不灭又为生灭之所依的性能
不解造成的;"止病"和"灭病"是对"圆觉"作了二乘的理解造成的。经文
要求,既不能过分属意于随顺圆觉而行,又不可以放任自流,不随顺圆觉
而行;至于息念和断惑,离圆觉更远了。

五、附 记

宗密在调和宗(禅)教(经)关系,将华严与禅宗统一起来方面,是个
开创式人物。他对《圆觉经》的疏解,则是这种调和统一的思想基础,也
是我们理解《圆觉经》实际意义的一把钥匙。裴休的《大疏序》说:"禅师
既佩南宗密印,受《圆觉》悬记,于是阅大藏经律,通《唯识》《起信》等论,

然后顿辔于《华严》法界,宴坐于《圆觉》妙场,究一雨之所沾,穷五教之殊致,乃为之疏解。"此说也可以看做《圆觉经》体系的思想来源:《成唯识论》、《大乘起信论》和《华严经》是它的主要参照系。其中未及《楞严经》,其实《楞严经》也不缺少这些资源。

裴休的《大疏序》,表达了宗密对《圆觉经》的理解,这对于我们今天把握《圆觉经》的思想特质和文章色彩,颇有帮助,值得一读。